개정판

정책학강의

정책학 강의에 대한 논제와 해설

권기헌 저

박영사

개정판 저자서문

정책학강의: 정책학 강의에 대한 논제와 해설

정책이란 정치적 요소와 합리적 요소가 상호 역동적이고 동태적인 과정을 거치면서 만들어진다. 정책과정은 가치 있는 자원의 배분을 놓고 이해관계자들이 경쟁하고 타협하는 과정으로서, 본질적으로 가치, 갈등, 권력 등의 요소들이 내재되어 있다. 이처럼 정책은 가치, 갈등, 권력적 요소를 그 배경적 특성으로 하고 있지만, 정책학이 존재하는 본질적 이유는 이러한 특성적 한계를 배경으로, 어떻게 하면 합리적 정책과정에 있어서 권력적 요소를 배제하고 전문성을 제고하며, 과학적이고 분석적인 정책을 도출할 수 있을 것인가를 사유하는 데 있다. 즉, 정책학은 명확한 목표설정, 체계적 대안탐색, 과학적 미래예측 등을 통해 최선의 대안과 집행방법을 끊임없이 추구하는 합리적인 활동으로서의 과학적 사유와 분석적 추론을 요구하고 있다.

정책학은 문제해결을 지향하고(*problem-oriented*), 시간성과 공간성의 맥락성(*contextuality*)을 가지면서, 순수학문이면서도 응용학문으로서 연합학문지향성(*interdisciplinary*)을 지닌다. 이처럼 문제지향성, 맥락지향성, 연합학문성의 정책학을 바르게 이해하려면, 정책분석과 미래예측 기법뿐만 아니라, 정치학(심리학), 국가혁신이론, 거버넌스이론, 전자정부이론 등을 이해해야 한다. 정책이란 가치와 갈등, 권력과 협상의 산물이면서, 동시에 이성과 합리, 분석과 예측의 산물이기 때문이다.

정책학의 궁극적 목적은 인간 존엄성을 실현하는 데 있다. 즉, 인간의 존엄(*human dignity*)을 실현하고, 인간의 가치(*human value*)를 고양시키는 데 있다. 이를 H. Lasswell은 민주주의 정책학이라고 불렀다. 즉 생산성(*Productivity*)과 민주성(*democracy*)을 토대로 성찰성(*reflexivity*)-인간의 가치(존엄성, 인권, 정의, 형평)를 추구하는 학문이 정책학이다. 이는 정책학의 당위성-실현성-능률성 차원이라고 부를 수도 있다. 규범적이고 당위적인 정책이상을 바라보면서, 효과적이고 능률적인 정책을 추구하되, 실현가능한 정책수단을 예측하고 개발하는 것이 정책이론의 존재이유이다.

21세기 정책 화두는 다양성, 창의성, 실용성이다. 다양성과 창의성을 토대로 실용성을 추구해야 한다. 디지털 기술은 시간(*time*), 속도(*speed*), 불확실성(*uncertainty*)이라는 속성을 지니고 있다. 시공의 압축 혁명 속에서, 생각의 속도로 움직이는 디지털 신경망 조직(최고의 업그레이드된 스마트 전자정부)을 만들고, 조직의 문제해결역량과 위기관리역량을 향상시키지 않으면 살아남지 못하는 시대에 살고 있다.

디지털과 속도 그리고 변화의 시대에 절실히 요구되는 것은 정책분석과 미래예측 역량이다. 지식정보시대는 Know-What 보다 Know-How를 요구한다. 정책이론에 대한 다양한 분석적 토대와 철학적 인식을 기반으로, 정책실패와 정책성공이 교차하는 분기점에 대한 다양한 정책사례들을 분석하고 예측하는 능력이 필요하다.

본서에서는 특별히 미래예측(*future foresight*)과 미래연구(*future studies*)를 현대정부의 분석적 정책역량(*analytical capacity*)을 강화시키는 중요한 이론적 축으로 주목하고자 한다. 또 다른 한 축은 거버넌스, 갈등관리, 전자정부 등을 통해 현대정부의 신뢰(*trust*)와 참여(*participation*)와 같은 사회적 자본(*social capital*)을 강화시키는 민주적 정책역량(*democratic capacity*)이다.

우선, 미래예측은 미래의 정책을 탐구하는 학문으로서 과거나 현재에 관한 일련의 추세적 연장에 그치지 않고, 미래의 대안을 창조하고, 그러한 대안의 선택과 결정을 통해서 미래의 바람직한 대안을 개발하는 학문이다. 미래예측의 통계적 기법들은 데이터의 형태를 그래픽으로 혹은 추정의 형태로 처리해 줌으로써 미래예측(*forecasting*)의 객관성과 신뢰성을 확보하는 기반이 되지만, 미래연구(*foresight*)는 어디까지나 이러한 통계분석의 수준을 넘어서서 창의적 예측에 기초한 창조적 분석과 대안 개발을 요구하고 있다.

다음으로, 현대사회의 복잡성과 다양성을 관리하기 위해 절실히 요구되는 것은 거버넌스적 문제해결 방식이다. 기존의 정책학이 문제해결지향성, 맥락지향성, 연합학문지향성을 토대로 효율성을 추구하였다면, 현대 정책학은 효율성 못지않게 참여성(*participation*), 숙의성(*deliberation*), 합의성(*consensus*)을 근간으로 하는 민주성을 지향하고 있다.

현대사회는 대단히 빠른 속도로 변화하고 있으며, 그 속도는 시간이 갈수록 더욱 가속화되고 있다. 특히, 정보가 중요해지고, 가치가 다원화되며, 세계화와 국지화 경향이 병존하고 있다. 전자정부의 담론기능과 e-거버넌스의 정책도구들은 현대정부의 민주성을 강화시키는 도구로서 활용되어야 한다.

현대 정책학이, 미래사회의 이러한 시대적 흐름에 제대로 대처하여, 정책학 본래의 문제지향성과 맥락지향성을 살려 나가려면, 정책이론은 지식정보시대의 이러한 변화에 부응할 수 있는 새로운 패러다임을 제공해야 한다. 본서에서는 기존의 정책이론을 토대로 1) 혁신관리, 지식관리, 미래예측에 토대를 둔 분석과 예측 중심의 미래지향적 정책문제 해결역량(*analytical governance*)과 2) 갈등관리, 거버넌스, 전자정부이론에 토대를 둔 민주적 국정관리(*democratic governance*) 역량

강화를 창조적으로 접목시키고자 한다.

본서는 총 3부로 구성되어 있다.

제1부에서는 정책학 총론(*Overview*)에 대해서 논의한다. 이 부에서는 정책이론, 정책학 패러다임, 정책의 개념 및 유형, 정치체제와 정책환경, 정책과정론에 대해서 검토한다. 여기에서는 현대 정책이론의 특징과 패러다임 그리고 연구범위 등에 대해서 논의한다.

제2부에서는 전통적 과정모형(*Stage Model*)에 대해서 논의한다. 이 부에서는 전통적으로 정책학에서(예컨대 Sabatier(1993) 혹은 Jenkins-Smith & Sabatier(1993) 등이 과정모형(stage model)이라고 지칭했던) 전형적인 정책과정들, 즉 정책형성론, 정책분석론, 정책집행론, 정책평가론, 정책변동론에 대해서 검토한다.

정책형성론에서는 사회문제가 정책문제로 전환되는 과정에서의 정책의제형성론과 정책결정이 직접 이루어지는 논리와 모형을 다루는 정책결정론에 대해서 논의한다. 정책분석론에서는 정책분석의 차원과 기준에 대해서 먼저 논의한 후, 정책분석이 이루어지는 과정에 따라 정책문제 및 정책목표 설정, 정책대안의 탐색 개발, 대안 결과의 예측, 정책대안의 비교 평가 등에 대해서 논의한다. 정책집행론에서는 정책집행의 의의와 단계에 대해서 먼저 논의한 후, 정책집행이론에 대해서 논의한다. 정책평가론에서는 정책평가의 목적과 절차에 대해서 먼저 논의한 후, 정책평가에 있어서의 인과관계, 실험적 평가 방법과 비실험적 평가 방법 등에 대해서 논의한다. 정책변동론에서는 정책변동의 의의 및 유형에 대해서 먼저 논의한 후, 정책승계와 정책종결, 정책변동모형 등에 대해서 논의한다.

제3부에서는 현대적 정책이론(*Policy Theory*)에 대해서 논의한다. 이 부에서는 현대정책이론을 개관한 후, 국가혁신이론, 거버넌스이론, 제도주의이론, 전자정부이론, 미래예측이론 등 현대정책학의 제도적 요소들에 대해서 검토한다. 이어서 현대행정학의 주요이론들은 P. Sabatier의 ACF(정책지지연합)모형과 Kingdon의 PS(정책흐름)모형의 연장선상에서 Birkland의 정책학습모형과 Zahariadis의 MS(다중흐름)모형을 중심으로 검토하기로 한다. 또한, 복잡계모형, 사회구성모형, 성찰정책모형과 함께 최신 분석기법에 해당하는 SNA(*Social Network Analysis*)모형, 근거이론모형, Q분석모형, 미래예측모형에 대해서 고찰한다. 특히 4차 산업혁명 시대에 적합한 정부모형에 대해 검토한다.

마지막으로 요약 및 결론에서는 관점과 시각, 이슈 및 함의에 대해서 정리하면서 이 책을 마무리하고자 한다.

이 책은 정책학이론을 중심으로 정책형성론, 정책과정론, 정책분석론, 미래예측론, 국가혁신론을 다루고 있는 정책학의 개론서이다. 이 책은 정책학이론, 국가혁신론, 미래예측론 등에 관심을 가진 학부생과 대학원생, 그리고 고시 수험생들의 학습에 초점을 두고 집필되었다. 자칫 이론적 논리나 전문적 용어로 채색되어 읽기 어렵고 딱딱해지는 경향을 막기 위해 정책사례들에 대한 최근 동향과 용어 해설들을 사례박스로 처리하는 등 입체적인 소개를 통해 정책논의의 현실적합성과 실사구시성을 높이고자 하였다. 이 책이 정책학, 행정학 등을 공부하면서, 정책이론과 미래예측, 정책이론과 국가혁신에 관심을 가진 사회과학도와 정부실무자들의 논의에 참고가 되었으면 하는 바람이다.

특히 고시 수험생들에게 전하고 싶은 이 책의 공부 방법은 다음과 같다. 이 책의 구체적인 내용을 세부적으로 공부하기에 앞서, 이하에서 제시되는 장들을 먼저 독파하여 현대정책학의 논리 및 흐름을 먼저 파악한 후, 개별 장들에 들어가길 바란다.

머리말과 제1부 제1장 정책이론과 제2장 정책학 패러다임, 제3부 현대정책이론: 개관을 이 책의 전체적인 개념도로서 먼저 파악하길 바란다. 또한, 부와 장이 시작할 때마다 제시된 학습목표와 장 말미에 제시된 요약 및 결론을 따로 모아서 이해하고 암기하는 방식으로, 전체적인 목차와 개요, 논리 및 흐름을 먼저 파악한 후, 정책형성·정책분석·정책집행·정책평가 등 구체적인 각론을 공부하는 것이 순서상 효과적일 것이다.

좀 더 구체적으로 이 책의 공부 순서를 제시하면 다음과 같다.

먼저, 머리말과 제1부 제1장 정책이론과 제2장 정책학 패러다임을 숙독하여 이 책의 전체 구성요지와 맥락을 이해하길 권한다. 현대정책이론에 대한 새로운 이해 및 이 책의 논의의 틀을 통해 이 책의 근저를 관통하는 논리의 흐름과 철학의 맥락을 먼저 꿰뚫어보길 바란다.

둘째, 이 책의 부와 장마다 소개되는 학습목표와 장 말미에 제시된 요약 및 결론을 꼭 발췌하여 숙독하길 권한다. 학습목표에서 제시되는 핵심용어(*Key Word*)와 요약결론에서 제시되는 논리의 정리(*Wrapping Up*)를 따로 모아 정리하길 권한다.

셋째, 각장 말미에 제시되는 고시 기출문제와 답안해설의 예시를 통해 답안작성요령을 숙지하는 한편 각장마다 제시되는 이론과 출제문제를 연계해서 학습하길 권한다. 이를 통해 이론과 사례를 연계하고 실전에 대비하는 역량을 비축하길 권한다.

마지막으로, 맨 뒤에 제시된 요약 및 결론을 통해 이 책이 지향하는 현대정책이론에 대한 종합정리를 하기 바란다.

정책학강의 개정판을 준비하면서 저자는 특히 다음 사항에 주안점을 두었다.

첫째, 정책학의 본질인 '인간의 존엄성'이라는 목적함수에 천착하기 위해서는 효율성, 민주성을 넘어 보다 근본적인 이슈인 국민들의 '진정한 행복'에 다가가기 위한 연구가 필요하다. 본서에서는 하나의 대안으로 정책학과 긍정심리학의 연계를 실시하였다. 구체적으로 우리 사회의 근본적 문제에 대한 접근과 해결의 시각을 확장시키기 위해 긍정심리의 정책적 활용방안을 정책 분야와 정책 단계별로 구분하여 제시하였다.

둘째, 4차 산업혁명은 산업간, 국경간, 심지어 현실과 가상의 세계까지 융합시킴으로써 삶의 범위를 무한히 확장시키고 있는 반면, 그 변화의 속도와 범위, 그리고 충격으로 인해 불확실성과 위기의식은 증대되고 있다. 이에 4차 산업혁명에 대응하고, 나아가 선도하기 위한 정부와 리더의 역할이 더욱 강조되고 있는 바, 본서에서는 4차 산업혁명의 개념과 특징에 대해 서술하는 한편 더 나아가 4차 산업혁명 시대에 적합한 정부모형은 무엇이며, 4차 산업혁명 시대가 요구하는 리더십은 무엇인가에 대해 논의하였다.

셋째, 고시기출문제와 답안작성요령 및 고득점 방안을 각장 말미에 담아 이론과 출제문제를 연계하고 답안작성요령을 숙지할 수 있도록 하였다. 이를 통해 이론과 사례를 연계하고 실전에 대비하는 역량을 구축 가능하게 하였다.

넷째, 정책학과 관련 최근에 나타난 이슈를 사례로 추가하여 독자들의 이해도와 현실성을 높이고자 하였다. 특히 정책이론의 방법론적 통합과 과제 가운데 실천적 이성과 정책토론의 중요성을 나타내는 최근의 '원전(신고리 5 · 6호기) 공론화위원회: 숙의민주주의 성공사례'를 추가하여 이해의 폭을 넓혔다. 또한 A. Maslow의 욕구 5단계 모형을 욕구 8단계 모형으로 수정하여 제시하였다.

다섯째, 본서 전반에 걸쳐 문구의 논리적 배열을 재정렬하였으며, 전체적인 책의 디자인과 색을 새롭게 정리하여 독자들에게 흥미롭고 쉽게 다가고자 하였다.

이 책을 쓰는데 도움을 주신 많은 분들에게 감사의 뜻을 전하고 싶다. 정신적으로나 학문적으로 많은 가르침과 은혜를 베풀어 주셨으며 필자에게 정책학의 스승의 역할을 하셨던 성균관대학교 행정학과의 허범 교수님께 특별한 감사를 드리고 싶다. 또한, 김현구 교수님, 김광식 교수님 그리고 유민봉, 김성태, 박재완, 공동성, 이숙종, 이명석, 김근세, 문상호, 정문기, 박형준, 배수호, 박성민, 조민효, 전희정, 남태우, David O. Kasdan 교수님 등 학과의 선배 및 동료 교수님들께 감사의 말씀을 올린다. 또한, 책이 완성되기까지 많은 도움을 아끼지 않은 성균관대학교의 이종구, 이현철, 김태진, 서인석, 이미애, 하민지, 주희진, 김정훈, 이제은, 이유현, 이정희, 조일형, 임다희, 오정민, 이대웅, 손주희, 조동익, 탁성숙, 김세운, 정혜린, 정인호, 이다솔, 이주현, 김광민에게 실로 깊은 고마움을 전한다. 특히 개정판을 준비하는 과정에서 박사과정의 이대웅 연구원을 중심으로 손주희, 이다솔, 이주현 대학원생의 기여는 매우 컸기에 특별한 감사의 마음을 전하고 싶다. 또한,

이 책의 출판과정에서 정책학의 출제경향과 이를 파악하는데 많은 도움을 주고 중요한 자료를 아낌없이 제공해 준 정경호 강사께도 깊은 감사의 마음을 드린다.

이 책의 출판을 기꺼이 맡아주신 박영사의 안종만 회장님, 출판이 지연되는 와중에서도 세심하게 원고를 숙독하고 좋은 편집을 위해 많은 수고를 아끼지 않았던 박영사 임재무 이사님, 편집진들께도 깊은 감사의 마음을 전한다.

2018년 1월
성균관대학교 행정학과 연구실에서
권 기 헌

저자서문

정책학강의: 정책학 강의에 대한 논제와 해설

정책이란 정치적 요소와 합리적 요소가 상호 역동적이고 동태적인 과정을 거치면서 만들어진다. 정책과정은 가치 있는 자원의 배분을 놓고 이해관계자들이 경쟁하고 타협하는 과정으로서, 본질적으로 가치, 갈등, 권력 등의 요소들이 내재되어 있다. 이처럼 정책은 가치, 갈등, 권력적 요소를 그 배경적 특성으로 하고 있지만, 정책학이 존재하는 본질적 이유는 이러한 특성적 한계를 배경으로, 어떻게 하면 합리적 정책과정에 있어서 권력적 요소를 배제하고 전문성을 제고하며, 과학적이고 분석적인 정책을 도출할 수 있을 것인가를 사유하는 데 있다. 즉, 정책학은 명확한 목표설정, 체계적 대안탐색, 과학적 미래예측 등을 통해 최선의 대안과 집행방법을 끊임없이 추구하는 합리적인 활동으로서의 과학적 사유와 분석적 추론을 요구하고 있다.

정책학은 문제해결을 지향하고(*problem-oriented*), 시간성과 공간성의 맥락성(*contextuality*)을 가지면서, 순수학문이면서도 응용학문으로서 연합학문지향성(*interdisciplinary*)을 지닌다. 이처럼 문제지향성, 맥락지향성, 연합학문성의 정책학을 바르게 이해하려면, 정책분석과 미래예측 기법뿐만 아니라, 정치학(심리학), 국가혁신이론, 거버넌스이론, 전자정부이론 등을 이해해야 한다. 정책이란 가치와 갈등, 권력과 협상의 산물이면서, 동시에 이성과 합리, 분석과 예측의 산물이기 때문이다.

정책학의 궁극적 목적은 인간 존엄성을 실현하는 데 있다. 즉, 인간의 존엄(*human dignity*)을 실현하고, 인간의 가치(*value*)를 고양시키는 데 있다. 이를 H. Lasswell은 민주주의 정책학이라고 불렀다. 즉 생산성(*Productivity*)과 민주성(*democracy*)을 토대로 성찰성(*reflexivity*)-인간의 가치(존엄성, 인권, 정의, 형평)을 추구하는 학문이 정책학이다. 이는 정책학의 당위성-실현성-능률성 차원이라고 부를 수도 있다. 규범적이고 당위적인 정책이상을 바라보면서, 효과적이고 능률적인 정책을 추구하되, 실현가능한 정책수단을 예측하고 개발하는 것이 정책이론의 존재이유이다.

21세기 정책 화두는 다양성, 창의성, 실용성이다. 다양성과 창의성을 토대로 실용성을 추구해야 한다. 디지털 기술은 시간(*time*), 속도(*speed*), 불확실성(*uncertainty*)이라는 속성을 지니고 있다. 시공의 압축 혁명 속에서, 생각의 속도로 움직이는 디지털 신경망 조직(최고의 업그레이드된 스마트 전자정부)을 만들고, 조직 구성원과 최고 책임자의 문제해결역량을 향상(*upgrade*)시키지 않으면 살아남지 못하는 시대에 살고 있다.

디지털과 속도 그리고 변화의 시대에 절실히 요구되는 것은 정책분석과 미래예측 역량이다. 지식정보시대는 Know-What 보다 Know-How를 요구한다. 정책이론에 대한 다양한 분석적 토대와 철학적 인식을 기반으로, 정책실패와 정책성공이 교차하는 분기점에 대한 다양한 정책사례들을 분석하고 예측하는 능력이 필요하다.

이 책에서는 특별히 미래예측(*future foresight*)을 중심으로 한 미래연구(*future studies*)를 현대정부의 정책역량(*policy capacity*)을 분석과 예측이라는 측면에서 강화시키는 중요한 이론의 한 축으로 주목하고 조명하고자 한다. 그리하여 미래예측과 국가혁신(혁신관리, 지식관리, 성과관리, 정책품질 등을 포함한)은 현대정부의 분석(*analysis*)과 예측(*forecasting*)이라는 문제해결능력(*problem-solving capability*)과 정책분석역량(*policy-analysis capability*)을 강화시키는 이론적 한 축으로 (다른 한 축은 거버넌스, 갈등관리, 전자정부 등을 통해 현대정부의 신뢰(*trust*)와 참여(*participation*)라는 사회적 자본(*social capital*)과 민주적 역량(*democratic capability*)을 강화시키는 개념들로 사용하면서) 도입하고자 한다.

미래예측은 미래의 정책을 탐구하는 학문으로서 과거나 현재에 관한 일련의 추세적 연장에 그치지 않고, 미래의 대안을 창조하고, 그러한 대안의 선택과 결정을 통해서 미래의 바람직한 대안을 개발하는 학문이다. 미래예측의 통계적 기법들은 데이터의 형태를 그래픽으로 혹은 추정의 형태로 처리해 줌으로써 미래예측(*forecasting*)의 객관성과 신뢰성을 확보하는 기반이 되지만, 미래연구(*foresight*)는 어디까지나 이러한 통계분석의 수준을 넘어서서 창의적 예측에 기초한 창조적 분석과 대안 개발을 요구하고 있다.

디지털 시대, 인터넷의 시대에 또한 절실히 요구되는 것은 거버넌스적 문제해결 접근방식이다. 기존의 정책학이 문제해결지향성, 맥락지향성, 연합학문지향성을 토대로 효율성을 추구하였다면, 현대 정책학은 문제지향성, 맥락지향성, 연합학문성을 토대로 하되, 효율성 못지않게 참여성(*participation*), 숙의성(*deliberation*), 합의성(*consensus*)을 근간으로 하는 민주성을 지향하고 있다.

현대사회는 대단히 빠른 속도로 변화하고 있으며, 그 속도는 시간이 갈수록 더욱 가속화될 것으로 보인다. 특히, 정보가 중요해지고, 가치가 다원화되며, 세계화와 국지화 경향이 병존하고 있다. 전자정부의 담론기능과 거버넌스의 협력기능은 이러한 시대흐름에 부합하여 미래정부의 민주성을 강화시키는 도구로서 활용되어야 한다.

현대 정책학이, 미래사회의 이러한 시대적 흐름에 제대로 대처하여, 정책학 본래의 문제지향성과 맥락지향성을 살려 나가려면, 정책이론은 지식정보시대의 이러한 변화에 부응할 수 있는 새로운 패러다임을 제공해야 한다. 이 책은 기존의 정책이론을 토대로, 1) 혁신관리, 지식관리, 미래예측에 토대를 둔 분석과 예측 중심의 미래지향적 정책문제 해결역량(*analytical governance*)의 강화와 2) 갈등관리, 거버넌스, 전자정부이론에 토대를 둔 민주적 국정관리(*democratic governance*) 역량강화를 창조적으로 접목시키려는 시도로 구성되었다.

정책학강의를 준비하면서 저자는 이 책에서 특히 다음 사항에 주안점을 두었다.

첫째, 기존에 필자가 저술한 정책학의 제3부에 담긴 내용을 대폭 축소조정하여 정책학 수험생들의 부담을 덜고자 했다. 즉, 정책과정에서 제시된 정책형성, 정책분석, 정책집행, 정책평가, 정책변동에 충실하는 한편, 현대행정학의 주요제도들은 국가혁신이론, 거버넌스이론, 제도주의이론, 전자정부이론, 미래예측이론을 중심으로 살펴보았다. 또한 현대정책학의 주요이론들은 P. Sabatier의 ACF(정책지지연합)모형과 Kingdon의 PS(정책흐름)모형의 연장선상에서 Birkland의 정책학습모형과 Zahariadis의 MS(다중흐름)모형을 중심으로 검토하였다. 또한, 복잡계모형, 사회구성모형, 성찰정책모형과 함께 최신 분석기법에 해당하는 SNA(Social Network Analysis)모형, 근거이론모형, Q분석모형, 미래예측모형에 대해서 고찰하였다.

둘째, 각장의 시작되는 학습목표에 고시에 자주 출제되는 주요 논제에 대해 지적하는 한편 부록으로서 고시출제경향을 서술하고 출제문제에 대한 고득점 핵심 포인트를 정리해두었다. 이를 통해 고시를 준비하는 수험생들이 정책학 이론을 공부하면서 실제 출제문제와 연결하여 학습할 수 있도록 하였다.

셋째, 각장 말미에 각장의 핵심내용을 정리하는 한편 핵심질문을 추가함으로써 학습효과성을 올릴 수 있도록 배려하였다. 이는 각장마다 쉼터를 제공하여 생각해보기/정리해보는 공간이 되도록 하였다.

넷째, 효율성 못지않게 민주성과 성찰성에 대한 강조를 좀 더 일관성있게 정비하였다. 정책이론에서부터 정책분석 기준에 이르기까지 민주성, 신뢰성, 성찰성을 강조하고, 현대정책모형으로서 성찰적 정책분석모형을 추가하였다.

다섯째, 정책모형에 대해서 강조하였다. 특히 정책결정모형에서의 합리모형, 점증모형, 만족모형, 혼합탐사모형, 최적모형, Allison모형, 쓰레기통모형과 Kingdon의 정책흐름모형, Sabatier의 ACF모형과 함께 Ostrom의 IAD모형, Birkland의 정책학습모형, Zahariadis의 다중흐름모형(Multiple Stream Model), Schneider, Ingram & deleon의 사회적 구성(Social Construction)모형, 복잡계 모형과 카오스 이론, 성찰적 정책모형 등 정책학의 최신모형에 대해서도 논의에 포함시켰다.

본서는 총 3부로 구성되어 있다.

제1부에서는 정책학 총론(*Overview*)에 대해서 논의한다. 이 부에서는 정책이론, 정책학 패러다임, 정책의 개념 및 유형, 정치체제와 정책환경, 정책과정론에 대해서 검토한다. 여기에서는 현대 정책이론의 특징과 패러다임 그리고 연구범위 등에 대해서 논의한다.

제2부에서는 전통적 과정모형(*Stage Model*)에 대해서 논의한다. 이 부에서는 전통적으로 정책학에서(예컨대 Sabatier(1993) 혹은 Jenkins-Smith & Sabatier(1993) 등이 과정모형(stage model)이라고 지칭했던) 전형적인 정책과정들, 즉 정책형성론, 정책분석론, 정책집행론, 정책평가론, 정책변동론에 대해서 검토한다.

정책형성론에서는 사회문제가 정책문제로 전환되는 과정에서의 정책의제형성론과 정책결정이 직접 이루어지는 논리와 모형을 다루는 정책결정론에 대해서 논의한다. 정책분석론에서는 정책분석의 차원과 기준에 대해서 먼저 논의한 후, 정책분석이 이루어지는 과정에 따라 정책문제 및 정책목표 설정, 정책대안의 탐색 개발, 대안 결과의 예측, 정책대안의 비교 평가 등에 대해서 논의한다. 정책집행론에서는 정책집행의 의의와 단계에 대해서 먼저 논의한 후, 정책집행이론에 대해서 논의한다. 정책평가론에서는 정책평가의 목적과 절차에 대해서 먼저 논의한 후, 정책평가에 있어서의 인과관계, 실험적 평가 방법과 비실험적 평가 방법 등에 대해서 논의한다. 정책변동론에서는 정책변동의 의의 및 유형에 대해서 먼저 논의한 후, 정책승계와 정책종결, 정책변동모형 등에 대해서 논의한다.

제3부에서는 현대적 정책이론(*Policy Theory*)에 대해서 논의한다. 이 부에서는 현대정책이론을 개관한 후, 국가혁신이론, 거버넌스이론, 제도주의이론, 전자정부이론, 미래예측이론 등 현대정책학의 제도적 요소들에 대해서 검토한다. 이어서 현대행정학의 주요이론들은 P. Sabatier의 ACF(정책지지연합)모형과 Kingdon의 PS(정책흐름)모형의 연장선상에서 Birkland의 정책학습모형과 Zahariadis의 MS(다중흐름)모형을 중심으로 검토하기로 한다. 또한, 복잡계모형, 사회구성모형, 성찰정책모형과 함께 최신 분석기법에 해당하는 SNA(*Social Network Analysis*)모형, 근거이론모형, Q분석모형, 미래예측모형에 대해서 고찰한다.

마지막으로 요약 및 결론에서는 관점과 시각, 이슈 및 함의에 대해서 정리하면서 이 책을 마무리하고자 한다.

이 책은 정책학이론을 중심으로 정책형성론, 정책과정론, 정책분석론, 미래예측론, 국가혁신론을 다루고 있는 정책학의 개론서이다. 이 책은 정책학이론, 국가혁신론, 미래예측론 등에 관심을 가진 학부생과 대학원생, 그리고 고시 수험생들의 학습에 초점을 두고 집필되었다. 자칫 이론적 논리나 전문적 용어로 채색되어 읽기 어렵고 딱딱해지는 경향을 막기 위해 정책사례들에 대한 최근 동향과 용어 해설들을 사례박스로 처리하는 등 입체적인 소개를 통해 정책논의의 현실적합성과 실사구시성을 높이고자 하였다. 이 책이 정책학, 행정학 등을 공부하면서, 정책이론과 미래예측, 정책이론과 국가혁신에 관심을 가진 사회과학도와 정부실무자들의 논의에 참고가 되었으면 하는 바람이다.

특히 고시 수험생들에게 전하고 싶은 이 책의 공부 방법은 다음과 같다. 이 책의 구체적인 내용을 세부적으로 공부하기에 앞서, 이하에서 제시되는 장들을 먼저 독파하여 현대정책학의 논리 및 흐름을 먼저 파악한 후, 개별 장들에 들어가길 바란다.

머리말과 제1부 제1장 정책학 이론과 제2장 정책학 패러다임, 제3부 제11장 현대정책이론: 개관을 이 책의 전체적인 개념도로서 먼저 파악하길 바란다. 또한, 부와 장이 시작할 때마다 제시된 학습목표와 장 말미에 제시된 요약 및 결론을 따로 모아서 이해하고 암기하는 방식으로, 전체적인 목차와 개요, 논리 및 흐름을 먼저 파악한 후, 정책형성·정책분석·정책집행·정책평가 등 구체적인 각론을 공부하는 것이 순서상 효과적일 것이다.

좀 더 구체적으로 이 책의 공부 순서를 제시하면 다음과 같다.

먼저, 머리말과 제1부 제1장 정책학 이론과 제2장 정책학 패러다임을 숙독하여 이 책의 전체 구성 요지와 맥락을 이해하길 권한다. 현대정책이론에 대한 새로운 이해 및 이 책의 논의의 틀을 통해 이 책의 근저를 관통하는 논리의 흐름과 철학의 맥락을 먼저 꿰뚫어보길 바란다.

둘째, 이 책의 부와 장마다 소개되는 학습목표와 장 말미에 제시된 요약 및 결론을 꼭 발췌하여 숙독하길 권한다. 학습목표에서 제시되는 핵심용어(*Key Word*)와 요약결론에서 제시되는 논리의 정리(*Wrapping Up*)를 따로 모아 정리하길 권한다.

셋째, 부록으로 제시되는 고시 기출문제와 답안해설의 예시를 통해 답안작성요령을 숙지하는 한편 각 장마다 제시되는 이론과 출제문제를 연계해서 학습하길 권한다. 이를 통해 이론과 사례를 연계하고 실전에 대비하는 역량을 비축하길 권한다.

마지막으로, 맨 뒤에 제시된 요약 및 결론을 통해 이 책이 지향하는 현대정책이론에 대한 종합 정리를 하기 바란다.

이 책을 쓰는데 도움을 주신 많은 분들에게 감사의 뜻을 전하고 싶다. 정신적으로나 학문적으로 많은 가르침과 은혜를 베풀어 주신 성균관대학교 행정학과의 허범 교수님, 김현구 교수님, 김광식 교수님 그리고 유민봉, 김성태, 박재완, 공동성, 이숙종, 이명석, 김근세, 문상호, 정문기, 박형준, 배수호, 박성민, 조민효 교수님께 감사의 말씀을 올린다. 또한, 책이 완성되기까지 많은 도움을 아끼지 않은 성균관대학교의 이종구, 이현철, 김태진, 서인석, 하민지, 주희진, 조일형, 임다희, 오정민, 이대웅에게 실로 깊은 고마움을 전한다. 이 책의 출판과정에서 정책학의 출제경향과 이를 파악하는데 많은 도움을 주고 중요한 자료를 아낌없이 제공해 준 정경호 강사께도 깊은 감사의 마음을 드린다.

이 책의 출판을 기꺼이 맡아주신 박영사의 안종만 회장님, 출판이 지연되는 와중에서도 세심하게 원고를 숙독하고 좋은 편집을 위해 많은 수고를 아끼지 않았던 박영사 편집진들께도 깊은 감사의 마음을 전한다.

2014년 7월
성균관대학교 행정학과 연구실에서
권 기 헌

Contents

차 례

PART 1

정책학총론

Policy Overview

PART 2 전통적 과정모형

Stage Model

PART 3 현대적 정책이론

Policy Theory

PART 4 요약 및 결론: 논점 및 함의

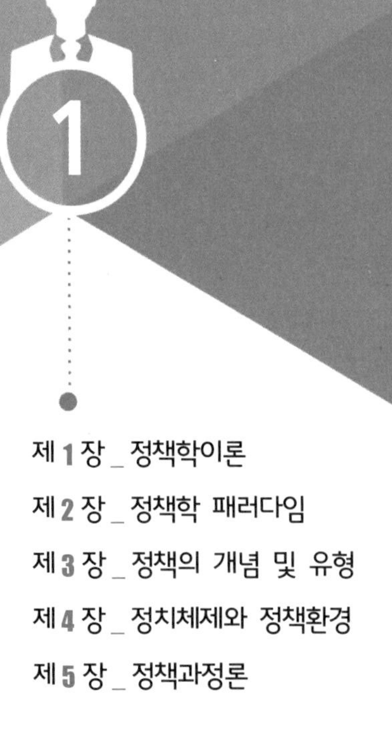

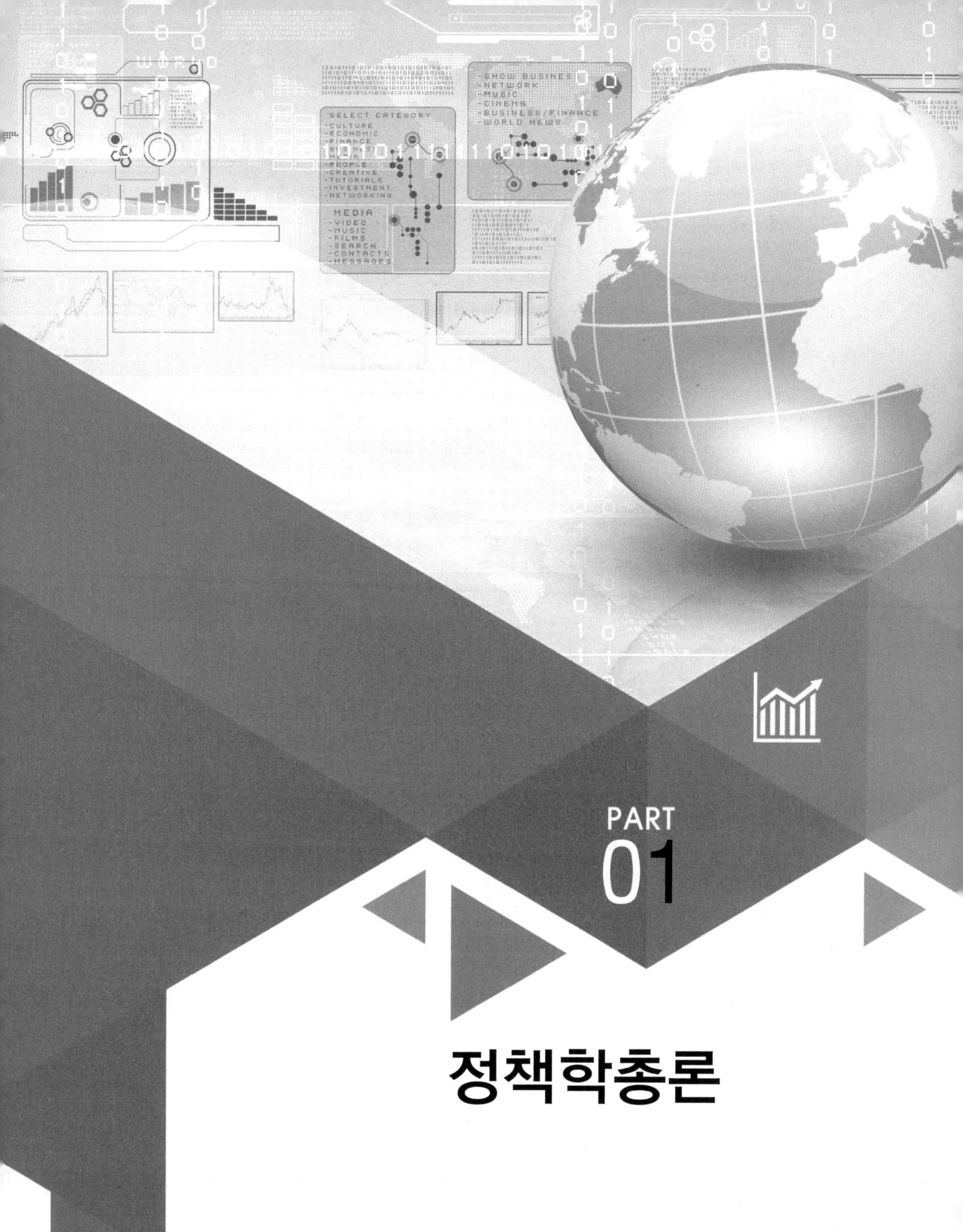

PART
01

정책학총론

Policy Overview

제1부에서는 정책학총론(*Overview*)에 대해서 논의한다. 이 부에서는 정책학의 전반에 걸친 총론적 논의에 해당하는 정책학이론, 정책학 패러다임, 정책의 개념 및 유형, 정치체제와 정책환경, 정책과정론에 대해서 검토하며, 현대정책이론의 특징과 패러다임 그리고 연구범위 등에 대해서 논의한다.

정책이란 정치적 요소와 합리적 요소가 상호 역동적이고 동태적인 과정을 거치면서 만들어지는 것이다. 정책과정은 가치 있는 자원의 배분을 놓고 이해관계자들이 경쟁하고 타협하는 과정으로서, 본질적으로 가치, 갈등, 권력 등의 요소들이 내재되어 있다.

현대정책이론은 한편으로는 합리성의 극대화를 추구하는 국가혁신이론 및 미래예측이론과, 다른 한편으로는 민주성과 신뢰성을 추구하는 거버넌스이론 및 전자정부이론을 핵심 이론요소로 요구한다. 관료제 모형 이후에 등장하고 있는 포스트 관료제 모형으로서의 전자정부이론은 국가혁신이론과 거버넌스이론을 실현하는 조직 메커니즘으로서 작용한다.

현대사회는 대단히 빠른 속도로 변화하고 있으며, 특히, 정보가 중요해지고, 가치가 다원화되며, 세계화와 국지화 경향이 병존하고 있다. 이에 따라 국가혁신관리(*National Innovation Management*), 정부혁신관리(*Government Innovation Management*)라는 개념이 학술적으로 강조되고 있다.

현대사회의 이러한 시대적인 흐름에 제대로 대처하면서 동시에 정책학 본래의 문제지향성과 맥락지향성을 살려 나가려면, 현대정책이론은 지식정보시대의 이러한 변화에 부응할 수 있는 새로운 패러다임을 제공해줄 수 있어야 한다. 이 책에서는 전통적 정책이론과 현대적 정책요구 사이에 생기는 이론적 차이(gap)를 메우려는 시도를 하고자 하며, 이 책은 이러한 이론적 작업의 개념적 도구로서 국가혁신이론, 미래예측이론, 거버넌스이론, 전자정부이론을 사용하려고 한다.

제1부 정책학총론에서는, 이러한 현대 정책 패러다임을 인식하고 정책을 이해하기 위한 총론적 학습으로서, 정책의 개념 및 구성요소, 정책의 특성과 기준, 정책의 유형 등에 대해서 살펴보고, 정치체제(정책담당자-구조-분위기와 규범)와 정책환경에 대한 상호작용에 대해 분석적으로 고찰한다. 정책이 산출되고 실행되는데 거쳐야 할 일정한 단계적 절차를 정책과정(정책의제설정, 정책결정, 정책집행, 정책평가, 정책변동)이라고 한다. 정책과정에 영향을 미치는 핵심 참여자(국회, 정당, 시민단체, 이익단체 등)들은 다양하다. 이들의 영향력을 설명하는 중요 이론으로는 다원주의(집단이론과 다원주의론, 신다원주의론), 조합주의, 엘리트주의, 정책네트워크모형(철의 삼각, 이슈네트워크, 정책공동체) 등이 있는데, 제1부 정책학총론에서는 이에 대해서 구체적으로 학습하기로 한다.

정책학이론 01

제1장에서는 정책학이론에 대해서 학습한다. 정책학이론의 새로운 구성, Lasswell 정책이론의 현대적 재조명, 현대정책이론의 새로운 구성에 대해서 논의한다.

정책학이론의 새로운 구성을 위한 고민과 문제의식을 토대로 Lasswell 정책학의 현대적 재조명이라는 관점에서 정책학의 목적구조, 정책학의 이념구조, 정책학의 이론적 과제, 미래 정책학을 위한 방법론적 과제에 대해서 논의한다.

정책학이 정보의 중요성, 가치의 다원화, 정치의 세계화 등으로 대변되는 미래사회 시대적인 흐름에 적실성 높게 부응하여 정책학 본래의 문제지향성과 맥락지향성을 살려 나가려면, 정책학이론은 Lasswell 정책학이 제시하는 목적 및 이념 구조를 계승 발전시키는 한편, 현대사회의 근본적 사회문제에 대응할 수 있도록 실천적 이성을 바탕으로 한 숙의민주주의 구현, 긍정심리학과 정책학과의 연계를 통해 현대사회의 맥락에 부합하는 새로운 패러다임을 구성하여야만 한다.

이 장에서는 전통적 정책이론과 현대적 정책요구 사이에 생기는 이론적 차이(*gap*)를 메우기 위한 노력의 일환으로 국가혁신이론, 거버넌스이론, 전자정부이론, 미래예측이론을 활용하려고 한다.

제 1 절 정책학이론의 새로운 구성: 문제의식

정책학은 정책철학과 정책과학의 합성어이다. 인간의 존엄성을 실현하려는 정책철학과 이를 위해 과학적 지식을 제공하려는 정책과학의 협력적 노력이 정책학을 탄생시켰다.

정책학의 궁극적 목적은 인간 존엄성을 실현하는 데 있다. 즉, 인간의 존엄(*human dignity*)을 실현하고 인간의 가치(*human value*)를 고양시키는 데 있다. 이를 Lasswell은 민주주의 정책학이라고 불렀다. 즉, 생산성(*productivity*)과 민주성(*democracy*)을 토대로 성찰성(*reflexivity* — 인권, 정의, 존엄)을 추구하는 학문이 정책학이다. 이는 정책학의 당위성-실현성-능률성 차원이라고 부를 수도 있다. 규범적이고 당위적인 정책이상을 바라보면서, 능률적이고 효과적인 정책을 추구하되, 실현가능한 정책수단을 개발하는 것이 정책학이론의 존재이유이다.

디지털과 속도 그리고 변화의 시대에 절실히 요구되는 것은 정책분석과 미래예측 역량이다. 지식정보시대는 Know-What보다 Know-How를 요구한다. 정책분석에 대한 다양한 이론적 토대와 철학적 인식을 기반으로 정책실패와 정책성공이 교차하는 분기점에 대한 다양한 정책사례들을 분석하고 예측하는 능력이 필요하다.

디지털 시대, 인터넷의 시대에 또한 절실히 요구되는 것은 문제해결 접근방식이다. 전통적 정책학이 문제지향성, 맥락지향성, 연합학문지향성을 토대로 효율성을 추구하였다면, 현대정책학은 문제지향성, 맥락지향성, 연합학문지향성을 토대로 하되, 효율성 못지않게 참여성(*participation*), 숙의성(*deliberation*), 합의성(*consensus*)을 근간으로 하는 민주성을 강조한다.

전자정부 시대의 정책학은 거버넌스적 해결구조와 참여민주주의 및 숙의민주주의에 철학적 기초를 둔 문제해결방식이 정책집행의 순응 확보를 통해 더 큰 효율성을 가져온다는 믿음에 기초한다. 국가사회적으로 이미 많이 분권화된 디지털 시대정신이나 시대가치가 더 이상 중앙집권이나 일사분란한 형태의 효율성 위주의 상위하향(*top-down*)방식의 문제해결구조나 접근방식을 용인하지 않기 때문이다. 즉 새로운 형태의 문제해결구조와 갈등관리방식이 필요한 것이다.

정 책 사 례

수자원공급네트워크의 변화와 정책환경의 변화

1. 사례소개: 수자원공급네트워크의 변화

환경개발정책에 해당하는 세 사례, 즉 용당댐, 동강댐, 한탄강댐 건설사례를 비교하면, 용당댐 건설사례의 경우에는 정책공동체의 개방성과 다양성이 낮았으나, 최근에 논의 중에 있는 동강댐이나 한탄강댐 건설사례에서는 정책공동체의 개방성과 다양성이 비교적 높은 것을 볼 수 있다. 또한, 정책공동체와 이해당사자 간의 상호작용에서도 과거에는 이해당사자 규모가 비교적 적고 하향적이었으나, 동강댐이나 한탄강댐 건설사례에서는 이해당사자의 규모가 광범위해졌을 뿐 아니라, 단순히 집행을 수용하는 입장이 아니라 정부와 지방자치단체에 요구하고, 적극적으로 정부에 참여하는 입장으로 변경되고 있는 모습을 보여준다.

표 1-1 수자원공급네트워크의 변화

시행시기		용당댐	동강댐	한탄강댐
		1987-2001	1990-2000	1995-
정책공동체의 참여구조	정책공동체의 개방성	낮음	고시 이전 - 낮음 고시 이후 - 비교적 높음	비교적 높음
	정책공동체의 다양성	낮음	고시 이전 - 낮음 고시 이후 - 비교적 높음	높음
정책공동체와 이해당사자 상호작용	이해당사자 규모	비교적 소규모	비교적 광범위	비교적 광범위
	정책추진조직 ↔ 이해당사자 대립	비교적 낮은 편	비교적 높은 편	비교적 높은 편
	상호작용정도	낮은 편임	비교적 높은 편임	높은 편
	상호작용방향성	비교적 하향성	쌍방향성	쌍방향성

자료: 최홍석 외, 2004: 258.

2. 쟁점 및 시사점

위 세 사례를 비교하여 살펴보면, 시대의 변화에 따라 정책네트워크가 점차 다양하고 광범위해져서, 정책공동체에서 이슈네트워크로 변해가는 형태를 띠며, 지역운동가·전문가·환경운동가 등 정책참여자들이 적극적인 참여로 댐건설에 관여함을 알 수 있다. 이러한 정책환경의 변화는 다음과 같은 쟁점과 시사점을 제시한다.

첫째, 〈그림 1-1〉은, 참여자 수를 줄이고 단순히 효율적으로 문제를 해결하려고 하는 것은, 이후에 더 큰 순응비용을 야기할 수 있다는 것을 내포한다. 따라서 정책과정에 정책이해당사자들의 적정한 수준의 참여와 협의, 합의를 통해 문제를 해결함이 더 효율적인 문제해결이 될 수 있다는 것을 시사한다.

둘째, 개방화·세계화, 민주화 및 정보화의 진전, 시민사회의 대두로 인해 정책과정에 더 많은 이해당사자의 참여가 생기게 되었다. 이에 따라 과거 군부독재시절의 발전행정적 패러다임하에서는 능률성을 최상의 가치로 추구하여, 상명하복(*top-down*)방식으로 해도 해결가능했던 문제가, 이제는 정책참여자의 과도한 목소리 표출로 인해 정책집행의 순응비용이 더 많이 들게 되는데, 이는 〈그림 1-1〉에서 살펴볼 수 있다. 이 그림은 순응비용 곡선이 우상향으로 이동하면서 동일 사안에 대해, 다른 조건이 같다면, 정책이해관계자들의 순응비용이 상승하게 된 것을 보여준다. 이는 이제 대규모 갈등을 수반하는 국가정책의 경우 강압적 문제해결방식은 더 많은 정책비용을 야기하게 된다는 점을 시사한다.

동시에 이제는 정책형성 및 집행과정에서 정책이해관계자들의 진정한 참여와 토론, 대화와 숙의, 합의와 타협의 과정을 통한 성숙된 민주성을 담보하는 것이 정책집행의 효율성을 실현하는 데에도 필수적인 전제조건이 되고 있다는 점을 시사한다.

그림 1-1 관계집단의 정책참여로 인한 정책비용의 증가

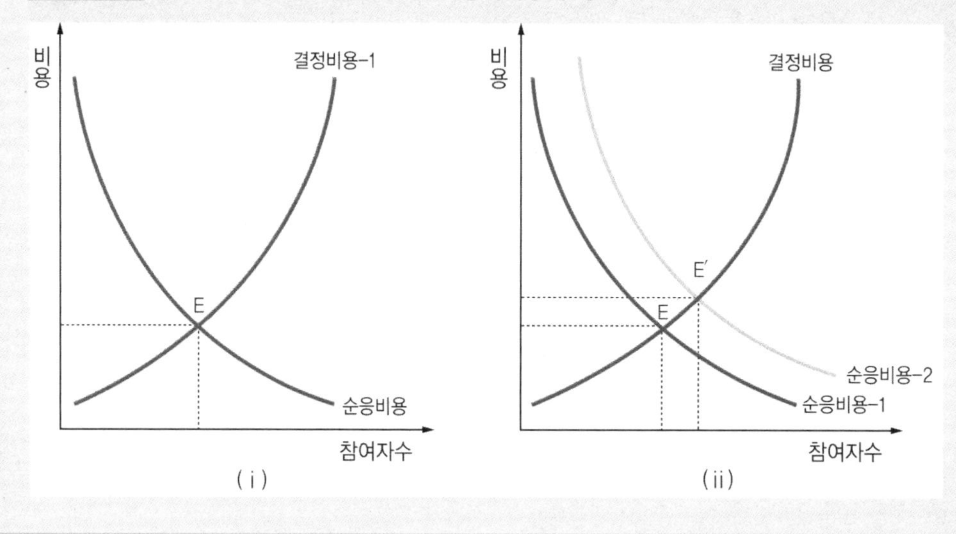

표 1-2 정책학 패러다임의 변화내용

구 분	Lasswell 시대	Post-Lasswell 시대[1]
궁극적 목적	인간의 존엄성 실현	인간의 존엄성 실현
수단적 목적	궁극적(또는 효율적) 문제해결	민주적 문제해결
Paradigms	문제지향성	문제지향성
	맥락지향성 • 역사적 맥락 • 세계적 관점(장소적 맥락) • 사회과정모형	민주성지향 • 참여성: 다양한 정책참여 보장 • 숙의성: 의사소통 • 합의성: 의견존중
	연합학문지향성	연합학문지향성
특 징	효율적인 문제해결	민주적인 문제해결

이 책은 기존의 정책학이론을 토대로, 1) 혁신관리, 지식관리, 미래예측에 토대를 둔 분석과 예측중심의 미래지향적 정책문제 해결역량(*analytical governance*)의 강화와, 2) 갈등관리, 거버넌스, 전자정부이론에 토대를 둔 민주적 국정관리(*democratic governance*) 역량강화를 창조적으로 접목시키려는 시도로 구성되었다.

1 Lasswell의 원전(1951, 1970, 1971)을 자세히 읽어보면, 사실 민주주의를 강조한 사람은 Lasswell이다. 정책참여 및 숙의, 정책토론 및 논증을 강조하면서 민주주의 정책학을 누구보다도 강조한 학자는 Lasswell인 것을 알 수 있다. 전통적 발전행정시대에서 현대적 거버넌스시대로 시대가 변화되면서 맥락지향성에서 민주성지향이 더욱 강조되고, 상의하향의 문제해결방식보다는 수평적 협력구조의 문제해결방식이 더욱 강조된다는 것은, 순전히 Lasswell이라는 학자의 이론 구분이라기보다는 시대구분으로서의 의미를 지닌다는 점을 밝혀두고 싶다. Post-Lasswell, Beyond-Lasswell이라는 수식어는 Lasswell이라는 학자의 이론을 극복한다는 의미가 아니라 Lasswell 이후의 시대구분이라는 의미로 해석되어야 한다.

제 2 절 Lasswell 정책이론의 현대적 재조명[2]

1. 정책학의 목적구조

정책학을 처음 제창한 Lasswell의 논문, "The Policy Orientation"(1951)을 살펴보면, 정책학의 궁극적인 목적은 인간의 존엄성을 충실히 실현시키는 것이다. 이러한 목적을 위하여 "인간이 사회 속에서 봉착하는 근본적인 문제", 즉 문명사적 갈등을 일으키는 문제, 시대사적 사회변동 또는 세계적 혁명추세, 체제질서 차원에서 일어나는 문제 등의 해결에 초점을 맞추어야 한다.

이와 같은 중요한 문제를 해결하기 위해서는 정책과정지향성과 정책내용지향성이 통합된 형태의 정책지향성(*policy orientation*)의 완성이 필요하다. 따라서 정책학은 인간의 존엄성을 충실히 실현시키기 위하여 체제질서 차원에서 일어나는 공공부문의 정책과정과 정책내용에 관한 지식을 문제지향적, 맥락지향적, 연합학문적으로 연구하는 학문이라 할 수 있다(권기헌, 2007a).

그림 1-2
정책학의 목적구조

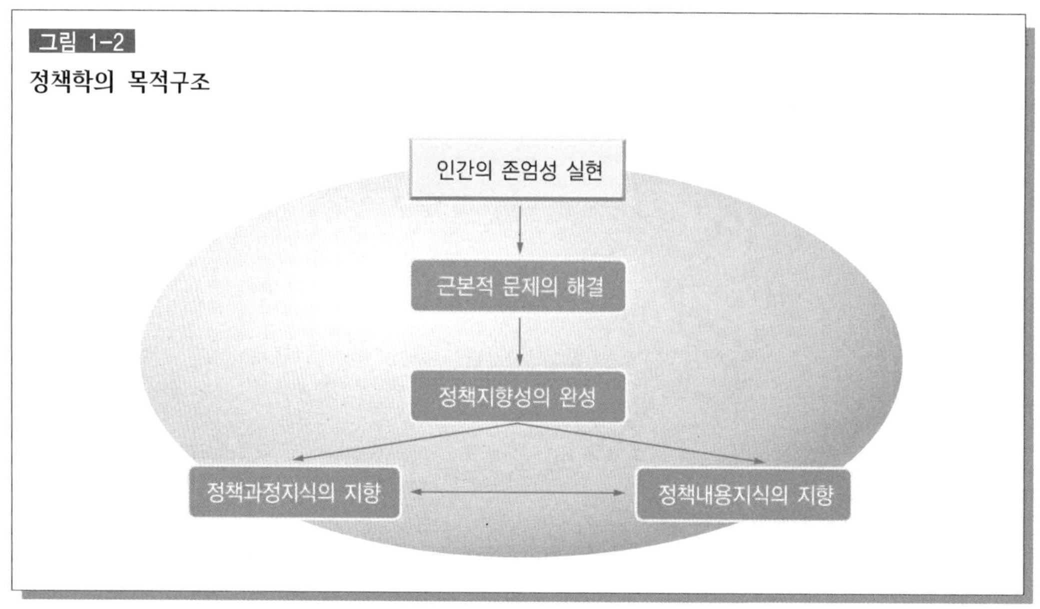

자료: 허범, 2002: 298.

2 이 절의 내용은 저자가 『정책학의 논리』(박영사, 2007: 7-21)에서 제시했던 내용을 원론 형식에 맞춰 수정, 보완한 것이다.

쉬어가는 **코너**

정책학의 아버지, 라스웰의 이야기

라스웰Lasswell은 정책학을 창시한 학자다. 현대적 정책학은 1951년에 발표된 라스웰의 '정책 지향성'The Policy Orientation이란 논문에서 시작되었다고 할 수 있다. 라스웰은 연구방법론에 있어서는 행태과학적 접근에 깊은 뿌리를 두었으나, 계량화만 강조하는 실증주의적 학풍으로는 당시 미국이 직면한 근본적인 문제, 예컨대 인권의 문제, 소외된 자들의 문제, 사회변동과 혁명, 혹은 체제질서 차원의 문제들을 해결하기 어렵다고 보았다.

라스웰을 더 큰 충격에 빠뜨린 세기적인 사건이 발생하게 되는데, 그건 1945년 8월 미국의 트루먼 대통령이 내린 일본 히로시마와 나가사키에 대한 원폭 투하 명령이었다. 그야말로 한 국가의 정책결정을 보고 크나큰 충격과 실존적인 고민에 빠졌던 것이다.

한 국가의 선택이 그 국가를 위해선 최선이라 할지라도 인류의 삶 자체를 위협한다면 바람직한 일일까? 정책결정이 인간을 위한 결정이 될 순 없을까?

그러려면 어떻게 해야 하나? 국가이익과 민족이익을 위한 정책결정을 넘어 인간의 존엄성을 위한 학문체계를 세울 순 없을까? 단순한 권력자를 위한 제왕적 정책학을 넘어선 민주주의 정책학이란 불가능한 것일까? 인간의 존엄이라는 가치를 근본이념으로 삼는 학문체계의 구성은 어떻게 해야 할 것인가?

라스웰은 1951년, '정책 지향성'The Policy Orientation이라는 논문에서, 이러한 고민을 토로하고 있다. 이러한 고민에 대해 그가 찾은 해답은 인간의 존엄성을 구현하는 민주주의 정책학의 창시였다. 즉, 그는 민주주의 정책학에서 인간의 존엄성의 실현이 학문의 궁극적 목표가 되어야 하며, 이러한 윤리와 가치문제를 정책연구에서 적극적으로 다루어야 한다고 주장했다.

자료: 저자의 졸저, 『행정학 콘서트』, 104쪽

2. A. Maslow(1954)의 욕구5단계

Abraham Maslow는 임상경험에서 얻은 자료를 근거로 1954년 인간의 동기유발에 관한 욕구5단계이론을 발표하였다. 그 중에서 자아실현욕구가 인간의 욕구 중 가장 상위차원의 욕구이자 근본적인 욕구이다. 자아실현욕구에 충만한 자는 자신의 능력과 자아 능력을 실험할 수 있고 창의적이고 혁신적인 방법을 이용할 수 있으며, 이로써 스스로를 성숙시키고 완성할 수 있는 일을 찾는 인간이다.

Maslow(1954)의 모델에서 다섯 가지 욕구수준은 ① 생리적 욕구(*Physiological Needs*), ② 안전적 욕구(*Security Needs*), ③ 사회적 욕구(*Social Needs*), ④ 자기존중(*Self-Esteem*), ⑤ 자아실현(*Self-Actualization*)이다. 이를 도식화하면 〈그림 1-3〉과 같다.

그림 1-3

Maslow의 욕구5단계이론

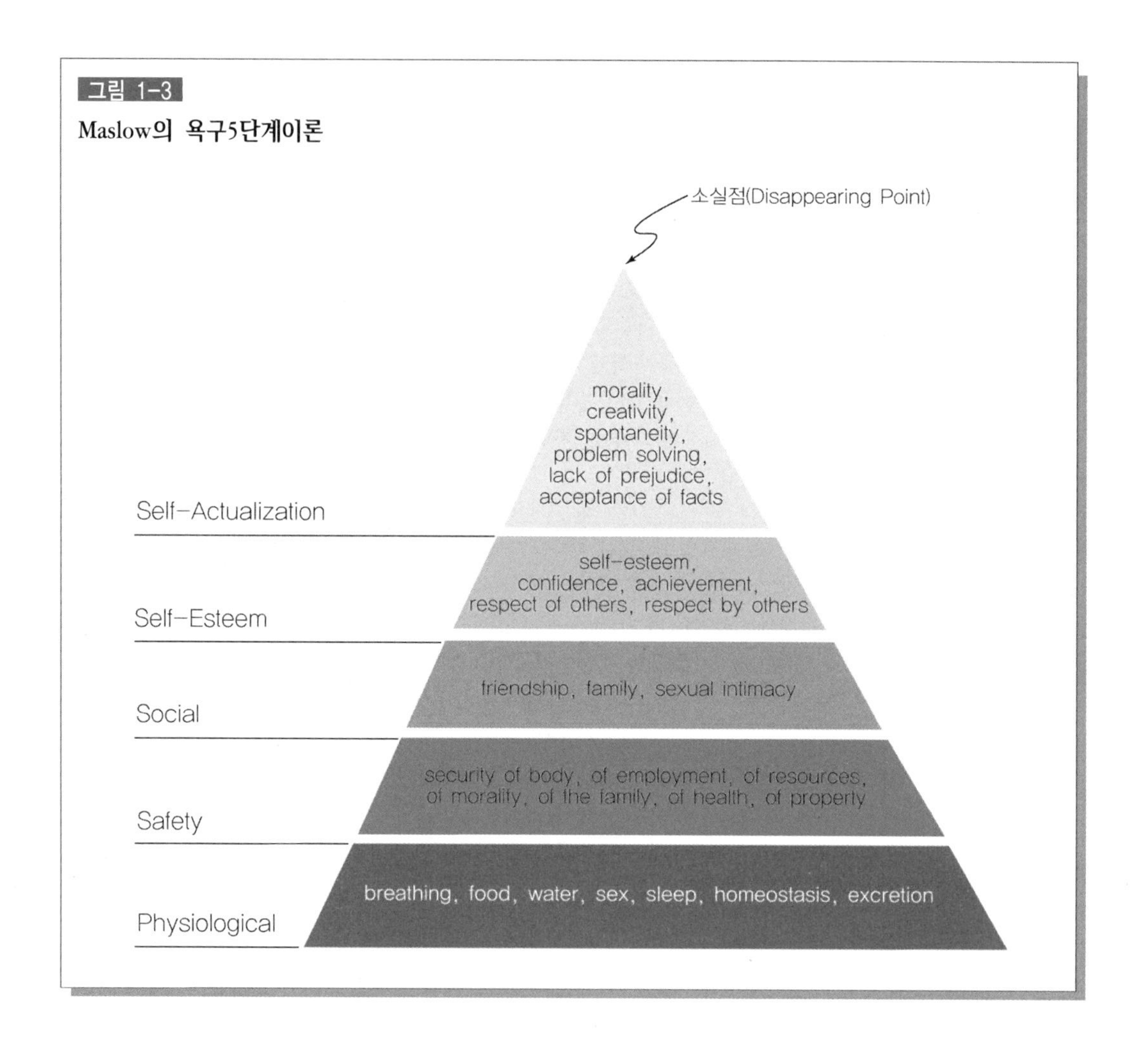

Maslow는 가장 하위 욕구인 생리적 욕구에서 자아실현욕구에 이르기까지 계층적인 순서로 만족되고 다음 욕구수준으로 이동한다고 주장하였다. 즉, 생리적 욕구와 안전적 욕구가 충족되면, 사회적 욕구와 자기존중 욕구 등을 추구한다고 보았으며, 자기존중 욕구가 충족되면 자아실현 욕구로 나아간다고 보았다. 또한, 자아실현이 완성된 극소수는 자아실현 욕구마저 사라지는 소실점(*disappearing point*) 단계에까지 이르게 된다고 보았다.

이후 Maslow(1970)는 기존 모형을 수정하여 수정된 8단계의 모형을 제시하였다. 특히 기존 모형에서 '지적 성취(인지적 욕구)', '심미적 이해(심미적 욕구)', '초월적(영적) 욕구' 등을 새롭게 추가였다. 여기서 인지적 욕구란 교육을 통한 지적 욕구로 어떤 특정한 대상이나 경험에 대한 재음미와 발견을 통한 이해와 배움을 추구하는 욕구이다. 심미적 욕구란 문화예술 및 자연, 환경을 통해 정서적, 감상적, 감성적인 내적 아름다움을 추구하는 욕구이다. 마지막으로 초월적 욕구란 봉사, 기부, 희생 등이 즐거운 영적 성인의 단계를 의미한다.

이는 곧 인간 정신이 상위 단계에 이르면 인식적, 심미적 욕구와 같은 정신적 창조성을 추구하게 됨을 의미한다. 즉, 인간은 생리적, 물질적, 경제적 욕구로부터 인정, 명예, 존중 등과 같은 사회적 욕구를 거쳐 아름다움과 미덕, 정의와 같은 정신적 창조성을 지향하는 존재인 것이다. 요컨대, 진실, 평화, 창조와 같은 가치는 인간 자아실현의 최상위적 품격에 해당하는 위상을 지닌다.

국가사회의 정책구조도 이와 유사한 연계 구조를 띠고 있다. 즉, 국가사회의 정책구조 역시 국가의 하부구조 및 인프라 강화, 그리고 경제발전을 통한 생리적 욕구(*physiological needs*), 국방과 치안을 통한 안보의 강화(*security needs*), 외교 및 문화를 통한 국가의 명예 제고(*social needs*), 국민의 인권과 정의 보장(*self-esteem*), 국가공동체의 신뢰 및 성숙을 통한 자아실현의 완성(*self-actualization*)의 구조를 보인다.

특히 정책학에서도 '창조성'은 최고의 가치를 지닌다. 정책학이 인간의 존엄성 실현을 추구하는 학문이라고 할 때, 인간의 존엄성 실현이란 곧 인간의 창조성 실현을 의미하는 것이라고 볼 수 있기 때문이다. 즉, 인간의 창조적 품격을 실현시키고자, '문제지향성', '맥락지향성', '연합학문지향

그림 1-4
Maslow의 욕구8단계이론

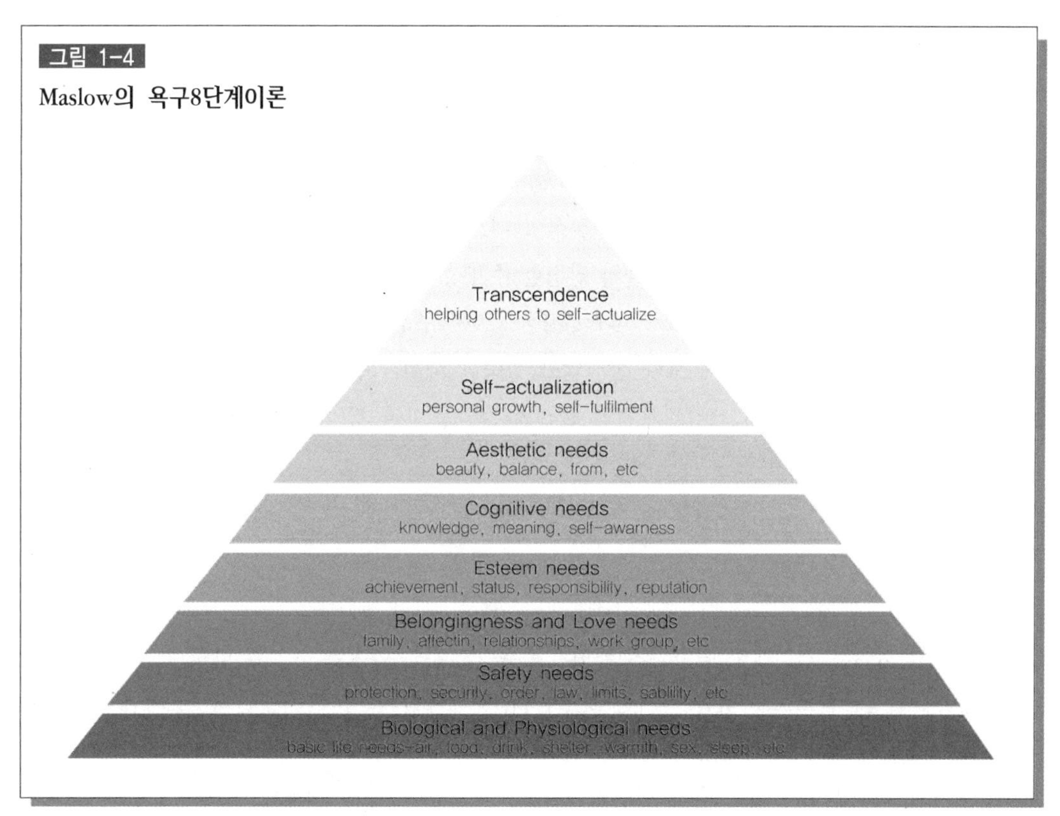

자료: Abraham H. Maslow(1970). "Religions, Values, and Peak Experiences".

성'을 동원하는 학문이 정책학이다.

이는 정책구조의 능률성-실현성-당위성으로 표현할 수 있으며, 효율성-민주성-성찰성으로 표현할 수 있다. 따라서 국가사회의 혁신과 발전을 이루고 혁신과 발전의 주체로서 인간의 근본적인 욕구를 충족시키기 위해서는 국가 구성원 개개인의 창의와 다양성을 존중하고 이를 토대로 효율성을 추구하는 국가시스템을 구축해야 한다.

3. 정책학의 이념구조

Lasswell과 Maslow의 논의를 종합해 보면, 정책의 궁극적인 목적은 인간의 존엄성 실현이며, 이를 구체적으로 실현하기 위해서는 국가 차원의 생산성과 민주성, 신뢰성이 확보되어야 한다. 정책학의 이념구조 역시 이러한 논의의 연장선상에서 발견할 수 있다.

우선 정부차원에서 생산성이 확보되어야 한다. 정부조직 내 관료주의 및 형식주의를 타파하고 관리주의와 시장의 경쟁원리를 도입하여 "일하는 시스템", "일 잘하는 시스템"을 구축함으로써 효율성을 확보하고, 정부조직 내 행정 및 정책과정의 참여성·투명성을 제고해야 하며, 정부조직 내부의 효율성과 투명성을 토대로 국가 및 시장의 자율성과 창의성을 창출해야 한다.

또한 전자민주주의(*e-democracy*)를 통한 진정한 민주주의를 실현함으로써 정치적 차원에서 민주성이 확보되어야 하며, 정책과정에서도 참여가 확대되고 숙의와 토의의 과정을 거친 합의의 정신이 실현되어야 한다.

더 나아가, 사회적 차원에서 신뢰성과 성찰성이 확보되어야 한다. 절차적 가치로서의 민주성이 꽃 핀 상태가 성찰성이다. 사회 구성원들의 진정한 주체성과 독립성이 보장되는 사회, 그리고 사회의 열린 의사소통을 활성화(*social networking*)시킴으로써 구성원들 간의 신뢰성을 확보하고, 성찰하는 시민, 주체적인 시민을 통해 보다 신뢰받고 성숙한 사회 공동체를 구현해야 한다. 이것이 바로 Lasswell이 주장한 정책의 최상위가치인 인간의 존엄성(인권·정의·존엄) 실현이며, 정책의 최상위차원인 당위성의 실현이다.

4. 미래예측과 정책연구

미래예측과 정책연구는 매우 밀접한 연관관계를 맺고 있다. 하지만 그동안 미래예측이 정책연구라는 관점에서 집중적으로 조명을 받지는 못했는데, 미래예측과 정책연구, 둘 간의 개념적 연결고리는 향후 긴밀히 탐구될 필요가 있다.

미래예측과 정책연구는 매우 깊은 어원적 연관관계가 있다. 우선 미래와 정책이라는 단어가 매우 긴밀한 관계를 가지고 있는데, 이는 미래라는 시간의 축과 정책이라는 공간의 축은 상호 보완적인 관계에 있기 때문이다. 정책을 이해함에 있어서 미래라는 관점이 도입되지 않는다면 정책은 매우 점증주의적이고 선례답습적인 도구로 전락하게 될 것이며, 정책의 본질적 핵심에 해당하는 창조지향성과 미래지향성이 상당 부분 상실되는 불행한 결과가 초래되게 될 것이다. 즉 정책은 미래가 있기에 정책의 미래지향적 탐색이 가능하게 되고, 사회의 미래지향적 가치를 그리면서 정책을 가치창조적으로 형성해 나갈 수 있게 되는 것이다.

Lasswell(1951, 1970, 1971), Y. Dror(1970), E. Jantsch(1970) 등으로 이어지는 정책학의 본류적 관점에서도 미래와 정책은 불가분의 관계를 형성하고 있다. Lasswell(1951, 1970)은 정책이 과정(*process*)과 내용(*content*)의 지식을 통해 사회의 민주적 가치실현에 기여하기 위해서는 정책연구에 있어서 시간적 맥락(역사적 맥락; 과거, 현재, 그리고 미래)과 공간적 맥락(세계적 관점; 글로벌한 공간) 등 정책이 처한 맥락에 대한 분석이 매우 중요하다고 강조하였으며, 이를 위해 정책은 미래지향적 근본문제의 해결을 추구해야 한다고 주장하였다. 또한 문제해결 지향성에 해당하는 지적 활동으로서 목표의 명시, 경향의 파악, 여건의 분석, 미래의 예측 등의 활동들을 강조하였다. 더 나아가 이러한 정책연구의 근본적 발전을 위해서는 정책학의 연구 방법론도 관리과학, 미래예측, 체제분석 등 계량분석뿐만 아니라 정치학, 심리학, 인류학, 생물학 등의 통섭적인 접근을 통한 방법의 다양성(*diversity*)을 추구해야 한다고 강조하였다(Lasswell, 1970: 11-15). 이러한 방법의 다양성은 후에 그의 제자인 Y. Dror(1970)가 제시한 연합학문지향성(*interdisciplinary*)으로 이어지며, 정책학의 최적모형 개발로 발전된다.

Y. Dror(1970)는 그의 기념비적인 논문, "Prolegomena to Policy Sciences"에서 정책학의 목적은 정책결정체제에 대한 이해를 증진시키고 이를 개선하는 것이며, 이를 위해 정책연구는 바람직한 정책결정을 위한 방법(*Methods*), 지식(*Knowledge*), 체제(*System*)에 관심을 두어야 한다고 주장한다. 또한, 정책연구의 초점은 1) 정책분석(*policy analysis*), 2) 정책전략(*policy strategy*), 3) 정책설계(*policymaking system redesign*)에 두어야 한다고 주장하면서, 정책의 미래지향적 전략연구의 중요성을 강조하였다. 즉, 정책연구의 전략은 미래지향적 전망을 기초로 혁신적인 전략을 취할 것인지 아니면 점진적인 개선을 원할 것인지(*Innovative–incremental*), 위험을 무릅쓸 것인지 아니면 위험을 회피할 것인지(*High risk-low risk*), 전반적인 개혁을 할 것인지 아니면 부분적인 충격만 줄 것인지(*Comprehensive-shock*), 장기적인 미래를 추구할 것인지 아니면 단기적인 미래만을 추구할 것인지(Time preferences) 등을 먼저 정하고(*Mega-policy making*), 초정책결정(*Meta-policy making*), 정책결정(*Policy making*), 후기정책결정(*Post-policy making*)의 여러 단계를 밟아야 한다고 주장하였다(Y. Dror, 1970: 144-145).

E. Jantsch에게 있어서 미래는 그의 정책연구에 있어 더욱 더 구체적으로 다가간다. E. Jantsch(1970)은 그의 혁신적인 논문, "From Forecasting and Planning to Policy Sciences"에서 미래예측과 정책기획이 정책연구에 핵심적인 역할을 담당해야 한다고 주장하면서, 관리과학이나 체제

분석이 아닌 정책분석은 국가의 미래를 조망하고 기획하고 설계하는 국가의 최상위 차원의 창조행위가 되어야 한다고 역설한다. 즉, 그는 정책분석(가치분석, 당위성: *ought to*)-전략분석(체제분석, 실현성: *can*)-운영분석(관리분석, 능률성: *will*)의 3단계로 이루어진 계층적 차원을 제시하였다. E. Jantsch는 인간의 합리적인 창조 행위 혹은 내면의 창조 의지가 국가적인 혁신으로 이어질 수 있다는 믿음에 기초하여, 인간 행위의 창조적 단계는 합리적 창조 의지(*Rational Creative Action*), 정책결정(*Decisionmaking*), 정책기획(*Planning*), 미래예측(*Forecasting*) 등의 단계를 거쳐 국가혁신(*Innovation*)으로 이어질 수 있다고 보았다. 또한, 인간의 창조 행위를 운영적 계획이 이루어지는 행정기능, 전략적 계획이 이루어지는 목표설정기능, 새로운 미래지향적 규범이 창조되는 정책기획기능의 세 가지 차원으로 구분하고, 미래지향적 규범이 창조되는 정책기획기능이야말로 국가의 미래라는 가치가 창출되는 창조적 행위의 본질이라고 보았으며, 이를 위해 정책기획은 미래예측과 밀접한 상호작용을 거쳐야 한다고 주장하였다. 이러한 미래예측은 국가의 미래를 예견(*anticipate*)하고, 미래의 가능한 목표에서 실현 가능한 목표를 확률적으로 분석하는 행위(*probabilistic assessment*)라고 보면서, 이는 정책기획과 밀접히 연계하여 국가의 총체적 정책구조 설계(*policy system design*)로 이어져야 한다고 주장하였다(E. Jantsch, 1970: 33-37). 이처럼 미래예측과 정책연구는 정책의 미래지향적 본질에 있어서나, 정책학 연구의 본류에 서 있는 학자들의 견해에 있어서나 매우 밀접한 관련이 있음을 알 수 있다.

5. Lasswell 정책학의 현대적 재조명

정책학은 학문 태동 자체가 윤리적인 학문이다. 우리 사회에 존재하는 근본적인 문제해결을 통해 인간의 존엄성을 실현하는 학문이다. Lasswell은 "인간이 사회 속에서 봉착하는 근본적인 문제"를 해결하기 위해서는, 좁은 의미의 실험실 과학을 벗어나 탈실증주의적인 문제해결지향이 필요하다고 강조하였다. 그는 또한 역사적 맥락, 세계적 관점, 사회과정모형의 관점에서 맥락지향적 학문을 제안하였다.

경제정책, 산업정책, 복지정책 등 분과학문 차원에서 정책이라는 단어를 많이 사용하고 있고, 정책의 성공과 실패라는 관점에서 정책학이라는 용어를 무의식적으로 사용하는 경우도 많이 있지만, 우리가 정책학이라고 할 때의 정책학은 본질적으로 Lasswell과 D. Lerner, Y. Dror 등이 주도하여 발전시켜온 독특한 학문체계를 의미한다. 즉, 인간 존엄성의 실현을 위하여 정책과정과 정책내용의 연구에 문제지향적, 맥락지향적, 그리고 연합학문적 접근을 적용하는 학문을 의미하며, 이 개념에서 벗어난 정책학의 개념은, 그것을 무엇으로 부르는가에 상관없이, 정통적인 정책학으로 볼 수 없다(허범, 2002: 1; Brunner, 1996: 65-66).

이러한 관점에서 현대의 정책학이 과연 얼마나 Lasswell과 그의 동료들이 추구하였던 정책학의 이상에 부합하는 학문체계인가 하는 문제에 대해서는, 우선 비판적 진단이 앞설 수밖에 없다(허범, 2002: 305; Ascher, 1986; Brunner, 1991). 정책학은 우리 사회의 근본적인 문제에 대해서 과연 얼마나 고민하는 학문체계를 제안하고 있는가, 또 정책학은 과연 얼마나 맥락지향적 방법을 통해 좁은 의미의 인과관계를 넘어서는 탈실증구조의 맥락지향적 학문체계를 제안하고 있는가 하는 문제는 우리 정책학도의 큰 숙제로 남아 있는 것이다.

따라서 이런 관점에서 정책이론을 정립하고자 할 때, 제일 우선적으로 고려해 보아야 할 것은 정책학의 이상과 목적론적 구조를 다시금 분명하게 세워야 한다는 것이다. 이런 맥락에서 허범 교수(2002: 308)는 민주주의 정책학과 탈실증주의의 접목이야말로 분명히 하나의 중대한 학설사적 전환이 될 것으로 내다보았다(deLeon, 1994: 82; Torgerson, 1985: 241; Throgmorton, 1991: 153, 174-175). 민주주의 정책학과 탈실증주의의 접목, 인간 존엄성의 실현을 지향하는 정책윤리분석에 대한 관심 제고, 근본적으로 중요한 문제의 탐색과 함께 가치비판적 정책설계이론과 방법의 강조가 우선 주목받아야 할 것이다. 도구적 합리성, 기술관료적 지향성, 분석적 오류를 넘어선 민주주의 정책학, 좁은 의미의 인과구조를 넘어선 탈실증주의 정책학, 정책연구와 정책형성에서 '참여와 숙의'(*deliberation*), '토론과 논증'(*argumentation*)이 강조되는 실천적 참여정책분석(*participatory policy analysis*)과 함께 토의민주주의(*deliberative democracy*)가 신장되어야 할 것이다(deLeon, 1990; Durning, 1993; Forester, 1993; 1999: Fischer, 1998; Hajer, 1993; Roe, 1994).

이렇게 보면 정책학과 거버넌스의 관계 구조도 비교적 명확해진다. 신뢰와 협력을 중심으로 한 문제해결방식과 절차적 가치를 강조하는 거버넌스는 정책학의 이상을 실현하는 데 필수적인 이론적 요소가 된다는 점을 알 수 있기 때문이다. 특히 우리 사회가 복잡다양화되고, 이익집단들의 이익분출이 과잉화되고 있는 이 시점에서 정책학의 이상을 실현하기 위해서는 참여, 숙의, 합의를 강조하는 절차적 민주주의와 신뢰와 네트워크 정신에 바탕을 둔 수평적 관계성을 지향하는 거버넌스적 문제해결방식이 그 어느 때보다도 중요한 요소로 작용하게 될 것이다.[3]

---

3 여기에서 거버넌스가 주로 의미하는 바는 신뢰와 협동, 참여와 네트워크, 조정과 연결을 핵심개념으로 하는 뉴거버넌스를 지칭한다는 점을 명확히 해두고 싶다. 사실 거버넌스의 어원을 따지고 들면 서구 정치철학의 역사와 함께하는 용어라고도 볼 수 있다. 탈산업사회, 탈근대적 변화가 시작되면서 통치(*Governing*)에 대칭되는 수평적 협치(*Governance*)개념으로서의 거버넌스가 등장하기 이전에도, 서구에서는 민주주의 철학에 기초한 통치의 개념을 거버넌스라고 불렀고, 이런 의미에서 전통적 거버넌스는 국가의 통치철학을 의미하는 광의의 개념이다. 이러한 광범위한 개념으로서 거버넌스를 지칭한다면 거버넌스는 절차적 가치이자 문제해결방식이라기보다는 정책학의 목적구조를 모두 아우르는 큰 개념이라고도 볼 수 있을 것이다. 하지만, 여기에서 의미하는 거버넌스의 개념은 현대에 들어와 더욱 강조되고 있는, Kooiman(1993)이 이야기하는 "조정(*coordination*)과 연계(*networking*)", 혹은 Rhodes(1996)가 이야기하는 "자기조직적 네트워크"의 뉴거버넌스적 개념에 무게가 실려 있는 것임을 밝혀두고자 한다.

6. 정책이론의 정향과 과제

이상의 논의를 종합해 보면 정책학이 지향해야 할 이론적 정향과 과제는 다음과 같이 추출할 수 있다. 정책이론의 정향은 규범·인식과 처방·역량이라는 양대 축에서 재조명될 필요가 있으며, 이를 방법론 측면에서 지원해 주어야 한다. Lasswell 정책이론의 현대적 재조명이라는 관점이 전자의 중요한 이슈라면, 이러한 상부구조의 인식론을 뒷받침하는 하부구조의 정책역량이라는 부분도 처방적 측면에서 중요하게 다루어져야 할 부분이다. 거버넌스의 미래지향적 정책역량, 그리고 이를 위한 정부혁신론과 국가혁신론은 그래서 중요한 요소가 된다.

첫째, 정책이론은 먼저 거버넌스의 미래지향적 정책역량(*capacity to govern*)이라는 측면이 중요하게 다루어져야 한다. 이는 정책이론의 규범성·인식론을 뒷받침하는 하부구조의 역할을 하게 된다. 이는 국가혁신론과도 불가분의 연관관계를 맺고 있는데, 국가혁신론은 정부혁신론을 핵심개념(*core concept*)으로 해서 국가전체에 혁신을 확산시키는 미래지향적 접근을 취하며, 이는 정부조직의 일하는 시스템(제도), 기술(IT), 절차(과정), 행태(태도) 등의 혁신을 통해 이루어지는 정부혁신을 중심으로 국가혁신을 국가 전반에 확산시키는 것을 말한다. 이러한 제도적 접근은 제도의 내용에 해당하는 정책혁신과 결부되어야만 비로소 원래 의도한 '인간의 존엄성 실현'이라는 국가혁신의 목적은 완성될 수 있다.

둘째, 정책이론은 Lasswell이 강조한 민주주의 정책학과 탈실증주의의 접목을 기초로 해야 한다. 민주주의 정책학은 체계질서 차원에서 근본적으로 중요한 문제의 탐색과 해결을 중시하고 궁극적으로는 인간의 존엄성의 실현을 지향한다. 탈실증주의는 좁은 의미의 실험실 과학을 넘어서서 해석과 논증, 사례와 실용까지를 고려한 과학의 합리성을 강조한다(허범, 2002: 308). 현대정책이론은 사회과학의 실사구시적 전통을 기반으로 우리 국가사회에 존재하는 실천적 문제해결을 지향하며, 국가혁신·거버넌스·전자정부 등의 이론적 토대를 응용하는 연합학문적 접근을 지향하며, 시민사회의 도래에 따라 강조되는 참여성·숙의성·합의성에 기초한 민주지향성을 지향한다. 정책이론의 이러한 민주성 강조는 뉴거버넌스의 민주성 강조, 전자정부패러다임의 민주성 강조와 맥이 닿아 있다.

셋째, 정책이론은 참여, 조정, 연결을 중심개념으로 하는 뉴거버넌스 접근방식을 토대로 수립되어야 한다. 즉 정부관료제의 내부 비효율성과 경직성을 타파하기 위해 새로 도입된 신공공관리론(NPM)의 관리주의 요소에다가, 경쟁, 고객, 가격체제, 유인체제 등을 활용하는 시장주의 요소(시장중심 거버넌스 기법)의 도입, 이와 더불어 참여와 연결, 신뢰와 협동, 조정과 네트워크를 강조하는 시민사회 요소(시민사회중심 거버넌스 정신)를 중시하는 뉴거버넌스적 문제해결방식과 밀접한 연관관계를 갖고 있다.

넷째, 정책이론의 정부모형은 전자정부, 지식정부 등 Post-관료제모형에 기초한다. 즉, Post-관료제의 모형에서 대두되고 있는 전자정부의 일하는 시스템 혁신과 참여지향적 민주성개념, 그리고 더 나아가 전자정부의 열린 의사소통 및 담론형성의 정책기제를 통해 우리 사회를 좀 더 신뢰받고 성숙한 사회로 업그레이드시키는 성찰성개념은 정책이론의 정신에서도 그대로 이어진다. 즉, 정책이론은 궁극적으로 개인의 자유와 창의, 신뢰와 등권이 실현되는 사회적 꿈과 비전(Habermas가 그의 "Unfinished Project"에서 강조했던 바로 그 '*Social Vision and Dream*')을 지향하며, 정책이론은 정부혁신이라는 수단적 개념을 통해 개인의 자아실현과 자아완성의 가능성이 열려 있는 사회의 실현을 지향한다.

마지막으로, 정책이론은 정책윤리와 정책토론을 강조한다. 학문으로서의 정책학의 태동은 정책의 윤리성에 대한 특별한 관심에서 출발한다. 정책학은 윤리적 학문이며 이것이 정책학의 정체성을 구성하는 본질이다. Lasswell이 소망하는 정책학의 이상도 "인간의 존엄성을 보다 충실하게 실현하는 것"이었으며, 그가 정책학의 주창을 통하여 진정으로 의도하였던 것은 과학적 방법을 통하여 인도주의적 이상을 구현할 수 있는 당위적 학문을 성립시키는 것이었다. 이를 Forester(1999)는 '숙의적 정책분석'(*deliberative policy analysis*), deLeon(1994)은 '참여적 정책분석'(*participative policy analysis*), Hajer(1993)는 '정책담론'(*policy discourse*), Fischer와 Forester(1993)는 '정책논증'(*policy argumentation*), Roe(1994)는 '해석학적 정책분석'(*interpretative and narrative policy analysis*)이라고 불렀다. 이것은 허범(2002: 307-308)에서 정확하게 강조되듯이, 민주주의 정책학과 탈실증주의의 접목을 위한 중요한 방향 설정이 될 것이다. 정책윤리에 대한 강조는 참여, 토론, 그리고 합의에 기초한 숙의민주주의(*discursive democracy*)의 신장과 함께, 인간의 존엄성의 실현을 위한 중요한 방향 설정이 될 것이다. 즉, 정책이론은 인간의 인권과 존엄, 그리고 개인의 자아실현을 지향하며, 사회구성원의 자아실현을 통해 정책이론의 목적구조는 완성될 수 있을 것이다.

7. 정책학의 이론적 정향: 규범, 역량, 방법

인간의 존엄성 실현은 정책학의 이상가치로서 정책학이 구현하고자 하는 최종의 규범적 가치이며, 이것이 실현될 때 민주주의 정책학의 목적구조는 완성된다. 인간의 존엄성을 구현하기 위한 정책의 상위목표로는 국가경쟁력과 삶의 질이 있을 수 있다. 경제정책, 산업정책, 과학기술정책 등은 국가경쟁력에 기여하며, 사회정책, 문화정책, 환경정책 등은 삶의 질의 향상에 기여한다. 국가경쟁력과 삶의 질 향상이라는 상위목표를 달성하기 위한 정책적 영역으로는 정책역량, 관리역량, 인프라역량을 꼽을 수 있다(권기헌, 2007a: 18).

정책역량은 정책과정과 정책내용에 대한 연구를 통해, 관리역량은 혁신관리, 성과관리, 지식관리, 갈등관리 등의 관리적 도구에 대한 연구를 통해, 인프라역량은 전자정부, 지식정부, 사회자본

등과 같은 인프라 확충을 통해 각각 국가경쟁력과 삶의 질 향상에 기여한다. 정책역량은 정책학, 관리역량은 행정학, 인프라역량은 전자정부와 사회자본에 해당한다.

〈그림 1-5〉 오른쪽에 독립적으로 연결된 거버넌스는 관리역량 부분에서 1990년대 이후 진화된 영역이라고 볼 수 있다. 거버넌스는 통치구조와 통치원리와 관련되어 있다. 수직적 구조 대신에 수평적 구조의 통치구조와 상위하향(*Top-down*)방식의 명령 대신에 네트워크(*Network*)에 기초한 조정의 통치원리에 기초한다. 즉, 전통적 행정학의 모델인 계층제적 관료제 통치가 1990년대 이후 정부-시장-시민사회와의 신뢰와 협력을 기초로 하는 수평적 국정관리로 진화되고 있다(Kooiman, 2003; Peters & Pierre, 2005).

미래 정책학의 발전을 위한 방법론은 기본적으로 실증주의와 탈실증주의의 통합적 고려가 필요하다.[4] 실증주의 역시 그 자체로 배격할 대상이라기보다는 하나의 맥락적 측면으로 중요하게 고려되어야 할 연구방법론이기 때문이다. 정책학에서 정작 필요한 것은 맥락지향적 접근(*context-oriented approach*)이므로, 때로는 행태주의적 경험적 연구(*empirical research*)가 특정한 맥락(*specific contexts*)을 제공하는 데 도움을 줄 수도 있다는 점은 중요하게 고려되어야 한다(Lowlor, 1996: 120; deLeon, 1998; Lynn, 1999).

정책네트워크분석은 정책네트워크에 존재하는 정책현상의 '맥락'(*context*)을 고려하며, 네트워크 사이에 존재하는 '권력'(*power*)을 분석하며, 무엇보다도 '왜'(*why*) 그러한 현상이 일어났을까에 대해 분석함으로써 맥락을 규명하고자 한다(Castells, 1996: 468; Rhodes, 1990; Heclo, 1978; Coleman & Skogstad, 1990).

또한 정책학적 신제도주의는 정책현상의 연구를 함에 있어 이해관계자와 참여자(*multiple interests and participants*), 그리고 관계 및 제도(*relationship and institution*)를 중요하게 다루며, 제도의 속성(*attributes*), 제도의 형태(*configuration*), 제도의 규범(SOP) 등을 통해 정책과정과 정책결과의 역동성(*dynamics*)과 복합성(*complexity*)에 주의를 기울인다(J. Ikenberry, 1988: 219-243; S. Krasner, 1983: 359-361; 1984: 223-246; S. Haggard, 1988: 12-15).

숙의적 정책분석은 인간행태와 사회행위는 무엇보다도 맥락을 통해 해석되고 분석되어야 하며, 이러한 행위의 간주관적 해석(*inter-personal interpretation*)이야말로 정책현상의 결과와 함의를 풍요롭게 하는 데 있어서 빼놓을 수 없는 부분이라는 점을 강조한다. 이는 논자에 따라서 '참여적 정책분석'(*participatory policy analysis*; deLeon, 1990; Durning, 1993), '숙의적 정책분석'(*deliberative*

---

4 정확하게 표현하자면, 실증주의와 탈실증주의의 통합이 아니라, 탈실증주의의 관점이 필요하다고 표현하는 것이 맞다. 왜냐하면 탈실증주의(*post-positivism*)에서의 탈(*post*)의 의미는 실증주의를 부정하는 탈(*post*)이 아니라 실증주의에서 내세우는 "계량중심의 유일 해법"이 존재하고 이를 통해 사회현상에 있어서도 보편적인 인과법칙(*universal law of causation*)을 찾을 수 있다는 기계적 세계관을 초월한다는 의미이기 때문이다. 따라서 탈실증주의는 계량분석이나 비계량분석을 모두 방법론으로 포함시키는 것을 문제 삼는 것이 아니라 정책현상에서 나타나는 여러 형태의 열린 해석과 열린 맥락 구조에 적합한 연구를 추구할 것을 주문한다.

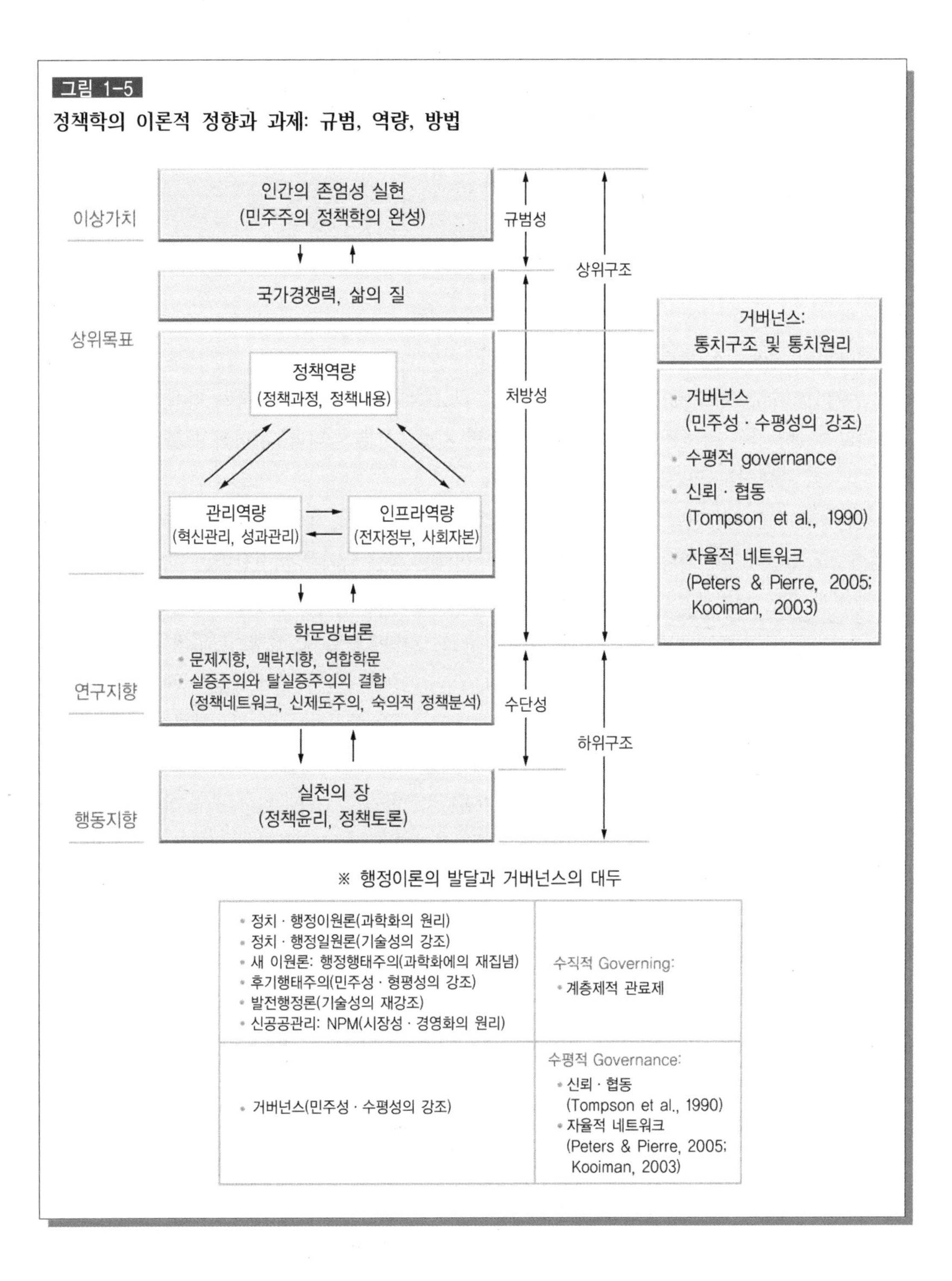

그림 1-5
정책학의 이론적 정향과 과제: 규범, 역량, 방법
이상가치
상위목표
연구지향
행동지향
인간의 존엄성 실현
(민주주의 정책학의 완성)
국가경쟁력, 삶의 질
정책역량
(정책과정, 정책내용)
관리역량
(혁신관리, 성과관리)
인프라역량
(전자정부, 사회자본)
학문방법론
• 문제지향, 맥락지향, 연합학문
• 실증주의와 탈실증주의의 결합
(정책네트워크, 신제도주의, 숙의적 정책분석)
실천의 장
(정책윤리, 정책토론)
규범성
처방성
수단성
상위구조
하위구조
거버넌스:
통치구조 및 통치원리
• 거버넌스
(민주성 · 수평성의 강조)
• 수평적 governance
• 신뢰 · 협동
(Tompson et al., 1990)
• 자율적 네트워크
(Peters & Pierre, 2005;
Kooiman, 2003)
※ 행정이론의 발달과 거버넌스의 대두
• 정치 · 행정이원론(과학화의 원리)
• 정치 · 행정일원론(기술성의 강조)
• 새 이원론: 행정행태주의(과학화에의 재집념)
• 후기행태주의(민주성 · 형평성의 강조)
• 발전행정론(기술성의 재강조)
• 신공공관리: NPM(시장성 · 경영화의 원리)
수직적 Governing:
• 계층제적 관료제
• 거버넌스(민주성 · 수평성의 강조)
수평적 Governance:
• 신뢰 · 협동
(Tompson et al., 1990)
• 자율적 네트워크
(Peters & Pierre, 2005;
Kooiman, 2003)

policy analysis; Forester, 1999; Fischer, 1998) 등으로 불리고 있으며, 이러한 숙의적 정책분석은 우리가 앞에서 강조하는 행동지향의 '실천의 장'에서 정책윤리와 정책토론에 대한 강조로 나타난다.

이상에서 논의한 정책이론의 정향과 과제를 규범·역량·방법이라는 관점에서 도식으로 정리해 보면 앞서 〈그림 1-5〉와 같다.

8. 정책이론의 방법론적 통합과 과제

현대사회의 정책환경 변화는 국정운영에 대한 '참여', '숙의', '협의'를 바탕으로 정책행위자들 간의 관계성(*relationship*)에 대한 연구를 필요로 하고 있다. 특히 다차원적인 정책행위자들 간의 네트워크적 관계성은 정책문제를 해결하는 규범적 지향에서뿐 아니라, 경험적인 사실로서도 바람직한 것으로 증명되고 있기도 하다.

정책환경의 대표적인 변화는 다음과 같이 요약할 수 있다. 먼저, 과거의 규제적 국가에 의한 통제와 명령주도형의 국가에 의한 정책스타일이 변해, 이제는 작은 국가로 회귀한다는 개념에 입각하여, 사회에 보다 많은 역할을 위해 시장을 허락하고 있다(G. Peters & J. Pierre, 2006: 5; G. Peters & J. Pierre, 2005; J. Newman, 2001; Osborne & Gaebler, 1992.). 둘째, 정책스타일의 변화는 기본으로 돌아간다(*back to basic*; Kooiman, 2003; E. Ostrom, 1990). 국가는 더 이상 전체독점적 공급자가 아니고 심지어 생산된 서비스가 집합재(*collective goods*)라 할지라도 국가는 사회에 많은 역할과 기능을 이양하며, 가능한 한 시장 또는 시민사회와의 협력에 기초한 국정관리방식으로 변화하고 있다. 이는 거버먼트에서 거버넌스로의 이동을 의미한다(G. Peters, 1995; Kooiman, 2003). 거버넌스에서 국가의 역할은 국가 혼자서 모든 서비스를 생산하지 않으며, 공공부문과 민간부문 행위의 조정(*coordination*)과 연계(*networking*)가 중요한 이슈로 등장한다. 이러한 거버너스 관점에서 정책은 정치적 제도와 사회 행위자 간의 상호작용의 기제로서 중요하게 작용한다.

이처럼 현대정책환경은 국가중심에서 정부-시장-시민사회와의 수평적 네트워크에 기초한 보다 복합적이고 동태적인 양상으로 이동하고 있으며, 이에 따라 정책은 개인(*actor*)과 제도(*institution*), 생각(*idea*)과 이해(*interest*)의 매우 복합적이면서 역동적인 상호작용(*complex and dynamic interaction*)으로 나타나고 있다(권기헌, 2007a: 122).

이러한 정책환경의 복합성(*complexity*)은 정책과정(*policy process*)에서 무슨 일이 일어났는지, 무엇이 복잡한 것인지를 매우 이해하기 힘들게 만들고 있으므로, 지금 이 시점에서 우리에게 필요한 것은 무엇을 연구하고, 어떻게 연구해야 하는지에 대한 연결이 필요하다. 따라서 거버넌스패러다임에서 정책이론의 궁극적 가치지향을 달성하고, 정책이론의 보다 현실적합한 이론적 설명력을 제고하기 위한 연구가 필요하며, 이에 따르는 분석적 방법의 개발 또한 연구될 필요가 있다.

1) 정책학과 신제도주의

정책현상의 연구대상은 이해관계자와 참여자(*multiple interests and participants*), 그리고 관계 및 제도(*relationship and institution*)를 포함한다. 정책이해관계자들의 행태 및 태도에 대한 실증적 연구에 보다 많은 관심을 보인 연구접근이 행태주의적 연구였다면, 신제도주의적 연구는 이러한 행위자들의 행태를 설명하려는 미시적 접근을 넘어서서 규범과 관계, 그리고 구조와 제도에 많은 관심을 기울여 왔다. 이 역시 앞서 언급한 정책환경의 다양성(*diversity*)과 역동성(*dynamics*)과도 많은 연관성이 있는데, 현대정책현상이 복잡해지고, 이들 간의 관계구조가 보다 거버넌스적 형태를 띠면서 정책연구가들은 정책현상을 설명함에 있어 정책행위자들 간의 관계 및 제도를 보다 중요한 분석변수로 취급하기 시작하였다.

정책연구에서 신제도주의적 관점은 매우 유용한 설명도구로 발전되어 왔다. 제도적 요인(*institutional factor*)들이 정책결과(*policy outcome*)에 어떤 영향을 미치며, 그에 따른 정책적 쟁점(*policy implication*)이 무엇인지에 대한 연구들은 정치학에서 국가주의적 연구동향과 함께 발전되어 왔다(J. Ikenberry, 1988: 219-243; S. Krasner, 1983: 359-361; 1984: 223-246; S. Haggard, 1988: 12-15). 이들은 그동안 역사적 신제도주의에 포함되어 집중 조명되지 못한 측면이 있었으나, 정책학의 관점에서 제도의 속성(*attributes*), 제도의 형태(*configuration*), 제도의 규범(SOP) 등을 통해 정책과정과 정책결과를 설명하려는 매우 중요한 이론적 관점으로 평가할 수 있다.

2) 정책학과 정책네트워크

정책연구의 또 다른 관점에서 정책네트워크연구가 발전해 왔다. 이들은 정책네트워크라는 관계성에 토대를 두고 정책분석을 진행시켜 온 이론적 조류이다(Scharf, 1997; March & Olsen, 1989).[5] 정책네트워크이론은 다양한 정책행위자들 간의 동태성과 역동성에 기초한 연결성과 관계성을 이해하고 분석하기 위한 정책학의 연구방법론이다. 이 때의 네트워크는 다양한 행위자와 이슈, 제도와 기관들 사이에 연결되어 있는 복합적이고도 동태적인 관계성을 지칭한다(Castells, 1996: 468; Rhodes, 1990; Heclo, 1978; Coleman & Skogstad, 1990). 이에 대한 연구 주제는 다음 세 가지 정도로 요약할 수 있다.

첫째, 정치체계(*policy system*)와 같은 제도적 변수들을 분석대상에 포함시키는 이론적 흐름이다. 특히 이들은 정책현상을 분석하는 데 있어 자발적 정책네트워크의 정도를 중요한 분석변수로 다루고 있다(Lehner, 1991; Rhodes, 1986).

5 M. Castells(1996)는 이러한 시도가 정책네트워크를 이론화하려는 시도이며, Heclo(1972)와 하위정부모형에 대한 정책분석에서 학문적 영감을 받은 것이라고 설명하고 있다.

둘째, 정책현상을 설명함에 있어 어떻게 네트워크가 조직화되었는지, 그리고 네트워크 안에서 어떻게 권위가 배분되었는지를 중요하게 다루는 이론적 흐름이 있다(Scharpf, 1991; Rhodes & Marsh, 1992).

셋째, 국가 및 사회적 수준에서 네트워크의 역할이다. 이는 국가 및 사회적 수준에서 형성되어 있는 수많은 정책네트워크가 정치와 행정 그리고 정책현상을 설명하는 데 어떻게 작용하는지에 대해서 국가 및 사회적 수준에서 분석하려고 하는 이론적 흐름이다(Lehmbruch, 1991; Campbell, Hollingsworth & Linberg, 1991).

정책네트워크분석은 무엇보다도 정책행위자들 간의 존재하는 동태적 역동성에 주목한다. 정책의제설정-정책결정-정책집행-정책평가-정책종결로 진행되는 전통적 정책과정론이 정책과정의 시간적 흐름(*time-bounded*)을 가정하는 다분히 상위하향(*Top-down*)방식의 계층적 흐름(*hierachical processes*)에 기초하고 있다면(이는 Sabatier(1993: 159)와 Jenkins-Smith & Sabatier(1993: 3-4)의 비판이기도 하다), 네트워크 정책분석은 정책현상을 설명하는 행위자들 간의 동태적(*dynamic*) 그리고 수평적 관계성(*horizontal relationships*)을 분석한다(Heclo, 1978: 104). 또한 그것은 상호의존성(*interdependence*)과 복합성(*complexity*)을 분석한다(Atkinson and Coleman, 1992; Scharpf, 1990). 이런 관점에서 정책네트워크이론은, 인간 존엄성을 구현하려는 목적지향적 인식론에 기초한다면 그리고 그 둘이 잘 결합된다면, 지금 현재 형성되고 있는 혹은 형성되어 있는 거버넌스국정구조의 네트워크관계를 이해하고 분석하는 미래 정책연구의 중요한 방법론으로서 자리매김할 수 있을 것이다(Hajer & Wagenaar, 2003: 13).

이상의 연구들은, 연구의 분석수준(*level*)과 분석초점(*focus*)에 있어서 다소 차이가 있지만, 공통적으로 정책형성이나 정책집행에 있어서 기존의 계층제중심의 공식적 정책체계만으로는 현대의 복잡하고 역동적인 정책현상의 상호작용을 제대로 설명할 수 없다는 점을 지적하고 있다. 즉, 현대의 복합적이고도 동태적인 정책과정을 설명함에 있어서 거버넌스적 관계성과 정책네트워크 그리고 신제도주의적 제도 변수들은 이미 정책연구에 깊숙이 들어와서 서로 상호작용(*interplay*)을 하고 있다는 점을 발견할 수 있다.

그런데, 여기서 중요한 점은, 이러한 연구방법들이 방법론적 접근에 있어서 탈실증주의적 접근의 맥락지향적 방법론의 가능성을 제시하고 있다는 점이다. 네트워크분석이나 제도주의분석은 사회현상의 과학적 분석이나 설명을 위한 실증주의적 접근을 취할 수도 있지만, 보다 중요한 점은 이들이 해석학적 혹은 탈실증주의적 접근과 접목될 수 있는 방법론이라는 사실이다. 탈실증주의가 실증주의에 비해 이론적 매력을 지니는 부분은 현상의 '맥락'(*context*)을 고려하고, 네트워크 사이에 존재하는 '권력'(*power*)을 분석하며, 무엇보다도 '왜'(*why*) 그러한 현상이 일어났을까에 대한 충분한 설득력 있는 설명을 추구해 나간다는 점이다.

D. Marsh & M. Smith(2000: 4-21)가 1930년대 이후 영국의 농업정책을 설명하면서 잘 보여주고 있듯이, 정책네트워크분석은 정책현상의 단일 차원적 분석을 거부한다. 네트워크분석은 적어도 1) 구조(*structure*), 2) 행위자(*agents*), 3) 그리고 이들 사이를 연계하는 네트워크와 맥락(*network and context*)의 변증법적 상호작용과 복합성을 분석하며, 이들이 동태적으로 정책결과에 어떤 영향을 미쳤는지에 대해서 분석한다. 따라서 이상의 논의를 요약한다면, 제도주의나 네트워크분석은 구조적 해석과 변화가 발생하는 경로, 규범과 가치가 정책결과와 맞물리는 부분에 대한 설명을 규명해나가는 노력을 통해 단순한 '숫자'(*number*)나 데이터 뒤에 숨지는 말아야 하며, 실증주의와 탈실증주의의 종합적 접근을 통해 제도나 네트워크 사이에 존재하는 행위자들 간의 역동성과 동태성, 그리고 이들이 만들어 나가는 구조와 맥락 그리고 네트워크 현상을 복합적으로 분석해나가는 정책지향에 기여해야 한다.

3) 정책학과 숙의적 정책분석

인간행태와 사회행위는 무엇보다도 맥락을 통해 해석되고 분석되어야 하며, 이러한 행위의 간주관적 해석(*inter-personal interpretation*)이야말로 정책현상의 결과와 함의를 풍요롭게 하는 데 있어서 빼놓을 수 없는 부분이다. 이를 강조하는 이론적 흐름은 논자에 따라서 '숙의적 정책분석'(*deliberative policy analysis*; Forester, 1999; Fischer, 1998), '참여적 정책분석'(*participatory policy analysis*; deLeon, 1990; 1994; Durning, 1993), '정책담론'(*policy discourse*; Hajer, 1993), '정책논증'(*policy argumentation*; Fischer & Forester, 1993), '해석학적 정책분석'(*interpretative and narrative policy analysis*; Roe, 1994) 등 다양한 형태로 불리고 있다.

숙의적 정책분석의 핵심은 정책분석과 정책연구의 과정에서 정책참여와 토론을 강조한다. 숙의적 정책분석은 정책과정에서 성찰적인 시민들의 보다 많은 참여와 의견 개진의 가능성을 열어둠으로써 정책과정에서의 보다 나은 지식과 정보의 제공을 지향하며, 궁극적으로 보다 민주적인 정책학을 지향한다(deLeon, 1994: 88).

숙의적 정책분석은 해석학적 정책분석과 밀접히 연계되며, 민주주의 정책연구와도 밀접히 연결되는 개념이다. 숙의와 토의의 기초는 다른 해석의 가능성을 열어둔다는 전제하에서 그 효과가 배가하기 때문이다. 해석학적 정책분석은 문제정의에 대한 서로 다른 해석과 관점, 갈등과 이념의 가능성을 열어둔다. 불확실성과 권력, 그리고 가치가 담겨있는 정책맥락 속에서 서로 다른 시각과 관점에 대한 다른 해석의 가능성을 열어둘 때만이 맥락지향적 정책분석이 가능해지며, 이러한 열린 토론과 다른 해석의 가능성을 통해서 정책학의 민주주의지향이 가능하게 된다(deLeon, 1990; 1994: 87; Durning, 1993). 이러한 논의를 토대로 Torgerson(2003: 119)은 숙의와 참여, 그리고 담론에 기초한 정책설계까지도 주장하게 된다(Torgerson, 2003: 119; deLeon, 1997).

Fischer(1998: 143)는 민주주의 정책학 실현을 위한 탈실증주의와 숙의적 정책분석의 중요성을 단적으로 강조한다. 참여와 숙의에 기초한 탈실증주의 접근이야말로 정책의 맥락적 배경하에서 시민의 참여와 토론 그리고 숙의의 장을 열어놓는다는 점에서, 그리고 이러한 열린 토론의 장을 통해 정책발견의 경험적 결과(*empirical outcomes*)나 정책결론의 사회적 의미(*social meaning*)에 대해서 논의함으로써 상호 신뢰와 협력을 구축할 수 있다는 점에서 민주주의 정책학 구현의 필수적인 요소라는 것이다. 이는 실제로 거버넌스의 정신과도 연계되는 점이다(Fischer, 1998: 143; Barber, 1984).

4) 정책토론과 개방적 사고의 중요성

민주주의 정책학을 완성함에 있어 정책토론(*policy discourse*)과 정책숙의(*policy deliberation*)는 매우 중요한 의미를 지닌다. 정책언어(*policy language*)와 정책논증(*policy argumentation*)이야말로 맥락지향적 정책연구를 함에 있어서 핵심이기 때문이다(M. Danziger, 1995: 435-450). 또한, 이는 정책윤리(*policy ethics*)를 정책맥락(*policy contexts*)에 포함시키는 데 있어서도 매우 중요한 의미를 지닌다.

F. Fischer & J. Forester(1993: 1-3)는 "만약 우리의 언어가 실제 세계를 정확하게 반영하는 것이 아니고 우리가 현상으로부터 받아들인 우리의 관점을 표현하는 것이라면?"이라는 사회과학에서 언어가 지니는 인식구조의 한계에 대한 본질적 질문을 던진다. 그리하여 "정책분석가나 연구가의 연구 역시 사회현실("*reality*")을 있는 그대로 받아들이기보다는 자신의 입장, 권력관계, 의제설정, 투입과 배제, 제한된 관심 등을 반영하는 지적 사고의 반영물일수도 있다"는 논제를 끌어내고(F. Fischer & J. Forester, 1993: 1), 따라서 정책연구가보다 본질적 맥락을 파악하고 보다 민주적인 과정과 결과를 투영시키려면 정책토론(*policy discourse*)과 정책숙의(*policy deliberation*)에 기초한 열린 사고야말로 가장 귀중한 가치를 지닌다는 점을 명확히 강조한다.

M. Danziger(1995: 435) 역시 정책분석에 있어서 엘리트지향적 사고야말로 정책숙의(*policy deliberation*)가 가져오는 의미 있는 맥락을 배제시키는 위험성에 대해서 강조한다. 따라서 그는 탈실증주의적 관점에서 정책토론(*policy discourse*)과 정책숙의(*policy deliberation*), 정책설득(*policy persuasion*)과 정책논증(*policy argumentation*)이야말로 정책학습에서 필요한 교수법의 중요한 부분으로 도입되어야 한다고 주장한다(M. Danziger, 1995: 446-447).

H. Longino(1993: 166)는 민주주의 정책학에 있어서 정책토론(*policy discourse*)과 정책숙의(*policy deliberation*)의 중요성을 다음과 같이 강조하고 있다.

> 사회과학 방법론에 있어서 제일 먼저 부딪치는 문제점은 "인간"(*humans*)이라고 하는 것입니다.
> 사회과학은 그 연구의 분석단위가 인간을 대상으로 하고 있다는 점입니다. 인간은 그들의 사회적 세계(social worlds)를 구성하면서 서로 대화하고 이해하고 상호작용하면서 대화와 숙의에 기초한 세계

관을 형성해 나갑니다. 자연과학에서는 그 구성단위 간의 상호작용과 이해 그리고 대화를 통한 변화가능성이라는 문제에 직면하지 않지만, 적어도 인간행위 그리고 이에 기초한 정책학 연구에 있어서는 논리적 실증주의 못지않게 인간행위와 정책행위에 대한 해석과 숙의, 담론과 토론이 매우 중요하게 작용합니다(H. Longino, 1993: 166).

J. A. Throgmorton(1991: 153-179)에게 있어서도 정책적 숙의와 토론은 매우 중요한 이슈이다. 그는 특히 정책분석의 담론을 강조하는데, 정책현상의 분석에 있어서 정책과정에서 작용하는 중요한 행위자들, 즉 학자 및 과학자(*scientists*), 정책옹호가(*lay advocates*), 정치인(*politicians*) 사이의 담론과 숙의에 내재된 복합적인 정책맥락을 분석하지 못한다면, 그러한 정책분석은 매우 불완전하고, 비현실적이며, 정당화될 수 없다고 주장한다. J. A. Throgmorton(1991: 174)은 정책분석가의 중요한 역할 중의 하나는 과학자, 정치행위자, 정책옹호자들 사이의 정책적 토론과 담론을 여하히 적극적으로 중재하고 조정하는 것이라는 점을 강조한다. 특히 그는 Habermas(1987)가 주장하는 계몽주의 철학가들의 실천적 이성에 대한 믿음과 역할에 대해 주목하면서, 그의 연장선상에서 포스토모던(*post-modern*) 정책연구 역시 인간의 실천적 이성에 기초한 대화와 토론을 통해 서로 공동선과 공동이익을 찾아나가는 정책담론과 정책숙의에 대해 많은 관심을 기울여야 한다고 주장한다.

5) 실천적 이성과 정책토론의 중요성

민주주의 정책학을 완성하는 데 있어서 실천적 이성과 이에 기초한 정책토론은 매우 중요하다. 이 때 실천적 이성(*practical reason*)이란 민주사회 시민이라면 누구나 가지는 사회공동체의 공공선과 보다 창조적인 미래를 추구하는 인간 내면에 존재하는 보편적인 인간의지이다(Charles Anderson, 1993: 223). 이것은 J. Dryzek(1990)이 말하는 '숙의민주주의'의 정책학(*policy science of 'discursive democracy'*), B. Barber(1984)가 말하는 정책적 토론(*policy talk*), F. Fischer(1980)가 말하는 정책적 탐구(*policy inquiry*)와 일맥상통하는 개념이다. 이는 또한 J. Dewey의 실용주의 철학(*philosophic pragmatism*)과 J. Habermas(1987, 1971)가 강조하는 정책탐구(*policy inquiry*), 정책담론(*policy discourse*), 정책실험(*policy experimentation*), 개방적 사고(*open-endedness*)에 기초한 비판적 이성(*critical reason*) 및 교정가능성(*corrigibility*)과 일치된 개념이다.

J. Habermas(1971: 4)는 사회현상에 대한 지식을 이끌어내는 방법론으로서의 실증주의적 도그마에 대해서 신랄하게 비판하면서, 계량분석에 기초한 실증주의적 접근이 종종 기술적 혹은 도구적 합리성으로 전락하는 위험성에 대해서 지적하고, 이러한 위험성을 극복하기 위해서는 정책분석 엘리트만이 옳다는 독단적 혹은 일방향적 사고로부터 벗어나 대화와 토론, 숙의와 합의에 기초한 정책논의가 지적세계의 인식론적 토대가 되어야 한다는 점을 강조한다. 정책연구에 있어서 필요한 정신은 합의에 이를 때나 혹은 합의에 이르지 못할 때라 할지라도 인간 내면에 존재하는 실천적 이성에 기초한

토론과 숙의의 중요성에 대한 믿음이며, 이러한 정신만이 18세기 말 이후 계몽주의 철학자들이 미처 완성시키지 못했던 "미완의 프로젝트"(*Unfinished Project*)를 실현시키는 유일한 길이라는 것이다.

Charles Anderson(1993: 215-227)은 인간행위의 이성을 설명하고 규정짓는 공통된 틀로서 세 가지 이론적 흐름, 즉 1) 공리주의적 경제모형(*utilitarian calculation*), 2) 자유주의적 정치모형(*liberal rationalism*), 3) 실천적 이성에 기초한 숙의민주주의모형(*practical reason and deliberative democracy*)을 논의하면서, 실천적 이성에 기초한 숙의민주주의모형이야말로 민주주의 정책학을 실현하는 중요한 정책분석의 모형이 되어야 함을 강조하고 있다.

Charles Anderson(1993: 215-227)은 먼저, 공리주의적 경제모형(*utilitarian calculation*)과 자유주의적 정치모형(*liberal rationalism*)은 둘 다 인간의 합리적 이성과 개인 이익의 극대화를 추구한다는 점에서는 출발선이 유사하다는 점을 주목한다. 하지만, 전자가 신고전파 경제학(*neoclassical economics*)의 이익 극대화이론을 제공하는 것이라면, 후자는 신자유주의적 다원주의(*neoliberal pluralism*) 혹은 제도주의(*institutionalism*) 정치학의 이론적 기초를 제공한다. 한편, Anderson(1993: 223)은 제3의 관점으로서 실천적 이성에 기초한 숙의민주주의모형(*practical reason and deliberative democracy*)에 대해 논의하면서, 민주사회의 보편적 시민이라면 대화와 토론, 담론과 숙의를 통해 공공선과 보다 창조적인 미래를 추구하는 인간 내면의 실천적 이성에 대해 제시하고, 이러한 숙의와 담론에 기초한 열린 사고와 실천적 이성에 대한 믿음이 민주주의 정책학을 실현해나가는 중요한 이론적 토대가 되어야 한다는 점을 강조한다.

A. Cahill & S. Overman(1990: 13-24) 역시도 민주주의 정책학에 있어서 실천적 이성에 기초한 정책토론과 정책논증의 중요성을 강조한다. 이들은 정책분석의 그 외관상 눈부신 발전에도 불구하고 하나의 통합된 틀이 없음을 지적하고, 정책연구가 좁은 의미의 합리성에 토대를 둔 기계적인 정책모형으로부터 보다 다양하고 넓은 의미의 유기적인 정책분석으로 진화해야 한다는 점을 주장한다. Toulmin(1958, 1979)이 말하는 정책논증모형에서 요구되는 다양한 형태의 열린 사고와 주장 및 이에 따른 해석의 가능성에 주목하면서, 정책분석이 좁은 의미의 기계적인 합리모형으로부터 정책문제에 담긴 다양한 형태의 해석적 구조와 주장을 발견해나가는 실천적 이성의 노력과 과정을 강조하는 방향으로 변모해야 한다고 주장한다. 또한 이러한 방향은 정책문제가 위치하는 특정한 시간과 장소에 맥락적 의미를 찾아나가는 정책토론과 논증, 그리고 정책해석의 열린 구조가 되어야 한다는 점을 강조한다. A. Cahill & S. Overman은 이를 후기 합리주의적 정책분석(*"post-rationalist policy analysis"*)이라고 불렀는데, 이 역시도 위에서 언급한 J. Dryzek의 숙의적 정책분석, F. Fischer의 정책적 탐구, C. Anderson의 실천적 이성과 이론적 주장의 맥을 같이한다.

따라서 우리는 이상의 논의를 통해, 민주주의 정책학을 실현하는 데 있어서는 인간의 존엄성에 대한 지향, 근본적 문제의 추구, 맥락지향적 정책연구, 실증주의와 탈실증주의의 통섭적 접근과 함께, 이를 정책분석의 행동지향 영역에서 뒷받침해주는 투명한 정책윤리와 정책토론의 개방적 사고가 필요함을 알 수 있다. 이는 좁은 의미의 기계론적 합리모형이 아니라, 민주사회의 보편적 시민이라면 누구나 지니는 인간 내면의 실천적 이성에 기초한 열린 사고와 토론, 참여 및 숙의를 요구하는 것이다. 정책문제에 담긴 다양한 형태의 해석적 구조와 주장을 발견해 나가려는 노력과 이를 위해 필요한 정책토론과 논증, 그리고 정책해석의 열린 구조야말로 민주주의 정책학의 중요한 인식론적 토대가 되어야 할 것이다.

정 책 사 례

숙의민주주의 성공사례: 한국 원전(신고리 5·6호기) 공론화위원회 사례

1. 사례개요

원자력은 대한민국 전체 발전량의 30.64%를 차지하는 매우 중요한 에너지원이다. 1970년 9월 경상남도 양산군 장안읍 고리에 대한민국 최초, 세계 21번째로 원자력발전소를 건설한 이후, 고리 2호기, 월성 1호기, 고리 3·4호기, 영광 1·2호기 등을 차례로 건설하여, 한국에는 총 24개의 원전발전소가 가동되고 있다. 뿐만 아니라 UAE에 원전발전소 4호기 수출에 성공하는 등 글로벌 시장에서도 한국형 원전은 높게 평가되고 있다.

하지만, 2011년 후쿠시마 원전사고 이후 원자력발전소 위험성에 대한 문제가 제기되는 등 '탈원전' 이슈는 늘 한국사회를 괴롭히는 정책 어젠다 중의 하나였다. 이러한 맥락에서 문재인 대통령은 지난 대선 때 '안전한 대한민국'을 천명하고, '신고리 5·6호기의 공사 중단'을 대선공약으로 발표하였다.

그러나 신고리 5·6호기는 건설허가를 취득한 이후 1년 정도 공사가 진행되어 종합공정률이 이미 28.8%에 도달하였고, 공사 중단은 지역과 국가경제에 미치는 손실이 클 것으로 예측되었다. 이를 고려하여 정부는 신고리 5·6호기 건설 중단 문제에 관한 사회적 합의 과정 절차를 밟겠다고 밝혔고, 2017년 7월 24일에 신고리 5·6호기 공론화위원회가 정식 출범하였다.

2. 사례내용

공론화위원회는 위원장을 포함 총 9인으로 구성하며, 위원장은 중립적이면서도 사회적으로 덕망 있는 인사를 위촉하고, 위원은 인문사회, 과학기술, 조사통계, 갈등관리 분야 각 2인으로 구성하였다. 특히, 위원의 남녀 비율을 균형 있게 배치하고 미래 세대를 대표하는 20~30대를 포함하여 대표성 높은 위원들로 구성하였다. 또한 시민참여단의 경우 국민의 대표성을 확보할 수 있도록 이중추출법(Double Sampling for Stratification)을 사용해 선정하였다. 즉, 모집단에서 큰 표본을 1회 추출하고, 그 표본의 균형성을 분석한 후 보다 대표성 높은 표본을 만들기 위하여 일부를 다시 표본으로 추출한 것이다.

시민참여단은 신고리 5·6호기 건설 중단 혹은 재개 여부를 판단하기 위한 객관적인 정보를 얻기 위해 e-learning 등 동영상 강의를 이용하였다. 최종 결정하기까지 학습, 의견청취, 질의응답, 토의 등의 숙의과정에서 시민참여단은 1인 평균 2,871분(48시간)을 소진하는 등 실로 진지한 토의과정을 거치게 되었다.

이를 통해 객관적이고 전문적인 지식을 습득한 시민참여단은 다음과 같은 결론에 도달하였다. 신고리 5·6호기 건설재개를 주장하는 시민(59.5%)이 건설중단을 주장하는 시민(40.5%)보다 19%가 많았다. 특히 조사를 거듭할수록 20~30대에서 건설재개 비율이 높아지면서 격차가 벌어진 것으로 분석되었다. 한편 장기적으로 원자력에너지의 발전 비중은 축소해야 한다고 응답하였다(시민참여단 53.2% 축소로 응답).

이에 신고리 5·6호기 공론화위원회는 1) 신고리 5·6호기의 건설은 재개하되, 2) 향후 원자력에너지의 발전 비중을 축소시켜야 한다(이를 위해 신재생에너지에 투자 확대)고 정식으로 정부에 권고하였다. 이러한 권고에 따라 정부는 신고리 5·6호기 공론화위원회의 권고를 이행하기 위해 조속히 신고리 5·6호기 건설을 재개하고, 향후 원전 비중을 축소하기 위한 보완대책을 마련하겠다는 정부지침을 발표하였다.

3. 쟁점 및 시사점

위 사례는 많은 갈등이 있었던 신고리 5·6호기 건설재개 여부를 공론화하여 사회적 합의를 도출하는 데 성공한 최초의 사례로서 매우 중요한 역사적 의미를 갖는다. 이는 정책학에서 강조하는 숙의 민주주의의 핵심적 과정인 숙의(심의 혹은 토의)를 통해 충분한 정보와 지식을 갖추게 하고, 이를 갖춘 능동적, 성찰적 시민들이 상호 의견수렴을 통해 성숙한 공동체의 의사결정에 도달하는 것을 말한다.

공론화 과정에서 정부는 어떤 간섭이나 개입도 하지 않고 중립의 원칙을 지키고, 성, 연령, 입장이 다른 구성원이 한 분임(소그룹)이 되어 다양한 의견을 나눔으로써, 나와는 다른 관점과 생각이 있다는 것을 이해하고 존중하는 가운데 경청하는 분위기를 만들었고, 참여한 시민들은 이러한 환경 속에서 서로의 의견을 교환하며 쟁점에 대한 심도 깊은 토론과 숙의의 시간을 가졌다.

또한 일반 국민들과 공유할 수 있도록, 지역순회 공개토론회, TV 토론회, 미래세대 토론회를 개최하였고, 현장방문 및 이해관계자들과의 간담회 등을 실시하였다. 이러한 과정을 통해 토론에 참여한 국민들이 정책을 수용하고 받아들이는 수동적 입장에서 직접 정책과정에 참여하여 자신의 의견을 정책에 반영하는 능동적 입장으로 변화하였으며, 토론에 참여하지 못한 국민들까지도 정책에 대한 높은 수용성을 이끌어낸 매우 의미 있는 사례로 남게 되었다. 이러한 숙의 민주주의적 문제해결구조는 공론화 중요성에 대한 인식과 시민들의 능동적 참여, 민주주의 의식 향상이라는 성과를 가져왔다.

이 사례에서 숙의 민주주의 공론화 과정 구성원은 위원회와 시민참여단으로 구성되었다. 위원회는 객관적 자료 제출이나 토의과정을 중립적 입장에서 진행을 도와주는 역할을 한 반면 시민참여단의 최종 결론을 결정으로 수용하는 절차를 취했다. 이러한 숙의과정을 통해 능동적인 시민의 참여를 독려하여 의견을 수렴하고 쟁점에 대한 사회적 통합을 이끌어 낼 수 있었던 것으로 해석된다. 따라서 신고리 5·6호기 공론화위원회 성공사례는 한국 숙의민주주의의 첫 성공사례로 역사적 자리매김을 함과 동시에 향후 유사 대형 국책갈등과제에 대한 사회적 통합을 이끌어내는 데 있어서도 중요한 지침으로 작용할 수 있는 모범적인 정책 성공사례라고 할 수 있다.

9. 긍정심리학과 정책학과의 연계

1) 긍정심리학의 태동과 특성

긍정심리학은 펜실베이니아 대학 마틴 셀리그먼(Martin E. P. Seligman) 교수가 1996년 미국 심리학회 회장에 당선되면서 새롭게 내건 현대 심리학의 새로운 연구방향이다. 마틴 셀리그만은 2002년에 ≪진정한 행복(Authentic Happiness)≫을 발간하여 몰입연구로 유명한 미하이 칙센미하이 등과 함께 긍정심리학의 토대를 다졌다. 이러한 긍정심리학은 그동안 심리학 연구주제의 주종을 이루었던 우울증, 질병, 장애와 같은 부정 정서에 대한 연구에서 벗어나 인간의 강점과 덕성에 관한 연구를 통해 우리 안에 있는 최선의 가능성을 이끌어내는 것을 강조한다.

긍정심리학은 크게 다음과 같은 세 가지 연구방향, 즉 1) 인간의 긍정심리 상태(*positive states*)에 관한 연구, 2) 개인의 긍정특성(*positive traits*)에 대한 연구, 3) 긍정적 제도(*positive institutions*)에 관한 부분으로 이루어진다.

첫째, 긍정적 정서에 관한 연구이다. 긍정적 정서는 과거지향적 정서, 미래지향적 정서, 현재지향적 정서로 구분할 수 있다. 여기서 과거지향적 정서는 충족감, 안도감, 평정과 같은 것을 의미하며, 미래지향적 정서는 낙관주의, 희망, 신뢰, 신념, 자신감 등을 의미한다. 한편, 현재지향적 정서는 쾌락과 만족으로 나뉜다.

둘째, 긍정적 성격에 관한 연구이다. 상기의 긍정적 정서를 규칙적으로 유발하게 해주는 강점과 미덕에 관한 연구이다. 예컨대 마틴 셀리그먼은 지혜와 지식, 용기, 사랑과 인간애, 정의감, 절제력, 영성과 초월성이라는 6가지 범주로 24가지의 강점을 제시하고 있다. 이러한 강점 중 각 개인마다 상이한 강점을 가지고 있으며, 대표 강점을 삶에 잘 적용하면 긍정적인 태도로 더 나은 삶을 살아갈

표 1-3 긍정심리학의 3가지 연구방향

구분	세부내용
긍정적 정서	• 과거지향적 정서, 미래지향적 정서, 현재지향적 정서로 구분 - 과거지향적 정서: 충족감, 안도감, 평정 등 - 미래지향적 정서: 낙관주의, 희망, 신뢰, 신념, 자신감 등 - 현재지향적 정서: 쾌락, 만족
긍정적 성격	• 긍정적 정서를 규칙적으로 유발하게 해주는 강점과 미덕 • 6가지 범주(지혜와 지식, 용기, 사랑과 인간애, 정의감, 절제력, 영성과 초월성)로 24가지의 강점 제시 • 각 개인마다 상이한 강점을 가지고 있으며, 대표 강점을 삶에 잘 적용하면 긍정적인 태도로 인해 삶의 수준이 높아짐
긍정적 제도	• 가정, 지역사회, 민주주의, 교육, 제도, 정책 등 개인을 둘러싼 환경과 관련

수 있다고 말한다.

셋째, 긍정적 제도에 관한 연구이다. 상기의 긍정적 정서와 긍정적 성격이 개인의 특질과 노력으로 인하여 형성되는 반면, 긍정적 제도는 가정, 지역사회, 민주주의, 교육, 제도, 정책 등 개인을 둘러싼 환경과 관련되어 있다.

2) 긍정심리학과 정책학의 연계

오늘날 우리가 극복해야 할 근본적 사회문제는 무엇이 있는가? 현 시점에서 긍정심리학에 관심을 두는 이유는 무엇인가? 그리고 긍정심리학과 정책학과의 연계는 어떻게 이루어 질 수 있을까?

긍정심리학은 궁극적으로 인간의 '진정한 행복(*authentic happiness*)'을 목적으로 한다. 이러한 관점에서 인간의 존엄성 실현을 위한 정책학과의 학문적 연계는 필연적이라 할 수 있다.

마틴 셀리그먼(Martin E. P. Seligman) 교수는 긍정심리학을 통해 보다 행복한 삶을 영위할 수 있는 방법을 제시하고자 한다. 그에 따르면 인간의 보다 행복한 삶은 개인적 차원에서 긍정적 정서 혹은 긍정적 특성과 더불어 개인을 둘러싼 외부적 환경, 즉 가정, 사회, 국가, 그리고 제도 전반이 모두 융합되어야 가능해진다는 것이다.

한편, 긍정심리와 정책학과의 연계는 '국부(國富)'의 관점에서 역시 살펴볼 수 있다. 서울대학교 융합과학기술대학원 손욱 원장은 한 강연에서 '보이지 않는 자본'의 중요성을 강조한 바 있다. 과거 산업사회의 제1의 자본, 경제적 자본(*economic capital*)과 제2의 자본, 인적 자본(*human capi-*

그림 1-6
지식창조시대의 '보이지 않는 자본'의 중요성

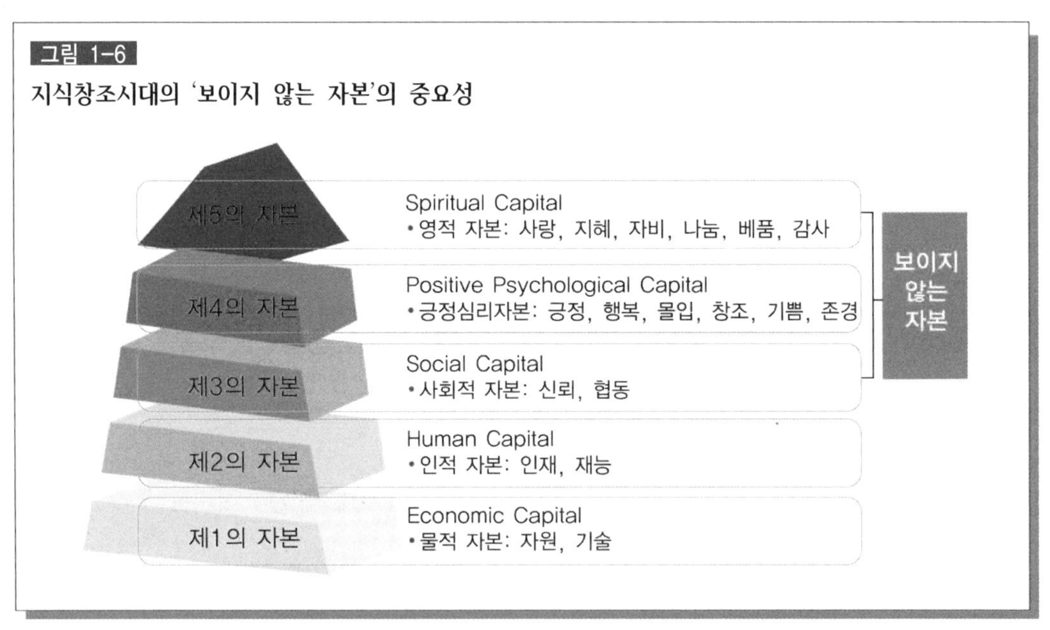

자료: 손욱 원장, "공공부문리더의 체계적 양성"에서 제5의 자본 추가
긍정심리학 창시자 마틴 셀리그먼(U Pen Univ.), 칙센트 미하이(Chicago Univ.)교수 이론에 토대.

tal)을 넘어 제3과 제4의 자본으로 나아가지 않으면 국가가 발전할 수 없다고 주장한다. 여기서 제3의 자본이란 사회적 자본(*social capital*)으로서 신뢰, 규범, 네트워크 등이며, 제4의 자본이란 긍정심리 자본(*positive psychological capital*)으로서 긍정, 행복, 몰입, 창조와 같은 긍정심리의 확산이다. 한발 더 나아가 마지막으로 제5의 자본으로서 영적 자본(*spiritual capital*)으로서 사랑, 지혜, 나눔, 헌신과 같은 인간 심리 최고 차원의 사랑과 봉사를 들 수 있을 것이다.

경제이론에 따르면 GDP가 3000달러 벽에서는 노사분규를 극복해야 하고, 1만 달러 벽에서는 이기주의 갈등을 넘어서야만 긍정심리를 토대로 한 창조경제로 나아갈 수 있다고 한다. 꼭 창조경제가 아니라도 우리나라는 국민 행복도 수준에서 OECD국가 중 하위권에 머물고 있다. 현재 우리나라는 국민소득 2만 달러를 넘긴 했지만 아직도 우리 사회 도처에는 세월호 사건 등을 기화로 정부와 국민 간의 불신의 벽, 노사갈등, 이기주의의 심화 등 긍정심리를 확산시키기에는 넘어야 할 장벽이 많은 형국이다.

이처럼 긍정심리와 정책학은 개인적 차원과 더불어 국가적 차원에서 역시 중요한 연결고리가 중요하다. 따라서 국정관리의 견인차의 역할을 담당해야 할 정책연구는 어떻게 하면 우리 사회에 긍정심리를 확산시킬 수 있을지에 대해서 제도적으로 연구할 필요가 있다.

그림 1-7

'보이지 않는 자본'의 위기

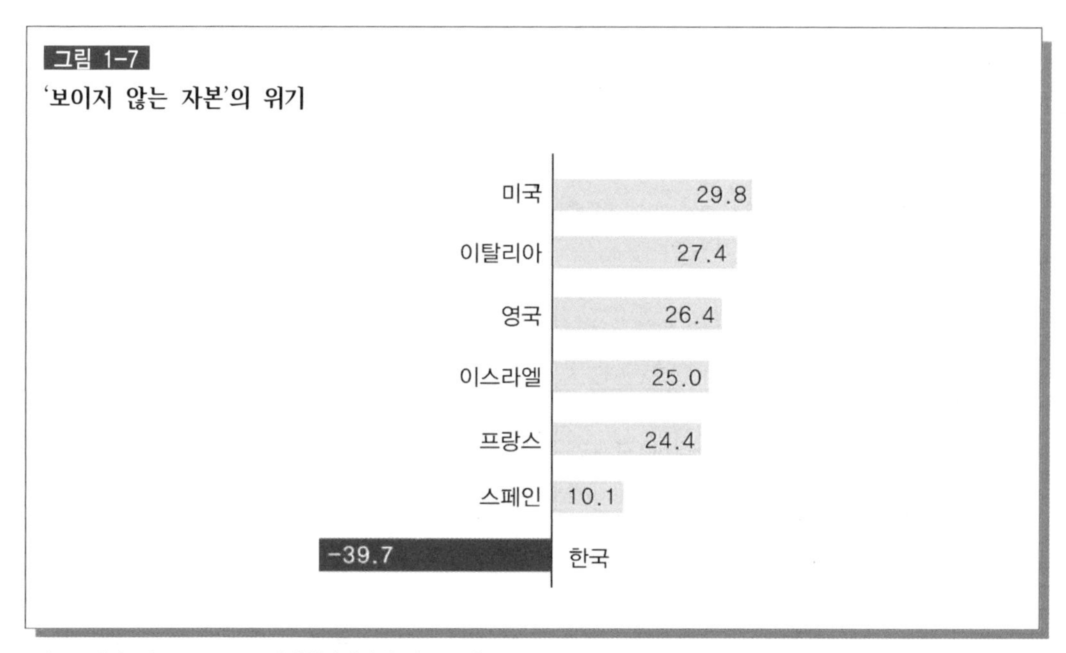

자료: 매경 2014. 4. 28, 경제협력개발기구(OECD).

그림 1-8

창조경제와 넘어야 할 장벽들

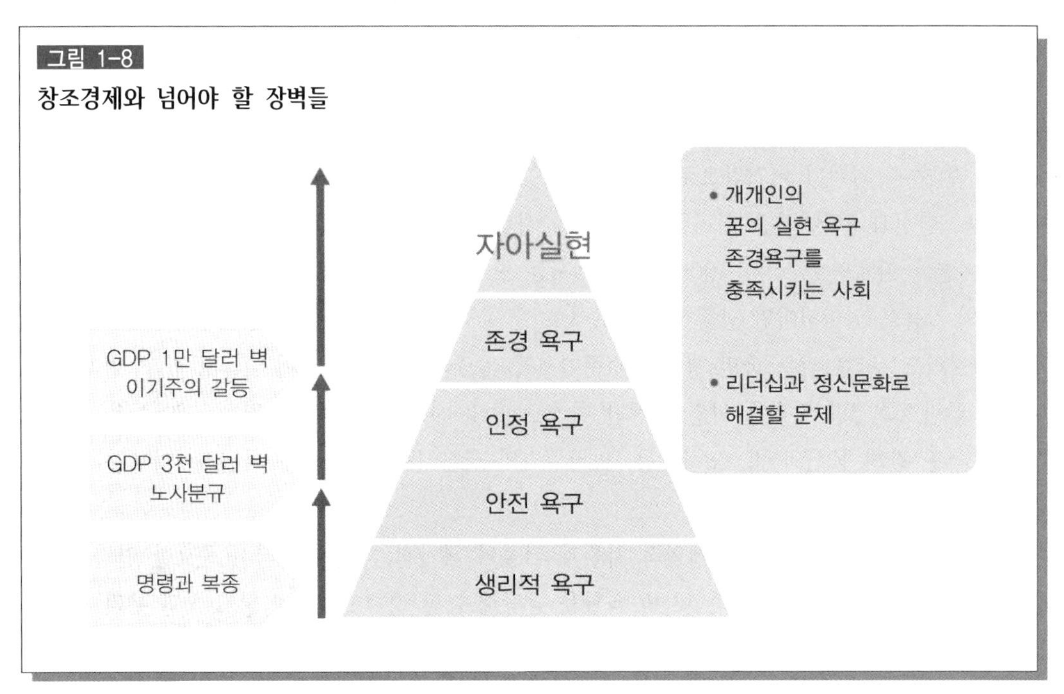

자료: 손욱 원장, "공공부문리더의 체계적 양성"에서 수정인용.

3) 긍정심리의 정책적 활용 방안

(1) 정책 분야별 활용방안

정책 분야별 정책학과 긍정심리학과의 연계를 살펴보면, 크게 외부적 차원과 내부적 차원으로 구분할 수 있다.

먼저, 정부 외부적 차원에서 긍정심리자본을 통해 단순히 갈등관리기제들을 적용하는 데 그치지 않고, 어떻게 하면 사회적으로 긍정심리를 확산시킴으로써 국가의 거래비용이나 갈등비용을 줄일 수 있는지에 대한 정책연구가 필요하다고 생각한다. 최근 연구에 따르면, 갈등이 없음이 곧 긍정심리가 많은 사회가 아니라고 한다. 갈등을 조정하는 것도 필요하지만 사전적으로 긍정심리자본이 풍요로워질 수 있는 정책방안을 연구해보면 갈등을 미리 예방하거나 차단할 수 있으리라 생각한다.

한편, 정부 내부적 차원에서 긍정심리자본은 조직, 인사, HRD 혹은 동기부여 등과 접목할 수 있다. 예컨대 정부의 업무효율성 향상을 위하여 거래적 리더십과 더불어 변혁적 리더십 차원에서 조직 내 혹은 정부 내 구성원들의 조직몰입 제고 방안에 대해서 연구할 수 있을 것이다. 또한 정책적으로도 어떤 인사정책이나 성과보상을 통해 조직 내 긍정심리확산을 증진시킬 수 있는지 연구할 수 있을 것이다.

(2) 정책 단계별

국정관리의 견인차 역할을 담당해야 할 정책연구는 어떻게 하면 우리 사회에 긍정심리를 확산시킬 수 있을지에 대해서 제도적으로 연구할 필요가 있다고 본다. 이를 위해서는 다음과 같은 두 가지 고려를 우선적으로 제안하고자 한다.

첫째, 정책결정-분석-집행-평가의 기준에 대한 연구이다. 창조적 대안을 마련하는 과정에서 정책분석의 기준에 대한 연구로서 이제는 기존의 효과성이나 능률성을 넘어서야 한다. 즉, 당해 정책대안이 우리 사회 혹은 지역공동체에 얼마나 사회적 자본을 확산하고 긍정심리를 확산시킬 수 있는지에 대한 전략적 검토가 필요하다. 기존에 W. Dunn이 제시한 소망성에는 시대적 가치에 대한 적합성, 시간과 정도에 대한 적정성 등이 포함되어 있는데, 시대적 가치에 대한 적합성으로서 현시대에 적합한 요구사항인 사회적 자본, 긍정심리 자본에 대한 확산 여부를 중요한 분석의 기준으로 고려할 필요가 있다고 보며, 이러한 분야에 대한 과학적 연구가 많이 이루어질 것을 기대해 본다.

둘째, 정책평가를 하는 과정에서도 이러한 고려가 중요하다. 현재 정부업무평가 등 실제적인 정책평가를 시행함에 있어서는 계획수립의 적절성, 집행의 효과 달성도, 성과목표의 확산 정도 등 적정성, 효과성 등 '가시적 성과'가 주로 강조되고 있는 실정이다. 앞으로는 정부업무평가에 있어서 '보이지 않는 자본'의 축적 여부에 대한 고려도 중요하게 다루어질 필요가 있을 것으로 본다. 이러한 '보이지 않는 자본'을 평가기준으로 마련할 때 고려해야 할 사항은 무엇인지, 이를 실제적인 정책평가의 매뉴얼로 활용하기 위해서 검토해야 할 사항은 무엇인지 등에 대해 실질적인 연구가 있었으면 하는 바람이다.

4) 결어: 민주주의 정책학을 넘어서

분명 지금 시대는 과거와 다른 뉴노멀(new-normal) 시대이며 격변(turbulence)의 시대이다. 빅데이터, 사물인터넷(IoT), 클라우드 등 기술의 발전은 행정환경을 변화시켰고, 새로운 정책학 패러다임을 요구하고 있다.

하지만, 정책학은 좀 더 본질적인 이슈인 '인간의 존엄성'이라는 목적함수에 천착해야 한다. 효율성, 제도나 절차로서의 민주성을 넘어 보다 근본적인 이슈인 국민들의 '진정한 행복'에 다가가기 위한 연구가 필요하다. 앞으로 정책학이 단순한 제도로서의 민주주의 정책학에서 성찰적 정책학으로의 발전적 진화가능성을 타진하면서 민주주의 정책학에 내재된 '성찰적 요소'들에 대해 주목할 필요가 있을 것이다. 이러한 논의를 필두로 국민의 진정한 행복을 위한 창조적 담론들과 실천적 대안제시가 더욱 풍성해 질 수 있기를, 또한 이러한 작금 노력들이 우리나라가 처하고 있는 급격한 시대변화에 중요한 솔루션(solution)이 될 수 있기를 기대해본다.

10. 미래 정책학을 위한 방법론적 과제

이상에서 우리는 Lasswell(1951, 1970, 1971)과 그의 동료(Y. Dror, 1970; D. Lerner, 1951; Y. Dror, 1970; A. Kaplan, 1963; P. deLeon, 1981; 1988)들이 제시한 독특한 학문체계로서의 정책학의 인식구조를 지향하면서 통합지향적인 연구방법론의 논의가 필요함을 지적하였다(deLeon, 1994: 86). 또한 이러한 미래 정책연구의 방법론으로서 탈실증주의와 민주주의 정책학의 접목, 정책네트워크이론과 제도주의분석 그리고 숙의적 정책분석에 대해서 검토하였다. 마지막으로, 정책학이 통합지향적 학문체계로서 더 큰 성취와 발전을 구축하기 위해 풀어야 할 이론적·방법론적 과제를 정리해 본다면 다음과 같다.

첫째, 정책이론의 발전이라는 관점에서 제도주의 연구와 정책이론 연구가 통합지향적으로 발전될 필요가 있다. 특히 제도적 요인들이 정책결과(*policy outcome*)에 어떤 영향을 미치며, 그에 따른 정책적 쟁점이 무엇인지에 대한 연구들은(J. Ikenberry, 1988: 219-243; S. Krasner, 1983: 359-361; 1984: 223-246; S. Haggard, 1988: 12-15) 그동안 역사적 신제도주의에 포함되어 집중 조명되지 못한 측면이 있었으나, 정책학의 관점에서 제도의 속성(*attributes*), 제도의 형태(*configuration*), 제도의 규범(SOP) 등이 정책의 과정과 결과에 미치는 영향에 대한 정책학적 신제도주의에 대한 연구와 이들을 하나의 공통된 시각으로 조명해보려는 노력 등은 앞으로 정책학도들의 중대한 과제로 남아있다고 하겠다. 국내 정치에 영향을 미치는 사회적 관계(*social dynamics*)들이 정부의 구조적 특성에 어떠한 영향을 미치고, 또한 이러한 정부의 구조적 특성은 정책결정 규칙과 규범 및 절차 등과 같은 정책결정의 제도적 속성에 어떠한 영향을 미치는지에 대해서도 앞으로 많은 연구가 필요할 것이다.

둘째, 정책현상을 설명하는 데 있어 다루어지는 정책네트워크의 종류 및 유형, 그리고 이들과 제도와의 관계 등 정책네트워크와 신제도주의적 접근들이 보다 더 정교하게 정책이론을 설명하고 예측하는 분석방법론으로 다듬어질 필요가 있으며, 이들 간의 관계규명에 대한 노력과 이를 토대로 통합지향적인 정책이론의 형성에 이들이 어떤 역할을 할 수 있는지에 대해서도 보다 많은 학술적 규명이 필요할 것으로 본다.

셋째, 분석적, 실증적 접근을 강조하는 정책네트워크 및 신제도주의적 접근, 혹은 계량분석적 접근과 인간의 간주관적 해석 및 토론과 논증에 토대를 둔 탈실증적 접근을 강조하는 숙의적 정책분석(*deliberative policy analysis*)의 방법론은 상호 연관성 속에서 발전해나갈 필요가 있다. 하지만 여기서 우리가 원하는 민주주의 정책학이 맥락지향의 탈실증주의를 강조한다고 하여, 실증주의나 객관주의를 배제한다는 의미가 아니라는 점을 분명히 해둘 필요가 있다(deLeon, 1994: 84;

Kaplan, 1963: 92; deLeon & Martell, 2006: 38-39; Kelly, 1986: 521). P. deLeon(1994: 84)이 정확하게 지적하듯이, 민주주의 정책학은 과학적 접근과 계량적 접근을 포기하는 것은 아니다. Lasswell(1951: 14-15) 역시도 정책지향(*policy orientation*)이 객관성(*objectivity*)을 포기하는 것이 아니라는 점을 강조하면서, 계량기법을 포함한 다양한 접근방법이 요구된다는 점을 분명히 하고 있다. 따라서 정책학에서 정작 필요한 것은 맥락지향적 접근(*context-oriented approach*)이므로, 어떤 경우에는 실증주의적 계량적 연구(*empirical research*)가 특정한 맥락(*specific contexts*)을 제공하는 데 도움을 준다는 점을 잊어서는 안 되며, 우리에게 필요한 것은 실증주의와 탈실증주의의 통섭적 접근(*consilience approach*)에 기초한 총체적 맥락(*total context*)에 대한 정책탐구(*policy inquiry*)이다(Kelly, 1986: 527; Lowlor, 1996: 120; deLeon, 1998; Lynn, 1999).

정책연구가들은 분석을 함에 있어 "이 연구질문은 사회의 문제를 해결하는 데 근본적인 문제인가?", "이 연구질문을 분석함에 있어서 중요한 규범적 타당성과 그 근거는 무엇인가?", "이 연구질문을 해결함에 있어서 어떤 방법론적 접근, 특히 어떠한 학제적 접근을 통해, 맥락지향적 정책함의를 도출하는 것이 필요할 것인가?" 등의 질문을 던져야 한다(P. deLon & C. Martell, 2006: 40). 이러한 방법을 통해서 정책연구는 지엽적인 문제분석의 함정으로부터 벗어날 수 있고, 정책윤리와 정책가치의 문제를 지향할 수 있으며, 실증주의와 탈실증주의에 기초한 맥락지향적 연구를 통해 인간의 존엄성 구현에 도움을 줄 수 있는 통합지향적 학문, 즉 민주주의 정책학으로 거듭날 수 있을 것이다.

정책네트워크, 거버넌스연구, 신제도주의연구, 정책집행이론, 정책평가기법 등이 많이 쏟아져 나와 있는 지금 이 시점에서 정책연구를 하는 우리에게 필요한 것은 통합지향적 인식론, 예컨대, 가장 시발점으로 규범지향적 인식론을 제공한 'Lasswellian패러다임'을 재규명하고 재조명함으로써, 규범과 가치에 기초를 둔 통합학문체계로서의 정책학의 인식을 지향하는 것이다. 하지만 이를 지향하는 방법에 있어서는 어느 일 방향만이 특별히 강조된 철학적 방법론이 아니라, 여러 형태의 연구방법론적 접근을 정책학의 가치지향적 목적인식과 결합시키는 노력을 해나가야 한다(deLeon, 1994: 86). 이 때 필요한 통합은 기계적인 통합이 아니라 학제적인 연구와 실질적인 토론을 통해 이들 방법론의 근저에 존재하는 공통분모를 모색해나가는 진지한 성찰과 학문의 과정이 되어야 한다.

제 3 절 현대적 정책이론

정책이란 정치적 요소와 합리적 요소가 상호 역동적이고 동태적인 과정을 거치면서 만들어지는 것이다. 정책과정은 가치 있는 자원의 배분을 놓고 이해관계자들이 경쟁하고 타협하는 과정으로서 본질적으로 가치, 갈등, 권력 등의 요소들이 내재되어 있다. 이처럼 정책은 가치, 갈등, 권력적 요소를 그 배경적 특성으로 하고 있지만, 정책학이 존재하는 본질적 이유는 이러한 특성적 한계를 배경으로, 어떻게 하면 합리적 정책과정에 있어서 권력적 요소를 배제하고 전문성을 제고하며, 과학적이고 체계적인 정책을 도출할 수 있을 것인가를 사유하고 탐색하는 데 있다. 즉, 정책학은 명확한 목표설정, 체계적인 대안탐색, 과학적인 정책결정 등을 통해, 최선의 대안과 집행방법을 끊임없이 추구하는 합리적인 활동으로서의 과학적 사유와 합리적 추론을 요구하고 있다.

정책결정을 바라보는 관점은 크게 합리적 결정(*rational decision*)과 정치적 결정(*political decision*)으로 대별된다. 합리적 결정은 권력적 요소를 배제하고 전문성을 강조하여 합리적·과학적 분석방법을 통해 합리적인 정책수단을 채택하는 과정으로서 정책의 능률성을 추구한다. 비용편익분석, 비용효과분석, 정책 델파이를 이용한 미래예측이나 각종 통계기법 등의 정책분석기법과, 합리모형, 최적모형 등과 같은 정책결정의 합리성을 강조하는 이론모형이 여기에 속한다. 이에 반해 정치적 결정은 다양한 이해관계를 가진 참여자들의 정치적 게임을 통해 정책수단이 채택되는 과정으로서 정책의 민주성을 추구한다. 엘리트이론, 신엘리트이론, 다원주의이론, 신다원주의이론, 하위정부모형, 조합주의, 정책네트워크 등의 모형이 여기에 속한다.

현대사회는 대단히 빠른 속도로 변화하고 있으며, 그 속도는 시간이 갈수록 더욱 가속화되고 있다. 특히, 정보가 중요해지고, 가치가 다원화되며, 세계화와 국지화 경향이 병존하고 있다. 이에 따라 국정관리거버넌스(*Governance*)의 차원에서도 국가혁신이론(*National Innovation Theory*), 정부혁신이론(*Government Innovation Theory*)이 매우 중요하게 대두되고 있다.

현대사회의 이러한 시대적인 흐름에 현대정책학이 제대로 대처하여 정책학 본래의 문제지향성과 맥락지향성을 살려 나가려면, 정책이론은 지식정보시대의 이러한 변화에 부응할 수 있는 새로운 패러다임을 제공해 줄 수 있어야 한다. 이 책에서는 전통적 정책이론과 현대적 정책요구 사이에 생기는 이론적 차이(*gap*)를 메우기 위한 노력의 일환으로서 국가혁신이론, 거버넌스이론, 전자정부이론을 이론적 도구로 활용하고자 한다.

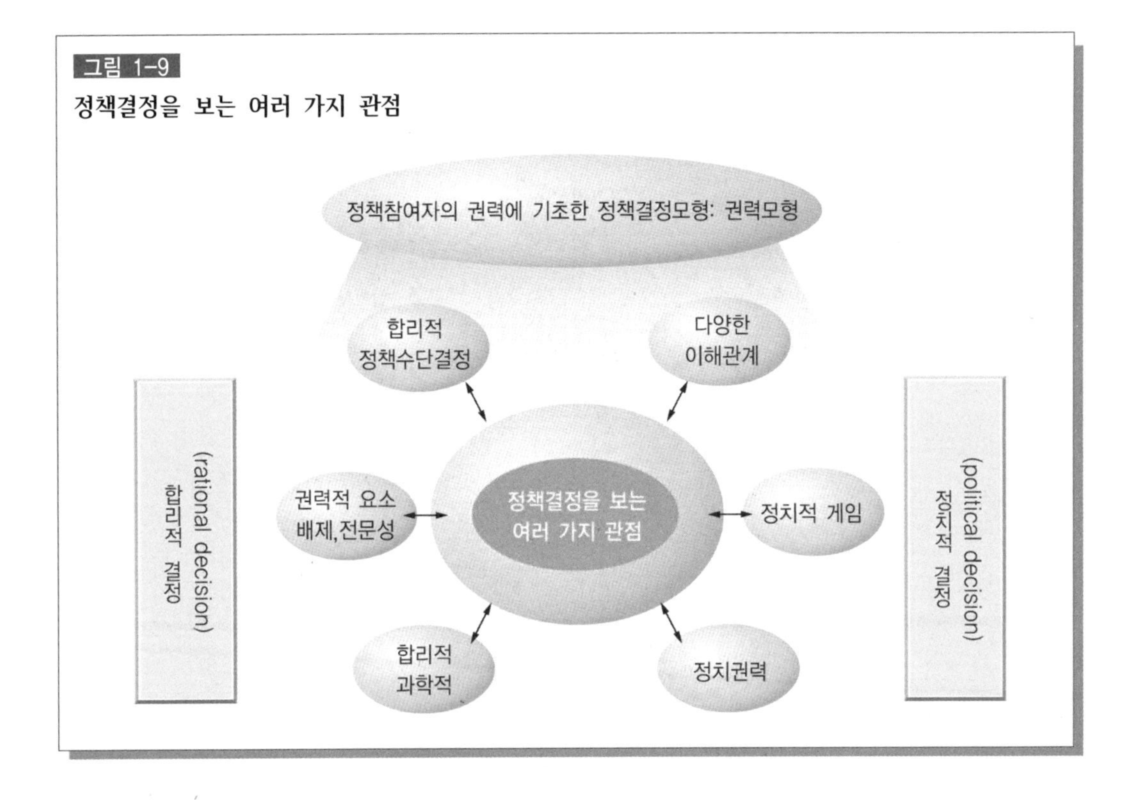

그림 1-9
정책결정을 보는 여러 가지 관점

(1) 국가혁신이론

국가혁신의 핵심은 정부와 시장과 시민사회가 어떻게 하면 신뢰와 네트워크 정신 속에서 자율성과 창의성이 마음껏 발휘될 수 있는 국정운영시스템을 만들 수 있느냐에 달려있는데, 이를 위해 국가혁신이론은 그 하위 수단적 요소로서 정책품질관리, 갈등관리, 지식관리, 성과관리 등을 둔다.

정책품질관리제도는 정책과정의 절차적 합리성 제고를 통해 원천적으로 국가적 차원의 갈등관리를 지향하며, 정책품질관리제도를 통한 정책사례의 정확한 데이터베이스 구축은 지식관리를 의미한다.[6] 또한, 정책과정의 논리적 타당성을 확보하기 위한 노력이 성공하기 위해서는 공무원 개개인에 대한 공정한 성과관리의 구축이 전제되어야 한다. 즉, 갈등관리, 지식관리, 성과관리는 정책품질관리를 중심으로 연결되어 있으며, 이들은 국가혁신이론의 구축에 중요한 정책적 지렛대로 활용되고 있다. 이 중에서 지식관리와 성과관리가 조직의 생산성과 효율성을 추구하는 개념이고, 갈등관리가 민주성과 참여성을 강조하는 개념이라면, 정책품질관리는 효율성과 민주성을 동시에 추구하는 개념이라고 볼 수 있다.[7]

6 정책품질관리는 정책의 품질을 제고해 보려는 체계적인 노력의 일환으로서, "정책의 합리성 제고를 통해 국민의 수요와 기대에 적합한 정책을 수립·관리하기 위한 정부의 총체적 노력 및 활동"으로 정의할 수 있다. 정책의 품질향상을 위해서 정책 전과정에 걸쳐 정책수요의 조기파악, 참여와 공개를 통한 민주적 정책관리, 합리적 의사결정을 위한 정확한 정보의 적시제공, 정책사례학습을 통한 정책실패의 재발방지 등의 노력을 수행하는 것을 그 내용으로 한다.

7 갈등관리가 정치적 측면만을 가지고 있고, 지식관리와 성과관리가 합리적 측면만을 내포하고 있는 것은 아니다. 정책

그림 1-10

국가혁신이론과 하위구성요소

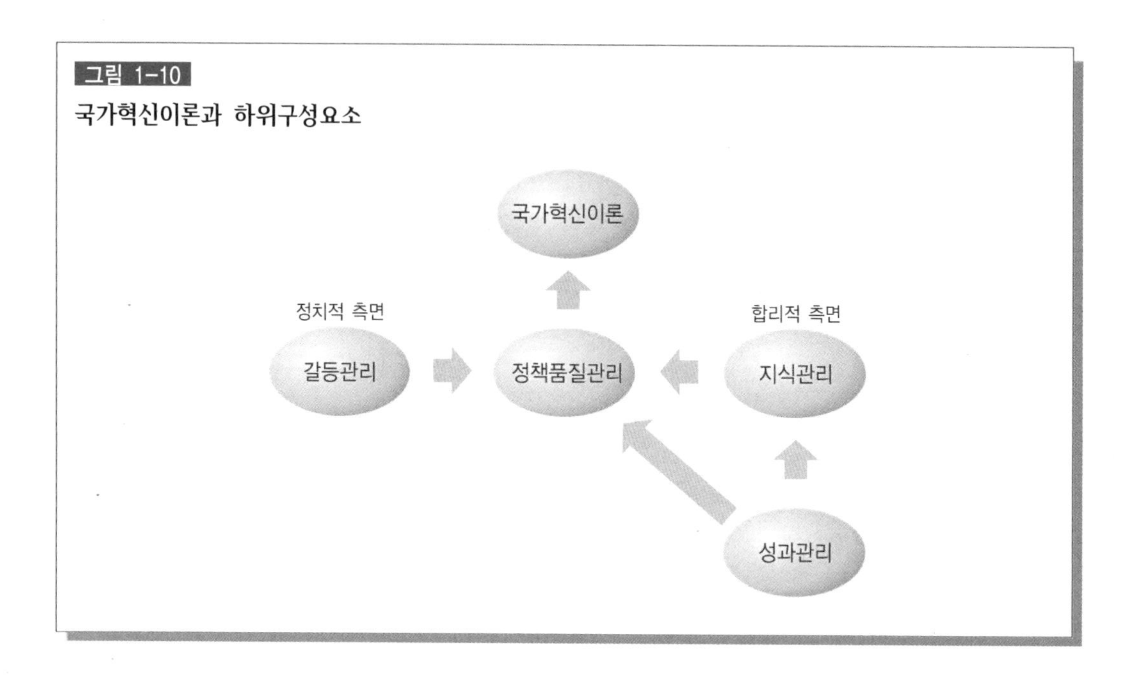

(2) 거버넌스이론

거버넌스는 라스웰(Lasswell)이 인간의 존엄성을 강조한 민주주의 정책학을 주창한 이래 정책학이 계층제적 관료제의 도구로 전락된 것에 대한 반성과 성찰의 결과이다. 기존의 정책학은 다양한 의견 투입이 원활하게 이루어지지 못하고 정책의 효율성만을 추구한 결과 정책불응과 같은 또 다른 비효율성을 양산하고 있었다. 이에 대한 반성으로 대두된 거버넌스는 다양한 이해관계자들의 참여를 제도적으로 보장함으로써 정책의 민주성과 효율성을 동시에 추구한다. 현대사회의 정보화 추세는 이러한 경향을 더욱 가속화하고 있다. 결국 새로운 환경변화에 대한 대응으로 등장한 혁신체제이론과 거버넌스이론은 기존에 배타적으로 추구되고 있던 효율성과 민주성을 조화하는 대안으로서 새로운 정책학패러다임의 핵심요소이다.

의 갈등관리를 통해서 축적되었던 자료가 지식으로 저장되어 활용, 학습될 수 있으며, 또한 데이터베이스화된 지식을 통하여 갈등을 조기포착, 사전관리하는 데 활용될 수 있다. 성과관리 역시 지식관리만 지지해 주지는 않는다. 갈등관리를 잘 한 부서나 팀에게 승진이나 성과급 등을 지불할 수 있다. 즉, 각 요소들은 씨줄과 날줄처럼 서로 얽힌 상호의존적인 형태로 이해할 수 있다.

정 책 사 례

거버넌스 관리 성공사례: 대포천 수질개선과 성공적 거버넌스 성공사례

1. 사례개요

김해시 상동면에 위치한 대포천은 부산시민의 상수원인 낙동강 물금취수장에서 약 300m 상류에 위치하고 있으며, 1970년대까지는 맑은 수질을 유지하였으나 급격한 지역개발로 인한 공장폐수, 축산폐수 방류 등으로 오염되기 시작하여 1997년에는 4-5급수로 전락하였다.

4대강 수계특별법의 입법예고 후 초기에는 상수원보호구역으로 지정이 불가피해진 김해시 상동, 생림, 한림, 진례면 전역과 진영 일부의 5개 읍·면 번영회를 주축으로 구성된 상수원특별법반대추진위원회는 본격적인 반대투쟁을 전개하였다. 대포천 일대가 상수원보호구역으로 지정되면 지역주민의 생활에 많은 규제가 따를 뿐만 아니라 토지가격의 저하 등 지역주민의 재산권에도 적지 않은 부정적인 영향을 주기 때문이다. 그러나 대안 없는 반대운동이 대다수의 주민들로부터 호응을 얻지 못하면서 우선 대포천을 살리고 행정당국에 상수원보호구역 지정을 유예해 주도록 요구하자는 의견이 새로이 대두되었다(환경부, 2002. 4. 3).

다양한 오염원을 가진 대포천 유역의 수질개선을 위해서 주민들은 "상동면수질개선대책위원회"를 구성하여 대대적인 수질정화운동에 나서 자발적으로 오염을 줄여나가기 시작했다. 수질개선기금의 모금, 수계별 감시단의 조직화, 합성세제 덜 쓰기 운동, 수질자정능력 제고 활동, 가정 및 식당의 오·폐수 저감장치의 설치, 범 면민 하천정화활동 등 주민들의 자율적이고 자발적인 노력으로 대포천은 1998년 2월 이후 BOD 기준 1급수 하천으로 개선되었다. 수질개선으로 상수원보호구역으로 지정하려던 계획은 수정되어 정부-주민 간 "자발적 협약"을 체결하게 되었다. 협약체결 이후에도 1급수 수질유지 노력은 지속되었고, 그 결과 2003년 2월에 자연생태복원 우수사례로 지정되었고, 2004년 3월에는 "수질개선지역"으로 지정되어 수계법상 최초로 주민의 자율적 노력에 근거한 주민지원사업비 수혜조건을 취득하게 되었다.

2. 쟁점 및 시사점

위 사례는 김해시에 소재한 대포천이 4-5급수로 전락하여 상수원보호구역지정문제가 제기된 1997년부터 시작하여 주민의 자발적 노력과 중앙정부, 지방정부의 지원과 협력 속에 수질을 1급수로 개선하는 데 성공한 사례로서, 거버넌스패러다임의 핵심적인 문제해결 기제인, 수평적으로 연결된 네트워크의 구성을 통해 행위주체들이 공동의 문제를 해결해나가고 있는 것을 잘 보여주고 있다. 자발성과 네트워크에 기반한 대포천 주민의 수질개선 사례는 주민의 자발적인 노력이 거둔 성과만큼 중앙정부, 지방정부, 지역사회 등에 많은 관심과 이목을 끈 사례이다. 정부와 주민 간 문제해결방식은 자발성, 네트워크, 협력에 기초하였고, 주체 간 여러 형태의 협력구조를 형성하였다. 이러한 거버넌스적 문제해결구조는 적은 비용을 통해서 대포천을 1급수 수준으로 개선시켰을 뿐만 아니라, 이를 지속적으로 유지하도록 하였으며 나아가 파괴되었던 대포천의 생태계도 복원되는 성과를 가져왔다.

이 사례에서 네트워크의 구성원은 환경부-김해시-수질개선대책위원회이고, 낙동강 상류의 물금취수장으로 유입되는 대포천의 수질개선이 이들이 성취하려고 하는 공동의 문제였다. 사회자본의 구체적 형태로 신뢰, 네트워크, 사람들을 한데로 묶어주는 규범이 흔히 제시되는데, 대책위원회 활동의 초점은 바로 이러한 사회자본을 배양함으로써 집단행동의 딜레마를 극복할 수 있었던 것으로 해석된다. 보다 구체적으로, 지역사회의 다양한 집단을 촘촘히 연결된 네트워크로 이어주고, 이렇게 구성된 네트워크는 정보와 의사소통 통로로서의 역할과 이탈행위를 억제하는 견제장치로서 작용하였는데, 이는 신뢰와 협동에 바탕을 둔 거버넌스적 문제해결의 모범적인 성공사례라고 할 수 있다.

자료: 유재원·홍성만, 2004.

(3) 전자정부이론

(가) 참여성, 숙의성, 합의성

우리는 전자정부 시대의 도래에 따라 다양성과 창의성과 실용성이 강조되는 시대에 살고 있으면서 동시에 참여성(*participation*), 숙의성(*deliberation*), 합의성(*consensus*) 등 민주성이 강조되는 시대에 살고 있다. 시민사회의 발전에 따라 다양한 개인이나 집단들이 정책과정에의 참여 및 이를 제도적으로 보장해 줄 것을 요구하고 있으며, 특히 최근 들어 인터넷과 전자정부론의 발전은 참여성(*participation*)을 가능케 해주는 기회를 제공해주고 있다. 또한 각 정책참여자 간에 상대방을 존중하는 토론문화가 성숙되어 민주적인 절차와 자유로운 분위기 속에서 서로의 이해관계를 협의해 나가는 것이 정책과정의 투명성 확보와 정책집행의 순응성 확보에 매우 중요한 절차적 타당성의 요건이 되고 있다. 하버마스의 담론의 장에서 강조되는 것과 같은 협의성, 숙의성(*deliberation*)이 중요하게 대두되고 있는 것이다. 더 나아가, 우리는 민주화 이후의 민주화 시대에 살면서 다양한 이익결집과 이익표출이 과잉분출되는 시대에 살고 있다. 이런 때일수록 정책학의 측면에서는 정책 이해관계자들의 다양한 이해관계가 서로의 협의를 통해 상생의 결과를 얻을 수 있도록 하는 정책적 가치가 중요해진다. 즉, 합의성(*consensus*)이 그 어느 때보다도 정책과정의 민주적 절차에 있어서 중요해진 시점에 살고 있다.

정 책 사 례

갈등관리 실패사례: 부안 핵 방폐장 정책 실패사례

1. 사례개요

정부는 1986년부터 원전 수거물(방사성 폐기물) 관리 센터 부지 확보를 추진해 왔으나 지역 주민,

환경 단체의 반대와 활성 단층 발견 등으로 실패해왔다. 결국, 1998년 부지 선정방식을 사업자 주도방식으로 변경하고, 2003년 2월 4곳의 핵폐기물 처리장 후보를 발표했다. 이에 대응하여 김종규 부안 군수는 2003년 7월 부안군에 방사성 폐기장을 유치하겠다고 발표하였으나, 이는 매우 독단적 결정으로 부안주민의 반대가 극심했다. 그로 인해 2003년 10-11월간 공동협의회가 진행되었으나, 별다른 타협점을 찾지 못한 부안주민과 정부의 갈등양상이 고조되었다.

결국 2003년 11월 부안주민의 서해안 고속도로 점거 등의 대규모 시위와, 이에 대응한 정부의 대규모 공권력 투입으로, 유혈 충돌사태가 발생하는 등 갈등이 극에 달했다. 그 후 2004년 2월 주민투표를 실시하였으나, 부안군 핵 방폐장 건립에 대한 주민들의 압도적 반대(91.83%)로, 부안 방폐장 유치는 실패로 돌아가고 말았다.

2. 쟁점 및 시사점

위 사례는 부안군 핵 방폐장 설치 과정에서 나타난 정책 실패사례이다. 방사성폐기물 처분문제는 배분적 형평성을 성취하는 것이 불가능하기 때문에, 절차적 형평성을 확보해야만 하는 정책인데, 절차적 형평성을 확보하기 위해서는 방폐장 부지선정이 공정하게 이루어져야 한다. 즉 처분장의 부지선정과정이 공개리에, 정당한 기준에 따라 영향을 받을 주민들이 참여하여, 그들의 목소리가 결정과정에서 반영되어야 한다(김길수, 2004).

그러나 이 정책은 정책의제 설정단계부터 정책의 홍보와 주민의견 수렴 및 동의 여부에 대한 조사가 미흡하였을 뿐 아니라, 주민의 의견을 무시한 일방적인 결정으로 주민의 갈등은 증폭되는 결과를 초래했다. 또한 지역주민들에 대한 보상금 지급과 관련하여, 정부의 효과적인 협상능력의 부재(不在)가 심각한 문제가 되었으며, 지역주민들의 불응에 대해 정부가 공권력을 남용함으로써, 주민들의 반발을 더욱 배가(倍加)시키는 요인으로 작용하여, 결국 사회적 혼란과 불신만을 남기고 정책이 종결되고 말았다.

이 사례는 단순한 형태의 능률성, 즉 정책집행 위주의 문제해결방식은 후에 더 큰 정책순응비용이 들 수 있음을 보여주며, 정책이해관계자들의 충분한 참여와 대화, 숙의와 합의를 통한 문제해결방안이 시간은 더딜지 모르나, 결국 더 효율적인 문제해결이 될 수 있음을 시사한다. 또한 첨예한 이해당사자들 간의 대립이 예상되는 국책사업의 경우에는, 조정과 협상을 토대로 한 효과적 갈등관리시스템의 구축이 매우 시급하다는 점을 시사한다.

(나) 새로운 정책결정 메커니즘

전자정부는 관료제모형의 대안으로 제시된 현대적 의미의 정책결정 메커니즘이다. 전자정부는 정부 내에 산재해 있는 지능(*intelligence*)을 한 단계 향상(*upgrade*)시킴으로써 정부 내부의 문제해결능력과 정책결정역량을 제고시킨다. 또한 전자정부는 정보와 지식의 공유와 학습을 강조함으로써 정부 내외의 혁신활동을 지원해주는 역할을 하므로 효율성과 생산성을 추구한다. 또한 정부 외부와는 다양한 이해관계자들이 참여할 수 있는 공론의 장을 제공해 줌으로써 참여성, 숙의성, 합의성 등 민주성을 강조하는 거버넌스 형태의 정부조직모형이다.

(다) 효율성-민주성-성찰성 차원

전자정부의 개념은 1) 효율성 차원, 2) 민주성 차원, 3) 성찰성 차원 등 세 가지 차원으로 정리할 수 있다. 먼저, 전자정부개념의 첫 번째 차원은 정부내부의 효율성(생산성) 제고라는 관점에서 고찰할 수 있다. 이는 정부개혁, 정부혁신, 정부생산성이라는 용어로도 불리는 차원의 이슈들로서, 다시 다음의 네 가지 하위차원의 생산성 요소로 정리할 수 있다.

첫째, 민원인의 편의를 극대화하는 정부로서의 전자정부이다. 이는 One Stop, Non Stop, Any Stop의 정부라는 용어로서 대변되는데, 국민들에게 각종 업무절차의 처리, 정책정보 획득 등을 단일창구에서 가능케 하는 종합정책서비스시스템을 구축하고, 관계 기관 간 정보공동활용을 통해 민원의 일괄처리를 가능케 하는 등 민원인의 편의를 극대화하는 정부로서의 전자정부개념이다.

둘째, 종이 없는 사무실로서의 전자정부이다. 이는 Paperless & Buildingless 정부로서, 정보기술을 이용하여 문서를 감축하며, 전자결재, 정책DB의 구축, 정보공개, 업무재설계(BPR) 등을 통해 정책의 효율화를 극대화하고 비용을 절감하는 정부로서의 전자정부개념이다.

셋째, 깨끗하고 투명한 정부로서의 전자정부이다. 이는 Clean & Transparent 정부로서, 전자입찰과 전자조달, 전자감사, 정보공개 등을 통해 부패를 근원적으로 차단하고 투명한 정책공개를 구현하는 정부로서의 전자정부개념이다.

넷째, 지식관리시스템에 의해 과학적이고 체계적인 정책결정 능력을 뒷받침하는 전자정부이다. 이는 Digital 신경망 정부로서, 정책정보의 공동이용, 학습이 일어나는 정부, 정책의사 결정흐름의 자동화 등을 통해 지식의 창출과 축적, 공유와 학습, 활용과 확산 등 지식의 순환 주기를 가속화하고, 나아가 정책결정 역량을 강화하는 정부로서의 전자정부개념이다.

이상의 네 가지 하위요소(민원인의 편의가 극대화되는 정부, 종이 없는 사무실, 깨끗하고 투명한 정부, 디지털 신경망 지식관리시스템에 의해 정책결정역량이 강화되는 정부)들은 정부 내부의 생산성을 극대화하는 정부로서의 전자정부의 개념을 구성하고 있다. 즉 효율성(생산성) 차원으로서 첫 번째 차원의 전자정부개념이다.

하지만, 전자정부의 개념은 단순한 의미에서 정부생산성을 증진시킨다는 차원에서 끝나지 않는다. 전자정부개념의 두 번째 차원은 민주성과 연계되어 있으며, 세 번째 차원은 성찰성과 연계되어 있다. 전자정부개념의 두 번째 차원은 정부외부와의 인터페이스 관점에서 정부-국민 간의 정부권력의 전통적 관계를 민주적으로 복원시키는 의미에서 전자민주주의를 실현하는 정부로 규정지을 수 있다(민주성).

전자정부개념의 세 번째 차원은 민주성과 밀접한 연관성이 있으면서도 보다 철학적인 지향점을 의미하는 성찰성의 개념과 관련지어 규정할 수 있는데, 이러한 고차원적 의미의 전자정부는 우리 사회에서 수직적, 수평적 의미의 열려 있는 의사소통을 활성화시킴으로써, 진정한 의미의 신뢰 사회와 성숙한 사회를 실현하는 사회공동체 구현수단으로서의 정부(성찰성)라는 의미를 지닌다.

(4) 미래예측이론

(가) 전략기획, 네트워크, 미래연구의 연결고리

미래는 불확실성(*uncertainty*)과 불확정성(*indeterminancy*)을 특성으로 한다. 불확실하고 불확정적인 미래의 특성으로 인해 오히려 미래에 대한 무한한 가능성은 열려 있으며, 미래예측을 통한 인간의 창조적 행위가 가능해진다. 미래예측은 전략기획(*Strategic Planning*), 네트워크(*Governance Networking*) 형성 및 미래연구(*Future Studies*)의 중심부에 위치하는 개념이다.

전략기획(*Strategic Planning*)이란 정책설계(*policy design*)와 합리적 기획(*rational planning*)에 대한 믿음을 기초로 국가 사회의 변화 및 역동성을 촉발시키는 전략적 개념이다. 네트워크(*Governance Network*)는 정책연구가 과거 엘리트 주도형과 상위하향(*Top-down*)방식에서 좀 더 넓은 참여형 접근방식으로 변화하고 있다는 믿음을 기초로 정책과정에 있어 민주성 및 투명성 증대에 대한 압력을 반영하여 보다 많은 정책행위자들의 참여를 기초로 미래 및 참여 지향적 정책설계를 할 것을 주문한다. 또한 미래연구(*Future Studies*) 역시 조직의 상층부에서 미래의 비전과 목표를 일방적으로 제시하는 것보다는 정책형성과 연구프로세스에 있어서 조직 내에서 조직구성원들이 상시로 미래예측하려는 노력이 더욱 더 중요하다는 믿음을 기초로 미래지향적 사고와 비전 지향이 조직 내 상시적으로 체제화(*embedded*)될 것을 주문한다.

이러한 전략기획, 네트워크 형성, 미래연구의 방법론 핵심에 미래예측이 존재한다. 미래예측은 미래연구, 전략기획, 네트워크 형성을 대체하는 것은 아니며, 각각의 행위는 자신의 고유 영역과 역할을 가지고 상호보완적으로 진행되는 가운데 미래예측은 이러한 개념의 공유점에 위치하며, 이들에게 중요한 핵심적인 방법론을 제공한다는 데 의의가 있다.

(나) 미래예측과 정책연구

미래예측과 정책연구는 매우 밀접한 연관관계를 맺고 있다. 하지만 그동안 미래예측이 정책연구라는 관점에서 집중적으로 조명을 받지는 못했는데, 앞으로는 미래예측과 정책연구의 다양한 연결고리에 대해서 연구할 필요가 있을 것이다. 정책을 연구함에 있어서 미래라는 관점이 도입되지 않는다면 정책은 매우 점증주의적이고 선례답습적인 도구로 전락하게 될 것이며, 그렇게 되면 정책의 본질적 핵심에 해당하는 정책의 미래 창조적 기능은 상당 부분 상실되게 될 것이다. 즉 정책은 미래가 있기에 정책의 미래지향적 탐색이 가능하게 되고, 국가의 미래지향적 가치를 그리면서 정책을 가치 창조적으로 형성해 나갈 수 있게 되는 것이다.

(다) "완전한" 미래예측: 전문가 패널, 시나리오, 정책델파이

"미래예측"이라는 용어는 온갖 종류의 활동에 적용되지만, 미래연구를 하는 학자들은 전문가 패널, 시나리오 기법 및 정책델파이에서 활용되는 보다 진지한 형태의 토론과 다양한 방법론의 활용을 중시한다. 또한 이러한 관점에서 미래연구학자들은 전문가 패널, 시나리오 기법 및 정책델파이에서 보여주는 보다 장기적 형태의 연구와 다양한 방법론의 활용, 네트워크 형성, 정책결정과 정책기획의 강한 연계 등의 특성을 지닌 미래예측 방법론을 "완전한 미래예측"(*fully-fledged-foresight*)이라고 불렀다.

미래예측은 미래의 조직, 사회, 국가 단위의 예비적 전략을 개발하기 위해 주요 변화의 동인과 지식의 출처를 모으는 작업으로서, 정책결정, 정책기획, 정책설계 및 우선순위 목록 준비와 함께 미래비전을 지향하는 전략적 비전을 상세히 설명하는 과정이다. 따라서 새로운 형태의 미래예측은 다양한 행위자의 참여와 네트워크를 강조하며, 어떤 의미에서는 새로운 "미래예측 문화"의 확립을 지향한다고도 볼 수 있다.

미래예측의 목적은 단순히 더 나은 보고서와 정책의 결과를 내려는 단편적인 것에 있는 것이 아니다. 새로운 형태의 미래예측은 국가혁신의 지향이라는 목적을 가지고 정부, 기업, 시민사회의 다양한 거버넌스 행위자들이 모여 보다 향상된 네트워크를 확립하는 것이며, 지적인 지식 자원과 네트워크 멤버들이 함께 모여 진지하게 토론하면서 미래의 새로운 대안과 비전을 창출하는 새로운 형태의 지식융합의 네트워크를 형성하는 것이다. 이러한 관점에서 새로운 형태의 미래연구는 현대 정책연구에서 지향하는 통섭적 접근과 탈실증주의적 접근 그리고 숙의적 정책분석의 지향과 맥을 같이한다고 할 수 있다(권기헌, 2007a: 19-20, 258-259).

이러한 "완전한 미래예측"(*fully-fledged-foresight*)의 관점에서 본문에서 제시한 전문가 패널, 시나리오 워크숍, 정책델파이 접근방식은 매우 중요한 의미를 지닌다. 이러한 좀 더 공식적인 미래예측 프로그램에서는 미래의 전개과정 및 발달전략과 관련하여 활발한 참여 및 토론, 그리고 견해의 교환을 중시하며, 미래예측의 네트워크 형성을 강조한다. 이들은 한두 개의 계량분석으로 끝나는 단순한 예측활동과는 다른 것인데, 국가적인 차원에서의 광범위한 미래전망에 기초한 미래예측활동들은 보다 공식적인(*formal*) 형태의 전문가 패널, 시나리오 워크숍 혹은 정책델파이 방식을 준수하여 시나리오를 개발하면서 정책델파이를 진행시키는 것은 물론이고, 이러한 과정에서 많은 패널과 이슈 그룹의 활동들을 중심으로 미래에 대한 창조적 전망과 대안 그리고 기회와 가능성에 대한 토론과 숙의 그리고 네트워크 형성을 지향해 나간다.

(라) 미래예측 연구방법

미래예측기법으로 사용되는 모든 방법들은 복잡한 수학적 모형, 계량적 기법이나 컴퓨터 시뮬레이션 등을 통해 이루어지기도 하지만, 실질적인 미래예측에 있어서는 전문가 패널, 시나리오 작성, 정책델파이 등 전문가들의 주관적 판단이나 창의적 예측이 매우 중요한 자료로 사용되므로, 양적인 분석과 질적인 접근을 모두 활용하는 미래예측의 종합적 접근이 필요하다.

미래를 예측할 때는 먼저 1) 어떠한 이슈가 존재하는지 확인하는 이슈의 확인(환경 스캐닝, 이슈서베이, SWOT 분석)과, 2) 그러한 이슈가 어떻게 진행될지에 대해서 추정해보기 위해서 추세 연장적 접근(추세연장, 경향추정, 시뮬레이션)과 창의적 접근(브레인스토밍, 전문가패널, 시나리오, 정책델파이, 교차영향분석, 실현성예측)을 사용하게 되며, 3) 마지막으로, 이상에서 추정하고 창의적 방식을 통해 나타난 미래의 상황을 우선순위로 분류하는 우선순위 접근(핵심기술 우선순위 기법, 로드맵 우선순위 기법)이 종합적으로 필요하다.

미래예측은 이슈의 확인으로부터 시작된다. 미래예측의 주제가 선정되면 그 주제와 관련된 이슈들에 대해서 체계적으로 확인하고 분석하는 작업이 필요하다. 미래예측의 주제는 매우 전문적인 이슈를 대상으로 분석하는 경우가 많기 때문에 첫출발인 이슈의 확인과 분석은 매우 중요성을 지닌다. 이슈의 확인과 관련된 미래예측기법은 크게 1) 환경 스캐닝, 2) 이슈 서베이, 3) SWOT 분석 등으로 분류할 수 있다.

이슈의 확인이 있고 나면 통계적 분석으로 들어가게 된다. 미래예측에서 통계적 분석이 차지하는 의미는 매우 크다고 할 수 있는데, 그것은 통계적 분석이 미래예측의 객관성과 과학성을 제고시켜 주기 때문이다. 미래예측에서 중요하게 활용되는 전문가 패널, 시나리오 기법, 정책델파이를 실행하는 과정에서 중요한 통계처리와 시뮬레이션 등 통계적 분석은 미래의 시나리오를 창출하는데 많은 과학적 근거를 제공하게 될 것이다.

통계적 분석으로 많이 사용되는 기법들은 회귀분석, 시뮬레이션이 있으며, 회귀분석은 다시 횡단면분석과 시계열분석으로 분류된다. 미래예측과 관련하여서는 시계열분석이 매우 핵심적인 위치를 차지하게 되는데, 이러한 시계열분석으로 중요한 기법은 추세연장적 접근과 경향추정이 있다. 이 밖에도 통계적 분석은 많이 있는데, AHP 기법(*Analytical hierarchy process*), Bayesian 모형(*The Bayesian model*), 형태분석기법(*Morphological analysis*) 등이 있다.

(마) 창의적 예측연구

미래연구(*future studies*)는 미래의 문제를 탐구하는 학문으로서 과거나 현재에 관한 일련의 추세적 연장에 그치지 않고, 미래의 대안을 창조하고, 그러한 대안의 선택과 결정을 통해서 미래의 바람직한 대안을 개발하는 학문이다. 미래예측의 통계적 기법들은 데이터의 형태를 그래픽으로 혹은 추정의 형태로 처리해 줌으로써 미래예측의 객관성과 신뢰성을 확보하는 기반이 되지만, 미래연구는 어디까지나 이러한 통계분석의 수준을 넘어서서 창의적 예측에 기초한 창조적 대안 개발을 요구하고 있다.

미래예측의 핵심은 이러한 창의적 기법들을 어떻게 활용하여 미래전략에 대한 귀중한 정보를 이끌어 낼 수 있는가에 달려 있다고 해도 과언이 아닐 정도로, 전문가 패널, 시나리오 연구, 정책델파이 등 전문가 판단 기법들이 미래예측 방법에서 차지하는 비중은 매우 크다고 할 수 있다. 그리고 거기에 미래예측이 단순한 계량분석과는 차별되는 부분이 존재한다고 할 수 있다.

미래예측은 결국 사회적이고 창조적인 과정이다. 미래예측은 조직의 성공에 핵심이 되는 새롭고 흥미로운 지식의 융합(*knowledge fusion*)을 키우는 상호작용의 과정이라고 할 수 있는데, 이러한 관점에서 이 장에서 소개한 전문가 판단에 기초하여 미래의 전략에 대한 창의적 견해들을 이끌어 내는 기법들은 매우 중요한 의미를 지닌다고 하겠다. 창의적 예측의 방법론으로 브레인스토밍, 전문가 패널, 시나리오 기법, 정책델파이, 교차영향분석, 실현성예측 등이 있다.

(바) 정책 우선순위 예측

미래연구(*future studies*)는 미래의 문제를 탐구하는 학문으로서, 미래의 대안을 창조하고 미래의 정책을 기획하는 학문이다. 미래예측은 1) 이슈의 확인, 2) 통계적 분석, 3) 전문가 판단의 과정을 거쳐 우선순위 분석을 통해 완성되는 것이며, 따라서 정책 우선순위를 분석하고 거기에 대한 논리적 정당성을 제시하는 일은 미래예측에서 매우 중요한 의미를 지닌다. 더욱이 미래예측이란 단순히 몇 가지 계량분석 방법론을 통해 미래를 단순히 예측하는 데 그치는 것이 아니라, 국가혁신이라는 관점에서 미래의 보다 나은 창조적 대안들을 적극적으로 개발하고 창조하며 정책의 우선순위 선정에 따른 정책기획까지도 포함하는 폭넓은 미래지향적 사고의 과정이라고 보았을 때, 우선순위 분석은 미래예측에서 매우 중요한 의미를 지닌다고 할 수 있다.

지식기반경제하에서 과학기술의 중요성이 부각되면서, 첨단산업, 기초과학, 정보통신 등을 포함한 국가 과학기술 분야의 미래예측이 매우 중요해지고 있는데, 이러한 관점에서도 본문에서 제시한 핵심기술 우선순위 기법(*Critical or key technologies*)과 우선순위 로드맵 기법(*Technology Roadmapping*)은 10-30년 뒤를 내다보면서 국가가 우선적으로 투자해야 할 국가과학기술지도를 제시해 줄 수 있는 국가경쟁력과 국가성장동력 창출의 핵심기법들이라고 하겠다. 이러한 의의를 지닌 예측방법으로는 핵심기술 우선순위 기법(*Critical or key technologies*)과 우선순위 로드맵 기법(*Technology Roadmapping*) 등이 있다.

이상에서 소개한 미래예측이론 및 기법, 전자정부이론, 거버넌스이론, 국가혁신이론 등은 정책이론의 현대적 재조명을 위해 빌려온 이론적 도구들이다.[8]

---

8 하지만, 이 책은 아직 Lasswell 정책이론의 현대적 재조명이라는 과제를 충분하게 완성했다고 보기는 어렵다. 이를 여기서 명확히 밝혀둠으로써 향후 지속적인 학문발전의 계기가 되기를 기대한다. 그것은 이 책이 국가혁신이론, 거버넌스이론, 전자정부이론, 제도주의이론 등을 공식적으로 도입함으로써 정책학의 영역을 넓히고 그들 간의 관계구성을 새롭게 해야 한다는 문제제기를 했다는 점에서 학문적 의미를 찾을 수 있지만, 이를 넘어서서 이러한 설명적 개념도구들을 활용하여 기존의 정책과정이나 정책이론을 새롭게 재구성하는 수준에는 이르지 못했기 때문이다. 향후 지속적인 정책이론의 발전을 위해 여기서는 특히 두 가지 정책이론의 미완의 과제를 지적해 두고자 한다. 첫째, 정책형성-정책분석-정책집행-정책평가로 이어지는 다분히 일직선적인(*uni-linear*) 전통적 정책과정을 벗어나 거버넌스나 제도주의라는 새로운 설명도구들이 어떻게 비선형적인 새로운 정책이론으로 재구성되어야 할지에 대해서 학문적 탐구가 필요하다. 이러한 문제의식은 Sabatier(1993)와 Jenkins-Smith & Sabatier(1993) 등의 학자들에 의해 지적되었고 일부

제 4 절 현대정책이론: 논의의 틀

21세기 국가혁신의 화두는 공유(*sharing*)와 학습(*learning*)이다. 초 단위로 변하는 지식정보사회에서 국가 내에 흩어져 있는 정보와 지식 자원들을 유기적으로 엮어내고, 정부 내에 산재해 있는 지능(*intelligence*)을 한 단계 더 업그레이드함으로써 국가의 정책문제 해결능력과 위기관리 능력을 강화하고자 하는 것이 현대정책이론이다.

디지털은 시간, 속도, 불확실성을 내포하고 있다. 디지털 시대의 조직은 시간과 공간의 압축혁명 속에서 생각의 속도로 움직이는 의사결정을 요구한다. 1980년대가 질(*quality*)을 추구하고, 1990년대가 리엔지니어링(*reengineering*)의 시대였다면, 2000년대는 속도(*speed*)의 시대이다. 생각의 속도로 움직이는 시대에 진정한 정부혁신을 이루려면 정부의 〈일하는 시스템〉이 바뀌어야 한다.

이 책에서 제시하는 현대정책의 이론적 패러다임은 국가혁신이론과 거버넌스이론을 바탕으로 출발한다. 현대정책은 가치와 갈등, 권력과 게임의 산물이면서 동시에, 이성과 합리성, 분석과 예측의 결과이다. 이 때 정책의 품질(효율성)을 제고하려는 노력은 정책의 합리성 강화라는 맥락의 연장선에 있으며, 조직의 갈등관리를 통한 민주적 문제해결방식은 거버넌스이론과 맥이 닿아 있다. 효율적 문제해결을 위한 정책이론의 과학화 및 혁신이론의 체계적 분석과, 민주적이고 참여적인 기제를 통해 문제를 해결하기 위한 갈등관리 및 거버넌스이론은, 현대정책이론의 중요한 이론적 기반이 된다. 또한, 전자정부는 여기서 현대정책이론이 구체적으로 일어나는 조직메커니즘으로서의 로커스(*locus*)를 제공한다. 즉, 전자정부이론은 효율적인 시스템 구축을 통해 조직 내부의 생산성을 제고하고, 정보기술의 도움을 받아 민주적인 문제해결방식을 추구하며, 전자정부의 담론형성 기능을 통해 우리 사회의 신뢰성과 성숙성을 강화하려는 성찰적인 노력의 산물이다. 이러한 이론적 논의의 틀을 그림으로 정리하면 다음과 같다.

이론적 발전이 되기도 하였으나, 향후 정책과정모형(*policy stage model*)과 거버넌스의 다층구조적 모형(*multi-layer governance model*)의 변증법적 탐구가 더욱 필요하다. 둘째, Lasswell이 제기한 실증주의를 넘어선(*beyond Positivism*) 실용주의적 방법론(인간의 존엄성 실현이라는 윤리적 기초, 주관적 극대화의 원리에 토대를 둔 행태론적 기초, 실천적 이성주의에 기초를 둔 실용주의의 철학적 기초)과 근본적 문제해결 및 맥락지향적 방법론(시간적 맥락, 공간적 맥락, 사회과정모형으로서의 맥락)을 토대로 인간의 존엄성을 실현시킨다는 민주주의 정책학의 완성을 위해서는 어떠한 처방적 접근과 방법론적 접근이 필요한지, 그러한 처방적·역량적 접근에 국가혁신이론은 어떠한 도움을 주고, 그러한 방법론적 접근에 거버넌스와 제도주의는 어떠한 도움을 주는지에 대해서도 더욱 심층적인 탐구가 필요하리라 본다.

그림 1-11

현대정책이론: 논의의 틀

정책의 합리적 특성
(효율성)

- 정책의 합리적 요소(효율성)
  - 정책은 과학적 분석기법(비용편익분석, 미래예측분석)을 통해 정책결정의 합리성 추구 필요
  - 성과관리, 지식관리, 정책품질관리를 통해 정책결정의 합리성 추구 필요
  - 국가혁신, 미래예측
- 효과성과 능률성 추구

정책의 정치적 특성
(민주성)

- 정책의 정치적 요소(민주성)
  - 정책은 참여자들 간의 권력과 가치의 권위적 배분
  - 갈등관리 및 거버넌스적 문제해결을 통한 정책결정의 민주성 추구 필요
  - 거버넌스, 갈등관리
- 민주성과 신뢰성 추구

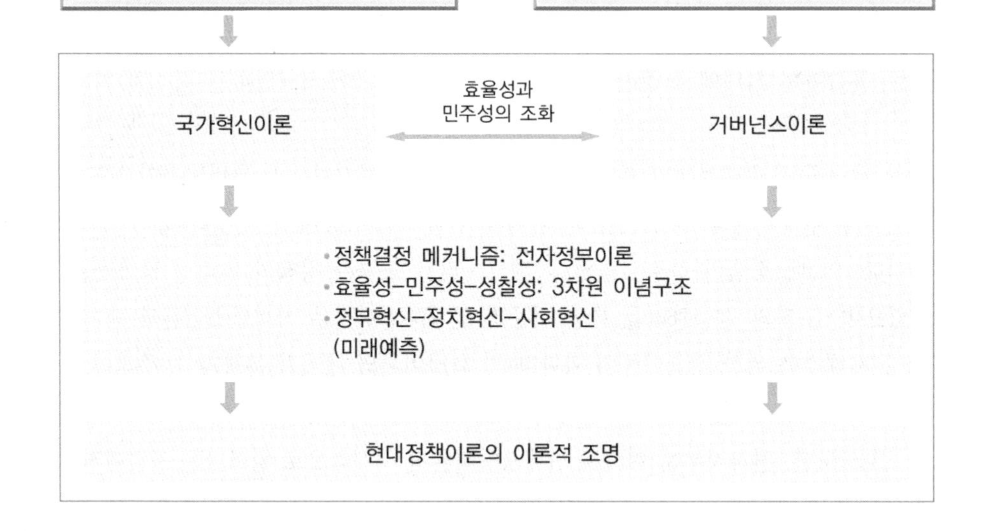

Chapter 1

핵심 Point !

Policy Overview

◎ 정책학이론의 새로운 구성 문제의식

◑ 정책학의 궁극적 목적: 인간의 존엄(human dignity) 실현

☞ Lasswell '민주주의 정책학'이라 함.

▸ 정책학은 인간의 존엄성을 충실히 실현시키기 위하여 체제질서 차원에서 일어나는 근본적 문제를 탐색 연구하는 학문이다. 이를 위해 정책과정과 정책내용에 관한 지식을 문제지향적, 맥락지향적, 연합학문적으로 연구하여 과학적 지식의 제공을 목적으로 한다. 인간의 존엄성 실현은 정책철학 부문이며, 과학적 지식의 제공은 정책과학 부문이다.

☞ 따라서 정책학은 정책철학과 정책과학의 결합이다.

◎ Lasswell 정책이론의 현대적 재조명

◑ 정책학의 목적구조

▸ 인간의 존엄성 실현

▸ 근본적 문제의 해결

▸ 정책지향성의 완성(정책과정지향성 + 정책내용지향성)

◑ Maslow(1954)의 욕구5단계와 국가사회의 정책구조

① 생리적 욕구(Physiological Needs): 국가의 하부구조 및 인프라 강화, 경제발전(physiological needs)

② 안전적 욕구(Security Needs): 국방과 치안을 통한 안보의 강화(security needs)

③ 사회적 욕구(Social Needs): 외교 및 문화를 통한 국가의 명예 제고(social needs)

④ 자기존중(Self-Esteem): 국민의 인권과 정의 보장(self-esteem)

⑤ 자아실현(Self-Actualization): 국가공동체의 신뢰 및 성숙을 통한 자아실현의 완성(self-actualization)

◑ 정책학의 이념구조

▸ 정부 - 효율성, 생산성

▸ 정치 - 민주성

▸ 사회 - 신뢰성, 성찰성

◑ 미래예측과 정책연구

▸ 미래예측과 정책연구는 매우 깊은 연관관계 지님.
- 정책은 미래가 있기에 정책의 미래지향적 탐색 가능, 사회의 미래지향적 가치를 그리면서 정책을 가치 창조적으로 형성해 나갈 수 있음.

◘ 정책이론의 정향과 과제

▸ 거버넌스의 미래지향적 정책역량(capacity to govern) 측면이 중요하게 다루어져야 함.

▸ Lasswell이 강조한 민주주의 정책학과 탈실증주의의 접목을 기초로 해야 함.

▸ 참여, 조정, 연결을 중심개념으로 하는 뉴거버넌스 접근방식을 토대로 수립되어야 함.

▸ 정책윤리와 정책토론의 중요성

◘ 정책학의 이론적 정향: 규범, 역량, 방법

▸ 규범적 가치: 인간의 존엄성 실현(민주주의 정책학의 완성): 국가경쟁력, 삶의 질, 이를 위해 정책역량, 관리역량, 인프라 역량
- 정책역량: 정책과정, 정책내용
- 관리역량: 혁신관리, 성과관리, 지식관리, 갈등관리
- 인프라역량: 전자정부, 지식정부, 사회자본

▸ 방법
- 실증주의와 탈실증주의의 통합적 고려

◘ 정책이론의 방법론적 통합과 과제

▸ 정책학과 신제도주의
- 정책학의 관점에서 제도의 속성(attributes), 제도의 형태(configuration), 제도의 규범(SOP) 등을 통해 정책과정과 정책결과를 설명하려 함.

▸ 정책학과 정책네트워크
- 정책행위자들 간의 존재하는 동태적 역동성에 주목함.
- 정책현상을 설명하는 행위자들 간의 동태적(dynamic) 그리고 수평적 관계성(horizontal relationships)을 분석함.

▸ 정책학과 숙의적 정책분석
- 정책분석과 정책연구의 과정에서 정책참여와 토론을 강조함.

▸ 정책토론과 개방적 사고의 중요성
- 정책언어(policy language)와 정책논증(policy argumentation)은 맥락지향적 정책연구를 함에 있어서 핵심. 따라서 민주주의 정책학을 완성함에 있어 정책토론과 정책숙의는 매우 중요함.

▸ 실천적 이성과 정책토론의 중요성
- 실천적 이성(practical reason): 공공성 + 보편적 인간의지
- 실천적 이성에 기초한 열린 사고와 토론, 참여 및 숙의 필요

◎ 긍정심리학과 정책학과의 연계

▸ 긍정심리학의 태동과 특성
- 우울, 질병, 장애와 같은 부정 정서에 대한 연구 → 인간의 강점과 덕성에 관한 연구

- 긍정심리학의 연구방향: ① 긍정적 정서, ② 긍정적 성격, ③ 긍정적 제도

▸ 긍정심리학과 정책학의 연계

- 개인적 차원: 인간의 진정한 행복(authentic happiness)을 목적으로 보다 행복한 삶을 영위할 수 있는 방법 제시
- 국가적 차원: 보이지 않는 자본을 통한 국부 증진

▸ 긍정심리의 정책적 활용 방안

- 정책 분야별 활용방안
  - 정부 외부적 차원: 거래비용과 갈등비용 최소화 방안 연구
  - 정부 내부적 차원: 업무효율성 향상을 위한 조직몰입 제고, 인사정책과 성과보상 제도를 통한 조직 내 긍정심리 확산 방안 연구
- 정책 단계별 활용방안
  - 정책결정-분석-집행-평가의 기준에 관한 연구
  - 정책평가의 과정에 관한 연구

◎ 미래정책학을 위한 방법론적 과제

▸ 실증주의와 탈실증주의의 통섭적 접근에 기초하여 총체적 맥락을 통해 민주주의 정책학의 실현 필요

- 규범지향적 인식론으로서 'Lasswellian 패러다임'을 재규명하고, 규범과 가치에 기초를 둔 통합학문체계로서의 정책학의 인식 지향
- 다양한 연구방법론적 접근과 정책학의 가치지향적 목적인식과의 결합 노력 필요

◎ 현대적 정책이론

▸ 국가혁신이론, 거버넌스이론, 전자정부이론, 미래예측이론

Chapter 1

핵심 Question!

Policy Overview

◎ 정책학의 목적구조에 대해서 정리해보자.

◎ Maslow의 욕구5단계이론에 근거한 국가사회의 정책구조에 대하여 설명하라.

◎ 미래예측과 정책연구 간 연관관계에 대해서 설명하라.

◎ 정책학의 발전을 위해 지향해야 할 이론적 과제에 대해서 설명하라.

◎ 정책연구에서 신제도주의는 어떻게 활용될 수 있는지 설명하라.

◎ 정책학에서 실천적 이성의 의미는 무엇인지 설명하라.

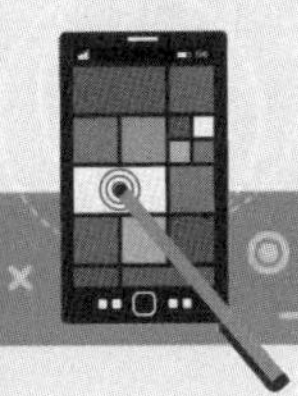

정책학 출제 최신경향 & 기출문제

CHAPTER 01 출제 최신경향

제1장에서는 정책학이론에 대한 전반적 내용을 다루고 있다. 정책학이론의 내용을 학습하는 데 있어서 유념할 것은 이 책의 다른 장에서 다루는 내용들과 연결 지어 질문하고 답을 구하는 노력을 기울일 필요가 있다는 점이다. 비록 다른 장에서 최근의 학문적 논의나 정책이론들이 제기된다고 할지라도, 결국은 본 장에서 살펴본 정책학의 목적구조와 이념구조, 정책학의 이념적 정향 등에 대한 고찰과 이해가 선행적으로 이루어져야만 이를 바탕으로 다음의 논의를 이끌어갈 수 있기 때문이다. 때문에 본 장에서 다루는 내용은 뒤에서 다루게 될 정책이념이나 현대정책학의 이론모형 등과 연계하여 공부하면 더욱 좋을 것이다.

정책학은 인간의 존엄성을 실현하기 위하여, 체제질서 차원에서 일어나는 공공부문의 정책과정과 정책내용에 관한 지식을 문제지향적·맥락지향적·연합학문적으로 연구하는 학문이라고 할 수 있다. 현대사회에서 이러한 정책학과 정책연구가 중요한 이유는 정책의 영향력은 광범위하고 지대하기 때문이다. 예를 들어 히로시마 원자폭탄, 유태인에 대한 대량학살, 행정수도 이전, 의약분업 등 국민생활에 직결되는 정책들은 어떻게 운영하느냐에 따라 국민과 국가의 운명이 결정될 수 있다. 특히, 현대사회에서는 사회문제가 복잡해짐에 따라 정책문제 또한 복잡화되고 있으며, 새로운 형태의 문제해결구조와 관리방식들이 제기되고 있다.

따라서 본 장의 내용을 학습하는 데 있어서 거시적으로 Lasswell 정책학이 제시하는 목적 및 이념 구조, 현대정책요구에 대응하는 새로운 패러다임 등 전반적인 정책학의 구조를 이해하는 것이 필요하다. 또한 이러한 정책학의 이념적 구조를 숙지하고 있으면 다른 장에서 제시될 수 있는 문제들을 이해하고 해결하는 데 도움이 될 것이다.

고시기출문제 사회가 복잡해짐에 따라 정책문제 또한 복잡화되고 있으며, 이로 인해 정책을 둘러싼 이해관계자들(stake-holders) 간의 갈등이 빈번히 나타나고 있다. 이 때문에 해당 분야 전문가들의 역할이 보다 중요해 지고 있지만, 정책갈등문제는 쉽게 해결되고 있지 않다. 이러한 맥락에서 구체적인 정책 사례를 들어, 정책갈등상황에서 전문가의 역할과 한계를 논하고, 그 한계를 극복할 수 있는 방안을 제시하시오[2011년 입시].

답안작성요령

핵심 개념

본 문제는 현대정책환경의 변화를 배경으로 전문가의 역할과 한계를 묻고 있다. 특히 정책갈등상황에서 전문가의 역할과 한계를 논하고 이를 극복하기 위한 방안을 제시할 것을 요구하고 있다. 정책과정에서 전문성이 부족한 행정관료들을 보완해 주기 위해 전문가들의 자문과 분석이 필요하다. 전문가들은 정책을 분석·평가하여 정책대안을 제시하는 역할을 하는데, 현대사회가 점점 더 전문화되고 세분화됨에 따라, 전문가 및 학자들의 역할은 점점 더 증대되고 있다(권기헌, 2008: 119).

정책갈등상황에서 전문가의 역할과 한계

먼저, 전문가의 역할이 강조된 배경으로는 정책환경의 변화를 지목할 수 있다. 과거 설명력이 높았던 철의 삼각모형은 민주화와 정보화로 인해 특정 부문을 제하고 거의 사라졌다고 볼 수 있다. 수자원공급네트워크의 변화 사례에서도 보듯이 과거의 폐쇄적인 정책공동체 모형은 이해관계자의 개방성과 다양성이 많아지는 이슈네트워크로 변해가고 있다. 이에 따라 다양한 참여자(공식, 비공식)가 증가하고 시민단체·NGO·개인·전문가들의 참여가 증대되고 있다(권기헌, 2008: 7; 수자원공급네트워크 변화 사례 참조). 과거 군부독재시절의 발전행정적 패러다임하에서는 Top down방식의 문제해결이 가능했다면 현재 대규모 갈등을 수반하는 국가정책의 경우 다양한 이해관계자들의 이익을 조정하고 타협하는 데 있어서 전문가의 역할이 증대되고 있다. 우선 전문가들은 정부위원회에 직간접적으로 참여함으로써 정책갈등의 조정에 일정 부분 기여하게 된다. 또한 경실련, 참여연대, 환경연합 등 NGO 활동에 참여하여 정부를 제3자적 입장에서 모니터링하는 역할을 함으로써 정책갈등의 조정자 역할을 하기도 한다. 이러한 전문가의 역할을 표로 정리하면 다음과 같다.

의제설정 및 정책결정 과정	정책의 장기적 비전 제시	각 분야의 전문가들에 의해 충분한 토의와 사전조정을 통해 합리적인 정책결정을 하므로 정책의 장기적 미래상 제시 기대.
	정책분야별 전문성의 확보	사회가 복잡·다양해질수록 정책결정이나 평가를 위한 특정분야별 전문지식이 필요하므로 정책공동체는 이러한 요구 부응.
	정책의 신뢰성 유지와 일관성 확보	정책전문가의 연구나 평가는 정책의 객관성과 공신력을 향상시키며 특정 정책에 대한 지속적인 점검을 통하여 정책의 일관성을 유지하는 데 기여.
정책집행 및	정책집행 상 순응 확보	정책공동체의 참여는 정책에 대한 일반국민의 지지형성에 기여함으로써 정책집행을 용이하게 함.

집행평가 과정에서 순기능	지속적 평가를 통한 정책개선에 기여	정책공동체는 지속적인 관계와 상호작용을 통해 정책평가의 품질을 개선시켜 더 나은 정책산출에 기여.

자료: 정경호, 핵심정책학, 2011에서 수정.

하지만 전문가들은 정책대안을 직접 실행하는 관료와는 달리 직접 책임을 지지 않기 때문에 책임성 확보의 문제가 있고, 때로는 현실성 없는 대안을 제시하거나 정부 정책결정의 정당화 수단에 악용되는 경우도 있기에 한계가 있는 바, 이를 극복하기 위한 방안에 대한 강구가 필요할 것이다.

우선, 정책전문가의 한계로 지적받는 사항은 다음과 같다.

민주적인 통제와 책임성 확보의 곤란	전문가들은 정책대안에 대한 책임성 확보보다는 명성에 집착하는 경향이 있으므로, 정책대안의 실제 집행을 통한 책임성 확보가 곤란함.
현실성 없는 대안의 제시	직접 정책을 결정·집행하지 않는 전문가들의 정책대안의 제시는 자칫하면 추상적이고 이론적인 수준에 머무르기 쉬운 경향을 지님.
정책결정의 정당화 수단으로의 악용	정책공동체가 기존 정책결정권자의 정책결정을 사후에 합리화시키거나 정당화시키는 수단을 악용할 가능성이 존재함.

자료: 정경호, 핵심정책학, 2011에서 수정.

사례제시

대표적 사례로는 의약분업의 갈등과 해결에 전문가 집단이 기여한 사례를 들 수 있다. 당시 경실련을 중심으로 NGO에 참여한 전문가들은 수차례에 걸친 의약분업 공개토론회를 개최하는 등 중재적 역할을 수행하여 정책갈등의 완화 및 해결에 기여한 바 있다.

정부에서는 "정책공동체 활성화"를 정책과제로 설정하고 부처별 이슈네트워크 운영, 부처별 정책협의제 운영, 국가정책전문가 마일리지 제도, PCRM 제도 등을 운영하고 있지만, 이러한 전문가 활용도 정부의 건수 채우기 혹은 정책홍보의 일환으로만 활용된다는 비판을 받고 있어 향후 실질적 효과 확산을 위한 제도개선이 필요하다 하겠다.

한계 극복 방안

위에서 논의한 바와 같이, 전문가 활용에는 긍정적 역할과 한계가 따른다. 정부에서도 이를 인지하고 전문가를 활용해야 할 것이다. 특히 전문가들을 위원회에 참여시켜 정책결정의 정당화 수단으로 악용하는 일은 피해야 할 것이다. 전문가들에게 정책집행에 따르는 책임성 확보를 기대하기 보다는 정책구상이나 기획단계에서 전문적인 식견과 아이디어를 구하는 일에 중점을 두는 것도 한 방안이 될 것이다.

고득점 핵심 포인트

본 문제에 대한 답안 작성 시, 정책갈등문제가 과거에 비해 전문가들의 역할이 왜 중요해지고 있는지에 대한 현대정책환경의 변화에 대한 맥락적 기술을 먼저 해주어야 한다.

이어서 현대사회에서 빈번하게 발생하는 정책갈등 혹은 국책사업의 갈등에 학계 혹은 NGO의 전문가를 활용하여 갈등의 타협과 중재에 나서는 일은 우선 긍정적 측면이 많음을 기술해 주어야 한다. 의약분업갈등에서 나타난 전문가 활용 사례를 중심으로 실질적인 정책갈등 상황 시 전문가의 기대역할이 무엇인지, 이의 한계는 무엇인지를 논의해 주는 것이 바람직하다. 이를 토대로 더욱더 바람직한 방향을 나아가기 위한 방안을 제시할 필요가 있다(본서 제5장 정책과정론; 제10장 정책변동론의 의약분업 사례 참조 바람).

정책학 패러다임

제2장에서는 정책학의 패러다임 즉, 정책학의 본질과 정책학이 지향하는 가치, 그리고 정책문제해결을 지향하는 정책학의 특성에 대해서 살펴보며, 더 나아가 정책학이 인접학문들과 어떠한 연관관계를 지니는지에 대해서 검토한다.

정책이란 정치적 갈등의 요소와 합리적 의사결정 요소가 상호 역동적이고 동태적인 과정을 거치면서 만들어진다. 하지만 동시에 명확한 목표설정, 체계적인 대안탐색, 과학적인 미래예측 등을 통해 최선의 대안과 집행방법을 끊임없이 추구하는 합리적인 활동으로서의 과학적 사유와 합리적 추론을 요구하고 있다.

정책이 합리적으로 이루어지기 위해서는 정책의 권력적 요소가 최대한 배제된 상황에서 과학성, 전문성, 합리성이 강화되어야 하고, 합리적 정책수단을 선택함으로써 효율성이 제고되어야 한다. 이러한 방향에서의 노력으로 등장한 것이 정책품질관리나 국가혁신이론이다.

이 장에서는 이러한 관점에서 정책이론과 인접학문과의 연관관계를 행정학, 경영학, 정치학 외에도 국가혁신이론, 거버넌스이론, 전자정부이론와의 맥락성 속에서 검토하고자 한다. 이것이 이 장에서 논의하는 핵심 주제이다.

제 1 절 정책학의 목적과 특성

1. 정책학의 중요성과 본질

현대정책학의 효시인 H. Lasswell은 1951년 「The Policy Sciences」에 소개된 'Policy Orientation'이라는 논문에서 인간의 존엄성 실현을 위한 정책의 중요성을 역설하고, 이런 정책을 연구하는 학문을 '민주주의 정책학'이라고 하였다. Lasswell은 인간의 존엄성 실현이라는 정책의 목표를 현실화하기 위해서는, 정책과정(정책문제의 정확한 인식과 그 해결을 위한 최선의 대안 선택, 그리고 그 대안의 합리적인 집행과 평가)을 합리화시켜야 하고, 이에 필요한 지식을 제공하는 것이 정책연구의 현실적인 목적이라고 하였다.

결국 Lasswell은 정책연구의 필요성을 궁극적으로는 인간 존엄성의 실현과 확보에 두고, 현실적으로는 문제해결을 위한 정책과정의 합리화를 제고시키는 지식제공에 있다고 주장하였다. Lasswell의 주장을 바탕으로 보면 정책은 본질적으로 합리성과 정치성의 양면적 성격을 갖고 있다.

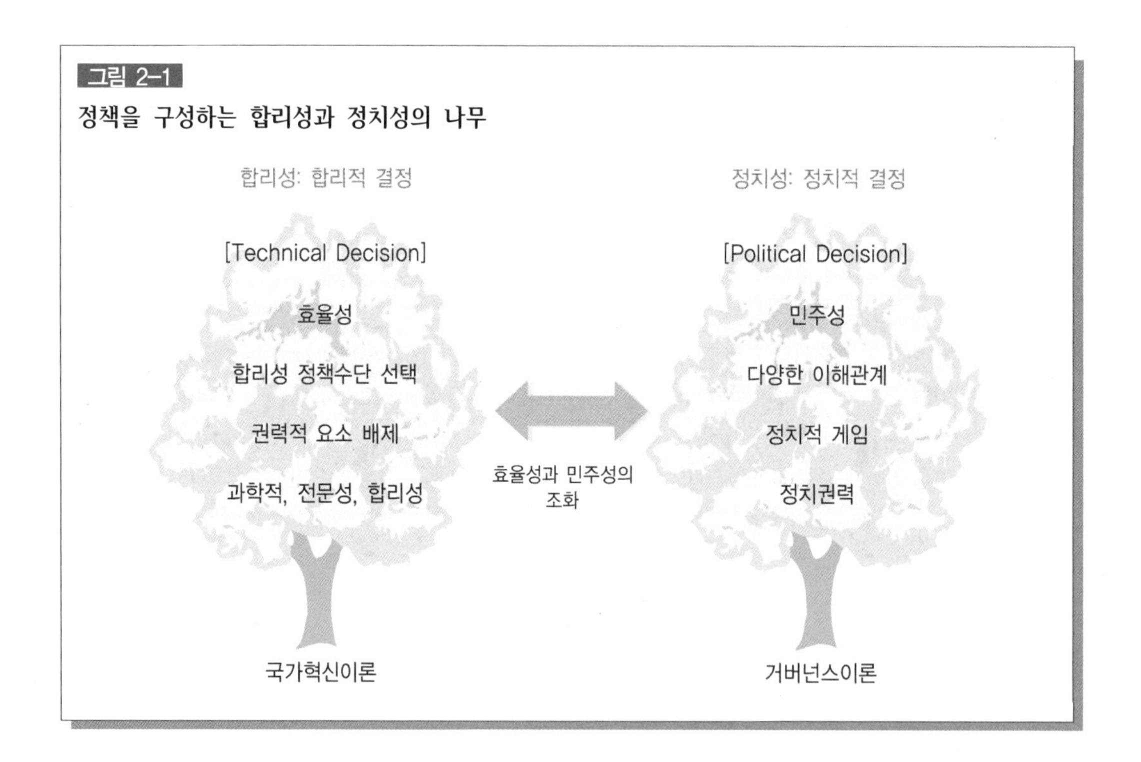

그림 2-1
정책을 구성하는 합리성과 정치성의 나무

그림에서 볼 수 있듯이, 정책이 합리적으로 이루어지기 위해서는 정책의 권력적 요소가 최대한 배제된 상황에서, 과학성, 전문성, 합리성이 강화되어야 하고, 합리적 정책수단을 선택함으로써 효율성이 제고되어야 한다. 이러한 방향에서의 노력으로 등장한 것이 정책품질관리나 국가혁신이론이다.

현대사회는 민주화 이후의 민주화 시대에 돌입하고 있어 사회의 다양한 이해관계나 이익집단들이 과잉분출 양상을 보이고 있다. 이러한 정책환경하에서, 정책의 순응성을 확보하고 효율성을 담보하기 위해서는 정책과정에서 주요 정책참여자들의 참여성, 숙의성, 합의성이 보장되는 등 민주성과 투명성 확보가 필수적인 전제조건이다. 정책대상집단과 시민사회의 주요 참여자들이 배제된 상황하에서의 정책형성은 필연적으로 강한 저항에 부딪히게 되고, 정책실패를 초래하게 된다. 국가(정부), 시장(기업), 시민사회(NGO)들이 유기적인 네트워크를 구성하고, 상호 긴밀한 협력과 조정을 통해 국가 사회문제를 해결하는 거버넌스적인 접근이 요구되고 있다. 요컨대, 현대정책이론은 한편으로는 국가혁신이론과 다른 한편으로는 거버넌스이론을 핵심 이론요소로 요구한다. 또한, 관료제모형 이후에 등장하고 있는 Post-관료제모형으로서의 전자정부이론도, 국가혁신이론과 거버넌스이론을 실현하는 조직메커니즘으로서 기능하며, 따라서 이 역시 현대정책이론의 주요 요소이다.

2. 현대정책학의 등장과 목적

1) 현대정책학의 등장

1951년 Lasswell은 현대정책학의 시발점이 되었던 '정책지향'(Policy Orientation)이라는 논문을 발표하였으나, 같은 시기 연구의 경향이었던 행태주의(Behaviorism)에 밀려 별다른 주목을 받지 못하였다. 1950년대 정치학계를 휩쓸었던 행태주의는 과학적·실증적·경험적 연구방법을 특징으로 하는데, 이는 과학의 3대 요소인 경험성, 객관성, 재생가능성을 갖춘 연구방법으로, 가설을 검증하여 명제로 만들고, 이렇게 검증된 명제를 다시 이론으로 정립하는 과정을 거치는 논리적 실증주의이다. 행태주의자들은 기존의 제도론자들과는 달리 공식구조, 정치권력, 법적 권한과 책임 등을 연구하기보다는, 개인의 의견이나 태도, 개성, 물리적 행동을 연구하였고, 정확한 계량화를 중요시하였다. 행태주의는 개인 행태의 합리성(*rationality*)과 반복성(*regularity*)을 전제로 연구한다. 정확한 계량화방법을 통해 행태주의가 주로 연구한 주제는, 의사결정, 동기부여, 리더십, 비공식집단이론 등 개인의 행태에 관한 것으로서, 이러한 행태주의 연구는 행정학의 과학화에 큰 공헌을 하였다.

하지만, 계량화만을 중요시하는 행태주의의 과학적이고 실증적인 검증방법은 1969년 D. Easton

이 후기행태주의(Post-behaviorism)를 선언하게 된 주요원인이 된다. 행태주의의 계량적 연구방법은 가치문제의 해결이 불가능하기 때문에 현실적합성이 결여되어, 1960년대 흑인폭동과 월남전 등 미국사회가 당면한 현실적인 문제를 해결하기가 어려웠기 때문이다. 후기행태주의는 행태주의와 달리 현실적합성(*relevance*)과 행동지향성(*action*)을 크게 중시하여, 현대의 급박한 사회문제해결에 의미가 있는 적절한 연구를 하고, 가치에 대한 연구와 새로운 가치의 개발을 하며, 인류의 가치를 보호하고 사회를 개혁하는 데 참여하려 하였다. 후기행태주의는 D. Waldo가 중심이 되어 행정학에 도입되는데, 이를 우리는 신행정학(New Public Administration)이라고 부른다.

쉬어가는 **코너**

왈도 이야기

왈도가 경험한 1960년대 미국의 정치 환경은 실로 소용돌이의 시대였다. 베트남 전쟁의 실패, 인권운동과 그 소요, 그리고 존슨 행정부의 '빈곤과의 전쟁'과 같은 소용돌이치는 정치적 환경과 학원 소요사태, 도시문제에 대한 광범위한 우려, 폭력문제에 대한 관심의 고조 등을 겪었다. 그야말로 격변의 시대, 소용돌이의 사회였다. 연일 대학에서는 인권문제, 참여문제, 소수민족문제 등에 대한 학원소요가 끊이질 않았다.

한번은 왈도 교수가 자신의 연구실에서 창밖으로 제자들이 경찰차에 잡혀가는 모습을 보면서 심각한 자기반성을 하게 되었다.

> 내 제자들이 경찰에 머리를 찢기며 잡혀가는 동안 나는 학자로서 무슨 일을 했던가? 내 제자들이 인권, 참여, 정의를 위해 피를 흘리며 희생되는 동안 나는 기껏 통계학을 이용한 논문 한편 더 쓰기에 급급했던가?
> 행정학이 좀 더 사회의 근본적인 문제에 대한 처방을 내리려면 보다 근본적인 패러다임의 전환이 필요한 것은 아닐까?
>
> 미래에 대한 열망은 사라지지 않는다. 빈곤은 사라지지 않았고, 도시슬럼문제도 해결되지 않고, 흑인과 백인은 평등해지지도 않았다. 왜 이런 현상들은 도대체 왜 연이어 일어나는가? 왜 우리 사회의 근본문제들은 해결될 기미를 보이지 않는 것인가? 나는 도대체 행정학자로서 그동안 무엇을 했는가?

왈도는 자숙의 시간을 가지면서 시대적 소용돌이에 맞서 앞으로 행정학이라는 학문이 어떻게 변화해야 하고, 또 나아가야할 방향은 무엇인지 모색하기 시작했다. 자신의 생각을 정리한 발제문을 동료 교수들에게 돌린 왈도는 자신과 생각을 같이하는 학자들을 한자리에 모았다. 마침내 1968년 9월, 본인의 주관하에 50명의 소장학자와 실무가들과 미노부룩에 모여서 회의를 개최하게 되는데, 이를 일컫어 행정학의 새로운 조류, 신행정학New Public Administration 운동이라고 부른다. 여기에서 그들은 행정의 적실성, 참여, 변화, 가치, 사회적 형평성, 적극적 행정인 등에 기초한 행정학의 새로운 가치지향을 정립하였다.

자료: 저자의 졸저, 『행정학 콘서트』, 93쪽

후기행태주의와 신행정학의 정책지향의 이론적 경향은 Lasswell의 정책학을 재평가하는 계기를 마련하게 되었다. Lasswell은 다시금 1970년의 논문, "The Emerging Conception of the Policy Sciences"와 1971년의 저술, 「Preview of Policy Sciences」(1971)에서 정책학의 연구대상은 정책결정과정에 관한 지식과 정책결정과정에 필요한 지식이라고 주장하면서, 정책학의 연구목적이 현실적합성(*relevance*)을 고려한 맥락지향성(*contextuality*), 문제지향성(*problem orientation*), 방법의 다양성(*diversity*)이라고 강조하였다.

문제지향성에 해당하는 지적 활동으로는 1) 목표의 명시, 2) 경향의 파악, 3) 여건의 분석, 4) 미래의 예측, 5) 대안의 개발·평가·선택을 들었으며, 근본적 문제해결을 통해 인간 존엄성의 실현을 강조하였다(Lasswell, 1970: 11). 즉, 정책학은 사회현상에 존재하는 인간의 행위와 관련되는 학문분야이기에 자연과학에서 추구하는 논리적 실증주의적 보편적 인과법칙의 발견은 사실상 어려우며, 인간의 간주관적 맥락(*interpersonal contexts*)을 기초로 한 문제해결지향성이 필요하다는 점을 강조하고, 이를 위해서는 탈실증주의(*beyond positivism*)와 민주주의 정책학(*policy science of democracy*)의 접목이 필요하다고 보았다.

문제해결에서 요구되는 다섯 가지 영역, 즉 명시, 파악, 분석, 예측, 선택이 실증주의의 가치중립적 활동의 연장선상이라는 비판에 대해서는, 정책학에서 이를 극복하기 위한 세 가지 철학적 기초로서, 1) 윤리적 기초(목적구조)로서 인간의 존엄성과 근본적 문제의 지향, 2) 행태적 기초(주관적 극대화의 원리)로서 참여 및 토론에 기초한 절차적 민주성의 원리 위에서 주관적 가치의 극대화의 원리와 적극적 정책지향, 3) 철학적 기초(실용주의 철학)로서 J. Dewey의 미국 실용주의 철학에 기초한 현실적합성과 상황적합성 지향을 제시하였다.

이는 맥락지향성과 매우 밀접하게 연결되어 있는데, 정책이 과정과 내용의 지식을 통해 사회의 민주적 가치실현에 기여하기 위해서는 시간적 맥락(역사적 맥락), 공간적 맥락(세계적 관점), 사회과정모형(사회적 맥락) 등 정책이 처한 맥락적 상황에 대한 분석을 매우 중요한 지향점으로 본다. 이는 행태주의에서 강조하는 계량화와 모형화를 통한 좁은 의미의 학문적 발견에 대칭되는 개념이며, 정책과학은 좁은 의미의 행태주의를 넘어 사회과정 속에 존재하는 가치와 제도, 행위와 전망, 결과와 효과 등에 대한 종합적 관점의 맥락이 필요하다고 보는 것이다(Lasswell, 1970: 8-9).

정책학을 추구하는 방법론도 단순한 관리과학(OR), 비용편익분석, 체제분석 등 계량분석뿐만 아니라, 정치학, 심리학, 인류학, 생물학 등에 대한 포괄적인 연구접근, 즉 최근에 강조되고 있는 통섭(*consilience*)의 접근이 필요하다고 강조하였다. 더 나아가 Lasswell은 학자들만이 정책학 발전에 기여하는 것이 아니라 정책실무자들도 함께 정책학의 발전에 기여하는 것이 바람직하며, 이러한 총체적인 접근만이 정책학을 통한 인간 존엄성 실현에 한 걸음 더 가까이 다가갈 수 있다고 보았다(Lasswell, 1970: 11-15). 이러한 방법의 다양성(*diversity*)은 문제해결 및 맥락분석에 기여한다. 이 중 방법의 다양성은 후에 Y. Dror가 제시한 연합학문지향성(*interdisciplinary*)과 유사한

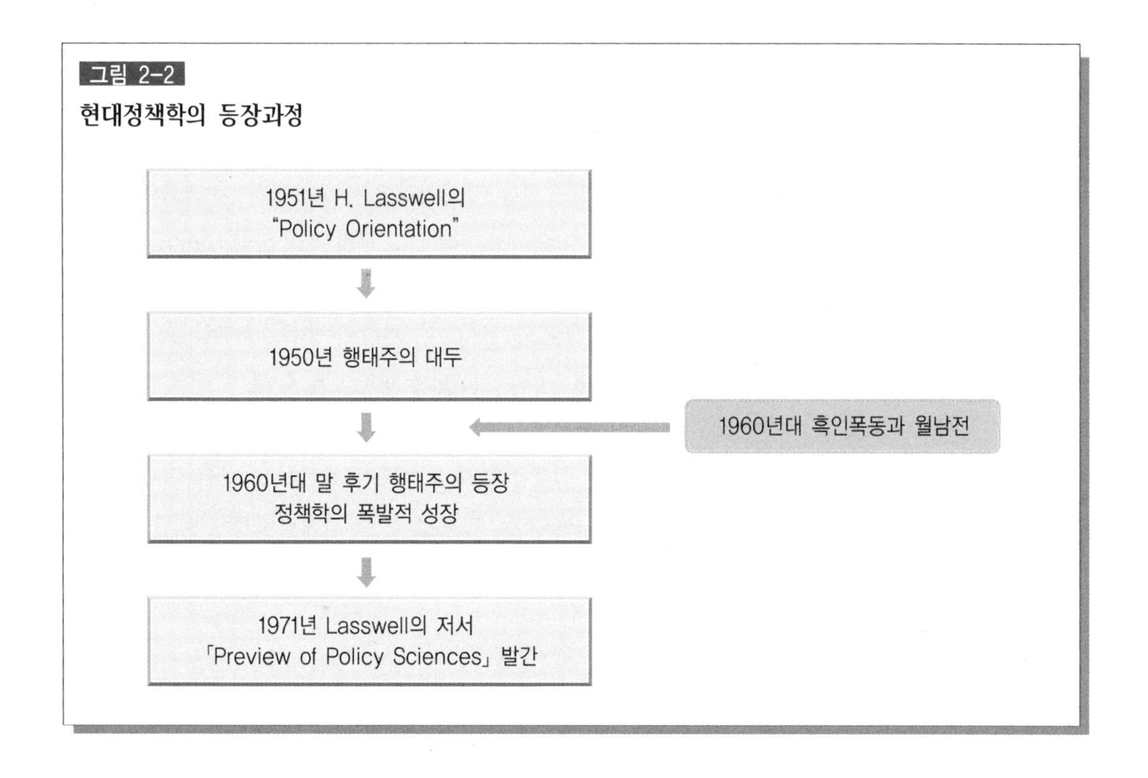

개념으로,[1] 이를 종합하여 문제지향성, 맥락지향성, 연합학문성은 정책학의 세 가지 지향점으로 여겨진다.

최근에는 Post-Lasswell Paradigm으로 지식정보사회에 걸맞는 민주주의 정책학의 방향이 문제지향성, 민주지향성, 연합학문지향성으로 강조되어 맥락지향성과 함께 민주지향성이 강조된다. 맥락지향성이 무시된다기보다 현대전자정부 시대에 걸맞는 맥락으로서의, 시민참여와 절차적 민주성이 강조되기 시작한 것으로 이해할 수 있다. Lasswell 이후 강조되는 민주성은, 참여성(*participation*), 숙의성(*deliberation*), 합의성(*consensus*)의 개념으로 구성되고,[2] 전자정부의 발전은

1 Y. Dror가 제시한 정책학의 목적과 특성:
Y. Dror는 정책학의 목적은 정책결정체제에 대한 이해를 증진시키고 이를 개선하는 것이며, 이를 위해 정책학은 바람직한 정책결정을 위한 방법(*Methods*), 지식(*Knowledge*), 체제(*System*)에 직접적인 관심을 가지며, 연구의 초점은 대안의 개발, 대안의 비교·선택을 위한 정책분석, 정책결정의 전략(*Mega-Policymaking*: 혁신적인 것이냐 아니면 점진적인 개선이냐, 많은 위험을 무릅쓰느냐 아니면 위험을 회피하느냐 등)에 두었다. 이러한 기본적인 정책결정의 전략(*Mega-Policymaking*)의 기초하에, 정책결정에 대한 최적모형을 초 정책결정(*Meta-Policymaking*: 정책결정체제의 설계, 정책결정자의 자질향상, 정보와 의사전달망의 개편 등), 정책결정(*Policymaking*), 정책결정 이후 단계(*Post- Policymaking*)로 나누었다. 또한, 정책학은 방법론상 처방적 접근을 채택하며, 순수연구와 응용연구를 연계시키고, 역사적인 접근도 병행하며 범학문적 접근을 해야 한다고 지적하였다(정철현, 2003).

2 참여성, 숙의성, 합의성의 개념:
- 참여성: 정치적 참여성은 완전한 의미의 수평적 구조나 투명한 운영 내지는 대의제를 부정하고, 철저히 직접민주주의만을 고집하는 수준으로서의 민주성을 뜻하지는 않는다. 이는 조직구조를 수직화하고 운영과정을 은폐하며 정책결정권을 독점하려는 동기와 유인에 대한 대응책으로서의 참여 문제를 강조하는 개념이다.

그림 2-3
Lasswell 시대와 Post-Lasswell 시대의 정책학의 강조점 변화

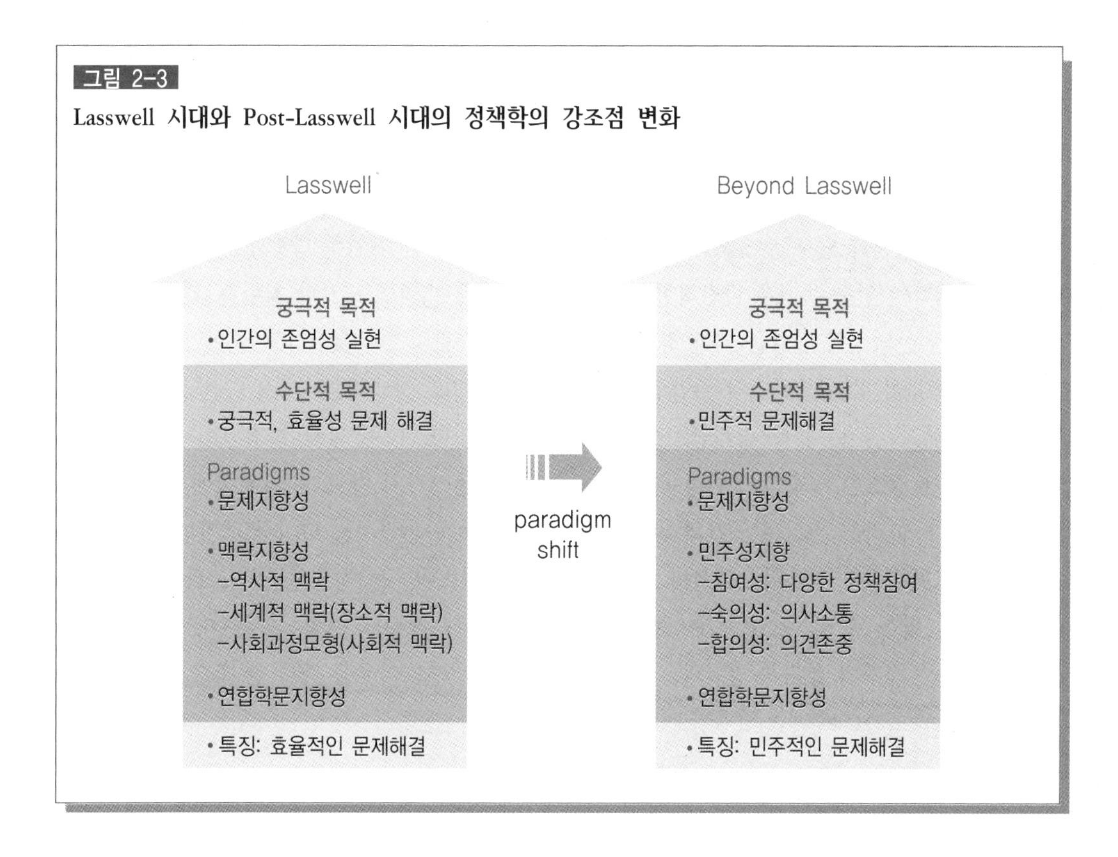

이를 가능하게 하는 기능을 수행하고 있다.

2) 정책학의 연구 목적

오늘날 과거에 비해 비대해진 정부조직을 이끄는 정책결정자와 정책결정의 자문에 응하는 정책학자들은, 합리적 고찰 없는 정부의 정책효과성에 대해 점차 큰 회의감을 느끼게 되었다. 과학적 연구방법과 지식관리를 통한 학습이 결여된다면, 정부가 사회문제를 해결할 수 있을 것이라는 막연한 기대감만으로 법률을 통과시키고, 새로운 관청이나 부서를 만들어 막대한 예산을 들인다 하더라도 그런 노력이 헛수고라는 것을 알게 된 것이다. 인간의 존엄성을 실현하고, 사회문제를 효과적으로 해결하려는 정책학의 궁극적인 목적을 달성하기 위해서는 정책의 실패 원인을 분석하고, 최선의 대안을 찾기 위한 방법을 개발하는 정책학에 대한 체계적인 연구가 반드시 선행되어야 한

• 숙의성: 숙의성은 다수결주의가 다수의 독재로 변화되는 것을 막고, 공중의 이성능력을 발현하기 위해 토론과 다양한 의견교환을 통해 오류를 수정하는 과정을 말한다. 이는 경험을 반성적 사고를 통해 재구성하고, 토론을 통해 다른 사람과 상호작용을 하면서, 어떤 사안을 심의하고 소통하는 것을 의미한다. 따라서 참여과정의 숙의성은 이러한 반성적 사고와 토론, 대화의 절차를 강조하는 개념이다.
• 합의성: 합의성은 다수의 합의를 통해 의사를 결정하는 것으로, 독단적 결정과는 반대되는 개념이다.

다. 이러한 인식에 발맞추어 합리적 정책결정을 위한 정책분석에 대한 학습과 행정부 내 지식관리가 강조되는 오늘날의 정책학은 지식관리체계(KMS),[3] 정책분석과 미래예측 등을 통한 피드백의 시스템을 구축하여 정책의 품질관리를 통한 정책품질 향상에 기여하고 있다. 이러한 지식관리, 성과관리, 정책품질관리는 국가혁신이론의 중요한 이론요소가 된다.

이와 더불어 정책학 연구는 정책학이 지향하는 규범적, 당위적 가치를 함양할 방법 또한 모색해야 한다. 정책학의 연구 목적은 바람직한 정책의 결정·집행·평가에 필요한 철학적·과학적 지식을 탐구하여 인간 존엄성의 실현을 위한 정부의 정책역량을 강화시키는 것이라고 할 수 있다. 우리는 여기서 Lasswell이 강조한 인간의 존엄성(인권, 정의, 형평이라고 하는 우리 사회의 근본적 가치)이라는 정책학의 본질적 존재이유를 다시금 고려하지 않을 수 없다. 이는 일찍이 정책학자 허범 교수(1992, 2002)가 강조한 정책의 당위성-실현성-능률성이라는 3가지 차원 중 당위성에 해당되는 영역에 해당된다. 따라서 우리는 인간의 존엄성이라는 정책의 근본가치를 다시금 새기면서, 이를 실현하기 위한 민주주의 정책학으로서의 갈등관리와 거버넌스이론을 정책연구의 또다른 한축으로 자리매김하지 않을 수 없다. 요컨대, 현대정책이론의 연구목적은 국가혁신이론·미래예측이론을 한 축으로 하는 정책의 합리성 강화와, 전자정부이론과 거버넌스이론을 다른 한 축으로 하는 정책의 민주성 강화로 요약할 수 있겠다.

제 2 절 정책학의 연구내용과 연구전개

1. 정책학의 연구내용

정책학은 정책을 연구하는 학문으로 미래지향적 가치형성활동으로서의 의미를 지닌다. 정책학의 연구내용을 개관하면 다음과 같다. 인간의 존엄성 실현은 정책학의 궁극적 목표가 되고, 과정상의 합리성을 제고하기 위하여 정책과정에 필요한 지식을 제공하는 것이 구체적인 목표가 된다. 하위목표인 정책과정에 대한 실증적 연구와, 정책과정에 필요한 지적활동은 정책학의 연구 대상이 되고, 정책학이 제공하는 두 가지 종류의 지식에 해당한다. 정책과정에 관한 지식은 과학적 방법에

3 지식관리체계(KMS)의 필요성:
정부기관들이 무조건 민간 기업들을 그대로 모방하여 실패하는 사례가 많다. 벤치마킹의 이름으로 선진국이나 민간부문의 지식관리 기법과 사례들을 단순히 복제하는 것만으로는, 우리나라의 정부조직에 적합한 지식관리 체계를 구축하는 것은 불가능하다. 그러므로 우리는 수많은 성공사례뿐만 아니라, 지식관리에 대한 시행착오들에 대한 연구와, 무엇보다도 정부조직의 특수성 등에 대한 신제도주의적인 연구를 통하여 지식관리의 본격적 도입 이전에 청사진을 마련해야 한다.

그림 2-4
정책학의 연구목적

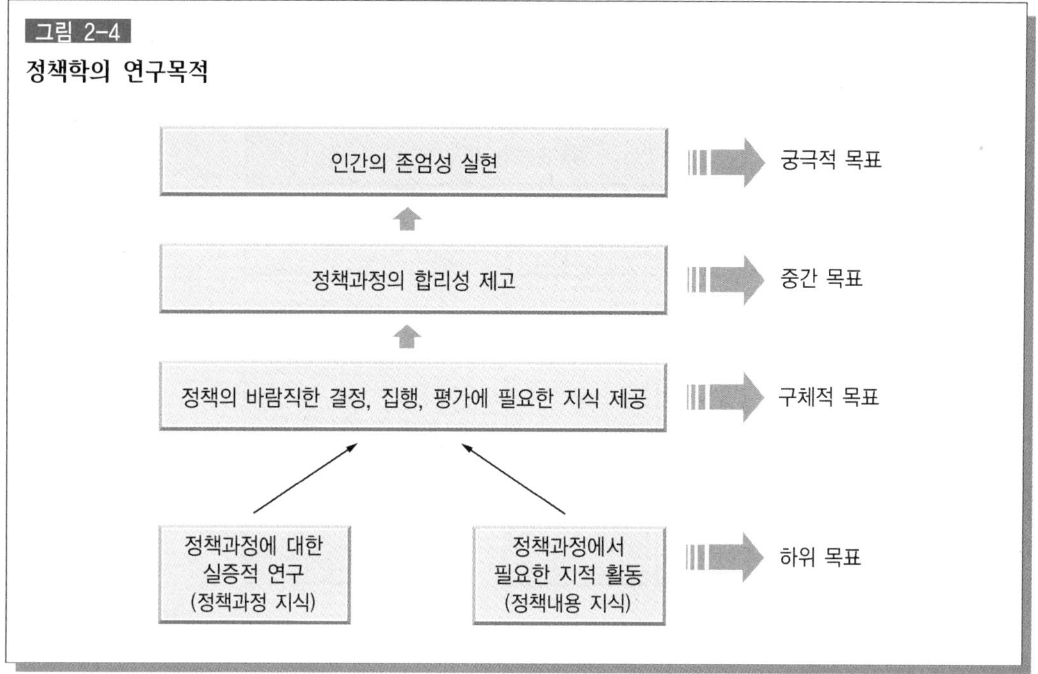

자료: 정정길 외, 2005: 16.

의하여 정책결정 및 정책집행 등의 정책과정을 연구하여 밝혀낸 인과관계에 관한 지식이다. 또, 정책과정에서 필요한 지식은 정책과정에서 규범적·실증적 접근으로 얻어진 지식으로서, 모든 정책에 공통적으로 적용될 수 있는 것과, 구체적인 정책분야에서 정책의 실질적 내용을 뒷받침하는 모델로서의 실질적 지식을 의미한다. 예를 들면, 정책의 각 단계별 인과관계를 검토하는 과정에 관한 실증적인 연구(정책과정 지식)와, 복지정책, 경제정책 등 타학문의 이론과 전문 분야에 대한 지식(정책내용 지식)을 말한다(〈그림 2-4〉 참조). 정책학에서 주로 연구하는 것은, 이중 정책과정에 대한 실증적 연구와 규범적·처방적 지식에 관한 연구이다. 실증적 연구는 정책학이 과학성과 합리성의 사실관계(*fact*)에 기초하고 있다는 믿음을 전제로 하고, 규범적·처방적 연구는 정책학이 정치성과 갈등성의 가치관계(*value*)에 기초하고 있다는 믿음을 전제로 하고 있다.

2. 정책학의 연구전개

1) 정책분석

정책분석이란 보다 나은 정책대안(*policy alternatives*)을 개발·선택하기 위하여, 정책목표와 정책수단 그리고 더 나아가 정책결과 간의 인과관계를 밝혀내는 것이다. 분석의 기준은 분석가의 개

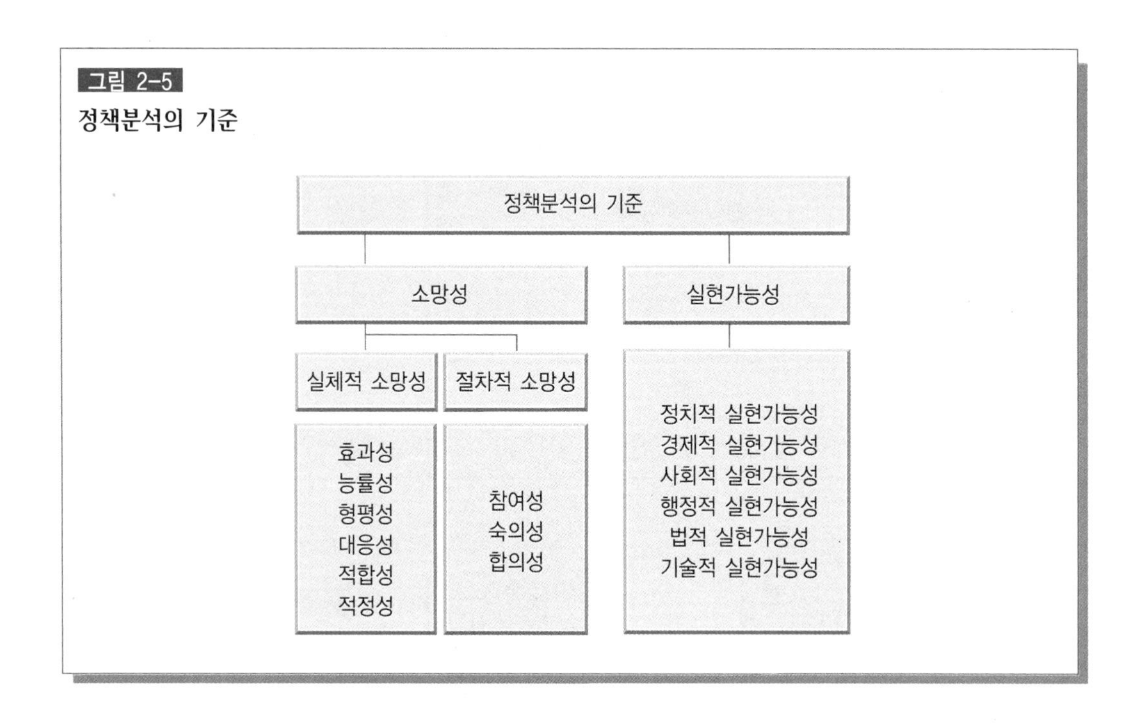

인적 가치관이나 분석대상이 된 정책의 특수성에 의해 달라질 수 있겠으나, 일반적으로 합리적인 정책분석을 위한 평가 기준은 W. Dunn이 주장한 효과성, 능률성, 형평성, 대응성, 적합성, 적정성 등의 소망성과, 정치적·경제적·사회적·행정적·법적·기술적 실현가능성이다. 합리적 분석기준이 되는 것은 소망성과 실현가능성이지만, 이를 구성하는 가치들은 때로 대립할 수 있기 때문에, 분석가의 탁월한 안목이 반드시 필요한 분야가 정책분석이라고 할 수 있다.

오늘날에는 사회가 다원화되고 민주주의가 발달함에 따라, 절차적 타당성이라는 분석기준도 더불어 강조되고 있다. 즉, 정책형성과정에서의 참여성·숙의성·합의성이라고 하는 절차적 소망성의 요소가 실체적 소망성 못지않게 강조되고 있는 것이다. 이를 종합하여 정책분석의 기준으로 요약하면, 정책분석의 기준은 크게 소망성과 실현가능성으로 나누어지는데, 소망성은 다시 실체적 소망성과 절차적 소망성으로 구성된다.

2) 정책평가

정책평가는 형성평가와 총괄평가로 나눌 수 있는데, 형성평가는 정책과정 중에 하는 평가로 집행의 관리와 집행의 보완을 위한 것이다. 총괄평가는 좁은 의미의 정책평가를 이르며, 정책과정이 끝난 후 환류의 과정에서 새로운 정책수립 시에, 과거 실패한 정책의 단점을 보완하고, 성공한 정책의 장점을 유지하기 위해 실행되는 정책평가이다. 우리가 정책평가라고 할 때에는 주로 총괄평가를 지칭한다.

정책평가는 평가대상에 따라 정책산출(*output*)평가, 정책성과(*outcome*)평가, 정책영향(*impacts*)평가로 구분할 수 있다. 정책산출평가는 단기 효과의 평가로 직접적인 물적·인적 산출을 의미하고, 정책성과평가는 정책산출을 통해 얻는 성과에 대한 평가이다. 정책영향평가는 가장 추상적인 정책영향에 대한 평가로, 의도하지 않았던 외부효과나 사회에 미친 거시적 영향 등에 대해서도 포함하여 평가하는 것이다.

제 3 절 정책학과 인접학문

1. 정책학과 행정학

정책학과 관련을 맺고 있는 학문들 중에서 가장 밀접한 관련을 맺고 있는 학문이 행정학이며, 정책학을 연구하고 있는 학자들 중에서 행정학자들이 다수를 차지하고 있다는 사실만 보더라도 두 학문의 긴밀한 연관성을 알 수 있다. 정책학에 대한 많은 프로그램들이 사회과학 분야의 다른 학과에서보다는 행정학과나 행정대학원에 개설되어 있고, 미국의 주요대학에서 뿐만 아니라 우리나라에서도 행정학과에서 정책학 관련 교과목이 늘어나고 있다. 또한, 정치·행정일원론이 행정학의 일반적인 관점이 되자, 정책학은 정치학과 행정학이 서로 만나는 접합점이 되고 있다.

행정학과 정책학을 비교하였을 때 다른 점이 있다면, 행정학이 주로 행정조직(조직), 인적 자원(인사), 물적 자원(재무)의 관리와 집행에 초점을 두는 데 반해, 정책결정론, 정책기획론, 정책분석론 등의 상위 정책결정단계는 정책학에서 다루며, 하위 정책결정집행단계는 행정학과 깊은 관련이 있다는 점이다.

하지만 정책학과 행정학은 결국 서로 상호보완적인 관계에 있는데, 정책학은 행정학의 정책결정에 관한 실증적 측면의 연구에 도움을 준다. 또한 정책학은 행정학이 사회문제에 대한 적실성을 갖도록 하고, 정책지향적인 행정을 추구하는 데 도움을 줌으로써 상호보완적 관계에 있다.

2. 정책학과 정치학

정책학은 행정학과 정치학을 연결해 주는 접점의 역할을 한다. 정책을 연구하는 사람들이 주로 행정학자이고, 행정학을 공부하는 학생들에게 점차 필수적인 주제로 인식되고 있는 정책학이기는 하지만, 기원을 따져 보면 정책학은 정치학의 근원에서 탄생했다고 볼 수 있다. 우선, 현대정책학의 창시자인 Lasswell이 정치학 연구에 많은 업적을 남긴 유명한 정치학자였다는 점을 빼놓을 수 없겠다. 그러나 정책학이 실증적·과학적이면서도 처방적인 접근방법을 주로 사용하는 학문이라면, 정책학이 탄생할 당시 정치학 연구방법의 주류를 이루던 학문적 사조는 행태주의와 실증주의였다는 점에서 차이를 발견할 수 있다(정정길 외, 2005: 46-47). 이러한 정치학의 실증주의적 한계는 문제지향성과 현실적합성의 특징을 가진 정책학이라는 학문이 등장하는 데 큰 몫을 하였다.

또한 정치학이 정치권력, 정치제도, 정치체제의 구성 및 운영과 같은 일반적인 정치과정(*political process*)에 관심을 갖는 데 반해, 정책학은 정책을 중심으로 하는 정책과정(*policy process*)에 초점을 둔다는 것이 두 학문의 큰 차이점이다.

3. 정책학과 경영학

정책학과 경영학의 연관성에 대해 설명하기 전에, 행정학과 경영학의 유사성과 차이점에 대해 짚어 볼 필요가 있다. 최근에는 기업가적 정부, 시장원리를 도입한 신공공관리론, 민간 위탁을 이용한 새로운 통치체제인 거버넌스 등 효율적이고 민주적인 정부 서비스 전달을 위한 행정의 경영화가 행정학계 최대의 화두가 되고 있다. 그러나 행정의 무조건적인 기업 벤치마킹은 바람직하지 않은 결과를 낳을 수 있는데, 그런 결과에 대한 충분한 해명을 하기 위해서도, 역시 행정과 경영의 차이점에 대해 인식되어야 한다.

먼저, 행정학과 경영학의 공통점은, 조직의 공통 관리기술이 있고, 관료제적 성격을 가지며, 협동행위를 한다는 것이다. 그러나 경영학은 관리의 기술적 측면을 강조하지만, 행정학은 관리의 정치적 측면을 중시한다. 행정은 또한 공익을 목적으로 형평성의 개념이 강조되지만, 경영은 이윤을 추구하고, 형평성보다는 경쟁성을 강조한다. 따라서 민간기업의 경영방식을, 공익을 추구하는 정부에 그대로 적용했을 때, 조직구조의 개편과 적절한 유인제도 등에 대한 강한 보완책이 없다면, 실패할 가능성이 크다.

정책학에서도 경제학 및 경영학적인 연구방법이나 경영기법을 도입하여 사용하고 있다. 더욱이 계량적인 접근법이 필요한 정책분석과 정책평가의 분야는 더욱 그러하다. 하지만, 정책학에서는 정책의 또 다른 측면인 민주성과 정치성의 측면 역시도 중요하게 고려되어야 한다. 즉, 정책학은 경영학 및 경제학의 계량기법 못지않게 정치학과 심리학적인 접근이 요구되는, 방법의 다양성(*diversity*)이 강조되는 학문분야이다.

4. 정책학과 거버넌스

20세기 들어 정부는 보다 민주적이고 효율적인 가치를 추구하는 사회 기조에 편승하여, 관료주의패러다임을 극복하고, 정부조직을 새롭게 개편할 필요가 있었다. 현대사회가 산업 사회에서 지식정보화 사회로 변화하고, 시민의 정부참여가 더욱 적극적으로 변화된 정책환경 속에서 통치요구는 증가하는 데 반해, 통치역량은 오히려 점점 더 감소한 한계 상황하에서 등장한 접근방식이 거버넌스이다.

거버넌스는 라스웰(Lasswell)이 인간의 존엄성을 강조한 민주주의 정책학을 주창한 이래, 정책학이 계층제적 관료제의 도구로 전락된 것에 대한 반성과 성찰의 결과이다. 기존의 정책학은 다양한 의견 투입이 원활하게 이루어지지 못하고, 정책의 효율성만을 추구한 결과 정책불응과 같은 또 다른 비효율성을 양산하고 있었다. 이에 대한 반성으로 대두된 거버넌스는 다양한 이해관계자들의 참여를 제도적으로 보장함으로써, 정책의 민주성과 효율성을 동시에 추구한다. 현대사회의 정보화 추세는 이러한 경향을 더욱 가속화하고 있다.

거버넌스는 'Goverment에서 Governance로'라는 구호에서 보듯이, 전통적인 정부를 대체할 만한 시스템으로서, 시민사회(NGO), 시장(기업), 사이버 공간의 거버넌스가 정부와 공존하는 새로운 형태의 통치체제이다. 이와 같은 새로운 형태의 정부는 크게 국가중심 거버넌스, 시민사회중심 거버넌스, 시장중심 거버넌스의 3가지 유형과 최근에 등장한 사이버 거버넌스로 나누어 생각해 볼 수 있다.

먼저 관료주의와 관리주의를 운영의 기본 원리로 하는 국가중심의 거버넌스에는 신공공관리론(NPM: New Public Management), 기업가적 정부, 그리고 G. Peters가 주장한 신축적 정부모형, 탈규제적 정부모형 등이 있다. 신공공관리론은 조직 내부의 경직성과 비효율성을 타파하기 위해 민간조직의 관리주의 경영기법을 도입, 조직관리의 탄력성과 효율성을 제고할 것을 강조한다. Osborn과 Gabler가 주장한 기업가적 정부는 정부운영에 시장원리가 도입되고, 경쟁(*competition*), 권한위임(*empowerment*), 책임(*accountability*) 및 성과(*performance*)를 강조하는 것이다. 국가중심 거버넌스는 현재까지 가장 많이 연구되고 현실화된 거버넌스이지만, 앞으로는 이보다 더 시장중심적이고 시민중심적인 효율적이고 민주적인 거버넌스에 대한 기대가 크다.

다음으로 시민사회중심 거버넌스는 참여주의와 공동체주의를 기본 원리로 하며 참여적 정부모형, 자기조직적 네트워크이론이 있다. 시민사회중심 거버넌스에서 말하는 참여주의는 내부 참여로서의 분권화와 외부 참여로서의 시민참여를 의미하며, 공동체주의란 사회구성원 중에 헌신적인 자원봉사자가 있고(신우파의 자원봉사주의: Volunteerism), 이들의 적극적인 참여를 위해서 정부가 주도하여 시민의 덕성(*civic virtue*)을 함양(신좌파의 시민주의: Civicism)해야 한다는 이론이다.

세 번째 유형인 시장중심 거버넌스는 시장주의와 경쟁원리를 기본원리로 하며 시장적 정부모형과 최소국가론이 있다. 시장적 정부모형은 정부의 계층제 구조를 타파하고, 시장의 경쟁원리를 도입하여 효율성을 도모하자는 것이고, 최소국가론은 작은 정부, 국제적인 비전과 융통성을 가진 정부, 책임지는 정부, 공정한 성격의 정부를 주장하는 이론이다.

마지막으로, 오늘날 정보통신과 네트워크의 발달로 주목받고 있는 사이버 거버넌스는, 투명하고 생산성 높은 정부, 민주적이고 참여적인 정부, 튼튼한 시민성을 함양한 성찰적 시민과 NGO, 그리고 효율성으로 무장한 기업과 시장이, 상호 유기적 협력과 조정을 통해 스스로 만들어가는 거버넌스 체제를 전자정부 공간 속에서 실현될 것을 강조하는 개념이다. 앞으로 사이버 공간이 차지하는 비중이 점점 더 높아질수록, 이는 더 강한 현실적 실체를 가지고, 국가혁신 및 민주주의 발전에 기여하게 될 것이다.

5. 정책학과 혁신이론

"정부혁신이란 정부정책 및 행정관련 문제를 인지하고, 정보 또는 지식을 발굴, 생산하여 새로운 행정 프로그램이나 정책을 채택하는 것이다."

- Berry(1990: 395)

"정부혁신이란 공공조직의 효과성, 능률성, 적응성, 개혁성을 극적으로 증대시키기 위해, 공공 체제나 정부조직을 근본적으로 변형하는 것을 의미한다."

- Osborne & Plastrik(1998: 38)

국가혁신이론은 거버넌스이론과 함께, 전자정부 조직모형을 기반으로 하여, 정책이론에 크게 기여할 수 있는 이론이다.

국가혁신의 핵심은 정부와 시장과 시민사회가 어떻게 하면 신뢰와 네트워크 정신 속에서 자율성과 창의성이 마음껏 발휘될 수 있는 국정운영시스템을 만들 수 있느냐에 달려 있다. 이를 위해 국가혁신이론은 그 하위 수단적 개념으로서 정책품질관리, 갈등관리, 지식관리, 성과관리 등을 내포하고 있다.

정책품질관리제도는 정책과정의 절차적 타당성 확보와 정책사례의 정확한 데이터베이스 구축을 통해 지식관리와 연관되어 있다. 또한, 정책과정의 논리적 타당성을 확보하기 위한 노력이 성공하기 위해서는 공무원 개개인에 대한 공정한 성과관리의 구축이 전제되어야 한다. 즉, 갈등관리, 지식관리, 성과관리는 정책품질관리를 중심으로 유기적으로 연결되어 있으며, 이들은 국가혁신이론의 주요 요소들이다.

정책품질관리, 지식관리, 성과관리를 통한 정책의 과학성과 합리성 강화는 정책이론을 연구하는 중요한 한 축을 이루는바, 이러한 국가혁신이론들은 정책의 합리성과 전문성 제고라는 측면에서, 현대정책이론의 중요한 구성요소가 되고 있다.

정책사례

싱가포르 정부혁신 경쟁력: 지식·고객만족 정부 내세워, 기업 경쟁력 강화 지원 앞장

2002년 다보스 포럼이 발표한 국가경쟁력 지표에서, 싱가포르는 공무원 효율성, 정부정책의 투명성, 법의 안정성과 명료성 등 정부관련 18개 평가항목에서 1위를 차지했다. 이는 싱가포르 정부의 높은 효율성과 정책의 우수성이 높은 평가를 받은 결과다.

싱가포르 정부는 지식 정부, 고객만족 정부, 경쟁력 있는 정부를 표방하고 있다. 이를 위한 구체적 전략으로, '기업가적 조직'과 'PS21'(Public Service for 21st Century)을 내세우고 있다.

PS21은 공무원의 변화와 혁신을 실천하기 위한 운동으로, 공무원이 우수한 경영관리 능력과 지식을 갖추는 것이 공장이나 기계보다 더 중요하다는 판단에 따른 것이다. 이를 위해 정부는 공공서비스 우수상(Public Service Award) 등을 운영하고 있다. 또 공공서비스 관련 국제표준인증(ISO)을 받도록 장려해, 모두 40개 기관이 이 인증을 획득했다. 총리부 산하에는 제로 인(Zero-in) 위원회를 구성해 수정 또는 폐지돼야 할 규칙과 조례를 가려내도록 하고 있으며, 1999년부터는 'e-민원 센터'도 운영하고 있다.

근래 들어 싱가포르는 기존의 대외의존적 제조업중심의 수출중심 발전전략에서 탈피하여, 정보 및 생명공학 산업중심의 고부가가치 지식경제 기반으로 이동하는 데 강력한 드라이브를 걸고 있다. 비록 정부중심의 하향식 방식으로 국민의 창의성이 문제가 되기는 하지만, 싱가포르 정부는 그래도 국내 자원과 능력을 최대한으로 활용해, 세계 시장에서 기업 경쟁력을 높이도록 기획하고 지원하는 최고의 협력자로서의 평가를 받고 있다. 그런 의미에서 싱가포르 정부야말로 싱가포르 발전의 두뇌와도 같은 존재다.

자료: 조선일보, 2003.

6. 정책학과 미래예측

정책학과 미래예측은 매우 밀접한 관계에 있다. 그동안 미래예측이 정책연구라는 관점에서 집중적으로 조명을 받지는 못했는데, 앞으로는 미래예측과 정책연구의 유기적 관계에 대해 집중적으로 탐구될 필요가 있다. 미래예측과 정책연구는 매우 깊은 어원적 연관관계가 있다. 우선 미래와 정책이라는 단어가 매우 긴밀한 관계를 가지고 있는데, 이는 미래라는 시간의 축과 정책이라는 공간의 축은 상호 보완적인 관계에 있기 때문이다. 정책은 미래가 있기에 정책의 미래지향적 탐색이 가능하게 되고, 사회의 미래지향적 가치를 그리면서 정책을 가치 창조적으로 형성해 나갈 수 있게 되는 것이다.

Lasswell(1951; 1970; 1971), Y. Dror(1970), E. Jantsch(1970) 등으로 이어지는 정책학의 본류적

관점에서도 미래와 정책은 불가분의 관계를 형성하고 있다. Lasswell(1951, 1970)은 정책이 과정(*process*)과 내용(*content*)의 지식을 통해 사회의 민주적 가치실현에 기여하기 위해서는 정책연구에 있어서 시간적 맥락(역사적 맥락; 과거, 현재, 그리고 미래)과 공간적 맥락(세계적 관점; 글로벌한 공간) 등 정책이 처한 맥락에 대한 분석이 매우 중요하다고 강조하였으며, 이를 위해 정책은 미래지향적 근본문제의 해결을 추구해야 한다고 주장하였다. 또한 문제해결 지향성에 해당하는 지적 활동으로서 목표의 명시, 경향의 파악, 여건의 분석, 미래의 예측 등의 활동들을 강조하였다. 더 나아가 이러한 정책연구의 근본적 발전을 위해서는 정책학의 연구방법론도 관리과학, 미래예측, 체제분석 등 계량분석뿐만 아니라 정치학, 심리학, 인류학, 생물학 등의 통섭적인 접근을 통한 방법의 다양성(*diversity*)을 추구해야 한다고 강조하였다(Lasswell, 1970: 11-15). 이러한 방법의 다양성은 후에 그의 제자인 Y. Dror(1970)가 제시한 연합학문지향성(*interdisciplinary*)으로 이어지며, 정책학의 최적모형 개발로 발전되었다.

미래예측은 미래의 정책을 탐구하는 학문으로서 과거나 현재에 관한 일련의 추세적 연장에 그치지 않고, 미래의 대안을 창조하고, 그러한 대안의 선택과 결정을 통해서 미래의 바람직한 대안을 개발하는 학문이다. 미래예측의 통계적 기법들은 데이터의 형태를 그래픽으로 혹은 추정의 형태로 처리해줌으로써 미래예측의 객관성과 신뢰성을 확보하는 기반이 되지만, 미래연구(*future foresight*)는 어디까지나 이러한 통계분석의 수준을 넘어서서 창의적 예측에 기초한 창조적 대안 개발을 요구하고 있다. 따라서 미래예측은 결국 사회적이고 창조적인 과정이다. 미래예측은 조직의 성공에 핵심이 되는 새롭고 흥미로운 지식의 융합(*knowledge fusion*)을 키우는 상호작용의 과정이라고 할 수 있는데, 이러한 관점에서 앞으로 정책연구는 미래예측과 긴밀한 연관관계 속에서 발전해 나가야 할 것이다.

7. 정책학과 전자정부

전자정부는 다양한 정부 행정서비스를 온라인화함으로써, 언제 어디서나 고객의 접근과 이용이 가능한 민주지향형 정부를 말한다. 아울러 정부서비스 체계를 일원화하고 공개함으로써, 정부의 생산성과 투명성도 획기적으로 높일 수 있다. 더 나아가 전자정부는 국가 사회의 열린 의사소통과 담론형성을 주도함으로써, 우리 사회공동체가 보다 신뢰받고 성숙한 사회로 거듭나는 데 기여할 수 있는 성찰성과 신뢰성이라는 정책가치를 지니고 있다.

현대정책학에서 전자정부의 개념이 중요한 이유는, 〈그림 2-6〉에서 보는 바와 같이, 전자정부의 실현이 민주성과 효율성을 확보하는 수단이 되며, 더 나아가 성찰성을 추구하는 수단이 되기 때문이다. 전자정부를 통해 정부는 국민의 의견을 쉽게 수렴하고 정책에 반영할 수 있게 되고, 정부 내부의 의사소통 체계나 지식의 축적을 원활하게 하여, 정책과정상의 효율성과 생산성을 높인다.

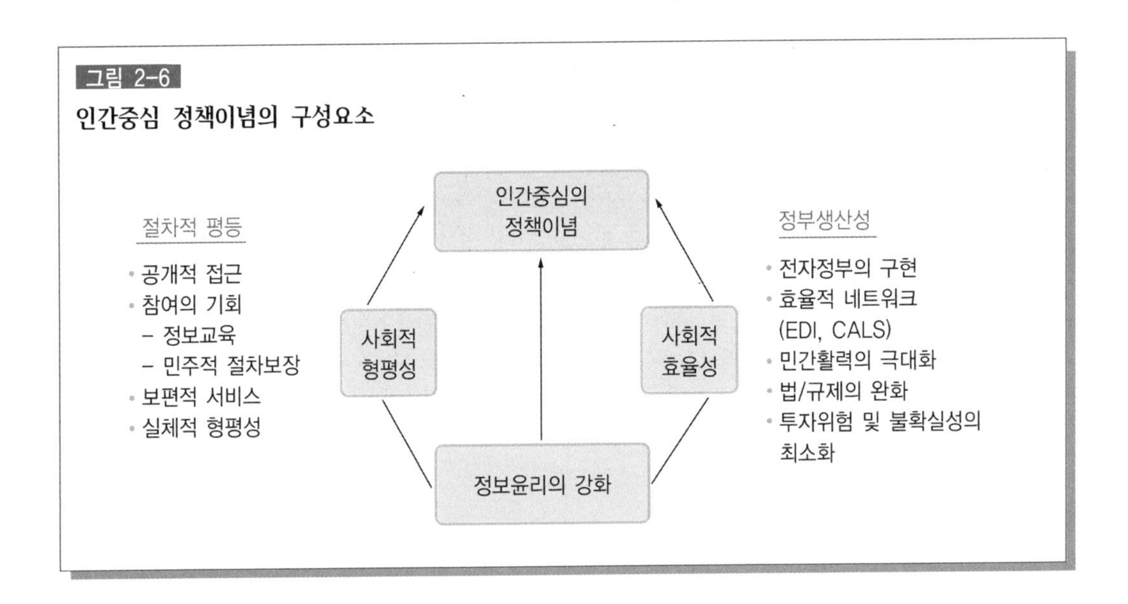

그림 2-6
인간중심 정책이념의 구성요소

또한 전자정부는 국민들에게 일련의 정책과정을 공개함으로써 책임성과 투명성을 확보하고, 국민들과의 실시간 의사소통 수단을 제공함으로써 참여성과 민주성을 실현한다. 더 나아가 전자정부의 구현은 국민의 진정한 토론과 참여를 통해, 정책과정에서의 참여성, 숙의성, 합의성을 제고하여 우리 사회의 건강한 의사소통과 담론형성을 가능케 함으로써 신뢰성과 성찰성을 제고하는 데 기여한다. 따라서 Post-관료제모형으로서의 전자정부는, 국가(정부)-시장(기업)-시민사회(NGO) 사이의 유기적인 협력과 조정을 강조하는 문제해결방식으로서의 거버넌스적 패러다임과 이론적 맥을 같이 하며, 이러한 점에서 정책결정메커니즘으로서의 전자정부가 현대정책이론에서 가지는 의미는 매우 크다고 할 수 있다.

정 책 사 례

전자정부 진화는 계속 된다: '국민의 손발' 전자정부 … UN 평가 세계 1위

정보기술(IT) 산업이 발전하고, 정부의 행정 업무가 부처 간 상호 연동되면서, 온라인에서 대부분의 민원을 처리할 수 있는 시대가 열렸다. 정부는 '고객'인 국민에게 질 높은 행정 서비스를 제공하려는 노력의 일환으로, 다양한 전자정부 사업을 추진하고 있다. 대국민 민원업무 관련 사업(G4C), 인터넷을 통한 홈택스 서비스(HTS), 국가종합전자 조달 시스템(G2B) 등이 좋은 예다.

◆ 전자정부 어떤 것인가

정보사회를 기반으로 한 정부를 '열린 정부' 혹은 '전자정부'라 일컫는다. 정보사회에서는 정부의 역할이 단순한 행정서비스에 머무르지 않는다. 기존 행정중심의 역할은 과감히 탈피하고, 기업에서 고객을 맞이하듯 대국민 서비스 향상에 초점을 맞춘다. 정치나 사회 환경도 전자민주주의나 참여민주주의가 정착되기에 충분조건을 갖추고 있다. 국내에서는 행정자치부가 전자정부 사업을 총괄한다.

전자정부가 도입되면 먼저 국민 편의가 확대된다. 초고속 정보통신망과 연계해 원스톱 민원서비스를 받을 수 있기 때문에, 정보사회에 걸맞은 다양하고 편리한 서비스를 받게 된다. 또 민원서류가 대폭 줄어들고 각종 증명 발급 시스템이 무인화되면서, 행정업무가 간소화될 뿐 아니라, 경비 절감을 통해 국가예산을 효율적으로 운영할 수 있다.

◆ 전자정부 어디까지 왔나

참여정부의 전자정부 사업은 유엔의 5단계 발전단계 중 전자지불·전자거래가 가능한 4단계를 지나 통합 서비스가 가능한 5단계로 진입했다. 4단계(transaction)에서 각종 민원의 온라인 처리, 조세·수수료 전자납부가 가능했다면, 5단계(integration)에서는 부처 간·기관 간 경계 없는 온라인 서비스가 가능해지며, 정부·민간 간 연계 서비스도 시작된다. 유엔은 2012년 12월 한국의 전자정부를 세계 1위로 평가했다.

◆ 전자정부 어디로 가나

전자정부가 앞으로 갈 길은 네트워크 정부, 지식정부, 참여정부로 요약된다.

정부가 일하는 방식, 대국민 서비스, 정보자원관리 부문을 비롯한 전 분야에 혁신이 추진된다. 종이문서는 전자문서로 바뀌고, 부서별로 나뉘었던 업무가 국민 서비스 흐름을 중심으로 통합 처리된다. 기존에는 동사무소, 구청 등 기관별 창구를 직접 방문해 업무를 처리했다면, 이제는 단일창구에서 온라인만으로도 행정 업무 처리가 가능해진다. 기존 여론조사 등을 통해 국민들이 제한적으로 참여했던 방식이 주민투표 등 다양한 온라인 채널 확대로 이어진다. 최근 들어 전자정부는 스마트 전자정부로 진화하여 정부3.0으로 정립되고 있다. 빅데이터, 센서, 알고리즘, 스멘틱 웹기반 지식관리 등에 대한 첨단기술을 기반으로 정책방향을 올바로 정하는 (Do the Right Thing)에 초점을 두고, 정부부서 간 칸막이를 없애고 정보를 웹상에 공유하는 등의 노력을 통해 국민 행복의 가치를 실현시키려는 스마트 거버넌스를 구현하려는 노력으로 진화되고 있다. 이러한 일련의 노력을 전자정부3.0이라고 부른다.

8. 요약 및 결론: 현대정책이론의 지향

21세기 지식기반사회에 진입한 오늘날의 사회는 정치, 경제, 사회, 문화, 과학기술에 걸쳐 광범위하게 급속도로 변화하고 있다. 이러한 사회적 변화에 따라 새로운 사회문제가 발생하고, 미래지향적 정책수요가 창출되고 있다. 따라서 정부는 이러한 시대적 요구에 발맞추어 변화해야 함은 물론, 정부로부터 형성되는 정책, 그리고 정책을 연구하는 정책이론 역시 더 이상 제자리에 머무를 수만은 없다.

현대와 같이 속도의 시대, 불확실성의 시대, 변화의 시대일수록, 우리는 근본을 짚어보아야 한다. Lasswell(1951; 1970)이 주창한 민주주의 정책학은 인간의 존엄성 실현을 위해 근본적 문제의 탐색 및 해결을 강조하였다. 또한 이를 위해 정책학은 좁은 의미의 실증주의 연구에만 머물러서는 안 된다는 점도 강조하였다(deLeon, 1994: 84-85). 문명사적 갈등, 시대사적 사회변동, 세계적 혁명추세, 체제질서 차원 등 근본적인 문제를 적극적으로 탐색하여 해결을 지향하는 문제해결지향성과 함께, 역사적 맥락, 세계화 맥락, 사회적 맥락 등을 동시에 고려하는 맥락지향성을 토대로, 연합학문지향적인 접근이 필요하다. 인간의 존엄성과 근본문제해결이라는 윤리적 기초와 상황 적합성이라는 실용주의 철학적 기초를 토대로, 참여, 숙의, 합의, 토론, 논증 등 정책토론과 민주성이 강조되는 뉴거버넌스적 행태적 기초를 접목함으로써, 그동안 실종되었던 정책학의 근본 목적과 이상을 다시금 생각해 보아야 할 것이다(deLeon & Martell, 2006: 39-40; deLeon, 1994: 83).

행정학의 위기, Lasswell 그리고 Post-Lasswell 이후에 거론되는 정책학의 실패, 이 모든 것이 정책학의 궁극적인 목표인 '인간의 존엄성 실현'과 관련되어 있다. 이를 위해서 민주주의 정책이론은 존엄성의 주체인 국민의 참여와 현장의 목소리에 보다 더 다가서는 한편, 가치비판적 발전관에서 강조하는 이성에 대한 믿음과 미래에 대한 낙관을 토대로 보다 나은 정책대안을 탐색하려는 끊임없는 성찰과 토론이 요구된다고 하겠다. 좁은 의미의 인과관계만을 추구하는 실험실에 박제되어 있는 죽어 있는 정책학이 아닌, 항상 현실에 반응하고 유연하며, 더 높은 민주성과 성찰성을 높이기 위해 연구하는 학문으로서의 정책이론이 구성되어야 할 것이다.

Chapter 2

핵심 Point !

Policy Overview

◎ 정책학의 목적과 특성

- 중요성과 본질
  - Lasswell: 인간의 존엄성 실현을 위한 '민주주의 정책학'
  - 근본적 문제해결을 위한 정책과정 및 정책내용의 연구
- 현대정책학의 등장과 목적
- ▸ 현대정책학의 등장
  - 1950년대 정치학계의 주류: 논리적 실증주의의 행태주의
  - D. Easton의 후기행태주의 등장: 1960년대 흑인폭동과 월남전 등 현실 사회문제해결을 위한 현실적합성(relevance)과 행동지향성(action)을 크게 중시
  - D. Waldo의 신행정학(New Public Administration)이 등장하면서 Lasswell의 정책학 패러다임 재조명
- ▸ 정책학의 연구 목적
  - 정책학의 궁극적인 목적: 인간의 존엄성 실현, 근본적 문제의 해결, 이를 위한 정부의 정책역량 강화(정책지향성의 완성)

◎ 정책학의 연구내용과 연구전개

- 정책학의 연구내용
  - 정책과정 지식, 정책내용 지식: 정책과정에 대한 실증적 연구와 정책내용에 대한 지식
- 정책학의 연구전개
  - 정책분석: 정책목표와 정책수단 그리고 더 나아가 정책결과 간의 인과관계 규명
  - 정책평가: 정책산출(output)평가, 정책성과(outcome)평가, 정책영향(impact)평가

◎ 정책학과 인접학문

- 행정학: 정책학은 상위 정책결정단계, 행정학은 조직·인사·재무의 관리와 집행 등 하위 정책결정 집행단계
- 정치학
  - 정책학은 정치학과 행정학의 접합점

- 정치학은 정치권력, 정치제도, 정치체제의 구성 및 운영과 같은 일반적 정치과정(political process)인데 반해 정책학은 정책과정의 탐색에 초점이 있음.

- 경영학: 행정학은 경영학에 비해 관리의 정치적 측면, 공익을 목적으로 형평성의 개념이 강조.
- 거버넌스: 계층제적 관료제의 도구로 전락한 정책학에 대한 반성으로 수평적 네트워크에 기초한 문제해결과 신뢰 및 협동이 강조.
- 혁신이론: 정책의 과학성과 합리성 강화를 위한 정책품질관리, 갈등관리, 지식관리, 성과관리 등이 구성요소임.
- 미래예측:
  - 미래예측은 미래의 정책을 탐구하는 학문으로서 과거나 현재에 관한 일련의 추세적 연장에 그치지 않고, 미래의 대안을 창조하고, 그러한 대안의 선택과 결정을 통해서 미래의 바람직한 대안을 개발하는 학문임.
  - 통계분석의 수준을 넘어서서 창의적 예측에 기초한 창조적 대안 개발을 요구하고 있음.
- 전자정부
  - 전자정부는 다양한 정부 행정서비스를 온라인화함으로써, 언제 어디서나 고객의 접근과 이용이 가능한 민주지향형 정부를 말함.
  - 정부서비스 체계를 일원화하고 공개함으로써, 정부의 생산성과 투명성도 획기적으로 높일 수 있음.
  - 더 나아가 전자정부는 국가 사회의 열린 의사소통과 담론형성을 주도함으로써, 우리 사회 공동체가 보다 신뢰받고 성숙한 사회로 거듭나는 데 기여할 수 있는 성찰성과 신뢰성이라는 정책가치를 지니고 있음.
  - Post-관료제모형으로서의 전자정부는, 국가(정부)-시장(기업)-시민사회(NGO) 사이의 유기적인 협력과 조정을 강조하는 문제해결방식으로서의 거버넌스적 패러다임과 이론적 맥을 같이 하며, 이러한 점에서 정책결정메커니즘으로서의 전자정부가 현대정책이론에서 가지는 의미는 매우 큼.

Chapter 2

핵심 Question!

Policy Overview

◎ 정책학의 중요성과 본질을 설명하라.

◎ 현대정책학의 등장과 배경에 대해 정리해 보자.

◎ 정책학과 행정학의 관계를 설명하라.

◎ 정책학과 정치학의 관계를 설명하라.

◎ 정책학과 경영학의 관계를 설명하라.

◎ 정책학과 거버넌스의 관계를 설명하라.

◎ 정책학과 혁신이론의 관계를 설명하라.

◎ 미래예측의 개념을 설명하고, 미래예측이 정책학에 주는 의미를 논하라.

◎ 전자정부의 개념을 설명하고, 전자정부가 정책학에 주는 의미를 논하라.

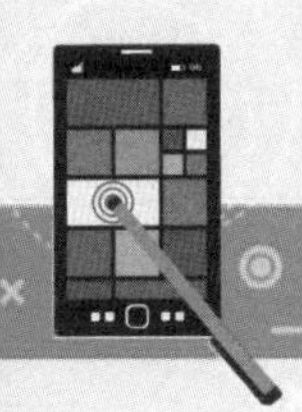

정책학 출제 최신경향&기출문제

CHAPTER 02 출제 최신경향

제2장에서는 정책학 패러다임에 대해 다루고 있다.

정책학의 궁극적인 목적은 인간의 존엄성을 실현하기 위해 인간과 사회에 대한 근본적인 문제에 대해 해결하고자 정부의 정책역량을 강화시키는 것이다. 1970년대 Lasswell 시대에서 정책학은 Lasswell과 Dror에 의해 궁극적으로는 인간의 존엄성을 실현하고 수단적으로는 효율적인 문제해결을 위한 패러다임으로 문제지향성, 맥락지향성, 연합학문지향성이 강조되었다. 최근의 정책학 패러다임은 지식정보사회에 걸맞는 민주주의 정책학의 방향성이 강조되는 바, 문제지향성, 맥락지향성, 연합학문지향성과 함께 참여·숙의·합의를 기초로 하는 민주지향성이 강조되고 있다.

결국 오늘날 현대사회는 정치, 경제, 사회, 문화, 과학기술에 걸쳐 광범위하게 급속도로 변화하고 있다. 이러한 정책환경의 변화는 새로운 정책학 패러다임을 요구하고 있다. 특히, 거버넌스로의 변화, 민주화의 진행, 정부 3.0, 창조정부 등은 정책과정과 정책분석에 많은 변화를 초래하고 있다.

따라서 본 장을 학습하는데 유의할 점은 정책학의 패러다임, 즉 정책학의 본질과 정책학이 지향하는 가치, 그리고 정책문제해결을 지향하는 정책학의 특성에 대해 살펴보며, 더 나아가 정책학이 인접학문들과 어떠한 연관관계를 지니는지에 대해 이해하는 노력이 필요하다는 점이다. 또한 정책학의 역사적 패러다임 전환에 대한 이해는 정책학을 학습하는 데 있어 필수적인 부분이다. 따라서 이를 직접적으로 물어보는 문제가 출제된 적은 없지만, 간접적으로 기술해주어야 할 필요성은 항상 존재하기에 정책학의 보다 충실한 답안작성을 원한다면 이에 대한 학습을 등한시해서는 안 될 것이다.

고시기출문제 정책결정과정에서는 논리와 증거를 토대로 한 분석적 측면과 이해관계와 주장을 달리하는 집단들 사이의 정치적 상호작용이 함께 전개된다. 정책환경과 정책문제의 특성에 따라 분석적 측면과 정치적 측면의 비중이 상대적으로 다르게 나타난다. 이러한 정책결정과정의 특성을 구체적인 정책결정 사례를 들어 설명하시오[2006년 입시].

답안작성요령

핵심 개념

본 문제는 정책의 양면성, 즉 분석적 측면과 정치적 측면에 대해서 묻고 있다. 정책결정은 정책목표를 달성하기 위하여 정책실패를 최소화하고 합리성을 극대화하려는 과정이다. 그러나 정책은 다양한 이해관계자들 간의 상호작용의 산물이기에 정치적 판단을 그 본질로 하기도 한다. 이러한 정책의 특성을 사례를 통해 논의하라는 것이 본 문제의 핵심이다.

정책학 패러다임과 정책의 특성

정책학은 '인간의 존엄성 실현'이라는 본질적 목적을 가지고 현실세계의 문제를 효과적으로 해결하기 위한 학문이다. 행태주의가 팽배하던 시기에 Lasswell은 근본적 사회문제의 해결을 위해 탈실증주의에 기초한 민주주의 정책학을 주창한 바 있다. 문제지향성, 맥락지향성, 연합학문지향성을 중심으로 정책과정과 정책내용에 대한 과학적 지식의 제공을 목적으로 하는 정책학을 제창한 것이다(본서 제2장 정책학 패러다임 참조).

분석적 측면과 정치적 측면의 의미

정책결정은 합리성과 정치적 요소가 상호작용하여 동태적·역동적인 과정에 의하여 이루어진다. 분석적 측면은 B/C 분석 등 객관적 정책분석과 합리적 사고에 기반한 과학성, 합리성, 전문성 등 최대한 권력요소가 배제된 정책수단을 선택하는 것을 의미한다.

정치적 측면은 특히 민주화 이후의 현대사회에서 다양한 정책행위자들이 정책과정에 참여하면서 나타나는 이익추구 등으로 정책결정이 이들의 정치적 이해관계를 고려한 판단을 말한다. 만족모형, 점증모형, 회사모형, 조직모형, Allison 모형II와 모형III는 정책결정의 정치적 측면, 즉 다양한 이해관계자들 간의 타협과 절충을 강조한 모형들이라 할 수 있다(본서 제6장 정책결정모형 참조).

정책결정과정의 특성에 대한 사례

정책결정의 분석적 측면에 관한 사례로는 '신성장동력 정책'과 같은 과학기술 혹은 미래예측의 사례가 좋은 사례가 될 수 있을 것이다. 정부는 미래의 국가경쟁력 강화를 위하여 각 부문별 '신성장동력'을 개발·진흥의 종합계획을 수립하였다. 이 때 고부가가치 산업에 대하여 미래예측을 통해 생산성과 타당성을 분석하여 논리적 근거를 제시하였고, 이러한 정책대안의 결과를 예측하여 합리성을 추구한 정책결정이 이루어졌다고 볼 수 있다. 저탄소 녹색성장정책과 같은 경우도 마찬가지 맥락이라고 하겠다.

정책결정의 정치적 측면에 관한 사례로는 '기업형 슈퍼마켓(SSM) 규제정책'을 예로 들 수 있다. 기업형 슈퍼마켓은 대기업의 유통능력을 활용하여 가격의 단가를 낮추고 다양한 상품을 한 곳에서 판매함으로써 소비자들의 효율적인 유통기관으로 인식되어 왔다. 홈플러스 익스프레스, 롯데 슈퍼센터, GS 슈퍼마켓 등 대기업들의 유통산업 진출이 그 대표적 예이다. 그러나 이로 인해 중·소상인들의 골목상권이 붕괴되면서 기업형 슈퍼마켓의 영업활동을 규제해야 한다는 요구가 급증하였다. 우리사회의 양극화문제가 심각해지면서 경제민주화에 대한 요구 목소리가 높아진 것도 이러한 정책결정의 배경이 되었다.

고득점 핵심 포인트

정책결정의 분석적·정치적 측면이라는 상호 관계에 대하여 적절한 사례를 제시하는 것이 중요하다. 과학적, 합리적 근거에 기반을 둔 분석적 측면과 함께 현대사회의 다양한 이해관계의 갈등 및 대결구도 속에서 나타나는 정치적 측면을 잘 보여줄 필요가 있다.

정책은 분석과 정치의 양면성이 거의 필수적이라서 첨단산업단지 조성과 같은 과학기술 혹은 첨단산업정책과 같은 경우에도 분석적 측면과 함께 지역/지자체 간의 이익 배분이라는 정치적 측면이 나타난다는 점도 잘 기술해 줄 필요가 있다.

예컨대, 국제과학 비지니스벨트 정책사례의 경우에도 대전을 과학벨트의 거점으로 하되 대구, 경북과 광주 등에 연합캠퍼스를 만드는 등 분산적 입지결정이 내려진 바 있다. 밀양과 부산의 대립으로 무산된 동남권 국제신공항 건설의 경우에도 정치적 대립으로 인해 분석적 수요는 높다고 판단되던 정책결정이 무산된 사례이다. 이처럼 정책이 지니는 분석적 측면과 정치적 측면의 특성을 잘 기술해 준다면 고득점 답안이 될 수 있을 것이다(권기헌, 정책분석론(박영사, 2010) 제11장 정책분석과 정책사례 참조 바람).

정책의 개념 및 유형 03

제3장에서는 정책이론의 기초요소들에 대해서 학습한다. 구체적으로 정책의 개념 및 구성요소, 정책의 특성 및 기준, 정책의 유형 등에 대해서 학습하기로 한다.

정책이란 1) 정책목표와 2) 정책수단에 대한 3) 공식적 기본 방침으로서, 권위 있는 정부기관이 내린 결정이다. 정책의 3대 구성요소는, 1) 정책목표, 2) 정책수단, 3) 정책대상집단이다. 또한 정책은 목표지향성, 수단지향성, 미래지향성, 가치지향성, 문제지향성이라는 특성을 갖는다. 바람직한 정책목표는 우선, 1) 해결해야 할 정책문제와 직접적인 관계가 있어야 하고(인과적 타당성), 2) 실현 가능한 것으로서, 3) 궁극적으로는 인간의 존엄성을 구현하는 것이어야 한다.

정책유형에 대해서는 기능적 분류와 학자들의 분류가 있는데, 그 중에서도 Lowi는 다원주의이론과 엘리트이론의 상황론적 통합을 위해, 규제정책, 배분정책, 재분배정책, 구성정책으로 분류하였으며, R. Ripley와 G. Franklin은 정부 관료제가 달성하려고 하는 사회적 목적의 특성을 기준으로 하여, 정책의 유형을 배분정책, 재분배정책, 경쟁적 규제정책, 보호적 규제정책의 네 가지로 분류하였다.

제 1 절 정책의 개념

1. 정책의 개념

정책의 개념에 대해 학자들은 다양한 정의를 내리고 있다. 연구자가 사회의 실제현상을 연구대상으로 할 때, 연구자가 현상의 어느 측면을 보다 강조하느냐에 따라 그 대상이 달라질 수 있기 때문이다(정정길 외, 2005: 53). 예컨대 정책학을 사회과학의 한 분야로서 학문적인 수준으로 끌어올리는 데 결정적인 계기를 마련했던 Lasswell은, 정책이란 “사회변동의 계기로서 미래탐색을 위한 가치와 행동의 복합체”이며, “목표와 가치 그리고 실제를 포함하고 있는 고안된 계획”이라고 정의하였다(Lasswell, 1951: 11-13). 이는 정책의 특성으로서 미래성, 목표성, 가치성, 실제성을 강조한 것으로 해석되며, 정책의 미래예측기능을 강조한 것을 주목할 필요가 있다. 그런가 하면 D. Easton은 정책을 “사회 전체를 위한 가치들의 권위적 배분”, “정치체계가 내린 권위적 결정”, “권위적 산출물의 일종”이라고 정의하고 있다(Easton, 1965: 358). 즉, Easton은 정책을 정의할 때, 정치체제의 권위에 주안점을 두었다(채경석, 2005). 또한 Dye는 정책을 “정부가 활동하기 위해서나 또는 활동하지 않기 위해서 선택한 모든 것”이라고 정의하였고(Friedrich, 1963: 70), Y. Dror는 정책을 “정부기관에 의하여 결정된 미래의 활동지침”이라고 정의를 내리면서, “공식적인 목표로 최선의 수단에 의한 공익의 달성”을 들고 있다(Dror, 1983: 12, 14-17).

이 책에서 필자는 Lasswell과 그의 제자 Y. Dror의 이론적 궤적에 기초하여 정책의 개념을 정의함에 있어 미래예측 기능을 강조하고자 한다. 정책은 미래지향적 가치의 실현과 과거에 발생한 문제의 치유라는 두 가지 측면을 모두 담고 있지만, 정책의 본질적 존재이유는 미래의 바람직한 상태를 실현하기 위한 미래지향적 가치의 추구에 있기 때문이다.

이러한 관점에서 정책의 개념에 대해 정의하면 다음과 같다. 정책이란 “미래의 바람직한 상태를 실현하기 위한 정책목표와 이를 달성하기 위해 강구된 과학적 정책수단에 대하여 권위 있는 정부기관이 내린 활동지침”이다. 미래의 바람직한 상태를 실현하기 위해서는 미래탐색을 위한 사회변동의 정책목표가 추구되어야 하며, 분석과 예측을 기조로 하는 과학적 미래예측을 토대로 바람직한 정책수단이 강구되어야 한다. 마지막으로 권위 있는 정부기관에 의해 내려진 활동지침이라고 할 수 있다.

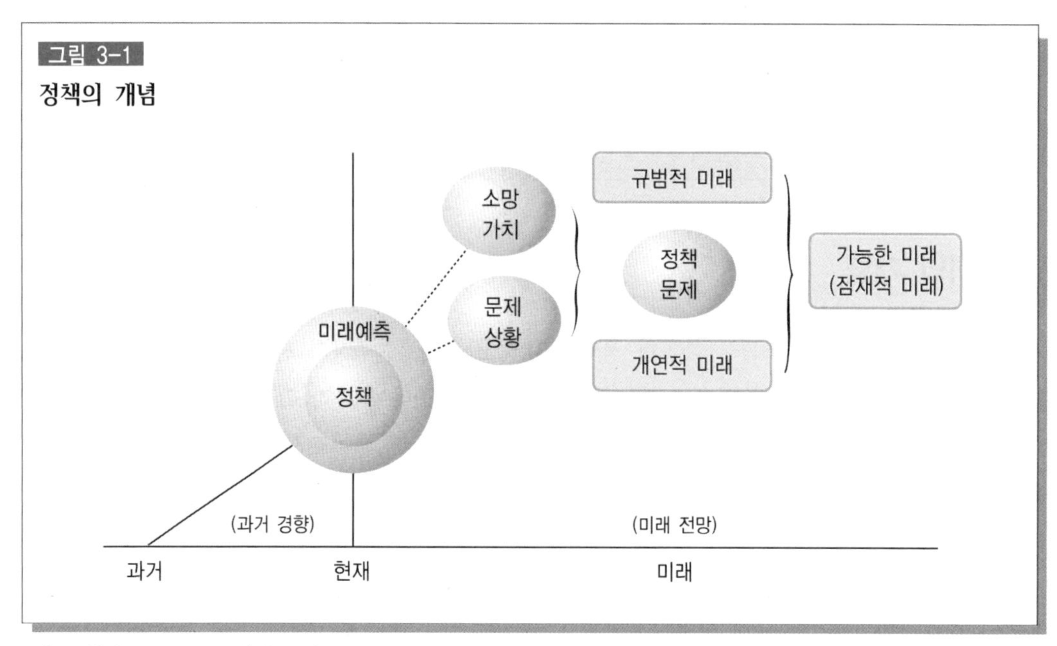

자료: 허범, 1988: 125에서 수정.

2. 정책개념의 구성요소

1) 정책목표

정책목표에는 바람직한 사회 상태를 이룩하기 위한 적극적·창조적 목표, 혹은 사회의 병리 현상이나 문제점을 치유하기 위한 소극적·치유적 목표가 있다. 이러한 정책목표는 정책과정 전반에 걸쳐서 정책의 지침 역할을 하는데, 이 중에서도 특히 미래지향적·창조적 목표가 정책의 핵심 요소이다.

2) 정책수단

정책목표를 달성하기 위한 수단을 정책수단이라 한다. 정책에 관한 개념정의에서 과거에는 정책수단에 관한 부분을 언급하지 않았으나, 정책연구에 있어서 정책수단의 중요성이 크게 부각됨에 따라 정책수단이 강조되고 있다(유훈, 1999: 21-22). 정책수단을 강구함에 있어서는 분석(analysis)과 예측(foresight)을 기조로 하는 과학적 미래예측을 토대로 바람직한 정책수단이 강구되어야 한다.

3) 미래의 활동지침

미래의 활동지침이란 정책은 이미 그 자체가 미래에 대한 계획적 지침을 담고 있다는 의미이다. 정책은 계획적 지침을 담고 있는 정책기획(policy planning)에 대한 지침적 결정이기 때문이다. 정책에서 독점규제를 하겠다든지 공정거래를 하겠다든지 하는 것은 모두 미래의 활동지침을 천명한 것으로 볼 수 있다.

4) 권위 있는 결정

권위 있는 결정이란 권위가 부여된 정부기관에 의한 결정이면서 동시에 중앙정부와 지방정부 등 공공분야의 공식적 정부기관에 의해 공식적으로 정해진 법적 절차에 의거한 결정이라는 의미를 담고 있다. 따라서 정책에는 정부권력에 의해 부여된 공식적 권위가 따르게 된다.

그림 3-2
정책개념의 구성요소

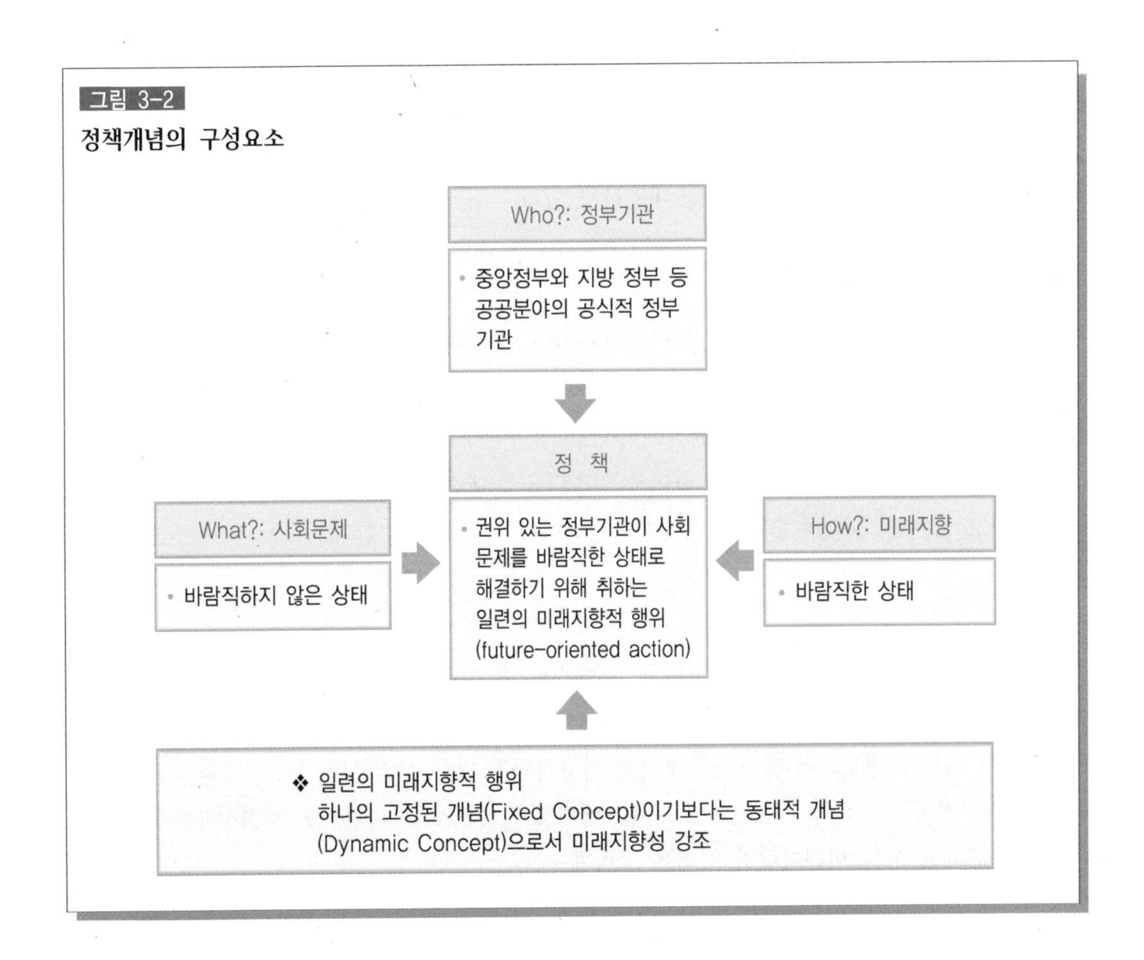

제 2 절 정책의 특성과 기준

1. 정책의 주요 특성

정책이 "미래의 바람직한 상태를 이룩하려는 정책목표와 이를 달성하기 위해 강구된 과학적 정책수단에 대하여 권위 있는 정부기관이 내린 미래의 활동지침"으로 개념정의된다면 정책의 주요 특성은 무엇인가? 이를 구체적으로 보면 다음과 같다.

1) 목표지향성

정책에는 바람직한 사회상태를 이룩하려고 하는 특정의 목표가 내재되어 있고, 정책의 내용과 유형 및 대상자 등에 따라서 그 목표가 단일할 수도 있고, 복합적일 수도 있다. 또한, 정책의 목표가 어떤 것인지 정확하게 알 수 없는 경우도 있다. 하지만, 모든 정책은 그러한 목표를 실현하기 위해서 노력하고자 하는 목표지향성을 내포하고 있다.

2) 수단지향성

정책은 어떠한 사회를 어떻게 만들겠다고 하는 것을 결정해 놓은 것이기 때문에, 정책에는 만들고자 하는 사회를 실현할 구체적인 수단 및 방법이 내포되어 있다. 정책이 갖는 이러한 성격때문에 정책목표를 달성하기 위해 정부가 동원하는 수단을 정책이라고 부르기도 한다. 예컨대 정부는 중소기업을 육성하기 위하여 각 은행들로 하여금 일정비율의 대출자금을 중소기업에게 할당하여 대출하도록 하고 있는데, 이것을 정부의 중소기업정책이라고 부르기도 한다.

3) 미래지향성

정책은 어떠한 사회를 어떻게 만들겠다고 하는 것을 결정해 놓은 것이기 때문에, 여기에는 어떠한 원인에 의하여 야기된 바람직하지 않은 사회상태를 바람직한 상태로 바꾸겠다고 하는 정부의 미래지향적 의도가 내포되어 있다. 즉 정책은 바람직하지 않은 사회문화, 구조, 가치, 규범, 행태 등을 더 바람직한 사회문화, 구조, 가치, 규범, 행태로 바꿈으로써, 바람직한 사회상태를 창출하거나 회복하겠다고 하는 미래지향적 성격을 강하게 지니고 있다.

4) 가치배분성

정책의 결정과 집행에 의해 어떤 상태가 실현되는가에 따라 사회구성원들[1] 가운데 어떤 사람들이나 집단들은 혜택을 보는 반면에, 다른 어떤 사람들이나 집단들은 손해를 보게 될 수도 있다. 즉 정책의 결정과 집행은 결과적으로 사회적 가치를 배분하는 기능을 하는 것이다. 정책의 가치배분적 성격을 강조하여, 정책이란 전체 사회에 대한 가치의 권위 있는 배분이라고 정의하는 학자도 있다.

5) 문제지향성

정책은 바람직하지 않은 현재 상태에서 좀 더 바람직한 미래 상태로 가는 것을 지향하기 때문에, 현재 사회가 당면하고 있는 문제를 해결하려는 문제지향성을 가지고 있다(노화준, 2003: 9-10). 여기서 바람직하지 않은 현재 상태라는 것은 대부분 정부가 해결하고자 하는 또는 해결해야만 하는 사회문제이다. 예를 들면, 주택부족, 교통체증, 열악한 교육환경, 낙후된 연구개발시설, 방치된 장애인, 오염된 하천 등이 개선하고자 하는 정책문제들이다. Lasswell은 인간의 존엄성 실현을 위한 정책지향으로서 근본적 문제해결을 강조하였는데, 이 때 근본적 문제로는 문명사적 갈등, 시대사적 사회변동, 세계적 혁명추세, 체제질서 차원의 문제 등을 들었다(Lasswell, 1951: 3-15; Lasswell, 1970: 3-14).

6) 인과성

정책은 사회가 직면하고 있는 문제를 해결하기 위한 수단이고, 따라서 정책수단을 원인으로 보면 정책의 시행결과 개선 또는 해결되는 사회상태는 정책결과라고 할 수 있다(채경석, 2005: 24).

7) 공식성

정책이란 것은 정부가 공식적으로 결정 및 공표한 것을 말한다. 따라서 정부 내의 어떤 정책결정자가 개인적인 의견을 말하는 것은 정부가 공식적으로 결정 및 공표한 것이 아니기 때문에 정책이라고 할 수 없다. 즉, 정책으로 인정되기 위해서는 그러한 개인적인 의견이 공식적이고 합법적인 절차를 거쳐서 결정되고 공표되어야 한다(노화준, 2003: 9-10).

8) 포괄성

정책은 결과와 과정으로서의 포괄성을 지니고 있다. 정책은 의사결정망(*decision network*)에 의

---

1 정책대상집단 또는 정책대상자들로, 정책의 적용을 받는 집단이나 사람들을 의미하고, 혜택을 받는 사람들 또는 집단들을 수혜집단, 손해를 보는 집단, 즉 희생을 강요당하는 집단들을 비용집단이라고 한다(정정길 외, 2005: 68-69).

하여 어떤 행동이 산출되거나 의사결정이 이루어지는 일련의 의사결정이며, 또한 시간이 지남에 따라 변화하는 성질을 가지고 있다. 그렇기 때문에 정책은 하나의 산출물(*product*)인 동시에, 하나의 과정(*process*)이라 할 수 있다.

9) 양면성

정책은 과학적 분석에 따른 합리적 결정이면서, 동시에 가치와 갈등이 내포된 권력적 게임으로서의 양면성을 지닌다. 정책은 정부가 바람직한 사회를 어떻게 만들겠다고 하는 것을 결정하는 것이기 때문에, 정책수단 선택의 합리성과 효율성이 강조된다. 따라서 정책은 대안선택을 위한 과학적 분석과 체계적 평가를 통한 합리적 선택이다. 그러나 또 한편으로 정책은 사회질서를 재창조하는 것을 목적으로 하기 때문에, 새로운 정책의 결정과 집행에 따라 이익을 보는 개인이나 집단과 손해를 보는 개인이나 집단이 있게 마련이다. 따라서 정책은 이해관계를 달리하는 참여 집단들 간의 역동적 상호작용을 통한 권력과 게임 그리고 협상의 산물이기도 하다.

10) 강제성과 제약성

정책이 다른 형태의 집합적 의사결정(*collective decision making*)과 다른 점은 정책이 그것을 채택한 조직의 구성원들에게 강제나 제약을 가한다는(*coercive or constraining*) 것이다(채경석, 2005: 25). 물론 강제나 제약의 정도는 정책에 따라 달라질 수 있다.

11) 결정수준의 상위성

정책적 결정은 다른 의사결정과는 달리 조직의 최상위층에서 이루어진다. 예컨대 Bauer에 의하면, 조직에서는 세 가지 수준의 계층에서 의사결정이 이루어지는데, 가장 낮은 수준에서는 일상업무에 대한 반복적인 의사결정이 이루어지고(관리분석), 중간 수준은 사고와 분석이 요구되는 중간 단위의 결정을 하며(체제분석), 세 번째 계층인 조직의 가장 높은 수준에서는 가장 넓은 범위에 걸쳐서 장기적으로 영향을 미치며, 체계적 정보와 과학적 분석이 요구되는 결정을 하게 되는데(정책분석), 이러한 의사결정이 바로 정책이라는 것이다(노화준, 1995: 4-8).

2. 정책의 판단기준

정책은 궁극적으로 무엇을 위해 만들어지고 존재하는가? 어떤 정책이 과연 바람직한 정책인가? 일상적으로 수많은 정책에 의해 영향을 받고 살면서도, 우리는 정책에 대한 본질적인 질문에 무감각하기 쉽다. 그러나 우리가 정책에 대해 연구하고, 좀 더 바람직한 정책을 형성하기 위해 노력한다면, 당연히 어떤 정책이 바람직한 것인지, 바람직한 정책이 갖추어야 할 요건은 무엇인지에 대해 생각해 볼 필요가 있다.

바람직한 정책이란 인간의 존엄성을 더욱 충실히 구현하는 데 기여하는 정책이다(Lasswell, 1951: 10). 그러므로 인간의 존엄성을 훼손하는 정책은 바람직한 정책이 아니다. 인간의 존엄성을 실현하기 위한 노력이 포함되어 있긴 하나 좀 더 성실한 노력을 기울이지 않거나, 인간의 존엄성을 실현하는 데 더 좋은 방법이 있는데도 이를 강구하지 않으면 이 역시 바람직한 정책이 아니다. 정책에 포함되어 있는 목표와 수단이 함께 바람직한 것이어야 하기 때문이다. 그러므로 인간의 존엄성을 더욱 충실하게 구현한다는 바람직한 정책목표와, 이를 달성하는 데 좀 더 적합한 정책수단을 갖는 정책이 바람직한 정책이라고 말할 수 있다. 이를 구체적으로 보면 다음과 같다.

1) 바람직한 정책목표의 판단기준

바람직한 정책목표는, 1) 정책이 구현하고자 하는 최상위 가치인, 인권·정의·존엄을 추구하는 당위성(성찰성)을 지녀야 하고, 2) 해결해야 할 정책문제와 직접적인 관계가 있어야 한다(인과적 타당성). 첫 번째 조건은 당위성 혹은 성찰성에 해당되는 것으로서, 정책이 구현하고자 하는 최상위 가치인, 인권·정의·존엄 등을 의미한다. W. Dunn의 소망성 기준 중에서 정책목표의 적합성, 적정성, 형평성, 대응성 등은 정책목표의 당위성 기준에 해당하는 것들이다. 이러한 최상위 차원의 기준에서 보면 바람직한 정책은 적어도 다음과 같은 조건을 충족시켜야 한다(허범, 1982, 1992).

첫째, 인간의 육체적 존엄성에 주목하여, 인간의 생명을 존중하는 방향으로 목표와 수단이 결정된 정책이어야 한다.

둘째, 인간은 이성적 존재로서 높은 정신능력을 갖춘 인격적 존재이므로, 비인격적인 동식물과는 다르다는 점을 자각(*self-consciousness*)하고, 인격적 존재인 인간을 위한 정책이어야 한다.

셋째, 정책은 인간을 수단이나 도구와 같은 객체적 존재가 아니라, 목적과 주체로서 대우하는 정책이어야 한다.

넷째, 인간의 존엄성은 각종 인간의 기본적 권리가 보장받을 수 있을 때 비로소 확보되는바, 이러한 기본적인 권리가 보장될 수 있는 절차적 민주주의와 투명성이 반영된 정책이어야 한다.

두번째 조건인 인과적 타당성은 기술적 타당성(*technical validity*)으로도 불리는데, 정책문제-정책목표 간에는 적합한 인과관계가 있어야 한다는 것을 의미한다.

2) 바람직한 정책수단의 판단기준

정책수단의 판단기준에 대해서는 논자에 따라 다르며, 그들은 여러 다양한 기준들, 예를 들면 생산성이나 형평성을 비롯하여 파레토 최적, 기회비용, 최저 계층의 우선 배려, 효율성, 민주성 등을 제시하고 있다. 물론 이러한 기준들은 모두 좋은 정책수단이 갖추어야 할 기준이라고 할 수 있지만, 이들 외에도 논의되는 기준이 많아서 모두 열거할 수 없을 뿐만 아니라, 이 기준들 사이에 서로 상충되거나 갈등관계에 있는 것들이 많기 때문에, 동일 차원에 놓고 판단기준을 논의하기는 어렵다. 그러므로 여기서는 이러한 기준들을 세 차원으로 나누어 대표적 기준들을 설명하기로 한다.

먼저 제1차원의 기준은 당위성 차원의 것으로서 정책수단의 최상위적 가치에 해당된다. 정책수단이 아무리 효율적이고 실현가능한 것이라고 하더라도 당위성의 차원의 기준에 어긋나는 것이면 그것은 바람직한 정책수단이라고 평가받기 어렵다. 정책수단 역시, 정책목표와 마찬가지로, 인간의 육체적·정신적 존엄성에 부응하는 수단으로서 인간을 주체적 존재로서 대우하는 수단이어야 한다. 당위성 차원은 성찰성과 민주성을 포함한다. Lasswell이 민주주의 정책학이라고 불렀던 민주성과, 그 민주주의의 실현된 최상위 정책적 가치로서의 인간 존엄성을 포함하는 개념이다. 즉, 당위성은 인권·정의·존엄으로서의 가치(성찰성)와 참여성·숙의성·합의성으로서의 가치(민주성)를 포함하는 개념이다.

다음으로 제2차원의 기준으로는 실현가능성을 들 수 있다. 어떤 정책수단이 아무리 효율적일 것으로 예상된다 하더라도, 정치적, 경제적, 법적, 기술적으로 실현가능성이 없는 정책수단은 바람직하다고 할 수 없다. 실현가능성이 결여된 정책은 정책의도의 실현의지가 결여된 정책이거나, 아니면 상징적인 정책에 불과하기 때문이다. 이러한 차원을 통칭하여 실현성이라고 부를 수 있다.

마지막 제3차원의 기준으로는 효과성과 능률성을 들 수가 있다. 정책목표의 달성도가 높을수록(효과성), 그리고 한정된 자원의 제약 속에서 적은 비용을 들여 더 높은 목적 달성도를 나타낼수록(능률성), 그 정책수단은 바람직하다고 할 수 있다. 물론 어떠한 정책수단이 바람직하다는 것은 절대적인 의미에서가 아니라 상대적인 의미에서 그렇다는 것이다. 우리의 제약조건하에서 탐색하고 개발할 수 있는 정책수단들 중에서 상대적인 경제성(생산성)으로서 가장 나은 정책수단을 의미한다. 이러한 차원을 통칭하여 효율성(생산성) 차원이라고 부를 수 있다.

이러한 세 차원의 기준들은 상위-하위 가치연계를 형성하고 있다. 즉 하위 차원의 기준은 상위 차원의 기준에 의해 정당성을 부여받는다. 하위 차원의 기준이 충족되었다고 하더라도, 상위 차원의 기준을 충족시키지 못하면, 그 정책수단은 바람직한 것이 될 수 없다. 그리고 바람직한 정책수단이라면 이 세 차원의 모든 기준들을 충족시킬 수 있어야 한다. 어느 하나의 차원이라도 심각하게 결여되어 있다면, 그 정책은 바람직하다고 평가받을 수 없다.

3. 정책산출, 정책성과, 정책영향

1) 정책산출

정책산출(*policy output*)이란 정책의 집행으로 나타나는 일차적이고 직접적인 결과로서 계량적 측정이 비교적 용이하여서 정책을 평가하기 쉽다. 즉 영세민복지프로그램에 의하여 수혜를 받는 인원이나, 범죄예방프로그램에 의하여 적발된 범법자의 수 등과 같은 단기적이고 구체적인 산물이다.

2) 정책성과

정책성과(*policy outcome*)란 정책대상자들에게 일어난 변화로서 산출보다 다소 계량화하기가 어려운 효과이며 장기적인 효과라고 할 수 있다. 예를 들어 영세민복지프로그램의 집행으로 영세민들의 영양상태가 좋아졌거나, 프로그램 대상자들의 자활의욕이 높아진 것은 영세민복지프로그램

그림 3-3
정책효과의 유형

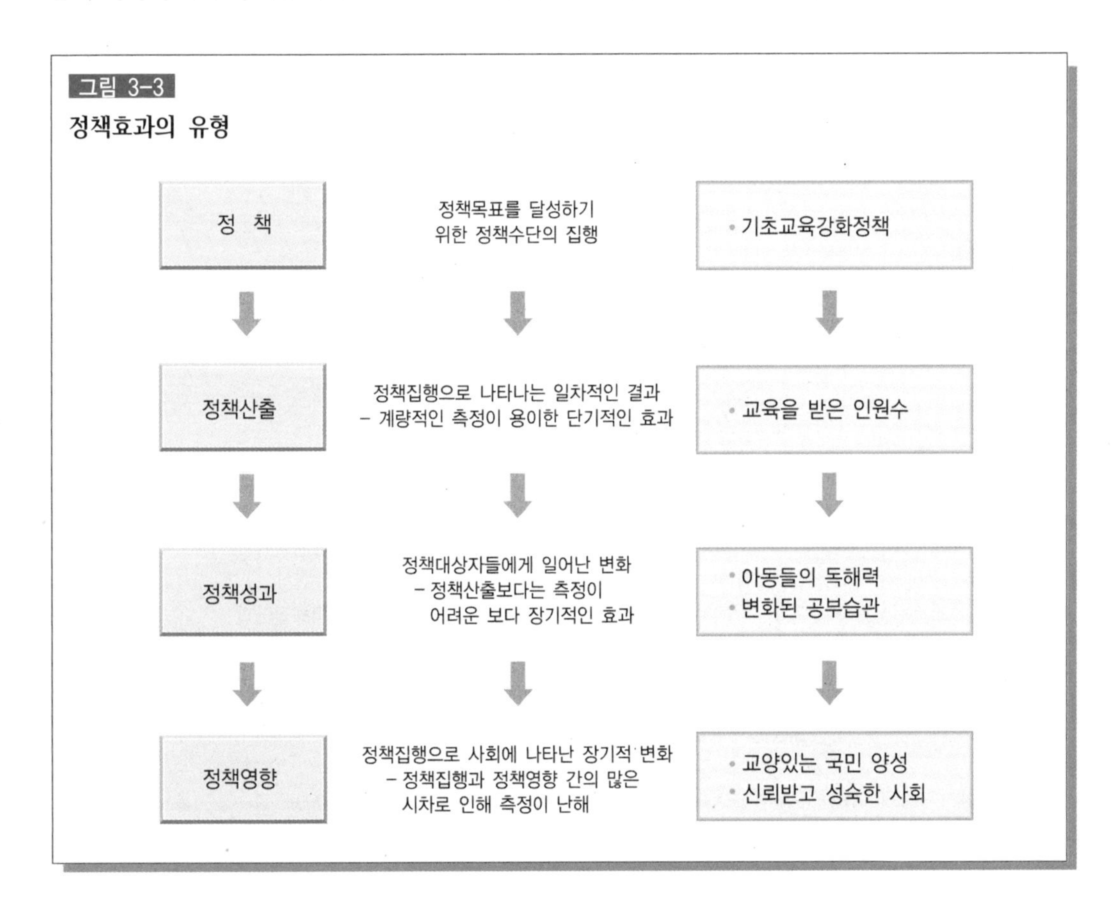

의 성과라 할 수 있고, 범죄예방프로그램으로 연간 각종 범죄발생건수가 감소한 것은 범죄예방프로그램의 성과라 할 수 있다.

3) 정책영향

정책영향(*policy impact*)은 정책의 집행으로 사회에 나타난 변화이다. 영세민복지프로그램으로 사회적 복지수준이 향상되거나 생활만족도가 높아졌다든지, 범죄예방프로그램으로 질서의식이 회복되고 치안상태가 그 이전보다 좋아져 야간에도 마음 놓고 외출할 수 있게 된 것 등은 정책영향이라고 할 수 있다(노화준, 1995: 10). 정책영향은 성과보다 더 오랜 후에 나타나는 효과이다. 일반적으로 정책집행과 정책영향 간에는 많은 시차가 있을 뿐만 아니라, 양자 간의 인과관계의 규명에도 많은 어려움이 있으므로, 정책영향의 측정은 한계가 있다(정정길 외, 2005: 56-69).

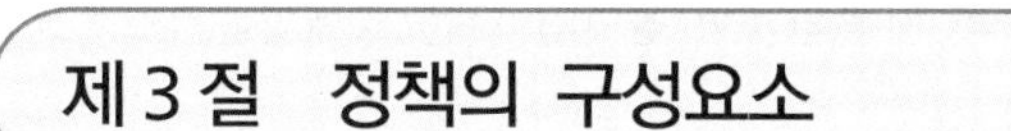

제 3 절 정책의 구성요소

정책의 본질적 구성요소는 정책목표, 정책수단, 정책대상이다.

그림 3-4

정책의 구성요소: 정책목표-정책수단-정책대상집단

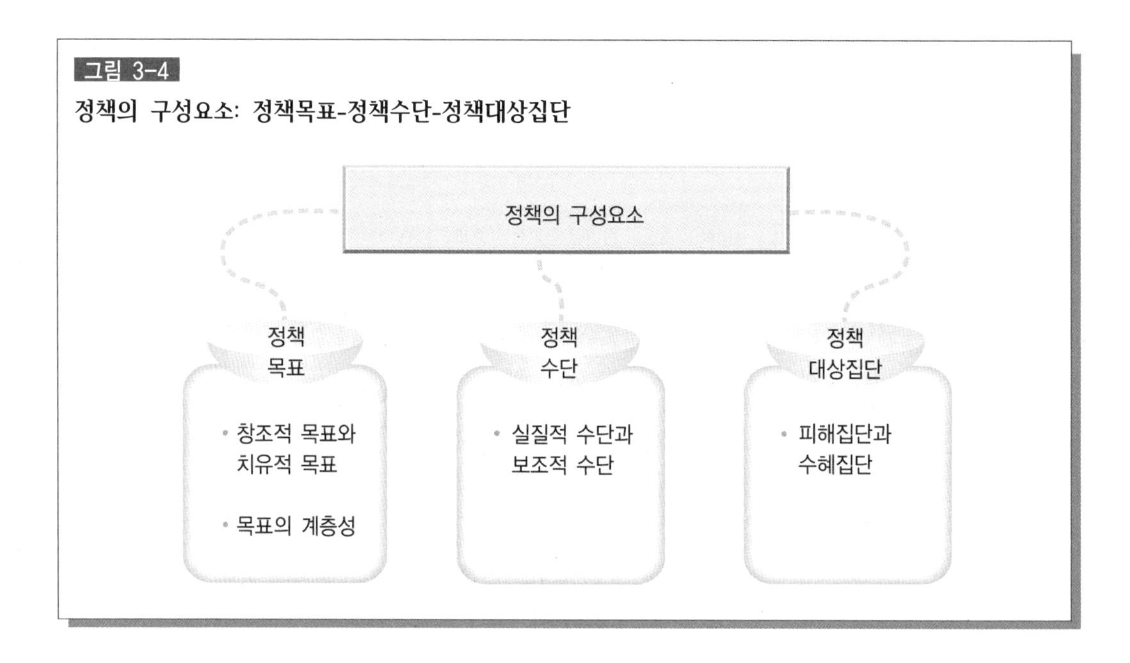

1. 정책목표

1) 개 념

A. Etzioni(1964)는 정책목표를 "정책을 통하여 달성하고자 하는 소망스러운 상태"로 정의하였고, Warner(1967)는 "현재는 존재하지 않으나 정책을 통하여 미래에 있어서 발생하도록 하고자 하는 상태"로 정의하고 있다. 한편 정정길(2005)은 "정책을 통하여 이룩하고자 하는 바람직한 상태"를 정책목표로 규정하였다. 예를 들면, 수자원정책의 목표는 깨끗한 수질의 확보, 경제안정정책의 목표는 경제의 안정, 대도시교통정책의 목표는 교통의 원활, 보건정책의 목표는 국민건강의 향상이다.

정책목표는 미래성과 방향성을 가지고 있다. 즉, 정책을 통하여 달성하고자 하는 바람직한 사회 또는 상태가 미래 어떤 시점의 사회나 상태를 나타내기 때문에 미래성을 가지고 있다고 하고, 그대로 방치할 경우 도달할 수 없는 상태를 정책을 통해서 실현하려고 하는 측면에서 발전지향적 방향성을 가진다. Lasswell(1951: 11-13)이 정책이란 "미래탐색을 위한 가치체계"라고 말한 것도 정책의 미래지향성때문이며, 따라서 미래예측을 통한 정책목표 설정은 매우 중요한 의미를 지닌다.

2) 정책목표의 분류

정책목표는 다양한 기준에 의해서 분류를 할 수 있다. 계층성을 기준으로 상위 목표와 하위 목표로, 구체성을 기준으로 유형목표와 무형목표로, 사실성을 기준으로 공식적 목표와 실질적 목표로, 정책의 내용을 기준으로 소극적 목표와 적극적 목표로, 기대의 주체를 기준으로 사회목표, 산출목표, 체제목표, 생산목표, 파생목표(Perrow, 1970: 134-174)로 분류할 수 있다.

(1) 정책목표의 분류: 내용별 분류

정책목표는 소극적 목표와 적극적 목표로 나눌 수 있다. 소극적 목표는 치유적 목표(*remedial goal*), 적극적 목표는 창조적 목표(*creative goal*)라고 부를 수도 있다. 치유적 목표, 또는 소극적 목표는 문제 발생 이전에 존재하던 상태를 정책목표로 삼는 경우이며, 창조적 목표 또는 적극적 목표는 과거에 경험해보지 않은 새로운 상태를 창조하는 경우이다.

그림 3-5

정책문제와 정책목표

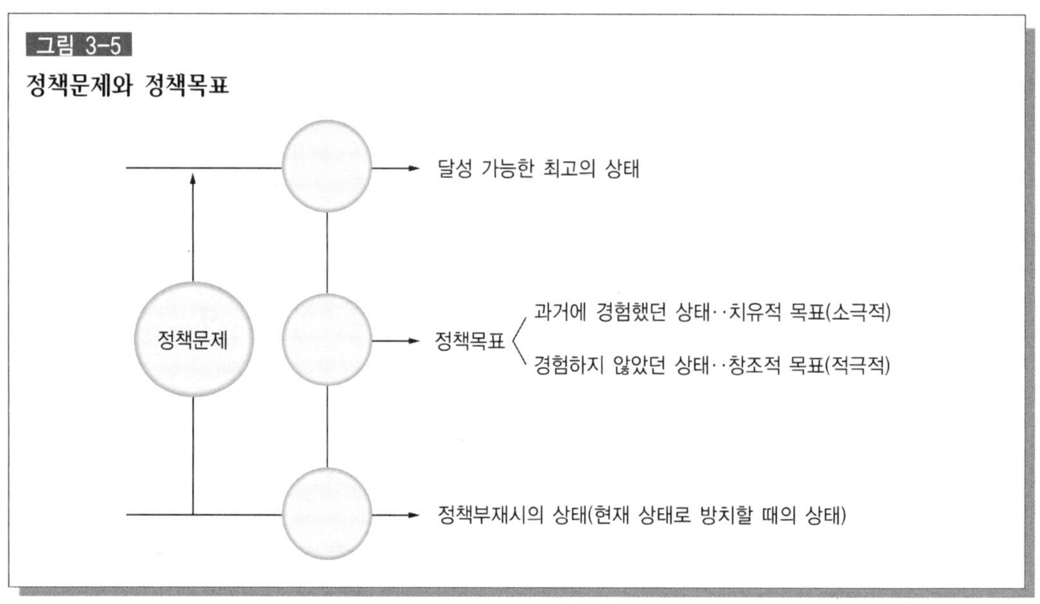

자료: 정정길 외, 2005: 60.

(2) 정책목표의 분류: 단계별 분류

정책목표들은 서로 상-하 관계를 지니고 있으며, 이는 정책목표의 계층구조로 표현된다. 다음 그림은 교통정책을 예로 들어 상-하 관계를 나타낸 것이다.

그림 3-6

정책목표의 계층구조

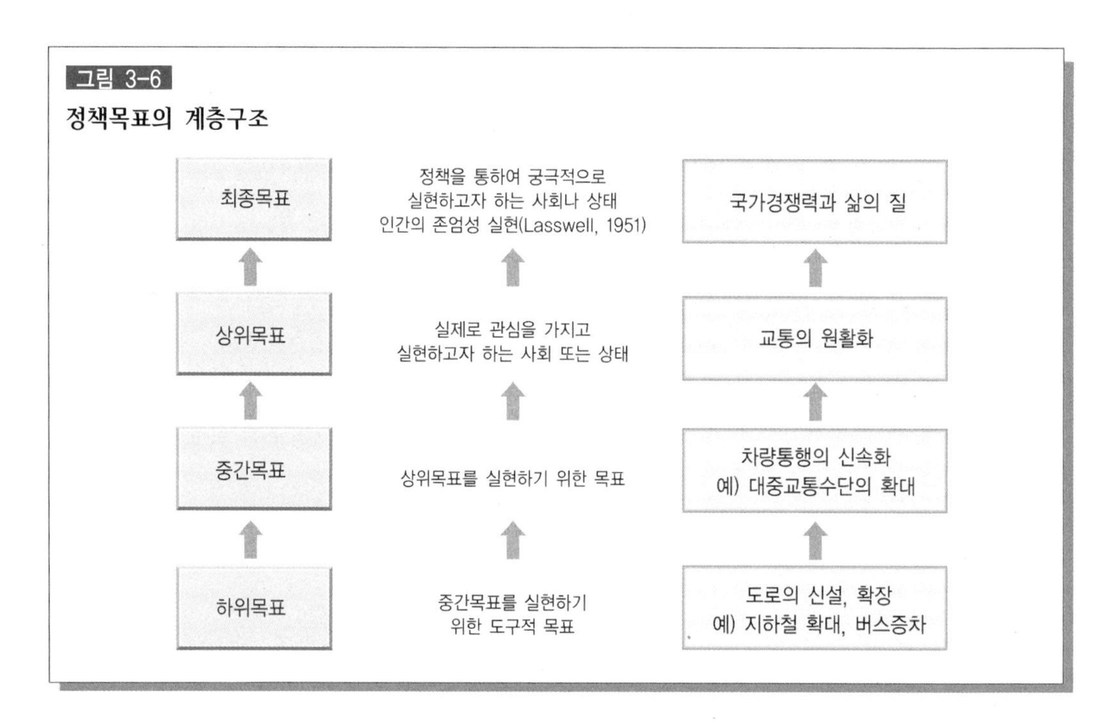

정책목표는 이를 좀 더 구체화하기 위한 정책수단으로서의 하위목표를 가지고 있으며, 자신을 통하여 달성하려고 하는 상위목표를 가지고 있다. 정책학의 최종목표는 Lasswell(1951)이 천명한 바와 같이, 인간의 존엄(dignity)과 가치(value)가 실현되는 사회를 만드는 것이라고 할 수 있다.

3) 정책목표의 기능

정책목표는 정책의 존재이유가 되기 때문에 정책에 관련된 전반적 과정이나 활동에서 길잡이 역할을 하게 된다.

정책목표의 기능으로는 다음의 세 가지가 강조된다.

첫째, 정책목표는 여러 가지 정책수단 중에서 최선의 것을 선택하는 기준으로서 이용된다. 즉, 정책목표는 정책결정과정에서 가장 중요한 기준으로서의 역할을 한다.

둘째, 정책목표는 정책집행과정에서의 결정이나 활동에서의 지침으로서의 역할을 한다.

셋째, 정책목표는 정책평가과정에서 중요한 평가기준으로서의 역할을 한다. 정책평가는 정책의 바람직스러움을 사후적으로 평가하는 것인데, 일반적으로 정책집행과정에서의 평가(형성평가)와 정책목표달성으로 나타난 정책효과의 발생여부를 판단하는 평가(총괄평가)의 두 가지로 분류된다. 전자의 경우에서는 정책목표가 그 평가기준이 되고, 후자의 경우에는 정책목표의 달성 여부가 가장 중요한 기준이 된다(정정길 외, 2005: 63).

그림 3-7

정책목표의 기능

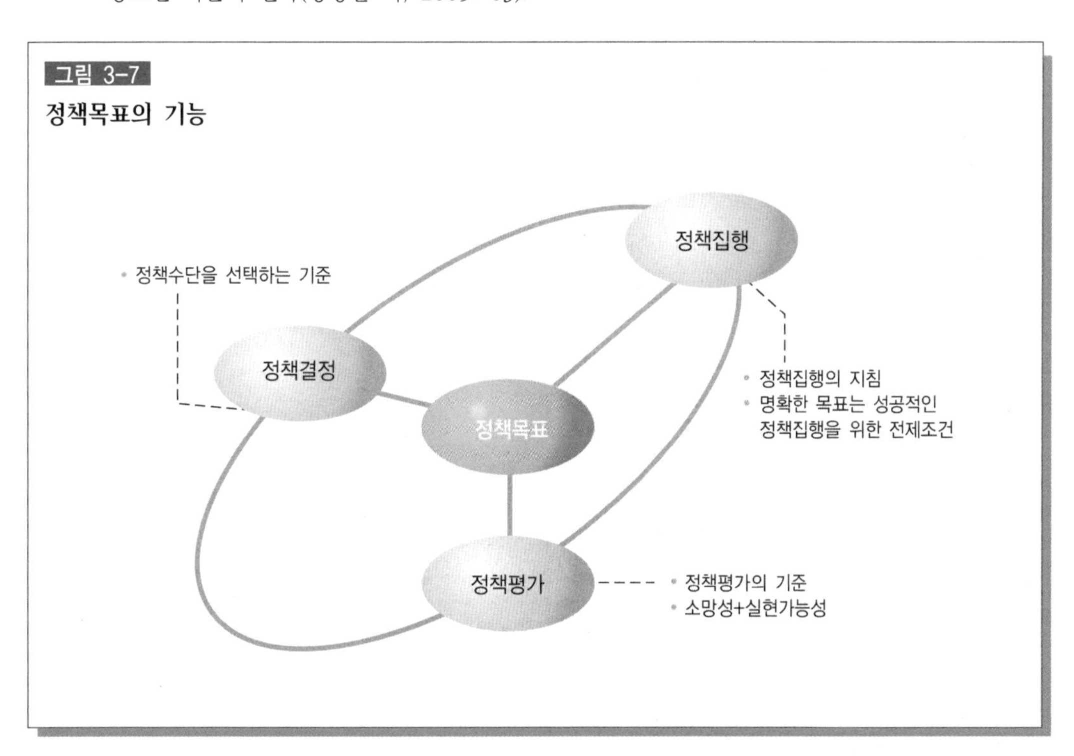

2. 정책수단

1) 개념과 중요성

정책수단은 정책목표 달성을 위한 수단이다. 정책수단은 정책의 실질적 내용으로서 가장 중요한 정책의 구성요소가 되며, 따라서 정책수단은 효과성, 능률성만이 아니라, 형평성, 대응성, 적합성, 적정성 등 여러 가지 평가기준도 만족시켜야 한다.

2) 정책수단의 분류

정책수단은 실질적 정책수단과 보조적 정책수단으로 분류할 수 있다.

(1) 실질적 정책수단

우리가 정책수단이라고 할 때 지칭되는 정책수단은 실질적 정책수단들이다. 정책수단은 정책의 종류에 따라서 달라지는 것으로, 구체적인 정책의 실질적 내용에 의해서 결정되기 때문에, 우리는 이를 실질적 정책수단이라고 부른다.

(2) 보조적 정책수단

실질적 정책수단을 현실로 실현시키기 위하여 필요한 보조적 수단들이다. 그래서 이를 정책집행수단이라고도 부른다.

실질적 정책수단을 실현시키기 위해서는 설득, 유인, 강압 등 정책집행 순응기제와, 이들을 담당할 집행조직, 집행인력, 집행자금, 집행권력 등이 필요한데, 이들이 보조적 정책수단이다(정정길 외, 2005: 67).[2]

3. 정책대상

1) 정책대상집단의 개념

정책대상집단이란 정책의 적용을 받는 집단이나 사람들을 의미한다. 정책에 영향을 받는 사람들

---

2 정책수단 분류에 관한 고찰에 있어서, 무엇보다 중요한 문제는 정책수단 선택의 기준이라 할 수 있다. 어떤 상황하에 어떠한 수단을 선택할 것인가에 따라, 국민들이 혜택을 입거나 피해를 보는 것이 달라지기 때문이다. 이를 결정하는 데 도움을 주는 것이 선택의 기준이다. 정책수단을 가장 강압성이 낮은 자율적 규제부터 시작하여, 설득, 정부지출, 규제, 공기업을 열거하고, 자유민주주의 국가에서 정부는 가급적이면 강압성이 낮은 정책수단을 사용하기를 원하나 저항이 심하거나 효율적인 집행이 어렵다고 생각될 때에는 강압성이 높은 정책수단으로 옮겨가게 된다고 일원적 기준을 제시하는 학자들이 있다. 그런가 하면 조작의 복잡성, 가시적인 수준, 신축성, 강압성, 시장기능에의 의존도, 실패의 위험, 대상자 선정의 정확성 등 다원적인 기준을 제시하는 학자들도 있다.

혹은 정책집행의 대상이 되는 집단을 말한다.

2) 정책대상집단의 분류

정책대상집단에는 크게 두 가지 서로 다른 집단이 포함되는데, 첫째는 정책의 혜택을 받는 사람들이고, 둘째는 정책때문에 희생을 당하는 사람들이다. 정책의 혜택을 받는 사람들을 정책수혜집단(*beneficiary group*)이라고 부르고, 정책때문에 희생을 당해야 하는 사람들은 정책피해집단(*sacrificing group*)이라고 부른다.

3) 정책대상집단의 특징

정책과정에 영향을 미치는 정책대상집단은 다음과 같은 특징을 지닌다.

첫째, 정책대상집단의 규모에 따라 다른 특성을 가진다. 정책대상집단의 규모가 작으며 격리되어 있는 경우에는, 정책에 대한 정치적 지지를 얻기가 용이하며, 따라서 그 정책이 이룩하고자 하는 목표의 달성이 용이하다.

둘째, 정책대상집단이 조직화되어 있을수록, 정책과정에 영향을 크게 미치게 된다.

셋째, 정책대상집단의 과거경험이 새로운 정책의 집행에 영향을 미친다. 대상집단이 과거에 정책의 영향을 받은 경험이 있느냐 하는 문제와, 그러한 정책에 대하여 대상집단이 어떠한 반응을 보였

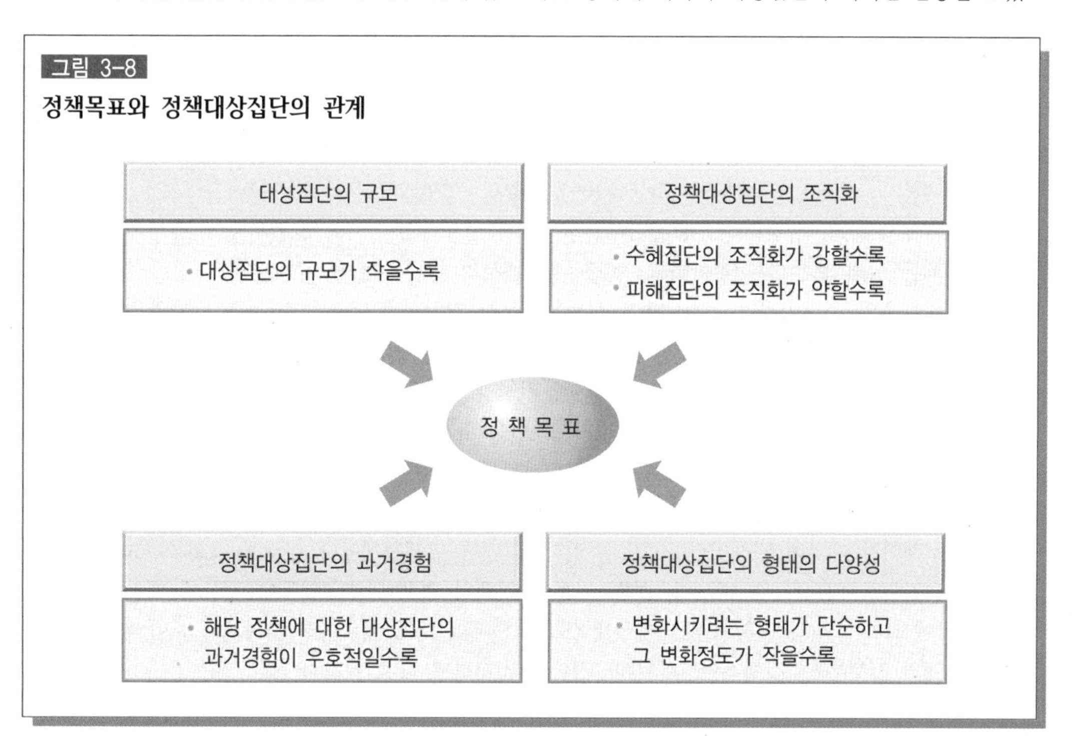

느냐 하는 문제는 새로운 정책의 성패에 영향을 미치게 된다.

넷째, 정책대상집단의 변화시키려는 행태가 복합적이고 다양할수록 정책의 효과적인 집행이 어렵다.

정책사례

8·31 종합부동산정책

1. 사례개요

2005년 8월 31일 발표된 정부의 부동산 대책 중 주택시장 안정을 위한 정부정책은 수요 측면에서 '투기 수요 억제를 위한 세제합리화'와 공급 측면에서의 '공급확대 및 주택공급의 공공성 강화'로 집약된다.

세제 합리화의 초점은 '보유세 강화'가 핵심이다. 우선 주택 보유세 중 종합부동산세 대상 기준 금액은 9억원(공시가격)에서 6억원으로 낮춰 대상을 크게 확대했으며, 개인별 합산 과세도 세대별 합산 과세로 조정했다. 현행 50%인 과표 적용률은 2009년까지 100%로 높인다.

주택 공급을 늘리는 것은 안정적 수급 균형을 맞추겠다는 정책의지의 표현이다. 주택 공급은 앞으로 5년간 연간 300만평씩 1500만평의 공공 택지를 공급한다. 강남 지역은 송파·거여 지구를 포함한 200만평의 국·공유지를 택지지구로 개발, 5만호(중대형 2만호)의 주택을 공급한다. 이 밖에도 김포 신도시, 양주 옥정지구 등 개발 중인 4-5개 택지지구 주변 1000만평을 확대 개발, 14만호의 주택을 공급키로 했으며, 중대형 수요 흡수를 위해 인천 청라지구와 판교지역 중대형 공급을 각각 8000호와 3100호씩 늘리기로 했다.

아울러 주택공영개발방식을 확대하는 한편, 분양가 안정을 위해 원가연동제와 채권 입찰제를 도입한다.

자료: 네이버뉴스, 「8·31 정부종합대책」, 2005.

2. 사례분석: 8·31 부동산대책 정책목표-정책수단-정책대상집단 적용 분석

2005년 8월 31일 정부는 8·31 종합부동산정책을 발표하였다. 이 정책은 수요 측면에서 투기수요 억제를 위해 보유세를 강화하고, 공급 측면에서의 공급확대 및 주택공급의 공공성 강화를 통해 서민계층의 주거안정과 주택 마련 실현, 부동산 부문에 집중된 인적·물적 자원을 생산적 부문에 투입해 자원배분의 왜곡 개선, 고용 근로자의 주거안정의 확보를 통한 임금안정과 기업경쟁력 확보, 근로자들의 건전한 근로의욕 고취와 기업가 정신확보, 그리고 부동산 거품제거로 금융기관의 부실화를 방지하고, 국가의 건실한 경제기반을 확보하고자 하는 정책이다. 이 정책의 피해집단이자 피규제집단은 고가 주택이나 다주택을 보유하고 있는 집단들이고, 수혜집단이자 비피규제집단은 서민과 무주택자들이다. 이번 정책의 수혜자는 상대적으로 사회적 약자들로서, 이 정책은 규제정책이자 재분배 정책이라고 할 수 있다. 그러나 규제정책이나 재분배 정책은 피해집단과 정부와의 갈등을 일으킬 수 있으며, 특히 부동산 정책의 경우에는 국민들의 정부에 대한 신뢰가 정책성공에 크게 영향을 미치기 때문에, 이 정책의 성패에 대해서는 아직 지켜보아야 할 것이다.

이 정책의 정책목표, 정책수단, 정책대상집단을 정리하면 다음과 같다.

1) 정책목표:

① 서민계층의 주거를 안정시키고 주택 마련 실현

② 부동산 부문에 집중된 인적·물적 자원을 생산적 부문에 투입해 자원배분의 왜곡 개선

③ 고용 근로자의 주거안정의 확보를 통한 임금안정과 기업경쟁력 확보; 근로자들의 건전한 근로의욕 고취와 기업가 정신확보

④ 부동산 거품제거로 금융기관의 부실화를 방지하고, 국가의 건실한 경제기반의 확보

2) 정책수단:

(1) 수요 측면에서 '투기 수요 억제를 위한 세제합리화'

구 분	현 행	개선안
주택분	• 기준금액 9억원 초과(인별합산) • 인원: 4만명 • 세액: 900억원	• 기준금액 6억원 초과(세대별 합산) • 세대: 1만 6000세대(전체 970만 세대의 1.6%) • 세액: 2300억원
비사업용 토지	• 기준금액 6억원 초과(인별합산) • 인원: 3만명 • 세액: 3100억원	• 기준금액 3억원 초과(세대별 합산) • 세대: 1만 1000세대 • 세액: 4400억원

(2) 공급 측면에서의 '공급확대 및 주택공급의 공공성 강화'

① 주택공급은 앞으로 5년간 연간 300만평씩 1500만평의 공공 택지 공급

② 강남 지역은 송파·거여 지구를 포함한 200만평의 국·공유지를 택지지구로 개발, 5만호(중대형 2만호)의 주택을 공급

③ 김포 신도시, 양주 옥정지구 등 개발 중인 4-5개 택지지구 주변 1000만평을 확대개발, 14만호의 주택을 공급, 중대형 수요 흡수를 위해 인천 청라지구와 판교 지역 중대형 공급을 각각 8000호와 3100호씩 확대

④ 주택공영개발방식을 확대하는 한편 분양가 안정을 위해 원가연동제와 채권입찰제 도입

3) 정책대상집단:

① 고가 주택이나 다주택을 보유하는 자: 종합부동산세 과세의 강화

② 무주택자 및 서민: 주택공급의 공급확대 및 공공성 강화

자료: 최홍석 외, 2004: 258.

제 4 절 정책의 유형

1. 정책유형연구의 필요성

정책과정이 정책에 영향을 미치기도 하지만 정책(유형)에 따라 정책과정이 달라지기도 한다는 연구결과들이 강조되면서 정책유형에 대한 연구가 주목받게 되었다. 즉, 정책과정의 참여자와 동태성에 따라 정책의 결과가 달라지기도 하지만, 정책유형이 규제정책이냐 배분정책이냐에 따라 정책과정의 복잡성의 정도가 달라지기도 한다.

2. 기능별 분류

전통적인 정책의 분류방법으로서 정책을 경제정책, 산업정책, 국방정책, 외교정책, 사회정책, 문화정책 등으로 분류하는 것이다. 이러한 분류방식은 정부기능에 관해서 우리가 지니고 있는 경험과 사고를 정리하는 상식적인 분류방법일 뿐만 아니라, 입법부나 행정부의 조직도 반영하고 있는 분류방법이다.

3. 학자들의 분류

정책을 연구하는 많은 학자들이 다양한 형태의 정책유형을 제시하고 있으나, 그 중에서도 T. Lowi의 유형분류가 그동안의 정책연구에 가장 중요한 영향을 미쳤다. 그것은 Lowi의 분류의 경우에는 단순히 유형분류에 그치지 않고, 다원주의모형과 엘리트이론의 정책과정에 관한 오랜 이원법적 대립과 논쟁을 종식시켰다는 의미가 있기 때문이다.

1) Lowi의 분류

(1) Lowi의 다원주의와 엘리트이론에 대한 상황론적 통합: 규제정책 vs. 재분배정책

T. Lowi는 규제정책의 경우에는 여러 형태의 집단들이 경쟁하고 협상하는 다원주의모형에 의한 정책과정의 설명이 더 적합하다고 주장하고, 재분배정책의 경우에는 엘리트이론에 의한 정책과정의 설명이 더 적합하다고 주장하였다.[3] 규제정책의 결정에는 규제로서 이익을 받는 집단과 손해를

3 Lowi의 분류는 일정한 논리에 의하여 연역적으로 도출된 것이 아니므로, 정책의 전체를 포함하지 못할 뿐만 아니라 분류된

받는 집단 간의 갈등과 타협의 결과로서 정책이 산출되기 때문에 다원주의모형이 더 적합하고, 재분배정책의 경우에는 계급정책(*class policy*) 성격을 띠므로 엘리트유형에 의한 정책과정의 설명이 더 적합하다고 보았다. 재분배정책의 결정에는 가진 자와 못가진 자(*haves vs. have-nots*), 큰 것과 작은 것(*bigness vs. smallness*), 그리고 유산계급과 노동자계층(*bourgeoisie vs. proletariat*) 등 사회계급적인 대립이 전개되는 경우가 많으며, 이러한 재분배정책의 결정과정에서는 대체로 동일한 사회집단들의 참여에 의해 집권적으로 정책이 결정되기 때문이다.

Lowi는 정책이 사회에 미치는 영향과 정책의 형성과 결정과정에 관여하게 되는 사람들 간의 관계적 특성을 기준으로 하여, 규제정책, 재분배정책, 배분정책, 구성정책 등 네 가지로 유형을 분류하였다.

(2) Lowi의 정책유형 분류: 규제정책, 재분배정책, 배분정책, 구성정책

(가) 규제정책

규제정책은 정부가 개인이나 집단의 활동에 대하여 일정한 규제를 가하는 정책이다. 다른 말로 표현하면, 피규제자의 활동의 자유나 재량권을 감소시키는 정책을 말한다. 규제정책은 본래 개인 또는 일부 집단에 대해 재산권의 행사나 자유를 구속하는 대신, 다수의 다른 사람들을 보호하는데 목적을 두고 있다. 규제정책은 배분정책과는 달리, 한 편이 다른 편에 대하여 일종의 통제를 가하기 때문에 집단 간, 혹은 정부와 대상집단 간 충돌이 야기될 가능성이 높은 형태의 정책이다.

규제정책의 특징을 보면 다음과 같다.

첫째, 정책의 불응자에게 정부가 강제력을 행사한다.

둘째, 규제정책은 국민 개개인의 권리나 자유를 제한하기 때문에, 국가권력에 의한 규제의 남용을 막기 위해, 자유민주주의국가에서는 반드시 국민 대표기관인 국회의 의결을 얻도록 하고 있다. 즉 국회의 의결을 거친 법률의 형태를 취하는 것이 원칙이다.

셋째, 정책으로부터 혜택을 받는 자와 피해를 보는 자(피규제자)를 정책결정시에 선택하게 된다. 예컨대, 근로자를 보호하기 위하여 기업주를 규제하는 경우가 이러한 예에 속한다.

정책들이 상호배타적이 아니라는 약점을 가지고 있다. 첫째, 분류된 정책은 배타성이 있어야만 분류의 가치가 있는데, 규제정책, 재분배정책, 배분정책은 정책 상호 간에 중복이 있다. 그것은 규제정책과 배분정책이 정부활동이나 그 직접적인 결과를 기준으로 한 것인데 비하여, 재분배정책은 이러한 활동이나 결과가 사회계층에게 어떻게 재분배되느냐를 기준으로 한 것이기 때문에 동일한 기준에 의한 분류가 아니기 때문이다. 둘째, 정부의 모든 정책이 Lowi의 세 가지 유형 중 어느 것에 포함될 수가 있어야 하는데, 이것은 불가능하다는 점이다. 특히 Almond와 Powell이 들었던 추출정책의 대부분은 Lowi의 정책유형에 포함되지 않는다. 또한 여러 가지 정책의 성격을 동시에 갖는 하나의 정책을 어떤 한 가지 성격의 정책으로 분류하여야 하는데, Lowi는 이런 경우의 분류기준으로서 정책과정의 참여자들이 갖는 정책의 성격에 대한 지배적 기대라는 것을 제시하고 있다. 그러나 정책이 갖는 성격에 대한 기대라는 것도 누구의 기대를 대표적 기대로 하여 정책의 성격을 규명할 것인가 하는 문제가 다시 일어나게 된다. 넷째, Lowi 정책분류의 기본개념들의 모호함은 조작화를 어렵게 하기 때문에, 검증하기가 어렵다는 한계를 지니고 있다.

정 책 사 례

규제정책: 영산강 수계 8개 시·군, 수질오염 총량관리제 도입

1. 사례개요

영산강 수계에 수질오염 총량관리제가 도입된다. 전라남도는 2005년 하반기부터 2008년까지 단계적으로 영산강 수질오염 총량관리제를 시행한다고 9월 29일 밝혔다. 영산강 수계 8개 시·군 가운데, 나주시는 올해 하반기에 수질오염 총량관리제를 시행하고, 담양과 화순은 내년 8월부터 나머지는 2008년 8월까지 도입할 계획이다.

수질오염 총량제가 도입될 경우, 해당 시·군은 2010년까지 각 지역별로 목표 수질을 설정한 뒤, 오염물질 배출 총량을 규제하게 된다. 영산강 유역의 2010년 배출 부하(허용)총량은 1일 5만 7,260kg으로, 1일 1만 5,747kg을 삭감해야 하며, 목표수질은 지역에 따라 BOD(생물학적 산소요구량) 2.1-5.2mg/ℓ까지 개선해야 한다.

수질오염 총량관리제는 시·군별로 수계의 목표수질과, 이를 달성하고 유지할 수 있는 오염물질 배출총량을 설정한 뒤, 수질을 개선한 만큼 제한적으로 지역개발을 허용하는 제도다.

자료: 한국일보, 2005. 9. 29.

2. 쟁점 및 시사점

위에서 살펴 본 영산강 수계에 수질오염 총량관리제는 규제정책의 사례이다. 규제정책은 승자와 패자가 구분되는 제로섬 게임(*zero-sum game*)이라고 할 수 있다. 이러한 규제정책 특성상 규제를 찬성하는 개인이나 집단과 규제를 반대하는 집단과의 갈등때문에, 정책결정 및 집행과정상의 난맥이 있을 수 있다. 즉 규제정책에 대해 반대하는 집단은 집행과정에서 정책불응 행태를 보이게 되며, 효과적인 정책집행이 불가능해질 수도 있다.

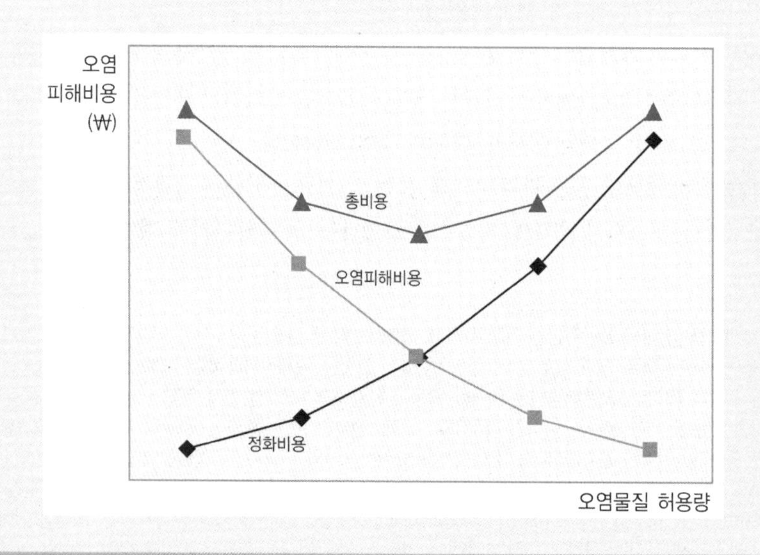

(나) 재분배정책

재분배정책은 재정수지를 통하여 정부가 부·재산·소득·권리 및 기타 가치들을 개인이나 집단 사이에 재분배하는 소득이전과 관련되는 정책이다. 즉 고소득층에 대한 누진적인 부담을 포함한 조세구조에서 재원을 구하여 그 일부를 저소득층에게 이전시키거나, 저소득층에게 유리한 각종의 사회적 급부를 제공하는 정책이다. 과세정책, 사회보장정책 등은 재분배정책에 해당된다.

(다) 배분정책

배분정책은 분배정책으로도 불리는데, 정부가 개인·집단·조합·지역사회 등 특정한 대상 집단에게 각종 서비스·권리·이익·기회 등을 배분하는 것과 관련된 정책이다. 배분정책에 소요되는 자원은 원칙적으로 공공재원을 사용하기 때문에, 수혜집단 간에 직접적인 대결이나 경쟁이 따르지 않으며, 따라서 시행하기가 용이하다는 특징을 지닌다.

(라) 구성정책

구성정책은 주로 정부기관의 신설이나 변경, 혹은 선거구의 조정 등 정부의 구조나 기능상의 변화를 목적으로 하는 정책을 뜻한다. 예컨대, 해양부와 여성부의 신설결정, 지방자치제의 전면실시를 앞두고 이루어졌던 시·군의 통합(천안군과 천안시의 통합, 아산군과 온양시의 통합, 익산군과 이리시의 통합)결정이나 구청제의 실시결정, 그리고 17대 국회의원 선거를 앞두고 이루어졌던 선거구의 통·폐합결정 등이 이러한 정책의 예에 속한다.

정 책 사 례

구성정책: 여성부, 여성가족부로 개편

1. 사례개요

여성부가 2005년 6월 23일부터 가족정책을 총괄·수립·지원하는 여성가족부로 확대 개편되었다. 여성가족부는 기존 여성부가 수행하던 여성정책, 보육정책과 함께, 각 부처의 가족정책을 수립하고 조정 지원하는 역할을 하며, 이에 따라 보건복지부가 관장해오던 건강가족기본법과 모부자복지법을 소관법률로 이관받아 가족정책을 추진한다.

또한 조직도 커졌는데 가족정책국과 보육재정과, 대외협력관을 신설, 기존 1실4국1관(15개과)이던 조직을 1실·4국·2관·19개과(1백76명)로 확대했다. 보육정책국에는 보육재정과를 신설해, 지난해 대비 50% 오른 6천여억원에 대한 △장·단기 보육재정 편성 및 효율적 집행 △보육시설 평가인증 업무를 담당한다. 이 밖에 대외협력관을 신설해, 국내외 여성 및 가족관련 단체와의 협력을 늘리고, 기존 여성정책국 사회문화담당관실을 성별영향평가과로 전환하고, 성희롱 예방 및 남녀차별개선은 권익증진국 내 양성평등과에서 계속 수행된다.

2. 쟁점 및 시사점

위 사례는 구성정책을 보여주는 사례이다. 사회의 사회경제적 환경의 변화는 정부의 조직에도 변화를 가져오는데, 이에 따른 형성되는 정책이 구성정책이다. 구성정책의 동기에는 여러 가지가 있으나, 그 중의 하나가 대통령 등 지도자의 선거공약이다. 여성부 신설은 1997년 15대 대통령 선거 과정에서 당시 국민회의 김대중 후보의 선거공약이었으며, 1998년 2월 김대중 정부 출범과 함께 만들어진 대통령 직속 여성특별위원회가 여성부의 전신으로 여성정책을 수행해 왔다. 이렇게 만들어진 여성부는 2005년 6월 23일 기존의 기능뿐만 아니라, 통합적인 가족 정책을 수립하고 시행하는 기능도 함께 수행할 수 있도록 여성가족부로 개편되었다. 즉 사회경제적 여건의 변화로 인해 새로운 조직이 생기고, 이러한 조직이 개편, 유지 혹은 여건과 필요성에 따라 폐지되는 것에 따른 정책이 바로 구성정책이다.

2) Ripley와 Franklin의 정책유형 분류

정책의 유형은 정책과정 전체의 성격을 좌우하며, 또 반대로 정책과정 전체의 성격이 어떠하냐에 따라 정책유형의 성격도 달라진다. R. Ripley & G. Franklin은 정부관료제가 달성하려고 하는 사회적 목적의 특성을 기준으로 하여 정책의 유형을 배분정책, 경쟁적 규제정책, 보호적 규제정책, 재분배정책의 네 가지로 분류하고, 각 정책유형별로 정책집행과정의 특성을 설명하고 있다.

Ripley와 Franklin의 정책유형 분류에서 특이한 점은 규제정책을 좀 더 세분하여 경쟁적 규제정책과 보호적 규제정책의 두 가지 유형으로 분류하고 있다는 것이다.

(1) 경쟁적 규제정책

경쟁적 규제정책은 정부가 특정의 철도회사나 항공회사로 하여금 특정의 노선을 운항할 수 있도록 한다든가, 특정의 회사로 하여금 특정의 라디오 주파수나 TV채널을 운용할 수 있게 하는 경우처럼, 특정의 재화나 용역을 제공할 수 있는 권리를 수많은 잠재적 또는 실제적 경쟁자들 중에서 선택, 지정된 소수의 전달자에게만 제한시키는 규제정책을 말한다. 대부분의 경우 허가권이 부여되는 경우에는 상당한 규모의 금전적 이권이 따르기 때문에 극심한 경쟁이 수반된다는 특징을 지닌다. 또한 정부의 입장에서는 항공권이나 주파수 할당 등은 공공성을 띠게 되므로 정기적으로 감독 혹은 규제할 필요가 있다. CATV 주파수 할당, DMB 사업허가권, 항공노선 허가 등이 경쟁적 규제정책의 예에 해당된다.

(2) 보호적 규제정책

보호적 규제정책은 최저임금제 및 최대노동시간의 제한, 가격통제, 국가 전체적으로 희소한 자원의 소비에 대한 특별소비세의 부과, 식품 및 의약품에 대한 사전허가제, 불공평한 노동계약 및 일반사업계약의 금지 등과 같이, 여러 사적 활동에 대해, 특정의 조건을 설정하여 공중을 보호하고자 하는 것을 목적으로 하는 정책들을 의미한다.

3) Almond와 Powell의 분류

G. Almond와 G. Powell은 체제이론에 입각하여 정치체제의 산출활동의 기능적 특성을 중심으로 추출적 특성, 배분적 특성, 규제적 특성, 상징적 특성 등의 네 가지로 분류한 바 있는데, 바로 그러한 정치체제의 산출활동의 기능적 특성을 정책유형 분류의 기준으로 응용하여 정책을 유형화시켜 보면 다음과 같은 네 가지 유형으로 분류할 수 있다.

(1) 추출정책

조세와 병역 등과 같이 국내 및 국외 환경으로부터 물적·인적 자원을 추출해내는 산출활동으로 이루어지는 정책을 의미한다.

(2) 배분정책

배분정책은 추출정책과는 반대로, 사회의 개인과 집단에게 교육, 보건, 위생 등과 같은 경제적 재화와, 용역과 지위, 신분, 공동체에의 소속감, 안전 등과 같은 여타의 가치들을 배분해주는 산출활동으로 이루어지는 정책을 말한다.

(3) 규제정책

규제정책은 형벌, 의무, 면허 등과 같이 특정의 인간행동을 규제하는 산출활동으로 이루어지는 정책을 의미한다. 규제정책의 내용은 규제받는 행동의 종류, 피규제집단의 특성 등에 따라 특징지어진다.

(4) 상징정책

정치체제가 국내외 환경으로 하여금 여타 정책에 보다 효과적으로 순응하도록 하기 위해, 정책체제의 정당성에 대한 심리적 신뢰감을 증진시키는 산출활동으로 이루어지는 정책을 의미한다. 국경일의 제정 및 준수와 정치적 마크나 배지의 착용 등은 모두 정치체제에 대한 심리적 순응을 유도하는 상징정책의 한 형태이다.[4]

---

4 Almond와 Powell의 분류의 약점:
Lowi의 경우에는 정책분류의 뚜렷한 목적이 있었다. 정책의 차이가 정책결정 등의 정책과정에서의 차이를 가져올 것이라는 가정하에, Lowi의 분류는 시도되었지만, Almond와 Powell의 분류에서는 단순히 정치체제의 업적 또는 산출물을 나누어 본다는 의미 외에는 뚜렷한 목적이 없다. 또한 Lowi에 비하여 더 포괄적이지만 상식적으로 널리 알려지고 아주 중요한 정책인 재분배정책을 제외시킨 이상한 결과가 되었다. 즉, 정책을 정치체제의 산출물로 보고, 이 산출물에서 나오는 효과의 하나로서 분류한 결과, 이러한 현상이 발생한 것이다.

4) Salisbury의 정책유형 분류: 배분정책, 재분배정책, 규제정책, 자율규제정책

기본적으로 Lowi의 분류와 유사하나, 다소 관점이 다른 것으로서 Salisbury의 분류가 있다. Salisbury는 요구패턴의 통합성과 분산성, 결정체제의 통합성과 분산성의 조합에 의하여 네 가지 정책의 유형을 도출했다. Salisbury의 정책유형에 관한 그림을 재배열한 것이 다음의 〈표 3-1〉이다. 요구패턴이 통합적이며 결정패턴도 통합적인 것이 재분배정책이며, 요구패턴이 통합적이나 결정패턴이 분산적인 것이 자율규제정책이다. 요구패턴이 분산적이나 결정패턴이 통합적인 것이 규제정책이며, 요구패턴과 결정패턴이 다 분산적인 것이 배분정책이다.

표 3-1 Salisbury의 정책유형 분류

		요구패턴	
결정패턴		통합적	분산적
	통합적	재분배	규 제
	분산적	자율규제	분 배

(1) 배분정책

정책효과가 주로 경제적이라는 점에서 후술하는 재분배정책과 동일하나, 요구를 하는 모든 개인이나 집단에게 혜택을 준다는 점에서, 한 쪽에서 받아서 다른 쪽에 주는 재분배정책과 다르다.

(2) 재분배정책

재분배정책의 특징은 한 쪽에서 받아서 다른 쪽에 준다는 데 있다. 현대사회에 있어서 재분배정책의 효과는 주로 경제적인데, 고소득층의 소득이나 부를 저소득층에 나누어주는 것이다.

(3) 규제정책

Salisbury는 요구패턴이 분산적이나 결정패턴이 통합적인 정책을 규제정책이라 하고 있다. 규제정책은 용납되는 행태에 제한을 가함으로써 간접적으로 개인들에게 혜택을 주거나 손실을 입히는 정책이다.

(4) 자율규제정책

Salisbury는 요구패턴은 통합적이나 결정패턴이 분산적인 정책을 자율규제정책이라고 불렀다. 다른 학자들의 분류에서는 찾아볼 수 없는 독특한 유형인데, 자율규제정책이란 규제대상이 되는 개인이나 집단에게 규제를 위한 기준을 설정할 권한을 부여하고, 심지어 그 집행까지도 위임하는 경우를 말한다. 교사나 의사 등과 같은 전문직업인의 면허 등을 그 전문직업인 단체에게 부여하는 경우가 대표적인 예라고 하겠다. 자율규제정책은 특정한 사회경제적 부문을 안정시키고 통제한다는 점에서는, 규제정책과 동일하다 하겠으나, 그 방향이나 통제의 유형은 상당히 다르다는 특징이 있다. 아래의 경우도 이 자율규제정책에 해당하는데, 그 동안의 의·약계에 쌓인 부조리를 일소하기 위하여, 의·약계 주요기관 19곳이 참여하여 부조리를 감시하고, 의료기관의 투명화를 위한 협약을 정하였다. 강제성이 약하다는 문제점은 있지만, 자율규제는 집행시의 저항을 줄여 순응 비용의 감소를 기대할 수 있다.

정책사례

의·약계 정화 본격화: 민·관 참여, 대규모 투명사회협약 체결

의·약계 정화가 본격화된다. 민·관이 참여하는 대규모 투명사회협약이 체결되고, 투명사회협약실천협의회가 구성되기 때문이다. 이번 협약에는 보건복지부와 건강보험공단, 건강보험심사평가원, 대한의사협회, 대한한의사협회, 대한약사회, 한국제약협회, 한국다국적의약산업협회, 대한화장품협회, 건강세상네트워크 등 의·약계의 주요 기관, 단체 19곳이 참여할 것으로 알려졌다.

실제 그 동안 의·약계 내에선 각종 부조리가 적잖게 발생, 대책이 시급하다는 지적이 제기돼왔다. 먹이 사슬 관계에 따른 비정상적 거래는 물론, 불법 리베이트 제공, 건강보험 부당 청구 등 뿌리깊은 비리 구조가 형성돼 있다는 것이다. 이에 따라, 이들 19개 기관·단체는 보건의료분야 투명사회협약을 마련, 부패 청산을 천명키로 했다.

협약은 강제, 비(非) 강제 조항이 혼합돼 있으며, 협약이행점검단, 자율정화위원회, 유통조사단, 유통부조리신고센터 등을 통해, 부조리에 대한 상시 감시체계를 구축하게 된다. 이와 함께 협약에는 의료기관의 투명·윤리 경영과 사회공헌 활성화를 위한 각종 방안도 담겨져 있다.

의·약계 관계자는 "협약 합의과정에서 일부 논란이 있었고, 사후 감시체계가 미약한 게 아니냐는 지적도 제기됐지만, 이번 투명협약 체결을 계기로 의·약계에 만연된 부조리를 일소하는 계기가 될 것으로 기대한다"고 말했다.

자료: 연합뉴스, 2005. 9. 11.

5) J. Mitchell과 M. Mitchell의 분류

J. Mitchell과 W. Mitchell은 정책은 사회에 존재하는 각종의 문제를 해결하기 위해 구상되는 것이라고 봄으로써, 정책개념의 특징을 현실문제 해결지향성에서 찾았다. 따라서 정책유형도 정책 자체의 분류보다는, 정책결정자가 해결, 개선, 방지하려는 문제의 특징에 따른 분류가 근본적인 정책유형의 분류방법이라고 보았다. 따라서 이들은 정책문제의 특징에 따라 자원의 동원 및 배분, 분배, 비용부담, 규제 및 통제, 적응 및 안정, 정치적 분업 및 역할배분 등의 여섯 가지 정책유형으

로 분류하였다.

(1) 자원의 동원 및 배분정책

Almond와 Powell의 추출정책과 유사한 것으로서, 국가목적의 수행을 위하여 국민으로부터, 어떤 종류의 자원을 어떤 방법으로 동원하여 어떤 목적을 위하여 어떻게 배분하느냐 하는 문제와 관련된 정책들을 총칭한다.

(2) 배분정책

보조금, 국유지, 권리, 지위, 이전지출 등을 사회의 어떤 집단 또는 계층에 얼마나 분배하느냐 하는 문제와 관련된 정책유형이다. 여기에서 말하는 배분정책의 개념은 Almond와 Powell이 말하는 배분정책과 상징정책을 포괄하는 개념이며, Lowi가 배분정책과 재분배정책을 구별하고 있는데 반해, 양자 모두를 포괄하는 개념으로 사용하고 있다.

(3) 비용부담정책

국민이 부담해야 할 각종의 비용을 누구에게 얼마나 부담시키느냐 하는 문제와 관련된 정책들을 말한다. 그러한 비용은 공식적·집단적 부담, 정치적 참여비용, 외부적 내지 간접적 비용 등으로 분류된다.

(4) 규제 및 통제정책

규제와 통제를 개념상 상호 대체적인 것으로 보고 있는 그들은, 타인의 의사에 관계없이, 그들의 행동에 정부가 영향을 미치고자 하는 문제와 관련된 정책들을 규제 및 통제정책으로 유형화하고 있다.

(5) 적응 및 안정정책

급격한 사회변화에 따른 정치체제의 적응과 안정 확보라는 문제와 관련된 정책을 말한다. 과학기술혁명, 도시혁명, 세대차이, 도덕혁명, 학생반항운동, 저소득층의 반항운동 등으로 예시되는 각종의 사회변동에 적응하기 위해 만들어지는 정책의 유형이다.

(6) 정치적 분업 및 역할배분정책

각종의 업무를 수행하기 위하여 정치체제가 어떻게 조직되어야 하며, 개인들은 각종의 정치적 역할 및 과업을 담당하기 위해, 어떤 방법으로 역할배분될 것이냐 하는 문제와 관련된 정책들을 말하며, Lowi가 말하는 구성정책과 유사한 형태이다.

4. 기타의 정책유형

1) 윤리정책

사회적으로 논쟁거리인 도덕적·윤리적 문제에 관한 판단의 기준을 제시하는 정책으로, 임신중절(낙태금지), 복제인간 방지, 동성애 금지 등을 들 수 있다. 윤리정책의 사례로는 성매매금지법이 있다. 성매매라는 비윤리적인 행위를 국가 차원에서 금지하는 이 법은 윤리정책인 동시에 규제정책에 해당한다.

2) 실질적 정책과 절차적 정책

실질적 정책이란 고속도로 건설, 복지시설의 제공 등과 같이 무엇을 정부가 행하고자 하는가와 관련된 정책을 의미하는 데 반해 절차적 정책은 누가 어떻게 행동하는가와 관련된 절차적 정책을 의미한다.

표 3-2 정책유형의 종합

기 준	관련학자	정책유형분류	
정책산출활동의 기능	G. Almond & G. Powell	• 추출정책 • 규제정책	• 배분정책 • 상징적 정책
정책문제	J. Mitchell & W. Mitchell	• 자원의 동원정책 • 배분정책 • 비용부담정책 • 규제 및 통제정책 • 적응 및 안정정책 • 정치적 분업 및 역할배분정책	
정책의 영향 및 정책형성 관여자	T. Lowi (R. Salisbury)	• 배분정책 • 규제정책 • 재분배정책 • 구성정책(자율규제정책)	
정부관료제의 사회적 목적	R. Ripley & G. Franklin	• 배분정책 • 경쟁적 규제정책 • 보호적 규제정책 • 재분배정책	
정책의 대상	J. Anderson	• 실질적 정책/절차적 정책 • 공공재적 정책/사적 재화적 정책	
변화의 지향		• 진보적 정책 • 보수적 정책	
실체성 유무		• 물질적 정책 • 상징적 정책	

절차적 정책은 그것을 통하여 행동의 주체와 방법이 결정되는 것이기 때문에, 실질적 정책에 중대한 영향을 끼칠 수도 있다. 또한 그러한 절차적 정책은 특정의 실질적 정책이 채택되거나 집행되는 것을 지연시킴으로써, 궁극적으로는 그러한 실질적 정책을 방해하는 데 이용되기까지도 한다(안해균, 1997: 58-70). 하지만 긍정적으로 실질적 정책은 민주적이고 정당한 절차를 확보함으로써, 정책의 결정과정과 집행과정의 투명성과 예측가능성을 높이고, 정책의 정당성을 확보할 수 있다.

5. 요약 및 종합

현대사회는 점점 복잡해지고 다양한 사회문제들이 발생하고 있다. 또한, 민주화의 진행에 따라 정책의 과정 전반에 걸쳐 국민들의 다양한 참여가 확대되고 있다. 정책이해 당사자들은 정책과정에 적극적으로 참여하여 자신의 이익을 위해 협상하고 또 때로는 서로 갈등한다. 사회문제가 다양화됨에 따라 정책의 범위는 더 넓어진다. 또 참여의 확대로 정책수단이나 정책유형도 복잡해지고 있다. 그러나 정책의 쉽게 변하지 않는 의미는 "정책은 중앙 및 지방의 공식적인 정부기관이 사회문제(바람직하지 않은 상태)를 바람직한 상태로 해결하기 위해 취하는 일련의 미래지향적인 행위"라는 것이다. 그리고 정책의 궁극적인 목표는 '인간 존엄성의 실현'이라는 것이다.

정책을 구성하는 요소는 정책목표, 정책수단, 정책대상으로, 먼저 정책목표는 정책을 통하여 만들고자 하는 바람직한 사회 또는 그러한 상태이다. 미래상 또는 미래에 대한 비전이라고도 할 수 있는 정책목표를 가지고 정책대상집단에게 정책수단을 통해 정책을 실행한다. 정책수단은 정책대상집단에게 직접적으로 영향을 미치는 요소이기 때문에, 효과적이고 능률적이고 대응적이어야 하며, 구성원의 형평성이 가능한 한 보장되어야 한다. 정책대상집단은 정책의 적용을 받는 집단으로서, 가치의 배분 상태에 따라 수혜집단과 피해집단으로 나눌 수 있다.

이와 같은 요소들로 구성되는 정책들을 각각의 기준에 따라 유형을 분류할 수 있다. 정책을 유형화하는 이유는 정책의 내용들 모두를 일일이 열거식으로 설명한다는 것은 현실적으로 불가능할 뿐만 아니라, 학문적으로나 실제적으로도 별다른 실익이 없기 때문이다. 정책의 내용들을 유형화시켜 연구함으로써, 사회현상으로서의 정책에 대한 명확한 이해를 도모할 수 있고, 나아가 과학적 관심의 대상으로 정책현상을 체계적으로 연구하는 데 도움이 된다.

현대과학기술의 발달과 민주주의의 확산은 정책의 변화를 촉구한다. 첫째, 정책의제설정단계에서는 미래비전과 정책목표에 대한 정책관련 주요 이해관계자들의 합의와 공감대 형성이 필요하며, 이를 위해 과학적 미래예측에 기초한 정책형성시스템이 구축되어야 한다. 둘째, 정책결정단계에서는 정책실명제 도입 및 정책타당성 사전체크리스트의 작성, 고객반응, 정책갈등 점검 등 정책결정단계에서의 정책반응모니터링 시행을 의무화할 필요가 있다. 셋째, 정책집행단계에서는 고객반응, 정책갈등 점검 등 정책집행단계에서의 정책반응모니터링 시행의 의무화, 관계 부서 간 대화 및 협의 정도에 대한 중간평가제도를 도입할 필요가 있다. 넷째, 정책평가 및 환류단계에서는 환경 및 개발 관련 정부부처 합동 교육, 학습시스템 구축을 통한 교육훈련 및 브레인스토밍프로그램의 운영방안이 마련될 필요가 있다.

Chapter 3

핵심 Point !

Policy Overview

◎ 정책의 개념: 미래의 바람직한 상태를 실현하기 위한 정책목표와 이를 달성하기 위해 강구된 과학적 정책수단에 대하여 권위 있는 정부기관이 내린 활동지침

◎ 정책개념의 구성요소

- 정책목표
- 정책수단
- 미래의 활동지침
- 권위 있는 결정

◎ 정책의 주요특성

- 목표지향성, 수단지향성, 미래지향성, 가치배분성, 문제지향성, 인과성, 공식성, 포괄성, 양면성, 강제성과 제약성, 결정수준의 상위성

◎ 정책의 판단기준

- 바람직한 정책목표의 판단기준
  - 당위성(성찰성)
  - 인과적 타당성(기술적 타당성)
- 바람직한 정책수단의 판단기준
  - 당위성(성찰성)
  - 실현가능성
  - 효과성 & 능률성

◎ 정책효과

- 정책산출: 정책의 집행으로 나타나는 일차적인 결과
- 정책성과: 정책대상자들에게 일어난 중기적 효과
- 정책영향: 사회에 나타난 장기적 영향

◎ 정책의 구성요소

- 정책목표

- ▸ 개념: 정책을 통하여 달성하고자 하는 바람직한 사회 또는 상태
- ▸ 분류: 내용별 분류, 단계별 분류

◑ 정책수단

- ▸ 개념: 정책목표 달성을 위한 수단
- ▸ 분류: 실질적 정책수단, 보조적 정책수단

◑ 정책대상

- ▸ 개념: 정책에 영향을 받는 사람들 혹은 정책집행의 대상이 되는 집단
- ▸ 분류: 정책수혜집단(beneficiary group), 정책피해집단(sacrificing group)

◎ 정책의 유형

◑ T. Lowi의 분류

- ▸ 규제정책: 개인이나 집단의 활동에 대하여 일정한 규제를 가하는 정책
- ▸ 재분배정책: 가치들을 개인이나 집단 사이에 재분배하는 소득이전과 관련되는 정책
- ▸ 분배정책: 특정한 대상 집단에게 각종 서비스·권리·이익·기회 등을 배분하는 것과 관련된 정책
- ▸ 구성정책: 정부의 구조나 기능상의 변화를 목적으로 하는 정책

◑ Ripley와 Franklin의 분류

- ▸ 경쟁적 규제정책: 특정의 재화나 용역을 제공할 수 있는 권리를 선택, 지정된 소수의 전달자에게만 제한시키는 규제정책
- ▸ 보호적 규제정책: 특정의 조건을 설정하여 공중을 보호하고자 하는 것을 목적으로 하는 정책

◑ Almond와 Powell의 분류

- ▸ 추출정책: 물적·인적 자원을 추출해 내는 정책
- ▸ 배분정책: 가치들을 배분해 주는 정책
- ▸ 규제정책: 특정의 인간행동을 규제하는 정책
- ▸ 상징정책: 정책체제의 정당성을 제고하기 위한 정책

◑ Salisbury의 분류

- ▸ 배분정책: 모든 개인이나 집단에게 혜택을 주는 정책
- ▸ 재분배정책: 한 쪽에서 받아서 다른 쪽에 주는 정책
- ▸ 규제정책: 요구패턴이 분산적이나 결정패턴이 통합적인 정책
- ▸ 자율규제정책: 요구패턴은 통합적이나 결정패턴이 분산적인 정책

◑ J. Mitchell과 M. Mitchell의 분류

- ▸ 자원의 동원 및 배분정책: 어떤 종류의 자원을 어떤 방법으로 동원하여 어떤 목적을 위하여 어떻게 배분하느냐 하는 문제와 관련된 정책
- ▸ 배분정책: 사회의 어떤 집단 또는 계층에 얼마나 분배하느냐 하는 문제와 관련된 정책
- ▸ 비용부담정책: 비용을 누구에게 얼마나 부담시키느냐 하는 문제와 관련된 정책

- ▸ 규제 및 통제정책: 행동에 정부가 영향을 미치고자 하는 문제와 관련된 정책
- ▸ 적응 및 안정정책: 정치체제의 적응과 안정 확보라는 문제와 관련된 정책
- ▸ 정치적 분업 및 역할배분정책: 정치체제가 어떻게 조직되어야 하며, 어떤 방법으로 역할 배분이 될 것이냐 하는 문제와 관련된 정책

Chapter 3

핵심 Question!

Policy Overview

◎ 정책의 개념은 무엇인가?

◎ 정책의 개념을 구성하는 3대 요소는 무엇인가?

◎ 바람직한 정책목표 및 정책수단의 판단기준은 무엇인가?

◎ 정책의 효과를 산출, 성과, 영향으로 나누되 각각 사례를 들어 설명하라.

◎ 정책의 유형분류를 T. Lowi, Ripley와 Franklin, Almond와 Powell, Salisbury, J. Mitchell과 M. Mitchell에 따라 각각 간략히 언급하고, 차이점을 설명하라.

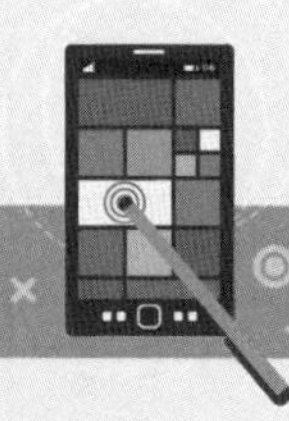

정책학 출제 최신경향&기출문제

CHAPTER 03 출제 최신경향

제3장에서는 정책의 개념 및 유형을 다루고 있다. 현대사회는 점점 복잡해지고 다양한 사회문제들이 발생하고 있으며, 사회문제가 다양화됨에 따라 정책의 범위는 더 넓어지고 있다. 또한 민주화의 진행에 따라 정책의 과정 전반에 걸쳐 국민들의 다양한 참여가 확대되고 있다. 이에 따라 정책수단이나 정책유형도 복잡해지고 있다. 그러나 사회문제는 보는 이의 관점에 따라 다르고, 문제해결방법에도 큰 차이가 있을 수 있다. 그러므로 사회문제에 대한 해결기제로서 정책의 개념과 구성요소(정책목표, 정책수단, 정책대상), 정책의 특성과 판단기준 등을 명확하게 이해할 필요가 있다.

정책의 개념·구성요소·특성·기준은 정책학을 이해하는 데 있어 기본적인 핵심요소로서, 바탕을 이루는 내용이라 실제 출제문제로 다수 출제되지는 않았지만, 정책학 문제의 논의를 이끌어가는 데 있어 이에 대한 명확한 개념정의와 이해가 바탕이 되어야 하므로 잘 숙지해 두어야 한다.

다음으로 정책과정이 정책(유형)에 영향을 미치기도 하지만 정책(유형)에 따라 정책과정이 달라지기도 한다. 즉, 정책과정의 참여자와 동태성에 따라 정책의 결과가 달라지기도 하지만, 정책유형이 규제정책이냐 배분정책이냐에 따라 정책과정의 복잡성의 정도가 달라지기도 하는 것이다. 그러므로 정책의 내용들을 여러 정책유형에 따라 분류하여 학습할 필요가 있다. 예컨대, 정부가 기본적인 공공서비스를 공급해주는 유형인 배분정책의 경우에는 큰 쟁점이 없을 수 있지만, 규제와 피규제, 재분배 등의 쟁점이 첨예하게 대립되는 규제정책이나 재분배정책의 경우에는 정책과정도 더욱 복합적으로 전개되는 것이다.

따라서 본 장을 학습하는데 유의할 점은 다양한 사회문제를 해결하기 위한 기제로서 정책을 정책목표, 정책수단, 정책대상 등으로 구분하여 살펴보고, 이러한 요소들로 구성되는 정책들을 각각의 기준에 따라 유형을 분류하여 학습하여야 한다. 정책을 유형화하는 이유는 정책의 내용 모두를 일일이 열거식으로 설명한다는 것은 현실적으로 불가능할 뿐만 아니라, 학문적으로나 실제적으로 별다른 실익이 없기 때문이다. 정책의 내용들을 유형화시켜 연구함으로써 사회현상에 대한 명확한 이해를 도모할 수 있고, 나아가 과학적 관심의 대상으로 정책현상을 체계적으로 연구하는 데 도움이 된다.

본 장과 관련한 문제로는 바람직한 정책문제의 정의와 함께 정책유형의 분류와 사례를 묻는 문제가 있었다. 정책유형 문제의 경우는 구체적으로 정책유형의 구분 이유와 정책유형별 개념 및 내용 그리고 사례를 통한 기술을 할 수 있어야 한다. 때문에 Lowi의 분류(규제정책, 재분배정책, 배분정책, 구성정책), Ripley와 Franklin의 분류(경쟁적 규제정책, 보호적 규제정책), Almond와 Powell의 분류(추출정책, 배분정책, 규제정책, 상징정책), Salisbury의 분류(배분정책, 재분배정책, 규제정책, 자율규제 정책) 등 주요 학자들의 정책유형분류에 대하여 검토하고, 이를 사례와 접목시켜 논의할 수 있어야 한다.

고시기출문제 사회문제는 보는 이의 관점에 따라 크게 다르고, 문제해결방법에도 큰 차이가 있을 수 있다. 따라서 정책문제를 해결해야 하는 정부의 입장에서는 문제를 어떻게 정의할 것인지가 매우 중요하다. 이와 관련하여 바람직한 정책문제의 정의 방법을 논하시오[2003년 행시].

답안작성요령

핵심 개념

본 문제는 정책분석에 있어서 문제정의의 중요성에 대해 묻고 있다. 정책문제에 대한 정의는 일련의 정책과정에서 가장 우선적으로 다뤄지는바, 정책문제에 대한 명확한 정의를 하는 것은 매우 중요하다. 이를 위해서는 정책문제의 개념 및 특성 그리고 명확한 정책문제의 정의가 필요한 이유에 대한 논의가 선행되어야 한다.

정책문제란 '사회문제 중 정치체제가 공식적으로 해결하기로 외부로 공표한 문제'이며, 동태성, 주관성, 상호관련성, 인공성의 특성을 갖는다. 정책문제에 대한 명확한 정의가 필요한 이유는 첫째, 정책문제의 정의는 정책과정 전반에 큰 영향을 미치며, 둘째, 정책문제 정의가 잘못될 경우에 메타오류(제 3종 오류)를 범할 수 있기 때문이다. 마지막으로, 정책문제에 대한 정의가 불완전하면 정책분석을 깊이 있게 해내기 어렵기 때문에 올바른 정책결정을 하는데 지장을 준다.

올바른 정책문제의 정의 방법

올바른 정책문제의 정의를 위해서는 정책문제를 정확하게 먼저 분석해야 한다. 흔히 정책분석이라고 하면 정책대안의 분석만을 생각하기 쉬우나, 정책문제에 대한 심층적 분석 및 바른 정의가 선행되지 않으면 정책실패를 초래하기 쉽다는 점에서 정책문제의 정의 및 분석의 중요성이 존재한다. 정책문제 분석의 요체는 정책문제의 원인, 결과 그리고 이들 사이의 인과관계를 탐색하는 것이다.

올바른 정책문제의 분석 방법

정책문제의 올바른 정의를 위한 분석의 방법에는 예비분석과 본분석, 그리고 예비분석에서는 요소별 점검법(단순, 충족도 점수, 기준의 가중치와 충족도 점수 고려), 나뭇가지 모양 분석법, 우선순위 행렬표 등의 방법론이 동원된다.

예비분석에서 주로 묻는 질문은 1) 분석활동의 실행가능성(분석자원, 분석시간, 분석비용), 2) 분석 결과의 활용가능성(정치적 민감성, 가치 함축성 등), 3) 문제의 유형(복잡성, 불확실성, 중요성), 4) 문제의 특성(불일치의 정도, 미래변화 가능성)에 대해서 분석한다.

본분석에서는 1) 문제시되는 상황의 배경, 2) 정책문제의 원인분석, 3) 정책문제의 결과적 측면과 심각성 파악, 4) 정책문제의 관련집단 파악, 5) 정책결정자 및 문제해결 요구집단이 추구하는 가치의 분석, 6) 정책문제의 변화 가능성과 새로운 문제발생의 예측 등의 관점에서 문제를 분석해야 한다.

고득점 핵심 포인트

본 문제는 일련의 정책과정에서 가장 우선적으로 이루어져야 하는 정책문제에 대한 올바른 정의 방법에 대하여 묻고 있다.

그러므로 정책문제란 무엇인지, 그리고 어떠한 특성을 지니고 있는지에 대하여 기술한 후, 보다 논리적인 답안 작성을 위하여 이러한 정책문제에 대한 명확한 정의가 필요한 이유에 대하여 언급해야 한다. 예컨대, 1980년대 초에 사북탄광에서 폭동사건이 발생했을 때 정부는 이를 탄광 근로조건에 대한 개선요구로 보지 않고 반정부시위로 보고 과잉진압한 사례가 있다. 또한 광우병 쇠고기 수입과 촛불시위 사건에서는 정부는 이를 국민 건강건 위협에 대한 우려와 개선요구로 보지 않고 반정부시위로 보고 물대포 난사 등 과잉진압을 함으로써 문제를 더욱 악화시킨 사례가 있다. 따라서 정부는 어떤 대응을 하기 전에 문제의 정확한 원인에 대한 진단 및 정의가 필수적이라 하겠다.

이어서 구체적으로 바람직한 정책문제의 정의 방법에 대하여 제시하여야 한다. 상기한 본분석의 여섯 가지 조건들에 대해서도 사례를 통해 제시해 주면 더욱 완성도 높은 답안이 될 수 있을 것이다. 예컨대 정부의 자전거 도로 완성을 위한 추진사례에서도 1) 상황 배경, 2) 원인 분석, 3) 심각성 파악, 4) 정책문제 관련 집단 파악, 5) 문제해결 요구집단이 추구하는 가치의 분석 등으로 나누어서 분석해 보면 고득점 답안이 될 수 있을 것이다

(본서 제7장 정책문제의 분석 및 정책분석론(졸저, 박영사) 제3장 정책문제의 분석 자전거 도로 정책사례 참조 바람).

고시기출문제 정책유형을 구분하는 이유를 설명하고 배분정책, 재배분정책, 규제정책, 상징정책의 내용을 예를 들어 기술하시오[2005년 행시].

답안작성요령

핵심 개념

문제(3)은 정책유형에 대해서 묻고 있으며, 특히 T. Lowi가 분류한 정책유형에 대한 이해도에 대해 질문하고 있다. 정책의 유형을 구분하는 이유는 정책과정이 정책에 영향을 미치기도 하지만 정책(유형)에 따라 정책과정이 달라지기도 한다는 연구결과들이 강조되면서 정책유형에 대한 연구가 주목받게 되었다. 즉, 정책과정의 참여자와 동태성에 따라 정책의 결과가 달라지기도 하지만, 정책유형이 규제정책이냐 배분정책이냐 등에 따라 정책과정의 복잡성의 정도가 달라지기도 한다(권기헌, 2008: 82). 특히, Lowi의 분류에서는 "강제력의 적용가능성"과 "강제력의 적용대상"에 따라 다음과 같이 네 가지 유형을 제시하였다.

		강제력의 적용대상	
		개인의 행태	개인 행태의 환경 (물질, 자본, 제도)
강제력의 적용가능성	간접적	배분정책(분배정책)	구성정책
	직접적	규제정책	재분배정책

자료: 정경호, 핵심정책학, 2011에서 수정.

정책유형별 설명 및 사례

문제에서 묻고 있는 정책유형별 내용 및 제시가능 한 사례를 구체적으로 살펴보면, 다음의 표와 같다.

정책	정책의 특징
재분배정책	• 노동자, 자본가 계급의 대립이 발생. 계급정책(Class policy) • 노동자 대표와 자본가 대표, 정치지도자로 구성된 정상연합(peak association)에서 정책이 결정됨.
규제정책	• 비용부담집단과 편익향유 집단 간 경쟁 • 집단 간의 갈등과 대립, 투쟁이 심함. 집단 간 협상·타협으로 결정
배분정책	• Pork barrel(이전투구식 다툼)이 발생하지만 기본적으로 남의 혜택에는 서로 무관심함. • 정부의 공공재 제공은 상호 커다란 연계없이 독립적으로 집행 • 승자와 패자가 특정치 않기 때문에 심한 대립이 없음
상징정책	• 정치체제 및 정부의 정통성을 제고하고 국가권력에 대한 순응을 확보하기 위한 목적

자료: 정경호, 핵심정책학, 2011에서 수정.

정책	정책의 사례
재분배정책	누진세, 사회보장제도, 기초생활보장제, 무상급식, 무상보육, 영세민지원사업
규제정책	환경 규제, 배기가스 규제, 공정거래법, 불공정 거래제한 등
배분정책	국유지불하정책, 하천·항만사업, 연구개발사업, 군수품 구매, SOC, 경부고속철도, 서울외곽순환 고속도로 등
상징정책	애국가 제창, 국기게양 등

자료: 정경호, 핵심정책학, 2011에서 수정.

T. Lowi의 정책유형 분류의 의의: 엘리트이론과 다원주의론의 상황론적 통합

T. Lowi는 엘리트이론과 다원주의론의 적용은 정책유형에 따라 설명력이 달라진다는 점을 분명히 했다. 특히 재분배정책과 규제정책에 대한 예시를 통해 상황론적 통합을 시도하였다.

T. Lowi가 제시한 재분배정책은 엘리트이론에서 발생하는 계급갈등적 성격이 많은 정책유형이다. 누진세, 무상급식, 무상보육과 같은 것은 가진 자와 못가진 자(haves vs have-nots), 대기업과 소기업(bigness vs smallness), 자본가계급과 노동자계급(bourgeoisie vs proletariat) 등 사회계급적인 대립의 관점에서 전개되는 경우가 많다. 이에 반해 규제정책은 다원주의이론에서 발생하는 규제로서 이익을 받는 집단과 손해를 받는 집단 간의 갈등과 타협의 결과로서 정책이 산출되는 형태의 정책유형이다. 환경 규제와 불공정 거래제한 등은 환경 규제로 인해 혜택을 보는 집단과 비용을 치루는 집단, 불공정 규제를 받는 집단과 그로 인해 혜택을 보는 집단으로 나눠지며 이들 간의 갈등이 발생하는 정책유형이다.

엘리트이론과 다원주의는 미국 민주주의 발달과정에서 사상적·철학적으로 경쟁해 온 두 줄기의 이론적 학파였다. 정책과정에서 엘리트적인 지배구조가 더 현실적인 설명력을 갖는지, 다원주의적 집단 간 경쟁과 갈등이 더 현실적인 설명력을 갖는지에 대해서는 1950년대 밀즈와 헌터의 지위접근법/명성접근법과 다알의 다원주의론(Who Governs?)이 대립해왔고, 다시 다알의 다원주의론에 대한 비판으로 바흐라흐와 바라츠의 무의사결정론을 토대로 한 신엘리트이론이 제기된 바 있다. T. Lowi의 정책유형이 더 큰 의의를 지니는 이유는, Lowi가 나서서 엘리트이론과 다원주의이론 중 어느 것이 더 적합한지는 정책유형에 따라서 설명력이 달라진다고 상황론적 통합을 시도했다는 데 있다(권기헌, 2008: 123-125).

고득점 핵심 포인트

정책을 유형별로 나누는 것은 유형에 따라 그 성격이 다르기 때문이기도 하지만, 정책 유형에 따라 정치과정이 달라지며, 정책의 내용, 성격, 방법, 대상 등이 달라지기 때문이다. 따라서 문제에서 묻고자 하는 재분배정책, 규제정책, 배분정책, 상징정책이 분류된 이유에 대해서 먼저 제시하고, 그에 따른 내용을 앞에서 제시한 사례와 결부시켜 기술하면 좋을 것이다. 아울러, Lowi가 제시한 정책유형들이 엘리트이론과 다원주의론에서 갖는 의미를 결부하여 서술해 준다면 더욱 완성도 높은 답안이 될 수 있으리라 생각한다(본서 제3장 정책의 유형 참조 바람).

정치체제와 정책환경

제4장에서는 정책과 환경이라는 주제에 대해 학습한다. 구체적으로 정치체제와 정책환경, 정책결정요인이론, 정치체제의 특성과 정책 등에 대해서 학습하기로 한다.

정책결정요인이론이란 정책의 내용을 결정 또는 좌우하는 요인이 무엇인가를 밝히는 이론인데, 이는 처음 재정학자들에 의하여 재정지출의 결정요인을 밝히는 데서 출발하였다. 1950년대 재정학자들은 정책의 내용을 결정하는 것은 사회·경제적인 요인이라고 주장하였고, 1960년대에 들어서 정치학자들도 정책의 내용을 결정하는 것은 정치적인 변수보다는 사회경제적인 변수가 더 중요하다고 주장하였다. 구체적으로 사회경제변수가 정치체제에 영향을 미치고 이것이 정책에 영향을 미친다는 순차적 모형으로서의 참여경쟁모형, 사회경제변수 ⇒ 정치체제 ⇒ 정책 간의 순차적 관계를 부정하고 사회경제변수가 정치체제와 정책 모두에 대하여 영향을 미치고 이것이 정치체제와 정책의 허위 상관관계를 초래하였다고 주장하는 경제적 자원 모형, 그리고 이러한 두 모형의 혼합으로 사회경제적 변수가 정치체제를 통하여 정책에 영향을 미치는 간접 효과가 있음과 동시에 정치변수가 정책에 독립적인 영향을 미친다고 보는 혼합모형 등이 있다.

정치체제는 정책에 정말 보잘 것 없는 영향만을 미치는 것인가? 이는 충격적인 질문이었으나, 그 이후 학자들은 결론적으로 그렇지는 않다는 데 의견을 모으고 있다. 계량분석이 가능한 재정자료만을 토대로 연구된 이러한 초기의 정책결정요인이론은 많은 문제점을 안고 있으며, 사회경제변수가 중요하기는 하나, 정치체제 역시 매우 중요한 정책의 독립변인이라는 데 의견의 일치를 보고 있다.

초기에 제기된 정책결정요인이론의 일방적 경로에 대한 학습을 토대로, 제4장에서는 정치체제와 정책환경의 상호작용에 대한 고찰을 종합적으로 정리하고자 한다. 즉, 정책은 정치체제의 산출물이다. 또한 정치체제는 모든 정책활동의 주체이며, 요구와 지지로 구성된다. 정치체제는 사회문제가 환경으로부터 투입(요구 혹은 지지)되면, 이 중 일부를 정책문제로 전환시키고, 이 정책문제를 다시 정책으로 전환시키며, 정책을 집행하여 정책결과를 환경으로 내보낸다. 이 때 정치체제의 3대 변수는 정책의 결과에 매우 중요한 영향을 미치는데, 이러한 3대 변수는 정책담당자(능력과 성향), 구조(수평적 구조와 계층적 구조), 분위기와 규범(정치이념과 정치문화)으로 정리된다. 이 장에서는 이상의 이러한 내용에 대해 학습하기로 한다.

제 1 절 정치체제와 환경

1. 정치체제

정책과 환경이라는 문제를 고려할 때, 우리가 먼저 학습해야 할 사항은 '체제'(*system*)라는 요소이다. 체제는 1) 상위체제와 하위요소들로 구성되어 있으며, 2) 하위요소들 상호 간에는 경계가 있고, 3) 하위요소들 상호 간에는 정보의 상호작용이 끊임없이 일어나고 있으며, 4) 체제 전체는 하나의 목적을 지향하는 전효성을 지니고 있다.

여기에서는 D. Easton이 제시한 정치체제의 개념을 살펴보고, 정책결정요인이론을 살펴본 후, 이를 정책에 적용한 정책체제를 살펴보기로 한다.

2. 정치체제와 환경

모든 체제는 환경과 상호작용을 하는데, 이때 환경으로부터 받아들이는 것을 투입(*input*), 환경으로 내보내는 것을 산출(*output*), 그리고 산출에 대한 환경의 반응을 점검하여 체제를 환경에 적응시키는 것을 환류(*feedback*)라고 부른다. 정치체제는 D. Easton이 제시한 모형이다.

1) 투입(input)

정치체제는 요구(*demand*)와 지지(*support*)라는 두 가지 종류의 투입을 환경으로부터 받아들인다. 정치체제에 대한 요구는 사회문제를 해결해달라는 형태를 취하는 데 비해, 지지는 정치체제에 대한 국민들의 심리적 지지로서 나타난다.

2) 산출(output)

정치체제는 환경의 요구를 수용해서 그에 상응하는 산출물(*output*)을 만들어내는데, 이러한 산출물을 정책이라고 한다.

3) 전환(conversion)

정치체제 안에서의 정치활동은 정치체제에 대한 투입을 산출로 변화시키는 역할을 담당하는데, 이러한 정치활동을 전환(*conversion*)이라고 부르고, 이러한 정치활동이 일어나는 과정을 전환과정(*conversion process*)이라 부른다(정정길, 1997: 90-93).

그림 4-1

정치체제와 환경: D. Easton의 체제모형이론

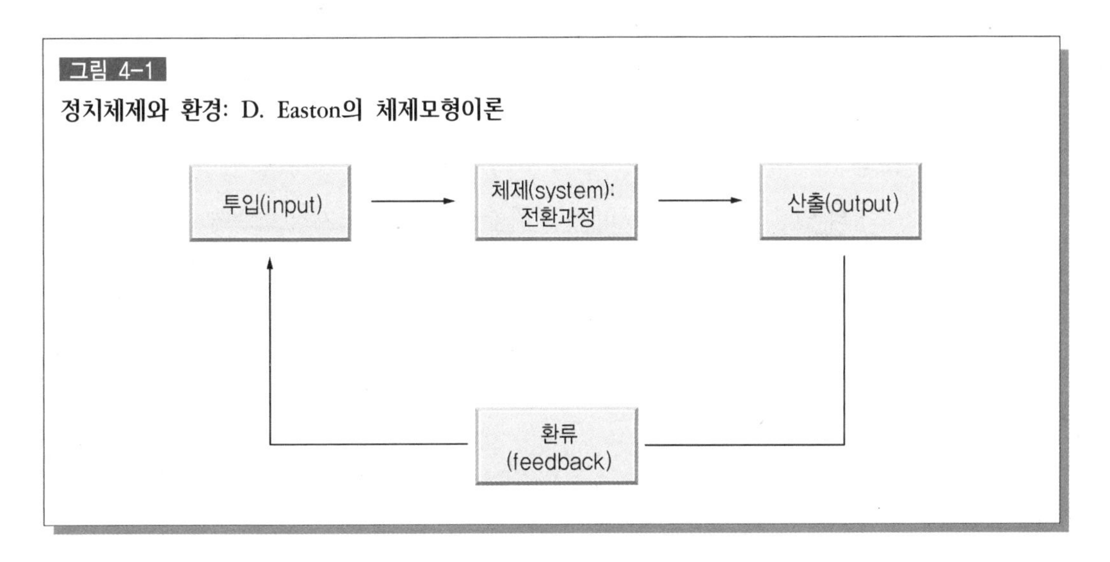

제 2 절 정책결정요인이론(Policy Determinants Theory)

1. 정책결정요인이론의 전개

정책결정요인이론이란 정책의 내용을 결정하는 요인에 대해 논의한 이론인데, 1950-60년대 활발히 논쟁되었던 이론이나 '정책과 환경'이라는 문제를 학습함에 있어서 많은 시사점을 주기에 검토할 가치가 있다.

1) 정치행정학자들의 환경연구

1950년대 활발히 전개된 비교행정학·비교정치학에서는 행정 혹은 정책이 진공 속에서 이루어지는 것이 아니라, 환경과의 상호작용 속에 이루어짐을 강조하였다.

2) 재정학자들의 환경연구

재정학자들은 정책과 환경의 상호작용 중에서 환경 중 재정적 요인을 강조하였다. 주정부 예산규모를 결정하는 것은 사회·경제적 요인으로, 1인당 소득, 인구밀도 및 도시화의 세 가지 변수라는 발견이 있었고, 특히 1인당 소득이 지출과 가장 강한 상관관계를 이루고 있음을 주장하였다.

3) 정치학자들의 환경연구

(1) 참여경쟁모형

재정학자들의 주장의 연장선상에서 1950년대 정치학자들도 사회경제적 변수에 초점을 두는 논문들을 많이 제시하였다. 참여경쟁모형은 사회경제적 변수가 정치체제에 영향을 미치고, 이것이 정책에 영향을 미친다는 모형이다(*Key-Lockard* 모형; Key, 1949; Lockard, 1959). 예를 들면 경제가 복잡해질수록 경제적 이익이 다양해져서 양당제가 번성할 수 있는 토양이 마련되며, 정당 간 경쟁의 심화는 복지지출을 증가시키게 된다.

그림 4-2
참여경쟁모형

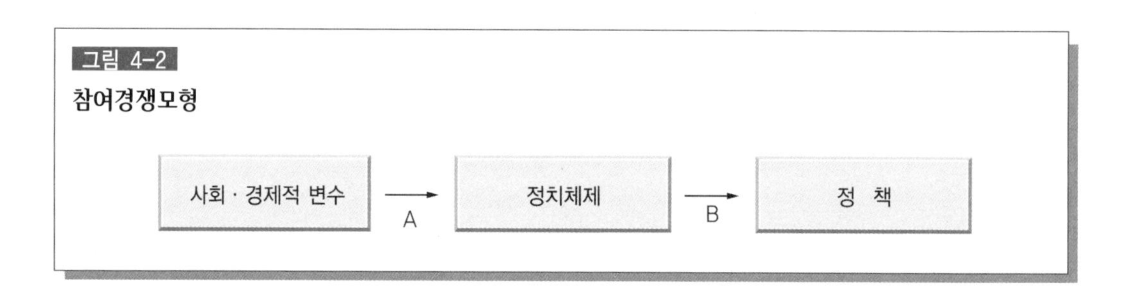

(2) 경제적 자원 모형

경제적 자원 모형에서는 사회경제변수, 정치체제, 정책 간의 순차적 관계를 부정하고, 사회·경제적 변수가 정치체제와 정책 모두에 대하여 영향을 미치며, 이로 인해 정치체제와 정책의 상관관계가 유발된다고 설명한다(*Dawson-Robinson* 모형; Dawson & Robinson, 1963: 265-289). 즉, 만약 사회·경제적 변수를 통제하면(사회경제적 조건이 같다면), 〈그림 4-3〉과 같이 정치체제와 정책의 관

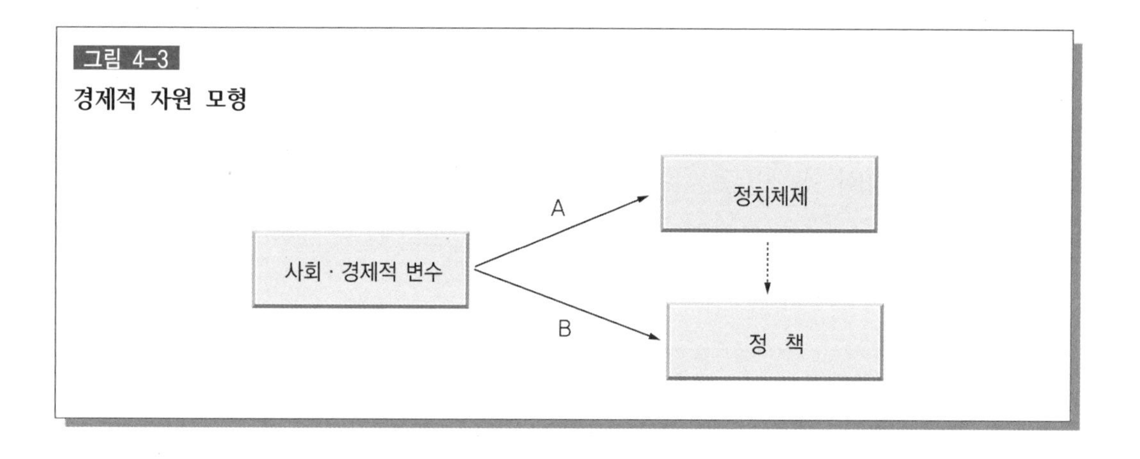

계는 사라지는데, 이는 양자의 관계가 허위상관관계(*spurious correlation*)에 불과하다는 것이라고 주장하였다.

(3) 혼합모형

혼합모형은 앞의 두 모형의 혼합으로, 정치체제와 정책 간의 관계를 추가로 고려하여 사회경제적 변수가 정치체제를 통하여 정책에 영향을 미치는 간접효과가 있음과 동시에, 정치체제가 정책에 독립적인 영향도 미친다고 본다(*Lewis-Beck* 모형; Lewis-Beck, 1977: 47).

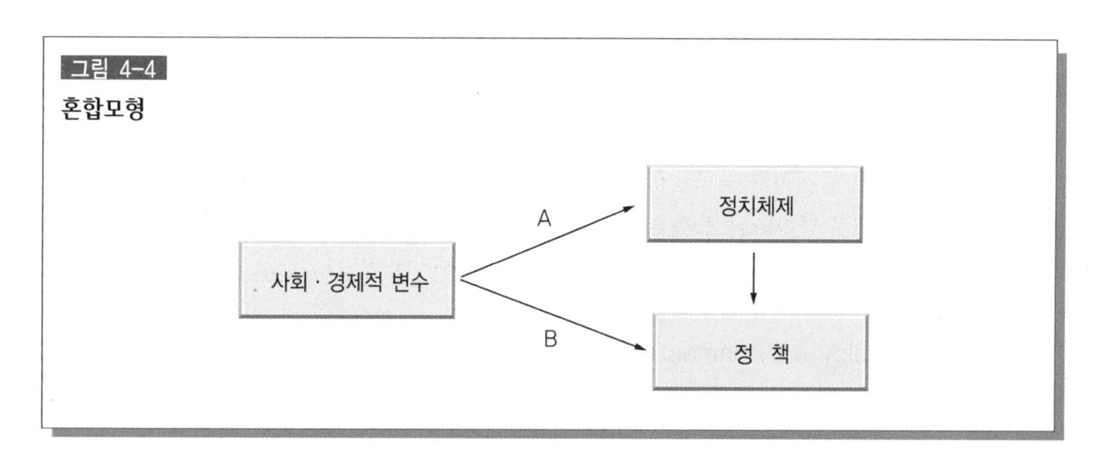

2. 정책결정요인이론의 문제점

초기의 정치행정학자들은 이상에서 본 바와 같이 정책과 환경의 상호작용 중에서 환경 중 사회·경제적 변수를 특히 강조하였으며, 심한 경우에는 사회·경제적 변수만이 정책내용에 영향을 미치고 정치체제는 허위상관관계라고 주장하였다. 하지만 이러한 과도한 주장은 뒤에 여러 연구에 의해 잘못된 것이 밝혀졌는데, 그 중 중요한 것은 1) 개념의 계량화(개념의 계량화가 가능한 변수만을 취급한 문제점)와 2) 인과관계의 불명확(사회·경제적 요인이 "어떠한 경로"를 거쳐서 정책에 영향을 미치는지를 간과한 문제점)이 있다.

제 3 절 정책체제와 정책환경의 상호작용

초기에 제기된 정책결정요인이론의 일방적 주장에 대한 반성과 학습을 토대로, 여기에서는 정치체제와 환경의 상호작용에 대한 고찰을 종합적으로 하기로 한다. 먼저 정치체제의 일반적 요소 중에서 정책에 초점을 둔 정책체제모형을 검토하고, 환경의 내용을 살펴본 다음 환경과 정책체제의 상호작용을 논의한다.

1. 정책체제모형과 구성요소

정책체제(*policy system*)는 개방체제로서 환경(*environment*)과 상호작용하면서, 환경으로부터 요구와 지지, 반대와 저항, 무관심 등의 투입(*input*)을 받아, 체제내부의 목표와 구조, 문화와 규범 그리고 자원 등을 통하여 정책을 만들고(*policy-making process*), 이를 체제 밖의 환경으로 산출(*output*)함으로써, 전체 체제의 목표달성을 위해 기능해 나간다. 그리고 정책, 법률, 규제, 서비스, 보상 등 다양한 형태로 나타나는 산출은 환경과 상호작용함으로써 문제를 해결하거나 변화를 유도해 나간다. 또한, 그 결과는 차기 정책결정에 대한 투입요소로 환류(*feedback*)되어 들어간다.

1) 정책환경(policy environment): 외부적 요소

정책환경이란 정책체제를 둘러싸고 체제와 부단히 상호작용하는 일체의 외부적 요소들을 의미한다. 정책체제의 환경으로는 자연환경과 사회환경, 유형의 환경과 무형의 환경은 물론, 국제적 환경과 국내적 환경 등 다양한 환경들이 직접 혹은 간접적으로 정책체제에 대해 영향을 미치게 된다. 이러한 환경의 성격은 궁극적으로 어떤 사회문제와 관련하여 정책체제에 투입되는 각 요소들의 특성을 좌우하게 된다.

2) 정책투입(input): 요구와 지지

요구란 정부에 의해 해결되기를 바라는 국민들의 바람이며, 지지란 정부가 추진하는 정책에 국민들이 지지하고 순응한다는 것을 의미한다. 일반적으로 정치체제의 민주화 정도가 높고, 국민의 정치적 수준이나 경제적 발전의 정도가 높은 곳에서 정책체제에 대한 국민적 요구의 정도가 높은 것으로 나타난다. 반면에 정치체제가 권위적이고 국민의 의식수준과 정치경제적 발전정도가 낮은 곳에서는 국민들의 정책체제에 대한 요구 정도도 낮은 것이 보통이다. 이러한 정책투입은 예컨대 주 5일 근무제도를 도입하라, 핵폐기물 처리장을 다른 지역으로 옮겨라, 정부의 대미정책이나 대북정책을 지지한다 혹은 반대한다는 등 수많은 요구와 지지 혹은 반대의 형태로 정부를 향해 투입되고 있다.

3) 정책결정기관(policy making system): 전환과정

정책결정기관은 환경으로부터 제기된 요구가 정책결정기관으로 투입되면, 기관내부에서는 이를 정책으로 결정하여 이를 다시 환경으로 내보내는 기능을 한다. 정책결정기관은 환경으로부터 투입된 요구와 지지를, 1) 정책담당자의 특성, 2) 정치체제의 구조, 3) 정치체제의 분위기와 규범 등 다양한 요소를 고려하여 최종적으로 결정함으로써, 투입된 요구와 지지에 대한 정부의 공식적 지침을 결정하게 된다. 이렇게 정부의 공식적 지침으로 산출된 것이 정책이다.

4) 정책산출(output): 정책

정책산출이란 환경으로부터 투입된 요구와 지지가 정책담당기관의 정책결정과정을 거쳐 최종적으로 나타난 결과물로서, 정책, 법률, 서비스, 규제, 보상 등 다양한 내용으로 나타난다. 최종 산출물은 예컨대 조세정책, 의약분업정책 등으로 나타난다.

5) 환류(feedback): 학습

환류란 정책이 집행되는 과정에서나 집행된 이후 그 결과가 다음 시기의 요구나 지지로 투입되어 들어가는 것을 의미한다. 예컨대, 의약분업정책이 집행되는 과정에서 반대에 부딪혀 정책을 수정하거나 중단하라는 요구가 다시 정부의 해당 정책결정기관으로 되돌아가는 것을 의미한다. 전북 부안군 위도에 핵폐기물처리장을 건설하겠다는 정부의 정책결정이 집행되기도 전에 부안군민들의 반발로 정책수정의 위기에 처했었던 것이나, 새만금간척지 조성공사가 집행과정에서 야기된 환경단체 등의 반대로 몇 차례 공사 중단을 겪어야 했던 것은 정책이 집행되는 과정에서 야기된 환류 때문이었다.

그림 4-5

정책체제와 환경의 관계: 정책체제모형

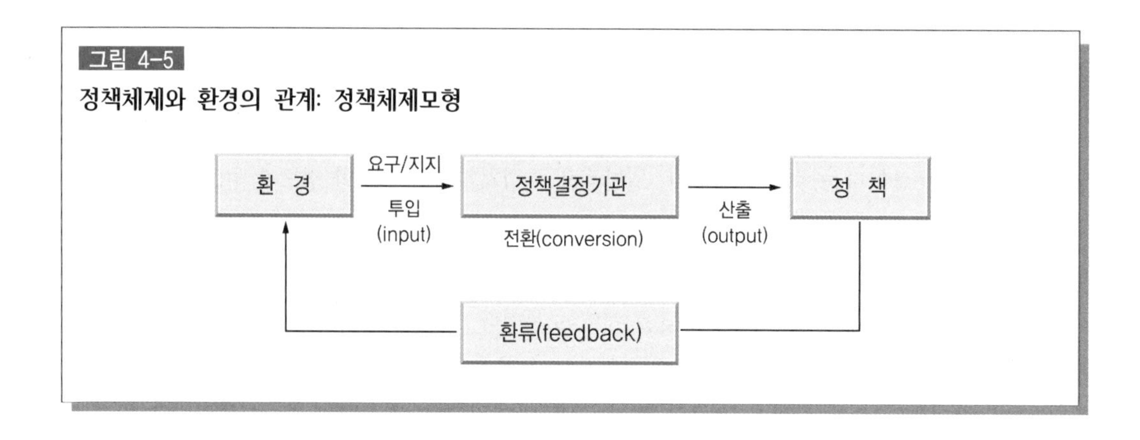

2. 환경의 내용

1) 정치·행정적 요인

환경을 구성하는 정치·행정적 요인으로는, 정치·행정이념, 정치·행정체제, 정치·행정문화, 정치체제의 권력구조 등이 있다. 예컨대, 정치·행정이념은 일반적으로 정치·행정체제가 지향하는 최고가치 혹은 지도정신으로서, 국가사회의 지배적인 가치관을 반영하며 정책과정의 모든 단계에서 적용될 가치기준의 역할을 한다.

2) 사회·경제적 요인

Gaus는 생태적 요소들이 어떻게 정부기능에 영향을 미치는가를 이해하기 위해서는 환경을 면밀히 관찰해야 한다고 주장했다(Gaus, 1947). 사람과 장소, 물리적 기술, 사회적 기술, 욕구와 아이디어 그리고 재난 등이 사회적 요인으로 작용한다는 것이다. Riggs도 행정과 정책의 바른 이해를 위해서는 국가별로 차이나는 환경적 요소를 비교론적 관점에서 연구해야 한다고 주장하였다. 또한 현대사회에서 경제활동을 영위하기 위한 경제적 요소들에 대한 상이한 이해관계는 여러 집단 간의 갈등을 유발시키며, 정책에 영향을 미치는 바, 이들에 대한 다양한 사회적 제도와 네트워크에 대한 과학적 연구가 활발히 진행되고 있다.

쉬어가는 **코너**

리그스의 이야기

리그스F. Riggs는 개발도상국의 비교행정연구에 관심을 두었다. 리그스는 한 사회의 상황은 그 사회를 둘러싼 환경적인 조건과 밀접한 연관성을 가지고 있고, 이러한 환경적 요소는 사회를 작동하게 하는 행정과도 불가분적인 연관관계가 있다고 보고 다음과 같은 고민을 하게 되었다.

행정현상은 진공Vacuum속에서 이루어지지 않는다. 행정은 사회문화적Socio-cultural 환경의 산물이다. 그렇다면 국가마다 행정현상은 그 환경(맥락)에 따라 달리 나타나지 않을까? 그리고 이러한 행정현상을 좀 더 과학적으로 잘 설명하려면 비교분석적인 접근이 필요하지 않을까?

비교는 어떻게 해야 '잘'하는 것일까? 비교를 잘하기 위해서는 프레임Frame이 필요하다. 프레임은 원래 영화를 찍을 때 순간을 담아낼 수 있도록 가로와 세로로 구성된 틀을 말한다. 이러한 개념적 비교 프레임을 이용해서 프리즘적 관점Prismatic Society에서 행정현상을 바라보아야 한다고 주장하며, 프리즘 모형을 써서 사회를 그 발전 정도에 따라 구분하였다.

리그스 이론의 핵심은 결국 비교행정을 어떻게 해야 하느냐에 관한 것이다. 그리고 행정현상을 바라볼 때 우리가 생태주의적인 관점Ecological Perspective을 견지해야 한다는 것이다. 즉, 선진국과 개발도상국의 비교는 동일한 틀로 바라볼 수 없다는 것이다. 그는 사회의 발전 과정을 3단계로 나누고, 태국과 필리핀과 같은 개발도상국의 연구를 통해 프리즘 사회Prismatic Society에 대한 이론과 살라 모형Sala Model을 개발하였다.

자료: 저자의 졸저, 『행정학 콘서트』, 80쪽

3) 물리적 요인

물리적 요인으로는 지리적 특성과 인구통계학적 요소를 들 수 있다. 지리적 특성은 기후, 지세(地勢) 그리고 천연자원으로 대표되며, 이러한 변수는 국가사회의 각종 국가정책에 대한 여유나 압박과 같은 영향을 미친다. 또한 국가가 수립하는 대부분의 정책들은 인구 통계적인 요소를 기본으로 하여 계획 및 실행되기 때문에 인구규모, 인구구조, 인구분포 등은 정책체제에 영향을 미치는 요인으로 작용한다.

3. 정책과 환경의 상호작용

1) 정책이 환경에 미치는 영향

정책은 현재의 사회문제를 치유적·소극적으로 해결할 수도 있고, 미래를 창의적·적극적으로 형성할 수도 있다. 이러한 정책의 수립과 집행에는 그만큼의 비용과 노력 등 많은 자원이 뒷받침되어야 하는데, 이처럼 정책이 환경에 미치는 영향은 정책집행 이후에 나타나는 정책효과와 정책비용으로 나눌 수 있다.

쉬어가는 **코너**

와이드너 이야기

정책이 환경에 영향을 강하게 미친 예시로는 발전행정론을 들 수 있겠다. 발전행정론은 1960년대 개발도상국의 국가발전을 이끌기 위해 행정과 정책을 견인차로 사회발전을 유발시킨 이론을 말한다. 발전행정론을 전개한 대표적인 학자는 와이드너E. W. Widner이다. 그는 행정학자로서 1946년에 학문적 활동을 시작했는데, 이때가 바로 제2차 세계대전이 끝난 후 미국과 소련이라는 강대국이 냉전체제하에서 서로 경쟁하던 시기였다. 이 시기 와이드너는 미국의 정치체제와 행정제도들이 신생국들에게 잘 적용될지에 대한 회의를 느끼기 시작했다.

미국이나 유럽 국가들에서는 잘 시행되고 효과가 잘 나타나던 정책들을 동아시아 후진국에서 시행하면 왜 결과가 다르게 나타나는 것일까?

이러한 고민들을 반영해서 와이드너가 제시한 핵심 키워드가 발전행정론이다. 와이드너의 발전행정은 발전을 성립하기 위해 행동을 계획하고, 변화에 대한 적응 능력을 키우는 것을 의미한다. 그의 이론의 핵심은 지향된 성장Directional Growth을 위해 체제변화System Change가 동반되어야 하고, 그러한 변화는 체계적Systematic이고 계획적Planned으로 실행되어야 한다는 것이다.

발전행정이론으로 실제 개도국에서 출발하여 OECD에 가입한 선진국이 된 유일한 나라가 우리나라다. 특히 최근 우리나라는 전자정부 분야에서 UN평가 세계 1위를 달성하면서 많은 아시아, 아프리카, 남미의 부러움을 받고 있기도 하다. 우리가 개발원조ODA의 대상으로부터 출발하여 이젠 세계 개도국들에게 많은 개발원조ODA를 시행하는 나라가 되었으니, 그 점은 우리 모두 뿌듯하게 생각해도 될 것 같다.

다만, 우리나라는 정작 발전의 목적은 잊은 것은 아닌지 하는 반성과 성찰이 필요하다. 왜냐하면 사회 전반에 걸친 균형적 성장은 너무 오랜 시간이 필요하고 경제적 기반이 전무하였으며, 발전을 추진할 집단도 사실상 관료조직 외에는 대안이 없었기 때문에 이에 대한 충분한 고려가 이루어지지 못하였기 때문이다. 이는 앞으로 우리가 해결할 과제라고 할 수 있겠다.

자료: 저자의 졸저, 『행정학 콘서트』, 72쪽

2) 환경이 정책에 미치는 영향

환경이 정책에 미치는 영향은 환경이 정치체제에 영향을 미침으로써 정책에 영향을 미치는 경로로 발생하게 된다. 정치체제는 1) 정책담당자의 특성, 2) 정치체제의 구조, 3) 이념과 규범 등의 변수에 따라 정책에 미치는 영향이 달라진다. 정책담당자의 특성은 정책담당자의 능력이나 성향, 정치체제의 구조는 정부계층 간 혹은 정치기관 간 권력구조,[1] 이념과 규범은 자유주의·복지주의 등 정치이념과 분위기를 의미한다(정정길 외, 2005: 113-115).

1 신제도주의에서는 정치체제의 제도 및 구조의 변화가 정책결과에 미치는 독립변수 혹은 매개변수적 영향에 대해 학문적 관심을 가지며, 제도 및 구조의 형성과 동인, 그리고 정책과의 상호작용에 관한 연구에 초점을 둔다.

정 책 사 례

시화호 개발사업 정책사례: 초기의 실패에 기초한 갈등관리의 성공사례

1. 사례요약

시화호 정책사례의 개요를 요약하면 다음과 같다.

① 시화호 개발사업

1987년부터 시작된 시화호 개발사업은 방조제를 만들어 호수를 만들고, 호수 주변의 간석지에 농지와 공단, 신도시를 건설하는 것이다. 그리하여 농지에 공급할 농업용수는 시화호에서 끌어 쓴다는 내용이었다.

② 시화호 정책사례의 실패

건설이 기본이 무시되었고, 오염도에 대해서 정부가 안이하게 대응했으며, 그 결과 경제적 손실이 크게 발생되었다. 시화호 정책은 정책의 비전 및 목표와 관련된 사회구성원들의 공감대 형성이 제대로 이루어지지 못했으며, 정부조직과 수자원공사, 해당 지자체 구성원들의 참여 및 협의 과정이 부족했다. 따라서 시화호는 환경정책에 있어서 대표적인 실패사례로 간주되었다.

③ 시화호 갈등관리의 성공

다수결이 아닌 전원 합의를 원칙으로, 운영의 공정성과 투명성 확보를 위한 노력을 전개하였으며, 정부, 지자체, 지역시민, 환경단체 간 상호 신뢰감을 형성함으로써 적극적 참여가 가능해졌다. 그리고 선진지역 공동 사례조사를 통해 환경오염문제는 극복 가능하다는 점을 확인하고, 쟁점사항을 도출해서 충분한 학습을 통해 관련 지식을 공유했다. 이러한 협의체의 운영으로 정책을 추진함에 있어 시민단체 등과 성실한 대화를 통해 신뢰를 구축하고, 남측간석지 개발 합의를 이끌어낸 거버넌스 성공사례가 되었다.

2. 쟁점 및 시사점

시화호는 정책실패사례로 많이 인용되지만, 최후의 단계에서 신뢰구축에 성공한 것은 참여적 정치문화 요소에 기인한 바 큰 것으로 평가된다. 모든 이해당사자가 머리를 맞대고 만나는 것과 적극적인 참여 의지가 무엇보다도 중요하다는 것을 시사한다. 정책에 대해 참여자들이 예전처럼 수동적인 자세를 취했다면, 시화호는 아직까지도 오염과 막대한 손실로 부정적인 지적을 받았을 것이다. 따라서 실패에서 성공에 이르기까지는 신민적 정치문화에 익숙해져 있던 우리나라가 점차 참여적 정치문화로 이행하는 예를 잘 보여주는 한편, 참여적 정치문화가 정책의 신뢰기반 구축 및 정책성공에 미치는 영향을 잘 보여주는 거버넌스 성공사례이다.

자료: 건설교통부 홈페이지(http://www.moct.go.kr).

Chapter 4

핵심 Point!

Policy Overview

◎ 정치체제와 환경

◘ 정치체제

▸ 상위체제와 하위요소들로 구성

▸ 하위요소들 상호 간에 경계 존재

▸ 하위요소 상호 간 정보의 끊임없는 상호작용

▸ 체제 전체는 하나의 목적을 지향하는 전효성을 지님.

◘ D. Easton의 체제모형

▸ 투입: 요구와 지지

▸ 산출: 정책

▸ 전환

- 전환: 투입을 산출로 변화시키는 정치활동
- 전환과정: 위의 정치활동이 일어나는 과정

◎ 정책결정요인이론

◘ 정책결정요인이론의 전개

▸ 정치행정학자들의 환경연구

- 행정 혹은 정책은 환경과의 상호작용 속에서 이루어짐.

▸ 재정학자들의 환경연구

- 환경 중 재정적 요인 강조

▸ 정치학자들의 환경연구

- 참여경쟁모형(Key-Lockard 모형): 사회경제적 변수가 정치체제에 영향을 미치고, 이것이 정책에 영향을 미친다는 모형
- 경제적 자원 모형(Dawson-Robinson 모형): 사회·경제적 변수가 정치제제와 정책 모두에 영향을 미치며, 이로 인해 정치체제와 정책의 상관관계가 유발된다는 모형

• 혼합모형(Lewis-Beck 모형): 사회경제적 변수가 정치체제를 통해 정책에 영향을 미치는 간접효과가 있음과 동시에, 정치체제가 정책에 독립적인 영향도 미친다고 보는 모형

◘ 정책결정요인이론의 문제점

▸ 개념의 계량화 문제

• 개념의 계량화가 가능한 변수만을 취급함.

▸ 인과관계의 불명확 문제

• 사회·경제적 요인이 어떠한 경로를 거쳐 정책에 영향을 미치는지를 간과

◎ 정책체제와 정책환경의 상호작용

◘ 정책체제모형과 구성요소

▸ 정책환경: 외부적 요소

• 정책체제를 둘러싸고 체제와 부단히 상호작용하는 일체의 외부적 요소

▸ 정책투입: 요구와 지지

• 요구: 정부에 의해 해결되기를 바라는 국민들의 바람

• 지지: 정부가 추진하는 정책에 국민들이 지지하는 것

▸ 정책결정기관: 전환과정

• 환경으로부터 제기된 요구가 정책결정기관으로 투입되면, 기관내부에서는 이를 정책으로 결정하여 다시 환경으로 내보내는 기능 수행

• 결과물로써 투입된 요구와 지지에 대한 정부의 공식적 지침을 결정함 → 정책

▸ 정책산출: 정책

• 환경으로부터 투입된 요구와 지지가 정책담당기관의 정책결정과정을 거쳐 최종적으로 나타난 결과물

▸ 환류: 학습

• 정책이 집행되는 과정에서나 집행된 이후 그 결과가 다음 시기의 요구나 지지로 투입되어 들어가는 것

◘ 환경의 내용

▸ 정치·행정적 요인

• 정치·행정이념, 정치·행정체제, 정치·행정문화, 정치체제의 권력구조 등

▸ 사회·경제적 요인

• 사람과 장소, 물리적 기술, 사회적 기술, 욕구와 아이디어, 재난 등

▸ 물리적 요인

• 지리적 특성, 인구통계학적 요소 등

Chapter 4

핵심 Question!

Policy Overview

◎ Easton의 정치체제 모형을 설명하라.

◎ 정책결정요인이론의 전개과정과 한계를 설명하라.

◎ 정책결정요인이론의 전개과정을 참여경쟁모형(Key-Lockard 모형), 경제적자원모형(Dawson-Robinson 모형), 혼합모형(Lewis-Beck 모형)으로 나누어 설명하라.

◎ 정치체제모형과 구성요소를 설명하라.

◎ 환경을 구성하는 요인을 정치·행정적 요인, 사회·경제적 요인, 물리적 요인으로 나누어 설명하고, 각각의 요인이 정책에 어떻게 적용되는지 사례를 통해 논의하라.

정책학 출제 최신경향 & 기출문제

CHAPTER 04 출제 최신경향

제4장에서는 정치체제와 정책환경에 대해 다루고 있다. 정책은 정치체제의 산출물이다. 또한 정치체제는 모든 정책활동의 주체이며, 요구와 지지로 구성된다. 정치제체는 사회문제가 환경으로부터 투입되면, 이중 일부를 정책문제로 전환시키고, 이 정책문제를 다시 정책으로 전환시키며, 정책을 집행하여 정책결과를 환경으로 내보낸다. 즉, 정책의 내용은 정치체제의 특징에 의해서 결정된다고 볼 수 있다. 출제경향도 정책이 환경에 어떠한 영향을 미치는지, 환경이 정책에 어떠한 영향을 미치는지에 관한 문제가 주로 출제되고 있다.

환경이 정책에 미치는 영향은 환경이 정치체제에 영향을 미침으로써 정책에 영향을 미치는 경로로 발생하게 된다. 정치체제는 정책담당자의 특성, 정치체제의 구조, 이념과 규범 등의 변수에 따라 정책에 미치는 영향이 달라지게 된다.

그러므로 본 장을 학습하는데 유의할 점은 정책의 결정요인으로서 정치체제와 정책환경 간의 상호작용을 이해하여야 한다. 먼저, 정치체제의 일반적 요소 중에서 정책에 초점을 둔 정책체제모형을 검토하고, 그 다음 정책환경의 내용으로서 정치·행정적 요인과, 사회·경제적 요인, 물리적 요인 등을 살펴본 다음, 전반적으로 정책체제와 정책환경의 상호작용을 숙지할 필요가 있다.

따라서 환경으로 정치·행정적 요인(정치·행정이념, 정치·행정체제, 정치·행정문화, 정치체제의 권력구조), 사회·경제적 요인, 물리적 요인(지리적 특성·인구통계학적 요소) 등이 정책체제에 영향을 미치는 점을 정리해 두되 이를 각각의 사례와 연계하여 학습해 둘 필요가 있다. 또한 정책과 환경의 상호작용으로서 정책이 환경에 미치는 영향 및 환경이 정책에 미치는 영향에 관해서도 사례를 통해 정리해둘 필요가 있다.

고시기출문제 행정부와 입법부 관계에서 행정부의 정책결정에 입법부가 영향을 미칠 수 있는 정책 수단 개발 방안에 대해 논하라 [2002년 입시].

답안작성요령

핵심 개념

본 문제는 행정부와 입법부의 관계를 묻고 있다. 특히 입법부의 관점에서 행정부의 정책결정에 영향을 미칠 수 있는 수단 개발을 묻고 있다.

행정부와 입법부의 관계는 원칙적으로 견제의 관계이다. 즉, '삼권분립의 원리' 하에서 국회는 입법권을, 행정부는 집행권을 담당하여 권력을 분립하고 서로 견제할 때 권력의 균형은 유지될 수 있다. 이에 따라 국민의 대표기관인 국회는 정부의 사회적 대응성 확보 및 행정집행 과정의 경제성 확보 등을 위하여 다양한 방법으로 대행정부 통제활동을 전개한다. 그러나 두 기관은 서로 직·간접적으로 영향을 미치기 때문에 각 기관을 이해하고 협력관계를 유지해야 하기도 한다.

행정부의 정책결정에 입법부가 영향을 미칠 수 있는 정책 수단 개발 방안

일반적으로 입법부는 법률제정권을 가지기 때문에 법률의 제정과 개정을 통하여 행정의 조직과 절차, 공공정책의 목적과 대상을 한정하여 행정부의 작위 및 부작위에 대해 그 범위와 윤곽을 설정할 수 있다. 또한 입법부는 국가예산을 심의·확정하는 권한을 가지기 때문에 지출의 승인 및 금지/제한 등의 조치를 통하여 행정부를 통제하기도 한다. 또한 의회는 행정부의 고위관리에 대하여 임명동의권, 해임건의권, 승인권, 불신임권 등을 가지고 있기 때문에 행정부를 통제, 조정할 수 있다.

특히 본 문제를 해결하기 위해서는 이와 같은 병렬식의 나열보다는 정책의 전 과정에서 입법부가 행정부에 영향을 미칠 수 있는 방안에 대하여 세분화하여 제시하여 논의할 필요가 있다.

① 정책의제설정: 정책의제설정 단계에서 입법부의 역할은 미미하나, 최근 우리나라에서도 의회의 입법조사 기능이 강화되고 미래예측에 기초한 미래지향적 입법형성 기능이 강화되는 등 의회의 정책의제설정 기능이 강화되고 있다.

② 정책결정: 의회는 입법권을 통해 중요한 정책을 최종적으로 결정할 권한을 가지며, 강력한 정책결정권을 행사할 수 있다. 정책결정권이 실질적으로 제약을 받는 경우에도 의회는 예산심의를 통해 비공식적으로 압력을 가하기도 한다.

③ 정책집행: 의회는 간접적으로 정책의 집행에 개입·감독하는데, 예산의 심의를 통해 정책집행에 영향을 미치거나, 국정감사나 조사를 통해 집행 활동을 감독한다.

④ 정책평가: 국정조사로 정책실패·부정을 밝히며, 헌법이 정한 특정 정부행위를 승인·거부할 수 있다.

고득점 핵심 포인트

본 문제는 정책의 참여자 중 입법부(의회)에 대해 묻고 있으며, 더 나아가 입법부와 행정부 간의 관계에 대하여 묻고 있다. 따라서 삼권분립 하에서 감시와 견제의 관계 속에서의 두 기관의 관계를 정립하고, 실질적인 정책의 과정에서 이러한 견제기능이 어떻게 실현되고 있는지를 설명해야 한다.

또한 이 답안은 단순하게 병렬적으로 국회의 권한을 나열하기 보다는 행정부가 수행하고 있는 정책의 과정에서 입법부가 어떻게 개입하고 이에 영향력을 미치는지를 세분화하여 입체적으로 설명하면 보다 더 완성도 높은 답안이 될 것이다.

특히 정책과 환경이라는 관점에서 최근 17대 국회 이후 정책학은 행정부 중심의 정책에서 입법부의 영향을 고려하지 않으면 안될 정도로 입법부의 위상은 중요해졌음을 강조할 필요가 있다. 따라서 입법부의 관점에서도 예산정책처, 입법조사처, 상임위 등의 국회입법지원기구의 전문성을 강화하여, 이를 통해 법안 발의, 예산 심의, 예산의 심사분석, 감사 및 통제 등 다양한 통제 및 견제 수단을 개발할 필요가 있음을 기술해 주면 더 높은 점수를 받을 수 있을 것이다.

정책과정론

제5장에서는 정책이 이루어지는 전반적인 정책과정에 대해 학습한다. 구체적으로, 정책과정과 참여자, 정책과정의 단계, 정책참여자의 권력에 입각한 정책과정모형으로서의 권력모형에 대해서 학습하기로 한다.

정책이 산출되고 실행되는데 거쳐야 할 일정한 단계적 절차를 정책과정이라고 한다. 현대정책은 정책의 제설정에서부터 정책결정, 정책집행, 정책평가, 정책환류에 이르기까지 일련의 복잡하고 동태적인 연속 순환 과정을 거친다.

정책과정은 정책연구를 위해 정책을 중심으로 하여 만들어진 것으로, 정책결정자가 합리적 정책과정을 운영하기 위해 필요한 지식을 얻는 것을 목적으로 한다. 또한 정책과정에서 정책목표의 합리적 달성을 위한 합리적 측면과 참여자들의 이해관계와 관련된 정치적 측면이 모두 포함된다.

이 장에서는 정책과정과 참여자, 정치적 결정의 권력모형으로서 엘리트론(고전적 엘리트론과 신엘리트론), 다원주의론(집단이론과 다원주의론, 신다원주의론), Lowi의 엘리트론과 다원주의론의 상황론적 통합, 조합주의, 하위정부모형, 정책네트워크모형(철의 삼각동맹, 정책공동체, 이슈네트워크) 등에 대해서 학습한다.

제 1 절 정책과정과 참여자

1. 정책과정의 본질

정책은 바람직한 사회상태를 이룩하려는 정책목표와 이를 달성하기 위해 필요한 정책수단에 대하여 권위 있는 정부기관이 공식적으로 결정한 기본방침으로서, 정책이 산출되기까지는 복잡하고 다양한 절차를 거친다. 사회 속에서 존재하는 다양한 사회문제들은 사회적 쟁점으로 발전되고, 사회적 쟁점으로 발전된 문제들이 정책의제로 채택된다. 이러한 정책의제로 채택된 문제들은 정책결정자들의 결정으로 인해 정책으로 만들어지고 집행된다. 그 다음, 집행된 정책을 평가하여 환류 및 학습의 과정이 이루어진다. 이처럼 정책이 산출되고 집행되는데 거쳐야 할 일정한 단계적 절차를 정책과정이라고 한다. 즉 정책은 정책의제설정에서부터 정책결정, 정책집행, 정책평가에 이르기까지 일련의 복잡하고 동태적인 연속 순환 과정을 거친다.[1]

정책과정은 정책연구를 위해 정책을 중심으로 하여 만들어진 것으로, 정책결정자가 합리적 정책과정을 운영하기 위해 필요한 지식을 얻는 것을 목적으로 한다. 또한 정책과정에서 정책목표의 합리적 달성을 위한 합리적 측면과 참여자들의 이해관계와 관련된 정치적 측면이 모두 포함된다. 정책을 연구하는 많은 학자들에 의해 정책과정의 구체적 단계는 다양하게 구분된다.

이처럼 다양한 학자들의 견해를 종합하여, 여기서는 정책과정을 정책의제설정, 정책결정, 정책집행, 정책평가, 정책환류로 분류하고자 한다. 정책과정의 성격은 다음과 같이 정리할 수 있다(정정길 외, 2005: 138).

첫째, 정책과정은 정책연구를 위해 정책을 중심으로 하여 만들어진 것이다.
둘째, 정책결정자가 합리적 정책과정을 운영하기 위해 필요한 지식을 얻는 것을 목적으로 한다.
셋째, 정책과정 자체가 활동이기 때문에, 정책과정에서 정책목표의 합리적 달성을 위한 합리적 측면과 참여자들의 이해관계와 관련된 정치적 측면이 모두 포함된다.

1 정책의제설정-정책결정-정책집행-정책평가에 이르는 연속적 순환모형(*stage model*)은 애당초 Lasswell(1951, 1970)에 의해서 제창된 정책과정모형이나, 후에 P. Sabatier(1988, 1991), P. Sabatier & Jenkins-Smith(1993) 등의 학자들에 의해 이러한 모형이 정책이론을 인과적으로 설명해주지 못한다는 비판을 받기도 한다. P. Sabatier & Jenkins-Smith(1993)는 우리가 뒤에 정책변동론에서 살펴보듯이, 1) 외부적 요인, 2) 내부적 요인, 3) 정책적 학습 등을 고려한 다차원적 접근의 정책지지연합모형(*advocacy coalition model*)을 대안으로 제시하였다.

표 5-1 정책과정에 대한 견해들

정정길	Lasswell	Dror	Jones	Anderson
① 정책의제설정 ② 정책결정 ③ 정책집행 ④ 정책평가	① 정보수집, 처리 ② 동원 ③ 처방 ④ 행동화 ⑤ 적용 ⑥ 종결 ⑦ 평가	① 기본방침결정단계 ② 정책결정단계 ③ 정책결정 이후 단계	① 정책의제설정단계 ② 정부 내 행동단계 ③ 정부가 문제를 해결하는 단계 ④ 사업을 재검토하여 필요한 조치를 취하는 단계	① 정책의제설정단계 ② 정책대안작성단계 ③ 정책대안채택단계 ④ 정책집행단계 ⑤ 정책평가단계

2. 정책과정의 단계

정책과정은 5단계, 즉 정책의제설정단계, 정책결정단계, 정책집행단계, 정책평가단계, 정책환류단계로 분류될 수 있는데, 각 과정의 내용과 특징을 구체적으로 살펴보면 다음과 같다.

1) 제1단계: 정책의제설정단계(Agenda setting stage)

사회문제가 정책으로 결정되기 위해서는, 먼저 그 사회문제가 정책의제로 설정되어야 하는데, 정책의제형성은 정부가 정책적 해결을 위해 사회문제를 정책문제로 채택하는 과정을 의미한다. 정책의제형성단계는 문제정의, 정책요구, 의제설정 등 세 단계로 구체화된다. 정책과정의 첫 단계는 공공이 관심을 가지는 문제가 인식되고, 이슈가 형성되는 문제정의 및 이슈형성단계(*problem definition or issue formation*)이다. 공공에 의해서 특정한 문제가 인식되는 것은 곧 이슈형성을 의미하기 때문에, 문제인식(정의)과 이슈형성은 분리해서 생각할 수가 없으며, 문제에 대한 인식과 이슈형성이 이루어지지 않는 경우 정책과정은 진전되지 않는다. 다시 말해서 문제나 이슈가 있는 곳에 이를 해결하기 위한 정책이 있기 마련이다.

문제인식과 이슈형성단계는 다음 단계인 정책요구단계(*policy demand stage*)로 이어진다. 어떤 사회적 문제가 양적으로나 질적으로 극도의 상태에 달해, 국가사회가 혼란에 빠질 경우, 사람들은 이를 문제로 인식함과 동시에 이슈로 삼아, 정부로 하여금 이 사회적 문제를 해결하도록 정책요구를 하게 된다. 경우에 따라서는 정부로 하여금 특정한 분야에 대해서는 손을 떼도록 요구하는, 즉 소위 말해서 정부에게 무의사결정(*non-decision making*)을 요구하기도 한다. 정부에 대한 정책요구는 정부의 대응으로 이어지는데, 이는 곧 의제설정단계(*agenda setting stage*)이다. 의제란 정책요구에 대해 정부차원에서 다루기로 결정한 의제나 이슈를 의미한다. 그러나 모든 정책요구가 정책의제로 나아가는 것은 아니다. 어떤 정책요구는 의제가 되기도 전에 사라지는가 하면, 어떤 것은 수정된 형태로 겨우 의제가 되기도 한다. 의제설정단계는 이처럼 정책요구가 정책의제로 이어지는 과정에서 발생하는 다양한 현상들에 초점을 맞추어 설명하게 된다.

2) 제2단계: 정책결정단계(Policy making stage)

정책결정이란 정책과정 중 의제설정단계에서 정부의제로 채택된 정책문제를 해결할 수 있는 대안을 개발하고 분석하는 과정을 거쳐 최종적으로 선택하는 행위이다. 정책결정단계는 정책의 채택단계와 정책의 합법화단계로 세분화된다. 먼저, 정책채택단계(*policy adoption stage*)는 정책문제를 해결하기 위한 적절한 정책대안을 선택하는 단계이며, 선택된 정책대안에 합법성을 부여하는 단계가 바로 정책합법화단계(*policy legalization stage*)이다. 정책채택단계에서는 이익집단, 정책전문가 그리고 개인으로서 국민 등이 가세하는 가운데, 정책결정자들이 정책문제에 대한 해결방안을 놓고 격렬하게 토론을 하기도 하고, 은밀하게 협상을 벌이기도 한다. 정책의 합법화단계에서는 정책채택단계의 결과로 성립된 정책진술이나 내용에 권위를 부여하는 활동이 이루어진다. 공표된 정책진술은 명령 및 규제의 형태 혹은 법률이나 기획의 형태를 갖추기도 하지만, 무엇보다 중요한 점은 국민에게 공표되어야만 한다는 것이다.

3) 제3단계: 정책집행단계(Policy implementation stage)

정책집행이란 일련의 전체 정책과정 가운데 정책결정과 정책평가 단계 사이에서 이루어지는 실천적 단계로서, 정책내용을 구체화하기 위한 실현활동이다. 정책목표를 달성하기 위해서는 결정된 정책이 집행되어야만 한다. 정책의 집행에는 재정자원, 인력동원 그리고 구체적인 계획이 필요하다. 정책집행은 산출과 영향을 가져온다. 정책산출(*policy output*)은 가시적이고 측정 가능한 결과를 말하며, 정책성과(*policy outcome*)는 정책산출이 정책대상집단에게 가져오는 효과로서 비가시적인 결과를 포함한다. 그리고 정책영향(*policy impact*)은 정책산출이 사회에 가져오는 장기적 효과를 말한다. 정책산출-정책결과-정책영향에 대한 분석은 다음 단계인 정책평가로 연결된다.

4) 제4단계: 정책평가단계(Policy evaluation stage)

정책평가란 원래 가지고 있던 의도와 목표를 정책이 얼마나 효과적으로 달성했는가를 측정하는 활동이다(Gerston, 1997: 120). 정책평가단계는 정책의 성공과 실패를 판단하는 정책의 산출, 성과와 영향에 주로 초점을 맞춘다. 결정되고 집행된 정책이 사회 전체의 개선에 어떠한 역할을 하였는가를 알아보기 위해서 여러 가지 질문을 하게 되는데, 이는 크게 세 가지로 구분된다. 첫째, '당초 정책이 의도하였던 목표가 달성되었는가'로서, 이 질문은 정책의 효과성과 관련된 질문이다. 둘째, '정책목표의 달성을 위해 필요하였던 비용은 무엇인가'인데, 이는 정책의 능률성에 관한 질문이다. 셋째, '정책의 영향이 모두에게 골고루 돌아갔는가'인데, 이는 형평성에 관한 질문이다. 이외에도 대응성, 적합성, 적정성 등 다양한 평가질문이 제시될 수 있다.

5) 제5단계: 정책환류단계(Policy feedback stage)

정책환류란 일반적으로 정책영향에 대한 평가결과가 다시 환경이나 정책결정과정으로 환류되는 것을 의미한다. 정책영향에 대한 평가결과에 의해 정책이 효과적이지 못해 실패한 것으로 판단될 경우, 해당 정책은 종결되거나 대폭적으로 수정되어야 한다. 그리고 이러한 과정을 거친 정책내용은 새로운 정책결정과정으로 환류되어야 한다. 여기에서는 정책사례와 정책학습이 강조된다.

3. 정책과정의 참여자

정책과정에서는 다양한 이해관계를 가진 참여자들의 상호작용이 이루어진다. 이에 정책과정의 참여자의 의미를 이해할 필요가 있다. 정책의 각 과정에는 이를 주도적으로 이끌거나, 정책과정에 개입하여 직간접적인 영향을 미치는 개인이나 집단이 있다. 이들을 정책과정의 참여자라고 한다.

정책과정은 정치적 성격이 매우 강하다. 따라서 정책과정에 참여하여 영향력을 행사하는 참여자들은 국가의 권력구조, 정치문화 또는 정책내용에 따라 그 유형이 매우 다양하다. 그러나 일반적으로 정책과정의 참여자는 헌법적, 법적 권한을 가진 의회·대통령·행정기관·사법부 등과 같은 공식적 참여자와, 정당·이익집단·NGO·일반국민·전문가 및 학자·언론기관 같이 법적 권한을 갖고

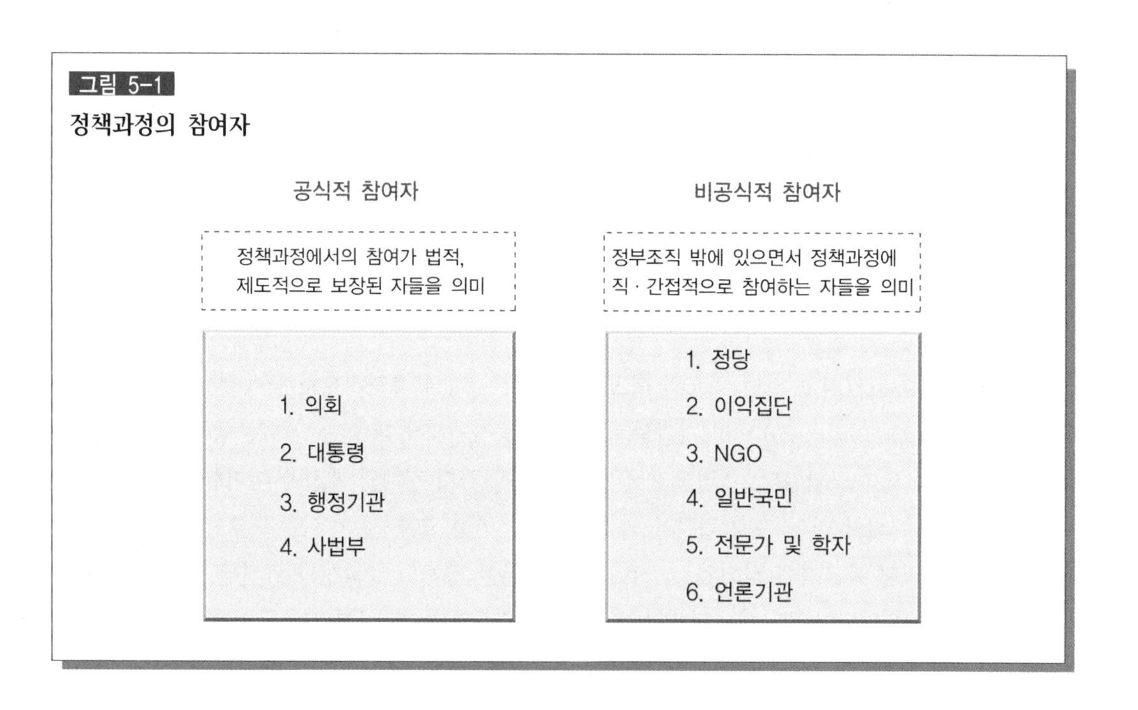

있지 않은 비공식적 참여자 등 크게 두 가지 유형으로 구분해 볼 수 있다.

1) 공식적 참여자

정책과정에서의 참여가 법적, 제도적으로 보장된 자들을 의미한다. 이들의 역할을 구체적으로 살펴보면 다음과 같다.

(1) 의 회

의회는 국민에 의하여 선출된 대표자들의 모임인 '국민의 대표기관'으로서, 민의를 반영하는 국가기관이다. 의회는 정치체제 내에서 입법 기능과 정책결정 기능을 담당하고 있다.

(가) 정책의제설정단계

정책의제설정단계에서 입법부의 역할은 미미하다. 특히 우리나라처럼 권위주의 역사가 강한 국가에서는 정책의제설정과정의 공식적 참여자들 중 입법부가 가장 소극적인 역할을 수행한다. 하지만, 앞서 언급한 것처럼, 최근 들어 우리나라에서도 의회의 입법조사기능이 강화되고 미래예측에 기초한 미래지향적 입법형성 기능이 강화되는 등 의회의 정책의제설정기능이 강화되고 있다. 따라서 이 부분은 향후 정책연구에 있어서도 주목해야 할 영역이라고 생각된다.

(나) 정책결정단계

의회는 입법권을 통해 중요한 정책을 최종적으로 결정할 권한을 지니며, 강력한 정책결정권을 행사할 수 있다. 정책결정권이 실질적으로 제약을 받는 경우에는 예산심의를 통해 비공식적 압력을 가하기도 한다. 그러나 현대사회에 들어오면서 발생하는 사회문제의 복잡성, 시간의 급박성 또는 정책결정에 필요한 전문성의 결여 등과 같은 문제들로 인해, 선·후진국을 막론하고 입법부가 그들에게 주어진 기능을 제대로 수행하지 못하고 있다. 하지만 이 문제(입법부의 정책결정 기능) 역시 최근에 다시 재조명되고 있다. 국회도서관 및 입법조사처의 정책조사 기능 및 입법자문 기능이 강화되면서 정책결정에 있어서 입법부의 역할이 재조명되어야 한다는 견해가 늘고 있으며, 따라서 이 부분도 향후 정책연구에 있어 주목해야 할 영역이라고 생각된다.

(다) 정책집행단계

의회는 그 존립 목적이 정책결정 및 행정부의 견제와 통제에 있기 때문에, 정책집행에 직접적으로 개입하지 않고, 간접적으로 정책의 집행에 개입하고 감독하게 된다. 예산의 심의를 통해 정책집행에 영향을 미치거나, 국정감사나 조사를 통해 집행 활동을 감독하는 것이다(백승기, 2005: 83).

(라) 정책평가단계

정책평가를 통해 집행에 대해 통제할 수 있으며, 국정조사로 정책실패·부정을 밝히며, 헌법이 정한 특정 정부행위를 승인·거부할 수 있다. 미국의 경우, 의회소속하의 회계감사원(*General Accounting*

Office, GAO)이 행정부의 정책집행에 대한 평가를 하고, 이를 근거로 하여 집행활동을 통제하는 역할을 하고 있다.

(2) 대통령

우리나라의 경우 대통령은 국가원수로서의 지위와 행정부 수반으로서의 지위가 모두 부여되어 있으며, 입법부 및 사법부에 대한 대통령의 우월성이 인정되고, 그 밖의 통치적 권한이 대통령에게 부여되어 있다. 대통령이 정책과정에서 행사하는 권한은 크게 1) 정책결정에 관한 권한, 2) 정책집행에 관한 권한, 3) 국군통수권 및 위기관리자로서의 책임과 권한으로 나눌 수 있다.

(가) 정책의제설정단계

대통령이 관심을 갖는 대부분의 사회문제는 정책문제로 채택된다는 측면에서 정책의제설정에서 대통령은 적극적인 역할을 수행한다. 따라서 대통령의 신념, 성향, 가치관 등은 정책의제설정에 매우 중요한 영향을 미치는 요인이 된다.

(나) 정책결정단계

정책결정에 관련된 권한으로 국회의 의결을 거친 법률을 거부하거나, 정책안을 국회에 제안하는 권한과 국회의 의결을 요하지 않는 정책을 결정하는 권한이 있다. 대통령이 직접 많은 정책의제를 주도하여 정책결정을 내리기도 한다(석종현, 1988: 82-87).

(다) 정책집행단계

대통령은 행정수반으로서 행정기관을 지휘하여 모든 정책의 집행을 감독하는 권한과 책임을 가지고 있다. 이러한 정책의 집행권이야말로 대통령의 전속적 권한에 해당되며, 실질적 정책결정을 할 수 있는 기반이 된다.

(라) 정책평가단계

정책의 결정 및 집행과정에서 결정적 역할을 수행하는 대통령은 정책의 평가과정에서는 원칙적으로 소극적 역할을 수행하지만, 정책평가된 결과에 대해 민감할 수밖에 없으며, 그것을 정책의 환류단계에 반영시키는 데 결정적 역할을 담당하게 된다.

(3) 행정기관

행정기관을 구성하고 있는 공무원들은 선출된 대통령이나 의회의 의원들보다 장기간에 걸쳐 업무를 수행하기 때문에, 많은 경험과 정보가 축적되어 있고, 전문성을 보유함으로써, 정책과정 내에서 정책주체로서의 많은 기능을 수행한다.

(가) 정책의제설정단계

행정기관의 관료 및 전문가는 정책의제설정단계에서 실현가능한 정책대안을 검토하는 데 있어 영향력을 발휘한다. 행정기관 본래의 기능은 대통령이나 의회가 결정한 정책을 효율적으로 집행하는 것이나, 우리나라처럼 의회의 권한이 미약하고, 정치체제에 대한 정당이나 이익집단과 같은 비공식적 참여자들의 투입기능이 활성화되어 있지 못한 국가에서는, 행정기관의 관료들이 정책의제설정에 미치는 영향이 매우 크다.

(나) 정책결정단계

행정기관의 관료 및 전문가는 정책결정단계에서 매우 중요한 역할을 담당한다. 이처럼 행정기관에 소속된 관료들이 정책결정과정에서 커다란 영향력을 행사할 수 있는 것은, 그들이 지닌 전문적 지식과 경험때문이며, 이들은 이를 바탕으로 실질적으로 필요한 정책이 무엇인지를 구분하고 판단할 수 있게 된다.

(다) 정책집행단계

정책집행단계에서 행정기관은 골격입법이나 애매모호한 내용 결정을 보다 세부적으로 결정하고, 상호 대립되는 이해관계를 조정하는 역할을 한다. 특히 다음과 같은 세 가지 사항이 이에 해당된다. 첫째, 정책집행과정에 필요한 정책지침을 만든다. 둘째, 정책집행에 필요한 인적, 물적 자원을 동원하고 배분한다. 셋째, 정책내용을 대상집단에 전달하는 역할을 수행한다.

(라) 정책평가단계

대통령이나 의회 지시하에 또는 자발적으로 정책을 평가하고, 행정기관이나 타 기관 평가 시에도 정보와 자료제공을 통해 해당 평가에 영향을 미친다. 우리나라의 경우에는 정책평가를 전문적으로 담당하는 행정기관으로서 감사원 및 국무조정실 등이 있다.

(4) 사법부

사법부는 2004년 국회의 노무현 대통령 탄핵에 대한 기각결정, 정부의 신행정수도 이전 결정에 대한 위헌판결 등과 같은 입법부와 행정부의 행위에 대한 위헌 여부를 결정하고, 헌법에 위배되었을 경우에는 이를 취소토록 하거나 무효를 선언함으로써, 중요한 정책결정자로서의 기능을 수행한다. 즉, 사법부는 헌법이나 법률의 해석 및 판례 등을 통하여 정책과정에 영향을 미친다.

(가) 정책의제설정단계

사법부의 결정은 새로운 대책마련의 계기가 되는 등 정책의제설정에 간접적으로 영향을 미친다. 새만금판결이라든지 정보공개에 대한 판결 등 사법부의 결정은 직간접적으로 정책형성에 많은 영향을 미친다.

(나) 정책결정단계

사법부의 판단 자체가 새로운 정책결정에 해당되는 경우도 많이 있다. 또한 위헌 여부만 결정하고 구체적 내용의 확정은 위임할 경우에도, 정책내용의 범위를 어느 정도 규정한다는 측면에서 정책결정에 많은 영향력을 행사하고 있다.

(다) 정책집행단계

명령심사권과 행정재판권을 보유하여 정책집행의 지속·중단·수정 여부를 판단하여 정책집행에 개입한다.

(라) 정책평가단계

사법부는 사전적으로 행정부의 정책내용을 평가하지는 못하지만, 사후적으로 쟁송절차에 따라 정책결정 및 정책집행의 결과를 재판을 통해 법적인 판단을 수행함으로써, 정책평가에 영향을 미친다.

2) 비공식적 참여자

(1) 정 당

정당이란 국민의 정치적 통합의 실질적인 매개체로서, 동일한 정견을 가진 사람들이 정권의 획득과 유지를 위해 정강정책을 실현시키고자 하는 정치적 결사체이다.

(가) 정책의제설정단계

정당은 국민의 다양한 견해를 여러 갈래로 조직화하고, 조직화된 견해를 당론으로 채택하여 정책과정에 투입시키는 기능을 수행하며, 이익결집으로 각종 요구를 정책대안으로 전환시킨다. 정당에 의한 이익결집은 정당이 선거시에 제시하는 공약사항 또는 정강정책 등으로 나타나게 된다. 즉 선거시에 공약한 정책들은 선거에서 승리하여 집권당이 될 경우 정책의제로 설정되고, 정책으로 형성될 가능성이 높아진다.

(나) 정책결정단계

정당은 선거시에는 공약 또는 정강정책 등의 형식으로 정책의제나 정책대안을 제시하고, 그 정당이 집권당이 되는 경우에 그대로 정책이 되거나, 구체화되고 수정·보완되어 정책으로 결정된다. 또한 원내 활동을 통해서는 법안을 제출하여 통과시킴으로써, 정책결정의 기능을 수행한다.

(다) 정책집행단계

집권여당의 경우에는 자신들이 원하는 방향으로 정책의 집행이 이루어지도록, 같은 정당소속의 장, 차관에게 영향력을 행사하는 방법으로, 정책집행에 영향을 미친다. 반면 야당의 경우에는, 정부의 정책집행에 대한 비판 및 감시활동을 통해서 정책집행에 영향을 미친다.

(라) 정책평가단계

정당은 정책평가의 단계에서는 비교적 미약한 역할을 수행한다. 우리나라의 경우 주로 야당이 이러한 역할을 수행하는데, 즉 야당은 정책집행과정 중에 발생한 부정 비리에 대한 비판이나 또는 국정조사 및 국정감사의 요구 등을 통해 정책평가에 영향을 미친다.

(2) 이익집단

이익집단은 특정분야에서 이해를 같이 하는 사람들이 자기단체에 유리한 결정을 가져오기 위해 영향력을 행사하도록 형성된 집단이다. 이익집단은 사회의 다양한 이익을 정책에 반영시키는 순기능을 하는데, 그들이 지지하는 정책에 정당성을 부여하고, 정책의 집행을 돕는 등 체계적 기능을 수행한다(Pross, 1986: 53-84).

(가) 정책의제설정단계

이익집단의 핵심 기능은 이익표출이다. 개인보다 집단의 힘에 의해 정책의제화에 필요한 정치적 지지를 동원하고, 문제해결을 위한 효율적이고 실현 가능한 정책대안을 제시하여 정책의제설정에 영향력을 행사한다.

(나) 정책결정단계

이익집단은 자신들에게 유리한 정책이 결정되도록 정부기관에 영향력을 행사한다. 이익집단이 정책결정에서 영향력을 행사하는 방법은 두 가지로 나누어 볼 수 있는데, 첫째는 지적인 측면으로 정책결정에 필요한 자료·정보·전문이론 등을 제공하는 역할을 한다. 그리고 둘째는 정치적 측면으로 자신들의 정치적 지원을 토대로 정책결정자에게 영향력을 행사한다.

(다) 정책집행단계

이익집단은 정책대상집단이므로, 이들의 순응여부가 정책집행의 성공관건이라고 말할 수 있다. 이때 특히 정책의 수혜집단은 정책의 성공적 집행을 위해, 관료를 독려하고 자극하는 역할을 수행하며, 정책의 비용부담집단은 정책을 유명무실하게 만들기 위해 정책집행을 방해하는 거부점(*veto point*)의 역할을 하게 된다.

(라) 정책평가단계

이익집단은 자신들에게 유리한 효과 및 비용에 대한 여론을 환기시키고, 정보를 제공함으로써 공식적 평가에 간접적인 영향을 미친다.

(3) NGO

NGO는 공공의 이익을 추구하기 위해 민간이 자발적으로 형성하여 자주적으로 운영하는 비영리 민간조직이다. NGO의 역할은 정책과정에서의 시민참여를 통한 사회문제의 해결이나, 왜곡된 정치사회적 구조로 인한 소외계층의 이익을 대변하는 집합적 행동(*collective action*)에 중심을 두고 있다.

(가) 정책의제설정단계

다양한 시민들의 의견을 대표하여 정책에 반영하고, 문제제기자이면서 동시에 정보생산자의 역할을 한다. 대중지원과 같은 정치적 지지를 확보하고, 문제해결을 위한 실현가능성 있는 정책대안을 제시함으로써 중요한 행위자로 등장하고 있다.

(나) 정책결정단계

NGO는 정책결정과정에 있어 정책문제해결을 위한 정책아이디어의 개발 및 창안과 특정이슈에 관한 정보를 수집·제공한다. 또한 정책결정자에게 자신들이 추구하는 가치나 정책을 결정하도록 정치적 압력을 행사할 수 있다. 그리고 정부를 대신하여 이해조정자 및 갈등중재자로서의 역할을 수행하고, 또한 비영리영역의 방어기제로서의 전략적 역할을 수행한다.

(다) 정책집행단계

NGO는 정책집행의 과정에서 행정부를 감시하고 비판하는 기능을 수행하며, 정부와의 비판적 긴장관계 혹은 협조관계 속에서 정부정책집행의 비판자 혹은 협조자로 참여한다.

(라) 정책평가단계

정부의 요청에 의해 각종 공식적 평가위원회에 참여하고, 각종 세미나·포럼·기자회견 등을 통해 비공식적 정부정책 평가활동에도 참여한다. 또한 새로운 정책을 위한 시민교육 및 홍보역할을 한다.

(4) 일반국민

일반국민들이 정책과정에 참여하는 직접적인 방법으로는 투표가 있으며, 정책과정에 새로운 아이디어 및 방향을 제시하거나, 정책대안을 직접 개발하여 정책결정자에게 전달함으로써, 정책과정에 영향을 줄 수도 있다. 일반국민들은 의사를 전달하는 과정에서 NGO나 대중매체, 혹은 여론에 호소하는 방법으로 영향력을 행사할 수 있으며, 특히 최근에는 인터넷 및 전자정부의 발달로 인해 일반국민들이 정책과정에 미치는 영향력이 크게 증대되었다.

(5) 전문가 및 학자

정책과정에서 전문성이 부족한 행정관료들을 보완해주기 위해 전문가들의 자문과 분석이 필요하다. 전문가들은 정책을 분석·평가하여 정책대안을 제시하는 역할을 하는데, 현대사회가 점점 더 전문화되고 세분화됨에 따라, 전문가 및 학자들의 역할은 점점 더 증대되고 있다.

(6) 언론기관

대중매체는 정책과정에서 중요한 투입기능과 산출기능을 수행한다. 보도적 기능을 통해 개별적 시민이나 이익집단, 혹은 지역의 문제를 정책결정자에게 전달하여 정책의제화시키는 역할을 수행한다. 또한 일반국민이나 혹은 정책과정의 주체들이 미처 생각지 못했거나 인식하지 못한 중요한 문제를 발굴하여, 이에 대한 관심을 일깨우는 촉구기능도 행하며, 이로 인해 여론조성이 이루어져 정책형성과정에 영향력을 행사하는 경우도 많이 있다. 정책산출과정에서는 정부가 결정한 정책의 내용이나 방향 등을 대중에게 전달 및 이해시키며, 정책평가과정에서는 정책결정자에 대한 감시와 비판, 그리고 정책집행의 내용을 추적함으로써 정책평가자로서의 기능을 수행한다. 현대사회의 언론기관의 막강한 영향력을 비유하여, 언론기관을 입법부·행정부·사법부에 이은 '제4부'라고 지칭하기도 한다.

제 2 절　정책참여자의 권력에 입각한 정책과정모형: 권력모형

1. 정책과정과 권력모형

1) 정책결정을 보는 두 시각: 합리적 결정 vs 정치적 결정

(1) 합리적 결정

정책결정을 보는 두 시각에는 정책을 합리적 결정의 결과로 보는 시각과 정치적 결정의 결과로 보는 시각이 있다. 먼저 정책을 합리적 결정으로 보는 시각은, 정책결정이란 설정된 정책목표를 가장 잘 달성할 수 있는 합리적 정책수단을 선택하는 합리적 결정으로 본다. 정책학이론에서 다루는 정책결정론, 정책분석론, 정책집행론, 정책평가론의 주요 초점은 사실 이러한 정책의 합리적, 과학적 정책결정능력(정책역량)을 강화하는 데 있다. 하지만, 정책의 정치학적인 요소인 권력모형에 대한 이해 역시 필수적이다.

(2) 정치적 결정

정책결정을 정치적 결정으로 보는 시각은 이를 정책참여자들의 정치적 게임 및 갈등의 타협으로 본다. 이러한 시각에 의하면 정책참여자들의 권력의 원천에 따라 정책과정에 영향력을 행사하는 전략이 달라지므로 정책의 정치학적인 요소인 권력에 입각한 정책과정모형에 대한 이해가 매우 중요하게 되는 것이다.

그림 5-2

정책과정을 보는 두 시각

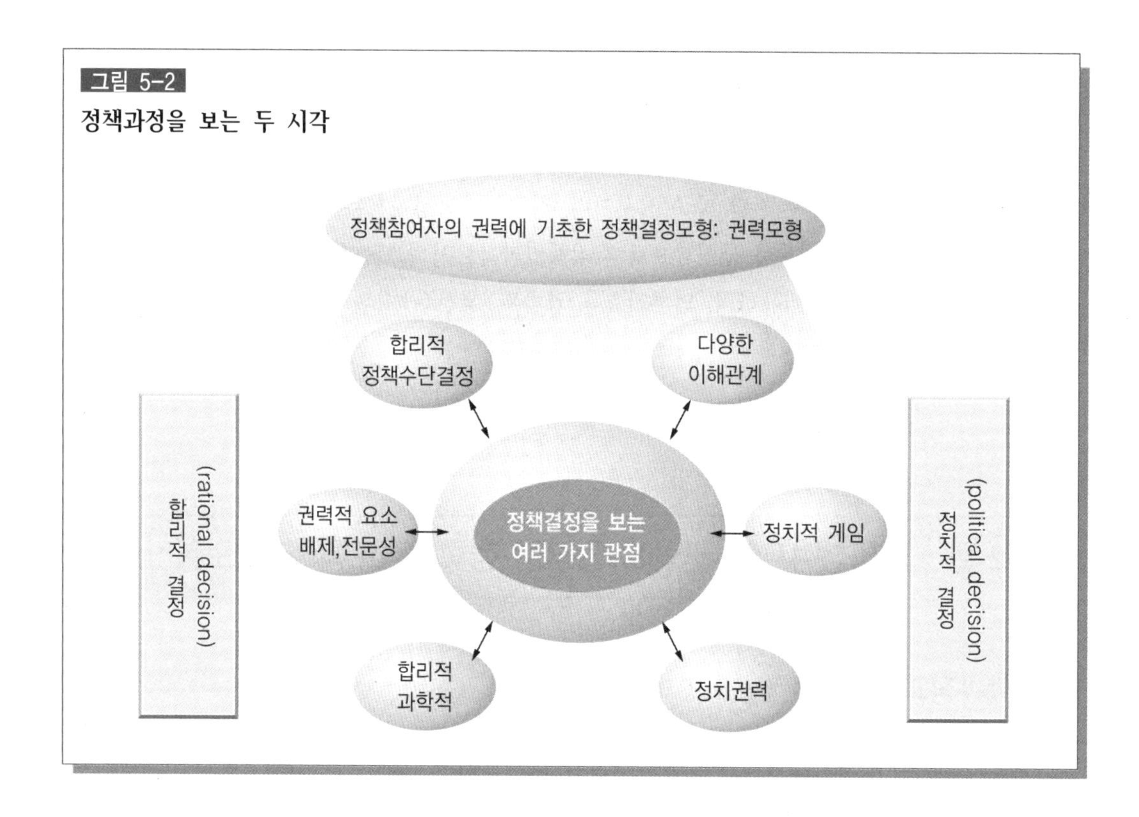

2) 정책결정자의 권력에 기초한 정책과정모형: 분류기준

권력모형에는 엘리트이론, 다원주의론, 하위정부모형, 정책네트워크, 조합주의론 등이 포함된다.

(1) 국가주도형 모형 vs 민간주도형 모형

국가주도형 모형에는 국가주의론(웨버주의론), 국가조합주의모형이 있고, 민간주도형 모형에는 이익집단론 혹은 다원주의론이 있으며, 국가와 민간의 혼합모형으로는 하위정부모형, 정책네트워크(이슈네트워크), 신다원주의론이 있다.

(2) 소수 vs 다수: 정책과정에 참여자의 수

정책과정은 소수에 의해 지배된다고 보는 엘리트이론과 정책과정에 참여하는 집단은 매우 다양하고 광범위하다고 보는 다원주의론으로 나뉜다.

2. 엘리트이론(Elite Theory)

1) 고전적 엘리트이론

19세기 말부터 Mosca, Pareto, Michels 등 고전적 엘리트이론가들은 전통적인 자유민주주의론에 대해 비판을 제기하였다.

고전적 엘리트이론의 특성은 다음과 같다.

첫째, 한 사회는 사회를 지배하는 지배계급(엘리트 계급)과 피지배계급(일반 대중)으로 구분된다.

둘째, 엘리트들은 동질적이고 폐쇄적이다. 엘리트들은 비슷한 사회적 배경, 가치관, 이해관계를 가지고 있으며, 서로를 잘 알고 있어서 엘리트로서의 응집성과 집단의식이 강하고 단결되어 있다.

셋째, 이상의 이유들때문에, 엘리트들은 자율적이며 다른 계층에 대해 책임을 지지 않는다. 중요한 정치적 문제는, 대중들의 이익이나 사회전체의 이익과는 상관없이, 자신들의 이해관계를 우선적으로 고려하여 결정하게 된다.

2) 미국의 엘리트이론

고전적 엘리트이론을 현대적으로 계승하려는 시도는 1950년대 미국에서 Mills와 Hunter에 의해서 이루어졌다. Mills는 지위접근법을 사용하여 미국 사회의 정부-군-기업복합체의 최고 엘리트들을 분석했으며, Hunter는 명성접근법을 사용하여 조지아주의 애틀란타 시의 지방 엘리트들을 분석하였다.

표 5-2 Mills와 Hunter 엘리트이론의 차이

Mills	Hunter
지위접근법 (미국 전국적 차원의 정책과정 분석)	명성접근법 (애틀란타 시의 정책과정 분석)
• 미국사회의 권력엘리트는 정부-군-기업복합체(military-industry Complex), 즉 미국사회의 권력엘리트는 거대 기업체의 간부, 군의 장성, 정치집단의 정치가 등 세 영역에서 최고정상에 있는 인사들로 구성. • 이들은 사실상 미국 최고의 정책결정 수준을 좌우한다고 분석.	• 인구 50만인 조지아주의 애틀란타 시를 대상으로 애틀란타에서 가장 영향력 있는 것으로 명성이 나 있는 40명을 뽑아내어 분석. • 이들은 여러 모임을 통해서 애틀란타 시의 정책의 기본방향을 결정하고, 이들보다 하위층에 있는 자(중견공무원, 신문의 칼럼니스트, 각종 사회단체의 책임자)들이 이를 뒷받침하고 집행해 나간다고 분석.

1950년대 미국의 엘리트이론의 특징은 다음과 같다(Dye, 1981: 29-30; Anderson, 1979: 29).

첫째, 사회는 권력을 가진 소수와 가지지 않은 다수로 나누어진다.
둘째, 권력을 가진 소수 엘리트는 피지배대중을 대표하지 않는다. 엘리트들은 사회의 상류계층에서 형성된다.
셋째, 비 엘리트의 엘리트 계층으로의 이동은 느리고 지속적으로 온건하게 진행된다.
넷째, 지배적인 엘리트들은 공통의 사회적 배경과 이념 및 상호 관련된 이해관계를 공유하고 있다(Mills, 1956).
다섯째, 공공정책은 일반 공중의 요구를 반영하는 것이 아니고, 엘리트의 선호를 반영한다.
여섯째, 적극적인 엘리트들은 무관심한 일반 공중으로부터 별로 영향을 받지 않는다.

3) 신엘리트이론

R. Dahl 등의 다원주의자들에게 엘리트이론이 비판받게 되자, 다원주의에 대한 비판적 관점에서 제기된 것이 무의사결정론을 핵심으로 한 신엘리트이론이다. 뒤에 서술될 R. Dahl의 연구, 즉 170년간의 데이터를 토대로 한 실증연구, 'Who Governs?'는 한동안 엘리트주의자들의 주장을 무색하게 하였다. 즉, Dahl의 발견, ① 각 정책영역별로 영향력을 행사하는 엘리트들이 각기 다르다, ② 엘리트 집단 전체가 대중의 요구에 민감하게 움직인다는 연구결과는 엘리트이론의 핵심전제를 무너뜨리는 것이었다.

이때 나타난 새로운 이론이 Bachrach와 Baratz의 무의사결정이론이다. Bachrach와 Baratz는 Dahl의 실증적 접근방법이 단순한 명성에 의하여 엘리트의 권력행사를 파악하려 한 Hunter의 방법보다는 우수하지만, 엘리트에 의한 권력행사의 다른 한 측면을 고려하지 못하고 있다고 비판하면서 무의사결정(non-decisionmaking)이라는 새로운 개념을 제시하였다. 특히 그들은 정책이란 양면성이 있으며, 정책문제 채택단계는 일반에게 잘 공표되지 않는다고 하면서 Dahl이 연구한 내용은 정책문제 결정단계에서 공표된 밝은 측면에 불과하다는 점을 예리하게 지적하였다. 따라서 무의사결정은 정책과정, 특히 정책의제설정단계에서 지배적인 엘리트집단의 이해관계와 부합하는 문제만 논의할 목적으로, 지배집단의 이익에 명시적, 잠재적으로 도전이 될 수 있는 문제는 거론조차 못하게 억압하고 방해하는 행위를 말한다(정정길 외, 2005: 223-224).

Bachrach와 Baratz의 무의사결정이론에서는 다음과 같은 내용을 제시하고 있다.

첫째, 정책결정단계는 정책문제 채택단계와 정책문제 결정단계로 나누어진다.
둘째, 정책문제 채택과정에서 기존세력에 도전하는 요구는 정책문제화하지 않고 억압을 당한다.
셋째, 정책결정과 집행과정에서도 무의사결정이 일어난다.

이상의 내용을 종합하면, 무의사결정이란 사회 내에서 기존의 이익배분상태의 변화에 대한 요구가 표명되기도 전에 억압하거나, 정책결정의 단계에 이르러서도 형식적 대안을 채택하도록 압력을 행사하고, 이것이 실패하는 경우에는 정책집행단계에서 각종 불응전략을 통해 정책의 성공을 좌절시키는 현상이라고 말할 수 있다. 예컨대 과거의 노동 억압적 노사관계정책, 환경규제정책, 공정거래정책, 호주제 폐지문제, 친일행위자 등 반민족행위자에 대한 규명과 책임문제 등이 이에 해당한다.

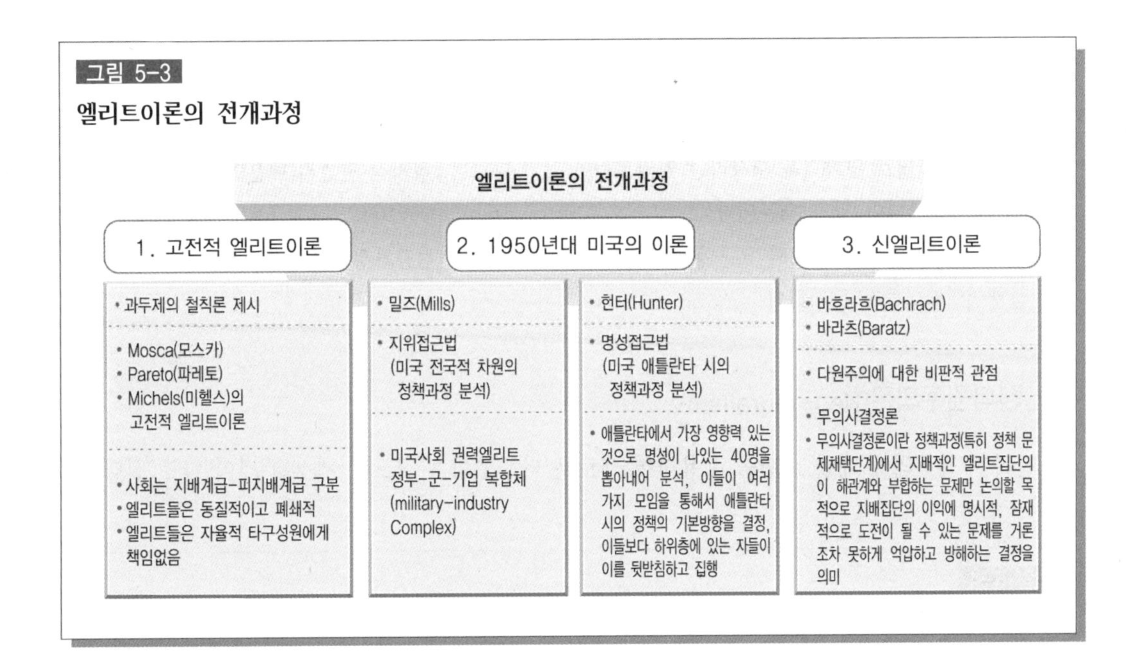

3. 다원주의론(Pluralism)

1) 집단과정론(이익집단론)과 다원주의론

(1) 집단과정론(이익집단론)

Bentley와 Truman의 집단과정론은 초기 다원주의이론의 철학적 기초를 제공하였다. 이들은 민주사회에서는 이익집단들의 요구에 따라 정책을 결정하고 집행하는 것이 가장 민주적이며, 민주사회의 아름다운 제도라고 주장하였다. 특히 다양한 이익집단의 주장과 요구에 부응할 수 있는 두 가지 제도적 메커니즘(잠재집단과 중복회원)으로 인해 이익집단의 요구와 이를 통한 민주주의의 실현이 균형 있게 진행된다고 주장한다.

(2) 다원주의론

다원주의론의 일반적인 전제는 권력이 소수의 지배집단에 집중되어 있는 것이 아니고 널리 분산되어 있으며, 관심을 가진 이해관계세력은 영향력의 행사에 동일한 정도의 접근가능성을 가지고 있다는 것이다. 그리고 정부는 매우 소극적인 역할을 수행한다고 본다. 다원주의론은 미국 엘리트이론의 방법론이 지닌 문제점을 지적하면서, 구체적인 현실의 정책결정에 대한 경험적인 연구를 통해 Mills와 Hunter로 대변되는 엘리트이론의 주장을 반박한 R. Dahl에 의해 본격적으로 전개되었다. R. Dahl은 1780년대부터 1950년대까지 약 170년간 미국의 New Haven시에서 이루어진 주요 정책결정 사항들에 대한 조사를 바탕으로 다음을 주장하였다(정정길 외, 2005: 227-228).

① 각 정책영역별로 영향력을 행사하는 엘리트들이 각기 다르다. 정치적 자원의 배분이 누적적인 것이 아니라, 분산되어 있기 때문이다.

② 엘리트 집단 전체가 대중의 요구에 민감하게 움직인다. 초기 집단과정론자인 Truman이 주장하는 잠재이익집단론과 동일하다.

2) 신다원주의론(Neo-pluralism)

고전적 다원주의에 대한 비판을 수용하여 새로운 다원주의 관점으로 제시된 것이 바로 신다원주

그림 5-4

다원주의론의 발전과정

다원주의론의 발전과정

1. 집단과정론	2. 다원주의론	3. 신다원주의론
• 벤틀리(Bentley) & 트루만(Truman) • 다원주의의 초기의 이론적 틀 - 민주주의 사회에서는 이익집단의 요구에 따라 정책을 결정하고 집행하는 것이 가장 바람직함 1. 잠재집단 특수이익을 가진 지배적 집단이 자신의 이익을 침해당할 우려가 있을 때 조직화될 수 있는 집단 2. 중복회원 이익집단의 구성원은 한 집단에 소속되어 있는 것이 아니라 여러 집단에 소속	• 다알(Dahl) • 일반적 전제 - 권력이 소수의 지배집단에만 집중되어 있는 것이 아니라, 널리 분산되어 있으며 관심을 가진 이해집단들은 영향력 행사에 동일한 접근가능성을 가짐 - 정부는 매우 소극적 역할을 수행	• 고전적 다원주의에 대한 비판 - 자본주의 국가에서는 기업집단이 중요한 정책행위자라는 점을 인정 - 정부는 중립적 조정자가 아니라 전문화된 체계를 갖추고 능동적인 기능을 수행하는 적극적인 존재 - 민주사회의 핵심적 동력: 사회에 존재하는 여러 이익집단 간의 정치적 이익의 조정과 균형

의이다.

신다원주의는 자본주의 국가에서는 기업집단이 정책행위자로서 부각될 수밖에 없으며, 정부는 단순한 중립적 조정자가 아니라 보다 능동적인 행위자임을 수용하였다. 하지만, 여전히 신다원주의론의 핵심은 사회에 존재하는 이익집단들 간의 정치이익의 균형과 조정이 민주주의의 핵심적 동력으로 작용한다고 보는 것이다.

4. 엘리트이론과 다원주의론의 상황론적 통합: Lowi의 정책분류

T. Lowi는 정책유형의 분류를 통해 엘리트이론과 다원주의론을 상황론적 견지에서 통합하고, 제3의 권력모형을 제시하였다(정정길 외, 2005: 237-238). Lowi의 견해가 특히 주목을 받는 이유는 엘리트이론과 다원주의론을 통합하였다는 점이다. 미국 민주주의에서 엘리트이론과 다원주의론의 공방은 매우 정치철학적인 의미에서 중요성을 띠고 있으며, 이는 아직도 논쟁이 끝나지 않을 정도로 공방은 치열하다. 정책학자 Lowi는 엘리트이론과 다원주의론은 흑백론적, 이분법적 논쟁은 무의미하다고 지적하면서, 정책영역에 따라 이는 달리 나타난다고 주장하였다. Lowi가 제시한 정책유형, 그리고 그 유형에 따라 적용이 달리 나타나는 다원주의와 엘리트이론의 적용영역은 다음과 같다.

- 규제정책(*regulative policy*): 다원주의적인 정책결정행태가 나타나는 정책유형
- 재분배정책(*redistributive policy*): 엘리트주의적인 정책결정행태가 나타나는 정책유형
- 배분정책(*distributive policy*): 엘리트주의나 다원주의가 상정하는 정책결정행태와 상이한 유형이 발생

5. 조합주의(Corporatism)

조합주의는 국가의 이익확대와 질서유지를 위해서 국가가 주도적이고 적극적으로 여러 사회문제에 개입하는 정부의 역할을 강조하고 있다. 즉, 정책이란 국가가 사회를 일정한 방향으로 유도하기 위하여 의도적으로 사회집단과 개인의 이익 및 가치를 조정 및 통제하는 것으로 파악한다. 이에는 국가조합주의와 사회조합주의가 있다.

1) 국가조합주의

개발도상국이나 권위주의국가에서 보여주는 유형으로, 조직구조 자체가 국가의 권위에 의해서 위로부터 조직된 사회집단이다. 이러한 조직체는 국가에 종속되어 있거나 보조적 조직형태를 취한다.

2) 사회조합주의

다원주의사회의 양상으로 국가조합주의와는 달리, 국가에 의한 하향적 통제기능을 배제하고 상향적 투입기능을 중시한다. 즉, 사회에 자생적으로 나타난 조직이 점차 이익집단화되어, 자기들의 이익을 관철시키기 위하여 국가기관으로 침투해 들어감으로써, 국가의 정당성과 기능은 자동적으로 사회집단에 의존하게 된다는 주장을 취한다.

6. 하위정부모형(Sub-governmental Model)

하위정부모형은 미국의 정책과정을 설명하면서 미국에서 최초로 제시된 모형으로서, 정부의 전문관료, 의회의 국회의원, 이익집단의 대표로 구성된 삼자연합이 특정 정책영역에서 정책결정을 지배한다고 보는 이론이다.

하위정부모형의 특징을 살펴보면 다음과 같다.

첫째, 각 정책영역별로 이익집단, 의회의 상임위원회, 해당 관료조직이 하위체제를 형성하여 정책의 주요 내용과 성격에 결정적인 영향을 미친다고 본다.

둘째, 특정 정책영역에서 이들 지배적인 참여자들은 그들의 이해관계에 따라 특정 정책문제를 보다 능률적으로 처리하기 위하여 상호 간에 밀접한 접촉을 유지하고 있다.

셋째, 철의 삼각(*iron triangle*) 또는 하위체제(*subsystem*)라는 개념과 거의 동일한 의미를 지니고 있으나, 철의 삼각이라는 개념이 부정적인 의미를 담고 있는 반면, 하위정부는 보다 중립적인 의미를 가지고 있다(정정길 외, 2005: 233-234).

정 책 사 례

교육정책, 철의 삼각동맹 깨라

1. 사례개요

무한 경쟁시대 속에서도 우리나라 교육은 공급자 편의에 따라 하향평준화를 꾀하고 경쟁은 시장 논리라고 거부당해 왔다… 이제껏 우리의 교육시장에서는 시장의 가장 기본적인 원칙인 수요와 공급의 원리가 무시되어 왔다. 교육시장에서는 수요자인 학생, 학부모 그리고 기업은 철저히 외면당해 왔고, 교육정책은 정치인, 교육관료 그리고 교원노조와 같이 조직화된 유권자들로 이루어지는 "철의 삼각구조"에 의해 독점되어 왔다. 정치인들은 잘 조직된 유권자들의 주장과 요구에 약할 수밖에 없으며, 교육관료들은 속성상 변화에 둔감하다. 교원노조는 출발 당시의 의도가 무엇이든 간에 노조원의 이익 보호에 전념한다. 하지만 새로운 교육정책 개혁은 기존 교육정책 결정시스템의 개혁에 주안점이 맞춰져야 한다. 특히 정부의 영향력이 축소되고, 그 역할은 일부 교육기관들의 부도덕한 행위를 징계하는 공정한 감시인, 후견인의 역할에 머물러야 한다. 교육내용도 학생과 학부모 그리고 기업체의 요구에 따라 신속하고 유연하게 변화시켜 나가야 할 것이다.

자료: 「다산칼럼」(한국경제, 2005. 2. 10).

2. 쟁점 및 시사점

앞서 사례는 지금까지의 교육정책이 '정치인-교육관료-교원노조'의 철의 삼각구조로 독점되었음을 언급한다. 변화에 둔감한 관료와 유권자의 요구를 의식할 수밖에 없는 정치인, 자신의 이익보호를 위한 교원노조를 포함한 이 3자는 이해가 다르지만, 상호 양립하는 이해관계를 확보하기 위해 견고한 철의 삼각구조를 형성한다는 점을 시사하고 있다. 또한 이 사례는 하위정부는 중립적인 의미를 갖는 것에 비해, 철의 삼각이라는 개념은 부정적인 의미를 담고 있음을 보여준다.

7. 정책네트워크모형(Policy Network Model)

1) 정책네트워크모형의 등장배경

정책네트워크모형은 공식적인 참여자들만이 아니라, 다양한 집단들 간의 상호작용과정이 전개되는 비공식적 장에서의 논의가 정책과정과 산출에 영향을 미치고 있다는 점에 착안한다. 다양한 참여자들 간의 관계를 포괄한 정책과정의 동태성을 설명하기 위한 새로운 모형의 필요성으로 인해 등장한 것이 정책네트워크모형이다. 최근 20-30년간 영국을 중심으로 한 유럽, 그리고 북미의 많은 연구자들은, 그동안 정부와 이익집단의 관계를 연구해 온 다원주의의 연구전통에 대한 비판적 입장을 취하면서 이러한 정책네트워크에 대한 분석을 수행해 왔다. 이들은 수많은 사례 연구를 통해 정책네트워크개념의 적절성을 증명해 왔는데, 정책네트워크는 실제로 존재하며, 정책네트워크에 대한 관심 없이 정책의 두드러진 정책적 연속성과 변화를 이해하기 어렵다는 논의를 제기했다(Blom-Hanson, 1997: 665-693). 이는 위에서 살펴본 엘리트주의나 다원주의의 편협한 주장에 대한 대안으로 인식되고 있다.

1960년대에 등장한 하위정부모형, 그리고 이에 대한 비판으로 Heclo(1978)에 의해서 1970년대 후반에 제기된 이슈네트워크론이 정책연구에 있어서 네트워크 분석의 기원이 되었다.

영국의 Rhodes & Marsh(1992)는 영국 중앙정부와 지방정부 간 관계에 대한 경험적 연구를 통해 정책공동체모형(*Policy community model*)[2]과 이슈네트워크모형(*Issue network model*)[3]을 통합시킨 정책네트워크모형을 제시했다. Rhodes(1990)는, 정책형성은 '산출물에 대한 영향력을 최대화하기 위해, 헌법적, 법적, 조직적, 재정적, 정치적, 그리고 정보 자원을 배치하는 데 이익을 얻으려고 중앙과 지방 참여자들이 행동하는 게임'으로 보았다(Rhodes, 1990: 19). 이 교환관계는 정책네트워크 내에서 발생하며, 근본적으로 이익중개모델, 즉 이익집단과 정부 사이의 관계를 설명하는 모델로 설명된다(Rhodes & Marsh, 1992: 193-197).

2) Rhodes & Marsh의 정책네트워크모형 분석

Rhodes(1990)를 중심으로 한 영국의 학자들은 폐쇄적이고 안정적이며 지속적인 네트워크인 정책공동체와, 개방적이고 유동적인 네트워크인 이슈네트워크로 정책네트워크의 유형화를 시도하였다. Rhodes & Marsh(1992)는 정책네트워크의 양 극단에 위치한 정책공동체와 이슈네트워크의 특성과 차별성을 비교하였다.

첫째, 멤버십의 구성이다. 정책공동체의 경우 구성원 간 관계는 안정적이고, 구성원 수가 매우 제한적이며, 공동의 서비스 전달체계의 책임에 따른 수직적 상호의존관계를 보이고, 다른 네트워크와 분리되는 특성을 가진다. Rhodes & Marsh는 정책공동체의 구성집단으로서 행정부, 정치인, 전문가집단, 그리고 이익집단을 포함시켰다. 의회는 관료제가 강한 영국 사회의 특성상 정책공동체에서 배제되며, 시민단체 등의 공익집단은 정책공동체가 멤버십에서 의식적으로 배제시킨다. 이에 반해 이슈네트워크의 경우 참여자 수가 많으며, 상호의존 정도가 제한적이고 불안정한 구조를 의미한다. 즉 정책과정 참여자가 다수이며, 그 구성은 이익집단이나 전문가집단뿐 아니라, 이에 대항하는 시민단체 등 공익집단을 비롯해 다양한 참여자를 포함한다. 따라서 정책행위자 간 정책적 합의점을 찾기는 매우 어렵다.

둘째, 통합성이다. 정책공동체의 경우, 참여자 간의 상호작용은 매우 빈번하며, 구성원, 가치관, 정책성과 면에서 연속성을 지닌다. 또한 모든 참여자가 기본적인 가치관을 공유한다. 이에 반해 이슈네트워크의 경우, 참여자 간 상호작용은 매우 다양하고 불안정하며, 구성원, 가치관, 정책성과 면에서 불안정한 특성이 있다. 또 참여자 간 어느 정도의 공감대는 이루어질 수 있지만 항상 갈등이 존재한다.

셋째, 자원배분의 측면이다. 정책공동체의 경우, 모든 참여자가 자원을 가지며, 참여자 사이의 근본적인 관계는 교환관계이다. 또 참여조직 내에서 자원배분은 위계적이며, 조직의 명령이 구성원에 대해

2 정책네트워크모형에서 고전적으로 가장 널리 논의된 것은 미국 사례를 분석한 하위정부(subgovernment)모형인데, 1980년대에 들어서면서 설명력을 점차 상실하게 되자 영국 학자를 중심으로 정책공동체모형이 새로운 정책네트워크 모형의 하나로 제시되었다.

3 하위정부모형에 대한 또 다른 비판적 관점에서 제시된 것이, Heclo(1978)의 이슈네트워크모형이다. Heclo는 거미집 같이 수많은 행위자들 간의 유동적이고 불안정한 관계를 은유적으로 이슈네트워크라 지칭하였다.

강한 통제력을 행사한다. 이에 반해 이슈네트워크의 경우, 참여자의 자원 보유 면에서 격차가 발견되며, 기본 관계는 교환관계가 아닌 자문수준에 머무른다. 참여조직 내에서 자원의 배분과 구성원에 대한 통제력은 다양하다.

넷째, 권력의 측면이다. 정책공동체의 경우, 참여집단들은 어느 정도 세력의 균형을 유지한다. 만일 한 집단이 우세한 지위를 점할 경우, 정책공동체가 유지되기 위해서는 장기적으로 패자가 없어야 한다(포지티브섬 게임). 이에 반해 이슈네트워크의 경우 자원과 접근의 불평등 때문에 권력에서도 불평등이 발견된다(제로섬 게임).

그런데 Rhodes & Marsh는 이 네트워크들이 상호 배타적이지 않다는 점을 지적한다. 예를 들어 한 정책분야에서 정책공동체와 이슈네트워크가 공존할 수 있다는 것이다. 한편 정책네트워크는 행위자들의 끊임없는 상호작용을 통해 어느 한 가지 유형에서 다른 유형으로 변화하는 속성을 가진다(Rhodes & Marsh, 1992: 193-197). Rhodes & Marsh가 제시한 모형은, 현실 세계의 각 정책부문에서 형성되는 정책네트워크의 특성을 연구하기 위한 기본적인 개념적 틀을 제시하고 있다. 또한 이 모형은 정책네트워크의 특성을 이해하기 위해, 정부와 이익집단 관계에서 행해지는 행위자들의 상호작용을 구체적으로 연구해야 한다는 점을 시사한다.

표 5-3 하위정부모형, 정책공동체, 이슈네트워크 간의 비교

유 형	참여자수	주된 참여자	상호의존성	참여배제성	관계지속성
하위정부모형	제한	정부관료, 국회 상임위원회, 관련 이익집단 (철의 삼각 동맹)	높음	높음	높음
정책공동체	광범	정부관료, 국회, 이익집단, 전문가집단	비교적 낮음	비교적 낮음	비교적 낮음
이슈네트워크 모형	매우 광범	정부관료, 국회, 이익집단, 전문가집단, 기업가, 로비스트, 언론인 등 다수 관심집단	낮음	낮음(개방성)	낮음(유동성)

정책사례

정부-환경단체 각각 새만금 항소

1. 사례개요

농림부와 환경단체가 새만금 간척사업 관련 소송 1심 판결에 대한 항소장을 각각 법원에 제출, 법정공방이 '2라운드'로 접어들었다. 정부는 항소심 절차와 관계없이, 올해 말로 예정된 방조제 미 완공구간 전진공사를 진행하겠다는 입장인 반면, 환경단체들은 방조제공사 집행정지 가처분소송을 내겠다며 맞서고 있어 갈등의 골이 깊어질 전망이다. 농림부는 항소심 절차와 관계없이, 2005년 6월말 국토연구원의 새만금 간척지에 대한 토지이용 계획 연구결과가 나오는 대로, 환경단체 등의 의견을 적극 수용해 새만금의 친환경적 개발 계획을 마련키로 했다. 환경단체는 지난 2003년 6월에도 방조제공사 집행정지를 법원에 신청, 1심에서 집행정지 결정을 받아, 공사를 일시 중단시키기도 했다.

자료: 문화일보, 2005. 2. 21.

2. 쟁점 및 시사점

위 사례는 한국판 뉴딜정책이라고 부르는 국책사업이 비공식적 참여자인 환경단체 즉, 시민단체의 압력에 막혀 진척되지 못하고 있음을 보여주고 있다. 2004년 한 해 동안 10조원을 투자하겠다던 것이 1조원을 조금 넘는 실적을 낸 것도 모두 비공식적 참여자들의 네트워크 형성과 압력이 정책과정과 산출에 영향을 미친 예이다. 그러나 이에 반해서 전북애향운동본부 등 새만금 지속추진 범도민 대책협의회는 1백만여명의 서명을 받아, 청와대와 국회에 제출하는 등 다양한 비공식적 참여자들이 정책과정과 산출에 영향을 미치려는 노력을 하고 있다. 이는 참여자들의 다양성에 기초한 정책네트워크와 정책과정의 동태성을 잘 보여주고 있는 사례이다.

정책사례

청계천 복원사업: 이슈네트워크의 사례

청계천 복원사업은 2003년 7월 1일에 시작된 이후로 많은 논란을 낳았다. 긍정적인 입장과 부정적인 입장이 맞서서 이슈를 형성하게 되었다. 서울시, 시정연구원, 중앙정부, 환경단체, 교통단체, 인근상인, 일반시민, 문화단체, 관련전문가 등 많은 단체들이 네트워크를 구성하면서 의사소통을 하기 시작했다. 정책공동체가 '포지티브 섬' 게임적인 경우가 많은 반면에, 이슈네트워크는 '제로섬' 게임적인 경우가 많다. 즉, 정책행위자 간의 권력배분의 편차가 심하다는 것이다. 청계천 복원사업은 서울시에서 추진한 사례로서, 권력의 요소인 자원의 확보와 공식적 권한 그리고 대중매체를 이용한 홍보를 통해 대중들의 긍정적인 시각을 확보하는 데 성공한 정책으로 평가된다. 또한 이 사례는 정책을 추진하는 과정에서 이슈의 전개상황에 따라 다양한 정책행위자들 간의 역동적인 상호작용과 이합집산, 그리고 유동성과 동태성을 보여주는 이슈네트워크의 좋은 사례에 해당한다.

Chapter 5

핵심 Point !

Policy Overview

◎ 정책과정과 참여자

- 정책과정의 본질:
  - ▸ 정책결정자가 합리적 정책과정을 운영하기 위해 필요한 지식을 얻는 과정
  - ▸ 정책목표의 합리적 달성을 위한 합리적 측면과 참여자들의 이해관계와 관련된 정치적 측면 포함
- 정책과정의 단계:
  - ▸ 제1단계: 정책의제설정단계
    - 문제정의 및 이슈형성단계
    - 정책요구단계
  - ▸ 제2단계: 정책결정단계
    - 정책채택단계
    - 정책합법화단계
  - ▸ 제3단계: 정책집행단계
    - 정책산출
    - 정책성과
    - 정책영향
  - ▸ 제4단계: 정책평가단계
    - 정책의 효과성
    - 정책의 능률성
    - 정책의 형평성
  - ▸ 제5단계: 정책환류단계
    - 정책사례와 정책학습
- 정책과정의 참여자:
  - ▸ 공식적 참여자
    - 의회, 대통령, 행정기관, 사법부

▶ 비공식적 참여자

- 정당, 이익집단, NGO, 일반국민, 전문가 및 학자, 언론기관,

◎ 정책참여자의 권력에 입각한 정책과정모형: 권력모형

◘ 정책과정과 권력모형:

▶ 정책결정을 보는 두 시각: 합리적 결정 vs 정치적 결정

▶ 정책결정자의 권력에 기초한 정책과정모형: 분류기준

- 국가주도형 모형 vs 민간주도형 모형
- 소수 vs 다수: 정책과정에 참여자의 수

◘ 엘리트 이론

▶ 고전적 엘리트이론

▶ 미국의 엘리트이론

▶ 신엘리트이론

- R. Dahl 등의 다원주의자들에게 엘리트이론이 비판받게 되자, 다원주의에 대한 비판적 관점에서 제기된 것이 무의사결정론을 핵심으로 한 신엘리트이론임.
- R. Dahl의 연구, 즉 170년간의 데이터를 토대로 한 실증연구, 뉴 헤븐시의 Who Governs?는 한동안 엘리트주의자들의 주장을 무색하게 하였음.
- 이때 나타난 새로운 이론이 Bachrach와 Baratz의 무의사결정이론임.

☞ Bachrach와 Baratz는 Dahl의 실증적 접근방법이 단순한 명성에 의하여 엘리트의 권력행사를 파악하려 한 Hunter의 방법보다는 우수하지만, 엘리트에 의한 권력행사의 다른 한 측면을 고려하지 못하고 있다고 비판하면서 무의사결정(non-decisionmaking)이라는 새로운 개념을 제시

☞ 정책이란 양면성이 있으며, 정책문제채택단계는 일반에게 잘 공표되지 않는다고 하면서 Dahl이 연구한 내용은 정책문제결정단계에서 공표된 밝은 측면에 불과하다는 점을 예리하게 지적

☞ 무의사결정은 정책과정, 특히 정책의제설정단계에서 지배적인 엘리트집단의 이해관계와 부합하는 문제만 논의할 목적으로, 지배집단의 이익에 명시적, 잠재적으로 도전이 될 수 있는 문제는 거론조차 못하게 억압하고 방해하는 행위를 말함.

첫째, 정책결정단계는 정책문제채택단계와 정책문제결정단계로 나누어진다.
둘째, 정책문제채택과정에서 기존세력에 도전하는 요구는 정책문제화하지 않고 억압을 당한다.
셋째, 정책결정과 집행과정에서도 무의사결정이 일어난다.

◘ 다원주의론

▶ 집단과정론(이익집단론)과 다원주의론

▶ 신다원주의론(Neo-pluralism)

◘ 엘리트이론과 다원주의론의 상황론적 통합: Lowi의 정책분류

- 규제정책(regulative policy)

- 재분배정책(redistributive policy)
- 배분정책(distributive policy)

- 조합주의(Corporatism)
  - 국가조합주의
  - 사회조합주의
- 하위정부모형(Sub-governmental Model): 정부의 전문관료, 의회의 국회의원, 이익집단의 대표로 구성된 삼자연합
- 정책네트워크모형(Policy Network Model)
  - 등장배경: 다양한 참여자들 간의 관계를 포괄한 정책과정의 동태성을 설명하기 위한 새로운 모형의 필요성
  - Rhodes & Marsh의 정책네트워크모형 분석: 정책공동체와 이슈네트워크의 특성과 차별성 비교
    - 멤버십의 구성
    - 통합성
    - 자원배분
    - 권력

Chapter 5

핵심 Question!

Policy Overview

◎ 정책과정의 5단계를 설명하고, 정책과정의 공식적, 비공식적 참여자들의 각 단계별 활동에 대해 설명하라.

◎ 정책결정을 보는 두 시각, 합리적 결정과 정치적 결정에 대해 설명하라.

◎ 정책과정의 권력모형 중 엘리트 이론과 다원주의론의 발전과정을 설명하고, 두 이론의 특징을 설명하라.

◎ 무의사결정이론을 설명하라.

◎ 조합주의와 하위정부모형의 개념과 특징에 대해 설명하라.

◎ 정책네트워크모형의 등장배경과 내용에 대해 설명하고, 하위정부모형, 정책공동체, 이슈네트워크의 각 특성을 사례를 들어 비교 설명하라.

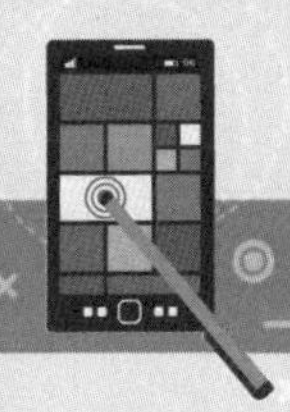

정책학 출제 최신경향&기출문제

CHAPTER 05 출제 최신경향

제5장은 정책과정론에 대해 다루고 있다. 정책은 정책의제설정에서부터 정책결정, 정책평가, 정책환류에 이르기까지 일련의 복잡하고 동태적인 연속 순환과정을 거치게 된다. 이러한 정책이 산출되고 실행되는 데 거쳐야 할 일정한 단계적 절차를 정책과정이라고 한다. 정책과정에서는 다양한 이해관계를 가진 참여자들의 상호작용이 이루어진다. 정책과정에 참여하여 영향력을 행사하는 참여자들은 국가의 권력구조, 정치문화 또는 정책내용에 따라 다양하며, 이들의 역할을 구체적으로 살펴볼 필요가 있다.

본 장에서의 출제경향도 정책과정에서 의회, 대통령, 행정기관, 사법부 등과 같은 공식적 참여자와 정당, 이익집단, NGO 등 법적 권한을 갖고 있지 않은 비공식참여자들의 이해관계에 관한 문제가 출제되고 있다. 특히, 정책과정에서 각 참여자들의 역할과 지위, 영향력 행사방법, 이익집단과 NGO의 기능, 바람직한 정책참여 방안 등에 관한 문제가 주로 출제되고 있다.

이는 현대 정책이론에서 강조되는 거버넌스 패러다임 하에서는 과거의 관료제 모형과는 다르게 다양한 참여자가 정책과정에 진입하고 영향을 미치고 있기에 이러한 측면에 주목한 문제들이 출제되고 있는 것으로 분석된다. 따라서 과거의 정책과정 참여자와 현재 그리고 앞으로의 참여자의 주체와 역할에 대한 변화 및 변화양상에 대해서도 주목해 둘 필요가 있을 것이다.

그러므로 본 장을 학습하는데 유의할 점은 정책이 이루어지는 전반적인 정책과정에 대해 이해하고, 정책과정의 각 단계별 특징을 설명하면서 다양한 참여자들의 역할과 관련지어 영향력을 비교·검토해 볼 필요가 있다는 것이다.

또한 정책과정과 참여자, 정책과정의 단계뿐만 아니라, 정책참여자의 권력에 입각한 정책과정모형으로서의 권력모형(엘리트 이론, 다원주의 이론, 하위정부모형, 정책네트워크 등)에 대해서도 학습할 필요가 있다. 이는 정책참여자들의 권력의 원천에 따라 정책과정에 영향력을 행사하는 전략이 달라지기 때문에 정책의 정치학적인 요소인 권력에 입각한 정책과정모형에 대한 이해가 중요한 것이다.

고시기출문제 정책과정의 참여자는 공식적 참여자와 비공식적 참여자로 구분할 수 있다. 이 참여자들이 정책과정에서 영향력을 행사하는 방법에 대해 설명하시오[2010년 행시].

답안작성요령

핵심 개념

본 문제는 정책과정의 참여자에 대해서 묻고 있다. 정책과정은 정책의제설정, 정책결정, 정책집행, 정책평가 단계로 이루어지며, 각 과정에는 이를 주도적으로 이끌거나 개입하여, 직·간접적인 영향을 미치는 개인이나 집단이 있다. 이들은 정책과정의 다양한 이해관계를 가진 참여자로서 이들 간의 상호작용이 이루어진다. 이들은 헌법적, 법적 권한을 가진 의회, 대통령, 행정기관, 사법부 등과 같은 공식적 참여자와 법적 권한을 갖고 있지 않은 정당, 이익집단, NGO, 일반국민, 전문가 및 학자, 언론기관 등과 같은 비공식적 참여자로 나눌 수 있다.

정책과정에서 각 참여자들이 영향력을 행사하는 방법: 공식적 참여자와 영향력

우선 정책과정에서 법적, 제도적으로 참여가 보장된 공식적 참여자들이 영향력을 행사하는 방법을 설명하면 다음과 같다.

첫째, 의회의 경우 정책의제설정 단계에서는 입법조사기능을 강화하고, 미래예측에 기초한 미래지향적 입법형성의 기능을 강화시킴으로써 의제설정 기능을 강화시킬 수 있다. 정책결정 단계에서는 중요한 정책을 최종적으로 결정할 권한, 즉 입법권을 행사하거나 국민의 대표기관으로서 예산심의를 무기로 하여 대통령과 행정기관에게 비공식적인 압력을 가하는 방법을 행사하기도 한다. 정책집행 및 평가 단계에서는 간접적으로 예산심의와 국정감사나 조사, 의회에서의 질의나 토론을 통해 집행 활동에 영향력을 행사할 수 있다.

둘째, 대통령의 경우 영향력은 막강하다. 정책의제설정 단계에서는 대통령이 관심을 갖는 대부분의 사회문제는 정책문제로 채택될 정도로 적극적인 영향력을 행사한다. 정책결정 단계에서는 국회 의결을 거친 법률을 거부하거나 정책안을 국회에 제안하는 권한 등의 방법으로 영향력을 행사할 수 있다. 정책집행 단계에서는 행정수반으로서 행정기관을 지휘하여 모든 정책의 집행을 감독한다는 권한과 책임을 가졌다는 측면에서 대통령의 전속적 권한이라고도 할 수 있다. 정책평가 단계에서는 원칙적으로 소극적인 영향력을 행사하지만 환류 단계에서 정책평가 결과를 반영하는 데에는 결정적인 영향력을 행사할 수 있다.

셋째, 행정기관의 경우에도 정책과정에 미치는 영향은 매우 크다. 이는 장기간에 걸쳐 수행한 업무 경험과 정보가 축적되어 전문성을 보유하고, 현실가능성 높은 정책대안을 공유하고 있기 때문이다. 특히 의회의 권한이 미약하고 이익집단의 자율성이 제대로 확립되어 있지 않은 경우에 영향력은 커진다고 볼 수 있다. 정책의제설정 단계에서는 실현가능한 정책대안을 검토하고 제시함으로써 영향력을 행사하며, 정책결정 단계에서는 매우 중요한 영향력을 행사하는데 정책을 수정, 보완하거나 새로운 정책대안을 탐색하는 실질적 영향력을 갖고 있기 때문이다. 정책집행 단계에서는 광범위한 재량권을 갖고, 많은 권한을 위임받아 필요한 인적·물적 자원을 동원 및 배분하는 영향력을 행사한다. 정책평가 단계에서는 해당 정책에 관한 평가 시 필요한 정보와 자료를 선택적으로 제공함으로써 영향력을 행사할 수 있다.

넷째, 사법부의 경우도 행정기관만큼은 아니나 중요한 영향력을 지닌다. 정책의제설정 단계에서는 사법부의 결정이 정부가 기존에는 심각하게 생각하지 않았던 문제를 재인식하게 하여 대책 마련에 대해 촉구하는 계기가 되게 한다. 정책결정 단계에서는 새로운 정책결정에서 새롭게 결정될 정책내용의 범위를 대법원 판례 혹은 헌법재판소 결정 등을 통해 확정함으로써 영향력을 행사할 수 있다. 정책집행 단계에서는 명령심사권, 행정재판권을 보유하여 정책집행의 지속과 중단 여부, 내용과 방법 수정 등에 대한 판단 등을 통해 영향력을 행사한다.

정책과정에서 각 참여자들이 영향력을 행사하는 방법: 비공식적 참여자와 영향력

비공식적 참여자들이 정책과정에서 영향력을 행사하는 방법을 살펴보면 다음과 같다.

첫째, 정당의 경우 정책의제설정 단계에서는 이익표출과 이익결집의 두 가지 기능이 결합된 활동이 이루어진다. 국민 개개인을 대신하여 표출된 각종 요구들을 결집하는 정책대안을 만들거나, 이를 선거 시 공약사항 혹은 정당정책으로 만들어 정책의제로 설정되도록 하여 영향력을 행사할 수 있다. 정책결정 단계에서는 집권여당의 경우에는 중요한 정책을 결정하여 국회 제출, 가결되도록 실질적 영향력을 행사할 수 있다. 정책집행 단계에서는 정책이 원하는 방향과 방법으로 추진되도록 행정기관의 장관, 차관 등에게 영향력을 행사하거나 야당의 경우에는 정책에 대한 비판적 평가, 집행과정에서의 실패, 실수, 행정부패 등 국정감시기능을 통해 영향력을 행사할 수 있다.

둘째, 이익집단의 경우 정책의제설정 단계에서는 이익표명을 통해 정부기관에 대해 요구하는 형태와 대중의 지지 등 정치적 지지를 동원하고, 실현가능성 있는 정책대안을 제시하는 등의 결정적인 역할을 수행하면서 영향력을 행사할 수 있다.

셋째, NGO의 역할도 중요하다. 정책의제설정 단계에서는 기존 정부 정책집단에서 고려하지 못한 특정 사회, 정치, 경제적 이슈에 대한 문제를 제기하고, 다양한 가치를 정책에 투영하거나 시민들의 참여를 확대함으로써 특정 이슈에 대한 정부의 관심과 시민의 지지기반을 확보하게 한다. 정책결정 단계에서는 고위 정책결정자들에게 전문적인 지식, 자료 제공, 자체연구기관을 통해 중요 정보를 제공하거나 정치적 압력, 시위, 집회, 항의, 기부, 투표, 이익집단 간 첨예한 이해관계에서 중재적 역할을 수행하는 등 영향력을 행사할 수 있다. 정책집행 및 평가 단계에서는 공익적인 관점에서 감시, 비판하거나 정부와 상호의존적 협조적 관계 속에서 파트너로써 직·간접적 집행활동에 참여할 수 있으며, 평가위원회, 세미나, 포럼, 기자회견 등을 통해 영향력을 행사할 수 있다.

넷째, 시민의 경우에는 정책과정 전 단계에 걸쳐 투표를 통해 혹은 직접 선거에 출마하거나 공직자 접촉, 여론과 대중매체에 호소, 인터넷 및 전자정부를 통해 영향력을 행사할 수 있다.

다섯째, 언론기관에서는 여론을 형성하여 공중의제화하거나 정책평가에 관한 언론보도 등을 통해 행정통제를 수행하고, 집행 상 정책공동체 전문가들 사이에 주요 대안을 소개하는 방식으로 영향력을 행사할 수 있다.

여섯째, 전문가집단의 경우 정책의제형성 단계에서는 사회문제에 관한 심각성을 경고하고, 점화역할을 하며, 정책결정 단계에서는 정책대안을 제시하거나 해결할 가능성을 제시한다. 정책평가 단계에서는 정책성과에 관한 비교평가를 통해 영향력을 행사한다.

고득점 핵심 포인트

정책과정 내 단계별 특징을 설명하면서 공식적, 비공식적 참여자의 역할과 관련지어 영향력을 설명하는 것이 중요하다. 정책과정 전반에 걸친 참여자들의 역할 및 영향력 행사 방법을 설명할 수도 있으나, 각 정책과정 내 단계별로 참여자들의 영향력 행사 방법과 영향력 강도 정도를 설명하고, 각 단계별 참여자들의 역할과 영향력을 비교하는 것이 좋을 것이다(본서 제5장 본문 정책과정론 참조 바람).

주요 과정에서 영향력을 행사하였던 참여자들의 실제 사례를 들어 설명하는 것이 고득점을 위한 전략이라고 할 수 있다. 대통령과 행정기관의 영향력은 언제나 중요하다고 할 수 있으나, 의회의 영향력이 최근 들어 증가하고 있는 점도 기술해 줄 필요가 있다. 또한 NGO의 역할에 대해서도 중요하게 출제된 바 있듯이, NGO의 대표성과 영향력, 장점과 그 한계 등에 대해서도 언급해 주면 더 높은 점수를 받을 수 있을 것이다.

고시기출문제 최근의 각종 정책사례를 볼 때, 정책과정에서 이익집단들의 참여가 매우 활발하게 나타나고 있다. 정책과정에서 이익집단의 참여에 대한 순기능과 역기능을 기술하고 역기능을 완화 할 수 있는 방안을 제시하시오[2003년 행시].

답안작성요령

핵심 개념

본 문제에 대한 기술은 정책과정에서 이익집단의 참여가 나타나게 된 맥락을 기초 삼아 이익집단의 순기능과 역기능을 비교 논하는 것이 핵심이다. 또한 이러한 논의를 기반으로 하여 바람직한 발전방향으로 나아가기 위한 역기능 완화 방안을 제시하여야 한다.

'이익집단'은 특정분야에서 이해를 같이하는 사람들이 자기단체에 유리한 결정을 가져오기 위해 영향력을 행사하도록 형성된 집단이다(권기헌, 2008: 117). 이익집단은 사회의 다양한 이익을 정책에 반영시키는 순기능을 하는데, 그들이 지지하는 정책에 정당성을 부여하고, 정책의 집행을 돕는 등 체계적 기능을 수행한다(Pross, 1986: 53-84).

이익집단의 순기능과 역기능

이익집단의 순기능으로는,

① 이익표출기능을 수행: 사회의 다양한 관점과 가치관들 중에서 문제가 되고 중요하게 생각되는 이익들을 표출하는 기능을 수행한다.

② 정보 및 문제해결책 제공: 이익집단을 그들의 이익을 위해서 문제에 대한 정보, 문제해결에 대한 정보를 제공한다. 이는 정치체제의 분석력을 보완하는 기능과 문제에 대한 풍부한 이해를 가능하게 한다.

③ 사회의 다양한 이익을 정책에 반영시키는 기능을 수행

④ 그들이 지지하는 정책에 정당성을 부여하고, 정책집행을 돕는 등의 체계적 기능을 수행

이익집단의 역기능으로는,

① 소수 구성원을 지닌 이익집단이 대중의 희생 위에서 자신들의 특수이익을 증진시킴

② 강한 이익집단이 약한 이익집단을 희생시킴

③ 정책의제설정 단계에서 무의사결정의 시도, 정책에 대한 무조건적·비이성적 거부

이익집단의 역기능 완화 방안

이익집단의 역기능을 완화하여 바람직한 발전방향으로 나아가기 위해서는 다음과 같은 방안을 제시할 수 있다.

정책과정의 개방화	• 정책과정에 관련 집단들이 참여할 수 있게 개방되어야 함. • 결정절차의 투명성과 접근성 제고 • 발언실명제, 속기록작성, 결정실명제, 절차의 공개, 정보의 공유 • 행정절차법과 정보공개법 개정
공정한 참여기회의 부여	• 활동적 소수(Screaming Minority)와 침묵하는 다수(Silent Majority)의 과대대표와 과소대표의 문제 해결 • 담론적(Discourse) 정책결정을 도입·확대, 근본문제에 대한 사회적 합의 • 약한 집단에게 우선적(Affirmative) 배려를 할 필요 ⇨ 여성, 청소년, 장애인 ⇨ 대표관료제
정책공동체의 지원 사이버네트워크	• 정책공동체 건설을 위한 정부윤리·정책신뢰 제고 • 사이버에 기반한 정책공동체 활성화 지원

자료: 정경호, 핵심정책학, 2011에서 수정.

고득점 핵심 포인트

정책결정과정 전반에서 이익집단의 영향력이 증가하고 있음을 인지하고 있어야 한다. 이익집단의 개념 및 기능에 대해서 서술하는 것이 기본이며, 이익집단의 구성논리에 대한 이론적 근거도 밝혀주면 좋을 것이다.

M. Olson의 그의 명저, 집합행동의 논리(The Logic of Collective Action)에서 다원주의 정책과정의 순진한 환상(*naive expectation*)을 비판하면서, 왜 자원이나 조직의 응집성 높은 이익집단(예컨대 의사협회, 대기업유통협회)이 약한 이익집단(예컨대 환자협회, 소상공인협회)에 비해 정책과정을 점유할 수밖에 없는지, 그리하여 강한 이익집단의 이익이 항상 승리하는 방향으로 정책과정이 흐를 수밖에 없는지를 설득력 있게 보여주고 있다.

더 나아가 한국의 이익집단의 특성에 대해서도 언급하면서 역기능 완화방안을 서술하면 좋을 것이다. 한국의 이익집단은 한국의 전통적 문화 속에서 지역주의, 폐쇄주의, 연고주의 등의 비판을 받아왔다. 따라서 본 답안에서는 이들이 시민사회의 건강한 담론기능이 활성화되는 다원적 민주주의의 토대로서 기능하기 위한 다양한 역기능 완화방안을 논의해 주어야 한다. 예컨대, 위에서 언급된 바와 같이, 정책과정의 개방화를 통한 투명성 제고, 공정한 참여기회의 부여, 사이버 공간에서의 건강한 담론 형성 및 지원 등이 필요하며, 이러한 제도적 장치를 통해 이익집단의 이익이 한 방향으로 쏠리지 않도록, 그리하여 다원적 민주주의가 한 방향으로 왜곡되지 않도록 하는 노력이 필요할 것이다. 최근 양극화의 심화 및 자본주의 4.0 논의를 겪으면서 경제민주화 기업형 슈퍼마켓의 규제 등의 논의들도 이러한 필요성의 연장선상에 있다는 점을 이해할 필요가 있겠다(본서 제5장 정책과정론 이익집단 참조 바람; 또한 졸저, 정의로운 국가란 무엇인가(박영사, 2012) 참조 바람).

고시기출문제 최근 정책과정에서 NGO의 참여가 매우 활발하게 이루어지고 있다[2007년 행시].

1) 정책과정에 참여하는 NGO의 순기능과 역기능에 대하여 구체적인 정책사례를 들어 설명하시오.

2) 정책과정에서 NGO의 역기능을 완화할 수 있는 방안에 대하여 논하시오.

답안작성요령

핵심 개념

본 문제에서 묻고 있는 정책과정에서 NGO의 순기능과 역기능을 제시하기 위해서는, 먼저 'NGO'의 개념 및 등장배경을 제시하는 것이 필요하다. 먼저, 'NGO'란, 공공의 이익을 추구하기 위해 민간이 자발적으로 형성하여 자주적으로 운영하는 비영리 민간조직이다.

NGO의 등장배경으로는 첫째, 정부실패·정부불신·관료조직 한계에 따른 높은 도덕성과 신뢰성을 지닌 NGO에 대한 국민 기대의 증가, 둘째, 비시장적·비정부적 영역의 공공서비스의 수요 증가, 셋째, 공공서비스 수행방식의 NGO에 의한 탄력적·유연한 집행 가능을 기술할 수 있다.

정책과정에서의 NGO의 순기능과 역기능 및 구체적인 정책사례

NGO의 역할은 정책과정에서의 시민참여를 통한 사회문제의 해결이나 왜곡된 정치사회적 구조로 인한 소외계층의 이익을 대변하는 집합적 행동(*collective action*)을 하는 것이 핵심이다.

문제 1)에 답하기 위해서는 정책과정을 세분화하여 각각의 과정 속에서의 NGO의 역할을 기술한 후, 이를 토대로 나타나는 순기능 및 역기능에 대하여 논할 필요가 있다.

① 정책의제설정: 다양한 시민들의 의견을 대표하여 정책에 반영하고, 문제제기자이면서 동시에 정보생산자의 역할을 한다.

② 정책결정: 정책문제해결을 위한 정책아이디어의 개발 및 창안, 지식·정보의 제공, 그리고 정부를 대신하여 이해조정자 및 갈등중재자로서의 역할을 수행하고, 비영리영역의 방어기제로서의 전략적 역할을 수행한다.

③ 정책집행: 정책집행의 과정에서 행정부를 감시하고 비판하는 기능을 수행한다.

④ 정책평가: 정부의 요청에 의해 각종 공식적 평가위원회에 참여하고, 각종 세미나, 포럼, 기자회견 등을 통해 비공식적 정부정책 평가활동에도 참여한다.

정책과정의 참여자 역할로서 NGO의 순기능으로는, 시민의 의견을 적극 반영할 수 있으며, 소외된 목소리의 반영에 있어 제도권보다 수월한 측면이 있다. 또한 NGO는 공정한 시각에서 제기한 문제의식 등으로 사회의 지배집단에 의한 무의사결정 움직임을 차단할 수 있다. 반면에, NGO는 정부지원책에 의존하는 성향(수동적 성향)을 가지고, 하나의 이익집단으로서 변질될 가능성이 존재한다. 또한 전문성이 취약하다는 단점과 함께 과연 시민사회의 대표성을 지니고 있는가 하는 본질적 문제점이 존재한다.

정책과정에서 비공식 참여자로서 NGO의 참여의 기능분석을 위한 정책사례로는 동강댐 건설, 의약분업 등을 들 수 있다. 동감댐 건설을 예시로 보면, 정책과정에서 NGO라는 비공식 참여자가 정책과정에 참여함으로써 과거 개발위주 '경제성'에 대한 비판적 근거를 제공해 주는 한편, '삶의 질과 환경'에 대한 고려를 정책의 정당성을 판단하는 기준으로 제시되도록 하였다. 그 결과, 환경 NGO들의 주도로 전국적인 연대가 형성되어 정책 자체의 오류를 내세운 전문성으로 여론의 지원을 받아 정부 정책을 변화시켰다. 한편, 지방자치제 도입 이후 NGO를 포함한 다양한 이익단체들과 지역주민들을 포함한 지방의회 및 지방정부가 결합하여 중앙정부와 대립할 경우 갈등은 증가하며 이를 조정하기는 더욱 어려워진다는 점을 보여준 사례이다.

정책과정에서 NGO의 역기능을 완화할 수 있는 방안

문제 2)에서는 정책과정에서 NGO의 역기능을 완화하고 발전적 방향으로 나아가기 위한 방안을 묻고 있다. 이에 대한 답으로 다음과 같은 방안을 제시할 수 있다.

① 대표성 강화: 내부지배구조의 투명성과 민주성 확대(시민들의 적극적인 참여)를 통한 대표성 제고

② 전문성 강화: 백화점식 운동을 지양해야 하며 전문역량 강화를 추진해야 한다. 이를 통해 NGO에 대한 신뢰를 회복할 수 있다.

③ 재정력 확충: 정부지원에 의존하지 말고 자체 재원확보 노력을 해야 한다. 정부 입장에서도 다양한 모집방법을 인정하는 등 NGO의 재원 확보를 지원하는 것이 좋을 것이다.

④ NGO 간 연대 강화와 정책네트워크에 참여를 통해 정책결정자와의 교류를 확대해야 한다(정경호, 핵심정책학, 2011에서 수정).

고득점 핵심 포인트

본 문제는 정책과정의 비공식적 참여자로서 활발한 참여를 이루고 있는 NGO에 대해서 묻고 있다. 그러므로 NGO의 정책과정 참여가 과거에 비해 왜 두드러지게 되었는지에 대한 배경적 맥락을 기술한 후 이를 토대로 정책과정에서 가지는 순기능과 문제점으로 등장하는 역기능을 제시하여야 한다. 이어서, 사례의 선정에 있어서도 NGO가 적극적으로 개입하고, 충분하게 사회적으로 논의가 이루어진 사례를 통하여 NGO의 정책참여에 대한 분석에 심층적으로 다가가야 한다. 이러한 논의를 바탕으로 NGO의 역기능에 대한 완화방안을 논리적으로 기술하여야 한다(본서 제5장 본문 정책과정의 참여자 참조 바람).

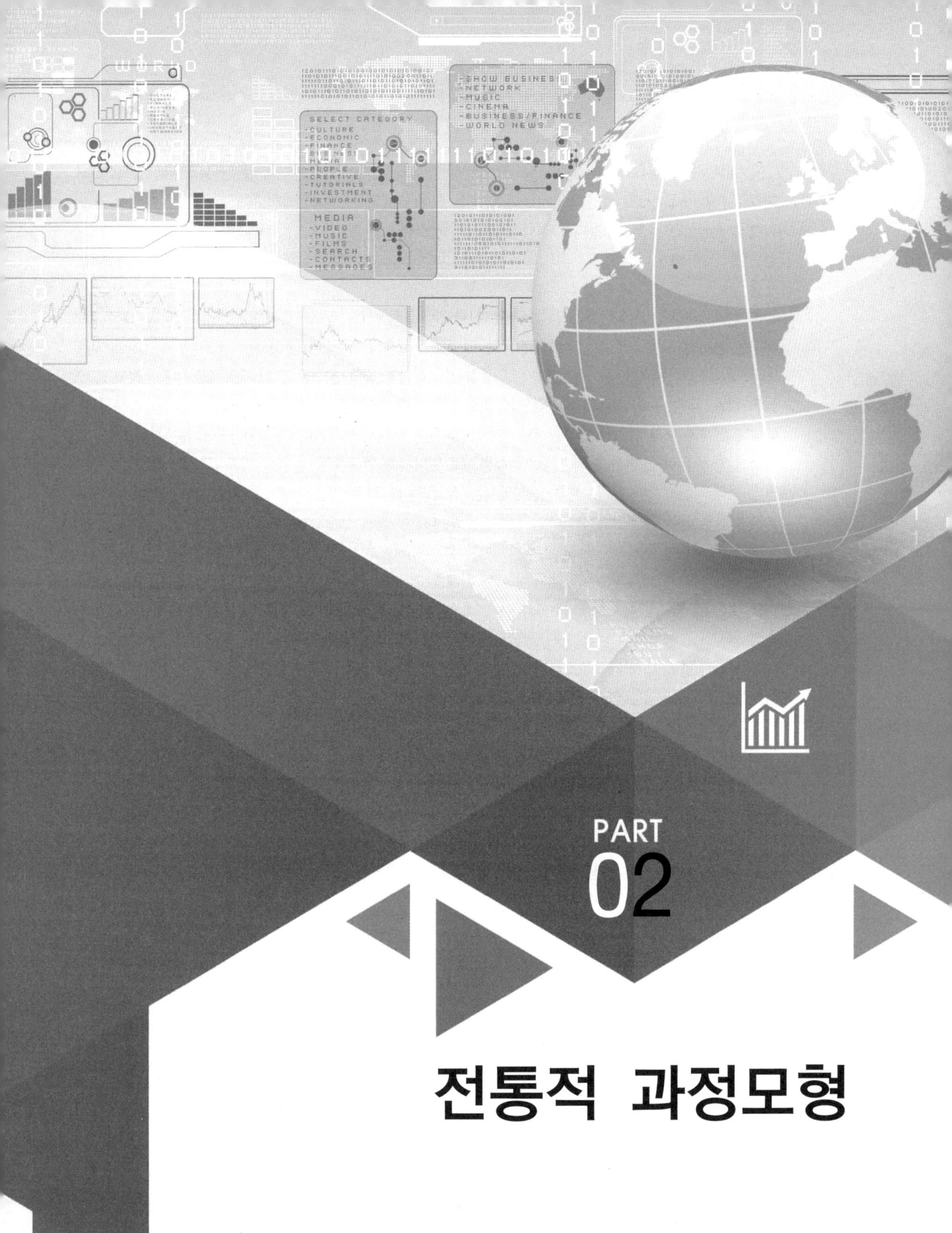

PART 02

전통적 과정모형

Stage Model

제2부에서는 전통적 과정모형(Stage Model)에 대해서 논의한다. 이 부에서는 전통적으로 정책학에서, 예컨대 Sabatier(1993) 혹은 Jenkins-Smith & Sabatier(1993) 등이 과정모형(Stage Model)이라고 지칭했던 전형적인 정책과정들, 즉 정책형성론, 정책분석론, 정책집행론, 정책평가론, 정책변동론에 대해서 검토한다.

정책형성론에서는 사회문제가 정책문제로 전환되는 과정에서의 정책의제형성론과 정책결정이 직접 이루어지는 논리와 모형을 다루는 정책결정론에 대해서 논의한다. 정책분석론에서는 정책분석의 차원과 기준에 대해서 먼저 논의한 후, 정책분석이 이루어지는 과정에 따라 정책문제 및 정책목표 설정, 정책대안의 탐색 개발, 대안 결과의 예측, 정책대안의 비교 평가 등에 대해서 논의한다. 정책집행론에서는 정책집행의 의의와 단계에 대해서 먼저 논의한 후, 정책집행이론에 대해서 논의한다. 정책평가론에서는 정책평가의 목적과 절차에 대해서 먼저 논의한 후, 정책평가에 있어서의 인과관계, 실험적 평가 방법과 비실험적 평가 방법 등에 대해서 논의한다. 정책변동론에서는 정책변동의 의의 및 유형에 대해서 먼저 논의한 후, 정책승계와 정책종결, 정책변동모형 등에 대해서 논의한다.

정책은 산출되고 실행되는 데 있어 일정한 단계를 거치며, 그 자체가 일련의 진화과정을 거치는 생명주기를 갖는다. 즉, 정책은 정책의제설정에서부터 정책결정, 정책집행, 정책평가, 정책변동에 이르기까지 일련의 복잡하고 동태적인 연속 순환 과정을 거친다. 정책과정은 미래의 바람직한 목표설정 및 정책결정으로부터 출발한다. 미래의 소망스러운 가치 실현을 위한 목표설정과 정책결정이 잘못 형성된다면, 아무리 정책집행과 정책평가를 잘 한다고 해도 소용없을 것이다.

정책학의 최대 관심사항은 정책성공을 최대화하고, 정책실패를 최소화하는 것이다. 정책성공을 최대화하기 위해, 정책결정에서는 정책결정의 합리성을 극대화할 수 있는 정책결정모형에 대해 논의하며, 정책집행에서는 정책집행의 성공가능성을 최대화하기 위한 방안으로서 하향식·상향식·통합형 모형에 대해 논의한다. 정책평가에서는 정책성공과 실패에 대한 정확한 평가를 위한 실험·비실험 평가방법을 논의하며, 정책변동에서도 정책성공과 정책학습의 가능성을 제고하기 위해 정책혁신→정책유지→정책승계→정책종결에 대한 정책변동모형을 논의하게 되는 것이다.

제2부에서는 이러한 전통적 의미를 지니는 전통적 과정모형(Stage Model)에 대해서 학습하며, 정책형성론, 정책분석론, 정책집행론, 정책평가론, 정책변동론의 순서로 논의한다.

정책은 산출되고 실행되는 데 있어 일정한 단계를 거치며, 그 자체가 일련의 진화과정을 거치는 생명주기를 갖는다. 즉, 정책은 정책의제설정에서부터 정책결정, 정책집행, 정책평가, 정책변동에 이르기까지 일련의 복잡하고 동태적인 연속 순환 과정을 거치는 것이다. 전통적 과정모형에서는 정책과정을 '정책의제설정-정책결정-정책집행-정책평가-정책변동'의 단계로 구분하는데, 이 중 앞의 두 단계인 정책의제설정과 정책결정부분을 집중적으로 논의하는 것을 정책형성론이라고 한다.

과거 전통적 관료제 모형하에서는 정책의제설정이 동원형·내부주도형이 많은 비중을 차지하였고, 정책결정에 있어서도 기술적 합리성(효율성)이 중시되었으나, 현대 정책이론에서 강조되는 거버넌스 패러다임하에서는 정책의제설정에 있어 외부주도모형의 중요성이 상대적으로 부각되고 있고, 정책결정에 있어서도 정치적 합리성(민주성)의 중요성이 강조되고 있다. 또한 Post-Lasswell 정책학 패러다임하에서는 정책의제설정에 있어서 조직 구성원들 간의 대화 및 커뮤니케이션을 통한 의견수렴 및 합의도출이 강조되고, 정책결정에 있어서도 정책 행위자들의 참여·숙의·합의를 통한 정책결정의 민주성 확보가 강조되며, 정책실명제 및 정책학습의 중요성이 부각되고 있다.

제6장에서는 이러한 의의를 갖는 정책형성론에 대해서 학습한다. 제6장 정책형성론은 정책의제설정이론과 정책결정이론으로 구성되어 있다. 전자가 정책문제 채택단계라면, 후자는 정책문제 결정단계에 해당된다. 정책결정이 이루어지기 전까지의 분석을 다루는 정책분석도 정책형성과 동전의 양면처럼 구성되어 있으나, 정책분석론의 분량과 중요성을 감안하여 독립시켜 논의하기로 한다.

먼저, 정책의제설정이론에서는, 정책의제설정이론의 의의 및 중요성, 정책의제설정의 절차와 유형, 정책의제설정을 좌우하는 요인, 의제설정모형(외부주도모형, 동원모형, 내부주도모형)에 대해 학습한다. 다음으로, 정책결정이론에서는 정책결정의 본질, 기준, 단계, 정책결정모형(합리모형, 점증모형, 만족모형, 최적모형, 혼합탐사모형, 쓰레기통모형, Allison모형) 등에 대해서 검토하고, 여러 정책결정모형과 관련된 사례에 대해서 학습한다.

제 1 절 정책의제설정이론

제1절에서는 정책형성론의 첫 단계인 정부의 정책문제채택 단계를 다루는 정책의제설정이론에 대해서 학습한다. 구체적으로 정책의제설정이론의 의의 및 중요성, 정책의제설정의 절차와 유형, 정책의제설정을 좌우하는 요인 등에 대해서 학습하기로 한다.

정책의제설정이론에서의 우리의 관심사항은 어떻게 이슈가 창출되는가, 어떤 것이 유독 공중의제에서 정부의제로 성공하는가에 관한 것이다. 먼저, 어떻게 이슈가 창출되는가에 대해서 J. Kingdon (1984)은 이슈의 촉발장치로 극적인 사건과 정치적 사건을 들고 있으며, 어떤 것이 유독 정부의제로 성공하는가에 대해서는 주도집단, 문제의 성격, 정치적 요소를 중요하게 다룬다.

1. 정책의제설정의 의의

1) 개 념

정책의제설정(Policy Agenda Setting)이란, 정부가 정책적 해결을 위하여 사회문제를 정책문제로 채택하는 과정 또는 행위를 의미한다. 즉, 정책의제설정이란 사회에 있는 개인 및 각종 집단의 요구들이 정부의 진지한 관심대상으로 전환되어가는 과정으로서, 정부가 사회문제를 정책적으로 해결하기 위해서 심각하게 검토하기로 결정하는 행위 또는 과정을 의미한다(유훈, 1986: 167; 정정길, 1997: 247). 또한, 무수한 사회문제들 중에서 일부분만이 정책의제로 채택되고 나머지는 방치된다는 점에서, 어떠한 사회문제가 어떻게 정책의제로 채택되느냐 하는 것은 매우 중요한 관심의 대상이 아닐 수 없다. 정책의제설정은 어떻게 이루어지는 것이며(실증적인 측면), 또 어떻게 이루어지는 것이 바람직한 것인가(규범적 측면)에 대한 논의가 이 장에서의 중요한 쟁점이 된다.

2) 중요성: 정책의제와 미래예측

정책의제설정은 다음과 같은 측면에서 매우 중요한 의미를 지닌다.

첫째, 정책의제설정은 정책과정의 첫 번째 단계라는 점이다. 어떠한 사회가 반드시 해결해야 할 아무리 중요한 사회문제라 할지라도, 그 문제가 정책의제로 채택되지 않으면 정책으로 형성되어 집행될 수가 없으며, 반면에 정책의제로 채택이 되면 해당 사회문제는 해결가능성이 매우 높아지게 된다.

둘째, 정책의제설정이 이후에 전개되는 정책과정, 즉 정책의 결정·집행·평가과정에 영향을 미친다는 점이다. 대개의 경우 사회문제가 아무리 그 사회에 커다란 피해를 주고 있다 하여도 이에 대한 정책적 해결방안이 존재하지 않으면 정책의제로 채택되기 어렵다. 왜냐하면 문제를 해결할 수 있는 정책대안이 존재하지 않는 사회문제를 정치체제가 위험을 부담하면서까지 정책의제로 채택할 가능성은 매우 적기 때문이다. 따라서 대개의 경우 정책의제로 채택된 사회문제는 이미 정책의제설정과정에서 정책이해당사자 및 정책결정권자들 간에 해결을 위한 정책대안에 대한 논의가 상당히 진행된 것이고, 이 과정에서 정책대안의 범위가 어느 정도는 결정된 것이라는 점에서 정책의제설정은 그 자체로 큰 의미를 지닌다.

미래예측이라는 관점에서도 정책의제설정은 매우 중요한 의미를 지닌다. 정치체제의 역량(인적·물적 자원) 및 정책역량의 한계 때문에 모든 사회문제를 정부가 해결할 수는 없으므로 사회문제들 중에서 가장 중대하고 우선순위가 앞서는 사회문제들을 정확한 미래예측을 기초로 선정하여 정책의제화하는 적극적인 노력은 매우 중요한 의미를 지닌다고 할 수 있다. 정책연구의 본질은 기존의 정책문제해결 수준을 넘어서서 적극적 문제탐색을 통해 미래의 새로운 가치를 지향하는 데 있으며, 따라서 미래예측에 기초한 정책문제탐색과 정책의제설정 그리고 여기에 기초한 정책설계는 매우 중요한 의미를 지닌다 하겠다.

2. 정책의제설정의 과정과 유형

1) 정책의제설정의 과정과 유형

(1) 정책의제설정 단계별 문제의 성격

사회문제가 공식적으로 정책문제로 채택되기까지는 여러 단계를 거치게 된다. 정책의제설정 과정을 이해하기 위해서는 각 단계마다 다루어지는 문제의 성격을 살펴볼 필요가 있다.

㈎ 사회문제

사회문제란 사회에서 영향력 있는 집단이 사회의 표준에 어긋난다고 인식하거나 또는 사회조직의 중요한 어떤 측면을 파괴하는 것으로 인식한 어떤 상태를 말한다. 즉, 사회의 영향력 있는 집단 혹은 많은 사람들이 느끼는 결함이나 기대에 미치지 못하는 상황을 의미한다.

(나) 사회적 쟁점

사회적 쟁점이란 사회문제 중에서도 다수의 집단들 간에 의견의 일치를 보기 어려운 사회적 이슈가 쟁점화된 것을 말한다.

이처럼 어떠한 사회문제를 놓고 다수의 개인이나 집단들 간에 논쟁을 벌이는 이유는, 이에 관련된 개인이나 집단이 서로 다른 정보를 가지고 있을 뿐만 아니라, 가치관에서도 차이가 있어 다양한 견해를 가지고 있기 때문이다.

사회문제의 해결은 토론의 과정과 숙의의 과정을 거친다. 즉 사회문제의 개념이 어떻게 규정되느냐에 따라 해결방법이 달라지고, 해결방법이 어떻게 결정되느냐에 따라 이 문제의 해결에 의한 수혜집단과 피해집단이 달라지기 때문에, 사회적 이슈화의 과정은 문제정의를 위한 토론의 과정이며 또한 숙의의 과정이기도 하다. 따라서 사회적 이슈화의 과정에서는 사회문제의 핵심적 성격을 규정할 수 있는 강제력을 지닌 공식적 기관이 존재하지 않는다. 이러한 사회문제가 사회적 쟁점이 되기 위해서는 극적인 사건이나 위기와 같은 점화계기(*triggering event*)가 있어야 한다.

(다) 공중의제

공중의제는 사회문제 혹은 사회적 쟁점이 한 단계 더 나아가 일반공중의 주목을 받게 된 의제를 의미한다. 따라서 공중의제가 되려면 사회문제가 많은 사람들에게 알려지고 또한 그 문제의 해결이 정부의 권한에 속하는 문제로 인식되어야 한다.

(라) 정부의제

정부의제는 공중의제 중에서 정부가 해결하기로 공식적으로 밝힌 문제이다. 즉 정부의제는 공중의제 중에서 정부기관으로 투입되게 된 것이다. 어떤 공중의제는 정부의제화되고, 어떤 것은 정부의제화되지 못하는가 하는 것이 정책의제설정이론의 핵심이슈이다.

(2) 정책의제설정의 과정

정책의제가 설정되는 과정은 매우 복잡하다. 일반적으로 정책의제설정은 「사회문제 → 사회적 쟁점 → 공중의제 → 정부의제」의 과정을 거쳐 이루어진다(Cobb & Elder, 1972: 82-89).

사회문제 → 사회적 쟁점 → 공중의제 → 정부의제

그러나 사회가 처한 정치적, 경제적, 사회적 여건과 사회문제의 성격에 따라, 정책의제설정의 과정은 다음과 같이 다양하게 전개된다.

첫째, 사회문제가 바로 정부의제가 되는 경우이다. 국가의 최고정책결정자가 문제의식을 갖고 추진하는 경우에 나타나는 유형으로 후진국에서 많이 나타난다. 우리나라 제3공화국에서 박정희 대통령이 농촌의 빈곤문제를 해결하기 위해 새마을 운동을 추진한 것은 이러한 유형에 속한다.

사회문제 → 정부의제

둘째, 사회문제가 사회적 쟁점으로 부각되고, 이것이 공식적인 정부의제로 채택되는 경우이다. 이러한 과정은 사회문제가 쟁점화되었으나, 정부가 이를 해결하는 것이 옳으며 또 해결해야 한다고 많은 사람들 간에 합의가 있기 전에, 정책결정론자들이 먼저 이를 정부의제로 채택하여 심각하게 검토하는 것이다. 이 유형 또한 후진국에서 흔히 나타난다.

사회문제 → 사회적 쟁점 → 정부의제

셋째, 사회문제가 대중에게 인식되고, 또한 문제해결을 위해서 정부의 노력이 필요하다는 사회적 합의가 급속히 확산되어 정부의제로서 성립되는 경우이다. 흔히 극적인 사건이 발생하여, 문제의 심각성에 대한 인식이 급속하고 광범위하게 확산되었을 때 나타난다.

사회문제 → 공중의제 → 정부의제

넷째, 반복적 또는 관습적으로 정부의제화되는 경우이다. 예를 들어, 수시로 또는 반복적으로 정부의제로 다루어지고, 그 결과 정책변화가 이루어지는 입시정책을 들 수 있다.

2) 정책의제설정의 유형

정책의제설정은 주도집단이 정부 내의 세력인가 외부의 세력인가에 따라서, 정책의제설정과정의 절차만이 아니라 정책과정 전반에 걸쳐서 차이가 있게 된다. Cobb & Ross(1976)는 미국과 같이 다원화된 정치체제에서 주로 나타나는 외부주도형과 후진국에서 주로 나타나는 동원형, 그리고 양자의 성격이 혼합된 또 하나의 유형을 내부접근형이라고 하여 정책의제설정과정을 세 가지로 유형화하였다(Cobb and Ross, 1976: 126-128).

(1) 외부주도형

㈎ 의 의

정부 바깥에 있는 시민들이나 집단이 외부에서 주도하여 사회문제를 해결해 줄 것을 정부에 요구하여 결국 정부의제로 채택하도록 하는 의제설정 유형이다. 이 유형은 민간주도형이라고도 하며, 외부집단이 주도하여 정책의제 채택을 정부에게 강요하는 경우로서 선진국에서 많이 나타나는 유형이다.

사회문제 → 공중의제 → 정부의제

(나) 특 징

외부주도형의 특징은 다음과 같다.

첫째, 외부주도형은 정부에 대하여 압력을 가할 수 있는 이익집단들이 발달하고 정부가 외부의 요구에 민감하게 반응하는 정치체계, 즉 다원화되고 민주화된 선진국 정치체제에서 많이 나타나는 유형이다. 따라서 언론기관의 역할이나 정당의 역할 등이 모두 중요하다.

둘째, 외부주도집단과 반대집단 간의 싸움과 타협은 정책의제설정과정에서 뿐만 아니라, 정책결정의 집행 및 평가에 이르기까지 계속되어 나타나며, 따라서 정책과정의 전반에 상당한 시간이 소요된다.

셋째, 정책이 외부주도집단에 의하여 의제화되고 상호 대립되는 이해관계인들의 타협 또는 조정의 산물이기 때문에, 정책내용이 상호충돌 모순적이며, 단기적 단편적인 성격을 띤다.

넷째, 외부주도집단이 반대집단을 누르고, 정부의 정책결정자를 움직일 만큼의 정치적 영향력을 가지고 있느냐에 따라, 사회문제가 정부의제로 공식적으로 거론될 수 있느냐의 여부가 결정된다.

다섯째, 주로 선진국에서 흔히 나타나며, 정책의제설정과정이 앞에서 기술한 일반적인 절차, 즉 사회문제 → 사회적 쟁점 → 공중의제 → 정부의제를 모두 거치는 경우가 많다.

정 책 사 례

군미필자들의 공직진출에 있어서 군필자들의 가산점으로 인해 피해를 입고 있다는 문제가 사회문제화되었다. 이 문제는 정부만이 해결할 수 있는 상태로서, 당시 이 문제에 대한 여성단체들과 군필자 사이에 온라인(인터넷) 등에서 심각한 대립 양상을 보이다가, 이화여대생과 장애인 등 6명은 이 문제에 대한 헌법재판소의 판결을 요구하였다. 1999년 12월 헌법재판소는 공무원 임용시험에 있어서의 군필자가산점제도는 위헌이라는 판결을 내리고, 결국 정부는 군필자에 대한 가산점을 폐지하기에 이른다.

(2) 동원형

(가) 의 의

동원형은 국가의 최고정책결정자에 의해 주도되는 유형이다. 후진국에서 많이 나타나는 유형으로서, 대통령이 사회문제에 대한 문제의식을 가지고 바로 정부의제화한 후, 이를 다시 일반 국민들에게 홍보하여 공중의제화로 국민적 인식을 확산시키는 경우이다.

사회문제 → 정부의제 → 공중의제

(나) 특 징

동원형의 특징은 다음과 같다.

첫째, 동원형은 정부의 힘이 강하고 민간부문이 취약한 후진국에서 많이 나타나는 유형이나, 선진국에서도 정치지도자가 특정한 사회문제해결을 주도하는 경우에 나타난다.

둘째, 사회문제가 정부의제로 먼저 채택되고, 정부의 의도적인 노력에 의해서 공중의제로 확산된다. 이때 공중의제화는 보통 정책결정이 진행되면서 이루어지는데, 정책결정 후에 이루어지는 경우도 있다.

셋째, 이 유형에서는 정책결정이 보다 분석적으로 이루어지며, 그 산출로서 정책의 내용도 종합적이고 체계적이며, 장기적인 성격을 띤다.

정책사례

노무현 정부에서 추진하는 행정중심 복합도시 건설을 들 수 있다. 대선 공약으로 내세웠던 이 사안은, 여당과 행정부에서 결정하고 이를 국민에게 설득시키기 위해 각 지역마다 공청회를 열며 행정수도 이전의 장점에 대한 홍보를 통해 대중의 지지를 얻고자 노력했다. 하지만 이 과정에서 관련집단(서울시 및 서울시의회)의 저항과 반대의견(행정중심 복합도시 건설안 폐지)의 제시로 당초 정부의 의도가 수정되는 결과로 나타나게 되었다.

(3) 내부접근형

(가) 의 의

내부접근형은 정부기관 내의 관료집단들이 사회문제를 정부의제화하는 경우를 말한다. 다시 말해, 사회문제가 정책담당자들에 의해 정책의제로는 채택되나, 공중의제화되는 것은 억제하는 정책의제설정 유형이라고 할 수 있다.

사회문제 → 정부의제

(나) 특 징

내부접근형의 특징은 다음과 같다.

첫째, 선진국의 경우 특수 이익집단이 비밀리에 정부의 혜택을 보려는 배분정책이나 외교·국방정책 등에서 나타나며, 후진국의 경우에는 배분정책이나 관료들이 주도하는 경제개발계획 등에서 흔히 나타난다.

둘째, 정부가 어떤 문제를 다룰 때, 일반대중이 그것을 사전에 알면 곤란하거나 시간이 임박했을 때 흔히 나타난다. 주도집단이 정책내용을 일반대중에게 알리지 않으려고, 공중의제화를 억제하기 때문에 일종의 음모형에 속한다고 할 수 있다.

셋째, 이 유형은 의제화가 쉽게 된다는 점에서 동원형과 일치하나, 동원형의 주도세력은 최고통치자나 고위정책결정자인 데 비해, 내부접근형은 이들보다 낮은 지위의 고위관료인 경우가 많고, 동원형의 경우에는 정부의제가 홍보활동을 통해서 공중의제화되는 데 반하여, 내부접근형은 공중의제화를 오히려 막으려고 한다는 점에서 차이가 있다(정정길 외, 2005: 275-276).

정 책 사 례

1979년 10·26 이후 당시 보안사령관이었던 전두환 장군이 주축이 된 당시 신군부 세력이 정권을 빼앗기 위해 K-공작계획을 수립·실행한다. 당시 국민들은 군인의 정치개입을 원하지 않는 상황에서 신군부 세력은, K-공작계획을 외부에 공개하지 않은 채, 그 계획에 따라 언론조작 등을 통해 주변의 정치적 상황을 자신들에게 유리한 쪽으로 설정하고, 결국 정권을 빼앗는 데에 성공한다. 이 K-공작계획은 전두환 장군이 직접적으로 계획을 수립·추진했다기보다는 당시 전두환 장군의 측근인 허삼수, 허화평, 이학봉, 허문도 등을 주축으로 추진된 계획이다. 이 K-공작계획은 한동안 외부로부터의 접근이 불가한 상태에서 1989년 '5공 청문회'를 통해 그 내용이 일반 국민들에게 알려지게 되었다.

(4) 기타 유형

(가) 포자모형과 흐름모형

외부주도형과 동원모형이 정책의제설정과정에 누가 주도적인 역할을 하며, 어떠한 전략을 사용하느냐 하는 측면에 설명의 초점이 있다면, 포자모형과 흐름모형은 사회적 이슈가 어떤 계기에 의해 사회적 환경에서 정부의 공식의제로 채택되느냐 하는 측면에 논의의 초점이 있다.

먼저 '포자모형'은 곰팡이의 포자가 일정한 환경이 조성되지 않으면, 균사체로 발전하지 못하고 포자의 상태를 유지하는 것과 같이, 어떤 사회적 이슈에 대하여 이해관계는 없으나 영향력이 없는 집단의 이슈가 평상시에는 정부의 정책의제로 발전하지 못한다는 것이다. 이에 비해 '흐름모형'은 정책의제의 형성과 정책대안의 구체화과정에서 능동적 참여자와 정책의제 및 대안이 논의되는 과정이 중요한 변수라고 보고 있다. 문제의 흐름(*problem stream*), 정책의 흐름(*policy stream*), 정치의 흐름(*politics stream*)의 3P가 중요한 변수라고 보고 있으며, 문제·대안·참여자·기회가 결합되면서, 정책의제가 형성된다고 보고 있다. 이를 J. Kingdon은 '정책의 창'(*policy window*)이 열린다고 표현하였다(J. Kingdon, 1984: 122-151).

(나) 포괄적 모형

포괄적 모형은 정책의제형성의 일반모형이라고 부르는데, 정부기관은 물론 비공공영역과 제3영역의 의제형성까지도 설명하고자 하는 모형이다. 정책의제형성과정은 사회문제, 사회적 쟁점, 공중의제, 정부의제 등의 과정을 거치는 것이 일반적이나, 정책문제의 태동은 체제 내에 장기적인 잠복기간을 거치는 과정에서, 행정체계 외적인 변수에 의해 서서히 또는 급격히 사회적 이슈로 등장하기도 하고, 정책결정·집행·평가가 이루어진 후에 환류작용에 의해 비슷한 문제나 전혀 다른 새로운 문제로 바뀌어, 사회적 쟁점으로 등장하기도 한다는 점을 모두 포괄하여 설명하는 모형이다.

3. 정책의제설정의 영향 요인

정책의제설정에 영향을 주는 요인에 대한 여러 학자들의 견해는 다양하다. 먼저, Cobb & Elder(1972)는 문제성격의 구체성과 주도집단의 사회적 유의성이 정책의제설정을 좌우하는 요인이라고 주장했다. 사회문제가 구체적일수록 그리고 사회적 유의성이 클수록 정부의제로 채택될 가능성이 크다. 사회문제로 인한 피해자의 수가 많거나 피해의 강도가 크거나 피해의 사회적 의미가 중대한 것이면, 그 사회문제는 중대한 또는 심각한 문제로 볼 수 있다. 이를 Cobb과 Elder는 사회적 유의성이라고 불렀다. Hogwood & Gunn(1984)은 1) 문제가 심각성과 특수성을 지니는 경우, 2) 제기된 문제가 감정적 측면을 가지고 있어 대중매체의 관심을 끄는 경우, 그리고 3) 많은 다수의 사람들에게 영향을 주는 문제일 경우, 4) 이미 해결책이 강구된 문제나 다른 지방자치단체에서 정책의제로 채택된 문제일 경우, 5) 주도집단의 규모나 정치적 자원이 풍부할 경우에 정책의제로 설정될 가능성이 높다고 하였다. Walker(1985)는 많은 사람들에게 영향을 주며, 문제의 심각성이 높고, 제기된 문제가 쉽게 이해할 수 있는 해결책을 가지고 있으면 정책의제로 설정될 가능성이 높다고 주장하였다.

한편, Kingdon(1984)은 주도집단과 참여자, 정치적 요소, 문제의 특성과 사건이 정책의제설정을 좌우하는 요인이라고 주장하였다. Kingdon의 연구에 따르면, 선거에 의해서 행정부의 정권이 바뀌고 동시에 정치적 분위기와 이념이 바뀌게 되면 정부의제설정에 커다란 변화가 오며, 이러한 변화는 미국과 같이 이익집단이 강력한 곳에서도 이익집단의 저항을 물리치고 이들이 반대하는 정책의제를 설정할 수 있다고 한다. 그러므로 정치적 사건은 하나의 문제가 정책의제화하는 데 점화장치의 역할을 한다. Kingdon은 정치적 사건(*political event*)을 극적 사건(*dramatic event*)과 더불어 두 개의 점화장치(*triggering point*)라고 보고 있다. 여기에서는 Kingdon(1984)의 견해를 중심으로 정책의제설정에 영향을 미치는 요인에 대해 논의한다.

쉬어가는 **코너**

킹돈 이야기

킹돈John Kingdon은 정책흐름모형의 창시자이다. 이는 의제설정, 정책결정, 정책변동 등 다양한 정책학의 영역에서 영향력있게 거론되는 모형이다. 그의 고민은 다음과 같다.

> 정책은 과연 단선적 형태로 순차적인 과정을 거쳐 결정될까? 왜 어떤 문제는 사건이 터지자마자 바로 정책이 강구되면서 왜 어떤 문제는 그대로 방치되는 것일까?

킹돈은 이러한 고민을 해결할 수 있는 새로운 정책결정모형을 『문제, 대안, 그리고 정책Agendas, Alternatives, and Public Policies』, 1984이라는 저서에서 소개했다. 이것이 '정책흐름모형'Policy Stream Model이다. 정책흐름모형은 정책문제의 흐름Problem Stream, 정책대안의 흐름Policy Stream, 정치의 흐름Politics Stream의 3P를 중요한 변수로 보고 있다. 문제·대안·참여자·기회 등이 결합되면서 정책의제가 형성된다고 말했는데, 그는 이것을 정책의 창Policy Window이 열리는 것이라고 표현했다. 즉, 점화장치Triggering Device의 역할을 하는 어떤 사건킹돈은 이를 초점사건(Focusing Event)라고 불렀다이 발생하면 독립적으로 흐르던 세 흐름이 하나로 결합하며, 이로 인해 '정책의 창'이 열린다고 설명했다.

예컨대, 대구 지하철 참사로 인해 수백 명의 인명피해가 발생했고, 그로 인해 우리나라 대중지하철 재난안전대책이 새롭게 강구되었다. 미국의 경우도 9.11 테러로 인해 뉴욕의 세계무역센터가 무너지는 극적인 사건이 발생하고 나서 미국의 국토부가 새로 신설되는 등 미국의 재난안전정책이 새로 형성되었음을 보면 킹돈모형을 이해할 수 있을 것이다.

자료: 저자의 졸저, 『행정학 콘서트』, 160쪽

(1) 주도집단

㈎ 대통령 등 공식참여자

정책주도집단이 정부 내의 대통령 등 최고정책결정자인 경우 정부의제화는 거의 자동적으로 달성된다. 동원형과 내부주도형은 정부의제화가 쉬우나, 외부주도형은 다양한 이해관계자들의 간섭으로 정부의제화가 상대적으로 어렵다. 따라서 다원주의적인 선진국에서는 외부주도형이 많아 흔히 정부지도자는 정책의제설정에 있어 수동적인 역할을 하는 것으로 여겨 왔다. 그러나 Kingdon의 분석에 따르면, 다원적인 미국에서도 정책의제설정에 대통령 등 공식참여자의 역할이 가장 중요한 것으로 나타났다.

㈏ 외부주도집단

외부주도집단의 정치적 힘에 따라서 정책의제설정이 좌우되게 된다. 즉 집단의 규모, 응집력, 재정력, 구성원의 정치·사회적 지위 등의 정치적 자원이 많을수록 정부의제로 채택되기 쉽다.

(2) 문제의 특성

㈎ 문제의 중요성

문제의 특성 중에서 가장 중요한 것은 문제의 중요성이다. 사회문제의 중요성이 클수록 정부의제가 될 가능성이 크다.

㈏ 문제의 외형적 특성

문제의 외형적 특성도 많은 영향을 미친다. 문제의 외형적 특성이 단순하고 구체적인 형태일 경우 정부의제화되기가 쉽다.

㈐ 문제의 내용적 특성

문제의 내용적 특성도 많은 영향을 미친다. 문제의 내용적 특성이 규제, 배분, 재분배, 구성정책 중 어떤 유형에 속하느냐에 따라 정부의제화될 가능성이 달라진다. 예컨대, 규제정책과 같은 경우에는 문제해결로 인한 혜택은 전체가 보게 되지만, 해결비용은 규제를 당하는 일부집단이 집중적으로 부담하게 되어 정부의제화되기가 어려운 반면(Crenson은 이를 '전체적 문제'라고 불렀다), 구성정책의 경우에는 정부가 새로운 조직이나 제도를 주도적으로 형성하는 것으로서 큰 문제없이 의제화되는 것이 일반적이다.

㈑ 선례와 유행성

선례와 유행성도 많은 영향을 미친다. 선례가 있거나 유행성이 있는 문제의 경우 쉽게 정부의제화될 수 있다.

정책사례

선례와 유행성: 교토의정서 비준

교토의정서는 온실가스 배출억제를 위해 지난 1997년 선진국들이 주축이 되어 채택한 것으로서, 우리 정부는 이 의정서에 2002년 비준하였다. 우리의 경우 교토의정서에 의해 직접적으로 감시를 받는 대상국은 아니지만, 이후 온실가스 의무감축대상에 채택될 가능성이 매우 높기에, 우리 정부도 최근 우리나라의 환경에 있어서의 법적 기준을 여기에 맞추려는 움직임을 보이고 있다.

(마) 극적 사건과 위기

문제를 극적으로 부각시키는 위기, 재난은 극적 사건으로서, 이는 정치적 사건과 더불어, 문제를 정부의제화시키는 양대 점화장치(*two triggering points*)이다(정정길 외, 2005: 294-296).

정책사례

극적 사건과 위기: 대구 지하철 참사

2003년 대구 지하철 참사로 인한 엄청난 인명피해 사건이나, 최근 TV 등을 통해 자주 나오고 있는 지하철 자살 사건에 따라 지하철역의 안전문제가 사회의 큰 문제로 부각되었다. 이에 정부는 지하철 전동차 내부 소재를 불에 타지 않는 소재로 교체한다든가, 전동차 내 비상 연락망의 개선 및 확충 그리고 스크린도어의 설치 및 확충 등의 정책을 내놓게 되었다.

(3) 정치적 요소

(가) 정치적 구조

정치체제가 얼마나 중앙집권화가 되어 있느냐에 따라 주도집단의 변화가 생기게 된다. 즉 후진국에서는 중앙집권의 정도가 높으며, 따라서 외부주도형보다는 동원형이나 내부접근형으로 정책의제설정이 이루어진다.

(나) 정치적 이념

정치적 이념, 가령 자유주의, 경제성장주의, 사회복지주의 등에 따라 정책의제설정이 좌우된다.

(다) 정치적 사건

정치적 사건은 극적 사건과 함께 정책의제설정에 강력한 영향을 미친다. J. Kingdon에 의하면, 하나의 사회문제가 정책의제화하는 데 점화역할(*triggering point*)을 하는 것으로, 정치적 사건(*political event*)과 극적 사건(*dramatic event*)을 들고 있다. 우리나라에서 5공화국 출범 후의 과외금지와 같은 극단적인 정책은 정치적 사건으로 인한 정책의제이고, 미국의 9·11 테러로 인해 미국의 비자정책이나 국가안보정책이 변화한 것은 극적인 사건으로 인한 정책의제의 변화라고 할 수 있다.

정책사례

극적 사건과 위기: 9·11 테러

극적 사건으로 인한 정치적 분위기의 변화는 정책의제설정에 커다란 영향을 미친다. 9·11 테러 이후 미국에서 일어난 반테러주의적 분위기가 국가안보나 국익보호 우선을 위한 문제들을 정부의제로서 채택하게 하였다. 테러 이후 보수적인 세력(네오콘)의 집결을 통해, 미국의 국익을 위한 정책이 중요시되었다. 이를 통해 테러리즘을 박멸하기 위해 공격하는 신테러리즘 역시 정치적 요소로 인해 생겨난 요소 중 하나다. 우리나라와 연관되는 정책이 있다면 북한에 대한 태도변화일 것이다. 클린턴 정부에서 추구한 한반도 문제의 평화적 해결이, 부시 정부에서는 테러 이후 일방주의적인 미국의 대외적 정책으로 급선회하게 되었다. 이라크, 이란, 북한을 악의 축이라 명시하고, 미국중심의 세계질서를 위협하는 요소가 보일 때는 과감하게 제거한다는 모습을 보였던 부시 정부의 초기 모습들은 모두 이러한 극적 사건의 영향을 받은 바가 크다.

제 2 절 정책결정모형

앞에서 우리는 정책형성론의 첫 단계인 정책의제설정이론(정책문제 채택단계)을 다루었으므로, 여기에서는 정책형성론의 다음 단계인 정책결정이론(정책문제 결정단계)에 대해서 학습하기로 한다. 구체적으로 이 절에서는 정책결정의 본질, 정책결정의 기준, 정책결정의 단계, 정책결정모형 등에 대해서 검토하고, 여러 정책결정모형과 관련된 사례에 대해서 학습한다.

제2절에서의 학습 초점은 정책결정의 합리성에 관한 것이다. 합리성의 기준을 완전분석적 합리성·불완전분석적 합리성으로 볼 것인가, 경제적 합리성(능률성)·기술적 합리성(효과성)으로 볼 것인가, 내용적 합리성·절차적 합리성으로 볼 것인가에 따라 정책결정모형이 달라진다. H. Simon은 만족모형에서 사실상 내용적 합리성은 포기하고 있지만, 절차적 합리성은 포기하지 않고 있는 것이다. 절차적 합리성 제고를 위해, A. Etzioni는 전체적으로 크게 훑고(근본적 결정), 세부적으로 정밀하게 검토(세부적 결정)해야 한다고 주장하는 것이며, Y. Dror는 정책결정의 주된 전략(*Mega-policymaking*)하에, 초정책결정(*Meta-policymaking*)-정책결정(*Policymaking*)-정책결정 이후단계(*Post-policymaking*)로 나누어서 접근해야 한다고 주장했던 것이다.

제2절에서 다루는 내용은 크게 두 가지로 분류된다. 즉, 1) 정책결정이론(본질, 기준, 단계)과, 2) 정책결정모형 및 관련사례이다. 특히 이 장에서는 합리모형을 비롯하여 합리모형의 약점을 수정 보완하려는 점증모형, 만족모형, 최적모형, 혼합탐사모형, 쓰레기통모형, Allison모형 등 여러 가지 정책결정모형을 검토하는 한편, 실제 사례와 연계하여 학습하고자 한다.

1. 정책결정의 본질

1) 정책결정의 개념

사회에는 무수히 많은 사회문제가 흐르고 있다. 그러나 모든 사회문제가 정부기관이 의지를 갖고 해결하고자 하는 정부의제가 되는 것은 아니며, 사회문제의 흐름 중에서 일정한 점화계기(*triggering event*: 극적인 사건 혹은 정치적 사건)를 통해 정책이슈로 형성되며 정책의제가 된다. 앞장에서 논의하였던 의제설정 단계에서 정부의제로 채택된 정책문제를 바람직한 상태로 해결하기 위해, 정부는 정책목표를 세우고 정책수단을 강구하게 되는데, 이 때 정책목표와 정책수단 간의 여러 형태의 조합을 우리는 정책대안이라고 부른다. 그리고 정부가 이러한 여러 스펙트럼(*spectrum*)으로 형성된 정책대안을 개발하고, 비교 분석하여 평가를 통해 정책선택을 하게 되는 일련의 활동 또는 행위를 '정책결정'이라고 한다. 즉, 정책결정이란 정책과정 중 의제설정 단계에서 정부의제로 채택된 정책문제를 해결할 수 있는 정책대안을 선택하는 일련의 활동이라고 할 수 있다.

2) 정책결정의 중요성: 정책결정과 미래예측

정책결정과정은 미래의 새로운 정책의 창조라는 소망스러운 가치를 지닌 정책목표를 달성하기 위해서, 정책행위자들이 과학적이고 기술적인 방법으로, 정책수단 또는 정책대안을 개발하고 탐색하는 과정이다. 따라서 정책결정과정은 이 자체가 미래지향적이며, 행동지향적이다. 정책을 통하여 만들고자 하는 바람직한 상태, 또는 미래의 비전을 의미하는 정책목표를 정책결정과정단계에서 설정하기 때문에 미래지향적이라 할 수 있다. 정책목표 중에서도 창조적 목표(*creative goal*)의 경우에는, 예컨대 2010년까지 1인당 4만불 국민소득을 달성하겠다는 목표처럼, 과거에 경험해 보지 못한 새로운 상태를 창조하려는 정책목표이므로 더욱 미래지향적인 성격을 지니고 있다. 또한 정책결정과정은 다양한 정책과정참여자들의 갈등 속에서, 정책목표와 수단이 설정되고 수정되기도 하는 동태적이고 역동적인 과정이기 때문에 행동지향적이며, 미래의 바람직한 가치를 추구하는 선택행위이므로 정책결정과정은 그 또한 가치지향적이다. 정책결정과정은 미래의 다양한 '가치'가 정책목표와 정책수단 결정의 중요한 기준이 되며, 정책을 결정하는 것은 그 정책이 추구하는 미래 지향적 가치를 선택하는 것이다.

3) 정책결정과정의 특성

정치체제이론에 의하면, 정책환경으로부터의 요구(*demand*)와 지지(*support*)가 정치체제로 투입되면, 일련의 정책과정을 거쳐서 정책이라는 결과를 산출하게 되는데, 이 때 정책과정에서 문제를 정책으로 전환시키는 모든 활동을 정책결정과정이라고 부른다.

정책결정과정은 두 가지 상반되는 성격을 가진 과정이라 말할 수 있다. 즉, 정책결정과정은 합리적·분석적 과정이면서, 또한 가치적·정치적 과정이라고 할 수 있다. 정책결정과정은 기존의 정책문제를 해결하거나 새로운 미래정책의 창조라는 정책목표를 달성하기 위해서, 정책행위자들이 과학적이고 기술적인 방법으로, 정책수단 또는 정책대안을 개발하고 탐색하는 과정이다. 따라서 과학적 정책결정 역량을 제고하기 위한 합리적·분석적 과정이라는 성격을 갖는 것이다. 그러나 다른 한편으로 정책은 다양한 이해관계를 본질적으로 내포하여, 갈등이 내재되어 있기 때문에 정책결정과정에서는 정치·권력적 작용이 불가피하게 개입되며, 이로 인해 협상과 타협이라는 갈등조정의 과정을 필연적으로 거치게 된다. 따라서 정책결정과정을 가치적·정치적 과정이라고도 표현할 수 있는 것이다.

정책결정과정의 특징을 살펴보면 다음과 같다.

첫째, 정책결정과정에는 다양한 정책참여자가 존재하기 때문에 갈등을 내포하고 있다.

둘째, 정책결정과정은 동태적이고 역동적인 과정이다. 즉, 정책결정과정에서 정책목표를 통해 정책수단을 개발하며, 정책수단을 통해 정책목표를 수정해 나가기도 한다. 또한 정책결정을 통해 정책집행 준비가 이루어지며, 정책집행과정을 통해 정책결정을 수정해 나가기도 한다.

셋째, 정책결정과정은 미래지향적이며 행동지향적이다. 정책을 통하여 만들고자 하는 바람직한 상태, 또는 미래의 비전을 의미하는 정책목표를 정책결정과정 단계에서 설정하기 때문에 미래지향적이라 할 수 있다. 특히 정책목표 중에서도 창조적 목표(*creative goal*)의 경우에는, 예컨대 2010년까지 1인당 3만불 국민소득을 달성하겠다는 목표처럼, 과거에 경험해 보지 못한 새로운 상태를 창조하려는 정책목표이므로 더욱 미래지향적인 성격을 지니고 있다.[1] 또한 정책결정과정은 다양한 정책과정참여자들의 갈등 속에서, 정책목표와 수단이 설정되고 수정되기도 하는 동태적이고 역동적인 과정이기 때문에 행동지향적이라고 볼 수 있다.

넷째, 정책결정과정은 가치지향적이다. 정책결정과정은 정치적 과정의 성격을 지니며, 이러한 정치적 과정에서는 다양한 '가치'가 정책목표와 정책수단 결정의 중요한 기준이 되며, 정책을 결정하는 것은 그 정책이 추구하는 가치를 지향하고 있음을 나타내는 것이기 때문에, 정책결정과정 전체에 걸쳐서 가치를 지향하고 있음을 알 수 있다.

4) 정책결정의 기준

정책목표와 정책수단을 결정하는 기준으로서 우선순위가 높은 것들을 살펴보면 다음과 같다.

첫째, 정책의 가치이다. 정책의 가치에는 정책적 가치, 정치적 가치, 조직적 가치, 이념적 가치, 개인적 가치 등 다양한 가치가 포함될 수 있다. 1) 정책적 가치란 정책결정과정에서 가장 우선되어야 할 기준으로서, 공익이나 도덕적 신념, 윤리를 의미한다. 2) 정치적 가치란 정책결정자가 속해 있는 정치집단이나 고객집단의 이익을 의미하는 것이다. 3) 조직적 가치란 정책결정자가 속한 조직의 목표와 생존 발전을 의미하는 것이며, 조직의 가치를 지나치게 선호하게 되면 부처이기주의라는 부작용이 발생하기도 한다. 4) 이념적 가치란 성장주의나 복지주의, 보수주의나 진보주의, 민주주의나 법치주의와 같은 이념에서 중시하는 가치들을 의미한다. 5) 개인적 가치에는 개인이 소중히 여길 수 있는 개인의 복지, 명성, 지위 등이 포함되며, 뇌물을 받은 정치가나 관료는 이러한 개인적 가치를 기준으로 정책을 결정한 것일 수 있다. 이상의 다양한 정책의 가치들은 정책결정의 기준이 된다.

둘째, 정당에의 충성심이다. 정당에의 충성심 역시 정책결정자인 국회의원들의 정책결정행위에 영향을 미칠 수 있다. 예컨대, 국무총리 등 대통령이 지명한 공직후보자에 대해 야당이 반대를 하거나, 대통령 탄핵결정에 대한 여야 의원들의 행위는 정당의 충성심이 정책에 영향을 미치는 것을 보여주는 좋은 사례들이다.

셋째, 선거구민이나 이익집단의 이익이 정책결정의 기준이 될 수 있다. 국회의원들은 자신의 지역구 주민의 이익을, 행정부처의 경우에는 자신의 고객의 이익을 정책에 반영시키려고 노력하기 때문이다.

넷째, 여론을 들 수 있다. 여론과 정책결정자의 상호작용이 활발하게 일어나고 있으며, 전자정부 및

1 우리는 여기에서도 정책연구에 있어서 미래예측의 중요성을 발견한다. 정책연구의 핵심은 기존의 문제를 해결하는 치유적 목표(remedial goal) 수준을 넘어서서 미래의 새로운 가치를 지향하는 창조적 목표(creative goal)를 지향하는 데 있기 때문이다. 미래예측을 토대로 미래의 바람직한 가치를 담은 적극적 문제탐색을 통해 미래지향적 정책설계와 정책결정을 지향하는 것은 정책연구의 핵심이라 할 수 있다.

정보기술의 발달에 따라 정책결정자와 정책분석가가 여론과 시민단체의 요구를 정책투입에 반영하는 정도가 높아지고 있다.

2. 정책결정과정의 단계

정책결정과정은 1) 문제정의와 목표설정, 2) 정책목표들 사이의 우선순위 결정, 3) 정책대안의 탐색·개발·설계, 4) 대안결과의 미래예측 및 비교평가, 5) 최적대안의 선택이라는 단계를 거친다. 이는 다음 장에서 다루게 될 정책분석론의 주요 내용이기도 한데, 여기에서는 우선 간략한 개요를 살펴보기로 한다.

1) 문제정의와 목표설정

정책결정과정의 첫 번째 단계는 정부의제로 채택된 정책문제를 정확하게 정의하는 것이다. 이때 문제를 정의하기 위해서는 문제의 인지가 선행되어야 한다. 문제가 무엇인지 제대로 인지되지 않은 상태에서 바람직한 해결책을 기대하는 것은 불가능하며, 바람직한 정책결정이 이루어질 수 없을 것이다.

그렇다면 '문제정의'란 어떠한 과정을 거쳐 이루어지는 것일까? 여러 관련자들이 무엇이 문제인가를 인지하고(특히 문제의 이슈가 되는 쟁점에 대해 정확하게 정책적 상황판단을 하고), 그 문제의 원인, 구성 요소, 결과 등에 관하여 진단을 내리는 과정이 바로 '문제정의'라고 말할 수 있을 것이다. 이러한 과정은 병원에 찾아온 환자에 대하여 의사가 환자가 가지고 있는 병인에 대하여 명확히 진단하는 것에 비유할 수 있다.

이러한 문제정의의 몇 가지 특성들을 살펴보면 다음과 같다.

첫째, 문제정의는 주관성(*subjectivity*)을 가진다. 문제인지를 통한 정의는 개인 또는 집단이 사회의 문제(사건) 기타 외부의 자극에 대하여 특정한 의미를 부여하는 과정이므로 주관적일 수밖에 없다. 따라서 동일한 사건이나 문제라도 문제의 접근자에 따라 다르게 인지할 수 있다.

둘째, 문제정의는 가변성(*variability*)을 가진다. 문제정의의 내용이 항상 불변하는 것은 아니며, 집권당이 바뀌는 경우처럼 지배적인 집단에 따라 수정이 될 수 있다.

셋째, 인과관계(*causality*)로 구성되어야 한다. 즉, 문제정의는 문제의 '원인-구성요소-결과'의 인과관계를 기술적 타당성(*technical validity*)에 근거하여 정확하게 정의하는 것이 필요하다. 그렇기 때문에 인과모형에 의한 문제정의는 "정책목표 → 정책수단 → 정책분석 → 정책평가"라는 일련의 합리적 정책과정에서 가장 중요한 요소이다. 합리적·과학적 정책결정이란 바로 문제정의 단계에서부터, 이러한 타당성 있는 인과관계를 찾으려는 이론적 정책적 노력(*scientific inquiry*)이 선행되어야 하는 것이다.

넷째, 문제정의는 합리성(*rationality*)과 동시에 정치성(*politics*)을 가진다. 이는 정책결정과정의 첫 단계인 문제인지와 문제정의 단계에서부터 정치적인 과정을 보일 수 있다는 것을 의미한다.

이러한 특성을 지닌 문제정의 단계를 통해 문제의 본질을 정확히 인지하고 정의를 내렸다면, 이 문제를 해결하기 위해 정책목표를 설정해야 한다. 그러면 무엇이 정책목표가 될 수 있을까? 정책목표가 될 수 있는 요건에 대해서는 W. Dunn이 제시한 이론적 기준을 토대로 살펴볼 수 있는데, Dunn이 제시한 이론적 기준은 효과성, 능률성, 공평성, 대응성, 적합성, 적정성이라는 6가지 소망성과 정치적, 경제적, 사회적, 행정적, 법적, 기술적 실현가능성이라는 6가지 실현가능성을 들 수 있다.

이러한 기준을 충족요건으로 검토하여 설정된 정책목표는 정부의 정책결정 방향을 결정하게 해 주고, 정책대안의 탐색 및 분석의 기준이 된다. 또한 정책결정과정에서만이 아니라, 정책집행 및 평가단계에서도 기준이 된다. 그리고 정책목표의 구현수단을 마련하기 위해 정부가 정책기획 기능을 할 때, 정책기획의 지침으로서도 정책목표가 중요한 기준이 된다.

2) 정책목표들 사이의 관계와 우선순위 결정

정책목표가 다양하게 존재할 때 정책결정자들은 우선순위를 결정해야 한다. "정책목표를 바람직하게 결정한다"는 말이 "정책목표 간 우선순위를 바람직하게 결정한다"는 말과 같다는 것은, 정책목표 간 우선순위 결정의 중요성을 보여준다. 이러한 우선순위 결정이 필요한 이유는, 정책목표를 설정하도록 만든 정책문제의 보편성(*universality*)이나 영향성(*impact*)의 정도가 다르기 때문이다. 또한 '대상집단(또는 피해집단)은 누구이고, 집단 규모는 어느 정도이며, 어느 정도의 지지를 받고 있는가?'에 대한 답도 정책문제마다 다르기 때문이다. 더 나아가, 다양한 정책문제를 해결하기 위해 설정된 구체화된 목표들은 상호모순 관계에 있어 대립상태를 가질 수 있기 때문에 이들 간에 우선순위가 필요한 것이다.

정책목표의 우선순위를 결정해야 할 때, 결정 기준이 되는 것을 살펴보면 다음과 같다.

첫째, 본질적인 기준이 되는 것은 정책목표가 정치적 상황이나 시대적 상황에 부합되는가를 보는 정책목표의 적합성이라고 할 수 있다. 정책목표의 적합성(소망성)이 큰 것부터 정책목표의 우선순위를 결정하는 것이다. 그 다음 정책목표의 실현가능성을 고려하여 해결이 가능한 것부터 정책우선순위를 결정하는 것이다.

둘째, 정책수요가 기준이 될 수 있다. 시민이나 고객(정책대상집단)의 수요가 높은 정책에 높은 우선순위를 결정하는 것이다. 즉, 고객의 요구·선호·가치의 반영정도와 반영을 통한 고객의 만족정도를 의미하는 대응성이 높은 정책목표일수록 우선순위가 높은 정책목표가 된다.

정책결정 단계에서 정해진 정책목표는 기술의 발전, 문화적 변동, 경제여건의 변동 등 일반 환경적 요인과 외부의 직접적인 압력이나 내부적 요인 등으로 인해 변동한다. 이러한 요인에 의해 당초에 수립된 목표를 버리고 다른 목표로 전환될 수 있고, 또는 어떤 목표가 동일한 유형의 다른 목표로 대체되거나 승계될 수 있으며, 기존 목표를 완전히 버리지는 않고 종래의 목표에 새로운 목표를 추가하여 다원화하거나 원래 목표의 범위를 확장할 수도 있다.

3) 정책대안의 탐색·개발·설계

대안의 탐색·개발·설계 단계는 앞 단계에서 설정된 목표를 합리적·효율적으로 달성시킬 수 있는 가능한 모든 정책대안을 탐색·개발하고, 이들 간의 인과관계를 설정하여, 구체적 대안으로 정책기획(정책설계)하는 단계이다. 여기서 정책대안(*policy alternatives*)이란 정책목표와 정책수단의 다양한 형태의 조합이라고 할 수 있으며, 따라서 정책대안은 무수히 많으며 정책 스펙트럼의 형태를 띤다. 그리고 이러한 대안의 탐색 및 개발은 정책목표-정책수단의 영향 강도에 따른 여러 형태의 배합으로 대안을 확인해보고, 대안을 창출하는 과정으로 이루어진다.

정책대안을 예를 들어 살펴보면 다음과 같다. 외국인 과학기술자 유치활용 방안(특히 주거시설의 개선과 관련하여)에 대해, 1) 기존 기숙사의 보수 개량, 2) 과학단지 내 외국인 과학기술자를 위한 Guest House 건설, 3) 민간오피스텔의 임대라는 3개의 정책수단을 고안해내어 각각의 정책수단과 목표를 결합시키면 여러 개의 정책대안을 개발할 수 있다.

정책대안은 정책목표에 따라 변화할 수 있고 추가될 수 있다. 교통정책을 예로 살펴보면, 우선 정책목표가 '서민 출퇴근 시 만원버스로부터의 고통 완화'라면, 이 정책목표를 달성하기 위해 '지하철 건설', '버스 증차'라는 정책수단을 탐색할 수 있다. 그러나 이 한 가지 정책목표에 더해, '출퇴근 시 교통체증 완화'라는 정책목표가 첨가된 경우, 정책수단으로는 지하철 건설이나 버스 증차 외에도, 도로확장이나 도로신설이라는 정책수단이 추가될 수 있다. 따라서 정책목표에 따라 정책대안이 변화되거나 추가될 수 있는 것이다.

4) 대안결과의 미래예측 및 비교평가

대안결과의 예측 및 비교 단계는 개발된 대안들을 비교 분석하는 단계이다. 각각의 대안을 비교분석하는 과정에서는 대안에 대한 장점과 단점은 물론, 대안들이 초래할 결과에 대해서도 예측하고 비교해야 한다. 대안을 분석하는 방법으로는 가장 많이 사용되고 있는, 비용-편익분석(B-C분석)이 있고, 계량분석(회귀분석, 요인분석, 빈도분석, 경로분석), 정책실험(진실험과 준실험) 등을 이용할 수 있다.

정책대안의 분석 과정은 ① 대안의 탐색·개발·설계, ② 대안의 예비분석, ③ 대안의 투입요소 분석, ④ 대안 결과의 미래예측, ⑤ 대안의 비교평가 등의 다섯 단계로 나누어 생각해 볼 수 있으

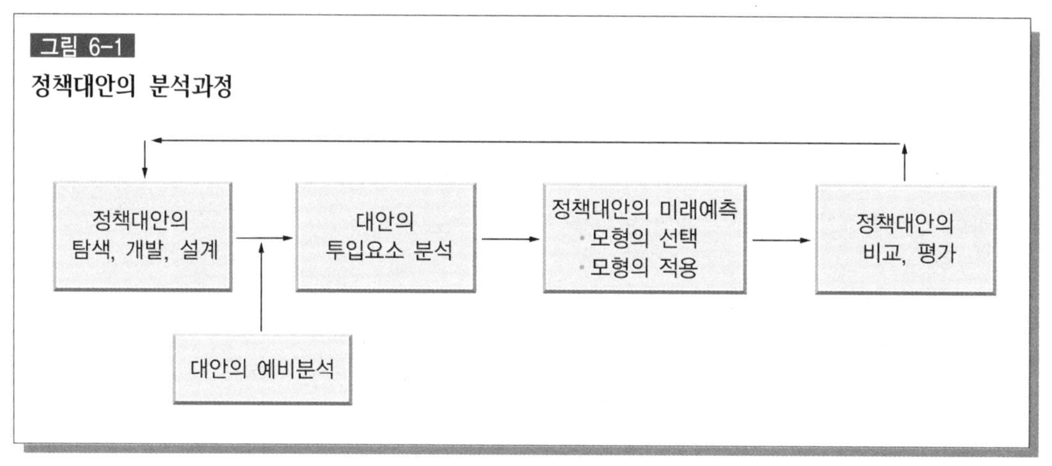

자료: 강근복(2002: 99)에서 수정 인용.

며, 각 단계는 일방향적인 과정이 아니라 반복적이고 순환적인 과정이며, 이러한 반복과 순환의 동태적 과정을 통해 좀 더 바람직한 대안을 얻을 수 있게 된다.

5) 최적대안의 선택

최적대안의 선택 단계는 대안들을 비교, 분석한 후에 목표달성을 위한 가장 효과적인 최적대안을 선택하는 단계이다. 가장 합리적이고도 효과적인 대안의 선택이란 목표를 달성함에 있어서 최대의 효과를 이끌어 낼 수 있는 최적대안을 선택하는 것을 의미한다. 그러나 인간능력의 한계로 인하여 가장 합리적인 것을 선택하는 것은 매우 어려운 일이라는 점은 전제되어야 한다.

3. 정책결정의 유형과 정책결정의 방법

1) 정책결정의 유형

정책결정의 유형은 합리모형과 인지모형, 규범모형과 실증모형, 개인모형과 집단모형 등으로 나눌 수 있다. 합리모형은 정책결정자의 지적인 합리성을 요구하고 있는 데 반해, 인지모형은 Simon의 만족모형과 같이 정책결정자의 심리적 만족을 강조한다.

첫째, 합리모형(*rational model*)과 이에 대립되는 인지모형(*cognitive model*)으로 구분할 수 있다.

둘째, 규범모형(*normative model*)과 실증모형(*positive model*)의 구분이다. 규범모형은 바람직한 정책결정을 위해서 따라야 할 규범이나 이상을 강조하는 모형이고, 실증모형은 현실적인 정책결정을 기술, 설명, 예측하는 데 목적을 둔다.

셋째, 개인모형(*individual model*)과 집단모형(*collective model*)의 구분이다. 정책결정의 주체에 의한 구분으로서 개인이 실제로 어떻게 정책결정을 하는가를 파악하는 개인적 정책결정론과 여러 사람들이 상호 영향을 미치면서 전체로서 하나의 결정을 내리는 집단적 정책결정론으로 구분할 수 있다.

2) 정책결정의 방법

정책결정의 방법으로는 분석에 의한 정책결정, 직관에 의한 정책결정, SOP에 의한 정책결정이 있다.

(1) 분석(analysis)에 의한 정책결정

분석(*analysis*)에 의한 정책결정에는 완전분석(*complete analysis*)에 의한 정책결정과 불완전분석(*incomplete analysis*)에 의한 정책결정이 있다. 완전분석에 의한 정책결정은 모든 가능한 대안을 모두 탐색하고 예측하는 등 완벽한 정도의 지적작업을 상정한 개념이며, 불완전분석에 의한 정책결정은 완전보다는 약한 정도의 지적작업을 요구하는 개념이다. 합리모형의 완전성은 완전분석을 요구하는 모형이며, 점증모형이나 만족모형은 몇 가지 중요한 대안들을 탐색하고 대안예측도 몇 가지 중요한 결과에 집중한다는 것으로서 불완전분석에 의한 정책결정모형이라고 할 수 있다.

(2) 직관(intuition)에 의한 정책결정

직관(*intuition*)에 의한 정책결정은 정책결정자의 직감이나 영감에 의한 순간적 판단을 중시하는 정책결정 방법이다. 정책결정은 항시 합리적인 단계를 밟아서 이루어지는 것은 아니며, 합리적인 단계를 밟았다고 해서 합리적인 결정이 이루어지는 것은 아니라는 것이다. Y. Dror가 최적모형에서 강조한 것도 정책결정자의 초합리성인데, 정책결정의 합리성을 최적화하려면 분석적 노력도 필요하지만, 정책결정자의 창의성 제고가 필요하며, 이러한 창의성은 직감과 영감을 중시하는 교육훈련으로부터 길러진다고 주장한다.

(3) SOP에 의한 정책결정

SOP에 의한 정책결정은 조직의 프로그램화된(*programmed*) 또는 상례화된(*routined*) 정책결정을 의미한다. 카네기학파에서 강조하는 조직모형과 회사모형은 이러한 표준운영절차(SOP)나 대안목록(*program repertory*)에 의한 정책결정을 의미하며, Allison의 모형Ⅱ(조직과정모형)도 여기에 해당한다.

4. 정책결정의 모형

1) 합리모형

(1) 의 의

합리모형(*rational model*)은 인간이 이성과 합리성에 입각하여 정책을 결정한다는 이론이다. 따라서 합리모형은 정책결정이 이루어지는 실제적 상황을 설명하기 위한 실증적이며 현실적인 이론이라기보다는, 정책결정자가 합리적인 정책을 결정한다고 가정할 때 따라야 할 논리나 절차를 밝히는 규범적·이상적 성격의 모형이다.

(2) 내 용

합리모형은 인간의 이성과 합리성에 기초하여 정책을 결정한다는 모형이다. 합리모형은 정책결정자가 합리적 정책결정 단계들을 하나하나 의도적으로 밟으며, 합리적·분석적으로 정책을 결정하고자 한다고 주장한다. 즉, 정책결정이 합리적으로 이루어지기 위한 전제 조건으로는, 1) 정책결정자는 정책을 통해 추구하려는 목표나 가치를 명확히 정의할 수 있어야 한다. 또한 이와 함께, 목표와 가치 간의 우선순위도 결정할 수 있어야 한다. 2) 선택된 목표의 달성을 위한 모든 대안을 탐색·선택할 수 있어야 하며, 3) 무수히 많은 대안들 중에 최선의 대안을 선택할 수 있는 기준이 명확히 존재해야 한다는 것이다(J. E. Anderson, 1979; C. Lindblom, 1959). 이러한 전제에 입각한 합리모형의 내용을 살펴보면, 정책결정자는 많은 문제에 직면하지만, 완전한 정보를 가지고 상호 비교하여 분리할 수 있으며, 정책결정자가 추구하는 가치와 목적들도 중요도에 따라 우선순위를 매길 수 있고, 정책대안들을 모두 탐색하고 결과에 대한 완벽한 미래예측이 가능하다(Anderson, 1979: 9-10).

(3) 평 가

이상에서 살펴보았듯이, 합리모형은 정책결정이 이루어지는 현실을 설명하기 위한 이론이라기보다는, 정책결정자가 합리적인 결정을 하기 위하여 지켜야 하는 규범적이며 이상적인 성격이 강하기 때문에, 현실적으로 정책결정이 이루어지는 현상을 실증적으로 설명하는 학자들에게 많은 비판을 받고 있다. 이들 가운데 가장 대표적인 학자들로는, 만족모형을 주장하는 Simon과 점증주의를 주장하는 Lindblom과 Wildavsky 등이 있다. 이들이 지적한 합리모형의 약점을 크게 세 가지로 살펴보면 다음과 같다.

첫째, 합리모형은 인간능력의 한계를 간과하고 있다는 점이다. 즉 합리모형에서는 정책결정을 함에 있어, 관련된 모든 정보를 동원하여 목표를 달성할 수 있는 모든 대안을 비교·탐색·평가할 수 있다고 가정하지만, 실제에서의 정책결정은 합리모형에서 주장하는 합리적·분석적 결정이 아니라, 직관, SOP 등의 방법에 의하여도 이루어진다는 것이다.

둘째, 합리모형은 바람직하게 정책결정을 할 때 필요한 지식이나 논리, 그리고 인적·물적 자원의 제한을 고려하지 않고 있다.

셋째, 합리모형에는 매몰비용과 관련된 한계가 있다는 약점이 있다. 즉 기존 정책이나 사업에 이미 상당한 투자나 개입이 이루어졌을 경우, 그보다 더 합리적인 대안이 있다 하더라도 이미 투입된 비용 즉, 매몰비용 때문에 기존의 정책이 계속 시행된다는 점이다(Anderson, 1979: 11).

이상의 논의를 통해, 합리모형은 정책결정이 이루어지는 현실을 설명하기 위한 이론이라기보다는, 정책결정자가 합리적인 결정을 하기 위하여 지켜야 할 이상적인 준거의 틀을 제공하려는 성격이 강하기 때문에, 현실적으로 정책결정이 이루어지는 현상을 실증적인 방법에 의해 설명하려는 H. Simon이나 Lindblom 등과 같은 학자들에 의해서 비현실적이라는 많은 비판을 받고 있음을 알 수 있다. 그러나 합리모형은 행정조직이 기존의 타성에 의한 점증주의적 방식에서 벗어나 새로운 미래지향적 방법이나 새로운 창의적 대안을 모색하도록 규범적으로 촉구한다는 측면에서 의미를 찾을 수 있다. 정책의 본질이 미래지향적 문제해결에 있고, 정책결정에서 가치비판적 발전관에 기초한 가치지향적 행동추구의 중요성을 감안할 때, 이러한 의의는 중요한 의미를 지닌다고 하겠다.

쉬어가는 코너

사이먼 이야기

정책학이 추구하는 목표를 이루기 위한 다양한 방법론상에서 사이먼Herbert A. Simon 업적은 높게 평가된다. 사이먼은 매우 포괄적인 분야의 사회과학을 연구한 학자다. 사이먼이 행정학을 공부할 때는 정치행정이원론, 즉 정치와 행정은 분리되어야 한다고 주장하는 이론이 강조되는 시점이었다. 이 이론에 따르면, 행정부는 정책결정에는 참여할 수 없고 정책결정이 완료되었을 때 집행만을 담당하는 것으로 간주하게 된다. 그런데 이 원리가 과연 과학일까? 사이먼은 이러한 원리 자체가 과연 과학일까 하는 문제를 숙고하기 시작했다. 이러한 사이먼의 고민과 문제의식은 바로 여기에 있었다.

그렇다면 행정이란 실용적 도구일 뿐인가? 학문으로의 가치는 없을까? 과학적이라고 하는 이론들이 가장 효율적이라면 왜 일관된 법칙이 존재하지 않을까? 아직 그것을 찾아가는 과정인가?

사람마다 가질 수 있는 생각이 다르다는 것은 인간의 주관성이 가변적이고 항상 합리적이지만은 않다는 의미가 아닐까? 그렇다면 가변적인 가치문제보다는 실존하는 대상의 측정 가능한 사실만을 연구하는 것이 옳지 않을까?

사이먼은 1947년 그의 저서, 『행정행태론』Administrative Behavior을 통해, 이러한 고민에 대한 해답을 제시하였다. 그의 해답의 키워드는 정치행정 새이원론이다. 행정행태주의의 중심은 가치명제와 사실명제가 분리되어야 한다는 점이다. 즉, 인간의 주관이 개입되는 가치명제는 배제하고 사실명제만을 대상으로 과학적 방법에 의하여 검증을 거쳐 과학적 원칙을 도출함으로써 과학화를 시도하려고 했다. 이러한 그의 접근은 후에 정책결정모형으로서의 만족모형과 조직모형을 탄생시켰고, 그러한 공로의 일환으로 그는 노벨 경제학상을 수상하게 되었다.

자료: 저자의 졸저, 『행정학 콘서트』, 63쪽

2) 만족모형

(1) 의 의

만족모형(*satisficing model*)은 March와 Simon(March & Simon, 1958)에 의해 주장된 이론으로서, 인간의 제한된 합리성(*bounded-rationality*)에 기초하여 최적수준에 의한 최적대안보다는 현실적으로 만족할 만한 대안의 선택에 타당성을 두고 있는 이론이다. 이 모형의 특징은 인간의 절대적 합리성보다는 제한된 합리성을 기준으로 하고 있다는 점이다.

(2) 내 용

H. Simon의 만족모형은, 합리모형에서 가정하는 전제조건과는 다르게, 인간은 인지능력에 한계가 있으며, 시간·경비의 부족으로 모든 가능한 대안을 탐색할 수도 없어, 현실적인 인간은 극히 일부의 대안만을 알고 있으며, 이 일부의 대안에 대해서도 결과를 예측하기가 어렵다는 것이다. 따라서 정책결정자는 현실적인 정책결정과정에서 최적의 대안을 찾으려고 하는 것이 아니라, 만족할 만한 정도의 대안을 찾으면 더 이상의 대안탐색을 중지하고, 그 대안을 정책대안으로 선택한다는 것이 H. Simon의 주장이다.

(3) 평 가

H. Simon이 주장한 만족모형은 정책결정에서 인간의 인지적·감정적 요소를 고려함으로써, 합리모형의 비현실성을 극복하고 좀 더 인간의 실제 상황에 적합한 이론모형을 개발하였다는 점에서 높은 평가를 받는다. 즉, 만족모형은 정책결정이 실제로 이루어질 때 일어나는 현상을 정확하게 설명하여, 정책결정에 대한 경험적·실증적 연구를 하였다는 점에서 커다란 의의가 있다.

그럼에도 불구하고 H. Simon의 이론은 다음과 같은 한계를 지니고 있다.

첫째, 만족모형은 만족의 질을 주어진 것으로 여기고 있으며, 만족의 질을 형성하고 있는 변수들이 무엇인지에 관해서는 간과하고 있다(Dror, 1986: 148). 즉, '만족' 수준이 어느 정도인지를 측정할 수 있는 객관적 척도를 구체적으로 제시하지 못하고 있다.

둘째, 실제의 정책과정에서 만족할 만한 대안을 찾은 후에는 더 이상의 대안탐색을 중지해 버림으로써, 더 중요한 대안이 있어도 이는 탐색되지 않고 포기된다. 따라서 정책의 미래지향적 가치형성을 강조하는 미래연구와 정책연구의 접목이라는 관점에서 볼 때 만족모형은 정부에 권할 만한 규범적 모형이라고 보기는 어렵다.

표 6-1 합리모형 · 만족모형 비교

구 분	합리모형	만족모형
의 의	• 인간의 이성과 합리성에 기초하여 정책을 결정(전지전능, 완벽하고 냉철한 이성, 고도의 합리성을 가진 존재로 개인을 가정함)	• Simon & March: 합리모형의 현실적 한계를 비판하며 등장
내 용	• 문제에 대한 완전한 이해(문제와 목표의 명확한 정의 가능) • 해결을 위한 모든 대안 파악 • 명확한 대안선택 기준 있음 • 충분한 자원, 합리적 최적대안 선택	• 제한된 합리성(bounded rationality) • 만족스런 대안의 선택(최상의 기준이 아닌 만족화 기준)
평 가	• 인간의 문제해결능력의 한계 • 불완전 정보 • 시간적, 경제적 비용 • 가치와 사실의 분리 불가능 • 정책문제의 복잡성, 불확실성 등	• 만족화 기준의 적절성: 실증적 분석으로서는 이론적 기여 인정, 규범적 기준으로서 한계가 있음. • 대안선택시 지나치게 주관적일 수 있음.

3) 점증모형

(1) 의 의

점증모형은 Lindblom과 Wildabsky 등이 주장한 이론으로 합리모형의 비현실성을 지적하고, 현실적으로 이루어지는 정책결정을 설명하고 이해하기 위해서 주장된 이론이다. 즉 점증모형은 정책결정에서 선택되는 대안들은 기존의 정책이나 결정을 점진적으로 개선해 나가는 것이며, 그렇게 점증적으로 정책이 결정되는 것이 바람직하다고 본다.

점증모형도 Simon의 만족모형과 같이 합리모형의 비현실성을 비판한다. 그러나 만족모형에서는 개인의 인지과정의 한계에 관심을 갖고 개인적 의사결정의 기초를 쌓는 데 비해서, 점증모형은 다수의 정책관련자들의 가치판단이나 문제상황의 복잡성 그리고 정책결정이 갖고 있는 정치적 의미와 그로 인한 제약 등에 관심을 갖는다는 데 차이가 있다.

(2) 내 용

Lindblom은 정책결정자의 분석능력 및 시간이 부족하고 정보도 제약되어 있으며, 대안비교의 기준으로 이용할 가치 기준마저 불분명한 상태에서는, 현재의 정책에서 소폭적인 변화만을 대안으로 고려하여 정책을 결정하고, 시간이 흐름에 따라 환류되는 정보를 분석하여 잘못된 점이 있으면 수정·보완하는 식으로, 분할적·연속적(*disjointed & sequential*)인 정책결정을 하는 것이 바람직한 정책결정방법이라고 주장한다.[2]

표 6-2 합리모형·점증모형 비교

구 분	합리모형	점증모형
정책대안 선택	근본적 방법	지엽적 방법
정책대안 분석	포괄적 비교분석	제한적 대안분석
정책결정 분석	통합·포괄적 정책결정	분산·분할적 정책결정
목표와 수단의 상호관련성	목표를 명확히 하고 최적의 수단을 강구	목표와 수단의 상호관련

(3) 평 가

점증모형을 주장한 Lindblom이나 Wildabsky는 Simon의 인지능력의 제한과, Dahl 등의 정치학자들의 사상에서 나온 다원주의라는 서로 다른 두 개의 기본사상을 성공적으로 결합하여, 정교한 논리를 전개하여 합리적·분석적 정책결정의 논리가 지닌 약점을 빈틈 없이 지적한 공헌이 있다(정정길 외, 2005: 502). 그러나 점증모형은 다음과 같은 측면에서 비판을 받고 있다.

첫째, 점증모형은 안정적인(*stable*) 상황하에서는 적용이 가능하나, 위기와 같은 급변하는 환경에서는 적용하기 불가능하다(Nice, 1987). Y. Dror는 점증주의가 타당성을 지니려면 다음 3가지의 전제 조건이 충족되어야 한다고 본다. 기존의 정책결과가 대체로 만족스러운 것이어야 하며, 해결해야 할 문제의 성격이 고도의 안정성을 지녀야 하고, 그리고 문제해결을 위한 수단 역시 고도의

2 정책대안의 분석평가가 사회적으로 분산된다는 분할적 점증주의는 Lindblom이 점증주의를 바람직한 정책결정전략이라고 주장하는 정치적 근거가 되기도 한다. 정책대안만이 아니라, 정책결정 자체가 부분적이고 분산적으로 이루어진다고 보는 분할적 점증주의는, 특정정책의 각 부분도 각각 상이한 결정기관, 예컨대 대통령, 행정관료, 국회의원 등의 주장을 반영하고 있다고 주장한다. 이러한 여러 정책결정기관에서 통합·조정 없이 분석평가를 하고, 정책결정을 하여, 정책의 부분 부분이 결정되면, 하나의 기관에서 정책결정을 할 때 무시되었던 가치를 포함한 중요한 정책결과를 취급하여 고려될 가능성이 높아지기 때문에, 하나의 정책결정에서 정책대안이 가져올 모든 중요한 결과를 예측할 필요가 없다고 한다. 따라서 이러한 이유로 Lindblom은 정책결정에서 한정된 대안만을 고려함으로써, 중요한 대안이 무시되고 중요한 결과도 무시되는 점증주의가 오히려 바람직한 전략이라고 주장하는 것이다. 그러나 이러한 주장이 실현가능하기 위해서는, 여러 중요한 가치를 대변할 수 있는 다양한 이익집단이 존재하고, 이들이 어느 정도 강력한 힘으로 정치체제에 접근할 수 있는 다원적 사회여야 한다는 전제가 필요하다(정정길 외, 2005: 499-500).

안정성을 지닐 때, 점증모형이 타당성을 가질 수 있다는 것이다. 그러나 이는 사회가 안정되어 있는 선진국에서는 적합하나, 변동이 극심한 개발도상국에서는 적합하지 않다.

둘째, 점증모형은 지나치게 보수적(*conservative*)이어서 혁신을 저해한다. 기존의 정책에 기준을 두고 있으므로, 새로운 변화는 없이 현재 상태를 지나치게 옹호하려는 성향이 강하다.

셋째, 점증모형은 타성적(*inertia*)인 정책결정을 조장할 가능성이 크다. 오늘날과 같이 급변하는 사회에서는 새로운 정책문제에 직면하게 되는데, 기존의 정책만으로 안이하게 문제를 해결하려고 하다 보면, 새로운 대안의 모색을 소홀히 할 우려가 있다.

넷째, 점증모형은 기존의 정책에서 소폭의(*incremental*) 변화만을 고려한다고 하는데, 어느 정도의 변화가 점증적이라고 볼 것인가의 문제가 있다. 소폭의 판단 기준이 모호하여 사람에 따라 점증적이라고 보는 기준이 달라질 수 있다.

표 6-3 합리모형 · 만족모형 · 점증모형 비교

구 분	합리모형	만족모형	점증모형
의 의	• 인간이 이성과 합리성에 기초하여 정책을 결정한다는 모형	• Simon & March: • 합리모형의 현실적 한계를 비판하며 등장함	• Lindblom & Wildabsky: • 점진적인 정책결정: 정책실현 강조 • 부분적인 변화 도모 • 사회적 합리성 강조(좋은 정책은 여러 분석가들의 합의에 도달할 수 있는 정책) • 정책은 현재 문제의 개선에 중점 (치유적 목적)
내 용	• 문제에 대한 완전한 이해 • 문제와 목표의 정확한 정의 가능 • 해결을 위한 모든 대안 파악 • 명확한 대안선택 기준 적용 • 충분한 자원 • 합리적 최적대안 선택	• 제한된 합리성(bounded rationality) • 만족스러운 대안의 선택(최상의 기준이 아닌 만족화 기준)	
비 판	• H. Simon의 비판: • 인간의 문제해결능력 한계 • 불완전 정보 및 시간적·경제적 비용 • 가치와 사실의 분리 불가능 • 정책본질의 복잡성·불확실성 등	• 만족화 기준의 적절성 • 실증분석에 이론적 기여 • 규범적 기준으로 한계 • 대안선택 시 지나치게 주관적일 수 있음	• 안정된 사회에서만 적용, 혁신에 대한 방해(부분적 변화) • 안이한 정책결정 조장, 보수주의(기득권자)에게 유리한 모형 • 정책결정의 기본 방향 및 기준 결여

4) 혼합탐사모형(Mixed-Scanning Model)

(1) 의 의

혼합탐사모형은 합리모형과 점증모형의 단점을 극복하고 장점만을 선택하여 통합한 모형이다. 즉 합리모형은 가능한 모든 대안들을 고려하므로 비현실적이고, 인간의 지적 능력의 한계로 인해 합리모형대로만 정책문제를 해결할 수는 없다. 또한 점증모형은 정책결정자들이 기존정책에서 점증적으로 변화하는 정책에만 관심을 가지고 비교적 소수의 대안들만 고려하고, 이들 대안의 결과

중에서도 중요한 것들만을 평가하므로 지나치게 보수적이고 혁신을 저해한다. 따라서 A. Etzioni는 이 두 정책모형의 문제점을 보완하기 위하여, 두 접근방법이 갖는 장점만을 선택하여 제3의 모형을 제시하였다. 이것이 두 모형을 변증법적으로 통합한 혼합탐사모형(*mixed-scanning model*)이다.

(2) 내 용

A. Etzioni는 정책결정을 크게 두 가지로 근본적(*fundamental*) 결정과 세부적(*detailed*) 결정으로 나누었다. 근본적 결정은 세부적 결정이 이루어질 맥락을 결정하는 것으로, 정책목표를 달성하기 위한 대안을 전반적이고 근본적인 방향으로 설정하려는 목적을 가지고 있다. 이를 Etzioni는 '범사회적 지도체계'(*Societal Guidance System*)라고 불렀다. 이에 반해, 세부적 결정은 근본적 결정이 설정한 맥락 안에서 점증적으로 결정된다.

표 6-4 혼합탐사모형의 내용

	고려한 대안	예측한 대안의 결과
근본적 결정	• 중요한 대안을 포괄적으로 모두 고려(포괄적 합리모형) • 범사회적 지도체계(Societal Guidance System)	• 중요한 결과만 개괄적 예측 • 미세한 세목은 무시(합리모형의 지나친 엄밀성을 극복)
세부적 결정	• 근본적 결정의 테두리 내에서 소수의 대안만 고려(점증주의)	• 여러 가지 결과 예측의 세밀한 분석(포괄적 합리모형)

자료: 정정길 외, 2005: 513에서 수정 인용.

요약하면, 근본적(*fundamental*) 결정은 합리모형의 포괄성이 지니는 장점을 취하고, 대안의 결과 면에서는 중요한 것만 대강 예측함으로써 합리모형의 단점을 극복한다. 세부적(*detailed*) 결정은 근본적 결정의 테두리 안에서 소수의 대안만을 집중적으로 정밀하고 깊이 있는 검토를 하기 때문에 합리모형의 장점을 취하고 있다.

(3) 평 가

혼합탐사모형의 장점은 모든 정책결정을 동일한 수준으로 보지 않고, 근본적 결정과 세부적 결정으로 구분하여, 각 수준에 적절한 전략을 모색하였다는 점이다. 더 나아가 합리모형과 점증모형의 약점을 극복하고 장점을 부각시킴으로써, 정책환경에 대하여 신축적으로 반응할 수 있도록 하였다.

그러나 혼합탐사모형은 기존 모형을 이용하여 현실적 설명력만 높였을 뿐이며, 새로운 점이 없는 이론이라는 비판을 받고 있다. A. Etzioni는 혼합탐사모형이 합리모형과 점증모형의 변증법적 통합이라고 주장하고 있으나, 엄밀히 말해서 합리모형의 변형에 불과하다는 비판도 있다(정정길 외, 2005: 515).

5) 최적모형(Optimal Model)

(1) 의 의

Y. Dror는 정책결정에는 경제적 합리성과 함께 직관, 판단력, 창의력과 같은 초합리적 요소까지도 동시에 고려해야 한다고 보고, 현실주의와 이상주의를 통합한 규범적·처방적 모형으로서 최적모형(*optimal model*)을 제창하였다. 이는 A. Etzioni와 마찬가지로, 합리모형의 비현실적인 측면과 점증주의의 보수적인 측면을 모두 비판하고, 규범적이고 처방적인 입장에서 새로운 정책결정이론을 제시한 것이다. 이 모형에서 Y. Dror는 계량적인 면과 질적인 면을 결합시키고, 합리적인 요소와 초합리적인 요소를 함께 고려하여야 함을 강조하고 있다. 우리는 앞에서 정책결정의 유형을 합리, 직관, SOP 등으로 나누어서 살펴보았는데, Dror의 최적모형은 정책결정에 있어서 직관까지도 강조하는 정책결정모형이라고 할 수 있다.

(2) 최적모형의 내용

(가) 초합리성의 강조

Y. Dror는 최적모형이 경제적 합리모형과 초합리모형의 창조적 결합이라고 설명하고 있다. 경제적 합리모형은 합리모형에 따르는 노력과 시간, 비용 등이 합리적 결정의 효과보다 작거나 같을 때 사용할 수 있는 모형이다. 또한 정책결정과정에서 자원 배분을 할 때 각 단계에서 가장 효율적으로 사용될 수 있어야 함을 강조하고 있다. 초합리모형은 인간의 직관(*intuition*)이나 영감(*inspiration*)에 기초한 판단을 뜻한다. 이러한 초합리성은 합리적 과정의 역할을 보완하는 것으로, 한정된 자원, 지식의 결여, 불확실한 상황 등이 합리성을 제약할 때와 새로운 대안 창안 등을 이유로 초합리성에 의존할 수밖에 없을 때 사용된다. 또 어떤 경우는 초합리성에 의존하는 것이 합리성에 의존하는 것보다 나을 때도 있다.

(나) 정책결정의 체계적 통합

최적모형에서는 합리성을 존중하되 정책결정자의 직관이나 판단·창의력 등을 중요시해야만 최적의 정책결정을 할 수 있다고 하여, Y. Dror는 넓은 의미의 정책결정을 크게 세 단계로 나누고, 이들을 다시 세분하여 18개 국면으로 나누었는데, 첫째 단계는 초정책결정, 둘째 단계는 정책결정, 셋째 단계는 정책결정 이후 단계이다. 그 중에서도 초정책결정 단계는 최적모형의 가장 큰 특징이라고 할 수 있다.

Y. Dror는 정책학 연구는 대안의 개발, 대안의 비교·선택을 위한 정책분석, 정책결정의 전략(*Mega-policymaking*: 혁신적인 것이냐 아니면 점진적인 개선이냐, 많은 위험을 무릅쓰느냐 아니면 위험을 회피하느냐 등)에 연구 초점을 두어야 한다고 강조하였다. 이러한 정책결정의 전략(*Mega-policymaking*)의 기초하에, 초정책결정(*Meta-policymaking*), 정책결정(*policymaking*), 정책결정 이

후 단계(*Post-policymaking*)로 나누어서, 정책결정의 단계에 접근할 수 있다고 주장했다.

① 초정책결정(Meta-policymaking) 단계

초정책결정 단계는 정책결정에 대한 정책결정의 단계이다. 이 단계에서는 7가지 하위 단계를 거치게 된다.

먼저, 가치의 처리란 사회의 여러 가치들을 구체화, 명료화하고 우선순위를 정하여, 문제의 평가나 목표 설정 시 사용하며, 현실의 처리는 정책결정은 객관적 현실을 토대로 구성한 현실에 대한 주관적 인식에 입각하여 이루어진다.

문제의 처리는 가치와 주관적 인식의 체계적인 비교를 통하여 문제를 확인한다. 그리하여 현실성이 높은 주관적 문제를 확인하고, 그것을 구체화하여 문제 사이의 우선순위를 정한다. 자원의 조사, 처리, 개발 과정을 거치고 난 후, 정책결정체제의 설계, 평가, 재설계를 하는데, 이것은 구조와 과정을 포함하는 정책결정체제를 설계하고 후에 수정을 가하는 재설계를 되풀이한다. 문제, 가치 및 자원의 할당 후, 주된 정책결정 전략을 결정하게 된다.

초정책결정

가치의 처리→현실의 처리→문제의 처리→자원의 조사·처리 및 개발→정책결정체제의 설계·평가 및 재설계→문제·가치 및 자원의 할당→정책결정 전략의 결정

② 정책결정(Policymaking) 단계

정책결정 단계에서는 개별적인 경우의 정책을 결정한다. 여기서도 초정책결정 단계와 동일하게 7가지 하위 단계를 포함한다.

먼저, 자원의 재배정에서는 정책결정 문제와 단위에 배정된 자원이 정책결정에 재배정되어야 한다. 다음으로 조작적 목표의 설정 과정에서 문제와 가치를 구체화하고, 주요 가치들의 설정과 우선순위 결정을 통해 정책대안의 탐색 과정에서 좋은 정책대안이 발견될 때까지 탐색한다. 찾을 수 없을 때에는 자원을 더 동원하거나 찾는 대안의 기준을 낮추면 된다.

정책대안의 비용·편익예측은 창의적인 대안발견에 중점을 둘 것인지, 비용·편익의 정확한 예측에 중점을 둘 것인지에 대한 전략적 선택을 분명히 해야 하는 과정이며, 정책대안의 비교와 최선대안의 확인에서 비용·편익을 비교·분석 후 최선의 대안을 선택하게 된다. 최선대안의 평가과정에서 순수합리모형은 최선의 대안만 확인하면 정책결정과정이 종결되지만, 최적모형은 대안탐색이 불완전하기 때문에 최선의 대안으로 선택된 것도 다시 평가하는 과정을 거쳐야 한다.

정책결정

자원의 재배정→조작적 목표의 설정과 우선순위 결정→주요 가치들의 설정과 우선순위 결정→좋은 대안을 포함한 주요 정책대안의 마련→다양한 대안의 중요한 편익과 비용에 대한 예측→ 다양한 대안에 대한 예측된 편익과 비용을 비교분석→최적의 대안에 대한 편익과 비용을 평가하고 이 대안이 좋은가 또는 나쁜가에 대한 결정

③ 정책결정 이후(Post-policymaking) 단계

정책결정 이후 단계는 정책을 집행하는 단계이다. 정책집행의 동기유발이란, 정책집행을 하기 위해서는 동기유발이 필요한데, 동기유발의 수단은 공식적 승인, 자원의 배분, 강력한 추진 등을 말하며, 이때 동기부여를 좌우하는 것은 정치권력이다. 정책의 집행은 집행과정 중 현장에서 작업을 하고 많은 하위 정책을 결정하게 되는 것이며, 정책결정의 평가는 정책의 집행 때부터 그 집행이 끝날 때까지 이루어지는 것을 말한다. 정책평가 결과를 환류하여, 다른 단계들의 개선에 사용하는 커뮤니케이션과 환류를 마지막으로 거친다.

정책결정 이후 단계

정책집행에 대한 동기유발→정책의 집행→정책이 집행되고 난 후 정책의 평가→커뮤니케이션과 환류

(다) 최적모형의 구조

최적모형에 대한 설명을 완성하기 위해서는 정책결정의 과정적 측면뿐만 아니라 구조적 틀까지 고찰할 수 있어야 한다. 구조적 틀의 적합성은 상황에 따라 달라질 수밖에 없으므로, 이상적인 정책결정 구조모형을 만드는 것은 불가능하다. 그러나 현재의 지식이 허용하는 범위 내에서 일반적으로 필요한 구조적 특성을 열거해 볼 수는 있다. 최적모형의 구조적 요건을 살펴보면 다음과 같다.

첫째, 정책결정과정 전체에 여러 행동 단위들을 참여시킨다(다원적 구조). 이는 정책결정과정의 복잡성과 다원성에서 기인한다.

둘째, 정책의 실현가능성을 높이기 위해 각 국면과 구성요소마다 실현가능성을 제고하기 위한 노력이 있어야 한다.

셋째, 정책행동단위들의 국면별 기여는 중복적이고 중첩적이어야 하므로, 구조는 가외성(*redundancy*)을 지녀야 한다.

넷째, 정책집행의 동기유발을 할 수 있는 권력을 지닌 기관을 정책결정구조에 포함시킨다.

다섯째, 정책집행 단위들은 정책결정구조에 연결시켜 정책집행의 왜곡을 막아야 한다.

여섯째, 정책환경, 정책구조 자체의 특징은 끊임없이 변동하기 때문에 정책결정구조는 주기적으로 재검토, 재설계되어야 한다(오석홍 외, 2000: 267-268).

표 6-5 혼합탐사모형·최적모형 비교

구 분	혼합탐사모형	최적모형
특징 및 내용	• A. Etzioni: • 합리모형과 같이 유토피아적, 이상적인 것도 아니며, 점증모형처럼 보수적 모형도 아님(A. Etzioni) • 근본적이고 상위적 정책결정에 대한 정책결정체제의 노력과 시간투입의 정도가 문제 - 이 판단은 국가전체 차원에서 결정 - A. Etzioni: 범사회적 지도체제(Societal Guidance System)(예, 국가혁신 로드맵)	• Y. Dror: • 점증모형의 비판으로 등장(합리성 제고 노력 강조) - 경제성을 감안한 합리성 강조: 시간제한, 인적·물적 자원 범위 내 합리성 최대추구 - 초합리성 강조: 합리성뿐만 아니라 직관, 판단 등의 초합리성 강조: 정책결정역량 향상을 위해 체계적 학습, 독창성, 창의성 고취 및 인력개발의 중요성 강조 - 혁신전략 vs 점진개선 - 위험전략 vs 위험회피 • 정책결정자는 양자 중 더 바람직한 것을 결정해야 함(전자: 점증모형, 후자: 합리모형)
장 점	• 합리모형과 점증모형의 단점을 상호 보완적으로 통합하는 역할 - 합리모형의 이상적 합리성의 현실화 - 점증모형의 보수성 극복	• 초합리성의 강조 • 국가의 정책결정 전략(Mega- policymaking) 강조 - 초정책결정(Meta-policymaking) - 정책결정(Policymaking) - 정책결정 이후 단계(Post-policymaking)
비 판	• 기존모형의 혼합에 지나지 않음 • 근본적인 결정과 세부적인 결정을 구분할 수 있는 기준을 제시하지 못함	• 초합리성에 대한 구체적 기준, 달성방법 불분명 • 초합리성과 합리성과의 관계 모호성

(3) 평 가

최적모형은 초합리성을 강조하여 합리모형을 체계화시켰고, 초정책결정 단계를 정책결정의 선행단계로 도입함으로써, 정책결정의 새로운 이론모형을 개발하였다.

정책결정의 여러 국면과 이러한 국면 속의 정책결정들 간의 관계를 정책결정과정 속에서 체계화하고, 정책결정이론과 정책결정의 지적 측면을 정책과정 속에 포함시켜 하나의 정책학패러다임을 형성하였다는 점이 평가되어야 할 것이다.

6) 쓰레기통모형(Garbage Can Model)

(1) 의 의

쓰레기통모형은 조직의 구성단위 사이의 응집성이 아주 약한 '조직화된 무정부 상태'에서 이루어지는 정책결정모형이다. J. March와 J. Olsen 등의 학자들에 의해 제시되었고, 그 후 J. Kindon이 이를 미국 의회연구에 접목시켜 더욱 발전시킨 모형이다. 쓰레기통모형의 결론은 실제로 정책결정이 어떤 일정한 규칙에 따라 움직이는 것이 아니라, 쓰레기통처럼 뒤죽박죽 움직인다는 것이다. 이러한 모형에 해당하는 조직의 예로서는 대학사회, 친목단체 등을 들 수 있다(박성복·이종렬, 1993: 384).

합리모형, 만족모형, 점증모형 등 앞서 설명한 모형들은 대체로 조직은 확실한 목표를 가지고서 분명하게 파악된 문제들을 해결하며, 조직 내의 갈등은 협상이나 투표를 통하여 결정하는 것으로 보고 있다. 하지만 이러한 모형들은 복합적이고 급격한 변화가 일어나는 사회에서의 현실문제들을 잘 설명하기 어렵다고 할 수 있다. 쓰레기통모형은 이런 문제들을 설명하는 데 적합한 모형이다(안해균, 1997: 326).

(2) 내 용

(가) 쓰레기통모형의 기본적인 전제

① 문제성 있는 선호(Problematic Preferences)

쓰레기통모형에서 말하는 세 가지 전제 중 첫째는, 정책결정에 참여하는 사람들의 선호가 문제가 있다는 것이다. 문제성 있는 선호라는 것은, 정책결정에 참여하는 자들 간에 무엇을 선택하는 것이 바람직한지에 대해서 합의가 없고, 참여자들 중 어느 개인 한 사람을 두고 볼 때 스스로 자신이 무엇을 좋아하는지조차 모르면서 정책결정에 참여하는 경우가 있음을 말하는 것이다(정정길 외, 2005: 542).

② 불명확한 기술(Unclear Technology)

쓰레기통모형의 두 번째 전제조건은 불명확한 기술이다. 여기서 기술이라는 것은 목표와 수단 사이에 존재하는 인과관계(*technical validity*)를 의미한다.

③ 수시적 참여자(Part-time Participants)

쓰레기통모형의 세 번째 전제조건은 수시적 참여자이다. 동일한 개인이 시간이 변함에 따라 어떤 경우에는 결정에 참여했다가, 어떤 경우에는 참여하지 않는다. 또한 구성원 중 문제의 성격에 따라, 어떤 문제에 대해서는 적극적으로 참여하는가 하면, 그렇지 않은 경우도 있다(안해균, 1997: 384-385).

(나) 정책결정의 네 가지 요소

쓰레기통모형에서 정책결정에 필요한 구성요소로는, 1) 해결을 요하는 문제, 2) 문제의 해결책, 3) 정책결정의 참여자, 4) 정책결정의 기회 등 네 가지가 있는데, 이러한 정책결정요소들이 서로 다른 시간에 통(*can*) 안에 들어와서, 우연히 한 곳에서 동시에 만날 때 비로소 결정이 이루어진다고 본다.

① 문제(problem)

정책결정이 이루어지려면 우선 문제가 있어야 한다. 일상생활에서 발견되는 무수한 사회문제가 여기에 해당할 수 있는데, 이 때 중요한 것은 언제부터 문제로 나타나는가, 문제해결에 드는 자원은 어느 정도인가, 문제가 정책결정기회에 접근할 수 있는 제도적 장치는 어떠한가 등이다.

② 해결책(solution)

정책결정이 이루어지기 위해서는 문제의 해결책이 있어야 하는데, 현실로는 해결책이 먼저 발견되고, 이것이 오히려 해결해야 할 문제를 찾으려고 하는 경우가 많다.

③ 참여자(participants)

정책결정이 이루어지기 위해서는 참여자가 있어야 하는데, 이들은 문제와 해결책을 알고 있는 경우도 있고 모르는 경우도 있다. 참여자들은 정책결정의 전 과정에 계속하여 참여하는 것이 아니고, 자신의 시간 여유, 관심도, 문제의 성격 등에 따라 참여하기도 하고 않기도 한다(박성복·이종렬, 1993: 385-386).

④ 기회(opportunity)

정책결정 기회라는 것은 개인의 경우에는 결정을 하는 순간, 집단의 경우에는 정책결정을 하기 위하여 회의를 가지는 것을 말한다. 즉, 참여자들에 의해서 여러 가지 문제와 해결책이 통 속에 뒤섞이게 되는데, 이 때 상호 관련되는 요소끼리 만나게 되는 계기가 정책결정의 기회이다.

(다) 정책결정 요소들 간의 상호관계

쓰레기통모형의 가장 큰 공헌 중 하나는 정책결정의 네 요소가 서로 아무런 관계없이 독자적으로 움직일 수 있음을 분명히 밝힌 것이다. 마치 네 줄기의 강물이 따로 흘러가듯이 네 가지의 독자적인 흐름(*stream*)이 있다는 것이다. 정책결정에 쓰레기통의 모형을 가장 설득력 있게 접목시킨 J. Kingdon의 연구내용을 중심으로 살펴보면 다음과 같다. J. Kingdon은 문제의 흐름(*Problem Stream*), 해결책의 흐름(*Policy Stream*), 참여자 및 기회의 흐름(*Politics Stream*)을 3P로 보고, 3P가 하나로 결합되는 것을 '정책의 창'(*Policy Window*)이 열린다고 표현하였다.

그림 6-2

정책결정 요소들 간의 상호관계

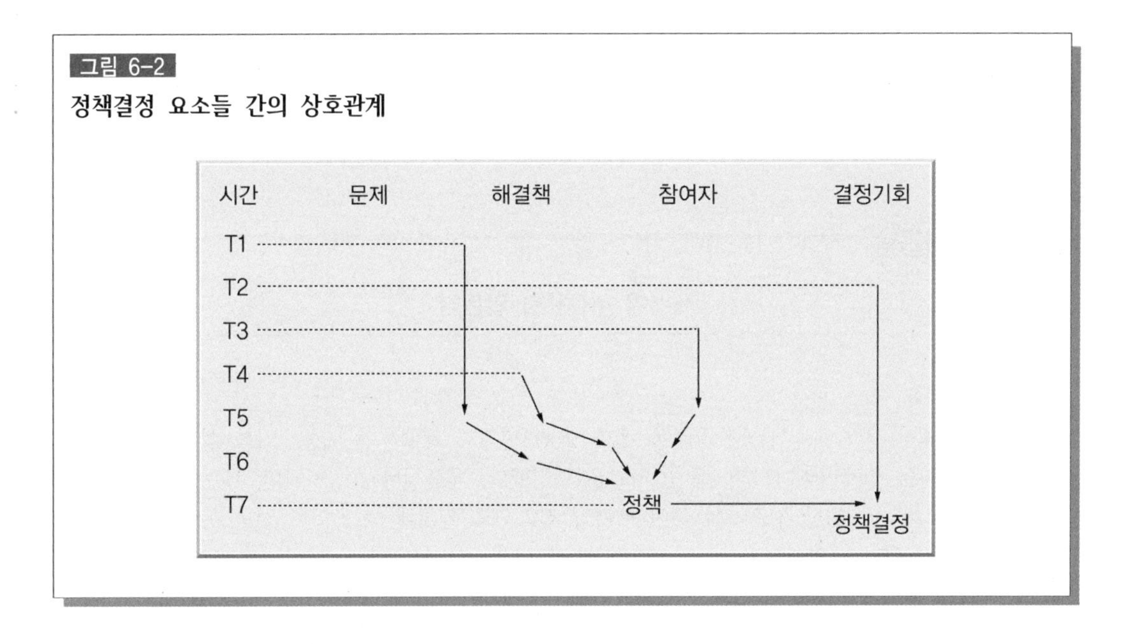

(라) 정책결정 방식

① 순수한 무정부 상태

쓰레기통모형에서 실제로 정책이 이루어지는 경우는 정책의 네 가지 요소(문제, 해결책, 참여자, 결정기회)가 하나로 만나 교차할 때이다. 쓰레기통모형은 네 가지 요소의 흐름이 만나는 것을 순전히 우연한 경우로 본다. 각 행위자가 모래알처럼 움직이는 점은 관료정치모형과 유사하지만, 관료정치모형은 모래알처럼 움직이되 각자 이익 추구가 명백하고 상대방을 지배하려 하는 데 반해 쓰레기통모형에서는 모래알처럼 움직이되 자기가 무엇을 원하고 있는지도 모르는 상태에 있는 경우이다. 따라서, 쓰레기통모형에서 설정하는 정책결정 형태는 순수한 무정부 상태에서 우연하게 이루어지는 정책결정 사례들에게서 많이 발견된다.

② 완전한 통제

완전한 통제 상태에서의 정책결정방식은 네 가지 흐름이 등장하면 즉시 해결이 되는 경우이다. 즉 네 가지 요소가 다 등장한 시점이 바로 정책결정의 시점이 된다. 순수한 무정부 상태에서는 네 가지 요소가 다 등장하여도 즉시 결정이 이루어지는 것이 아니지만, 완전한 통제 상태에서는 네 가지 요소가 다 등장하는 시점이 바로 결정이 이루어지는 시점이 된다.

③ 점화계기

쓰레기통모형이 전제하는 조직화된 무정부상태에서는 우연히 발생하는 두 가지 계기가 있을 때, 위의 네 가지 요소가 합쳐지게 되는데, 이 계기를 점화장치(*triggering point*)라고 한다. 점화장치의 첫 번째는 문제를 크게 부각시키는 극적 사건(*dramatic event*)으로, 9·11테러나 대구 지하철 참사와 같은 극적인 사건을 말한다. 두 번째는 정치적 사건(*political event*)으로, 정권의 변동이 국가적 분위기나 정치이념의 변화를 가져오는 경우이다. 응집성이 약한 조직화된 무정부상태에서는 네 가지 흐름이 나타나 있어도 점화계기가 있어야만 결정이 이루어진다.

정 책 사 례

제주에 태풍센터 만든다

1. 사례 개요

정부는 태풍의 조기예보시스템 구축을 위해 2008년까지 제주도에 태풍센터를 설치하기로 하고, 내년 예산에 설계비와 시설비 등 10억원을 반영했다. 태풍센터가 설치되면, 태풍 경계구역이 현재 일본 오끼나와 해상 부근에서 북서 태평양 전역으로 확대돼, 항공이나 선박 등에도 상세한 태풍경보를 제공할 수 있다.

또 외국의 분석에 의존하지 않고, 한국형 태풍분석에 따른 조기 예보와 대응이 가능해져, 태풍 피해를 연평균 2천억원 이상 줄일 수 있을 것으로 추정되었다.

우리나라는 2002년 태풍 "루사"로 246명의 인명피해와 5조 2천억원의 재산피해를 입었고, 2003년엔 태풍 "매미"로 131명의 인명피해와 4조 2천억원의 재산피해가 난 바 있다.

자료: 노컷뉴스, 2005. 11. 3.

2. 쟁점 및 시사점

태풍 매미가 2003년에 우리나라를 휩쓸고 갔을 때에도 국가재난관리청이 신설되었다. 이렇듯 어떤 사건이 생기고, 그에 따라 여론이 들끓자 갑작스레 대책을 세우고, 어떤 기관을 만들고 하는 형태의 정책결정은 쓰레기통모형에 해당하는 사례이다.

위 사례도 역시 문제해결의 주체가 등장하지 않은 채 혼란스러운 갈등관계가 지속되자, 태풍이 한차례 지나가고 그에 따라 수십억의 피해와 인명피해가 생기고, 언론과 여론이 질책하자, 태풍센터를 설치한 것으로서, 쓰레기통모형의 사례를 보여주고 있다. 문제가 흐르던 와중에, 문제가 발발하자, 참여자들이 해결을 요구했고, 태풍의 피해가 크자 이 사건이 점화의 계기가 되어 태풍센터가 만들어진 것이다.

이 밖에도, 국가재난관리청 설치나 대구지하철 참사 이후 지하철안전사고의 여러 대책 수립과 같은 사례들은 모두 쓰레기통모형에 해당되는 정책사례라고 할 수 있다.

(3) 평 가

쓰레기통모형은 정책결정의 네 요소가 서로 아무런 관계없이 독자적으로 움직일 수 있음을 분명하게 밝힌 점이 장점으로 평가된다. 기존 이론들이 조직화된 무정부 상태를 단지 병리적인 현상으로 인식했으나, 이 모형은 이를 긍정적 측면에서 체계적 분석을 시도하였다는 점도 주목된다. 쓰레기통모형은 조직적 혼란상태에서의 정책결정 상황에 대한 체계적 분석을 시도하고 있다. 조직적 혼란상태는 오늘날 공공조직이나 교육기관 등에서 쉽게 발견할 수 있는 것인 만큼, 현실에서의 정책결정 문제를 좀 더 적실성 있게 분석할 수 있는 것으로 평가될 수 있다. 또한, 특정 사회 내의 신념체계와 가치체계가 바뀌거나, 정치체제가 바뀌는 과도기적 상황 속에서 나타나는 혼란상태, 또는 변동상태에서의 정책결정을 논리적으로 설명하고 있다는 점에서 쓰레기통모형의 의의는 평가될 수 있다(정정길 외, 2005: 547).

7) Allison모형

(1) 의 의

1971년에 쓰여진 『The Essence of Decision(정책결정의 본질)』에서, G. Allison은 세계의 이목을 집중시켰던 쿠바 미사일 사건에 대해 세 가지의 상이한 이론모형, 즉 합리적 행위자 모형, 조직과정모형, 관료정치모형을 적용하여 정교한 분석을 하고 있다. G. Allison은 국가외교 및 군사문제를 다루는 데 있어서, 기존의 분석가들이 사용한 합리모형은 이론적 기초가 불분명하다고 지적하고, 보다 더 체계적인 연구를 위해 합리모형을 구체화할 필요가 있다고 주장한다. 또한 이들이 정부정책을 예측하고 설명하는 데 사용한 합리모형은 관료조직 및 정치적 변수를 고려하지 않은 약점이 있으므로 이를 보완하고, 외교안보문제 분석에 있어서 설명력을 높이기 위해, 두 가지 대안적 모형인 조직과정모형과 관료정치모형을 제시하고 있다(오석홍 외, 2000: 233).

합리적 행위자모형, 조직과정모형, 관료정치모형을 구별하는 중요한 기준의 하나는 정책결정에 참여 또는 관여하는 자들의 응집성이다. 좀 더 구체적으로 보면, 국가의 정책을 결정하는 정부에 대한 가정을 세 모형이 각각 달리 하고 있다. 합리적 행위자모형(Model Ⅰ)은 정부를 잘 조정된 유기체로 간주하고, 조직과정모형(Model Ⅱ)은 정부를 반독립적인 하위조직들이 느슨하게 연결되어 있는 집합체로 간주하며, 관료정치모형(Model Ⅲ)은 서로 독립적인 정치적 참여자들의 집합체로 간주한다. 이처럼 정부에 대한 가정과 기타 요인이 결합되어 세 가지 모형은 서로 다른 속성을 갖게 된다(정정길 외, 2005: 548).

(2) 내 용

Allison모형은 세 가지 세부모형으로 설명된다.

㈎ 합리적 행위자모형(Rational Actor Model)

합리적 행위자모형에 의하면 정부활동은 중앙집권적인 통제권과 완벽한 정보 및 가치극대화를 추구하는 합리적 정책결정자에 의해서 선택된 행위로 간주된다.

① 기본분석단위

합리적 행위자모형의 기본분석단위는 국가 또는 정부에 의해서 채택된 정책이다. 이러한 정책은 그 국가의 전략적 목표나 목적을 극대화하도록 의도된다.

② 구성개념

합리적 행위자모형의 근간을 이루는 몇 가지 기본개념을 살펴보면 다음과 같다.

첫째, 행위의 주체인 국가 혹은 정부는 단일의 합리적인 정책결정자(*unitary actor*)로 간주한다. 이들 정책 행위자는 일련의 구체화된 목표와 그것에 대한 잠재적 대안, 그러한 대안으로부터 초래되는 결과에 대한 개별평가를 내릴 수 있다고 본다.

둘째, 행동은 국가가 처해 있는 전략적 문제에 대한 대응으로 간주되며, 국제 전략시장에서 발생하는 위협과 기회는 관련국가로 하여금 특정조치를 취할 인센티브를 제공해 준다.

셋째, 특정문제를 다루는 정부대표자의 활동은 바로 국가가 그 문제의 해결책으로 채택한 내용이 된다.

넷째, 정부활동은 단일행위자(개인, 정부, 국가 등)의 합리적 선택으로 간주된다.

③ 지배적 추론 양태

어떤 한 국가가 특정행위를 수행할 경우 국가는 이러한 행위를 가치극대화의 관점에서 정당화시켜 줄 목표를 가지고 있어야 한다. 이런 가정에 입각해서 합리적 행위자모형은 의도된 행위가 주어진 목표에 비추어 어느 정도 합리적인가를 판별하게 된다.

④ 적용가능 분야

집단적 정책결정이 합리적으로 이루어지는 경우는 드물다. 그러나 외교정책이나 국방정책에 대해서는 합리모형에 의한 설명이 보다 설득력이 있을 때가 많다. 국가전체의 운명에 관계되는 치명적인 문제에 대해서는 합리적인 정책결정에 보다 가까울 때가 많기 때문이다(정정길 외, 2005: 550).

(나) 조직과정모형(Organizational Process Model)

조직과정모형에서는 정부를 나름대로의 독자적 영역을 가진 느슨하게 연결된 조직체들의 거대한 집합으로 이해하고 있다. 따라서 정부활동은 지도자의 합리적 의도적 선택에 의해서가 아니라, 정형화된 행동 유형에 따라 움직이는 대규모 조직이 낳은 산출물로 이해된다.

광범위한 문제에 효율적으로 대응하기 위해 각각의 조직은 특정 영역에 대한 관할권을 가지고 있으며, 따라서 조직들 간의 관계는 반 독립적(*semi-autonomous*)이다. 정부정책이란 이들 여러 조직의 상반된 대안이 최고정책결정자의 조정을 거쳐 반영된 것에 불과하다고 주장한다.

조직의 산출물은 주로 표준운영절차(SOP)를 거쳐 만들어지기 때문에, 급격한 정부정책의 변화를 기대하기는 어려우며, 대신 조직학습 과정을 통해 점진적 변화가 일어난다고 본다.

① 기본분석단위

조직과정모형은 정책을 정부조직의 산출물로 보는데, 그 근거는 다음과 같다.

첫째, 정책이란 조직의 산출물로 볼 수 있는데 사전에 확립된 조직의 규칙이나 규정, 혹은 절차가 없다면, 정부지도자가 의도한 어떠한 효과도 기대할 수 없기 때문이다.

둘째, 현재 활용 가능한 인적 및 물적 자원을 동원할 수 있는 조직의 능력이야말로, 실제 정부지도자가 문제해결을 위한 선택을 하는 데 대단히 중요한 역할을 한다.

셋째, 조직의 산출물(대안)은 정부지도자가 어떤 이슈에 관련된 결정을 하는 데 있어 제약요인으로도 작용한다.

② 구성개념

조직과정모형의 근간을 이루는 몇 가지 기본개념을 살펴보면 다음과 같다.

첫째, 행위의 주체는 단일한 국가나 정부가 아니라, 느슨하게 연결된 조직의 집합체이며, 그 상층부에 정부지도자가 위치한다.

둘째, 각 조직은 그들의 감각기관을 통하여 문제를 인지하고, 획득한 정보를 처리하며, 반독립적인 상태에서 일련의 활동을 수행한다.

셋째, 국지적 문제에 대한 조직의 일차적 관심은 조직할거주의를 초래할 가능성이 있다.

넷째, 조직과정모형에서 목표란 실행 가능한 과업을 규정하는 제약조건으로 간주되며, 또한 조직은 불확실성을 회피하기 위해, 정책결정을 할 때 표준운영절차(SOP)나 프로그램목록(*Program Repertory*)에 주로 의존하게 된다.

다섯째, 비정형적인 문제를 다루기 위해 조직은 탐색활동을 개시하고, 시간이 흐름에 따라 이러한 새로운 상황은 하나의 관행으로 정착하게 된다.

③ 지배적 추론 양태

일정 시점, 예컨대 t라는 시점에서의 정부활동을 t-1시점에서의 정부활동과 비교해 보면, 그 차이는 극히 미미하다. 이러한 가정에 입각하여 조직과정모형은 현재의 사건을 설명하기 위하여, 기존의 조직관행과 프로그램목록에 관심을 갖는다.

④ 일반적 명제

조직과정모형에서 제시하는 일반적 명제로는 다음과 같은 것들이 있다.

첫째, 조직과정모형에 따르면, SOP나 프로그램목록에 의한 정부활동은 문제해결을 위한 장기적 대책이 아니라, 하나의 임기응변적 대응으로 간주될 수 있다.

둘째, 조직예산은 점진적으로 변하며, 일단 착수된 사업은 매몰비용으로 인해 계속되는 경향이 있다.

따라서 대규모의 정책변화는 기대하기 어렵다.

셋째, 정책의 실현가능성 측면에서 정부 지도자가 의도하는 것과 실제 관료에 의해서 집행된 것 사이에는 상당한 괴리가 있다.

⑤ 표준운영절차

정부 전체의 결정은 하위 조직체가 상례화된 절차에 따라서 정책결정을 시작하도록 하는 점화역할을 한다. 이 때 하위 조직들은 SOP에 따라 프로그램목록에서 문제에 상응하는 정책대안을 찾아나간다.

(다) 관료정치모형(Bureaucratic Politics Model)

Allison의 세 번째 개념모형인 관료정치모형은, 앞서 언급한 두 모형과는 상당히 다르다. 오직 한 가지 전략적 문제에만 관심을 쏟는 단일행위자를 가정하는 합리적 행위자모형과는 달리, 관료정치모형은 여러 다양한 문제에 관심을 갖는 다수의 정치적 행위자를 상정하며, 이들의 전략적 목표는 일관된 것이 아니라, 국가·조직·개인목표를 모두 고려하여 결정된다. 정치적 게임은 최고정책결정자와 상당한 권력을 보유한 해당 부서의 장에 의해서 이루어지는데, 이들은 각자 상당한 재량권을 가지고 있다. 이들의 상이한 관점을 조정하기 위해서는 정치가 필수적이다. 정책이란 특정대안에 대한 옹호자와 반대자가 사용하는 권력과 정치적 수완에 의해서 결정된다고 본다. 관료정치모형에 의하면, 정책이란 정치적 게임의 결과로 간주된다.

① 기본적 분석단위

관료정치모형에서는 정책을 정치적 결과의 산물로 본다. 국가적 이슈에 대한 상이한 관점을 가진 고위 정부 관료들 사이의 타협·연합·경쟁을 통한 흥정에 의해서 나타난 결과이다.

② 구성개념

관료정치모형의 근간을 이루는 몇 가지 기본 개념을 살펴보면 다음과 같다.

첫째, 정책결정주체는 국가나 조직이 아니며 직위를 가진 개인들이다. 즉, 조직의 장, 참모진, 정치적 임명자나 관료, 의회에서 영향력을 행사하는 국회의원, 언론인, 이익집단의 대변인 등이다.

둘째, 조직 구성원들은 조직이 지향하는 목표에 민감하며, 따라서 이슈에 대해 편협된 우선순위를 부여한다.

셋째, 정치적 결과는 참여자들 간의 정치적 게임에 의해서 좌우되며, 그들의 게임운영능력은 협상시의 강점(공식적 권위, 제도적 지원, 선거구민, 지위와 전문성 등)과 이를 활용하는 기법, 상대 경쟁자의 권력적 자원에 대한 인지적 평가에 의해서 영향을 받는다.

넷째, 정책결정 참여자는 총체적 전략문제분석에 관심을 집중하는 것이 아니라, 당장 활용할 수 있는 대안선택에 치중한다.

다섯째, 협상게임은 무작위로 일어나는 것이 아니라, 규칙적인 행동경로를 따라 진행된다.

③ 지배적 추론 양태

관료정치모형의 설명력은 이슈에 대해 상이한 인식과 우선순위를 가진 다양한 참여자의 활동을 분석함으로써 제고될 수 있다.

④ 일반적 명제

정부활동은 원래 각 참여자가 의도했던 것과 상당히 다를 수 있다. 수평적인 측면에서 보면, 정책결정시 각 참여자가 취하는 입장은 그가 속한 영역으로부터의 다양한 압력에 의해 영향을 받는다. 한편, 수직적 측면에서 조직의 장과 실무자들과의 관계를 보면, 조직의 장이 다룰 수 있는 문제의 범위는 시간상의 제약 때문에 상당히 제한되어 있어서, 대부분의 문제는 실무자들에 의해서 구체화된다. 이런 과정에서 실무자들은 또한 구체화된 대안이 조직의 장의 관심을 끌 수 있도록 노력한다.

⑤ 정치적 결정

조직 구성원들 사이의 응집성이 약한 집단이, 하나의 문제를 놓고 정책결정을 할 때는, 구성원들 각자가 달성하고자 하는 목표가 각각 다르게 된다. 상위집단, 자신이 속한 하위집단, 자기개인의 목표가 혼재된 상태에 있으며, 정책결정 참여 구성원 간의 목표 공유 정도는 극히 약하다. 그러므로 개개인은 자신이 지닌 정치적 자원을 이용하여, 정치적 게임규칙에 따라 목표달성을 위해 노력하게 된다.

(라) 세 가지 모형의 종합·비교

Allison의 세 가지 모형, 즉 합리적 행위자모형, 조직과정모형, 관료정치모형을 종합적으로 비교 정리하면 다음과 같다.

표 6-6 Allison모형의 종합·비교

구 분	합리적 행위자모형	조직과정모형	관료정치모형
조직관	조정과 통제가 잘된 유기체	느슨하게 연결된 하위 조직들의 연합체	독립적인 개인적 행위자들의 집합체
권력의 소재	조직의 두뇌와 같은 최고지도자가 보유	반독립적인 하위 조직들이 분산소유	개인적 행위자들의 정치적 자원에 의존
행위자의 목표	조직 전체의 목표	조직 전체의 목표 + 하위 조직들의 목표	조직 전체의 목표 + 하위 조직들의 목표 + 개별행위자들의 목표
목표의 공유도	매우 강하다	약하다	매우 약하다
정책결정의 양태	최고지도자가 조직의 두뇌와 같이 명령하고 지시	SOP에 대한 프로그램목록에서 대안 추출	정치적 게임의 규칙에 따라 타협, 흥정, 지배
정책결정의 일관성	매우 강하다 (항상 일관성 유지)	약하다 (자주 바뀐다)	매우 약하다 (거의 일치하지 않는다)

자료: 정정길 외, 2005: 553.

(3) 평 가

G. Allison은 국제정치학자로서 외교정책결정을 설명함에 있어서 합리적 행위자모형에 익숙해 있었으나, 정책학적인 관점에서 조직과정모형과 관료정치모형을 추가로 도입함으로써, 쿠바 미사일 사건에서 제시되는 외교정책결정의 설명력을 한 단계 더 격상시켰다는 평가를 받고 있다. Allison 모형은 기존의 정책결정에 대한 이론과 모형들을 종합·정리한 것으로 평가되며, 이들의 적용가능성을 검토하면 다음과 같다.

첫째, 조직계층의 측면에서 보면 Allison모형은 각각 적용 계층이 다르다. Allison모형의 관료정치모형은 조직의 상위계층에 적용가능성이 높고, 기능적 권위와 SOP로 특징지어지는 조직과정모형은 조직의 하위계층에 적용가능성이 높다. 합리적 행위자모형은 조직계층에 따라 큰 차이가 없다.

둘째, Allison모형은 원래 쿠바 미사일 사건과 같은 국제정치적 사건에 대응하는 정책결정을 설명하기 위한 모형으로 작성되었으나, 일반정책의 경우에도 적용가능한 것으로 평가된다(정정길 외, 2005: 553-555).

다만 한 가지 아쉬운 점이 있다면, 합리적 행위자모형과 관료정치모형에 의한 쿠바 미사일 사건의 설명은 비교적 설득력 있게 제시되는 데 반해, 조직과정모형에 의한 설명은 부분설명에 그치는 경향이 있다는 점이다.

정 책 사 례

Allison모형의 사례: 쿠바 미사일 위기 사례

1. 합리적 행위자모형 관점

합리적 행위자모형은 소련의 쿠바 영내로의 미사일 배치에 대한 미국의 해안봉쇄라는 대응을 단순히 주어진 목표에 대한 가치극대화의 측면에서 설명하려고 한다. 쿠바 영내에서 소련의 미사일이 배치되고 있다는 통보를 받은 Kennedy 대통령은 안전보장이사회의 집행위원회(EXCOM)를 소집하고, 이러한 국가적 위기문제를 해결하기 위한 모든 가능한 대안을 신속히 제시해 줄 것을 요청했다. 이 모임을 통해 여섯 가지 종류의 대안이 제시되면서, 각 대안에 대한 찬반논의가 이어졌다.

① 첫 번째 대안: 소극적 방관
② 두 번째 대안: UN이나 미주기구에 의한 쿠바사찰, Kennedy 대통령과 Khrushchev와의 직접 면담을 통한 외교적 해결
③ 세 번째 대안: Castro와의 은밀한 교섭
④ 네 번째 대안: 쿠바 영내로의 침공인데, 미사일의 제거뿐만 아니라 Castro를 권좌에서

축출

⑤ 다섯 번째 대안: 국지적 공습(surgical strike)인데, 정밀한 공격으로 소련이 배치할 미사일 기지를 사전에 제거하는 것

⑥ 여섯 번째 대안: 간접적 군사행동으로서 해안봉쇄

여섯 가지 정책대안 중 여섯 번째 대안이 다른 대안과는 달리 예상되는 손실보다는 이익이 훨씬 큰 것으로 평가를 받았다. 모든 것을 고려해 볼 때, 해안봉쇄야말로 합리적 관점에서 미국이 취할 수 있는 유일한 선택이었다는 것이 Allison의 첫 번째 주장이다. 즉 합리적 행위자모형의 설명력은 쿠바 미사일 위기 사례에서 상당 부분 설명력이 확보되었다.

2. 조직과정모형 분석

Kennedy 대통령의 쿠바에 대한 10월 22일자 해안봉쇄령은 같은 해 10월 14일 U-2 정찰기가 촬영한 쿠바 영내의 미사일 기지 사진이 정책자료가 되어 내려진 정책결정이었다. 그러나 Allison은 만일 9월 19일에 소집된 미 첩보회의에서 "소련은 쿠바 영내로 공격용 미사일을 반입하지 않을 것이다"라는 결론을 내리지 않았더라면, 더 빨리 발견할 수 있었을 것으로 추정한다.

그렇다면 미국의 첩보활동은 왜 실패하였는가? 첩보국은 주로 네 가지 종류의 정보원을 가지고 있었는데, 엄청난 정보를 처리하는 데 소요되는 시간상의 제약 때문에 정책결정을 내릴 시점에 이런 모든 정보를 활용할 수가 없었다. 후에 미사일 기지 건설정보가 계속 들어옴에 따라, 쿠바 서쪽 상공에 대한 특별비행을 지시하는 결정도 CIA와 미 공군 간의 비행을 둘러싼 관할권 싸움 때문에, 10일이나 지연되었다. 또한 대안 채택과정을 보면 EXCOM에서는 대안의 윤곽만 설정하고, 세부적 사항은 당해 업무를 수행하는 기관에 의해서 구체화되었다.

정책대안 중 대통령의 선호에도 불구하고 공습이 기각된 이유를 조직과정모형의 관점에서 파악할 수 있다. 쿠바 영내에 설치된 미사일이 이동식으로 분류되어, 공습을 통한 제거가 어렵다는 주장이 미 공군에 의해서 제기되었으며, 이러한 조직과정에서의 제안이 정책결정의 제약여건으로 작용한 것이다.

3. 관료정치모형 분석

관료정치모형에 입각해서 세 가지 측면으로 고찰해 보면, 첫째, 쿠바의 미사일기지 발견에 얽힌 정치화 과정을 분석해 볼 수 있다. 쿠바 영내의 미사일 기지 설치는 Kennedy 행정부에 불리한 사건이어서 CIA책임자의 보고를 일축하였다. 둘째, 미사일 기지발견에 따른 이슈의 정치화 과정을 살펴본다. 쿠바 미사일 위기라는 이 문제에 대해 Macnamara 국무장관, Robert Kennedy (대통령 동생, 법무장관), Sorenson 안보담당 특별보좌관이 핵전쟁의 위험성을 줄이기 위해 외교적 해결이라는 온건한 입장을 표명했으나, 대통령의 Khrushchev에 대한 배신감 때문에 온건론자의 주장을 받아들이지 않았다. 마지막으로, 대안 선택과 관련된 정치를 분석해보면, 처음에 국지적 공습을 선호하던 대통령이 Macnamara 국무장관, Robert Kennedy 법무장관, Sorenson 안보담당 특별보좌관 등의 반대주장을 받아들여, 해안봉쇄대안을 최종적으로 채택하게 되었다.

쉬어가는 코너

앨리슨 이야기

앨리슨은 1962년 10월, 쿠바미사일 위기사건을 토대로 정책결정의 앨리슨 모형을 창시한 학자이다. 쿠바미사일 위기사건은 핵무기로 무장한 미국과 소련이 세계를 핵전쟁의 위기로 몰고 갈 사건이었고, 인류 전체 생명을 담보로 한 도박이었다. 당시 케네디 대통령은 즉각 미국 군사안보회의를 소집하고 백악관 지하벙커에 비상준비 체제에 돌입했다. 케네디 대통령은 즉각 미국 군사안보회의를 소집하고 백악관 지하벙커에 비상준비 체제에 돌입했다. 이후, 미소 핵무기가 대치하는 세계 초유의 긴장된 몇 시간이 흐른 뒤 소련 핵항공모함들은 미국과의 직접적인 군사적 충돌을 피해 뱃머리를 돌렸다. 그 후 곧바로 흐루시초프는 쿠바의 미사일 기지를 폐쇄하였고, 이렇게 13일간 위기 상황은 종식되었다.

앨리슨G. Allison은 쿠바미사일 사태의 이러한 의문점들에 대해 고민하게 되었고 이를 학술적으로 풀고자 했다.

소련은 왜 쿠바에 공격용 전략 미사일을 배치했을까? 미국은 왜 소련의 쿠바항로에 해상봉쇄선을 설치하는 것으로 응수했던 것일까? 소련은 왜 결국 미사일을 철수했을까?

앨리슨은 개념적 틀 또는 안경을 바꾸어 끼면 세상이 분명히 달라 보인다는 점을 증명하려 했고, 세 가지의 정책결정모형을 제시하였다. 그것이 바로 유명한 앨리슨 I, II, III모형으로서 합리적 행위자 모형, 조직과정모형, 관료정치모형이다. 간략히 살펴보면, 합리적 행위자 모형(Model Ⅰ)은 정부를 잘 조정된 유기체로 간주하고, 조직과정모형(Model Ⅱ)은 정부를 반독립적인 하위조직들이 느슨하게 연결되어 있는 집합체로 간주하며, 관료정치모형(Model Ⅲ)은 서로 독립적인 정치적 참여자들의 개별적 집합체로 간주하는 것을 의미한다.

앨리슨 모형에서 키워드는 정책결정의 본질Essence of Decision이다. 앨리슨은 정책결정의 틀과 과정은 일종의 동심원을 그리고 있는 것으로 볼 수 있다고 했다. 제1모형은 큰 틀을 그리고, 그 틀 속에서 제2모형은 정보와 대안과 행동을 생산하는 조직의 절차를 그리고, 제3모델은 정부를 이루는 핵심 인사들이 그들의 서로 다른 인식과 원하는 바가 어울리며 빚는 정치적 과정의 세부를 그려 넣게 된다. 즉 이 모형은 우리에게 정책학적 사건을 분석하는 하나의 렌즈가 아닌 여러 가지의 렌즈가 존재한다는 것도 잊지 말아야 한다는 점을 확인시켜 주고 있다.

자료: 저자의 졸저, 『행정학 콘서트』, 115쪽

핵심 Point !

Stage Model

◎ 정책과정은 "정책의제설정 - 정책결정 - 정책집행 - 정책평가 - 정책변동"의 단계로 구분하며, 이 중 정책형성은 정책의제설정과 정책결정이 해당.

◎ 정책의제설정

- 정책의제설정의 의의
  - ▶ 정부가 정책적 해결을 위하여 사회문제를 정책문제로 채택하는 과정
- 정책의제설정 과정
  - ▶ 일반적으로 「사회문제 → 사회적 쟁점 → 공중의제 → 정부의제」의 과정을 거침.
  - ▶ 사회가 처한 정치적, 경제적, 사회적 여건과 사회문제의 성격에 따라 「사회문제 → 정부의제」, 「사회문제 → 사회적 쟁점 → 정부의제」, 「사회문제 → 공중의제 →정부의제」 등 다양하게 전개.
- 정책의제설정의 유형
  - ▶ 외부주도형:
    - 정부 바깥에 있는 시민들이나 집단이 외부에서 주도하여 사회문제를 해결해 줄 것을 정부에 요구하여, 결국 정부의제로 채택하도록 하는 의제설정 유형(「사회문제 → 공중의제 → 정부의제」)
  - ▶ 동원형:
    - 국가의 최고정책결정자에 의해 주도되는 유형(「사회문제 → 정부의제 → 공중의제」)
  - ▶ 내부접근형:
    - 정부기관 내의 관료집단들이 사회문제를 정부의제화하는 유형(「사회문제 → 정부의제」)
- 정책의제설정을 좌우하는 요인
  - ▶ 주도집단:
    - 정책주도집단으로는 정부 내의 대통령 등 공식참여자의 역할이 가장 중요하며, 외부주도집단의 정치적 힘에 따라서 정책의제설정이 좌우됨.
  - ▶ 정치적 요소:
    - 정치적 구조(중앙집권화 vs. 분권화), 정치적 이념(자유주의 vs. 경제성장주의 vs. 사회 복지주의), 정치적 사건(정권교체) 등은 정책의제설정에 중요한 영향을 미침.

▸ 문제의 특성:

• 문제의 중요성(유의성), 문제의 외형적 특성(단순성, 구체성), 문제의 내용적 특성(규제 vs. 배분 vs. 재분배 vs. 구성정책), 선례와 유행성, 극적 사건과 위기 등은 정책의제설정에 매우 중요한 영향을 미침.

▸ 극적 사건(dramatic event)과 정치적 사건(political event)은 사회문제를 정부의제화시키는 점화 역할을 함. 이를 양대 점화장치(two triggering points)라고 할 수 있음.

◎ 정책결정이론: 정책결정이란 정책과정 중 의제설정 단계에서 정부의제로 채택된 정책문제를 해결할 수 있는 정책대안을 선택하는 일련의 활동

◘ 정책결정과정

▸ 1) 문제정의와 목표설정 - 2) 정책목표들 사이의 우선순위 결정 - 3) 정책대안의 탐색, 개발, 설계 - 4) 대안결과의 미래예측 및 비교평가 - 5) 최적대안의 선택이라는 단계를 거침

◘ 정책결정모형

▸ 합리모형(Rational Model): 인간의 이성과 합리성에 기초하여 정책을 결정한다는 모형. 정책결정자가 합리적 정책결정 단계들을 하나하나 의도적으로 밟으며, 합리적·분석적으로 정책을 결정

▸ 만족모형(Satisficing Model): 인간의 제한된 합리성(bounded-rationality)에 기초하여 최적수준에 의한 최적(optimum) 대안이 아니라, 현실적으로 만족할 만한(satisficing) 대안을 선택한다는 모형

▸ 점증모형(Incremental Model): 정책결정에서 선택되는 대안들은 기존의 정책이나 결정을 점진적으로 개선해 나가는 것이며, 그렇게 점증적으로 정책이 결정되는 것이 바람직하다고 봄

▸ 혼합탐사모형(Mixed-Scanning Model): 정책결정을 근본적(fundamental) 결정과 세부적(detailed) 결정으로 나누어서 결정하는 모형.

▸ 최적모형(Optimal Model): 경제적 합리성과 함께 직관, 판단력, 창의력과 같은 초합리적 요소까지도 동시에 고려해야 한다고 보고, 현실주의와 이상주의를 통합한 규범적·처방적 모형

▸ 쓰레기통 모형(Garbage Can Model): 조직의 구성단위 사이의 응집성이 아주 약한 '조직화된 무정부 상태'에서 이루어지는 모형.
1) 문제, 2) 해결책, 3) 기회, 4) 참여자 등 네 가지 정책결정요소들이 서로 다른 통에 들어와서, 우연히 한 곳에서 동시에 만날 때 비로소 정책결정이 이루어진다고 보는 모형

▸ J. Kingdon은 문제의 흐름(Problem Stream), 해결책의 흐름(Policy Stream), 참여자 및 기회의 흐름(Politics Stream)을 3P로 보고, 3P가 하나로 결합되는 것을 '정책의 창'(Policy Window)이 열린다고 표현함.

▸ Allison모형: 합리적 행위자 모형, 조직과정모형, 관료정치모형 등 세 가지 세부모형을 설명

- 합리적 행위자 모형(Model Ⅰ): 정부를 잘 조정된 유기체로 간주하며, 정부활동은 중앙 집권적인 통제권과 완벽한 정보 및 가치 극대화를 추구하는 합리적 정책결정자에 의해서 선택된 행위로 봄.
- 조직과정모형(Model Ⅱ): 정부를 반독립적인 하위조직들이 느슨하게 연결되어 있는 집합체로 간주하며, 정부활동은 지도자의 합리적 의도적 선택에 의해서가 아니라 정형화된 행동 유형에 따라 움직인 대규모 조직이 낳은 산출물로 봄.
- 관료정치모형(Model Ⅲ): 정부를 서로 독립적인 정치적 참여자들의 집합체로 간주하며, 정책은 정치적 결과의 산물로서 국가적 이슈에 대한 상이한 관점을 가진 고위 정부 관료들 사이의 타협, 연합, 경쟁을 통한 흥정에 의해서 나타난 결과로 봄.

Chapter 6

핵심 Question!

Stage Model

◎ 정책과정 중 정책의제설정 단계로서 사회문제가 공식적으로 정책문제로 채택되기까지는 여러 단계를 거치게 된다. 정책의제설정 과정을 이해하기 위해 정책의제설정의 각 단계와 다양한 정책의제설정 과정을 설명하라.

◎ 정책의제설정은 주도집단이 정부 내의 세력인가, 외부의 세력인가에 따라서 정책의제설정 과정의 절차만이 아니라 정책과정 전반에 걸쳐서 차이를 나타나게 된다. Cobb and Ross가 제시한 3가지 정책의제설정모형에 따라 정책의제설정 과정을 설명하라.

◎ J. Kingdon의 견해를 중심으로 정책의제설정에 영향을 미치는 요인을 주도집단과 참여자, 정치적 요소, 문제의 특성으로 나누어 설명하라.

◎ 정책결정모형에서 합리모형, 만족모형, 점증모형을 비교 설명하라.

◎ 정책결정모형에서 혼합탐사모형과 최적모형을 비교 설명하라.

◎ 정책결정모형 중 쓰레기통모형과 J. Kingdon의 정책흐름모형(Policy Stream Model)을 연계하여 설명하라.

◎ 정책결정모형 중 J. Kingdon의 정책흐름모형(Policy Stream Model)을 사례를 들어 설명하라.

◎ 정책결정모형 중 Allison모형의 세 가지 모형을 사례를 들어 비교하라.

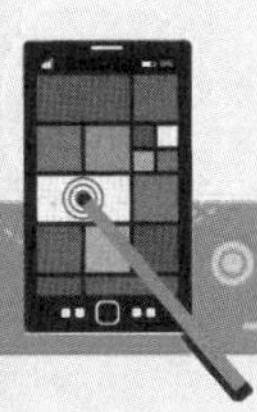

정책학 출제 최신경향 & 기출문제

CHAPTER 06 출제 최신경향

제6장은 정책형성론에 대해서 다루고 있으며, 정책의제설정과 정책결정모형에 대해서 논의하고 있다. 정책은 의제설정에서부터 정책결정, 정책집행, 정책평가, 정책변동에 이르기까지 일련의 복잡하고 동태적인 연속순환의 과정을 거치게 된다. 이러한 정책과정은 미래의 바람직한 목표설정 및 정책결정으로부터 출발한다. 미래의 소망스러운 가치 실현을 위한 목표설정과 정책결정이 잘못 형성된다면, 아무리 정책집행과 정책평가를 잘 한다고 해도 소용이 없기 때문이다. 따라서 정책의제설정과 정책결정이 이루어지는 정책형성의 단계는 정책과정에 있어 매우 중요한 과정이라고 할 수 있다.

그러므로 본 장을 학습하는데 유의할 점은 정책형성론의 첫 단계인 정부의 정책문제채택 단계를 다루는 정책의제설정으로 주도집단에 따라 정책의제설정이 어떻게 이루어지며, 또 어떻게 이루어지는 것이 바람직한 것인지에 대해 살펴보는 노력이 필요하다는 것이다. 특히, 정책의제설정 이론에 관한 문제는 다수 출제되었는 바, Cobb과 Elder의 정책의제설정 과정과 함께, 외부주도형, 동원형, 내부접근형에 대한 쟁점 정리가 필요할 것이다.

또한 다음 단계인 정책문제의 결정단계인 정책결정 단계에서는 정책학의 최대 관심사항인 정책성공을 최대화하고 정책실패를 최소화하기 위해 정책결정의 합리성을 극대화할 수 있는 정책결정 모형에 대해 숙지하여야 한다. 정책결정의 합리성을 중심으로 다양한 정책결정모형을 비교·설명하고, 여러 정책결정 모형들을 실제 사례와 연계하여 학습할 필요가 있다.

실제 본 장에서의 출제경향도 정책결정모형의 논리와 한계를 설명하고 대안적인 접근모형을 제시하는 문제가 주로 출제되고 있다. 정책결정의 합리적 행위자의 한계 및 대안적 접근방법, 점증주의와 합리모형 관계 등에 대해 묻는 문제들이 바로 그것이다. 즉, 정책결정모형에서는 합리모형, 점증모형, 만족모형, 최적모형, 혼합탐사모형, 쓰레기통 모형, Allison 모형 등의 의의 및 내용 그리고 각각에 대한 평가를 논할 줄 알아야 한다. 때문에 각 정책결정모형의 논리와 한계, 그리고 한계에 대한 비판으로 등장하게 되는 새로운 접근 모형들의 관계를 비교 설명할 수 있도록 각 모형의 논점을 정확하게 파악해두고, 이를 본 장에서 논의한 사례들과 연계하여 정리해 두길 권한다.

고시기출문제 R. W. Cobb와 C. D. Elder의 정책의제설정(Agenda Setting) 이론을 설명하시오[2005년 입시].

답안작성요령

핵심 개념

본 문제의 질문은 정책의제설정 과정에 있어 주도집단에 의한 정책의제설정 과정의 차이를 묻고 있다. Cobb과 Elder는 정책의제설정을 좌우하는 요인은 문제성격의 구체성과 주도집단의 사회적 유의성이라고 본다. 주도집단이 정부 내의 세력인가, 외부의 세력인가에 따라 정책의제설정 과정의 절차만이 아니라 정책과정 전반에 걸쳐서 차이가 있게 된다. 따라서 주도집단의 성향에 따라 정책의제설정 과정을 외부주도형, 동원형, 내부접근형으로 구분하여 기술할 수 있다.

주도집단에 따른 정책의제설정의 유형 및 사례

일반적으로 정책의제설정은「사회문제 → 사회적 쟁점 → 공중의제 → 정부의제」의 과정을 거쳐 이루어진다. 사회가 처한 정치적·경제적·사회적 여건과 사회문제의 성격, 주도집단의 성향에 따라「사회문제 → 정부의제」,「사회문제 → 사회적 쟁점 → 정부의제」,「사회문제 → 공중의제 → 정부의제」등 다양하게 전개된다.

이 중 주도집단에 따른 정책의제설정 과정 모형은 세 가지 유형으로 구분할 수 있다.

① 외부주도형: 정부 바깥에 있는 시민들이나 집단이 외부에서 주도하여 사회문제를 해결해 줄 것을 정부에 요구하여 결국 정부의제로 채택하도록 하는 유형이다. 외부집단이 주도하여 정책의제 채택을 정부에게 강요하는 경우로서 선진국에서 많이 나타나는 유형이다.

② 동원형: 국가의 최고정책결정자에 의해 주도되는 유형이다. 후진국에서 많이 나타나는 유형으로 대통령이 사회문제에 대한 문제의식을 가지고 바로 정부의제화한 후, 이를 다시 일반국민들에게 홍보하여 공중의제화로 국민적 인식을 확산시키는 경우이다.

③ 내부접근형: 정부기관 내의 관료집단들이 사회문제를 정부의제화하는 유형을 말한다. 사회문제가 정책담당자들에 의해 정책의제로는 채택되나, 공중의제화되는 것은 억제하는 정책의제설정 유형이라고 할 수 있다(본서 제6장 정책의제설정이론 참조).

주도집단에 따른 정책의제설정 과정 모형 비교

		외부주도모형	동원모형	내부접근모형
Cobb & Elder 모형	제기과정	개인이나 집단이 고충 표명	정책결정자가 새로운 정책공표	정책결정자나 측근자가 정책안 제시
	구체화과정	고충의 특정 요구화	공표된 정책의 세목결정	구체적 대안제시
	확산과정	타 집단에 논제의 중요성 인식	공중에게 정책의 중요성 인식	공중의제화 없음
	진입과정	사회문제의 정부의제화 사회문제 ⇨ 정부의제	정부의제의 정책의제화 정부의제 ⇨ 정책의제	-
문제전환방향		환경 → 정책결정자	환경 ← 정책결정자	양자 간의 관계 없음
주 도 집 단		이익집단, 언론	최고 정책결정자	관료

의제설정과정	사회문제 → 공중의제 → 정부의제	사회문제 → 정부의제 → 공중의제	사회문제 → 정부의제
의 제 성 격	강요된(Pressed)	선택된(Chosen)	-
정 책 과 정 (결정, 집행)	점증모형 (Muddling Through) 상향적 집행	합리모형 (Rational/Systematic) 하향적 집행	-
적 용 국 가	선진국	후진국	-

자료: 정경호, 핵심정책학, 2011에서 수정.

고득점 핵심 포인트

정책의제설정 이론에서의 관심사항은 어떻게 이슈가 창출되고, 어떤 것이 유독 공중의제에서 정부의제로 성공하는가에 관한 것이다. 무수한 사회문제들 중에서 일부분만이 정책의제로 채택되고 나머지는 방치된다는 점에서, 어떠한 사회문제가 어떻게 정책의제로 채택되느냐 하는 것은 매우 중요한 관심의 대상이다.

어떤 것이 유독 정부의제로 성공하는가에 대해서는 주도집단, 문제의 성격, 정치적 요소 등을 들 수 있다. 특히, 주도집단의 성향에 따라 다른 의제설정과정이 전개될 수 있다. 과거 전통적 관료제 모형 하에서는 정책의제설정이 동원형, 내부주도형이 많은 비중을 차지하였으나, 현대 정책이론에서 강조되는 거버넌스 패러다임 하에서는 정책의제설정에 있어 외부주도모형의 중요성이 상대적으로 부각되고 있다. 또한 Post-Lasswell 정책학 패러다임 하에서는 정책의제설정에 있어서 조직 구성원들 간의 대화 및 커뮤니케이션을 통한 의견수렴 및 합의도출이 강조되고 있다.

따라서 주도집단에 따라 정책의제설정은 어떻게 이루어지는 것이며, 또 어떻게 이루어지는 것이 바람직하다는 논의를 제시하여 주면 더욱 바람직할 것이다(본서 제6장 본문 정책형성론; 정책의제설정의 과정과 유형을 참조 바람).

고시기출문제 정부의 정책결정을 합리적 행위자의 선택행위로 가정하는 논리의 의의와 한계를 설명하고, 현실적 정책결정과의 부합성을 높이기 위한 대안적 접근방법을 제시하시오[2003년 입시].

답안작성요령

핵심 개념

본 문제의 질문은 정책결정자가 이성과 합리성에 기초하여 정책을 결정한다고 보는 합리모형의 논리와 한계를 설명하고, 합리적 의사결정의 한계에 대한 대안으로 나타난 제한된 합리성에 기초한 Simon의 만족모형과 점증모형을 설명하는 것이 핵심이다. 더 나아가 쓰레기통 모형과 Kingdon의 정책흐름모형, Allison II, III모형과 함께 Sabatier의 ACF 모형도 언급해 주면 더 좋을 것이다.

합리적 정책결정이론(합리모형)의 논리와 한계

먼저 문제에서 서두에 묻고 있는 정부의 정책결정을 합리적 행위자의 선택행위로 가정하는 논리의 의의와 한계를 기술해주어야 한다.

합리모형은 인간이 이성과 합리성에 입각하여 정책을 결정한다는 이론이다. 따라서 합리모형은 정책결정이 이루어지는 실제적 상황을 설명하기 위한 실증적이며 현실적인 이론이라기보다는, 정책결정자가 합리적인 정책을 결정한다고 가정할 때 따라야 할 논리나 절차를 밝히는 규범적·이상적 성격의 모형이다.

정책결정이 합리적으로 이루어지기 위한 전제 조건으로는,

① 정책결정자는 정책을 통해 추구하려는 목표나 가치를 명확히 정의할 수 있어야 한다. 또한 이와 함께, 목표와 가치 간의 우선순위도 결정할 수 있어야 한다.

② 선택된 목표의 달성을 위한 모든 대안을 탐색·선택할 수 있어야 한다.

③ 무수히 많은 대안들 중에서 최선의 대안을 선택할 수 있는 기준이 명확히 존재해야 한다.

그러나 합리모형은 정책결정이 이루어지는 현실을 설명하기 위한 이론이라기보다는, 정책결정자가 합리적인 결정을 하기 위하여 지켜야 하는 규범적이며 이상적인 성격이 강하기 때문에, 현실적으로 정책결정이 이루어지는 현상을 실증적으로 설명하기에는 한계가 있다. 구체적으로 만족모형을 주장하는 Simon과 점증주의를 주장하는 Lindblom과 Wildavsky를 통해 제기되는 합리모형의 한계를 크게 세 가지로 살펴볼 수 있다(권기헌, 2008: 158).

① 합리모형은 인간능력의 한계를 간과하고 있다. 즉, 합리모형에서는 정책결정을 함에 있어, 관련된 모든 정보를 동원하여 목표를 달성할 수 있는 모든 대안을 비교·탐색·평가할 수 있다고 가정하지만, 실제 정책결정은 합리모형에서 주장하는 합리적·분석적 결정이 아니라, 직관, SOP 등의 방법에 의하여도 이루어진다.

② 합리모형은 바람직하게 정책결정을 할 때 필요한 지식이나 논리, 그리고 인적·물적 자원의 제한을 고려하지 않고 있다.

③ 합리모형에는 매몰비용과 관련된 한계가 있다. 즉, 기존 정책이나 사업에 이미 상당한 투자나 개입이 이루어졌을 경우, 그보다 더 합리적인 대안이 있다 하더라도 이미 투입된 비용, 즉 매몰비용 때문에 기존의 정책이 계속 시행되게 된다.

합리모형의 대안으로 Simon의 제한된 합리성과 만족모형

H. Simon은 '제한된 합리성'을 제시함으로써 규범적인 합리모형을 벗어나 보다 실증적인 합리모형을 구축하고자 하였다.

Simon의 만족모형은 합리모형에서 가정하는 전제조건과는 다르게, 인간은 인지능력에 한계가 있으며, 시간·경비의 부족으로 모든 가능한 대안을 탐색할 수도 없어, 현실적인 인간은 극히 일부의 대안만을 알고 있으며, 이 일부의 대안에 대해서도 결과를 예측하기가 어렵다는 것이다. 따라서 정책결정자는 현실적인 정책결정과정에서 최적의 대안을 찾으려고 하는 것이 아니라, 만족할 만한 정도의 대안을 찾으면 더 이상의 대안탐색을 중지하고, 그 대안을 정책대안으로 선택한다는 것이다.

합리모형의 대안으로 점증모형

합리모형의 완전분석적 의사결정방식은 현실의 정책결정에 적용하기 어렵다. 따라서 Lindblom은 현실에서의 정책이 실제로 점증적으로 결정될 뿐만 아니라 한 걸음 더 나아가서 점증적으로 결정되는 것이 바람직하다고 주장함으로써, 기술적·실증적 모형으로서만이 아니라 처방적·규범적 모형으로서 점증주의를 주장한다. Simon이 인간의 인지과정의 제약에 관심을 쏟아 개인적 의사결정의 기초를 쌓은 데 비해서, 점증주의는 정치적 결정에 내재된 가치판단·사실판단의 상호작용, 정책결정상황의 복잡성, 정책결정의 정치적 의미와 그로 인한 제약 등에 커다란 관심을 기울임으로써 정책결정 자체에 초점을 두었다.

점증모형을 주장한 Lindblom은 정책결정자의 분석능력 및 시간은 부족하고 정보도 제약되어 있으며, 대안비교의 기준으로 이용할 가치 기준마저 불분명한 상태에서는, 현재의 정책에서 소폭적인 변화만을 대안으로 고려하여 정책을 결정하고, 시간이 흐름에 따라 환류되는 정보를 분석하여 잘못된 점이 있으면 수정·보완하는 식으로 분할적·연속적인 정책결정을 하는 것이 바람직한 정책결정방법이라고 주장한다.

합리모형·만족모형·점증모형 비교

구 분	합리모형	만족모형	점증모형
의 의	• 인간이 이성과 합리성에 기초하여 정책을 결정한다는 모형	• Simon & March: 합리모형의 현실적 한계를 비판하며 등장함	• Lindblom & Wildabsky: 점진적인 정책결정: 정책실현 강조 부분적인 변화 도모 사회적 합리성 강조(좋은 정책은 여러 분석가들의 합의에 도달할 수 있는 정책) 정책은 현재 문제의 개선에 중점 (치유적 목적)
내 용	• 문제에 대한 완전한 이해 • 문제와 목표의 정확한 정의 가능 • 해결을 위한 모든 대안 파악 • 명확한 대안선택 기준 적용 • 충분한 자원 • 합리적 최적대안 선택	• 제한된 합리성 (bounded rationality) • 만족스러운 대안의 선택 (최상의 기준이 아닌 만족화 기준)	
비 판	• H. Simon의 비판: 인간의 문제해결능력 한계 불완전 정보 및 시간적·경제적 비용 가치와 사실의 분리 불가능 정책본질의 복잡성·불확실성 등	• 만족화 기준의 적절성 • 실증분석에 이론적 기여 • 규범적 기준으로 한계 • 대안선택 시 지나치게 주관적일 수 있음	• 안정된 사회에서만 적용, 혁신에 대한 방해(부분적 변화) • 안이한 정책결정 조장, 보수주의(기득권자)에게 유리한 모형 • 정책결정의 기본 방향 및 기준 결여

자료: 권기헌, 정책학, 2008: 162.

합리모형의 다른 대안모형들: 쓰레기통 모형과 Kingdon의 정책흐름모형, Allison II, III모형과 함께 Sabatier의 ACF모형을 중심으로

여기에서는 합리모형의 다른 대안모형들에 대해서도 언급해 주면 좋다. 예컨대, 쓰레기통 모형(Garbage Can Model)은, March와 Olsen에 의해서 제기되었는데, 조직의 구성단위 사이의 응집성이 아주 약한 '조직화된 무정부 상태'에서 이루어지는 정책결정모형이므로, 합리성과 전지전능을 전제하는 합리모형의 대안적 설명력이 있다. 특히 이 모형을 발전시킨 J. Kingdon의 정책흐름모형은 문제의 흐름, 대안의 흐름, 정치의 흐름이 각각 독립적으로 흐르고 있다가 극적 사건과 점화계기를 통해 정책의 창이 열리게 됨을 설명하고 있는데, 이러한 모형은 재난사건이나 극적인 사건이 발생하는 현대적 상황(예컨대, 대구 지하철 참사나 천안함 폭침, 911테러 혹은 카타리나 태풍 허리케인과 같은 기후변화로 인한 재앙과 같은)을 설명하는데 매우 설명력이 높다(이와 관련한 제주 태풍센터, 대구 지하철 참사 사례에 관해서는 본서 제6장과 제10장 참조 바람).

Allison 모형 II와 III 역시 합리성 가정에 대해 의문을 제기하고 있다. 합리적 행위자 모형을 가정하는 모형 I에 비해 조직과정모형이나 관료정치모형은 느슨하게 연결된 하위조직들의 연합체 혹은 독립적인 개인적 행위자들의 집합체를 가정한 모형이다. 이러한 모형 역시 쿠바 미사일 위기나 국가안보위기 시의 정책결정의 현실적 설명력을 높이는데 중요한 대안적 모형이 될 수 있다(이와 관련한 쿠바 미사일 위기 사례에 관해서는 본서 제6장 참조 바람).

Sabatier의 ACF모형은 역시 현대적 정책과정의 대안적 설명으로 중요한 모형이다. 이는 원래 정책결정모형으로 제기되진 않았지만 합리성과 선형적 과정모형(*linear stage model*)의 한계에 대한 비판으로 등장하였다. 현대 사회에서 자주 발생하는 이념·이익·계급 등 양대 진영 간 갈등상황이 장기간 발생하는 정책과정을 설명하는데 매우 유용한 모형이다. 예컨대 장기간 진행되었던 의약분업정책(의사집단과 약사집단의 대립), 한양약분쟁(한의사집단과 양의사집단의 대립), 원전정책(원전찬성집단과 원전반대집단) 등을 잘 설명해 준다(이와 관련한 의약분업 사례에 관해서는 본서 제6장 참조 바람).

고득점 핵심 포인트

본 문제는 정책결정의 합리성을 중심으로 다양한 정책결정이론을 비교·설명하는 것이다. 그러므로 절대적 합리성에 기초하여 최적화를 추구하는 합리모형과, 제한된 합리성을 바탕으로 만족화를 추구하는 만족모형, 실증적 모형으로서 정치적 합리성을 바탕으로 한 현실적인 모형인 점증모형을 비교, 설명하여야 한다. 더 나아가 쓰레기통 모형과 Kingdon의 정책흐름모형, Allison II, III모형과 함께 Sabatier의 ACF모형에 대해서 간략히 언급하면서, 왜 이러한 현대적 정책결정모형들이 합리성의 한계에 대한 비판으로 등장하게 되었는지에 대한 논점을 분명하게 해 주는 것이 고득점 전략을 위해 좋을 것이다(본서 제6장 정책결정의 모형 및 제13장 현대정책학의 이론모형 참조 바람).

고시기출문제 점증주의(Incrementalism) 정책결정모형을 합리모형과 대비하여 설명하시오[2003년 행시].

답안작성요령

핵심 개념

본 문제는 정책결정모형 중 점증주의 모형과 합리모형에 대하여 비교 설명할 것을 요구하는 질문이다. '점증주의(*Incrementalism*)'란 정책결정에서 선택되는 대안들은 기존의 정책이나 결정을 점진적으로 개선해 나가는 것이며, 그렇게 점증적으로 정책이 결정되는 것이 바람직하다는 이론이다. 이는 Lindblom과 Wildabsky 등이 주장한 이론으로 합리모형의 비현실성을 지적하고, 현실적으로 이루어지는 정책결정을 설명하고 이해하기 위해서 주장된 이론이다(권기헌, 2008: 160).

점증주의의 핵심 내용

본 문제에서 묻고 있는 핵심 개념이 점증주의 정책결정모형이므로 이에 대한 단순한 개념 제시에서 그치는 것이 아닌 주된 내용과 평가에 대해서도 기술하는 것이 필요하다. 이 과정을 거친 후 합리모형과 비교하는 것이 보다 논리적인 답안작성에 도움이 될 것이다.

점증모형에 대해 Lindblom은 정책결정자의 분석능력 및 시간이 부족하고 정보도 제약되어 있으며, 대안비교의 기준으로 이용할 가치 기준마저 불분명한 상태에서는, 현재의 정책에서 소폭적인 변화만을 대안으로 고려하여 정책을 결정하고, 시간의 흐름에 따라 환류되는 정보를 분석하여 잘못된 점이 있으면, 수정·보완하는 식으로, 분할적·연속적(*disjointed & sequential*)인 정책결정을 하는 것이 바람직한 정책결정방법이라고 주장하였다(권기헌, 2008: 160).

한편, 점증모형이 지적받는 비판은 다음과 같다.

① 안정적인(*stable*) 상황 하에서는 적용이 가능하나, 위기와 같은 급변하는 환경에서는 적용하기 불가능하다(Nice, 1987).

② 점증모형은 지나치게 보수적(*conservative*)이어서 혁신을 저해한다.

③ 점증모형은 타성적(*inertia*)인 정책결정을 조장한 가능성이 크다.

④ 점증모형은 기존의 정책에서 소폭의(*incremental*) 변화만을 고려하는데, 소폭의 판단 기준이 모호하여 사람에 따라 점증적이라고 보는 기준이 달라질 수 있다.

합리주의와 점증주의의 비교

구분	합리모형	점증모형
문제의 구성	재구성·재정의가 거의 없다	재구성·재정의가 빈번하다
가치·목표와 대안분석	가치나 목표는 정책대안의 분석과는 별개의 것이며, 대안분석에 선행	가치로서의 목적 선택문제와 정책대안분석 간 명백한 구분이 없고, 상호 밀접하게 연결
목표수단, 상호작용	목표와 수단의 엄격 구분(선후·계층성) 수단은 목표에 합치되도록 선택 목표의 명확한 정의, 목표-수단분석 활용	목표와 수단의 상호의존성·연쇄관계 목표를 수단에 합치되도록 재조정·수정 목표의 불명확성, 목표-수단분석은 제한적
대안의 범위	대안 수는 무한정, 현상과의 괴리가 큼	대안 수는 한정, 현상과의 괴리가 적음
분석의 범위	포괄적 분석, root method(근본적 방법)	제한적 분석, branch method(지엽적 방법)
접근방식	이상적·규범적·연역적 접근 이론의존도 강함, BC분석(민감도분석) 활용 Algorithm, 체계적·과학적 접근	현실적·실증적·귀납적 접근 이론의존도 약함. Heuristic, 주먹구구식 결정

자료: 정경호, 핵심정책학, 2011에서 수정.

고득점 핵심 포인트

정책결정에서 점증모형과 합리모형은 그것이 지닌 개념, 목표 및 접근방식 등에서 뚜렷한 차이를 보이고 있다. 따라서 점증모형과 합리모형이 대비되는 점을 분명히 인지하고 있어야 할 것이며, 점증모형의 강점 및 약점을 논의할 때 합리모형과 비교하여 논의하는 것이 고득점 전략의 핵심 포인트가 될 수 있다.

특히 점증주의는 흔히 이해하듯이 지난해 대안을 토대로(혹은 기본안(*base line*)을 토대로) 조금씩 수정하는 점진주의나 절충주의와는 다르다는 점을 명확히 할 필요가 있다. 점증모형은, 합리모형이 하나의 기관에서 모든 대안을 검토하고 그 결과를 예측하라고 주장함으로써 오히려 중요한 대안과 중요한 결과가 무시될 수 있다는 점을 지적하고 있다.

분할적·연속적(*disjointed & sequential*) 정책결정을 하게 되면, 하나의 기관이 아니라 여러 정책결정기관에서 통합·조정의 과정을 거침으로써, 오히려 중요한 대안과 중요한 결과를 놓치는 결과가 발생하지 않기에 점증주의 전략이 더 바람직한 전략이라고 주장하고 있다. 이것이 점증주의(*Incrementalism*) 정책결정모형의 핵심이다. 따라서 이 문제에서는 이러한 논점들을(점증주의와 다원주의의 결합을 토대로 분할적·연속적 정책결정 전략을 포함하여) 명확히 밝히는 것이 고득점 전략 포인트가 될 것으로 생각한다(본서 제6장 정책결정의 모형 참조 바람).

정책은 산출되고 실행되는 데 있어 일정한 단계를 거치며, 그 자체가 일련의 진화과정을 거치는 생명주기를 갖는다. 즉, 정책은 정책의제설정에서부터 정책결정, 정책집행, 정책평가, 정책변동에 이르기까지 일련의 복잡하고 동태적인 연속 순환 과정을 거치는 것이다. 전통적 과정모형에서는 정책과정을 '정책의제설정-정책결정-정책집행-정책평가-정책변동'의 단계로 구분하는데, 앞의 두 단계까지의 정책결정이 이루어지기 이전에 정책문제, 정책목표, 정책대안을 분석하는 것을 정책분석론이라고 한다. 즉, 정책분석론은 최적의 정책결정을 내리기 위해 정책문제에 대해 분석하고 정책대안에 대해 분석하는 단계이다. 정책분석론은 정책결정이 이루어지기 이전 과정을 분석하는 단계이므로 정책형성론에 포함되나, 여기에서는 그 분량과 논의의 중요성을 고려하여 따로 독립해서 살펴보고자 한다.

제7장 정책분석론은 첫째, 문제의 분석과 목표설정, 둘째, 대안의 탐색·개발·설계, 셋째, 대안의 미래예측, 넷째, 대안의 비교평가로 이루어져 있다. 정책분석을 하는 가장 근본적인 이유는 정책목표를 달성할 수 있는 가장 바람직한 정책대안(*policy alternatives*)을 선택하기 위한 것이다. 이를 위해서는 문제의 분석을 통해 무엇이 문제인지 문제의 본질에 대한 쟁점 규명이 있어야 하며, 이를 토대로 적합하고 적정한 목표설정이 있어야 한다. 정책문제의 분석과 목표의 설정이 이루어지면, 정책목표를 달성하기 위한 다양한 정책대안들을 탐색·개발·설계해야 하며, 정책대안 결과에 대한 미래예측을 토대로 비교 평가하여, 최선의 대안을 선택하게 된다. 이 장에서는 총체적인 정책분석 기준인 성찰성(당위성)-민주성(참여성)-생산성(효율성)을 중심으로 정책분석 기준을 살펴보고, 정책의 실현가능성에 대해서도 학습하고자 한다. 또한 이와 더

불어 새로운 정책분석 기준을 실제 정책사례에 적용하여 분석하는 과정을 예시함으로써, 실제 정책분석이 어떻게 이루어지는지에 대해서도 학습하기로 한다.

제 1 절 정책문제의 분석과 목표설정

제1절에서는 정책분석의 첫 번째 단계인 정책문제의 분석과 목표설정에 대해서 학습한다. 정책문제의 분석은 실질적인 정책문제가 과연 무엇인가를 파악하기 위해서 문제의 내용, 성격 및 중요성 등 관련된 구성 요소들을 분석하는 체계적인 작업을 말하는데, 문제의 본질과 쟁점을 규명하려는 노력이야말로, 제3종 오류를 방지하고, 타당한 정책목표와 정책대안 탐색의 가장 중요한 첫 출발점이 되므로, 무엇보다도 중요한 정책분석 과정이라 할 수 있을 것이다. 특히 여기에서 문제란 객관적 실체로서 '저기 따로 떨어져 존재'하는 것이 아니라, 인지하는 사람의 마음속에서 이루어지는 주관적 구성물이라는 시각에서 출발하는 것이기에, 문제의 본질과 쟁점은 그만큼 더 중요한 의의를 지닌다. 또한 이 절에서는 문제의 정의를 위한 분석과정으로서, 예비분석과 본 분석에 대한 분석방법을 학습할 것이며, 정책문제 분석을 통한 목표설정을 학습할 것이다. 문제의 본질과 쟁점을 규명하고 나면 타당한 목표를 설정해야 한다. 여기에서 타당한 목표란 시대와 가치 적합성을 지니고, 시간과 정도의 적정성을 지니며, 목표 구조 사이에 내적 일관성을 지니는 목표를 말한다.

정책의 최상위 가치는 인간의 존엄성 실현이다. 이를 위해 정부는 타당하고 규범적 가치를 지닌 정책목표를 설정하게 된다. 이러한 목표는 정책결정의 지침, 정책집행의 기준, 정책평가의 근거가 된다는 점에서 매우 중요한 의의를 지닌다. 목표의 설정에서는 정책목표의 의미, 의의와 기능, 정책문제와 정책목표의 관계, 바람직한 정책목표의 요건, 정책목표들 간의 우선순위 관계 등에 대해서 학습하기로 한다.

1. 정책문제의 정의

1) 정책문제 정의의 관점

정책문제를 정의하는 데 있어서는 여러 가지 관점이 존재하기에 다양한 논란이 제기된다. 그러나 일반적으로 두 가지 차원에서 이야기가 되고 있는데, 먼저 정책문제의 실체를 어떻게 보느냐와 문제를 어떻게 정의할 것이냐에 대한 논란으로서 객관성과 주관성의 관점에 대한 논의이고, 또 다른 하나는 정책문제의 정의에 있어서 문제의 원인규명 즉, 인과성을 포함시킬 것인가 말 것인가 하는 논란이 그것이다(노시평 외, 2006: 150).

먼저 정책문제의 객관성과 주관성에 대한 논쟁에서는 정책문제를 객관적 실체로 보고 정책문제에 대한 정의는 주어진 문제를 정확히 이해하고 그 특성을 밝히는 것이라고 보는 입장인 객관적(실체론적) 관점과 정책문제란 관찰 가능한 실체가 아니라 인식하는 사람의 마음속에서 구성되는 이른바 '분석적 축조물'이라고 바라보는 주관적(구성론적) 관점으로 나뉜다.

정책문제의 인과성에 대한 논쟁을 살펴보면, 먼저 문제정의에 있어서 인과적 개념으로 문제의 원인규명을 포함시킬 경우, 해결방안을 모색하는 과정에서 해결방안을 암시함으로써 행동반경을 제한할 수 있기 때문에, 인과적 개념이 개재되어서는 안 된다는 주장이 있는 반면에, 정책문제를 정확하게 이해하고 진단하기 위해서는 문제의 인과적 분석이 불가피하다는 주장(노화준, 1989: 43-50)이 있다. 이러한 인과성 및 정책문제의 주관성·객관성에 대한 문제를 좀 더 구체적으로 살펴보면 다음과 같다.

(1) 실체론적 관점

실체론적 관점은, 문제는 문제의 객관적인 실체를 가지고 있기 때문에, 그 실체를 규명하는 것이 문제분석의 핵심이라고 본다. 따라서 이러한 관점에서는 문제시되는 상황을 '있는 그대로' 정확히 묘사하기만 한다면 문제분석은 끝나게 된다(강근복, 2002: 55).

(2) 구성론적 관점

구성론적 관점에서는 문제의 주관성을 강조하기에 문제 그 자체는 관찰가능한 객관적인 실체가 아니라, 문제를 인식하는 사람의 마음속에 있는 '분석적 축조물'이라고 본다(Wildavsky, 1980: 1-3; 강근복, 2002: 56). 즉 정책문제는 실체가 있는 현실에서 주어진 것이 아니라, 분석가의 사고의 투사에 의해서 형성된다는 것이다(노시평 외, 2006: 152).

(3) 종합적 관점

정책문제를 정의함에 있어서 앞서 이야기한 객관론적 관점과 주관론적 관점을 둘다 취하는 입장이 있는데 절충적 관점이다.

절충적 관점에서는 개인이나 집단의 주장은 그들 자신이 옳다고 믿는 가치나 규범, 또는 이익에 기초하고 있으며, 이러한 것들을 유지하고 보호하기 위해서 어떤 사회적 조건이나 상태를 유지하거나 변화시켜 나가야 한다는 것이다. 이러한 사회적 조건이나 상태에 대한 객관적인 기술과 이에 대한 가치판단 없이는 어떤 주장이나 요구를 형성하거나 펼쳐나가기 어려우며, 따라서 사회문제의 식별과

정의에 있어서 조건에 대한 객관적인 기술 및 이에 대한 가치 판단적 요소와 주장 형성 활동적 요소가 동시에 요구된다. 이러한 요소들이 조화를 이룰 때 사회문제정의의 설득력과 호소력은 더욱 높아질 수 있다고 보고 있다.

2) 정책문제의 특성

정책문제의 특성은[1] 또한 다양하게 논의되고 있지만, 여기에서는 Dunn을 중심으로 설명하기로 한다.[2]

(1) 주관성(subjectivity) 및 인공성(artificiality)

문제는 실존하고 있는 객관적인 상태 그 자체가 아니라, 현실상황에 대한 판단과 바람직한 미래 상태에 대한 판단이 복합적으로 이루어져 정의되는 것이다. 문제가 객관적이라는 것에는 일리가 있기는 하지만, 사람에 따라서 매우 다르게 해석된다. 예를 들면, 대기오염은 대기 중에 있는 기체와 입자의 수준과 관련하여 정의할 수 있지만, 오염의 정도와 오염으로 인한 피해의 규모 등은 다양하게 해석될 수 있다. 정책문제는 환경에 대해 작용하는 사고의 산물이며, 분석에 의하여 정의되는 주관적 요소들인 것이다. 즉, 우리가 경험하는 것은 문제 상황이지, 원자와 세포와 같은 개념적 구성물은 아닌 것이다.

(2) 가치판단의 함축성(significance)

정책문제는 이미 그 정의 속에 가치판단이 함축되어 있다. 문제시되는 상황을 정부가 해결을 목적으로 공식적으로 채택한 것이라고 할 때에, 이미 채택되는 과정에서 많은 가치판단이 이루어진 결과로서 정책문제가 정의되는 것이다(강근복, 2002: 59).

---

1 노화준 교수(2003: 59)는 정책문제의 일반적 성격을 다음과 같이 파악하고 있다.
① 정책문제들은 정의하기가 쉽지 않다. ② 순수하게 기술적인 문제(*technical problem*)이거나 또는 순수하게 정치적인 문제인 경우는 드물다. ③ 그들의 해답은 일반적으로 그것을 적용해 보기 전에는 올바른 것으로 판명될 수 없다. ④ 정책문제에 대한 해결방안들이 의도한 결과들을 성취할 수 있다는 보장은 없다. ⑤ 문제에 대한 해답이 최선이면서 동시에 가장 비용이 적게 소요되는 경우는 드물다. ⑥ 해답의 적절성은 공공재(*public goods*)라는 성격으로 인해 측정하기 어려운 경우가 많다. ⑦ 해결방안의 공정성을 객관적으로 추정하기는 매우 어렵다.

2 Dunn(1991)은 정책문제의 이러한 특성으로 인해 문제의 체제를 통하여 정책문제를 파악하여야 함을 강조하고 있다. 즉, 문제의 체제(복잡한 문제)는 기계론적인 실체(*technical substance*)가 아니기 때문에 목적론적 체계(*purposeful system*) 속에서 파악하여야 한다는 것이다.

정책사례

인간 존엄성의 실현이라는 당위적 가치 실현 위한 복지정책 필요

1. 사례개요

1) 노인부양에 대한 인식전환 필요

한국보건사회연구원 조사에 의하면 '부모를 모시는 이유'로 '애정' 때문이라는 답은 9.3%에 그쳤다. 의무감(37%)과 부모의 경제력 부족(10%) 때문이라는 응답이 더 많았다. 한국노인복지학회 임춘식 회장은 "자녀들이 집안에서 노부모를 모시는 것을 '효'라는 관점에서 볼 것이 아니라, 인권의 관점에서 접근해야 한다"고 말한다. 이제 노부모에 대한 학대나 방임은 단순히 윤리적인 문제가 아니라, 강제력 있는 법 차원에서 규정해야 한다는 것이다.

복지관 관계자에 의하면, 중증 치매와 중풍 등으로 시설에 입소한 노인들은 세상을 떠나기까지, 보통 10년 이상 이 시설 저 시설을 전전하기 쉽다. 시간이 갈수록 더 쇠약해지는 노인들의 수발을 가정에서 버텨내기 어렵기 때문이다. 가정에서 수발하기 어려운 중증의 질환이 있는 노인을 요양 기관에 보내는 것은 합리적인 방안이 될 수 있지만 그 마음가짐이 중요하다.

이 복지관의 김수정 사회복지사는 "지난 추석 연휴 단 3일 간의 휴관으로 입소 노인분들을 가정으로 모시게 했더니, 어르신들이 돌아올 때 양말부터 속옷까지 집에 보내드렸던 모습 그대로 온 경우가 있어 안타까웠다"며, "병약한 어르신들에게 조금 더 애정어린 관심을 보여주었으면 한다"고 말했다.

2) 노인복지, 실질적 혜택 필요

불로장수는 예나 지금이나 변함없는 인간의 근본적인 욕망의 하나다. 그러나 노인 인구의 초고속 증가는 장수를 축복이 아니라, 고통이 되게 한다. 노인들에게 양질의 삶을 보장할 수 있는 정책이 마련되지 않는 한, 장수는 오히려 인류의 멍에가 될 수 있다는 게 전문가들의 견해다. 사회, 문화적 갈등과 부양에 대한 도덕 윤리의 붕괴, 현대판 고려장을 상기시키는 노인 격리 장치의 출현 등이 속속 나타나기 때문이다.

우리나라는 2004년 기준 65세 이상 노인이 전체 인구의 8.7%로 '고령화 사회'에 접어들었다. 2019년에는 '고령 사회'(65세 이상 노인 비율 14% 이상), 2026년에는 '초 고령 사회'(65세 이상 노인 비율 20% 이상)에 이를 것으로 예측된다. 하지만, 노인복지 예산은 2004년 현재 전체 예산의 0.4%로서, 일본의 15%에 비해 30분의 1에도 미치지 못하는 실정이다.

자료: 주간한국, 2005. 9. 26.

2. 쟁점 및 시사점

정책이 추구하는 근본 목표가 인간의 존엄성과 가치를 실현하고 고양하는 것에 있다는 점을 감안한다면, 노인복지와 관련된 문제는 매우 당위적인 가치를 내포하고 있으며, 따라서 매우 심각한 검토를 토대로 정책문제 정의가 이루어져야 할 것이다. 그럼에도 불구하고, 위 사례에서 제시된 바와 같이 현재 우리의 현실은 미흡하다고 볼 수 있다. 또한, 정책에 대한 문제정의와 그에 따른 대안들이 나오고 있지만, 아직은 이렇다 할 성과를 보이거나, 비전을 제시하지 못하는 실정이다. 노인복지 문제를 어떻게 볼 것인가 하는 것과 관련하여 다양한 문제정의와 해결대안들이 도출될 것이지만, 노인복지와 관련된 문제들이 정책이 추구하는 최상위 가치인 〈인간의 존엄성〉 실현과 직접적으로 연결되어 있다는 점에서, 보다 근본적인 문제정의와 대안마련이 필요할 것으로 본다.

(3) 역동성(dynamics) 및 가변성(changeability)

정책문제는 역동성과 가변성을 지닌다. 문제에 대한 정의가 다양하듯이 문제에 대하여 많은 해결방안이 존재하기 마련이다. 시간이 흐름에 따라 주위 조건이 변하고, 이를 인식하는 사람들의 현실에 대한 해석과 판단 또한 변하게 되므로, 바람직한 상태를 결정하는 당위적 가치판단의 내용도 변화한다.

정 책 사 례

지역 환경 가치 변화: 7개 광역대도시권 그린벨트 1억1천만 평 해제

1. 사례개요

전국 7대 광역도시권의 개발제한구역(그린벨트) 13억평(4천258.3㎢) 중 1억1천만 평 이상이 해제된다. 또 집단취락이 20가구(ha당 10가구, 가구당 300평 기준) 이상일 경우 해제가 가능해진다. 건설교통부는 이런 내용의 7개 대도시권 개발제한구역 조정 기준을 마련, 4일 국무회의를 거쳐 확정했다. 조정안에 따르면, 해제대상 집단취락의 규모를 7개 대도시권 전역에 대해 20가구 이상으로 확대하되, 시·도지사가 지방도시계획위원회의 자문을 받아 요건을 강화할 수 있도록 했다. 따라서 집단취락의 경우, 최소 6천 평에 20가구 이상일 경우 해제가 가능하게 돼, 취락지구 내 12만 가구 중 대부분 지역이 해제될 것으로 전망된다.

자료: 한국일보, 2001. 8. 1.

2. 쟁점 및 시사점

위 사례는 정책문제란 시간이 지남에 따라, 문제를 보는 관점이 달라질 수 있다는 점을 시사하고 있다. 문제가 되는 상황에 대한 주관적 가치관이 변함에 따라 문제정의의 관점이 달라질 수 있는데, 여기에서의 쟁점은, 과연 이 지역이 아직도 그린벨트 구역으로 지정받아 보호할 가치가 있는 것인지에 대한 가치판단이 문제가 된다. 위의 사례는 그린벨트 구역으로 지정된 지역에 대한 가치판단이 시간이 지남에 따라 변화하여 묶어두는 것이 오히려 문제라는 판단을 전제로 하고 있다.

(4) 차별적 이해성(differential interest)

정책문제는 차별적 이해성을 지닌다. 문제로 인해 고통을 받고 있는 사람이 있는가 하면 반대로 이익을 받는 사람도 있다.

정 책 사 례

쓰레기장 설치 정책에 대한 이해관계 충돌: 전남 4개시 · 군 쓰레기장 설치 진통

1. 사례개요

전라남도 내 4개 시·군에서 새로운 쓰레기장 터를 놓고, 집단소송을 벌이는 등 지루한 줄다리기로 쓰레기 대란이 우려된다. 전남 화순군과 영광군에서는 주민들이 쓰레기장 입지가 부당하다며, 행정소송을 내 애를 먹고 있다. 또 영암군은 대불산단 안에 매립장을 확보했지만, 군부대 측에서 반대하고 있다. 순천시는 인근 주민들이 거세게 반발하면서 벽에 부딪쳤다. 화순군은 135억여원을 들여, 한천면 기암리 인근에 매립 및 소각시설을 갖춘 폐기물종합처리장을 올 1월 착공했다. 그러나 주변 마을 주민 914명이 3월 행정처분 무효소송을 제기했다. 영광군도 홍농읍 성산리 일대에 110억원으로 매립장과 소각장을 짓기 위해 지난해 10월 공사에 들어갔으나 인근 전북 고창군 주민 340명이 역시 원천무효라며 행정소송을 내 골치를 앓고 있다.

자료: 서울신문, 2005. 8. 24.

2. 쟁점 및 시사점

위 사례는 피해를 주는 정책문제에 대한 님비현상(NIMBY)을 보여주는 것인데, 거부감이 드는 시설물에 대한 일종의 지역이기주의적 현상을 나타내고 있다. 쟁점은 쓰레기 처리를 위한 시설이 어디엔가 설치가 되어야만 많은 사람들이 이익을 보게 되지만, 정작 그 쓰레기장이 설치된 지역에서는 악취, 지역의 전반적 가치 하락으로 인한 경제적 피해 등의 손해로 인해 상반된 이해관계가 충돌하여 정책문제해결이 곤란해지고 있다는 점이며, 따라서 어떻게 앞으로 이런 갈등을 잘 해소하여, 쓰레기장과 같은 혐오시설 문제를 해결할 것인가 쟁점이 된다. 또한 혐오시설을 설치하는 것과 같은 문제들의 해결은 타 문제들보다 더욱 많은 갈등과 충돌이 발생하게 되므로, 사전에 협의와 이해를 충분히 하는 설득의 정책학이 매우 중요하다는 것을 시사한다.

(5) 정치성(political implication)

정책문제는 정치성을 지닌다. 정책문제의 정의는 합리적 분석의 과정이면서 동시에 정치적 게임과 협상의 산물이기도 하다.

정책사례

문화부·방송위 방송정책 갈등: 방송영상산업 관련 업무 주도권 다툼

1. 사례개요

문화관광부와 방송위원회가 방송영상산업 관련 업무 주도권을 둘러싸고 갈등을 빚고 있다. 문화부는 방송영상산업 정책이 문화부의 고유 업무인데도 방송위가 방송영상진흥사업을 추진하는 것은 문화부의 권한 침해라고 주장하는 반면, 방송위는 방송법에서 방송에 대한 지원을 명시하고 있다고 맞서고 있다. 문화부와 방송위는 이번 주에 실무협의회를 열어 조정할 계획이지만, 의견차가 커 쉽게 좁혀지기는 어려울 것으로 보인다. 특히 기획예산처의 내년 예산 심의가 맞물려 있어, 중복 업무를 둘러싼 두 기관의 예산 확보를 위한 갈등이 깊어지고 있다. 문화부는 정부조직법과 방송법에 따라 문화부가 방송영상산업 진흥정책을 담당하고, 방송위원회는 기본계획 수립과 사업자 인허가 등 규제정책을 담당해야 한다고 주장하고 있다.

문화부는 또 방송위가 문화부 소관인 방송영상진흥사업을 중복 추진해, 정책혼선과 자원의 효율적인 활용을 저해하고 있다며, 정책의 일관성을 위해 문화부로 일원화하거나, 방송위 직접 사업을 문화부 산하인 방송진흥원 등으로 전환해 추진하도록 해야 한다고 밝혔다. 문화부 관계자는 "지난주 기획예산처에 방송영상지원 중복 업무에 대한 문화부의 의견서를 전달했다"며, "필요하다면 국무조정실 등에 업무영역 조정을 신청할 수 있다"고 말했다.

이에 반해, 방송위는 방송법 27조에서 '방송에 대한 지원' 권한을 방송위 직무로 명시하고 있으며, 특히 '방송발전기금의 조성과 관리운용의 기본계획에 관한 사항'에 대해 문화부가 관여할 수 없는 위원회의 독자적인 업무에 해당한다고 반박했다.

방송위는 또 방송법 38조 조항에서도, 기금사업을 통한 방송영상진흥사업 추진 근거를 명백히 제시하고 있다고 덧붙였다. 이에 따라 방송위의 내년 방송발전기금 운용계획안 사업 중 문화부 장관과 사전 합의해야 할 사업은 없으며, 오히려 방송위의 협조·지원을 받아 계획안에 반영된 문화부 소관 사업은 재정운용의 책임성 확보 차원에서 제외되는 것이 타당하다는 의견이다.

자료: 매일경제, 2005. 7. 24.

2. 쟁점 및 시사점

위의 사례는 권한에 대한 정책문제정의 과정에서 표출된 것인데, 권한에 대한 정치적 힘겨루기라고 할 수 있다. 두 기관이 서로의 단점을 지적한 것이 문제정의의 한 부분이 될 것이고, 따라서 상대방의 단점이 문제정의로 인지되도록 자신에게 유리한 방향으로 문제를 유도하여, 자신이 문제해결을 위한 최선의 대안이라는 것을 주장함으로써 방송위와 문광부가 대결하는 구도이다. 여기서 쟁점은 문광부와 방송위의 업무 관할 범위를 어디까지로 볼 것인가 하는 점이고, 이러한 관할권 다툼은 기본적으로 정치적 성격(타협, 갈등, 조정)을 띠게 된다. 이 사례에서 보듯이 정책문제정의는 상호 타협과 갈등 조정 그리고 로비 활동 등의 정치적 성격을 내포하게 된다.

3) 바람직한 정책문제의 정의

바람직한 정책문제의 정의는 다음 세 가지 관점에서 규범성과 당위성을 지녀야 바람직하다(허범, 1982: 275-291).

(1) 인간의 존엄성 실현

정책학은 정책문제의 해결을 통해 인간의 존엄성을 실현하는 학문이다. 정책문제에는 소극적(치유적) 문제와 적극적(창조적) 문제가 포함되지만, 이를 통해 궁극적으로 실현코자 하는 것은 인간의 가치 고양과 인간의 존엄 실현이다. 정책문제의 쟁점을 규명하고 정책문제를 탐색하는 과정에서부터 정책학이 인간의 존엄성을 실현한다는 가치구조는 명확해야 한다. 이를 위해 정책분석에서는 근본적 문제를 우선적으로 다루며, 정책윤리와 정책토론이 강조된다.

(2) 근본적 문제의 추구

정책문제가 인간의 존엄성 실현에 기여하려면 정책분석은 근본적 문제를 우선적으로 다루어야 한다. 우리가 정책분석의 차원에 당위성(성찰성)을 포함시키고, 이러한 관점에서 정책이 지니는 인간의 존엄성 실현과 신뢰성 요소를 분석해야 한다는 점은 이러한 맥락을 지적하는 것이다.

(3) 사회·경제적 약자에 대한 우선 배려

정책문제는 사회·경제적 약자를 우선적으로 고려하고, 사회 전체 입장에서 문제를 정의하는 것이 바람직하다고 할 것이다(Lindblom, 1968). J. Rowls의 정의론(1971)이 많은 반향을 불러일으킨 저술로 평가받는 이유도, 1) 절차적 기회의 균등, 2) 사회적 약자에 대한 우선 배려라는 관점에서 본질적 타당성을 인정받았기 때문이다.

2. 정책목표의 설정

1) 정책문제와 정책목표

(1) 정책문제의 정의는 목표설정의 전제

정책목표는 정책문제를 해결하여 얻고자 하는 어떤 결과라고 할 수 있다. 그러므로 문제를 정의하는 것은 바로 개괄적인 정책목표를 정의하는 것이라 할 수 있다. 따라서 타당한 정책문제 정의는 바람직한 정책목표를 설정하기 위한 전제라 할 수 있다.

(2) 정책문제와 정책목표의 관계

정책문제에 대한 구성요소의 정의로부터 정책목표의 종류가 결정된다. 즉, 문제의 심각성, 피해

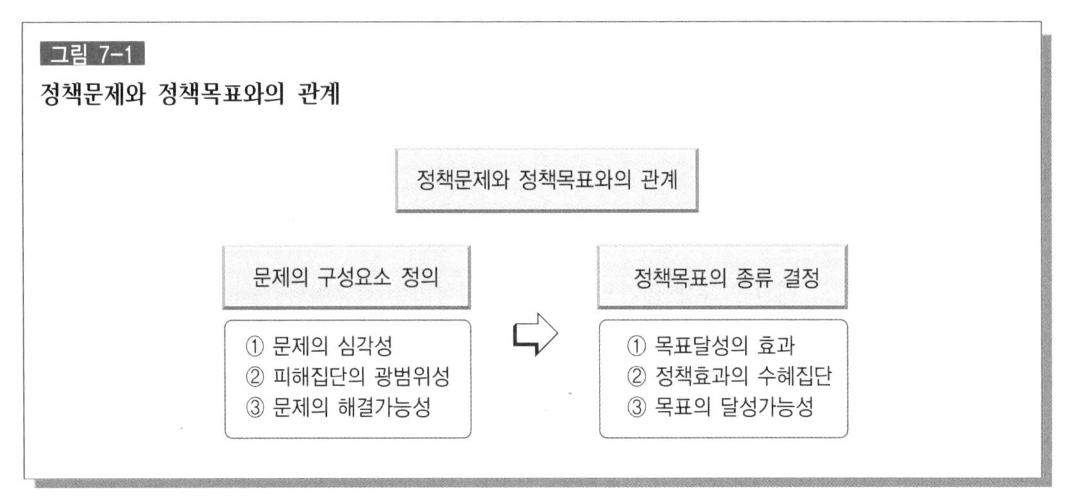

자료: 최봉기, 2004.

집단의 광범위성, 문제의 해결가능성 등 문제의 구성요소의 정의에 따라 목표달성의 효과, 정책효과의 수혜집단, 목표의 달성가능성이 정해진다(최봉기, 2004).

2) 바람직한 정책목표의 요건

바람직한 정책목표는 내용의 적합성과 수준의 적절성 그리고 목표 구조상의 내적 일관성을 확보해야 한다.

(1) 목표내용의 적합성(appropriateness)

정책목표의 내용은 적합성을 지녀야 한다. 정책목표는 당시 시대상황의 가치와 이념 및 비전에 가장 적합한 목표여야 한다.

(2) 목표수준의 적절성(adequacy)

정책목표의 수준은 적절성을 지녀야 한다. 정책목표가 달성하고자 하는 수준이 지나치게 높거나 낮지 않고 적당한 수준을 설정함으로써 정책목표의 적절성을 높여야 한다(최봉기, 2004). 또한, 목표의 시간의 적절성(*adequacy*)도 고려되어야 한다. 정책에 있어서 적시(*timing*)란 매우 중요한 것이다. 따라서 목표수준을 고려할 때는 목표수준의 적절성과 목표시간의 적절성이 고려되어야 한다.

(3) 내적 일관성(consistency)

정책목표들 사이에는 내적 일관성이 견지되어야 한다. 종적 위계에 따라 하위목표는 상위목표의 수단이 되는 연쇄관계가 정책의 내용면에서도 유지되어야 하며, 횡적으로도 다른 목표들과 상충되지 않도록 전체적인 정책방향에 비추어 내적 일관성이 유지되어야 한다.

제 2 절 정책대안의 분석(Ⅰ): 정책대안의 탐색개발

정책분석의 두 번째 단계는 정책대안의 분석(Ⅰ): 정책대안의 탐색·개발이다. 정책분석은 구체적으로 정책문제의 분석, 정책목표의 설정, 정책대안의 분석, 분석결과의 제시의 과정을 거친다. 이 중에서 정책대안의 분석은 세 단계로 구분할 수 있는데, 먼저 정책대안의 분석(Ⅰ)에서는 정책대안의 탐색개발 및 설계가 이루어지고, 정책대안의 분석(Ⅱ)에서는 정책대안의 미래예측이 이루어지며, 정책대안의 분석(Ⅲ)에서는 정책대안의 비교 및 평가가 이루어진다.

정책결정, 집행, 평가, 환류의 모든 단계가 문제없이 진행된다 하더라도, 채택된 정책수단보다 더 나은 정책수단이나 정책대안이 있었다면, 그 정책은 성공적이라 할 수 없을 것이라는 점에서 대안의 창조적 탐색과 개발 및 설계는 매우 중요한 단계이다. 즉, 최선의 대안을 선택하기 위해서는 우선 정책대안을 광범위하게 탐색·개발해야 하며, 정책대안의 탐색·개발 과정을 거친 후에 이를 토대로 정책설계에 들어가게 된다.

제2절에서는 정책대안 분석의 의의, 정책대안의 탐색·개발방법(이론적 모형 vs. 주관적 방법), 정책대안의 설계, 정책설계에 영향을 미치는 요인 등에 대해서 학습하기로 한다.

1. 정책대안의 탐색·개발

1) 정책대안의 탐색·개발의 의의

(1) 광범위한 정책대안 식별의 중요성

최선의 정책대안을 선택하기 위해서는 우선 정책대안들을 광범위하게 탐색하고 개발해야 한다. 여러 가지 대안들을 비교·평가한 후에라야 어떤 대안이 최선인지 알 수 있고, 그러기 위해서는 우선 중요한 모든 대안들을 찾아내어 비교·평가의 대상으로 삼아야 한다. 또한 대안을 창출하는 것은 도전적인 작업이기 때문에 하나의 대안만이 존재한다는 것은 분석이 제대로 이루어지지 않는 원인이 된다. 따라서 분석가들에겐 모든 가능한 대안들을 고려하고 그것들 가운데에 선택이 이루어질 수 있도록 대안창출에 대한 끊임없는 도전이 필요하다. 예상치 못했던 대안이 새로운 과학기술과 접목되어 비용절감과 국가 경쟁력 제고로 이어지는 정책성과를 실현할 수도 있다. 그러므로 정책분석가들은 성공적인 정책대안을 마련하기 위해서 가능한 한 더 많은 대안들을 찾기 위한 창조적 탐색노력을 기울여야 한다(노화준, 2003: 99).

(2) 창조적 탐색을 위한 가치 비판적 발전관의 중요성

정책대안의 탐색·개발이란 이미 시행되었거나 현재 시행되고 있어 이미 알려져 있는 기존의 대안들(정책목록: *policy program repertory*) 중에서 문제해결을 위한 대안 및 아이디어를 발견하는 탐색활동은 물론, 새롭고 창의적인 대안의 개발과 설계활동까지도 포괄하는 개념이다. 이런 의미에서 정책대안의 탐색과 개발의 핵심은 '탐색'이고, '탐색'은 '창조적 탐색'이 되어야 하며, 이는 가치 비판적 발전관을 전제로 한다.

가치 비판적 발전관을 갖추기 위해서는 다음과 같은 창조적 사고가 필요하다.

첫째, 세상의 모든 것은 그것이 무엇인가에 상관없이 과거, 현재의 것보다 더 바람직한 것이 있을 수 있다는 낙관적 관점이 필요하다.

둘째, 과거, 현재의 것보다 더 바람직한 것은 인간의 이성을 통하여 찾아낼 수 있고, 하나의 이상적인 모형으로 설계할 수 있다는 이성에 대한 믿음이 있어야 한다.

셋째, 정책설계된 이상모형에 입각하여 과거 상황과 현재 상황을 비교·평가함으로써 기존의 것의 모순과 결함을 발견할 수 있다는 비판적 진단 자세가 필요하다.

넷째, 과거, 현재의 것이 이상모형으로 향상 또는 발전하는 것을 방해하는 장애요소를 제거하는 실천방안을 강구하는 창조적 처방 능력 등이 전제되어야 한다(허범, 1995).

2) 정책대안의 원천

정책대안들의 획득과정에서 반드시 필요한 것이 근원적(*baseline*) 대안이다. 정책의 근원적 대안이란 현재 상태(*status quo*)를 유지하는 대안(*non-action alternative*)을 의미한다. 이러한 근원적 대안 위에 정책문제와 관련이 있는 경험자들로부터 부가적인 대안들이 나올 수 있다. 이러한 근원적 정책대안의 원천(*source*)으로는 크게 창의력, 경험, 관련 문제의 이론, 그리고 이해관계 당사자 등 크게 네 가지 범주로 구분하여 볼 수 있다.

(1) 창의력

대안개발에서 가장 중요시되는 아이디어가 나오는 원천은 창의력(*creativity*)이다. 여기서 창의력이란 정책문제를 새로운 시각에서 보고, 그 문제를 해결하기 위하여 그 전에 없었던 새롭고 독특한 관점이나 방법을 포함하는 대안을 제시하는 능력을 말한다. 창의력이란 개인적인 특성에 속하는 것이기 때문에 이러한 창의력을 가진 사람들을 정책대안 개발과정에 참여시키는 것이 가장 중요하다. 브레인스토밍 방법, 시네틱스[3]의 활용 등이 창의적 정책대안 개발을 위한 예라고 할 수 있다.

---

3 어떤 문제에 대한 가능한 하나의 해답은 과거에 그와 유사한 문제가 어떻게 해결되었는가를 검토함으로써 발견될 수 있는데, 이러한 접근방법을 유추, 은유, 또는 직유라 부르며, 문제해결을 위하여 이러한 유추법(*analogies*)을 사용하

(2) 경 험

정책대안의 또 하나의 중요한 원천은 다른 국가, 다른 지역, 또는 다른 조직들이 유사한 문제에 대하여 어떠한 방법으로 대처하였는가 하는 경험(*experience*)을 탐색하여 그들을 벤치마킹하는 것이다. 유사한 문제에 대한 다른 지역 및 조직들의 과거의 경험은 정책대안을 개발하는 데 필수적이다.

(3) 관련문제의 이론

정책대안의 또 다른 원천은 제기되고 있는 문제와 관련된 분야의 이론(*theory*)과 지식(*knowledge*)이다. 과학과 기술의 발전에 대한 지식은 문제해결에 대한 여러 가지 접근가능성의 범위를 넓혀 주고 다양화시켜 준다.

(4) 정책이해관계 당사자

정책대안은 정책문제에 의해 영향받을 것으로 예상되는 대상집단들을 모두 나열하고, 이들 각 정책이해관계 집단(*policy target population*)들을 위한 해결방안들을 모색하는 과정에서 창안될 수 있다. 이 방법은 전 국민들이 영향을 받는 정책에는 그리 큰 도움이 되지 않을 수도 있으나, 어떤 집단에만 특히 큰 영향을 미침으로써 특별히 고려하여야 할 필요성이 있는 경우에는 매우 효과적인 방법이다. 관련되는 정책문제를 정의하고, 그에 대한 해결대안들을 모색하는 과정 속에 그 문제에 이해관계를 가진 개인이나 집단들의 대표자들에게 자문을 구하거나, 또는 이익집단들이 정책결정기관에 접근할 수 있는 제도적 장치를 마련하여 그들로 하여금 의견을 개진할 통로와 기회를 마련하여 준다면 문제해결에 효과적인 여러 대안들이 자연스럽게 제안될 수도 있는 것이다(노화준, 2003: 100-102).

2. 정책대안의 탐색·개발 방법

정책대안을 탐색하고 개발하는 방법은 크게 두 가지로 나누어 설명될 수 있다. 하나는 점증주의적 접근에 의한 대안의 탐색이고, 다른 하나는 창조적 대안탐색이다. 창조적 대안탐색에는 과학적 이론

는 것이 창조공학 또는 시네틱스(*synetics*)의 기초이다. 시네틱스 과정은 문제해결자에게 문제에 대한 새로운 관점들(*perspectives*)을 제공하고 가능한 해결방안을 제공하려는 것으로서, 개인들을 문제기술(*problem stating*)과 문제해결(*problem solving*) 그룹에 함께 참여시켜서 문제해결방안의 발견 기회를 높이려는 노력이다. 이러한 시네틱스 과정은 개인적 유추, 직접적 유추, 상징적 유추 및 가상적 유추 등 네 가지 유추법을 사용한다(노화준, 2003: 105-106). 개인적 유추의 예로는 KTX의 문제점을 진단하기 위해 개인적으로 KTX를 타보는 것을 들 수 있으며, 직접적 유추의 예로는 서울시 대중버스 노선의 문제점 진단을 위해 서울시 지하철 노선과 직접 비교하면서 분석하는 것을 들 수 있다. 상징적 유추의 예로는 공무원의 사기 측정을 위해 출퇴근율이나 이직률 등 상징적 대용물을 통해 분석해 보는 방법을 들 수 있으며, 가상적 유추의 예로는 북핵 공격에 대비한 을지연습이나 도상훈련 등을 들 수 있다.

및 모형을 이용하는 방법과 주관적 판단을 이용하는 방법이 있다(강근복, 2002: 102).

1) 점증주의적 대안탐색

(1) 의 의

점증주의는 이미 알려진 대안들을 중심으로 선택적 모방에 의해 대안들을 탐색하는 가장 대표적인 대안탐색의 접근방법이다. 대표적인 학자로는 Charles E. Lindblom을 들 수 있다. 점증주의적 대안탐색의 원천으로는 1) 정부가 과거에 시행하였던 정책(시간), 2) 다른 정부의 정책(공간) 등을 들 수 있다(강근복, 2002: 102-107).

(2) 점증주의적 대안탐색 사례

그렇다면 여기에서는 우리나라의 정책 중 점증주의적 대안탐색 방법에 의해 실행하고 있는 정책은 무엇이 있는지 사례를 통해 살펴보도록 하자.

정 책 사 례

환경, 상권 모두 살린 '생명의 물줄기'(청계천 복원정책)

1. 개 요

청계천은 조선왕조 이후 서민들의 애환을 보듬어온 하천이었다. 청계천은 서민들의 하수도 역할을 했지만 한편으론 아낙네들의 빨래터요, 아이들의 놀이터였다. 하지만 일제시대 때부터 청계천 주변은 늘어난 오·폐수로 전염병이 끊이지 않았으며, 한국전쟁 직후에 천변은 얼기설기 엮은 판자촌이 돼버렸다. 1958년부터 복개공사가 시작되어 77년에 마장동 신답철교까지 마무리되었다. 그 위에 청계고가도로도 건설되어, 3·1빌딩과 청계고가도로는 한때 한국 근대화의 상징물로 통했다. 하지만 복개된 청계천도 이내 대표적인 도심낙후지역으로 전락했다. 1990년대 들어 청계고가도로와 복개구조물의 안전 문제가 수면으로 떠올랐다. 아예 고가도로를 뜯어내고 청계천을 복원하자는 주장이 전문가들 사이에 나왔다. 2002년 민선 3기 서울시장 선거에서 청계천 복원을 핵심공약으로 내건 이명박 후보가 당선되면서 복원은 급물살을 탔다.

외국에도 청계천처럼 도심 환경 복원에 성공한 사례가 있는데 이명박 서울 시장은 미국 보스턴시의 '빅딕'(Big Dig)사업을 보고 청계천 사업을 벤치마킹했다고 한다. 1970년대 초 보스턴시는 도심을 흉물스럽게 덮고 있는 4km길이의 고가도로를 헐고 8~10차로 지하터널을 뚫자는 '빅딕'사업안을 내놓았다. 고가도로가 지나던 곳엔 공원과 녹지(2만 8000평)를 조성하기로 했다. 보스턴시는 91년 공사에 착수했고 공사가 완료된 지역은 시민 휴식공간으로 자리 잡았다(2011년 완공예정).

자료: 중앙일보, 2005. 9. 28-29.

2. 쟁점 및 시사점

위 사례는 외국사례를 벤치마킹한 사례이면서도 동시에 그 동안 정책공동체(*policy community*)에서 제기되어온 청계천 복원이라는 정책대안이 이명박 시장이라는 정책혁신가(*policy entrepreneur*)를 만나면서 급속도로 진행된 정책사례이다. 외국에 선례가 있어온 사례이고 정책공동체의 아이디어를 채택했다는 점에서는 점증주의적 대안채택의 범주에 넣을 수 있으나, 그와 동시에 정책학적으로 정책공동체와 정책혁신가의 역할이라는 관점에서 재조명해 볼 수 있는 사례이다.

청계천이 복원되면서 주변온도가 내려가고 일조량이 느는 등 환경 개선 효과가 나타나고 있으며, 여러 가지 동물도 청계천으로 찾아오고 있다. 또한, '청계 조망권'이 의미 있게 되면서 상가도 재편되고 있으며, 서울시는 청계천변에 국제 금융센터를 유치하겠다는 야심찬 계획을 내놓고 있기도 하여, 환경과 상권을 함께 고려한 성공한 정책사례로 평가되고 있다.

그러나 미 보스톤 빅딕(Big Dig) 공사(20년), 미 텍사스주 샌안토니오시의 강변산책로 '리버워크'(29년), 프랑스 파리의 비에브르 강 복개구간 16km 복원사업(2000년 시공, 현재 1.1km 복원) 등 미국, 유럽 선진국 환경복원 사업의 특징은 필요하면 수십 년이 걸릴 정도로 장기적인 계획을 한다는 점이다. 이 점이 2년 3개월이라는 짧은 기간에 복원사업을 마친 청계천과 다른 점이다.

청계천이 엄청난 호평을 받고 있음에도 불구하고 청계천 복원이 앞으로 풀어나가야 할 과제는 많다. 청계천 바닥에 차수막이 쳐진 인공적인 환경에서는 다양한 생물종의 생태학적 흐름이 유지될 수 없으며, 낮아진 청계천 주변의 온도는 고층 건물이 들어서면 다시 올라 갈 것이라는 비판적 지적도 나오고 있다. 따라서 서울시는 장기적 관점에서 청계천을 관리 보존하는 문제도 함께 병행함으로써 모처럼 정책성공으로부터 오는 국민들의 찬사가 퇴색되지 않도록 만전을 기할 필요가 있을 것이다.

2) 창조적 대안탐색

오늘날 지식정보사회와 같이 복잡하고 가변적인 시대에 발생하는 정책문제들 중에는 발상의 전환이나 어떤 획기적인 변화를 요구하는 것들이 많으며, 이러한 정책문제들을 해결하기 위해서는 새로운 대안의 창조적 탐색이 요청된다. 우리는 가능한 많은 창조적 대안들을 찾으려고 노력해야 한다.

새로운 대안의 탐색은 과학적인 이론과 지식 또는 계량적 모형을 통해 이루어지거나 주관적인 판단에 의해 이루어지게 되는데, 주관적인 판단의 경우는 브레인스토밍이나 정책 델파이를 통해 이루어지는 경우가 많다.

(1) 과학적인 이론 및 모형에 의한 대안탐색

과학적 이론이나 모형은 정책목표와 정책수단 간의 인과관계를 파악하거나 적절한 관계 구성에 필요한 모형을 창출하는 데 기초를 제공한다. 과학적 이론이나 지식으로부터 정책대안을 탐색할 수 있는 이유는 과학적 이론이나 지식이 정책목표와 정책수단 간의 인과관계를 파악하는 데 도움을 주기 때문이다(정정길 외, 2005: 354).

(2) 주관적 판단에 의한 대안탐색

(가) 의 의

정책대안을 탐색하기 위해서 과학적 이론이나 모형을 이용하는 방법은 이론이나 전문지식의 부족, 상황에 대한 정보부족 등으로 어려움에 부딪친다. 더욱이 외국의 정책이나 과거의 정책사례가 없는 경우도 많이 있다. 이런 경우에는 주관적 판단에 의한 발상과 정책전문가들의 브레인스토밍 및 정책 델파이를 통해 정책대안을 탐색하는 것이 바람직하다.

정책대안 탐색에 있어서 가장 중요한 것은 창의력이다. Y. Dror는 대안탐색 과정에서 합리적 기법은 창의력에 대한 보조물에 지나지 않으며, 창의력이야말로 새롭고 더 좋은 대안을 고안하는 데 있어서 가장 핵심적인 방법이라고 주장했다.

그러나 창의력을 발휘하도록 고취되어야 한다는 원칙에는 모두 동의하지만, 어떻게 하면 창의력을 발휘하도록 자극을 주고 동기를 부여하며 분위기를 조성할 수 있을까 하는 것은 실제로 더 어려운 과제이다.

개인 또는 집단의 판단력, 직관력, 통찰력을 기초로 정책대안을 탐색하는 방법 중 가장 대표적인 것은 브레인스토밍(*brainstorming*)과 정책델파이(*policy delphi*)이다.

(나) 유 형

① 대면적 토론법(Meeting)

대면적 토론법(*meeting: seminar, panel, symposium, forum, group discussion*)은 대면적 토론을 통해 다양하고 창의적인 대안을 개발하는 방법이다.

하지만, 대면적 토론을 통해 좀 더 다양하고 창조적인 대안이 개발되도록 하기 위해서는 다음과 같은 사항들이 고려되어야 한다. 우선, 의사소통이 원만히 이루어질 수 있도록 분위기를 조성하고, 아이디어의 발의와 판단을 분리하여 자유스럽고 창의적인 대안의 개발을 촉진해야 한다. 또한 비슷한 사고를 가진 사람들에 의해 사고의 폭이 좁아질 우려가 있으므로 참여자의 연령, 교육수준, 경험, 가치관, 문화 및 직업 등을 다양화해 사고와 관점이 다양한 사람들의 참여를 통한 창의적인 토론이 이루어질 수 있도록 해야 한다. 무엇보다 토론을 질서 있게 진행하고 토론참여자들이 적극적으로 토론에 참여할 수 있도록 토론자들의 의견과 주장에 귀를 기울이며, 자신의 아이디어나 논평 등으로 회의를 지배하는 것을 피하는 능력 있는 토론진행자의 역할이 중요하다(양도기, 1991: 255-259).

② 브레인스토밍(Brainstorming; 집단자유토론법)

브레인스토밍(*brainstorming*)은 즉흥적이고 자유분방하게 여러 가지 기발한 아이디어를 창안하는 활동이다. 가능한 한 많은 아이디어를 얻기 위해 활용되는 방법으로 여러 사람들이 머리에 떠오르는 대로 아이디어를 제시하게 하는 것이다. 따라서 좋은 아이디어를 많이 얻기 위해서는 관련된 분야에서 전문성을 인정받고 있는 인사뿐 아니라, 전문가는 아니지만 상상력이 풍부하고 선입견에 구애받지 않는 독창적인 사람 그리고 당해 문제나 정책에 의해 직접적인 영향을 받는 관련자들로 구성하며, 4-12인 정도의 규모가 효과적이다.

집단자유토론법에서 유의해야 할 사항은, 한 사람의 아이디어가 다른 사람의 아이디어 창출을 격발하도록 고안된 아이디어 산출을 위한 공식적인 그룹 토의과정 기법으로서 긍정적인 격려(*encouragement*)는 장려되는 반면 비판(*critique*)은 최소화하도록 해야 한다는 것이다. 따라서 모임은 두 단계로 구조화되는 것이 일반적이다. 첫 번째 세션에서는 아무런 제약 없이 아이디어를 산출하고, 아이디어에 대한 비판과 평가는 최소화한다. 다음 세션에서는 아무런 제약 없이 아이디어를 평가한다. 브레인스토밍의 창시자인 Osborn은 참된 브레인스토밍 세션은 판단유예원칙(*deferment of judgement principle*)을 따르는 것이라는 점을 강조한다(강근복, 2002: 112-113; 정정길 외, 2005: 337).

③ 정책델파이(Policy Delphi)

고전적 델파이는 단순한 미래 예측, 특히 미래의 사건 변화에 대한 전문가들 간의 합의 도출을 위

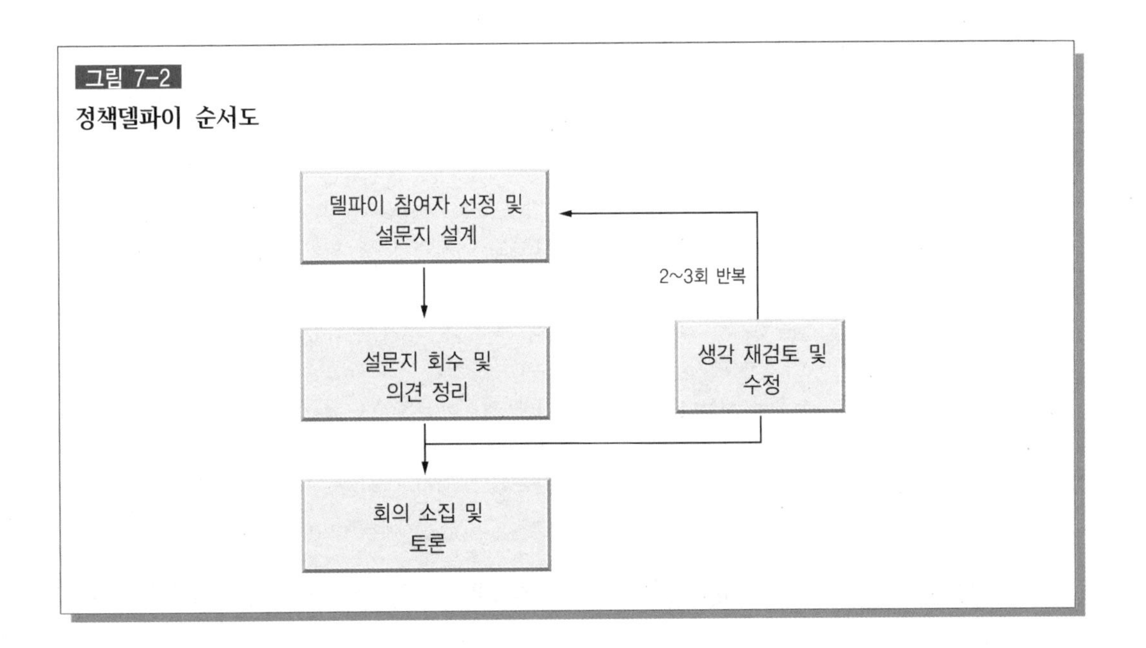
그림 7-2
정책델파이 순서도

해 개발된 것인데 비해, 정책델파이는 정책문제의 잠재적인 해결 방안을 둘러싸고 다양하게 제기되는 의견들을 노출시키고 종합함으로써 바람직한 대안의 개발을 위해 델파이 방법을 응용한 것이다(강근복, 2002: 115).

델파이 방법은 설문지를 이용하거나 컴퓨터를 이용할 수 있는데, 정책델파이도 이러한 방법을 모두 활용할 수 있다. 정책델파이의 일반적 절차를 살펴보면 앞서 〈그림 7-2〉와 같다.

(3) 창조적 대안탐색 사례

그렇다면 여기에서는 정책 중 창조적 대안탐색 방법에 의해 실행되고 있는 정책은 무엇이 있는지 사례를 통해 살펴보도록 하자.

정책사례

환경수도, 프라이부르크 시

1. 개 요

불과 2-30년 전인 1970년대만 해도 독일의 프라이부르크 시는 극심한 차량혼잡과 산업사회의 오염으로 몸살을 앓는 유럽의 여느 도시와 다를 바 없었다. 프라이부르크 시는 1972년부터 가정 쓰레기와 산업폐기물 가운데 재활용이 가능한 것을 제외한 60%에 해당하는 연간 약 33만 톤의 쓰레기를 시 북서쪽에 있는 아이헬북 지구의 쓰레기 매립지에 전부 매립해 왔다. 그러나 1986년 쓰레기 매립지가 거의 다 차게 되자 특단의 조치를 내려야 했다. 즉 다이옥신 등 유해물질을 내는 소각로 건설을 최대한 피하고, 매립 쓰레기양을 줄여 매립지의 수명 연장을 도모하는 것이 급선무였다.

이를 위해 시는 시민들에게 분리수거방법을 주지시키고 이어 전체 쓰레기양의 절반을 차지하는 건설폐자재 처리를 위해 재활용회사를 만들어 재이용토록 했다. 시는 재활용한 뒤 남은 산폐물에 대해서는 매립료를 비싸게 징수했다.

프라이부르크 시는 1991년 '포장폐기물 회수에 관한 법령'을 발효했는데, 이는 일반 쓰레기의 약 절반을 차지하는 포장 폐기물을 줄이기 위해 발생원인 생산업자 및 유동업자에게 생산에서 판매에 이르는 단계에서 발생하는 포장폐기물의 거래 및 재자원화 등 재활용을 의무화한 것이다. 포장재는 이제 더 이상 쓰레기가 아니라 재이용해야 할 자원으로 취급된 것이다.

이 법령 이후 재활용 전문업체인 DSD(듀얼 시스템 도이칠란트)가 설립됐는데 이로 인해 가정에서의 분리수거가 철저히 이뤄져 폐지의 80%를 회수할 수 있을 정도까지 됐다. 이러한 부단한 노력 끝에, 1997년 프라이부르크 시는 매립 쓰레기양을 연간 9만 톤으로 줄이는 데 성공했다. 10년 전에 비해 매립 쓰레기양은 5분의 1수준으로 줄었고, 재활용 자원쓰레기의 양은 1990년에 25%이던 것이 2000년에는 57%로 올라갔다. 건축폐기물의 양은 매년 14만 톤씩 줄어들었다. 가정에서 나오는 음식물쓰레기도 1996년에 연간 4만 톤이던 것이, 2000년에는 3만2천 톤으로 줄어들었다.

자료: 한겨레신문, 1999. 3. 22; 김해창, 『환경수도, 프라이부르크에서 배우다』, 이후출판사, 2003.

2. 쟁점 및 시사점

앞서 제시된 프라이부르크 시의 환경정책사례는 지구위기 극복과 지속가능한 미래를 위한 정책들을 남보다 한 발 앞서 시험하고 있다는 점에서 그리고 선례답습의 정책대안탐색을 넘어서서 보다 획기적이고 창조적인 대안실행이라는 점에서 평가될 수 있는 사례이다. 이는 프라이부르크 시가 자신들의 문제와 상황을 직시하고 지금까지 다른 나라나 지방정부에서 이미 채택되었던 방법으로는 그들의 사회문제를 해결할 수 없다는 생각으로 새롭고 독창적인 아이디어를 개발했기에 가능했던 것으로 평가된다. 쓰레기가 되는 것은 사지도 만들지도 않는 시스템을 구축해야 한다는 점에 시와 시민들이 공감했고, 단순히 쓰레기 줄이기 차원을 넘어서 쓰레기가 나오지 않는 생산·소비구조를 구축하고자 한 것이었다. 프라이부르크 시는 '버리는 사회로부터의 탈피'라는 발상의 전환에 성공한 것이며, 이는 창조적 대안탐색의 사례로 평가받을 수 있다.

3) 대안개발과정에서 주의할 점

대안개발에 있어서 염두에 두어야 할 가장 중요한 사항은 좋은 아이디어가 평가되어야 할 대안의 집합에 포함되어 있지 않는다면, 아무리 어려운 모형을 사용해서 세련된 분석을 한다 해도 그것은 시간낭비에 불과하다는 것이다. 그렇다면 좋은 대안을 산출할 가능성을 높일 수 있는 방법에 대해 살펴보도록 하자.

우선, 시작은 종합적으로 하고 종료는 초점을 맞추어야 한다. 최적의 대안이 검토 대상 대안집합에 포함되지 않는 잘못을 범해서는 안 되므로 대안을 개발하는 초기 단계에서는 가능한 모든 대안들의 리스트를 작성하되, 본격적인 분석을 시작하기 전의 검토 과정에서는 명백하게 열등한 대안들은 폐기하고, 유사한 대안들은 함께 통합해 나가야 한다.

다음으로, 과거의 경험에 너무 지나치게 의존하지 말아야 한다. 현존하는 정책모형들에 너무 의존하게 되면 적절한 대안보다 익숙한 대안을 채택할 가능성이 높아지고, 우리의 시야를 너무 좁혀서 새로운 가능성을 놓치게 할 수 있기 때문이다.

또한 선호를 너무 일찍 서둘러 형성하지 말아야 하는데 분석의 초기에 선호를 확정해 놓으면, 가능한 대안들을 기각하거나 고려하지 못하게 될 가능성이 높아지기 때문이다.

마지막으로 아이디어가 제시될 때 그것을 비판하지 말아야 한다. 브레인스토밍에서도 살펴보았듯이 아이디어에 대한 비판은 사람들이 잠재적으로 유용한 아이디어를 제안할 용기를 저하시키고 결과적으로 좋은 아이디어들이 발견될 가능성을 낮출 것이기 때문이다(노화준, 2003: 108).

3. 정책대안의 설계

1) 정책대안 설계의 의의

정책을 만들기 위해서는 설계가 필요하다. 마치 건물을 짓기 위해서는 건축설계가 필요하듯이 정책을 만들기 위해서는 정책설계가 필요한 것이다. 건물을 지을 때 청사진에 따라 한 단계 한 단계 시공해 나가듯, 정책설계는 정책에 대한 청사진으로서 정책을 집행해 나가는 데에 대한 지침을 의미한다.

정책이 개선하고자 하는 대상으로 삼고 있는 사회적 문제는 대부분의 경우 겉으로 보기에는 하나의 문제인 것 같아 보이지만, 실제로는 여러 개의 문제들로 이루어진 문제의 집합으로 구성되어 있다. 예컨대, 도시교통문제만 하더라도, 교통체증문제, 버스노선문제, 지하철문제, 차선위반문제, 신호위반문제, 주차위반문제, 난폭운전문제 등 다수의 복합적인 문제들로 구성되어 있다. 따라서 교통문화, 교통질서, 교통규범, 교통행태 등을 재구성하기 위한 도시교통정책의 설계를 위해서는 이들 시내교통문제의 집합(*set*)에 포함되어 있는 개개 문제들의 원인을 진단하여 규명하고, 문제들의 원인들 간의 상호 인과관계를 밝혀야 하며, 이를 토대로 개개 문제에 대한 정책해결수단과 방법들을 식별하고, 이들 각 해결수단과 방법들 간의 적절한 조합과 인과적 연계를 설정할 수 있어야 한다. 정책대안이 목표로 하는 궁극적 사회가치를 효율적으로 실현하기 위해서, 정책수단들의 선택된 조합이 최적의 효과를 낼 수 있도록 설계하는 것이 정책대안의 설계이다(노화준, 2003: 116-119).

2) 정책대안 설계의 일반적 절차

정책대안의 개발과 설계는 일회적인 행위가 아니라 반복적인 과정이다. 이러한 반복과정을 거치는 동안에 원래의 아이디어는 정교하게 다듬어지고 더욱 풍부해지며, 쓸모없는 아이디어는 버려지고, 새로운 아이디어는 추가된다.

첫 번째 단계는 문제해결을 위해 아이디어를 창출하는 단계이다.
두 번째 단계는 창출된 아이디어들의 실행가능성을 검토하는 단계이다.
세 번째 단계는 창출된 아이디어들의 수용가능성을 검토하는 단계이다.
네 번째 단계는 정책프로그램을 설계하는 단계이다.

정책아이디어 창출단계에서 창출된 아이디어들은 실행가능성에 대한 검토 단계에서 실행가능성

여부가 검토된다. 이 단계에서는 정치적 실행가능성, 경제적 실행가능성, 사회적 실행가능성, 행정적 실행가능성, 법적 실행가능성, 기술적 실행가능성 등 여러 가지 차원에서 실행가능성이 검토되어야 한다.

실행가능성에 대한 검토단계를 거친 아이디어들은 다시 수용가능성 여부를 거친다. 마찬가지로 수용가능한 아이디어가 충분히 확보되지 못하였다고 판단되는 경우, 다시 아이디어를 창출하는 단계로 되돌아가 더 많은 추가적인 아이디어를 창출하는 노력을 하게 된다.

두 검토과정을 거쳐서 정책설계 단계에 이르면 실행 가능하고 수용 가능한 아이디어들만 남는데, 이 가운데 달성하고자 하는 하위목표들 사이의 수평적 연계망(*horizontal network*)을 설정하고, 한 세트를 구성하는 아이디어들 간의 계층제적 순서(*vertical hierarchy*)를 설정하는 것이 정책설계이다.

끝으로 정책설계 과정에서도 이미 확보된 아이디어들이 정책을 설계하는 데 필요한 만큼 충분히 확보되지 못하였거나 적절하지 못하다고 판단되면, 새로운 아이디어를 창출하는 노력을 계속하게 되고 이 때 다시 새로이 창출된 아이디어들에 대해서도 실행가능성과 수용가능성을 검토하여야 한다.

다음의 그림은 정책대안의 탐색, 개발과 설계가 이러한 네 단계에 걸쳐서 이루어지고 있는 반복과정임을 나타내주고 있다.

그림 7-3

정책대안의 개발과 설계 과정

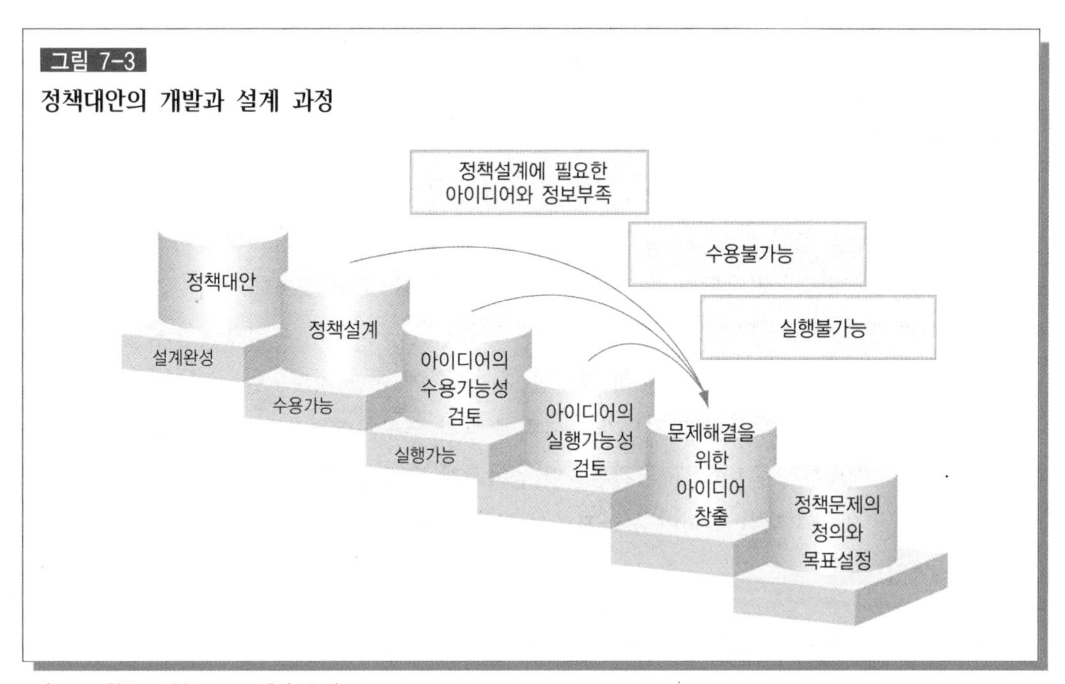

자료: 노화준, 2003: 118에서 수정.

3) 정책대안설계표 작성

정책대안은 일련의 활동으로 구성되어 있는데, 이들 하나하나의 활동들은 상위목표를 실현하는 데 필요한 정책수단들이다. 인간 존엄성 실현이라는 궁극적인 목표를 이루기 위한 하위목표들 상호 간에도 수평적인 인과관계(*horizontal causality*)가 성립되고, 하위목표와 하위목표들 계층 간에도 수직적인 인과관계(*vertical causality*)가 성립한다. 이렇게 인과관계가 있는 것을 화살표로 연결시킴으로써 정책수단 상호 간을 인과관계로 연결시키는 행위를 정책대안설계표 작성이라고 한다. 하나의 하위목표를 달성하기 위하여 둘 또는 그 이상의 활동 또는 정책수단들이 동원될 수 있기 때문에, 복수의 활동들이 하나의 하위목표에 화살표로 연결될 수도 있다.

정책대안의 설계는 선택된 조합이 최적의 합성효과를 낼 수 있도록 여러 정책대안을 연결시켜 보는 것이다. 예를 들면, '월세 기준 100만원 이상의 소득에 대해 0.2%의 세율로 분리과세하고 세원의 파악은 주민등록표를 이용한다' 등으로 연결시키면 하나의 정책대안이 작성된다.

4) 정책설계에 영향을 미치는 요인

정책설계에 영향을 미치는 요인들은 정책설계에 포함되는 정책수단과 활동들의 내용과 관련되어 있다. 정책설계에 영향을 미치는 요인들을 성격별로 구분해 보면 정책이 추구하는 목적과 관련된 요인, 정책목적과 활동수단들 간의 인과관계에 대한 지식, 정책문제의 성격, 정책에 대하여 이해관계를 가지고 있는 집단들의 성격, 정책설계의 정치적 환경 등으로 구분해 볼 수 있다.

(1) 정책이 추구하는 목적과 관련된 요인

정책설계는 정책이 추구하는 목적의 성격에 따라 크게 달라지게 된다. 만일 정책이 추구하는 목적의 우선순위가 높은 경우에는 이것을 달성하기 위한 투입자원의 양은 증대되고 규제활동은 강력한 것이 되며, 제공되는 유인제도는 좀 더 강력한 성격을 띤 것이 될 것이다. 또한, 정책이 추구하는 목적에 대한 합의가 강하면 강할수록, 또한 지지가 높으면 높을수록, 투입자원은 증대되고 규제활동 강화에 대한 저항은 감소되며, 좀 더 강력한 유인제공에 대한 지지도는 높아지게 될 것이다.

과학기술개발에 대한 국민들의 지지도가 높아짐에 따라 연구개발투자를 위한 정부예산이 증가하고 기업의 연구개발투자에 대한 조세 감면율이 높아지게 된 것은 그 좋은 예이다. 그리고 국민들의 환경보호의 필요성에 대한 인식이 높아지면서 기업들의 공해물질 배출에 대한 규제가 강화된 것도 좋은 예이다.

(2) 정책목적과 활동수단들 간의 인과관계에 대한 지식

정책설계에 있어서 활동수단의 선택은 정책목적과 정책수단들 간의 인과관계에 대한 지식에 의하여 크게 좌우된다. 정부가 투입할 수 있는 인적, 물적 및 지식과 같은 각종의 자원들과 다양한 규제 방법 및 유인 시스템들이 정책목적을 달성하는 데 얼마나 효율적인가 하는 것이 알려져 있으면 있을수록 그만큼 활동수단의 선택과 이들 수단들의 적절한 배합의 선택은 용이해지게 된다.

(3) 정책문제의 성격

정책문제가 돌발적으로 대두되고 문제가 급속하게 악화되는 양상을 나타내면 자원의 투입, 규제의 정도, 유인 시스템 등은 종전과는 다른 혁신적인 성격을 띠는 경향을 보이게 된다.

(4) 정책과 이해관계를 가지고 있는 집단들의 성격

정책과 이해관계를 가진 집단들이 조직화되지 못하고 있다면 정책설계 과정에의 참여는 제한되고 정책설계에 그들의 이익을 반영시키기는 어려워질 것이다. 한편 정책과 이해관계를 가진 집단들이 조직화되어 있고 각 집단에 속한 사람들이 동질적이라면 그들 이해관계 집단들에 의하여 투입된 요구가 정책설계에 그대로 반영될 확률이 높아지게 될 것이다. 이처럼 정책대상집단의 조직화, 동질성, 응집력, 재정력의 정도 등은 정책설계에 영향을 미치게 된다.

(5) 정책설계의 정치적 환경

정책설계가 이루어지는 정치적 환경은 정책설계의 위치와 성격에 중요한 영향을 미치게 된다. 만일 국회의 기능이 미약하고 정치적 힘이 행정부 쪽에 실려 있는 경우에는 정책설계는 주로 행정부의 관료집단에 의해서 이루어지게 된다. 이에 비해서 정치적 힘이 여러 정치집단에 분산되어 있

그림 7-4

정책설계에 영향을 미치는 요인

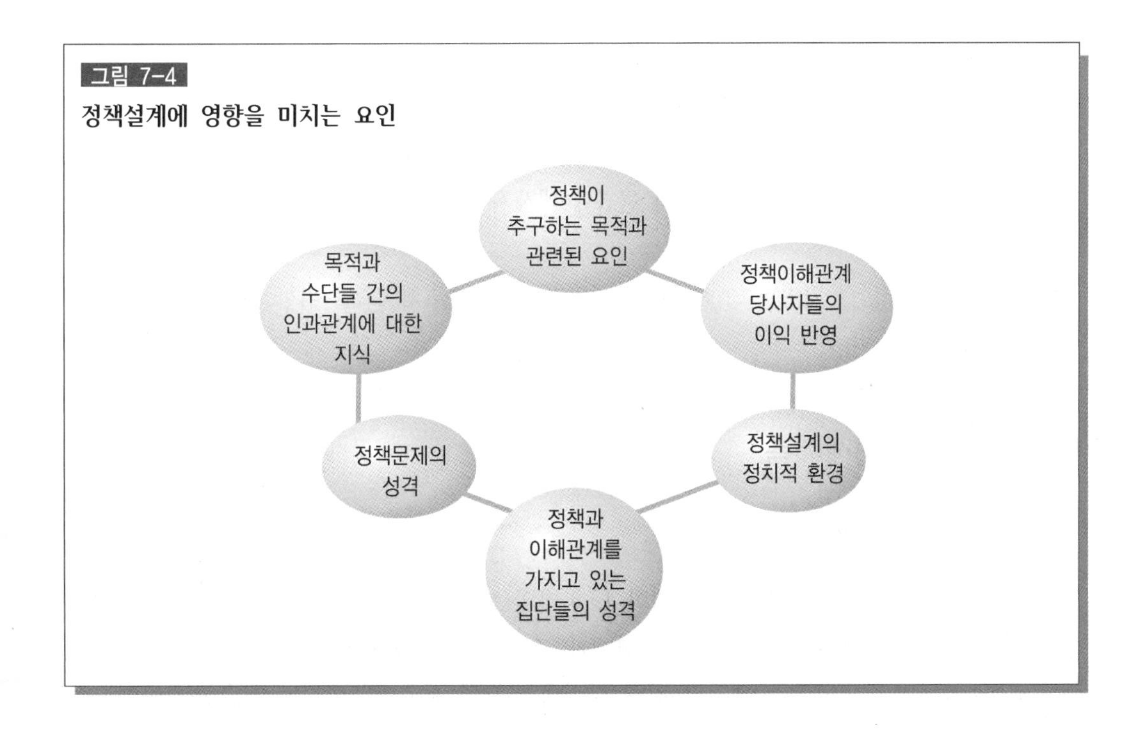

는 경우에는 정책설계의 과정이 정치적 협상에 의하여 지배되며, 정책설계의 내용은 목적과 수단간의 인과관계의 지식보다 정치적 협상에 의하여 결정되는 경향을 띠게 된다.

(6) 정책이해관계 당사자들의 이익 반영

정책아이디어 창출 및 정책설계 과정에서는 제3자적 입장의 정책수단들도 제기되겠지만, 문제해결의 결과에 따라 영향을 받는 정책이해관계 당사자 및 관련 정부조직들의 이익에 따라 그들의 주장을 반영하는 성격을 띤 해결 방안들도 다수 제안되게 된다. 따라서 정책이해관계 당사자들은 물론이고, 정책에 관련된 정부조직은 정책설계 과정에서 매우 중요한 영향을 미치게 된다(노화준, 2003: 112-114).

제 3 절 정책대안의 분석(Ⅱ): 정책대안의 미래예측

정책분석의 세 번째 단계는 정책대안의 분석(Ⅱ): 정책대안의 미래예측이다. 정책분석은 구체적으로 정책문제의 분석, 정책목표의 설정, 정책대안의 분석, 분석결과의 제시의 과정을 거친다. 이 중에서 정책대안의 분석은 세 단계로 구분할 수 있는데, 먼저 정책대안의 분석(Ⅰ)에서는 정책대안의 탐색개발 및 설계가 이루어지고, 정책대안의 분석(Ⅱ)에서는 정책대안의 미래예측, 정책대안의 분석(Ⅲ)에서는 정책대안의 비교 및 평가가 이루어진다.

예측은 분석의 꽃이라고 할 수 있다. 가장 어렵기도 하지만 가장 중요한 부분이 분석의 예측 파트이다. 정책결정자에게 있어서 미래의 변화에 대해서 예측하는 것은 과학적 정책결정의 가장 중요한 기초가 된다.

제3절에서는 미래란 무엇이며, 예측이란 무엇인가, 그리고 미래예측을 위한 분석방법 등에 대해서 학습하기로 한다.

1. 정책대안의 미래예측

1) 미래예측의 의미

인간의 인지능력이란 한계가 있기 마련이며, 미래의 불확실성을 예측한다는 것은 매우 어려운 작업이다. 이론모형이나 자료측정 등에도 한계가 존재한다. 따라서 정책대안의 미래예측(*future foresight*)은 효과적인 정책을 수립하고 집행하는 데 중요한 과정이면서도 어려운 과정이다.

정책대안의 미래예측은 사전적 평가에서 가장 주된 활동이다.[4] 이는 곧 대안의 미래예측이 단순히 미래에 일어날 상황예측이 아닌 대안의 비교·평가 및 선택에 매우 직접적인 영향을 미친다는 것을 의미한다. 즉, 정책대안의 비교·평가는 정책대안의 미래예측에 따라 크게 뒤바뀔 수 있기 때문에 정확하고 신뢰성 있는 정책대안의 미래예측이 이루어져야 한다.

2) 미래와 예측

(1) 미래의 종류

정책대안의 미래예측에서 그 대상이 되는 미래는 세 가지 형태로 구분할 수 있다.

첫째, 미래에 나타날 가능성이 조금이라도 있는 모든 미래형태인 잠재적 미래(*potential future*)이다.[5]
둘째, 미래에 인과법칙에 의해 나타날 개연성이 가장 높은 개연적 미래(*plausible future*)이다.
셋째, 미래에 규범적으로 일어나야만 된다고 생각되는 규범적 미래(*normative future*)이다(Dunn, 1981: 194-195).

(가) 잠재적 미래(potential future)

잠재적 미래는 단순히 발생가능한, 즉 나타날 수도 있는 모든 미래의 상태를 의미한다. 가능한 미래(*possible future*)라고도 한다. “10년 후에는 남북한이 통일될 것이다”라든지, “50년 후에 중국의 1인당 GNP가 OECD국가 중 가장 높은 나라가 될 것이다”라는 것이 모두 잠재적 미래에 해당한다.

(나) 개연적 미래(plausible future)

개연적 미래는 개입하지 않으면 그대로 발생하게 될 가능성이 가장 확률적으로 높은 미래를 의미한다. 가령, “2026년에는 우리나라가 초고령화 사회로 전환될 것이다”라든지, “2060년대에는 인구 증가율이 감소세를 보일 것이다”라는 것이 개연적 미래에 해당한다.

(다) 규범적 미래(normative future)

규범적 미래는 바람직한 이상적 미래를 의미한다. 새로운 미래라는 의미에서 ‘또 다른 미래’(*another future*)라고 부르기도 한다. 예를 들어, “2010년에는 우리나라 경제규모가 세계 7위 안에 들어 갈 것이다”라든지, “2010년에는 실업률이 7%대로 감소할 것이다”라는 것 등이 규범적

4 정책대안이 탐색·개발되고 해당 정책의 평가 기준이 만들어지면 정책이 가져올 결과들을 예측하고 평가 기준들에 비추어 평가하게 된다. 평가라고 하는 것은 사전적 평가와 사후적 평가로 구분된다. 사전적 평가라 함은 정책분석의 과정에서 이루어지는 평가를 의미하며, 사후적 평가는 정책을 집행한 후에 그 정책이 가져오는 결과와 영향에 대한 평가를 말한다(노화준, 2004: 172).

5 강근복(2002)에서는 가능한 미래(*possible future*)라고 되어 있으며, 노화준(2004)에는 잠재적 미래(*potential future*)라고 되어 있다. 대안적 미래(*alternative future*)라고 말하기도 한다.

그림 7-5

정책과 미래

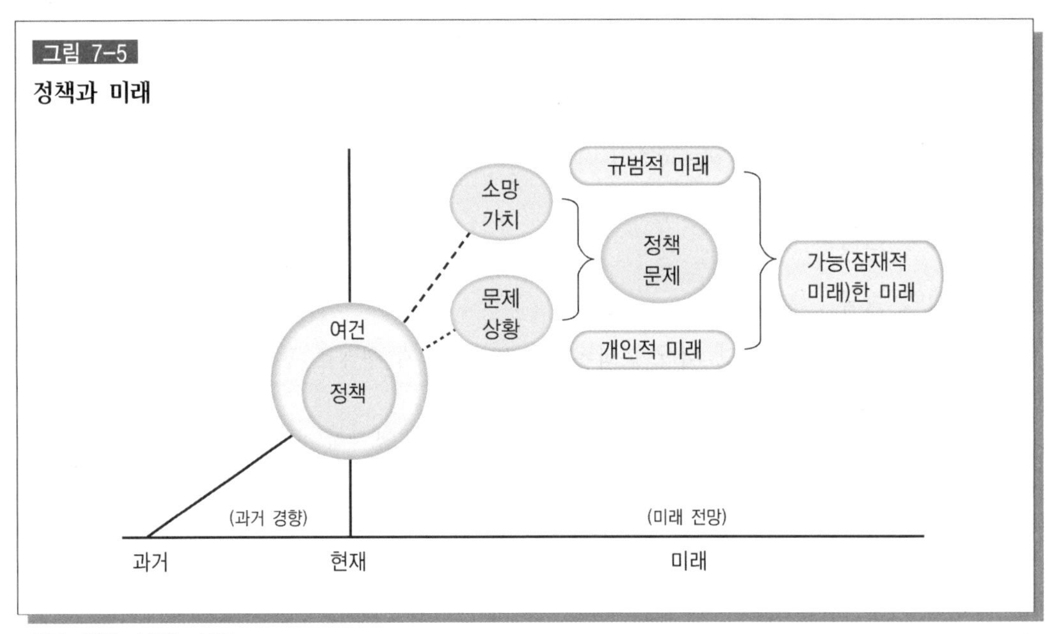

자료: 허범, 1995: 125.

미래라고 할 수 있다. 규범적 미래는 실현되기를 희망하는 미래이기 때문에 예측의 대상보다는 창조 및 설계의 대상이 된다.

(2) 미래예측의 목적

정책대안의 결과를 미래예측하는 이유는 정보의 제공, 정책의 통제, 미래가치에 대한 예견이라는 세 가지로 구분할 수 있다.

첫째, 정보의 제공은 예측의 가장 중요한 목적이다. 이는 정책결정자에게 정책과 그 결과로 나타날 미래변화에 관한 정보를 제공하는 것을 말한다. 정책분석에 있어서 미래예측활동은 잠재적 미래, 개연적 미래 또는 규범적 미래에 대한 예측에 국한되지 않고, 이들 각 미래에 대한 일반 국민들과 이해관계 당사자들의 태도와 선호들(*preferences*)을 분석하고 평가함으로써, 정책이 나아가야 할 행동노선과 정책의 실행가능성을 판단할 수 있는 중요한 정보를 제공하게 된다(노화준, 2004: 175).

둘째, 정책의 통제는 정책대안의 미래예측을 통해 과거정책과 그 결과를 이해함으로써 보다 원활한 통제가 가능해짐을 의미한다. 즉 미래에 실행될 정책뿐만이 아니라 과거에 시행되었던 정책과 그 정책으로 인한 결과를 살펴봄으로써, 정책이 결과에 준 영향에 대해 예측할 수 있게 되고, 이를 통해 정책이 효과적으로 성공하기 위해서 어떻게 해야 하는지에 대해서 알 수 있는 것이다.

셋째, 미래가치에 대한 예견으로 과거와 현재의 가치를 기초로 하여 바람직한 미래의 선호를 예견함을 의미한다. 즉 단순히 현재 우리가 선호하는 것에 의해서가 아닌 우리가 미래에 선호하게 될 것을 예견함으로써, 가치의 변화를 예견할 뿐 아니라 현재와 미래의 가치에 대한 능동적인 변화까지도 예측하게 됨으로써 미래를 창조하고 설계하는 것이 가능해지는 것이다.

3) 미래예측과 불확실성

(1) 불확실성의 요소

불확실성(*uncertainty*)이란 정책대안에 대한 예측의 불가능성이라고 할 수 있는데, 이러한 불확실성의 요소는 다음과 같다.

첫째는 정책문제의 원인이 무엇인지 불명확한 경우이다.
둘째는 바람직한 정책목표의 설정이 어려운 경우이다.
셋째는 정책대안들에 대한 탐색이 어려워 어떠한 정책대안들이 있는지 알기 어려운 경우이다.
넷째는 정책대안의 결과에 대한 정확한 예측이 어려운 경우이다.
다섯째는 정책대안들의 비교 및 평가를 위한 바람직한 기준의 선정이 어려운 경우이다(노시평, 2006: 211; 강근복, 2002: 127).

정책사례

늘 빗나가는 경제성장률 전망

기관별 GDO성장률 전망치와 실적치

전망대상연도	실적치	기관별 전망치(전년말 전망 기준)				
		한국은행	KDI	금융연구원	삼성 경제연구소	LG경제연구원
2000	9.3	7.2	7.1	5.6	6.5	7.4
2001	3.1	5.3	5.1	6.2	5.7	5.8
2002	6.3	3.9	4.1	3.6	3.6	3.5
2003	3.1	5.7	5.3	5.5	5.0	5.6
2004	4.6	5.2	5.3	5.8	4.3	5.1
2005	?	4.0	4.0	4.6	4.6	3.8

1. 사례개요

"전망은 말 그대로 전망일 뿐인데 맞히는 게 더 이상한 것 아닙니까?"

2005년 10월 9일 한국은행의 국감자료에 따르면 이런 주장이 나올 법도 하다. 최근 5년간 한국은행을 포함해 내로라하는 국책연구소나 민간연구기관의 경제성장률 전망치와 실적치를 비교하면 오차가 너무 크다. 나라 안팎의 돌발 변수가 상존한다는 점을 감안하더라도 빗나가도 너무 빗나간다는 게 문제다.

지난 2000년에는 실제 경제성장률이 9.3%를 기록했다. 그러나 전년 말 전망 기준으로 한국은행은 7.2%, 한국개발연구원(KDI)은 7.1%, 금융연구원은 5.6%, 삼성경제연구소는 6.5%, LG경제연구원은 7.4%를 예상했다. 어느 기관도 실적치와 비슷한 전망조차 하지 못했다. 당시 예상외로 정보기술(IT)투자가 급증하며 성장률이 전망치보다 훨씬 높아졌다는 게 오차가 생긴 이유다.

2001년의 사정도 비슷하다. 우리 경제가 3.1% 성장하는 데 그쳤지만, 한국은행 5.3%, KDI 5.1%, 금융연구원 6.2%, 삼성경제연구소 5.7%, LG경제연구원 5.8% 등은 한결같이 2~3%포인트 안팎의 더 높은 성장을 예상했다. 당시는 '9·11테러'라는 돌발 변수가 오차가 생긴 주요 원인이었다는 분석이다.

월드컵 축구경기가 우리나라에서 열린 2002년의 경제성장 실적치는 6.3%였다. 이번에는 거꾸로 한은 3.9%, KDI 4.1%, 금융연구원·삼성경제연구소 3.6%, LG경제연구원 3.5% 등 하나같이 낮춰 잡았다. 경제성장률이 기관들의 전망치를 훨씬 웃돈 것은 가계신용이 크게 늘며 민간소비가 예상보다 호조를 보인 것이 큰 영향을 미쳤다.

이어 2003년에는 우리경제가 3.1%의 성장을 했지만 5개 기관 모두 5%대의 성장을 점쳐 모두 빗나갔다. 이번에는 카드대란 후유증으로 거품이 꺼지면서 소비가 크게 준데다, 북핵 문제와 이라크전으로 불확실성이 커진 게 원인으로 꼽혔다. 묘하게도 이 때까지는 그 전해에 전망치를 낮게 잡아 틀렸으면, 다음해에는 높게 잡고, 또 다음해에는 낮게 잡는 식의 오류를 사이클 형태로 반복했다.

지난해는 그나마 '선방'을 한 해로 꼽힌다. 실제 성장률은 4.6%였는데, 삼성경제연구소(4.3%)가 가장 근접하게 성장률 전망을 했다. 금융연구원(5.8%)도 오차가 가장 컸지만 예년에 비해서는 오차 폭이 크게 줄었다. 한은은 5.2%, KDI는 5.3%, LG경제연구원은 5.1%를 내다봤다. 4·4분기 이후 원·달러 환율이 큰 폭으로 떨어진 것이 '막판 변수'였다.

금융연구원 거시경제팀 박종규 박사는 "올 초부터 설비투자가 10%대로 살아날 것으로 전망했지만, 뚜렷한 이유 없이 기업들이 저금리 속에서도 현금을 쌓아놓고 투자를 꺼리고 있어 당초보다 전망치를 하향 조정한 것"이라고 설명했다. 한은 관계자는 "국제유가가 올 들어 급등하는 등 경제 여건이 급변하고 있어 전망치는 틀릴 수밖에 없다"고 말했다. 따라서 예측이란 전체적인 경기 흐름의 윤곽을 잡는 데는 도움을 줄지 모르지만, 국내외 기관들의 성장률 전망치에 일희일비할 필요는 없다는 것이 정확한 표현일런지 모른다.

자료: 서울신문, 2005. 10. 10.

2. 쟁점 및 시사점

위의 사례는 한국은행을 포함한 각종 경제연구소의 GDP성장률 전망치와 실적치가 지난 5년간 계속해서 빗나감으로써 현재 한국은행과 경제연구소의 예측방법이 문제가 있음을 꼬집는 내용이다. 이 사례에서 볼 수 있듯이, 예측의 결과와 실제 나타나는 결과는 매우 큰 차이를 보이고 있다. 예측의 결과가 실제와 다르게 나타나는 이유는 먼저 잘못된 예측방법의 사용을 들 수도 있고, 다른 이유로는 미래에 영향을 미치는 변수를 제대로 파악하지 못한 것을 들 수 있다. 또한,

이는 정책분석에 있어서 불확실성 상황하의 미래예측이란 본질적으로 얼마나 어려운 것인가 하는 근본적 어려움을 보여주는 것이다.

(2) 불확실성의 대처

불확실성에 대한 대처는 적극적 방법과 소극적 방법으로 나눠진다. 적극적 방법은 불확실한 것을 적극적으로 극복하거나 해소시키는 방안이며, 소극적 방법은 불확실성이 주어진 것을 전제로 하고 그 불확실성을 감안한 상태에서 정책을 결정하는 방안을 말한다(정정길 외, 2005: 320).

(가) 적극적 방법

불확실한 것을 적극적으로 극복하거나 해소시키는 방법은 크게 두 가지로 나눠진다. 한 가지는 이론이나 모형을 통해 정책대안과 결과의 관계를 명확하게 정립하여 이것이 현실에 적용될 때 개입되는 모든 변수에 대한 자료나 정보를 획득한 다음, 이를 반영하여 정책대안이 가져올 결과를 예측하는 방법으로 가장 이상적인 불확실성 극복방안이라 할 수 있다.

두 번째 방법은 불확실성이 생기는 상황자체를 통제하는 것으로써, 미래에 대해 영향을 줄 정책대안 외에 개입되는 다른 여러 가지 변수가 상황에 영향을 줄 수 없도록 모두 통제하는 법이다. 가령 A조직과 B조직이 시장에서 내년도 시장전략을 놓고 어떤 전략적 조치가 나올지 몰라 불확실성이 생긴 경우, 직접 협상이나 타협을 통해 상황 자체를 통제하는 것이다.

(나) 소극적 방법

불확실성이 주어진 것으로 보고 소극적으로 대처하는 방법도 있다. 보수적(*conservative*) 접근법, 중복성(*redundancy*)의 확보, 민감도(*sensitivity*) 분석 등이 이에 해당한다. 보수적 접근법은 최악의 상황을 가정하고 가장 보수적으로 접근함으로써 불확실성에 대처하는 방법이며, 중복성 확보는 가외적 조치를 중복적으로 더 확보(*reserve*)해 놓음으로써 불확실성에 대처하는 방법이다.

민감도 분석(*sensitivity analysis*)은 수행하는 상황에 따라 분기점 분석과 악조건 가중분석으로 나눠진다(노화준, 1989: 217; 강근복, 2002: 128-129).

분기점 분석(*break-even*)은 먼저 최선 및 차선으로 예상되는 대안을 대상으로 하여, 이 대안들이 동등한 결과를 산출하기 위해서는 불확실한 요소들에 대해서 어떠한 가정들을 해야 하는지를 파악하고 분석함으로써, 두 대안의 분기점에 대해 분석해 보는 방법이다. 분기점 분석을 통해 최선과 차선 중 어떤 대안이 비현실적인가를 사정해 볼 수 있다.

악조건 가중분석(*a fortiori analysis*)은 예비분석이나 지금까지의 분석결과로 보아서 가장 우수하다고 판단되는 정책대안에 대해서는 최악의 상태를 가정하고, 나머지 정책대안에서는 최선의 상태가 발생하리라 가정하여 대안들을 평가해 보는 방법이다. 악조건 가중분석에도 불구하고 최초에 가장 우수하다고 판단된 대안이 여전히 가장 우수한 대안으로 판명되면 그 대안은 매우 우수한 대안이 될 것이다(노화준, 1989: 217). 즉, 최선의 대안이라고 여겨지는 대안이 분기점 분석에서도 살아남고 악조건 가중분석에서도 살아남았다면, 이는 매우 견고한(*robust*) 대안이다.

2. 정책대안의 미래예측 방법

1) 미래예측의 접근방법

미래예측의 접근방법을 살펴보기 위하여 필요한 개념이 바로 '미래예측의 기초'이다. 정책대안의 미래예측을 하는 데 있어서 가장 기본적인 접근방법은 크게 이론적 예측과 주관적 판단으로 나눌 수 있다.

미래예측의 방법을 경향치의 투사(*trend extrapolation*), 이론적 가정(*theoretical assumptions*), 주관적 판단(*subjective judgement*) 등 세 가지로 접근할 수도 있다(Dunn, 1981: 141; 강근복, 2002: 129). 하지만, 크게 보면 경향치의 투사나 시계열 분석은 이론적 예측방법에 포함시킬 수 있을 것이다. 회귀분석의 방법을 이론적 가정에 포함시키면서 경향치의 투사(시계열 분석)를 따로 독립시키는 것은 어색하기 때문이다. 이에 따라, 본서에서는 미래예측의 방법을 이론적 모형에 의한 방법과 주관적 판단에 의한 방법으로 나누고, 이론적 모형에 의한 방법을 시계열 분석과 횡단면 분석으로 나누기로 한다.

이론적 예측(*theoretical prediction*)은 한 사건이 다른 사건에 근거해서 발생할 것으로 예견되는 실증적으로 검증할 수 있는 이론적 가정과 모형에 근거한다. 이론적 가정은 인과관계의 형태를 띠며 연역적 이론과 귀납적 추론에 근거한다.

주관적 판단(*educated judgement*)은 연역적 또는 귀납적 추론보다는 개인적인 경험과 통찰력에 기초한 지식을 가리키는 것으로, 대개 학자 혹은 전문가들의 식견 있는 의견조사에 근거한다.

미래예측의 기초가 되는 근거는 이론적 예측, 주관적 판단이라는 두 가지 이외에 주관적 방법 대 객관적 방법, 연장적 방법 대 인과적 방법, 선형적 방법 대 분류적 방법이라는 여섯 가지로 분류될 수 있다.

(1) 주관적 방법과 객관적 방법

주관적 방법은 전문가의 경험적 통찰력에 토대를 둔 방법으로서 전문가 의견 조사가 여기에 해당한다. 주관적 방법은 분석을 하는 데 투입되는 자료가 무조건 주관적인 것만은 아니다. 주관적 방법의 분석에서 투입되는 자료는 객관적인 자료와 주관적인 자료를 모두 사용할 수 있다.

객관적 방법은 주관적 방법과 반대로 미래예측 과정이 구체화되어 있는 방법을 말한다. 즉, 구체화되어 있는 절차에 예측을 위한 자료를 이용하여 다른 분석가들도 또한 동일한 예측결과를 얻도록 하는 것이다.

(2) 연장적 방법과 인과적 방법

연장적 방법은 추세적 연장에 해당하는 것으로, 과거로부터의 경향치를 보고 이를 통해 미래까지의 경향을 예측하는 연장선을 만들 때, 그 연장선 안에 인과성을 전혀 고려하지 않는 것으로 귀납적인 방법을 의미한다. 예컨대 "앞으로 몇 년 후면 지구 인구가 70억을 돌파할 것이다"라는 예측은 연장적 방법에 속한다.

반면 인과적 방법은 위에서 말한 미래의 경향을 예측하는 연장선 안에 어느 정도의 인과성을 고려하는 것을 의미한다. 인구증가율을 예측하는 데 단순히 이 때까지 증가율만 보는 것이 아니라, 전쟁을 통한 베이비 붐 세대나 전염병에 의한 급격한 인구감소와 같은 변수를 고려하여 인과 모델을 형성한 뒤 이를 통해 미래를 예측하는 것이다.

(3) 선형적 방법과 비선형적 방법

객관적이고 인과적 방법은 다시 선형적 방법과 비선형적 방법으로 나누어 볼 수 있다.

선형적 방법은 일반적인 회귀모형으로써 "X가 증가하면, Y도 증가 혹은 감소하게 된다"라는 것으로, 즉, 'X가 Y의 상승 혹은 감소의 원인이 된다'라는 선형적 인과적 관계에 기초를 두는 것이다.

비선형적 방법에는 Logit, Probit, LPM모형 등 다양한 형태의 비선형 회귀모형과 함께 분류적 방법이 있다. 분류적 방법은 원인변수에 대해 동일한 반응을 하는 단위를 찾아내고, 그 단위에 따라 그룹을 지어 예측을 하는 비선형적 방법이다. 즉, X에 반응하는 행태 A, B, C를 찾아 이를 행태별로 구분하여 그룹 간의 차이를 비교하는 방법이다. 예컨대, 부동산 정책에 대해 반응하는 행태들을 크게 반대, 찬성, 중립으로 나누고, 집단 행태별로 유형을 분류하여, 이들을 비교·분석함으로써

그림 7-6
예측방법의 분류

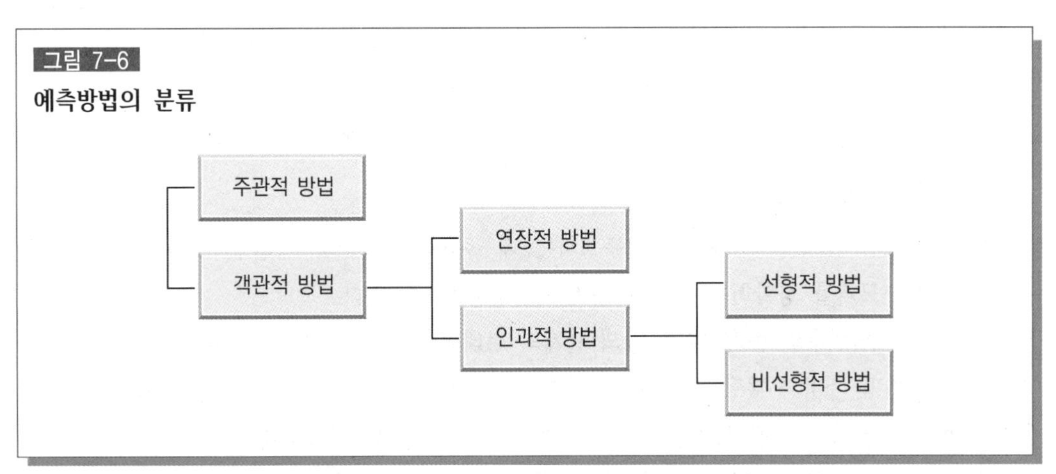

자료: 노화준, 2004: 177에서 수정.

모집단 전체에 대해서 예측을 추론하는 것이다(노화준, 2004: 177).

미래예측의 기초가 되는 여섯 가지 방법의 범위를 비교해 보면 다음과 같다.

2) 미래예측의 기법

정책대안의 미래예측은 정책대안의 비교·평가뿐만 아니라, 정책대안의 탐색·개발에도 많은 영향을 미친다. 정책대안의 미래예측을 위한 다양한 예측의 기법들이 존재하는데, 여기서는 앞서 논의한 대로 가장 중요한 두 가지 예측기법인 이론적 예측과 주관적 판단에 대해서 살펴보기로 한다.

(1) 이론적 예측(theoretical assumption)

이론적 예측은 이론적 가정과 모형에 기초하며 연역적 논리와 귀납적 추론에 근거한다. 이론적 예측은 정책분석가로 하여금 이론적 가정과 과거 자료를 바탕으로 미래 상태를 예측할 수 있게 도와주는 방법으로, 인과관계에 관한 가정들에 기초하기 때문에 이론으로부터 도출된 인과모형을 필요로 한다. 이론적 가정에서의 예측방법은 이론모형, 회귀분석, 시뮬레이션 등이 있다. 회귀분석은 다시 횡단면 분석과 시계열 분석으로 나누어진다.

㈎ 이론모형(theoretical model)

정책분석에서 이론모형이 지니는 의미는, 1) 정책대안의 탐색에 도움을 줄 수 있으며, 2) 이론모형을 통해 정책대안을 미래예측하는 데 있다. 정책결과에 영향을 미칠 수 있는 원인변수들을 이론이나 지식을 통해 연역적으로 추출해 내고, 이들을 자료를 통해 검증함으로써 정책수단과 정책결과 사이에 존재하는 인과관계를 밝히려는 방법을 의미한다. 이러한 독립변수들 중에서 좀 더 심화하여 분석하며, 정책적으로 조작 가능한 변수와 그렇지 못한 변수로 나눌 수 있다. W. Dunn (1981: 125)은 문제의 원인을 가능한(*possible*) 원인과 행동 가능한(*actionable*) 원인으로 나누었으며, 정정길 교수(2005: 368)는 이를 정책적으로 통제가능한(*controllable*) 원인과 통제불가능한(*uncontrollable*) 원인으로 구분하였는데, 이는 같은 의미이다. 이러한 원인들을 파악하여 이들 간의 인과관계를 도출하고, 이를 토대로 미래를 예측하는 방법을 이론모형에 의한 미래예측이라고 한다.

㈏ 회귀분석(regression analysis)

회귀분석은 변수들 간의 선형관계를 추정하는 데 유용한 기법으로 독립변수와 종속변수 간의 관계의 형태와 크기를 정확히 추정하는 통계방법이라 할 수 있다.

회귀분석은 독립변수와 종속변수들 간의 관계의 형태에 대하여 요약된 측정치를 제공하기 때문에 모형의 설계 및 활용에 유용하다. 정책분석가는 회귀분석을 통해 변수 간의 인과관계를 확인할 수 있으며, 회귀분석은 어떤 독립변수가 종속변수의 원인인가를 정확하게 밝히게 한다는 점, 즉 원인변수와 결과변수를 구체화하게 한다는 점에서 큰 장점을 가지고 있다.

회귀분석은 횡단면 분석과 시계열 분석으로 나눌 수 있으며, 선형 분석과 비선형 분석으로 나눌 수 있다.

① **횡단면 분석**(cross-sectional analysis)

분석단위가 시간이 아닌 형태의 분석을 횡단면 분석(cross-sectional analysis)이라고 한다. 횡단면 분석도 종속변수의 형태가 선형으로 나타나는 형태에 대한 분석(OLS, GLS)과 비선형으로 나타나는 형태에 대한 분석(Poission Model, Logit, Probit, LPM 모형 등)이 있다.

② **시계열 분석**(time series analysis)

분석단위가 시간의 형태로 나타나는 분석을 시계열 분석(*time-series analysis*)이라고 한다. 시계열 분석은 과거로부터 현재에 이르는 변화를 분석함으로써 미래를 예측하는 방법인데, 시간을 독립변수로 둔다.

시계열 분석에서는 시계열이 지속적 경향, 계절적 변동, 주기적 파동, 불규칙적 진동 등 네 가지 구성요소를 가지고 있으며, 이들 구성요소를 식별하여 미래 상태를 예측하는 데 이용하는 기법이다(김신복, 1991: 364-365). 지속적 경향은 종속변수의 선형형태를 의미하며, 계절적 변동·주기적 파동·불규칙적 진동 등은 종속변수의 비선형형태를 말한다. 시간함수에 따라 경제성장을 예측하면 비교적 선형형태를 보이며, 주식가격의 변동은 불규칙적 진동형태를 보인다.

그림 7-7
시계열 분석의 다양한 형태

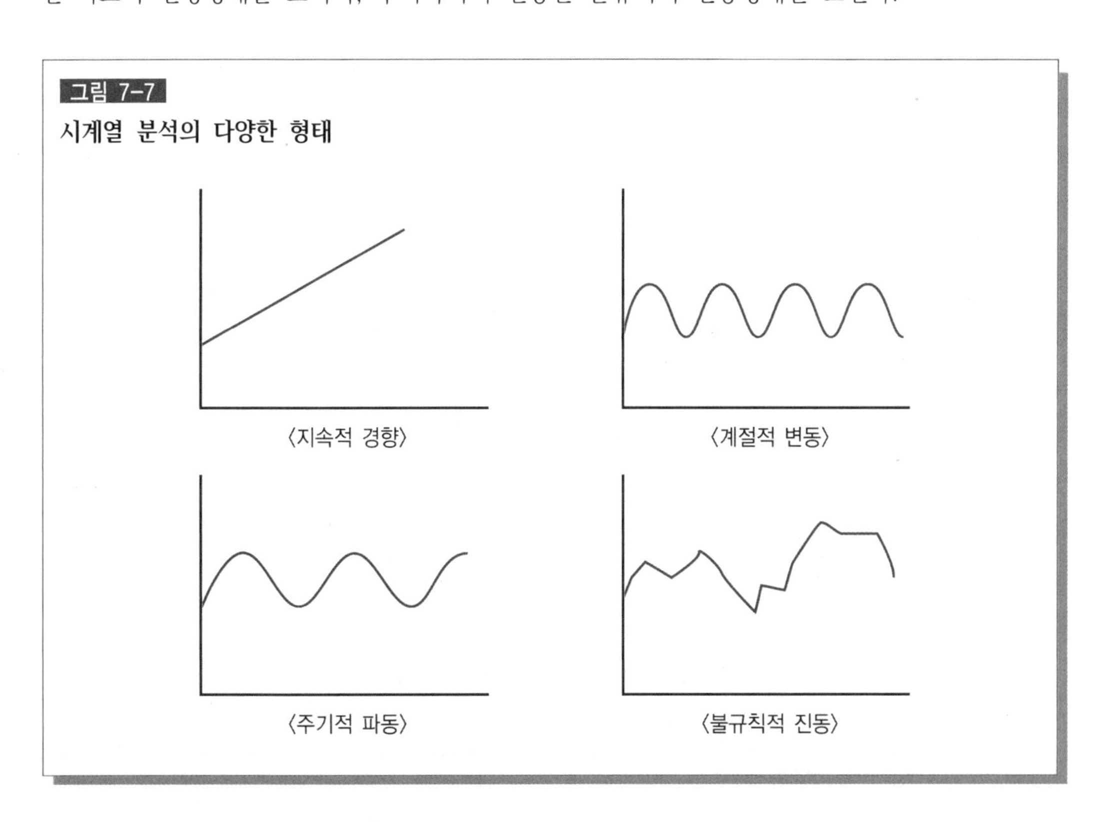

지속적 경향이란 장기적으로 평탄하게 증가하거나 감소하는 것이고, 계절적 변동은 1년 혹은 그보다 짧은 기간을 주기적으로 반복해서 나타나는 것, 주기적 파동은 반복적으로 나타나는 주기가 수년간에 걸쳐 길어질 수 있는 것을 말한다. 마지막으로 불규칙적 진동은 규칙적인 방식이 없어 보이는 시계열상의 예측할 수 없는 변동을 말한다.

(다) 시뮬레이션(simulation)

시뮬레이션(*simulation*)은 정책대안의 미래예측에서 두 가지 의미를 포함한다. 첫째는, 민감도 분석(*sensitivity analysis*)과 같은 의미로서, 미래예측에 포함된 불확실성의 근거가 되는 가정에 대해 조금씩 변수 값을 미세하게 변화시킴으로써, 그로 인해 나타나는 결과들을 토대로 분석하는 기법이다. 둘째는, 정책대안의 실현으로 인해 어떠한 변화가 일어나는지를 알아보기 위해, 실제체제를 모방한 고안물을 활용하는 방법이다(*role play*). 모의국회를 열어 정책질의 및 토론을 가상하여 미리 연습하는 것도 시뮬레이션 개념에 속한다.

(2) 주관적 판단(educative judgement)

주관적 예측방법은 해당 분야 전문가의 지식이나 내적 통찰력을 기초로 지적 판단을 통해 종합적 결론을 도출하는 접근방법이다. 주관적 예측방법은 전문가 의견조사라고도 불리는데, 이러한 방법으로 중요한 것은 고전적 델파이, 정책델파이, 교차영향분석, 실현가능성 분석 등이 있다.

(가) 고전적 델파이(Classical Delphi)

고전적 델파이 기법은 미래사건에 대한 전문가들의 의견을 체계적으로 종합하는 직관적 예측방법으로서, 1948년 Rand 연구소에서 개발되어 공공부문과 민간부문의 많은 예측활동에 활용되어 왔다. 한 집단의 전문가들이 공동 작업을 하고 그들의 아이디어를 공유함으로써 얻을 수 있는 많은 이점들을 최대한으로 살릴 수 있도록 하는 것으로 전문가들의 의견을 조사하는 데 사용하는 방법이다. 처음에는 주로 군사분야에서 활용되었으나, 점차 확대되어 교육, 사회, 문화, 연구개발 등 여러 분야에 활용되고 있다. 델파이는 일련의 설문을 통해 전문가 그룹의 합의를 도출해내는 과정이다. 반복되는 예측회수를 "라운드"(*round*)라고 한다. 일반적으로 설문서가 설문의 나열에 그치는 데 반해, 델파이 설문서는 설문뿐만 아니라, 패널리스트들이 특정 주제에 대해 합의한 분포와 반대의견 등에 대한 정보까지 제공해 주는 역할을 한다. 설문서는 그룹 패널리스트 간의 상호 의견교환을 가능케 해 주는 매개체인 셈이다. 델파이에 참여하는 전문가의 그룹을 "패널"(*panel*)이라 한다. 그리고 설문을 회수하고 종합하며 정리하는 등 델파이 전 과정을 주관하는 자를 "총괄수행자"(*moderator*)라고 일컫는다.

Rand연구소에 의해 수행된 고전적 델파이 진행과정은 다음과 같이 4라운드로 구성되어 있다.[6]

---

6 과학기술 미래예측의 방법론과 활용방안에 대해서는, Denis Loveridge, *Use of the Delphi Process in Foresight Studies*, TOC, 1996 참조할 것.

① 제1라운드 설문

제1라운드 설문에서는 전문가들에게 각 분야의 예측대상이 되는 기술과제를 제안하고 그 발전 추세를 예측하도록 요구한다. 이 경우 장점은 전문가가 총괄수행자보다는 각 분야에 대한 기술발전 동향을 잘 인지하고 있다는 점이다. 만약에 총괄수행자가 제1라운드 설문서를 확정하여 설문을 실시하면 총괄수행자가 인지하지 못한 분야가 빠질 수 있다.

설문서가 회수되면, 총괄수행자는 종합 정리하여 중복 또는 유사 주제는 하나로 통합하고 적절치 못한 주제는 삭제한다. 예측대상 주제를 명확하고 단순하게 작성하는 등 다음 라운드부터 반복 사용될 설문서 작성을 완료한다. 따라서 제1라운드 설문은 본격적인 예측을 위한 사전적인 브레인스토밍 성격을 지닌다.

② 제2라운드 설문

전문가 패널들로부터 예측대상 주제가 확정된 설문서를 받아서 각 주제에 대해 실현시기를 예측하게 된다. 실현시기는 연도(또는 월)로 응답할 수 있고, 실현이 불가능할 경우 "비실현" 그리고 예측기간의 한계를 넘어설 경우 "추후실현" 등으로 응답할 수 있다. 간혹 실현시기에 대해 특정 시점보다는 시구간으로 응답을 요구하기도 한다. 이는 총괄수행자가 조사업무의 효율성을 감안하여 결정할 수 있다.

설문서를 회수하면 총괄수행자는 각 주제에 대한 예측결과를 집계하고 통계적 분포를 구한다. 통계적 분포로서, 일반적으로 세 번째 사분위수(75%에 해당하는 시점)에서 첫 번째 사분위수(25%에 해당하는 시점)를 뺀 값인 사분위수 범위(IQR: *inter-quartile range*)를 이용하며, 총괄수행자는 중위수(*median*)와 상·하위 사분위수(*upper and lower quartile*)를 계산한다. 중위수는 응답자의 예측시기를 이른 시점부터 순서대로 나열했을 때 50%에 해당하는 응답자가 예측한 실현시기를 의미한다. 즉, 중위수를 중심으로 응답자의 50%는 중위수 이전에 실현될 것으로, 나머지 50%는 중위수 이후에 실현될 것으로 예측한 중간 시점을 나타낸다. 상위·하위 사분위수는 중위수와 마찬가지로 예측 결과의 분포를 나타내주는 것으로, 상위 사분위수는 응답자들 중 75%인 세 번째 사분위수, 하위 사분위수는 25%인 첫 번째 사분위수에 해당하는 응답자가 예측한 실현시기를 각각 나타낸다. 이러한 통계적 대표값은 응답결과의 분포를 보여준다. 여기서 상위 사분위수에서 하위 사분위수를 뺀 것을 전문가들의 의견에 대한 "수렴도"(*measure of spread*) 혹은 "사분위수 범위"(IQR)라 한다. 제3라운드의 설문서에서는 이러한 분석결과를 각 응답자에게 제공한다.

③ 제3라운드 설문

전문가들은 각 주제에 대한 예측시기의 분포자료를 받아보고, 제2라운드 설문에서 응답했던 자신의 예측결과를 수정할 기회를 갖는다. 물론 자신의 응답을 수정하지 않을 수도 있다. 이 때 수정했건 아니했건, 자신의 응답이 IQR 밖에 위치할 경우 이에 대한 이유를 서술하도록 한다. 특히 다른 전문가들이 고려하지 않았을 가능성이 있는 요인이나 사실들을 열거하도록 한다. 응답자는 익명이 보장된 상태에서 대면 회의방식과 달리 자유로이 의견을 개진할 수 있다.

제3라운드 설문서가 회수되면, 총괄수행자는 제2라운드와 마찬가지로 응답결과에 대한 분포를 통계적으로 처리하고, 예측시기가 IQR 밖으로 벗어난 이유들을 정리한다. 그리고 이러한 내용을 포함한 제4라운드 설문서를 작성한다.

④ 제4라운드 설문

전문가들은 예측시기 분포와 예측시기에 대한 전문가들의 수정된 견해를 받게 된다. 이를 바탕으로 다시 예측을 수정할 수 있는 기회가 주어지게 된다. 총괄수행자의 요구에 따라 예측시기가 IQR 밖에 있을 경우 이에 대한 소견을 밝히도록 한다. 추가로 총괄수행자는 제3라운드 설문의 견해에 대한 코멘트를 요구하여 받을 수 있다. 코멘트를 요구받을 경우 전문가는 본인의 예측시기와 상관없이 제3라운드 설문의 소견에 대해 적절한 코멘트를 할 수 있다.

제4라운드 설문이 회수되면, 총괄수행자는 다시 통계적 처리를 하고 중위수와 상·하위 사분위수를 구한다. 그리고 코멘트에 대해 종합 정리를 한다. 경우에 따라 전문가 패널이 합의에 이르지 못하는데, 이 때 코멘트에 대한 분석은 유용하게 활용될 수 있다. 일반적으로 이런 경우를 대비하여 전문가 패널에 코멘트를 요청한다.

델파이 과정이 모두 끝나면 최종 결과로서 제4라운드의 응답결과를 이용하여 예측시기(이 때 통상적으로 대표적인 예측시기로는 중위수를 취한다), 예측시기에 대한 IQR(세 번째 사분위 시점에서 첫 번째 사분위 시점을 뺀다), 그리고 전문가들의 의견을 종합 정리하여 제공한다. 이러한 결과는 일반적인 대면 회의 결과보다 한결 유용한 정보를 많이 담고 있다.

델파이 결과에서 얻을 수 있는 한 가지 이점은 통계적 결과로서 분포의 개요(*outline*)와 중간점(*median*)을 제시하고, 나아가 의견 수렴도(IQR: *inter-quartile range*)를 상·하위 사분위수를 이용하여 제시할 수 있다는 점이다. IQR이 좁다는 것은 수렴도가 높다는 것을 의미하며, IQR이 넓다는 것은 수렴도가 낮다는 것을 의미한다. IQR을 예측 수행 시점에서 예측시점(중위수)까지의 기간으로 나눈 비율은 수렴도를 나타내주는 또 하나의 유용한 지표가 된다.

각 주제에 대한 전문가의 코멘트는 전문가들이 예측에 중요한 영향을 미친다고 생각하는 요인들에 대해 요약한 것으로서, 이러한 전문가 코멘트는 델파이의 정량적 결과를 정성적 측면에서 보완해 줄 수 있다는 큰 이점을 지니고 있다. 델파이 과정은 전문가 패널이 안정적인 결론에 이르거나 라운드를 거듭해도 별다른 변동을 보이지 않게 되면 성공적인 것으로 간주한다.

델파이를 이용한 여러 연구결과를 보면 전문가 패널은 주어진 주제에 대해 제1라운드에서 합의에 도달하는 경우가 많으며, 자주 제2라운드에서 예측치가 큰 폭으로 변동하는 경우도 있다. 그러나 각 전문가들이 이에 대한 이유를 제시함으로써 다음 라운드의 예측에서는 의견을 수렴해가는 것이 일반적으로 나타나고 있다. 이러한 점이 일반적인 여론조사와 델파이가 다른 점이라 할 수

그림 7-8

델파이의 과정과 효과

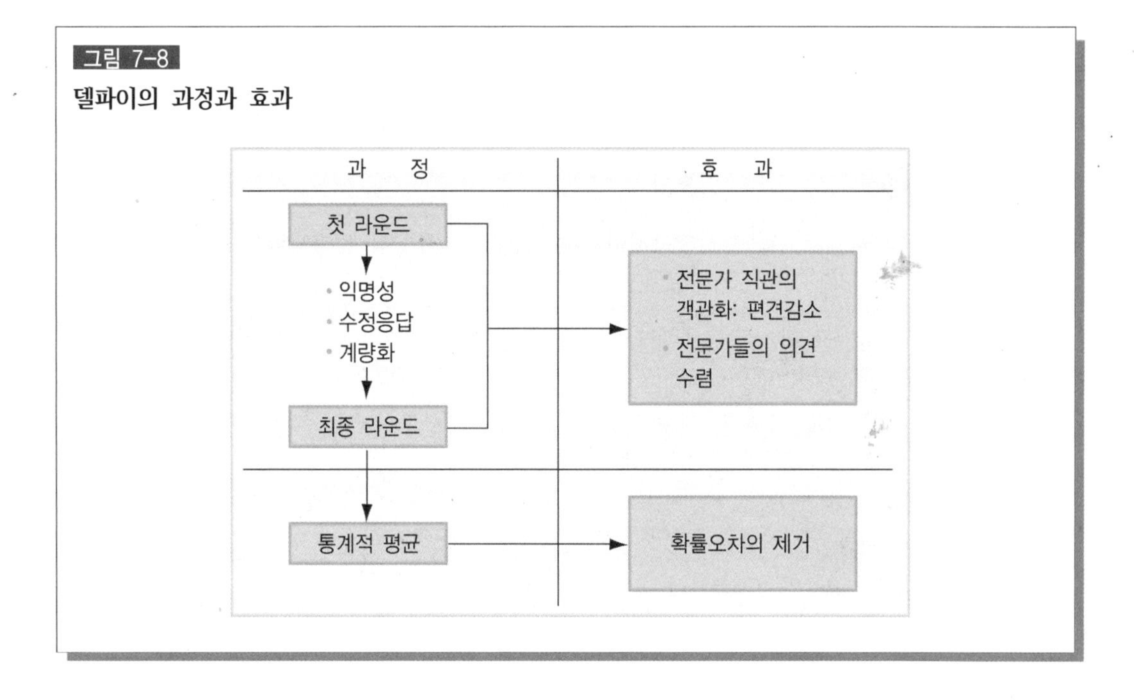

있다.

전문가 패널의 구성원이 다른 전문가의 의견에 영향을 받아 자기의 예측을 항상 수정하는 것은 아니다. 이들은 대면(對面) 패널리스트와 마찬가지로, 자신의 예측을 계속 주장할 기회를 가지고 있다. 델파이의 장점은 자신의 주장을 견지하거나 수정할 수 있는 상황과 기회를 가지면서, 전혀 자신의 체면을 조금도 손상 받지 않을 수 있다는 데 있다

델파이 기법은 대면적 회의에서 나타나는 부작용을 최소화시켜주며, 통제된 환류의 효과를 가지게 된다는 장점을 가지고 있다. 또한 참여 전문가들 간의 대면적 접촉을 필요로 하지 않기 때문에, 비용 면에서 다른 방법들에 비해 경제적이라고 할 수 있다.

하지만 참여자들의 능력문제와 일반적인 조사방법상의 문제점, 즉 표본추출, 설문지 설계, 응답의 신뢰성 등의 문제를 안고 있다.

(나) 정책델파이(Policy Delphi)

① 정책델파이의 개념

고전적 델파이 기법은 단순한 미래예측, 특히 미래의 사건변화에 대한 전문가들 간의 합의도출을 위해 개발된 것인데 비해, 정책델파이는 정부의 정책문제에 대한 잠재적인 해결방안을 둘러싸고 다양하게 제기되는 의견들을 노출시키고 종합함으로써 바람직한 대안의 개발을 위해 고전적 델파이 기법을 응용한 것이다. 즉, 정책결정 과정에서는 이해관계와 관점, 입장을 달리하는 다양한 참여자들이 서로 다른 선호와 판단에 입각하여 다양한 정책대안을 제기하고 지지하게 되는데, 이

때 정책델파이는 여러 사람들의 다양한 입장과 정책대안들을 드러냄으로써 창의적이고 바람직한 대안을 개발하는 데 목적이 있다.

정책사례

델파이 기법 적용: 남북한 지방자치단체의 교류협력 전망과 접경지역의 기능 변화

다음은 실제로 델파이 기법을 활용하여 『남북한 지방자치단체의 교류·협력 전망과 접경 지역의 기능변화』를 미래예측한 것이다.

〈표 7-1〉을 통하여 남북교류협력사업의 경제적·인적 교류, 지역개발, 체육·문화 및 민간관광 교류의 부문별 기여도를 살펴 이 사업의 성격을 진단한다.

표 7-1 남북교류 협력사업의 부분별 기여도에 관한 설문결과

1.1 제시된 각각의 교류와 협력부분에 대한 기여도(응답자 수)

가. 경제교류 :	① 절대적( )	② 상당 부분(9)	③ 일정 부분 국한(5)	④ 미미함(5)	⑤ 전혀 무관( )
나. 인력교류 :	① 절대적( )	② 상당 부분(8)	③ 일정 부분 국한(5)	④ 미미함(5)	⑤ 전혀 무관( )
다. 지역개발 :	① 절대적( )	② 상당 부분(1)	③ 일정 부분 국한(8)	④ 미미함(5)	⑤ 전혀 무관(4)
라. 체육/문화 :	① 절대적( )	② 상당 부분(9)	③ 일정 부분 국한(4)	④ 미미함(5)	⑤ 전혀 무관( )
마. 민간관광 :	① 절대적( )	② 상당 부분(9)	③ 일정 부분 국한(4)	④ 미미함(5)	⑤ 전혀 무관( )

1.2 문항 1.1의 항목을 상대적으로 비교할 경우 기여도에 따른 우선순위

우선순위	경제교류	인적교류	지역개발	체육/문화	민간관광
1순위	4	3			7
2순위	3	7	2	2	2
3순위	6	3		4	6
4순위	4	1	5	3	3
5순위	1	2	11	5	
결 과	3순위	2순위	5순위	4순위	1순위

〈표 7-2〉를 통해 중앙정부, 지방정부 및 민간의 참여도를 살펴 참여단체의 추세를 살펴본 뒤, 앞으로 남북교류·협력 사업을 활성화시키기 위해 중앙정부, 지방자치단체, 인도적 지원의 민간단체, 민간기업체의 4개 단체 중 어떠한 단체의 기능과 역할이 강화되어야 할지를 살펴볼 수 있다.

표 7-2 남북교류협력사업의 단체별 기능과 역할에 관한 설문결과

2.1 정부(중앙, 지방) 및 민간단체(민간기업제외)의 남북교류 추진에 있어서 차이점

① 완전히 다름( ) ② 상당 부분(7) ③ 일정부분 국한(3) ④ 거의 차이 없음(7) ⑤ 전혀 차이 없음( )

2.2 남북교류를 활성화시키고자 할 때 기능과 역할이 강화되어야 할 단체?(우선순위)

우선순위	중앙정부	지방자치단체	인도적 지원의 민간단체	민간기업체
1순위	9		2	5
2순위	1	5	1	7
3순위	3	6	3	2
4순위	2	3	8	1
결 과	1순위	3순위	4순위	2순위

2.3 앞으로 남북교류, 협력사업이 추진되어야 할 방향
(중앙정부, 지방정부 및 민간을 망라한 관점)

① 인도적 지원중심의 교류(2) ② 쌍방의 경제발전을 위한 상호교류(13)
③ 민족동질성 회복을 위한 체육/문화의 인적교류(3) ④ 균형적 지역발전을 위한 교류( )

다음으로 〈표 7-3〉을 통해 현 단계와 차기 단계에서 추진해야 할 남북교류협력사업의 항목을 살펴봄으로써 구체적인 남북교류의 방안을 모색할 수 있다.

표 7-3 지방자치단체가 추진하여야 할 남북교류협력사업의 항목

3.1 지방자치단체가 남북교류협력사업을 추진할 경우 적절한 추진사안
(적절하다고 생각하는 항목에 표시한 결과)

① 정치적 사안( ) ② 외교적 사안( ) ③ 국방적 사안( )
④ 행정적 사안(6) ⑤ 경제적 사안(12) ⑥ 인도적 사안(11)
⑦ 문화/체육교류(14) ⑧ 지역개발(15) ⑨ 방재/예방사업(15)
⑩ 농,축산 물자 생산 및 기술교류(14)

3.2 문항 3.1에서 추진이 적절하다고 표기된 항목 중 현 단계, 차기 단계 및 장기적 입장에서 추진될 항목(해당하지 않을 경우 칸을 비워둠)

	①	②	③	④	⑤	⑥	⑦	⑧	⑨	⑩
현 단 계				2	4	10	13	3	11	11
차기 단계				3	3		1	8	2	2
장 기				1	5	1		4	2	2

마지막으로 〈그림 7-9〉는 앞의 세 가지 설문지를 1차 설문과 2차 설문을 통해서 일정한 합의를 도출한 것으로 남북교류협력사업의 최종적인 추진전략, 즉 시나리오라 할 수 있다.

그림 7-9 지방자치단체의 남북교류·협력관련 단계별 추진전략

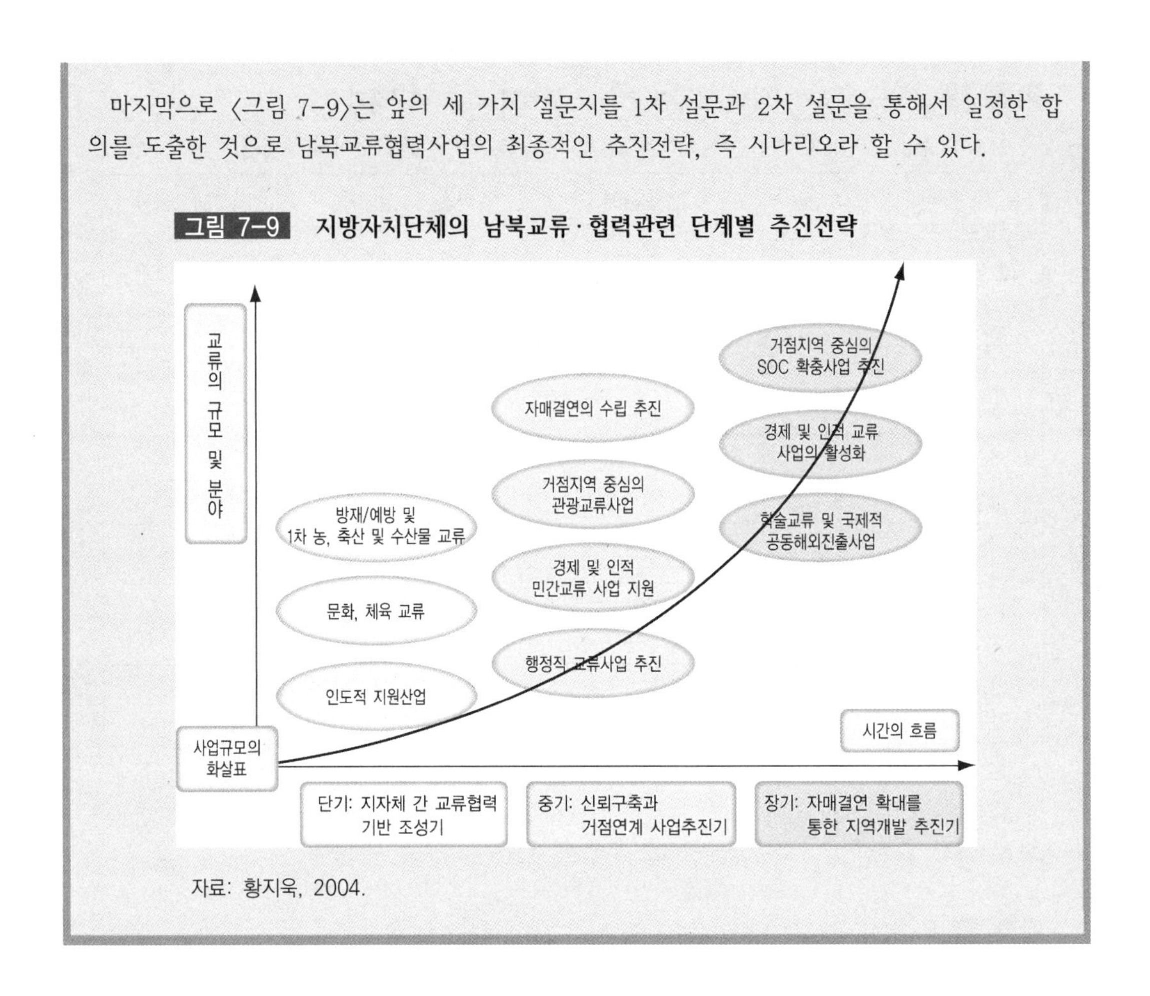

자료: 황지욱, 2004.

② 정책델파이의 목적

정책델파이의 목적은 객관적인 입장에서 지혜를 모으려는 고전적 델파이의 목적과는 다르다고 할 수 있겠다. 이 때문에 정책델파이는 고전적 델파이와는 다른 특징이 있다. 우선 정책델파이는 정책대안이나 정책대안의 결과를 제시하는 첫 번째 단계에서는 누가 어떤 의견을 제시했는지 모르게 하지만, 대강의 의견들이 종합되어 몇 가지 대립되는 정책대안이나 결과가 표면화된 이후에는 공개적인 토론을 하며(선택적 익명성), 서로 다른 의견들을 공개적으로 노출하도록 하고(양극화된 통계처리), 대립된 견해를 최대한 활용하여 여러 가지 정책대안을 창출하고 정책대안의 결과도 예측하도록 한다(구조화된 갈등유도).

③ 정책델파이의 과정

우선, 정책분석팀이 델파이 참여자를 선정하고 설문지를 설계한다. 대체적으로 첫 단계에서 쓰여질 설문내용은 개방형 질문인 경우가 많지만, 정책분석팀이 정책문제와 가능한 해결방안에 대해 잘 알고 있는 경우는 비교적 구성적(선택적)일 수 있다. 이렇게 설계된 설문지에 문제해결을 위해 하나 또는 두세 가지의 대안을 적거나 설문지에 제시된 대안목록 중에서 선택하면 되는데, 이 때 중요한 것은 의견제시는 익명으로 한다는 것이다.

설문지가 회수되면 분석팀은 응답결과를 분석하여 델파이 참여자들의 의견을 파악하여 정리한다. 이 정리된 대안들은 다시 참여자들에게 제공되면, 참여자들은 다른 사람들의 의견을 검토한 후 가장 좋다고 생각하는 대안을 우선순위를 정하여 선택하거나, 혹은 자신의 의견을 제시하도록 한다.

설문지를 회수하고 의견을 정리하고 다시 설문하는 절차를 몇 차례 되풀이한다. 이 과정에서 각자는 자신의 의견을 자유롭게 진술할 수 있는 기회를 가질 수 있어야 하고, 자신의 주장이 다른 사람의 것과 다를 경우 어떻게 다르며 왜 다른가에 대한 전제조건들을 검토할 수 있어야 한다. 그리고 자신의 생각을 재검토하고 수정할 수 있어야 한다. 이런 과정을 여러 번 거쳐 대안이 2~3개로 압축되면, 마지막으로 회의를 소집해서 설문에 대한 응답을 통해 충분히 드러나지 않은 가정, 대안의 특징, 비용과 효과 등을 밀도 있게 토론함으로써 대안탐색을 마무리짓는다.

④ 정책델파이의 원칙

고전적 델파이의 한계점을 극복하기 위해 1960년대 말에 복잡한 정책문제에 적절한 새로운 절차를 만들어 내려는 시도로 개발된 기법이다. 정책델파이 기법은 고전적 델파이 기법의 반복, 통제된 환류라는 두 가지 원칙 이외에, 다음의 새로운 원칙들을 가지고 있다.

첫째, 선택적 익명: 정책델파이 기법의 참가자들은 예측의 초기 단계에서는 익명으로 응답을 하지만, 정책대안들에 대한 주장들이 표면화된 후에는 공개적으로 토론을 벌이게 한다.

둘째, 식견 있는 다수의 참여: 참가자들을 선발하는 과정은 '전문성' 자체보다는 흥미와 식견이라는 기준에 바탕을 둔다.

셋째, 양극화된 통계처리: 개인의 판단을 집약할 때, 불일치와 갈등을 의도적으로 부각시키는 수치를 사용한다.

넷째, 구조화된 갈등유도: 갈등은 정책 이슈의 정상적인 모습이라는 가정에 입각하여, 대안과 결과를 창조적으로 탐색하는 데 있어서 의견 상의 차이를 이용하는 모든 시도가 이루어진다.

이를 표로 정리하면 다음과 같다.

표 7-4 고전적 델파이와 정책델파이의 차이

구 분	고전적 델파이	정책델파이
적 용	일반문제에 대한 예측	정책문제에 대한 예측
응답자	단일 영역의 분야 전문가를 응답자로 선정	정책전문가와 이해관계자 등 다양한 전문가 선정
익명성	철저한 격리성과 익명성 보장	선택적 익명성 (중간에 상호교차 토론 허용)
통계처리	의견의 대표값, 평균치(중위값) 중시	의견차이나 갈등을 부각시키는 양극화된 통계처리
합 의	합의 도출	구조화된 갈등유도 (극단적·대립된 견해도 존중, 이를 유도)
토 론	없음	컴퓨터를 통한 회의 가능

정책사례

고전적 델파이의 응용 형태

고전적 델파이는 4라운드에 걸친 델파이 과정을 거친다. 그러나 델파이의 이용이 증가하면서 고전적인 델파이는 여러 가지 형태로 변형되어 실시되어 왔다. 대표적인 예를 들어 보면 다음과 같다(Martino, 1993).

1. 라운드 횟수

고전적인 델파이는 4라운드에 걸쳐 수행된다. 어떤 경우에는 5라운드 이상 실시되는 경우도 있다. 그러나 델파이 실행에는 4라운드면 충분하다는 것이 여러 연구에서 입증되고 있다. 고전적인 4라운드 델파이가 축소 실시되는 경우도 있는데, 만약 총괄수행자가 제3라운드에서 요구하는 전문가의 반대 의견을 원치 않는 경우에 제4라운드를 생략할 수 있을 것이다. 그리고 제1라운드에서 미리 확정된 미래예측 대상주제를 제공할 수 있다면 역시 생략할 수 있다. 이처럼 라운드를 생략해도 델파이는 여전히 대면회의방식에 비해 많은 장점을 지닌다. 즉 제2라운드 델파이가 한 사람의 전문가나 대면 회의방식에 의존하는 것보다는 합리적인 결과를 제공할 수 있다.

2. 복수시점 예측

고전적인 델파이에서는 각 전문가가 한 주제에 대한 실현 시기를 응답한다. 경우에 따라서는 50%의 실현확률하에서 실현 시기를 표시한다. 그러나 델파이의 다른 응용에서는 전문가에게 3가지의 실현 시기를 요구하기도 한다. 이 때 각 시기에 대해서 "실현가능성이 거의 없음", "실현가능성이 높음"이라든가 또는 각각에 대해 "10%~", "50%~", "90%~" 등의 확률을 부여하기도 한다. 이처럼 실현 시기에 대해 복수응답을 요구하는 경우, 실현 시기에 대한 통계적 대표값은 "50%~"의 확률로 응답된 표본에서 중위수(*median*)를 취하고, 패널의 의견수렴 정도는 "10%~"

의 표본의 중위수와 "90%~"의 표본의 중위수를 이용하여 구한다. 이는 한 예에 불과하며, 실제에 있어서 총괄 수행자는 예측시기에 대해 여러 가지 형태로 설문을 설계할 수 있다.

3. 실시간(on-line) 델파이

델파이는 설문서 대신 컴퓨터를 이용하여 수행할 수 있다. 패널 전문가는 중앙 컴퓨터와 연결하여 각 주제와 이에 대한 미래예측 결과를 추적할 수 있도록 하고, 최근의 결과에 대한 검토 및 수정의 기회를 갖는다. 이러한 실시간 또는 on-line 델파이는 패널의 전문가가 스스로 원하는 횟수만큼 수정과 검토의견을 짧은 시간에 제시할 수 있다는 점에서 매우 유용하고, 전문가 개개인이 수시로 델파이에 참여하게 됨으로써 단시간 내에 결과에 대한 안정성에 도달할 수 있다.

4. 선택적 익명성

델파이는 대면 상황하에서 활용될 수 있다. 의견은 실명으로 발표되고 토론되나, 예측은 익명이 보장되도록 비밀투표를 통해 이루어지는 것이다. 이러한 과정을 몇 차례 반복하여 실시할 수 있다. 비밀투표는 컴퓨터를 이용할 수 있을 것이다.

(다) 교차영향분석(Cross Impact Analysis)

교차영향분석은 '다른 사건이 일어났느냐 일어나지 않았느냐'에 기초하여 미래의 어떤 사건이 일어날 확률에 대해서 식견 있는 판단을 이끌어내는 기법이다. 즉 한 가지의 사건이 아닌 여러 가지의 사건을 놓고, 한 가지 사건이 일어날 확률을 구하고, 그 사건이 선행되었을 경우 나머지 사건이 일어날 확률을 구하는 방법을 말한다. 이는 조건확률이론에 근거를 둔다.

교차영향분석은 다른 관련된 사건의 발생을 촉진하거나 억제하는 사건을 식별하는 데 목적이 있으며, 전통적 델파이를 보완하기 위하여 고안된 방법이다. 주로 사건들의 연결 관계를 파악하는 데 이용된다.

교차영향분석은 연결의 방향·강도·시차 등 연결 관계의 세 가지 측면을 고려한다. 영향력의 방향은 하나의 사건이 다른 사건의 발생에 영향을 미치는 방향을 의미하며, 영향력의 강도는 하나의 사건 발생이 다른 사건의 발생 여부에 미치는 영향력의 강도를 의미하고, 영향력의 시차는 서로 연계되어 있는 사건들 사이의 시간적 차이를 의미한다.

〈표 7-5〉는 세 가지 사건, E1, E2, E3 간의 상호작용 관계를 보여주는 것으로, 사건들의 발생시기를 미래예측하고 난 후, 영향의 방향, 강도 및 시차라는 요소를 함께 고려해서 작성한 것이다. 〈표 7-5〉에서 각각의 행과 열은 세 가지 미래 사건이 열거되어 있고, 사건의 발생 확률은 각각 P1, P2, P3으로 세 사건의 발생순서는 E1, E2, E3 순으로 예측되었다. 표 내의 각 항의 내용은 사건들 사이의 상호 관계를 나타낸다(강근복, 2002: 145-146; Dunn, 1981: 234-237).

교차영향분석은 복잡한 구조를 가진 여러 문제들 사이의 상호의존 관계를 파악, 예측하는 데 유용하지만, 교차영향행렬을 구성하고 진행하는 데 비용과 시간이 많이 들고, 전통적 델파이 기법과 마찬가지로 전문가들의 합의를 지나치게 강조한다는 점에서 한계점을 드러낸다.

표 7-5 교차영향 행렬표

사건	사건의 발생(P=1.0)		
	E1	E2	E3
E1		촉진	촉진
		0.2	0.5
		즉시	5년
E2	감소		촉진
	-0.3		0.3
	3년		5년
E3	감소	감소	
	-0.5	0.1	
	6년	8년	

영향력의 방향
영향력의 강도
영향력의 시차

자료: 강근복, 2002: 146.

(라) 실현가능성 분석

실현가능성 분석은 정책관련자들의 미래행태를 예측하기 위하여 특별히 설계된 것으로, 정책분석가가 여러 정책대안들의 채택이나 집행을 지지하거나 반대함에 있어 정책관련자들의 예상되는 영향에 관하여 예측하는 것을 도와준다. 이는 정치적 갈등이 존재하고 권력이나 기타 자원들의 배분이 동등하지 않은 조건에서 정책대안의 예상되는 결과를 분석해보는 데 적합하다. 실현가능성 분석에서 고려되는 중요한 요소는 1) 이슈에 대한 입장, 2) 가용한 자원, 3) 자원의 상대적 서열 등이다(Dunn, 1981: 240-241).

실현가능성 분석은 정책관련자의 행태를 예견 또는 투사할 수 있게 하는 관련 이론이나 가용한 경험적 자료가 없기 때문에, 이미 직면해 있던 중요한 문제점을 해결하는 점에서 유용하게 이용될 수 있다. 또한 이 기법은 정책분석에서 있어 정치적 실현가능성과 정책집행의 문제를 소홀히 하는 우려를 해결할 수 있는 방법이다.

정책사례

인터넷 민원발급 '올스톱': 미래예측 실패사례

1. 사례개요

행정자치부의 '전자정부'와 대법원·국세청의 인터넷 민원업무 등 사실상 정부의 인터넷 민원발급 서비스가 전면 중단됐다. 이로 인해 법원과 일선구청·동사무소 등 민원창구는 평소보다 많은 민원인이 몰려 혼란을 빚었다. 이에 따라 정부는 29일 총리공관에서 이해찬 총리 주재로 국정현안 정책조정회의를 열고, 인터넷 민원서류 위·변조 사범에 대한 처벌강화 등 대책마련에 나섰지만, 뾰족한 근절책을 찾지 못해 애를 태웠다.

한편 전자정부와 법원 인터넷 민원이 중단되면서, 각 기관에는 민원인이 크게 몰렸다. 28일 오전 한 때 서울중앙지법 중부등기소의 부동산 등본 발급 사무실에는 평소보다 훨씬 많은 20여 명의 민원인이 번호표를 뽑아들고 순서를 기다렸다. 그러나 오후 들어서는 대기자가 3배 이상 늘어나 북새통을 이뤘다. 서울중앙지법이 잠정 집계한 바에 따르면, 인터넷 민원발급 서비스 중단 이후 지역 등기소를 포함한 중앙지법의 민원발급량이 평소보다 약 12% 증가했으며, 하루 민원인은 800명에서 1500명으로, 대기시간은 4분에서 30분으로 크게 증가했다.

자료: 서울신문, 2005. 9. 28.

2. 쟁점 및 시사점

위의 사례는 지난 9월말 인터넷 민원발급증명서의 위조방법 및 위조서류가 인터넷에 확산되면서, 정부는 해당 문제의 심각성으로 인해 현재 진행 중인 인터넷 증명서 발급 시스템을 전면 중단하였다는 내용이다. 이로 인해 그 동안 집에서 또는 회사에서 바로 발급되었던 각종 등기서류들이 동사무소나 등기소에 직접 가야만 발급이 가능하게 되어 민원량이 급증하게 되었고, 그로 인해 일선행정기관으로 민원인이 몰려 행정서비스공급에 혼란이 오게 되었다는 것이다.

이러한 문제점이 발생한 이유는 인터넷 행정서비스업무라는 정책의 정책대안의 미래예측 과정에서 해당 정책을 시행함으로 인해서 나타날 수 있는 여러 가지 가능성에 대해서 제대로 예측하지 못했기 때문에 나타난 현상이라고 할 수 있다.

정책을 집행하기에 앞서 해당 정책이 어떠한 결과를 가져올지에 대해서 예측하는 것은 단순히 그것이 가져올 혜택만을 예측하는 것이 아니라 해당 정책대안이 가져올 수 있는 문제점이나 부작용 또한 예측을 해야만 한다. 하지만 인터넷 행정서비스 업무 정책에 대해서 그 대안결과를 예측했을 때에는 그 정책이 가져올 혜택에 대해서만 예측하고, 그것이 가져올 문제점에 대해서는 전혀 살펴보지 않았기 때문에 정책시행 후 실제로 드러난 부작용 및 문제점에 적절히 대처하지 못한 것으로 분석할 수 있다.

이러한 문제는 비단 앞서 사례에서만 일어난 것이 아닌 현재 대부분의 정책상황에서 나타나고 있다. 무조건 선진국의 정책이라고 해서 받아들이고 해당 정책이 무조건 좋다고만 생각하고 정책을 결정하는 행태는 모두 정책실패 가능성을 내포하고 있다고 하겠다. 삼성자동차 문제나 카드정책으로 인한 신용불량자 급증 그리고 그로 인한 경기침체 등도 모두 유사한 정책결과 예측에 대한 실패사례라고 할 수 있다.

제 4 절 정책대안의 분석(Ⅲ): 정책대안의 비교평가

정책분석의 단계는 구체적으로 정책문제의 분석, 정책목표의 설정, 정책대안의 분석, 분석결과의 제시의 과정을 거친다. 이중 정책대안의 분석은 세 단계로 구분할 수 있는데, 먼저 정책대안의 분석(Ⅰ)에서는 정책대안의 탐색개발 및 설계가 이루어지고, 정책대안의 분석(Ⅱ)에서는 정책대안의 미래예측, 마지막으로 정책대안의 분석(Ⅲ)에서는 정책대안의 비교평가가 이루어진다.

우리가 정책분석을 하는 가장 근본적인 이유는 정책목표를 달성할 수 있는 가장 바람직한 정책대안(*policy alternatives*)을 선택하기 위한 것이다. 따라서 문제정의를 통해서 정책목표를 달성하기 위한 다양한 정책대안들을 탐색 · 개발한 후에는 이들에 대한 미래예측을 토대로 비교 · 평가하여 최선의 대안을 선택하게 된다.

제4절에서는 정책대안 분석의 마지막 단계로서 정책대안 분석(Ⅲ): 정책대안의 비교평가를 다룬다. 여기에서는 최선의 정책대안을 판단할 수 있게 하는 정책대안의 비교평가 기준(*criteria*)에 대해 학습한다. 먼저, 정책분석의 기준에 관한 선행 연구들을 검토하면서, 최근 정책환경의 변화에 맞추어 강조되거나 새롭게 추가되어야 할 새로운 기준들을 논의하기로 한다. 특히 총체적인 정책분석 기준인 성찰성(당위성)-민주성(참여성)-생산성(효율성) 및 실현가능성에 대해서 중점적으로 살펴보기로 한다.

1. 정책대안 비교평가의 차원

1) 정책대안 비교평가의 의의

정책대안의 평가 기준들은 각 정책대안들이 미래에 가져올 것으로 예측된 정책결과들의 바람직스러움의 정도를 판단하는 데 사용되는 평가를 위한 기준(*evaluative standard*)이기 때문에, 가치와 철학이 정책분석 과정에 도입되는 단계라는 관점에서 매우 중요한 의미를 지닌다(노화준, 2003: 126).

정책분석을 연구하는 많은 학자들이 정책분석의 계량적·실증적 연구방법의 한계를 보완하기 위해 철학적·윤리적 측면이 필요하다는 점을 강조해왔다(송근원, 1991; 현성수, 2007). Kelman(1983)은 정부정책의 철학적·윤리적 측면에 많은 관심을 가지고, 정책결정 과정의 평가 기준으로서 공익정신이 바탕이 되어 좋은 정책(*good policy*)을 만들어 낼 수 있는지와 인간의 존엄성을 증진시키고 사회구성원의 인격형성에 긍정적 영향을 미칠 수 있는지를 제시하였다.

또한 Majone(1988)은 주관적·비과학적·비계량적인 정책분석을 이론의 객관성과 과학이라는 미명하에 거부하는 것을 일종의 학문적 살인이라 비판하며, 민주사회에서 정책분석의 목적은 단순히 효용을 극대화하는 대안을 선택하는 것에만 한정될 수 없다고 하였다. 그리고 민주사회에서 정책분석의 주요 역할은 공공토론(*public deliberation*)을 통한 상호 학습(*mutual learning*)에 기여하는 것이라 주장하였다.

Formaini(1990)는 정부가 피상적인 과학적 기법을 사용하여 실제적으로는 비합리적인 공공정책들을 합리화시키는 것에 대해 신랄히 비판하며, 비용편익분석(*cost-benefit analysis*)이나 위험도평가(*risk assessment*) 등 과학적 정책분석의 허구성을 분석하였다. 그리고 객관성과 주관성의 어느 한 극단에 치우치는 것은 바람직하지 않지만, 정책결정에 있어 주관성이 크게 작용한다는 것도 잊어서는 안 된다고 주장하였다.

또한 William Dunn(1994)은 정책분석에 있어서 문제의 구조화 또는 문제정의의 방법과 문제해결의 방법 간 차이점을 지적하고, 문제구조화 방법의 중요성을 주장하였다. 그리고 포괄적인 문제중심적 정책분석 기준을 제시하면서, 정책분석의 전 과정이 준거틀의 중심부에 위치한 문제구조화의 절차에 의하여 규정되는 것으로 보았다.

이처럼 많은 학자들은 합리성 위주의 정책분석에서 보다 가치성을 포함한 형태의 정책분석으로 변화되어야 한다는 점을 강조하였다. 다음에서는 이러한 총론적 배경을 토대로 평가 기준의 차원들을 살펴보기로 한다.

(1) 평가 기준의 의미

평가 기준들은 정책결정의 지침으로서 사용된다. 평가 기준들은 어떤 정책결정자(개인 또는 집단)에 의하여 주어진 정책결정상황 하에서 적절하다고 판단된 모든 특성과 목표, 그리고 규칙들이 될 수 있다. 평가 기준들은 각 대안들이 가져올 결과들을 비교하는 데 도움을 준다. Quade는 "평가 기준이란 정책대안들이 가져올 것으로 예측된 정보들을 사용하여 각 대안들을 선호(*preference*)의 순으로 서열을 부여하는 데 사용될 수 있는 기준"으로 정의하고 있다(노화준, 2003: 127).

(2) 평가 기준의 요건

정책대안들을 측정하기 위하여 사용하는 평가 기준에는 여러 가지 형태를 띤 것들이 있을 수 있으나, 그들이 공통적으로 갖추어야 할 기본적인 요건들이 있는데 이들은 명료성, 일관성 및 보편성 등이다.

정책대안의 평가 기준들은 명료해야 하는데, 이를 위해서는 용어 자체가 명료해야 하며, 용어들을 측정하는 계량적인 절차까지도 명료하게 제시하는 것이 바람직하다. 또한 대안의 평가 기준은 일관성을 갖는 게 바람직하며, 광범위한 정책대안들을 비교평가하기 위해서는 보편성을 갖는 게 바람직하다. 또한 평가 기준은 배타성과 종합성(*mutually exclusive & totally comprehensive*)을 지녀야 한다.

2) 정책대안의 비교평가 기준: 3차원 기준

정책이란 정치적 갈등의 요소와 합리적 분석의 요소가 상호 역동적이고 동태적인 과정을 거치면서 만들어지는 것이다. 정책과정은 가치 있는 자원의 배분을 놓고 이해관계자들이 경쟁하고 타협하는 과정으로서, 본질적으로 가치, 갈등, 권력 등의 요소들이 내재되어 있다. 이처럼 정책은 가치, 갈등, 권력적 요소를 그 배경적 특성으로 하고 있지만, 정책분석이 존재하는 본질적 이유는 이러한 특성적 제약조건을 배경으로, 어떻게 하면 합리적 정책과정에 있어서 권력적 요소를 배제하고 전문성을 제고하며, 과학적이고 체계적인 정책을 도출할 수 있을 것인가 사유하고 탐색하는 데 있다. 즉, 정책분석은 문제의 본질적 쟁점규명, 명확한 목표설정, 체계적인 대안탐색, 과학적인 대안예측 등을 통해 최적의 대안선택을 추구하는 끊임없는 분석과 사유의 과정이며, 이를 통해 궁극적으로 인간 존엄성(*human dignity*)을 지향하는 데 목적이 있다. 이를 Lasswell(1951, 1970)은 민주주의 정책학이라고 불렀고, 허범(1988: 78) 교수는 정책분석의 당위성 차원이라고 지칭했다.

사회과학의 범주 안에서 정책이론은 크게 세 가지 차원의 정책이념을 내포하고 있는데, 정책분석이 분석해야 할 대상도 이러한 세 가지 차원으로 구성된다.

첫째, 차원은 생산성이다. 생산성은 효과성과 능률성을 의미한다. 목표달성도를 의미하는 효과성과 투입 대 산출비용으로 나타나는 능률성의 개념이다. 효율성이라고도 부를 수 있는 이 차원은 기계적 효율성과는 구별되는 사회적 효율성을 지칭한다. 치안정책의 목표에 있어서 단순한 파출소의 증설이 기계적 효율성 지표가 된다면, 범죄율이 감소한 안전한 사회 실현은 사회적 효율성에 해당되는 개념이다.

둘째, 차원은 민주성이다. 효과적이고 능률적인 정책요소가 실현되면 그 다음 분석의 차원은 민주성이다. 실체적인 소망성 차원의 정책분석이 이루어지고 나면 그 다음 분석의 차원은 절차적 측면에서 민주성의 가치가 실현되었는지를 분석해야 한다. 이런 의미에서의 민주성은 참여성·숙의성·합의성이라는 요소를 내포하고 있다.

셋째, 차원은 성찰성이다. 성찰성이란 인권·정의·형평과 같이 정책이 가질 수 있는 최상급 차원의 메타포이다. Lasswell(1951, 1970)이 지칭한 인간의 존엄성, 허범 교수(1988: 78)가 지칭한 당위성 차원이 여기에 해당된다. 정책이념이 인간의 존엄성이 실현되는 사회를 지향하고 보다 신뢰받

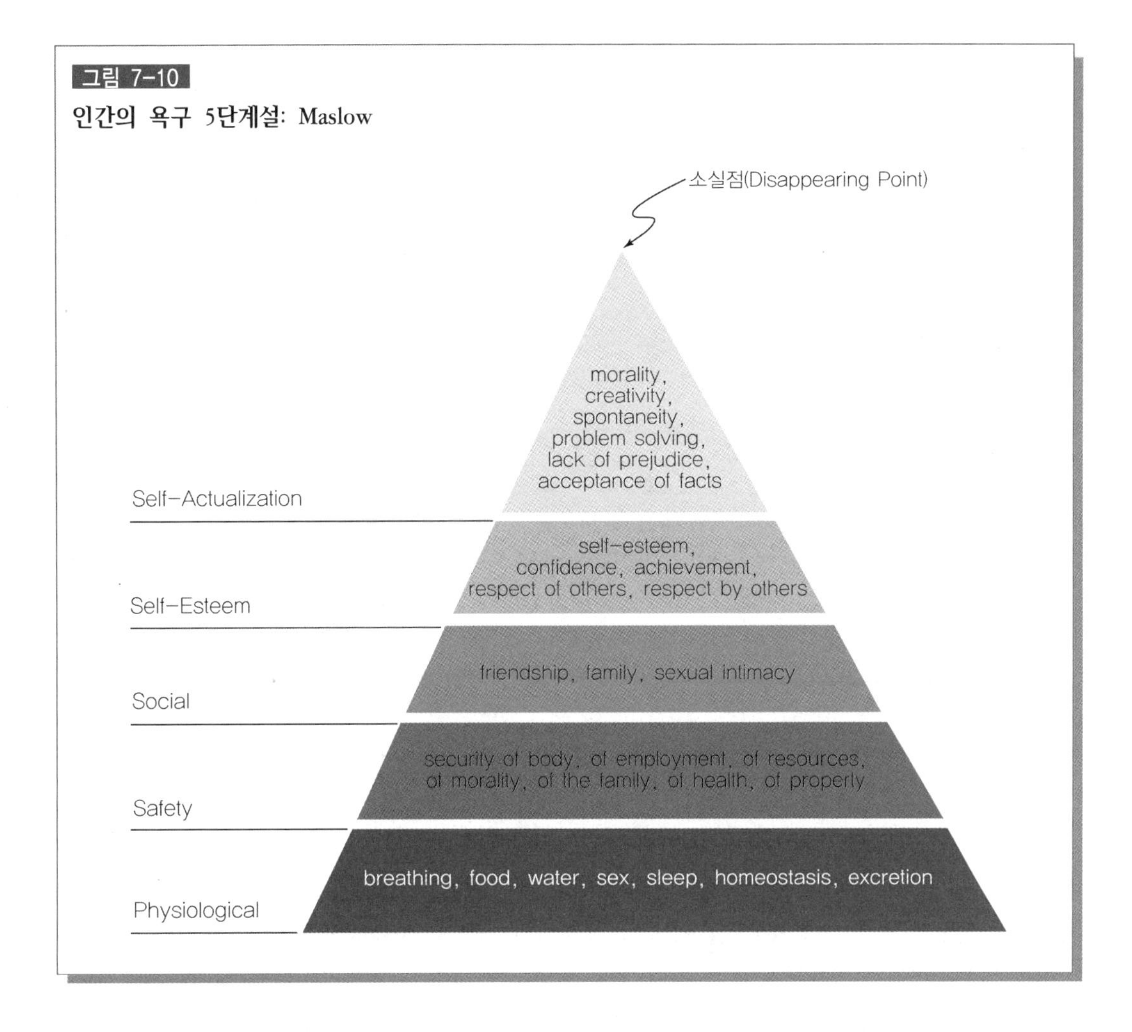

그림 7-10
인간의 욕구 5단계설: Maslow

고 성숙된 사회를 지향한다면, 우리는 그 사회 속에 구성원 개개인의 인권과 정의가 제대로 지켜지고, 우리 헌법이 보장하는 "자유 민주주의적 시장질서와 평등권"이라는 최고의 가치 속에서 국민 개인의 주체성과 독립성, 신뢰와 등권, 더 나아가 자아실현의 기회가 균등하게 보장된 사회를 꿈꾼다. Maslow(1954)가 욕구단계설에서 주장하듯이, 인간은 안전과 생존 욕구를 넘어서 축적과 명예의 단계를 지나 자아완성을 추구한다. 이처럼, 정책도 하위목표, 중간목표, 상위목표를 넘어서 인간의 존엄성 실현이라는 최상위목표를 추구하고 있다. 정책이 가져야 할 가장 당위적인 목표를 분석하는 차원이 성찰성 차원이다.

정책분석은 정책의 이러한 가치구조, 즉 생산성-민주성-성찰성의 세 가지 차원을 좀 더 균형잡힌 시각으로 분석해야 한다. 앞에서도 많은 학자들의 주장을 토대로 이미 지적했듯이, 자칫 분석의 어려움이나 계량화의 한계를 들어 생산성 범주에 속한 효과성과 능률성 분석이 편향되게 다루어져

그림 7-11
정책의 가치구조

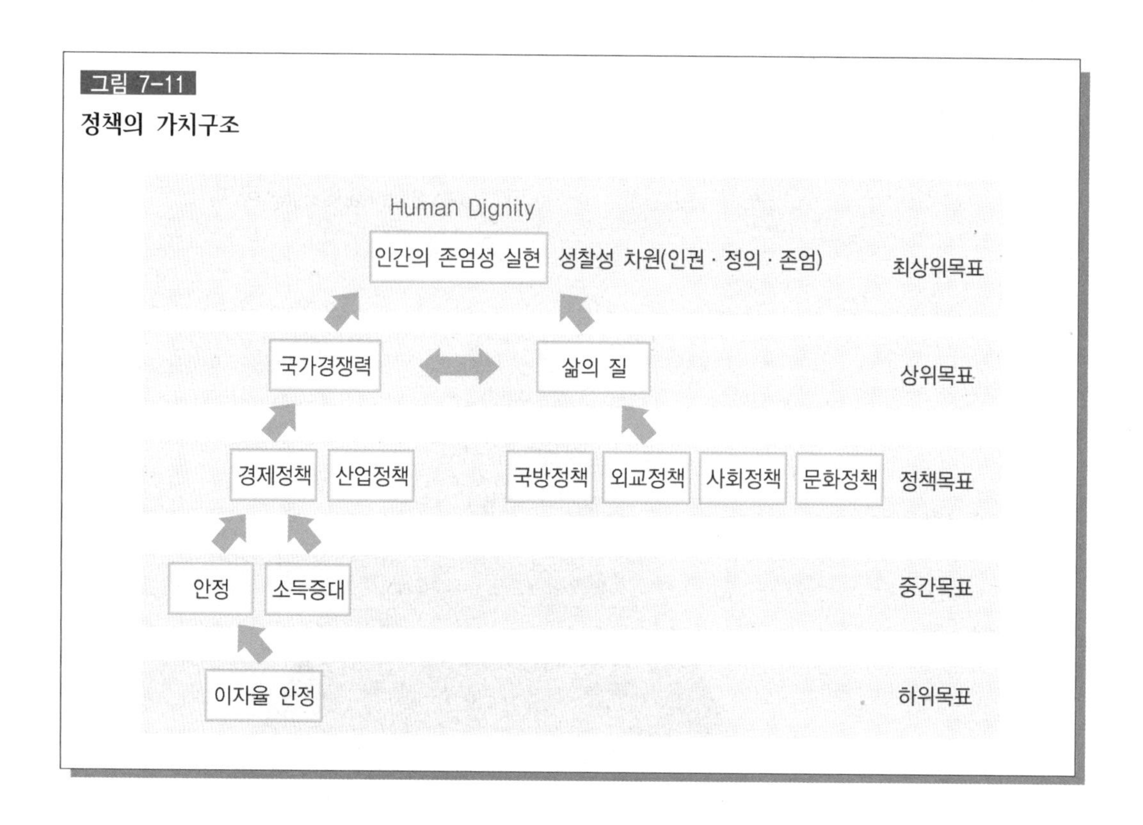

서는 안 될 것이다(Kelman, 1983; Majone, 1988; Formaini, 1990; William Dunn, 1994). 비용편익분석이나, 비용효과분석, 회귀분석이나 계량분석 같은 기법들은 여전히 정책분석의 핵심수단이지만, 그 못지않게 정책의 형이상학적 구조나 절차적인 측면이 중요하게 분석되어야 할 것이다.

이하에서는 이러한 정책분석의 세 가지 차원을 염두에 두면서, 정책분석에 대해 제시한 선행연구들을 살펴보고, 이러한 연구들을 토대로 세 가치 차원의 분석 기준에 대해 좀 더 구체화하는 작업을 하기로 한다.

2. 정책분석의 기준

1) 정책분석 기준에 대한 선행연구

(1) W. Dunn의 분석 기준

정책분석의 포괄적인 기준을 제시한 W. Dunn은 정책분석의 기준을 크게 소망성과 실현가능성 차원으로 나누었다. 소망성 차원에서는 효과성, 능률성, 공평성, 대응성, 적합성, 적정성을 그 하위 분석 기준으로 하고, 실현가능성은 정치적·경제적·사회적·행정적·법적·기술적 실현가능성을 하위 분석기준으로 두었다. W. Dunn의 분석 기준을 소개하면 다음과 같다.

그림 7-12

정책분석의 기준: W. Dunn의 분석 기준 내용

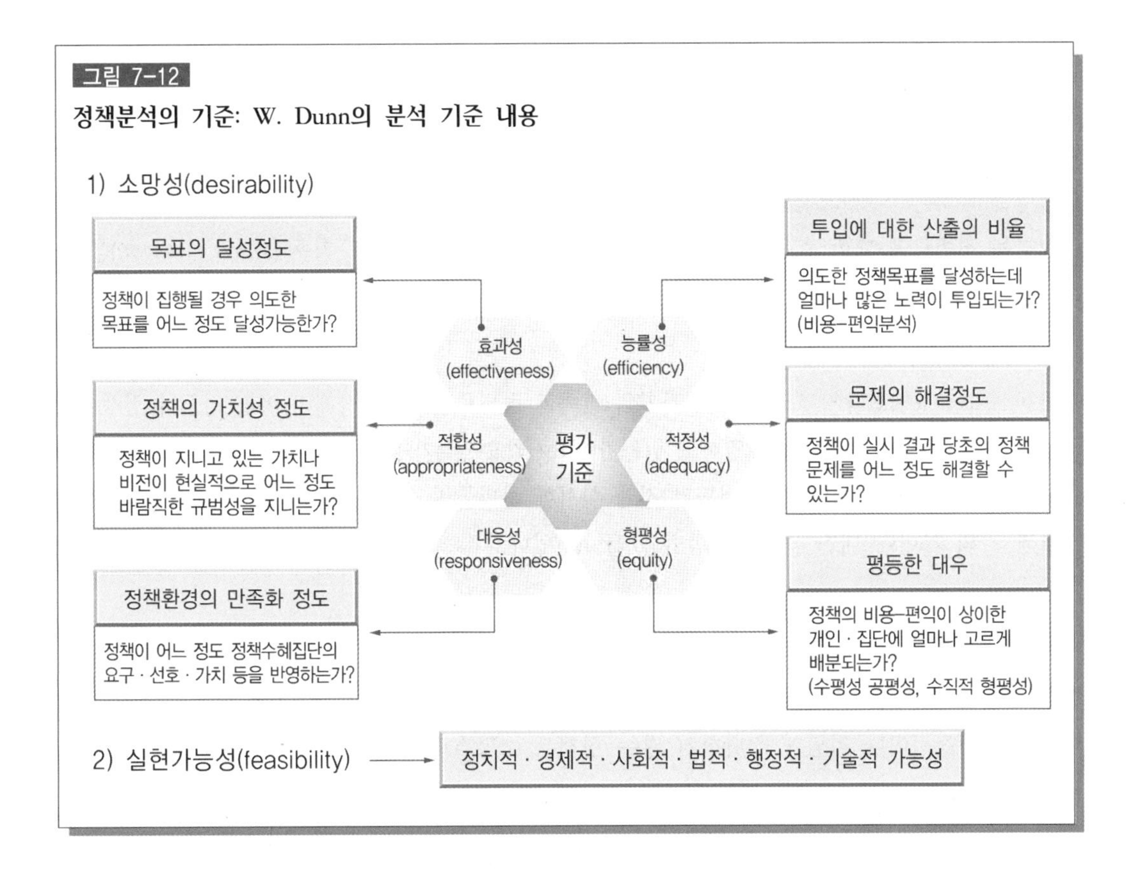

(가) 소망성

W. Dunn은 정책의 소망성 분석 기준으로 효과성, 능률성, 형평성, 대응성, 적합성, 적정성의 여섯 가지 기준을 들었다.

① 효과성(effectiveness)

효과성이란 목표의 달성정도(*goal attainment*)로서 '특정정책이 집행될 경우 그 정책이 의도했던 목표(성취하기를 바라는 것)를 어느 정도나 달성할 수 있겠는가를 판단하는 기준'이다.

② 능률성(efficiency)

능률성이란 투입(*input*)에 대한 산출(*output*)의 비율로서 '의도한 정책목표(주어진 효과성의 수준)를 달성하는 데 얼마나 많은 노력이 투입되겠는가를 판단하는 기준'이다. 이 능률성을 측정하는 것으로는 '비용-편익분석'(*cost-benefit analysis*)을 들 수 있다.

③ 형평성(equity)

형평성이란 사람들을 평등하게 대해야 한다는 것으로서 '특정정책에 따른 비용이나 편익이 상이한 개인·집단에 얼마나 고르게 배분되겠는가를 판단하는 기준'인데, MacRae와 Wilde는 이 형평성개념을 수평적 형평성(*horizontal equity*: 동등한 여건에 있는 사람에 대한 동등한 처우; *the equal treatment of equals*)과 수직적 형평성(*vertical equity*: 동등하지 않은 여건에 있는 사람에 대해서는 동등하지 않은 처우; *the unequal treatment of people in unequal circumstances*)으로 구분하고 있다. 이 형평성을 측정하는 것으로는 공리주의자의 원칙에 의한 '파레토 최적'(*Pareto optimum*)과 사회에 존재하는 최빈층에 대한 효용성을 우선적으로 감안해야 한다는 '롤즈 기준'(*Rawls criterion*)을 들 수 있다.

④ 대응성(responsiveness)

대응성이란 정책집단의 요구·선호·가치의 만족화 정도로서, '특정정책이 어느 정도나 정책수혜집단의 요구·선호·가치 등을 반영하고 있는가(만족시키고 있는가)를 판단하는 기준'이다. 이 대응성을 측정하는 것으로는 정책이 시행되기 전에 실시한 시민들의 요구 조사결과와 정책시행 후의 조사결과 간의 차이에 대한 비교측정방법을 들 수 있다.

⑤ 적합성(appropriateness)

적합성이란 정책에 내포된 가치성의 정도로서 '특정 정책이 지니고 있는 가치나 비전이 과연 현실적으로 어느 정도로 바람직한 규범성을 지니고 있는가에 대한 판단 기준'이다. 아무리 좋은 정책이라도 시대정신이나 이념에 부합하지 않는 정책은 소망스러운 정책이라고 할 수 없다.

⑥ 적정성(adequacy)

적정성이란 문제해결의 적정성을 의미하며, 이는 적시와 적절의 의미를 포함하고 있다. 즉 정책에 있어서 시기(*timing*)의 적정성과 정책강도(*degree*)의 적정성은 중요한 의미를 갖는다. 아무리 좋은 정책이라도 정책의 타이밍을 놓치거나, 처방강도가 적정하지 못하면 소망스러운 정책이라고 할 수 없다.

(나) 실현가능성

정책대안의 실현가능성은 그것이 정책으로 채택되고 그 내용이 충실히 집행될 가능성을 의미하는 것으로 정치적·경제적·사회적·법적·행정적·기술적 가능성이 있다.

① 정치적 실현가능성

정책대안이 정치체제에 의해 정책결정과정에서 정책으로 채택되고 이것이 집행될 가능성을 의미한다.

② 경제적 실현가능성

정책대안이 실현되는 데 소요되는 비용을 현재의 재정적 수준 또는 이용 가능한 자원으로 부담할 수 있는 정도를 의미한다.

③ 사회적 실현가능성

정책대안의 결정과 집행이 사회적으로 인정되고 수용될 가능성을 의미한다.

④ 법적 실현가능성

정책대안이 헌법의 기본 이념이나 다른 법률의 내용과 모순되지 않으며 법적 뒷받침을 받고 있는지를 의미한다.

⑤ 행정적 실현가능성

정책대안의 집행을 위해 필요한 행정조직, 인력 등의 이용가능성을 의미한다.

⑥ 기술적 실현가능성

기술적 실현가능성은 정책대안이 현재 이용 가능한 기술로서 실현이 가능한 정도를 말한다.

(2) Suchman의 분석 기준

Suchman은 정책분석의 기준으로 노력, 성과, 적정성, 과정, 능률성을 지적하고 있는데, 구체적 내용은 다음과 같다.

(가) 노력평가(evaluation of effort)

노력평가에서는 특정한 활동의 수행을 통해서 보다 높은 목적을 달성할 수 있을 것이라고 전제한다. 따라서 노력의 정도 즉, 수행되는 활동의 양과 질에 따라서 정책대안의 성패를 판단할 수 있기 때문에 정책분석의 기준이 될 수 있다는 것이다. 이러한 평가는 다음과 같은 질문에 해답을 제공하기 위해 수행된다.

① 수행한 활동은 무엇인가?

② 그러한 활동은 얼마나 잘 수행되었는가?

(나) 성과 및 효과평가(evaluation of performance or effects)

성과 및 효과평가는 노력평가와는 달리 노력 그 자체를 측정하는 것이 아니라, 노력의 결과를 측정하고자 한다. 정부가 수행하는 모든 정책 및 사업의 궁극적인 정당화는 바로 그것이 해결하고자 의도했던 문제를 해소하는 데 있어서의 효과성의 여부에 의해 결정된다는 점에서 성과평가는 중요한 의미를 갖는다고 할 수 있다. 다음과 같은 질문을 통해서 예측되는 성과 및 효과에 대한 정보를 찾을 수 있을 것이다.

① 목표가 어느 정도나 달성되었는가?

② 어떤 변화가 야기되었는가?

③ 그러한 변화는 의도한 것이었는가?

(다) 적정성 평가(evaluation of adequacy of performance)

적정성 평가는 정책 및 사업의 성과가 전체문제를 해결할 수 있는 정도를 측정하고자 하는 것이다. 어느 특정 정책이나 사업을 통하여 해결하고자 하는 문제의 전체적인 규모를 파악한다는 것은 그리 쉬운 일이 아니기에 적정성 평가는 사실 쉽지 않은 분석일 수 있다.

㈑ 과정평가(evaluation of process)

과정평가란 어떤 정책대안이나 수단들이 어떻게 그리고 왜 어떠한 성과를 나타내는가 하는 점을 분석하는 것이다. 과정평가의 결과로 우리는 정책 및 사업의 성패원인을 찾아낼 수 있다. Suchman은 이러한 과정평가는 평가연구의 본래의 영역은 아니라고 보고, 앞에서 제시한 세 가지 평가를 통해 정책 및 사업의 성패를 결정할 수 있다고 이야기하면서, 그러나 이러한 과정평가는 특히 어떤 정책 및 사업이 기대된 대로 효과를 나타내지 못했을 때 더욱 평가적 중요성을 지닌다고 주장한다(김명수, 1993: 93-94).

㈒ 능률성 평가(evaluation of efficiency)

능률성 평가는 앞에서 논의한 노력과 성과의 비율을 측정하는 것이다. 즉 성과평가 결과 긍정적 해답을 얻은 후, 동일한 성과를 얻는 데 보다 좋은 방법이 있는지를 탐구하기 위해서 이루어지는 평가라 할 수 있다. 반면, 만일 성과평가의 결과 부정적 결과가 도출되었다면, 이를 바탕으로 정책대안의 재정립을 위해서 순환적 정책분석의 과정을 거쳐 문제점을 탐구할 수도 있다.

(3) Nakamura & Smallwood의 분석 기준

Nakamura & Smallwood는 정책분석의 기준으로 목표달성도, 능률성, 주민만족도, 정책수혜집단 대응도, 기관형성 차원을 제시하였다. 이를 좀 더 구체적으로 보면 다음과 같다.

㈎ 목표달성도

이는 정책집행의 결과 정책목표가 얼마나 충실히 달성되었는지를 측정하는 것이다. 정책성과(*outcome*)와 정책영향(*impact*)과 같이 장기적으로 효과가 발생하는 것은 측정하기가 어려우므로 일반적으로 특정한 정책목표 대비 정책산출물(*output*)을 측정하는 계량적인 접근방법이 사용된다. 목표달성도를 평가의 기준으로 삼는 데는 몇 가지 문제점이 있다.

첫째, 효과성만을 강조하여 지나친 비용과 희생을 최소화시키는 데 소홀해질 수 있다는 것이다. 아무리 효과적인 집행이라도 지나친 비용이나 희생이 소모되면 바람직한 정책이 아니다.
둘째, 정책목표가 없는 정책이 있을 수 있다는 점이다.
셋째, 정책목표가 명확하지 않을 때 목표달성도를 판단 기준으로 삼기 어렵다는 점이다.

그러나 목표달성도에 의한 정책평가는 고전적 기술관료형과 지시적 위임형7에 해당하는 정책집행 유형에 적합한 평가 기준이다.

(나) 능률성

정책이 효과를 극대화하고 비용을 최소화하는지를 평가하는 기준이다. 능률성은 성과를 중시하고 생산과 비용에 대한 정보가 필요하다. 능률성 기준도 평가 측정을 위해 계량적인 지표에 의존한다는 점에 있어서는 정책 목표달성도 기준과 유사하다. 평가의 일차적인 초점이 목적이 아닌 수단에 있으므로 Nakamura와 Smallwood의 집행 유형 중 지시적 위임형에 적합한 평가 기준이다.

(다) 주민 만족도

주민 만족도는 정책지지 및 관련 집단의 만족도와 같이 표현할 수 있으며, 정치적 조정에 관심을 두고 행하여지는 것이다. 정책집행에 의하여 이익과 손해를 보는 여러 집단의 만족도를 평가하고자 하며, 계량화된 지표를 사용하는 대신 만족도라는 측면에서 정책의 효과를 평가한다.

정책지지 및 관련 집단의 만족도를 측정하는 평가는 명시적인 정책목표의 달성에 초점을 두는 것이 아니라, 관련 집단 간의 갈등을 조정하고 적응시키는 과정을 통해 발생하는 정책목표의 타협과 조정에 초점을 둔다. 정책의 궁극적인 성공은 정책담당자들이 관련 집단들로부터 정책에 대한 지지를 이끌어내고 이를 계속 유지하는 것이기 때문이다. 이 기준은 타협과 조정을 중시하기 때문에 협상형 집행 유형의 평가 기준으로 가장 적합하다.

(라) 정책수혜집단에 대한 대응도

정책수혜집단에 대한 대응도는 소비자 또는 고객 등 정책수혜집단의 만족도를 중시한다. 정책을 직접 전달받는 고객의 요구에 정책이 얼마나 대응적인지를 평가하는 것이다. 정책수혜집단에 대한 대응도 기준은 고객의 요구를 충족시키기 위한 프로그램의 적응성, 유연성, 편의성에 많은 관심을

7 정책집행의 유형

Nakamura와 Smallwood모형

구 분	정책결정자의 역할	정책집행자의 역할
고전적 기술자형	• 구체적인 목표를 설정 • 집행자에게 기술적인 권한 위임	• 정책결정자의 목표를 지지하고 목표달성을 위한 기술적인 수단을 강구한다.
지시적 위임형	• 구제적인 목표를 설정 • 집행자에게 행정적 권한 위임	• 정책결정자의 목표를 지지하며 목표달성을 위해 집행자 상호 간에 행정적 수단을 강구한다.
협상자형	• 목표 설정 • 집행자와 목표 또는 목표달성 수단에 관해 협상	• 정책결정자와 목표달성 수단에 관해 협상을 한다.
재량적 실험가형	• 추상적 목표 • 집행자가 목표 및 목표달성 수단을 구체화하도록 광범위한 재량권 위임	• 정책목표가 불명확하기 때문에 정책결정자를 위해 목표와 수단을 명확히 한다.
관료적 기업가형	• 집행자가 설정한 목표와 목표달성 수단을 지지	• 목표와 수단을 형성시키고 정책결정자로 하여금 그것을 받아들이도록 설득한다.

자료: 최신융 외, 2001: 94.

두는 재량적 실험가 유형에 적합하다.

(마) 기관형성

기관형성 기준은 제도의 안정과 계속성 등 제도의 활성화나 체제유지와 같이 표현될 수 있는 기준이다. 이는 정책이 크게는 국가체제나 정부, 작게는 집행기관의 유지와 발전에 어떠한 도움을 주는지를 성공적 집행의 기준으로 보는 것이다. 정책의 집행이 국민들의 의사, 정책결정자의 의도, 그리고 관련집단들의 주장을 잘 반영하면 계속적으로 지지를 얻어서 집행체제는 성공하게 되므로 정책집행의 종합적 평가를 해 주는 지표라고 생각할 수 있다. 미시적 수준에서 적용하면 관료적 기업가형에 적합한 기준이라 할 수 있지만, 궁극적인 적용범위는 한 가지 집행 유형에만 한정되는 것은 아니다(정정길 외, 2005: 592-596).

(4) 요약 및 정리

위의 선행연구를 통해서 정책분석의 기준들을 종합적으로 정리하면 공통적으로 구성되는 시사점을 도출할 수 있는데, 이는 다음과 같이 정리할 수 있다(〈그림 7-13〉 참조).

첫째, 적절성은 정책이 추구하는 효과의 정도(*degree*) 및 시기(*timing*)의 적절성을 의미한다. 즉, 정책대안에 담겨 있는 정책처방의 정도와 시기가 현재의 시점에서 사회문제를 해결하는 데 어느 정도나 적절한지를 분석하는 것을 말한다.

둘째, 대응성은 고객의 욕구 충족 정도를 의미하는 것으로 정책대안이 정책이해관계자들의 요구를 어느 정도 충족하고 있는가 하는 것을 의미한다. 이러한 대응성은 정책집행과정에서 정책대상집단의 행태에 따른 정책성패의 중요한 요인이 되므로 체계적인 분석이 요구된다고 할 수 있다.

셋째, 효과성과 형평성은 정책이 제기된 목표를 어느 정도 달성할 수 있을 것인가 하는 목표달성도와 정책이 사회계층에게 얼마나 적절하게 정책효과를 배분할 수 있는가를 의미한다.

넷째, 정책과정 자체를 강조하고 있는데, 정책과정 전체에서 참여와 적법한 절차, 법규 등의 준수 여부가 정책의 실현가능성을 높이므로 이러한 차원 또한 분석해야 할 필요성을 제기하고 있다.

용어해설

- 효과성과 능률성: 목표의 달성정도, 목표 달성의 능률성에 대해서 분석해야 한다.
- 형평성과 대응성: 정책비용 및 편익의 배분정도, 정책대상집단의 욕구 충족 정도를 분석해야 한다.
- 적합성과 적절성: 정책프로그램이 추구하는 효과가 사회 정책적인 입장에서 바람직한지, 시기적으로 적절한지 등에 대해서 분석해야 한다.
- 절차적 타당성: 정책과정의 민주성, 투명성, 적법성 등에 대해 분석해야 한다.

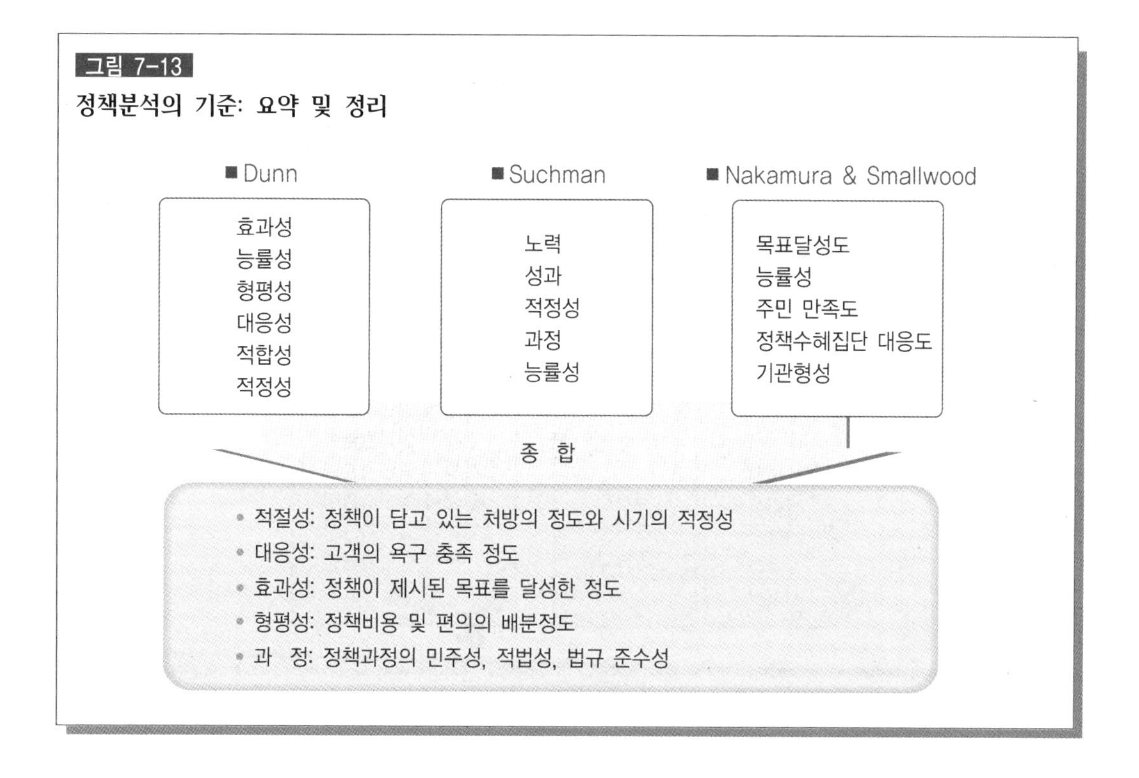

그림 7-13
정책분석의 기준: 요약 및 정리

2) 정책분석 기준에 대한 수정보완 |

위의 선행연구를 종합하여 보면 정책분석의 기준으로는 크게 소망성과 실현가능성으로 구분할 수 있다. 여기에서 소망성은 효과성과 능률성이라는 효율성을 포함하여, 형평성, 대응성, 적정성, 적합성이라는 실체적 소망성을 나타내는 것으로 바람직한 정책의 실체적 내용을 강조하고 있는 것을 알 수 있다.

그러나 정보화, 분권화, 네트워크라는 말로 대표되는 최근의 거버넌스적 정책환경은 과거 합리적 가치중심의 정책학패러다임을 변화시키고 있다. 사회가 다원화되고 민주주의가 발달함에 따라 절차적 타당성이라는 분석 기준도 더불어 강조되고 있는 것이다. 즉, 정책형성과정에서의 참여성·숙의성·합의성이라고 하는 절차적 소망성의 요소가 실체적 소망성 못지않게 강조되고 있으며, 민주적 요구수준이 높아지고 있다. 따라서 정책형성에 대한 분석에 있어서도 참여성·숙의성·합의성이라고 하는 절차적 소망성의 요소가 실체적 소망성 못지않게 분석될 필요가 있다. 요컨대, 현대사회의 정책패러다임에 적합한 정책분석의 기준을 크게 소망성과 실현가능성으로 나누어, 실체적 소망성만을 강조했던 W. Dunn의 기존 소망성과 다르게 절차적 소망성까지 확장되어 구성될 필요가 있는 것이다.[8] 이를 종합하여 정책분석의 기준으로 요약하면, 다음

8 정책분석이란 정책형성과정에서의 소망성, 타당성, 실현성 등을 분석하는 것이다. 기존에 W. Dunn이 제시한 소망성

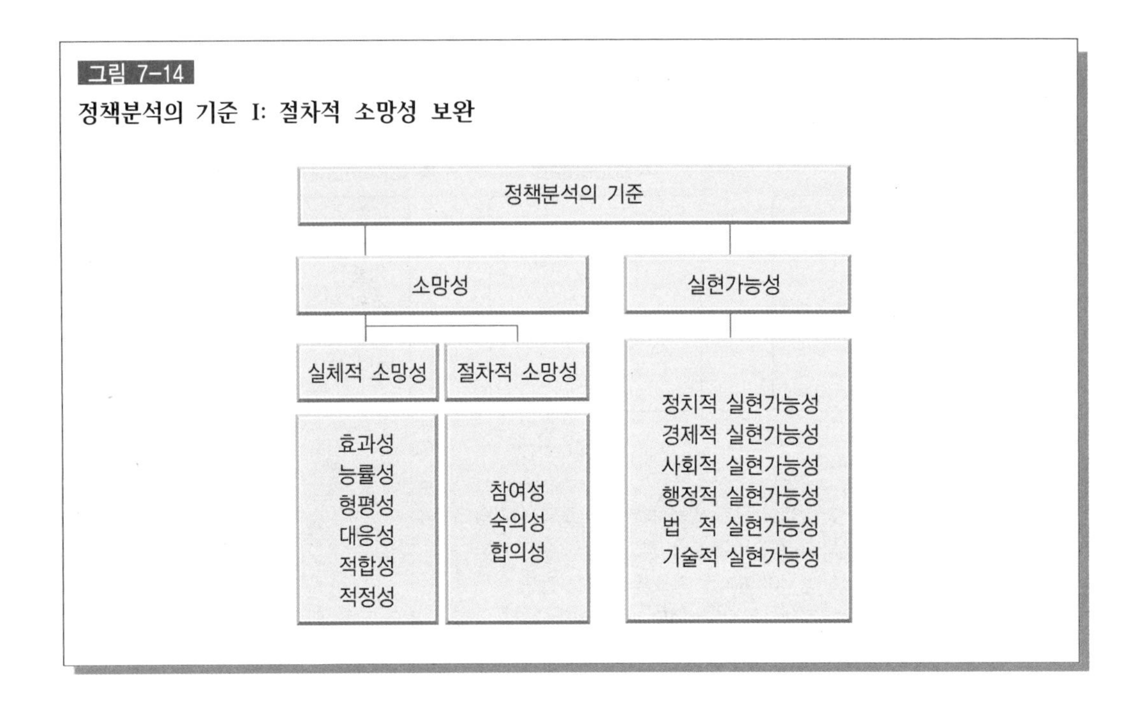

그림 7-14
정책분석의 기준 I: 절차적 소망성 보완

〈그림 7-14〉와 같다.

3) 정책분석의 기준에 대한 수정보완 II

궁극적으로 인간의 존엄성을 향상시키는 것을 목적으로 하는 Lasswell의 민주주의의 정책학을 실현하기 위해서는 효율성, 민주성, 성찰성이라는 세 가지 차원과 대안의 실현가능성이 종합적으로 고려되어야 한다. 이는 정책학의 당위성-실현성-능률성 차원이라고 부를 수도 있다(허범, 1988: 78; 강근복, 2000: 34-36).

정책학이 추구해야 할 차원이 새로워지듯이, 정책의 패러다임 역시 변화하고 있다. 국가 내에서는 사회의 다원화, 민주화가 심화되어가고 있으며, 시대의 맥락은 세계화·정보화라는 큰 물줄기를 따라 흘러가고 있다. 이에 따라 정책에서도 거버넌스(*governance*)적 접근과 국민의 참여를 통한 문제해결이 요구되고 있다. 이러한 정책환경 속에서는 민주성이 효율성을 저해시키는 것이 아니라 오히려 합리적 정책결정과 집행을 도와주는 가치가 된다. 이제는 과거처럼 효율성을 우선시하는

의 여섯 가지 기준들이 대체적으로 정책대안 내용의 효과성·능률성·형평성·대응성·적합성·적정성 등 실체적 내용을 분석하는 기준이었다면, 정책형성과정에서의 참여성, 숙의성, 합의성 등을 분석하는 민주성 기준들은 절차적 과정을 분석하는 기준이어서, 이 두 차원은 서로 다른 차원이 혼재되어 있다는 주장이 있을 수 있다. 말하자면, 이 후자의 기준은 Suchman이 제시했던 '과정'과 유사한 분석기준이다. 하지만, 자세히 보면 W. Dunn의 소망성 기준들도 정책대안의 내용만을 규정짓는 것은 아니다. 예컨대 적정성 기준 같은 것은 정책 정도(*degree*)의 적정성 못지않게 정책 시기(*timing*)의 적정성을 분석하는데, 이는 정책대안의 내용을 분석한다기보다는 정책형성과정에서 정책대안의 개입시기에 대한 타당성을 분석하는 기준이다.

표 7-6 정책분석의 기준 II: 당위성-민주성-효율성-실현성 차원

학자	기준	세부 기준 (W. Dunn)	수정 I	내 용	수정 II	내 용	비고 (허범 교수)
W. Dunn	소망성	적합성 적정성 형평성 대응성 효과성 능률성	실체적 소망성 (Contents)	적합성 적정성 형평성 대응성	성찰성 (Reflexivity)	인권, 정의 신뢰, 성숙	(실체적) 당위성
				효과성 능률성	생산성 (Productivity)	효과성 능률성	능률성
		-	절차적 소망성 (Procedures)	민주성: 참여성 숙의성 합의성	민주성 (Democracy)	민주 투명	(절차적) 당위성
	실현가능성	정치적 경제적 사회적 행정적 법 적 기술적	정치적 경제적 사회적 행정적 법 적 기술적	정치적 경제적 사회적 행정적 법 적 기술적	정치적 경제적 사회적 행정적 법 적 기술적	정치적 경제적 사회적 행정적 법 적 기술적	정치적 경제적 사회적 행정적 법 적 기술적

수직적인 중앙집권적 방식으로는 국가문제의 원만한 해결을 기대할 수 없게 된 것이다. 이러한 맥락에서 위에서 1차적으로 수정 보완된 정책분석 기준을 다시 당위성, 민주성, 효율성, 실현성으로 나누어 표로 정리하면 다음과 같다(〈표 7-6〉 참조). 이 표에서 보듯이 당위성은 다시 실체적 당위성과 절차적 당위성으로 나눌 수 있다. 실체적 당위성이란 인간의 존엄·인권·형평 등에 해당되는 가치 기준이며, 절차적 당위성이란 정책의 참여·숙의·합의 등에 해당되는 가치 기준이다. W. Dunn의 소망성 기준 중에서 당위성에 해당되는 기준들을 추출한다면, 적합성·적정성·형평성·대응성 등을 들 수 있겠다. 민주성은 정책의 절차적 당위성에 해당되는 개념이며, 효율성은 정책의 효과성과 능률성을 의미한다. 마지막으로, 실현성은 정치적, 경제적, 사회적, 행정적, 법적, 기술적 실현가능성을 의미한다.

1차적으로 수정된 정책분석의 기준에는 W. Dunn의 정책분석 기준 중 소망성이 포함하는 가치에 절차적 소망성, 즉 참여성, 숙의성, 합의성으로 구성되는 민주성이 포함된다. 이는 민주성을 절실하게 필요로 하는 현대 정책이념을 반영한 것이라고 할 수 있다. 2차적으로 수정된 정책분석의 기준에는 가장 일차적이고 기본적인 생산성의 차원과 현대사회에서 빠져서는 안 될 민주성의 차원, 그리고 인간의 존엄과 같은 상위 차원의 성찰성이 포함되어 있다.

3. 새로운 정책분석 기준

1) 새로운 정책분석의 차원 및 세부 측정 지표

분석(分析)이란 "나누어서 살펴본다"는 의미를 지닌다. 즉 분석적 노력이란 연구대상을 분할하고 종합하는 활동과 대상 전체를 총체적으로 접근하는 활동이다. 정책분석이란 "정책을 대상으로 나누어서 살펴보는 노력"이며, 정책이라는 복합적 가치의 구성물을 분할하고 종합하는 체계적 작업을 통해 정책판단의 근거를 질적으로 향상시키는 노력이다. 정책은 원래 합리적 요소와 정치적 요소를 포함하고 있으므로, 우리가 정책을 분석한다고 할 때에는 정책에 담긴 비용-편익, 비용-효과성의 양적(*quantitative*) 측면뿐만 아니라, 민주적 가치, 인권적 가치, 형평적 가치 등 민주성과 성찰성 측면의 질적(*qualitative*) 측면을 모두 분석하는 것이 바람직하다. 즉, 정책에 담긴 예상비용과 예상편익(효과)만을 분석하는 것이 아니라, 정책형성과정에서 나타나는 민주적 가치와 절차적 측면도 분석 대상이며, 나아가 정책이 가져올 정치적, 경제적, 사회적, 문화적 영향에 대해서도 종합적으로 판단하고 분석하는 노력이 필요하다.

하지만, 이처럼 정책형성 이전에 정책의 효율성-민주성-성찰성 차원을 분석하고 측정하는 일이 결코 쉽지는 않다. 정책이 시행되기 이전에 미리 정책에 담긴 민주적 가치와 성찰적 가치에 대해 예측하는 것이 쉽지 않기 때문이다. 하지만 우리는 이러한 노력을 통해 정책에 담긴 복합적 차원(*dimension*)이 좀 더 분명해지고, 정책판단의 근거는 질적으로 향상된다고 믿는다. 다음에서는 이러한 정책분석의 세 가지 차원인 생산성(효율성)-민주성(참여성)-성찰성(당위성)차원의 하위요소에 대한 측정 지표에 대해서 설명하고, 이어서 구체적인 정책사례를 통해 이러한 정책분석의 차원들이 어떻게 분석될 수 있는지에 대해 살펴보고자 한다.

(1) 성찰성(당위성)

(가) 성찰성(당위성)의 개념

성찰성(당위성)은 정책의 최상위 가치에 대한 분석 기준이다. 정책의 민주적 가치가 꽃핀 개념이 성찰성이다. 이는 특정 정책이 인권, 정의, 형평 등으로 표현되는 인간의 존엄성에 대한 실현 여부에 기여하는 정도에 대한 판단과 우리 사회를 좀 더 신뢰받고 성숙된 공동체로 구현하는 데 기여하는 정도에 대한 판단을 포함한다.

인간은 인격적으로뿐만 아니라 육체적으로 존엄성을 가진 존재이다. 따라서 인간은 수단이나 도구와 같은 비인격적인 존재로서가 아니라 존엄성을 가진 존재로서 인정하고 인간의 존엄성에 기여하는 정책이 필요하다. 또한 이러한 인간의 존엄성은 인간의 기본적 권리(자유와 평등; 자유권적 기본권과 사회권적 기본권)를 보장받을 때 확보될 수 있으므로 인간의 기본적 권리를 보장하는 정책대안이 바람직하다고 볼 수 있다.

'정책'이라는 이름으로 결정이 이루어질 때에는 어떤 의미로든 당위성이 포함되어 있다. 사회에 해악을 끼칠 의도로 정책결정이 이루어지는 경우는 거의 없을 것이기 때문이다. 하지만, 정책에 따라서는, 의도적이든 의도하지 않았던, 그 정책에 내포된 성찰성(당위성) 가치의 정도가 분명히 차이가 나기 때문에, 우리는 이러한 정책의 상위 차원의 가치에 대해 좀 더 명확하게 분석함으로써 정책판단의 질적인 근거를 향상시킬 필요가 있다. 정책에 따라서는 사회문화정책과 같이 국민의 삶의 질이나 신뢰 제고에 직접적인 영향을 미치는 정책도 있을 수 있고, 경제산업정책과 같이 국가의 경제적 경쟁력 제고를 통해 간접적으로 국민의 삶의 질에 영향을 미치는 정책도 있을 것이다. 부안 핵 방폐장 정책처럼 핵 산업의 평화적 이용과 국가 에너지 정책을 위해 필요한 정책이면서도, 미래에 혹시 초래될 수 있는 핵 폐기물의 안전적 관리 및 국민 건강의 폐악에 대해 좀 더 심사숙고해야 마땅할 정책도 있을 것이다. 이런 측면에서 정책의 성찰성(당위성) 측면의 판단근거는 직접, 간접, 저해 등으로 나누어서 분석해 볼 수 있을 것이다.

(나) 성찰성(당위성) 차원의 구성요소

성찰성(당위성) 차원 세부측정지표는 인간의 존엄성(인권, 정의, 존엄) 실현, 신뢰받고 성숙한 공동체 실현이다. 정책의 성찰성이란 정책의 내용이 궁극적으로 인간의 실체적 존재가치를 존중하는 방향으로 이루어져야 함을 의미하는 것이며, 이를 통해서 우리 사회의 신뢰 구축과 사회 공동체의 실현을 이룩하고자 하는 가치 함축적인 의미라 할 수 있다.

어떠한 정책이나 프로그램이 인간의 존엄성과 신뢰받고 성숙한 공동체에 기여한 정도가 어느 정도인지는 양적으로 계량화하기가 쉽지 않지만 다음과 같은 방식으로 그 정도를 파악할 수 있을 것이다.

◎ 인간의 존엄성(인권, 정의, 존엄) 실현
- 직접: 직접적으로 아주 중요한 정책
- 간접: 간접적으로 관련 있는 정책
- 저해: 저해할 잠재적 가능성을 가진 정책

◎ 신뢰받고 성숙한 공동체 실현
- 직접: 직접적으로 아주 중요한 정책
- 간접: 간접적으로 관련 있는 정책
- 저해: 저해할 잠재적 가능성을 가진 정책

(다) 성찰성이 낮은 정책과 성찰성이 높은 정책

모든 정책은 위에서도 언급했듯이, 사회 구성원들과 사회 전체의 질적 향상을 위해 이루어지는 것으로 어떤 의미로든 당위성이 포함되어 있다. 하지만 정책에 따라서 그 정책에 내재되어 있는 성찰성(당위성) 가치의 정도는 차이가 날 수 있다. 이러한 성찰성(당위성) 정도는 인간 존엄성 실현과 바람직한 공동체 실현에 있어서 그 정책이 어느 정도 직접적으로 혹은 간접적으로 영향을 미치느냐에 따라 결정된다.

정책사례

국민기초생활보장법 도입 이후 평가

1. 사례개요

지난 2000년부터 국민기초생활보장법이 시행된 후 생계급여 대상자가 3배 이상 증가하고 최저생계비 급여액도 64% 이상 향상된 것으로 나타났다. 한국보건사회연구원은 14일 '국민기초생활보장법 시행 5주년 평가 심포지엄'에서 이 같은 내용을 발표했다.

생계보장 급여를 받는 대상은 95년과 96년 각각 36만 5110명과 37만 1768명에 지나지 않았지만, '기초보장제도' 시행 이후 평균 140만명 내외로 약 3.8배 정도 증가했다. 국민기초생활보장법 시행과 더불어 최저생계비 급여수준도 현실에 맞게 개선됐다. 기존 생활보호제도의 최대급여액이 지난 99년 4인 가구 기준 44만 3500원이었으나 지난 2000년에는 92만 8398원으로 60% 이상 상승했다.

정부는 지난 2001년 노숙자·쪽방 거주자 등 주민등록상 문제가 있는 사람들에 대해 '기초생활보장번호'를 부여한 것을 시작으로, 소득인정액 도입·부양의무자 범위 축소·차상위계층 부분급여 실시 등 꾸준히 제도개선을 추진해왔다. 또 단전·단수가구, 건강보험료 체납가구, 저소득층 밀집지역 등 사회취약계층에 대한 일제조사를 매년 실시하는 등 찾아가는 복지를 구현해오고 있다.

2. 쟁점 및 시사점

성찰성이 높은 정책은 인간의 존엄성에 직접적으로 기여한 정책이나, 신뢰받고 성숙한 공동체 실현을 추구하고자 하는 정책을 말한다. 앞서 제시된 사례와 같은 사회보장 정책들은 성찰성이 높은 정책의 예가 될 수 있다. 앞서 사례에서는 기초생활보장법은 빈곤층에게 최후의 사회안전망으로서 사회의 소외된 계층의 최소한의 인간다운 삶을 보장해 줌으로써 사회의 형평성 제고와 신뢰받고 성숙한 공동체 실현을 통해 궁극적으로 인간 존엄성을 실현하려는 목적을 가진 정책이라 평가할 수 있다.

자료: 국정브리핑, 2005. 10. 14.

(라) 성찰성(당위성) 차원의 측정지표

정책의 성찰성(당위성) 차원의 평가는 사실상 쉽지 않다. 왜냐하면 정책의 최상위 가치를 표현하는 이 차원은 매우 추상성이 높기에 어떤 한두 가지의 측정지표로 대변될 성질의 것이 아니기 때문이다. 따라서 어떤 정책의 경우에는 인간의 존엄성에 대한 평가가 주로 이루어지는 경우도 있고, 어떤 정책의 경우에는 신뢰받고 성숙한 공동체에 대한 평가가 주로 이루어지는 경우도 있을 것이다. 이러한 차원의 평가를 함에 있어서 참고가 되는 세부측정기준으로는 적합성, 적정성, 형평성, 대응성 등을 들 수 있다.[9]

① 적합성(appropriateness)

적합성이란 정책에 내포된 가치성의 정도로서 '특정 정책이 지니고 있는 가치나 비전이 과연 현실적으로 어느 정도로 바람직한 규범성을 지니고 있는가에 대한 판단 기준'이다. 좋은 정책은 헌법이념과 시대정신에 부합하는 바람직한 가치성을 지니는 정책이어야 한다. 정책의 가치나 비전이 헌법이념이나 시대정신에 부합하는 바람직한 규범성을 지니는가를 판단하는 정책의 적합성 여부는 정책의 최상위 가치인 성찰성의 가장 중요한 판단 기준이라고 할 수 있다.

② 적정성(adequacy)

적정성이란 문제해결의 적정성을 의미하며, 이는 적시와 적절의 의미를 포함하고 있다. 즉 정책에 있어서 시기(*timing*)의 적정성과 정책 정도(*degree*)의 적정성은 중요한 의미를 갖는다. 좋은 정책은 정책의 타이밍을 놓쳐서는 안 되며, 처방 정도면에 있어서도 적정해야 하며, 더 나아가 인권·정의·신뢰·성숙이라고 하는 정책의 최상위 가치 측면에서도 적절해야 한다.

③ 형평성(equity)

형평성은 사회적 정의와 밀접하게 관련되어 있고 사회 내의 여러 집단 사이에 효과와 비용을 배분하는 것과 관련된 것이다. 소득, 교육기회, 공공서비스 등을 재분배하려는 정책이 효과적이고 능률적이라도 비용과 편익이 불공평하게 배분된다면 저항을 유발할 가능성이 높다. 정책대안의 비교·평가 기준으로서 논의되는 형평성은 "정책효과와 정책비용의 배분이 사회정의로서 배분적 정의에 합치되는 정도"로 정의할 수 있다. 따라서 배분적 정의를 나타내는 형평성은 정책의 최상위 가치인 인권·존엄·정의를 나타내는 성찰성 지표의 측정 기준이 된다.

이러한 형평성은 수평적 형평성(*horizontal equity*)과 수직적 형평성(*vertical equity*)으로 의미를 구별할 수 있다.

ⓐ 수평적 형평성(horizontal equity)

수평적 형평성은 "동등한 여건에 있는 사람을 동등하게 취급"하는 것으로 정의된다. 일정 연령

9 성찰성이란 정책의 최상위 가치로서 추상적 당위성을 띠므로 이는 본질적으로 질적 판단을 요하며, 양적으로 측정하기란 쉽지 않다. 또한 인간의 존엄성과 신뢰 혹은 성숙을 양적으로 측정하는 지표를 개발하기란 쉽지 않다. 따라서 적합성, 적정성, 형평성, 대응성 등의 지표는 W. Dunn이 제시한 소망성의 지표들 중에 인간의 존엄성과 신뢰성을 측정할 수 있는 가장 유사한 지표를 뽑은 것으로서 참고적 기준이지, 이들을 측정하면 성찰성 차원이 측정되는 것은 아니라는 점을 유의할 필요가 있다.

이상에 도달한 사람에게 똑같이 한 표의 투표권을 부여한다든지, 노동시장에서 동일한 일에 대해 동일한 임금을 지불한다든지, 교육에서 모든 어린이들에게 동일한 교육을 시킨다든지 하는 것 등이 그 예이다.

ⓑ 수직적 형평성(vertical equity)

수직적 형평성은 "동등하지 않은 여건에 있는 사람들을 동등하지 않게 취급"하는 것으로 정의된다. 수직적 형평성에 대한 해석은 사람들은 그들이 투입한 노력이나 능력 또는 필요 등에 의해 서로 다른 취급이나 보상을 받아야 한다는 해석이며, 이는 사유재산이나 성과주의의 소망성에 대한 논의를 불러일으키게 하는 원인이 된다.

용어해설

◎ 공평성(equality)

공평성은 형평성과 가장 밀접하게 관련된 개념의 하나이다. 공평은 둘 또는 그 이상의 개인·집단 또는 지역들이 동등하게 취급받는 것을 의미한다. 이러한 공평은 '포괄적 공평'과 '제한적 공평', 그리고 '어떤 부분에 속하는 개인들 간의 공평'과 '블록 간의 공평'으로 그 의미를 구별할 수 있다.

◎ 제한적 공평 vs 포괄적 공평

제한적 공평은 어떤 자격조건을 가진 사람들 가운데에서의 평등을 의미하며, 포괄적 평등은 그 카테고리의 범위를 넓혀서 좀 더 넓은 범위에 속하는 사람들이 모두 동등하게 취급받아야 한다고 하는 원칙이다.

◎ 개인적 공평 vs 블록 간 공평

개인들 간의 공평은 어떤 개인들이 속하는 집단을 몇 개의 상호 배타적인 하위집단들로 나눌 때, 이들 하위집단들 간이 아니라 각 하위집단 내에 속한 개인들이 각기 자기가 속한 하위집단 내의 다른 개인들과 일 대 일의 동등한 취급을 받는 것을 의미하고, 블록 간의 공평은 하위집단들이 서로 동등하게 취급되는 것을 의미한다. 블록 간의 공평은 개인에게 초점을 두는 것이 아니라 하위집단에 초점이 주어지게 된다.

◎ John Rawls의 정의론

John Rawls가 제시한 정의의 원칙은 형평성의 원칙과 밀접히 관련된 내용으로, 어떤 가치를 배정함에 있어서 가장 불리한 여건에 처해 있는 사람들(*the least advantaged*)에게 가장 큰 혜택이 갈 수 있도록 배정해야 한다는 원칙이다. 예를 들면, 범죄예방을 위한 예산을 배정함에 있어서 그 우선순위는 최근 일정한 기간 동안에 가장 범죄가 많이 발생한 지역에 가장 많은 예산이 배정되도록 하여야 한다고 주장하는 것은 Rawls의 정의의 원칙에 입각한 것이다.

J. Rawls는 정의의 제1원리(기본적 자유의 평등원리)와 정의의 제2원리(차등 조정의 원리)로 나누고, 차등 조정의 원리는 다시 차등의 원리(*difference principle*)와 기회균등의 원리(*opportunity principle*)로 나누었다.

기본적 자유의 평등원리는 모든 사람은 다른 사람의 자유와 상충되지 않는 한도 내에서 최대한의 기본적 자유를 누릴 수 있는 평등한 권리를 의미한다.

차등 조정의 원리 중 차등의 원리(*difference principle*)는 사회적·경제적 불평등은 가장 불리한 입장에 있는 사람에게 최대한 이익이 되도록 조정되어야 한다는 원리이며, 기회균등의 원리(*opportunity principle*)는 사회적·경제적 불평등은 기회균등이 만인에게 공정하게 개방된 조건하에서만 존재할 수 있다는 원리이다.

④ 대응성(responsiveness)

대응성이란 정책집단의 요구·선호·가치의 만족화 정도로서, '특정정책이 어느 정도나 정책수혜집단의 요구·선호·가치 등을 반영하고 있는가를 판단하는 기준'이다. 대응성을 측정하는 것으로는 정책이 시행되기 전에 실시한 시민들의 요구 조사결과와 정책시행 후의 조사결과 간의 차이에 대한 비교측정방법을 들 수 있다. 정책이 시민의 요구·선호·가치에 민감하게 반응한다면 정책의 신뢰성은 제고되며, 이는 궁극적으로 정책의 최상위 가치인 성찰성에 기여하게 된다.

(2) 민주성(참여성)

(가) 민주성(참여성)의 개념

앞에서는 인간의 존엄성과 성숙한 사회발전에 도움이 되는 성찰성 측면의 평가 기준을 살펴보았다. 성찰성은 인권과 정의, 인간의 존엄과 같은 가치 고양에 직접적으로 영향을 줌으로써 향상될 수도 있다. 또한, 오늘날과 같은 거버넌스 시대에는 진정한 민주주의의 실현을 통하여 성찰성을 지닌 사회로 발전할 수 있다.

과거 산업사회에서는 수직적인 하향적(*top-down*)방식과 효율성이 지배하는 사회였기에 사회문제해결에 있어서도 소수의 지배자들이 중심이 되었고, 대다수 시민들은 힘없는 대중으로 전락하였다. 그러나 새로운 21세기에는 과거의 분절된 사회로는 사회를 발전시킬 수 없다. 즉, 사람들 간의 대화와 의사소통을 기초로 한 "숙의민주주의"를 발전시켜야 한다. 이러한 측면에서 볼 때, 민주성은 절차적 적법성과 절차적 타당성을 의미하는 절차적 민주성과 참여, 숙의, 합의의 정도로 표현되는 실체적 민주성으로 구성된다.[10]

10 정책형성과정에서 어떤 정책이 절차적으로 적법하고 타당하며, 참여·숙의·합의의 정도는 충분했는지 여부에 대한 판단은 분석이라기보다는 평가의 의미에 가까운 경우도 많다. 따라서 이런 의미의 분석은 정책이 만들어져 있는 정책에 대한 소위 '행태주의적 정책분석'에 해당될 것이다. 하지만, 꼭 그런 것도 아니다. 예컨대, 시화호의 정책형성과정에서 환경부의 환경영향평가에 대한 권고를 6개월씩이나 무시한 결정행태라든지, 부안 핵 방폐장 부지 선정과정

㈏ 민주성(참여성)차원의 구성요소

① 절차적 민주성

절차적 민주성은 정책형성과정에서 합법, 위법의 정도를 판단하는 최소한의 절차적 적법성과 형식적 절차를 어기지는 않았지만 절차적 타당성을 지니고 있는지의 여부를 판단하는 절차적 타당성으로 구성된다.

ⓐ 절차적 적법성

절차적 적법성이란 실체적 민주성을 실현하는 과정에서 절차가 적법했는가를 판단하는 기준이다. 절차적 적법성은 가장 최소한의 민주성을 측정하는 기준이라고 할 수 있다.

ⓑ 절차적 타당성

절차적 타당성이란 실체적 민주성을 실현하는 과정에서 절차가 타당성이 있었는가를 판단하는 기준이다. 타당성이란 길이를 잴 때 자를 사용하고, 무게를 잴 때 저울을 사용하는 것처럼 정책과정에서도 목적에 적합한 수단을 사용하여 민주성을 함양하도록 노력하는 것이다.

정책사례

절차적 타당성: 이동전화 번호이동성

민주성을 함양하기 위한 절차적 타당성의 이해를 도와주는 사례로는 이동전화 번호이동성 정책사례를 들 수 있다. 번호이동성 정책이 도입될 당시 정보통신부는 이를 순차적으로 도입하는 방안이 적절한지 검토하고 있었고, 정보통신부의 정보통신정책연구원이 2003년 1월 21일부터 이틀간 전화로 실시한 '순차적 도입방안 설문 조사'에서 79%의 응답자가 번호이동성의 순차적 도입에 찬성하고 있다는 설문 조사 결과를 제시하였다. 그런데 실제로 정통부에서 실시한 설문 조사 내용을 보면 ① 순차적 도입방안을 선호하느냐, ② 도입하지 않는 방안을 선호하느냐의 두 가지 선택사항밖에 없어 번호이동성에 대한 소비자의 여론을 타당하게 측정하였다고 볼 수 없다. 만약 순차적 도입에 대한 소비자의 여론을 측정하려 했다면, ① 번호이동성 정책이 순차적인 것을 선호하느냐, ② 순차적이지 않고 전면적으로 도입하는 것을 선호하느냐를 묻는 것이 좀 더 타당한 접근이었을 것으로 판단된다.

에서 주민의 의사를 절차적으로 타당하게 조사하지 않은 결정행태와 같은 것은 정책형성과정에서도 얼마든지 사전에 분석 판단 가능한 요소이다. 또한 전자주민카드 정책의 경우에도 이를 단순한 행정입법 사항으로만 볼 것인지, 국민의 의사를 반영하는 의견조사 내지는 예비조사를 통해 정책의 절차적 타당성까지 확보할 것인지에 대해서는 정책이 결정되기 이전에 정책담당자가 분석적 과정에서 내려야 할 민주성 판단의 요소이다. 의약분업 정책의 경우처럼 정책이 몰고 올 파장을 예측하기 어려운 경우에는 과천이나 분당과 같은 독립적 지역에서 일부 예비실험(*pilot study*)의 형태로 시행함으로써 좀 더 타당한 의견 수렴을 통한 정책결정이 이루어질 수 있었을 것이다.

② 실체적 민주성

실체적 민주성에는 참여, 숙의, 합의의 정도가 있는데, 실체적이라 함은 이들이 정책의 민주성을 평가하는 데 있어 주요 실체적 내용이라는 것이다.

ⓐ 참여의 정도

정책에 피해집단과 수혜집단의 정책대상집단, 시민단체, 기타 여러 단체와 언론 등의 적절한 참여가 조화되어 올바른 정책이 이루어졌는가를 확인하는 것이다. 정책의 참여성에 대한 측정은 과연 어떤 식으로 참여를 유도하였고, 이익 집단들의 구성이 올바른지 그리고 참여의 정도는 충분하였는지를 분석하는 것이다. 따라서 참여의 정도를 측정할 때 간과하지 말아야 할 것은 참여자의 다양성이다. 참여자들 중에는 정책을 결정하고 집행하는 해당부처 관료 및 관계부처 관료도 당연히 포함이 되는데, 이들은 수행한 정책에 대하여 책임성(*accountability*)을 최종적으로 갖는 중요한 행위자이기 때문이다.

ⓑ 숙의의 정도

숙의란 정책이 완전하게 결정되기 전에 충분한 토론을 거쳐 여러 집단의 의견이 타협 또는 수정되고 서로에게 지나친 정책비용이 생기지 않도록 최대한 서로의 입장을 고려하는 과정이다. 정책형성과정에서 자유로운 분위기하에 토론이 이루어지지 않는다면 정책은 민주성의 측면뿐 아니라, 효율성의 측면에서도 민주성의 부재로 인한 또 다른 비효율이 생기기 때문에 이 기준은 매우 중요한 의미를 지닌다. 민주성의 실체 중 가장 중요한 기준은 숙의성의 정도라고 할 수 있을 정도로 이 기준은 중요하다. 이를 하버마스는 숙의민주주의(*deliberative democracy*)라는 용어로 강조하고 있다. '토의 민주주의'(*discursive democracy*)로 번역되기도 하는 숙의민주주의는 시민들이 정책에 대한 충분한 정보를 제공받은 상태에서 자유로운 토론과 성찰을 통해 정책결정과정에 의사를 반영하는 새로운 민주주의 모델이다.

정책사례

숙의성이 높은 정책사례: 정부산하기관의 경영평가 제도화

숙의성이 높은 성공적 사례로는 정부산하기관의 경영평가 제도화를 들 수 있다. 정부산하기관의 경영평가 제도화를 위해 정산법이라 불리는 정부산하기관기본관리법 제정사례는 입법과정에서 정부(기획예산처와 관련 부처들), 정부와 다른 입장인 정부산하기관, 대통령자문 정부혁신추진위원회, 양대 노총과 산하 공공연맹, 그리고 전문가집단의 상호협력과 의사소통이 잘 이루어진 정책성공사례로 꼽힌다. 정산법 사례는 공익실현을 위한 거버넌스는 이들 정책행위자들 사이에 충분한 토의와 숙의, 그리고 건강한 협력과 긴장관계를 통하여 정착될 수 있음을 보여주는 거버넌스 성공사례로 평가되고 있다.

ⓒ 합의의 정도

합의란 다수결의 원칙으로도 일컬어지는데, 이는 충분한 토의를 거친 후에 참여한 모든 단체나 개인은 비록 처음에는 반대의견을 냈다 하더라도, 충분한 이해와 토의의 과정을 거쳤다면 전체의 의견에 동의해야 한다는 의미를 내포하고 있다. 그러나 구성원의 일부가 민주적 참여의 과정에서 숙의가 이루어지지 않았다거나, 불합리한 절차적 민주성의 문제로 전체 의견에 동의하지 않을 경우에는, 합의성의 정도는 낮게 나타날 것이다.

정책사례

합의의 정도가 낮은 정책사례: 부안 핵 방폐장 설치 사업

부적절한 합의 정도의 예로는 부안 핵 방폐장 설치 사업을 들 수 있는데, 이 사업은 부안 군수의 독단적인 결정이 가장 큰 정책실패의 원인이었다고 할 수 있다. 2003년 7월 11일 당시 부안 군수는 열악한 경제사정으로 핵 방폐장 설치를 원했던 위도 주민만의 90% 찬성을 명목삼아 전체 부안군 주민의 의견수렴과 대화·토론의 장이 부족한 상태에서 '구렁이 담 넘기식'의 유치선정을 발표하였다. 부안 군수의 이러한 처사는 부안 주민들의 강력한 반발에 부딪히는 것이 당연했는데, 특히 부안 군수가 위도 출신이었기 때문이다. 위도 출신의 군수가 부안군 전체의 이익과 의견을 반영하기보다 위도만의 이익을 옹호하는 듯 보이자 부안군 주민들이 분개한 것이다. 결국 부안 주민 투표로 부안에는 핵 방폐장이 설치되지 못하였고 주민의 합의없이 결정된 정책은 집행 과정에서 오히려 더 큰 비용을 초래한다는 사실을 다시금 인식시켜 주었다. 이런 정책실패에서 학습해야 할 점은 정책형성에 있어서 주민순응 확보를 위해 참여도를 높이고, 다양한 의견을 수렴하는 협의와 숙의 그리고 이를 통해 합의에 이르는 민주성의 가치가 매우 중요하다는 점일 것이다.

정책사례

갈등관리기본법 입법예고

1. 사례개요

대형국책사업 등을 추진하는 과정에서 발생이 예상되는 사회적 갈등을 미연에 방지하도록 하는 갈등관리시스템이 구축된다. 정부는 2005년 4월 12일 공공정책 등이 국민생활에 중대하고 광범위한 갈등을 유발할 우려가 있다고 판단되는 경우, 공공기관의 장이 갈등영향분석을 실시하고 갈등관리와 관련된 사항을 심의하기 위한 갈등조정위원회를 운영하는 것을 골자로 하는 '공공기관의 갈등관리에 관한 기본법' 제정안을 입법예고했다. 갈등조정위원회는 공공기관의 장이 공공정책 등으로 인해 발생한 갈등을 조정하기 위해 필요하다고 판단하는 경우에 사안별로 설치할 수 있도록 했으며, 11인 이내로 민간위원이 3분의 2이상 참여토록 해 중립적이고 공정한 활동을 할 수 있도록 했다.

아울러 제정안은 사회적 합의를 충분하게 이끌어 낼 수 있도록 합의회의, 시민배심원제, 공론조사 등 참여적 의사결정 방법을 도입토록 했다.

국무조정실 관계자는 "갈등관리시스템이 구축되면 공공기관과 국민 상호 간에 대화와 타협을 통한 합의의 틀이 구축돼 갈등의 예방과 해결에 도움이 될 것"이라면서 "궁극적으로 민주사회의 지속가능한 발전에 크게 기여하게 될 것"이라고 전망했다.

자료: 국정브리핑, 2005. 4. 12.

2. 쟁점 및 시사점

탈권위주의로 대표되는 참여정부 들어서 사회 전 분야에 걸쳐 국민적 갈등이 증대되고 있다. 시민들의 참여욕구는 폭발적으로 증가하는 반면에, 이런 참여를 보장할 수 있는 이념적 기반이 약하고 제도적 틀이 마련돼 있지 않는 것이 최근 각종 갈등에서 적나라하게 드러나고 있다.[11] 이에 정부는 공공갈등의 소모적인 전개로 인한 사회적 낭비를 최대한 방지하기 위해서 공공기관의 갈등예방·해결에 관한 역할과 책무 그리고 사회적 합의에 관한 사항을 규정함으로써, 공공기관의 갈등예방과 해결능력을 향상시키고 사회통합에 이바지할 목적으로 '공공기관의 갈등관리에 관한 기본법' 제정안을 입법예고한 것이다.[12]

갈등이란 무조건 역기능만 초래하는 것은 아닐 것이다. 적절한 수용범위의 갈등은 사회의 역동성과 건강한 발전을 가져올 수 있다. 그러나 우리나라의 최근 몇 년 동안에 나타나는 사회적인 갈등과 그로 인한 국정지연은 사회적 비용뿐만 아니라 국민적 화합까지 해치고 있다.

갈등관리기본법의 제정으로 인하여 얼마나 많은 갈등해결을 이룰 수 있을지 아직은 알 수 없으나, 정부기관과 국민이 대화와 타협을 통하여 함께 문제를 해결하고 그로 인해 정책의 민주성을 향상시킬 수 있다는 점에 의의를 둘 수 있을 것이다. 즉, 이 법안은 정책의 민주성에 크게 기여할 수 있는 정책수단으로 평가받을 수 있다.

하지만 법안이 단지 형식적인 제도를 늘리는 데 멈추거나 과거와 같은 구태의연한 공청회 형식으로 흘러나가서는 안 된다. 국민들이 제대로 정책과정에 참여할 수 있도록 정보를 공개하는 등 정책의 투명성 역시 제고되어야 하며, 이를 통해 진정한 참여와 숙의 그리고 합의에 이르는 정책의 민주성이 제고되어야 할 것이다. 바람직한 정책대안은 적합성·적정성·형평성·대응성을 만족시켜야 하며, 인간의 존엄과 정의에 기여하여야 하며, 더 나아가 우리 사회를 좀 더 신뢰받고 성숙한 사회로 만드는 데 기여해야 하기 때문이다.

---

11 프레시안, 2005. 4. 18.

12 부산일보, 2005. 10. 14.
부산일보 기사에 따르면 최근 우리는 부안의 핵 폐기장 건설사업과 관련한 갈등으로 엄청난 사회적 비용을 부담하였고 대한상공회의소의 보고서에 따르면 새만금간척지, 천성산터널, 사패산터널, 경인운하, 계룡산국립공원 관통도로 등 5개 국책사업의 공사 지연으로 인한 손실이 최근 몇 년 사이에만 4조원에 이르고 새만금간척지와 천성산터널 공사가 완전 철회되면 부가가치 미창출 등 손해액이 35조원이 넘는다고 한다.

(3) 실현가능성

(가) 실현가능성의 개념

정책대안의 실현가능성은 그것이 정책으로 채택될 가능성(*acceptablity*)과 그것이 정책으로 집행될 가능성(*implementablity*)을 뜻한다(Krone, 1980: 32). 즉, 정책으로서의 채택가능성과 채택된 후의 집행가능성이 실현가능성의 핵심 내용이다(정정길 외, 2005: 402-403).

정책대안의 실현가능성이 없다고 판단되면 정책으로 채택할 수 없기 때문에 효율성 차원의 분석이나 기타 후속 작업을 할 필요가 없다고 생각하기 쉽다. 하지만 비록 실현가능성에서 약간의 문제가 있는 대안이라도 그것이 미래예측이나 평가에서 훌륭한 대안임이 밝혀지면 이를 실현시키기 위해서 다른 방법을 강구할 수 있을 것이다. 그러므로 예비분석에서 실현가능성을 검토하여 실현가능성이 낮은 대안은 아예 효율성 차원의 분석을 하지 않겠다는 태도는 잘못된 것이다. 오히려 당위성(성찰성) 판단 후에 나쁜 대안을 버리고, 훌륭한 대안을 놓고 이들의 실현가능성을 정확히 검토하여, 실현가능성이 낮다면 이를 제약하는 요인들을 극복·제거하도록 노력하는 것이 바람직한 자세이다(정정길 외, 2005: 403).

(나) 실현가능성 차원의 구성요소

정책대안의 실현가능성은 그것이 정책으로 채택되고 그 내용이 충실히 집행될 가능성을 의미하는 것으로, 정치적·경제적·사회적·행정적·법적·기술적 가능성이 있다.

① 정치적 실현가능성

정치적 실현가능성은 정책대안이 정책결정과정에서 정책으로 채택되고, 이것이 집행될 가능성의 정도를 의미한다. 즉, 정책대안이 정치적 측면에서 관련 집단이나 일반 국민들로부터 지지를 받아 채택될 가능성의 정도를 말한다. 이러한 정치적 실현가능성은 다른 실현가능성들을 좌우할 수 있기 때문에 그 정책대안의 정책채택 여부를 결정하는 중요한 요건이 된다.

정 책 사 례

여야 행정구역 개편안(선거구제 개편) 논란

1. 사례개요

여야는 기존 광역시·도와 읍·면·동을 폐지하는 대신 전국을 60~70여개의 중규모 광역시로 재편하고, 서울을 5개와 9개시로 분할하는 내용의 개편안을 각각 마련했고, 양측은 연내 국회 차원의 논의를 거쳐 빠르면 내년 상반기 중 처리하겠다는 입장을 천명했다. 특히, '서울분할론'은 서울의 '공룡화'에 따른 부작용을 해소하기 위해 불가피한 조치라는 명분을 깔고 있으나, 정치권에선 서울시의 인위적 분할에 반대하는 여론도 만만찮고, 실현가능성에 대해서도 대체로 회의적이다.

또한 여야가 검토하고 있는 행정구역 개편안에 따르면 현행 광역단체(시·도)는 폐지되는 대신 전국 234개의 시·군·구는 60~70여개의 중규모 광역시로 통합된다. 그러나 행정구역 개편문제는 국회의원 선거구와 맞물린 사안이어서 법안처리의 권한을 가진 의원들이 쉽게 동의하지 않을 것이며, 이 사안은 시민단체와 학계에서도 행정구역 개편안은 지방분권과 시민참여를 억제시키고, 동시에 지방 민주주의를 손상시켜 오히려 지방분권 개혁을 지연, 중단시키게 될 것이라고 비판받고 있다. 행정구역 개편안은 이전의 정권에서 여러 차례 추진되었지만, 여러 이해 집단들의 반대를 통해 번번이 무산되었던 전철을 밟을 것이라는 관측이 제기되고 있다.

자료: 서울신문, 2005. 9. 21.

2. 쟁점 및 시사점

정치적 실현가능성을 좌우하는 요인으로는 정치·문화적 특성과 정치세력의 분포 등을 들 수 있다. 국가의 구성원인 국민들의 일반 신념이나 가치에 배치되는 정책대안은 정책으로 채택되기 어렵다고 할 수 있다.

앞서 사례에서 제시된 '행정구역 개편안'은 지방분권과 시민참여를 지향하는 국민들의 신념과 가치에 반(反)하는 내용을 담고 있다. 여야가 지역구도 타파와 서울 비대화라는 표면적 이유와 자신들의 '정치적 이해관계'라는 실질적인 이유로 서울분할을 비롯한 행정구역 개편안을 정책으로 채택한다면, 커다란 거부반응을 불러일으킬 가능성이 커지고, 과거의 경우와 같이 무효화될 수도 있을 것이다. 과거의 예에서 우리는 한 정책대안이 실현되기 위해서는 그 사회의 정치적·문화적 특성과 정치세력 간의 관계를 간과할 수 없고, 이러한 특성들을 무시한다면 결코 정책이 채택·실현되지 못한다는 것을 알 수 있다.

종합적으로 이번 행정구역 개편사례는 정치적 실현가능성을 좌우하는 변수로서의 정치세력의 분포(국민들과 지방 정치인들의 반대)와 정치·문화적 특성의 중요성에 대해 다시 한 번 생각해 보게 한다.

② 경제적 실현가능성

경제적 실현가능성은 정책대안의 집행을 위해서 필요한 재원 및 예산의 확보가 가능한지의 여부를 의미한다. 어떤 정책대안의 집행에 소요되는 비용이 20억인데 예산의 확보가 10억 원밖에 안 되었다면 이 정책대안은 경제적으로 실현불가능한 대안이 되는 것이다. 정책의 종류에 따라 그 정도는 다르겠지만 대부분 재원의 뒷받침 없이 실현될 수 있는 정책은 거의 없다.

국가 예산은 경직성 경비가 상당부문을 차지하기 때문에 정부가 새로운 정책을 실시하는 데 소요되는 재원을 확보하기가 어렵다. 그러므로 정책대안들의 실현가능성을 검토하려면 재정상의 제약을 고려하는 것이 필요하다.

정책사례

경인운하와 굴포천 방수로 건설 관련 논쟁

1. 사례개요

경인운하 건설을 둘러싼 논란으로 중단됐던 굴포천 방수로(放水路) 공사가 19일 재개된다. 1990년대 중반 이후 논란이 거듭돼온 경인운하와 굴포천 방수로 건설사업의 추진 여부가 정부와 시민단체, 지역주민 등 이해당사자들이 모두 참여하는 협의회에서 결정된다. 경인운하는 서울 행주대교와 상습 홍수피해 구역인 인천 시천동까지 18㎞를 폭 100m 수로로 연결하는 초대형 치수사업이었으나, 2003년 감사원 감사에서 경인운하의 경제성이 부풀려졌고, 수질 등 환경문제 우려가 있다는 지적이 나오자, 정부는 국정현안 조정회의를 열어 경인운하 재검토를 공식발표했다. 경제성 논란과 환경문제 우려로 중단된 뒤 이후 방수로 사업으로 전환됐으나, 시민단체들의 반대로 시행되지 못하고 2년 동안 중단되어 흉물로 방치되어 오고 있었다.

자료: 중앙일보, 2005. 5. 17.

2. 쟁점 및 시사점

정책 또는 정책대안의 경제적 실현가능성은 이용 가능한 재원으로서 정책 또는 정책대안이 실현가능한지의 여부를 의미한다. 만약 어떤 정책을 실현하고자 했을 때 예산상의 제약이 있었다면, 그 정책은 실현불가능함을 의미하는 것이다. 우리나라의 경우, 상기한 경인운하 건설사업이나 낙동강 프로젝트 추진 논란에서 보듯이, 정책대안을 평가함에 있어서 재정적인 제약을 고려하지 않고 무리하게 사업을 추진하려는 경우가 많이 있다.

지난 2003년 1월, KDI 용역보고서에서 경인운하 사업에 들어가는 총 비용과 앞으로 예상되는 총 편익을 분석했을 때, 비용대비 편익이 1을 넘어야 경제적 타당성이 있지만, 이에 못 미친 0.9223이 도출되어 사업이 중단되기도 하였다. 따라서 충분한 경제적·재정적 고려 없이 무리하게 정책을 추진하고자 하면, 앞서 경인운하 건설사업의 경우와 같이 결국 당초 실행하고자 했던 사업에서 선회하여, 다른 정책대안을 선택할 수밖에 없게 되는 등의 문제점이 발생하므로, 정책대안의 비교·평가 시 정책의 경제적 실현가능성을 검토하는 것은 매우 중요하다고 할 수 있다.

③ 사회적 실현가능성

정책대안의 결정과 집행이 사회적으로 인정되고 수용될 가능성을 의미한다. 많은 경우 사회적 실현가능성은 어느 사회의 사회규범과 사회문화적 전통에 의해 크게 영향을 받는다. 우리나라에서 호주제 폐지와 같은 정책은 남녀평등의 실현이라는 면에서 강력히 주장되나, 유교적 사회규범이 지배해 온 오랜 사회문화적 전통에 따른 사회적 저항에 의해 그동안 사회적 실현가능성이 저지되어 왔다는 것이 그 예라고 하겠다.

정책사례

낙동강 프로젝트 추진 논란

1. 사례개요

산속에 터널을 뚫어 충주댐 물을 낙동강으로 끌어오겠다는 낙동강 프로젝트가 재논의되었다. 조해녕 대구시장은 지난 6일(2003년 9월 6일) 직원 조회에서 대구의 미래를 닦아야 한다며, 취임 초부터 강조한 낙동강 프로젝트를 구체화하겠다고 강행의사를 분명히 했다. 대구시는 이에 따라 전문가들이 참석하는 토론회를 열고 시민여론수렴, 정부건의 등 낙동강 프로젝트를 발 빠르게 추진해 나갈 계획이다. 낙동강 프로젝트는 사업비 1조4천억원을 들여 경북 문경 새재 부근 월악산을 깎아내고, 산 속으로 길이 31㎞의 터널을 뚫어 충주댐에서 낙동강 상류까지 도수로를 통해 물을 끌어온다는 계획이다. 대구시는 낙동강에 수량이 많아지면 가뭄걱정을 덜고 수질 오염도 줄일 수 있다고 말하고 있지만, 터널 공사를 맡아야 하는 경상북도 쪽과 환경파괴를 우려하는 환경단체의 거센 항의를 받고 있다.

자료: 한겨레신문, 2003. 9. 8.

2. 쟁점 및 시사점

사회적 실현가능성은 정책대안의 결정과 집행이 사회적으로 인정되고 수용될 가능성을 의미한다. 사회적 실현가능성에 영향을 미치는 요소로는 그 사회의 규범이나 문화, 가치관 등을 들 수 있다. 특히, 최근 들어 환경단체들을 비롯한 여러 시민단체들의 목소리가 커짐에 따라서 이들의 주장은 정책의 실현 및 성공 여부에 큰 영향을 미치는 주된 요소로 등장하게 되었다.

위의 사례는 지난 2002년 조해녕 대구시장이 공약으로 제시한 내용인데, 현재 비용의 문제와 관련 지자체 간의 갈등 그리고 특히 환경단체들의 반대에 부딪히고 있는 사례이다. 환경단체들은 낙동강 프로젝트를 시행하려면 하천준설, 직강공사 등이 불가피하며 이는 곧 주변 습지가 파괴되고, 야생동식물 서식의 변화를 불러오는 등 생태계 파괴와 터널 건설을 위한 산림 파괴 등을 이유로 반대했다. 현재 이 '낙동강 프로젝트'는 표류중이다. '낙동강 프로젝트'뿐만이 아니라, 최근의 '천성산 사례'와 '경인운하 사례'에서 알 수 있듯이 사회에서 우선되는 가치들(여기서는 환경에 관련한 가치)과 상충되는 정책은 그 실현가능성이 낮음을 알 수 있다.

④ 행정적 실현가능성

행정적 실현가능성은 정책대안의 집행을 위하여 필요한 행정 집행조직 및 행정 집행인력의 이용가능성을 의미한다. 정책이 의도한 성과를 거두기 위해서는 세부프로그램의 기획과 자원의 동원·배분을 직접 담당하는 적절한 집행조직과 집행인력이 구비되어야 하는데, 이에 대한 고려가 없이 정책대안을 선택하게 되면 아무리 바람직한 대안이라도 상징적인 정책으로 그칠 가능성이 크다. 행정 집행조직과 관련해서는 집행조직의 구조, 집행조직의 리더십, 집행조직의 업무수행능력을 고려해야 하며, 동시에 행정 집행인력과 관련해서 집행을 담당할 유능한 인력의 확보가 중요하다.

정 책 사 례

카트리나 대참사

1. 사례개요

카트리나 자연재난 앞에서 미국 남부의 낭만과 생기가 넘치는 세계적 관광도시 뉴올리언스가 하루아침에 굶주림과 약탈, 강간, 살인이 벌어지는 야만의 도시로 변하였다. 이것을 설명하는 데는 여러 가지 관점이 있으나, 특히 미국의 관료시스템의 허점이 중요한 원인 중 하나로 지적되었다. 선진국이라고 불리는 미국의 재난 예방과 구호, 치안시스템은 제대로 작동하지 않았던 것으로 분석되었다.

자료: 한겨레21, 미개한 미국.

2. 쟁점 및 시사점

시사주간지 타임(TIME)은 카트리나 대참사의 원인으로 연방 및 지방정부 간 위기관리(*risk management*) 연락체계의 문제점을 지적했다. 카트리나와 같은 전례 없는 상황일수록 지휘체계의 불확실성이 증폭돼 혼란이 커질 수밖에 없다. 타임지는 구체적으로 관련자 4명의 인물을 하나하나 지목해 가며 행정의 실패를 신랄하게 비판했다. 시장과 주지사 모두 갑작스러운 재난 속에서 혼란에 빠져 있었고, 제대로 대응을 하지 못했다. 늑장을 부리는 데에는 결국 교체된 마이클 브라운 재난관리청(FEMA) 청장의 행태도 크게 작용하였다. 5일 뉴올리언스에 화재가 발생했는데도, FEMA는 애틀란타에 다른 주로부터 지원받은 600명의 소방관을 모아놓고, 직장 내에서의 기회 균등, 성적 희롱 등 한가로운 주제를 놓고 시간을 보내고 있었다.

브라운 청장은 또 상륙 5시간이 지나도록 1,000여명의 연방직원 파견을 주저했다. 마이클 처토프 국토안보부 장관은 언론이 상황의 심각성을 과장한다고 불만을 터트리다, 컨벤션 센터에 이재민이 대거 몰려 지옥 같은 상황이 연출되고 있음을 TV를 보고 알 정도였다. 부시 대통령에 대해선 9·11 테러 이후 성공했던 정부에 대한 통제와 장악력이 이번엔 실종됐다고 평가했다. 뉴욕타임스와 워싱턴포스트도 도처에서 확인된 공직자들의 실기와 무능이 뉴올리언스를 무정부 상태로 몰아갔다고 지적했다.

위 사례는 정부의 위기와 재난 대응에 있어서 정부의 행정적인 역량과 행정시스템이 얼마나 중요한지를 잘 보여주는 사례이다. 물론 미국의 관료시스템이 제대로 작동하지 않은 이유의 근원적 이유에는 흑인 사회와의 연대와 공동체 의식의 부족이라는 측면이 있다. 하지만, 세계의 가장 풍요로운 나라로 대표되는 미국에서, 음식과 물, 의약품 등의 자원이 있었음에도 불구하고, 관료들이 그저 시간을 허비한 것은 행정적 시스템이 국가의 정책집행에 있어서 얼마나 중요한 것인지를 시사해 준다.

자료: 한국일보, 2005. 9. 12, 카트리나 대참사.

⑤ 법적 실현가능성

법적 실현가능성은 정책대안이나 정책의 내용이 다른 법률의 내용과 모순되지 않아 법적 제약을 받지 않을 가능성을 의미한다. 법률은 정책의 한 형태인 경우가 많은데, 이 때 법적 실현가능성은 다른 법률의 내용과 모순 또는 충돌되지 않아야 한다는 점을 의미한다.

⑥ 기술적 실현가능성

기술적 실현가능성은 현재의 기술수준으로 제안된 정책대안을 실행할 수 있느냐 하는 의미로 사용되기도 하고, 제안된 정책대안이 정책목표를 효과적이고(*effectiveness*) 적정하게(*adequacy*) 달성할 수 있느냐 하는 정책수단과 정책목표 사이의 인과관계의 존재여부를 나타내는 의미로 사용되기도 하는데, 후자의 경우를 흔히 정책의 기술적 타당성(*technical validity*)이라 부른다.

전자의 의미에서의 기술적 실현가능성은 정부에서 채택하여 수행하고자 하는 정책과 관련된 분야의 전반적인 과학기술 발전 수준이 충분히 발전되어서 정책이 채택되는 경우 조직 내에 그 정책을 성공적으로 수행할 만한 관련 과학기술분야의 전문 인력이 확보될 수 있는지의 여부와 관련되어 있다. 후자의 의미에서의 기술적 실현가능성, 즉 목표달성과 관련된 정책대안의 기술적 실현가능성의 카테고리에 속하는 평가 기준은 효과성과 적정성이다. 이러한 의미로서의 기술적 실현가능성은 제안된 정책이나 프로그램이 목표를 달성할 수 있도록 의도한 효과를 가져왔느냐의 여부를 평가하는 효과성과 제안된 정책이나 프로그램이 목표를 달성하는 데 적절한지에 대한 여부를 평가하는 적정성의 관점에서 사용되는 개념이다.

하지만, 보통 기술적 실현가능성이라고 함은 전자적 의미, 현재 제안된 정책이나 프로그램을 실행할 기술적 준비가 되어 있는지를 의미한다.

정 책 사 례

수능 부정 방지 전파탐지기 도입 불가

1. 사례개요

교육인적자원부가 수능시험 부정을 막기 위해 도입하려던 전파탐지기가 성능을 제대로 발휘하지 못하는 것으로 확인되었다. 교육부는 2005년 10월 10일 서울 이화여고에서 전파탐지기 시연회를 가졌지만, 성능이 만족스럽지 않아 현재로는 시범 도입 자체가 불가능하다고 잠정 결론 내렸다. 이에 따라 오는 11월 23일 치러지는 대학수학능력 시험에서 전파탐지기 활용이 어려워졌고, 이에 대한 대안으로 종전처럼 소지품 검사를 하고, 시험장 복도에 있는 감독관 한 명이 휴대용 금속 탐지기를 가지고 의심이 가는 수험생 소지품을 검사하고 휴대전화 등 소지금지물품을 수거해 시험 1교시 이전에 시험장 밖으로 내놓고 관리하기로 했다.

자료: 중앙일보, 2005. 10. 12.

2. 쟁점 및 시사점

지난 해, 대학수학능력평가 시험에서 휴대전화를 이용한 대규모 수능 부정사건이 일어난 후, 교육인적자원부는 휴대전화를 비롯한 여러 통신 장비를 이용한 부정행위를 방지하고자 '수능시험 부정행위 방지대책반 회의'를 통해 각종 방안들을 논의했다(국정 브리핑, 2004. 11. 24). 각종 방안들로는 전파차단기, 전자검색대, 금속탐지기 설치 등 기술적 방지대책들과 시험 감독관 확충, 시험지 유형 다양화 등 시험관리 방안 등에 대한 논의들이 있었다. 그리고 올해 2월 교육인적자원부는 「대학수학능력시험 부정행위방지종합대책」 발표를 통해, 부정행위방지를 위한 관리적 방안들과 함께, 휴대용 전파차단기와 금속탐지기 시범 보급을 통한 기술적 보완 대책을 마련했다.

그러나 지난 10월 10일 전파탐지기 시연회에서 4개의 업체가 참여했지만, 모두 부정행위를 막기 위해 교육부가 제시한 기준(해당 시험실에서만 반응할 것, 누가 휴대전화를 사용하는지 확인 가능할 것, 모든 형태의 휴대전화 주파수대를 감지할 것 등)을 갖추지 못했다. 전파차단기는 교실 밖의 휴대전화 사용을 감지하고, 교실 내에서 휴대전화를 사용한 사람을 찾지 못하는 등의 혼선을 빚었고, 결국 11일 교육부는 올해 수능시험에서 시범도입하기로 했던 전파탐지기 도입을 보류시켰다.

그러나 업계 관계자는 현재의 기술수준으로 볼 때 내년에도 교육부가 제시하는 조건들을 갖춘 장치를 개발하기 어렵다고 한다. 지난 해 대규모 수능 부정사건이 터지자 교육부는 시험 장소에서 휴대전화 이용을 아예 못하도록 전파차단기를 도입하는 방안을 검토했다가, 인근 지역 통신 장애 및 통신 자유 침해 논란 등을 이유로 이를 대책에서 제외했다. 대신 채택된 게 전파탐지기 도입 방안인데, 이것마저 기술적으로 문제가 있다는 것이다.

따라서 정부는 수능시험 부정 방지를 위한 목적으로 내어 놓은 '전파탐지기 보급 및 활용' 방안은 현 상황의 기술적 실현가능성 여부를 충족시키지 못하는 정책대안이라고 할 수 있다. 또한 이는 정부가 정책대안을 분석할 때, 정책대안에 포함된 기술적 요소들의 실현가능성을 충분히 검토해야 한다는 점을 시사해 주고 있다.

(다) 실현가능성 차원의 평가방법: 정책집단 분석방법

정책집단 분석방법은 정책대안의 실현가능성을 평가하기 위한 방법이다(Dunn, 1981: 206-210). 이 방법은 실현가능성의 여러 측면들 가운데, 특히 정치적 실현가능성을 평가하기에 적합한 기법이다. 이 기법은 정책의 결정과 집행을 둘러싼 정치적 갈등이 전개되고, 관련 집단 사이에 권력을 비롯한 정치·경제적 자원이 불균등하게 배분된 상황에서, 정책대안의 채택과 집행을 위한 노력이 어떠한 결과를 가져올 것인지를 예측하는 데 적합하다. 정책집단 분석방법에서는 관련 정책집단들의 1) 정책대안에 대한 입장, 2) 가용 자원, 3) 자원의 상대적 영향력에 대해 주관적 추정을 하고, 이들을 모두 곱한 값을 토대로 종합적으로 비교하여 정책대안의 실현가능성을 예측한다.

① 정책대안에 대한 입장

정책분석가는 특정 정책대안에 관심을 갖고 있는 집단을 확인하고, 이들이 하나 또는 여러 개의 대안들에 대해 지지 또는 반대 혹은 무관심한 입장을 취하는지 확률을 추정한다.

관련 집단이 취하게 될 입장을 추정한 후, 부호로 표시한다. 전적으로 지지할 경우에는 +1, 전적으로 반대할 경우에는 -1, 무관심한 입장일 경우에는 0으로 표시한다. 이 추정 값은 각 관련 집단이 지지(0에서 +1 사이) 또는 반대(0에서 -1 사이)하는 입장에서 당해 문제에 얼마만큼 관심을 가지는지를 나타낸다.

② 가용자원

정책분석가는 관련 정책집단들이 각 입장을 추구하는 데 이용가능한 자원들을 주관적으로 추정한다. 이용가능 자원에는 집단의 신망도, 합법성, 예산, 참모, 통신망, 정보접근성 등이 포함된다. 정책관련자들은 언제나 그들의 자원이 필요한 다른 이슈들에 대한 입장도 갖고 있기에, 가용자원은 정책관련자가 갖고 있는 총자원의 일부분으로 표현된다. 자원가용도 척도는 소수 또는 분수로 나타내고 0부터 1까지의 값을 갖는다.

③ 자원의 상대적 영향력

정책분석가는 각 정책관련자의 자원의 영향력에 대한 상대적 서열을 정한다. 정책관련자가 갖고 있는 '권력'(*power*)이나 '영향력'(*influence*)의 척도인 자원의 상대적 서열은 각 정책관련자에게 가용한 정치적 자원과 조직적 자원의 크기에 관한 정보를 제공한다. 각 집단의 자원 규모에 대한 상대적 서열은 0에서 1까지의 수치를 써서 추정치를 나타낸다.

이상에서 제시된 요소들을 종합적으로 고려하여 총 실현가능성 지수는 다음과 같이 계산된다.

총 실현가능성 지수 = 정책대안에 대한 입장(+, − 부호) × 가용자원 × 자원의 상대적 영향력

(4) 생산성(효율성)

(가) 생산성(효율성)의 개념

위에서 논의되었던 비교·평가 기준인 성찰성, 민주성, 실현가능성을 충족한 정책대안들을 뽑아낸 뒤에는, 그 중에서 가장 효율성을 가진 것을 선택하게 된다. 효율성 차원에서 정책대안을 비교·평가하는 기준으로는 종래에 많이 논의되어온 효과성과 능률성이 대표적이다(정정길, 1988: 476-482 ; Dunn, 1981: 232-239).

생산성(효율성)은 목표달성도를 의미하는 효과성과 비용-산출의 비율을 의미하는 능률성으로 구성된다. 정책의 결과로 생산되는 산출의 종류는 그 성질에 따라 산출(*output*), 성과(*outcome*), 영향

(*impact*)으로 나눌 수 있는데, 산출(*output*)이란 정책의 1차적 산출물이며 계량적인 수치로 나타내기 쉽고 정책수단과 직접적으로 연관되어 있다. 정책의 2차적 산물로 성과(*outcome*)를 들 수 있는데, 이는 산출(*output*)보다 좀 더 추상적이고 질적인 개념이며, 정책수단과 비교적 간접적으로 연관되어 있고, 영향(*impact*)에 비하면 정책이 미치는 영향범위가 한정되어 있다. 영향(*impact*)은 정책의 산출 중 가장 추상적이면서 상위의 목표나 비전 같은 궁극적인 결과를 말하며, '안전한 사회건설', '신뢰받는 사회 건설'과 같은 전 범위 정책의 슬로건으로도 활용할 수 있을 만한 기준이다.

(나) 생산성(효율성)의 구성요소

① 효과성(effectiveness)

효과성은 목표달성의 정도(*degree of goal achievement*)를 의미한다(정정길 외, 2005: 387). 비용과 효과를 낳는 정책결과 중 비용의 측면을 배제하고 효과적 측면만을 측정하는 것이다. 효과성은 정책대안의 설정 단계에서 정책이 어느 정도의 효과를 얻을 수 있을지 예측하거나, 혹은 정책집행 이후 단계에서 정책집행 결과로 나타난 효과의 정도를 측정하여 정책의 성공과 실패, 또 가능성 여부를 구분하는 기준이다.

효과성을 측정할 때에는 두 가지 서로 다른 측정치를 이용할 수 있다(강근복, 2002: 167). 첫째는 각각의 고유한 단위 기준으로 달성된 목표를 표시하는 방법이다. 둘째는 공통된 척도를 가지고 효과를 측정하는 방법인데, 가장 일반적으로 쓰이는 것은 화폐가치로 환산된 측정치를 가지고 효과를 표시하는 것이다.

효과성을 정책대안의 비교·평가 기준으로 사용하는 것은 정책목표의 달성을 극대화시킬 수 있는 정책대안을 선택하는 데 큰 장점이 있다. 반면에 이 기준은 목표를 달성하기 위하여 희생하여야 할 정책비용을 고려하지 않는 단점이 있다. 효과성은 목표달성의 양에 의하여 정책대안을 평가하는 기준이기 때문에 투입된 비용에 관계없이 성취한 양이 많을수록 바람직하다고 본다. 이러한 접근의 하나가 바로 효용론적 접근(*utilitarian approach*)이다(노화준, 2003: 142-143).

목표달성이 극히 중요하여 비용을 아무리 들이더라도 목표달성의 극대화를 도모하여야 할 경우에는 효과성이 가장 중요한 정책대안의 비교·평가 기준이 될 수 있다(정정길 외, 2005: 389).

② 능률성

효과성이 정책목표의 달성도에 초점을 둔 기준이라고 한다면, 능률성은 그러한 일을 성취하는 데 얼마만한 비용이 투입되었느냐 하는 것을 나타내는 기준으로서, 일반적으로 정책을 집행하는데 투입되어야 할 비용과 이러한 정책의 집행으로 산출될 산출량의 비율로서 정의된다(노화준, 2003: 143).

능률성은 투입(*input*) 대 산출(*output*)의 비율이다. 자원의 최적 배분을 도모하는 능률성개념을 이론적으로 뒷받침하는 기준으로서, 흔히 파레토 최적(*Pareto Optimum*)과 칼도-힉스(*Kaldor-Hicks*) 기준이 논의되고 있다(정정길 외, 2005: 395).

그림 7-15

투입 · 산출 · 효과의 예시

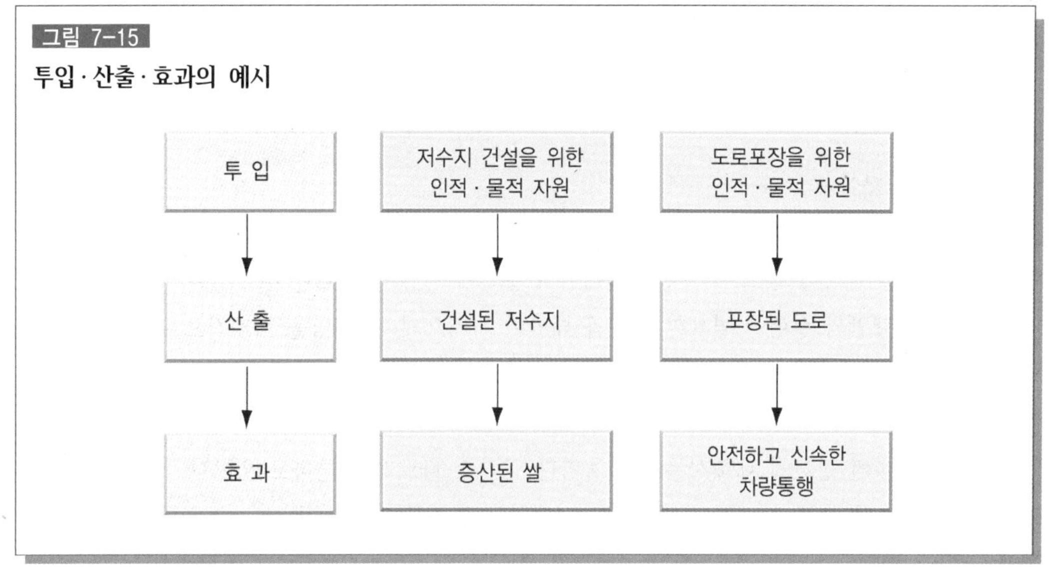

자료: 정정길 외, 2005: 387.

정책사례

파레토 최적과 칼도-힉스 기준

어떤 정책을 집행한 결과 누구에게도 손실을 끼치지 않으면서 동시에 어떤 한 사람이라도 더 좋은 상태로 만들 때 이러한 변화를 경제적 능률성을 향상시키는 변화라고 부르고, 이러한 변화를 Pareto 이동(*Pareto Movement*)이라고 하며, Pareto 최적변화라고 부른다. 또 어느 한 사람에게도 손실을 끼치지 않고는 다른 사람들을 더 좋게 만들 수 없는 경우 이런 상황을 경제적으로 최적효율의 상황이라 하고, Pareto 최적상황(*Pareto-optimal*)이라 부른다.

그런데 이 파레토 최적의 판단 기준은 두 가지 제약점을 지니고 있다. 첫째는 만일 어떤 정책의 집행으로 일부의 사람들에게는 효용의 증가를 가져오고, 또 다른 사람들에게는 효용의 감소를 가져오는 경우가 있을 수 있는데, 이러한 경우에는 어떤 기준에 의해 판단하느냐 하는 것이고, 또 다른 하나는 파레토 최적의 기준이 형평성에 대해서는 어떠한 기준을 제시해 줄 수 없다는 점이다.

파레토 평가 기준의 첫 번째 약점을 보완하려는 것이 Kaldor-Hicks 기준이다. 이 기준에 의하면 어떠한 변화가 사회 전체적으로 손실보다 이득을 많이 가져올 경우 바람직한 것으로 본다. 이것은 총량적인 편익증가를 판단 기준으로 하는 평가방법이라고 할 수 있다(노화준, 2003: 148; 정정길 외, 2005: 395).

(다) 생산성(능률성) 차원의 평가방법

능률적인 대안을 선택하기 위해 사용되는 방법으로 가장 많이 활용되는 방법은 비용-편익분석과 비용-효과분석이다.

① 비용-편익분석

비용-편익분석(*cost-benefit analysis*)은 정책대안의 능률성뿐 아니라, 정책대안의 비교·평가를 위한 기본논리를 제공해 줌으로 인해 정책대안의 분석에 가장 많이 활용되고 있는 기법 중의 하나이다. 이는 각 대안의 실행에 필요한 비용과 대안이 가져오게 될 편익을 체계적으로 비교·평가함으로써, 어떠한 정책대안이 희소자원을 가장 효율적으로 사용하게 될 것인가를 찾아내는 분석기법이다.

비용-편익분석의 절차에 대해서는 학자들마다 약간씩 다르게 접근하고 있으나, 대체로 다음과 같은 공통단계를 통해서 최적의 정책대안을 선택하는 절차를 갖는다(강근복, 2002: 169; 정정길 외, 2005: 927).

첫째, 정책대안의 식별과 분류 단계로, 먼저 이 단계에서는 설정된 목표를 달성하기 위한 모든 대안들을 식별하는 것이다.

둘째, 각 대안들의 편익과 비용의 추정 단계로, 이 단계에서는 사업기간과 할인율을 결정하여 각 대안들의 각 연도별 편익과 비용을 현재가치로 환산하여 총비용과 총편익을 추정하는 것이다.

셋째, 대안 비교 기준의 설정 단계로서, 대안의 비교·평가를 위한 기준을 결정한다.

넷째, 결정된 비교 기준에 의해서 대안을 비교한다. 기준을 선정하는 방식에는 순현재가치(NPV: *net present value*), 편익비용비(*benefit cost ratio*), 내부수익률(IRR: *internal rate of return*) 등이 있다.

다섯째, 최적대안의 선택으로, 이 단계에서는 민감도 분석을 시행하고 최선의 대안을 선택하는 단계이다.

비용-편익분석 단계에서 중요한 것은 순현재가치(NPV)의 계산이다. 예를 들어 오늘의 100만원과 10년 후의 100만원의 가치가 서로 다른데 이것을 단순히 그냥 합하여 편익의 총액 또는 비용의 총액으로 삼는다면, 이러한 단순합산에 기초를 둔 대안의 비교는 결과가 왜곡될 수 있기 때문이다.

1년 후에 들어올 100만원을 현재가치로 환산하면 다음과 같다.

$$\text{현재가치(PV)} = \frac{\text{1년 후의 100만원}}{1+r}$$

$$\text{PV} = \frac{F}{(1+r)^t}$$

PV: 현재가치, F: 미래 기간 t에서의 금전 가치, r: 매 기간 할인율, t: 기간

이러한 원리를 확대하면 순현재가치는 다음과 같다.

$$\text{순현재가치(NPV)} = \sum_{t=0}^{t=T} \frac{B_t}{(1+r)^t} - \sum_{t=0}^{t=T} \frac{C_t}{(1+r)^t}$$

위 함수식에서 r은 할인율(*discount rate*)로서 미래의 가치에 대한 현재가치의 교환비율을 의미한다. 적용하는 할인율에 따라 각 대안의 B/C비율 또는 순현재가치가 크게 좌우되므로, 적정한 할인율을 결정하는 것은 매우 중요하다. 정부에서 시행하는 공공사업의 경우 사회적 할인율은 시장의 이자율뿐만 아니라, 자본의 기회비용 및 장기적인 편익 등 사회의 여러 요인을 함께 고려하여 결정한다.

② 비용-효과분석(Cost-Effectiveness Analysis)

비용-효과분석은 비용-편익분석과 기본논리는 동일하지만, 다음과 같은 두 가지 기준에 의해 대안을 선택한다.

첫째, 최소비용(*least-cost criterion*) 기준이다. 일정 수준의 효과를 정해 놓은 다음 이 수준에 도달하는 몇 개의 대안들의 비용을 비교하여, 이 중에서 가장 최소비용의 대안을 선택하는 것이다.

둘째, 최대효과(*maximum-effectiveness criterion*) 기준이다. 일정 수준의 비용을 정해 놓은 다음에, 이러한 범주의 비용이 드는 몇 개의 대안들의 효과를 비교하여, 이 중에서 가장 최대효과의 대안을 선택하는 것이다.

비용-효과분석에서는 효과를 화폐가치로 측정하지 않기 때문에 비교적 적용이 용이하고, 시장가격으로 가치를 측정할 수 없는 공공재나 준 공공재를 다룰 수 있는 장점이 있다. 그러나 비용과 효과가 서로 다른 단위로 측정되기 때문에 총 효과가 총 비용을 초과하는지의 여부에 대한 직접적인 증거를 제시할 수 없는 단점이 있다(노시평, 2006: 235-236).

정 책 사 례

우리나라의 환경영향평가제도

1. 개　요

각종 개발계획 및 개발사업을 수립·시행하는 과정에서 환경에 미치는 부정적인 영향을 미리 예측·분석하고, 그에 대한 절감방안을 강구함으로써 환경적으로 건전하고 지속가능한 개발을 유도하기 위하여 실시하는 제도이다.

2. 경제성분석의 개념

환경영향평가에서 경제성분석이란 "환경을 고려한 경제성분석"을 의미하며, 사업에 따른 물리적 환경변화와 이와 관련된 사회 및 인간에 대한 영향을 경제적 가치의 관점에서 추정하는 것이다. 경제성분석의 기본 목적은 어떤 사업 때문에 사회에 발생하는 비용과 편익을 화폐단위로 표시하여 경제적 기준으로 해당사업을 평가하는 것이다.

3. 경제성분석의 기능

경제성분석은 사업 여부를 결정하는 여러 고려 사항 중의 하나이며, 환경영향평가 항목 중의 하나이다. 경제성분석이 그 결과를 경제와 환경의 영향을 포함하여 하나의 지표(보통 화폐가치)로 나타낸다는 측면에서 포괄적인 성격이 있으나, 정치, 사회, 문화 등에 대한 고려가 거의 결여되어 있으며, 환경관련 자료의 불확실성을 고려할 때 환경영향평가를 둘러싼 정책결정과정에서 경제성분석에 대한 과도한 강조는 지양될 필요가 있다.

환경재와 같이 불확실성과 수치의 주관성이 클 경우 경제성분석은 한계가 크다. 이런 맥락에서 편익/비용(B/C)비율이 1이냐 아니냐 하는 것에 과도하게 집착할 필요는 없으며, 경제성분석은 단지 커다란 흐름을 파악하기 위한 참고자료로 활용하는 것이 바람직하다. 일반적으로 논란의 여지가 있는 환경을 고려한 비용편익분석의 B/C 비율이 애매할 경우, "경제적 기준으로 볼 때 판단이 불확실하다"고 간주하는 것이 합리적일 것이다. 즉, 사회적 형평성, 환경위험의 불확실성, 정치적 고려 등을 가지고 사업의 여부를 판단할 필요가 있다.

4. 경제성분석을 둘러싼 쟁점사항

1) 자료의 유무 및 신뢰성

경제성분석에서 필요로 하는 자료는 사업의 형태, 훼손되는 환경의 종류, 속성, 정도에 따라 다양하다. 화폐가치로 환산하는 자료는 크게 시장을 매개로 한 자료와 이해당사자의 지불의향에 근거한 자료로 나눌 수 있다. 환경영향평가 경제성분석의 측면에서 볼 때 기본 자료가 부실한 분야 중의 하나가 일반적인 환경가치라고 할 수 있다. 여기서 일반적인 환경은, 예를 들어 택지 개발사업으로 훼손되는 조그만 산의 나무, 동물, 생태계 기능, 풀, 잔디 등을 들 수 있다. 실제로 개발 사업으로 희생되는 곳은 대부분 평범한 환경이며, 이러한 경향은 더욱 증가될 전망이다. 따라서 이러한 환경자산에 대한 가치평가지침은 환경을 고려한 경제성분석에서 대단히 필요하다.

2) 추가환경비용

환경영향평가과정에서 추가적으로 발생하는 오염저감시설비용과 불가피한 비용은 경우에 따라서 경제성 분석결과에 결정적인 역할을 할 수 있다.

자료: 국토연구원 보도자료, 2005. 3. 2.

환경분야 갈등 유형 및 해결방안 연구(한국환경정책평가연구원 www.kei.re.kr).

2) 정책대안의 비교·평가: 종합판정표의 활용

지금까지 우리는 현대사회의 변화된 정책환경에서 현실적합한 새로운 정책분석의 기준들에 대해서 살펴보았다. 이러한 평가 기준들에 의한 분석 이후에는 종합적으로 여러 정책대안들 중에서 정책을 결정해야 하는 과정이 필요하게 된다. 이 때 다양한 기준에 의해 정책대안들을 비교·평가하여 대안들 간의 우선순위를 정하기 위해 '정책대안 종합판정표'를 작성하는 것이 필요하다(허범, 1995: 11-12). 앞서 논의한 생산성-민주성-성찰성-실현성 차원의 정책대안 평가 기준[13]들을 종합적으로 요약·정리하여, 정책대안의 비교·평가를 위한 종합판정표를 작성하면 다음 〈표 7-7〉과 같다.

---

13 정책분석의 기준: 종합적 분석지표

생산성			민주성					성찰성					
효과성	능률성		절차적 민주성		실체적 민주성			인간의 존엄성 실현 (적합성·적정성·형평성·대응성)			신뢰받고 성숙한 공동체 실현 (적합성·적정성·형평성·대응성)		
목표 달성도	산출대비 비용이 적은 정책	비용대비 산출이 높은 정책	절차적 적법성	절차적 타당성	참여의 정도	숙의의 정도	합의의 정도	직접	간접	저해	직접	간접	저해
-	-	-	-	-	-	-	-	-	-	-	-	-	-
-	-	-	-	-	-	-	-	-	-	-	-	-	-

표 7-7 정책대안 종합판정표

평가내역				대안 척도	대안1	대안2	대안3	…
평가차원	평가항목(기준)							
당위성	성찰성		① 인권, 정의, 존엄					
			② 신뢰, 성숙한 공동체에의 기여					
	민주성	절차적 민주성	① 절차적 적법성					
			② 절차적 타당성					
		실체적 민주성	① 참여의 정도					
			② 숙의의 정도					
			③ 합의의 정도					
실현성			① 정치적 실현성					
			② 경제적 실현성					
			③ 사회적 실현성					
			④ 행정적 실현성					
			⑤ 법적 실현성					
			⑥ 기술적 실현성					
생산성			① 효과성					
			② 능률성					
종합평가								

정책대안 종합판정표는 횡축에 대안을 나열하고 종축에 대안의 비교·평가에 적용할 여러 가지 기준과 척도를 가급적 포괄적으로 나열한다. 평가척도는 평가 기준에 따라 내용이 달라지는 자연척도로 해석되어야 한다.

정책대안 종합판정표는 정책대안을 종합적으로 비교·평가하는 하나의 판정표 모델로서 활용될 수 있다. 정책대안 종합판정표의 완성을 위해서는 정책대안의 평가영역 또는 평가차원별로 다원기준과 자연척도에 따라서 수집된 평가값을 부여해야 한다. 따라서 이 작업은 상당한 인력과 시간을 요구하며, 전문적인 기술이 필요하다. 그러므로 종합판정표의 작성은 전문가집단, 엘리트들이 주도하게 되며, 이들이 전체적인 흐름을 설정하고 정책결정에 영향력을 행사하는 엘리트모형이 주류를 이루게 된다. 그러나 정책대안의 결정이 전문가, 엘리트 집단에 의해서만 이루어지는 것은 바람직하지 못하다. 정책대안 종합판정표가 완성되면, 이것을 가지고 여러 가지 필요한 토론과 검토를 진행해야 한다(강근복, 2002: 32). 즉, 정책대안의 최종적인 선정은 정책결정과정에 참여하는 사람들 사이의 종합판정에 대한 합의의 형태로 이루어져야 한다. 이 때, 정책과정에 참여하는 사람들로는 전문가 집단뿐만이 아니라 정책에 관련된 집단과 정책에 찬성과 반대 의견을 갖고 있는 일반 대중이 될 수 있다. 이러한 정책관련자들의 참여와 대화를 통한 조정을 강조하는 입장은 정책분석 유형 중 민중모형의 이념이 반영된 것이다. 이 때의 정책분석은 과학적 합리성 못지않게 정책을 둘러싼 규범과 가치의 갈등을 중요하게 생각하고, 관련 집단의 합의를 통한 해결을 강조한다.

이처럼 정책대안 종합판정표에는 과학적 합리성과 정책관련자들의 참여, 그들 간의 토론과 합의를 중시하는 정책분석의 성찰성, 민주성, 효율성, 실현성 차원이 모두 반영되는 것이 바람직하며, 정책분석 유형의 관점에서도 엘리트모형(객관적 기술자 모형)을 넘어서 민중모형(쟁점창도자 및 토론옹호자 모형)이 필요하다.

4. 정책대안의 비교평가: 정책사례의 적용

제4절에서는 이상에서 논의한 성찰성-민주성-실현가능성-효율성 차원의 정책대안 평가 기준들을 구체적으로 몇몇 정책사례에 적용하고자 한다. 이러한 사례적용을 통해서 정책분석 기준의 활용에 대한 이해를 높여 현대사회의 변화하는 정책패러다임 속에서 올바른 정책문제해결의 기틀을 마련할 수 있을 것이다.

제4절에서 논의하는 정책사례는 다음과 같이 구성된다.

1) 공공기관 지방이전 정책사례
2) 시화호 개발 정책사례
3) 부안의 핵 폐기물장 설치 정책사례

이러한 정책사례에 성찰성-민주성-실현가능성-효율성 차원의 정책대안의 비교·평가 기준을 적용하여 평가과정을 논의해 보기로 한다.

1) 공공기관 지방이전 정책분석

(1) 사례개요

정부가 2005년 6월 24일 공공기관 이전정책을 발표함으로써 서울, 경기, 인천 등 수도권의 346개 공공기관 가운데 176개를 12개 광역시도로 옮기는 대역사가 시작됐다. 정부 계획대로 2012년까지 공공기관 이전 및 혁신도시 건설이 완료되면 3만 2000명가량의 직원 및 가족, 연관 산업 종사자 등 60만~90만명이 이동하게 된다.

하지만 이전 비용 조달, 입지 선정을 둘러싼 기초자치단체 간의 갈등, 이전 기관 직원들의 불만

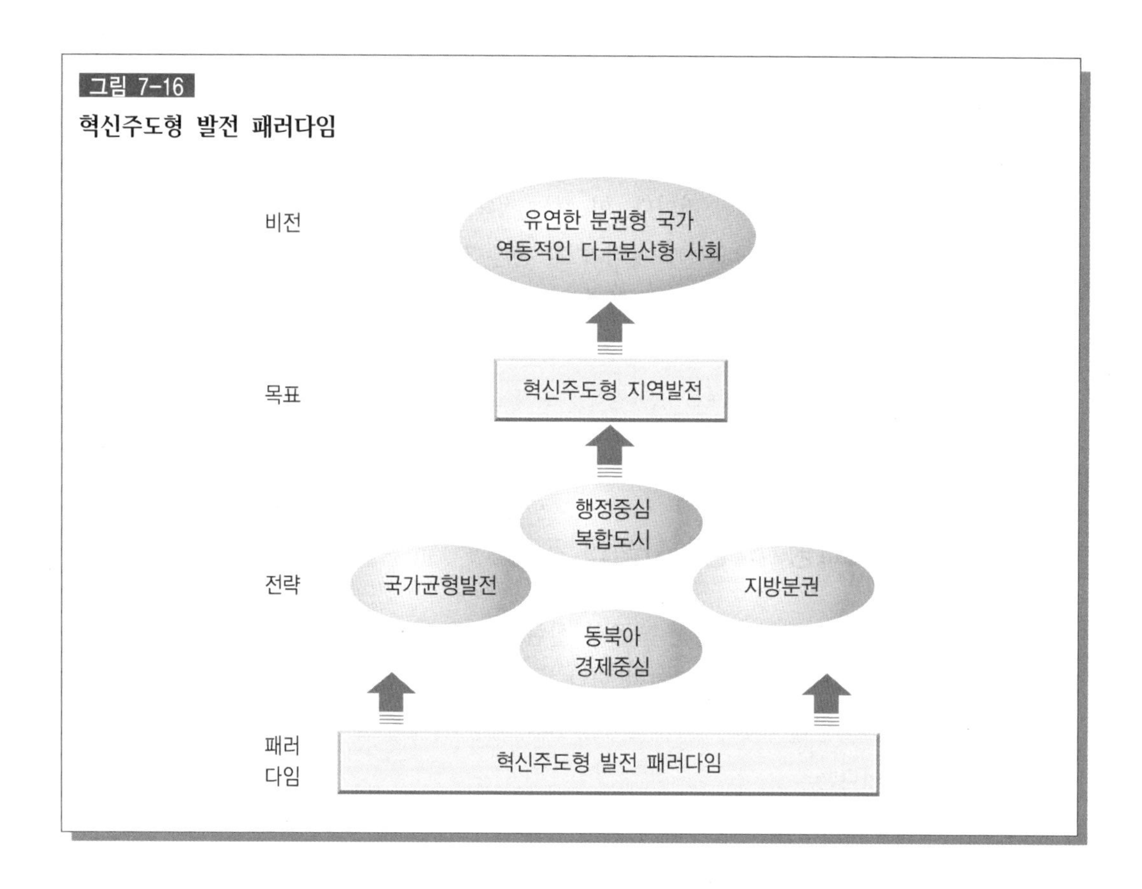

등 해결해야 할 문제가 적지 않다. 수도권과 대전을 제외한 12개 광역시도에 분산될 176개 공공기관은 행정도시가 건설될 충남이 47개로 가장 많고, 충북, 전남(각 15개), 강원, 경북, 전북(각 13개), 부산, 대구, 경남(각 12개), 울산(11개), 제주(9개), 광주(3개)의 순이다(자료: 한겨레신문, 2005. 6. 24 (http://www.hani.co.kr)).

(2) 정책쟁점

공공기관 이전 정책의 가장 상위 목표는 수도권의 삶의 질 향상과 지방과의 균형발전을 통한 분권국가 건설이다. 이에 관한 쟁점으로는 먼저 엄청난 비용을 수반하는 공공기관 이전 사업이 그 비용에 못지않은 편익을 창출해 낼 수 있느냐 하는 효율성의 측면이 있다.

또한 공공기관이 가진 경제성과 지역 발전 효과 때문에, 이를 놓고 벌이는 지역 간 갈등 역시 상당하다. 수도권 주민들 중에서는 공공기관 이전으로 인해 수도권의 침체와 고용감소 등을 우려하고 있고, 거세게 반대하는 측에서는 규탄시위를 벌이기도 했다. 수도권의 지방자치단체들은 오히려 수도권 역차별을 주장하고 있다. 한편, 공공기관 이전 부지를 둘러싼 지방 간 갈등도 논쟁거리이다. 각 지방은 서로 사활을 건 유치전을 벌이고 있는데, 부지 선정 장소가 정치적인 게임이 아닌 공정한 절차와 합리적 이유를 통하여 결정된 것인지에 대해 의견이 분분하다.

따라서 이 정책사례는 정책의 효율성 측면뿐만 아니라, 민주성, 성찰성, 실현성 측면 등 종합적인 측면에서 많은 정책적 쟁점과 분석적 시사점을 제공하고 있다.

(3) 정책 기준을 통한 분석

㈎ 생산성

공공기관 지방이전에 따른 편익과 효과들은 아직 공공기관 이전이 현실화된 것이 아닐뿐더러, 이 정책은 매우 장기적인 기간하에서 이루어지기 때문에 화폐적인 편익가치는 계산하기 어렵다. 다만 국토연구원 조사에 따르면, 약 1조 3000억원의 부가가치가 따른다고 한다. 단순히 화폐적 가치로만 계산을 한다면 12조원이라는 공공기관 이전비용과 수도권의 부가가치 하락에 비해 1조 3000억원의 부가가치 창출은 매우 비효율적인 정책이라고 할 수 있다.[14] 그러나 공공기관 지방이전을 분석할 때에는 화폐적 가치뿐만 아니라 화폐로 측정할 수 없는 중장기적 가치 역시 고려해 봐야 할 것이다.

공공기관 지방이전은 수도권의 양적 팽창을 억제하면서 지방의 경쟁력을 높이는 데 기여할 것으로 예상된다. 공공기관 지방이전이 마무리되면 전체 공공기관 중 수도권 소재 기관 비중은 현재 85%에서 35% 수준으로 감소하게 된다. 공공기관의 지방이전은 무엇보다 지방세수 증가와 지역경제 활성화로 이어진다. 177개(통일연구원 포함) 이전 대상 공공기관의 최근 3년간(2002-2004년) 지방세 납부액은 2268억원, 연평균 756억원에 이르며, 예산 규모도 139조 7921억원으로 정부 예산(134조원)을 넘는다. 특히 지역별 특성과 현안에 부합하는 기능별로 공공기관을 배치함에 따라 지역 발전은 더욱 탄력을 받을 것으로 보인다. 관련 공공기관 및 민간기업과의 연관관계를 통한 고용효과도 매우 클 것으로 보인다. 국토연구원의 연구 결과에 따르면 180개 기관, 3만 2000명이 이전할 경우 지방에 13만 3000여개의 일자리가 마련되고, 생산유발 효과는 연간 9조 3000억원, 부가가치 유발 효과는 연간 4조원에 이를 것으로 추산되고 있다.[15] 따라서 이 정책의 효율성 차원에서 평가된 편익은 큰 것으로 나타나고 있다. 그러나 지역균형 발전이라는 목표를 위한 공공기관 이전이 지역의 특성을 무시한 채 이루어지거나, 기존의 수도권에 형성된 집적의 이익 등을 파괴한다면 비효율성을 초래할 것이다.

---

14 공공기관 지방이전에 따른 부가가치에 대해서는 정부와 이전 반대 측의 주장이 다르다. 서울시의회와 수도이전반대국민연합이 6월 30일 행정도시와 공공이전에 반대하는 규탄대회를 열었다. 이 때, 한나라당의 전재희 의원은 정부가 공공기관 지방이전 계획을 발표하면서 "연간 4조원의 부가가치가 생긴다고 했지만 정부 근거자료인 국토연구원 보고서 확인 결과 1조3000억원에 불과했다"며 "정부는 공공기관 지방 이전 시 수도권의 부가가치가 연간 1조562억원 감소한다는 것도 전혀 언급하지 않았다"고 주장했다.

15 국정브리핑, 공공기관 지방이전에 관한 문답풀이, 2005. 6. 27.

(나) 민주성

공공기관 이전장소에 대해 정치적인 나눠 먹기식 결정이 이루어진 것이 아니냐는 의혹이 있다. 실제로 이러한 정치적 게임과정을 통해 정책이 만들어졌다면 투명성과 참여성 측면에서 바람직하지 못한 정책이라고 할 수 있을 것이다. 그러나 가능한 범위 내에서 지역의 유치희망 기관과 기관의 이전희망 지역 등 당사자의 의견도 존중했으며, 정부-시·도 간 기본협약과 공공기관 지방이전 특별위원회의 전문적인 검토, 균형발전위원회와 국무회의 심의 등 법적 절차를 거쳐 결정했다고 하는데, 이는 절차적인 요건에 합당한 부분이라고 하겠다.

하지만 각 지방 역시 공공기관을 유치하기 위한 경쟁적인 노력을 펼친 바 있다. 이러한 경쟁이 공정한 토대 위에서 이루어지고 또한 그들의 의사가 존중되었는지의 여부에 대한 판단도 필요할 것이다. 수도권 지자체 측에서는 지방발전을 이유로 수도권을 역차별하는 것이 아니냐고 주장하면서 형평성을 의문시하고 있다. 다만, 주목할 만한 사항은 공공기관 이전정책에 대하여 노조 대표격인 연맹이 정부와 합의를 맺은 것이다. 2005년 6월 21일 한국노총 소속 전국공공노조연맹이 공공기관 지방이전 정책의 원활한 추진을 위해 공동 노력키로 정부와 협약을 체결한 것은 오랜 기간 동안 갈등을 빚어왔던 문제를 해결했다는 점에서 의미가 크다. 이는 갈등관리 측면에서 과거보다 진전을 이룬 것으로 민주성과 합의성이 향상된 것으로 평가할 수 있다.

(다) 성찰성

공공기관 이전정책이 궁극적으로 목표로 하는 것은 지나치게 인구가 집중되어 집적의 폐해와 같은 비효율성과 삶의 질 하락과 같은 현상이 나타나는 수도권의 과밀을 해소하는 것이다. 또한 공공기관 이전을 통하여 각 지역 경제를 활성화시켜 국토의 균형발전을 이룩하겠다는 것이다.

수도권의 지나친 집중현상이 어느 정도 해소되어 수도권의 기능이 더 효율적으로 이루어지고, 심각한 환경오염을 비롯한 각종 도시문제가 해결된다면 수도권 주민들의 삶의 질 수준은 더욱 올라갈 것이기에, 이런 측면에서 공공기관 이전정책은 바람직하다고 할 수 있다.

또한 우리나라는 지난 경제성장기간 동안 불균형 발전 전략을 채택했기 때문에 수도권과 지방간의 불균형 문제가 심각하다. 광역시와 공업도시를 제외한 지방도시는 인구감소로 고민하고 있으며, 지방 대학의 젊은이들은 더욱 심각한 취업난을 겪고 있는 것이 우리의 현실이다. 이러한 불균형 심화는 수도권과 지방의 갈등을 낳게 되고 지역갈등 문제를 불러일으킬 수 있다.

공공기관의 이전으로 각 지방마다 특화된 경쟁력을 갖게 되고 지역의 발전이 어느 정도 균형을 이루게 된다면 좀 더 신뢰성 높은 통합된 공동체를 이룰 수 있을 것이다. 이는 보다 성숙한 공동체를 이룩하기 위한 정책의 성찰성 목적에 상당 부분 부합하고 있다는 평가를 받을 수 있다.

(라) 실현가능성 측면

참여정부가 국정주요과제로 추진했던 신행정수도 특별법안이 헌법재판소에서 위헌 판결을 받아

법적 실현가능성이 사라졌고, 결국 그 대안은 실행되지 못했다. 이에 따라 정부는 공공기관 지방이전 정책에 대해서는 미리 법적인 실현가능성 측면을 중요하게 검토하는 모습을 볼 수 있다.

공공기관 지방이전은 행정도시건설특별법이 아니라 국가균형발전특별법에 근거해 정상적인 법집행 과정에 있는 정책이므로 다른 법률을 근거로 헌법소원을 제기할 수 없다. 기본권 제한입법의 위헌여부는 입법목적의 정당성, 수단의 적정성, 피해의 최소성, 법익균형의 기준에 따라 판단하는데, 국가균형발전특별법은 이 기준을 모두 충족한다고 한다. 따라서 공공기관 이전으로 인해 기본권 침해가 있다고 보기 어렵다는 게 전문가들의 분석이다.[16]

한편 한국전력, 가스공사를 비롯한 대부분의 대형 공기업은 수도권을 본사로 한다는 규정을 정관에 정해놓았기 때문에 정관개정작업이 필요하다고 한다. 그러나 정부가 대부분 공기업에 대해 지분을 50% 이상은 소유하고 있기 때문에 정관을 개정하는 것에는 커다란 어려움은 없을 것으로 보고 있다.

(마) 요약 및 정리

이상에서 논의한 공공기관 지방이전 정책분석을 종합적으로 요약 정리하면 다음과 같다.

표 7-8 공공기관 지방이전 정책분석

<table>
<tr><td rowspan="3">생산성</td><td>효과성</td><td>목표달성도</td><td>국가균형발전과 서울시의 과도한 집적 불이익해소</td></tr>
<tr><td rowspan="2">능률성</td><td>산출대비
비용이 낮은 정책</td><td>수도권의 부가가치하락과 기관 이전에 따른 업무의 비효율</td></tr>
<tr><td>비용대비
산출이 높은 정책</td><td>공공기관 이전에는 12조원의 비용이 투입되나 향후 화폐로 계산할 수 없는 중·장기적 이익 발생</td></tr>
<tr><td rowspan="5">민주성</td><td rowspan="2">절차적 민주성</td><td>절차적 적법성</td><td>이전할 시도와 정부 간 협약체결
국가균형발전 특별법에 의거한 법적 집행(절차적 적법성)</td></tr>
<tr><td>절차적 타당성</td><td>국무회의와 전문가위원회에서의 검토(절차적 타당성)</td></tr>
<tr><td rowspan="3">실체적 민주성</td><td>참여의 정도</td><td>관련 시·도와 공공기관들의 참여 및 반대 집단들의 활발한 참여</td></tr>
<tr><td>숙의의 정도</td><td>관련 지역과 공공기관의 희망을 존중
그러나 정치적 게임에 의한 이전지역 결정 의혹</td></tr>
<tr><td>합의의 정도</td><td>이전으로 인한 노조와 정부 간의 협정체결은 긍정적 측면
다만 이해대립집단 간 갈등에서는 합의부족</td></tr>
<tr><td rowspan="2">성찰성</td><td rowspan="2">인간의 존엄성 실현
(적합성·적정성·
형평성·대응성)</td><td>직접</td><td>침체된 지역 경기회복과 재정활성화로 지역 주민의 삶의 질 향상
서울의 쾌적한 삶의 질 달성</td></tr>
<tr><td>간접</td><td>서울시의 부가가치와 집적 경제 상실로 인한 수도권 경기 침체 우려
지방은 어느 정도의 발전효과 기대</td></tr>
</table>

16 국정브리핑, 공공기관 지방이전에 관한 문답풀이, 2005. 6. 27.

		저해	엄청난 비용만 들이고 실패할 경우, 수도권과 지방 모두 발전 저해 국가적 손실과 비용
	신뢰받고 성숙한 공동체 실현 (적합성·적정성·형평성·대응성)	직접	수도권과 지방의 균형발전으로 인한 통합된 균형국가 달성
		간접	수도권과 지방이 상생 발전을 이루지 못할 경우 이해관계의 대립으로 인한 갈등 초래
		저해	지나친 갈등으로 인해 더 심각한 국가적 갈등 우려

(4) 전체내용에 대한 요약

전체내용에 대한 요약은 다음과 같다.

정책사례

공공기관 지방이전 정책

1. 개 요

정부가 346개 공공기관 가운데 176개를 12개 광역시도로 옮기는 것을 골자로 하는 공공기관 지방이전 정책계획을 발표하였다. 수도권과 지방의 균형발전이 사업의 핵심 목표이다. 발표 후, 관련 지방자치단체 간의 공공기관 유치경쟁이 치열하였다. 반면, 반대 입장에서는 수도권 역차별을 주장하고 있어 이해집단끼리의 갈등이 커질 우려가 있다.

2. 쟁 점

공공기관 지방이전 정책에 대한 쟁점사항들은 다음과 같다. 첫째, 지방이전 정책에는 많은 비용이 수반되는데, 그에 맞는 편익과 효과를 기대할 수 있는가? 둘째, 장소선정에 있어 정치적 게임이 아닌 합리적이고 평등한 과정을 거쳤는가? 셋째, 관련 이해당사자들의 참여와 토론, 숙의와 합의가 제대로 이루어졌는가? 넷째, 지방이전 정책추진은 법적 타당성을 갖고 있는가 하는 점이다. 아래에서는 이를 생산성, 민주성, 성찰성의 기준에서 분석하였다.

3. 분 석

1) 생산성

사전 분석 결과에 따르면 공공기관 지방이전 정책에는 약 12조원이라는 비용이 수반되며, 약 1조 3천억~4조원의 부가가치 창출을 기대할 수 있다고 한다. 그러나 보다 중장기적으로 보았을 때, 화폐적 가치로는 나타낼 수 없는 편익이 발생할 수 있다. 초기의 목표대로, 지방 경제의 회복과 국토 균형 발전, 수도권의 쾌적한 환경에서 오는 편익은 훨씬 큰 부가가치를 가져올 수 있다.

2) 민주성

공공기관 유치를 놓고 관련 지자체 간의 경쟁이 치열하였는데, 장소선정이 정치적 게임에 의해 이루어진 것이 아닌가 하는 의혹이 제기되었다. 그러한 폐쇄적인 과정에서 장소선정이 이루어졌다면 절차적 민주성을 갖추지 못한 정책이라고 할 수 있다. 그러나 관련 집단들의 참여가 활발하고, 정책과정이 공개되어 있었다는 점은 높게 평가받을 수 있다. 또한, 관련 기관과 지역의 의사를 존중하고, 노·사 간의 협력이 이루어졌다는 면에서 정책의 참여성·숙의성·합의성은 평가받을 수 있으나, 앞으로 집행과정에서도 반대 입장과의 갈등을 잘 조율해야 할 것이다.

3) 성찰성

공공기관 이전으로 인한 지역경제 부양효과는 궁극적으로 지역주민들의 삶의 질을 향상시킬 것이다. 또한 수도권의 지나친 과밀이 해소되어 국토의 균형발전이 달성되는 효과가 있으며, 이로 인해 지방과 수도권 모두가 더 좋은 삶, 더 화합된 공동체를 실현시킬 수 있을 것이다.

4) 실현가능성 측면

공공기관 지방이전은 행정도시건설특별법이 아니라, 국가균형발전특별법에 근거해 정상적인 법집행 과정에 있는 정책으로서, 법적 실현가능성 요건을 충족하였다는 전문가들의 평가를 받고 있다.

2) 시화호 개발정책의 정책분석

(1) 사례개요

(가) 시화호 소개

시화호는 우리나라의 중서부 지역에 위치해 있다. 시화지구개발 외곽시설인 방조제 및 부대시설 사업이 본격화되기 전인 지난 1977년, 시화호는 3개 군, 면이 감싸 안고 있어 마치 평화스런 시골풍경을 연상시키는 한 폭의 수채화였다. 당시 행정구역명칭인 시흥군 군자면, 화성군 서신면, 옹진군 대부면 일원이 그 대상지역으로 이들 지역은 어업과 농업이 혼합된 자연부락이었다. 시화호 주변은 소하천인 반월, 신길, 동화, 삼화, 화정, 안산천이 주요 유입하천으로 잘 발달된 간사지, 얕은 구릉지대로 지세는 완만해 개발하기에는 안성맞춤인 좋은 조건을 이루고 있었다. 개발 당시 시화호 주변에는 1천 1백여 중소업체를 유치하는 반월국가공단이 1975년부터 개발에 박차를 가하고 있었다.

(나) 시화호 개발사업 과정

시화호 개발사업은 1987년 시작되었다. 건설교통부는 방조제를 만들어 호수를 만들고, 호수 주변의 간석지에 농지와 공단, 신도시를 건설하기로 했다. 농지에 공급할 농업용수는 시화호에서 끌어 쓴다는 내용이었다. 시화지구 개발사업이라고 명명된 이 프로젝트는 경기도 안산시, 시흥시, 화성군의 1도 2시 1군에 이르는 넓은 간사지를 이용해 방조제 5개소를 축조하고, 이 중 개발 잠재력이 높은 간척지를 집중개발, 수도권의 인구분산, 공업용지의 확보에 기여하는 것으로 되어 있다.

현재의 방조제위치선정은 방조제의 위치선정에 따라 사업의 규모와 개발목표가 크게 달라지므로, 그 중요성을 감안해 4개의 노선을 선정, 각 안별로 기술, 사회, 경제적 제반여건을 검토한 것으로 알려졌다. 1987년 6월 착공하여 탄도, 불도, 대선방조제의 완공에 이어, 1994년 1월 주 방조제인 시화1호와 시화2호 방조제의 최종 끝막이공사가 완성되어 자연스럽게 시화호가 탄생된 것이다.

㈐ 정책입안의 실질적 이유

시화호 개발사업의 표면적 이유는 종합 농공단지 및 신도시 건설을 통한 국토의 효율적인 활용이었다. 하지만 시화호 개발사업 입안의 근본적 이유는 1980년대 초반의 중동 건설 붐이 퇴조하면서 국내로 돌아온 유휴 건설인력과 장비를 활용한다는 정치적인 고려에서 계획됐다. 1988년 서울올림픽을 앞두고 대형 건설업체의 경영악화를 가져올 것이 예견되는 유휴 인력과 장비의 방치보다는 이들을 이용해 국내 건설 경기를 활성화시키고, 새로운 국토를 개발, 일석이조의 효과를 노리자는 차원이었다.

㈑ 건설의 기본이 무시된 방조제 착공 공사

시화방조제사업은 1987년 4월 29일 착공됐다. 그러나 이 사업에 대한 환경영향평가 신청서가 환경부에 접수된 시점은 착공 후 6개월이 지난 1987년 10월이었다. 환경평가를 하고 난 뒤 환경파괴에 대한 만반의 대비를 갖추고 공사에 착공한다는 건설의 기본이 깡그리 무시된 것이다. 건교부는 "오이도와 대부도 양쪽에서 만들어 나오는 방조제를 최종적으로 막을 경우 시화호 오염을 막을 실질적인 방법이 없으니 대책을 먼저 세워 달라"는 환경부측의 요청까지 무시하고 1994년 1월 방조제를 막아버렸다.

㈒ 정부의 안이한 대응

방조제 착공 후 시화호의 COD는 1997년 6월 22.8ppm까지 상승하여 농업용수 수질 기준(8ppm)을 훨씬 넘어버렸다. 이에 정부는 별다른 조치 없이 1997년 7월부터 반월공단과 시화공단의 하수구 역류를 방지한다는 명목으로 시화방조제 갑문을 열어 바닷물이 시화호를 드나들게 했다. 시화 담수호 계획을 사실상 포기한 것이다.

다음으로 안산신도시 건설 시 땅에 묻은 하수도관이 절반가량 부실공사되었다. 이 때문에 시화호 쪽으로 나 있는 빗물 토관 10여개에서는 빗물이 아니라, 시커먼 공단 폐수들이 흘러나오게 됐다. 1993년 언론에 시화호 오염 기사가 나가자 건교부, 수자원공사, 환경부, 안산시 등 관계기관 관계자들은 대책회의를 열고, 방조제가 막아지기 전까지 시화호로 들어가는 모든 하수를 정화할 수 있는 규모로 안산시 하수종말처리장을 대폭 증설한다는 등의 계획을 확정했지만, '예산이 없다'

는 이유로 결국 방조제가 막힐 때까지 안산시 하수종말처리장 증설은 이루어지지 않았다. 1996년 언론에서 다시 시화호 오염 문제를 재거론하자, 다시 관계기관 대책회의를 열어 4,500억원을 쏟아 부어 수질을 개선하기로 하였지만, 시화호를 농업용수로 정화하기에는 이미 늦은 시점이었다.

(바) 시화호의 오염

시화호는 물의 흐름을 막은 근원에서 물의 오염이 심각해졌다. 고인 물이 썩는 것은 당연한 것이기에, 물의 흐름을 막은 시화호가 오염되는 것은 당연한 이치인 것이다. 갯벌이 수질개선에 도움을 준다는 연구결과가 있지만 물의 흐름이 있을 때 미세한 플랑크톤이나 물고기 같은 어패류가 이동하여 갯벌이 살게 되는 것이다. 물의 흐름을 막음으로써 이러한 생물의 이동을 막았고, 썩은 물 밑에 깔린 갯벌은 결국 수질개선에 아무런 도움이 되지 못하는 처지에 이르렀다.

시화호의 수질은 안산시를 중심으로 한 도시인구의 급격한 증가와 반월, 시화공단의 입주업체증가 및 농촌지역의 가축사육증가로 오염물질이 담수호 내에 계속 축적되고 있었다. 따라서 담수호의 수질은 농업용수 허용기준치를 훨씬 초과한 채 점점 악화되었다. 하지만 시화호의 오염원의 주요한 요인은 앞서 살펴본 인구나 가축 등의 문제이기보다는 하수량의 98.5%에 해당하는 폐수를 발생하는 안산시 반월공단과 시화공단, 팔곡교 부근의 반월도금조합 등이다. 여기에 기업체의 원가절감을 위한 폐수의 무단방출까지 겹쳐 폐쇄수역인 시화호의 오염을 가중시켜 온 것이다.

(사) 경제적 손실

시화호 건설을 위한 직접투자비 4,900억원과 수질개선비 4,500억원 등 9,400억원의 예산(세금)이 낭비되었다. 하지만 이 많은 세금을 낭비한 공무원 어느 누구도 자신의 책임이라고 나선 사람은 없었다. 최소한 처음 시화호 개발사업을 입안한 책임자, 건설과정의 문제제기에도 불구하고 사태 악화를 막지 못한 책임자 등은 자진해서 자기의 죄를 고백해야 마땅하지만 그런 사람은 아무도 없었다.

(2) 사례쟁점

(가) 정책 단계별 실패요인 및 조치방안

① 정책의제설정 단계

시화호 정책은 정책목표에 대한 비전 및 목표설정에 있어서 사회구성원들의 충분한 공감대 형성이 부족하였고, 이를 위한 정책추진 주체의 제도적 노력이 부족하였다. 따라서 정책이해 관계자들 간의 지속적인 대화와 토론을 통해 구성원 모두의 공감대를 형성하여야 하며, 관련기관들은 정부조직의 존재이유와 직결되는 고객은 누구인가에 대한 근본적 고민과 토론의 과정이 요구되는 정책이었다고 분석할 수 있다.

② 정책결정 및 집행 단계

정책결정 및 집행 단계에서 관련기관 간의 참여와 협의, 조정이 미흡했다. 각 기관 간의 연계를 가능하게 하는 제도적 장치와 책임 있는 리더십이 필요했으나 그것을 갖추지 못했다.

따라서 이 사례는 관련기관들이 유기적으로 정책에 참여하여 각각의 입장을 제시하고 전문지식을 공유하여 문제발생 시 국가 전체의 이익을 고려하게 하는 연계 시스템이 필요함을 시사해 준다(제도적 요인). 또한, 책임감을 갖고 일관성 있게 정책관련 기관과의 이해관계를 조정, 보완하며, 관련 구성원들이 정책에 참여하게 하는 방안을 마련할 수 있는 등 구성원들에게 학습동기를 부여하고, 이를 유도하는 리더십이 필요함을 시사해 준다(인적 요인).

(나) 쟁 점

본 사례와 관련되는 쟁점은 1) 정책목표의 설정에 있어서 구성원과 관계기관과의 충분한 공감대 형성과 토의·합의가 이루어졌는가? 2) 여기서의 정부조직은 누구를 위한 조직인가에 대한 충분한 성찰이 이루어졌는가? 3) 관련기관 간의 이해관계를 조정·보완하며 조정할 제도적, 인적 요인에 대한 준비가 되어있는가? 등이다. 이를 아래에서는 생산성(효율성), 민주성(참여성, 숙의성, 합의성), 성찰성(당위성)이라는 측면에서 분석하도록 한다.

(다) 학습조치방안

본 정책사례에서의 학습조치방안을 정리하면 다음과 같다.

① 정책실명제 도입 및 정책타당성 사전체크리스트(정책결정)
② 고객반응, 정책갈등 점검 등 정책결정 단계에서의 정책반응모니터링 시행 의무화(정책결정)
③ 관계부서 간 대화 및 협의 정도에 대한 중간평가제도 도입(정책집행)
④ 환경 및 개발 관련 정부부처 합동 교육 및 학습시스템 구축, 교육훈련 및 브레인스토밍프로그램 운영(정책평가 및 환류)

(3) 정책분석

(가) 생산성(효율성)

종합 농공단지 및 신도시 건설을 통한 국토의 효율적인 발전을 목표로 하여 정책의 효율성을 증대하고자 하였다는 점에서 정책기획 단계에서는 정책목표의 효과성은 평가받을 수 있는 정책이었다. 또한 시화호 개발정책은 산출대비 비용이 적은 정책으로 기획되었다. 중동 건설 붐 퇴조 후의 유휴 건설인력과 장비를 적극적으로 활용하여 국내 건설경기를 활성화시키고, 또한 개발 잠재력이 높은 간척지를 집중 개발하여 수도권의 인구분산 및 공업용지의 확보까지 쉽게 점할 수 있는 일석이조의 효과로 기획되었다.

하지만 목표로 삼았던 시화국가공단은 시화호 오염과 그로 인한 시화호 담수화 실패로 인해 정책목표달성 없이 더 큰 예산만 낭비되었으며, 농업용수용으로 축조된 거대한 시화 담수호는 고질적인 수질악화와 저층의 제염문제로 제 기능을 다하지 못하고 있다. 시화호 정화로만 4500억원을 들였지만, 결국 농업용수로는 부적합 판정을 받음으로써 국가예산의 낭비를 초래하게 되었다.

(나) 민주성(참여성)

① 절차적 민주성(절차적 적법성, 절차적 타당성)

시화호 개발정책과 같은 대규모 국책사업의 경우에는 법규와 절차의 준수가 매우 중요하다. 하지만, 이 정책은 환경평가가 이루어진 후의 공사여부가 결정되어야 함에도 그러한 절차를 무시하고 공사가 착공되었으며, 결과가 나온 후에도 이를 무시하고 공사를 진행하였다. 시화지구 개발정책은 건설교통부의 지휘하에 이루어졌다. 하지만 개발과 밀접히 관계있는 환경에 대해서는 고려하지 않았다. 환경영향평가도 사업시행 후 6개월 후에나 받았고 환경부의 경고도 듣지 않았다.

사업을 하는 데 있어서도 관련부처 간의 협의 및 의사소통이 이루어지지 않았다. 참여가 이루어지지 않음으로써 서로의 책임회피만 가중되었고, 결국 국가 예산만 낭비하는 꼴이 되고 말았다. 절차적 민주성 측면에서 시화호 개발은 많은 문제점을 안고 있는 정책이었던 것으로 분석된다.

② 실체적 민주성(참여, 숙의, 합의의 정도)

정부 각 부처와 민간단체의 참여와 숙의 과정의 부족 그리고 리더십 부족으로 인해, 시화호 공사는 해결점에 난항을 거듭하고 표류하여 막대한 손실을 초래하게 되었다. 이 과정에서 주무 부처의 발 빠른 대처와 이를 지휘할 리더십이 있었더라면, 그리고 시화호 문제의 심각성에 대해 충분한 토의와 숙의의 과정이 있었더라면, 문제는 지금처럼 커지지 않았을 것이다.

정책의제설정과정에서 당시 행정구역명칭인 시흥군 군자면(현, 시흥시 정왕동), 화성군 서신면, 옹진군 대부면(현, 안산시) 일원이 그 대상지역으로 이들 지역의 주민과의 충분한 참여가 없었고, 정책추진 주체와 정책이해관계 집단 간의 대화 및 토론이 부재함으로써 실체적 민주성을 실현하지 못했다. 이로써 정책구성원들 간의 공감대가 형성되지 못했으므로 참여자의 참여가 없는 정책의 결과가 어떤지 시화환경정책은 여실히 보여주고 있다.

(다) 성찰성(당위성)

① 인간의 존엄성(인권, 정의, 존엄) 실현

정부의 존재 이유이기도 한 국민의 삶의 질 향상을 목적으로 입안된 정책이었다. 하지만, 경제개발을 통한 실업의 감소 측면과 그를 통한 소득의 증가로 국민의 삶의 질 향상을 꾀했던 처음의 의도와는 달리, 막대한 오염으로 인해 쾌적한 삶을 살 권리를 훼손하였으며, 또한 그를 복구하기 위한 막대한 예산 낭비를 초래하였다. 결국 다른 용도로 사용될 수 있는 국민의 세원을 낭비하는 결과를 초래하게 되었다.

② 신뢰받고 성숙한 공동체 실현

경제발전으로 인한 부의 증대로 전체 국민의 삶의 질 향상과 국토의 균형적 개발과 수도권의 인구문제해결에 대한 정부의 노력은 긍정적으로 평가되나, 문제 발생에 대처하는 정부의 안일한 대응과 이를 통해 발생한 막대한 세원낭비 그리고 각 부처 간의 책임 떠넘기기식 모습은 국민에게 실망감을 안겨주었으며, 신뢰받는 정부의 모습과는 동떨어진 인상을 심어주게 되었다.

㈑ 요약 및 정리

이상에서 논의한 시화호 개발사업의 정책분석을 종합적으로 요약·정리하면 다음과 같다.

표 7-9 시화호 개발 정책분석

<table>
<tr><td rowspan="3">생산성</td><td>효과성</td><td>목표 달성도</td><td>종합농공단지 및 신도시 건설을 통한 국토의 효율적인 발전</td></tr>
<tr><td rowspan="2">능률성</td><td>산출대비 비용이 낮은 정책</td><td>유휴 건설인력과 장비를 활용 이들을 이용해 국내 건설 경기를 활성화시키고 새로운 국토를 개발, 일석이조의 효과를 도모한다는 정책목표가 실현되지 않음</td></tr>
<tr><td>비용대비 산출이 높은 정책</td><td>개발 잠재력이 높은 간척지를 집중개발, 수도권의 인구분산, 공업용지의 확보에 기여한다는 정책의도가 실현되지 않음</td></tr>
<tr><td rowspan="5">민주성</td><td rowspan="2">절차적 민주성</td><td>절차적 적법성</td><td>환경평가를 하고 난 뒤 환경파괴에 대한 만반의 대비를 갖추고 공사에 착공한다는 건설의 기본을 무시, 공사 착공 후 6개월 뒤 환경부에 환경영향평가 신청서 접수</td></tr>
<tr><td>절차적 타당성</td><td>방조제를 막을 경우 시화호 오염을 막을 실질적인 방법이 없으니 대책을 먼저 세워달라는 환경부측의 요청 무시
부처 간의 합의가 충분히 이뤄지지 않음</td></tr>
<tr><td rowspan="3">실체적 민주성</td><td>참여의 정도</td><td>민간단체와 관련 부처의 참여 미흡
실질적인 시스템과 리더십 부족으로 참여가능성 낮음</td></tr>
<tr><td>숙의의 정도</td><td>건교부의 환경부 요청 무시
안산시 폐수에 관련해 안산시와 정부의 합의 부족
각 부처 간 연계 부족으로 인한 전문지식 활용 미흡</td></tr>
<tr><td>합의의 정도</td><td>연계 체계부족으로 합의가 이루어지지 못하거나 합의가 이루어졌다 해도 예산을 이유로 거절당함
결국 합의에 이르지 못함</td></tr>
<tr><td rowspan="6">성찰성</td><td rowspan="3">인간의 존엄성 실현</td><td>직접</td><td>경제개발을 통한 국민의 소득 증대와 그로 인한 생활의 질 향상</td></tr>
<tr><td>간접</td><td>새로운 사업 계획으로 인한 일자리의 창출 및 실업 감소</td></tr>
<tr><td>저해</td><td>환경오염으로 인근 지역 주민들의 '쾌적한 환경에서 살 권리' 침해</td></tr>
<tr><td rowspan="3">신뢰받고 성숙한 공동체 실현</td><td>직접</td><td>경제발전을 위한 정부의 노력 긍정적으로 평가</td></tr>
<tr><td>간접</td><td>국토 균형발전
수도권 인구분산</td></tr>
<tr><td>저해</td><td>언론보도가 나가야 문제에 대처하는 정부의 안일한 태도
국민세금 낭비로 인한 정부정책 불신
정부부처 간 반감 발생</td></tr>
</table>

(4) 전체내용에 대한 요약

전체내용에 대한 요약은 다음과 같다.

정책사례

시화호 개발정책

1. 개 요

시화호 개발정책은 보다 나은 국민의 삶의 질 향상과 국토의 균형적인 개발을 목적으로 기획된 정책이다. 이 정책은 처음 정책입안 시 유휴인력과 장비의 사용과 개발시 효과가 극대화될 수 있는 최적입지를 선정하여 정책을 추진하였다. 그러나 정책집행과정에서 충분한 검토와 각 부처 간 협의가 이루어지지 않았으며, 기본적 절차가 무시된 채 진행되었다. 또한 정책집행 시 중간에 문제점이 발견되었을 때, 적극적으로 문제를 해결하기보다는 급한 불끄기 또는 책임 떠넘기기식의 안이한 정부의 대응으로 인해 피해는 더욱 커지게 되었으며, 급기야 환경오염과 막대한 예산낭비 그리고 정부불신을 초래하게 되었다. 쉽게 그리고 빨리 회복되지 않을 환경오염과 예산낭비는 고스란히 다시 국민에게로 그 몫이 돌아가게 되었다.

2. 쟁 점

본 정책사례와 관련된 쟁점은, 1) 정책목표의 설정에 있어서 구성원과 관계기관과의 충분한 공감대 형성과 토의·합의가 이루어졌는가? 2) 여기서의 정부조직은 누구를 위한 조직인가에 대한 충분한 성찰이 이루어졌는가? 3) 관련기관 간의 이해관계를 조정·보완하며 조정할 제도적, 인적 요인에 대한 준비가 되어있는가? 하는 점이다. 여기에서는 이를 생산성, 민주성, 성찰성으로 나누어 분석하였다.

3. 분 석

1) 생산성

개발 시 최적의 입지와 유휴인력과 장비를 적극 활용하여 국토의 균형적 효율적 개발과 국민의 삶의 질 향상을 목표로 생산성이 매우 높은 정책으로 입안되었으나, 정책집행과정에서의 정부의 절차무시와 안이한 대응으로 인해 오히려 세원낭비와 환경오염 발생으로 인해 생산성은 떨어지는 정책이 되었다.

2) 민주성

정책집행과정에서 절차가 무시되었으며, 관계 부처 간 충분한 협의가 이루어지지 않아 정책문제가 발생하였다. 그러나 문제 발생 후에도 적극적으로 문제를 해결하고자 하기보다는 국민의 여론조차도 무시하는 무책임한 모습을 보였다.

3) 성찰성

국토의 개발로 인한 실업 감소와 국민의 삶의 질 향상의 목표와는 달리 정책집행과정에서의 정부의 안이한 대응은 정부조직에 대한 불신과 부처 간 반목 등이 크나 큰 정책의 신뢰비용을 초래하였다.

3) 부안 핵 방폐장 설치의 정책분석

(1) 사례개요

정부는 1986년부터 원전 수거물(방사성 폐기물) 관리 센터 부지 확보를 추진해 왔으나, 지역주민, 환경단체의 반대와 활성단층 발견 등으로 실패해오다가, 2003년 7월 24일 부지선정위원회의 평가를 거쳐 전북 부안군 위도를 부지로 선정하였다. 이후 부안 주민과 환경단체를 중심으로 하는 사업 반대 측은 주민과 의회의 의견을 수렴하지 않은 군수의 일방적 신청에 대하여 반발하였고, 결국 양측은 심각한 정책후유증을 남긴 채 주민투표의 문제로 논의가 봉합되는 결과를 초래하였다.

㈎ 방폐장 유치지역 선정과정

1997년 핵폐기물 처리장 추진 주체가 과학기술부(원자력 연구소)에서 산업자원부(한국전력공사)로 이관되었다. 1998년 말 부지 확보 방법을 유치 공모 또는 사업자 주도의 방식으로 전환하고 약 3천억원의 지원조건을 제시하였으나, 2001년 지방자치단체에 의한 유치 공모는 신청 지자체가 없는 관계로 실패로 돌아가게 되었다. 결국 정부와 (주)한국수력원자력은 부지선정방식을 사업자주도방식으로 변경하여, 2003년 2월 핵폐기물 처리장 후보 4개 지역(고창, 영광, 영덕, 울진)을 선정하였다. 2005년 방사성 폐기장과 양성자 가속기 연계 방침이 발표되었고, 2003년 7월 부안 군수가 방폐장 유치 신청서를 제출하였다.

㈏ 주민여론을 무시한 유치 신청

김종규 부안 군수는 2003년 7월 11일 방사성 폐기장을 유치하겠다고 발표하였다. 이는 매우 독단적인 것이었는데, 같은 날 오전 부안 군의회가 위도 주민들의 방사성 폐기장 청원을 7:5로 부결, 반려시킨 사실을 고려할 때, 이 발표는 부안 주민들이 납득하기 어려운 것이었다. 부안 전체 주민이 아닌 위도 주민만의 90% 찬성을 명목삼아 방폐장 유치 신청을 한 것은 위도 주민들이 비록 방폐장 설치의 일차적인 지역권을 갖고 있다는 것을 감안한다 하더라도 매우 타당성이 없는 발표였다.

㈐ 사전대화와 토론의 미흡

방폐장 유치 발표 이전에 산자부, (주)한국수력원자력, 지방자치단체, 지역 주민 등 당사자들이 마주 앉아 사업 설명을 듣고 이야기를 해야 하는데, 정책결정과정에서 그런 대화의 장이 마련되지 못하였다. 결국 갑작스런 정부의 발표는 부안 주민들의 반감을 거세게 불러 일으켰고 조직적 반대 운동을 일으키는 결과를 초래하게 되었다.

(라) 공권력의 남용

2003년 10월부터 11월까지 4차에 걸쳐서 부안 지역 현안 해결을 위한 공동협의회가 진행되었지만 정부는 별다른 해결 방안을 마련하지 못하였고, 결국 2003년 11월 20일 방폐장 건설을 반대하는 부안 주민들에 의해 서해안 고속도로가 점거당하였다. 이에 정부는 대규모 공권력을 투입, 근래 초유의 유혈사태가 발생하였고, 이로 인해 정부와 방폐장 건설 반대 주민 간의 대립은 더욱더 격화되었으며, 그 과정에서 지방자치단체 차원에서 정책결정을 주도하였던 김종규 부안 군수가 중태에 빠지는 불행한 사태가 발생하기도 하였다.

온 국민의 관심이 부안에 집중되면서 정부의 밀어붙이기식 정책결정과 대화와 타협이 아닌 공권력의 남용에 의한 정책집행에 대한 국민의 질타가 쏟아지게 되었고, 결국 정부는 부안 주민투표를 통한 정책결정방식 변경으로 한 발 물러나게 되었다.

(마) 부안 방폐장 유치 찬반 주민투표

2004년 2월 14일 투표율 72.04%, 반대율 91.83%의 부안 방폐장 유치 찬반 주민투표 결과에 의해 부안 방폐장 유치 반대가 주민의 의견으로 확정됨으로써, 부안 방폐장 유치 사업은 실패로 돌아가게 되었다. 부안 방폐장 유치 사업 실패도 실패려니와, 정책과정에서 겪은 혼란과 갈등, 반목과 불신의 비용은 엄청난 것이었다.

(2) 사례쟁점

(가) 정책 단계별 실패요인 및 조치방안

① 정책의제설정 단계

부안 핵 방폐장 정책의 경우 의제설정 단계에서부터 의견수렴 및 동의 여부에 대한 조사가 미흡하였다. 당시 군수는 주민의 90% 찬성을 얻어 유치신청을 했지만, 90%는 위도(전체인구의 10%) 주민들만을 대상으로 한 것이었다. 따라서 이 사례는 사업추진의 장단점에 대한 홍보와 군민 전체를 대상으로 동의 여부를 조사하는 등 체계적인 접근방식이 결여되었음을 말해 준다. 지자체의 장은 부안에 방폐장 건설이 불가피한 이유는 무엇인지, 또 이 시설 유치의 장단점은 어디에 있는지 홍보하고, 군민 전체를 대상으로 동의 여부를 조사했어야 할 것이다.

② 정책결정 및 집행 단계

정책결정 및 집행 단계에서 성급한 정책결정과 순응성 확보가 미흡(보상체계의 미흡, 공권력 남용)했다. 시급한 사안이라고 해도 지나치게 성급한 결정이었고(14일), 약속한 보상금을 지급했어야 했으며, 공권력 남용을 줄일 필요가 있었다. 이 정책은 관련자들의 참여방안 마련, 시급한 사안에 대응하기 위한 위기관리체제, 그리고 정책순응성을 확보할 수 있는 정책집행자의 합리적 리더십이 필요하다는 점을 시사해 준다(인적 요인). 또한, 제도적으로 행정자치부와 지방의회의 유기적 연계를 통해 주민의 보상 문제를 해결해 정책순응성을 확보하고, 정책결정 시 성급한 형태의 졸속적 결정이 이뤄지지 않도록 절차적 보완책이 필요하다는 점도 시사해 준다(제도적 요인).

(나) 쟁 점

본 정책사례와 관련된 쟁점은, 1) 주민의견수렴과정이 적절했던가?, 2) 정책입안과정에서 민주적인 참여가 이루어졌는가?, 3) 정책집행 시 갈등관리가 잘 이루어졌는가? 라는 관점에서 검토될 수 있다. 이를 아래에서는 생산성(효율성), 민주성(참여성, 숙의성, 합의성), 성찰성(당위성)이라는 관점에서 분석하고자 한다.

(다) 학습조치방안

본 정책사례에서 학습조치방안을 정리하면 다음과 같다.

① 과학기술 관련 대형 국책사업에 사회영향평가를 그 속에 포함하는 기술 및 환경영향평가를 의무적으로 수행하도록 제도 정비(정책의제형성)
② 정책실명제 도입 및 정책타당성 사전체크리스트(정책결정)
③ 고객반응, 정책갈등 점검 등 정책결정단계에서의 정책반응모니터링 시행 의무화(정책결정)
④ 관계부서 간 대화 및 협의 정도에 대한 중간평가제도 도입(정책집행)
⑤ 과학기술 및 환경 관련 정부부처 합동 교육 및 학습시스템 구축, 교육훈련 및 브레인스토밍프로그램 운영(정책평가 및 환류)

(3) 정책분석

(가) 생산성(효율성)

① 효과성

본 정책사례에서의 효과성 분석은 "에너지 자원부족(석유, 석탄 등) ⇨ 비교적 효율적인 핵 발전소 건립(우라늄 1g=석유 9드럼=석탄 3t) ⇨ 핵 폐기물 발생 ⇨ 핵 방폐장 부지 필요"라는 인과관계에 따라 핵 방폐장은 핵 발전소를 위한 필요조건이라는 데 초점을 맞출 수 있다. 결국 열악한 발전시설 여건상 핵 발전소가 필요하고, 그 부산물인 핵 방폐장도 관리만 잘 된다면 충분한 기대효과를 거둘 수 있다는 점에서 정책목표달성의 효과성은 평가될 수 있다.

② 능률성

세계전력 생산 중 원자력 발전이 17%를 차지하고, 우리나라에서는 30여%를 차지한다. 원자력은 핵분열로 에너지를 얻기 때문에 산소를 빼앗거나 CO_2를 방출하지 않는다. 다만 원자력 발전소에서 핵 폐기물이 발생하나, 외부 유출을 철저히 막아 환경에 피해를 주지 않으므로 무공해 에너지라고 볼 수 있다. 기술의 발전으로 핵융합 발전을 하게 되면 우라늄이나 플루토늄을 이용하는 것이 아니라, 수소를 이용하여 핵 발전을 하게 되며 약간의 질소부산물 생성 외에는 환경에 거의 영향을 끼치지 않는다. 태양열, 조력, 풍력 등 기존 대체에너지로는 턱없이 부족한 에너지수요를 충당할 수 있는 비교우위에 있는 발전방법이 핵 발전소 건립이라는 점에서 정책비용의 능률성도 긍정적으로 검토된다.

(나) 민주성(참여성)

① 절차적 민주성(절차적 적법성, 절차적 타당성)

부안 핵 방폐장 유치실패사례는 절차적 민주성을 결여하였다. 부안 군의회가 핵 방폐장 설치 안건을 부결시켰는데도 김종규 부안군수가 유치를 신청했다는 데서 절차적 적법성에 맞지 않고, 전체주민이 아닌 위도주민(전체 인구의 10%)의 동의만으로 유치하려 했다는 데서 절차적으로 민주성을 결여하였다.

② 실체적 민주성(참여, 숙의, 합의의 정도)

정책의제설정과정에서 부안주민이 거의 참여하지 못했다는 데서 실체적 민주성 중 참여의 정도가 낮으며, 사전의 여론수렴, 핵 방폐장 유치의 장단점 홍보, 보상문제 검토 등 정부와 주민들 간의 대화와 타협이 잘 이루어지지 않았다는 데서 숙의민주주의(*deliberative democracy*)도 결여되었다. 이로 인해 정부와 부안 주민 간의 합의가 잘 되지 않은 것은 당연한 귀결이라고 하겠다.

(다) 성찰성(당위성)

① 인간의 존엄성(인권, 정의, 존엄) 실현

부안 핵 방폐장은 우리나라 에너지 공급 중 큰 비중을 차지하는 핵융합 발전의 원활한 이용을 통해 직·간접적으로 국민에게 효율적 전력을 공급하여 삶의 질을 높일 수 있다는 데서 인간의 존엄성을 제고시키는 측면이 있다. 그러나 1986년 체르노빌 원전 사고처럼, 만일의 경우 핵 방폐장 유치는 인간의 기본적인 생명권을 위협할 수도 있다. 이에 따라 주민들에게 생명에 대한 직·간접적 위협이 될 수 있다는 데서 소수의 의견도 존중할 필요가 있다. 이는 핵 방폐장에 대한 올바른 인식과 관리가 필요하다는 점을 시사해 준다.

② 신뢰받고 성숙한 공동체 실현

사회구성원 간의 신뢰의 정도는 국가의 국력을 가늠하는 잣대가 될 수 있다. 신뢰받고 성숙한 공동체의 실현을 위해 부안 핵 방폐장 유치실패사례는 시사하는 바가 큰데, 일단 주민의 합의를 이끌어내지 못했고, 끝내 유혈충돌이 일어났다는 데서 직접 혹은 간접적으로 공동체라는 말이 무색하게 되었다. 또 유치가 결국 실패했다는 결과를 놓고 보았을 때, 그 과정에서의 반목과 불신, 갈등비용은 신뢰받고 성숙한 공동체 실현을 오히려 저해했다고 평가할 수 있다.

㈑ 요약 및 정리

이상에서 논의한 부안 핵 방폐장 설치사업의 정책분석을 종합적으로 요약·정리하면 다음과 같다.

표 7-10 부안 핵 방폐장 정책분석

생산성	효과성	목표 달성도	무공해에너지 의학분야 사용 지질연대 측정 등 과학적 이용
	능률성	산출대비 비용이 낮은 정책	소량의 핵물질로 다량의 전력을 생산
		비용대비 산출이 높은 정책	핵융합 반응으로 많은 전력생산
민주성	절차적 민주성	절차적 적법성	부안군의회 안건부결 무시
		절차적 타당성	부안군수의 독자적 유치신청과 그 갈등 이후 주민투표를 통해 반대론의 타당성 확보
	실체적 민주성	참여의 정도	정책의제설정 과정에서 주민 다수가 배제
		숙의의 정도	사려 깊은 고려 없는 졸속한 정책추진
		합의의 정도	주민투표로 끝내 부결됨으로써 합의 도출 실패
성찰성	인간의 존엄성 실현	직접	사고발생시 생명권 위협
		간접	예기치 못한 환경오염이 있을 수 있음
		저해	인간의 기본적인 건강할 권리 위협
	신뢰받고 성숙한 공동체 실현	직접	정부와 주민 간의 불신으로 갈등양상
		간접	제2의 부안사태 우려로 정부신뢰 위협
		저해	유치실패 과정에서 반목과 불신, 갈등비용 과다발생

(4) 전체내용에 대한 요약

전체내용에 대한 요약은 다음과 같다.

정책사례

부안 핵 방폐장 유치

1. 개 요

정부는 2003년 부지선정위원회의 평가를 거쳐 전북 부안군 위도를 부지로 선정하였다. 이후 부안주민과 환경단체를 중심으로 하는 정책 반대 측은 주민과 의회의 의견을 수렴하지 않은 군수의 일방적 신청에 대하여 반발하였고, 결국 양측은 심각한 정책후유증을 남긴 채 주민투표의 문제로 논의가 봉합되는 결과를 초래하였다.

2. 쟁 점

본 정책사례와 관련된 쟁점은, 1) 주민의견 수렴과정이 적절했던가? 2) 정책입안과정에서 민주적인 참여가 이루어졌는가? 3) 정책집행시 갈등관리가 잘 이루어졌는가? 하는 점이다. 여기에서는 이를 생산성, 민주성, 성찰성이라는 관점에서 분석하였다.

3. 분 석

1) 생산성

우리나라 전력생산의 3분의 1을 차지하는 핵발전과 이에 따른 핵 방폐장 건설은 뚜렷한 대체에너지가 없는 상황에서 정책목표의 효과성은 평가될 수 있으며, 소량의 핵물질로 다량의 전력을 생산한다는 측면에서 투입 대비 산출의 능률성도 평가될 수 있다.

2) 민주성

정책의제설정과정에서 여론수렴이 잘 이루어지지 않았고 주민참여도 미흡하였다. 이로 인해 합의도출에 실패하였다.

3) 성찰성

국가정책 차원에서 안전한 관리가 전제된 핵 방폐장 건설은 이루어져야 하나 참여, 숙의, 합의의 여러 조건을 만족시키는 것이 필요함을 알 수 있다. 졸속 정책입안과 집행이 생산성에 대비하여 더 큰 비효율을 불러오고 정부불신 및 갈등관리 비용도 엄청나다는 사실을 잘 시사해 주는 정책사례라고 하겠다.

Chapter 7

핵심 Point !

Stage Model

◎ 정책문제에 대한 정의

- 정책문제의 정의에 대한 관점
  - 실체론적 관점: 문제의 객관적 실체 규명 및 정확한 묘사를 중시
  - 구성론적 관점: 분석가의 사고의 투사에 의하여 문제가 형성된다고 보고 주관성을 강조
  - 종합적 관점: 객관적인 실체론적 관점과 주관적인 구성론적 관점의 종합적 관점
- 정책문제의 특성(Dunn)
  - 주관성(subjectivity) 및 인공성(artificiality)
  - 가치판단의 함축성(significance)
  - 역동성(dynamics) 및 가변성(changeability)
  - 차별적 이해성(differential interest)
  - 정치성(political implication)
- 바람직한 정책문제 정의를 위한 3가지 관점
  - 인간의 존엄성 실현
  - 근본적 문제의 추구
  - 사회경제적 약자에 대한 우선 배려

◎ 정책목표의 설정

- 정책문제와 정책목표
  - 정책문제의 정의는 목표설정의 전제
  - 정책문제에 대한 구성요소의 정의로부터 정책목표 종류가 결정
- 바람직한 정책목표의 요건
  - 목표내용의 적합성(appropriateness)
  - 목표수준의 적절성(adequacy)
  - 내적 일관성(consistency)

◎ 정책대안의 분석(Ⅰ): 정책대안의 탐색·개발

- 정책대안의 탐색·개발의 의의

▸ 최선의 정책대안 선택을 위한 '광범위한 정책대안 식별'의 중요성 인식

▸ 창조적 탐색을 위한 '가치 비판적 발전관'의 중요성 강조

◘ 정책대안의 원천: 창의력, 경험, 관련문제의 이론, 정책이해관계 당사자

◘ 정책대안의 탐색·개발 방법

▸ 점증주의적 대안탐색

▸ 창조적 대안탐색: 대면적 토론법, 브레인스토밍, 정책델파이

◘ 정책대안의 설계

▸ 정책대안 설계의 일반적 절차

▸ 정책대안설계표 작성

▸ 정책설계에 영향을 미치는 요인 고려

◎ 정책대안의 분석(II): 정책대안의 미래예측

◘ 정책대안의 미래예측

▸ 미래(개연적 미래, 규범적 미래, 가능한 미래)와 예측

▸ 미래예측 목적: 정보 제공, 정책 통제, 미래가치에 대한 예견

◘ 미래예측과 불확실성(uncertainty)

▸ 불확실성: 정책문제 원인 불명확, 정책목표 설정 어려움, 대안탐색·결과예측 어려움

▸ 불확실성에 대한 적극적·소극적 대처

◘ 정책대안의 미래예측 방법

▸ 주관적 방법: 정책델파이 등 전문가의 식견에 의한 미래예측

▸ 객관적 방법: 계량분석; 연장적 방법, 인과적 방법(선형적 방법, 비선형적 방법)

◘ 미래예측의 기법

▸ 이론적 예측: 이론모형, 회귀분석 등 계량분석

▸ 주관적 판단: 정책델파이 등 전문가의 식견에 의한 미래예측

◎ 정책대안의 분석(III): 정책대안의 비교평가

◘ 비교평가 기준 : 정책결정의 지침으로서, 효율성·민주성·성찰성의 3가지 차원으로 구성

◘ 정책분석의 기준

▸ W. Dunn: 소망성, 실현가능성

▸ Suchman: 노력평가, 성과 및 효과평가, 적정성 평가, 과정평가, 능률성 평가

▸ Nakamura & Smallwood : 목표달성도, 능률성 주민만족도, 정책수혜집단 대응도, 기관형성

▸ 수정 보완 I: 소망성에서 기존에 빠진 절차적 소망성 보완

▸ 수정 보완 II: 소망성에서 내용적 소망성을 성찰성 관점에서 보완

◘ 새로운 정책분석의 기준

▸ 성찰성(당위성): 적합성, 적정성, 형평성, 대응성

▸ 민주성(참여성): 절차적 민주성, 실체적 민주성

▸ 실현가능성: 정치적·경제적·사회적·행정적·법적·기술적 실현가능성

▸ 생산성(효율성): 효과성, 능률성(비용편익분석 및 비용효과분석) ⇒ 종합판정표의 활용 및 사례 적용

Chapter 7

핵심 Question!

Stage Model

◎ 정책분석 시 정책문제 정의의 중요성에 대해서 설명하라.

◎ 정책문제와 정책목표의 관계를 설명하되, 바람직한 정책목표 설정에 대해서 언급하라.

◎ 정책분석 시 정책대안을 탐색·개발하기 위한 주요 방법들을 설명하라.

◎ 정책대안의 미래예측 방법에 대해서 설명하라.

◎ Dunn의 정책분석 기준을 설명하라.

◎ 새로운 정책분석 기준을 절차적 민주성, 성찰성 관점에서 설명하라.

정책학 출제 최신경향&기출문제

CHAPTER 07 출제 최신경향

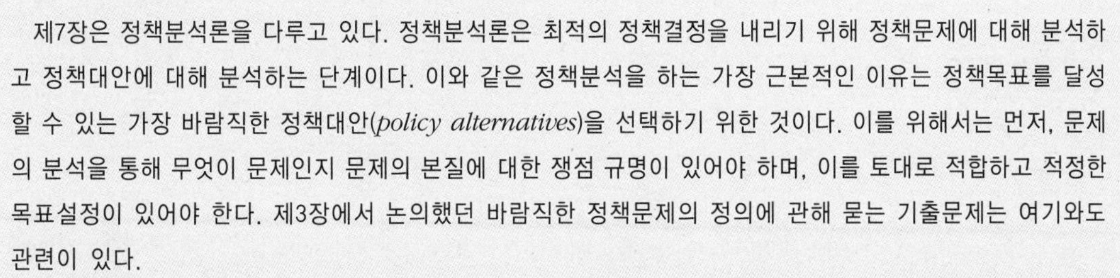

제7장은 정책분석론을 다루고 있다. 정책분석론은 최적의 정책결정을 내리기 위해 정책문제에 대해 분석하고 정책대안에 대해 분석하는 단계이다. 이와 같은 정책분석을 하는 가장 근본적인 이유는 정책목표를 달성할 수 있는 가장 바람직한 정책대안(*policy alternatives*)을 선택하기 위한 것이다. 이를 위해서는 먼저, 문제의 분석을 통해 무엇이 문제인지 문제의 본질에 대한 쟁점 규명이 있어야 하며, 이를 토대로 적합하고 적정한 목표설정이 있어야 한다. 제3장에서 논의했던 바람직한 정책문제의 정의에 관해 묻는 기출문제는 여기와도 관련이 있다.

정책문제의 분석과 목표의 설정이 이루어지면, 정책목표를 달성하기 위한 다양한 정책대안들을 탐색, 개발, 설계해야 하며, 정책대안 결과에 대한 미래예측을 토대로 비교 평가하여 최선의 대안을 선택하게 된다.

다음으로 정책대안의 탐색개발, 정책대안의 미래예측, 정책대안의 비교평가에 관한 문제는 꾸준히 출제되고 있다. 정책분석을 위한 미래예측, 정책대안의 평가기준으로서의 능률성과 형평성의 관계, 비용편익분석과 비용효과분석의 차이를 묻는 문제들이 바로 그것이다.

정책대안의 탐색개발에 대한 학습 시 대안의 개발·탐색과 순서에 대해 명확히 인지하는 것이 필요하며, 정책대안의 미래예측과 관련해서는 미래에 대한 불확실성의 문제와 이에 대처하기 위한 미래예측 기법에 대하여 학습하는 것이 바람직하다. 더불어 나타난 정책대안 간의 비교평가를 위하여 기준을 제시할 줄 알아야 한다.

특히 대안의 선택 시 정책분석의 기준으로서 W.Dunn의 분석기준: 소망성(효과성, 능률성, 형평성, 대응성, 적합성, 적정성), 실현가능성(정치적·경제적·사회적·법적·행정적·기술적 실현가능성), Suchman의 분석기준: 노력평가, 성과 및 효과평가, 적정성 평가, 과정평가, 능률성평가 등에 대하여 명확히 인지해둘 필요가 있다. 더불어 정책분석의 기준에 대한 수정보완으로서 대두된 성찰성(당위성), 민주성(참여성), 실현가능성, 생산성(효율성) 등에 대하여 학습해 두는 한편, 능률성과 형평성 등 대립되는 가치의 바람직한 해결방안에 대해서도 잘 정리해 둘 필요가 있겠다. 또한 정책대안의 비교평가 시 정책사례의 적용을 통하여 정책대안의 비교평가를 묻는 문제가 출제가 된 적이 있으므로, 사례와 접목시킨 학습이 요구된다.

본 장에서의 출제경향도 정책목표를 달성하기 위한 정책대안을 탐색, 개발하기 위한 접근모형과 접근방법, 분석기법 등의 관계를 비교, 설명하거나, 정책대안을 비교 평가하기 위한 정책분석의 평가기준을 설명하는 문제가 주로 출제되고 있다. 그러므로 정책분석의 이론적 모형과 접근방법, 분석기법 등 비교 설명할 수 있도록 각 분석기법의 논점을 정확하게 파악하는 것이 중요하다. 또한 정책분석의 평가기준을 비교, 설명하고, 실제 사례와 연계하여 각 분석단계별로 정책대안을 분석하는 과정을 예를 들어 설명할 수 있도록 잘 정리해 둘 필요가 있다.

고시기출문제 다음 글을 읽고 물음에 답하시오[2017년 행시].

> 최근 경향을 보면, 정책환경의 불확실성이 높아지고 복잡성이 가속화되고 있는 것이 현실이다. 구체적으로 보면, 기후변화 등 불확실성(Uncertainty)의 증가로 미래에 어떤 일이 어떻게 발생할지 알기가 더욱 어려워졌다. 또한 인공지능, 빅데이터 등 급속한 기술발전과 융합으로 묘사되는 4차 산업혁명의 도래는 정책환경의 복잡성(Complecity)을 증가시키고 있다. 이는 정책문제를 해결하는데 고려해야 할 변수들 간의 관계가 매우 다양하고 많아졌다는 것을 의미한다.

1) 정책의 불확실성에 대응하기 위해 정책결정 이전 단계에서 활용될 수 있는 대표적인 정량적 분석방법과 정성적 분석방법을 각각 설명하고, 그 활용방안을 사례를 통해 제시하시오. (20점)

답안작성요령 1-1

핵심 개념: 정책분석의 수단

1) 정책분석방법의 다차원화: 정책학은 정책철학과 정책과학의 합성어로써, 정책분석의 핵심은 인과관계의 과학적 규명(*causal relationship*)이라 할 수 있다. 즉, "왜 이런 현상이 발생했는지? 그 근본원인은 무엇인지?"에 대한 과학적 탐구(*scientific inquiry*)로부터 출발하여야 한다. 특히, 그 과학적 탐구에는 정책의 성공인자와 실패인자에 대한 근본적 규명이 핵심으로써, 이를 위해서는 연구방법의 다양화가 요구되는 바이다. 이를 위한 탐구방법으로는 정량적 분석방법(양적 분석)과 정성적 분석방법(질적 분석)으로 구분할 수 있으며, 둘 간의 상호보완적 관계 속에서 종합적 관점에서의 진리규명에 도움을 준다.

* 정량적 분석방법: 회귀분석(신뢰도 분석, 타당도 분석), 요인 분석, 구조방정식 모형, Binary-data 분석을 위한 Logit/Probit 모형, DEA와 Post-DEA 등
* 정성적 분석방법: 정책델파이 기법, 시나리오 기법, 근거이론(Grounded Theory Approach), Q-방법론, AHP 분석, 민감도분석, 사회네트워크 분석, 시스템 다이내믹스(System Dynamics) 등

정책분석 수단의 유형 예시

1) 정량적 분석: 회귀모형

(1) 개념: 회귀분석은 독립변수가 종속변수에 미치는 영향력의 크기를 파악하고, 이를 이용하여 독립변수의 일정한 값에 대응하는 종속변수의 값을 예측하는 모형을 산출하는 방법이다. 이는 변수들 간의 선형관계를 추정하는데 유용한 기법으로써, 독립변수와 종속변수 간의 관계의 형태와 크기를 추정하는 통계방법이라고 할 수 있다. 이의 결과 값을 통해 정책분석가는 회귀분석을 통해 변수 간의 인과관계를 확인할 수 있고, 원인변수와 결과변수를 구체화 하게 한다는 점에서 큰 장점을 가진 분석도구라 할 수 있다.

(2) 특징: 회귀분석은 다음과 같은 가정을 전제로 하여야 한다. 첫째, 독립변수와 종속변수 간의 선형관계가 있어야 하며, 둘째, 오차항이 정규분포를 따르는지, 셋째, 오차항 분산의 동분산성, 넷째, 오차항 간, 혹은 독립변수 간의 상관관계가 없어야 한다. 만약 이러한 가정이 위배될 경우 결과값에 대한 신뢰도 및 타당도가 결여될 수밖에 없다.

2) 정성적 분석방법-정책델파이 기법(Policy Delphi)

(1) 개념: 델파이(*delphi*) 기법은 전문가들의 주관적 견해를 최대한 살리기 위해 전문가들끼리 반복적으로 의견을 수렴하는 것으로, 대규모 정책연구에서 중요하고 핵심적으로 사용되는 분석방법이다.

(2) 특징: 본래 델파이 기법은 고전적 델파이와 정책 델파이로 구분된다. 먼저, 고전적 델파이는 단순한 미래예측, 특히 미래의 사전 변화에 대한 전문가들 간의 함의 도출을 위해 개발된 것에 비해, 정책 델파이는 정책문제의 잠재적인 해결방안을 둘러싸고 다양하게 제기되는 의견들을 종합함으로써 바람직한 대안을 개발하는 방법이다. 즉, 정책 델파이는 다양한 이해관계자의 관점 및 입장에 대하여 종합적으로 의견을 수렴하고 근본 문제(*mega-problem*)의 해결을 위한 창의적으로 바람직한 대안을 개발하는 데 목적이 있다. 정책 델파이는 사전준비단계, 설문조사단계, 평가 및 정리단계를 거쳐 대안탐색을 마무리한다.

고득점 포인트: 활용방안 및 사례

현대사회는 문제에서 제시된 바와 같이 탈산업화, 탈근대화에 따른 불확실성이 증가하고 있으며, 4차 산업혁명의 도래, 사회문제의 복잡 다단화 등으로 인해 근본적 '메가문제'(*mega-problem*)가 자주 발생하고 있다. 저출산 고령화, 인구절벽, 청년실업, 양극화의 심화 등도 그러한 문제이다. 특히, 한국은 북한 핵, 사드 등 대중, 대미외교의 줄다리기, 통일문제 등과 관련한 외교안보의 이슈에 있어서 정량적 분석으로는 결코 불가능한 사악한 문제(*wicked problem*)들이 산재하고 있는 상황이다.

이러한 문제들은 독립변수, 종속변수 등 특정 변수에 기댄 정량적 분석방법으로는 접근하기가 어렵다. 다양한 환경하에 발생하는 경로를 제시하는 시나리오 기법 등을 토대로 정책 델파이 기법 등 정성적 분석방법을 활용할 필요가 있다는 점을 명확히 서술해 주는 것이 고득점에 유리할 것이다.

고시기출문제 미래의 정확한 예측은 정책결정에 있어서 매우 중요하다. 정책분석을 위한 예측방법의 유형과 유형별 대표적 분석기법에 대해 논하시오[2005년 행시].

답안작성요령

핵심 개념

본 문제는 미래예측의 유형과 그에 따른 분석기법을 묻고 있다. Dunn(1981)의 의견을 따를 때, 미래예측 방법의 유형은 경향치의 투사(*trend extrapolation*), 이론적 가정(*theoretical assumptions*), 주관적 판단(*subjective judgement*) 등의 세 가지로 접근할 수 있지만, 이는 결국, 이론적 모형에 의한 방법과 주관적 예측에 의한 방법으로 나눌 수 있다. 이론적 모형에 의한 방법은 경향치의 투사처럼 시계열자료에 의한 시계열 분석과 횡단면자료에 의한 횡단면 분석으로 나눌 수 있다.

미래예측 방법의 유형 및 주요 분석기법

이론적 모형에 의한 방법은 인과관계에 기초한 연구모형을 세우고 예측하는 연역적 방법과 데이터를 수집하여 예측하는 귀납적 방법이 있다. 이를 위해서는 이론모형, 최소자승법, 시계열분석, 시뮬레이션과 같은 분석기법이 사용된다.

주관적 예측에 의한 방법은 전문가 판단에 기초한 식견(*educated judgement*)을 바탕을 둔 예측방법이다. 주관이라고 하여 마음대로 하는 것이 아니라 전문가적 지식과 경험에 바탕을 둔 예측을 말한다. 이를 위해서 사용되는 분석기법에는 브레인스토밍(Brainstorming), 고전적 델파이(Classical Delphi), 정책 델파이(Policy Delphi), 교차영향분석(Cross Impact Analysis), 실현가능성 평가 기법(Feasibility Assessment Technique) 등이 있다.

예측의 접근방법, 근거, 기법 및 산물

접근방법	근거	기법	산물
이론적 모형	이론적 가정	이론모형(theoretical Model) 최소자승법(Least-Squares) 시계열분석(Time Series Analysis) 시뮬레이션(Simulation)	인과관계의 추정 (causality)
주관적 예측	전문가 판단	브레인스토밍(Brainstorming) 고전적 델파이(Classical Delphi) 정책 델파이(Policy Delphi) 시나리오 기법(Scenario Planning) 교차영향분석(Cross Impact Analysis) 실현가능성 평가 기법(Feasibility Assessment Technique)	전문가 예측 (prediction)

자료: 본서 제7장 미래예측 참조.

고득점 핵심 포인트

미래예측에서 말하는 foresight가 과거의 단순한 추세연장(*forecasting*)과 다른 점을 기술해 주면 좋을 것이다. 최근 유행하고 있는 미래예측, 즉 foresight는 단순한 계량기법에만 의존하지 않고, 정책 델파이, 시나리오 기법 등 다양한 질적 판단에 근거하여 미래에 다가올 가능성에 대한 다양한 정책대안을 고려함으로써 정책판단의 적실성을 제고해 준다. 이와 함께 정책 델파이와 시나리오 기법의 중요한 사례를 함께 언급해 주면 더욱 좋을 것이다(본서 제7장 정책대안의 미래예측 방법 및 제13장 정책 델파이와 시나리오 기법 참조 바람).

고시기출문제 정책대안의 평가기준으로서 능률성과 형평성의 관계에 대해서 설명하시오[2004년 행시].

답안작성요령

핵심 개념

본 문제는 정책대안의 평가기준으로서 능률성과 형평성의 관계를 묻고 있다. 능률성(*efficiency*)은 투입과 산출의 비율로서, '의도한 정책목표를 달성하는 데 얼마나 많은 노력이 투입되겠는가를 판단하는 기준'이 된다. 반면 형평성(*equity*)은 사람들을 평등하게 대해야 한다는 것으로서, '특정정책에 따른 비용이나 편익이 상이한 개인·집단에 얼마나 고르게 배분되겠는가를 판단하는 기준'을 말하는 바, 먼저 개념을 정확하게 구분해줄 필요가 있다.

정책대안의 평가기준으로서의 능률성과 형평성

정책대안의 우선순위 등을 삼기 위한 평가기준은 그 설정의 어려움으로 본서에서 밝힌 바와 같이 여러 학자들에 의하여 제시된 바 있다. 그 가운데 Dunn은 정책분석의 포괄적인 기준으로서 소망성과 실현가능성 차원을 제시하였다. 능률성(*efficiency*)과 형평성(*equity*)은 바로 소망성(*desirability*, 대안의 결과가 얼마나 바람직스러운 것인가) 차원에서 중요한 평가기준이 된다.

능률성과 형평성의 차이점: 핵심 개념 및 주요 내용

구분	핵심 개념	주요 내용
능률성	산출/투입	산출/투입(비용)으로서 정책효과/정책비용
	정책비용	정책 추진 시 희생되는 가치
	비용효과분석	파레토최적(Pareto Optimum)·칼도 힉스(Kaldor-Hicks)
형평성	수평적 형평성	동등한 여건에 있는 사람을 동등하게 취급
	수직적 형평성	동등하지 않은 여건에 있는 사람들을 동등하지 않게 취급
	형평성 판단기준	제한적·포괄적 공평, 개인적·블록 간 공평, 존 롤스의 정의론 등

자료: 본서, 정책분석의 기준 및 용어해설 참조.

고득점 핵심 포인트

능률성과 형평성 모두 정책분석의 포괄적 기준인 소망성에 대한 평가기준으로서 중요시되고 있지만, 소망성 평가의 한계로서 능률성과 형평성은 이질적 가치로서 종합화가 매우 곤란하며, 현재화된 미래가치의 문제를 지니고, 특히 기준 간의 모순과 갈등을 일으킬 수 있다는 차별성을 지니고 있다. 따라서 능률성과 형평성 간의 차별점을 부각시키되 정책사안에 따라 중요성의 적용 우선순위가 달라질 수 있다는 맥락지향적 접근이 필요하다. 예컨대, 방사성폐기물 입지선정과 같이 순수한 지질학적, 과학적 근거에 의해서 비용편익분석이 매우 중요한 경우가 있는가 하면, 지역균형발전과 같이 지역발전의 형평적 고려가 중요한 가치가 되는 경우도 있다. 양자가 충돌할 경우에도 정책사안에 따라 판단할 일이긴 하지만, 형평성은 민주성과 관련하여 보다 상위적 가치에 해당하므로 능률성에만 매몰되어 판단하는 근시안적 정책판단은 피해야 할 것이라는 점을 분명히 해주는 게 좋을 것이다.

정책학에서 그토록 강조하는 인간의 존엄성은 경제적 기준으로만 실현될 수 없기 때문이다(본서 제7장 정책대안의 분석(Ⅲ): 정책대안의 비교평가, 특히 성찰성 논의 참조 바람).

고시기출문제 정책분석에 사용되는 비용편익분석(cost-benefit analysis)과 비용효과분석(cost-effectiveness analysis)의 개념을 설명하고 적용상의 차이점을 논하시오[2009년 행시].

답안작성요령

핵심 개념

본 문제는 정책분석의 핵심 수단이 되고 있는 비용편익분석과 비용효과분석의 개념과 이들 간의 차이점을 묻고 있다. 정책분석을 하는 가장 근본적인 이유는 정책목표를 달성할 수 있는 가장 바람직한 정책대안을 선택하기 위한 것이다. 따라서 올바른 정책결정을 위해서는 정책분석이 불가피한데, 그 중 대표적인 방법이 비용편익분석과 비용효과분석이라는 점에서 이들 간의 명확한 이해가 필요하다.

비용편익분석과 비용효과분석의 개념

비용편익분석(*cost-benefit analysis*)은 정책대안의 능률성분 아니라, 정책대안의 비교·평가를 위한 기본논리를 제공해 줌으로써 정책대안의 분석에 가장 많이 활용되고 있는 기법 중의 하나이다. 이는 각 대안의 실행에 필요한 비용과 대안이 가져오게 될 편익을 체계적으로 비교·평가함으로써, 어떠한 정책대안이 희소자원을 가장 효율적으로 사용하게 될 것인가를 찾아내는 분석기법이다(권기헌, 2008: 266).

비용효과분석이란 비용과 효과를 화폐적 가치로 환산하기 힘든 경우에 이용되는 기법으로 각 대안들의 비용이 동일하여 "효과만" 비교하면 되는 경우 각 대안들의 효과가 동일하여 "비용만" 비교하면 되는 경우에 용이하다(권기헌, 2008: 267).

비용편익분석과 비용효과분석의 비교

비교	비용편익분석(B·C분석)	비용효과분석(E·C분석)
측정단위	비용·편익 모두 화폐가치로 측정	효과(편익)의 현재가치 계산이 힘들 때 사용 → 효과(산출·결과)를 물건·서비스 단위로 표현, 측정단위가 다양
변화요소	가변비용 또는 가변편익의 문제유형분석 - 비용과 편익이 같이 변화	고정비용 또는 고정효과의 문제유형분석 → 비용이나 효과 중 하나가 반드시 고정(비용일정 시 최대효과, 효과일정 시 최소비용)
적용범위	동종사업 간이나 이종사업 간 비교에 모두 활용	동종사업 간 비교 시 사용. 이종사업 간 비교가 곤란
중점	경제적 합리성(economic rationality) 능률성 중시	목표·수단 간 기술적 합리성(technical rationality) 효과성 분석

시관	장기분석에 이용	단기분석에 이용
이용대상	양적 분석에 적합	(1) 외부경제, 무형적·질적 가치의 분석에 적합 (2) 공공재나 준공공재에 적용 용이

자료: 정경호, 핵심정책학, 2011에서 수정.

고득점 핵심 포인트

본 문제는 정책결정이 올바르게 이루어지기 위하여 수반되어야 하는 정책분석에서 대표적으로 사용되고 있는 비용편익분석과 비용효과분석에 대하여 묻고 있다. 두 가지 기법은 다소 혼동될 수 있기 때문에 우선 개념에 대한 명확한 이해가 수반되어야 하며, 이들을 실제로 적용함에 있어서 나타나는 여러 가지 차이점에 대하여 숙지하고 있는 것이 요구된다(본서 제7장 비용편익분석, 비용효과분석 참조 바람; 졸저, 정책분석론(박영사, 2010), 제7장 정책대안의 분석(Ⅲ) 참조 바람).

정책집행론 08

정책은 산출되고 실행되는 데 있어 일정한 단계를 거치며, 그 자체가 일련의 진화과정을 거치는 생명주기를 갖는다. 즉, 정책은 정책의제설정에서부터 정책결정, 정책집행, 정책평가, 정책변동에 이르기까지 일련의 복잡하고 동태적인 연속 순환 과정을 거친다. 전통적 과정모형에서는 정책과정을 '정책의제설정-정책결정-정책집행-정책평가-정책변동'의 단계로 구분하는데, 정책집행은 정책과정에서 볼 때 정책의제설정과 정책결정 이후에 이루어지는 단계이고, 또한 정책결정과 정책평가를 연결하는 고리의 역할을 하는 단계이기도 하다. 종래에는 정책을 결정하고 나면 바로 정책의 효과 또는 영향이 나오는 것으로 가정하였다. 그러나 정책이 어떻게 집행되느냐에 따라 정책의 효과가 나타나게 된다. 즉 정부가 아무리 중요하고, 훌륭한 정책안을 입안하였다 할지라도 정책집행이 이루어지지 않거나, 또는 원래 의도한 방향으로 집행이 이루어지지 않으면 정책이 본래 의도한 효과가 발생하지 않기에 정책집행의 중요성은 매우 큰 것이다.

과거 전통적 관료제 모형하에서는 정책집행에 있어서 일방향적·기계적·자동성·하향식 모형을 중시하여 정책결정이 중요하고 정책집행은 결정사항을 자동적·기계적으로 따르는 사항으로 보았으나, 현대 정책이론에서 강조되는 거버넌스 패러다임하에서는 정책집행에 있어서 복합성·동태성·순환성·상향식 모형의 중요성이 강조되고 있어 정책집행 그 자체가 연구대상으로 부각되고 있다.

제8장 정책집행론은 이러한 의의를 지닌 정책집행론에 대해서 학습한다. 제8장 정책집행론에서 다루는 내용은 크게 두 가지, 정책집행의 의의 및 단계와 정책집행이론으로 분류된다. 먼저, 정책집행의 의의 및 단계에서는 정책집행의 의의와 대두배경, 정책집행의 성공과 실패요인, 정책집행의 단계에 대해서 학습하며, 정책집행이론에서는 하향적 접근방법, 상향적 접근방법, 통합적 접근방법 등에 대해서 학습한다. 특히

정책집행의 성공과 실패요인은 실제 정책성공 및 실패 사례와 연계하여 학습함으로써 현실적합성 높은 정책집행이론을 공부하기로 한다.

제 1 절 정책집행의 의의 및 단계

제1절에서는 정책집행론의 첫 번째 단계로서 정책집행의 의의 및 단계에 대해서 학습한다. 정책집행의 의의, 중요성, 대두배경, 정책집행의 성공과 실패요인, 그리고 정책집행의 단계 등에 대해서 학습한다.

정책집행은 정책과정에서 볼 때 정책의제설정과 정책결정 이후에 이루어지는 단계이고, 또한 정책결정과 정책평가를 연결하는 고리의 역할을 하는 단계이기도 하다. 종래에는 정책을 결정하고 나면 바로 정책의 효과 또는 영향이 나오는 것으로 가정하였다. 그러나 정책이 어떻게 집행되느냐에 따라 정책의 효과가 나타나게 된다. 즉 정부가 아무리 중요하고, 훌륭한 정책안을 입안하였다 할지라도 정책집행이 이루어지지 않거나 또는 원래 의도한 방향으로 집행이 이루어지지 않으면 정책이 본래 의도한 효과가 발생하지 않기에 정책집행의 중요성은 매우 큰 것이다.

제1절에서 다루는 내용은 크게 두 가지로 분류된다. 먼저, 정책집행의 의의와 대두배경, 정책집행의 성공과 실패요인에 대해서 살펴보고, 정책집행의 단계에 대해서 검토한다. 특히 정책집행의 성공과 실패요인은 실제 성공 및 실패 사례와 연계하여 학습함으로써 정책집행의 실사구시적 문제해결 능력을 제고시키고자 한다.

1. 정책집행의 의의와 배경

1) 정책집행의 의의

정책집행이라는 개념은 다양하게 정의되고 있다. Pressman과 Wildavsky는 정책집행을 "정책을 수행하고(*to carry out*), 달성하며(*to accomplish*), 실현시키고(*to fulfill*), 완성하는(*to complete*) 행위"라고 정의를 내린다. 그들은 또한 "목표설정활동과 목표달성활동 간의 상호작용", "예견된 결과를 달성할 수 있는 능력" 등 집행이라는 용어를 다양하게 정의내리고 있는데, 그들의 정의에서 강조되고 있는 점은 행위지향성과 목표지향성이라고 볼 수 있다. 즉, Pressman과 Wildavsky는 정책에 포함된 목표 혹은 내용을 구체적으로 달성하는 행위를 정책집행으로 보았다(J. Pressman and A. Wildavsky, 1973: 8).

정책집행의 단일 방향성과 활동의 측면을 중시한 Van Meter와 Van Horn은 정책집행을 "정책결정에서 미리 설정된 목표를 달성하기 위하여 정부부문 및 민간부문의 개인이나 집단이 수행하는 활동"이라고 정의함으로써, 정책집행에 참여하는 개인 및 집단의 심리적 요인을 강조하고 있다(Van Meter and Van Horn, 1975: 447).

Jones는 Pressman과 Wildavsky의 정의가 구체적이지 못하다고 비판하며, 정책집행을 "공공문제해결에 관한 구체적인 제안인 프로그램을 실천에 옮기기 위한 활동"이라고 정의하면서 정책집행과정의 행위성, 동태성, 문제해결지향성을 강조하였다(C. O. Jones, 1977: 139). 또한 M. Rein과 F. Rabinovitz는 정책집행을 "상호권력 관계와 협상을 핵심적 요소로 하는 순환과정을 창출하는 수많은 정책행위자들이 정부에 대한 선호를 표명하는 것"으로 정의를 함으로써, 이전의 단일방향적 시각으로부터 탈피하였고, 정책집행을 순환적 과정으로 보는 Nakamura와 Smallwood는 집행을 "권위 있는 정책지시를 실천에 옮기는 과정으로서, 그 과정은 결코 용이하지도 않고 자동적이지도 않다"(R. Nakamura and F. Smallwood, 1980: 1)고 정의하는 등 실로 많은 학자들이 그들 나름의 독특한 시각을 반영하여 정책집행의 개념을 정의하였다.

지금까지 살펴본 여러 학자들의 견해를 종합해 보면, 정책집행(*policy implementation*)이란 일련의 전체 정책과정 가운데, "정책결정과 정책평가 단계 사이에서 이루어지는 실천적 단계로서, 권위 있는 정책내용을 구체화하기 위한 실현 활동"으로 이해할 수 있다. 즉 정책의 내용을 구체적으로 실현하는 활동 또는 과정을 정책집행이라고 할 수 있다.

2) 정책집행과 미래예측

정책집행은 정책과정에서 볼 때 정책의제설정과 정책결정 이후에 이루어지는 단계이고, 또한 정책결정과 정책평가를 연결하는 고리의 역할을 하는 단계이기도 하다. Pressman과 Wildavsky (1973)는 정책집행을 "정책을 수행하고(*to carry out*), 달성하며(*to accomplish*), 실현시키고(*to fulfill*), 완성하는(*to complete*) 행위"라고 정의하면서, 정책집행에 있어서 "목표설정활동과 목표달성활동 간의 상호작용", "미래의 예견된 결과를 달성할 수 있는 능력" 등 정책집행의 미래지향성 및 목표지향성을 강조한다(J. Pressman and A. Wildavsky, 1973: 9).

종래에는 정책을 결정하고 나면 바로 정책의 효과 또는 영향이 나오는 것으로 가정하였으나, 정책결정한 대로 정책집행의 효과가 자동적으로 나타나지 않았다는 점이 관찰되면서 정책집행연구를 독자적 영역으로 강조하는 현대적 집행이론들이 등장하게 되었다. 정책결정을 한 정책내용을 정책집행 단계에서도 다시 한번 더 집행현장의 상황에 맞게 미래예측, 목표설정, 여건분석 등의 정책기획활동이 필요하게 된 것이다.

3) 정책집행연구의 대두배경

정책학이 본격적으로 연구되기 시작하였던 1960년대의 정책학자들은 정책집행에 대한 연구를 소홀히 취급하였다. 즉, 당시의 학자들은 정책결정에 관한 연구를 중요시하였고, 상대적으로 정책집행연구는 소홀히 다루었다. 그 이유를 고전적 행정모형과 관련하여 살펴보고, 이어 학자들이 정책집행연구에 관심을 가지게 된 배경을 살펴보기로 한다.

(1) 고전적 행정모형

고전적 정책집행관은 정치·행정이원론 및 과학적 관리론에 기초하여 구성되었고, 이 모형은 정책과정에서 집행자들이 실제적으로 중요한 역할을 담당하지 못한다는 명시적인 가정에 기초하고 있다. 즉, 집행자를 결정자의 의도와 통제에 따라 움직이는 수동적인 존재로만 파악하면서 집행자의 정책에 대한 해석과 전략의 문제를 그다지 중요하게 다루지 않았다. 그리고 이러한 고전적 정책집행관은 정책집행보다는 정책결정의 중요성을 주장하였고, 따라서 정책집행에 관한 연구는 미흡하였다. 하지만 현대적 정책집행 과정이 정책결정연구로만 해석하기에는 훨씬 복잡하고 어려운 과정이라는 것이 밝혀지면서 정책집행에 대한 연구가 시작되었다. 따라서 고전적 정책집행관의 근간이 되었던 행정모형을 살펴본다면 정책집행연구가 대두된 배경을 쉽게 살펴볼 수 있다.

고전적 행정모형의 특징은 계층제, 정치·행정이원론, 능률지상주의이다.

첫째, 고전적 행정학은 계층적 조직관에 입각하고 있고, 따라서 행정조직은 집권적이며 피라미드적 계층제를 이루고 있다. 즉, 정책결정은 피라미드의 정점(상급자)에서 이루어지며, 정책결정자가 이러한 정책을 집행자(하급자)에게 구체적인 지시의 형태로 전달하면, 집행자는 정책결정자로부터 전달된 정책지침에 명시된 바에 따라 구체적인 지시를 신속하게 자동적으로 그리고 충실하게 실천에 옮긴다는 것이다. 따라서 이런 고전적 행정모형에서는 정책의 집행문제가 중요시되지 않았다.

둘째, 행정은 정치로부터 엄격히 구별될 수 있을 뿐만 아니라, 구별되어야 한다는 정치·행정이원론에 기초를 두고 있었다. 정치·행정이원론은 광범위한 정부활동이 계획, 즉 정책을 수립하는 것은 행정에 속하는 것이 아니라 정치의 영역에 속하는 것이고, 행정은 단지 정치에서 수립한 정책을 구체적으로 집행하는 것이라 한다. 따라서 집행으로서의 행정은 중립적이고 전문화된 비정치적 활동으로서 과학적인 합리성의 원리에 입각하여 수행될 수 있다고 보는 것이었기에 정책집행은 중요한 문제가 되지 않았다.

셋째, 고전적 행정모형은 능률지상주의를 특징으로 한다. 고전적 행정모형에서 말하는 능률성의 특징은 행정체계를 기계의 엔진과 같은 것으로 보고, 거기에 투입되는 인간적 요소를 엔진에 소모되는 연료의 양과 똑같이 취급하여 단위화할 수 있는 것으로 보았다. 이것을 행정조직에 적용하면, 조직의 상층부에서는 중요한 결정을 내리고, 하층부에서는 이를 기계적으로 수행하는 것이 능률의 향상을 가져오는 것으로 인식되고, 따라서 정책의 집행문제가 중요시되지 못했던 것이다.

이를 종합해보면, 고전적 행정모형에서 행정조직은 계층제로 이루어져 있기 때문에 하향식 명령체계에 따라 상층부에서 이루어진 정책의 내용을 하층부에서는 아무런 재량 없이 자동적으로 집행만 하면, 행정이 의도한 소기의 목적을 능률적으로 달성할 수 있다고 보았으며, 그 결과 정책의 집행문제에 대해서 중요하게 생각하지 않았던 것이다.

(2) 정책집행연구의 대두배경

고전적 행정모형에서는 일단 정책이 결정되고 나면 이에 관한 집행은 별다른 문제없이 잘 이루어질 수 있다고 가정하였는데, 많은 학자들이 실제의 사례를 대상으로 연구한 결과 그렇지 않다는 것이 입증되었다. 특히 Pressman과 Wildavsky가 〈Implementation(집행론)〉을 발간한 1973년을 기점으로 하여, 정책집행에 대한 연구가 급격히 늘어나기 시작하였다.

우리나라의 경우에도 최근에 들어 사회 분야의 정책이 많이 수립되고 복잡한 정책의 집행이 많은 문제를 제기하고 있으며, 국회와 사법부의 독립성이 이전보다 강화되었고, 지방자치단체의 독립성이 커져감에 따라 정책집행에 대한 연구의 중요성은 점점 더 커지고 있다. 특히, 국회의 전문성이 강화되면서 정책입법이 많아지고, 헌법재판소의 국정판단기능이 강화되면서, 기존의 행정부 중심의 정책집행은 좀 더 복잡성과 동태성을 띠게 되면서, 정책네트워크를 중심으로 한 정책집행 연구의 중요성은 더욱 더 커지고 있다.

4) 정책집행의 성공과 실패

정책집행의 성공과 실패는 정책집행론 분야에서 연구되어야 할 가장 중요한 개념 중의 하나임에도 불구하고, 아직 이에 대한 명확한 개념의 정립이 이루어지지 않고 있다. 정책의 실패는 집행과정에서 원래 의도한 정책목표가 달성되지 못한 상태를 의미한다. 하지만 이러한 광의의 정책실패도 집행 자체가 이루어지지 않아서 실패한 불집행(*non-implementation*)과 집행이 이루어졌으나 집행산출이 나타나지 않은 집행실패와 집행산출은 나타났으나 집행성과가 나타나지 않은 정책실패로 나눌 수 있다.

Hogwood와 Gunn은 정책결정이론에서 합리모형이 가정하는 것과 같은 의미에서의 '완전한 집행'(*perfect implementation*)은 다원주의 사회에서 일어날 수 없으며, 따라서 정책집행에서 '완전한'의 의미는 이상적 형태로서가 아니라 분석적 개념으로 파악해야 된다고 주장하였다(B. W. Hogwood & L. A. Gunn, 1984: 198-204). 즉, 정책집행의 실패란 정책집행 과정 중에 발생하는 문제로 규정하고, 실패의 유형을 '불집행'(*non-implementation*)과 '성공적이지 못한 집행'(*unsuccessful implementation*)으로 구분하였다.

집행과정의 특성과 집행의 성과 사이의 구별을 주장하는 Goggin은 성공적 집행이 프로그램의 성공을 보장해 주는 것은 아니라고 주장하면서, 정책집행의 성공 및 실패를 네 가지로 유형화하였다. 즉 그는 정책집행의 결과를 성공과 실패로 구분하지 않고, 성공의 정도에 따라 ① 불집행(*non-implementation*), ② 탁상집행(*paper implementation*), ③ 적응적 집행(*adjusted implementation*), ④ 조정된 집행(*coordinated implementation*) 등으로 구분하고, 이들 중 가장 성공적인 집행을 조정된 집행으로, 가장 성공적이지 못한 집행을 불집행으로 보고, 이 중 불집행과 탁상집행을 정책집행상의 실패라고 규정하였다.

한편 이들과는 달리 Levin과 Ferman은 미국에서 성공적으로 집행된 9개의 정책사례를 중심으로, 효과적 정책집행의 조건을 제시하기 위한 연구에서 정책의 성공과 실패의 기준으로서, ① 목표달성의 심각한 부작용(*side-effect*), ② 달성 시기(*timing*)의 지연, ③ 과도한 재정(*budget*) 투입 등을 실패 기준으로 제시하였다(M. A. Levin and B. Ferman, 1986: 146).

위에서 살펴본 정책집행의 성공 및 실패에 대한 이들의 주장을 종합하여 정리해 보면, 정책집행의 성공 혹은 실패의 개념 속에는 다음과 같은 특성이 내포되어 있음을 발견할 수 있다.

첫째, 정책집행의 실패 또는 성공의 개념은 양극화할 수 있는 개념이라기보다는 연속된 개념으로서 파악할 수 있다.

둘째, 정책집행의 성공과 실패는 양의 개념으로서 뿐만 아니라 질의 개념으로서도 평가될 수 있다.

셋째, 정책집행의 성공과 실패는 단일차원의 개념이라기보다는 다차원의 개념이다. 즉 정책집행의 성공과 실패는 집행과정상(*implementation process*)의 평가 기준에 의해서도 평가될 수 있고, 또는 집행산출(*implementation output*) 및 집행성과(*implementation outcome*)의 기준으로서도 평가될 수 있는 개념이다.

용어해설

불집행, 집행실패, 정책실패

정책목표와 정책수단 사이에 존재하는 인과관계는 흔히 이론(*theory*)으로 불리는 것이며, 잘못된 이론에 따라 정책수단을 잘못 선택하면 정책수단과 목표 사이에 인과관계가 존재하지 않아 정책효과가 나타나지 않게 된다. 즉, 정책에 인과이론이 없다면 아무리 정책이 충실히 집행되어 집행의 산출물(*output*)이 나오더라도 정책목표가 지향하는 성과(*outcome*) 또는 정책효과(*effect*)를 기대할 수 없게 된다. 그러므로 집행이 시도되었으나 집행의 산출물이 나타나지 않은 경우를 집행실패라고 하고, 집행의 산출물은 있었으나 집행성과가 나타나지 않은 경우를 정책실패라고 한다. 이 때 집행 자체가 이루어지지 않은 것은 불집행(*non-implementation*)이라고 하여, 집행실패 및 정책실패와는 구별한다.

5) 정책집행의 성공요인

(1) 성공적인 정책집행의 개념

(가) 목표달성의 정도

성공적인 정책집행이란 정책이 설정한 목표를 얼마나 잘 달성했는가 하는 것으로 판단할 수 있다. 이 때의 성공적인 정책집행이란 효과성이 높은 정책집행을 말한다. 하지만, 목표란 무엇을 말하며, 공식적인 목표의 달성을 가지고 성공적인 집행이라고 할 수 있겠는가에 관하여는 많은 논란이 있다는 점을 유의하여야 한다(유훈, 1999: 376-378). 즉, 목표달성과 함께 목표달성에서 나타난 부작용의 정도도 고려되어야 한다.

목표달성도

서울시의 인구집중과 과밀화와 이로 인한 교통난 해소를 목표로 실시한 판교 신도시 개발 정책은 비록 서울시의 통계적 인구감소라는 측면에서는 성공하였다고 할 수 있지만, 수도권 전체의 비대화와 오히려 가중된 교통난이라는 역효과를 발생시켰다. 또한 환경 친화적인 국토의 균형 발전이라는 장기적인 목표에 소홀했다는 점에서 성공한 정책사례라고 할 수는 없다.

(나) 목표달성의 원활성

목표달성의 부작용과 함께 고려할 수 있는 것은 목표달성의 원활성이다. 정책집행이 얼마나 원활하게 이루어졌느냐에 따라서도 성공여부를 판단할 수 있다. 많은 논란과 우여곡절 끝에 목표가 달성된 경우에는 성공적인 집행이라고 보기 어렵고, 정책의 부작용이 더 클 수도 있다는 것이다.

원활성

대북지원정책이 남북관계의 긴장완화라는 목표를 달성하였다고 보아 성공적인 정책이라 보는 사람들이 있지만, 정책실시 과정에서 우리나라 내부의 좌우성향을 보이는 집단의 갈등이 컸음을 이유로 실패한 정책이라고 보는 사람들도 있다.

(다) 소요시간 및 예산

정책집행에 소요되는 시간 혹은 비용으로 정책의 성공 여부를 판단하는 경우도 있다. 설사 소기의 목표를 달성했다 하더라도 당초 예정한 시일보다 많은 시간이나 예산이 소요되었을 때에는 성공적인 정책집행이라고 보기 어렵다는 것이다.

> **소요시간**
>
> 서울시 용산 청과시장의 가락동 이전은 목표를 달성하긴 하였으나, 제1차, 제2차 이전명령이 실패로 돌아가고, 제3차 이전명령이 겨우 집행되어 그 소요시간을 둘러싸고 집행의 성공여부의 문제가 제기되었다.

(라) 요 약

성공적인 정책집행은 먼저 정책의 집행이 이루어졌는가에 대한 판단이 있어야 한다. 이러한 불집행의 전제를 제외한다면, 집행이 이루어진 경우에도 1) 목표달성의 정도는 어느 정도였는가, 2) 목표달성 과정의 원활성은 어느 정도였는가, 3) 목표달성의 심각한 부작용은 없는가, 4) 소요시간 및 재정투입은 적절했는가 등을 기준으로 판단할 수 있다. 즉, 성공적인 정책집행이란, 1) 집행이 이루어지고 목표달성이 실현된 경우로서, 2) 큰 논란 없이 달성하였고, 3) 집행에 따른 부작용도 심각하지 않으며, 4) 설정된 목표가 예정된 기한과 예산을 크게 초과하지 않으면서 달성된 경우를 말한다고 할 수 있다.

(2) 정책집행의 성공에 미치는 영향 요인

(가) 정책결정자 및 정책관련집단의 지지(Leadership & Commitment)

① 최고 정책결정자의 관심과 지원

대통령 또는 의회 등과 같은 정책결정자는 정책집행기관에게 집행해야 할 업무를 지시하고, 집행에 필요한 각종 자원의 분배에 관한 권한을 소유하고 있다는 점에서 정책집행에 중대한 영향을 미친다. 즉, 최고 정책결정자는 정책이 집행되는 과정에서 정책집행자들에 대한 지휘, 통솔, 감독 등을 담당하게 되는데, 정책결정자가 정책집행의 성공적 추진을 어느 정도 중시하느냐는 정책집행의 성패에 매우 중요한 요인이 된다. 또한 정책결정자의 지지는 집행에 필요한 인적, 물적 자원의 획득이나 여러 가지 제약조건을 극복하는 데 매우 중요한 역할을 수행하게 된다. 특히 대통령중심제하에 있는 우리나라의 경우 대통령의 지원 여부는 거의 결정적이라고 할 만큼 정책집행의 성공여부와 직결된다.

쉬어가는 코너

루즈벨트의 이야기

정책집행과 관련한 대통령의 변혁적 리더십의 사례로는 루즈벨트 리더십을 들 수 있다. 루즈벨트Franklin D. Roosevelt는 1930년대 대공황의 경제위기를 타개하기 위해 뉴딜정책을 추진했다. 당시 미국은 1776년 건국이후 처음 겪는 심각한 경제위기 상황이었다.

루즈벨트 이전까지는 정부의 시장 개입은 시장자본주의 경제원리에 반하는 것으로 생각했다. 하지만 루즈벨트는 정부의 개입을 강조하여, 자유방임주의에서 벗어나, 때론 계획경제에 의해 국가경제를 활성화시킬 필요가 있다고 보았다. 이에 따라 미국 국민을 위한 뉴딜정책을 제안한 것이다.

세계적인 대공황 이 난국에 뭘 해야 하고, 어떻게 해야 하나? 실업을 극복하는 방법에는 무엇이 있을까? 금융기관의 연쇄도산을 막기 위한 방법은 무엇일까? 지금까지의 균형재정정책은 적절한 것일까? 적자재정이 미국 경제에 악영향을 끼치진 않을까? 정부의 시장경제 개입은 어느 정도까지가 적절한 것일까? 일련의 정책 효과성을 높이는 방법에는 무엇이 있을까? 국민들의 막연한 두려움을 해소하는 방안은 무엇일까?

루즈벨트 대통령은 국민들에게 국가의 현재 상황을 솔직하게 전달하고, 희망의 메시지를 지속적으로 전달하고자 노력했다. 루즈벨트의 리더십은 국민적 위기상황에서 경제위기 극복, 사회정의 실현, 그리고 민주주의 수호라는 명확한 목표를 설정하고, 구성원들에게 자발적인 의지와 욕구를 끊임없이 불러일으킨 변혁적 리더십Transformational Leadership으로 평가받을 수 있다.

자료: 저자의 졸저, 『행정학 콘서트』, 45쪽

② 정책관련집단의 지지

정책관련집단이란 정책의 집행과정에 직·간접적으로 참여하여 영향력을 행사하는 개인, 조직 또는 집단을 의미한다. 이들로는 일반 대중, 여론, 대중매체, 이익집단 등이 있다. 이러한 관련 집단들의 정책집행에 대한 지지는 정책집행의 성패에 중대한 영향을 미친다. 특히 정책홍보가 강조되는 요즘 대중매체의 경우, 사회 경제적 여건의 변화와 그에 대한 일반 대중 및 정치 엘리트의 인지를 연결시켜주는 매개변수적 역할을 하기 때문에, 다른 집단들보다 정책집행에 대한 영향력이 더 크다고 할 수 있다.

(나) **프로그램설계(Program Design)**

① 단순한 설계

정책을 성공적으로 집행하기 위해서 프로그램의 설계는 단순해야 한다. Hogwood와 Gunn (1984)은 정책의 바탕을 이루는 인과관계의 연결고리가 길면 길수록 연결관계 사이에 상호관계의 수는 더욱 증가하게 되고, 이에 따라 정책집행은 더욱 복잡하게 되어 결국 정책집행은 실패할 가능성이 높다고 하였다. 정책프로그램 설계의 인과관계 연결고리가 길면 길수록 그들 연결고리 중의 어떤 것은 잘못 인지되거나 또는 잘못 실행될 위험성은 그만큼 증가하게 되는 것이다.

② 정책내용의 명확성

정책의 목표들과 이러한 목표들을 달성하기 위한 수단이 명확하게 제시됨으로써, 집행자가 무엇을 해야 할 것인가를 알아야 한다는 것을 의미한다. 여기서 명확하다는 말의 의미는 정책목표를 수행하는 데 있어서 서로 상반되는 오해가 생기지 않도록 내적 일관성을 지녀야 한다는 것이다(안해균, 1997: 426). 정책목표가 명확해야만 집행자가 정책목표에 부합하는 정책집행을 할 수 있다.

정 책 사 례

중소기업 지원제도의 허와 실

1. 사례개요

우리나라에는 중소기업을 지원하기 위한 제도가 매우 많다. 가령 정부의 중소기업을 위한 금융지원제도를 보면 시중은행 의무대출, 상호보험 재할인, 유망 업종에 대한 우대금리, 설비자금의 유대, 구조조정기금, 공업발전기금, 제품수요자금융 등 크고 작은 것들이 30여 가지가 넘는다. 이처럼 우리나라의 정부가 중소기업을 지원하기 위한 제도들은 중소기업이 발달된 일본, 대만 등 외국에 비해 유례를 찾아볼 수 없을 만큼 많지만, 정작 효과는 거의 없다는 분석이다. 즉, 이처럼 많은 지원제도가 있음에도 불구하고, 이러한 지원제도들을 활용하는 중소기업은 극히 적으며, 1년에 수천, 수만 개의 중소기업들이 도산하고 있는 실정이다.

2. 쟁점 및 시사점

위의 사례는 우리 정부가 그동안 시행하여 왔던 중소기업 지원정책의 집행실패에 관한 정책사례이다. 이 사례는 정책이 성공하기 위해서는 정책의 내용이 명확해야 하고, 정책들 간에 일관성이 확보되어 있어야 한다는 점을 시사한다. 정책이 결정될 때 정책의 집행수단이나 자원확보를 명확히 규정하거나, 이에 대한 대책을 명확히 마련해 놓는 경우 정책집행의 성공가능성은 높아진다.

(다) 집행체제의 능력(Organization Capacity)

정부의 프로그램은 조직에 의해서 집행된다. 정책집행의 성공을 위해서 가장 중요한 것이 집행을 담당하고 있는 집행주체이다. 집행주체가 의욕을 지니고 열심히 노력하면 집행상의 어려움도 어느 정도 극복할 수 있다. 불분명한 정책내용, 부족한 자원, 정책결정자나 환경의 지지부족 등 집행을 어렵게 하는 집행저해요인도 집행자의 능력에 따라서는 어느 정도 완화될 수 있다. 따라서 정책의 집행을 담당하고 있는 조직의 구조, 집행주체의 의욕과 능력은 정책집행의 성패에 영향을 미치는 가장 중요한 요인 중의 하나이다.

현재 우리나라의 경우 그 동안 무사안일주의와 법규중심적인 태도로 인해 많은 정책집행의 실패가 초래된 바 있다. 성공적인 정책집행을 위해서는 혁신적이고 문제해결지향적이며, 관리(*management*) 및 분석(*analysis*)에 기초한 지식창출형 관료들을 육성하는 방향으로 각종 교육·훈련이 이루어져야 할 것이다.

정 책 사 례

C시의 쓰레기 매립장 건설

1. 사례개요

1) 사례소개

1993년 3월 17일 본격적인 공사에 들어간 C시 광역쓰레기 매립장 조성사업은 매립장이 건설될 후보자의 윤곽이 거의 드러난 1996년 3월 착공에 이르기까지 거의 3년이 넘는 기간 동안 해당 지역주민과의 갈등을 겪어 온 사업이었다. 그러나 C시 광역쓰레기 매립장 조성사업은 관련 지자체 및 지방의회 등 집행주체의 적극적인 리더십 및 활동을 통해 지역주민들과의 갈등을 해소한 성공사례로 평가되고 있다.

2) C시 매립장 조성기획단 구성

1990년 6월 C시 광역쓰레기 매립장의 입지가 선정된 이후 해당 지역주민들의 집단적인 농성과 시위로 협상은 난망한 상태였다. C시의 관련 담당 국장이 주민들에게 폭행을 당하는 사태가 일어나기도 하였다. 그러나 1991년 1월 C시의 시장으로 부임한 신임 S시장은 광역쓰레기 매립장 조성을 C시가 추진해야 할 최우선 과제로 삼았다. 그리하여 2월에는 부시장을 단장으로 한 C시 광역쓰레기 매립장 조성기획단을 구성하여 운영에 들어갔다.

3) C시 의회의 적극 지원

시의회의장으로 선출된 K의장도 의회 차원에서 관심을 가져야 할 지역의 최우선 현안 과제를 광역쓰레기 매립장 조성사업으로 설정하였다. 시장은 보상비 등 행정적인 측면에서 적극 지원하는 역할을, 그리고 시의회의장은 해당 지역의 유지들과 주민들을 설득하면서 협상을 담당하는 역할을 수행하게 되었다. C시의 의회의장을 중심으로, C시 당국과 인근 지방자치단체인 J군과 S군은 해당 지역주민들과 352회 걸친 끈질긴 협상을 벌였다. 이러한 과정에서 C시 당국은 다소의 부담을 무릅쓰고 직접 피해 주민들과의 협상을 위해 많은 보상비를 확보하였고, 또 인근 지역의 지역개발을 위한 예산도 확보하는 데 힘을 쏟았다.

4) 반대주민에 대한 설득

한편 간접 피해 지역 주민들은 쓰레기 매립장 건립으로 인한 침출수 등의 피해를 주장하면서 반대의 고삐를 늦추지 않았다. 이러한 반대를 설득하기 위하여 1992년 10월에는 간접 피해 주민대표 15명을 포함한 24명의 시찰단이 3박 4일 동안 일본의 야마구치 시 일원의 쓰레기 매립장, 소각장, 하수종말처리장 등 일본의 환경시설을 견학하기도 하였다. 야마구치 시 쓰레기 매립장도 당초 설치될 때는 2년 동안 주민들과의 갈등을 겪었으나, 시와 주민들과의 지속적인 대화로 합의점이 도출되어 1991년 2월 준공한 경험을 가지고 있었다. 시찰을 통해서 침출수의 피해를 우려했던 쓰레기 매립장 후보지 인근 지역주민들을 설득하는 계기가 되었다. C시는 1993년 6월 5일 거행된 제21회 세계환경의 날 행사에서 C시 광역쓰레기 매립장 설치사업을 해당 지역 주민들과의 마찰 등 어려운 여건 속에서도 성공적인 착공에 이르게 된 공로를 인정받아 대통령 표창을 받았다.

2. 쟁점 및 시사점

C시 광역쓰레기 매립장 건설은 이와 같이 직접 피해 주민들과의 보상문제 그리고 간접 피해 주민들의 침출수 유출 환경오염에 대한 우려 등의 문제에 부닥치면서 많은 어려움을 겪었으나, 끝내는 지역주민의 동의를 받아 1993년 3월에 본격적인 공사에 착수할 수 있었던 정책집행의 성공사례이다.

이 사례의 정책이 성공적으로 집행될 수 있었던 요인은 무엇보다도 집행주체의 적극적인 리더십과 능력에서 찾을 수 있다. 물론 입지 자체가 다른 어느 후보지보다 소망성이 있었던 측면도 있었지만, 혐오시설의 설치와 관련된 사업의 집행에서는 집행주체의 끈질긴 신념과 협상력, 열정과 리더십이 무엇보다 돋보였던 사례라고 할 수 있다.

(라) 정책대상집단

① 정책대상집단의 순응과 불응

정책대상집단이란 정책의 적용을 받는 집단이나 사람들을 의미한다. 정책은 일반적으로 사회문제의 해결을 목표로 하는데, 사회문제를 해결하기 위해서는 문제의 해결과 관련된 정책대상집단의 행태변화가 필수적이다(노시평, 2001: 359-362). 즉, 정책집행은 정책대상집단이 정책내용에 순응하거나 수용하게 되면 성공이 보장되지만, 불응을 하면 정책집행은 결국 실패로 끝나게 된다.[1] 예를 들어서 부안 방폐장의 경우, 부안 주민들이 불응을 했고, 그 결과 정책실패로 귀결되고 만 것이다.

② 불응의 발생원인 및 대책

불응의 발생원인은 학자에 따라서 다양하게 분류될 수 있지만, 여기에서는 Coombs(1981)의 견해를 중심으로 살펴보기로 한다(F.S. Coombs, 1981: 45-60).

---

1 순응이란 특정의 행동규정에 일치하는 특정행위자의 모든 행동을 말하며, 불응이란 그러한 규정과 일치하지 않는 행동을 의미한다. 이 때, 구별해야 할 것이 수용인데, 순응이 외면적으로 나타난 행동이 특정 규범이나 규칙에 일치하는 것을 의미하는 데 반해, 수용은 태도의 변화를 의미하는 것이라는 점에서 서로 다르다고 할 수 있다. 즉 수용은 외면적·표면적 행동의 변화뿐만 아니라, 동시에 내면적인 가치체계까지도 변화되는 것을 의미한다고 할 수 있다(안해균, 1997: 439).

ⓐ 불분명한 의사전달에 기인한 불응(communication-based noncompliance)

정책의 내용이 정책대상집단에게 명료하게 전달되지 못할 때 불응이 발생할 수 있다. 정책의 내용이 명료하게 전달되지 못할 가능성은, ㉠ 발신자의 왜곡된 전달, ㉡ 수신자의 잘못된 이해, ㉢ 전달체계의 단절이나 과다한 정보량 등의 세 가지로 나누어 생각해 볼 수 있는데, 여기에 대한 대책은 좀 더 명확한 정책내용을 좀 더 효과적인 수단을 이용하여 정책대상집단에게 전달하여, 이들이 쉽게 이해할 수 있도록 하는 것이다.

ⓑ 부족한 자원에 기인한 불응(resource-based noncompliance)

정책대상집단이 정책의 요구사항을 분명하게 전달받은 경우에도 순응에 필요한 자금, 능력, 시간 등 자원이 부족하여 정책대상집단의 불응이 발생하는 경우도 있다. 이와 같은 유형의 불응은 정책대상집단에게 필요한 자원을 지원하는 방법 등으로 순응을 확보해야 한다. 가령 예산이 부족하여 불응하는 정책대상집단에게는 예산을 지원하여 주거나, 인력이 부족한 정책대상집단에게는 인력을 지원하여 순응을 확보하는 것이다.

ⓒ 부적절한 정책에 기인한 불응(policy-based noncompliance)

정책대상집단이 정책목표 또는 정책수단에 의혹이 있어 불응하는 경우를 말한다. 순응을 확보하기 위한 대책은 다음의 두 가지로 나누어 생각해볼 수 있다. 첫째, 정책목표에 의혹이 있는 경우에는 단기적으로 정책대상집단의 행태를 변화시키기가 매우 어렵기 때문에, 정책목표의 타당성을 재검토해서 신뢰성을 제고하는 방법이 있다. 둘째, 정책수단에 의혹이 있는 경우에는 정책수단이 목표달성을 위하여 효과적이라는 증거를 제시하거나 전문가를 동원하여 정책대상집단을 설득하는 방법이 있다.

ⓓ 순응에 수반되는 부담에 기인한 불응(action-based noncompliance)

정책대상집단이 정책목표 및 정책수단에 대해서는 찬성하지만, 단지 정책이 요구하는 행동이 부담이 되어 불응이 발생하는 경우도 있다. 이와 같은 유형의 불응에 대한 대책으로는 순응에 대한 유인 혹은 제재가 필요하다. 즉, 순응할 경우 금융이나 조세상의 혜택과 같은 지원을 약속하거나, 불응의 경우 벌금을 부과하거나 제재조치를 가하겠다는 등의 강압을 통해 순응을 확보하는 것이다.

ⓔ 권위에 대한 불신에 기인한 불응(authority-based noncompliance)

정책결정자 또는 정책결정집단이 정통성을 결여하거나 또는 정책으로부터 부당한 이득을 취하고 있다고 정책대상집단이 생각하는 경우에도 불응이 발생한다. 이 때에는 국민들로 하여금 권위에 대한 존중의식과 정부정책의 정당성에 대한 믿음을 가질 수 있도록 하고, 권위의 소재와 범위에 관하여 국민적 합의를 도출하는 노력을 기울여야 한다.

(마) 다른 학자들의 견해

지금까지 살펴본 다섯 가지의 정책집행에 영향을 미치는 요인 외에도 학자들에 따라 약간씩 다른 표현으로 정책집행 영향요소들을 제시하고 있다. 먼저, 정책을 사회 내의 긴장 유발력이라고 보는 Smith(1973)는 정책의 집행으로 정책집행자나 정책대상집단이 다 함께 긴장·갈등을 경험하게 된다고 말하면서, 정책집행에 영향을 미치는 요인으로서, ① 정책유형, ② 정책대상집단, ③ 집행담당조직, ④ 환경적 요인을 들고 있다(Smith, 1973: 202-204). 또한 정책집행에 관한 연구는 관료제에 관한 연구라고 주장하는 Edward(1978)는 ① 집행자들 사이의 커뮤니케이션, ② 적절한 자원 확보, ③ 집행자의 성향, ④ 집행담당 조직의 구조가 정책집행에 영향을 미치는 요소라고 말하고 있으며(Edward, 1978: 292-321), Mazmanian과 Sabatier(1983)는 ① 정책문제의 성격, ② 정책

표 8-1 정책집행의 영향요인

	Smith(1973)	Edwards(1978)	Mazmanian & Sabatier(1983)
정책변수	•정책의 형태 •정책의 유형	•정책목표 - 명료성 - 일관성	•정책목표의 명확성 •적절한 인과모형이론
집행변수	•집행담당조직 - 인원 - 능력 - 업무 - 구조 - 리더십	•자원 - 인력 - 권한 - 시설 - 정보 •성향 - 충원 - 유인 •관료제의 구조 - 할거성 - 표준운영절차(SOP)	•재원 •집행담당기관 공무원의 성향 •집행기관 책임자의 리더십 •우호적 외부인사의 참여 •집행기관의 내부구조 •집행기관의 규정 •집행기관 상호 간의 관계
환경 및 맥락적 변수	•환경적 요인 •정책의 지원	•효과적인 커뮤니케이션	•사회경제적 상황 •관련단체의 적극성과 자원 •대중의 지지와 관심, 지배기관의 지원
문제관련 변수	•정책의 범위 •정책의 이미지 •정책대상집단 - 조직화 정도 - 과거의 경험 - 리더십		•정책문제의 성격 - 행태변화의 범위 - 행태변화의 다양성 - 대상집단의 규모 - 타당한 이론 및 기술의 활용가능성

자료: 유훈, 1999: 396.

결정의 집행구조화 능력, ③ 대중의 지지와 관심을 들고 있다(Mazmanian & Sabatier, 1983: 20-35). 이 세 학자들의 견해를 크게 정책변수, 집행변수, 환경 및 맥락적 변수, 문제관련 변수로 나누어서 세분화하면 위의 표에 나타난 바와 같다.

2. 정책집행의 단계

1) 정책집행의 단계에 대한 학자들의 견해

정책집행은 여러 단계로 구성된다. 먼저 Rein과 Rabinovitz(1978)의 견해, Ripley와 Franklin (1986)의 견해를 살펴보고, 이를 종합해 보도록 한다.

(1) Rein과 Rabinovitz의 3단계

Rein과 Rabinovitz(1978)는 정책집행 과정을 기존의 단일방향적인 정책집행관으로부터 탈피해서 순환의 원칙이 지배하는 과정으로 보고 있다는 것이 특징이다. 특히 그들은 정책집행자의 정책결정에의 개입양상을 지침개발(*guideline development*), 자원배분(*resource distribution*), 감시과정(*oversight process*)의 3단계로 나누어서 설명하고 있다(Rein & Rabinovitz, 1978: 315-321).

(가) 지침개발

첫 번째 단계는 입법부로부터 위임받는 법률과 정책의 구체적인 집행지침을 개발하는 것이다. 정책집행자들이 입법부의 의도를 구체적인 행정적 처방으로 전환할 때, 자신들의 그러한 활동의 준거가 되는 지침을 개발하고 그것에 입각하여 정책을 집행하게 된다.

(나) 자원배분

두 번째 단계는 예산을 확보하고 그 사용 시기에 관하여 교섭을 벌이는 단계이다. 이 때, 정책집행자가 입법의도를 실행하는 데 필요한 자원을 관계기관에 적절히 할당하는 역할을 하게 되고, 자원의 할당비율 및 구체적 분배방법에 관한 결정은 거의 전적으로 집행자에게 달려 있다.

(다) 감시과정

감시과정은 모니터링(*Monitoring*)과 감사 및 평가의 단계로 구성된다. 이 때, 정책집행자는 최초의 정책결정자에 의해 결정된 사항을 그대로 집행만 하는 것이 아니라, 여러 가지 활동(감사, 회계감사, 평가 등)을 통해 정책 자체뿐만 아니라, 정책결과에까지도 관심을 기울인다.

(2) Ripley와 Franklin의 4단계

Ripley와 Franklin(1986)은 정책집행 과정을 자원확보, 해석 및 기획, 조직, 혜택·제한의 4단계로 나누고 있다(Ripley & Franklin, 1986: 4-5).

(가) 자원확보

정책집행을 담당하게 되는 기관이 집행에 필요한 예산·인력·장비 등과 같은 자원을 확보하는 단계이다.

(나) 해석 및 기획

법률의 내용을 토대로 하여 구체적인 지침·규칙 등을 제정할 뿐만 아니라 계획을 수립하는 단계이다.

(다) 조 직

집행조직을 설치하고 업무처리를 위한 기본 틀을 확립함으로써 각종 활동을 조직화하는 단계이다.

(라) 혜택·제한

집행기관이 수혜집단에게 혜택을 제공하고 대상집단에게 통제를 가하는 단계이다.

2) 정책집행의 네 단계

이상에서 논의한 여러 학자들의 정책집행 단계의 큰 틀을 기초로 할 때, 정책집행의 단계는 크게 정책기획 단계, 자원확보 단계, 실현활동 단계, 점검평가 단계로 나눌 수 있다(정정길 외, 2005: 602-609). 정책기획 단계와 자원확보 단계에 선후관계는 없지만, 실현활동 단계는 이들이 이루어진 다음에 행해지게 된다. 점검평가 단계는 시간상으로 보면 실현활동이 이루어지는 현장에서나 실현활동 후에 사후적으로 일어나는 단계이다. 즉, 실현활동의 점검과 평가 단계에서 획득한 정보가 환류(*feedback*)되어 정책지침의 수정, 보완, 재작성 및 자원의 확보에 활용되는 것이다.

정 책 사 례

점검평가 단계: 환경부 수질개선사업에 대한 점검평가, 부실로 드러나다

1. 사례개요

환경부는 1993년에 수립한 「맑은 물 공급 종합대책」, 1996년에 정부 합동으로 수립한 「물 관리 종합대책」, 1998년부터 2000년까지 관계 부처 합동으로 수립한 4대 강 수계 「물(수질)관리 (특별)종합대책」에 따라 시·군의 하수종말처리장 건설 사업비를 지원하는 등 수질개선사업에 대한 투자를 하고 있다. 그 중 2001년 현재 지출증빙서류가 보관되어 있는 1996년부터 2000년까지를 대상으로 조사한 결과, 환경부가 발표한 투자금액은 총 11조 1,850억여원이었다. 투자사업의 종류는 오폐수(분뇨, 축산폐수, 산업폐수, 하수) 처리장 건설, 하수관거 정비, 오염하천 정화사업이며, 재원은 국고보조금, 지방양여금, 특별회계(환경개선, 공공자금관리) 융자금, 지방비, 오염 원인자 부담금 등이었다.

그러나 이러한 투자에도 수질개선의 효과가 나타나지 않자 감사원은 "환경부에서 그 동안 4대 강 유역 수질개선에 투자했다고 발표한 금액은 실제로 수질개선사업에 투자되었는가, 투자된 것은 수질개선효과를 기대할 수 있는가"에 초점을 맞추어 성과감사를 실시하였다.

감사결과 정부가 수질개선사업의 성과확보를 위한 관리시스템을 마련하지 않은 채 지방자치단체의 사업계획대로 사업자금을 지원한 뒤 관리를 하지 않음으로써, 환경부는 1996년부터 2000년까지 수질개선사업에 11조 1,850억여원을 투자한 것으로 관리·발표하였으나, 실제로 수질개선사업에 투자된 금액은 그보다 25.8%(2조 8,882억여원)가 적은 8조 2,968억여원이었고, 또한 실제 투자금액(8조 2,968억여원) 중 9.9%인 8,290억여원은 수질개선 효과가 없는 사업에 투자되었으며, 13.5%인 1조 1,210억여원은 수질개선 효과가 적은 사업에 투자되는 등으로 사업의 성과가 확보되지 못하고 있음이 밝혀졌다.

2. 쟁점 및 시사점

위 사례는 정책결정이 되었다고 해서 정책집행이 자동적으로 실현되지 않는다는 점과 정책집행 점검 및 환류의 중요성을 보여주는 정책사례이다. 고전적 정책모형에 의하면 정책결정이 중요하고 정책집행은 결정사항을 기계적으로 따르는 사항으로 보았으나, 현대적 정책모형에서는 정책집행은 그 자체가 고유한 연구영역이라는 점이 강조되고 있다. 특히 정책집행활동의 도중이나 끝난 후에, 집행활동이 원래의 설계에 따라 지침에 따라 지침에 밝혀진 내용을 충실하게 수행했는지를 점검·평가하여 잘못이 있으면, 이를 시정·환류하는 것이 매우 중요하다는 점을 보여주고 있다.

그림 8-1

정책집행의 단계

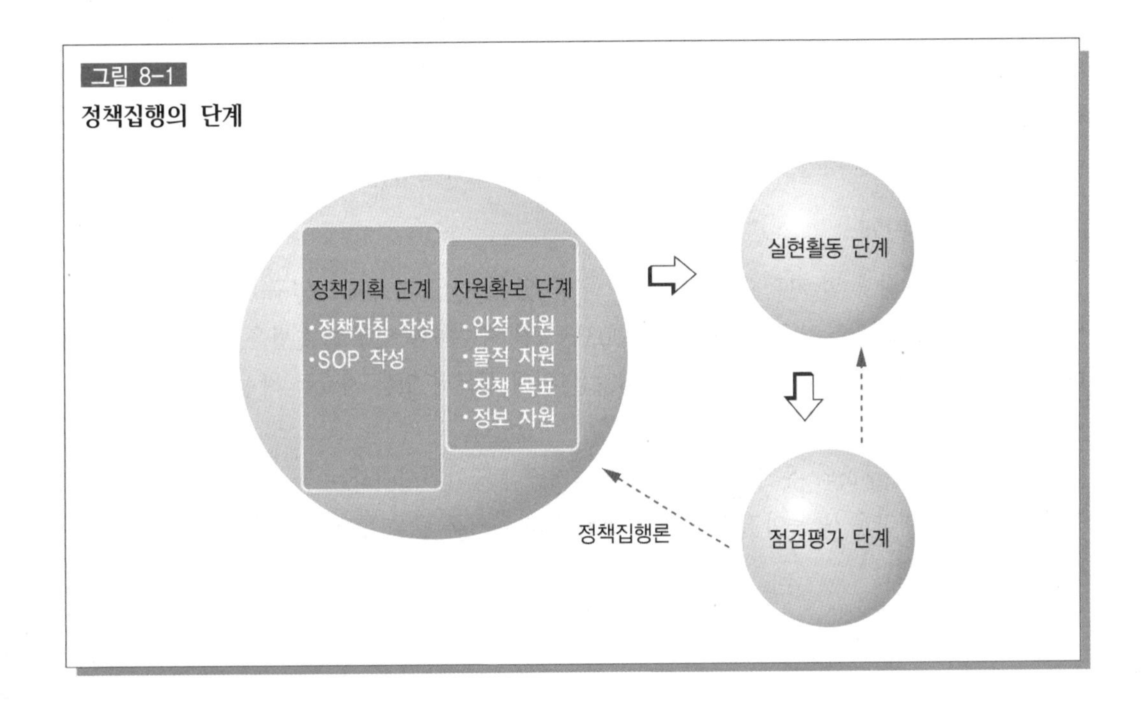

3) 정책사례: 정책집행 단계의 적용

아래에서는 '파스퇴르 연구소 설립'이라는 정책사례를 중심으로 정책집행의 네 단계를 적용시켜서 실제 집행이 이루어지는 과정을 살펴보기로 한다.

(1) 정책기획 단계

생명공학산업은 대표적인 차세대 성장동력산업으로서 국가적 차원의 전략적인 육성이 필요한 산업분야이다. 이러한 맥락에서 BT 분야의 최근 연구경향은 "Genome To Drug"라는 표현과 같이, "기초연구에서 응용연구로 그리고 산업화를 통한 연구 재투자"까지 전 과정의 연구수행이 필수적이다. 그러나 국내에서는 이러한 전주기적 연구개발의 경험이 전무한 실정으로서, 세계적 연구기관을 국내에 유치하여 연구소 운영 및 연구과제 관리기법의 선진화를 추구하고, 새로운 연구개발패러다임 변화에 능동적으로 대처할 필요성이 대두되었다.

파스퇴르 연구소는 유전자의 연구에서부터 산업화까지의 연구수행 경험이 풍부한 연구소이며, 자체 수입이 40%에 이르는 사설연구소로서 연구의 산업화에 경쟁력을 보유하고 있다. 따라서 연구결과의 산업화실적과 국제기구(WHO, UNICEF 등)와의 협력사업 추진 등에서 우리가 배울 점이 많은 것으로 평가되었다. 이에 프랑스 파스퇴르 연구소의 한국 분소(IP-Korea)를 유치·운영하여, 주요 질병치료제를 공동연구개발함으로써 선진 연구문화를 흡수·토착화시키며, 그 과정에 파스퇴르 연구소의 노하우와 기술을 이전받는 기회로 활용할 수 있다고 판단되었다. 특히, 프랑스 연구소의 소장을 한국 분소에서 초빙하여 경쟁과 인화를 겸비하는 유럽식 관리기법을 도입하여 연구효율을 향상시키고, 연구관리(정보관리, 연구비 관리, 연구원 관리)의 글로벌 스탠다드를 도입함으로써 우리 정부출연 연구소의 경영에 새로운 전형을 제시하는 것이 요구되었다.

(2) 자원확보 단계

2004년 예산의 확보 및 기획사업의 착수를 들 수 있다. 한국 파스퇴르 연구소의 설립계획 수립 및 연구분야 검토를 위한 연구기획사업을 2003년 4월 착수하여 연구소 설립을 위한 제반사항에 대한 검토 및 준비를 하였다. 2004년 예산확보를 위해 설득력 있는 자료를 작성하여 예산당국과 협의한 결과, 신규사업임에도 60억원을 확보할 수 있었다.

또한 파스퇴르 연구소의 유치계획을 동북아 경제중심 국가건설이라는 국정과제와 연계하여 추진함으로써 대통령자문 '동북아경제중심추진위원회'의 지지를 받을 수 있었으며, 예산확보에도 간접적으로 기여하였다.

(3) 실현활동 단계

(가) 파스퇴르 연구소의 미온적 태도(1995. 1 – 2003. 1)

1995년 1월 과학기술처는 당시 김영삼 대통령에게 파스퇴르 연구소의 한국분소를 유전공학연구소에 유치하기로 보고하고 업무보고를 하였다. 3월 김영삼 대통령의 유럽 순방 시, 한국-프랑스 과학기술장관 회담에서의 합의사항으로는 후속조치로서 파스퇴르 연구소와 곤충면역방어물질개발을 포함한 국제공동연구 2건을 착수하기로 하였다. 이에 12월에 제1차 한불생명공학세미나를 서울에서 개최하였고, 1997년 3월에는 파리에서 제2차 한불생명공학 세미나를 개최하였다. 그러나 파스퇴르 연구소 측은 미온적이었으며, 양측기관 간 공동연구수행을 통해 분위기를 조성한 후, 한국 분소 설치를 검토하자는 입장으로 인하여 유보되었다.

그리고 2002년 9월 13일 과학기술부 장관과 과학기술협력국장 등 관계자들이 파스퇴르 연구소를 방문하였다. 당시 장관은 파스퇴르 연구소의 연구전략 및 산업화 기법을 한국에 도입하고자 분소를 한국에 설치할 것을 제의하였다. 이에 그 해 10월 파스퇴르 연구소의 브레이 박사(Dr. Brey)가 파스퇴르 연구소의 분소 설립방향에 대한 협의와 한국 측의 연구환경을 조사하기 위해 방한하였다. 그리고 2002년 10월부터 12월까지 국내 연구계의 의견 수렴을 위한 BT분야 전문가회의를 수차례 개최하였다. 여기서 연구분야, 운영방식, 재원조달방안 등을 협의하였다.

브레이 박사의 방한 후인 2002년 12월 9일부터 12월 10일까지 KIST원장, 과학기술부 연구개발국장, 프론티어사업단장 등 10명이 한국 측 기술조사단으로서 파스퇴르 연구소를 방문하였다. 당시 방문을 통해서 파스퇴르 연구소의 한국 분소 설립내용 및 사업내용을 조사하고 투자규모 등을 협의하는 한편, 파스퇴르 연구소의 연구시설에 대한 현황파악 등을 실시하였다. 이어 2003년 1월 파스퇴르 연구소 소장인 Dr. P. Kourilsky와 연구운영팀장, 국제협력팀장 등 관계자 6명이 한국을 방문하였고, 1월 11일 KIST와 파스퇴르 연구소 간에 MOU를 체결하였다.

(나) 일반협정(General Agreement) 접수(2003. 2 – 12)

2003년 2월 25일 파스퇴르 연구소 측으로부터 일반협정(*General Agreement*)안을 전달받아 검토를 하기 시작하였다. 이와 함께 3월 14일에는 한국 파스퇴르 연구소에서 수행할 연구 내용을 협의하기 위해 파리의 파스퇴르 연구소의 전문가인 P. Brey 박사가 방한하였다.

Brey 박사와의 협의를 기초로 KIST 원장을 연구책임자로 하여 연구기획에 착수하였다. 연구기획에서는 2003년 4월 14일부터 10개월 동안 한국 파스퇴르 연구소의 설립 준비 및 수행할 연구내용을 검토하는 것을 내용으로 연구를 시작하였다.

2003년 5월 9일 그 동안의 진행사항을 점검하고 향후 추진방안을 모색하기 위해 과학기술부의 과학기술협력국장, 기술협력1과장 및 KIST, 프론티어사업단장 등 관계자들이 모여 실무자 회의를 개최하였다. 그리고 6월 26일 한국 파스퇴르 연구소의 설립방향 및 추진계획을 협의하기 위해 과학기술부장관과 8명의 설립추진위원회 위원들이 모여 제1차 설립추진위원회를 개최하였다. 이어 2003년 8월 프랑스 파리 파스퇴르 연구소의 국제협력팀장, 연구실장 등 관계자 4명으로 구성된 전문가단이 방한하여 KIST(8. 28), 과학기술부(8. 29)를 방문하여 상호 추진내용 및 향후 계획을 협의하였다. 그리고 2003년 10월 1일 과학기술부는 과학기술협력국장, 구주기술협력과장, KIST 사업담당 부장 등 관계자 5명으로 설립추진 점검회의 및 T/F팀을 구성하여 운영하기 시작하였다. 여기서는 주로 금년 내 협정서명을 완료하기 위한 추진계획을 검토하는 작업을 위주로 하였다. 10월 16일 파스퇴르 연구소 측으로부터 일반협정(*General Agreement*) 수정(안)을 재접수하였고, 12월까지 파스퇴르 연구소 측으로부터 접수된 일반협정 수정(안)에 대해 과학기술부, T/F팀, 법률전문가 등이 참여하여 합동 검토작업을 실시하였다.

표 8-2 과학기술부 기획위원회 활동내용

구 분	일 자	주요 내용	비 고
제1차 기획위원회	2003. 7. 10.	진행사항 보고 및 역할분담방안 등 협의	참석자: 기획위원 15명
제2차 기획위원회	2003. 7. 22 - 24	설립방향, 연구분야, 홍보계획 등 협의	참석자: 기획위원 14명 및 과기부 관계자
제3차 기획위원회	2003. 8. 22.	기획서 및 연구분야 검토	참석자: 기획위원 13명
제4차 기획위원회	2003. 11. 13.	협정(안) 및 연구분야 검토	참석자: 기획위원 11명 및 과기부 관계자

자료: 과학기술부 내부자료, 2003.

(다) 한국 파스퇴르 연구소의 법인설립 허가(2004. 2. 26)

2003년 10월 파스퇴르 연구소의 P. Brey 박사가 방한하여, KIST(10. 20), 경기도(10. 24)를 방문하였다. 그리고 여기서 사무실 설치계획 및 연구소 설립부지 확보 가능성 등에 대한 협의를 하였다. 연이어 11월 17일 파스퇴르 연구소의 P. Brey 박사와 Ulf Nehrbass 박사가 방한하여 한국 파스퇴르 연구소의 연구분야를 협의하였다.

이에 12월 7일부터 12월 9일까지 과학기술부 과학기술협력국장, 구주기술협력과장, KIST 사업담당부장, 법률전문가 등 관계자 5명으로 구성된 한국 측 협상단이 파스퇴르 연구소를 방문하여 협정(안)을 최종 검토하고 확정하였다. 이후 2004년 1월 28일과 31일 이틀간에 걸쳐 파스퇴르 연구소 측의 P. Brey 박사와 Ulf Nehrbass 박사가 과학기술부를 방문하여 한국 파스퇴르 연구소의 임원구성, 예산 및 인원계획, 정관(안) 등을 협의하였다. 2004년 2월 2일 양측 임원내정자가 참석하고 과학기술부, KIST, KISTEP 및 과학기술협력재단 관계자들이 배석한 가운데 한국 파스퇴르 연구소의 설립준비회의를 개최하였다. 이날 회의에서는 한국 파스퇴르 연구소의 운영계획, 즉, 연구과제, 인력확보, 예산계획 등을 토의안건으로 하였다.

그리고 2004년 2월 20일 한국 파스퇴르 연구소 설립발기인 회의를 개최하였고, 설립취지서와 정관, 임원구성, 2004년 사업계획 등이 심의되었다. 그리고 일주일 후인 2004년 2월 26일 한국 파스퇴르 연구소의 법인설립이 허가되었다.

㈑ 점검평가 단계

파스퇴르 연구소 유치정책이 성공할 수 있었던 요인으로는 여러 가지가 있다.

첫째, 정책결정자의 비전과 의지가 유치정책에 커다란 기여를 하였다. 즉 장관 등 과학기술부의 고위 간부에서 실무담당자에 이르기까지 세계적인 파스퇴르 연구소의 유치를 통해 우리나라 생명공학 및 관련 산업 발전의 전환점으로 삼겠다는 비전과 강력한 의지를 가지고 꾸준히 노력하였던 것이다.

둘째, 2004년 예산의 확보 및 기획사업의 착수를 들 수 있다. 앞서 예산확보에서 살펴 본 바와 같이, 한국 파스퇴르 연구소의 설립계획 수립 및 연구분야 검토를 위한 연구기획 사업을 2003년 4월 착수하여, 2004년 예산 확보를 위해 설득력 있는 자료를 작성하여 예산당국과 협의한 결과, 60억원을 확보할 수 있었고, 이를 통해 2003년 12월의 협정체결, 2004년 2월의 법인설립허가 등 구체적인 사업추진이 가능했던 것이다.

셋째, 상대방의 입장을 충분히 이해하고 성실하게 대응을 한 것을 성공요인으로 평가할 수 있다. 즉, 프랑스 측의 우려사항에 대해 상대방의 입장을 이해하고, 진솔하고 성실하게 대응하였다. 예를 들면, 2003년 9월부터 10월 사이에 파스퇴르 측은 정책결정자 및 담당자의 빈번한 교체에 따른 정책의 일관성 및 2004년 확보예산 규모인 60억원에 대해 심각하게 우려하고 있었다. 이에 대해 대통령과의 면담추진, 2004년 성공적 사업추진을 통한 예산 확대방안을 설득함으로써 한국 정부의 추진의지에 만족하게 되었다. 이에 따라 프랑스 측의 협상자는 적은 예산에 대해 본국에 돌아가 프랑스 측 연구소장과 이사들을 설득하겠다고 약속하기까지 하였던 것이다. 이후 양측이 상호 이해와 신뢰에 기초하여 대화에 임함으로써 우호적 분위기에서 협상이 진행되었으며, 협정 서명 후에도 파스퇴르 측은 현재의 담당자가 2004년에 교체되지 않기를 희망하는 등 우리 측에 신뢰를 표시하였다.

넷째, 정부가 국제협력에서의 기존관행을 과감히 탈피하였다. 정부 대 정부, 민간 대 민간으로 형식적 차원에서 협력대상을 엄격하게 구분하던 것이 종래의 관행이었다. 그러나 유치필요성 및 중요성을 감안하여 정부가 민간연구소와 직접 대화하고, MOU 및 협정체결의 주체는 KIST와 파스퇴르 연구소로 하되, 주요 의사결정은 과학기술부가 주도하고 협상 당사자로 참여하였던 것이다. 이는 정부가 전면에 나서지 않고 후원자·조정자로서 기능함으로써 효과적으로 정책목표를 실현하는 거버넌스 문제해결방식의 좋은 모범사례를 보여준 것으로 평가된다.

다섯째, 고위직 공무원의 역할을 확대하였다. 즉, 담당국장 등 고위직 공무원이 유치 실무협상을 주도하고 직접 참여함으로써, 추진력과 협상력을 제고할 수 있었다. 담당국장이 파스퇴르 측과 실무 협상에 직접 대표로 참여하고, 전화, 이메일로 파스퇴르 측과 수시 협의하였던 것이다.

여섯째, 법률전문가를 적극적으로 활용하였다. 추후 감사에 대비하여 비용 최소화에 우선을 두고, 부처 고문변호사를 활용하여 서면위주의 검토를 실시하는 것이 종래의 관행이었다. 그러나 협상의 주도권 확보와 유리한 협상결과 도출을 위해 고비용의 국제변호사를 과감하게 활용하였던 것이다.

우리는 위에서 파르퇴르 연구소 설립이라는 정책사례를 중심으로 정책집행의 네 단계를 적용시켜서 실제 집행이 이루어지는 과정을 살펴보았다.[2] 이 사례의 특징은 정책기획 단계, 자원확보 단계, 실현활동 단계, 점검평가 단계를 거치면서, 정책실무진의 치밀한 준비와 성실한 대응이 돋보였다는 점이다. 이 사례에서는 무엇보다도 상대방의 입장을 이해한 진솔하고 성실한 대응이 협상의 관건이었다. 이처럼 국제협력을 내용으로 하는 정책협정의 경우, 양자 간의 상호신뢰를 구축하여 상대방에게 동반자라는 인식을 심어주는 것이 필요하며, 상호 동반자라는 인식이 확인될 경우 협상은 유리한 방향으로 신속하게 진행될 수 있다는 것을 다시 한 번 확인시켜 준 정책사례이다.

제2절에서는 정책집행론의 두 번째 단계로서 정책집행이론에 대해서 알아본다. 정책분석의 과정을 통해 결정된 정책은 비로소 집행될 때에야 정책으로서의 효과를 거둘 수 있다. 따라서 정책의 결정과 집행은 모두 중요한 것으로서 어느 것 하나 소홀하게 될 시에는 올바른 정책목표의 달성을 이루기 어렵다. 이에 대한 중요성 때문에 정책결정과 집행의 문제점에 대응하고, 이를 해결하기 위한 노력으로 많은 이론적 정립이 시도되어 왔다. 그 중에서도 이번 절에서는 정책집행의 이론에 대해서 살펴보고자 한다.

제2절에서 다루는 내용은 크게 다섯 가지로 분류된다. 즉, 1) 정책집행이론에 대한 개관과, 2) 정책집행이론의 하향적 접근방법, 3) 상향적 접근방법, 4) 통합이론, 그리고 5) 기타 이론(일선관료의 재량과 적응적 집행, 정책결정과 집행 간의 연계모형)이다. 특히, 이 절에서는 정책집행이론의 발전에 맞춰 각 이론들의 내용과 문제점 및 장단점을 정책사례와 연계하여 학습하고자 한다.

---

2 이 사례는 이재은, "참여정부의 혁신사례연구", 「한국정책학보」 13권 5호, 2004에서 인용·정리하였음.

제 2 절 정책집행이론

1. 정책집행이론 개관

1) 고전적 집행관

(1) 고전적 집행관의 의의

1970년 이전까지 정책집행에 관한 연구가 이루어지지 않았던 이유는 고전적 행정학이 추구하였던 행정의 원리와 깊은 관련이 있다. 여기서 말하는 고전적 행정학이란 미국에서 1887년 W. Wilson의 『행정의 연구』(*The Study of Administration*)에서부터 시작되어 인간관계론이 등장하기 이전까지 진행된 연구를 의미하는데, 고전적 행정학은 정책집행과 관련하여 다음과 같은 세 가지 특징을 지닌다.

첫째, Wilson의 정치·행정이원론이다. Wilson의 주장으로 대표되는데, 정치가 정책결정을 행정이 정책집행을 담당하고, 양자의 성격은 근본적으로 다르기 때문에 상호 개입해서는 안 된다는 주장이다.

둘째, Taylor의 과학적 관리이다. Taylor의 과학적 관리법은 행정이 기초해야 할 과학적이고 객관적인 합리성의 기준으로 능률을 제시하고, 능률 추구를 위한 여러 가지 원칙들을 내세웠는데, 이를 조직에 적용하면 조직의 상층부에서 중요한 결정을 내리고 하층부에서는 이를 기계적으로 수행하는 것이 능률의 향상을 가져온다는 내용이다.

셋째, Weber의 관료제이다. Weber의 합리적 관료제는 분업에 의한 전문화, 조정을 위한 상위 직위의 결정권, 공식화된 규칙에 의한 지배 등을 특징으로 삼고 있다.

이상의 이 세 가지 내용을 종합하면, 정치에 의하여 결정된 정책의 내용을 행정은 충실히 사무처리하듯이 집행하고, 행정조직의 상층부에서 정책결정을 하고 조직 하층부의 전문가가 이를 집행하며, 기계적·자동적으로 충실히 집행하면 행정의 능률성이 보장된다는 것이다.

쉬어가는 코너

윌슨의 이야기

윌슨Woodrow Wilson은 고전적 집행관의 대표적 학자로서 정치행정 이원론을 제시하였다. 또한 그는 미국 행정학의 아버지라고 불린다. 당시 상황은 엽관주의 아래서 충원되는 관료들은 정당소속의 정치인들이었다. 행정의 전문성이나 효율성과는 거리가 멀 수밖에 없었다. 따라서 윌슨은 엽관주의의 폐해를 극복할 수 있는 방안에 대한 고민을 하게 되었다.

엽관주의의 폐해를 극복할 수 있는 행정원리는 무엇일까? 어떠한 방식으로 정책을 결정하는 것이 민주적일까? 미국은 어떤 방식으로 정책결정을 하고 있는가? 좀 더 민주적인 정부운영 사례로는 무엇이 있을까? 행정의 본질을 무엇이며, 행정은 정치와 어떤 관계인가? 행정을 정치의 부속품으로 볼 수 있는가?

윌슨은 행정의 본질을 무엇으로 볼 것인지에 대해 숙고했다. 이 질문은 행정이 본질적으로 관리의 영역인가 정치의 영역인가 하는 문제로 바꿔서 생각해볼 수 있다. 윌슨에게 행정연구Administration는 정부Government가 무엇을 잘, 그리고 성공적으로 할 수 있는지를 연구하는 것이며, 또한 어떻게 하면 정부Government가 돈과 비용을 덜 들이면서 효율적으로 정부가 해야 할 일을 잘 해낼 수 있을까를 규명하는 것이었다.

그 결과 윌슨은 정치로부터 독립한 행정학의 독자성을 주장하였다. 이를 초기 전통적 행정학의 '정치행정이원론'이라 부른다.

자료: 저자의 졸저, 『행정학 콘서트』, 24쪽

쉬어가는 코너

테일러 이야기

테일러F. W. Taylor 역시 고전적 집행관의 대표적 이론가이다. 그 역시 행정관리가 근거해야 할 과학적이고 객관적인 원리규명에 많은 기여를 하였다. 테일러는 1911년 자신의 경영 경험을 토대로 『과학적 관리법』The Principles of Scientific Management을 발표한 과학적 관리법의 창시자이다. 과학적 관리법의 개발은 그가 작업현장에서 작업조장으로 있을 때의 고민에서 시작되었다.

제품의 생산속도를 높이기 위해서는 어떻게 해야 하지? 노동자들의 근무태만의 근본적인 원인은 무엇에 있을까? 그리고 그것을 해결하기 위한 최선의 대안은 무엇일까? 그리고 그러한 대안은 노동자와 경영자 모두를 만족시킬 수 있을까?

테일러는 이러한 고민에 대한 해답을 과학적 관리법에서 찾고자 했다. 과학적 관리법은 조직에서 일상적으로 행해지는 작업의 흐름을 과학적으로 접근하여 생산성을 향상시키는 원리를 정립한 것이다. 즉, '경영학의 아버지'로도 불리는 테일러는 산업혁명 이후 공장생산에서 주먹구구식으로 이루어지는 관행을 타파하고, 작업현장을 과학적으로 관리해야 한다는 논리를 펼쳤다.

이러한 테일러의 과학적 관리법은 직무를 전문화하고 일의 능률성을 극대화시키는 효율적인 관리방법으로 평가받고 있다. 더 나아가 성과급제도, 시간연구 · 동작연구를 통한 직무에 대한 연구, 과학적인 선발과 훈련 등은 현대 인사 및 조직관리 분야의 발전에 기여한 것으로 평가되고 있다. 때문에 현대 사회 속에서 그의 업적은 '테일러리즘'이라 하여 높게 평가받고 있다.

자료: 저자의 졸저, 『행정학 콘서트』, 34쪽

쉬어가는 코너

웨버 이야기

웨버M. Weber 역시 고전적 집행관이 기초하고 있는 관료제 모형의 창시자이다. 웨버는 1864년 독일에서 태어나 과학과 법률, 사회학, 정치학 등 거의 전 분야를 망라하는 하나의 거대한 패러다임을 제시한 거장이다. 그가 살았던 시기에 독일은 산업화의 물결이 거세게 몰려와 농업경제가 붕괴하고 대량생산이 이뤄지고 있었는데, 웨버는 이러한 배경 속에서 산업시대에 맞는 조직의 원리가 무엇인지 고심하기 시작했다.

> 산업화를 통해 대량생산이 이뤄지고, 공식조직이 등장하고 있는 이 시점에 과연 전통적 조직원리는 타당한 것일까? 사회는 새로운 조직을 필요로 하고 있는 것이 아닐까? 새로운 조직원리가 있다면 어떠한 구조를 가져야 하며, 그 원리는 무엇인가?

산업혁명이 진행되는 근대사회에서 그가 찾은 해답은 이제 과거와는 다른 조직원리가 요청된다는 것이었다. 즉, 산업화로 인해 변화된 사회구조 속에서 조직의 기본원리는 능률성을 향상시키기 위한 제도, 즉 합리화라는 방향으로 전환되어야 한다고 주장했다.

웨버의 이와 같은 주장의 키워드는 관료제라고 할 수 있다. 웨버는 관료제야말로 최고의 합리성을 갖는다고 주장했다. 그는 산업화 이후 변화된 사회구조에서는 조직의 모든 사람이 전문화된 기술과 지식에 의해 임용되고 승진되며, 엄격한 규칙과 규율의 통제를 받으면서 분업화된 자기 직무를 함으로써 최고의 능률을 올릴 수 있는 조직, 즉 근대적 관료제가 가장 합리적인 조직이라고 생각한 것이다.

자료: 저자의 졸저, 『행정학 콘서트』, 16쪽

(2) 고전적 집행관의 문제점

고전적 집행관은 일단 정책이 결정되면 그 정책은 집행될 것이고, 집행은 결정자가 의도한 대로 자동적으로 이루어질 것으로 본다. 이러한 고전적 집행에 대한 관점은 현대적 관점에서 볼 때, 다음과 같은 몇 가지 잘못된 가정을 하고 있다.

첫째, 정책결정과 집행은 구분되고 분리될 수 있으며(이질성), 정책집행상의 의사결정은 기술적, 비정치적이다. 목표를 설정하는 정책결정자와 이러한 목표를 이행하는 정책집행자 사이에는 분명히 분업이

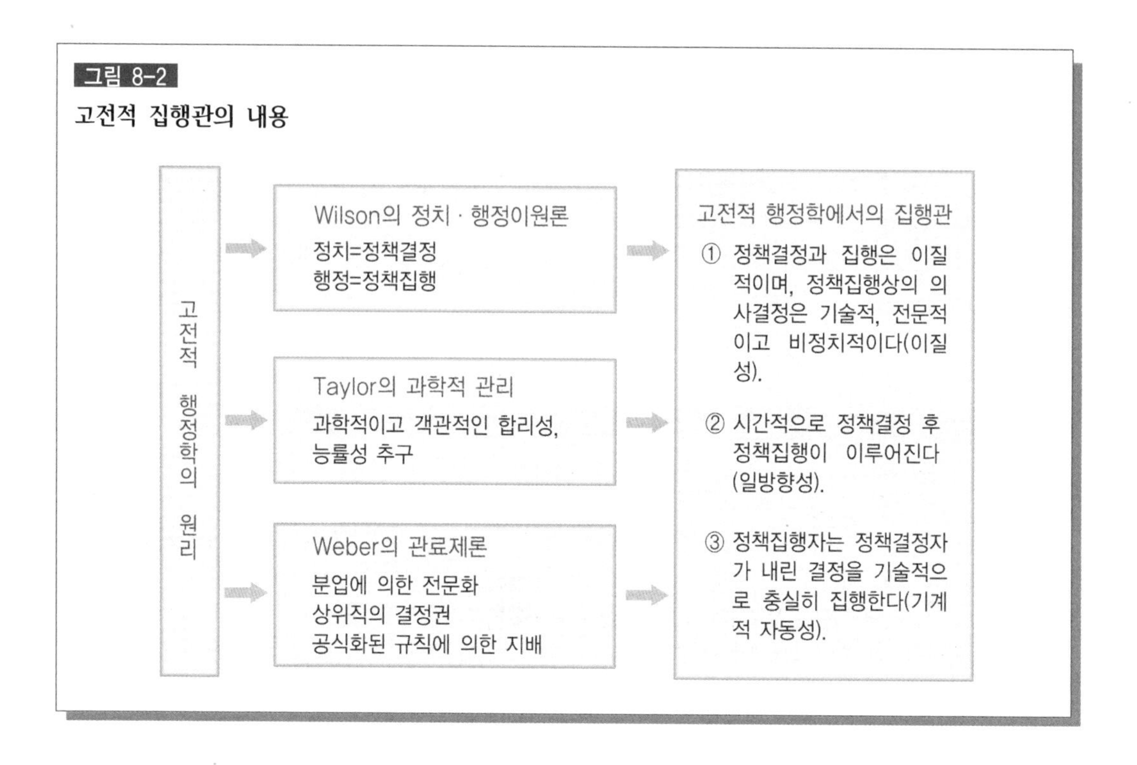

되어 있다. 그리고 정책집행자는 정책결정자에 의해 구체화된 정책을 이행하기 위한 기술적 능력과 복종심을 갖고 있다는 것이다.

둘째, 정책결정자와 집행자 양자는 그들의 직무 간의 경계를 인정하고 있기 때문에 정책결정이 정책집행에 앞서서 이루어지며, 시간적으로 선후의 순차적 방식으로 집행과정이 이루어진다(일방향성).

셋째, 정책집행자는 정책결정자가 내린 결정을 기술적으로 충실히 집행한다(기계적, 자동성).

결국 고전적 집행관에서 상정하고 있는 이러한 가정들은 정책의 과정을 지나치게 단순화시키고 있음이 드러난다. 따라서 이들의 가정이 현실의 정책과정에서 관철되기란 쉽지 않다는 것을 알 수 있다(채경석, 2005: 265-266).

쉬어가는 코너

애플비의 이야기

고전적 행정학에서 주장하는 정치행정 이원론에 반기를 든 학자는 애플비P.Appleby이다. 애플비는 1930년대 미국 루즈벨트 대통령 당시 자신의 행정부 경험을 토대로 정치행정 일원론을 주장하였다. 애플비는 미국 루즈벨트 대통령 시절에 많은 활동을 한 행정관료이자 행정학자라고 할 수 있는데, 애플비가 목격한 당시 미국의 새로운 흐름들은, 한마디로 요약하면, 국가 행정부의 역할 증대였다. 이전까지 정부는 철저하게 의회와, 나아가서는 정치와 분리되어야 한다고 여겨졌고, 실제 그런 방향성을 추구해 갔다. 이를 정치행정 이원론이라고 한다. 쉽게 설명하면 정책결정은 의회에서 하고 행정은 의회에서 결정한 정책들을 집행만 하면 된다는 이론이다.

초기 미국행정에서는 이것이 통했다. 이때까지만 해도 행정부의 업무는 상당히 단순했고 관계적으로도 복잡하게 얽혀있지 않았기 때문이다. 그런데 시대는 변하였다. 국가의 개입이 증대되었고, 사회의 각종 문제를 해결하기 위해 고차원적이고 전문적인 일이 많아졌다.

애플비의 고민은 여기서 비롯되었다.

이미 행정 관료들이 정책형성을 하고 있다는 것이 곳곳에서 발견되고 있다. 그런데 그렇게 되면 기존의 정치행정 이원론은 어떻게 정당화될 수 있을까? 이론은 언제나 현실을 반영해야 하지 않는가? 이를 넘어서게 되면 그 이론은 더 이상 이론으로서의 가치가 없는 것 아닌가….

문제의 근본부터 다시 생각해 볼 필요가 있겠다. 정치행정 이원론의 근거는 행정과 정치가 엄밀히 다른 존재의 것들이라는 점. 그래서 둘의 기능도 달리하는 것이고…. 그런데 과연 행정과 정치가 정말로 다른 성질의 것일까?

애플비는 1949년 그의 저서, 『정책과 행정』Policy and Administration에서 이러한 문제, 즉 정치와 행정에 대한 관계를 진지하게 고민하고 있다. 이러한 고민에 대한 그의 답은 현실에서 정치와 행정의 관계는 정합적, 연속적, 순환적이기 때문에 양자를 구별하는 것은 적절치 않고 결합적 관계를 형성해야 한다는 것이었다. 이를 정치행정 일원론이라고 부른다.

자료: 저자의 졸저, 『행정학 콘서트』, 54쪽

2) 현대적 집행관

(1) 현대적 집행관의 의의

현대집행관의 출발점은 Pressman과 Wildavsky가 자신들의 저서, 「Implementation(집행론)」(1973)을 통해서 미국 경제개발처(Economic Development Administration)가 미국 오클랜드 주에서 펼친 도시지역 실업자 구제사업이 실패하게 된 원인을 연구한 데서 비롯되었다(이종수 외, 2004: 331). '오클랜드(Oakland) 사업'의 주요내용은 다음과 같다. 미국 연방정부 경제개발처(EDA)는 오클랜드 지역에 2천3백만달러를 투입하여, 2200여개 일자리를 창출한다는 야심찬 계획을 집행했는데, 3년 후 평가해보니 겨우 약 3백만달러 지출에 일자리도 겨우 10개 정도에 불과한 것으로 나타났으며, 계획된 부두와 항공기 격납고도 기본적으로 건설되지 못한 결과를 초래했다(박성복·이종열, 2000: 345). 특히 이러한 집행실패의 원인은 정책집행 과정의 태만이나 고의적인 방해가 아니라 다른 집행상의 요인이어서 충격을 주었다. Pressman과 Wildavsky는 「Implementation(집행론)」(1973)에서 이렇게 오클랜드 사업이 실패하게 된 요인을 자세하게 분석하였는데, 이들이 지적한 중요한 정책집행의 실패요인은 다음과 같다.

첫째, 집행과정에서 참여기관 및 참여자가 너무 많았다(*number of participation*).

둘째, 의사결정의 거부점(*veto point*)의 존재이다. 수많은 참여기관 및 참여자는 정책의 내용에 대한 이해정도, 이해관계 및 지지정도가 각각 다르다. 하나의 사업을 집행하기 위하여 각 참여집단의 동의와 결정을 얻어야 하기 때문에 의사결정점이 많아지고 행동의 필요성이 많아지면 의사결정점이 높아지고 하나하나의 의사결정점은 바로 거부점(*veto point*)의 역할을 한다.

셋째, 중요한 지위에 있는 집행 핵심추진집단의 잦은 교체(*frequent change*)도 집행에 대한 기존의 지지와 협조를 허물어뜨렸다. 특히, 집행의 핵심적인 추진집단이나 지속적 리더십이 성공적 집행을 위해서 매우 중요하다.

넷째, 정책내용을 결정하는 데 있어 정책목표를 효과적으로 달성할 수 있는 타당한 정책수단의 선택도 부족하였다(*technical validity*)(정정길 외, 2005: 614-620).

(2) 현대적 집행관의 특징

현대적 집행관의 특징을 살펴보면 다음과 같다.

첫째, 정책집행도 정치적 성격을 띠므로 정책결정과 정책집행은 그 성질 면에서 본질적인 차이가 없다(동질성).

둘째, 정책집행 과정에서 정책이 결정되고 수정되는 경우도 있기 때문에 정책결정이 먼저 이루어지고 난 다음에 정책집행이 이루어지는 단일방향적이 아니라, 정책결정과 정책집행은 서로 영향을 주고받는 상호 쌍방향적 과정을 이룬다(쌍방향성).

셋째, 정책결정자도 정책집행자의 능력과 태도를 고려하는 상호 적응적이며, 따라서 정책집행은 복합성과 순환성을 띤다(복합성·순환성)(백승기, 2005: 259).

정 책 사 례

의약분업정책

1. 사례개요

의약분업은 약에 대한 의사의 처방행위와 약사의 조제행위를 분리함으로써 약물 오남용을 방지하여 국민의 건강을 보호하기 위한 제도이다. 또 의약분업 실시 전에는 의사와 약사가 환자에게 좀 더 많은 약을 처방, 조제하거나, 약간 마진이 큰 약을 처방함으로써 수입을 올리고자 하는 경제적 유인을 가지게 됨에 따라 약제비 지출이 과다했던 문제가 있었는데, 의약분업정책은 이러한 문제를 해결하고자 하는 제도이다.

하지만 의약분업이라는 제도 자체가 갖는 당위성에는 모두 동의함에도 불구하고, 의사협회와 약사회 등 복잡하게 얽힌 경제적 이해의 대립 그리고 혼란스러운 의료체계로 인해 의약분업이 도입되지 못하다가 여러 차례의 커다란 진통을 겪은 끝에, 2000년 7월이 되어서야 전면적으로 시행되기에 이르렀다. 그러나 의약분업은 정책이 도입된 후에도, 의사, 약사 등 이익집단 간 그리고 이들 집단과 정부와의 전례 없는 첨예한 대립, 그리고 시민단체와 이익집단의 적극적인 정책과정에의 참여로 인해 기존의 보건의료정책 과정과는 크게 다른 양상으로 전개되었다.

의약분업은 오랜 기간의 정책과정을 거치면서 초기의 정책안이 계속해서 변화하였고, 실제 정책실행 과정에서 다양한 참여자들 간 상호작용과 역학관계의 결과로 인해 정책의 내용이 크게 바뀌어 의약분업 원래의 취지를 크게 살리지 못하는 한계를 남기기도 하였다. 특히 의사들의 장기간에 걸친 과격한 파업은 의약분업정책의 과정과 결과에 막대한 영향을 미쳤다.

2. 쟁점 및 시사점

의약분업정책 사례는 정책집행 과정에서 참여기관 및 참여자가 너무 많았고, 의사와 약사 그리고 이와 관계된 제약회사 등 이익집단과 정부가 첨예하게 대립함으로 인해 정책이 나아가야 할 방향을 제대로 찾지 못한 사례라고 할 수 있다. 이들은 정책내용에 따라 이해관계가 첨예하게 대립함으로 인해 서로 한 발자국도 물러나려 하지 않았고, 이는 정책집행을 어렵게 만들었다. 또 이로 인하여 기존의 보건복지정책과는 전혀 다른 방향으로 나아가게 되었다.

정책집행에서 참여기관은 결국 의사결정점의 증대를 초래하고, 하나하나의 의사결정점은 거부점(*veto point*)의 역할을 하게 된다. 또 중요한 지위에 있는 자들의 교체 문제도 연관시켜 볼 수 있다. 장기간에 걸친 문제가 됨으로 인하여 집행부에 있던 사람들도 교체되고, 다시 교섭의 포인트를 잃어버리는 문제가 발생하였다.

정책집행에서는 실현가능성 있는 수단을 마련하고, 정책목표를 달성할 수 있는 수단을 선택하는 문제가 중요한데, 의약분업문제에 있어서는 그저 이상향적으로 의약분업을 해야 한다는 당위적인 생각만 가지고 정부가 뛰어들었다. 그 후 의사와 약사의 첨예한 대립과 또 한의학에까지 이어지는 광범위한 문제가 되자, 그때서야 문제의 심각성을 알고 정부가 정책의 다른 방향을 제시했다는 점에서 정책적 시사점을 남기고 있다.

3) 제3세대 집행관

Goggin(1990) 등은 그 동안 정책집행에 대한 연구가 시작된 지 20년이 넘었고, 많은 연구 성과들이 있었음에도 불구하고, 정책집행에 관한 이론이 충분히 축적되지 못한 데 대해 비판을 제기하면서, 1990년에 저술한 「집행론: 제3세대지향」에서 정책집행론 연구의 새로운 방향을 제시하였다.

(1) 제1세대와 제2세대의 정책집행연구

제1세대 집행연구는 결정된 특정 정책이 하나 혹은 몇몇 지역에서 어떻게 집행되는가에 관한 상세한 서술에 초점을 맞추었다. 이러한 대표적인 예는 앞에서 검토한 Wildavsky와 Pressman의 집행연구이다.

이들의 연구업적은 다음과 같다.

첫째, 정책집행의 특징을 복잡성과 역동성으로 파악했다.
둘째, 정책집행 과정에서 정책 하위체제, 즉 주정부와 지방정부 및 여러 이익집단들의 중요성을 강조했다. 이러한 하위체제 때문에 연방정부가 집행과정을 제대로 통제와 조정을 하지 못함을 강조했다.
셋째, 정책결정에 머물러 있던 기존의 연구초점을 구체적인 정책집행프로그램으로 옮겼다.
넷째, 정책집행이 의도한 결과를 제대로 성취하지 못하는 이유를 분석하였다.

이러한 업적에도 불구하고, 제1세대 집행연구는 특정 집행사례의 서술에 그쳤다는 단점이 있다. 따라서 이론개발과 집행에 관한 지식축적에 별 도움을 주지 못했다. 제2세대의 집행연구는 정책집행의 복잡한 현상을 분석하기 위한 분석틀을 개발하는 데 역점을 두었다.

첫째, 집행은 정책마다 다르고, 시간의 흐름에 따라 변한다. 또한 주정부와 지방정부에서는 정책의도와는 다르게 집행된다.
둘째, 이러한 변화무쌍한 정책집행을 설명하기 위한 이론탐색의 시도가 이루어졌다.
셋째, 정책집행을 체계적으로 또한 실증적으로 연구하는 데 직면하는 여러 어려움이 지적되었다.

이러한 연구업적에도 불구하고 제2세대의 연구 역시 몇 가지 한계를 안고 있다. 다양한 정책영역에 적용하는 것이 어려우며, 주정부의 역할을 강조했을 뿐 각각의 주정부에서 일어나는 집행의 차이를 체계적으로 연구하지는 못했다. 또한 정책에 관한 여러 가설이나 주장들이 후속연구에 의하여 검증되지 않았다(채경석, 2005: 270-272).

(2) 제3세대 정책집행연구

제3세대 정책집행연구는 정책집행에 관한 본질적인 세 가지 특징을 파악하면서 출발한다.

첫째, 정책집행에 영향을 미치는 변수들의 인과적 복잡성이다. 정책집행에 영향을 미치는 변수는 상상밖으로 많고, 또한 그 변수들 간의 관계는 복잡하다.
둘째, 정책집행의 역동성이다. 정책집행은 시간이 지남에 따라 변한다. 또한, 정책집행 과정과 정책집행 결과는 연방정부에서 주정부로, 주정부에서 지방정부로 정책집행 과정이 진행될 때 변한다.
셋째, 정책집행 결과의 다양성이다. 하나의 정책이 집행되었을 때 각 주 혹은 지방에서 나타나는 정책집행 결과는 각각 다른 다양성을 띠고 있다. 또한, 제3세대 정책집행연구는 과거 두 세대의 정책집행연구에 비해 보다 과학적 접근법을 사용하고 있다(채경석, 2005: 272-274).

이상에서 본 바와 같은 정책집행의 복잡성·역동성·다양성을 토대로 현대 정책집행연구는 제도분석이론, 거버넌스연구, 네트워크이론 등과 연계되어 발전하고 있다. 여기에서 제도분석이론(*institutional analysis*)은 다양한 종류의 제도를 분석의 대상으로 하여, 집행주체 혹은 집행주체와 대상집단과의 관계를 제도적 측면에서 분석하는 것을 의미하며, 거버넌스연구(*governance study*)는 국가통치체제 전반을 연구의 대상으로 하여, 정책이 진화해가는 구조와 과정의 설계 및 운영방법, 그리고 정책과정 참여자의 다양한 역할을 연구하는 것을 의미한다. 마지막으로, 네트워크이론(*network theory*)은 다양한 이해관계자 등 집행체제의 다양성과 복잡성을 이해하기 위한 도구로서 정책참여자 간의 패턴화된 상호작용을 연구하는 것을 의미한다.

4) 정책집행이론의 발전

과거 전통적 관료제모형하에서는 정책집행에 있어서 일방향적·기계적·자동적·하향식 모형이 중시되었으나, 현대 정책이론에서 강조되는 거버넌스패러다임 하에서는 정책집행에 있어서 쌍방향적·복합적·동태적·상향식 모형의 중요성이 상대적으로 더 부각되고 있다. 또한, 정책집행에 있어서 조직구성원들 간의 대화 및 토론을 통한 공동작업 및 커뮤니케이션 강화가 강조되고 있으며, 정책집행 중간에 모니터링 점검을 통한 학습역량의 강화가 중요시되고 있다.

표 8-3 전통적·하향적 집행과 현대적·상향적 집행 비교

	전통적·하향적 집행(top-down)	현대적·상향적 집행(bottom-up)
집행의 성공요인	결정자의 리더십	집행관료의 재량권
결정과 집행	정책결정과 집행의 분리	정책결정과 집행의 통합
관리자의 참여	참여제한, 충실한 집행이 요구됨	참여 필요
정책상황	안정적·구조화된 상황	유동적·동태화된 상황
정책목표수정	목표가 명확하여 수정 필요성 적음	수정 필요성 높음
집행자의 재량	집행자의 재량 불인정	집행자의 재량 인정
정책평가의 기준	집행의 충실성과 성과	환경적응성 중시, 정책성과는 2차적 기준
핵심적 법률	있음	없음
Elmore	전향적 집행(forward mapping)	후향적 집행(backward mapping)
Berman	정형적 집행	적응적 집행
Nakamura	고전적 기술가형, 지시적 위임형	재량적 실험형, 관료적 기업가형

초기의 정책집행연구는 개별 연구자가 합의된 이론적 틀 없이, 각각 상이한 정책영역에서 정책집행의 실패 또는 성공의 원인을 설명하고자 하였다. 이는 개별 정책상황에서 현실접합성이 낮아 큰 도움을 주지 못한다는 지적이 많았다. 이러한 집행연구의 이론적 문제점에 대응하기 위하여 일부 학자들은 집행연구의 이론적 틀을 정립하였다. 초기의 연구는 크게 두 가지 접근방법으로 구분된다. 정책집행을 주어진 정책목표의 달성을 위한 수단적 행위로 파악하는 하향적 접근방법과 집행을 다수의 참여자들 사이에서 발생하는 상호작용으로 이해하는 상향적 접근방법이 그것이다.

하향적 접근방법은 새로운 정책결정의 내용에 따라 집행관료 및 정책대상집단의 행태의 변화정도를 정책집행 성공의 판단 기준으로 본다. 정책결정자에게 바람직한 집행을 위한 규범적 처방을 정책결정자에게 제시해주는 데 하향적 접근방법의 의의가 있다. 상향적 접근방법은 정책목표 대신 집행문제의 해결에 논의의 초점을 두고, 집행과정에 가장 큰 영향을 주는 것은 일선집행관료와 정책대상집단으로 본다.

1980년대 중반 이후 하향적 접근과 상향적 이론적 접근의 상이한 이론적 구성을 통합하려는 학문적 노력이 등장하게 된다. 또한 위와 같은 이론과는 다른 시각에서 정책집행의 문제를 해석하는 이론적 논의 또한 존재한다. 즉, 일선집행관료가 처한 집행상황과 이에 대응하는 일선관료들의 대응형태에 대한 이론, 정책결정자와 정책집행자의 상호적응의 중요성을 강조한 연구, 그리고 정책결정과 집행과정의 연계성을 강조하는 연구 등이 바로 그것이다. 이하에서는 이러한 정책집행이론에 대해 좀 더 상세하게 살펴보기로 한다.

2. 하향적 접근방법

1) 하향적 접근방법의 내용

하향적 접근방법은 정책집행을 정책결정 과정에서 채택된 정책목표를 달성하는 과정으로 본다. 기본적으로 정치·행정이원론적인 시각을 갖는 하향적 접근방법은 바람직한 정책집행이 일어날 수 있는 규범적 처방을 정책결정자에게 제시해주는 데 관심을 갖는다. 즉 정책결정자의 입장에서 집행을 보는 시각이며, 정책결정자의 정책의도가 충실히 집행되기 위하여 관심을 기울여야 할 집행과정상의 요인을 정책결정자에게 제시해주고, 그리고 나아가 그러한 체크리스트상의 중요 요인들로는 어떤 것들이 있는지에 대해 고민한다. 하향적 접근방법은 효과적인 정책집행을 위해 갖추어야 할 이상적인 조건으로 다음 다섯 가지를 제시하고 있다.

첫째, 정책결정의 내용은 타당한 인과이론에 바탕을 둔 것이어야 한다. 타당한 인과이론이란 바람직한 상태를 나타내는 정책목표와 그를 달성하기 위한 정책수단, 그리고 그러한 정책수단의 실행의 결과를 나타내는 정책산출 간에 얼마나 긴밀한 인과관계가 있는가에 관한 것이다. 이를 기술적

그림 8-3
하향적 접근방법의 특징

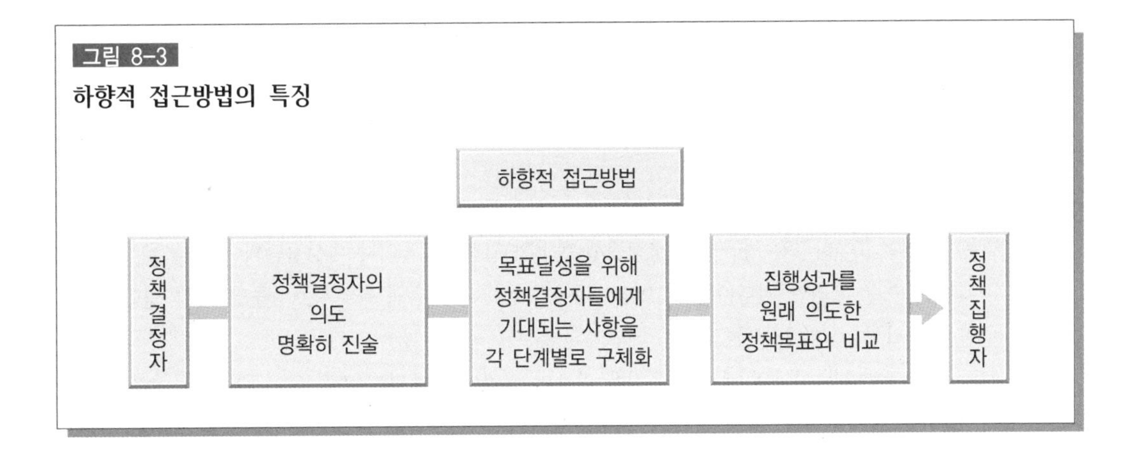

타당성(*technical validity*)이라고도 한다. 이러한 기술적 타당성이 결여되면 아무리 정책대상집단의 순응이 확보되어 충실히 정책이 집행된다 하더라도 정책이 지향하는 정책목표가 달성될 수 없다. 이를 정책실패라고 지칭한다.

둘째, 정책내용으로서 법령은 명확한 정책지침을 갖고 있어야 하며, 정책목표의 우선순위가 명료해야 한다. 즉, 명확한 정책목표의 선정과 정책목표 간 우선순위의 명료화, 집행기관에 대한 충분한 재정적 자원의 제공, 정책목표를 실현할 적절한 집행기관의 선정, 목표달성에 적합한 집행기관의 의사결정규칙의 규정, 정책이해관계자의 광범위한 참여기회 보장 등이 이에 속한다.

셋째, 유능하고 헌신적인 집행관료가 정책집행을 담당하여야 한다.

넷째, 정책에 대해 조직화된 이익집단, 유권자 집단 및 통치권자의 강력한 지지 등 강력한 리더십이 있어야 한다.

다섯째, 정책환경은 안정적이어서 집행과정 동안 법령에 규정된 목표의 우선순위가 변하지 않아야 하며, 상충되는 정책이나 정치경제적 상황의 변화에 의해 기존의 정책이 현저하게 달라지지 않아야 한다.

2) 하향적 접근방법의 평가

(1) 장 점

Sabatier와 Mazmanian 등이 제시하는 하향적 접근방법의 장점은 다음과 같다.

첫째, 타당한 인과이론, 명확한 정책지침, 명료한 정책목표 등 하향적 접근방법이 제시하는 성공적 정책집행요인의 중요성이 많은 후속 사례연구들을 통해 확인되고 있다.

둘째, 효과적인 집행의 다섯 가지 조건은 정책결정자들로 하여금 정책결정 단계에서 사전에 집행과정에서 발생할 수 있는 변수들을 미리 예견할 수 있도록 해 주는 유용한 체크리스트로서의 기능을 한다(정정길 외, 2005: 675).

(2) 단 점

Sabatier와 Mazmanian 등이 제시하는 하향적 접근방법의 단점은 다음과 같다.

첫째, 하향적 접근방법의 가장 근본적인 문제점은 정책집행 현장의 변수들이 유연하게 고려되지 못한다는 점이다. 즉, 하향적 접근법은 정책집행 현장의 일선관료들이나 대상집단의 전략을 무시하거나 과소평가할 우려가 있다(유훈, 1999: 349). 이에 따라 정책 하부시스템들에 얽힌 변이들의 원인을 파악하는 데 한계가 있다.

둘째, 하향적 접근방법은 하나의 정책에 초점을 맞추어 그것이 집행되는 과정을 연구하지만, 현실적으로 집행현장에서는 여러 가지 정책이 동시에 집행되고 어느 하나가 지배적이지 않은 경우도 많다(정정길 외, 2005: 677).

3. 상향적 접근방법

1) 상향적 접근방법의 내용

정부에 의해 공식적으로 결정된 정책은 전체적, 개괄적인 성격을 갖는 기본정책이기 때문에 정책집행의 단계에서는 기본정책의 테두리 안에서 집행을 위한 또 하나의 제한된 정책을 형성하는 집행정책의 형성이 이루어지게 된다. 따라서 정책집행은 정책문제를 실제적으로 해결 또는 개선할 목적을 가진 관계 집행기관의 실천적인 행동 과정임과 동시에, 기본 정책의 테두리를 벗어나지 않는 범위에서 집행정책을 변화된 상황에 맞춰 적절히 수정, 실행해 나가는 정책의 수정관리 과정이라 할 수 있다. 즉, 정책집행 단계는 정책의 실질적인 내용을 결정하는 단계라고도 할 수 있는 것이다(김학만, 2005: 26).

하향적 접근방법이 정책결정에서 만들어진 정책을 출발점으로 하여, 이것이 정책집행기관에 지시, 전달되고, 이것을 받은 정책집행기관이 집행을 준비, 설계, 집행하는 과정을 살펴보면서 연구하는 방법이라면, 상향적 접근방법은 정책현장에서 움직이고 있는 일선집행요원들의 활동과 여기에 영향을 미치는 일선집행요원의 사고방식, 집행대상집단이나 정책이해집단, 지방정부기관 등의 상호관계를 연구의 출발점으로 한다. 이는 하층집행조직과 정책의 내용 등을 연구하는 방식으로 밑바닥부터 출발하여 상층집행조직과 정책결정상황 등으로 연구의 대상을 옮겨 가는 방식으로서, 정책결정자가 정책집행과정에서 발생하는 모든 것에 결정적인 영향력을 행사할 수 있고 그렇게 해야 한다는 하향적 접근방법의 가정에 의문을 제기하고, 그와 반대되는 역방향의 논리로 정책집행연구에 접근한다.

상향적 접근방법에서는 집행과정에 가장 큰 영향력을 행사하는 집단은 명목적인 통제만을 담당

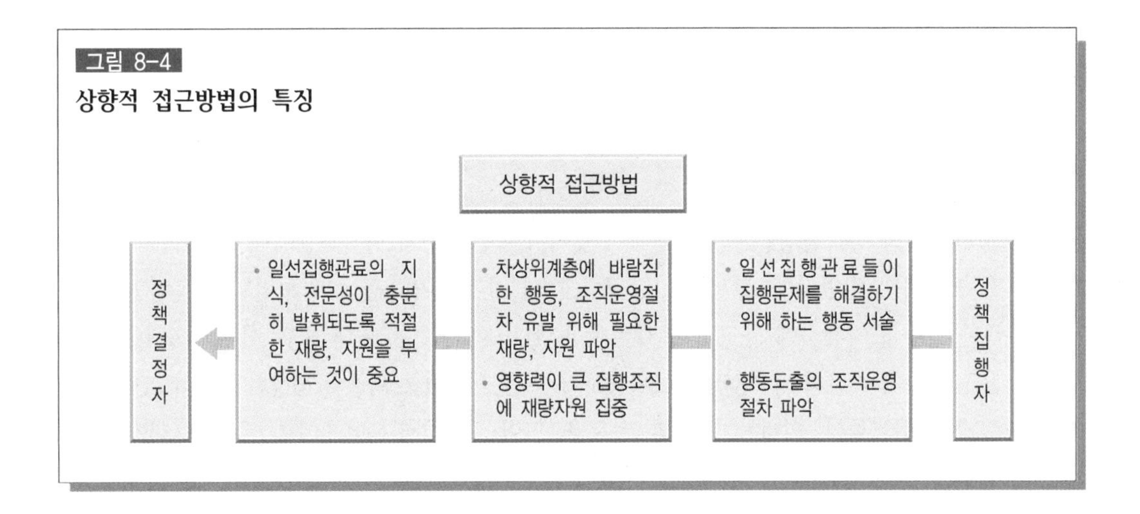

하는 정책결정권자가 아니라, 정책문제해결에 필요한 전문성과 지식을 가진 일선집행권자이므로, 집행과정에 대해 정확하게 이해하기 위해서는 일선집행관료와 대상집단의 행태를 고찰해야 한다고 본다. 또한 분명하고 일관된 정책목표의 존재가능성을 부인하고, 정책목표 대신 집행문제의 해결에 논의의 초점을 맞춘다. 이 접근방법은 Elmore의 연구에 의하여 이론적 정립을 이루게 된다.

Elmore(1978)는 집행연구의 접근방법을 전방향적(하향적) 접근방법과 후방향적(상향적) 접근방법으로 구분하였는데, 여기서 후방향적 접근방법이 상향적 접근에 해당되는 개념이다. 이는 명확한 정책지침, 명료한 정책목표 등만으로 정책결정자가 집행에 영향을 미치는 모든 조직적·정치적·기술적 과정을 통제할 수 있고, 이러한 수직적 통제가 정책의 성공적 집행 가능성을 높여줄 것이라는 전방향적(하향적) 접근방법의 가정에 강한 의문을 제기한다(노시평, 2001: 318).

2) 상향적 접근방법의 평가

합리적이고 효율적으로 보이는 상향적 접근방법은 여러 장점과 단점을 갖고 있으며, 이에 따라 평가를 받고 있다.

상향적 접근방법의 장점은 집행현장에서 행위자들이 활동하는 과정에서 발생하는 여러 요소들과 집행네트워크를 분명히 파악할 수 있다는 것이다. 이는 집행현장의 변수들을 우선적으로 고려하는 상향적(*Bottom-up*) 접근방법의 장점으로 볼 수 있다. 하지만, 상향적 접근방법에 의하면 집행현장에서 작용하는 무수히 많은 요인들에 묻혀서 전체적인 목표와 구성을 간과하기 쉽다는 한계를 지닌다(노시평, 2001: 319).

4. 통합모형

1) 통합모형의 내용

1980년대 이전의 정책집행연구는 집행이 무엇이며, 왜, 어떻게 변화하는가에 대해 우리에게 많은 지식을 제공하여 주었지만, 그럼에도 불구하고 이 시기의 연구들은 집행결과에 독립변수들이 미친 독특한 영향을 자세하게 규명해 주지는 못하였다. 이에 1980년대 중반 이후 하향적 접근과 상향적 접근이 지닌 각각의 장·단점을 보완하고자 하는 학문적 노력들이 등장하게 된다. 1985년을 전후하여 많은 학자들이 이러한 주제의 논문을 많이 발표하였는데, 이를 주도한 학자들로는 Sabatier(1986), Elmore(1985), Matland(1995), Winter(1986, 1990), Lipsky(1976), Berman(1978), O'Toole(1987), Goggin(1990) 등이 있다. 여기서는 통합모형의 대표적인 이론이라고 할 수 있는 Sabatier(1986), Elmore(1985), Matland(1995), Winter(1990)의 모형에 대해 살펴보기로 한다.

Sabatier(1986)는 정책집행현장과 관련된 다양한 공적, 사적 집행 관련자들을 분석단위로 한 상향적 접근방법과 사회경제적 조건 및 법적 수단이 집행자들의 행태를 일정한 방향으로 제약하는 데 초점을 맞춘 하향적 접근방법의 종합을 시도하였다. Sabatier는 하향적 접근방법과 상향적 접근방법의 각각의 장·단점을 평가한 후, 그들의 한계를 극복할 수 있는 비교우위 접근방법을 제시하였다.

Elmore(1985)는 전방향적 접근방법(하향적 접근방법)과 후방향적 접근방법(상향적 접근방법)은 상호가역적인 논리로서, 양 접근방법의 적절한 통합이 필요하다고 주장하였다. 즉, Elmore는 정책결정자들이 정책설계 시 하향적 접근방법에 의하여 정책목표를 결정하되, 상향적 접근에서 제시하는 방법을 수용하여 가장 집행가능성이 높은 정책수단을 선택하는 방안을 제시함으로써, 양 접근방법의 통합을 이루고자 하였다(정정길 외, 2005: 689).

Matland(1995)의 연구는 기존의 집행연구와 같이 집행에 영향을 미치는 변수를 찾는 데 중점을 둔 것이 아니라, 양 접근방법이 어떠한 조건하에서 더 잘 적용되는지, 그리고 중요한 집행변수가 무엇인지를 탐색하였다. 즉, Matland가 집행상황을 구조화시키기 위해 사용한 분석틀은 조직이론과 정책이론에서 논의되는 모호성과 갈등 두 가지 개념을 기초로 하고 있다(김학만, 2005: 30). 그는 정책목표의 모호성과 갈등의 수준을 두 차원으로 하여 관리적 집행, 정치적 집행, 실험적 집행, 상징적 집행 등 네 가지 집행상황을 설정하였다.

Winter(1986, 1990)는 그간의 통합모형들이 현실적으로 수용할 수 없는 정도의 과도한 인지적 노력을 요구하였다고 비판하면서, 정책집행성과를 결정하는 주요 변수로서 정책형성과정의 특성과 정책집행과정의 특성을 들고, 정책집행과정의 특성으로서 조직 내 집행행태, 일선관료의 행태,

정책대상집단의 행태 등 네 가지를 제시하였다(김학만, 2005: 32).

2) 통합모형의 평가

하향적 접근방법과 상향적 접근방법은 서로 연구의 범위와 분석의 초점이 다르다. 전자는 기본적으로 명확한 정책목표의 설정과 그러한 정책목표의 달성여부가 중요한 연구의 범위가 되며, 분석의 초점은 정책결정자에 의한 효과적인 집행과정 통제방법의 모색이다. 반면에, 상향적 접근방법에서는 정책목표의 달성 대신 특정 집행문제의 해결이 중요한 연구의 범위가 되며, 분석의 초점은 정책집행문제의 해결이다(최종원, 1998: 181-183).

이처럼 양 접근방법은 상이한 연구범위와 분석초점을 토대로 출발하고 있기에, 양 접근방법 및 통합모형을 평가할 때도 이러한 분석의 전제와 논리를 감안한 평가가 되어야 할 것이며, 동일차원 상에서 선형적으로 비교하는 것은 피해야 할 것이다.

정 책 사 례

동강댐 건설

1. 사례개요

건설교통부가 강하게 집행하려고 했지만, 환경연합 등 시민단체들이 거세게 들고 일어서 동강의 환경보존운동을 전 국민적 차원으로 발전시켜 동강댐 건설을 저지하였다. 건교부에서 동강댐 건설을 발표한 이후 시민·환경단체와 지역주민들이 집요한 '동강 살리기' 투쟁을 통해 정부의 댐 건설 계획을 백지화하였다. 환경단체들은 동강댐 건설을 반대하기 위해 광범위한 자원을 동원하였다. 동강댐 백지화운동은 생존권 차원의 주민운동으로부터 시작되어 환경단체, 학계, 종교계, 문화계·예술계, 전 국민들의 참여로 확산되었고, 그린피스·시에라 클럽·지구의 벗 등 세계적인 환경단체들의 동참으로 이어졌다. 동강을 지키자는 온갖 바람이 담긴 노란 손수건의 물결, 각계각층 2천여 명이 참여한 33일간의 밤샘농성, 5천여만원의 국민성금 등으로 환경운동사에 중요한 역사적 의미를 남겼다고 할 수 있겠다.

2. 쟁점 및 시사점

동강댐 건설정책은 정책집행의 강요로 인한 대표적 실패사례라 할 수 있다. 정책의 집행에 있어서 이해관계자들에 대한 충분한 협의와 참여, 동강댐 건설 사업의 필요성에 대한 설득의 과정이 없었다는 점에서 이미 그 실패는 예견된 것이라 할 수 있었다. 또한 이 사례는 집행과정에 다수의 정책이해관계자들이 개입하는 경우 정책집행의 성공은 그만큼 더 어려워진다는 점도 보여주고 있다.

정 책 사 례

독일 디지털방송정책

1. 사례개요

독일 디지털 방송정책은 디지털방송기획단에 의하여 2010년부터 전면적인 디지털방송 실현을 목적으로 한 정책으로 오디오 방송(1999)부터 시작하여 위성방송이나 케이블 방송의 디지털화를 한 후 6개 지역에 대한 지상파 방송의 디지털 서비스(2001)를 시작, 독일 연방정부와 주정부가 공동으로 디지털방송 인프라 구축을 위한 모든 가능한 조처들을 점검하고, 디지털방송을 통해 새로운 인적, 물적 시장을 창출하여 유럽 내에서 독일 방송의 입지를 공고히 한 성공사례로 평가되고 있다.

2. 쟁점 및 시사점

독일의 디지털방송정책은 모든 관련당사자들의 협력과 조정을 통해 디지털방송을 준비하고, 실천에 옮기는 모범적인 정책집행사례를 보여준다는 점에서 의의가 있다고 하겠다. 특히 다수의 집행 관련자들이 참여하고 있는 정책집행의 경우에 개방적이고 치밀한 정책입안과 집행전략적 접근이 정책성공을 위해 중요하다는 점을 잘 보여주는 사례이며, Berman이 강조한 바와 같이 거시적 집행구조와 미시적 집행단계의 상호적응(*mutual adaptation*)이 정책집행의 성공에 매우 중요한 요소라는 점을 잘 보여주고 있다.

핵심 Point !

Stage Model

◎ 정책집행(policy implementation)의 의의

▸ 일련의 전체 정책과정 가운데, "정책결정과 정책평가 단계 사이에서 이루어지는 실천적 단계로서, 권위 있는 정책내용을 구체화하기 위한 실현 활동"임.

◎ 현대적 정책집행이론의 배경

▸ Pressman과 Wildavsky가 자신들의 저서,「Implementation(집행론)」(1973)

▸ 미국 연방정부 경제개발처(EDA)는 오클랜드 지역에 2천3백만달러를 투입하여, 2200여개 일자리를 창출한다는 야심찬 계획을 집행했는데, 3년 후 평가해보니 겨우 약 3백만달러 지출에 일자리도 겨우 10개 정도에 불과한 것으로 나타났음.

▸ 특히 이러한 집행실패의 원인은 정책집행 과정의 태만이나 고의적인 방해가 아니라 다른 집행상의 요인이어서 충격을 주었음.

▸ 정책집행의 실패요인은 다음과 같음

첫째, 집행과정에서 참여기관 및 참여자가 너무 많았다(number of participation).

둘째, 의사결정의 거부점(veto point)의 존재이다.

셋째, 중요한 지위에 있는 집행 핵심추진집단의 잦은 교체(frequent change)

넷째, 정책목표를 효과적으로 달성할 수 있는 타당한 정책수단의 선택도 부족하였다(technical validity)

◎ 정책집행의 성공과 실패

① 정책집행의 실패 또는 성공의 개념은 양극화할 수 있는 개념이라기보다는 연속된 개념으로서 파악할 수 있다.

② 정책집행의 성공과 실패는 양의 개념으로서 뿐만 아니라 질의 개념으로서도 평가될 수 있다.

③ 정책집행의 성공과 실패는 단일차원의 개념이라기보다는 다차원의 개념이다.

◎ 불집행, 집행실패, 정책실패

집행 자체가 이루어지지 않은 것은 불집행(non-implementation)이라고 함. 집행이 시도되었으나 집행의 산출물이 나타나지 않은 경우를 집행실패라고 하고, 집행의 산출물은 있었으나 집행 성과가 나타나지 않은 경우를 정책실패라고 함.

▸ 성공적인 정책집행이란, ① 집행이 이루어지고 목표달성이 실현된 경우(목표달성도), ② 큰 논란이 없었고 집행에 따른 부작용도 심각하지 않으며(원활성), ④ 설정된 목표를 예정된 시간과 예산을 크게 초과하지 않으면서 달성한 경우를 말함(소요시간 및 예산).

▸ 정책집행의 영향요인은 크게 리더십, 구조 및 맥락적 변수, 환경 변수 등이 있음.

◎ 정책집행의 단계

▸ 정책집행의 단계는 크게 정책기획 단계, 자원확보 단계, 실현활동 단계, 점검평가 단계로 구분됨.

◎ 정책집행이론

▸ 하향적 접근방법

- 정책집행을 정책결정 과정에서 채택된 정책목표를 달성하는 과정으로 봄
- 정책집행의 성공조건:
  - ① 타당한 인과이론
  - ② 명확한 정책지침
  - ③ 유능하고 헌신적인 집행관료
  - ④ 강력한 리더십
  - ⑤ 안정적인 정책환경

▸ 상향적 접근방법

- 일선집행관료와 정책대상집단을 강조
- 정책목표 대신 집행문제의 해결에 논의의 초점을 둠

▸ 통합모형

- 하향적 접근방법과 상향적 접근방법의 장단점을 보완하고자 한 노력
- Sabatier: 정책집행 현장의 행위자들을 분석단위로 한 상향적 접근방법과 사회경제적 조건 및 법적 수단에 초점을 둔 하향적 접근방법의 종합을 시도
- Elmore: 정책설계시 하향적 접근방법에 의한 정책목표의 결정, 상향적 접근방법을 통한 집행가능성이 가장 높은 정책수단을 선택하는 방안을 제시
- Matland: 모호성과 갈등 두 기준을 중심으로 관리적 집행, 정치적 집행, 실험적 집행, 상징적 집행 등 네 가지 집행상황을 설정
- Winter: 정책집행과정의 특성으로 조직내집행행태, 일선관료의 행태, 정책대상집단의 행태 등을 제시

Chapter
8

핵심 Question!

Stage Model

◎ 정책집행의 의의를 설명하시오.

◎ 정책집행의 각 단계에서 나타날 수 있는 성공 및 실패요인을 설명하여라.

◎ 불집행, 집행실패, 정책실패를 개념적으로 구분하여 사례를 들어 설명하라.

◎ 하향적 접근방법과 상향적 접근방법의 내용과 장단점을 설명하여라.

◎ 하향적 접근방법에서 제시하는 정책집행의 성공조건을 다섯가지로 설명하라.

◎ 하향적 접근방법의 한계를 설명하고 상향적 접근방법 및 통합모형이 어떻게 보완될 수 있는지를 설명하라.

◎ 정책집행의 통합모형을 제시한 학자들과 주요 내용을 각각 설명하여라.

정책학 출제 최신경향 & 기출문제

CHAPTER 08 출제 최신경향

제8장은 정책집행론을 다루고 있다. 정책집행은 정책과정에서 볼 때 정책의제설정과 정책결정 이후에 이루어지는 단계이고, 또한 정책결정과 정책평가를 연결하는 고리의 역할을 하는 단계이다. 종래에는 정책을 결정하고 나면 바로 정책의 효과 또는 영향이 나오는 것으로 가정하였으나, 정책이 어떻게 집행되느냐에 따라 정책의 효과가 달리 나타나기에 정책집행론은 매우 중요한 분야이다. 즉, 정부가 아무리 중요하고, 훌륭한 정책안을 입안하였다 할지라도 정책집행이 이루어지지 않거나, 또는 원래 의도한 방향으로 집행이 이루어지지 않으면 정책이 본래 의도한 효과가 발생하지 않기 때문에 정책집행은 매우 중요하다고 볼 수 있다.

실제 정책학 분야 출제경향도 정책집행론에서 많이 출제되고 있다. 특히 정책결정과 정책집행의 괴리현상(불일치), 결정된 정책의 순응과 불응, 정책순응의 영향요인, 정책집행과정에서의 집행관료들의 재량권, SOP의 부작용, 정책집행모형 등 정책결정 후 집행과정에서 발생할 수 있는 상황들이 문제로 많이 출제되고 있다. 구체적으로 살펴보면, 정책집행의 의미 및 변천과정 및 정책집행의 단계를 묻는 문제, 정책집행의 성공과 실패요인에 대한 문제, 정책집행이론에서 하향적 접근방법·상향적 접근방법·통합적 접근방법 등에 대하여 묻는 문제, 마지막으로 정책결정과의 연계를 통하여 관계 및 모형 등을 묻는 문제로 분류할 수 있다.

그러므로 본 장을 학습하는데 유의할 점은 정책분석을 통해 결정된 정책이 성공적으로 집행될 수 있도록 정책집행에 영향을 미치는 요인들을 잘 정리하는 것이다. 또한 성공적인 정책집행을 위한 접근방법(하향식 접근방법, 상향식 접근방법, 통합이론 등)들을 살펴보고, 정책집행의 성공과 실패요인에 대하여 실제 사례와 연계하여 살펴봄으로써 실사구시적인 문제해결 능력을 키우는 것이 중요하다.

또한 정책집행은 정책결정과 연계되어 문제가 출제되는 경향이 있다. 따라서 정책집행과 정책결정을 같은 맥락 선상에서 연계모형, 통합모형, 결정과 집행의 관계 등에 대해서도 잘 정리해 둘 필요가 있다.

고시기출문제 다음은 정책결정과 정책집행의 괴리현상(missing link)에 대한 가상의 정책사례이다. 이 사례에서 볼 수 있는 정책결정과 정책집행의 괴리현상의 원인을 분석하고 해결방안을 제시하시오 [2009년 행시].

> A도는 B시 지역에 279만㎡ 규모의 지방산업단지를 조성하기 위해 2009년 4월에 기공식을 거행할 예정이었다. 그러나 중앙정부의 예산 조직집행 방침에 맞추어 기공식은 계획보다 4개월 앞당겨진 2008년 12월 29일에 열렸으며, A도는 총공사비 740억 중 140억 원을 2009년 초 B시에 배정하였다. 그러나 현재까지 기공식만 했을 뿐 예산은 집행되지 않고 있다. 이에 대해 B시 담당과장은 "대단위 산업단지 공사다 보니 굴착기, 덤프트럭 등 장비확보나 인력수급, 조직구성 등 계획 수립에 시간이 걸린다. 공사를 시작하려면 2-3개월이 더 필요하다"고 고충을 토로했다.

답안작성요령

핵심 개념

본 문제는 정책결정과 정책집행의 괴리현상(missing link)을 묻고 있다. 이 문제의 핵심은 정책결정과 정책집행의 이원론적 사고를 극복하고, 정책결정과 정책집행의 연계성을 중심으로 정책결정과 정책집행의 문제점을 밝히고, 실천적으로는 정책의 성공과 실패요인을 검토하는 데 있다.

정책집행의 성공요인

성공적인 정책집행은 목표달성의 정도, 목표달성의 원활성, 소요시간 및 예산 등에 따라서 판단된다. 그리고 정책결정자 및 정책관련집단의 지지(최고 정책결정자의 관심과 지원, 정책관련집단의 지지), 프로그램설계(단순한 설계, 정책내용의 명확성), 집행체제의 능력, 정책대상집단의 순응/불응 등에 따라서 정책집행의 성공 여부가 달라진다.

또한 정책집행은 정책결정에서 나타나는 정책내용, 참여자, 정책전달구조, 환경적 요소들의 구체화 단계로 볼 수 있다. 정책내용은 정책목표와 정책수단, 참여자는 정책결정자와 정책집행자, 정책전달구조는 정책결정구조와 정책집행체제, 환경적 요소는 정책대상집단/국민을 나타낸다. 즉, 정책목표와 수단 간 인과성, 정책참여자 간의 상호작용, 정책전달체계상의 정책공유도, 정책환경의 관심과 지지도에 따라서 정책집행의 성공 여부를 판단할 수 있다.

정책결정과 정책집행의 연계성의 접근: 집행-결정 모형

집행-결정 유형은 일차적으로 집행과정에서 나타난 변수를 중심으로 정책집행의 문제점의 원인을 분석한 후, 그러한 원인이 나타나게 된 이유가 정책결정과정상의 어떠한 요인에 의해 발생하는지를 살펴봄으로써 정책집행과 정책결정의 연계성을 밝힌다. 즉, 정책결정과 정책집행의 괴리현상의 원인을 분석하는 데 있다.

사례를 통해 본 정책집행상의 문제점

• 집행과정에서 나타난 문제점

문제에서 제시된 사례를 살펴보면, 집행단계의 문제점은 B시의 장비확보, 인력수급, 조직구성 등이 정책집행에 필요한 집행체제의 능력이 구비되지 않은 상태이다.

• 정책결정과 정책집행의 연계성

정책집행자인 B시의 집행에 필요한 인력, 권한, 시설 등에 대한 구체적인 계획이 수립되지 않은 상태에서 A도의 정책결정이 이루어졌으며, 실제 계획보다 4개월 앞당겨 결정이 됨으로써 실제 집행이 지연되는 문제점이 발생하였다. 따라서 정책목표와 정책수단 간의 인과성이 부족하고, 정책결정자와 정책집행자 간의 정책공유도가 낮다고 판단된다.

고득점 핵심 포인트

정책집행의 성공과 실패는 다양한 요인에 의하여 야기된다. 본 문제는 이를 집행단계뿐만 아니라 결정단계에서도 문제점을 찾는 데 핵심이 있다. 따라서 집행단계에서 나타난 문제점을 토대로 정책결정단계에서 원인을 밝히는 과정을 설명함으로써 보다 적실성 있는 정책대안을 제시하는 것이 고득점 전략의 핵심포인트라고 하겠다(본서 제8장 정책집행의 성공요인 참조 바람).

고시기출문제 정책집행의 성패가 정책순응에 의해 좌우된다고 할 때, 정책순응에 영향을 미치는 요인을 설명하시오[2012 행시].

답안작성요령

핵심 개념

본 문제는 정책집행에 있어서 정책순응의 중요성 및 영향요인에 대해서 묻고 있다. 정책은 일반적으로 사회문제의 해결을 목표로 하는데, 사회문제를 해결하기 위해서는 문제의 해결과 관련된 정책대상집단의 행태변화가 필수적이다. 즉, 정책대상집단의 정책에 대한 순응이 정책집행의 성패를 좌우한다고 볼 수 있다.

정책대상집단의 순응과 불응

정책집행의 성공은 정책대상집단의 순응 혹은 수용이 되어야 보장된다. 순응(compliance)이란 특정의 행동규정에 일치하는 행위를 말하며, 반대로 여기에 따르지 않는 행위를 불응(noncompliance)이라고 부른다.

순응을 좌우하는 요인

• 정책내용과 관련된 요인: 소망성, 명료성과 일관성
• 정책결정 및 집행기관과 관련된 요인: 정책집행자의 태도와 신뢰성, 정책결정기관과 집행기관의 정통성, 중간매개집단 및 집행관료의 상부기관에 대한 인식
• 순응주체와 관련된 요인: 순응주체의 능력부족, 순응주체의 순응의욕 부족

불응의 발생원인

정책순응에 미치는 영향요인은 반대로 정책불응을 야기하는 요인으로 살펴보면 다음과 같다. 첫째, 불분명한 의사전

달이다. 정책내용이 정책대상집단에게 명료하게 전달되지 못할 경우이다. 둘째, 부족한 자원이다. 정책대상집단에게 순응에 필요한 자금, 능력, 시간 등 자원이 부족하여 불응이 발생하는 경우이다. 셋째, 부적절한 정책이다. 이는 정책대상집단이 정책목표 또는 정책수단에 대한 의혹으로 불응이 발생하는 경우이다. 넷째, 순응에 수반되는 부담이다. 정책대상집단이 정책이 요구하는 행동이 부담이 되어 불응이 발생하는 경우이다. 다섯째, 권위에 대한 불신이다. 정책결정자 또는 정책결정집단이 정통성을 결여하거나 또는 정책으로부터 부당한 이득을 취하고 있다고 정책대상집단이 생각하는 경우이다.

순응확보수단

정책대상집단의 불응의 원인 가운데 의욕부족을 극복하고자 할 경우, 도덕적 설득, 유인 처벌 등의 수단을 사용할 수 있다. 첫째, 도덕적 설득은 순응주체에게 특정한 정책에 순응하는 것이 국가/사회적 또는 윤리/도덕적 차원에서 올바른 것임을 인식시키기 위한 설득을 의미한다. 둘째, 유인 또는 보상은 혜택의 제공을 통해 정책대상집단이 자발적으로 순응하도록 하는 방법이다. 셋째, 처벌 또는 강압은 정책대상집단에게 위협을 통해 순응을 확보하는 방법이다.

고득점 핵심 포인트

본 문제는 정책집행의 성패를 좌우하는 정책대상집단의 정책순응에 미치는 요인을 파악하고, 이에 대한 적절한 대안을 제시하는 데 있다. 특히 정책의 특성에 따라 정책불응의 특성도 달라질 수 있으며, 이에 대한 고려도 요구된다. 즉, 정책대상집단의 순응을 좌우하는 요인과 반대로 불응의 발생원인을 파악하고, 정책 특성에 따라 적절한 정책순응 확보를 위한 대안을 제시하는 것이 핵심 포인트이다.

예컨대, 규제정책과 배분정책에 따라 정책순응의 확보전략은 달라질 것이다. 배분정책은 보통의 경우 win-win 상황에 대한 배분으로써 커다란 쟁점이 발생하지 않는 반면, 규제정책의 경우, 규제기준의 설정이 과연 형평성이 있는지, 투명한 과정을 거쳐서 설정되었는지 등을 명확하게 밝힐 필요가 있을 것이다. 특히 보호적 규제정책보다는 경쟁적 규제정책의 경우, 예컨대 DMB사업허가권, CATV주파수할당, 항공노선 허가 등의 사례에 있어서 왜 특정집단이 허가권을 선정받고 자신은 탈락되었는지 등에 대해 투명한 기준이 제시되지 못할 경우 정책집행의 순응확보는 쉽지 않을 것이다. 이처럼 구체적 사례를 통해 정책대상집단의 순응이라는 문제를 접근하는 것이 고득점 전략의 핵심 포인트가 될 것이다.

또한, 정책학을 인간의 존엄성을 실현하는 학문이라고 할 때 정책대상집단의 순응의 문제를 빼놓고 논의하기 어렵다. 공급자 중심의 학문이 아닌 수용자를 배려하는 학문이라는 관점에서도 정책순응의 문제는 정책학의 본질적 패러다임과 맞닿아 있다는 점도 언급해 주면 좋을 것이다(본서 제8장 정책집행론; 정책대상집단 참조 바람).

고시기출문제 다음 지문을 읽고 물음에 답하시오[2011년 행시].

> 정책결정 시 정책집행과정에서 발생할 수 있는 모든 상황을 사전에 예방하는 것은 불가능하기 때문에 일반적으로 집행관료들에게는 상당한 재량권이 주어지고 있다. 그런데 집행관료가 재량을 발휘하는 것에 대해서는 긍정적인 관점에서 재량권을 확대해야 한다는 주장과 부정적인 관점에서 재량권을 제한해야 한다는 상반된 주장이 동시에 제기될 수 있다.

1) '집행관료의 재량(discretion)'의 개념과 필요성을 설명하시오.

2) 집행관료의 재량권 행사의 문제점은 무엇이며, 어떻게 하면 성공적 재량행위를 증대시킬 수 있는지 설명하시오.

답안작성요령

핵심 개념

본 문제에서 묻고 있는 집행관료의 재량의 의의 및 성공적인 재량권의 행사방안을 제시하기 위해서는, 정책과정의 패러다임의 변화를 서론(序論)에서 설명해야 한다. 즉, 과거의 하향적 집행 분만 아니라 상향적 집행의 패러다임 또한 강조됨에 따라 행정의 실질적인 수행자인 일선관료의 중요성이 부각되고 있음을 설명한다.

'재량'이란 작위이건 부작위이건 간에 여러 가지 방안 중에서 어떤 하나를 선택할 수 있는 자유(Davis)를 의미한다. 또한 현대사회가 행정국가화에 따라 정책결정은 보다 추상적으로 되며 복잡한 정책문제가 주를 이루기 때문에 관료들의 재량은 더욱 확대되고 있다. 하지만 이러한 재량권의 증대에도 불구하고 재량부여에 따른 부작용이 발생할 수 있기 때문에 이에 대한 적절한 통제방안을 논리적으로 제시해야 한다.

집행관료 재량의 필요성

집행관료는 행정의 실질적인 수행자이기 때문에 공공정책을 수행하는 과정에서 다양한 필요성에 의해여 재량권이 부여된다. 1) 집행현장 변화에의 합리적 대응관리를 위해 재량권이 필요하다. 정책집행 현장은 동태성과 복잡성이 높은 경우가 많기 때문에 이러한 불확실성에 대한 대처방안을 제공한다는 의미에서 집행관료에게 재량권을 부여해야 한다. 2) 정책내용(목표, 수단)의 불명확성이다. 정책목표는 의도적이든 비의도적이든(정보, 기술 등의 부족 등으로 인해) 불확실한 경우가 많기 때문에 집행관료에게 실질적인 선택가능성을 부여해야 하는 필요성이 증대된다. 3) 정책결정자와 집행자의 권력관계에서 결정자의 권력이 약할 때 상대적으로 집행자의 권력이 강화된다. 4) 정책관련자들의 참여가 활발한 경우 재량권에 대한 필요성이 증대된다. 집행담당자는 다양한 정책관련자들의 연합형성과 이익들 간의 중재·조정·타협의 가능성을 높이기 위해 재량이 필수적이다(정경호, 핵심정책학, 2011에서 수정).

재량권 행사의 문제점과 성공적 재량행위 증대를 위한 방안

집행관료의 재량권이 확대됨에 따라 몇 가지 문제점이 발생하는데, 1) 목표의 전환(*goal displacement*)과 행정의 내부성(*internality*)이다. 지나친 집행관료의 재량권 확대는 정책의 근본적 목표를 자의적으로 수정·변질할 가능성이 있다. 2) 재량권 남용과 관료부패의 연계 가능성이다. 사회적 약자를 대상으로 하는 정책의 경우 재량권을 남용하거나 횡포할 가능성이 있으며, 특정 대상에 대한 특수이익이 연계된 배분정책의 경우 관료부패가 일어날 가능성도 있다. 3) 이익집단에의 포획 가능성이 증가한다. 특히 규제정책의 경우 힘있는 규제대상자에게 관료가 포획되어 본래의 정책목표를 달성하지 못하는 경우도 발생할 수 있다.

이러한 재량권 확대에 따른 문제점을 방지하고 성공적인 재량권 확대를 위한 방안으로는 일선관료들의 행정윤리를 강화하고, 집행과정을 투명하게 공개하며, 재량권 남용에 대한 감시를 다원화하는 등의 노력이 필요하다(이선혜, 2005: 385-387 참조).

고득점 핵심 포인트

본 문제의 핵심은 정책집행의 주요 행위자로서의 공무원이 가지는 재량권의 문제점 및 성공적 재량권의 통제에 관해서 기술하는 데 있다. 집행관료의 재량권은 복잡하고 불확실성이 큰 현대사회에서 성공적인 정책집행을 위해서 반드시 필요한 사항이다. 하지만 이러한 필요성이 증대될수록 이에 따른 문제점도 발생하기 때문에 재량권에 대한 두 가지 측면에 대한 시각을 논리적으로 제시하여야 한다. 특히 최근 집행관료의 재량권 남용에 따른 폐해가 증가함에 따라 이러한 논의는 점차 중요해지고 있기 때문에 이를 해결할 수 있는 논리적이고 창의적인 방안에 대한 고민이 필요하다. 예컨대, 환경부의 수질개선사업에 대한 점검평가가 부실로 드러난 이유 중 하나도 집행관료의 재량권을 통제하지 않고, 사업자금을 지원한 뒤 성과관리하지 않고 그대로 방치한 데 있는 것이다. 이처럼 실제 사례를 연결시켜서 집행관료 재량권의 복잡성과 통제 필요성을 기술해 주면 더 완성도 높은 답안이 될 수 있을 것이다(본서 제8장 정책집행이론; 환경부 수질개선사업 점검평가 및 부실 사례 참조 바람).

고시기출문제 다음 지문을 읽고 물음에 답하시오[2010년 행시].

> 어느 기업의 표준운영절차(standard operating procedures, SOP)는 도둑이 들었을 때의 행동지침까지도 포함되어 있다고 한다. 이 지침에 따르면, 도둑이 들었을 때에는 무조건 요구를 들어주어야 한다. 이를 어기고 도둑에게 대항하면 감봉 등으로 처벌을 한다. 유능한 직원으로 양성하기 위해 회사가 상당한 투자를 했는데, 회사의 소중한 자산인 스스로를 위험에 빠뜨렸기 때문이라는 것이다.

위와 같이 SOP는 현대 사회의 모든 관리와 관리활동에 광범위하게 활용되고 있으며, 정부의 정책과정도 예외는 아니다. 다만, 도입의 의도와는 무관하게 SOP가 심각한 부작용을 초래하기도 한다는 지적도 있다. SOP의 의의를 약술하고, 정책과 관련된 상황을 예시하여 SOP의 부작용 중 대표적인 두 가지를 제시하시오.

답안작성요령

핵심 개념

본 문제는 표준운영절차(SOP)에 대해 설명하고 SOP에 의한 정책결정이 가져오는 부작용을 사례를 통해 제시하는 것이 핵심이다. 따라서 논의의 핵심인 정책결정에 있어 SOP에 의한 부작용을 설명하기 위해서는 정책결정 모형 중 SOP에 의한 정책결정 모형을 설명하여야 한다.

SOP에 의한 정책결정은 조직의 프로그램화된(*programmed*) 또는 상례화된(*routined*) 정책결정을 의미한다. 조직모형과 회사모형, Allison의 모형 II (조직과정모형)는 모두 표준운영절차(SOP)에 의한 정책결정을 의미한다.

SOP의 의의 및 유형, 장단점

먼저, SOP는 조직 내의 복잡한 일상적 업무수행의 기준이 되는 표준적인 규칙 또는 절차를 말한다. 이러한 SOP는 불확실성에 대한 조직의 장기적 적응과정에서 학습한 결과이면서 구성원들의 통제수단이며, 단기적 의사결정을 좌우한다. 즉, 조직구성원 통제의 수단일 뿐만 아니라 단기적인 의사결정의 준거로 작용한다. 이러한 SOP는 의사결정과정에서는 결정 기준의 명료화, 일관성을 제공해주며, 집행과정에서는 집행지침의 명료화를 통하여 집행을 가능케 한다.

그 다음, SOP의 유형은 두 가지로 일반적 표준운영절차와 구체적 표준운영절차가 있다. ① 일반적 표준운영절차는 조직이 문제 상황에 직면하여 대안을 탐색할 때 사용되는 장기적인 행동규칙이다. 이 유형의 특징은 불확실성을 회피하기 위한 절차로 표준화된 의사결정 규칙을 사용하되, 일단 적합한 의사결정의 절차로 확정된 경우에는 장기적 규칙으로 정착된 것을 말한다. ② 구체적 표준운영절차는 단기적인 행동규칙을 말한다. 이는 대체로 변화가 적기 때문에 단기적으로 고정되어 있다고 볼 수 있으며, 조직에 안정성을 주고 조직의 활동 방향을 제시하는 역할을 한다. 이는 지속적인 기록 및 보고에 관한 규칙, 정보처리에 관한 규칙, 각 하위조직 및 대안들 사이에 자원배분에 관한 원칙 등 매우 구체적인 형태를 띤다.

SOP의 장단점으로 장점은 사전에 정해진 결정규칙과 행동규칙으로 불확실한 상황에 대처할 수 있고, 결정비용과 집행비용 등 제반 비용을 감소시키는 역할, 정책의 일관성을 유지하고 전국적으로 동일한 정책집행과 정책내용을 실행하게 함으로써 효율적인 정책관리의 수단이 될 수 있다는 점이다. 반면, 단점은 노력 없는 결정 양상, 책임회피의 수단으로 작용, 전국적 통일성을 확보할 수 있지만 개별적인 지역적 특수성에는 부적합하다는 점이다.

SOP에 의한 정책결정이 가져오는 부작용

SOP에 의한 정책결정은 조직의 프로그램화된(*programmed*) 또는 상례화된(*routined*) 정책결정을 의미한다. 조직모형과 회사모형, Allison의 모형Ⅱ(조직과정모형) 등이 표준운영절차(SOP)에 의한 정책결정을 의미한다.

이러한 정책결정모형에서의 정책결정은 지도자의 합리적, 의도적 선택에 의해서가 아니라, 정형화된 행동 유형에 따라 움직이는 산출물로 이해된다. 이러한 산출물은 주로 표준운영절차(SOP)를 거쳐 만들어지기 때문에 급격한 정책의 혁신을 기대하기는 어려우며, 대신 조직학습 과정을 통해 점진적 변화가 일어난다고 본다.

그러나 SOP에 따른 정책결정은 정책결정의 일관성과 안정성, 결정비용의 감소에 도움을 주지만 타성과 습관, 노력 없는 결정의 가능성 내포, 책임회피의 수단, 지역적 특수성에 대한 고려 부적합, 조직의 경직화 등의 부작용을 가져온다.

이러한 SOP에 따른 정책결정의 부작용 사례로는 우리나라 중소기업 지원제도의 허와 실을 꼽을 수 있다. 우리나라 중소기업을 지원하기 위한 제도는 매우 많다. 예컨대, 중소기업을 위한 금융지원제도로서 시중은행 의무대출, 유망 업종에 대한 우대금리 등 크고 작은 것들이 30여 가지가 있지만, 정작 효과는 거의 없다는 분석이다. 이는 정책결정 및 집행이 정책내용 및 대상을 명확히 하지 못하고 타성에 젖은 SOP에 따른 정책과정의 부작용 때문이라고 볼 수 있다. 1) 타성과 습관, 노력없는 결정에 따른 문제, 2) 중소기업의 유형별 분류 등 정확한 문제인지에 기초하지 않고 일반적인 프로그램의 마련 등 기업적 특수성을 고려하지 못한 전국적 매뉴얼 등의 문제를 대표적인 문제점/부작용으로 꼽을 수 있겠다.

고득점 핵심 포인트

본 문제는 SOP에 의한 정책결정이 가져오는 부작용을 사례를 통해 설명하는 것이다. 그러므로 논의의 핵심인 정책결정에 있어 SOP에 의한 부작용을 설명하기 위해서는 정책결정 모형 중 SOP에 의한 정책결정 모형을 설명하고, 이를 토대로 SOP에 따른 정책결정의 부작용을 제시하여야 한다(본서 제6장 정책결정모형의 SOP에 의한 결정 및 제8장 정책집행론의 정책집행 실패사례: 중소기업 지원제도의 허와 실 참조 바람).

고시기출문제 정책집행모형-하향적, 상향적, 통합적 접근이 타당하게 적용될 수 있는지에 대해 현실의 정책사례를 예시로 들어 설명하시오[2010년 행시].

답안작성요령

핵심 개념

본 문제는 정책집행모형에 대해 묻고 있다. 정책집행론은 정책학에서도 자주 출제되는 분야이므로 잘 준비해둘 필요가 있다. 이 문제의 핵심은 정책집행모형 중 세 가지 접근에 대해 기본 내용과 장단점을 설명하고, 현실적 타당성을 사례를 통해 제시하는 데 있다.

하향적 접근

하향적 접근은 정책집행을 정책결정과정에서 채택된 정책목표를 달성하는 과정으로 보고 바람직한 정책집행이 일어날 수 있는 규범적 처방을 정책결정자에게 제시해 준다는 점에서 Top down 접근이다. 하향적 접근의 지침은 정책결정자의 의도를 명확히 진술하고, 목표달성을 위해 정책결정자들에게 기대되는 사항을 구체화하고, 집행성과를 원래 의도한 정책목표와 비교하게 해 준다.

이 접근의 장점은 타당한 인과이론, 명확한 정책지침, 헌신적 집행관료, 강력한 리더십, 안정된 정책환경 등 성공적 정책집행요인의 중요성을 확인할 수 있다는 데 있다. 반면에 단점은 정책집행 현장의 변수들이 유연하게 고려되지 못하며, 일선관료들이나 대상집단의 전략을 무시하거나 과소평가할 우려가 있다는 점을 들 수 있다.

상향적 접근

상향적 접근은 정책집행을 정책의 실질적인 내용을 결정하는 단계로 보고, 정책집행 현장의 목소리를 반영하는 Bottom up 접근을 취한다.

이 접근의 장점은 집행현장에서 행위자들이 활동하는 과정에서 발생하는 여러 요소들과 집행네트워크를 분명히 파악한다는 점을 들 수 있으며, 단점으로는 집행현장에서 작용하는 무수히 많은 요인들에 전체적인 목표와 구성이 묻혀서(매몰되어서) 간과되기 쉽다는 점을 들 수 있다.

통합적 접근

통합적 접근방법은 하향적, 상향적 접근이 지닌 각각의 장단점을 보완하고자 하는 모형으로 정책결정자들이 정책설계 시 하향적 접근방법에 의해 정책목표를 결정하되 상향적 접근에서 제시하는 방법을 수용하여 집행가능성이 높은 정책수단을 선택하는 등 통합적 접근이 필요하다고 본다.

정책집행모형 적용의 상황론적 접근

정책집행모형이 성공하려면 하향적, 상향적 접근방법이 어떠한 조건하에서 더 잘 적용되는지를 상황론적으로 파악하는 것이 중요할 수 있다. 따라서 여러 학자들의 통합모형 중 상황론적 접근을 시도하고 있는 Matland 모형이나 Winter 모형을 중점적으로 고려할 필요가 있다. Matland 모형은 집행현장의 모호성과 갈등이라는 개념을 토대로 이들의 높고 낮음에 따라 관리적 집행, 정치적 집행, 상징적 집행, 실험적 집행으로 구분한 바 있다. Winter 모형은 1) 정책형성과정의 특성, 2) 조직 내 집행행태, 3) 일선관료의 행태, 4) 정책대상집단의 행태 등 네 가지를 분석함으로써 보다 현실성 높은 정책집행모형을 제시하고자 하였다(본서 제8장 정책집행론 참조 바람).

정책집행모형 사례 적용

정책집행모형의 상황론적 접근을 위해서는 현실사례를 고려할 필요가 있다. 예를 들어 청년실업대책이라는 정책집행의 성공 여부는 하향적 접근을 통해서 정책내용의 명확성, 집행제체의 능력 등으로 판단할 수 있지만, 고용노동부, 산업통상부, 중소기업청, 미래창조부, 각종 지방자치단체 등 수많은 부처의 각종 정책프로그램의 거부점(veto point)들이 교차하여 어느 정책이 지배적이라고 보기 어려워 하향적 접근이 비현실적일 수 있으므로 청년실업대책이 현실적으로 집행되는 현장 프로그램들은 상호 교차론적으로 비교접근할 필요가 있다.

또한 공해억제정책의 경우에도 산업통상부의 에너지정책과 환경부, 국토교통부, 미래창조부의 에너지정책 및 서울시의 맑은환경본부의 공해방지활동이 서로 조금씩 다르므로 하나의 정책을 개별적으로 검토하는 하향적 접근으로는 불가능하다. 따라서 종합적 에너지 정책의 집행효과 분석을 위해서는 다양한 정부부처 및 지자체의 프로그램에 대한 의도하지 않은 효과를 분석할 수 있어야 하며, 광범위한 행위자들의 시간의 경과에 따른 전략적 상호작용의 형성과 변화를 확인할 필요가 있다(정경호, 핵심정책학, 2011에서 수정).

고득점 핵심 포인트

정책집행모형의 세 가지 접근을 설명하면서 세 가지 접근을 대등한 관계로 평이하게 서술하기보다는 현실에서 적용가능한 접근에 대한 실천가능한 처방을 제시하는 것이 중요하다. 즉, 각 접근의 장단점을 소개하며, 장단점을 보완한 형태의 접근은 어떠한 것이 있을 수 있는지를 실제 사례를 통해 논의함으로써 정책집행모형의 현실 타당성 및 적용가능성을 기술해 주는 것이 고득점 전략의 핵심 포인트라고 하겠다(본서 제8장 정책집행론 정책집행모형 참조 바람).

정책은 산출되고 실행되는 데 있어 일정한 단계를 거치며, 그 자체가 일련의 진화과정을 거치는 생명주기를 갖는다. 즉, 정책은 정책의제설정에서부터 정책결정, 정책집행, 정책평가, 정책변동에 이르기까지 일련의 복잡하고 동태적인 연속 순환 과정을 거친다. 전통적 과정모형에서는 정책과정을 '정책의제설정-정책결정-정책집행-정책평가-정책변동'의 단계로 구분하는데, 정책평가는 정책집행이 이루어지고 난 정책에 대하여 본래의 정책목표를 달성하는 정책효과가 나타났는지에 대한 평가와 피드백을 말한다. 정책이 의도한 효과를 보이고 국민들의 지지를 받은 경우에는 그 생명이 계속되겠지만, 그렇지 못한 경우 정책의 내용이 수정되거나 심지어 정책의 생명을 다하는 정책종결을 맞게 된다. 이렇듯 정책평가란 정책이 추구하는 이념을 달성하기 위한 수단으로서의 정책의 당위성, 정책집행의 영향과 효과, 설정하였던 목표의 성취정도, 정책대안의 효율성 등을 검토하는 일련의 활동이라 할 수 있다.

과거 전통적 관료제 모형하에서는 정책평가의 합법성 및 책임성 확보가 중요하였으나, 현대 정책이론에서 강조되는 거버넌스 패러다임하에서는 정책평가의 민주성 및 투명성강화의 중요성도 함께 강조되고 있다. 또한 Post-Lasswell 정책학 패러다임하에서는 정책평가를 통한 사후관리의 강화 및 정책학습의 활성화가 강조되고, 정책성공과 실패에 대한 정책사례의 축적을 통한 지식관리 기능의 강화가 강조되고 있다.

제9장에서는 이러한 의의를 갖는 정책평가론에 대해서 학습한다. 제9장 정책평가론에서 다루는 내용은 크게 두 가지, 정책평가의 목적과 절차와 정책평가이론으로 분류된다. 정책평가의 목적과 절차에서는 정책평가의 의의·유형, 절차에 대해서 알아보고, 총괄평가와 과정평가의 개념과 종류·목적에 대하여 살펴본

후, 평가의 유형에 대한 개념화를 토대로 평가 절차가 어떻게 진행되는지에 대해 학습하기로 한다. 정책평가이론에서는 먼저, 바람직한 정책평가를 위해 정책결정자가 수행해야 할 정책 효과평가의 방법(인과관계와 타당성, 진실험, 준실험, 비실험에 의한 정책영향 평가, 능률성 평가)을 알아본 후, 정책평가의 관리시스템(평가종합, 정책평가의 활용)에 대해서 학습한다. 이러한 논의를 하는 과정에서 적절한 정책사례와 함께 연계하여 학습함으로써, 현실적합성이 높은 정책평가이론을 공부하기로 한다.

제 1 절 정책평가의 목적과 절차

정책평가란 정책이 추구하는 이념을 달성하기 위한 수단으로서의 정책의 당위성, 정책집행의 영향과 효과, 설정하였던 목표의 성취정도, 정책대안의 효율성 등을 검토하는 일련의 활동이라 할 수 있다.

제1절에서는 정책평가론의 첫 번째 단계로서 정책평가의 목적과 절차에 대해서 학습한다. 먼저 정책평가의 의의에 대해서 알아보고, 최근 신공공관리론의 등장과 함께 대두된 성과평가에 대해서 사례를 들어 살펴본다. 이어서 정책평가의 유형에 대해서 살펴본 뒤, 정책평가의 절차에 대해서 학습할 것이다. 또한, 총괄평가와 과정평가의 개념과 종류·목적에 대하여 집중적 검토를 통해서, 평가의 유형에 대한 개념화를 할 것이며, 마지막에는 이러한 평가 절차가 어떻게 진행되는지를 살펴볼 것이다.

1. 정책평가의 의의

1) 정책평가의 개념과 특성

(1) 정책평가의 개념

정책평가(Policy Evaluation)의 개념에 대해서는 학자들의 관점에 따라서 매우 다양한 견해가 제시되고 있다. 정책평가를 편협하게 이해하는 사람들은 정책평가를 정책결과의 평가에 한정시키기도 하며, 또 다른 한편으로는 평가의 대상을 정책목표의 달성과 관련이 있는 산출에 한정시켜야 한다고 주장한다. 반면에, 정책평가를 넓게 이해하는 측면에서는 정책평가가 정책의 효과뿐만 아니라 노력, 즉 투입의 분석까지도 포함해야 한다고 주장하며, 이보다 더욱 넓게 보는 사람들은 정책평가를 목표의 달성도뿐만 아니라 정책이 직면하고 있는 문제점과 정책이 조성하고 있는 부작용까지도 포함하는 개념으로 이해하고 있다.

그러나 대체적으로 수용되는 평가의 개념은 정책평가에 대해서 광범위하게 이해하는 관점으로서, 정책 또는 사업이 결정·집행된 이후에 어떤 결과를 초래하였는가를 일정시점에서 사후적으로 판단하는 지식의 산출활동을 의미한다. 즉, 정책평가란 정책과정상의 모든 활동이나 산물을 대상으로 정책의 과정이나 결과를 분석하여 사후적으로 판단하는 지식의 산출활동으로 정의할 수 있다. 이러한 정책평가의 개념에 대한 이해를 돕기 위해서 정책평가와 유사한 개념을 구분하여 검토하면 다음과 같다.

(가) 정책평가와 사업평가와의 관계

정책평가(Policy Evaluation)는 사업평가(Program Evaluation)와 흔히 대체하여 사용된다. Hatry & Winnie(1973: 8)는 정책평가를 특정한 정부의 사업이 국민에게 미친 모든 장·단기적 효과에 관한 정보를 제공하기 위해 특정한 정부사업을 체계적으로 검토하는 것이라 하여, 정책평가와 사업평가를 동일한 차원에서 파악하고 있으며, Wholey(1976: 23-25)의 경우에도 사업을 정책의 하위개념으로 파악하여, 사업활동의 결과로 무엇이 발생하였는가를 파악하기 위해서 과학적 방법을 적용하는 것을 정책평가라 하였다. 이와 같이 정책평가와 사업평가가 혼용되어 사용되는 이유는 평가의 대상이 되는 정책이나 사업이 동일한 경우가 많기 때문인데, 사업들은 정책집행을 위하여 구체화된 정책수단인 경우가 대부분이며, 경우에 따라서는 하위수준의 정책과 거의 동일한 경우도 많다.

(나) 정책평가와 정책분석과의 관계

정책분석(Policy Analysis)은 정책결정자가 목적을 설정하고 그것을 합리적으로 달성하기 위해서 최선의 방법을 탐색하는 분석적 과정으로, 어떤 문제를 해결하기 위해서 달성해야 할 결과를 미리 예측하는 과정이라 할 수 있다. Anderson(1975: 132)은 정책대안의 결과를 미리 예측하는 사전적 분석활동도 정책평가에 포함시켜 정책분석과 정책평가의 개념을 동일시하고 있는데, 이처럼 정책평가를 광의로 이해하면 정책평가와 정책분석은 중첩된다(노시평 외, 2006: 394-395).

〈그림 9-1〉에서 보는 바와 같이 단순화된 정책과정을 통해 보면 넓은 의미의 정책평가는 ① 정책수요분석, ② 최적화분석, ③ 집행과정평가, ④ 사후평가로 표시된 모든 분석과 평가를 포함한다. 그러나 좁은 의미로 사용할 때는 ③ 집행과정평가와 ④ 사후평가만을 정책평가라 부르며, ① 정책수요분석과 ② 최적화분석은 정책분석이라 일컫는다(노화준, 2003: 40-41). 이처럼 대체로 학자들은 정책과정에서 정책이 결정되기 전에 이루어지는 지식 산출활동을 정책분석으로, 정책이 결정된 이후에 이루어지는 산출활동을 정책평가로 보고 있다. 즉, 정책분석은 미래의 정책을 계획하고 제안된 행동방안을 심사하는 데 초점을 두는 조망적 과정(*prospective process*)으로 보고, 정책평가는 현재 추진 중에 있는 혹은 이미 종결된 사업이 어떤 성과를 이룩하였는가에 초점을 두는 회고적

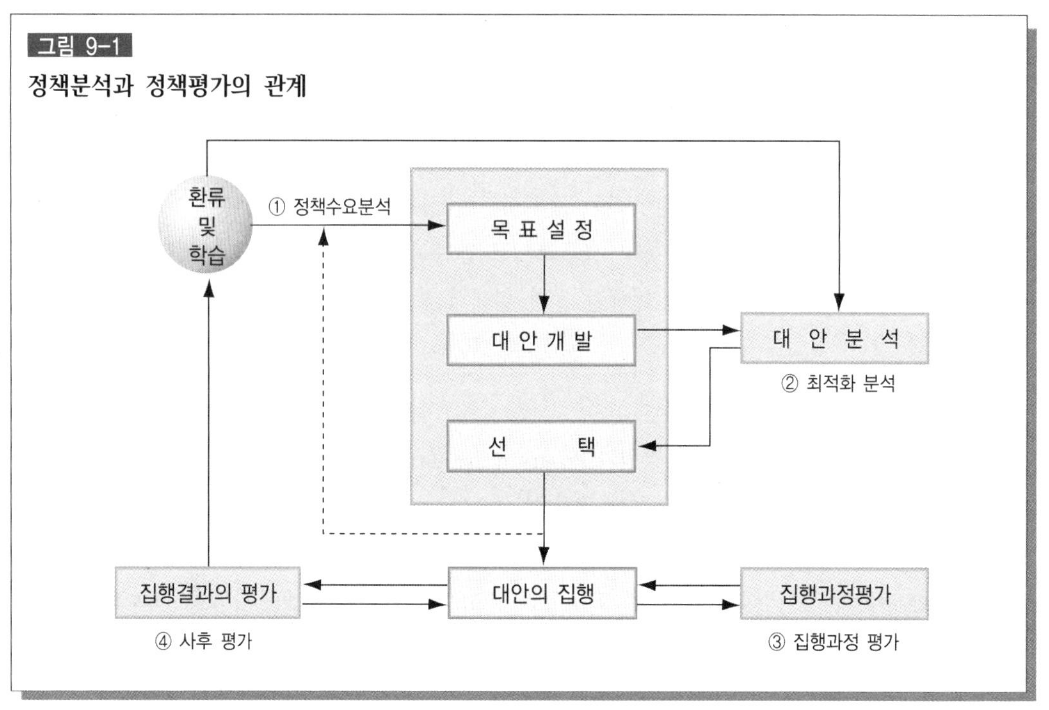

자료: 노화준, 2003: 40.

과정(*retrospective process*)으로 보고 있다.

(다) 정책평가와 평가연구와의 관계

정책평가연구(evaluation studies)란 정책평가를 위하여 과학적 연구방법이나 기법을 활용하는 연구를 강조하는 개념이다. 정책평가와 정책평가연구를 같은 뜻으로 이해하는 사람도 있으나, 많은 학자들은 이 양자를 구별하고 있다. Nachimias(1979: 4)는 정책평가란 진행 중인 정책이 달성하고자 하는 목표와 관련하여 그것이 정책대상집단에 미친 효과를 검토하는 것이라고 하여 넓게 접근하면서, 정책평가연구는 정책평가를 위한 과학적 연구방법이나 기법의 활용에 역점을 두는 것으로 구분하고 있다. Rossi & Freeman(1993: 5-6) 역시도 정책평가연구는 정책의 설계, 실시 및 효용측정을 위해 과학적 연구방법이나 기법을 활용하는 것으로 한정하고 있다. 따라서 정책평가는 정책평가연구를 포함하는 넓은 개념이며, 정책평가연구는 정책평가의 한정적인 영역으로 이해할 수 있다(노시평, 2006: 394- 395).

(라) 정책평가와 영향평가와의 관계

영향평가(impact evaluation)란 정책이 집행되기 이전에 결정된 정책에 대하여 정책의 집행가능성을 미리 분석하여 보는 것으로서, 현재 환경영향평가와 갈등영향평가 등 여러 영향평가가 시행되고 있다. 환경영향평가는 환경에 현저한 영향을 미칠 것으로 우려되는 각종 개발사업을 계획할 때, 그 사업이 환경에 미칠 영향을 미리 예측, 분석하는 것을 의미한다. 갈등영향평가는 정책을 둘러싼 이해관계자들의 갈등유발요인을 미리 검토함으로써, 갈등을 사전에 조정하여, 정책의 신뢰성을 높이고 효율적 집행을 하기 위한 것이다. 비록 영향평가가 정책의 영향을 검토한다는 점에서 정책평가나 정책분석과 유사하지만, 개발사업 등 정책을 실시하기 전에 그것을 검토하기 때문에 그것은 좁은 의미의 정책분석의 특수한 경우라고 보는 것이 타당할 것이다(채경석, 2005: 355-356).

(2) 정책평가의 특징

정책평가는 정책 또는 사업이 결정·집행된 이후에 어떤 결과를 초래하였는가를 일정시점에서 사후적으로 이루어지는 지식의 산출활동 과정이라 할 수 있다. 정책을 평가한다는 것은 단순히 정책이 집행된 후에 나타난 정책의 효과의 크기나 집행과정의 합리성을 판단하는 것뿐만 아니라, 정책의 목표가 바람직스러운 것인지 또는 정책수단은 최선의 것이 선택되었는지 등에서도 비판적으로 평가한다. 따라서 정책평가는 정책과정상의 모든 활동이나 산물을 대상으로 수행될 수 있다. 정책평가가 정책과정에서 일어나는 사후적 평가를 통해서 정책적 지식을 산출하는 활동이기에 과학적이고 체계적인 평가방법들이 존재하는데, 이러한 정책평가는 다른 방법들과는 구분되는 몇 가지 특징을 지닌다(노화준, 2003: 32).

첫째, 정책평가는 정치적 또는 행정적으로 계획된 사회변화를 위한 활동에만 국한된다.
둘째, 정책평가는 정책사이클(*cycle*) 가운데 집행, 산출(*output*), 산출 성과(*outcome*) 및 영향(*impact*)에 초점을 맞춘다.
셋째, 정책평가는 회고적(*retrospective*)인 활동이다.
넷째, 정책평가는 정책의 가치(*value*)를 따지는 것이기 때문에 단순히 정책이 달성하고자 하는 목적의 성취여부를 측정하는 것만이 아니라, 정책이 초래한 영향을 사정(*assessment*)하고, 나아가서는 정책이 추구하는 가치와 이념의 적합성까지도 평가 기준으로 사용된다.
다섯째, 정책평가는 공공간여(*public intervention*)에 대한 주의 깊은 사정(*careful assessment*)이다.

따라서 정책평가는 체계적인 자료의 수집, 가치에 대한 기준과 성과표준들과 같은 평가 기준들의 사려 깊은 적용 등 정책평가의 최소한의 질적 표준을 확보할 수 있는 객관적이고 과학적인 절차와 방법을 따라야 한다.

2) 정책평가의 필요성

정책이라는 이름으로 추진되는 정부사업은 방대한 국민세금을 재정적 기반으로 하고 있고, 영향범위가 광대하여 국민생활에 커다란 영향을 미친다. 그러나 정책목표와 그것을 달성하기 위해서 동원된 수단의 유효성은 불확실한 경우가 많다. 대안의 효과를 사전에 정확하게 예측하기란 대단히 어렵기 때문에 정책집행 중이나 또는 후에 그 효과를 평가할 필요가 있다. 집행 중 평가는 그 정책을 중단할 것인지 아니면 수정할 것인지 또는 축소할 것인지, 확대할 것인지 등을 판단하기 위하여 필요하다. 이러한 정책평가의 필요성을 좀 더 구체적으로 살펴보면 다음과 같다.

(1) 정책불응의 원인성 규명

많은 정책들은 정책결정자들이 의도했던 대로 집행되지 않으며, 정책집행 과정에 불응이 생기거나 정책변화가 발생하거나 집행되지 않아 실패로 끝나는 사례가 적지 않다. 따라서 그 각각에 대한 원인 규명을 위해서는 정책평가의 필요성이 대두되는데, 평가결과를 통해서 문제점을 찾아 다음 정책결정에 학습자료로 활용할 수 있다.

(2) 정책효과의 체계적 분석

정책과정의 전 단계에 걸쳐 수많은 개인과 집단들이 참여함에 따라 현대정책과정의 양상은 매우 복잡해졌다. 이러한 현상은 단순한 과거경험이나 개인적 통찰력에 의존하여 정책의 효과를 판단하는 것을 불가능하게 한다. 따라서 복잡한 정책과정에 대한 이해를 증진시키고, 정책의 효과를 체계적·과학적으로 분석해 내기 위해서 정책평가의 필요성이 증대되었다.

(3) 정부활동의 효율성 제고

국가자원의 제약 속에서 능률적인 정책운영을 통해 최대의 서비스를 제공해야만 하는 정부는 계획과 집행의 미숙성 때문에 엄청난 재정적·시간적 노력과 자원의 낭비·손실을 가져올 수 있다. 따라서 이를 효과적으로 관리하고 효율성을 높이기 위해 정책평가가 요구된다고 하겠다.

(4) 정부활동의 책임성 확보

오늘날에는 정책이나 프로그램을 결정하고 집행하는 행정가들의 책임은 단순한 회계책임을 넘어서, 정책자체에 대한 책임, 관리책임 나아가서는 도덕적·윤리적 책임으로까지 확대되고 있다. 따라서 정부활동에 대한 책임성을 확보하여 정부의 사명을 높이기 위해서 정책평가가 필요하다.

(5) 정책학습의 활성화 기여

정책은 그 자체로 아직 검증되지 않는 가설적 성격을 가진다. 따라서 정책결정 당시부터 완전하게 합리적이거나 무결점이기는 어려우며, 오히려 정책과정에서 진화되고 수정되어 오차를 최소화시켜 나간다고 볼 수 있다. 이러한 관점에서 정책평가체제는 정부정책의 전제가 되는 인과론적 가정이나 현실적 특성을 재검토함으로써, 정책관련자들로 하여금 정책이 오류를 수정하고 정책의 성과에 영향을 주는 요인들을 규명해 나가는 정책학습 활동에 기여할 수 있다(최봉기, 2004: 412-413).

3) 미래예측과 정책평가

정책평가는 정책이 결정·집행된 이후에 어떤 결과를 초래하였는가를 일정시점에서 사후적으로 이루어지는 지식의 산출활동 과정이다. 따라서 정책평가는 정책 사이클(*cycle*) 가운데 집행의 산출(*output*), 성과(*outcome*) 및 영향(*impact*)에 초점을 맞추는 회고적(*retrospective*)인 활동이다. 하지만, 정책평가는 정책의 값어치(*value*)를 따지는 것이기 때문에 단순히 정책이 달성하고자 하는 목적의 성취여부를 측정하는 것만이 아니라, 정책이 초래한 영향을 사정(*assessment*)하고, 나아가서는 정책이 추구하는 가치와 이념의 적실성까지도 평가하는 행위이다(노화준, 2003: 32). 따라서 정책평가를 좁은 의미로만 보면 정책집행이 이루어진 이후에 사후적으로 내리는 회고적 판단이지만, 정책평가를 보다 넓은 의미에서 해석하면 정책영향이라는 관점 및 미래 조망적이라는 관점에서 정책에 대한 미래예측 및 여건분석을 토대로 정책이 향후 나아갈 방향에 대한 주의 깊은 사정(*careful assessment*)까지를 포함하는 것이 바람직하다고 볼 수 있다. 이러한 관점에서 향후 정책평가의 영역에 있어서도 더 많은 미래예측 활동이 도입되어야 할 것이다.

2. 정책평가의 유형과 목적

1) 정책평가의 유형

정책평가의 유형은 여러 가지 관점에서 분류할 수 있다. 먼저 평가가 인과적 설명을 하고자 하는가에 따라서 기술적 평가와 인과적 평가로 분류한다. 기술적 평가는 인과관계의 규명 없이 사실의 열거에 그치는 평가를 말하는데 효과성이나 능률성 등을 기술하는 것이다. 인과적 평가는 열거에 그치지 않고 원인과 결과의 관계에 치중하는 평가를 말한다. 여기에서는 먼저, 여러 학자들의 유형 분류를 살펴본 뒤, 평가 대상, 평가 시점, 효과의 범위에 따른 분류로 구분하여 살펴보겠다.

(1) 여러 학자들의 분류방법

㈎ Nachmias의 평가 유형

Nachmias는 과정평가(*process evaluation*)와 영향평가(*impact evaluation*)로 평가 유형을 구분하였다. 과정평가란 어느 특정 정책이나 사업이 정해진 지침에 따라 집행된 정도(과정)를 평가하는 것이다. 영향평가란 어떤 정책이 의도한 방향으로 어떤 변화를 야기시킨 정도(영향)를 평가하는 것이다.

Nachmias는 이러한 두 가지의 평가 유형을 다 같이 다루는 것이 이상적이라고 주장하면서, 그러한 평가를, Howard E. Freeman이 제안한 바에 따라, '포괄적 평가'(*comprehensive evaluation*)라고 부르고 있다(김명수, 1993: 95).

(나) Wholey의 평가 유형

Wholey는 정책평가를 정책프로그램의 효과성과 능률성을 평가하기 위한 체계적인 분석이라고 보았으며, 정책평가의 유형을 1) 영향평가, 2) 전략평가, 3) 과정 또는 관리의 평가, 4) 프로젝트 평가 등으로 구분하였다.

(다) Rossi & Freeman의 평가 유형

Rossi & Freeman은 정책평가를, 1) 프로그램의 개념화와 설계를 위한 평가, 2) 프로그램집행의 모니터링, 그리고 3) 프로그램의 효용성에 대한 평가 등 세 가지 유형으로 구분하였다.

(라) 미국의 정책평가학회(Evaluation Research Society)에 따른 유형

미국 정책평가학회는 착수직전 분석(*front-end analysis*), 평가성 사정(*evaluation assessment*), 형성적 평가(*formative evaluation*), 영향평가(*impact evaluation*), 프로그램과 문제의 모니터링(*monitoring*) 및 메타평가(*meta-evaluation*) 등의 여섯 가지 유형으로 정책평가를 분류하고 있다.

표 9-1 학자들의 정책평가 유형 비교

Nachmias	Wholey	Rossi & Freeman	미국 정책평가학회 (Evaluation Research Society)
① 과정평가 ② 영향평가	① 실질적인 영향평가 ② 프로그램 전략평가 ③ 과정 또는 관리평가 ④ 프로젝트 평가	① 프로그램의 개념화와 설계를 위한 평가 ② 프로그램 집행의 모니터링 ③ 프로그램의 효용성 평가	① 착수직전 분석 ② 평가성 사정 ③ 형성적 평가 ④ 영향평가 ⑤ 프로그램과 문제의 모니터링 ⑥ 메타평가

(2) 일반적인 분류

(가) 평가대상에 따른 분류

정책평가를 대상에 따라서 분류하면, 크게 과정평가와 총괄평가로 나눌 수 있다. 과정평가는 집행과정을 대상으로 한 것이며, 총괄평가는 정책결과를 대상으로 한 것이다. 한편, 형성평가가 있는데 이는 정책집행 도중에 이루어지는 것으로서, 주로 과정평가와 유사한 개념으로 사용된다. 과정평가와 총괄평가는 뒤에서 보다 구체적으로 살펴보기로 한다.

(나) 평가인력에 따른 분류

평가를 누가 할 것인가에 따라서 정책평가를 자체평가, 내부평가, 외부평가로 나눌 수 있다. 기관 내에서 평가를 수행할 수 있는 직원을 평가자로 의뢰할 것인가, 아니면 외부로부터 초청해 올 것인가 하는 것은 평가의 책임성과 활용성에 따라 결정될 사안이다.

① 내부평가(inside-evaluation)

정부내부에서 정책을 담당하고 있는 사람들이나 이들이 소속한 조직의 다른 구성원이 행하는 평가를 말한다. 평가에 전문성과 경험을 활용할 수 있고, 평가결과 활용과 비교적용이 용이하지만 평가공정성 유지가 곤란하다는 단점이 있다.

정책사례

교육부총리실 '개혁 상황판'

1. 사례개요

교육인적자원부 장관 집무실 상황판에는 교육부가 추진 중인 69개 정책과제별로 여러 색깔의 혁신 과제의 수행정도에 노랑 마크(의문스럽다)와 빨강 마크(미흡하다)인 평가마크가 부착되어 보름마다 상황판 평가가 시행되고 있다.

이 같은 평가는 교육부가 자체적으로 개발한 정책평가시스템의 산물로, 정부 최초의 작품으로 2005년 6월 1일부터 가동에 들어갔다. 혁신과제 평가방식도 이채롭다. 가령 홍보분야라면 공보관실이 전체 국·과를 대상으로 실적을 매기고, 전자결재 쪽이면 정보화 지원과가 국·과별 평가에 나서고 있다.

교육부 측은 내년부터 상황판 평가를 아예 인터넷 홈페이지에 게재, 국민들에게 모두 공개하기로 했다.

자료: 문화일보, 2005. 7. 1.

2. 쟁점 및 시사점

평가의 주체가 정책집행을 담당하는 교육부가 자체적으로 하는 것이므로, 내부평가이자 자체평가로 볼 수 있다. 업무에 대한 전문성을 토대로 한 평가가 가능하고, 또한 평가결과를 활용하기 용이하다. 또한 미흡한 정책과제나 업무에 대해 한눈에 보기 쉽게 하여 그 업무를 보완할 수 있으며, 성과중심의 인사관리를 통한 인센티브는 업무의 생산성과 효율성을 높이기 위한 동기부여가 될 것이다. 하지만 내부평가는 공정성을 상실할 우려가 있는 등 평가 실효성에 대해 의문이 들 수도 있으므로, 이에 대해 정확한 평가지표를 개발할 필요가 있다.

② 외부평가(outside-evaluation)

정책의 결정·집행의 담당기관이 아닌 제3자가 수행하는 평가를 말한다. 비교적 평가공정성이 유지되지만, 평가결과의 활용이 잘 이루어지지 않는다는 단점이 있다.

정책사례

감사원 감사, 외부평가 받는다

1. 사례개요

감사원은 주요 감사의 성과를 국회, 국민, 피감기관 등 3자로부터 평가받는 '국민만족도 조사'를 내년부터 도입할 방침인 것으로 19일 알려졌다.

감사원은 내년 실시될 150여개 감사항목 가운데 30개 주요 감사에 대해 '국민만족도 조사'를 실시한다는 방침을 세우고, 현재 한국능률협회에 의뢰해 조사표본, 조사항목 등을 설계 중인 것으로 전해졌다. 감사원은 주요 감사결과를 발표한 직후 국회, 일반국민, 피감기관에 감사내용에 대한 만족도를 묻는 설문조사를 실시해 '점수'를 산출할 계획이다. 일부에서는 특히 피감기관으로부터의 조사가 감사의 공정성을 높일 것이라는 전망도 나오고 있다.

자료: 한겨레, 2004. 12. 19.

2. 쟁점 및 시사점

감사원에 대한 외부견제 장치로 국정감사가 유일하였으며, 감사내용에 대해서는 지금까지 자체평가만 있었고 외부평가는 따로 없었다. 감사의 평가를 국회, 국민, 피감기관 등 3자로부터 평가받는 '국민만족도 조사'는 감사원에 대한 외부평가에 해당하는 것으로서, 이러한 외부평가는 감사의 공정성을 높이는 효과를 가져올 것으로 보인다.

(다) 평가결과에 따른 분류

정부의 사업의 효과를 세분하여 산출(*output*), 결과(*outcome*), 영향(*impact*)으로 나눌 수 있고, 이에 따라 ① 정책산출평가(*policy output*), ② 정책성과평가(*policy outcome*), ③ 정책영향평가(*policy impact*)로 구분할 수 있다.

정책효과(정책결과)의 여러 가지 종류

- 정책효과의 발생시점에 따라: 단기효과, 장기효과
- 정책이 야기한 영향의 범위에 따라: 직접효과와 간접효과
- 처음부터 얻고자 의도했던 것인지의 여부에 따라: 의도했던(*intended*) 효과와 의도하지 않았던(*unintended*) 효과
- 관찰가능성에 따라: 객관적 효과, 주관적 효과

(라) 평가방법에 따른 분류: 과학적 · 체계적 평가와 비과학적·주관적 평가

비과학적·주관적 방법은 일반대중이나 정책평가자들의 상식적·개인적 느낌에 의한 정책평가이다. 정책대상자의 만족도평가나 객관적 평가의 보완을 위해 전문가의 판단을 이용할 때 유용하나, 정책평가자의 개인적 이해관계에 따라 사실과 다른 평가결과가 나올 수 있고, 평가자의 선입관·신념 또는 막연한 느낌이나 불충분한 자료 때문에 엉뚱한 결론을 내릴 가능성이 있다.

과학적·체계적 평가는 과학적 방법이나 논리를 적용하여 수행하는 정책평가로서, 과학적 조사방법을 동원하여 사실에 부합한 평가를 하려는 것을 의미한다. 객관적 정책평가의 방법에는 실험적 방법과 비실험적 방법이 있는데, 양자는 모두 통계적 처리에 의해 보완된다.

(마) 평가단계에 따른 분류: 예비평가와 본평가

예비평가는 정책평가의 소망성과 실현가능성을 개략적으로 검토하는 평가성 검토(*evaluative assessment*: 평가성 사정이라고도 함)를 말하며, 본평가는 예비평가 결과 본격적인 평가가 필요하다고 판단된 사업을 대상으로 총괄평가 및 과정평가 등을 수행하는 것을 말한다.

2) 총괄평가의 개념과 종류

(1) 총괄평가의 개념

총괄평가(*summative evaluation*)는 정책이 집행되고 난 후에 정책이 의도했던 정책효과를 발생하였는지를 평가하는 활동이다. 총괄평가는 W. Dunn의 평가 기준을 빌린다면, 소망성(*desirability*), 실현가능성(*feasibility*) 중에서 소망성의 여섯 가지 기준을 평가하는 것이다. 소망성 평가 기준의 여섯 가지는 효과성(*effectiveness*), 능률성(*efficiency*), 공평성(*equity*), 대응성(*responsiveness*), 적합성(*appropriativeness*), 적정성(*adequacy*)이다.

(2) 총괄평가의 종류

(가) 효과성평가(effectiveness evaluation)

효과성평가(*effectiveness evaluation*)는 정책목표의 달성정도(*goal attainment*)를 평가하는 것을 의미한다. 효과성평가는 원래 정책이 의도했던 정책효과의 타당성을 검증하는 것이 핵심인데, 이를 위해서는 정책효과에 영향을 미치는 허위변수(*spurious variable*)와 혼란변수(*confounding variable*)를 통제해야 한다.

정 책 사 례

부동산 정책, 정책목표와 정책수단 간 인과타당성 의심

1. 사례개요

'정부는 강남 재건축아파트 값을 못 잡았다', '강남 불패 신화는 앞으로도 계속된다', '판교 분양 전 다른 곳에 청약하지 않겠다. 판교가 안 되면 다시 강남일 수밖에 없다'.

8일 서울경제신문이 서울 및 수도권 일대에 거주하는 30세 이상 공무원과 회사원 123명을 대상으로 조사한 설문결과를 보면, 참여정부가 지금까지 일관되게 추진해 온 강도 높은 부동산 안정대책이 무색할 정도다.

정부가 공공연히 '전쟁'을 선포한 뒤, 잇따른 겹 규제로 옴짝달싹할 수 없게 묶어놓은 것이 강남 재건축아파트이다. 하지만 '여전히 불안하다'는 견해가 63.4%로 3명 중 2명이 부정적이었다.

당초 계획대로라면 이달부터 순차적으로 진행됐겠지만, 청약자들의 관심을 '분산'하기 위해 오는 11월 일괄분양하기로 한 것이 판교신도시였다. 그러나 판교 분양 전에 다른 지역에 청약하겠다는 사람은 17.8%에 불과했다. 정부정책의 의도와 시장의 반응이 엇박자를 보이고 있는 것이다.

자료: 서울경제, 2005. 6. 8.

2. 쟁점 및 시사점

정부가 예전부터 중점적으로 추진해온 부동산 정책인 집값 안정에 관한 일반 국민의 평가이다. 국민들은 정부의 집값 안정 활동이 거의 실효성을 달성하지 못했다고 생각하고 있다. 강남의 아파트 값이 오르는 것을 임시방편과 같은 방법인 재개발 규제 등으로 묶어 두는 것이 정책목표의 효과적 달성을 위해 타당한 정책수단인지 의심스러운 부분이다. 이 정책사례는 정책목표와 정책수단 간의 인과관계가 확보되어야만 정책이 애초에 의도한 정책목표를 달성할 수 있다는 점을 강하게 시사한다.

(나) 능률성평가(efficiency evaluation)

능률성(*efficiency*)평가는 정책의 목표를 달성효과와 투입 간의 비율로 나타내는 것으로, 정책의 직접적 결과와 이러한 결과를 달성하기 위해서 사용된 인적·물적 자원의 비용을 의미한다.

능률성평가가 지닌 정책평가로서의 한계는 비경제정책의 정책효과, 상위수준의 경제정책들은 정책효과의 화폐적 측정이 어렵다는 점이다.

(다) 형평성평가(equity evaluation)

형평성(*equity*)평가는 정책의 집행 후에 정책효과와 정책비용의 사회집단 간의 배분 등이 형평한지를 평가하는 것을 말한다.

㈑ 대응성평가(responsiveness evaluation)

대응성(*responsiveness*)이란 정책환경의 요구·선호·가치의 만족화 정도로서, '특정정책이 어느 정도나 정책수혜집단의 요구·선호·가치 등을 반영하고 있는가(만족시키고 있는가)를 판단하는 기준'이다. 이 대응성을 측정하는 것으로는 정책이 실시되기 전의 시민들의 요구 조사결과와 실시 후의 조사결과 간의 차이에 대한 비교측정방법을 들 수 있다.

㈒ 적합성평가(appropriateness evaluation)

적합성(*appropriateness*)이란 정책에 내포된 가치성의 정도로서 '특정 정책이 지니고 있는 가치나 비전이 과연 현실적으로 어느 정도로 바람직한 규범성을 지니고 있는가에 대한 판단 기준'이다.

그림 9-2
총괄평가의 종류

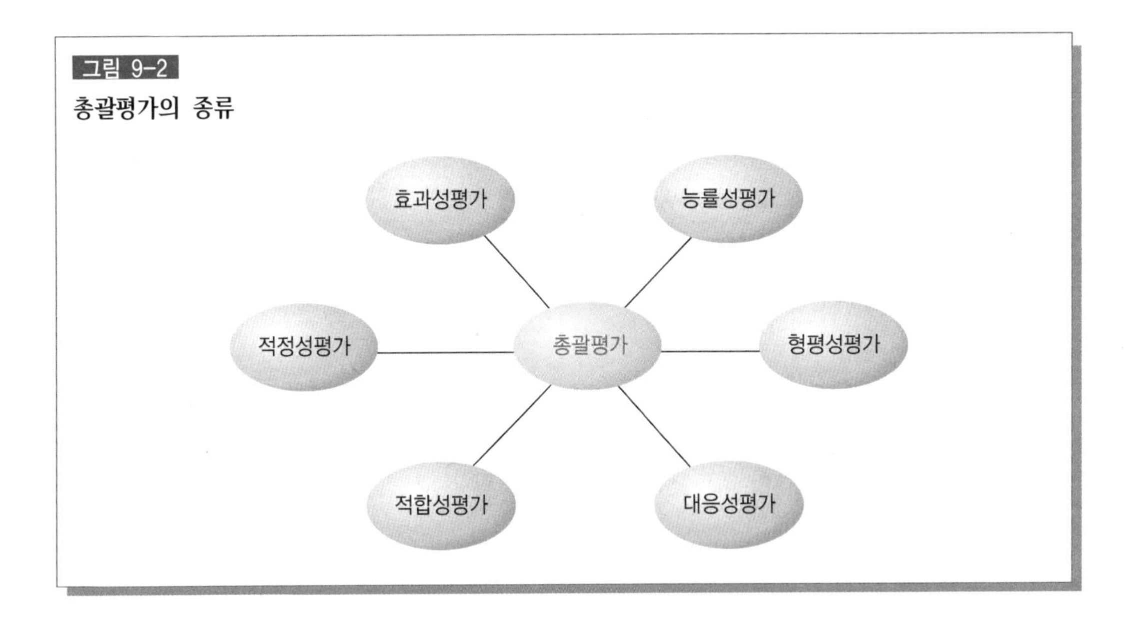

㈓ 적정성평가(adequacy evaluation)

적정성(*adequacy*)이란 문제의 해결정도로서 '특정정책의 실시결과 정책목표의 실현정도가 당초의 정책문제를 어느 정도나 해결하였는가를 판단하는 기준'이다. 이는 정책효과의 크기가 해결하고자 했던 원래의 정책문제의 해결에 충분할 정도인가 알아보는 것이다. 이러한 적정성에는 시간의 적정성, 즉 적시성(*timing*)과 문제해결정도(*degree*)의 적정성이 있다.

3) 과정평가의 개념과 종류

(1) 과정평가의 개념

과정평가(*process evaluation*)는 집행이 이루어지는 과정을 평가대상으로 하며, 형성평가라고도 불린다. 과정평가를 토대로 보다 효율적인 집행전략을 수립할 수 있게 된다.

과정평가에는 투입과 산출에 대한 자료, 그리고 결과에 대한 전반적인 프로그램의 역할 등에 대한 자료와는 별도로 왜 시행된 프로그램이 성공했는지, 혹은 실패했는지에 대한 좀 더 구체적인 정보를 포함하고 있어야 한다.

(2) 과정평가의 종류

(가) 좁은 의미의 과정평가

정책의 결과를 결정짓는 과정은 상호작용을 하는 여러 요인들이 서로 복잡하게 얽혀 있는 망(*network*)과 같다. 좁은 의미의 과정평가는 이러한 인과적 상호관계를 하나의 전체적인 유형으로 구성해 보는 데 목적이 있다. 이러한 작업은 정책의 과정이 결과에 미치는 영향의 인과관계를 탐색하고 명료화하는 작업을 의미한다(이경옥, 1995: 285).

인과경로 평가의 주요 질문

① 정책효과는 어떠한 경로를 거쳐서 발생하게 되었는가?
② 정책효과가 발생하지 않은 경우에 어떤 경로에 잘못이 있었는가?
③ 보다 강한 영향을 미치는 경로는 없는가?

(나) 일반적 의미의 과정평가

일반적 의미에서의 과정평가는 집행분석(*monitoring*) 또는 형성평가를 의미한다. 집행분석(*monitoring*) 또는 형성평가는 정책이 의도했던 대로 집행이 되었는지를 점검(*monitor*)하는 것이다.

형성평가의 주요 질문

① 원래 집행계획에서의 활동이 이루어졌는가? (*activity*)
② 계획된 양·질의 자원(인적·물적)이 계획된 시간에 투입되었는가? (*impact*)
③ 원래 의도한 정책대상집단에 실시되었는가? (*coverage*)
④ 관련된 법률이나 규정에 순응하고 있는가? (*compliance*)

4) 평가성 검토(Evaluative Assessment)

평가성 검토(*evaluative assessment*)는 본격적인 평가를 시작하기 전에 실시하는 것을 말하는데, 이는 본격적인 평가를 하기에 앞서 실시하는 예비평가(*pre-evaluation*)이다.

본격적 정책평가에 앞서 우리가 평가성 검토를 시행하는 이점은 다음과 같다(정정길 외, 2005: 781).

첫째, 막대한 노력, 경비가 들어가는 본격적인 평가 이전에 평가불가능한 사업이나 사업의 부분들을 대상에서 제외하여 효율적인 평가가 가능해진다.

둘째, 평가가 필요로 하는 사업내용에 대해 평가가능성을 향상시키기 위한 노력을 촉발하며, 사업모형을 토대로 집행현장의 잘못을 통제하거나 반대로 사업설계나 사업목표 등 사업내용에 대한 수정, 보완을 자극한다.

셋째, 평가가능모형은 본격적 평가에서의 평가대상을 그대로 나타내어 본격적 평가를 위한 청사진을 제공한다.

정책사례

밀라노 프로젝트에 대한 정책평가

1. 사례개요

한국개발연구원(KDI)과 산업연구원이 23일 국회 산자위 소속 한나라당 임인배(林仁培) 의원에게 제출한 '4대 지역 진흥사업 평가와 후속사업의 기본방향 연구' 보고서에 따르면 대구의 섬유진흥사업(밀라노 프로젝트)은 생산, 수출, 고용 등의 측면에서 단기간에 실효성을 거두기 불가능해 대구를 패션산업의 중심지로 육성하겠다는 당초의 시나리오 설정은 비현실적이라는 결론을 내렸다.

연구보고서에 따르면 대구섬유산업은 사업이 시행되더라도 경제파급 효과면에서는 계속 떨어질 것으로 전망하고, "대구를 아시아의 밀라노로 만들겠다는 목표에서 출발하면서 이태리 남성정장 업체 등 외국기업의 유치 등에만 관심을 보이는 등 현실성이 낮다"고 문제를 제기했다.

연구보고서는 또 "전시컨벤션센터, 패션디자인 개발지원센터를 별도로 분리, 건립한 것은 철저한 사업계획에 기초하지 않은 것"이라며, "특히 2004년 이후 상당한 적자가 예상되는 상황에서 전시장, 회의실 기능이 중복되는 패션디자인 개발지원센터를 수백 미터나 떨어진 곳에 건립한 것은 불필요한 중복투자"라고 지적했다.

자료: 매일신문, 2004. 8. 24.

2. 쟁점 및 시사점

밀라노 프로젝트는 대구지역 발전을 위해 추진되는 지역현안사업의 하나로 1999년 시작되어 거의 마무리 단계에 접어들고 있는 사업이다. 관련 부처인 산자부는 KDI(한국개발연구원)와 산업연구원에 사업타당성 평가를 의뢰했으며, 그 결과 대구지역 섬유진흥사업이 비용에 비해 생산, 수출, 고용 등 경제적 파급효과가 떨어진다는 평가결과를 받아냈다.

KDI와 산업연구원은 본격적인 사업타당성 평가에 들어가기 전에 평가성 검토를 실시한 것으로서, 정책과정의 합리성 제고라는 목적을 달성하기 위해 정책과 관련된 비용, 파급효과항목(생산, 수출, 고용)에 대한 평가성 사정을 한 것이며, 사업의 타당성과 실현가능성, 중복투자의 여부와 투자의 효율성 등과 관련하여 객관적인 평가결론을 내린 것으로 판단된다. 이 정책사례는 국가예산의 낭비를 미연에 방지하고 효과적인 투자를 하기 위한 정책관리의 도구로서 평가성 검토의 유용성을 보여주는 사례이다.

제 2 절 정책평가이론

제2절은 정책평가론의 두 번째 단계로서 정책평가이론에 대해서 학습하기로 한다. 바람직한 정책평가를 위해서 어떠한 방법을 채택해야 할 것인지 결정하기 위해서는 두 가지의 주요한 측면을 이해해야 한다. 첫째, 바람직한 정책평가를 위해 정책결정자가 수행해야 할 정책효과 평가의 방법을 알아야 하고, 둘째, 정책평가의 관리시스템을 살펴보기 위하여 정책평가의 관리와 활용에 관한 내용을 알아야 한다.

따라서 제2절에서 다루는 내용은 크게 두 가지로 분류되는데, 1) 정책효과의 평가(인과관계와 타당성, 진실험, 준실험, 비실험에 의한 정책영향 평가, 능률성 평가)와, 2) 정책평가의 관리 시스템(평가종합, 정책평가의 활용)을 살펴보고, 이와 관련하여 실제 사례를 학습하고자 한다.

1. 정책평가의 방법과 실험

1) 정책평가의 방법

정책평가의 과학적 방법은 크게 실험적 방법과 비실험적 방법으로 나누어진다. 실험적 방법은 진실험과 준실험으로 나뉘며, 비실험적 방법은 실험을 사용하지 않은 통계적 방법을 말한다.

실험적 방법의 핵심인 진실험 설계는 두 가지의 특성을 가지고 있다.

첫째, 정책평가자가 정책평가대상들을 무작위배정(*random assignment*)방식에 따라 실험집단과 통제집단으로 나눈다. 진실험 설계와 준실험 설계의 가장 큰 특징은 무작위배정의 여부라고 할 수 있을 정도로 무작위 여부는 중요한 기준이다. 무작위배정을 통해 실험집단과 통제집단 대상들의 배경특성(*background characteristics*)들은 적절하게 통제될 수 있다.

둘째, 정책평가자가 정책이나 프로그램의 처리(*treatment*)를 실시한다. 준실험의 경우에는 정책평가자가 직접 정책의 실험처리를 하지 않고, 자연적으로 발생한 처리를 관찰하게 된다. 이상의 두 조건 중 어느 하나라도 구비되지 못한 상황하의 실험설계는 준실험설계에 해당된다.

2) 인과적 추론

정책평가활동에서의 핵심은 인과관계에 대한 관념이다. 인과관계란 원인과 결과의 관계를 말하는데, 원인이란 어떤 현상이 일어나기 위해 반드시 존재해야 하는 선행요인이라 할 수 있다. 정책평가연구는 원인으로서의 정책이 결과로서의 성과에 미친 영향을 분석하는 것이 논의의 핵심이다. 정책은 정책결정자가 의도한 정책목적을 달성하기 위한 정책대상집단 내의 변화, 즉 정책효과를 유발하기 위한 수단이다. 정책수단은 원인으로서의 독립변수이고, 정책효과는 결과로서의 종속변수이다.

아래에서는 인과관계의 의미와 인과관계의 분석이 말하는 원인의 개념, 이론의 논점, 인과관계의 입증을 위한 조건, 제3의 변수에 의한 허위상관관계, 결합원인, 공동원인 및 상호원인, 혼란변수, 허위변수 등에 대해 정리하려 한다.

(1) 인과관계의 의미

정책은 정책결정자가 의도한 어떤 목적을 달성하기 위하여 정책집행의 대상이 되고 있는 사람들의 행태에 변화를 가져오기 위한 수단이다. 따라서 정책평가연구의 핵심은 정책이 이러한 변화를 가져왔느냐, 그리고 가져왔다면 어떠한 경로를 통하여 영향을 미쳤으며, 그 강도는 어떻게 나타나고 있느냐 하는 것을 밝히는 것이라 할 수 있다.

정책수단이 원인으로서의 독립변수(X)이고, 정책효과는 결과로서의 종속변수(Y)라 할 때, X와 Y의 공동 변화를 관찰함으로써 X의 변화가 Y의 변화를 가져왔다는 추론을 하게 되는데, 이러한 추론이 타당한 것이 되기 위해서는 다양한 인과적 추론의 논리가 필요하다.

㈎ 인과관계개념의 변천

① Campbell을 비롯한 본질주의자(*essentialist*)들은 원인은 필수적이며 불가피하고 확실히 결과를 가져오는 것으로 파악한다.

② David Hume을 중심으로 한 실증주의(*positivism*)에서는 인과관계 추론시 ⅰ) 원인이 결과를 선행하는 시간적 선행성, ⅱ) 원인이 있을 경우 결과가 항시 공동변화를 보여주는 상시연결성, ⅲ) 원인과 결과 간의 이론적 타당성의 세 가지 조건이 중요시 된다.

(나) 인과관계에서 말하는 원인의 개념

과학은 인간이 외부 세계에 대해 경험하는 현상들을 기술하고, 나아가 이들을 설명하고 예측하려는 노력이다. 과학적 연구는 Newton이 사과가 떨어지는 원인을 찾으려 했던 것처럼, 왜 어떤 일이 일어나는가에 대한 과학적 탐구(*scientific inquiry*)를 의미한다. 이 때 가장 핵심적인 역할을 하는 것이 사건들 간의 인과관계이다. 이 때문에 과학에서의 인과관계는 세계라는 구조물을 이루고 있는 기본 단위(*the basic building block of organizing world structure*)라고 불린다(Bunge, 1973; Mackie, 1974; Salmon, 1989).[1]

정책분석이나 정책평가에서는 개방된 시스템을 대상으로 하고 있기 때문에 자연과학에서의 인과개념을 그대로 적용하기는 어렵다. 자연과학 실험에서는 어떤 실험실 내의 외부와 차단된 폐쇄된 상태에서 변수와 변수가 어떤 작용을 하여 어떤 반응을 나타내는가 하는 것을 관찰할 수 있으나, 사회과학, 특히 정책평가의 경우에는 정책집행의 대상이 되는 사람들이 외부와 끊임없이 상호작용을 해나가는 개방된 상황하에 놓이게 된다. 정책이 개방된 시스템을 대상으로 집행되기 때문에 정책을 집행하는 관점에서 집행대상에게 미치는 영향은 정책에 국한되지 않고, 정책 이외에 다른 여러 가지 요인들도 동시에 영향을 미치게 되는 것이다.

정책집행대상집단에 어떤 영향이 일어났다고 할지라도 이것이 정책에 의하여 일어난 변화인지 아니면 정책 이외에 작용한 다른 요인들의 영향에 의하여 일어난 것인지 구분하기가 용이하지 않다.[2] 정책집행대상집단에 나타나는 정책효과는 어떤 때에는 정책효과와 정책 이외의 효과들이 서로 상쇄되어, 결과적으로 정책효과가 없는 것으로 나타나는 경우가 있는가 하면, 어떤 경우에는 이러한 요인들이 상승작용을 통해 정책효과가 실제 이상으로 증폭되어 나타나게 되는 경우도 있다.

(2) 인과관계 입증을 위한 조건

정책평가에 있어서 인과관계가 존재함을 입증하기 위해서는 세 가지 조건을 충족시켜야 한다.

첫째, 원인변수 X가 결과변수 Y보다 시간적으로 선행해야 한다. 이를 시간적 선행성(*temporal precedence*) 이라 한다.

둘째, 원인변수 X와 결과변수 Y, 두 변수의 공동변화가 있어야 한다. 이를 상시 연결성(*constant covariation*) 이라 한다.

---

1 과학자들이 사용하는 원인이라는 말의 가장 핵심적인 요소는 '창출하는'(*producing*)이라는 아이디어이며, '일으키는 것'(*forcing*)이라는 개념과 유사하다.

2 정책집행대상에는 정책 이외에도 다른 여러 가지 복수적인 요인들이 동시에 영향을 미친다. 필요와 충분이라는 두 가지의 중요한 원인의 유형을 생각해 볼 수 있는데, 만일 Y가 X 없이는 일어날 수 없다면 X는 Y의 필요원인이다. 만일 X가 일어날 때 Y도 항상 일어난다면 X는 Y의 충분원인이라고 할 수 있다. 과학적으로 가장 만족할 만한 발견은 필요하고도 충분한 원인이다.

셋째, 결과변수 Y는 원인변수 X에 의해서만 설명되어야 하며, 원인변수와 결과변수 사이에 영향을 미치는 제3의 변수가 없어야 한다. 이를 이론적 타당성(*theoretical validity*)이라 한다.

(가) 시간적 선행성(원인 선행성, temporal precedence)

시간적 선행성(*temporal precedence*)이란 원인변수가 결과변수보다 먼저 일어나는 것을 말하며, 인과관계의 증명을 위해서는 시간적 선행성이 요구된다. 즉 단순히 한 변수가 변화할 때 다른 변수의 변화가 관찰되었다고 하여 두 변수 간에 인과관계가 있다고 말할 수는 없다. 인과관계가 있다고 할 경우에는, 원인변수의 변화가 결과변수의 변화보다 시간적으로 앞서 발생해야 한다.

시간적 선행성

흡연이 폐암에 걸리는 것과 인과관계가 있다고 주장할 수 있으려면, 흡연이라는 사건이 폐암에 걸리는 상황보다는 앞서서 존재해야 한다. 그러나 사회현상에서는 시간적 선후 관계를 결정하기 어려운 경우도 많다.

(나) 공동변화(상시연결성, constant covariance)

상시연결성은 단순히 두 가지 혹은 그 이상의 현상이 함께 변화되는 것을 의미한다. 원인변수와 결과변수 간의 공동변화(*covariance*)가 있어야 한다. 과학적 연구에서 공동변화의 개념은 상관관계(*correlations*)나 연관성(*associations*)이라 불리는 관계측정을 통해서 표현되며, 경험적 관찰로 확인 가능하다. 원인변수가 증가 또는 감소할 때, 결과변수의 증가 또는 감소가 있어야 한다. 어떤 인과관계가 규명되면, 원인(정책수단 = 독립변수)을 임의로 변화시킴(조작)으로써 결과(정책효과 = 종속변수)를 조작할 수 있다. 정책에서는 조작할 수 있는 원인이어야 진정한 의미의 원인이라고 할 수 있다.

공동변화

비행청소년의 상담을 위해 상담지도자가 배치되었다. 상담지도와 비행률의 감소 사이에 인과관계가 있다고 보기 위해서는, 상담자가 상담한 시간이 증가함에 따라 비행청소년의 비행률이 감소하는 것이 관찰되어야 한다.

(다) 제3의 변수 통제(이론적 타당성, theoretical validity)

원인으로 생각되는 독립변수(X, 정책수단)와 결과로 생각되는 종속변수(Y, 정책효과)가 있을 때, 두 변수 간의 상관관계가 높은 것으로 나타나면 두 변수 간에 인과관계가 있는 것으로 생각할 수 있다. 두 변수 간에는 사실상 관계가 없음에도 불구하고 두 변수의 뒤에 숨어서 두 변수에 작용하여, 두 변수 간에 관계가 있는 것으로 착각하게 만드는 제3의 변수가 있을 수 있다. 경쟁적 설명요인들을 기각할 수 있어야 정확한 인과관계를 추정할 수 있다. 이를 허위상관관계(*spurious correlation*)의 통제라고 하는데, 인과관계를 주장할 수 있으려면 두 변수의 관계가 허위상관관계가 아니라 이론적으로 타당한 상관관계임을 입증할 수 있어야 한다.

허위상관관계를 나타내는 변수에는 허위변수와 혼란변수가 있다. 오늘날 과학의 입장에서는 원인적 결정조건이 다원적이라는 점을 강조하여, 다원적인 조건들이 종합적으로 어떤 사상을 발생시킬 수 있다고 본다. 즉 종래의 일원적 인과율과 확정성의 원리를 배제하고 확률의 원리를 따르려고 하는데, 이를 확률적 인과성이라 한다.

정책평가와 관련하여 볼 때, 정책평가는 개방된 시스템하에서 이루어지기 때문에, 원인변수라고 추정되는 정책뿐만 아니라, 기타 다른 요인들이 복합적으로 작용하여 정책효과를 가져올 수 있다. 여러 요인들이 상승작용을 통하여 정책효과가 나타나기 때문에 정확한 인과관계를 규명한다는 것은 거의 불가능할 때도 있다.

제3의 변수 통제

알코올 소비량과 성직자의 봉급 사이에는 99%의 상관관계가 존재하였으나, 이는 허위상관관계이다. 물가상승률(제3의 변수)이 공동변화의 원인이기 때문이다. 즉, 물가상승률로 인해서 알코올 소비량도 증가하고, 성직자의 봉급도 증가하였으나, 마치 제3의 변수로 인해 알코올 소비량이 성직자의 봉급의 원인변수인 것처럼 보였기 때문이다.

(3) 허위변수와 혼란변수

허위변수(*spurious variable*)란 두 변수 간에 전혀 관계가 없는데도 인과관계가 있는 것처럼 나타나도록 만드는 제3의 변수를 말하며, 혼란변수(*confounding variable*)란 두 변수 뒤에 숨어 작용하여, 두 변수 간의 관계를 사실보다 과장 혹은 축소시키도록 하는 제3의 변수를 말한다.

허위변수와 혼란변수

X(공직자의 윤리)가 Y(부정부패)의 원인으로 추론되었지만, 사실은 Z(상벌제도)라는 제3의 변수가 X와 Y에 동시에 영향을 미치는 독립변수(원인)로 작용하고 있기 때문에, 결과적으로 X와 Y 간에 인과관계가 있는 것으로 나타났다고 하자. 이 때 X와 Y 사이에는 전혀 관계가 없는데 Z로 인해서 그렇게 보였다면 X는 허위변수이며, X와 Y 사이에는 약간의 관계만 있는데 Z로 인해서 과장되었다면 X는 혼란변수가 되며, X와 Y의 이러한 잘못된 상관관계를 허위상관관계라고 한다.

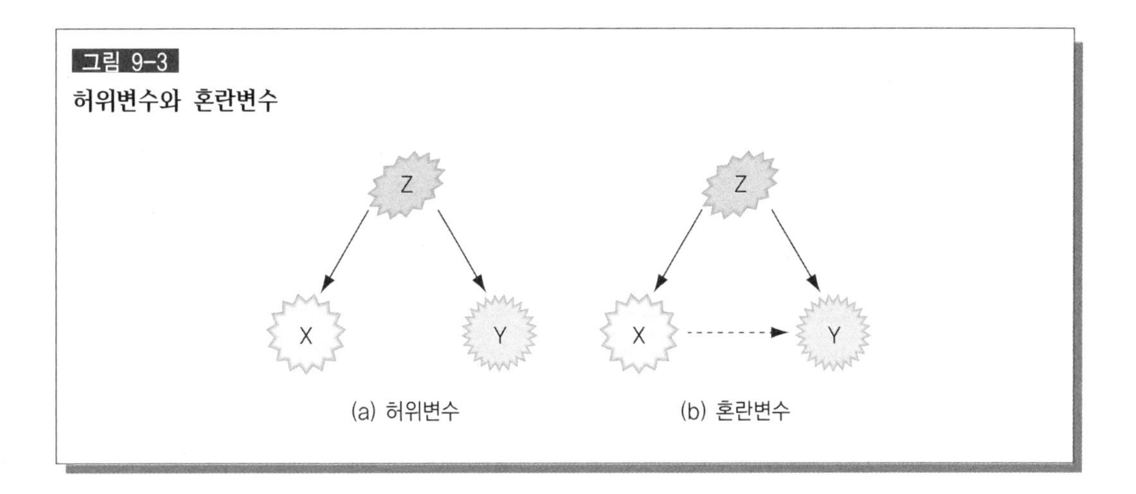

그림 9-3
허위변수와 혼란변수

3) 정책평가의 타당성과 신뢰성

(1) 정책평가의 타당성

정책평가의 방법에는 과학적인 방법과 비과학적인 방법이 있지만, 과학적인 방법이 중요하다. 과학적인 방법만이 정책평가의 타당성을 확보할 수 있기 때문이다. 정책평가의 타당성이란 정책평가에 의하여 정책효과를 올바르게 판단하는 정도를 의미한다. 정책평가의 타당성은 내적 타당성과 외적 타당성으로 나누어진다.

(가) 내적 타당성(Internal Validity)

내적 타당성이란 정책이 집행된 이후에 일어나는 변화가 정책 때문인지 아니면 다른 요인 때문인지를 명백히 밝히는 것을 의미한다. 다시 말해 실제로 정책효과가 있었을 때 명백하게 있다고 판단하고, 효과가 없었을 때 없다고 분명히 밝히면 그 평가는 내적 타당성이 있는 것이다.

정책평가의 초점은 정책이 집행된 후에 정책효과가 있었는지의 여부를 판단하는 데 있는데, 이러한 목적은 내적 타당성이 있는 평가에 의해서만 달성될 수 있다. 그러므로 정책평가를 위해 고찰된 모든 통계적 실험적 방법들은 내적 타당성을 제고하는 데 주요 목적을 두고 있다(정정길, 1997: 746; 정정길 외, 2005: 791).

내적 타당성을 위협할 수 있는 요인은 연구수행에 선행해서 발생되는 외재요인(*extrinsic factors*)과 연구기간 동안 결과에 영향을 주는 내재요인(*intrinsic factors*)으로 구분한다. 외재요인으로는 연구수행 이전에 실험집단과 통제집단 간에 차이점을 만들 수 있는 선정요인(*selection effects*)이 있다. 내재요인은 연구기관 동안에 발생하는 연구대상인 개인이나 집단에서의 변화, 측정도구에서의 변화 및 관찰 자체에 대한 반응적인 효과 등 여러 가지가 있다.

그림 9-4

내적 타당성

내적 타당성

- 연구자가 조사한 정보에 기초하여 개념들 간의 관계, 예를 들어 "개념 A가 개념 B의 원인"이라고 말하는 것의 정확성 정도를 의미한다.
- 개념들 간에 나타날 수 있는 관계를 보면 세 가지 형태가 있을 수 있다.
- (가)에 해당하는 경우만이 올바른 내적 타당성을 가지고 있는 경우이다.

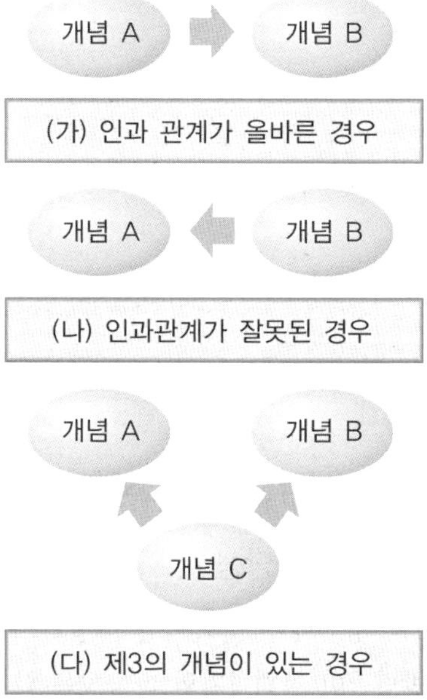

㈏ 외적 타당성(External Validity = Generalizability)

외적 타당성이란 어떤 상황에서 내적 타당성을 가진 정책평가가 다른 상황에서도 적용될 수 있는 정도를 의미한다. 특정상황하에서 타당한 평가가 다른 상황하에서는 과연 얼마만큼 타당할 것인가, 즉, 일반화의 정도를 나타내는 것이 외적 타당성이다.[3]

내적 타당성이 무너진 연구의 경우에는 일반화를 논의할 실익조차 없으며, 내적 타당성이 있는 연구결과만이 외적 타당성을 논의할 수 있을 것이다. 따라서 내적 타당성은 외적 타당성보다 과학적 평가의 선결요건이라고 할 수 있다.

㈐ 구성 타당성(Constructive Validity)

독립변수와 종속변수에 대한 추상적 개념은 관찰가능한 지표로서 조작화정의(*operalization*)되어야 하는데, 이 때 개념의 구성이 얼마나 정확하게 실체를 표현했는가의 정도를 구성 타당성이라고 한다. 개념에 대한 구성 타당성이 있어야 내적 타당성이 가능하다는 측면에서 개념의 구성 타당성은 내적 타당성의 전제조건이다.

---

3 과학에서 어떠한 사물이나 현상이 지배하고 있는 법칙이나 원리를 발견하여 그와 유사한 다른 사물이나 현상을 설명하거나 이해하는 데 적용하는 것처럼, 외적 타당성이란 시공을 초월하여 적용될 수 있는 일반화의 정도를 나타낸다.

그림 9-5
외적 타당성

외적 타당성

- 특정한 연구상황에서 얻은 결과가 다른 상황에서도 타당할 것이라고 가정하는 것이 적절한 정도를 의미한다.
- 일반화가능성(generalizability)이라고도 한다.
- 외적 타당성을 가지고 있는 경우,
  - 다른 연구대상에도 재현될 수 있다.
  - 다른 상황에서도 재현될 수 있다.
  - 변수의 강도와 범위가 다른 상황에서도 동일하다.

그림 9-6
구성 타당성

구성 타당성

- 측정하고자 하는 개념을 측정치가 정확히 측정하고 있는 정도를 의미한다.
- 구성 타당성에서 개념과 측정치의 관계를 보면 다음과 같다.
  - 결핍오류는 개념이 실제로 측정되지 않을 때 발생
  - 오염오류는 개념과 관련 없는 것들이 측정에 포함되어 있을 때 발생

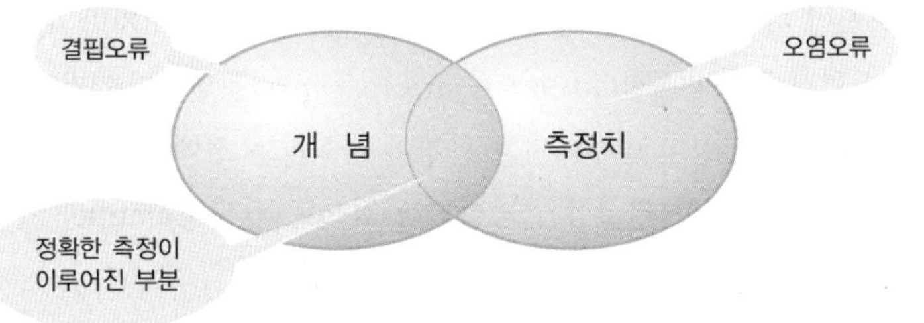

(2) 정책평가의 신뢰도

정책평가의 신뢰도란 평가결과가 어느 정도 믿을만한가를 의미하며, 이것은 그 정책을 측정하거나 평가한 도구가 그와 유사한 다른 현상을 되풀이해서 측정했을 때, 그 결과가 얼마나 일관성 있게 나타나는가의 정도를 통해서 측정된다. 그러므로 신뢰도란 동일한 측정도구를 반복해서 사용했을 때 동일한 결과를 얻을 확률을 나타내는 것이다.

정책평가는 신뢰도가 높아야 한다. 아무리 정확한 자료와 연구설계를 이용하여 측정하고 평가하였다고 하더라도 신뢰도가 낮다고 판단되면, 누구의 관심도 받을 수 없는 무용지물이 되고 말 것이다. 따라서 신뢰도를 높이는 방법을 강구하고 그것을 떨어뜨리는 요인을 제거해 나가야 한다. 정책평가에 있어 신뢰도를 떨어뜨리는 요인으로는 1) 정책평가대상자의 과민한 반응, 2) 실험관찰자의 영향, 3) 상황적 요소, 4) 측정도구의 문제, 5) 측정 및 평가과정의 문제점 등을 들 수 있다(노화준, 1998: 230-231).

2. 정책평가 방법

정책평가는 실험설계와 비실험설계로 나눌 수 있으며, 실험설계는 진실험설계(*true experimental design*)와 준실험설계(*quasi-experimental design*)로 나누어진다.

진실험설계는 1) 정책평가대상들에 대한 무작위배정(*random assignment*)과 2) 실험자의 처리(*treatment*)를 필수요건으로 하며, 이상의 두 조건 중 어느 하나라도 구비되지 못한 상황하의 실험설계는 엄밀한 의미에서 진실험설계로 간주되지 않는다.

정책평가를 위한 다른 하나의 실험설계인 준실험설계(*quasi-experimental design*)는 위에서 언급한 진실험을 위한 두 가지 전제조건을 충족시키지 못하는 사회실험에서 주로 많이 활용되는 평가접근법이다(정정길 외, 2005: 142).

1) 사회실험(social experiment)

사회실험은 실험실이 아닌 사회라는 상황 속에서 행하여지는 실험이지만 여기서 사용하는 개념이나 기본논리는 실험실에서의 실험(*laboratory experiment*)과 동일하다(정정길 외, 2005: 150). 즉 기본적으로 실험설계인데, 실험이 이루어지는 환경이 사회라는 점에서 붙여진 명칭이 사회실험이다. 사회실험은 총괄평가를 위한 비실험적 방법의 약점으로 인해 Campbell 같은 학자에 의하여 권장되었던 실험방법이다.

(1) 실험의 기본개념

실험은 반드시 실험집단(*experimental group*)과 이에 비교되는 통제집단(*control group*)을 보유한다. 그래서 실험대상을 의도적으로 두 집단으로 나누고 실험집단에게는 일정한 처리(*treatment*)를 가하고 통제집단에게는 처리를 가하지 않게 하여 일정한 시간이 지난 후에 양 집단이 나타내는 결과변수상에서의 차이를 처리의 효과라고 판단하는 것이 실험의 기본논리이다(정정길 외, 2005: 804).[4]

실험에는 실험대상(*subjects*), 처리(*treatment*), 처리효과(*treatment effect*), 결과변수(*outcome variable*) 등으로 이루어진다.

(가) 실험대상(subjects)

실험대상은 실험의 대상이 되는 사람들을 의미하며, 이는 모집단이라고 부른다. 모집단에서 샘플을 추출하여 실험의 처리를 받는 실험집단과 비교대상인 통제집단으로 나눈다.

(나) 처리(treatment)

실험집단에만 가하는 정책적 조치를 처리(*treatment*)라고 한다.

(다) 처리효과(treatment effect)

처리(*treatment*)로서 나타난 결과변수의 변화를 의미한다.

(라) 결과변수(outcome variable)

결과변수(*outcome variable*)는 흔히 실험 전에 측정하고, 실험 후에도 측정하는데, 전자를 실험 전 측정치(*pre-test score*), 후자를 실험 후 측정치(*post-test score*)라고 부른다(정정길 외, 2005: 804-805).

(2) 진실험과 준실험

실험집단과 통제집단의 동질성을 확보하고 행하는 실험을 진실험(*true experiment*)이라고 부르고, 두 집단의 동질성을 확보하지 않고 행하는 실험을 준실험(*quasi experiment*)이라고 부른다. 실험대상을 실험집단과 통제집단으로 무작위로 배정하면(*random assignment*) 두 집단은 동질성을 확보하게 되고, 이 경우에는 진실험이 된다. 반면에 두 집단의 구성원을 무작위로 배정하지 않으면 두 집단은 배경특성면에서 동질성(*equivalent*)을 보장할 수 없게 되고, 이 경우의 실험은 준실험이 된다.

(3) 사회실험의 필요성

사회실험은 실험설계를 사회라는 실험환경(*social setting*) 속에서 실시하는 것을 의미한다. 사회실험을 시행하는 가장 큰 이유는 정책평가의 타당성을 측정해 보려는 데 있다. 실험설계의 존재가치는 사회실험을 통하지 않은 정책평가(비실험적 방법)가 타당성에 문제가 있다는 데에서 찾을 수

4 이 장에서의 실험 기본논리는 정정길 외(2005: 789-819)에서 제시된 설명방식을 참조하였음.

있다. 아래와 같은 경우에 실험집단과 통제집단을 나누어 소규모로 실험설계를 미리 해 봄으로써 정책평가의 타당성을 사전에 확보할 수 있게 된다.

㈎ 새로운 정책을 도입할 경우

새로운 정책이나 사업을 추진하고자 할 때, 그런 정책을 추진하는 사람들은 그 정책이 소기의 성과를 가져올 것인지 또는 예상과는 달리 별 효과가 없을 것인지 등을 파악할 필요가 있다. 특히 정책을 전국적으로 실시하기에 앞서 작은 규모로 실험설계를 시행해 보고, 그 결과에 따라 확대여부를 결정하는 것은 정책효과의 타당성 제고에 많은 도움이 될 것이다.

㈏ 정책비용이 크거나 이해관련자가 많은 경우

정책이나 사업의 비용이 매우 크거나 또는 그 정책으로부터 영향을 받을 이해관련자의 수가 많은 경우에는 실험이 더욱 요구된다. 사회문제를 해결하고자 하는 수많은 정책대안들은 각각 재원을 필요로 하는데, 과연 어떤 정책이 정당한 효과를 산출하는지를 평가할 필요가 있다. 즉, 특정한 정책을 정당화하기 위해서는 타당성 면에서 문제가 적은 실험설계가 이용되어야 한다.

㈐ 정책효과에 대하여 다툼이 있는 경우

정책효과에 대하여 서로 다른 견해가 팽팽히 맞서 있는 경우에 한 쪽의 견해를 옹호하는 평가결과를 제시하기 위해서는 아무도 함부로 문제를 제기하기 힘든 객관적인 평가가 필요한데, 바로 이런 경우에 실험설계가 이용될 수 있다.

㈑ 변화가 요구되는 경우

현재 상태에 대해 불만이 팽배해 있으나 정작 어떤 변화를 추구해야 되는지에 대하여 합의를 보지 못하고 있을 때 실험설계가 적절한 답을 제공할 수 있다. 예를 들어 삶의 질을 향상시키고자 할 때, 특정 복지프로그램이 어떤 변화를 초래하는지를 밝힘으로써, 그런 정책이 우리가 바라는 사회 상태로 인도할 것인지 아닌지를 알려줄 수 있다.

(4) 사회실험에 대한 저항

사회실험을 통하여 정책효과를 추정하는 것에 대하여 많은 저항이 있다. 평가자는 이러한 저항을 충분히 파악하고 해결책을 강구하여야 한다. 여기서는 몇 가지 자주 대두되는 문제점을 살펴본다.

㈎ 실험대상에 대한 기피

사람들은 자기들을 실험대상으로 하여 무엇을 밝히는 데 대하여 좋은 감정을 갖지 않는다. 더구나 사회과학방법론 등을 알지 못하는 일반대중들로서는 자기가 암암리에 행해지는 정책행위의 일시적 실험대상이 되는 것을 원치 않을 것이다.

(나) 전문성에 대한 민감한 반응

사람들은 최상의 서비스를 원하며, 단순히 실험을 해보고 효과가 좋으면 그 프로그램을 택하고 효과가 없으면 버리는 식의 평가방식에 대하여 반감을 느낀다.

(다) 과다한 시간과 노력

모든 평가연구가 어느 정도 시간과 노력을 필요로 하지만, 특히 사회실험은 다른 연구설계보다 더 많은 시간과 노력이 든다. 간단한 통계적 방법을 비롯하여 사전사후설계나 의사비교집단설계와 같은 준실험적 방법에 비해서 시간과 노력이 많이 소요된다(노화준 외, 2000: 106-107).

2) 준실험의 논리와 약점

진실험은 준실험에 비해 강점을 가지고, 준실험은 비실험에 비해 강점을 보인다. 따라서 비실험적 방법의 약점에 관하여 먼저 검토해 보아야 할 것이다.

(1) 비실험적 방법의 논리와 약점

정책평가 또는 인과관계판단을 위한 비실험적 방법은 자료수집과 이들을 분석하는 통계적 방법으로서, 요인분석(*factor analysis*), 회귀분석(*regression analysis*), 경로분석(*path analysis*), 인과관계분석(*causal analysis*), 시계열분석(*time-series analysis*), 비선형분석(*nonlinear analysis*), 빈도분석(*frequency analysis*), 교차분석(*cross table analysis*), ANOVA 분석(ANOVA *analysis*) 등을 이용한다.

이러한 비실험적 방법의 통계적 문제점으로 주로 거론되는 것은 1) 퇴락변수로부터 오는 오류(*omitted variable bias*), 2) 타당하지 못한 모형의 구성(*specification bias*), 3) 자기선정효과(*self-selection bias*) 등이 있다. 특히 제3의 변수의 통제가 제대로 되지 못하여 퇴락변수로부터 오는 오류를 제대로 통제하지 못했을 때에는 독립변수의 순수한 효과의 측정이 어려워지게 되는 문제점이 발생한다. 이를 허위변수와 혼란변수의 문제점이라고 한다. 허위변수는 독립변수가 원래는 효과가 없는데 진정한 제3의 변수의 누락으로 인해 효과가 있는 것처럼 허위로 나타나는 경우이고, 혼란변수는 독립변수가 종속변수와 약간의 관계가 있긴 하지만 진정한 제3의 변수의 누락으로 인해 효과가 과장되게 나타나는 경우를 말한다.

하지만 비실험(통계분석)의 기법이 발달하면서 점차 실험의 엄청난 비용을 들이지 않고도 통계분석 기법을 통해 진실험의 타당성에 접근하고 있다는 점을 주목할 필요가 있다. 최근 계량분석의 Econometrics 기법이 점점 더 고도화되면서, 이상에서 논의한 문제점들을 극복하는 사고와 기법들이 개발되고 있다. 즉 단순한 형태의 실험에 의존하지 않고, 다양한 사고실험(*thought experiments*)을 통해 연구모형(*empirical model*)을 설계하고, 모델 함수식 내에서 변수를 통제함으로써 그 효과를 측정하는 것이다. 선정효과를 극복하는 법(*random sampling*을 통해), 성숙효과를 측정하는 법(성숙효과를 나타내는 변수의 도입), 선정과 성숙의 상호작용(*Confounding Effect*)의 측정

(선정 × 성숙 변수의 도입), 퇴락변수로부터 오는 오류(Omitted Variable Bias 혹은 Left Out Variable Bias)를 계산하는 법, 잠재적인 Bias 자체를 공개적으로 토론하는 법, 선형모형 외에도 비선형모형을 통해 현상의 전개과정을 최대한 모형화하는 법 등이 개발되어 있다. 그 이외에도 데이터의 신뢰도를 측정하는 법, 분산팽창지수를 통해 독립변수가 다중공선성을 측정하는 법, 요인분석을 통해 주성분을 추출하는 법, 구조방정식을 통해 경로분석을 하는 법 등이 개발되어 있다.

(2) 준실험의 논리와 약점

준실험의 대표적인 예로 알려져 있는 비동질적 통제집단설계(*non-equivalent control group design*)는 비실험설계의 문제점을 상당히 해결할 수 있다.

실험집단과 비교하기 위해서 비교집단(*comparison group*)을 하나 더 추가한 것만이 비실험설계와 다른 점이다. 이 비교집단은 실험집단과 동질적이 아니기 때문에 비동질적 통제집단(*non-equivalent control group design*)이라고 불린다. 준실험적 설계는 조작과 무작위배정 원칙이 지켜지지 않고, 내적 타당성이 약하다는 한계가 있다.

비동질적 통제집단에서 정책효과를 성숙효과로부터 분리시키는 논리는 실험집단의 성숙효과와 통제집단의 성숙효과가 동일한 경우에만 타당하다. 하지만 이는 실제로 기대하기 어려우며, 따라서 비동질적 통제집단을 설정하는 준실험의 약점으로는 1) 성숙효과의 이질성, 2) 선정과 성숙의 상호작용, 3) 집단특유의 사건 등이 있다.

(가) 성숙효과(maturation effect)의 이질성

실험집단과 통제집단 간의 성숙효과가 틀리게 되는 현상을 말한다. 양 집단 간에 성숙효과의 차이가 나는 근본 이유가 실험집단과 통제집단의 구성원을 선정(*selection*)할 때 두 집단 간에 차이가 있었기 때문에 붙인 이름이다. 실험집단과 통제집단을 서로 이질적인 구성원으로 만들었기 때문에 성숙효과(*maturation effect*)가 틀리게 될 가능성이 있다.

(나) 선정과 성숙의 상호작용(selection-maturation interaction)

실험집단에 들어가서 처리를 받겠다는 자원자로서 실험집단을 구성하게 되는 경우는 특별히 문제가 된다. 이러한 경우를 자기선택(*self-selection*)에 의한 배정이라고 부르는데, 이 경우에는 선정과 성숙의 상호작용(*selection-maturation interaction*)이 발생한다.

성숙효과의 이질성

실험집단이 한국의 학생들이고, 비교집단이 육식을 주식으로 하는 미국의 학생들이라면 개선식단급식을 하는 1년 동안 두 집단 간에 성숙(체중증가)면에서 차이가 있을 수 있다. 즉, 실험집단과 통제집단을 서로 이질적인 구성원으로 만들었기 때문에 성숙효과가 다르게 될 가능성이 있다.

선정과 성숙의 상호작용

실험대상이 자원(*volition*)에 의하여 실험집단을 선택하고 자원하지 않는 자로서 통제집단을 구성하는 경우이다. 이런 경우를 자기선택(*self-selection*)에 의한 배정이라고 부른다. 자원자로 구성된 실험집단과 비자원자로 구성된 통제집단 사이에는 선정효과 × 성숙효과(선정과 성숙의 *Confounding Effect*)가 달라질 가능성이 크다.

크리밍 효과(creaming effect)

실험의 효과가 비교적 잘 나타날 가능성이 있는 조건이 좋은 집단을 실험집단으로 선정하고, 그렇지 못한 집단을 통제집단으로 선정하여 과장하는 것을 크리밍 효과라고 한다.

(다) 집단특유의 사건(intra-session history)

실험 도중에 실험집단이나 통제집단 어느 한 쪽에만 특유한 사건이 발생하는 것이다. 실험 도중에 실험집단과 통제집단 중 어느 한 쪽만이 커다란 사건에 부딪쳐서 이것이 결과변수에 영향을 미치면 실험설계로서는 이 영향을 파악하지 못하므로 이 영향이 처리효과의 추정치 속에 그대로 포함된다. 집단특유의 사건도 실험집단과 통제집단의 구성원이 이질적인 준실험의 경우에 발생할 가능성이 크다.

3) 준실험의 약점 보완방법

(1) 비교집단의 합리적 선택

준실험이 지니고 있는 약점들이 발생한 근본이유는 실험집단과 비교집단이 비동질성이라는 사실에 있다. 준실험의 보완책으로서 먼저 들 수 있는 것은 가급적 실험집단과 비교집단이 동질적이 되도록 구성하는 방법이다. 즉 진실험에 가깝도록 하는 것으로 실험집단을 서울의 여의도 어느 초등학교 아동들로 구성했다면, 비교집단을 서울의 반포지역의 어느 초등학교 아동들로 구성하는 것을 말한다.

(2) 회귀 불연속설계(Regression Discontinuity Design)

실험집단과 통제집단에 실험대상을 배정할 때 분명하게 알려진 자격 기준(*eligibility criterion*)을 적용하는 방법이다. 예컨대, 장학금을 지급받은 학생이 지급받지 않은 학생에 비하여 성적이 상승하였는지 판단시, 평점 3.5가 장학금 지급과 비지급 구분점(*cutting point*)이라 하면 실험집단과 통제집단 배정 기준을 그 평점 기준으로 하는 것이다. 이 때 두 회귀직선의 불연속의 크기는 장학금 지급의 효과를 나타낸다(정정길 외, 1987: 186-193).

(3) 단절적 시계열 분석(Interrupted Time-series Analysis)

여러 시점에서 관찰되는 자료를 통하여 실험변수의 효과를 추정하기 위한 방법이다. 각 시점에서 관찰된 단일단위(*a single unit*)가 정의될 수 있고, 계량적 관찰이 가능하며, 이러한 관찰이 정책실시 전후의 여러 시점(*multiple time-points*)에 걸쳐서 가능할 때 적용가능한 방법이다. 각 시점에 대하여 하나의 자료가 주어져 있기 때문에 시계열이라고 하고, 독립변수가 조작되는 점에서 분명한 구분선이 존재하기 때문에 단절적 시계열이라고 부른다. 전체적인 시계열 자료를 통해 여러 시점에 걸쳐서 관찰함으로써 극단적인 점수에 대한 일시적인 반응이나 성장률에 있어 식별되지 않은 변화(성숙효과) 등으로 인해 진정한 프로그램의 효과에 혼란을 가져오는 기회가 감소될 수 있을 것이다(정정길 외, 1987: 186-193).

4) 진실험

(1) 진실험의 논리

진실험(*ture experiment*)은 실험집단과 통제집단의 동질성을 확보하여 행하는 실험이다. 실험대상을 무작위로 두 집단에 배정하여 두 집단 간의 동질성을 확보하고, 하나의 집단은 비교를 위해서 사용하며, 이를 통제집단(*control group*) 또는 비교집단(*comparison group*)이라 부르고, 다른 하나의 집단(실험집단)에게는 일정한 처리(*treatment*)를 가하여 일정한 시간 후에 양 집단이 결과변수(*outcome variable*)상에서 나타내는 차이를 처리의 효과로 추정하는 실험방법이다(정정길 외, 2005: 813). 인과관계를 추론하는 데 있어 가장 유력한 논리적 모델 중의 하나로, 독립변수의 조작이 가능하며 무작위배정으로 인해 배경변수들이 통제됨으로써 내적 타당성이 제고된다. 진실험설계의 대표적 유형으로 '실험 전후 실험집단-통제집단 비교실험'(Pre & Post, Experimental & Control Group Comparison)이 있다.

(2) 진실험의 약점

(가) 윤리적 문제

소아마비 예방접종(*Polio Vaccine*), 노동부의 실업자 취업교육 등과 같이 윤리적으로 실험을 할 수 없는 경우도 있다.

(나) 비용적 문제

시간적으로 효과를 측정하려면 3-5년이 걸려서 시간상으로나 비용상으로나 어려움이 많다. 그 사이에 이사를 가거나 원래의 실험대상자를 상실하는 경우도 발생한다.

(다) 원천적 불가능

어떤 경우에는 정책문제 자체가 이미 시행되고 있어 실험설계가 원천적으로 불가능한 경우도 있다. 미국의 자동차 안전검사(*Auto Inspection*) 정책이 자동차 사망사고(*Auto Casuality*)를 줄이는데 얼마나 영향을 미치는가에 대해 연구하려는 경우, 이미 어떤 주는 자동차 안전검사를 강한 정도로 시행하고 있고, 어떤 주는 약하게, 또 어떤 주는 시행하고 있지 않고 있어, 이러한 역사적 정책을 다시 원점으로 돌려서 실험설계를 시행할 수는 없는 것이다. 이 때에는 준실험설계를 통해 모집단의 인과관계를 유추(*inference*)할 수밖에 없으며, 다만 실험자가 자동차 사망사고에 잠재적으로 미칠 가능성이 있는 영향변수를 최대한 통제하려고 애를 써야 하는 것이다.

(3) 진실험 vs. 준실험

내적 타당성면에서는 진실험이 우수하지만, 실행가능성면에서는 준실험이 우수하다. 외적 타당성면은 비슷하나 동일한 비교집단을 선정하지 않는 준실험이 일반화의 가능성에서는 오히려 약간 우수할 수도 있다. 하지만 내적 타당성이 없는 경우에는 외적 타당성을 논의할 실익조차 없게 된다는 점은 명심할 필요가 있다.

3. 정책평가의 유형 및 절차

1) 정책평가의 유형

(1) 회고적(retrospective) 정책평가

회고적(*retrospective*) 정책평가란 현재 집행 중에 있는 정책이나 프로그램을 수정하거나 보완할 목적으로 기존의 정책이 어떻게 집행되어 왔으며, 그 효과는 어떠하였는가에 대하여 그 동안 이루어져 왔던 평가정보들을 종합하는 방법이다. 일반적으로 알려진 평가종합(Meta Analysis)이라고 하면 이 회고적인 평가종합을 지칭한다.

(2) 조망적(prospective) 정책평가

조망적(prospective) 정책평가란 새로운 정책이 행정부의 안으로 국회에 제출되거나 어떤 부처의 안으로 작성되어 정책조정의 위치에 있는 총리실이나 대통령 정책참모조직에 제출된 경우 정책안의 타당성이나 적실성 등을 조망적으로 검토하고자 하는 것을 말한다. 정책분석과 마찬가지로 문제정의와 목표설정, 대안의 목표달성에의 효과성, 대안의 비용편익 측면에서의 능률성 등을 종합적으로 검토한다. 이 검토의 과정에서는 현재 검토하고 있는 정책이나 프로그램과 유사한 정책이나 프로그램들에 대한 과거의 평가정보가 있으면 이것들을 활용할 뿐 아니라, 정책분석에 있어서와 마찬가지로 각종의 계량적인 모델링(*modeling*) 방법이나 비용편익 분석(*cost-benefit analysis*) 방법들도 사용된다.

2) 정책평가의 절차: 학자들의 견해

정책평가의 절차에 관해서도 여러 학자들이 언급을 하고 있다. 먼저 Suchman은 정책평가의 핵심 단계로서 ① 목표의 규명, ② 문제의 분석, ③ 활동의 표준화, ④ 변화의 정도를 측정, ⑤ 변화가 정책의 결과인지 또는 다른 원인의 결과인지에 관한 결정, 그리고 ⑥ 정책의 효과에 대한 검토 등의 여섯 단계를 제시하고 있다. Nachmias는 정책평가의 과정으로서 모든 과학조사의 절차에서와 같이 일정하고도 지속적이고 상호 관련적인 여섯 단계를 다음과 같이 제시하고 있다. 즉 ① 목표의 인식, ② 인과모형의 구성, ③ 조사설계의 개발, ④ 측정과 표준화, ⑤ 자료수집, 그리고 ⑥ 자료의 분석과 해석이다.

김명수 교수(2003: 95-96)는 정책의 효과, 효과유무에 대한 이유, 투입된 자원 평가 등을 포괄하는 포괄적 평가를 제시하였다. 이러한 포괄적 평가는 어떠한 종류의 평가부터 시작하여 평가작업을 진행시킬 것인가 하는 문제와 각종의 평가는 어떠한 순서에 의해서 이루어질 것인가에 따라 단계구분을 할 수 있다는 장점이 있다.

여기서는 이들 여러 학자들의 견해를 종합하여 ① 정책목표의 파악, ② 평가 기준의 설정, ③ 인과모형의 작성, ④ 연구설계의 구축, ⑤ 측정과 표준화, ⑥ 자료수집, ⑦ 자료의 분석과 해석 등으로 구분하여 검토하기로 한다.

3) 정책평가의 절차

(1) 정책목표의 파악

정책평가는 정책목표의 파악으로부터 시작한다. 정책의 목표가 명백하지 못하고, 한정되지 못하거나 또는 측정이 가능하지 않은 경우 과학적인 평가연구를 수행하는 것은 의미가 없다.

(2) 평가기준의 설정

정책목표가 규명되고 난 다음에는 평가기준을 설정해야 한다. 정책평가에는 평가기준이 분명하게 설정되어야 한다.

정책평가를 위한 평가기준은 정책목표의 상태에 따라 달라진다. 정책목표가 계량화가 곤란한 질적인 것일 경우 평가기준도 질적인 것이어야 하며, 계량화가 가능한 목표일 경우에는 평가기준도 계량적인 것이어야 한다. 그러나 현실적으로는 이들 두 가지 기준이 복합되어 있기 때문에 기준 역시 질적인 것과 양적인 것을 혼용하는 것이 바람직하다. 예컨대 정치적 합리성(질적 기준)으로서의 민주성, 대응성, 형평성, 적정성, 적합성 등이나 경제적 합리성(양적 기준)으로서의 능률성, 효과성 등이 그것이다.

(3) 인과모형의 작성

모형이란 현실세계의 단순화된 표현으로서, 평가대상을 이해하기 쉽고 체계적으로 설명·평가할 수 있게 해 준다. 정책목표가 식별되고 난 후, 평가자는 정책이 목표를 어느 정도 달성했는가에 관한 증거를 제공할 수 있는 경험적 인과모형을 작성하게 된다.

인과모형은 특정의 정책이 사회 구성원의 행태변화를 초래하는 과정을 인과적 논리체계로 설명하기 위한 과학적인 정책연구의 한 형태이다. 즉 정책행태변화를 초래케 한 원인변수를 독립변수로, 결과변수를 종속변수로, 그리고 그 사이에 매개된 변수를 매개변수로 하여 인과모형을 만든다.

(4) 연구설계의 구축

인과모형이 설정되고 그에 따라 가설들이 설정되면, 정책평가자는 자료를 수집하고 분석하는 과정을 계획하고 조직화해야 하는데, 이 작업을 연구설계라고 한다. 연구설계가 구축되고 나면 정책집행의 결과 나타난 성과 및 영향자료의 수집, 측정과 표준화, 그리고 분석과 해석의 과정에 들어가게 된다.

(5) 측정과 표준화

정책목표를 명확하게 파악하고 평가 기준 및 인과모형, 그리고 적절한 연구설계가 작성되고 나면, 정책목표의 달성도를 결정할 수 있는 측정과 표준화가 이루어져야 한다. 정책목표는 계량적 측정이 가능할수록 평가가 용이하다. 측정에 있어서 가장 어려운 문제는 정책목표, 정책영향, 정책변수들을 명백히 구별하여 조작화(*operationalization*)하는 것인데, 이 때 양적 분석이 가능하도록 하는 것이 표준화 작업이다.

(6) 자료수집

정확한 정책평가를 위해서는 다양한 측면에서 정확한 자료들을 수집해야 한다. 정책평가에 이용되는 자료는 다양한 출처로부터 다양한 방법으로 얻어질 수 있다. 정책평가에서 사용될 자료의 형태는 정책의 본질과 연구설계에 따라 다르기 때문에, 평가자는 모든 자료들과 자료수집방법들의 장점과 단점에 관해 파악해 둘 필요가 있다. 질적 평가를 위해서는 설문조사(전문가 의견조사 포함)나 면접조사(심층 인터뷰 포함)를 통해 자료를 수집할 수가 있고, 양적 평가에는 통계처리된 각종 하드 데이터(*hard data*)나 인식 데이터(*perception data*)를 수집하게 된다.

(7) 자료의 분석과 해석

정책평가에서는 변화, 예측, 그리고 인과관계 규명이 핵심사항이므로 계량분석이 매우 중요한 위치를 차지한다. 계량분석모형은 독립변수인 정책변수가 종속변수인 목표변수에 변화를 초래하고, 또한 다른 정책변수에도 영향을 미치는 영향모형을 시험하는 기법으로 유용하다. 행태과학에서는 데이터의 무작위오차를 걸러내고 데이터 사이에 존재하는 체계적 패턴을 추출하기 위해 회귀분석을 돌리기 전에 주성분 분석 등 요인분석을 시행하는 경우도 많이 있으며, 경로분석을 위해 구조방정식(LISREL이나 AMOS 이용)을 활용하기도 한다. 정책모형의 관점에서 평가연구의 발견사항을 해석하고 정책시사점을 도출함으로써 평가연구는 끝나게 된다.

4) 평가종합(Meta Analysis)의 방법

(1) 계량적인 방법

(가) 조합된 유의성 검증의 실시(Combined significance test)

여러 개의 독립적인 평가연구들이 이루어지고, 이러한 연구들 간에 실험처리 및 통계적 검증절차에 유사성이 존재할 경우 조합된 유의성 검증방법(*combined significance test*)을 채택할 수 있다.

(나) 효과의 크기(effect size)의 평균의 계산

효과의 크기(*effect size*)란 그 연구의 실험집단의 평균과 통제집단의 평균의 차이를 말하는데, 표준화된 통계를 산출하기 위해서는 통제집단의 표준편차 값으로 나누어 얻는다.

(다) 블로킹 기법(blocking)

블로킹 기법(*blocking*)이란 개개 평가연구들 간의 변이(*variation*)나 특별한 차이(*difference*)를 찾아내고, 그러한 변이나 차이를 설명하는 기법을 말한다.

(라) 군집 기법(clustering)

군집 기법(*clustering*)이란 개개의 평가연구들이 존재하고, 이러한 연구의 하위그룹들에서 동일유형의 평균(*mean*), 분산(*variance*), 공분산(*covariance*)들이 나타나는 경우에 이러한 개개의 평가연구 결과들을 하나로 조합하는 기법을 말한다.

(2) 비계량적인 방법

(가) 단일사례 설계(single case design)

하나의 사건에 대한 연구나 복수의 사건들에 대한 비합산적 연구를 말한다. 효과의 크기를 계산해 내기가 어려운 형태로 되어 있고, 통제집단이 없는 경우가 많다. 이러한 경우 사례를 분석하여 발견된 사실들을 서술적(*descriptive*)으로 종합한다.

(나) 비계량적 종합연구(non-quantitative aggregate studies)

객관적 또는 계량적 방법으로는 측정하기 어려우나 중요한 결과들을 포함하고 있는 경우 계량적 정밀성과 비계량적 의미성 간에 종합적 판단을 해야 한다.

(다) 계량적 평가연구에 포함된 비계량적 정보의 종합

비계량적 정보는 연구의 절차, 처리와 참여자들에 대한 서술, 연구의 한계와 특별히 주의할 사항 등 다양한 형태를 하고 있으며, 계량적인 요약내용들을 보완하고 해석하는 데 매우 중요한 정보가 된다.

(라) 전문가들의 판단

연구의 초기에 개개 평가연구의 타당성이나 신뢰성에 관해 관련 분야의 전문가 의견조사를 하는데, 전문가들의 판단은 연구방향을 정하는 데 매우 중요한 정보가 된다. 브레인스토밍이나 전문가 회의 그리고 정책델파이 기법들이 사용된다.

(마) 수집된 평가연구에 대한 종합적 검토

개개 평가연구 또는 어떤 특정분야의 평가연구에 흔히 나타나는 어떤 방법론적 약점을 구별해내고, 이를 종합적으로 검토하는 것이 필요하다.

(3) 계량적인 접근방법과 비계량적인 접근방법의 통합

계량적 접근방법과 비계량적 접근방법을 보완적으로 활용하는 것이 바람직하다. 서로 상충되는 발견 사실을 다루는 데 유용하며, 발견 사실들을 검토하는 과정에서 중요한 정보를 찾아낼 수 있다.

5) 미래지향적(Future-Oriented) 평가종합(Meta Analysis)

(1) 조망적(Prospective) 평가종합(Meta Analysis)의 의의

미래를 바라보는 미래지향적인 질문들에 대답하기 위한 정보를 산출할 수 있는 여러 가지 방법들이 개발되어 사용되는데 이를 총칭하여 조망적 방법(*prospective method*)이라 부른다. 조망적 질문들은 미래에 무엇이 일어날 것인가를 다루게 된다. 이 중에서도 조망적(*prospective*) 평가종합(*Meta Analysis*)은 매우 중요하게 활용되고 있는 분석기법이다.

(2) 조망적(Prospective) 평가종합(Meta Analysis)의 절차

(가) 문제의 정의

문제의 내용과 성격을 분명하게 설정하는 단계로 정책이 목표로 하는 대상이 무엇인지 설정한다.

표 9-2 조망적 방법의 유형

유 형	예 시
사 실 적	• 실험설계(experimental design)
경 험 적	• 시뮬레이션(simulation) • 미래예측(foresight)
논 리 적	• 착수직전 분석(front-end analysis) • 위험평가(risk assessment) • 체제분석(system analysis)
판 단 적	• 정책델파이(policy delphi) • 전문가 패널(expert panel) • 시나리오 기법(senario planning)
통 합 적	• 조망적(prospective) 평가종합(meta analysis)

자료: 김명수, 2003: 141-145에서 수정.

(나) 평가하기 위한 대안의 선택

정책이 어떤 구체적인 문제를 해결해 낼 수 있겠느냐 하는 것을 검토하는 것으로, 제안된 정책이 조망적 평가종합의 연구대상으로서 적합한지 여부를 결정하고, 적절하다고 판단시 조망적 평가종합에서 검토할 적정한 연구대상5들을 선택한다.

(다) 개념적 분석

정책이 기반하고 있는 전제, 신념, 가치 및 이론들을 명확하게 구별해 내기 위하여 수행하는 것을 개념적 분석이라고 한다. 이를 위해서는 제안된 법안이나 아이디어들의 내용분석, 그리고 정책 아이디어를 낸 담당자들에 대한 심층면접 등을 통해 질적 분석을 한다.

(라) 운영 메커니즘 분석

정책목표를 어떻게 달성할 것인가에 대한 분석으로서, 제안된 정책의 운영 메커니즘들을 명확하게 구별하고, 그들이 어떻게 수행되도록 되어 있는가를 분석하는 것이다. 정책대상집단, 정책집행 재원의 원천과 금액, 정책집행을 위한 조직구조 등을 분석한다.

(마) 핵심적 전제들의 검증

정책의 핵심 전제에 대해 검증하는 단계이다. 여기에서는 제안된 정책이나 프로그램의 핵심이 되는 개념 및 운영 메커니즘에 포함된 전제들을 비교하고, 이를 토대로 새로이 제안된 정책이나 프로그램이 성공할 가능성 여부를 결정하는 핵심적 전제들을 검증하게 된다(김명수, 2003: 80-84).

5 조망적 평가종합에서 미래예측의 대상을 선택하는 것을 말한다. 정책대상집단의 범위, 비용, 규제 등을 기준으로 평가종합 연구대상을 선정하게 된다.

(바) 발견된 결과들의 발표

개념적 모델(*conceptual model*)과 실행적 모델(*operative model*)들의 전제들과 증거자료들을 비교분석한 결과를 발표하는 단계이다. 분석결과는 간결하고 분명하게 정리하여 발표해야 한다.

4. 평가결과의 활용

1) 평가결과의 활용방법

정책평가의 결과는 정책의 집행상태를 점검하거나 집행전략을 수정 혹은 보완하기 위하여, 그리고 정책종결에 따른 환류 및 학습을 위해 활용된다. 뿐만 아니라 정책과정상의 책임확보나 정책학의 이론형성에 활용되기도 한다.

R. Rich(1977)에 의하면 정책평가를 활용하는 방식은 도구적 활용과 관념적 활용이라는 두 가지로 나누었으며, 추가적으로 한 가지를 덧붙인다면 설득적 활용을 들 수 있다. 먼저, 도구적 활용(*instrumental use*)은 정책평가의 결과가 정책결정이나 문제해결을 위해 도구적으로 활용되는 것을 말한다. 예컨대, 새로 개발된 감기약이나 암치료제가 실제 평가를 해보니 감기나 암치료 효과가 없다는 평가결과를 보고, 그 약의 사용을 중단하는 경우가 여기에 해당된다(정정길 외, 2005: 821).

관념적 활용(*conceptual use*)이란 정책결정이나 집행에 직접 결과를 활용하는 것이 아니라, 어떤 문제에 대한 정책결정자의 사고방식이나 관념에 변화를 일으켜서 간접적으로 영향을 미치게 하는 것을 말한다. 이 관념적 이용을 C. Weiss는 계몽적 이용(*enlightenment use*)이라고 부르고 있다(C. Weiss, 1977: 531-545). 그리고 설득적 활용(*persuasive use*)은 평가결과를 특정 정치적 입장을 지지하는 데 활용하는 경우이다. 하지만 설득적 활용은 매우 조심스런 접근이 필요하며, 이러한 활용에 앞서 과학적·체계적 근거마련이 더욱 중요하다고 볼 수 있다.

2) 평가결과의 활용을 제약하는 요인들

평가결과의 다양한 활용방법 중에서도 가장 바람직한 것은 원래 평가자가 의도한 대로 활용되고, 나아가 도구적 활용 및 개념적 활용으로 이용되는 것이다. 그러나 현실적으로는 여러 가지 제약요인들로 인하여 바람직한 활용이 어려워진다.

정책평가의 결과활용을 제약하는 요인들은 매우 다양하여 학자들에 따라 그 유형과 형태를 각기 다른 각도에서 설명하고 있는데, 여기서는 ① 평가자료의 신뢰성과 적실성, ② 평가결과의 표현 및 전달방식, ③ 평가결과 이용자의 태도 등으로 나누어 검토해 보기로 한다.

(1) 평가자료의 신뢰성과 적실성

정책평가에 올바른 방법이 적용되고 정확한 자료가 이용되어 바람직하게 평가가 수행되었다고 믿으면 평가결과의 신뢰성이 높게 된다. 하지만, 평가결과의 객관적 타당성이 높다고 하더라고 그것에 대한 신뢰성은 이용자의 태도나 신념에 따라 달라지기도 한다. 즉, 신뢰성(*credibility*)의 문제가 평가결과의 활용을 제약하고 있는 것이다. 뿐만 아니라 평가결과의 적실성(*relevance*) 여부도 결과이용을 제약하고 있다. 여기서 적실성이란 평가결과가 그것을 활용하려는 사람의 요구(*need*)를 충족하고 있어야 하고, 나아가 그것이 시간적으로 적절한 적시성(*timeliness*)이 있어야 함을 의미한다(정정길 외, 2005: 823).

(2) 평가결과의 전달방식 및 표현방식

정책평가의 결과는 그것을 전달하는 과정에서 어떻게 표현되느냐에 따라서 그 활용정도가 달라진다. 즉 전달방식과 표현방식과의 차이가 평가결과의 활용을 제약하게 된다. 우선 전달과정이나 표현방식의 경우를 보면, 정부부처 간의 할거주의적 구조나 단일 부처의 계층구조상의 문제 등이 평가결과의 전달에 대한 왜곡이나 부분삭제 등의 문제를 야기할 수 있다. 예컨대 하의상달의 경우 하급자들에게 불리한 정보가 왜곡되거나 삭제될 수 있다는 것이다. 정책평가는 언제나 현재 상태에서 잘잘못을 분석한 내용을 포함하게 되므로 자신들에게 불리한 내용이 포함되어 있을 경우 이러한 왜곡과 삭제의 가능성은 더욱 증대된다.

다음으로는 결과의 표현방법의 잘못을 들 수 있다. 즉 사용자가 이해하기 어려운 방법이나 분석기법 등을 이용하고 전문용어를 사용함으로써 이용자가 이를 이해하기 어렵게 표현되어 있으면 그 결과의 활용은 어려워진다. 알기 쉬운 방법, 간단하고 분명한 분석기법, 평범한 용어 등으로 평가결과는 정리되어야 한다.

(3) 평가결과 이용자의 태도

평가결과의 이용을 방해하는 요인들은 무수히 많다. 그러나 무엇보다도 가장 중요한 장애요소는 평가결과에 대한 이용자의 의도적인 외면이나 저항이다. 평가결과에는 언제나 과거 및 현재 상태에 대한 잘못을 지적하고 그 개선책을 담고 있다. 정책평가는 주로 정책결정자나 정책집행자가 이를 이용하게 되지만 그 속에는 이들 결정자나 집행자의 잘못을 지적하고 있기 때문에 평가자체를 기피하거나 외면하게 된다. 따라서 평가결과에 대한 이용자의 이러한 행태를 제거하기 위해서는 정책평가의 시작부터 끝까지 이들을 평가자로 참여시킬 필요가 있다(정정길 외, 2005: 826). 즉 평가결과의 이용자가 평가의 준비단계부터 참여하게 되면 조사 방법이나 대상 등의 결정에 적실성을 높이고, 평가결과 이용자의 적극적인 관심도 유도할 수 있게 된다.

(4) 요약 및 종합

평가결과 활용을 제약하는 요인을 종합 정리하면 다음과 같다.

(가) 정책결정자의 요구(needs)

정책결정자와 사업담당자의 요구와 평가결과가 얼마냐 일치하느냐의 정도와 그러한 요구가 평가과정에서 얼마나 어떻게 반영되느냐와 관련된 변수이다. 정책결정자의 경우 그 일치도와 반영정도가 클수록 활용을 높여줄 수 있다.

(나) 적시성(timeliness)

평가의 시기와 결과가 산출되어 나오는 시기가 정책이나 프로그램 결정 시기와 얼마나 일치하느냐와 관련된 것으로서 시간적으로 적실성 있게 산출되어 나올수록 활용이 높아질 수 있다.

(다) 평가이용자와의 의사소통(communication)

평가이용자(평가대상사업의 담당자 혹은 책임자)가 평가과정에서 평가자와 직접적인 의사소통을 하느냐와 관련된 변수로서 직접적 의사소통의 정도가 높을수록 활용이 촉진될 수 있다.

(라) 평가결과의 배포(dissemination)

평가결과를 처리하는 방법과 관련된 변수로서 평가결과보고서 전체를 공개하느냐, 혹은 요약본을 제시하느냐에 따라 평가결과활용이 다르게 나타날 수 있을 것이다. 요약본을 제시하는 경우 특히 부정적 평가결과에 대한 왜곡이나 누락이 발생할 수 있고, 이 때는 활용이 오용될 수 있는 소지가 있다.

(마) 적절성의 인식(awareness of relevance)

평가의 목적이 분명하고 평가결과 얻고 싶은 정보가 분명하게 명시되어 있으면 평가활용은 촉진될 수 있다.

(바) 평가결과의 발표형식(presentation)

평가결과의 발표형식이 지나치게 전문적인 용어(*jargon*)로 서술한다거나 잘 조직화되어 있지 않은 형태로 서술되어 있는 경우에는 활용에 방해가 된다.

(사) 평가이용자의 태도(attitude)

행정 실무자와 평가자인 전문가 사이의 방법론에 대한 선호도의 차이나 평가를 통해 얻고자 하는 정보가 다를 때 평가이용자의 태도는 소극적이 되며, 이는 평가활용에 방해가 된다.

(아) 경쟁적 평가결과의 존재(rivalry contradiction)

해당 평가결과 외에 다른 소스로부터 나온 평가결과가 존재하고 그 결과와 상충되는 경우가 있으면 평가활동에 방해가 된다.

㈆ 평가방법의 질(quality)

평가방법론의 질과 관련된 변수로서 방법론의 엄격성이 돋보이는 경우 평가활용은 촉진될 수 있다.

㈇ 평가이용자의 활용의지(commitment to evaluation)

평가대상사업에 평가이용자가 얼마나 관심을 가지고 개입되어 있느냐와 관련된 변수로서, 관심이 높고 개입의 정도가 클수록 평가활용은 촉진될 수 있다.

㈈ 평가정책에 대한 옹호정도(advocacy of program and policies)

평가대상사업에 대해 평가이용자가 옹호하는 정도에 따라 평가결과가 부정적인 경우와 긍정적인 경우 각각 다르게 활용에 영향을 미치게 된다. 부정적 평가결과가 산출되어 나오는 경우 활용은 저해받을 수 있을 것이다.

표 9-3 평가결과활용에 영향을 미치는 요인

대분류	중분류
적절성의 인식 (awareness of relevance)	정책결정자의 요구(needs)
	프로그램집행자의 요구(needs)
	적시성(timeliness)
의사소통 (communication)	평가이용자와의 의사소통(communication)
	평가결과의 배포(dissemination)
결과처리과정 (information processing)	평가결과의 발표형식(presentation)
	평가이용자의 태도(attitude)
신뢰성 (credibility)	경쟁적 평가결과의 존재(rivalry contradiction)
	평가방법의 질(quality)
평가이용자 관여와 옹호 (user advocacy)	평가이용자의 활용의지(commitment to evaluation)
	평가정책에 대한 옹호정도(advocacy of program and policies)

3) 평가결과활용의 최적화 방안

많은 시간과 비용을 들여 어렵게 수행한 정책평가의 결과는 가능한 그 목적달성을 위해 최대한 이용되고 다용도로 활용될 수 있어야 한다. 이처럼 평가결과를 최대한 이용하기 위해서는 위에서 제시한 장애요소들을 통제하거나 제거해야 한다. 그러기 위해서는 우선 정책평가자가 그러한 장애요소들을 극복하기 위해 부단한 노력을 경주해야 하고, 다음으로는 이용자의 저항을 극복하고 오용을 방지할 수 있도록 해야 할 것이다. 이를 좀 더 구체적으로 검토하면 다음과 같다.

첫째, 정책평가자의 스스로의 노력으로 평가결과를 이용하는 사람의 욕구에 맞는 대상을 평가하되, 적실성 있고 올바른 방법과 정확한 자료로 평가를 수행하고, 그 결과는 가능한 쉽게 이해될 수 있도록 보고해야 된다.

둘째, 정책평가의 출발 단계에서부터 평가결과의 이용자를 참여시키도록 하고, 이용자로 하여금 정책평가에 대한 이해를 증진시키도록 노력해야 한다. 또한 이용자의 욕구를 파악하고 이를 반영함으로써 평가결과에 대한 저항을 감소시켜 나가야 한다.

셋째, 엄중하고 공정한 권위 있는 평가담당기관을 설립하고 체계적이고 합리적으로 운영·관리해 나가야 한다. 따라서 평가기관이 독립적으로 운영됨으로써 평가의 비판적 특성을 살리면서도 평가결과가 악용되지 않도록 해야 하는데, 이를 위해서는 우선 자체평가가 아니라 제3자평가가 되어야 한다(정정길 외, 2005: 829). 뿐만 아니라 고도의 전문지식과 평가역량을 갖춤으로써 올바른 평가결과를 산출할 수 있어야 하고, 결과에 저항하는 이용자를 억누를 수 있는 공식적 권한을 가지고 있어야 한다.

정책사례

정보화사업 평가결과활용 분석

1. 분석결과 요약

1999년도 정보화정책에 대한 평가결과를 분석해 본 결과, 평가결과를 요약하여 정보화추진위원회에 상정하여 심의, 확정하는 정도로만 활용하고 있는 것으로 나타났다. 더 나아가서 정보화정책에 대한 평가결과를 도구적으로 활용하고자 하는 공식적인 절차는 이루어지지 않고 있는 것으로 나타났다. 따라서 실제 평가대상사업에 대해 평가결과에 의거한 사업변경이나 예산의 변경, 혹은 집행과정의 개선이 있었느냐에 대해서는 확인을 할 수 없었는바, 이는 정보화사업 평가결과 활용이 활성화되지 못하고 있다는 것을 의미한다.

자료: 정명주, 2000.

2. 평가결과활용 제고 방안

정책에 대한 평가결과의 활용도를 최적화하기 위해서는 다음과 같은 사항들이 필요하다.

첫째, 평가결과를 해당정책 담당기관에 공식적으로 공지하는 절차를 거쳐야 한다.

둘째, 평가결과의 도구적 활용을 위한 가장 강력한 수단인 정보화촉진시행계획수립과 정보화예산사전협의제를 적극 활용하도록 한다. 즉 평가결과가 정보화촉진시행계획에 반영되어 평가대상 사업의 내용을 조정하도록 하고, 평가결과를 정보화예산사전협의제에 활용하여 평가결과와 예산이 연계되어 도구적으로 활용될 수 있도록 해야 한다.

셋째, 이를 위해 평가의 시기를 조정해야 한다. 정보화촉진기본법의 개정으로 익년도 사업계획을 5월말까지 제출하게 되어 있으므로, 적어도 평가결과는 3월말까지는 나오도록 해야 한다. 3월말까지 평가결과가 제출되어 나오면 익년도 계획수립에 반영할 수 있게 되고, 6월경에 시행되는 정보화예산사전협의에도 평가결과를 활용할 수 있을 것이다.

앞에서 언급한 세 가지 제안사항은 우선 당장 시급히 처리해야 할 과제라 볼 수 있다. 그 외 활용의 문제를 떠나서 활용에 영향을 미치는 변수들에 대한 고려가 필요하다. 이를 위해서는 본문에서 논의한 바와 같이, 1) 정책결정자의 요구(*needs*)와 프로그램집행자의 요구(*needs*), 2) 평가결과 산출시기의 적시성(*timeliness*), 3) 평가이용자와의 의사소통(*communication*), 4) 평가결과의 배포(*dissemination*), 5) 평가결과의 발표형식(*presentation*), 6) 평가방법의 질(*quality*) 등에 있어서 평가결과의 활용도를 높이기 위한 총체적인 접근이 필요하다고 하겠다.

Chapter 9

핵심 Point !

Stage Model

◎ 정책평가의 목적과 절차

◘ 정책평가의 의의

▸ 정책평가의 개념: 정책평가란, 정책과정상의 모든 활동이나 산물을 대상으로 정책의 과정이나 결과를 분석하여 사후적으로 판단하는 지식의 산출활동

▸ 정책평가의 특징
- 정치적 또는 행정적으로 계획된 사회변화를 위한 활동에만 국한
- 정책사이클 가운데 집행, 산출, 산출 성과 및 영향에 초점을 맞춤.
- 회고적(retrospective)인 활동
- 정책의 가치를 따지는 것
- 공공간여(public intervention)에 대한 주의 깊은 사정(careful assessment)

▸ 정책평가의 필요성
- 정책불응의 원인성 규명
- 정책효과의 체계적 분석
- 정부활동의 효율성 제고
- 정부활동의 책임성 확보
- 정책학습의 활성화 기여

◘ 정책평가의 유형과 목적

▸ 정책평가의 유형
- 평가대상에 따른 분류: 과정평가, 총괄평가
- 평가인력에 따른 분류: 내부평가, 외부평가
- 평가결과에 따른 분류: 정책산출평가, 정책성과평가
- 평가방법에 따른 분류: 과학적·체계적 평가, 비과학적·주관적 평가
- 평가단계에 따른 분류: 예비평가와 본평가

▶ 총괄평가의 개념과 종류

• 개념: 총괄평가는 정책이 집행되고 난 후에 정책이 의도했던 정책효과를 발생하였는지를 평가하는 활동

• 종류: 효과성평가, 능률성평가, 형평성평가, 대응성평가, 적합성평가, 적정성평가

▶ 과정평가의 개념과 종류

• 개념: 과정평가는 집행이 이루어지는 과정을 평가대상으로 하며, 형성평가라고도 불림.

• 종류: 좁은 의미의 과정평가(정책의 과정이 결과에 미치는 영향의 인과관계를 탐색하고 명료화하는 작업), 일반적 의미의 과정평가(집행분석 또는 형성평가)

▶ 평가성 검토: 본격적인 평가를 시작하기 전에 실시하는 평가로서, 예비평가임.

◎ 정책평가이론

◘ 정책평가의 방법과 실험

▶ 정책평가의 방법: 실험적 방법(진실험, 준실험), 비실험적 방법(통계적 방법)

▶ 인과적 추론이 핵심임.

▶ 정책평가의 타당성(내적 타당성, 외적 타당성, 구성 타당성)과 신뢰성

◘ 정책평가 방법

▶ 사회실험

• 실험대상, 처리, 처리효과, 결과변수로 구성됨

• 진실험: 실험집단과 통제집단의 동질성을 확보하고 행하는 실험
준실험: 두 집단의 동질성을 확보하지 않고 행하는 실험

• 사회실험의 필요성: 새로운 정책을 도입할 경우, 정책비용이 크거나 이해관련자가 많은 경우, 정책효과에 대하여 다툼이 있는 경우, 변화가 요구되는 경우

• 사회실험에 대한 저항: 실험대상에 대한 기피, 전문성에 대한 민감한 반응, 과다한 시간과 노력

▶ 준실험의 논리와 약점

• 비실험적 방법의 논리와 약점: 퇴락변수로부터 오는 오류, 타당하지 못한 모형의 구성, 자기선정효과

• 준실험의 논리와 약점: 성숙효과의 이질성, 선정과 성숙의 상호작용, 집단특유의 사건

▶ 준실험의 약점 보완방법

• 비교집단의 합리적 선택

• 회귀 불연속설계

• 단절적 시계열 분석

▶ 진실험

• 진실험은 실험집단과 통제집단의 동질성을 확보하여 행하는 실험

• 진실험의 약점: 윤리적 문제, 비용적 문제, 원천적 불가능

◎ 정책평가의 유형 및 절차

◘ 정책평가의 유형

▸ 회고적 정책평가
▸ 조망적 정책평가
◘ 정책평가의 절차
▸ 정책목표의 파악
▸ 평가기준의 설정
▸ 인과모형의 작성
▸ 연구설계의 구축
▸ 측정과 표준화
▸ 자료수집
▸ 자료의 분석과 해석
◘ 평가종합의 방법
▸ 계량적인 방법
- 조합된 유의성 검증의 실시
- 효과의 크기의 평균의 계산
- 블로킹 기법
- 군집 기법
▸ 비계량적인 방법
- 단일사례 설계
- 비계량적 종합연구
- 계량적 평가연구에 포함된 비계량적 정보의 종합
- 전문가들의 판단
- 수집된 평가연구에 대한 종합적 검토
◘ 미래지향적 평가종합
▸ 조망적 평가종합
▸ 조망적 절차
- 문제의 정의
- 평가하기 위한 대안의 선택
- 개념적 분석
- 운영메커니즘 분석
- 핵심적 전제들의 검증
- 발견된 결과들의 발표

◎ 평가결과의 활용
◘ 평가결과의 활용방법

▸ 도구적 활용: 정책평가의 결과가 정책결정이나 문제해결을 위해 도구적으로 활용되는 것을 의미함.

▸ 관념적 활용: 정책결정이나 집행에 직접 결과를 활용하는 것이 아니라, 어떤 문제에 대한 정책결정자의 사고방식이나 관념에 변화를 일으켜서 간접적으로 영향을 미치게 하는 것을 의미함.

◘ 평가결과의 활용을 제약하는 요인들

▸ 정책결정자의 요구

▸ 적시성

▸ 평가이용자와의 의사소통

▸ 평가결과의 배포

▸ 적절성의 인식

▸ 평가결과의 발표형식

▸ 평가이용자의 태도

▸ 경쟁적 평가결과의 존재

▸ 평가방법의 질

▸ 평가이용자의 활용의지

▸ 평가정책에 대한 옹호정도

◘ 평가활용의 최적화 방안

▸ 정책평가자의 스스로의 노력으로 평가결과를 이용하는 사람의 욕구에 맞는 대상을 평가하되, 적실성 있고 올바른 방법과 정확한 자료로 평가를 수행하고, 그 결과는 가능한 쉽게 이해될 수 있도록 보고해야 됨.

▸ 정책평가의 출발 단계에서부터 평가결과의 이용자를 참여시키도록 하고, 이용자로 하여금 정책평가에 대한 이해를 증진시키도록 노력해야 함.

▸ 엄중하고 공정한 권위 있는 평가담당기관을 설립하고 체계적이고 합리적으로 운영·관리해 나가야 함.

Chapter 9

핵심 Question !

Stage Model

◎ 정책평가의 개념, 특징 및 필요성에 대하여 논하라.

◎ 정책평가로서 총괄평가와 과정평가를 비교 설명하라.

◎ 정책평가의 방법으로서 진실험과 준실험의 논리를 사례를 들어 설명하라.

◎ 정책평가의 절차에 대하여 설명하라.

◎ 평가결과의 활용방법으로 도구적 활용과 관념적 활용에 대하여 논하라.

◎ 정책평가를 제약하는 요인과 이에 따른 최적화 방안에 대하여 논하라.

정책학 출제 최신경향 & 기출문제

CHAPTER 09 출제 최신경향

제9장에서는 정책평가에 대해 다루고 있다. 정책평가는 정책집행이 이루어지고 난 정책에 대하여 본래의 정책목표를 달성하기 위한 정책효과가 나타났는지에 대한 평가와 피드백을 말한다. 즉, 정책평가란 정책이 추구하는 이념을 달성하기 위한 수단으로서의 정책의 당위성, 정책집행의 영향과 효과, 설정하였던 목표의 성취정도, 정책대안의 효율성 등을 검토하는 일련의 활동이라고 할 수 있다. 정책과정에 있어 정책을 결정하고 집행하는 것도 중요하지만 정책의 실효성을 강화하기 위해서는 정책평가의 과정이 중요하게 작용을 한다. 왜냐하면 정책평가를 통해 정책불응의 원인성을 규명, 정책효과의 체계적 분석, 정부활동의 효율성 제고 및 책임성 확보, 그리고 정책성공과 실패에 대한 정책사례의 축적을 통해 정책학습의 활성화에 기여할 수 있기 때문이다.

그러므로 본 장을 학습하는데 유의할 점은 우선, 정책평가 이론의 기본적 내용으로서 정책평가의 필요성 및 목적, 정책평가의 유형과 평가 절차뿐만 아니라, 평가유형에 대한 개념화를 토대로 평가 절차가 어떻게 진행되는지를 이해할 필요가 있다. 그 다음 정책평가 이론으로 바람직한 정책평가를 위한 정책결정자의 정책효과평가의 방법으로 인과관계와 타당성, 진실험, 준실험, 비실험에 의한 정책영향평가, 능률성 평가 등에 대하여 학습해야 한다.

또한 정책평가의 관리시스템으로서 정책평가의 활용은 더 나은 정책과 정책평가의 합리화를 유도한다는 측면에서 매우 중요하게 작용하며, 정책평가의 실효성은 평가활용을 통해 확보될 수 있다. 그러므로 평가활용의 유형과 평가활용을 위한 제반요인들에 대해서도 학습할 필요가 있다.

본 장에서 다룬 정책평가에 관한 출제는 다양한 형태로 지속적으로 출제되고 있는 바, 기존의 사례와 연계하여 작성을 요구하는 문제도 출제되고 있으므로 유념할 필요가 있다.

첫째, 정책평가 이론의 기본적 내용으로서 정책평가의 필요성 및 목적, 평가 기준 등에 대하여 묻는 문제가 출제되고 있다. 특히 정책평가의 필요성의 문제는 1) 정책불응의 원인성 규명, 2) 정책효과의 체계적 분석, 3) 정부활동의 효율성 제고, 4) 정부활동의 책임성 확보, 5) 정책학습의 활성화 기여라는 측면에서 분명히 제시해줄 필요가 있다.

둘째, 정책평가의 종류에 대한 문제로서, 예비적 평가 및 정책평가의 주체와 종류와 장점에 대하여 기술할 것을 요구하는 문제가 출제되고 있다. 따라서 평가 유형으로 평가대상·평가인력·평가결과·평가방법·평가단계에 따른 분류를 확실히 학습할 필요가 있으며, 특별히, 총괄평가와 과정평가의 개념 및 종류에 대해 집중할 필요가 있다. 또한 정책평가의 방법으로서 실험적 방법(진실험, 준실험), 비실험적 방법(통계적 방법)에 대해서도 정리해두는 것이 좋다.

셋째, 정책평가 결과의 활용에 대한 문제로서, 활용방법, 타당성 저해요인, 활용의 제약요인, 활용제고 방안을 묻는 문제가 출제되고 있다.

고시기출문제 다음 글을 읽고 물음에 답하시오[2017년 행시].

> 미국의 푸드스탬프(foodstamp) 제도는 저소득계층에게 최소한의 영양분을 공급하는 것을 목적으로 하는 사회복지정책 중 하나이다. 이 정책을 평가하기 위해 푸드스탬프 정책을 주관하는 미국 농무성(Departmaent of Agriculture)은 영양분 공급의 정도, 식료품에 대한 가계비 지출의 정도, 식료품 구입계획 수립 유무, 교통비 소요액 등을 기준으로 수혜자와 비수혜자를 비교하여 계량적인 측면에서 정책의 효과성을 제시하였다. 한편, 푸드스탬프와 같은 형태로 복지정책을 시행하는 것은 복지정책의 효과성 면에서 제한점이 존재한다는 질적인 연구 결과도 존재한다. 예컨대, 저소득층 주민들이 푸드스탬프를 통해 고가의 식료품을 구입하거나 이를 암암리에 거래하는 경우도 보고되었고, 이를 근거로 정책이 효과적으로 집행되고 있지 않으며 정책의 효과성이 제한된다고 평가된 경우도 있다.

1) 위의 글은 두 가지 대조적인 '증거에 기반한(evidence-based) 정책평가'의 유형을 제시하고 있다. 두 가지 평가유형의 장단점을 위 정책 사례를 중심으로 제시하오. (6점)
2) 질적·비계량적인 정책평가를 위해 활용 가능한 평가 방법에는 무엇이 있는지 설명해보시오. (4점)

답안작성요령

핵심 개념

본 문제에서는 증거에 기반한 정책평가의 유형에 대해 묻고 있다. 증거에 기반한 정책평가가 중요한 이유는 정책평가의 정당성의 원천을 증거에 둠으로써 정치적 이념 및 편견에 따른 정책평가를 지양해야 하기 때문이다. 하지만 정책평가의 기준은 목표가 질적일 경우 질적이어야 하며, 계량화가 가능한 목표일 경우 평가기준도 계량적인 것이어야 한다. 그러나 현실적으로 이들 두 가지 기준이 복합되어 있기 때문에, 기준 역시 질적인 것과 양적인 것을 혼용하는 것이 바람직하다.

양적·질적 정책평가의 장·단점

양적인 정책평가를 실시하면 정책효과의 체계적인 분석이 가능하다. 현대정책과정의 양상은 매우 복잡하기 때문에 단순한 과거경험이나 개인적 통찰력에 의존하여 정책의 효과를 판단하는 것은 불가능하다. 따라서 양적인 정책평가는 복잡한 정책과정에 대한 이해를 증진시키고 정책의 효과를 체계적이고 과학적으로 분석해낼 수 있다. 하지만 이러한 평가는 정책효과에 영향을 미치는 허위변수와 혼란변수를 통제해야 한다.

질적인 정책평가를 실시하면 연구의 절차, 처리와 참여자들에 대한 서술, 연구의 한계와 특별히 주의할 사항 등 다양한 형태를 하고 있으며, 계량적인 요약내용들을 보완하고 해석하는 데 매우 중요한 정보가 된다. 하지만 질적인 정책평가 결과를 단독으로 사용할 경우 객관성을 나타내기 어렵다.

상기한 바와 같이, 정책의 목표는 양적인 기준과 질적인 기준이 혼용되기 때문에 두 가지의 정책평가 방법이 모두 사용되어야 한다. 서로 상충되는 발견 사실을 다루는데 유용하며, 발견 사실들을 검토하는 과정에서 중요한 정보를 찾아낼 수도 있다(권기헌, 정책학강의, 375-376).

단일사례 설계(single case design)

하나의 사건에 대한 연구나 복수의 사건들에 대한 비합산적 연구를 말한다. 효과의 크기를 계산해 내기가 어려운 형태로 되어 있고, 통제집단이 없는 경우가 많다. 이러한 경우 사례를 분석하여 발견된 사실들을 서술적(*descriptive*)으로 종합한다.

비계량적 종합연구(non-quantitative aggregate studies)

객관적 또는 계량적 방법으로는 측정하기 어려우나 중요한 결과들을 포함하고 있는 경우 계량적 정밀성과 비계량적 의미성 간에 종합적 판단을 해야 한다.

계량적 평가연구에 포함된 비계량적 정보의 종합

비계량적 정보는 연구의 절차, 처리와 참여자들에 대한 서술, 연구의 한계와 특별히 주의할 사항 등 다양한 형태를 하고 있으며, 계량적인 요약내용들을 보완하고 해석하는데 매우 중요한 정보가 된다.

전문가들의 판단(expert judgement)

연구의 초기에 각각의 평가연구의 타당성이나 신뢰성에 관해 관련 분야의 전문가 의견조사를 하는데, 전문가들의 판단은 연구방향을 정하는 데 매우 중요한 정보가 된다. 브레인스토밍이나 전문가회의 그리고 정책델파이 기법들이 사용된다.

수집된 평가연구에 대한 종합적 검토(meta-analysis)

각각의 평가연구 또는 어떤 특정분야의 평가연구에 흔히 나타나는 어떤 방법론적 약점을 구별해내고, 이를 종합적으로 검토하는 것이 필요하다.

고득점 핵심 포인트

첫 번째 문제에서는 증거에 따른 정책평가의 유형의 장단점에 대해 묻고 있다. 우선적으로 증거에 기반한 정책평가 유형을 양적 정책평가와 질적 정책평가를 나누어 정확히 개념정의 및 사례를 바탕으로 각각의 장단점에 대하여 기술해 주어야 한다. 그리고 양적 정책평가와 질적 정책평가의 보완적 관계에 대하여 서술해주고 통합적으로 혼용할 필요가 있다는 점을 명확하게 강조해야 한다. 두 번째 문제의 경우에는 질적·비계량적 정책평가가 다소 전문적인 분야일 수 있는 바, 이를 어느 정도 알고 답을 하느냐가 점수를 얻는데 매우 중요한 부분이다.

고시기출문제 다음 지문을 읽고 물음에 답하시오[2017년 행시]

> 정책평가의 결과는 정책 집행상태의 점검이나 집행전략의 수정·보완, 그리고 정책의 종결을 위해서 이용되고, 또 정책과정상의 책임확보나 정책학의 이론형성을 위해서도 활용된다. 나아가 평가결과는 도구적 활용과 관념적 활용으로 이용된다. 하지만 현실적으로는 여러 가지 제약요인들로 인하여 바람직한 활용이 어려워진다. 이에 정책평가의 결과활용을 제약하는 요인을 설명하고, 평가 활용성을 제고할 수 있는 방안을 제시하시오.

답안작성요령

핵심 개념: 정책평가와 평가결과 활용

정책평가는 정책이 추구하는 이념을 달성하기 위한 수단으로 사용된다. 정책의 당위성, 정책집행의 영향과 효과, 목표의 성취정도, 정책대안의 효율성 등을 검토하는 일련의 활동을 의미한다. 정책평가의 산출물인 정책평가 결과는 정책의 집행상태를 점검하거나 집행전략을 수정 혹은 보완하기 위해, 그리고 정책종결에 따른 환류 및 학습을 위해 활용될 뿐만 아니라 정책과정상의 책임확보나 정책학의 이론형성에 활용된다.

R. Rich는 정책평가를 활용하는 방식으로 도구적 활용과 관념적 활용으로 나누고 있다(권기헌, 정책학강의: 378). 먼저, 도구적 활용(*instrumental use*)은 정책평가의 결과가 정책결정이나 문제해결을 위해 도구적으로 활용되는 것을 말한다. 가령, 새로 개발된 감기약을 평가해보니 효과가 없다는 평가결과를 보고 그 약의 사용을 중단하는 경우가 여기에 해당된다. 관념적 활용(*conceptual use*)이란 정책결정이나 집행에 직접 결과를 활용하는 것이 아니라, 어떤 문제에 대한 정책결정자의 사고방식이나 관념에 변화를 일으켜서 간접적으로 영향을 미치게 하는 것을 말한다.

정책평가의 결과 활용 제약 요인

정책평가 결과의 활용은 크게 3가지의 제약 요인들로 인하여 바람직한 활용이 어려워진다.

첫째, 평가 자료의 신뢰성과 적실성 문제다. 평가결과의 객관적 타당성이 높더라도 이용자의 태도나 신념에 따라 신뢰성은 달라질 수 있다.

둘째, 평가 결과의 전달방식과 표현방식이다. 부처 간 할거주의적 구조나 단일부처의 계층 구조상의 문제 등에 의해 평가 결과의 전달에 대한 왜곡 혹은 부분 삭제 등의 문제 야기가 가능하다. 또한, 사용자가 이해하기 어려운 방법이나 분석기법, 전문용어를 사용하는 등의 표현은 이용자가 이해하기 어렵기 때문에 그 결과의 활용이 어려워진다.

셋째, 평가 결과에 대한 이용자의 태도이다. 행정 실무자와 평가자인 전문가 사이의 방법론에 대한 선호도 차이나 평가를 통해 얻고자 하는 정보가 다를 때 평가 이용자의 태도는 소극적이 되며, 이것은 평가활용에 방해가 된다.

평가활용성 제고방안

정책평가의 결과는 가능한 그 목적달성을 위해 최대한 활용되어야 한다. 이를 위한 방안은 다음과 같다(권기헌, 정책학강의: 378-382).

첫째, 정책평가자는 평가결과의 이용자의 요구에 맞는 대상을 평가하되, 적실성 있고 올바른 방법과 정확한 자료로 평가를 수행해야 한다.

둘째, 정책평가결과 이용자를 정책평가의 시작부터 끝까지 평가자로 참여시켜 정책평가에 대한 이해를 증진시키도록 노력해야 한다. 또한, 이용자의 요구를 파악하고 이를 반영함으로써 평가결과에 대한 저항을 감소시켜 나가야 한다.

셋째, 엄중하고 공정한 권위있는 평가담당기관을 설립하여 체계적이고 합리적으로 운영, 관리해야 한다. 독립적으로 운영되는 평가기관은 평가의 비판적 특성을 살리는 것과 동시에 평가결과의 악용을 막기 위해서 제3자 평가가 필요하고 고도의 전문지식과 평가역량을 갖춤으로써 올바른 평가결과를 산출할 수 있어야 한다.

고득점 핵심 포인트

본 문제는 정책평가의 전반적인 것에 대해 묻고 있다. 현대 정책학 패러다임 하에서는 정책평가를 통한 사후관리의 강화, 정책학습의 활성화뿐만 아니라 정책성공과 실패에 대한 정책사례의 축적을 통한 지식관리 기능의 강화가 강조되고 있다. 정책평가의 결과는 이후 다시 정책을 기획하고 집행할 때 참고가 될 유익한 자료이므로 매우 중요하다는 점을 강조할 필요가 있다. 이 문제는 정책평가의 중요성을 제대로 인식하고 정책평가 결과 활용을 방해하는 요소들과 활용을 제고할 수 있는 방안에 대해 상세하게 서술해주어야 한다.

고시기출문제 정책평가에 있어서 타당성 저해요인과 극복방안[2002년 행시].

답안작성요령

핵심 개념

본 문제에서는 정책평가에서의 타당성 저해요인과 극복방안을 묻고 있다. 이를 제시하기 위해서는, 먼저 '타당성'의 정의와 유형에 대해 제시하는 것이 필요하다. 먼저, 정책평가에 있어서 '타당성'이란 정책평가에 의하여 정책효과를 올바르게 판단하는 정도를 의미한다. 정책평가의 타당성은 크게 내적 타당성과, 외적 타당성으로 나눌 수 있다. 내적 타당성(*internal validity*)이란 정책이 집행된 이후에 일어나는 변화가 정책 때문인지 아니면 다른 요인 때문인지를 명백히 밝히는 것을 의미한다. 이에 비해 외적 타당성(*external validity*)이란, 어떤 상황에서 내적 타당성을 가진 정책평가가 다른 상황에서도 적용될 수 있는 정도를 의미한다. 즉, 일반화(*generalizability*)의 정도를 나타내는 것이 외적 타당성이다(권기헌, 2008).

정책평가에 있어서 타당성 저해요인

정책평가에 있어서 타당성을 저해하는 요인을 기술하기 위해서는 내적 타당성과 외적 타당성으로 구분하여 기술하는 것이 필요하다.

내적타당성 저해요인		
실험집단의 특성변화와 관련된 요인	역사요인 (history)	• 정책집행자의 의도와는 무관하게 우연히 발생하는 사건(정치적·사회적·자연환경적 사건의 변화, 직업훈련 도중의 경제적 상황 호전 등)
	성숙요인 (maturation)	• 단순히 시간이 경과함에 따라 대상 집단의 특성 변화
실험집단과 대상 집단 (통제집단)의 동질성과 관련된 요인	선발요인 (selection)	• 실험집단과 통제집단을 구성할 때 실험집단 참가자의 자발적 의지 등으로 인한 문제
	상실요인 (mortality)	• 실험집단이나 통제집단의 일부가 이사, 죽음 등의 변화로 인해 상실하는 문제
관찰 및 측정방법과 관련된 요인	측정요인 (testing)	• 정책실시 전후에 반복·유사한 측정을 한 경우 측정방법에 익숙해져서 측정값이 영향을 받을 수 있음
	도구요인 (instrumentation)	• 평가자가 사용하는 효과의 측정기준이나 측정도구가 변화하여 정책효과가 왜곡되는 현상 • 평가대상에 대한 측정절차나 측정도구가 일정하지 않을 때, 결과변수 상에서 나타나는 변화가 정책효과에 의한 것인지 단지 측정도구나 절차가 달라졌기 때문에 나타난 것인지 그 구분이 애매하게 되는 경우

자료: 정경호, 핵심정책학, 2011에서 수정.

외적타당성 저해요인	
일반화의 범위문제	다른 연령집단, 경제집단, 문화집단 등에 연구결과를 일반화할 수 있는가의 문제
일반화의 시기문제	다른 시기에 연구결과를 일반화할 수 있는가의 문제
일반화의 장소문제	다른 장소에 일반화할 수 있는가의 문제, 예컨대, 시범적으로 실시한 파일럿(pilot) 프로그램의 효과가 실제의 상황에서 전국적 시행에서도 효과를 나타낼 것인가의 문제

자료: 정경호, 핵심정책학, 2011에서 수정.

정책평가에 있어서 타당성 저해요인 극복방안

내적타당성 저해요인 극복방안		
실험집단의 특성변화와 관련된 요인	역사요인 (history)	통제집단 구성, 실험(조사)기간의 제한
	성숙요인 (maturation)	통제집단 구성, 실험(조사)기간의 제한, 빠른 성숙을 보이는 표본회피
실험집단과 대상 집단 (통제집단)의 동질성과 관련된 요인	선발요인 (selection)	무작위배정, 사전측정
	상실요인 (mortality)	무작위배정, 사전측정

관찰 및 측정방법과 관련된 요인	측정요인 (testing)	사전검사를 하지 않는 통제집단과 실험집단 활용, 사전검사의 위장, 눈에 띠지 않는 관찰방법
	도구요인 (instrumentation)	표준화된 측정도구 사용

외적타당성 저해요인 극복방안	
일반화의 범위문제	표본의 대표성 제고, 모집단의 다른 표본에 대한 반복연구를 통하여 확인
일반화의 시기문제	다른 시기에 대한 반복연구를 통하여 확인
일반화의 장소문제	다른 장소에 대한 반복연구를 통하여 확인

자료: 테마 행정학, 2012에서 수정.

고득점 핵심 포인트

본 문제는 정책평가에 있어서 타당성 저해요인과 이를 극복하기 위한 방안에 대하여 묻고 있다. 그러므로 우선적으로 정책평가 타당성을 내적타당성과 외적타당성으로 나누어 정확히 개념정의 및 각각의 특징에 대하여 기술해 주어야 한다. 이를 토대로 내적·외적타당성에서 나타나는 저해요인을 비교 검토하여 기술해주고, 각각의 저해요인별 극복방안을 논리적으로 제시해야 한다. 이와 관련하여 구성타당성의 문제와 정책평가의 신뢰도도 함께 언급해 주면 더 좋을 것이다(본서 제9장 본문 정책평가의 타당성 참조 바람).

CHAPTER 10 정책변동론

정책은 산출되고 실행되는 데 있어 일정한 단계를 거치며, 그 자체가 일련의 진화과정을 거치는 생명주기를 갖는다. 즉, 정책은 정책의제설정에서부터 정책결정, 정책집행, 정책평가, 정책변동에 이르기까지 일련의 복잡하고 동태적인 연속 순환 과정을 거친다. 전통적 과정모형에서는 정책과정을 '정책의제설정-정책결정-정책집행-정책평가-정책변동'의 단계로 구분하는데, 정책변동론은 이 중에서 가장 마지막 단계인 정책변동과 정책학습에 대해서 다루는 과정이다. 과거 전통적 관료제 모형하에서는 정책변동을 단순한 형태의 정책종결로 이해하였으나, 현대 정책이론에서 강조되는 거버넌스 패러다임하에서는 정책변동의 동태성·복합성·순환성이 강조되고 있다. 또한 Post-Lasswell 정책학 패러다임하에서는 정책변동에 있어서 정책혁신(*policy innovation*) 및 정책학습(*policy learning*)이 강조되고 있으며, 정책변동을 활용해 보다 질 높은 정책품질의 향상이 중요시되고 있다.

정책학의 최대 관심사항은 정책성공을 최대화하고, 정책실패를 최소화하는 것이다. 정책성공을 최대화하기 위해, 정책결정에서는 정책결정의 합리성을 극대화할 수 있는 정책결정모형에 대해 논의하는 것이며, 정책변동에서도 정책성공과 정책학습의 가능성을 제고하기 위해 정책혁신 → 정책유지 → 정책승계 → 정책종결에 대한 정책변동모형을 논의하게 되는 것이다.

제10장 정책변동론에서는 이러한 의의를 갖는 정책변동론에 대해서 학습한다. 이 장에서 다루는 내용은 크게 두 가지, 정책변동의 의의 및 유형과 정책변동모형으로 분류된다. 먼저, 정책변동의 의의 및 유형에서는 정책혁신, 정책유지, 정책승계, 정책종결에 대해 알아보고, 이러한 유형 간 차이와 상호관계에 대해서

학습하기로 한다. 정책변동모형에서는 Sabatier의 정책지지연합모형, Hall의 패러다임변동모형, Kingdon의 정책흐름모형, Mucciaroni의 이익집단위상변동모형 등에 대해서 학습한다. 이러한 논의를 하는 과정에서 적절한 정책사례와 함께 연계하여 학습함으로써 현실적합성이 높은 정책변동이론을 공부하기로 한다.

제 1 절 정책변동의 의의 및 유형

제1절에서는 정책변동론의 첫 번째 단계로서 정책변동의 의의 및 유형에 대해서 학습한다. 정책과정상 각 정책단계에서 활동의 결과로 얻게 되는 정보는 전단계의 활동을 위해서 끊임없이 환류되어야만 바람직한 정책활동이 일어날 수 있다. 이러한 환류를 통해 정책의 변동이 발생하게 되고 적절하고 정확한 환류를 통한 정책변동은 바람직한 정책의 성과를 가져오는 데 매우 중요한 역할을 한다. 따라서 이 장에서는 정책변동이 가지는 의의와 여러 가지 변동의 유형을 알아보고자 한다.

제1절에서 다루는 내용은 크게 두 가지로 분류된다. 우선 정책변동이 정책과정에서 가지는 의의를 이해한 후에, 두 번째로 정책변동의 네 가지 유형, 즉 ① 정책혁신, ② 정책유지, ③ 정책승계, ④ 정책종결에 대해 각각의 사례를 통해서 알아보고, 정책변동의 각 유형 간 차이와 상호관계에 대해서 학습하기로 한다.

1. 정책변동의 의의

1) 정책변동의 의의

과거 전통적 관료제 모형하에서는 정책변동을 단순한 형태의 정책종결로 이해하였으나, 현대정책이론에서 강조되는 거버넌스 패러다임하에서는 정책변동의 동태성·복합성·순환성이 강조되고 있다. 또한 현대정책이론에서는 정책변동에 있어서 정책혁신(*Policy Innovation*) 및 정책학습(*policy learning*)이 강조되고 있으며, 정책변동을 활용해 보다 질 높은 정책품질의 향상이 중요시되고 있다.

정책과정은 정책의제설정, 정책결정, 정책집행, 정책평가 및 환류 등 4단계로 구분하여 볼 수 있다. 이러한 4단계의 정책과정에서 일어나는 활동들은 상호 간에 영향을 미치기 때문에 정책과정은 순환적이고 동태적이며 복합적인 과정이다. 즉 정책과정의 각 단계에서 일어나는 정책활동들은 다양한 정보를 산출하고, 이러한 정보는 다른 단계의 정책활동에 영향을 미쳐서 끊임없는 환류가 일어나며, 이렇게 환류가 일어나야 바람직한 활동이 이루어질 수 있다(노시평, 1999: 469). 정책결정에서 얻게 된 새로운 정보가 정책의제설정에 제공되고, 정책집행활동에서 얻게 된 정보는 정책의제설정 및 정책결정에 환류되어야 두 활동이 바람직스럽게 되는 것이다.

2) 정책변동과 미래예측

미래예측(*foresight*)은 정책변동과 정책학습에 있어서도 매우 중요한 의미를 지닌다. 미래연구는 미래변화에 대해 효율적인 단서를 제공하고 미래가치를 창출할 수 있는 과학적인 근거를 제공해준다. 따라서 미래연구는 단순히 예측(*forecasting*)에 그치는 것이 아니라 전략적인 사고를 하는 과정으로서의 의미를 지니며, 미래의 불확실성과 불연속성을 관리하는 데 있어서 강력한 정책학습 도구로서의 기능을 하게 된다. 이 두 가지, 즉 ① 전략적 사고를 위한 배움의 과정과 ② 미래를 창출할 수 있는 강력한 정책결정의 도구가 미래연구의 핵심이기에(Ged Davis, 1998; 음수연, 2006: 3-4), 미래예측을 통해 정책혁신과 정책학습을 적극적으로 창출하는 것이 미래 정책연구에 있어서 매우 중요한 이슈가 될 것이다.

2. 정책변동의 유형

1) 정책변동의 네 가지 유형

Hogwood와 Peters는 정책의 변동이나 환류의 형태를 정책유지, 정책종결, 정책혁신, 정책승계로 분류하였다. 이러한 분류에 따르면 정책변동은 완전히 새로운 정책을 결정하는 정책혁신(*policy innovation*), 정책을 그대로 존속시키는 정책유지(*policy maintenance*), 정책목표는 변동되지 않고 정책수단을 근본적으로 수정 또는 대체하는 정책승계(*policy succession*), 정책목표가 완전히 달성되어 문제가 소멸되었거나 달성 불가능한 경우 정책을 완전히 소멸시키는 정책종결(*policy termination*) 등 네 가지로 나눌 수 있다(정정길 외, 2005: 835-837). 아래에서는 네 가지 유형에 관하여 각 특징을 살펴보고 비교해 보기로 한다.

(1) 정책혁신(policy innovation)

정책혁신은 그 동안 정부가 관여하지 않던 분야에 개입하기 위해 새로운 정책을 결정하는 것을 의미한다. 즉 사회문제가 처음으로 정책문제로 전환되어, 이를 해결하기 위해 정부가 정책을 결정하는 것이다. 따라서 현재 정책이나 활동이 전혀 없고, 이를 담당할 조직이나 예산이 없는 상태에서 정부가 새로운 정책을 결정하는 것을 의미한다(노시평, 1999: 470). 정책혁신은 정부가 이전에 전혀 관여하지 않았던 새로운 분야에 진출하여 정책을 수립하는 경우로서 대부분의 국가(정부)에서 특별한 경우를 제외하고는 찾아보기 어렵다.

정책혁신사례

국세청의 홈택스서비스(HTS) 개시

1. 사례개요

지금까지의 세정제도는 국민들에게 세무서 방문에 따른 납세자 부담 및 불편 가중, 대면접촉에 의한 전근대적 문제해결 관행 상존 등의 문제점을 안고 있었다. 그에 대한 개혁의지는 예전부터 있었지만 시행되지 못하였다. 참여정부 출범 이후 첨단 IT산업의 발전, 세정개혁에 대한 국민적 인식의 확대 등 개혁의지가 혁신 시동의 계기가 되었다.

이에 따라 국세청은 전자신고 전면 확대, 홈택스서비스(HTS: Home Tax Service) 제공체계 확립, 납세서비스패러다임의 변화 등의 추진 목적을 가지고 세정개혁을 추진하였고, 현재 비교적 짧은 기간 내에 안정적으로 정착된 것으로 평가받고 있다.

2. 쟁점 및 시사점

세정개혁 추진 이전부터 많은 세정제도에 대한 불만과 개혁의지가 있어 왔지만 이루어지지 못하였다. 그러나 이 사례는 신임 국세청장의 개혁에 대한 리더십과 IT 기술의 발전이라는 상황적 요인이 적절히 조화되어 추진된 결과, 그 과정과 평가 양 측면에서 상당 부분 긍정적인 면을 보여준 정부혁신의 성공사례라고 할 수 있으며, 동시에 이 사례는 새로운 정책서비스를 제공하게 되었다는 점에서 정책혁신사례라고 할 수 있다.

용어해설

홈택스서비스(HTS)

납세자가 세무서를 방문하거나 세무공무원을 만날 필요 없이 세무업무를 간단히 처리하거나 세무대리인에게 의뢰함으로써 본연의 생업에 전념할 수 있는 새로운 세정환경을 구축하기 위해 2002년 4월 홈택스서비스를 개시하여 지속적으로 확대 제공하고 있으며, HTS의 추진으로 전자신고, 전자민원 등의 이용이 활성화되어 연간 400만명이 세무관서나 정부기관·지방자치단체 등을 방문할 필요가 없게 되었다.

(2) 정책유지(policy maintenance)

정책유지는 정책의 기본적인 특성을 그대로 유지시키는 것을 의미한다. 따라서 외견상 정책변동에 포함되지 않는 것으로 보이나 넓은 의미의 정책변동에 포함시킬 수 있다. 정책유지는 기존 정책(법률 등)의 내용, 담당 조직예산의 기본 골격을 유지하면서 약간씩의 수정, 변경을 하는 경우이다(노시평, 1999: 470).

정책유지사례

먹는 물 관리법 일부 개정

1. 사례개요

헌법에서 건강하고 쾌적한 환경에서 생활할 권리를 기본권으로 보장한다고 하는 것은 결국 공익에 해가 되는 행위는 법률로 제한 내지 규제해서라도 건강하고 쾌적한 환경을 확보하겠다는 강한 의지를 보여주는 것이다. 환경권은 인간의 존엄과 가치, 행복추구권을 보장하기 위한 기본적 수단이 되는 기본권으로서 그 향유주체가 일반적인 국민이며, 인간의 향후 생존에 있어서 가장 기본적인 조건으로 작용하는 것이라는 점에서 이는 최대한 보장되어야 하는 헌법상 기본권이다.

그동안 환경부에서 먹는 물 관리법으로 규정한 먹는 물은 수돗물, 먹는 샘물 등으로 한정하고 있었으나, 해양심층수 등 다양한 원수를 이용한 먹는 물이 국제적으로 제조·판매되고 있는 실정을 반영하여 먹는 물로 제조·판매가 가능한 것에 먹는 해양심층수를 추가하였다. 또한, 기타샘물 등의 수질개선부담금 부과방식 개선, 정수기 관련규정 보완 및 재량행위 투명화 등 현행제도의 운영상 나타난 일부 미비점을 개선·보완하였다.

2. 쟁점과 시사점

먹는 물 관리법은 그동안 시장에 난립해 있던 여러 가지 먹는 물들을 법적으로 확립해 주어 국민들의 먹는 물에 대한 혼란감을 줄여 주었으며, 국민의 생존에 관련된 기본권을 보장한다는 점, 수질개선 부담금 부과방식의 개선, 각종 현행제도의 문제점 개선 등으로 정책의 기본적인 목적은 위배되지 않고 그 내용, 집행절차 등을 변화시켰다는 점에서 정책유지의 사례라고 볼 수 있다.

용어해설

수질개선 부담금

공공의 지하수 자원을 보호하고 먹는 물 수질개선에 기여하기 위하여 먹는 샘물(생수) 제조업자, 수입판매업자로부터 먹는 샘물 판매가격의 20% 범위 안에서 대통령령이 정하는 바에 따라,

부담금을 부과·징수하는 제도로 현재 일반 생수는 그 가격의 7.5%가 수질개선 부담금으로 책정되어 있다.

(3) 정책승계(policy succession)

정책승계는 현존하는 정책의 기본적 성격을 바꾸는 것으로서, 대표적으로 다음의 다섯 가지 유형이 있다.

(가) 정책대체(선형적 승계)

순수한 형태의 선형적 승계(*linear succession*)는 기존의 정책을 완전히 종결시키고 같은 정책영역에서 기존 정책과 같거나 유사한 목적을 가진 정책을 채택하는 것이다. 그 밖에 정책의 축소·확장, 전달체계의 교체, 부분적인 반전, 정책정지(*policy hiatus*)와 같은 선형적 승계도 있다.

(나) 정책통합

정책통합(*policy consolidation*)은 둘 이상의 정책들을 전부 또는 부분적으로 종결하고, 이를 대체하여 유사한 목적을 추구할 단일의 정책을 새로 채택하는 것이다.

(다) 정책분할

정책분할(*policy splitting*)은 하나의 정책(사업·조직)이 둘 이상으로 나누어지는 것이다.

(라) 부분종결

부분종결(*partial termination*)은 어떤 사업의 자원투입이나 정책산출이 줄어드는 정책전환이다. 이것은 양적인 변화일 뿐만 아니라 질적인 변화이며, 사업의 단순한 양적 감축과는 구별된다. 양적 감축은 정책유지에 가까운 승계인 반면, 부분종결은 정책종결에 가까운 승계이다. 부분종결은 완전한 종결의 선행 단계로 쓰일 때가 많다.

(마) 복합적 승계(비선형적 승계)

복합적 승계(*non-linear succession*)는 종결·중첩·혁신이 혼합된 양태의 승계이다. 이 경우 새로운 정책은 기존 정책과 긴밀히 연관되는 부분도 가지고 있지만, 정책목표·정책성격·담당조직이 현저히 다르다.

정책승계에 관한 위의 기본형들은 실천세계에서는 여러 가지로 수정되기도 하고 다양한 혼합적 양태를 보이기도 한다. 그렇기 때문에 사람들은 정책승계의 양태를 복잡하다고 한다(오석홍, 2004: 538).

정책사례

수출장려정책의 변화

1. 사례개요

1952년 무역정책의 기조는 잉여물자의 수출장려 그리고 수출한도 내에서의 수입허용이라는 매우 소극적인 것이었다. 이것은 물론 해방과 동란에 의한 생산위축과 물자부족 그리고 가용외환의 제한 때문이었다. 따라서 이 기간에 시행된 수출시장 다변화, 직수출원칙, 특혜외환제도, 구상무역제도, 중계무역제도 등의 수출장려정책도 매우 소극적이었으며, 그나마 그 효과도 크지 못했다.

수출금융우대, 수출장려금이나 보조금 지급, 수출업체 감면세제, 수출행정의 근대화, 해외시장 개척 등이 시행되고 있는 현 수출진흥정책은 수출산업에 대해서 정부가 저금리의 금융지원을 해주는 것으로 우리나라의 현행금리체제나 금융여건으로 보면 파격적인 우대로 볼 수 있다. 이는 국제경쟁을 하여야 하는 수출업자들의 금리부담을 조금이라도 줄여 주어 수출상품의 생산원가를 절감시키고 우리 상품의 대외경쟁력을 강화시켜 준다는 정책적인 배려에 따른 것이다.

2. 쟁점 및 시사점

수출장려정책은 과거의 소극적인 수출장려정책에서 적극적인 수출장려정책으로 변화를 이루었으며, 기본정책의 목표는 변하지 않았으나 정책의 내용이나 방법이 대폭 수정되었으므로 정책승계의 사례 중 하나로 볼 수 있다.

(4) 정책종결(policy termination)

정책종결은 특정한 정책을 의도적으로 종결시키거나 중지하는 것을 말한다. 현존하는 정책을 완전히 소멸시키는 것으로서 정책수단이 되는 사업들, 이들을 지원하는 예산이 완전히 소멸되고, 이들을 대체할 다른 정책도 결정하지 않는 경우이다. 정책종결의 내용을 보면, 법률, 사업, 예산 등이 폐지되는 것이며, 이들 중에서 일부만 종결시키면 부분종결에 해당된다(노시평, 2001: 471-477).

(가) 정책종결의 내용적 분류

정책종결을 내용적으로 분류하면 다음과 같다.

① 정책기능의 종결(기능적)

집행 중에 있는 정책이 평가에 의하여 이미 목표를 달성했다고 판단된 경우 정책기능적으로 종결이 일어난다. 혹은 목표의 달성이 불가능하다거나 정책수단이 오히려 정책이 구현하고자 하는 상태의 실현에 부적합한 것으로 평가되었을 경우에도 기능적으로 종결시키게 된다.

② 정책구조의 종결(구조적)

정책에 관련된 제반 활동을 수행하는 제도, 조직, 기관 등의 해체나, 이들에 소요되는 재원공급을 줄이거나 중단하는 것을 의미한다(최봉기, 2004: 397-398).

(나) 정책종결의 시간별 분류

정책종결을 시간별로 분류하면 다음과 같다(Bardach, 1976: 124-126).

① 폭발형

특정한 정책이 일시에 종식되는 유형으로, 이 유형의 정책종결은 결정이 내려지기까지 일반적으로 전 기간에 걸친 정치적 투쟁이 선행된다. 1960년대 말에 격렬한 논쟁 끝에 중학교 입시제도가 폐지된 것을 예로 들 수 있다.

② 점감형

특정한 정책이 서서히 소멸되는 과정을 거쳐 결국 없어지는 것인데, 자원의 계속적인 감소에 의하는 경우가 많다(백승기, 2001: 291).

③ 혼합형

폭발형과 점감형의 성격을 모두 나타내는 혼합적인 경우로, 정책을 의도적으로 종결시키고자 할 때 사용할 수 있는 전략이다.

(다) 정책종결의 대상별 분류

정책종결을 대상에 따라 분류하면 다음과 같다(Deleon, 1978: 375-377).

① 기능의 종결

시민에 대한 서비스 기능의 종결을 의미하므로 시민들로부터 저항을 불러일으켜 정책종결 가운데 가장 저항이 많다.

② 조직의 종결

정부조직의 폐지를 말하는데 조직의 완전한 종결보다는 다른 조직과 통합하든지 아니면 기존 조직을 두 개로 분리하는 형태가 많다.

③ 정책의 종결

정책수행 중에 정책문제가 해결되었다면 이 정책을 폐지시키는 것으로 정책은 조직보다 폐지하기가 쉽다.

④ 계획의 종결

계획의 결과가 좋은지 나쁜지를 직접 관찰할 수 있고 측정할 수 있기 때문에 네 가지 종결 가운데 가장 쉬운 형태이다. 따라서 계획의 종결에 대한 저항도 가장 적다(백승기, 2001: 292).

정책종결사례

2002 월드컵조직위원회의 해산

1. 사례개요

지난 96년 12월 30일 이동찬 초대 위원장 체제로 첫 발을 내디딘 월드컵조직위원회는 이후 2대 박세직 위원장에 이어 정몽준-이연택 공동위원장 체제로 '꿈의 구현' 월드컵을 성공적으로 치러냈다.

월드컵조직위는 국제축구연맹(FIFA) 지원금과 입장권 수입, 광고사업 등을 통해 1,690억원의 흑자를 냈고, 이 월드컵 잉여금은 10개 개최도시에 300억원, 대한축구협회에 230억원, 장애인복지진흥회에 150억원, 대한체육회에 80억원씩 분배돼 축구 및 한국 스포츠 발전을 위해 사용된다. 국민체육진흥공단에 기탁된 나머지 850억원은 축구 인프라 구축에 650억원, 유소년 및 여자축구 육성에 200억원을 투입하기로 했다.

정관 제39조에 의하면 월드컵조직위는 월드컵 대회 종료 후 1년 이내에 해산하도록 되어 있다. 이에 따라 문화부는 현재 52명인 근무인원을 3월말까지 8명으로 점차 줄이는 등 해산절차를 밟고, 4월부터는 청산법인으로 전환시켜 6개월 동안 채권과 채무를 정리하는 등 청산절차를 밟도록 하여, 월드컵조직위원회는 2003년 6월 25일 열린 임시 위원총회에서 6년 6개월간의 대장정을 마치고, 마침내 한국 스포츠사의 한 페이지 속에 자리 잡게 됐다.

2. 쟁점 및 시사점

월드컵조직위원회는 월드컵에 국가가 국가적 정책으로 내걸 만큼 사활을 걸고 추진했으나, 정관 제39조에 의해 월드컵 대회 종료 후 1년 이내에 해산하도록 되어 있었고, 정책목표를 달성하고 기능을 폐지한 경우로 특정한 정책을 의도적으로 종결시키는 정책종결의 사례이다.

2) 정책변동 유형의 비교

이상에서 논의한 정책변동의 유형들을 비교하면 다음과 같다.

(1) 정책변동 유형의 비교

정책변동의 유형은 ① 정책혁신, ② 정책유지, ③ 정책승계, ④ 정책종결의 네 가지로 요약되며, 정책승계는 다시 ① 정책대체, ② 정책통합, ③ 정책분할, ④ 부분종결, ⑤ 복합적 승계 등으로 나뉜다. 정책종결은 내용적 분류와 소요시간별 분류와 대상에 따른 분류가 있는데, 내용적 분류로는 ① 기능종결, ② 구조종결이 있으며, 소요시간별 분류는 ① 폭발형, ② 점감형, ③ 혼합형이 있다. 또한, 대상에 따른 분류로는 ① 기능의 종결, ② 조직의 종결, ③ 정책의 종결, ④ 계획의 종결 등이 있다(〈그림 10-1〉 참조).

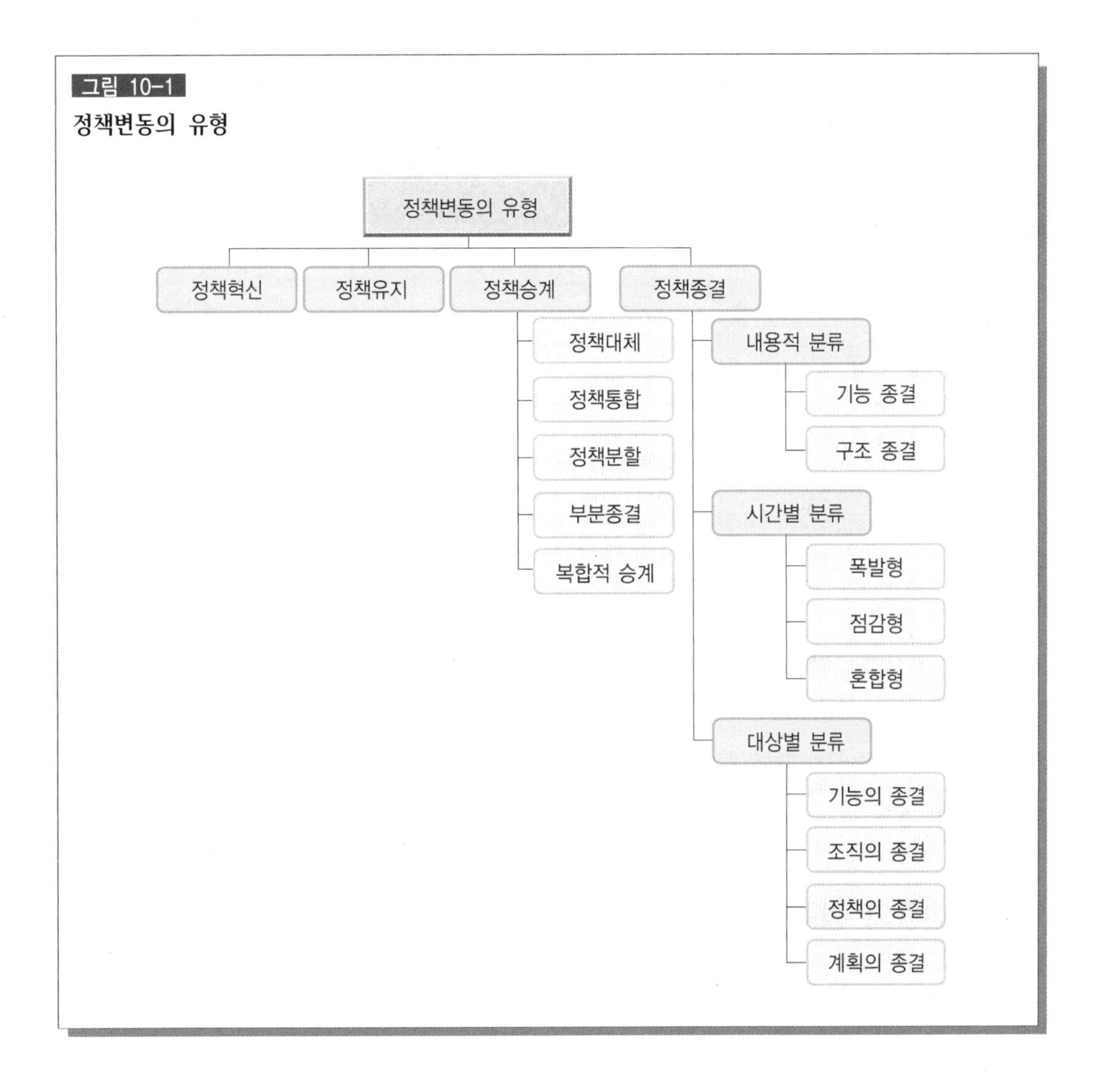

(2) 정책변동 유형 간 차이

정책변동 네 가지 유형의 차이를 요약하면 다음과 같다.

첫째, 정책혁신은 새로운 것들을 만드는 경우이다.

둘째, 정책유지는 기존 정책(법률 등)의 기본골격을 유지하면서 약간 수정·변경하는 경우이다.

셋째, 정책승계는 정책목표는 그대로 유지하되, 이를 위한 정책내용, 추진조직, 예산항목 등을 대폭수정, 변경하거나 이들을 모두 폐지하고 새로운 것으로 대체하는 경우이다.

넷째, 정책종결은 기존 정책을 완전히 폐지하고 이를 대체할 정책도 만들지 않는 경우이다(정정길 외, 2005: 837).

이러한 차이를 표로 정리하면 〈표 10-1〉과 같다.

표 10-1 Hogwood와 Peters의 정책변동 유형

구 분	정책혁신 (policy innovation)	정책승계 (policy succession)	정책유지 (policy maintenance)	정책종결 (policy termination)
변동의 의도성	의도적	의도적	적응적	의도적
조직변동의 정도	기존 조직 없음	• 적어도 하나 이상의 변동되는 조직 있음	• 비의도적 조직변동이 있음	• 기존 조직이 폐지되는 경우 있음
법률변동의 정도	기존 법률이나 규칙 없음	• 기존 법률이나 규칙의 개정이나 새로운 법률이나 규칙의 제정이 있음	• 기존 법률이나 규칙의 변화 없음	• 관련된 모든 법률이나 규칙의 폐지
예산항목의 변동	기존 지출 없음	• 예산항목의 변경	• 예산항목의 변동 없이 지속적인 예산 지출	• 모든 지출의 중지
정책변동의 내용	새로운 정책의 결정	• 기존 정책의 대체 • 실질적 정책수단의 수정 및 대체 • 기존의 정책대상집단	• 기존 정책의 최소한의 변동이며 지속적인 대체	• 기존 정책내용의 폐지, 소멸

자료: Hogwood & Peters, 1983: 27.

3. 정책변동의 영향요인

1) 정책변동의 유발요인

Hofferbert(1974: 225-232)는 정책산출에 영향을 미치는 요인으로, 역사 및 지리적 조건, 사회 및 경제적 조건, 대중정치 행태, 정부제도, 엘리트 행태를 들며, 마치 순차적으로 깔때기 관을 통과하는 과정을 거쳐 직접 또는 간접적으로 정책산출에 영향을 미친다고 하였다. Rose 등은 '환경적 변화'를, Hogwood와 Peters는 '환경적 변화와 정책관련집단'을 제시하였으며, Levine 등은 '환경변화와 집행조직의 특성'을, Sabatier는 '환경변화와 정책 하위체제의 신념구조의 변화'를 지적하고 있다(박해룡, 1990: 128-129).

Blomquiest(1999)는 Hofferbert의 다섯 가지 요인 또는 단계는 상호 인접한 요인 또는 단계로부터 직접적인 영향을 받으나, 그렇지 않은 경우는 간접적인 영향을 받는다고 하였다. 즉 역사 및 지리적 조건은 사회 및 경제적 조건에 직접적인 영향을 주며, 사회 및 경제적 조건은 대중정치 행태에 직접적인 영향을 주게 된다는 것이다. 그러므로 정책결정은 정부제도 내에서 활동하는 엘리트 행태에 의해 직접적인 영향을 받게 되나, 대중정치 행태, 사회 및 경제적 조건, 궁극적으로는 역사 및 지리적 조건에 의해서도 영향을 받는다는 것이다(Blomquiest, 1999: 205-208).

2) 정책변동의 저해요인

정책은 환경변화에 따라 끊임 없이 변화되어야 한다. 그럼에도 불구하고 현실적으로는 여러 가지 저항요인이 작용하여 정책변동이 완전히 이루어지지 못하게 된다. 특히 기존 정책의 혜택을 보는 집단은 정책종결에 대해 가장 강하게 저항하게 된다. 왜냐하면 정책과 사업, 예산 그리고 이를 담당하는 조직을 모두 없애는 것이 정책종결이기 때문이다. 정책승계의 경우에도 정책대상집단에 불리하게 작용할 경우에는 상당한 저항이 따르게 된다. 다만, 저항의 정도에 차이가 있을 뿐이다.

정책변동의 주요한 저해요인을 정리하면 다음과 같다.

첫째, 정책행위자들이 불확실성으로 인한 변화 그 자체에 대한 두려움, 즉 심리적인 저항을 들 수 있다.
둘째, 정치인들이나 정책을 입안하는 사람들, 집행책임자 등의 정부지도자들은 정책의 변동이 자신의 잘못 때문인 것으로 비춰지는 것을 두려워하여, 정책변동에 소극적으로 반응할 수 있다.
셋째, 조직이나 정책의 변동은 많은 비용과 정치적 희생을 소요하는데, 이러한 높은 비용과 희생은 정책결정자들에게 있어 가장 큰 정책변동의 저해요인이라 할 수 있다(박해룡, 1990: 130).

제 2 절 정책변동모형

제2절에서는 정책변동론의 두 번째 단계로서 정책변동모형에 대해서 학습한다. 정책변동은 정책환경의 변화와 이로 인한 정치체제에 대한 투입의 변화, 그리고 투입을 정책으로 변환시키는 전환과정에 의해 유발된다. 정책변동모형은 이러한 정책변동의 요인과 과정을 설명하고 있다. 여기에서는 Sabatier의 정책지지연합모형, Hall의 패러다임변동모형, Kingdon의 정책흐름모형, Mucciaroni의 이익집단위상변동모형 등을 중심으로 살펴보고, 이러한 모형과 관련된 사례에 대해서 학습하기로 한다.

1. Sabatier의 정책지지연합모형(Advocacy Coalition Model)

정책변동의 요인이나 과정에 관해서는 그동안 많은 모형들이 제시되어 왔으나, 이 중에는 정책변동을 설명하기 위하여 제시된 모형도 있고, 정책의제설정을 설명하기 위한 모형이 있는가 하면, 정책산출에 관한 모형도 있다. 여기서는 간략하게 초기의 Hofferbert모형을 잠시 언급하고, 최근의 Sabatier의 정책지지연합모형에 관해 살펴보기로 한다.

1) 개념 및 의의

초기의 정책변동에 관한 모형으로는 Hofferbert의 모형이 있다. Hofferbert의 모형은 정책산출에 관한 모형이지만 이를 정책변동을 설명하는 데에도 활용되고 있다. Hofferbert는 정책산출에 영향을 미치는 요인으로서 다섯 가지를 제시하고, 이러한 요인들이 직접, 간접적으로 정책산출에 영향을 미친다는 주장을 하였다. 그 다섯 가지 요인으로는 ① 역사·지리적 조건, ② 사회·경제적 조건, ③ 대중정치 행태, ④ 정부제도, ⑤ 엘리트 행태를 들고 있다.

그림 10-2
Hofferbert모형

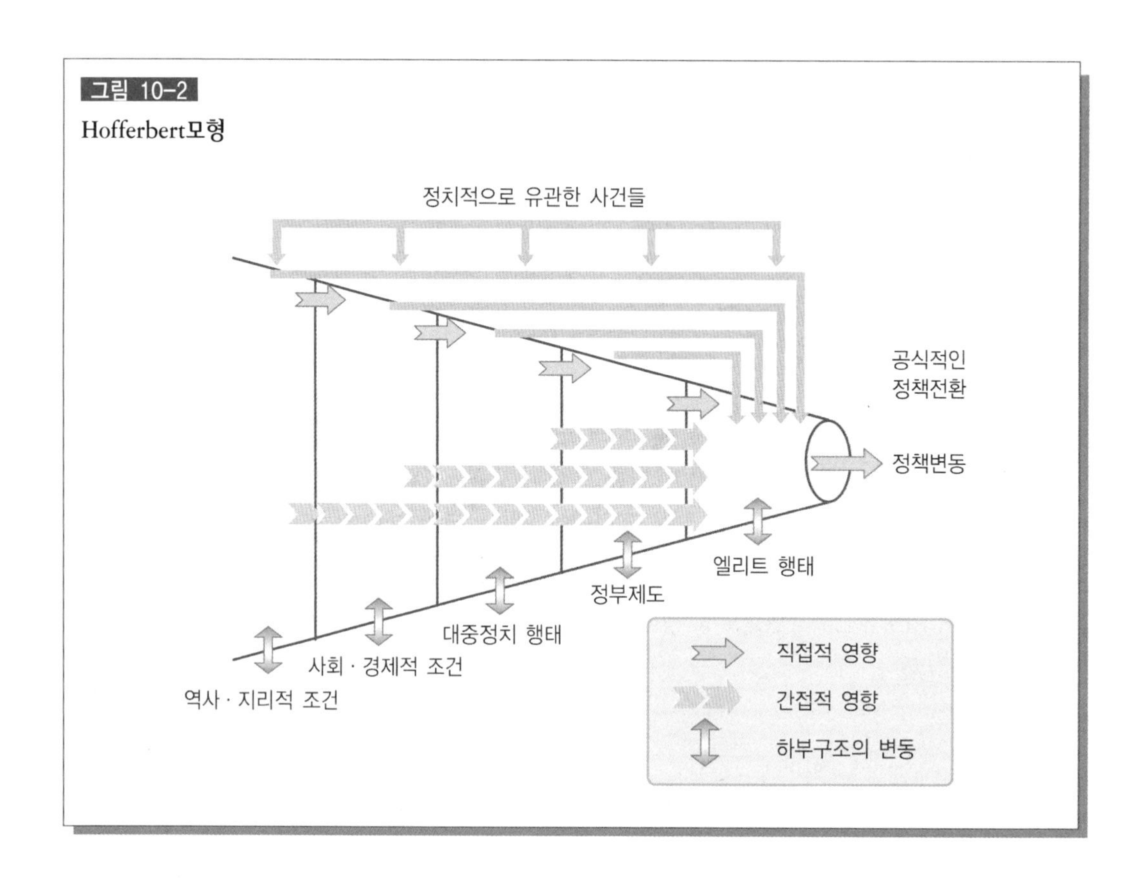

Hofferbert모형을 가지고 정책변동을 설명한다면, 역사·지리적 조건과 사회·경제적 조건이 변하게 되면, 대중정치 행태나 정부제도 및 엘리트 행태가 달라지게 되고, 이에 따라 정책이 변한다는 것이다. 예를 들면, 경제발전이 이룩되고, 교육수준이 향상되고 노령화가 진행됨에 따라, 정책에 변동이 생길 수 있다는 것이다. 정부제도의 경우에도 중앙정보부가 국가정보원으로 혹은 환경청이 환경부로 변하는 경우, 정책의 변동이 일어날 수 있다는 것이다.

2) 내 용

Sabatier와 Jenkins-Smith 등이 제시하고 있는 정책지지연합모형(*advocacy coalition model*)은 처음부터 정책변동을 설명하기 위한 모형이라는 사실에서 Hofferbert모형과 차이가 있다.

Paul Sabatier는 특정한 정책을 둘러싼 지지연합들이 ① 외부요인, ② 내부요인, ③ 정책학습으로 인해 재편성될 수 있다는 것이다. 그러면 이렇게 재편성된 지지연합들에 의해서 정책변동이 일어날 수 있다는 것이다. Sabatier모형에는 네 개의 기본전제가 필요하다.

첫째, 정책변화과정을 이해하는 데에는 10년 이상이라는 장기간을 필요로 한다는 점이다.

둘째, 정책하위체제(*policy sub-sytem*)라는 분석단위에 초점을 두고 정책변화를 이해한다. 이것은 종래의 정책결정을 행정기관, 의회위원회, 이익집단의 상호작용으로 보는 견해에서 더 나아가, 정책의 발생, 분할, 평가에 중요한 역할을 하는 언론인, 연구자, 정책분석가는 물론이고, 정책형성

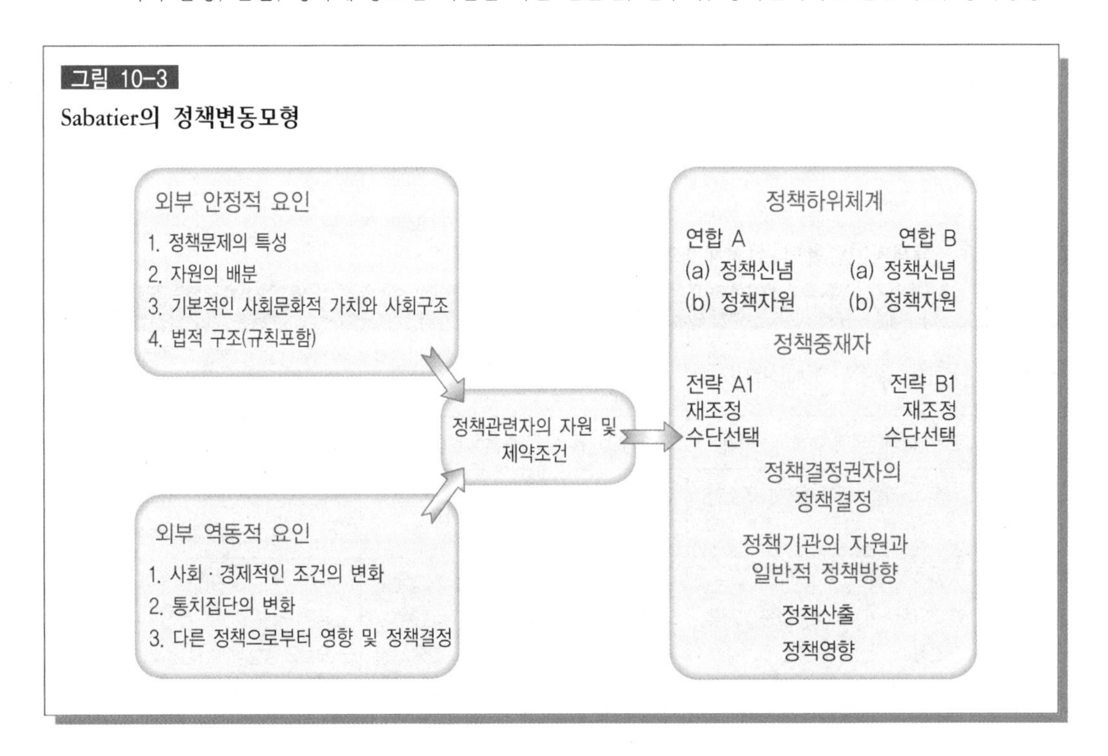

과 집행에 있어 능동적인 지위에 있는 정부의 다양한 수준에서의 담당자를 포함한다.

셋째, 다양한 수준의 정부하에서 일하는 모든 행위자들을 정책하위체제로 본다.

넷째, 정책하위체제 내부에는 신념체계(*belief system*)를 공유하는 정책지지연합(*advocacy coalition*)이 있으며, 이 지지연합들이 신념체계에 입각한 정책을 추진하기 위해 노력하는 과정에서 정책변동이 생긴다고 보고 있다(정정길 외, 2005: 850).

P. Sabatier가 제시한 정책변동의 요인에는 ① 외부요인, ② 내부요인, ③ 정책학습이 있다. 정책지지연합의 주요 구성요소는 앞서 〈그림 10-3〉에 잘 나타나 있다.

(1) 외부 요인

외부 요인은 외부 안정적 요인(*stable external parameters*)과 외부 역동적 요인(*dynamic external events*)으로 다시 구분된다. 전자에는 정책문제의 특성, 자원의 배분, 기본적인 사회문화적 가치와 사회구조, 법적 구조 등이 포함된다. 이러한 안정적인 변수들은 변화가 불가능하지는 않으나, 속도가 느리고 거의 변화하지 않는다. 그러면서 정책하위체제가 선택 가능한 정책대안의 범위를 한정하고, 정책하위체제들의 자원과 신념체계에 영향을 미친다. 이에 반해 외부 역동적 요인으로는 사회·경제적 조건의 변화, 선거 등을 통한 통치집단의 변화, 다른 정책으로부터의 영향 및 정책결정 등이 있다. 이는 정책하위체제에 단기간에 큰 영향을 미친다고 볼 수 있다. 정책의 핵심적인 내용의 변화는 대부분 이러한 역동적인 요인에 의해 초래된다.

(2) 내부 요인

내부 요인에는 우선 정책체제 내부를 구성하는 정책행위자들(*policy actors*)이 이루는 몇 개의 지지연합과 그들이 갖고 있는 정책에 관한 상이한 신념과 자원이 있다.

표 10-2 정책지지연합의 신념체계의 구조

	규범핵심	정책핵심	이차적 측면
특 징	근본적, 규범적, 존재론적인 공리	규범적 공리를 달성하기 위한 기본적인 전략에 관한 근본적인 정책입장	정책핵심을 집행하기 위하여 필요한 도구적 결정과 정보탐색
적용범위	모든 정책영역에 대하여 적용함	관심 있는 특정 정책규범에 적용함	관심 있는 특정 정책절차에 적용함
변화 가능성	매우 어려움: 종교개종과 비슷함	어려움: 심각한 변혁이 일어나면 변화 가능	보통 쉬움: 가장 행정적이고 법적인 정책결정의 주체임
예 시	- 사람의 성격 - 다양한 가치, 아름다움, 자유, 건강	- 근본적인 정책갈등 방향: 환경보호와 경제개발 - 정책도구에 관한 기본적 선택: 강제, 유인, 설득	- 행정규칙, 예산배분, 규정 해석에 관한 결정 - 프로그램실적에 관한 정보

정책지지연합의 신념체계도 변화되는데, 변화의 용이성에 따라 규범핵심(*normative core*), 정책핵심(*policy core*), 이차적 측면(*secondary aspect*) 등의 계층적 구조로 구성되어 있다(정정길 외, 2005: 851-852).

지지연합들 간의 대립과 갈등을 중재하는 제3자를 Sabatier는 정책중재자(*policy mediator*)라고 하는데, 정치인과 관료, 시민단체들 모두 정책중재자가 될 수 있다. 또한 정책중재자의 중재 과정을 통하여 정책프로그램이 나오며, 거기에서 정책산출(*output*)과 정책영향(*impact*)이 나온다고 하였다.

(3) 정책학습(policy-oriented learning)

P. Sabatier는 정책변동에 영향을 미치는 제3의 요인으로서 정책학습을 들고 있는데, 이는 내부요인에 속한다고도 할 수 있다. 정책학습은 지지연합 내에서도 이루어질 수 있겠으나, 다른 지지연합으로부터의 학습도 가능하다. 외국의 선례나 경험으로부터 과거의 경험, 역사로부터도 학습가능한 것이다.

쉬어가는 **코너**

사바티어의 이야기

사바티어Paul Sabatier는 ACF(Advocacy Coalition Framework: 정책지지연합)모형을 제시한 학자이다. 사바티어는 현대사회의 복잡한 정책현상을 정책단계모형(Stage Model)과 같은 단선적인 구조로 설명하기에는 한계가 있다고 주장했다. 따라서 그는 정책집행과정 전반에 대한 체계적인 이해를 돕기 위한 입체적 개념틀이 필요하다고 생각했다.

다양한 행위자가 참여하고 있는 정책이 오랫동안 표류하고 있다가 집행되기도 하고 사라지기도 하는데, 사바티어는 어떤 요인들에 의해 이러한 일들이 발생하는지가 궁금했다. 바로 이것이 사바티어의 고민이었다.

> 현실적으로 보통 중요한 정책 사안에는 수백 명의 행위자가 개입되고 정책과정도 10년 이상 진행되는 것들도 많다. 또한 한 정책안에서 여러 개의 정책 프로그램이 함께 진행되기도 한다. 과연 전통적인 정책과정이론은 이러한 현실적인 정책현상을 제대로 설명하고 있는가? 과연 정책현상은 의제설정 → 정책결정 → 정책집행 → 정책평가처럼 단선적인 구조로 진행되는 것인가? 그리고 정책과정에서 진행되는 다양한 관계자 그룹들 간의 갈등양상이나 이해관계 혹은 이념 등을 잘 반영하여 설명하고 있는가?

사바티어는 그의 저서 『정책과정이론』Theories of the Policy Process에서 이러한 고민에 대한 해결책을 제시하고 있다. 그는 정책형성과정을 연합 간의 게임과 협상 과정으로 보고, 신념체계를 공유하는 지지연합이 변화됨으로써 정책변동이 발생한다고 설명하였다. 정책지지연합에 영향을 주는 요인들을 외부적 요인과 내부적 요인으로 나누고, 외부적 요인은 안정적 요인과 역동적 요인으로 분류하였다. 또한, 내부적 요인을 구성하는 신념체계를 규범핵심, 정책핵심, 이차적 측면으로 나누고, 이러한 신념과 자원이 정책연합의 응집성에 매우 중요하다고 보았다. 또한 그는 정책학습의 중요성도 강조하였다. 이를 정책지지연합모형ACF: Advocacy Coalition Framework이라고 한다.

자료: 필자의 졸저, 『행정학 콘서트』, 169쪽

3) 정책사례: 의약분업정책의 변동과정

(1) 사례개요

의약분업에 관한 규정이 1963년 제정된 약사법에 삽입된 이래, 2002년 7월 1일부터 의약분업 정책이 전국적으로 실시되기까지 많은 정책변동이 있었다. 의약분업정책과 관련된 정책하위체제 안에 있는 다양한 수준의 행위자들이 정책지지연합(의약분업 찬성연합과 반대연합)을 형성하고 있다. 그리고 이들 정책지지연합들은 그들의 신념체계를 정부의 의약분업정책이나 프로그램으로 구체화 시키기 위하여 서로 경쟁하고 있으며, 그 결과 의약분업정책의 변동이 초래되었다.

(2) 정책지지연합모형을 통한 분석

(가) 정책찬성연합과 정책반대연합

의약분업과 관련된 정책하위체제에는 정부의 고위관료, 의사회와 약사회, 그리고 국회보사위원회 등의 철의 삼각관계를 넘어, 보건복지부, 국회보건복지위원회, 의사회, 약사회, 병원협회, 여당 정책위원회, 인도주의 실천의사협의회, 개원의협회, 전공의협회, 제약회사협회, 건강사회 위한 약사회, 참여연대 등의 시민단체, 소비자단체, 개혁적 학자그룹, 언론계 등을 포함한다.

정부가 제시한 정책방향으로 의약분업을 적극적으로 찬성한 연합에는 보건복지부, 약사회, 진보적 학자그룹, 그리고 시민단체 등이 있으며, 정부가 제시한 정책에 반대하는 정책지지연합에는 의사회, 병원협회, 개원의 협회, 전공의협회 등이 있다.

(나) 정책지지연합의 신념체계: 규범핵심, 정책핵심, 이차적 측면

P. Sabatier는 정책지지연합의 신념체계를 변화의 용이성에 따라 규범핵심(*normative core*), 정책핵심(*policy core*), 이차적 측면(*secondary aspect*) 등으로 설명한 바 있다. 이 사례에서 보면 정책지지연합들의 계층적 믿음체계에서 규범핵심, 정책핵심에서는 별다른 차이를 보이지 않는다. 의약의 오·남용 방지, 의약품의 적정사용으로 약제비 감소, 그리고 환자들의 알 권리 및 의약서비스 수준 향상으로 국민들의 건강수준을 향상시킨다는 의약분업정책 목표에 양대(찬성연합과 반대연합) 정책지지연합은 동의하고 있다. 그러나 정책핵심을 집행하기 위해 필요한 도구적 결정인 이차적 측면에서는 행정규칙과 규정해석 등에 있어서 정책지지연합 간에 첨예하게 대립하고 있다. 다음의 표는 의약분업정책에 관한 상반된 두 정책지지연합의 신념체계를 각 측면별로 나누어 정리한 것이다.

표 10-3 정책지지연합의 신념체계 구조

		정부가 제시한 의약분업정책에 찬성하는 정책지지연합	정부가 제시한 의약분업정책에 반대하는 정책지지연합
규범핵심 (Deep Core)		국민 건강증진 향상	국민 건강증진 향상
정책핵심 (Policy Core)		의약분업	(완전)의약분업
이차적 측면 (Secondary Aspects)	대상기관	모든 의료기관(병원급 이상, 보건소 포함)의 외래환자에 대한 원외처방전 발행을 의무화해야 함.	약사가 없는 의료기관: 약국을 갖춘 의료기관의 경우에는 환자의 의사에 따라 원내 또는 원외에서 조제받을 수 있도록 해야 함.
	대상의약품	모든 전문의약품(주사제 포함)	주사제 제외
	처방기재	처방은 일반명을 원칙으로 발행되어야 함.	처방기재방법: 상품명이든 성분명이든 의사에게 선택권을 주어야 함.
	대체조제	동일성분, 함량, 체형에 대한 대체허용은 인정되어야 함.	의사의 처방에 대한 약사의 임의대체권은 받아들일 수 없음.
	의약품 분류	의약품의 안전성과 유효성을 고려하고, 비용과 효과를 고려하여 분류되어야 함.	의약품 분류의 철저: 의사의 처방 없이 자유판매가 가능한 비처방약(일반의약품)의 범위가 넓을 경우에 의약분업의 기본취지에 반함.

자료: 제1차 의약분업 공개토론회(1999. 3. 30)자료를 재구성.

(다) 정책지지연합의 하위체제

정책지지연합들의 신념체계의 이차적인 측면들은 정책중재자의 중재로 정책지지연합들의 이해관계를 반영하고, 그리고 협상과 타협을 통해서 계속해서 변경되고 있다. 또한 의약분업정책을 역동적, 안정적 변수, 하위시스템 등으로 나누어 총괄적으로 분석하면 다음의 그림으로 나타낼 수 있다.

의약분업정책을 둘러싼 외부 역동적 요인과 안정적 요인들이 행위자들의 행동에 제약을 주거나 또는 기회 및 재원(자원)으로서 영향을 주게 된다. 정책연합 간의 계속되는 갈등에도 불구하고, 정책중재자들의 노력 등으로 인해 결국 의약분업이 2002년 7월 1일 전국적으로 실행되었다. 그러나 의약분업정책이 초기의 목표를 제대로 달성하고 있다고 평가할 수는 없을 것이다. 이처럼 의약분업정책의 시행결과는 다시 정책과정에 환류되어 외부 변수들에 영향을 미치고, 정책하위집단들에게 영향을 주게 된다.

2005년 들어 다시 대한의사협회는 정부에 대하여 의약분업정책 실패를 묻는 대정부 투쟁에 나

그림 10-4

정책지지연합모형을 통한 의약분업정책의 개관

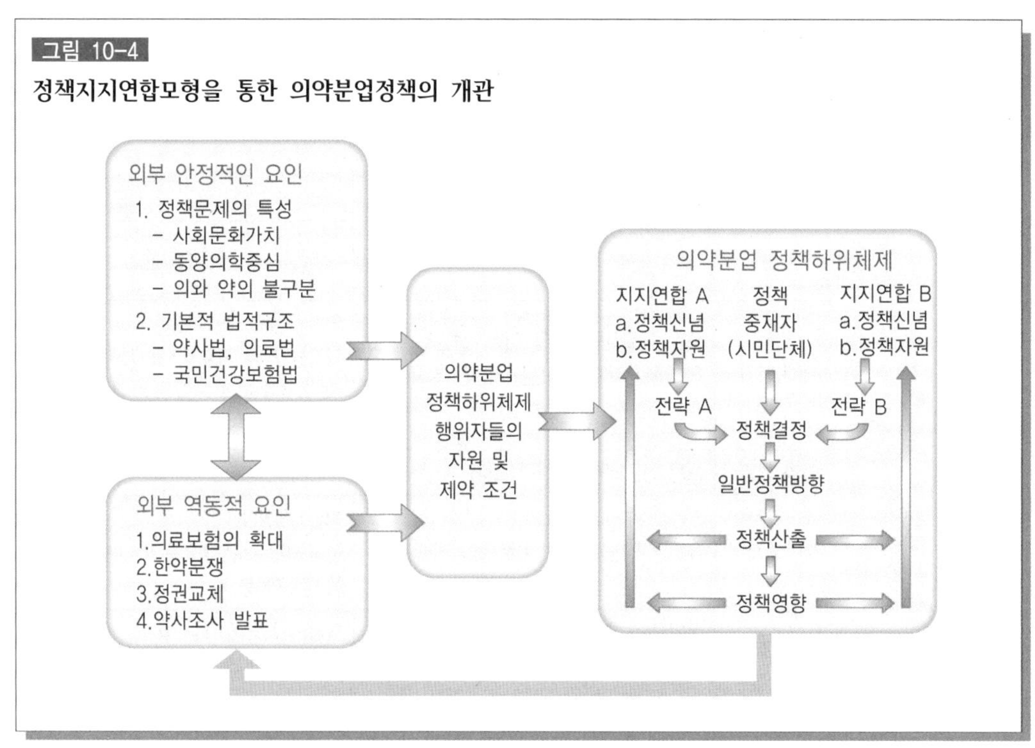

자료: 전진석, 의약분업 정책변화에 대한 연구, 2001: 23에서 재구성.

서겠다는 결의문을 채택하였다(내일신문, 2005. 11. 7). 정책하위집단들에게 실패로 인식되고 있는 의약분업은 앞으로 시간이 흐름에 따라 정책하위체제의 정책요소들에 대한 변화가 더 진행될 것으로 전망된다.

2. Hall의 패러다임변동모형(Paradigm Shift Model)

1) 개념 및 의의

패러다임변동모형은 정책의 변동이 한 사회의 패러다임[1]의 변화에 의해 함께 일어난다는 내용을

1 Thomas Kunn의 패러다임: 과학적 진보개념에 대한 가장 영향력 있는 개념으로 알려진 패러다임은 1962년에 출판된 쿤(Kuhn)의 『과학혁명의 구조』라는 연구에서 제시되었다. 과학의 진보에 대한 쿤의 견해는 패러다임(*paradigm*), 정상과학(*normal science*), 변이들(*anomalies*), 그리고 과학혁명(*scientific revolution*)이라는 개념들을 중심으로 하고 있으며, 과학적 전문성을 실행하는 사람들인 과학자들의 공동체에 초점을 맞추고 있다. 쿤에게서 과학적 진보는 과학자공동체가 세계를 바라보고 문제를 규정하고 풀이하는 방식을 변화시키는 과학혁명에 의해서 이루어진다. 과학자들은 패러다임 또는 '학문모체'(*discipline matrix*)를 공유하고 있다. 과학자들은 하나의 패러다임이 적용되는 한계 내에서 연구를 시행한다. 그러나 더 이상 그 패러다임이 새로운 문제들을 처리할 수 없을 때는 예외적 과학의 시대가 도래하고, 새로운 패러다임이 등장할 상황이 무르익게 된다. 이처럼 낡은 패러다임을 새로운 패러다임으로 대체하는

담고 있다. Paul Sabatier는 핵심적인 신념(규범핵심, 정책핵심)의 변동이 쉽지 않아 근본적인 정책변동은 잘 이루어지지 않는다고 주장하는 데 반해서, Peter Hall은 패러다임 변동에 의해 근본적인 정책변동이 가능하다고 설명한다.

2) 내 용

Hall은 기본적으로 정책결정자들이 정책문제의 본질을 파악하고, 정책목표와 이를 달성하기 위한 정책수단을 구체화하는 데 있어서 일정한 사고와 기준의 틀 속에서 행동한다고 보았는데, 이러한 사고의 틀을 정책 패러다임(*policy paradigm*)이라고 불렀다.

여기서 한 가지 특이한 점은 Hall도 Sabatier와 같이 정책변동과정에서의 정책학습의 중요성을 강조한다는 것이다. 또한 사회적 학습으로서의 정치와 권력투쟁으로서의 정치가 서로 얽혀 있다는 사실을 강조하고 있다. 여기서 이러한 Hall의 모형은 정책문제의 흐름, 정책대안의 흐름, 정치의 흐름을 강조하면서, 세 가지 흐름의 연계를 통해 정책의 변동을 설명하는 Kingdon의 정책흐름모형과도 어느 정도 일맥상통한 점이 있다는 것을 알 수 있다.

3) 정책사례: 한국의 정책 패러다임의 변화, 박정희 패러다임과 노무현 패러다임

한국의 정책 패러다임의 변화를 박정희 패러다임과 노무현 패러다임으로 나누어서 살펴 볼 수 있다.

박정희 패러다임을 가장 핵심적으로 나타내주는 것은 산업화, 불균형 경제성장 정책, 경제 최우선 주의이다. 따라서 우리나라는 GNP가 100달러도 안 되었던 최빈곤 국가의 위치에서 순식간에 경제규모 세계 10위권 국가로 진입할 수 있었다. 그러나 성장과정에서 많은 부작용이 발생하였고, 그러한 박정희 패러다임은 1997년 IMF사태를 통해 그 한계를 보이게 되었다. 경제를 발전시키기 위해 경제를 최우선으로 하였고, 성장 과정에서 뒤로 밀쳐진 집단들이 발생하였다. 또한 정치적 정당성이 약한 상태에서 권위주의적 정치가 시행되었고, 우리나라의 민주주의는 1980년 말이 되어서야 시작하게 되었다. 사회는 소수의 엘리트들이 지배하였고, 대부분의 국민들은 국가의 정책·행정과정에서 철저히 배제되었다.

반면 노무현 패러다임의 본질적인 특징을 박정희 패러다임에 비추어 말한다면 분권화, 균형발전이라고 할 수 있다. 사회 전반적으로 위에 편중되었던 권위가 많은 사람에게 위임되는 특징을 보여주었다. 노무현 정부는 탈권위주의로 대표되는 새로운 시대의 특징을 대표하고 있다. 국민들의 의사를 국정에 반영시키는 민주의 가치를 내세우고 있고, 그 과정이 원활하다고는 할 수 없으나, 새

과정을 쿤(Kuhn)은 과학혁명이라고 부른다. 이것은 세계를 바라보는 방식의 근본적인 변화를 포함하는 것이다. 새로운 패러다임이 확립된 후에는 새로운 단계의 정상과학이 자리 잡게 되고, 다시 또 다른 변이가 등장하고 다시 과학혁명이 일어나게 될 것이다. 이처럼 쿤의 과학에 대한 견해는 순환적 과정으로 표현된다.

로 활성화된 인터넷을 중심으로 분명 그 어느 때보다 시민들의 참여가 활발하다.

정책 패러다임의 측면에서 보면 박정희 패러다임은 효율성, 경제성이라는 가치를 추구한 반면, 노무현 패러다임에서는 이제 새롭게 정책 전반적 과정에서 효율성뿐만이 아니라 민주성을 추구하고 있는 모습을 보여주고 있다. 이는 새로운 시대의 현대정책이론과도 상통하는 것이다. 또한 수직적인 위계질서의 권위적 정부 주도의 국정 관리에서 소외되었던 시민사회가 새롭게 등장하는 새로운 거버넌스(*New Governance*)의 패러다임으로의 전환을 반영하고 있다.

하지만 이러한 박정희 패러다임과 노무현 패러다임은 시대적인 차이와 사회적 철학을 반영하는 것이지, 정책 패러다임의 변동 그 자체가 정권에 대한 평가가 될 수는 없을 것이다. 변화가 새롭게 시작되는 지금, 아직 우리나라에서 노무현 패러다임 역시 정착된 것은 아니며, 참여정부의 패러다임에 대해서 많은 사람들이 비판적 이의를 제기하기도 한다. 거버넌스 및 참여 패러다임 자체에는 반대하지 않지만, 정책을 추진해 나가는 실행방식의 총체적 리더십과 전문성에 대한 많은 문제제기도 있다. 박정희 패러다임의 공과 과, 노무현 패러다임의 공과 과에 대해서 상세하게 논의하는 것은 이 장의 논의의 범위를 넘어서는 것이기에, 여기서는 정책 패러다임의 명확한 대비라는 관점에 대해서만 분명하게 제시하는 것으로 정리해 두고자 한다.

3. Mucciaroni의 이익집단 위상변동모형(Reversals of Fortune Model)

1) 개념 및 의의

Mucciaroni는 1995년 발간된 『위상의 반전: 공공정책과 이익집단』이라는 저서에서, 이익집단의 위상이 어떻게 변화하며, 그에 따라 정책변동이 어떻게 이루어지는가를 고찰하고 있다. Mucciaroni는 이익집단의 위상변동을 설명하는 틀로서, 이슈맥락(*issue context*)과 제도맥락(*institutional context*)이라는 두 가지 개념을 사용한다(정정길 외, 2005: 856).

2) 내 용

(1) 이슈맥락(issue context)

이슈맥락은 정책의 유지 또는 변동에 영향을 미치는 정책요인을 말한다. 이는 이념, 경험, 환경적 요인을 망라한 것으로, 이슈맥락에서의 정책정당성에 따라 정책의 유지 또는 변동에 영향을 미친다는 정책이슈 측면에서의 분석이다.

(2) 제도맥락(institutional context)

제도맥락은, 이슈맥락과는 달리, 좀 더 정책결정그룹의 제도적 선호나 패턴을 제도적 측면에서 바라보는 것이다.

Mucciaroni는 특히 의회의 상임위원회의 위상과 정치적 리더십에 대해서 많은 관심을 표명하였다. 1980년대까지 소득보상적 농업정책이 상승세를 탔을 뿐만 아니라 1990년대에 들어와서 시장배분적 농업자립정책으로 전환해야 한다는 주장이 강하게 제기되었음에도 불구하고, 소득보상적 농업정책의 현상유지가 가능했던 것은 의회 상하 양원의 농업위원회의 강력한 뒷받침이 있었던 까닭이라고 분석하였다. 반대로 Mucciaroni는 의회의 다수의원이 소극적이었음에도 불구하고, 세제개혁과 규제완화가 가능했던 것은 Ford, Cater 및 Reagan 등의 역대 대통령과 하원 세입위원회 위원장의 강력한 리더십 덕택이었다고 주장하는 등 정책변동에 있어서 제도맥락의 중요성을 강조하였다.

(3) 정책변동모형으로서의 활용

(가) 이슈맥락·제도맥락과 집단 위상의 변동

Mucciaroni의 모형은 집단 위상의 변동에 영향을 미치는 요인을 규명하는 데 그 목적이 있다. 이슈맥락과 제도맥락이 일치할 때에는 집단 위상이 그 영향을 절대적으로 받으나, 양자가 일치하지 않을 때에는 제도맥락이 이슈맥락보다 더 큰 영향력을 지닌다는 것이 핵심내용이다(정정길 외, 2005: 857; 유훈, 1997: 9-10).

표 10-4 이슈맥락과 제도맥락 및 이익집단 위상변동

		제도맥락	
		유 리	불 리
이슈 맥락	유 리	위상의 상승(fortunes rose)	위상의 저하(fortunes contained)
	불 리	위상의 유지(fortunes maintained)	위상의 쇠락(fortunes declined)

(나) 대체적 설명의 가능성

Mucciaroni는 그의 모형의 타당성을 입증하기 위해 집단 위상의 변동에 영향을 미치는 다른 요인은 없는가를 검토하였다. 다시 말해, 다른 변수를 가지고 집단 위상의 변동을 설명할 수 없겠는지를 고찰하였다. 그가 들고 있는 다른 변수는 집단의 규모와 회원의 구성, 회원의 동원과 임원의 수준, 조직적 반대집단의 수준, 연합형성의 효과성 등 네 가지이다. Mucciaroni는 결론적으로 이들이 집단의 위상에 미치는 영향을 부인할 수는 없겠으나, 이들이 결정적인 요인이라고 할 수는 없다고 분석하였다.

(다) 정책변동모형으로서의 활용

Mucciaroni의 모형은 〈그림 10-5〉와 같다. Mucciaroni모형의 요지는, 이슈맥락과 제도맥락은 정책변동(정책형성의 변동)을 가져오며, 이를 통해 이익집단 위상의 변동이 설명될 수 있다는 것이다.

그림 10-5

Mucciaroni의 모형

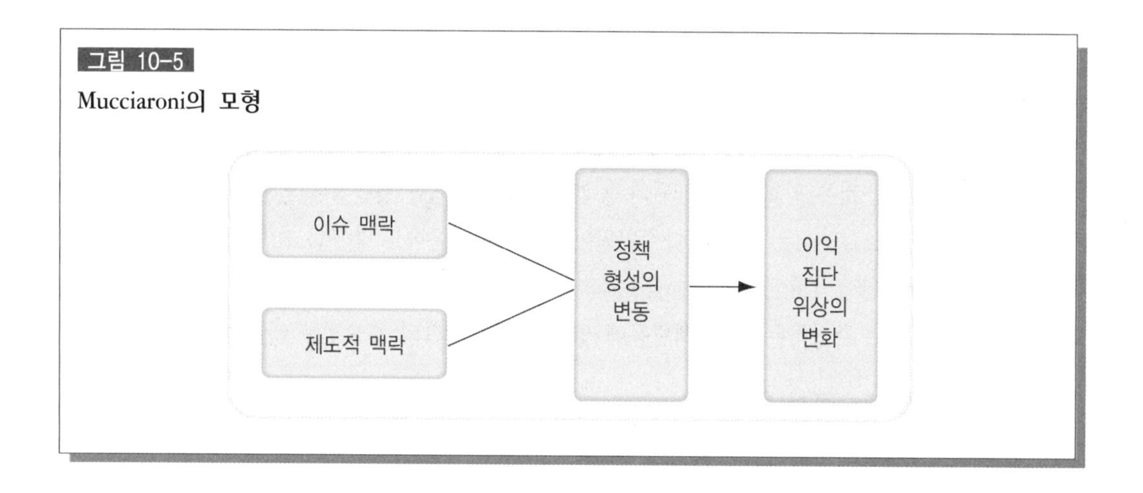

3) 정책사례: 수도권정비정책의 변동

(1) 사례개요

수도권의 과잉집중을 억제하기 위한 정책은 건설부 장관실이 중심이 되어 1960년대부터 추진되었으며, 1970년대에는 이에 더욱 박차를 가했으나, 수도권정비계획법이 제정된 것은 1982년의 일이다. 건설부는 이를 토대로 1984년에 수도권정비기본계획을 수립하고 그 시행에 들어갔다.

그러나 국제화가 급속히 진전됨에 따라 수도권이 다른 나라의 수도권과 경쟁할 수 없게 되었을 뿐만 아니라, 통일에 대비한 수도권의 위상문제도 제기되고 있어 수도권의 집중완화에 대한 정책요구가 등장하게 되었다. 더불어 국가경제규모의 확대로 인구의 집중을 물리적인 힘으로 억제하는 방법이 적절하지 못하다는 지적도 일어났다.

이리하여 수도권정비정책의 전환이 요구되기 시작하여 1994년 수도권정비계획법의 전면개정이 이루어지고, 종전의 수도권 인구분산과 수도권 집중억제를 목표로 하던 수도권정책이 지역 균형발전과 수도권 문제해결로 그 목표를 전환하게 되었으며, 종전의 5개 권역이 3개 권역으로 재조정되었다.

새로 설정된 수도권정책의 목표의 하나인 지역균형발전을 위해서는 많은 투자재원이 소요되는데, 이를 조달하기 위하여 건설부는 과밀부담금제도의 도입을 계획하였다. 그러나 이 제도의 도입과정에 있어서 정책대상집단인 서울시의 저항으로 건설부안이 수정되는 등 정책변동이 초래되었다.[2]

2 본 사례는 유훈(1997)에서 소개된 자료를 토대로 정리하였음.

(2) 사례분석

(가) 이슈맥락

수도권정비계획법의 제정과 수도권정비기본계획의 시행은 수도권의 인구집중을 억제하기 위하여 수도권의 인구집중유발시설에 대하여 여러 제한을 가했으나, 수도권 인구집중을 억제하는 데 실효를 거두지 못했다. 이에 따라 건설부는 수도권정책의 목표를 "수도권 인구분산과 수도권 집중억제에서 지역균형개발과 수도권 문제해결로 전환"하게 되었다. 뿐만 아니라 종전의 도시화 억제, 하위도시 성장촉진, 농촌으로부터 도시로의 이주억제라는 공간적 목표와 경제개발촉진, 계층 간 형평개선, 환경악화방지라는 사회적 목표도 동시에 추구하는 방향으로 전환하게 되었다.

또한 종전에는 수도권 내에 대형건물의 건축을 금지하였는데, 이는 서울을 국제적 도시로 발전시키는 데 지장을 주었다. 이에 따라 수도권입지가 필수적인 건물은 건축을 허용하되, 지역균형발전에 소요되는 투입재원의 조달에 도움이 되는 과밀부담금제도를 도입하자는 것이 정부·여당의 방침으로 결정되었다.

여기에서는 "수도권 인구분산과 수도권 집중억제에서 지역균형개발과 수도권 문제해결로 전환"이라는 정책전환이 이슈맥락으로 등장하며, 이에 따라 과밀부담금제도가 등장하게 된 것이다.

(나) 제도맥락

수도권정책의 수정이 불가피해지자 건설부는 수도권의 집중억제에서 지역균형발전과 수도권문제해소로 목표를 바꾸고, 지역균형발전에 소요되는 재원의 조달을 위해 과밀부담금제도를 도입하기로 하고, 이를 제14대 대통령 선거의 여당후보 선거공약에 삽입하는 데 성공했다. 이어서 문민정부출범 후에는 "신경제 5개년계획"에도 반영하였다.

여기까지는 비교적 순조롭게 이루어졌으나, 수도권정비계획법의 전면개정과 동법시행령의 제정과정에 있어서 정책대상집단이라 할 수 있는 서울시의 심한 저항에 직면하게 되었다. 이리하여 과밀부담금의 징수권, 부담금 산정 기준, 부과대상규모, 부과대상지역, 부담금의 부과율을 둘러싸고 서울시와 협상을 벌이게 되었다.

우리나라의 많은 정책결정에 있어서 대통령이나 대통령비서실이 주도적인 역할을 하게 마련이나, 이 경우에는 시간 부족과 전문지식 부족으로 청와대는 관여하지 않았으며, 정책입안자인 건설부를 포함하는 정책참여자와 정책대상집단 간의 협상으로 정책이 결정되었다.

정책형성 과정에서 또 하나의 주목할 만한 사항은 여당의 역할이었다. 우리나라에서는 일반적으로 행정부가 추진하는 주요 정책에 여당이 큰 영향력을 미치지 못하나, 이 경우에는 여당의 정책위원회가 영향력을 발휘했다. 당시의 서울시장과 여당인 민자당 정책위 의장의 개인적인 네트워크를 토대로, 행정부 내의 협의과정에서 반영시키지 못한 의견을 당정협의를 통해 반영시키게 되었는데, 이는 결과적으로 서울시의 의견을 반영하고 건설부의 원안에 많은 수정을 가하는 결과를 초래하게 되었다(유훈, 1997: 13-14).

이상에서는 수도권정비정책의 변동을 이슈맥락과 제도맥락이라는 변수를 통해 살펴보았다. 종합적으로 이 사례는 Mucciaroni의 이슈맥락과 제도맥락이라는 개념적 도구를 빌어 과밀부담금제도라는 수도권정비정책의 변동이 이루어지는 과정을 잘 설명할 수 있는 사례라고 할 수 있다. Mucciaroni가 말한 이익집단이란 이 사례에서는 서울시와 건교부로 등장한다. 또한, 과밀부담금제도가 부상하게 된 이슈맥락(수도권정책의 목표를 수도권인구분산과 수도권집중억제에서 지역균형개발과 수도권문제해결로 전환)과 과밀부담금제도가 완화하는 방향으로 변형을 초래하게 된 제도맥락(서울시의 반발, 대통령실의 관여 배제, 여당의 서울시 입장지지)을 통해 건교부의 수도권정비정책의 변동을 살펴볼 수 있었다.

4. Kingdon의 정책흐름(Policy Stream)모형

1) 개념 및 의의

J. Kingdon(1984)의 정책흐름모형은 서로 무관하게 자신의 규칙에 따라 흘러 다니는 정책문제의 흐름, 정치의 흐름, 정책대안의 흐름 등 세 가지의 흐름이 결합하여 정책변동이 이루어진다는 것이다(정정길 외, 2005: 858).

Kingdon에 의하면, 1) 지표의 변동, 위기 또는 재난, 환류 등으로 이루어지는 정책문제의 흐름과 2) 정권의 교체, 국회의석의 변화, 국민적인 분위기, 이익집단의 압력 등으로 구성되는 정치의 흐름과 3) 정책체제의 분화 과정, 정책혁신가의 활동, 이익집단의 개입 등으로 이루어지는 정책대안의 흐름이 결합하여 정책의제설정이 이루어진다는 것이며, 이 세 가지 흐름 중 2개 또는 3개가 결합하게 되면 정책변동이 이루어진다는 것이다(유훈, 1997: 18-19).

2) 내 용

(1) 정책문제의 흐름(Problem Stream)

정책문제는 그 자체의 패턴을 형성하며 흘러간다. 극적인 사건이나 위기와 같은 점화장치가 있기 전까지 정책문제는 그 자체의 논리로 흘러 다닌다.

(2) 정치의 흐름(Politics Stream)

정책문제와는 별도로 정치의 흐름은 독자적 논리를 가지고 있다. 정치의 흐름은 여론의 변화, 정권의 변동 등에 영향을 받는다.

(3) 정책대안의 흐름(Policy Stream)

정책대안은 정치의 흐름과는 별도로 독자적으로 흐른다. 학문이나 전문가 집단에 의한 정책공동체(*policy community*)를 중심으로 정책문제에 대한 다양한 대안들이 논의되고 토론된다.

(4) 정책문제-정치흐름-정책대안 흐름의 결합

J. Kingdon에 의하면 정책문제, 정치흐름, 정책대안 등은 서로 아무런 관련이 없이 자신의 고유한 규칙에 따라 흘러 다닌다. 그러나 이 세 개의 흐름이 극적 사건(*dramatic event*)과 정치적 사건(*political event*)에 의해 만나는 경우가 있다. 극적 사건이나 정치적 사건의 발생이 점화장치(*triggering device*) 역할을 하게 되어, 세 개의 흐름이 결합하는 현상을 Kingdon은 정책의 창(*policy window*)이 열리는 것으로 표현했다(정정길 외, 2005: 858-859).

그림 10-6

Kingdon의 정책흐름모형

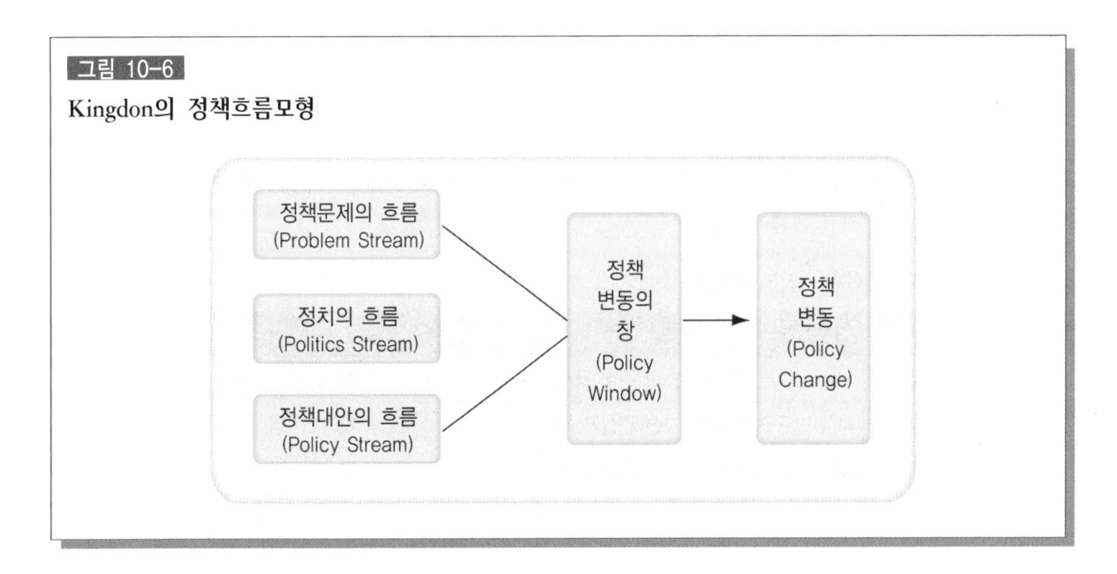

3) 정책사례: 대구 지하철 참사

(1) 사례개요

2003년 2월 18일 대구광역시 중구 성내동 중앙로역에서 일어난 대형 지하철 화재사고가 일어났다. 대구광역시 중구 성내동 중앙로역 구내에서 50대 남자가 플라스틱 통에 들어 있는 휘발유에 불을 붙인 뒤, 바닥에 던져 12량의 지하철 객차를 뼈대만 남긴 채 모두 태워버린 대형 참사로, 2003년 2월 18일 오전 9시 53분에 일어났다.

사고원인은 50대 중반의 한 정신지체장애인이 자신의 신병을 비관하다 판단착오로 저지른 것으로 밝혀졌다. 이 방화범은 대구광역시 중구 남산동 명덕역에서 지하철을 탄 뒤 경로석에 앉아 있다가, 성내동 중앙로역에서 열차가 서행하는 틈을 타 갑자기 불을 질렀다.

이 사고로 열차는 완전히 불에 타 뼈대만 남았고, 중앙로역 천장과 벽에 설치된 환풍기, 철길 바깥쪽 지붕들도 모두 녹아 내려, 역 구내는 순식간에 아수라장으로 바뀌었다. 출근시간이 지나기는 했지만, 많은 시민들이 타고 있어서 인명피해도 엄청나 192명이 사망하고 148명이 부상을 당하였다.

사고 다음날 정부는 대구를 특별재난지역으로 선포하였으나, 사고 직후 대구광역시와 지하철 종사자들이 사고를 축소·은폐하고, 현장을 훼손하는 등 부실한 대응으로 피해가 확대된 것으로 밝혀져 더 큰 충격을 주었다. 이로 인해 방화범과 지하철 관련자 8명이 구속 기소되었고, 방화범은 무기징역을 선고받았다.

이 사고로 지하철 관련기관 사이의 공조체제 구축, 사고현장 탐색 및 복구, 훼손된 시신의 개인 식별, 유족지원 등 대형 참사와 집단사망에 따른 각 과정의 체계화에 대한 필요성이 대두되었다.

(2) 사례분석

2003년 대구 지하철 참사 이전에도 대구 지하철 가스폭발사건을 비롯해 여러 안전사고들 발생과 운행의 안전성에 대한 문제가 제기되었다. 특히, 1974년에 서울 지하철 1호선이 개통된 이래

표 10-5 주요 지하철 사고 일지*

사고일	내 용	피해규모
82년 4월 8일	서울 무악재 지하철 3호선 건설 공사장 붕괴	사망: 10명, 부상: 42명
82년 10월 8일	서울 반포구 지하철 3호선 건설공사장 붕괴	사망: 4명, 부상: 4명
92년 1월 16일	대구지하철 1호선 6공구 지지대 붕괴	부상: 1명
95년 4월 28일	대구지하철 1호선 상인동 도시가스 폭발사고	사망: 101명, 부상: 101명
95년 8월 5일	대구지하철 1호선 12공구 공사장 폭약폭발	사상: 4명
96년 1월 3일	부산지하철 229공구 차량 전복	부상: 1명
96년 9월 17일	서울지하철 8호선 3공구 차량 추락	사상: 4명
97년 10월 16일	인천지하철 1호선 7공구 붕괴	사상: 4명
98년 8월 24일	부산지하철 2호선 공사장 붕괴	도로 7곳 침하
99년 6월 15일	인천지하철 1호선 1공구 흙더미 붕괴	사망: 1명
2000년 1월 22일	대구지하철 2호선 복공판 붕괴	사상: 4명
2003년 2월 18일	대구지하철 중앙로역 구내 전동차 화재	사망: 192명, 부상: 147명**
합 계	총 9회	사망: 324명, 부상: 296명

자료: * 매일경제, 2003. 2. 18. & 대구지하철 참사 수사대책 본부 자료.
** 2003년 5월 14일 현재 기준.

지금까지 29년 동안 지하철과 관련된 사고들을 정리하면, 앞서 〈표 10-5〉와 같다. 그동안 대형 참사가 터질 때마다 정부는 위기관리체계를 개선하겠다는 약속과 재난관리법을 제정했지만, 결국 2003년 대구 지하철 참사와 같은 대형 사고가 발생하는 비극을 초래했다(양기근, 2003: 12).

2003년 대구 지하철 참사 직후 정부는 단기의 안전확보대책의 일환으로 비상시 대처요령 등 훈련·홍보 강화, 차량시설 긴급보강 및 현장점검 강화, 모방범죄예방을 위한 순찰활동 강화, 전동차량·시설 안전 기준 보강, 지하철 운영자·이용자의 안전대응능력을 향상시키는 홍보나 교육 등의 프로그램을 운영하기로 하는 등 재난관리 정책의 변화를 가져왔다.

또한 2004년 6월에는 대구 지하철 사고와 같은 대형 재난피해를 막기 위해 국가 최초의 재난관리 총괄기구인 소방방재청이 공식출범했다. 그리고 2005년 현재 대구 지하철의 전동차 내장재는 모두 불에 타지 않는 제품으로 교체되었고, 서울을 비롯한 전국의 지하철 역시 점진적으로 객차 내 바닥과 천장 등을 불연재로 바꿔나가고 있다.

이 정책사례는 대구 지하철 참사와 같은 극적인 사건(*dramatic event*)이 발생함에 따라 국민들과 언론 등의 관심을 불러일으키게 되었고, 정책대안이 정책문제와 결합하게 된 Kingdon모형을 잘 보여주는 사례라고 하겠다. 미국에서 2001년 9·11 테러 이후에 미국 대외안보정책이 변화한 것도, 이와 유사한 사례로서, Kingdon의 모형을 통해 정책변동을 보여주는 좋은 예이다.

Chapter 10

핵심 Point !

Stage Model

◎ 정책변동의 의의 및 유형

- 정책변동의 의의
  - ▸ 거버넌스 패러다임하에서는 정책변동의 동태성·복합성·순환성이 강조
  - ▸ 미래예측은 미래의 불확실성과 불연속성을 관리하는 데 있어서 강력한 정책학습도구
- 정책변동의 유형
  - ▸ 정책혁신: 그 동안 정부가 관여하지 않던 분야에 개입하기 위해 새로운 정책을 결정
  - ▸ 정책유지: 정책의 기본적인 특성을 그대로 유지시키는 것
  - ▸ 정책승계: 정책승계는 현존하는 정책의 기본적 성격을 바꾸는 것
    - 정책대체(선형적 승계)
    - 정책통합
    - 정책분할
    - 정책종결
    - 복합적 승계(비선형적 승계)
  - ▸ 정책종결: 특정한 정책을 의도적으로 종결시키거나 중지
    - 정책종결의 내용적 분류: 정책 기능의 종결(기능적), 정책구조의 종결(구조적)
    - 정책종결의 시간별 분류: 폭발형, 점감형, 혼합형
    - 정책종결의 대상별 분류: 기능의 종결, 조직의 종결, 정책의 종결, 계획의 종결
  - ▸ 정책변동의 영향요인
    - 유발요인: Hofferbert의 5가지 요인: 역사 및 지리적 조건, 사회 및 경제적 조건, 대중정치 행태, 정부제도, 엘리트 행태
    - 저해요인: 정책행위자들의 심리적 저항, 높은 비용과 희생

◎ 정책변동모형

- Sabatier의 정책지지연합모형(ACF: Advocacy Coalition Model)
  - ▸ 개념 및 의의
    - ACF모형은 정책형성과정을 연합 간의 게임과 협상 과정으로 보고, 신념체계를 공유하는 지지연합이 변화

됨으로써 정책변동이 발생한다고 설명함.

- 정책지지연합에 영향을 주는 요인들을 외부적 요인과 내부적 요인으로 나누고, 외부적 요인은 안정적 요인과 역동적 요인으로 분류하였다. 또한, 내부적 요인을 구성하는 신념 체계를 규범핵심, 정책핵심, 이차적 측면으로 나누고, 이러한 신념과 자원이 정책연합의 응집성에 매우 중요하다고 봄.
- 또한 그는 정책학습의 중요성도 강조함.

▶ 특징

- 전제: 10년 이상의 정책변화과정, 다양한 수준의 정부하 신념체계를 공유하는 정책하위 체제에 초점
- 외부요인: 외부 안정적 요인, 외부 역동적 요인
- 내부요인: 정책지지연합의 신념체계(규범핵심, 정책핵심, 이차적 측면), 정책중재자
- 정책학습

◘ Hall의 패러다임변동모형(Paradigm Shift Model)

▶ 개념 및 의의

- 한 사회의 패러다임 변화에 의해 정책이 변동

▶ 내용

- 정책결정자들은 일정한 사고와 기준의 틀 속에서 행동
- 정책변동과정에서의 정책학습의 중요성을 강조
- 사회적 학습으로서의 정치와 권력투쟁으로서의 정치가 서로 얽혀 있다는 사실을 강조

◘ Mucciaroni의 이익집단 위상변동모형(Reversals of Fortune Model)

▶ 개념 및 의의

- 이익집단의 위상의 변화와 정책변동의 관계 고찰

▶ 내용

- 이슈맥락: 정책의 유지 또는 변동에 영향을 미치는 정책요인
- 제도맥락: 정책결정그룹의 제도적 선호나 패턴을 국회 등 제도적 측면에서 바라보는 것
- 이슈맥락·제도맥락이 유리한지에 따른 집단위상의 변동

◘ Kingdon의 정책흐름(Policy Stream)모형

▶ 개념 및 의의

- 정책문제의 흐름, 정치의 흐름, 정책대안의 흐름 등 세 가지의 흐름이 결합하여 정책변동

▶ 내용

- 정책문제의 흐름(Problem Stream): 극적사건이나 위기 등 점화장치로 인한 의제화
- 정치의 흐름(Politics Stream): 여론의 변화, 정권의 변동 등
- 정책대안의 흐름(Policy Stream): 전문가 집단 등 정책공동체(policy community의 대안들
- 정책의 창(Policy Window): 극적 사건, 정치적 사건에 의해 세 흐름이 결합

Chapter 10

핵심 Question!

Stage Model

◎ 정책과정에서 정책변동이 갖는 의의를 설명하라.

◎ 정책변동의 유형 중 정책혁신과 정책유지에 대하여 설명하라.

◎ 정책승계를 종류별로 설명하라.

◎ 정책종결의 특성을 분류하여 설명하라.

◎ 정책변동의 영향요인을 설명하라.

◎ ACF의 개념 및 의의를 설명하라.

◎ ACF의 특성을 사례에 적용하여 설명하라.

◎ Hall의 패러다임변동모형(Paradigm Shift Model)의 개념 및 의의를 설명하라.

◎ Mucciaroni의 이익집단 위상변동모형(Reversals of Fortune Model)의 개념 및 의의를 설명하라.

◎ 이슈맥락/제도맥락과 집단위상의 변동관계를 사례를 들어 설명하라.

◎ Kingdon의 정책흐름(Policy Stream)모형의 개념 및 의의를 설명하라.

◎ Kingdon의 정책흐름(Policy Stream)모형의 세 가지 흐름에 대하여 설명하라.

◎ Kingdon의 정책흐름(Policy Stream)모형의 세 가지 흐름 및 정책의 창의 개념에 대해 사례를 들어 설명하라.

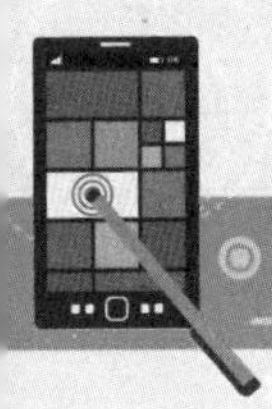

정책학 출제 최신경향&기출문제

CHAPTER 10 출제 최신경향

제10장에서는 정책변동에 대해서 다루고 있다. 정책은 정책의제설정에서부터 정책결정, 정책집행, 정책평가, 정책변동의 동태적인 과정을 거쳐 산출된다. 정책과정상 각 정책단계에서 활동의 결과로 얻게 되는 정보는 전 단계의 활동을 위해서 끊임없이 환류됨으로써 바람직한 정책 활동이 일어날 수 있다. 이러한 환류를 통해 정책의 변동이 발생하게 되고, 적절하고 정확한 환류를 통한 정책변동은 바람직한 정책의 성과를 가져오는 데 중요한 역할을 한다.

그러므로 본 장을 학습하는데 유의할 점은 정책과정에서 이러한 정책변동이 중요하게 등장하게 된 이론적 배경을 이해할 필요가 있다. 과거 전통적 관료제 모형 하에서는 정책변동은 단순한 형태의 정책종결로 이해하였으나, 현대 정책이론에서 강조되는 거버넌스 패러다임 하에서는 정책변동의 동태성, 복합성, 순환성이 강조되고 있다. 정책변동을 통해 정책의 혁신과 정책학습이 강조됨에 따라 정책변동을 활용하여 정책혁신, 정책유지, 정책승계, 정책종결에 대한 새로운 시각을 숙지할 필요가 있다.

실제 출제경향도 정책성공을 최대화하기 위해 정책의 일관성과 안정성을 유지하거나 정책의 혁신과 학습이라는 정책수정의 필요성을 정책변동론의 관점에서 설명하라는 문제가 출제되고 있다.

또한 정책변동은 정책 환경의 변화와 이로 인한 정치체제에 대한 투입의 변화, 그리고 투입을 정책으로 변환시키는 과정에 의해 유발된다. 따라서 정책변동의 요인과 과정을 설명하고 있는 정책변동모형에 대해서는 관련 사례를 바탕으로 학습할 필요가 있다.

특히 Sabatier의 정책지지연합모형, Kingdon의 정책흐름모형을 중심으로 자주 출제되는 경향이 있으며, Hall의 패러다임변동모형, Mucciaroni의 이익집단위상변동모형에 대해서도 정리해 둘 필요가 있다. 더 나아가 최신모형들에 대해서도 정리해두길 권한다. 이런 관점에서 본서 제13장에서 제시되는 E. Ostrom의 IAD(제도분석틀)모형과 함께 P. Sabatier의 ACF(정책지지연합)모형과 Kingdon의 PS(정책흐름)모형의 연장선상에서 제시된 Birkland의 정책학습모형과 Zahariadis의 MS(다중흐름)모형에 대해서도 정리해둘 필요가 있을 것이다.

고시기출문제 정부가 추진하는 정책은 일관성·안정성을 유지하는 것이 필요한 반면 정책수정이 요구되기도 한다. 정책의 일관성·안정성 유지 또는 정책수정의 필요성을 정책변동론의 관점에서 사례를 들어 설명하시오[2006년 행시].

답안작성요령

핵심 개념

본 문제는 정책변동론의 관점에서 정책의 일관성·안정성 유지와 정책수정의 필요성에 관하여 묻고 있다. 정책은 정책과정이 진행되면서 각 단계별로 이루어지는 활동이 정책학습에 의하여 다음 단계에 영향을 미쳐 지속적인 환류가 나타나는데, 이 때 바람직한 정책의 성과를 가져오는데 중요한 역할을 하는 것이 정책변동이다. 현대사회에서 정책변동은 정책학습을 토대로 새로운 정책의 품질 및 성공가능성을 높인다는 측면에서 매우 큰 의의를 지닌다. 하지만, 다른 한편 정책이 일관되고 유지되어야 하는 이유에 대해서도 잘 논술해 주어야 한다.

정책변동의 유형과 영향요인

정책변동에 관해 Hogwood와 Peters는 정책유지, 정책종결, 정책혁신, 정책승계로 분류한 바 있다. 이러한 분류에 따르면 정책변동은 완전히 새로운 정책을 결정하는 정책혁신(*policy innovation*), 정책을 그대로 존속시키는 정책유지(*policy maintenance*), 정책목표는 변동되지 않고 정책수단을 근본적으로 수정 또는 대체하는 정책승계(*policy succession*), 정책목표가 완전히 달성되어 문제가 소멸되었거나 달성 불가능한 경우 정책을 완전히 소멸시키는 정책종결(*policy termination*) 등이 있다.

한편 Hofferbert(1974: 225-232)는 정책산출에 영향을 미치는 요인으로, 역사 및 지리적 조건, 사회 및 경제적 조건, 대중정치 행태, 정부제도, 엘리트 행태를 들며, 마치 순차적으로 깔때기 관을 통과하는 과정을 거쳐 직접 또는 간접적으로 정책산출에 영향을 미친다고 하였다. P. Sabatier는 이러한 조건들을 토대로 외부요인(외부역동적 요인과 외부안정적 요인)과 내부요인(신념과 자원), 정책학습요인으로 나누어 정책지지연합모형(ACF모형)을 제창한 바 있다.

정책유지 및 정책수정에 대한 사례

정책유지에 관한 사례로는 정책의 근본적 목적은 유지하면서 세부항목이나 집행절차 등이 변한 '먹는 물 관리법 일부 개정'이 좋은 사례이다. 먹는 물을 관리하는 정책이 수돗물이나 먹는 샘물에 한정되어 있어 해양심층수 등 다양한 원수를 이용하여 먹는 물의 국제적 판매 등의 정책환경의 변화에 따라 근본 골격은 유지하면서 약간씩 수정 변경한 좋은 사례이다. 이에 따라 물 관리 정책의 난립에 따른 물 시장의 혼란을 해소하기 위하여 정책의 일관성·안정성은 유지하면서 정책환경의 투입과 요구 등에 따른 정책변동이 일어났다. 따라서 이 사례는 정책의 일관성·안정성은 유지하면서도 새로운 정책환경 및 수요변화의 반영이라는 관점에서 정책변동이 일어난 점을 잘 설명해 주는 사례라고 하겠다.

정책수정에 관한 사례로는 '출산장려정책의 변화'를 예로 들 수 있다. 우리나라는 산업화가 진행되면서 노동인력의 확보 등을 위하여 출산을 장려하면서 국가의 가족계획정책이 형성되었으나, 인구가 급격히 늘어나면서 그에 따른 문제점들이 나타나 1가구 2자녀 등 다시 인구억제정책이 펼쳐졌다. 하지만 최근 저출산과 고령화의 고령화사회 진입으로 인한 생산가능인구의 부족 등 정책환경의 변화로 정책수정의 필요성이 제기되면서 다시 출산을 장려하는 정책으로의 정책변동이 나타났다. 이처럼 정책환경의 변화 및 정책수용의 변화에 따라 정책의 수정 및 변동은 불가피한 것으로 볼 수 있다. 하지만 최근의 저출산으로 인한 고령화 사회의 문제점을 잘 고찰해보면, 과거 "하나만 낳아서 잘 기르자"던 출산정책의 근시안적 문제점도 파악할 수 있는 바, 불과 10년 후의 사회현상에 대한 기본적 예측도 못하는 정책예측 실패사례이기도 해서 씁쓸함을 감출 수 없다. 이처럼 정책변동을 제대로 하기 위해서는 기본적인 정책수요 및 미래예측이 전제되어야 함을 알 수 있다.

고득점 핵심 포인트

정책은 정책의제설정부터 정책결정, 정책집행, 정책평가, 정책변동의 동태적인 과정을 거쳐 산출된다. 현대사회에서 정책성공의 최대화와 정책실패의 최소화를 위하여 거버넌스 패러다임의 강조 속에 정책변동이 주목받게 되는 이론적 배경을 고찰해 줄 필요가 있다. 현대 거버넌스 패러다임 하에서는 정책변동의 동태성·복합성·순환성이 강조되고 있으며, 이에 따라 정책변동을 정책학습이라는 새로운 시각에서 고찰하려는 움직임도 강화되고 있다.

앞서 논의한 바와 같이 이 문제는 정책사례를 통해 정책유지 및 정책수정의 변동요인에 대해 잘 기술해 주는 것이 핵심이다. 아울러 Sabatier의 ACF모형(의약분업정책의 변동), Kingdon의 정책흐름모형(대구지하철참사를 통한 지하철 재난안전정책의 변동)에 대한 간략한 고찰을 통해 어떠한 요인들이 정책변동의 중요 요인으로 작용하는지를 언급해 주는 것도 더 완성도 높은 답안 구성에 도움이 되리라 생각한다(본서 제10장 본문 정책변동론 참조 바람).

고시기출문제 존 킹돈(John Kingdon)의 정책창 모형은 세 가지의 흐름을 통해 정책결정 현상을 설명하고 있다. 이들 세 가지 흐름의 내용을 기술하고, 세 가지 흐름을 기본적 내용으로 하고 있는 정책창 모형이 우리나라 정책결정 현상을 이해하는데 어느 정도 적실성이 있는지를 간단히 설명하시오 [2008년 입시].

답안작성요령

핵심 개념

본 문제는 Kingdon의 정책창 모형에 대해 묻고 있다. 이 문제는 정책이 결정되는 과정에서 어떠한 요소들이 영향을 미치고 정책산출이라는 최종적인 단계에 이르는지를 킹돈의 모형을 바탕으로 우리나라의 정책현상을 설명하는 것이다. 특히 킹돈의 모형은 쓰레기통 모형을 토대로 각자 독립적으로 흐르고 있는 정책문제의 흐름, 정치의 흐름, 정책대안의 흐름이 결합(*coupling*)되어 정책의 창(*window of policy*)이 열리는 과정을 독창적으로 모형화했다는 평가를 받고 있으며, 우리나라 정책사례에 광범위한 적용성을 지니고 있다.

세 가지 흐름과 정책의 창

정책문제의 흐름은 기존에 사회에 흐르고 있는 문제들이 위기, 지표, 극적 사건 등으로 정책결정자에게 문제로 인식된다. 정치의 흐름은 여론 및 언론의 동향, 다수당 혹은 정권의 교체, 이익집단의 압력 등이며, 정책대안의 흐름은 정책공동체의 분화정도와 이들이 제시하는 정책대안의 가치수용성, 정책혁신가의 활동 등으로 판단할 수 있다. 이 세 가지 흐름은 우연히 혹은 극적 사건(*dramatic event*)이나 정치적 사건(*political event*)이 점화장치(*triggering device*) 역할을 함으로써 '정책의 창'(*policy window*)을 열리게 한다. '정책의 창'이 열린다는 의미는 정책결정의 기회가 생기는 것으로 이해할 수 있다.

Kingdon 모형의 정책결정 사례 및 적실성 판단

Kingdon은 정책의 창이 열리는 데 있어서 초점사건의 역할을 강조하였다. 많이 이용되는 사례로는 대구지하철 참사사건이 있다. 이 사건으로 인하여 지하철 역내 스크린도어 설치 등의 안전장치에 관한 정책이 새롭게 결정되었다. 천안함 폭침이라는 초점사건으로 인해 우리나라 국방 및 안보 패러다임이 바뀐 사례도 들 수 있겠다. 이처럼 Kingdon 모형은 초점사건으로 인한 정책결정의 변동을 상당히 설득력 있게 설명해 준다는 장점을 갖고 있다.

그러나 권위적인 정책결정구조와 행정문화가 나타나는 우리나라에서 의약분업, 한·양약 분쟁 등 장시간 동안 갈등상황에서 다양한 이해관계자들의 정책갈등의 경우에는 Sabatier의 ACF모형(정책지지연합모형)이 더 설명력이 높기도 하다. 또한 우리나라처럼 대통령 주도의 리더십에 의하여 정책결정이 이루어지는 상황을 제대로 설명하지 못한다는 한계도 지닌다.

고득점 핵심 포인트

정책은 본질적으로 합리성과 정치성을 모두 내포하고 있으며, 정책은 결국 그 사회의 맥락의 반영이다. 따라서 본 문제는 Kingdon 모형을 중심으로 미국 등의 이론과 모형들이 우리나라의 현실에 설명가능한지에 대해 고민해 볼 것을 주문하고 있다.

본 문제의 핵심은 구체적인 사례를 통해 Kingdon 모형의 한국 적실성을 탐색해 보는 데 있다. 정책문제의 흐름, 정치의 흐름, 정책대안의 흐름을 제시하면서, 예컨대 대구지하철 참사사건을 통해 설명해주면 좋을 것이다.

앞서 기술한대로 Kingdon 모형의 한국적용가능성은 높다고 할 수 있다. 특히 최근 들어 현대사회의 재난사고, 기후변화로 인한 재난사고 등이 빈번해지고 있는 바, 이러한 초점사건을 중심으로 정책의 창을 설명하는 Kingdon 모형의 설명력은 매우 높은 것으로 평가된다. Kingdon 모형을 발전시킨 Birkland의 정책학습모형, Zahariadis의 다중흐름모형이 자주 활용되는 것도 Kingdon 모형의 적용력이 높다는 점을 반증하는 것이다. 이처럼 Birkland, Zahariadis에 대한 다중흐름모형도 간략히 언급해 주면 더 높은 점수를 받을 수 있을 것이다(본서 제10장 본문 Kingdon의 정책흐름모형; 제13장 Birkland의 정책학습모형과 Zahariadis의 MS(다중흐름)모형에 대해서도 참조 바람).

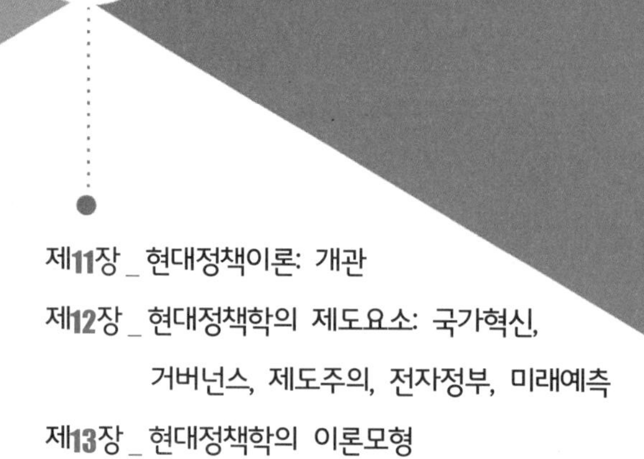

3

PART 03

현대적 정책이론

Policy Theory

제3부 현대적 정책이론에서는 특별히 미래예측(*future foresight*)을 중심으로 한 미래연구(*future studies*)를 현대정부의 정책역량(*policy capacity*)을 분석과 예측이라는 측면에서 강화시키는 중요한 이론의 한 축으로 주목하고 조명하고자 한다.

정책학은 문제해결을 지향하고(*problem-oriented*), 시간성과 공간성의 맥락성(*contextuality*)을 가지면서, 순수학문이면서도 응용학문으로서 연합학문지향성(*interdisciplinary*)을 지닌다. 이처럼 문제지향성, 맥락지향성, 연합학문성의 정책학을 바르게 이해하려면, 정책분석과 미래예측 기법뿐만 아니라, 정치학(심리학), 국가혁신이론, 거버넌스이론, 전자정부이론 등을 이해해야 한다. 정책이란 가치와 갈등, 권력과 협상의 산물이면서, 동시에 이성과 합리, 분석과 예측의 산물이기 때문이다.

제3부 현대적 정책이론에서는, 이러한 관점에서, 1) 혁신관리, 지식관리, 미래예측에 토대를 둔 분석과 예측 중심의 미래지향적 정책문제 해결역량(*analytical governance*)의 강화와 2) 갈등관리, 거버넌스, 전자정부이론에 토대를 둔 민주적 국정관리(*democratic governance*) 역량강화를 위해, 국가혁신이론, 거버넌스이론, 제도주의이론, 전자정부이론, 미래예측이론을 학습하고자 한다.

현대정책이론: 개관

제11장에서는 현대정책이론에 대해서 학습한다. 정책이란 정치적 갈등의 요소와 합리적인 정책결정단계가 상호 역동적이고 동태적인 과정을 거치면서 만들어지는 것이다. 정책과정은 가치 있는 자원의 배분을 놓고 이해관계자들이 경쟁하고 타협하는 과정으로서, 본질적으로 가치, 갈등, 권력 등의 요소들이 내재되어 있다. 이처럼 정책은 가치, 갈등, 권력적 요소를 그 배경적 특성으로 하고 있지만, 정책학이 존재하는 본질적 이유는 이러한 특성적 한계를 배경으로, 어떻게 하면 합리적 정책과정에 있어서 권력적 요소를 배제하고 전문성을 제고하며, 과학적이고 분석적인 정책을 도출할 수 있을 것인가 사유하고 탐색하는 데 있다.

현대사회는 대단히 빠른 속도로 변화하고 있으며, 그 속도는 시간이 갈수록 더욱 가속화될 것으로 보인다. 특히, 정보가 중요해지고, 가치가 다원화되며, 세계화와 국지화 경향이 병존하고 있다. 이러한 흐름 속에서 변화의 바람이 거세게 불고 있다. 현대정책이론이 미래사회의 이러한 변혁적 흐름에 대응하여 현실적합성 높은 문제해결책을 내놓을 수 있으려면, 한편으로는 혁신관리, 지식관리, 성과관리, 미래예측 등을 통해 분석과 예측 중심의 미래지향적 정책문제 해결역량(*analytical governance*)을 강화해야 하며, 다른 한편으로는 갈등관리, 거버넌스, 제도주의, 전자정부 등을 통해 참여와 신뢰를 향상시키는 민주적 국정관리(*democratic governance*) 역량을 강화해야 한다.

이것이 이 장에서 논의하는 현대정책이론의 핵심적 논의방향이다.

제 1 절 현대정책이론의 새로운 이해

정책학의 궁극적 목적은 인간 존엄성을 실현하는 데 있다. 즉, 인간의 존엄(*human dignity*)을 실현하고 인간의 가치(*human value*)를 고양시키는 데 있다. 이를 H. Lasswell은 민주주의 정책학이라고 불렀다. 즉 생산성(*productivity*)과 민주성(*democracy*)을 토대로 성찰성(*reflexivity*)-인간의 가치(존엄성, 인권, 정의, 형평)를 추구하는 학문이 정책학이다. 이는 정책학의 당위성-실현성-능률성 차원이라고 부를 수도 있다. 규범적이고 당위적인 정책이상을 바라보면서 능률적이고 효과적인 정책을 추구하되, 실현가능한 정책수단을 개발하는 것이 정책이론의 존재이유이다.

21세기 정책화두는 다양성, 창의성, 실용성이다. 다양성과 창의성을 토대로 실용성을 추구해야 한다. 지금 우리는 디지털 돌풍 속에 살고 있다. 디지털 기술은 시간(*time*), 속도(*speed*), 불확실성(*uncertainty*)이라는 속성을 지니고 있다. 시공의 압축 혁명 속에서 생각의 속도로 움직이는 디지털 신경망 조직(최고의 업그레이드된 전자정부)을 만들고, 조직구성원과 최고책임자의 문제해결 역량을 향상(*upgrade*)시키지 않으면 살아남지 못하는 시대에 살고 있다. 즉 변화의 시대이다.

디지털과 속도 그리고 변화의 시대에 절실히 요구되는 것은 정책분석 역량과 문제해결 역량이다. 정책분석에 대한 다양한 이론적 토대와 철학적 인식을 기반으로 정책실패와 정책성공이 교차하는 분기점에 대한 다양한 정책사례들을 분석하고 학습하는 능력이 필요하다.

디지털 시대, 인터넷의 시대에 또한 절실히 요구되는 것은 문제해결 접근방식이다. Lasswell 시대의 정책학이 문제지향성, 맥락지향성, 연합학문지향성을 토대로 효율성을 추구하였다면, Post-Lasswell 시대의 정책학은 역시 문제지향성, 맥락지향성, 연합학문지향성을 토대로 삼지만 효율성 못지않게 참여성(*participation*), 숙의성(*deliberation*), 합의성(*consensus*)을 근간으로 하는 민주성을 지향한다고 볼 수 있다.

전자정부 시대의 정책학은 민주성을 효율성과 대칭되는 개념으로 접근하는 것이 아니라, 거버넌스적 해결구조와 참여민주주의 및 숙의민주주의에 철학적 기초를 둔 문제해결방식이 정책집행의 순응 확보를 통해 더 큰 효율성을 가져온다는 믿음에 기초하고 있다. 국가·사회적으로 이미 많이 분권화된 디지털 시대정신이나 시대가치가 더 이상 중앙집권이나 일사 분란한 형태의 효율성 위주의 상명하복(*top-down*)방식의 문제해결 구조나 접근방식을 용인하지 않기 때문이다. 즉, 신뢰와 협력에 기초한 거버넌스적 형태의 문제해결 구조와 갈등관리 방식을 요구하고 있다.

제 2 절 현대정책이론: 구성적 요소

정책학은 문제해결을 지향하고(*problem-oriented*), 시간성과 공간성의 맥락성(*contexuality*)을 가지면서, 순수학문이면서도 응용학문으로서 연합학문지향성(*interdisciplinary*)을 지닌다. 이처럼 문제해결지향성, 맥락지향성, 연합학문지향성의 정책학을 바르게 이해하려면 계량분석과 정책분석 기법뿐만 아니라, 정치학(정치경제학), 거버넌스이론, 전자정부이론, 국가혁신이론 등을 이해해야 한다. 정책이란 가치와 갈등, 권력과 협상의 산물이면서, 동시에 이성과 합리성, 효율과 과학의 산물이기 때문이다.

현대사회는 대단히 빠른 속도로 변화하고 있으며, 그 속도는 시간이 갈수록 더욱 가속화될 것으로 보인다. 특히, 정보가 중요해지고, 가치가 다원화되며, 세계화와 국지화 경향이 병존하고 있다. 이러한 흐름 속에서 변화의 바람이 거세게 불고 있다. 현대사회의 이러한 시대적인 흐름에 현대정책학이 제대로 대처하여 정책학 본래의 문제해결지향성과 맥락지향성을 살려 나가려면, 정책이론은 지식정보 시대의 이러한 변화에 부응할 수 있는 새로운 패러다임을 제공해 줄 수 있어야 한다. 이 책에서는 전통적 정책이론과 현대적 정책요구 사이에 생기는 이론적 차이(*gap*)를 메우기 위한 학술적 작업의 일환으로 정책학이론에 더하여 국가혁신이론, 거버넌스이론, 전자정부이론이라는 개념적 도구들을 활용하려고 한다.

첫째, 현대정책이론의 첫 번째 축은 국가혁신이론이다. 국가혁신의 핵심은 정부와 시장과 시민사회가 어떻게 하면 신뢰와 네트워크 정신 속에서 자율성과 창의성이 마음껏 발휘될 수 있는 국정운영시스템을 만들 수 있느냐에 달려있는데, 이를 위해 국가혁신이론은 그 하위수단적 개념으로써 정책품질관리, 갈등관리, 지식관리, 성과관리 등을 내포하고 있다.

둘째, 현대정책이론의 두 번째 축은 거버넌스이론이다. 거버넌스는 라스웰(Lasswell)이 인간의 존엄성을 강조한 민주주의 정책학을 주창한 이래 정책학이 계층제적 관료제의 도구로 전락된 것에 대한 반성과 성찰의 결과이다. 기존의 정책학은 다양한 의견 투입이 원활하게 이루어지지 못하고 정책의 효율성만을 추구한 결과 정책불응과 같은 또 다른 비효율성을 양산하고 있었다. 이에 대한 반성으로 대두된 거버넌스는 다양한 이해관계자들의 참여를 제도적으로 보장함으로써, 정책의 민주성과 효율성을 동시에 추구하는바, 이러한 거버넌스이론은 현대정책이론의 핵심요소 중의 하나이다.

셋째, 현대정책이론의 세 번째 축은 전자정부이론이다. 전자정부는 관료제모형의 대안으로 제시된 현대적 의미의 정책결정 메커니즘이다. 전자정부는 정부 내에 산재해 있는 지능(*intelligence*)을 한 단계 향상(*upgrade*)시킴으로써, 정부 내부의 문제해결능력과 정책결정역량을 제고시킨다. 또한 전자정부는 정보와 지식의 공유와 학습을 강조함으로써, 정부 내외의 혁신활동을 지원해 주는 역할을 하므로 효율성과 생산성을 추구한다. 또한 정부 외부와는 다양한 이해관계자들이 참여할 수 있는 공론의 장을 제공해 줌으로써, 참여성, 숙의성, 합의성 등 민주성을 강조하는 거버넌스 형태의 정부조직모형이다.

제 3 절 현대정책이론: 특성적 요소

위에서는 현대정책이론의 구성적 요소라는 관점에서 국가혁신이론, 거버넌스이론, 전자정부이론들에 대해 개관하였다. 이러한 논의를 토대로 현대정책이론이 가져야 할 특성적 요소들을 정리하면 다음과 같다. 이러한 특성적 요소들은 현대정책이론이 이러한 방향성을 지향해야 한다는 규범적인 의미도 동시에 지닌다.

첫째, 현대정책이론은 국가혁신론과 불가분의 관계에 있다. 국가혁신론은 정부혁신론을 핵심개념(*core concept*)으로 해서 국가전체에 혁신을 확산시키는 전략적 접근을 취한다. 이는 정부조직의 일하는 시스템(제도), 기술(IT), 절차(과정), 행태(태도) 등의 혁신을 통해 이루어지는 정부혁신을 중심으로 국가혁신을 국가 전반에 확산시키는 것을 말하는데, 이러한 제도적 접근은 제도의 내용에 해당하는 정책적 혁신과 결부되어야만 비로소 원래 의도한 국가혁신의 목적은 실현된다.

둘째, 현대정책이론은 Lasswell이 강조한 민주주의 정책학과 탈실증주의의 접목을 기초로 한다. 민주주의 정책학은 체계질서 차원에서 근본적으로 중요한 문제의 탐색과 해결을 중시하고 궁극적으로는 인간의 존엄성의 실현을 지향한다. 탈실증주의는 좁은 의미의 실험실 과학을 넘어서서 해석과 논증, 사례와 실용까지를 고려한 과학의 합리성을 강조한다(허범, 2002: 308). 현대정책이론은 사회과학의 실사구시적 전통을 기반으로 우리 국가사회에 존재하는 실천적 문제해결을 지향하며, 국가혁신·거버넌스·전자정부 등의 이론적 토대를 응용하는 연합학문적 접근을 지향하고, 시민사회의 도래에 따라 강조되는 참여성·숙의성·합의성에 기초한 민주지향성을 지향한다. 정책이론의 이러한 민주성 강조는 뉴거버넌스의 민주성 강조, 전자정부 패러다임의 민주성 강조와 맥이 닿아 있다.

셋째, 현대정책이론은 시장, 참여, 연결을 중심개념으로 하는 뉴거버넌스 접근방식에 기초하며, 다양한 형태의 정책행위자들이 신뢰와 협력을 토대로 정책과정에 참여하는 정책네트워크이론에 기초한다. 즉 정부관료제의 내부 비효율성과 경직성을 타파하기 위해 새로 도입된 신공공관리론(NPM)의 관리주의 요소에다가, 경쟁, 고객, 가격체제, 유인체제 등을 활용하는 시장주의 요소(시장중심 거버넌스 기법)의 도입, 이와 더불어 참여와 연결, 신뢰와 협동, 조정과 네트워크를 강조하는 시민사회 요소(시민사회중심 거버넌스 정신)를 중시하는 뉴거버넌스적 문제해결 방식과 밀접한 연관관계를 갖고 있다.

넷째, 현대정책이론의 정부모형은 전자정부, 지식정부 등 Post-관료제모형에 기초한다. 즉, Post-관료제의 모형에서 대두되고 있는 전자정부의 일하는 시스템 혁신과 참여지향적 민주성개념, 그리고 더 나아가 전자정부의 열린 의사소통 및 담론형성의 정책기제를 통해 우리 사회를 좀 더 신뢰받고 성숙한 사회로 업그레이드시키는 성찰성개념은 정책이론의 정신에서도 그대로 이어진다. 즉, 정책이론은 궁극적으로 개인의 자유와 창의, 신뢰와 등권이 실현되는 사회적 꿈과 비전(Habermas가 그의 "Unfinished Project"에서 강조했던 바로 그 Social Vision and Dream)을 지향하며, 정책이론은 정부혁신이라는 수단적 개념을 통해 개인의 자아실현과 자아완성의 가능성이 열려 있는 사회의 실현을 지향한다.

다섯째, 현대정책이론은 정책윤리와 정책토론을 강조한다. 학문으로서의 정책학의 태동은 정책의 윤리성에 대한 특별한 관심에서 출발한다. 정책학은 윤리적 학문이며 이것이 정책학의 정체성을 구성하는 본질이다. Lasswell이 소망하는 정책학의 이상도 "인간의 존엄성을 보다 충실하게 실현하는 것"이었으며, 그가 정책학의 주창을 통하여 진정으로 의도하였던 것은 과학적 방법을 통하여 인도주의적 이상을 구현할 수 있는 당위적 학문을 성립시키는 것이었다. 그리고 이것은 또한 허범 교수(2002: 307-308)께서 주장하듯이, 민주주의 정책학과 탈실증주의의 접목을 위한 중요한 방향 설정이 될 것이다. 정책윤리에 대한 강조는, 참여, 토론, 조정 그리고 합의에 기초한 숙의민주주의(*discursive democracy*)의 신장과 함께, 인간의 존엄성의 실현을 위한 중요한 방향 설정이 될 것이다. 즉, 정책이론은 인간의 인권과 존엄, 그리고 개인의 자아실현을 지향하며, 사회구성원의 자아실현을 통해 정책이론의 목적구조는 완성될 수 있을 것이다.

이하에서는 이러한 특성을 지닌 현대정책이론을 새롭게 조명해 보기 위해, 현대정책이론이 지닌 구성적 요소들인 국가혁신이론, 거버넌스이론, 제도주의이론, 전자정부이론 등에 대해서 학습하고자 한다.

Chapter 11

핵심 Point !

Policy Theory

◎ 현대정책이론의 새로운 이해

- Lasswell의 민주주의 정책학
  - 생산성(productivity)과 민주성(democracy)을 토대로 성찰성(reflexivity)을 추구하는 학문
- 디지털 시대, 인터넷의 시대의 정책학
  - 정책분석 역량 및 문제해결 역량이 요구
- 전자정부 시대의 정책학
  - 신뢰와 협력에 기초한 거버넌스적 형태의 문제해결 구조와 갈등관리 방식을 요구

◎ 현재정책이론의 구성적 요소

- 국가혁신이론
- 거버넌스이론
- 전자정부이론

◎ 현재정책이론의 특성적 요소

- 국가혁신론과 불가분의 관계
- Lasswell이 강조한 민주주의 정책학과 탈실증주의의 접목을 기초로 함
- 뉴거버넌스 접근방식에 기초함
- 전자정부, 지식정부 등 Post - 관료제모형에 기초함
- 정책윤리와 정책토론을 강조함

Chapter 11

핵심 Question!

Policy Theory

◎ 현대정책이론이 미래사회의 변혁적 흐름에 대응하여 현실적합성 높은 문제해결책을 내놓기 위해 갖추어야 할 역량은 무엇인가?

◎ 전자정부 시대에 요구되는 정책학의 방향은 무엇인가?

◎ 정책이론은 지식정보 시대의 변화에 부응할 수 있는 새로운 패러다임을 제공해 줄 수 있어야 한다. 전통적 정책이론과 현대적 정책요구 사이에 생기는 이론적 차이(gap)를 메우기 위한 현대정책이론의 구성적 요소에는 어떠한 것들이 있는가? 각각에 대하여 간략히 설명하라.

◎ 현대정책이론의 구성적 요소에 대한 논의를 토대로 하여, 현대정책이론이 가져야 할 특성적 요소는 무엇인지 설명하라.

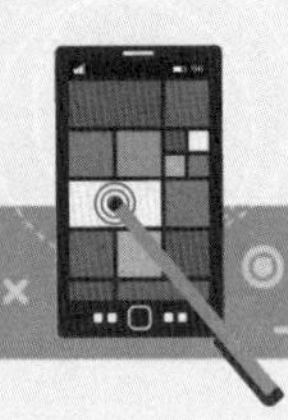

정책학 출제 최신경향&기출문제

CHAPTER 11 출제 최신경향

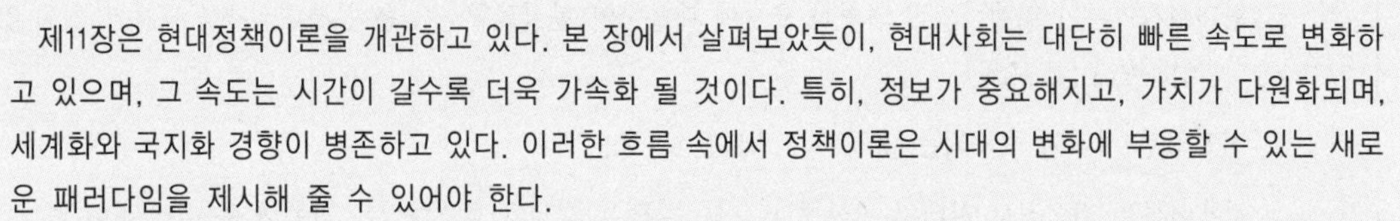

제11장은 현대정책이론을 개관하고 있다. 본 장에서 살펴보았듯이, 현대사회는 대단히 빠른 속도로 변화하고 있으며, 그 속도는 시간이 갈수록 더욱 가속화 될 것이다. 특히, 정보가 중요해지고, 가치가 다원화되며, 세계화와 국지화 경향이 병존하고 있다. 이러한 흐름 속에서 정책이론은 시대의 변화에 부응할 수 있는 새로운 패러다임을 제시해 줄 수 있어야 한다.

이러한 관점에서, 전통적 정책이론과 현대적 정책요구 사이에 생기는 이론적 차이(*gap*)를 메우기 위해 전통적 정책이론에 더해 현대정책이론의 구성요소로 국가혁신이론, 거버넌스이론, 신제도주의, 전자정부이론 등이 활용되고 있다.

그러므로 본 장을 학습하는데 유의할 점은 현대정책이론의 구성요소인 국가혁신이론, 거버넌스이론, 신제도주의, 전자정부이론 등의 논의를 토대로 현대정책이론이 가져야 할 특성과 방향성을 고찰해야 한다는 점이다.

최근 출제경향을 살펴보면 정책과정에서 나타날 수 있는 여러 문제들을 네트워크와 거버넌스와 같은 현대정책이론을 통해 설명하라는 문제들이 출제되고 있으며, 정책과정에서 나타나는 부처 간 갈등 조정방안에 대해 묻는 문제들이 출제되고 있다.

먼저, 네트워크 거버넌스에 대해서는 전통적 집행관이 지니는 한계를 밝히고, 현대적 집행관의 특징에 따라 거버넌스와 네트워크의 개념을 밝히는 것이 중요하다. 여기에서 핵심 포인트는, 뒤의 문제해설에서 설명하듯이, 정책집행의 구조에 다른 거버넌스와 네트워크의 특징을 이해하고, 개념을 설명하는 데 있다.

부처 간 갈등을 해소하기 위한 정책조정방안으로는, 이 역시 뒤에서 설명하듯이, 첫째, 문제해결(*problem solving*), 둘째, 설득(*persuasion*), 셋째, 협상전략(*bargaining strategies*), 넷째, 강제전략(*coercive strat-egies*) 등을 제시하되, 현대 정책환경의 변화에 따른 정책조정의 필요성 증대의 논리를 중심으로 현대사회의 이익집단의 조직화에 따른 부처와 결탁 증가와 이익대결의 일상화, 여러 부처에 연관된 복합적인 성격의 정책사안 증가, 과거에 존재하지 않았던 정책사안(사이버에서의 문제, 노인문제 등)의 증가 등에 대해 분석해 줄 필요가 있다.

요컨대, 네트워크 거버넌스이든 현대 정책환경의 변화에 따른 새로운 대처방안이든 현대정책과정에 대해서 묻고 있는 문제들이다. 따라서 본 장에서 서술한 바와 같이 현대정책이론이 등장하게 된 역사적 배경과 이러한 현대적 흐름들이 현대정책과정에 던지는 의미와 지향점, 그리고 변화하는 정책학의 패러다임 등에 대하여 학습해 놓는 것이 유리하다. 이는 답안 작성 시 보다 깊이 있고 풍부한 논의를 가능케 함으로써 보다 완성도 높은 답안을 작성하는데 큰 도움을 줄 것이기 때문이다.

고시기출문제 2000년대 이후 정책집행 연구는 전통적인 관료제를 통한 하향식 접근방법 외에도 "네트워크"와 "거버넌스"라는 개념을 활용해 복잡한 정책집행 현상을 다루는 것을 특징으로 한다. 여기서 말하는 네트워크와 거버넌스의 개념을 설명하시오[2010년 입시].

답안작성요령

핵심 개념

본 문제는 현대적 집행관의 네트워크와 거버넌스 개념에 대해서 묻고 있다. 전통적 집행관과 현대적 집행관을 구별하여, 전통적 집행관의 전통적 관료제 모형과 대비하여 현대적 집행관에서 나타나는 네트워크와 거버넌스 개념을 기술하라는 것이다.

고전적 집행관은 Wilson의 정치·행정이원론, Taylor의 과학적 관리, Weber의 관료제 등의 고전적 행정의 원리를 따르고 있으며, 엄격한 계층제적 관료제 모형에 기초하고 있다. 이 모형은 정치에 의해 결정된 정책내용을 행정은 충실히 집행하고, 행정조직 상층부는 정책결정을 하고 조직 하층부는 전문가가 이를 집행하며, 기계적·자동적으로 충실히 집행하면 행정의 능률성이 보장된다는 개념을 토대로 하고 있다.

하지만 고전적 집행관은 정책결정과 정책집행의 분리(이질성), 정책결정과 정책집행의 시간적 선후(일방향성), 정책결정내용의 기술적 집행(기계적, 자동성) 등의 잘못된 가정을 하고 있다. 결국 고전적 집행관은 정책의 과정을 지나치게 단순화시키고 있어 현실의 정책과정에서 관철되기가 쉽지 않다.

따라서 이후 제시된 현대적 집행관은 정책결정과 정책집행의 동질성, 쌍방향성, 복합성·순환성 등을 토대로 엄격한 계층제적 관료제보다는 좀 더 느슨한 구조의 네트워크나 거버넌스에 의한 연계가 더 복잡한 정책집행 현상을 다루는 데 적합하다고 주장한다.

거버넌스와 네트워크의 개념

거버넌스는 정부 중심의 정책집행에 대비하여 정부-시장-시민사회의 네트워크를 통한 집행현상을 의미한다. 계층제적 관료제 중심의 명령(*command*)과 통제(*control*)에 대비하여 신뢰와 협동을 통한 조정(*coordination*)과 연결(*networking*)을 통한 집행구조를 보인다. 즉, 거버넌스 개념의 핵심은 "사회체계의 대등한 관계에서의 조정"을 전제로 하고 있으며(Pierre, 2000: 3), 공동체 운영의 새로운 메커니즘으로서 기존의 정부(*government*)나 통치(*governing*)를 대체하는 개념이다(권기헌, 2008: 476).

네트워크란 정책집행의 구조를 나타내는 특성으로서 기존의 계층제적 관료제가 수직적 구조를 의미했다면, 네트워크란 수평적 구조의 느슨한 연계체계를 말한다. 네트워크는 멤버십 구성, 통합성, 권력 및 자원배분의 측면으로 나눌 수 있는데, 1) 멤버십 구성이 얼마나 개방적인가 폐쇄적인가, 2) 통합성 측면에서 참여자 간의 상호작용이 얼마나 빈번한가 혹은 제한적인가, 3) 권력 및 자원배분 측면에서 얼마나 위계적인가 수평적인가에 따라 정책공동체 모형과 이슈네트워크 모형으로 나눌 수 있다(권기헌, 2008: 129).

정책집행 구조의 유형: Lars Carlsson

	엄밀한 연계	느슨한 연계
계층제적 구조	I(전통적 관료제)	II(개방체제)
비계층제적 구조	III(계층제 거버넌스)	IV(자치 거버넌스)

자료: 정경호, 핵심정책학, 2011에서 수정.

Lars Carlsson은 정책집행 구조를 연계의 강도와 계층의 구조로 구분하였는바, 이를 좀 더 수정하여 해석하면 다음과 같다.

I은 계층제적 구조-엄밀한 연계를 지닌 전통적 관료제 모형을 나타낸다.

II는 계층제적 구조-느슨한 연계를 지니며, 뉴먼(J. Newman)의 개방체제(Open System)을 예로 들 수 있다(권기헌, 2008: 484).

III은 비계층적 구조-엄밀한 연계를 지니며, 쿠이만(Kooiman)의 계층제 거버넌스(Hierarchical-governance)가 해당된다. 계층제 거버넌스는 전통적 관료제 중심의 거버넌스적 국정운영을 강조하는 개념이며, 이는 전통적 관료제 모형과는 구별된다. 정부 관료제 모형만이 아닌 시장 메커니즘과 시민사회와의 협력을 활용하기 때문이다. 정부는 사회의 거버넌스 능력을 강화하기 위해 전통적 관료제의 통제(*control*)보다는 사회운영에 있어서의 조정(*steering*)이라는 개념을 강조한다.

IV는 비계층적 구조-느슨한 연계를 지닌다. 여기에는 쿠이만(Kooiman)의 자치거버넌스(Self-governance)가 해당된다. 자치거버넌스는 사회 행위자들 간의 상호작용의 결과로서 사회의 자기조직적 네트워크가 생성되는 것을 의미하며, 국정운영의 관점에서도 사회적 행위자들 간의 상호작용과 자기 조정능력을 중시한다. 여기에서 중요한 것은 개별 행위자들 각각의 능력보다는 사회 전체적으로 이들 사이에 존재하는 관계네트워크 능력이라고 본다.

한편, III과 IV의 사이에는 쿠이만(Kooiman)의 협력거버넌스(Co-governance)가 포함된다(권기헌, 2008: 485-486). 협력거버넌스는 정부와 민간의 협력을 토대로 양자 간의 긴밀한 의사소통과 네트워크 능력을 강조하는 개념이다. 협력거버넌스는 우선 현대사회의 복잡성, 다양성 및 역동성에 주목한다. 이러한 사회에서는 사회 행위자들이 복잡하고 다양하게 변화하고 있기 때문에 국정관리 방식도 정부와 민간의 다양한 형태의 협업(*collaboration*)과 네트워크 능력(*networking capacity*)이 필요하다는 점을 강조한다.

거버넌스와 네트워크 중심 정책집행의 특징

거버넌스와 네트워크 중심의 정책집행은 비계층적 느슨한 구조하의 정책집행이며, 이는 다음과 같은 특징을 지닌다(정경호, 2011에서 수정).

1) 상황이 비구조적이다.
2) 집행조직 내의 권력분포는 유동적이다.
3) 집행당사자 간의 갈등이 크고 협상과 타협의 정치적 과정이 개입된다.
4) 집행에 관련된 당사자 간의 참여가 필수적이다.
5) 따라서 집행전략은 상향식 모형 혹은 통합형의 적응적 집행론을 고려할 필요가 있다.

고득점 핵심 포인트

본 문제는 고전적 집행관이 지니는 한계를 밝히고, 현대적 집행관에 특징에 따라 거버넌스와 네트워크의 개념을 밝히는 데 있다. 여기에서 핵심 포인트는 정책집행의 구조에 따른 거버넌스와 네트워크의 특징을 이해하고, 개념을 설명하는 데 있다.

특히 거버넌스와 네트워크의 개념을 서술함에 있어서, Newman, Kooiman, Pierre의 개념을 소화하고, 이를 현대적 집행관의 특성과 연계하여 계층제적 관료제 모형이 아닌 느슨한 구조의 집행모형의 필요성과 이에 기초한 집행전략에 대해 기술한다면 고득점 답안이 될 수 있으리라 본다(본서 제 12장 현대 정책학의 제도요소 참조 바람).

고시기출문제 다음 질문을 읽고 물음에 답하시오[2011년 행시].

> 업무영역을 둘러싼 부처 간 갈등은 다양한 분야에서 나타나고 있다. 예를 들면 어린이집은 A부처, 유치원은 B부처가 담당하고 있다. 유사한 분야임에도 불구하고 부처에 따라 서로 다른 정책이 시행되고 있다. 또한 온실가스 감축업무 주무부처 선정을 놓고도 C부처와 D부처가 주도권 경쟁을 벌여왔다. 이러한 정부 부처 간 갈등은 최근 들어 더욱 빈번해지고 있다.

1) 위 사례에서 보듯이 다양한 정책의 결정 및 집행과정에서 정부부처 간 갈등이 나타날 수 있다. 이러한 갈등이 나타나는 원인을 설명하시오.

2) 정부 부처 간 갈등을 해소할 수 있는 정책조정 방안을 제시하시오.

답안작성요령

핵심 개념

본 문제는 정책의 결정 및 집행과정에서 나타나는 정부부처 간 갈등의 원인을 분석하고, 이를 해결하기 위한 정책조정 방안을 제시하는 것이 핵심이다. 따라서 논의의 핵심인 '정책갈등(부처할거주의)'의 개념에 대해 명확히 제시해주는 것이 필요하다. '정책갈등(부처할거주의)'이란, 하위조직들이 자신들의 중요성을 강조하고 다른 하위조직, 경우에 따라서는 조직 전체에 대항하려는 경향을 뜻한다.

부처할거주의의 원인 및 폐해

문제 1)의 내용을 기술할 때는 부처 간 갈등의 원인을 중점적으로 논한 후, 이에 따라 나타나는 폐해와 심각성을 논리적으로 도출하여야 한다.

부처 간 갈등의 기본적 요인으로는 조직권력 및 영역다툼, 이념적 차이로 인해 갈등이 야기되기도 하며(Hall, 1991), 희소자원의 획득을 위한 경쟁과 목표의 분립 때문에 발생하게 된다(Pondy, 1967). 이 외의 요인으로는 대안선택에 있어서의 견해 차(가치관, 부처의 입장차이), 의사소통에 장애(좁은 부처 중심의 전문화현상으로 인한 (이를 '전문화로 인한 무능(Trained incapacity)'이라고 한다) 의사소통의 장애) 등을 원인으로 기술할 수 있다.

정책갈등의 원인에 대한 기술 후 논리적으로 이에 따른 폐해를 논할 필요가 있다. 예를 들어, 정책갈등으로 인하여 정책결정과정에서 분석적 결정보다는 타협, 부분최적화, 국지적 합리성 추구가 나타나고, 이익집단들의 권력배분에 따라 특정집단에 유리한 대안이 채택되는 현상(pork barrel 현상)을 설명할 수 있다. 또한 정책집행과정에서 다수의 기관에 의한 집행으로 내용의 변질, 지연, 불집행 등의 문제 발생을 논할 수 있다.

정부 부처 간 갈등 해소를 위한 정책조정방안 제시

문제 2)에서는 부처 간 갈등 해소를 위한 정책조정방안의 제시를 묻고 있으므로, '조정'의 개념 및 기능을 우선적으로 논한 후, 이를 토대로 정책조정방안을 제시해주어야 한다.

'조정'이란, 조직 내의 여러 활동을 일치시키고 통합시키는 업무로서 공동목적을 향하여 조직구성원의 활동을 연결하고 조화시켜 통합하는 작용이다. '조정'의 기능은 첫째, 조직체제 간의 관계를 유기적으로 집합·배열하여 조직의 집단적 노력에 일관성을 부여함으로써 조직활동의 추진력을 강화·증대시키며, 둘째, 조직의 목표를 추구함에 있어 균형과 일관성 있는 노력을 기하게 함으로써 협동력(*synergy*)을 증대시킨다.

이러한 논의에 기초하여 정부부처 간 갈등을 해소하기 위하여 정책조정방안으로 첫째, 문제해결(*problem solving*), 둘째, 설득(*persuasion*), 셋째, 협상전략(*bargaining strategies*), 넷째, 강제전략(*coercive strategies*)을 제시할 수 있다. '문제해결'은 갈등의 근본원인을 밝혀내어 이를 제거함으로써 갈등상황을 없애는 것으로 가장 바람직하지만, zero-sum 상황에서는 문제해결이 어렵다는 제한을 가지고 있다. '설득'은 상대방을 자신의 전략에 동조하도록 유도하는 것으로서, 구성원들이 공유할 수 있는 공통된 규범과 가치의 존재가 전제되어야 한다. '협상전략'은 조건적 양보 또는 유리한 보상을 통해서 절충점을 찾는 것으로서, 선별적 유인(*selective incentive*)책을 사용하여 협상 파트너의 욕구와 이익을 수용하여 갈등을 해결하려 한다. 마지막으로 '강제전략'은 협상 자체를 부인하고, 권위적 권력을 이용하여 상대방을 압박하는 전략이다. 이는 단기적(일시적) 갈등해소에는 도움이 되지만, 갈등의 완전한 해결을 할 수는 없다. 즉, 언제든 기회가 주어지면 다시 수면 위로 부상할 수 있는 여지가 있다(정경호, 핵심정책학, 2011에서 수정).

고득점 핵심 포인트

본 문제는 정책의 결정 및 집행과정에서 나타나는 부처 간 갈등의 원인 및 해결을 위한 정책조정방안을 묻고 있다. 따라서 우선적으로, 정책환경의 변화에 따른 정책조정의 필요성 증대의 논리를 중심으로 현대사회의 이익집단의 조직화에 따른 부처와 결탁 증가와 이익대결의 일상화, 여러 부처에 연관된 복합적인 성격의 정책사안 증가, 과거에 존재하지 않았던 정책사안(사이버에서의 문제, 노인문제 등)의 증가를 원인으로 제시함과 동시에 현실 사례로, 중복기능과 불분명한 관할권으로서 청소년보호·육성기능의 관할권을 둘러싼 청소년보호위원회와 문화관광부 간의 갈등, 수혜집단의 차이로서 노동부는 노동자 위주의 대안을, 기재부는 기업 위주의 대안을 제시하는 점을 간략히 덧붙여 제시해주는 것이 필요하다. 이와 함께 정책조정 방안 제시에 있어 앞선 이론적 논의에 더하여 정책유형별 갈등(배분정책, 규제정책, 재분배정책)을 서술한 후, 조기포착과 사전관리, 지식관리 역량 제고 등을 중심으로 선제적 갈등관리 전략을 언급해주면 더 좋은 답안이 될 수 있을 것이다(본서 제12장 본문 갈등관리- 정책유형별 갈등 및 정책갈등관리 기본전략을 참조바람).

현대정책이론의 제도요소: 국가혁신, 거버넌스, 제도주의, 전자정부, 미래예측

제12장에서는 국가혁신이론의 여러 가지 제도적 요소들에 대해서 살펴본다. 국가혁신, 거버넌스, 제도주의, 전자정부, 미래예측 등에 대해서 검토한다.

제1절에서는 국가혁신제도를 검토한다. 국가혁신은 정부의 일하는 시스템(제도), 기술(IT), 절차(과정) 및 행태(태도)의 혁신을 통해 정부혁신(효과성-능률성)을 도모하고, 더 나아가 정치혁신(민주성-참여성), 사회혁신(성찰성-신뢰성)을 통해 국가 전체의 혁신을 도모함으로써 당위성 차원의 인권, 정의, 존엄이 실현되는 사회를 구축하는 것이다.

제2절에서는 거버넌스에 대해서 살펴본다. 거버넌스는 라스웰(Lasswell)이 인간의 존엄성을 강조한 민주주의 정책학을 주창한 이래 정책학이 계층제적 관료제의 도구로 전락된 것에 대한 반성과 성찰의 결과이다. 여기에서는 거버넌스이론에 대해서 거버넌스개념의 다차원성, 거버넌스이론의 유형, 뉴거버넌스이론, 뉴거버넌스의 핵심쟁점에 대해서 학습한다.

제3절에서는 제도주의이론에 대해서 살펴본다. 제도는 동태적 작동의 매개체이다. 변화한 흐름(환경)을 담아내는 그릇으로서, 그릇에 담겨지는 구조와 행태를 규정한다. 여기에서는 신제도주의연구의 의의, 신제도주의이론의 유형, 신제도주의이론의 정책학적 함의에 대해서 학습한다.

제4절에서는 전자정부에 대해서 학습한다. 전자정부의 개념과 차원을 살펴보고, 전자정부와 정책이론에 대해서 논의한다. 전자정부의 개념에서는 효율성, 민주성, 성찰성의 3차원으로 나누어서 전자정부의 개념구조를 고찰하며, 이어서 전자정부의 이론적 함의와 정책적 쟁점에 대해서 학습한다.

제5절에서는 미래예측에 대해서 학습한다. 미래예측의 개념과 요소를 살펴보고, 미래예측의 핵심명제와 미래예측과 정책연구 간의 관계에 대해서 논의한다. 특히, 미래예측의 연구방법에 대해서 학습한다.

제 1 절 국가혁신이론

1. 국가혁신의 개념

국가혁신은 국가운영에 관한 지식과 정보의 효과적인 관리를 통해 국가전체의 문제해결능력과 위기관리능력을 향상시킴으로써, 궁극적으로 국가운영의 전반적인 효율성(생산성)-민주성(참여성)-성찰성(신뢰성)을 높이려는 체계적인 노력이라 할 수 있다.

정부의 역할을 국가혁신의 관점에서 조망하면 정부가 "변화의 시대"에 급변하는 환경변화에 적절하게 대응할 수 있도록 구성단위 간의 지식과 정보의 흐름을 원활하게 하여, 각 구성단위 간에 "혁신"이 원활하게 전파되는 시스템을 구축하는 것이다. 즉 국가 전반의 공유와 학습을 촉진시키는 역할을 수행하는 것이다. 이와 같은 역할을 수행하기 위해서 정부는 생산성 높고 투명한 정부, 진정한 민주주의를 실현하는 정부, 국가사회에 존재하는 의사소통의 활성화 및 건강한 담론 형성을 통해 신뢰사회와 성숙한 사회를 구현하는 정부가 되어야 한다.

2. 국가혁신의 목적

정책학의 궁극적 목적은 인간의 존엄성을 실현하는 것이며, 이를 위해 정책학은 정책과정과 정책내용의 통합을 지향한다. 또한 이를 위해 정책학은 "인간이 사회 속에서 봉착하는 근본적인 문제"를 해결하기 위해서 정책과정과 정책내용에 관한 지식을 문제지향적, 맥락지향적, 연합학문적으로 연구하는 학문이다. 정책학의 궁극적 목적인 인간의 존엄성 실현을, 정책이념 차원에서 논의하면, 국가 차원의 생산성과 민주성 그리고 성찰성이 확보되어야 함을 의미한다. 따라서 국가혁신의 이념 역시 이러한 정책이념의 연장선상에서 논의할 수 있다. 이러한 관점에서 국가혁신의 목적을 논의하면 다음과 같다.

첫째, 정부 차원에서 생산성이 확보되어야 한다. 정부조직 내 관료주의 및 형식주의를 타파하고, 관리주의와 시장의 경쟁원리를 도입하여 "일하는 시스템", "일 잘하는 시스템"을 구축함으로써 효율성을 확보하고, 정부조직 내 행정 및 정책과정의 참여성·투명성을 제고해야 하며, 정부조직 내부의 효율성과 투명성을 토대로 시민사회 및 시장의 자율성과 창의성을 창출해야 한다.

둘째, 전자민주주의(*e-democracy*)를 통한 진정한 민주주의를 실현함으로써 정치적 차원에서 민주성이 확보되어야 하며, 정책과정에서도 참여가 확대되고 숙의와 토의의 과정을 거친 합의의 정신이 실현되어야 한다.

셋째, 사회적 차원에서 신뢰성과 성찰성이 확보되어야 한다. 사회 구성원들의 진정한 주체성과 독립성이 보장되는 사회, 그리고 사회의 열린 의사소통을 활성화(*social networking*)시킴으로써, 구성원들 간의 신뢰성을 확보하고, 성찰하는 시민, 주체적인 시민을 양성함으로써 보다 신뢰받고 성숙한 사회 공동체를 구현해야 한다. 이것이 바로 Lasswell이 주장한 정책의 최상위가치인 인간의 존엄성(인권·정의·존엄) 실현이며, 허범 교수께서 주장한 정책의 최상위 차원인 당위성의 실현이다.

이상의 내용을 종합적으로 고려해 볼 때, 국가혁신의 목적은 정부의 일하는 시스템(제도), 기술(IT), 절차(과정) 및 행태(태도)의 혁신을 통해 정부혁신(효과성-능률성)을 도모하고, 더 나아가 정치혁신(민주성-참여성), 사회혁신(성찰성-신뢰성)을 실현함으로써, 당위성 차원의 인권, 정의, 존엄이 실

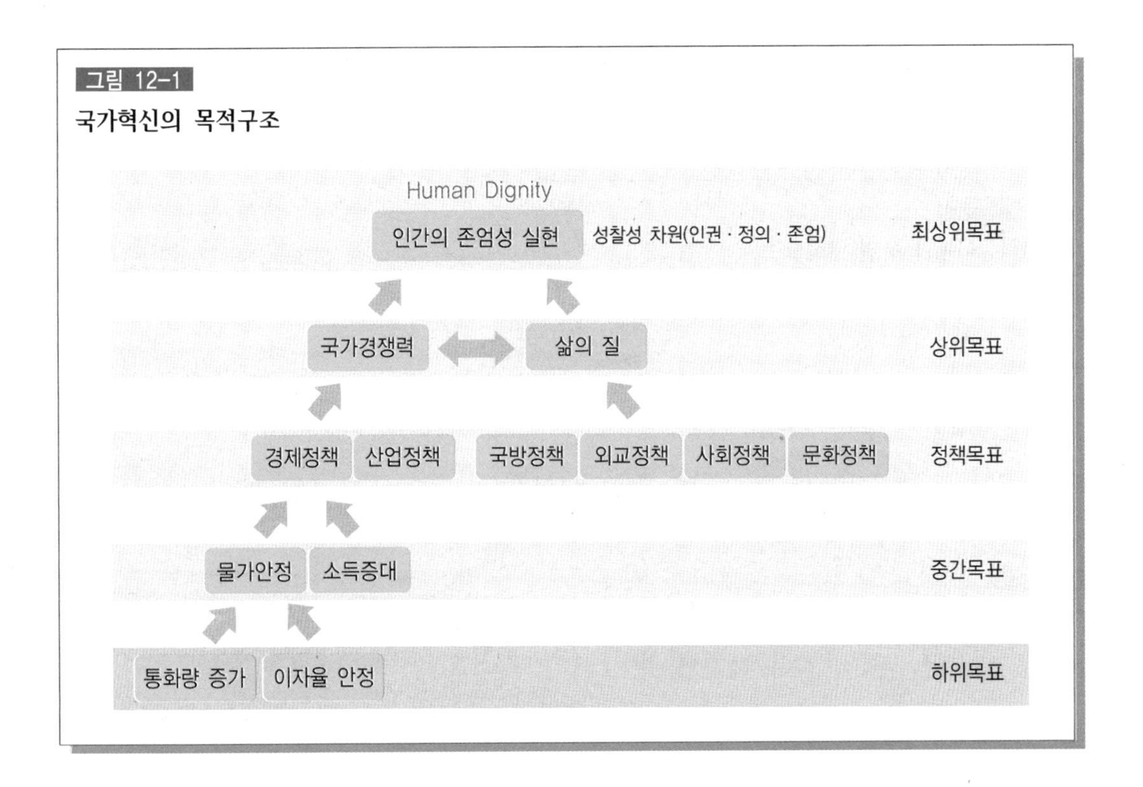

그림 12-1
국가혁신의 목적구조

현되는 사회를 구축하는 것이다. 즉, 각 분야의 정책목표와 수단을 통해 정부혁신, 정치혁신, 사회혁신을 원활하게 수행하여 국가경쟁력을 확보하고 삶의 질을 향상시킴으로써, 궁극적으로 개인의 자유와 창의, 자아실현과 자아완성의 가능성이 열려있는 성찰적인 공동체를 실현하는 것이다.

3. 국가혁신의 구성요소

국가혁신은 정부의 일하는 시스템(제도), 기술(IT), 절차(과정) 및 행태(태도)의 혁신을 통해 정부혁신(효과성-능률성)을 도모하고, 더 나아가 정치혁신(민주성-참여성), 사회혁신(성찰성-신뢰성)을 통해 국가 전체의 혁신을 완성함으로써 당위성 차원의 인권, 정의, 존엄이 실현되는 사회를 구축하는 것이다.

이러한 국가혁신의 핵심은 우리 정부와 시장과 시민사회가 어떻게 하면 신뢰와 네트워크 정신 속에서 자율성과 창의성이 마음껏 발휘될 수 있는 국정운영시스템을 만들 수 있느냐에 달려있다. 이를 위해 국가혁신이론은 정책학이론 및 행정학이론과 유기적인 연계관계를 맺고 있는데, 특히 정책학이론으로 최근 등장하고 있는 정책품질관리이론, 행정학이론으로서 최근 화두가 되고 있는 성과관리, 갈등관리, 지식관리, 거버넌스, 그리고 국가혁신을 담는 정부형태인 전자정부 등의 개념들을 그 하위 구성요소로 하고 있다. 즉, 성과관리, 지식관리, 갈등관리를 통해 정책품질관리를 실현하고, 이를 통해 정부혁신체제를 실현하는 것은 궁극적으로 국가혁신체제를 지향하고 있다. 여기서 이러한 하위 구성요소들과 제도들을 유기적으로 연결시켜 본래의 이론이나 가치를 손상시키지 않으면서도 체계적인 통합을 이루어내어 국가 전반에 혁신을 확산시키는 것이 국가혁신이론의 목적이다.

그림 12-2
국가혁신이론과 하위 구성요소

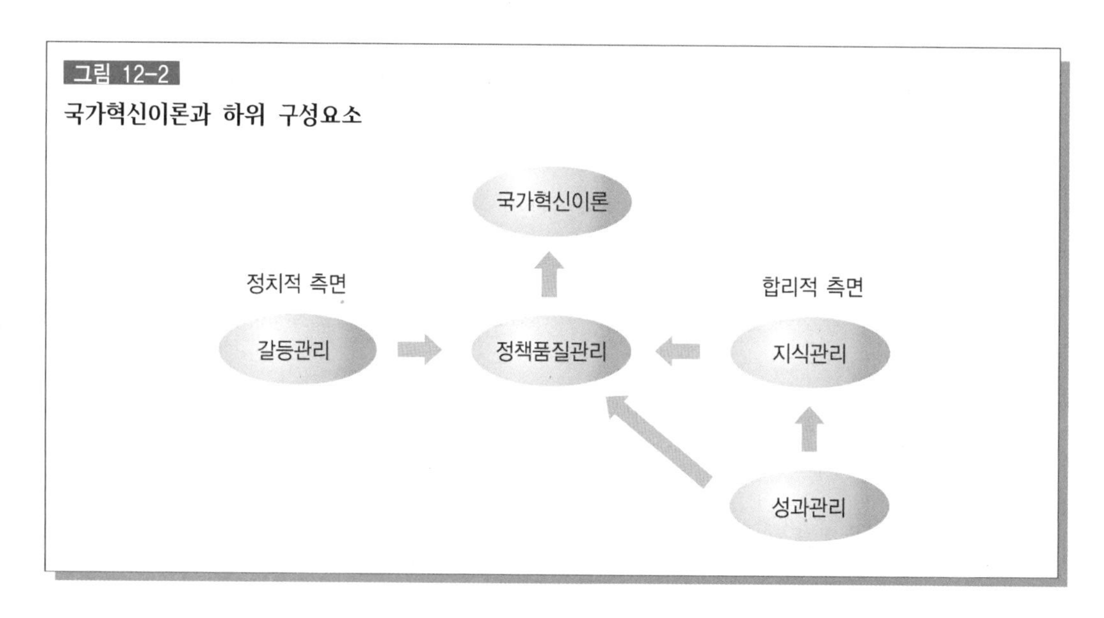

쉬어가는 코너

앨 고어 이야기

앨 고어Al Gore는 미국 국가혁신을 성공적으로 이끈 개혁가이자 정치가다. 그가 부통령으로 재직하던 1990년대 초반 당시 미국 연방정부는 많은 비능률과 문제점에 직면했다. 즉, 미국 정부는 시대적 조류인 정보화에 제대로 적응하지 못한 채 나태하고 집권적이며 관료적인 행동 성향을 답습하던 실정이었다. 게다가 정부의 프로그램들은 독점적인 데다가 비능률적이기까지 하였다. 앨 고어의 고민은 이러한 시대적 배경에 기인하였으며 문제의식의 초점은 다음으로 정리할 수 있다.

미국 연방정부의 비대화, 행정의 관료제화를 해결할 수 있는 방안은 없을까?
고객중심의 행정이 아닌 관료중심의 행정을 어떻게 하면 타파할 수 있을까?
미국 연방정부의 기능을 재창조하여 혁신을 창발하는 방법은 무엇일까?
정부혁신의 성공모델을 위해 기업가적 관리방식을 도입할 수는 없을까?

고민 끝에 부통령 앨 고어는 먼저 자신의 정치파트너였던 클린턴 대통령으로부터 정부혁신에 관한 전권을 위임받아 "작고 효율적인 정부를 재창조"함을 목표로 하여 NPR(National Performance Review)을 구성하여 국가혁신을 실행하였다.

앨 고어의 국가혁신의 핵심 키워드는 기업가적 정부다. 기업가적 정부Entrepreneurship Government는 정부부문에 시장원리인 경쟁competition을 도입하고, 사명감mission을 가지고 고객을 최우선시하는 기업가적 정신을 정부에 도입해 나갔다. 또한 정부운영에 시장원리가 도입되고, 경쟁Competition, 권한위임Empowerment, 책임Accountability 및 성과Performance 확보 등을 강조하였다. 그 결과 미국정부가 정부혁신의 성공모델로 전 세계적으로 자리매김하게 되었으며, 이러한 기업가적 정부의 모형은 효율성을 대표하는 정부모형으로 평가된다.

자료: 저자의 졸저, 『행정학 콘서트』, 131쪽

제 2 절 거버넌스이론

1. 거버넌스 패러다임

거버넌스(*Governance*)이론은 20세기에서 21세기로 넘어 오면서, 세계화와 정보화가 급속하게 진행되는 과정에 등장하게 된 새로운 사회과학 분야의 이론이다. '더 작은 정부, 더 많은 거버넌스'(Cleveland, 1972), '정부 없는 거버넌스'(Reters, 1998), 'Government에서 Governance로'의 구호는 정부와 거버넌스의 관계를 보여 주는 것이다.[1]

거버넌스개념의 등장 이면에는 기존의 국민국가중심의 통치제제의 약화라는 배경에 깔려 있다. 국가중심의 통치 능력은 약화되고, 통치 요구는 높아지는 상황에서, 새로운 개념으로서 나타난 것이 거버넌스이다(Kooiman, 1993). 사회가 복잡성을 띠면서 나타나는 정치·경제·사회분야에 있어서 탈산업화, 탈근대화 현상은 조정(*coordination*)과 연결(*networking*)을 통한 새로운 국가운영 방식을 요구하게 되었다(Kooiman 1993; Kooiman and Vliet, 1993).

이러한 배경에서 거버넌스개념이 등장하였고, '정부에서 거버넌스로'(*From Government To Governace*)의 문제가 중요하다는 인식의 공감대가 확산되었다(March and Olsen, 1995; Peters, 1996; World Bank, 1994; Rhodes, 1996).

그러나 이러한 관심에도 불구하고 아직까지 거버넌스의 정의는 국가마다의 특성을 반영하고 있으며, 아직 보편적으로 수용할 수 있는 개념정의를 발견하기는 어려운 실정이다.

1) 새로운 패러다임으로서의 거버넌스

거버넌스개념의 핵심은 "사회체계의 대등한 관계에서의 조정"을 전제로 하고 있다(Pierre, 2000: 3). 거버넌스는 공동체 운영의 새로운 체제, 제도, 메커니즘 및 운영방식을 다루는 것으로, 기존의 통치(*governing*)나 정부(*government*)를 대체하는 것으로 등장하고, 그 개념도 점차 확대되는 과정에 있다.

그러나 이는 단순히 정부의 내부문제를 주로 다루는 전통적 행정을 대체하는 개념으로만 설명할 수 있는 것은 아니다. 세계화와 정보화라는 새로운 질서의 도래는 기존 국민국가와 산업화에 익숙

---

1 이 장에서 주로 참조한 책들은 다음과 같다. G. Peters, *The Future of Governing* (1995); Peters & Pierre, *Governing Complex Societies* (2005); J. Newman, *Modernising Governance: New Labour, Policy and Society* (2001); Kooiman, *Governing as Governance* (2003); 김석준 외, 『뉴거버넌스 연구』, 대영문화사, 2000; 정용덕, 『현대국가의 행정학』, 법문사, 2001; 오석홍, 『행정학』, 나남출판, 2002.

한 통치방식과 시스템을 전면적으로 바꿀 것을 요구하고, 이에 부응하여 각 나라에서 공동체운영의 기본 질서를 바꾸는 과정에서 등장한 것이 거버넌스이다(권기헌, 2007a). 전통적인 정부가 차지해 온 지위와 역할이 새로운 세계화와 정보화의 시대에는 근본적으로 바뀌게 되었고, 그 행위나 주체도 종래의 배타적이고 독점적인 통치나 정부에서 벗어나, 정부 이외에 시장과 시민사회와의 파트너십 및 네트워크 형성을 필요로 하게 되었다.

2) 거버넌스개념과 이론의 행정학적 접근: 협의, 일반적인 의미 및 광의

행정학적인 시각에서 정정길(2000: 435-547)은 거버넌스를 신국정관리로 보고, 기존의 신공공관리(NPM) 등의 개념들과 다음과 같이 비교·정리하고 있다.

첫째, 협의의 거버넌스개념은 인사나 예산 및 조직관리에 있어서, 권한위임, 분권화, 재량권 확대, 민간기법의 도입 등을 통한 행정내부의 변화로 보고 있다. 즉, 인사나 예산 및 행정관리 등의 측면에서 분권화와 권한위임 등을 통해, 행정의 내부통제를 대폭 완화하여 일선관리자들에게 재량권을 주고, 그들이 책임을 지고 성과를 향상시키고 고객을 만족시키도록 행정을 관리하는 것을 의미한다. 이는 정부의 내부적인 인사, 예산, 조직, 관리, 운영 등의 관리혁신을 주로 대상으로 한다.

둘째, 거버넌스의 '일반적인 개념'은 이는 시장주의 또는 신제도주의 경제학의 경쟁원리와 고객주의를 공공부문에 도입하여, 민간에게 많은 서비스 공급을 맡기고, 정부는 신제도주의 경제학적 유인책을 이용하여 방향잡기에 주력하는 것을 거버넌스로 보는 입장이다.

셋째, 광의의 거버넌스는 협의와 일반적 개념에 시장주의와 참여주의를 합친 것으로, 그 주요 내용은 방향잡기, 경쟁 도입, Mission 강조, 성과연계 예산, 고객중심, 수익 창출, 예측과 예방, 참여와 팀워크, 협의와 네트워크 형성 및 시장 메커니즘 등이다. 이 때 정부는 내부운영체제가 새롭게 변모되고, 시장 및 시민사회와의 연계방식이 달라짐을 의미한다.

3) 거버넌스의 개념의 다양성

거버넌스와 관련한 개념은 개별 학문분야의 특성과 관심영역에 따라 다양하게 해석된다.

정책학 연구에서는 거버넌스를 새로운 국가통치행위 및 방식을 의미하는 국정관리로 정의한다(정정길, 2000: 433-546; 한국행정학회, 2000). 정치학에서는 다원적 주체들 간의 협력적 통치방식을 의미하는 네트워크 통치로 해석하며(조명래, 1999: 39), 사회학에서는 자기 조직적 네트워크(Rhodes, 1996)로 정의하고 있다(김석준 외, 2000).

거버넌스의 개념은 또한 거버넌스의 주체들인 국가, 시장, 시민사회 가운데 어느 것을 중심으로 이해하느냐에 따라 거버넌스의 내용이 달라진다. 국가(정부)중심적인 접근이 많이 논의되어 왔지만, 거버넌스가 등장한 기본 원인은 정부실패나 정부의 통치능력 상실에 따른 새로운 대안으로 제기된 만큼, 국가(정부)중심적 접근 외에 거버넌스의 다른 주체들인 시민사회(NGO), 시장(기업) 그리고 사이버 공간과 네트워크의 역할이 새롭게 강조되고 있다.

NGO 거버넌스(*NGO governance*), 시장중심 거버넌스(*market governance*), 사이버 거버넌스(*cyber governance*: cybernance) 등으로 나눌 때, 거버넌스의 개념은 매우 다양하다.

4) 이론적 다양성과 이질성의 극복문제

거버넌스의 이질적인 주체들이 공동체의 공공이익이라는 공동목적을 어떻게 잘 조화시킬 것이냐의 문제는 거버넌스체제가 제도화하고 작동하기 위한 중요한 과제이다.

UNDP에서는 다음과 같은 거버넌스 정책과제를 제시하고 있는데, 이는 국가를 중심으로 접근하지 않고, 능동적 시민(성찰적 개인)을 출발점으로 하여 투명성과 신뢰성, 책임성과 성찰성을 강조한다는 점에서 매우 중요한 의미를 지닌다.

첫째, 능동적인 시민들이 성찰적인 개인이 되어 성숙한 시민이 된다.
둘째, 서로의 의사소통을 통한 경험과 이해관계를 공유하면서 의견을 공유한다.
셋째, 공동의 이슈화와 공론화를 통해 여론을 형성한다.
넷째, 자발적 참여와 협력, 합의도출과정에 대한 비공식적 제도화를 통해 여론형성양식을 만든다.
다섯째, 반응성, 책임성, 투명성의 원칙을 근본으로 공식적인 제도화를 통해 정책형성양식을 정착시킨다.
여섯째, 제도설계, 제도 간 연계 및 조정을 통해 제도적인 질서와 균형을 유지하여 거버넌스체제 기능을 작동하게 한다.
일곱째, 공적 부문과 사적 부문, 정부와 시민사회 등의 주체 간 이분법을 극복할 수 있는 인식론적인 기반을 공유함으로써, 거버넌스가 체제, 제도 및 행위양식으로서 동질성을 지니도록 한다(UNDP, 1997b).

5) 미래예측과 거버넌스

미래예측과 거버넌스는 개념적으로 매우 밀접한 연관관계를 맺고 있다. 미래예측이 시간의 축을 형성하는 개념이라면, 거버넌스는 공간의 축을 형성하는 개념이다. 미래예측이 정책의 시간이라는 인식을 장기(*long-term*)로 확장하려는 시도라면, 거버넌스는 정책의 공간에서 정책행위자들 간의 관계를 좀 더 수평적(*horizontal*)이고 네트워크(*network*)적인 관계로 접근하려는 노력이라고 할 수 있다.

Guy Peters처럼 미래와 국정관리를 아예 개념적으로 연계시켜서, 『미래의 국정관리(The Future of Governing: Four Emerging Models)』라는 논의를 직접적으로 촉발시킨 경우도 있지만, 다른 학자들의 거버넌스에 대한 접근유형들도 어떤 형태로든지 미래라는 개념과 거버넌스라는 사회문제해결기제로서의 개념은 상호 밀접하게 연계되어 있음을 알 수 있다.

거버넌스를 넓은 의미의 국정관리의 통치원리로 이해한다면 미래예측은 현대국가의 효과적 국정관리를 위한 핵심 방법론이 될 것이다. 만약 거버넌스를 공공문제(*collective action problem*) 해결을 위한 수평적, 네트워크 지향적 접근방식으로 이해한다고 해도 미래예측활동은 집합문제해결의 중요한 방법론으로 활용될 수 있을 것이다.

2. 거버넌스이론의 유형

1) G. Peters(1995)의 네 가지 모형

Guy Peters(1995)는 『미래의 국정관리(The Future of Governing: Four Emerging Models)』에서 네 가지의 정부모형을 제시하고, 이들 간의 특징을 구분하여 설명하고 있다. 네 가지의 정부모형은 시장모형, 참여모형, 신축모형, 탈규제모형인데, 이들은 모두 전통적 관료모형에 대한 대안으로 제시된 미래의 국정관리모형이다.

(1) 시장모형(Market Model)

시장모형은 전통적 관료모형의 비효율성의 극복을 위해서 조직 내부에 인센티브를 부여해 시장원리에 의한 효율성을 제고해보려는 데 초점을 둔 정부모형이다. 즉, 시장모형의 핵심은 새로운 거버넌스를 통한 정부효율성 제고라고 할 수 있다. G. Peters는 전통적 관료모형의 비효율성은 정부관료제의 독점적 지위로 인해 내부경쟁이 발생하지 않는 것에 기인하는 것으로 파악하였다. 이러한 시장모형에 기초한 거버넌스 예로서는 행정조직의 분권화, 지방정부에의 권한위임, 성과급 등 민간부문의 관리기법의 도입 등이다.

(2) 참여모형(Participatory Model)

G. Peters는 전통적 관료모형의 비효율성이 나타나는 또 다른 문제는 바로 계층제적 권위로 인한 참여부족으로 인식한다. 따라서 참여모형은 정치적이고 민주적인 방식으로 정부효율성을 향상시키고자 하는 것이다. 참여모형에서의 조직구조는 수평적 형태의 조직구조를 추구하며, 관리는 TQM과 팀제의 속성을 지니게 되며, 정책결정은 협의나 협상을 통해 이루어지는 등 참여와 협의를 강조한다.

(3) 신축모형(Flexibility Model)

전통적 관료모형의 중요 특징 중 하나는 조직의 영속성이다. 즉, 장기적이고 지속적인 관료제에 기초한 통치모형이다. 그러나 신축모형은 정부의 인력 및 조직의 영속성이 정부 비효율성 발생의 근본 원인이라 생각한다.

신축모형에서는 영속적 조직에서 나타날 수 있는 타성과 변화에의 거부 등을 예방하는 데 주안점을 둔다. 이를 위해서 신축모형은 기존 조직의 신축적이고 지속적인 폐지와 신설 등이 필수적이라고 주장한다.

(4) 탈규제모형(Deregulation Model)

탈규제정부모형은 정부 내부의 규제를 철폐함으로서 공공부문에 내재하고 있는 잠재력과 독창성을 분출시키는 데 초점을 둔다. 즉, 내부의 번문욕례 등의 제약요인을 제거함으로써 구성원들이 새롭고 창의적인 활동을 할 수 있도록 하여 효과적인 행정을 달성하고자 하는 것이다. 탈규제모형은 정부 내부의 규제를 철폐함으로써 관리자들의 관리능력을 향상시킬 수 있고, 구성원들의 창의성을 제고할 수 있다고 본다.

이들을 요약하면 다음 표와 같다.

표 12-1 Guy Peters의 네 가지 정부모형

구 분	시장모형	참여모형	신축모형	탈규제모형
진단기준	독 점	계층제	영속성	내부규제
구 조	분권화	수평조직	가상조직	특정 제안 없음
관 리	성과급 민간관리기법	TQM, 팀제	임시적 관리	관리재량권 확대
정책결정	내부시장 시장유인	협의, 협상	예비실험 (임시성)	기업가적 정부
공 익	저비용	참여, 협의	저비용, 신축성	자율성, 창의성

자료: G. Peters, 1995: 54-206.

쉬어가는 코너

피터스 이야기

피터스Guy Peters는 미국 피츠버그 대학의 거버넌스 연구 전문가이다. 특히 그의 초기 저서 『미래의 국정관리: 네 가지 모형』The Future of Governing: Four Emerging Models, 1995에서 제시한 네 가지 국정관리 모형은 거버넌스 연구의 원형으로 거론된다. 그는 정부와 시장, 그리고 시민사회 간의 관계에 대해 깊은 고민을 하면서 바람직한 거버넌스 모형을 탐구하였다.

전통적인 정부는 왜 실패하였는가?
정부의 직접적인 서비스는 왜 사람들의 만족과 행복을 높이지 못하는 것일까?
정부만이 행정서비스 전달의 독점적 행위자일까?
정부와 시민과의 관계에 따라 정부모형을 나눌 수 있을까?
정부와 시장과 시민사회가 연계된 서비스 전달방식은 무엇일까? 이때 정부는 어떤 역할을 해야 할까?

이러한 고민에 대한 해답으로서 피터스가 제시한 해답의 핵심 키워드는 거버넌스이다. 그는 현대사회의 복합성에 대응하기 위해 거버넌스가 필요하다고 보았다. 이는 정부의 독점적 운영형태보다는 정부, 시장, 시민사회가 서로 협력하여 공공문제를 함께 해결하는 새로운 국정운영방식을 의미한다. 즉, 공·사를 막론하고 어떠한 조직도 혼자의 힘으로는 해결할 수 없는 사회문제가 증가함에 따라, 사회 구성원 간의 협조가 절실히 요구되고 있기에 공사부문의 협력적 거버넌스와 네트워크 거버넌스의 중요성을 강조한 것이다.

자료: 저자의 졸저, 『행정학 콘서트』, 140쪽

2) G. Peters & J. Pierre(2005)의 다섯 가지 모형

G. Peters와 J. Pierre(2005: 11-12)는 그들의 최근 저서, 『복잡한 사회를 향한 거버넌스(Governing Complex Societies)』에서 정부와 시민과의 관계를 중심으로 다음과 같은 다섯 가지 거버넌스분석 모델을 제시하고 있다.

(1) 국가통제모형(Étatiste Model)

국가통제모형은 정부의 통치과정에서 사회적 행위자들의 참여가 배제되어 있는 모형이며, "정부 없는 거버넌스"(*governance without government*)를 반대하는 전형적 국가주의모형이다. 이 모형의 주요 전제는 정부(Government)가 모든 거버넌스 측면에서 가장 중요한 행위자이고, 사회적 행위자들에 대한 지배권을 가지게 된다는 점이다. 가장 강한 형태의 국가중심성과 강한 정부 역할을 상정하는 통치모형이다.

(2) 자유민주주의모형(Liberal-democratic Model)

국가통제모형이 유럽형 국가주의모형이라면, 자유민주주의모형(*liberal-democratic model*)은 미국형 국정운영모형에 해당된다. 이는 정부의 강한 역할을 인정하는 방향으로 전통적 다원주의모형을 수정한 신다원주의모형(*Neo-pluralism*)에 가까운 모형으로 이해할 수 있다. 여기에서는 사회행위자들이 국가(*State*)에 영향을 미치기 위해 다양한 형태로 경쟁하게 되는데, 하지만 이들 중에서 최종 선택할 수 있는 정책적 권리는 국가가 가지게 된다. 그러나 국가는 사회로부터의 영향에서 완전히 자유로울 수 없다는 점에서 위에서 제시된 국가통제모형보다는 국가중심성이 느슨한 형태의 거버넌스모형이다.

(3) 국가중심 조합주의모형(State-centric Corporatism Model)

국가중심 조합주의모형은 국가통제모형에서 설정하는 강력한 형태의 국가중심성이 사회 쪽으로 약간 이동한 상태이며, 국가조합주의(*state-centric corporatism*)와 정형화된 국가-사회관계(*formalized state-society relationships*)의 다양한 형태들이 이 모델에 해당된다고 볼 수 있다. 국가가 정치과정의 중심에 있지만, 사회적 행위자들과 관련되어 제도화된다. 국가는 사회행위자 파트너들과의 관계에서 실질적인 권력(*substantial powers*)을 가지지만, 국가-사회 상호작용이 많이 강조되는 모형이다.

(4) 사회중심 조합주의모형(Societal-centric Dutch Governance Model)

사회중심 조합주의모형은 국가중심 조합주의모형보다 국정운영의 중심이 더 사회 쪽으로 이동한 상태이며, 네덜란드 학자들(Dutch scholars)이 거버넌스에 접근하는 방식을 지칭한다(Kickert, 1996; Kooiman, 1993). 또한, 이것은 네덜란드 정치 속에 실재하는 사회중심 조합주의(*societal-centric corporatism*)모형이다.

이 모델은 국정운영(*governing*)에 있어 사회적 네트워크의 역할에 크게 의존하는 것이며, 국가운영과정에 있어 다수의 행위자들이 수반되는 형태의 거버넌스이다. 이 접근방식에서 사회(*society*)는 더 강력한 행위자가 되는데, 사회적 네트워크는 국가의 권력을 면할 수 있는 자기조직화 능력이 주어지며, 그러한 자기조직화가 스스로를 자율규제(*self-regulation*)하도록 하는 것이다.

(5) 자기조정 네트워크모형(Governance without Government Model)

마지막으로, 국가가 국정운영의 능력을 잃었으며, 따라서 개별 행위자들이 자신의 이익을 위한 자기조정(*self-steering*) 거버넌스를 창조하는 형태가 최선이라고 생각하는 학자들에 의한 모델이다. 사회적 행위자들의 자기조정 네트워크를 강조하며, 이상에서 논의한 모형 중에서 가장 국정운영의 중심이 사회 쪽으로 이동해 있는 순수사회중심형 거버넌스모형이다.

3) J. Newman(2001)의 거버넌스 유형

Janet Newman(2001)은 그의 저서, 『현대적 거버넌스(Modernising Governance: New Labour, Policy and Society)』에서 거버넌스를 '집권화-분권화 정도'와 '혁신과 변화-지속성과 질서' 등의 두 가지 기준에 따라, 1) 계층제 유형(*hierarchical*), 2) 합리적 목표(*rational goal*), 3) 개방체제(*open system*), 4) 자치거버넌스(*self-governance*) 등의 네 가지로 나누어 설명하고 있다.

(1) 계층제 유형(Hierarchical)

전통적 정부통치 방식인 관료제적 계층제를 통하여 정책의 결정 및 집행과정을 통제하는 전통적인 거버넌스 유형이다. 따라서 법률과 규정이 엄격하며, 집권화와 수직적 통합이 강조되며, 지속성과 질서가 강조된다. 변화에 대한 강한 저항이 있게 되지만, 책임성에 대해서는 강점을 지니게 된다.

(2) 합리적 목표 유형(Rational goal)

집권화와 수직적 통합을 지니지만 혁신과 변화를 추구하는 거버넌스 유형이다. 단기적 산출의 극대화를 이룰 수 있으며, 인센티브를 통한 보상 및 처벌이 이루어진다. 책임의 확보는 계약을 통해 이루어지며, 권력은 세부단위의 각 기관이나 조직에 부여된다.

(3) 개방체제 유형(Open system)

분권화와 차별화의 네트워크 형태 속에서 혁신과 변화를 추구하는 거버넌스 유형이다. 네트워크 형태의 상호작용 및 반복작용이 발생하게 되는 유형으로 권력은 철저히 분산되고 분권화되며, 네트워크 거버넌스에 형태의 속성을 가지게 된다.

이 때 네트워크 관계는 역동적이고 새로운 과제와 수요에 따라 재형성되지만, 책임소재는 불분명해지는 단점을 지닌다.

(4) 자치거버넌스 유형(Self-governance)

분권화와 차별화의 네트워크 형태 속에서 지속성과 질서가 강조되는 거버넌스 유형이다. 자치거버넌스 유형은 장기적인 시각에서 관계의 지속적 구축을 지향하며, 시민사회역할의 강조에 비중을 둔다. 따라서 민관 파트너십이 중시되며, 정책결정 및 집행과정에의 참여에 있어 호혜적 책임성을 근간으로 하게 된다. 자치거버넌스 유형은 참여적 민주주의에 그 철학적 토대를 두고 있다.

그림 12-3

Newman의 거버넌스 유형

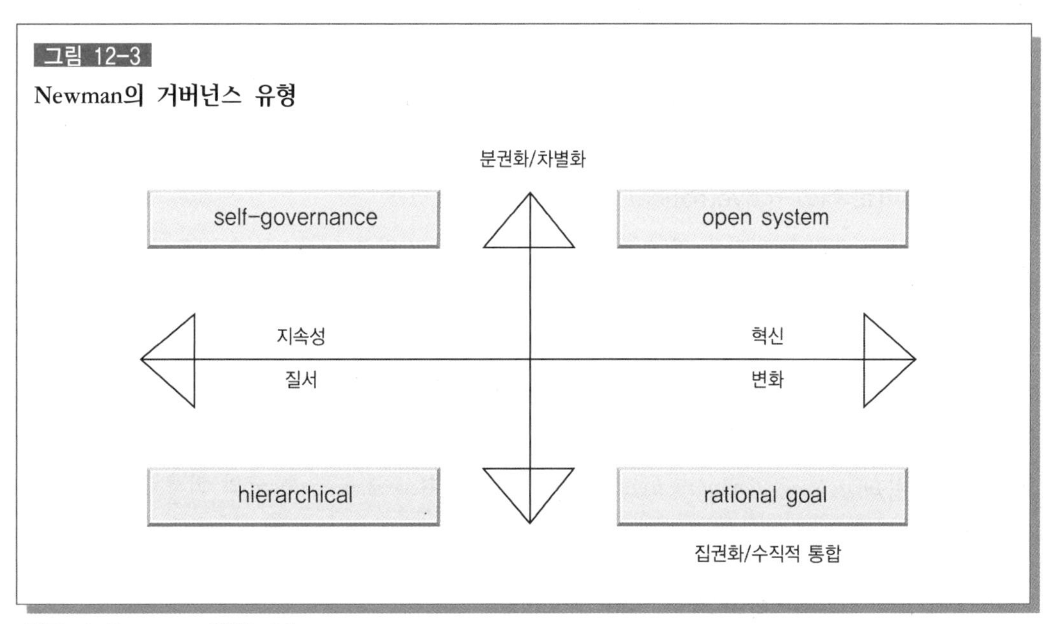

자료: J. Newman, 2001: 34.

이상에서 논의한 Newman의 거버넌스 유형을 도식화하면 다음과 같다.

4) J. Kooiman(2003)의 거버넌스 유형

Jan Kooiman(2003)은 『거버넌스로서의 통치(Governing as Governance)』에서 거버넌스의 유형을 국가-사회의 중심성을 기준으로, 1) 자치거버넌스(*Self-governance*), 2) 협력거버넌스(*Co-governance*), 3) 계층제거버넌스(*Hierarchical-governance*)로 크게 세 가지로 구분하였다. 자치거버넌스가 순수하게 사회적 행위자들 간의 자기조직적 네트워크 능력을 강조하는 개념이고, 계층제거버넌스가 국가관료제중심의 계층제를 토대로 한 거버넌스적 국정운영을 강조하는 개념이라면, 협력거버넌스는 민관 협력(*Public-Private Cooperation*)과 파트너십(*Public-Private Partnership*)을 토대로 한 커뮤니케이션과 네트워크 조정을 강조하는 개념이라고 볼 수 있다.

(1) 자치거버넌스(Self-governance)

자치거버넌스는 진화생물학에서 말하는 생명 그 스스로의 학습과 그것을 통한 발전이라는 개념을 조직의 탄력적 변화에 차용한 거버넌스이다. Ilya Prigogine(1984)이 말하는 생명의 자기조직화 능력(*self-organizing capacity*)을 사회과학에서 자기조정능력(*self-governing capacity*)이라는 개념으로 차용한 개념이라고 볼 수 있다.

자치거버넌스는 사회 행위자들 간의 상호작용의 결과로서 사회의 자기조직적 네트워크가 생성된다고 파악하며, 국정운영의 관점에서도 사회적 행위자들 간의 상호작용과 자기조정능력을 중시한다. 자치거버넌스 모형에서는 개별행위자가 스스로의 학습과 성장을 통해 보다 더 큰 사회조직을 이루어나간다고 보며, 여기에서 중요한 것은 개별 행위자들 각각의 능력보다는 사회 전체적으로 이들 사이에 존재하는 관계네트워크 능력이라고 본다.

(2) 협력거버넌스(Co-governance)

협력거버넌스는 정부와 민간의 협력을 토대로 양자 간의 긴밀한 의사소통과 네트워크 능력을 강조하는 개념이다. 협력거버넌스는 우선 현대사회의 복잡성, 다양성 및 역동성에 주목한다(*societal diversity, dynamics, and complexity*). 이러한 사회에서는 사회 행위자들이 복잡하고 다양하게 변화하고 있기 때문에 국정관리 방식도 정부와 민간의 다양한 형태의 협업(*collaboration*)과 네트워크 능력(*networking capacity*)이 필요하다는 점을 강조한다. 따라서 협력거버넌스는 정부와 민간의 상호존중의 원리(*principles of reciprocity*)에 기초한 협력관리(*co-management*)와 의사소통 거버넌스(*communicative governance*)를 중시하는 거버넌스 개념이라고 할 수 있다.

(3) 계층제거버넌스(Hierarchical-governance)

계층제거버넌스는 국가관료제중심의 계층제를 토대로 한 거버넌스적 국정운영을 강조하는 개념이며, 거버넌스적 국정운영의 수단에는 시장 메커니즘과 시민사회와의 협력이 포함된다. 정부는 사회의 거버넌스능력을 강화하기 위해 전통적 막스웨버식 관료제의 통제(*control*)보다는 사회운영에 있어서의 조정(*steering*)이라는 개념을 강조한다.

5) 요약 및 결론

이상에서 보듯이, 거버넌스 유형은 여러 학자들에 따라 다양하게 접근되고 있지만, 이들은 공통적으로 국가중심성 vs. 사회중심성을 기준으로 국가통제모형과 자기조정 네트워크모형의 연장선상에서 파악하고 있다는 것을 알 수 있다. 또한, Kooiman이 분류한 세 개의 유형과 Newman이 분류한 네 개의 유형은 유사성을 발견할 수 있는데, 이들은 공통적으로 계층제거버넌스와 자치거버넌스를 지적하고 있다. Kooiman과 Newman이 언급하는 계층제거버넌스는 Peters & Pierre가 말하는 국가중심모형에 해당하며, 자치거버넌스는 자기조정 네트워크모형에 가깝다고 할 수 있겠다(권기헌, 2007a).

이러한 학자들이 언급하는 거버넌스의 공통점은, G. Stoker(1998: 17-28)가 말하는 거버넌스 5대 명제에서도 확인할 수 있는데, 우리는 이러한 명제들을 통해서 거버넌스개념이 지니는 공통요인들을 발견할 수 있다.

첫째, 거버넌스는 정부 혹은 정부를 넘어서는 제도 및 행위자들과의 복합적인 상호작용의 집합물을 의미한다.
둘째, 거버넌스는 국가가 직면하는 사회문제를 해결하는 데 있어서 정부와 사회행위자들 간의 경계가 무너져가는 일련의 패턴을 지칭한다.
셋째, 거버넌스는 국가가 해결하고자 하는 집합행동(*collective action*)을 해결하는 데 있어서 정부와 사회행위자들 간의 연계된 권력관계를 포함한다.
넷째, 거버넌스는 정부를 넘어선 사회행위자들 간의 독립적인 자치네트워크를 포함한다.
다섯째, 거버넌스는 수직적 정부권력에만 의존하지는 않는 또 다른 형태의 사회문제 해결방식을 지칭한다.

3. 뉴거버넌스 이론

1) 뉴거버넌스의 개념

세계적인 정부혁신 논의와 노력들이 진행되면서, 전통적인 국가(정부), 시장(기업), 시민사회(NGO)라는 3분법의 경계가 점차 희석화되고 있고, 각 부문의 독자적인 기능과 역할이 강조되기보다는, 상호 간의 협력과 경쟁을 강조하면서 새로운 대안들을 모색하는 경향이 등장하고 있다. 이런 대안적인 논의 중의 하나가 뉴거버넌스(*new governance*)개념인데, 뉴거버넌스의 패러다임은 전통적인 행정모델뿐 아니라, 신공공관리와도 구분되는 새로운 패러다임으로 제기되고 있다(Salamon, 2002: 9-19).

뉴거버넌스는 전통적인 행정모델 및 신공공관리와 구분되는 다음과 같은 특징을 가지고 있다. 전통적 행정모델이 관료적 계층제에 의존하고, 신공공관리가 시장기제(가격, 경쟁, 유인)를 강조한다면, 뉴거버넌스는 참여와 네트워크에 의한 문제해결 방식인 것이다.

첫째, 행정과 정책분석에서 이용되는 분석의 단위가 행정조직의 관료적 계층제에 의한 정책추진모델에서 외부 이해당사자들의 조직적 네트워크에 의존하는 정책추진모델이다.
둘째, 공-사 구분이 엄격했던 정부주도적인 관계에서 공-사 구분이 모호해지면서 양 부문사이의 공조에 의한 정책집행과 공공서비스 전달로 변화하였고, 정부의 지시와 통제에 의존하기보다, 정책네트워크에 참여하는 이해관계자들의 협상과 설득이 주요 정책결정 스타일로 부각되는 정책추진모델이다.
셋째, 관료제의 내적 관리기술보다는 외부 네트워크관계자들의 참여와 책임을 공유하도록 하는 역량화 기술이 요구되는 정책추진모델이다.

2) 뉴거버넌스의 이론모형

국가중심적 거버넌스는 기업가적 정부나 신공공관리를 중심으로 이루어져, 관리주의와 시장주의가 조화를 이루는 것이 가장 중요한 과제이다. 영미계 국가와 같이 이미 자본주의와 민주주의 원리 위에 정착한 정부에 기업가정신이나 민간기법을 적용하는 것은 큰 문제가 아니나, 한국을 포함한 대륙계 국가들의 경우에는 정부의 기능을 부분적으로 대신할 수 있는 NGO, 제3섹터, 기업, 협회 등이 제 기능을 할 수 있을 정도로 시민사회나 시장이 스스로의 능력을 향상시킴으로써 정부와 더불어 거버넌스의 체제와 네트워크를 구축하는 일이 매우 중요한 과제이다.

뉴거버넌스의 개념은 논자에 따라 달리 접근될 수 있는 다양한 어의를 총칭하고 있다. 논의를 가장 단순화시켜 보면 국가중심적 거버넌스는 계층제중심의 거버넌스이고, 신공공관리론은 계층제중심의 운영에 관리주의적 기법(민간경영기법과 민간위탁관리)과 시장주의적 요소(가격, 경쟁, 유인)들을 도입한 것이라면, 뉴거버넌스는 계층제중심의 수직적 모형보다는 네트워크중심의 수평적 모형을 강조한다. 또한, 뉴거버넌스는 시장 및 시민사회와의 신뢰와 협동에 기초한 보다 많은 참여와 조정, 연결 및 네트워크를 강조하는 개념이다. 이러한 뉴거버넌스이론모형은, G. Peters와 J. Pierre, 그리고 Rhodes의 언어를 빌리자면, 시장과 시민사회와의 보다 많은 협력과 조정("*concert and coordination*"), 타협과 연결("*bargaining and networking*")을 강조한다(G. Peters and J. Pierre, 2006: 5; G. Peters, 1995; G. Peters & J. Pierre, 2005; Rhodes, 1990, 1996).

J. Kooiman(2003) 역시 뉴거버넌스의 의미를, 계층제를 강조하는 계층제거버넌스 및 공사협력(민

관협력)을 강조하는 협력거버넌스와 대비하여(이들을 배제하는 것은 아니지만), 다양한 행위자들 간의 신뢰와 협동을 바탕으로 참여와 네트워크에 기초한 문제해결 방식을 강조하는 자치거버넌스 혹은 네트워크거버넌스의 의미로 접근하고 있다. 이 때 뉴거버넌스는 계층제중심의 명령이나 통제에 기초한 '소수의 관료 지배'에 의한 조정방식도 아니고, 시장중심의 가격이나 경쟁에 기초한 '보이지 않는 손'에 의한 조정방식도 아닌, 신뢰와 협동에 기초한 참여와 네트워크에 의한 조정과 문제해결 방식을 강조하는 개념이다. 최근에 이러한 뉴거버넌스개념은 자치거버넌스(*Self-Governace*, Kooiman, 2003; J. Newman, 2001), 자기조직적 네트워크(자기생명적, 자기형성적, 자기진화적 네트워크, Rhode, 1996; Ilya Prigogine, 1984), 자기조정 네트워크(G. Peters & J. Pierre, 2005) 등 다양한 형태의 네트워크거버넌스로 지칭되고 있다. 이상의 논의를 간략히 표로 도식화하여 보면 〈표 12-2〉와 같다.

표 12-2 거버넌스 유형에 대한 최근 논의

기존 분류		최근분류		비 고
운영주체(Key Actors)		운영양식(Modes of Governance)		
기존 연구		Guy Peters & Jon Pierre(2006)	Jan Kooiman(2003)	
국가	국가 중심	국가통제모형 (Étatiste Model)	계층제거버넌스 (Hierarchical-Governance)	전통적 거버넌스 (Traditional Governance)
사회	시장 및 시민 사회 중심	자유민주주의모형 (Liberal-democratic Model) 국가중심조합주의모형 (State-centric Corporatism Model) 사회중심조합주의모형 (Societal-centric Dutch Governance Model)	협력거버넌스 (Co-Governance)	NPM적 거버넌스[2] (NPM Governance) • 공-사, 민-관 협력 강조 • 협업 강조
네트워크		자기조정 네트워크모형 (Governance without Government Model)	자치거버넌스 (Self-Governance)	뉴거버넌스 (New Governance) • 자율적 네트워크 (참여, 연결, 조정) • 다양한 행위자 (신뢰, 협동)

2 뉴거버넌스의 핵심은 신뢰와 협동, 참여와 네트워크, 조정과 연결을 강조하는 개념이다. 하지만, 이를 이 표에서 구획짓고 있듯이, NPM적 거버넌스와 명확하게 구분짓기에는 다소 무리가 따르는 것이 사실이다. NPM적 거버넌스 역시 협업과 네트워크 관리를 포함하고 있기에 NPM 역시 네트워크의 조정 능력을 포함하고 있다. 따라서 이 둘은 서로 명확히 대칭되는 개념이라기보다는 NPM의 발전선상에서 뉴거버넌스의 조정과 연결, 신뢰와 협동, 참여와 네트워크가 강조된 것으로 이해하여야 할 것이다.

정 책 사 례

지역혁신을 위한 문화정책거버넌스: 안동국제탈춤페스티벌

1. 사례개요

안동은 정부의 유교문화권개발계획을 바탕으로 착실히 전통문화를 보존하고 상품화하는 데 앞장서 왔다. 이들 노력 중 안동국제탈춤페스티벌은 대표적인 성공을 거둔 문화사업으로 평가된다. 이러한 성공요인으로는 축제를 기획하고 운영에 책임을 담당한 탈춤축제 집행위원회와 지방정부 간의 원활한 파트너십으로 볼 수 있다.

1) 탈춤축제의 개요

안동국제탈춤페스티벌은 안동시가 탈춤을 문화축제로 개발하여 세계무대에 소개함으로써, 전통탈춤의 보존발전과 계승을 도모하는 동시에, 안동을 세계적인 문화관광도시로 개발하여 관광산업혁신을 통한 지역경제 활성화에 목적이 있다. 이 사업은 1997년부터 안동시의 중요 문화관광정책으로 채택되어 앞으로도 계속 추진될 전망이다.

2) 집행위원회의 변천과정과 조직구조

1997년 제1회 축제 시에는 축제에 대한 경험이 전무한 상태에서 출발해야 했으므로, 축제기획사가 제작한 프로그램을 지방정부가 집행하는 형식을 취하였다.

그러나 첫 축제를 경험하고 다음해인 1998년에 접어들면서 "안동시민들에 의한 참여축제"라는 명제하에 추진위원회는 명망가중심에서 지역축제 전문가들로 새롭게 구성되어, 실제로 추진위원회가 축제를 기획 운영하는 원년으로 자리매김되었다. 이때부터 축제사무를 전담하는 상설사무국이 설치되어 축제를 연중 준비하는 기반을 마련하였다. 당시 추진위원회는 축제를 논의하는 기구로서, 기획, 집행, 관광홍보, 평가위원회로 나누고, 이 기구들을 통합 조정하는 체계를 취하였다. 이 과정에서 기획, 운영, 홍보, 민속, 예술 등에 대해서는 집행위원회의 심의의결권이 존중되었고, 재정운영이나 지원 기능은 지방정부인 안동시의 의사가 존중된다. 따라서 집행위원회와 지방정부나 지역주민들 간의 파트너십이 발휘되는 점이 축제를 성공시킨 가장 중요한 요소이다.

2. 쟁점 및 시사점

위의 사례에서 제시된 문화정책거버넌스는 문화산업과 관련하여 종래 지방정부 혼자만의 힘으로 밀어붙이던 정책결정이 벽에 부딪히자, 지역 차원에서 지방정부와 문화시민단체, 기업 등이 지역문화적 특성을 고려하여 문화정책을 결정하기 위해서 형성된 협력적 네트워크를 의미한다. 즉 종래 지방정부중심의 정책결정과 집행구조에서 벗어나, 지역의 다양한 주체들이 네트워크를 형성하고 상호작용 과정을 거쳐 서비스결정과 집행에 공동으로 참여하는 로컬거버넌스의 형태를 보여주고 있다(안성호 외, 2004: 350).

따라서 이 안동국제탈춤페스티벌은 지방정부, 집행위원회, 지역주민들의 신뢰를 바탕으로 한 파트너십이 새로운 문화산업문제를 합리적으로 해결하게 만든 성공요인이 되었고, 이것이 지역혁신으로까지 발전할 수 있게 된 좋은 사례라고 하겠다.

자료: 문태현, 2005.

4. 뉴거버넌스의 주요쟁점

1) 뉴거버넌스의 이론적 시사점

뉴거버넌스의 이론적 특성을 신공공관리와 구별하여 정리하면 다음과 같다.

첫째, 신공공관리(NPM)는 경쟁의 원리를 중시하지만, 뉴거버넌스(*New Governance*)는 시장주의에 입각한 경쟁보다는 신뢰를 기반으로 조정과 협력을 강조한다.

둘째, 신공공관리론(NPM)에서는 행정 기능의 상당 부분이 민영화, 민간위탁 등을 통해서 국가로부터 민간에게 이양되었다. 그러나 뉴거버넌스(*New Governance*)에서는 국가의 역할을 부정하기보다는 민간의 힘을 동원하고, 공동체 구성원들의 적극적 참여에 의한 공적 문제해결을 중시한다.

셋째, 신공공관리(NPM)는 국민을 공리주의에 입각하여 국정의 대상인 '고객'으로 보지만, 뉴거버넌스(*New Governance*)는 시민주의에 바탕을 두고 덕성을 지닌 '시민'을 국정의 파트너로 본다.

넷째, 신공공관리(NPM)는 시장논리에 따라 행정의 생산성이나 효율성을 중시하지만, 뉴거버넌스(*New Governance*)는 구성원 간의 참여와 합의를 중시하므로 행정의 민주성과 신뢰성을 중시한다.

다섯째, 신공공관리(NPM)는 행정의 경영화에 의한 정치·행정이원론의 성격이 강하지만, 뉴거버넌스(*New Governance*)는 담론이론 등을 바탕으로 한 다양한 구성원의 참여를 중시하므로 행정의 정치성(일원론)을 중시한다.

그러나 신공공관리와 뉴거버넌스 모두 정부역할 축소, 방향잡기의 강조, 행정과 민간 구분의 상대성, 민관협력 등을 인정한다는 점에서는 이질적이거나 대조적이지는 않다. 정부의 기능을 방향잡기에 국한시키려는 의도나 민영화 등 시장주의적 개혁이 결과적으로 서비스 연계망을 엄청나게 확대시켰다는 점 등을 볼 때, 신공공관리(NPM)는 뉴거버넌스(*New Governance*)의 토대가 되었으며, 신공공관리(NPM)개념 없이 뉴거버넌스(*New Governance*)는 불가능하다고 볼 수 있다.

2) 뉴거버넌스의 정책적 시사점

세계화와 개방화가 진전되고 있는 지금 정부의 역할과 사고에 대한 대전환이 요구되고 있다. 산업화 시대에서의 정부주도의 통치방식과 시스템은 이제 더 이상 새로운 질서에 부응하기 어려우며, 따라서 국정 또는 공동체 운영의 체제와 양식에 관한 새로운 인식이 필요하다. 이러한 맥락에서 등장한 개념이 과거의 통치(*governing*)와 정부(*government*)를 대체하는 소위 뉴거버넌스(*New Governance*)이다.

자본주의나 민주주의의 견제가 제도적으로 정착된 선진국의 경우에는 거버넌스의 모델이 잘 작동할 수 있으나, 한국의 경우처럼 정부의 외형만을 축소시키는 데 그치고, 제대로 된 네트워크나 파트너십이 정립되지 않는 체제에서는 거버넌스의 효과성이 제한적일 수밖에 없다. 우리나라는 현재 시민단체가 국회 및 정당과 균형적인 관계를 유지하면서 직접민주주의를 실현하고, 국가, 시장, 시민사회가 새로운 21세기의 생산적인 거버넌스체제를 구축할 만큼 성숙한 단계에는 이르지 못한 것으로 평가된다. 따라서 국가, 시장, 시민사회가 스스로의 역량향상이나 역할정립은 도외시한 채, 다른 주체의 활동과 역할을 제약하는 데에만 주력할 경우, 한국사회의 미래는 비생산적이고 부정적일 수밖에 없다.

거버넌스이론은, 그럼에도 불구하고, 한국의 정책과 행정에 있어 큰 사고의 전환을 불러일으킨다. 한국의 전통적인 정책 및 행정의 행태가 그 한계를 드러내고 있는 시점에서, 국가, 시장, 시민사회의 3자 간 상호 신뢰와 협력을 바탕으로 하는 네트워크체제의 구축은 필요성이 매우 큰 것으로 생각된다. 이를 위해서 정부, NGO, 시민사회, 기업 등의 각 분야는 자율적이고도 책임성을 가지고 성숙한 조직으로 발전하며, 서로 간의 신뢰와 협력을 토대로 강한 거버넌스 네트워크를 구축해야 할 것이다.

5. 요약 및 결론

현대 사회의 복잡 다양한 정책과정에 있어서 이해집단의 목소리는 점점 커져가고 있다. 정책집행에 있어서는 과거 전통적 정책학에서 추구하던 효과성, 능률성뿐만이 아니라, 민주성, 대응성, 신뢰성까지도 고려해야 한다. 또한 정책결정에서 정부 단독의 의사뿐 아니라, 정책대상집단의 의사를 포함시키는 절차적 민주성과 신뢰와 협력에 기초한 거버넌스적 문제해결 방식이 중요해지고 있다.

거버넌스이론의 성립 이전, 정책실패의 원인은 정부 내부의 문제로 인식되었고 상위하향(*Top-down*) 방식의 정책결정이 주류를 이루었다. 그러나 거버넌스이론의 등장은 정책과정이 국가정부의 범위를 넘어서 사회 전 범위에 광범위하게 펴질 수 있는 기초를 마련하였으며, 신공공관리(NPM)의 국가중심, 시장중심 거버넌스를 넘어 시민사회 거버넌스의 개념을 포함한 뉴거버넌스는 그 이론적 의의를 가지고 있다고 하겠다.

그러나 뉴거버넌스개념을 우리나라에 그대로 적용하기에는 아직 한계가 있다. 우리나라의 역사적 맥락을 살펴볼 때, 뉴거버넌스의 이념이 정착하기에는 국가적 인식과 제도 및 분위기가 완전치 못하다고 할 수 있다. 한국의 정부는 신공공관리(NPM)의 대두로 그 외형을 축소하고, 정부부문의 기능을 이양하는 데는 많은 시간과 비용을 투자했지만, 민주성을 확보하고, 국민의 의사를 적극적으로 반영하는 데는 상대적으로 소홀해 왔다고 할 수 있다. 이러한 점을 보완하기 위해서는 시민사회의 활성화를 위한 비정부조직(NGO)의 강화나 시장 기능의 자율적인 작동을 촉진시켜야 한다.

같은 맥락에서 정부와 시민사회 간에 신뢰(*trust*)가 구축되어야 한다. 사회구성원들 사이에 높은 신뢰적 관계가 구축되면 정부의 감시비용을 크게 줄이는 동시에, 자발적 순응을 확보할 수 있는 것이다. 즉, 시민단체와 국회, 정부, 정당, 기업, 언론 등이 서로 등권과 공영의 정신을 토대로, 경쟁과 협력 그리고 창조적 긴장관계를 적절하게 유지함으로써, 국가경영의 사회적 자본(*social capital*)으로서의 신뢰를 강화시켜 나가야 할 것이다.

제 3 절 제도주의이론

1. 신제도주의이론의 대두

신제도주의는 1970년대 후반 이후 구미 학계에서 발전하기 시작한 사회과학의 새로운 패러다임 가운데 하나이다. 이는 1950년대를 전후해서 수십 년간 크게 영향력을 떨쳤던 행태주의(*behavioral-ism*)의 원자적 설명에 반대하고, 역사적·제도학파의 법적·기술적·정태적 설명에도 반대하면서 새로운 설명의 틀을 제시한 것으로 평가받고 있는 이론적 패러다임이다(염재호, 1994: 10-33; 정용덕, 1999: 3). 제도채택의 정통성, 제도유지의 배태성, 제도발전의 경로의존성 등 신제도주의에서 제시하는 개념적 도구가 많은 설득력을 얻으면서, 신제도주의는 정책학과 행정학, 사회학과 정치학 등 사회과학 전반에 걸쳐 점점 더 많이 인용되고 있다.[3]

하지만 신제도주의가 정확하게 무엇을 의미하는지, 다른 접근방법들과 어떻게 다른지, 어떤 전망과 문제점들 제시하고 있는지에 대해서는 여전히 상당한 혼란이 있다. 이는 신제도주의의 주요 이론들이 학문분야별로 제각기 다른 뿌리에서 출발하여 발전해 왔기 때문이다. 정치학의 경우 Wilson, Willoughby, J. Ikenberry 등의 연구, 사회학은 Weber, Parsons, Meyer & Rowan 등의 연구, 경제학은 Coase, Williamson, E. Ostrom 등의 연구를 바탕으로 제도에 대한 관심을 제각기 형성하여 온 것이 오늘날 신제도주의의 이론적 기초와 발전의 토대를 제공하였다.

다음에서는 신제도주의의 주요 분파라 할 수 있는 합리적 선택 신제도주의, 역사적 제도주의, 사회적 신제도주의의 공통된 특징은 무엇인지를 살펴본 후, 신제도주의 각 분파의 이론적 배경과 주요 특징 및 주장, 그리고 그 한계가 무엇인지를 살펴보도록 한다.

---

3 이 장에서 논의하는 신제도주의이론은 저자가 『정책학의 논리』(박영사, 2007)에서 소개했던 내용을 수정보완한 것임을 밝혀 둔다.

2. 신제도주의이론의 개관

신제도주의는 인간의 행위와 사회적 현상을 설명하는 이론적 틀로서의 의미를 지닌다. 신제도주의는 제도를 중시한다는 점에서 구제도주의와 동일선상에 있지만, 사회현상에 대한 인과관계를 밝히려는 분석적 접근이라는 점에서는 행태주의와 방법론적 시각을 공유한다(염재호, 1994: 12-15). 따라서 신제도주의는 사회현상에 대한 인과관계를 밝히려고 노력하되, 행태주의에서 강조하는 원자적 설명에 대해 의문을 제기하며, 또한 구제도주의가 따르는 법적, 기술적, 정태적 접근방법에 대해서도 반대한다.

신제도주의는 사회과학현상을 설명하는 분석변수로서 제도를 중요시한다. 이 때 제도는 정부 내 법, 규칙, 절차, SOP 등을 의미하는 수준으로서의 제도와 국가 내 행정부와 의회와의 권력관계 및 집권화 정도를 의미하는 수준으로서의 제도, 그리고 국가와 사회를 규정하는 이념적 규범으로서의 제도를 포함하는 개념이다(J. Ikenberry, 1988: 226-227).

신제도주의는 무엇보다도 개인의 행위결과(*outcome*)가 개인의 선호체계(*preference*)의 직선적인 연장선상에 있다는 행태주의의 가정에 의문을 제기한다. 신제도주의는 행태주의에서 규명하고자 했던 개인의 선호체계와 개인의 행위결과 간의 직선적 인과관계, 그리고 이에 기초한 사회현상의 보편적 인과법칙의 추구에 의문을 제기하며, 선호체계에 따른 행위결과는 역사와 장소의 맥락에 따라 달리 나타날 수 있다는 점을 지적한다(Immergut, 1998: 6-7). 개인의 행위결과는 제도 및 유인의 규칙과 규범을 통해 변화될 수 있으며(합리적 선택 신제도주의), 조직의 행위결과는 조직의 절차와 규칙 및 규범을 통해 변화될 수 있으며(사회학적 신제도주의), 국가의 행위결과는 국가의 제도와 헌법 및 규범을 통해 변화될 수 있다는 점을 명확히 한다(역사적 신제도주의).

신제도주의에서 분석변수로서 다루는 제도는 개인행위자들의 상호작용과 역학관계만을 중시하던 행태주의와는 달리, 정부 내 개인행위자들의 상호작용의 결과로서 나타나는 제도적 규범으로서 한번 만들어지면 영속하려는 속성을 지닌다. 하지만 신제도주의는 인간행위의 결과로서 만들어지는 혹은 이미 역사적으로 만들어진 구조와 제도를 매개변수로 도입함으로써 사회현상의 인과관계를 탐구하는 분석적 접근이라는 점에서 사회현상을 실증적으로 밝혀보려는 행태주의와 방법론적 공통점을 지니고 있다(권기헌, 2007a).

J. Ikenberry(1988: 226-230)는 미국이 대외경제정책의 정책결과를 설명하는 사회(*societal*), 국가(*state*), 국제(*systemic*)수준의 세 가지 분석수준을 들고, 국가(*state*)의 제도적 구조가 매개변수로 개입될 때 정책현상을 보다 잘 설명할 수 있다는 점을 예증한다. 대외정책이므로 국제(*systemic* 혹은 *transnational*)수준의 변수들, 예컨대 국제기구, 국제조약, 국제규범 등도 정책결과에 영향을 미치고(이를 P. Gourevitch(1978: 881-912)는 "Second Image Reversed"라고 표현하였다), 경제정책이므로

국내에 존재하는 이익단체(*interest group*), 계급(*class*) 등 사회적 관계(*social dynamics*)도 정책결과에 중요한 영향을 미치지만, 이러한 국내 사회작용의 요구(*demand*)나 역학(*dynamics*)이 정부(*state*)라고 하는 단순한 블랙박스(*black box*)를 통해 정책으로 나오는 것은 아니라는 것이다. 엄연히 정부 내 정책결정 규칙과 규범과 절차가 있고 정부 내 정책결정에의 접근가능성(*open access*), 의회와 정부와의 역학관계 등이 정책결과에 영향을 미친다는 것이다. 이러한 정책결정규칙과 규범 및 절차는 하나의 구조적 형태(*structural formation*)를 띠게 되는데, 이는 경로의존적 속성(*path-dependency*)을 띠게 된다.

신제도주의적 접근에서는 국가의 정책을 통시적(*longitudinal*)으로 분석하게 되면 이러한 구조적 형태와 속성이 시기별로 어떤 변화(*variation*)가 있었는지를 알 수 있게 되는데, 따라서 제도와 구조의 형태 및 속성은 역사적 맥락(*historical context*) 속에서 형성되고 변화되어 오는 것임을 분명하게 제시하고 있다. 따라서 기존의 비교정치적인 시각에서 일률적으로 논의되던 강한 정부-약한 정부(*strong state vs. weak state*)의 논쟁은 큰 의미가 없고, 통시적으로 제도적 속성의 변화에 따라 정부의 정책능력(*state capacity*)이 어떻게 변화되어왔는가를 밝히는 것이 더욱 중요하다고 주장한다. 예컨대, S. Haggard(1988: 12)는 1930년대 쌍무협정(*bilateral trade agreement*)과 특혜관세(*preference schemes*)가 막 설정되던 당시의 국제무역환경이 어떻게 미국정부의 정부협상능력(*government capacity*)을 보다 독립적이고 재량적으로 변화시켰는지를 설명하고 있다.

또한 신제도주의 학파에서는 역사적 전개(*historical development*) 속에서, 예컨대, Lasswell (1948: 262)이 말한 "행위에 심각한 충격을 주는 상황"으로서의 위기(*crisis*), 전쟁(*war*), 공황(*depression*)과 같은 역사적 사건들이 역사적 경로를 어떻게 바꾸고, 그러한 큰 틀 속에서 제도적 속성이 어떻게 변화되었으며, 그러한 제도적 변화가 정책의 변화에 어떤 영향을 미쳤는지도 중요한 관심사항이다. 예컨대, S. Krasner(1984: 234)와 같은 학자는 미국이 국제관계 속에서 국가 헤게모니를 유지하는 과정에서 국가(state)라는 변수를 중요하게 도입하면서, 전쟁과 위기와 같은 역사적 변수들이 어떻게 제도의 모습을 근본적으로 변화시키는 결정적 전환점(*critical junctures*)으로 작용했는지를 설득력 있게 보여주었다. 즉, 제도의 모습은 근본적으로 변화하는 결정적 전환점(*critical junctures*)을 기준으로 역사적 사건의 흐름이 단절적으로 나타나게 하며, 제도적 구조는 국내외적인 환경변화에 빠르고 유연하게 적응하고 변화해 가는 것이 아니라, 매우 급격하고, 간헐적으로 일어난다. 또한 결정적 전환점(*critical junctures*)을 통해 단절되었던 제도가 위기극복 이후 다시 제도적인 균형상태에 돌입하게 되는 현상을 S. Krasner는 '결절된 균형'(*punctuated equilibrium*)이라고 하였다(S. Krasner, 1983: 359-361; 1984: 223-246).

신제도주의에서 말하는 제도의 공통점은 다음과 같다(염재호, 1994: 18-19; 정정길 외, 2005: 871-872; DiMaggio & Powell, 1991).

첫째, 구제도주의에서는 제도를 정치제도의 정태적 측면을 서술하지만, 신제도주의에서는 제도들 간의 동태적 역동성(*dynamism*)을 분석대상으로 한다(역사적 신제도주의).

둘째, 구제도주의에서는 조직 내에서 사회화과정을 거쳐 개인의 가치에 내재화된 조직의 규범을 제도적 변수로 받아들이는 반면, 신제도주의에서는 개인의 규범뿐만 아니라 인지과정에서 당연한 것으로 받아들이는 규칙, 습관, 일상적 처리과정(SOP)까지도 제도로서 분석한다(사회학적 신제도주의).

셋째, 제도란 사회의 구조화된 어떤 측면을 의미하며, 정책현상을 설명할 때에는 이런 구조화된 설명변수를 동태적으로 도입할 필요가 있다.

넷째, 제도는 개인행위를 제약하며, 제도적 맥락하에서 이루어지는 개인행위는 규칙성을 띠게 된다. 따라서 신제도주의는 원자화된 개인이 아니라, 제도라는 맥락 속에서 이루어지는 개인행위에 초점을 맞춘다.

다섯째, 제도가 개인행위를 제약하지만, 개인 간 상호작용의 결과 제도가 변화할 수도 있다. 따라서 제도는 독립변수인 동시에 종속변수로서의 속성도 지닌다.

여섯째, 제도는 규칙, 법률 등 공식적인 측면을 지닐 수도 있고, 규범, 관습 등의 비공식적 측면을 지닐 수도 있으며, 더 나아가 개인이 인지과정에서 받아들이는 규칙, 습관, 업무처리과정(SOP)까지도 포함한다.

일곱째, 제도는 안정성을 지닌다. 일단 형성된 제도는 그때 그때의 상황이나 목적에 따라 쉽게 변화하는 것이 아니다. 즉, 경로의존성을 지닌다.

3. 신제도주의의 이론적 유형

1) 합리적 선택 신제도주의

(1) 이론적 주장

합리적 선택 신제도주의에는 Coase, Williamson, North, Ostrom 등이 대표적인 학자로 손꼽힌다. 이들의 연구는 대체로 다음과 같은 공통점을 지닌다(정정길 외, 2005: 874-875).

첫째, 신고전파 경제학에서의 완전한 합리성을 가진 행위자에 대한 가정 대신에, 좀 더 현실적이고 포괄적인 개념의 행위자를 상정한다. 예를 들어, Williamson은 Simon의 제한된 합리성을 수용한다.

둘째, 경제적 균형상태보다는 균형에 도달하는 과정에 연구의 초점을 두며, 경제체제는 행위자들의 학습을 반영하여 시간이 경과함에 따라 진화하는 것으로 인식한다. 신제도경제학자들은 경제체제의 제도를 경제적 행위에 영향을 미치는 외생변수로 취급하기보다는 내생변수로 다루어 그 생성·유지·변화를 분석하는 데 주된 관심을 갖는다.

셋째, 경제적 행위의 조화는 단순히 시장메커니즘을 통한 거래로 달성되는 문제가 아니라, 다양한 제도적 구조의 영향을 받기 때문에 이에 대한 분석이 필요하다고 본다. 이는 Coase의 연구에서 비롯된 거래비용 접근법이라고 볼 수 있다.

(2) 주요 논의

합리적 선택 신제도주의의 논의를 경제학과 정치학으로 나누어서 설명하면 다음과 같다.

(가) 경제학에서 합리적 선택 신제도주의의 주요 논의

합리적 선택 신제도주의는 그 뿌리를 신고전경제학에 두고 있으나, 신고전경제학의 제도적 진공상태(*institution-free setting*), 즉 완벽한 정보와 거래비용의 부재 등과 같은 가정하에서 완전경쟁시장중심의 설명에 대해 의문을 제기하고, 제도적 제약이나 제도적 유형이 개인의 선택에 미치는 영향에 대해 중요성을 인식하면서부터 이론이 형성되기 시작하였다(장하준, 1996: 191-193; 이명석, 1999: 16-18).

제도의 제약이나 유형이 개인의 선택에 미치는 영향을 설명하는 좋은 예로는 '죄수의 딜레마'(*prisoner's dilemma*)를 들 수 있다. 죄수의 딜레마모형은 두 명의 죄수가 왜 최종적으로 그들에게 최선의 선택을 하지 못하고, 최악의 상황을 피하는 차원에서 차선의 선택을 할 수밖에 없는지에 대해서 설명하는 도구이지만, 이 때 이들 간의 게임의 규칙을 바꾸게 되면(예를 들면 둘 간의 대화를 허용한다든지 반복적인 상황을 허용하게 되면) 이들의 선택결과도 달라질 수 있다는 점을 잘 보여준다. 즉, 제도의 제약이나 유형이 개인의 선택에 중요하게 영향을 미치는 것이다(Immergut, 1998: 13).

경제학의 합리적 선택 신제도주의는 Coase의 "The Nature of the Firm"에서 시작되었다. Coase에 따르면, 신고전학파 경제학에서 가정하는 완전경쟁의 세계에서는 인간들은 완전한 합리성(*perfect rationality*)을 가지고 있고, 모든 정보가 완전하기 때문에 어떤 계약이든지 시장가격이 주는 신호에 따라 즉각적인 조정이 가능하지만, 그럼에도 불구하고 현실에서 기업이 여전히 존재하고 중요한 역할을 하는 이유를 Coase는 거래비용(*transaction cost*)에서 찾았다. 즉, 시장중심의 분석의 한계성을 부각시키면서 합리적 선택 신제도주의에서 의미하는 제도의 변수적 역할과 중요성을 제시한 것이다. 거래비용의 개념은 현대 제도경제학의 중시조라고 할 수 있는 Williamson과 North 등에 의해 제도 경제학의 핵심적 개념 중의 하나로 발전되었다(Williamson, 1975, 1985; North, 1998; 장하준, 1996: 194).

Williamson은 Coase의 연구를 더욱 발전시켰는데, H. Simon이 제시한 '제한된 합리성'(*bounded rationality*), '기회주의'(*opportunism*), 그리고 자신이 개발한 '자산특정성'(*asset specificity*) 등의 개념을 거래비용 개념과 결합시켜서 논의를 전개하였다. 거래비용의 크기는 1) 미래에 대한 불확실성, 2) 제한된 합리성, 3) 기회주의, 4) 자산특정성 등에 의해 결정된다고 주장하였으며, 이런 요소들에 따라 거래비용이 달라지고, 거래비용을 최소화시키는 다양한 유형의 경제제도가 나타난다고 본다. 즉, 1) 거래에 수반되는 불확실성이 높고, 2) 제한된 합리성의 제약정도가 심하고, 3) 기회주의적인 행태가 발생할 가능성이 높고, 4) 거래대상의 자산특정성이 높을수록 시장보다는 기업내부조직을 통한 거래가 거래비용을 최소화할 수 있다는 주장이다(정정길 외, 2005: 881-886).

합리적 선택 신제도주의 학자로 빼놓을 수 없는 또 다른 학자는 E. Ostrom이다. 그는 공공재(*public good*)와 같은 집합적 선택(*collective action*)의 상황하에서의 인간 행위 선택을 설명하려는 노력을 하면서, 제도라는 설명적 변수를 중요하게 다루었다. 그가 말하는 제도는 정보규칙(*information rules*), 보상규칙(*payoff rules*), 권위규칙(*authority rules*) 등으로 이루어진 하나의 복합적 규칙체계인데, 이러한 제도적 규칙들의 총합에 의해 집합적 상황하에서 인간 행위의 선택을 설명할 수 있다고 보았다. 즉 E. Ostrom은 제도의 성격, 결정상황의 속성(결정에 참가하는 사람 수, 상황의 복잡성, 의사소통의 가능성, 결과의 안정성 등) 등을 알면 개인이 어떻게 행동할 것인가를 예측할 수 있고, 이들의 행동이 어떻게 집합적으로 통합되는가를 설명할 수 있다고 봄으로써 합리적 선택 신제도주의이론을 더욱 발전시켰다(E. Ostrom, 1990: 197-200).

E. Ostrom(1982, 1992)이 개발한 제도분석틀(IAD *framework: institutional analysis and development framework*)은 공유지의 비극(*tragedy of commons*)과 관련된 집합적 선택(*collective action*) 문제에 관심을 갖고, 1) 물리적 속성(장소), 2) 공동체 속성(규범), 3) 규칙적 속성(정책)이라는 세 가지 변수가 어떻게 '행동의 장'에 있어서 행위자의 행태적 속성 및 보상함수에 영향을 주고, 이러한 유인구조가 어떻게 행위결과에 영향을 줌으로써 집합적 선택 문제를 해결할 수 있는가에 연구의 초점을 두었다.

또한, 제도분석틀은 제도의 중첩성을 강조하는데, 1) 운영선택수준, 2) 집단선택수준, 3) 헌법선택수준 등 세 가지 수준으로 나누고, 이러한 세 가지 수준에서 물리적 속성, 공동체 속성, 규칙적 속성이라는 세 가지 변수가 중첩적으로 정책행위결과에 영향을 미친다는 점을 강조한다(Kiser and Ostrom, 1982; E. Ostrom, 1990: 192-193).

쉬어가는 코너

오스트롬의 이야기

엘리너 오스트롬은 1933년 출생 이후 대공황과 2차 세계대전으로 물자 부족에 시달리는 '공유재 비극'을 몸소 체험했다. 아마도 노벨 경제학상을 수상한 그녀가 공유재와 공유재의 부족에 관심을 가진 것은 이러한 그녀의 경험을 바탕으로 한다고도 볼 수 있다.

공유재란 무엇인가? 개인들 차원의 유인이 집합적 수준에서는 왜 그대로 적용되지 않는 것일까? 무임승차와 같은 공유재의 비극은 왜 발생하는 것이며, 이러한 공유재의 비극은 어떻게 해결할 수 있을까?

오스트롬은 '제도'의 중요성에 주목했다. 제도라는 것은 시간(시대)과 장소(국가)에 따라 다르지만, 더 좋은 국가가 될 수 있도록 만드는 정책과 그러한 사회가 되게 하기 위해 개인의 행동을 규제하는 모든 사회적인 틀을 의미한다. 결론적으로 말하자면, '제도를 올바르게 하는 것', 그래서 '현실상황에 적합한 제도를 설계하고 시행하는 것'이 바로 오스트롬의 주장이다.

이렇게 등장한 것이 합리적 선택에 기초한 IAD모형(Institutional Analysis & Development Framework)이다. 개인들은 제도라는 틀 속에서 자신의 행위를 합리적으로 선택한다고 보았다. 오스트롬은 특히 공유지의 비극문제를 해결하기 위해서 필요한 유인구조와 상황에 대한 연구를 진행하였는데, 이러한 유인구조는 1) 물리적 속성(장소), 2) 공동체 속성(규범), 3) 규칙적 속성(정책)이라는 세 가지 변수에 따라 달라지며, 1) 운영선택수준, 2) 집단선택수준, 3) 헌법선택수준 등 세 가지 수준에 따라 달리 설계되어야 한다고 강조하였다.

자료: 저자의 졸저, 『행정학 콘서트』, 155쪽

(나) 정치학에서 합리적 선택 신제도주의의 주요 논의

정치학의 합리적 선택 신제도주의자들은 제도의 작동·발전과 관련하여 거래비용 등의 개념을 강조하는 경제학의 합리적 선택 신제도주의로부터 유용한 분석도구를 차용하였다.

주인(*principals*)이 대리인(*agents*)을 감시하고, 그들의 순응을 유도하는 제도적 메커니즘에 초점을 둔 주인-대리인이론(*Principal-Agency Theory*)은 의회가 위원회와 그것이 감시하는 규제기관과의 관계를 어떻게 구조화하는지를 설명하는 데 유용하게 활용되었다.

정치학 분야의 합리적 선택 신제도주의에서는 의회제도에 대한 연구를 많이 하였다. 의회제도란 법안이 안정적으로 통과되도록 의원들 간의 교환과정(협상과정)에서 발생하는 거래비용을 낮추어주는 기능을 수행하며, 입법부가 직면하는 많은 집단행동의 문제(*collective action problems*)를 해결할 수 있게 한다(P. Hall & R. Taylor, 1996: 942-943).

정치학에서 합리적 선택 신제도주의의 대표적 학자는 K. Shepsle(1987, 1989), D. North(1998) 등이다. K. Shepsle(1987, 1989)는 사회적 선택이 개인적 선호와 더불어, 선택의 방법에 관한 유무형의 사회제도에 의하여 결정된다고 주장하면서, 만약 우리가 선호(*preference*)에 의해서만 사회선택을 논할 경우에는 불확실성(*uncertainty*)이 많이 작용하나, 선호(*preference*)와 더불어 제도(*institution*)를 함께 고려할 경우에는 안정적인 사회선택의 가능성이 있다는 논의를 제시하였다. 이 때의 제도란, 의회의 의사결정의 경우, 기존 안은 제일 나중에 투표에 붙여지는 의사진행규칙과 법안을 개별적으로 고려하는 심의방식 등을 들 수 있다.

정치학에서의 합리적 선택 신제도주의연구는 의회에 국한되어 이루어진 것은 물론 아니며, 다양한 분야에 적용되고 있다. 유럽연합(EU)의 제도개혁이 주는 함의를 분석하였고, 다수의 국제관계학자들은 합리적 선택 신제도주의의 개념을 이용하여, 국제레짐의 흥망, 국제기구의 책임유형, 국제기구의 형태 등을 설명하기도 하였다(정정길 외, 2005: 889-890).

2) 사회학적 신제도주의

(1) 이론적 배경

사회학적 신제도주의는 사회학에서의 조직이론에서부터 출발한다. 사회학에서 제도에 대한 관심은 Weber, Parsons, Durkheim, Selznick 등 사회학의 주요 이론가들로부터 시작된다. M. Weber는 관료제적 구조가 현대사회에서 요구하는 각종 과업을 수행하기 위한 효율적인 구조라고 보았다. 사회학적 신제도주의는 1970년대 범세계적인 경제위기 이후 조직을 합리적이고 통제가능한 도구로 보았던 M. Weber의 관료제모형에 대한 이론적 의구심에서 출발했다. 즉 사회학적 신제도주의는 조직의 구조와 제도 그리고 절차는 경제학적 의미의 수단-목표의 효율성(*means-ends efficiency*)보다는 문화적 상황에서의 정당성(*culturally-constructed legitimacy*)에 의해서 채택된다고 주장한다(P. Hall & R. Taylor, 1996: 946).

Meyer & Rowan(1977: 340-341)이 주장하듯이, 조직이론의 신제도주의는 제도의 형성과정에서 사회적 정당성(*social legitimacy*)을 매우 중요하게 생각하며, 제도에 내재화된 규범(*norm*)과 신화(*myth*)의 역할을 강조하며, 더 나아가 개인이 인지과정에서 받아들이는 규칙, 습관, 업무처리과정(SOP)까지도 제도로서 분석한다.

사회학적 신제도주의의 핵심을 이루는 조직이론의 신제도주의는 미국에서 H. Simon을 중심으로 한 카네기 학파에서 발전되어 왔다. 인간의 인지(*cognition*)에 초점을 두고 조직이론을 발전시켜 온 이 학파는 어떠한 조직상의 요인들이 조직에 있어서 완전분석적 합리성을 저해하는지에 대해서 많은 연구를 제시하였다. 예컨대, 조직에 있어서 표준운영절차(SOP)나 프로그램 목록(*program repertoire*)에 기초한 제약된 합리성(*bounded rationality*)이 조직의 정책결정에 어떠한 형태로 작용하는지에 대해서 많은 설득력 있는 분석을 제시하였다. 즉, 인간의 경제적 합리성보다는 인간의 인지적 과정에서 발생되는 제도 및 규범의 제약이 인간 및 조직의 결정에 중요한 변수로서 작용한다는 것을 보여준 것이다. 이러한 관점의 연장선상에서 조직이론의 신제도주의의 최근 동향은 조직에 있어서의 인지, 역할, 상징적 코드, 규범 등이 조직행위의 정당성과 적합성을 규정하고, 이들이 더 나아가 조직의 결정 및 행태에 어떠한 작용을 하는지에 대해 분석하는 데 많은 노력을 기울이고 있다(Immergut, 1998: 14-15).

표 12-3 구제도주의와 신제도주의의 차이

	구제도주의	신제도주의
합리성이 제약받는 원인	기존의 복잡한 이해관계(vested interests)	정당성(legitimacy)의 추구
조직이 놓인 환경	지역사회(local community)	조직의 장(fields), 부분(sectors) 또는 사회전체(society)
배태성의 본질 (환경이 조직에 미치는 영향력)	적응적 흡수(co-optation)와 같이 명확하고 구체적인 형태	조직이 세상을 보는 관점 제공, 구성적 입장(constitutive)
제도화의 발생위치(locus)	개별 조직(organization)	조직의 장(fields) 또는 사회전체(society)
조직의 역동성	변화: 제도적 환경에 대한 조직의 적응과정	지속성: 조직들 간의 동질성과 제도화된 구성요소들의 안정성 강조

자료: 정정길 외, 2005: 906 수정.

3) 주요 논의

(1) 제도의 배태성

제도의 배태성이란 본래 "어떤 현상이나 사물이 발생하거나 일어날 원인을 속으로 가진다"는 의미로서, 침윤(점차 배어들어가 퍼짐) 또는 착상(着床)이라는 용어로 대체되기도 한다.

사회학적 신제도주의자들은 개인의 행위가 고립된 상태에서 선택되는 것이 아니라, 사회적 관계에 의하여 영향을 받으며, 사회적 관계 속에서 지속적으로 맥락지어진다는 것을 의미하는 개념으로 배태성(*embeddedness*)이란 용어를 사용하고 있다(정정길 외, 2005: 910).

사회생활을 하면서 무엇이 중요하고 무엇이 중요하지 않은지를 배우게 되고, 정보수집 시 특정 정보에 더 주의를 기울이고 이를 더 깊게 생각하게 된다. 그 결과 경제적 합리성이 다소 떨어지더라도 사회관계에서 정당성이 있는 행동을 하게 된다(김병섭 외, 2000: 582).

(2) 제도화의 논리

(가) 제도채택과 사회적 정당성(legitimacy)

제도는 합리적 선택 신제도주의자들이 주장하듯이, 개인의 전략적 계산에 영향을 주기도 하지만, 각 개인들의 가장 기본적인 선호와 정체성에도 영향을 미친다. 사회학적 신제도주의에 따르면, 제도와 개인적 행위 사이의 관계는 상호작용적(*interactive*)이며 상호구성적(*constitutive*)이다. Meyer & Rowan(1977: 347)은 공식적인 조직구조가 조정과 통제를 통해 기술적 합리성을 달성하지 못한 경우에도 조직구조가 계속 유지되는 이유를 '정당성(*legitimacy*)의 확보'에서 찾는다.

(나) 제도적 동형화(Institutional Isomorphism)

조직이 동질화되는 과정을 나타내는 개념이 동형화(*isomorphism*)인데, 이는 조직의 장(*organization fields*) 안에 있는 한 조직단위가 동일한 환경조건에 직면한 다른 조직단위들을 닮도록 하는 제약적인 과정(*constraining process*)이다. 여기서 '조직의 장'(*organization fields*)이란 유사한 재화와 서비스를 생산하는 조직들의 총체로서 동질적인 제도적 삶이 인지될 수 있는 분석단위(*recognized area of in-stitutional life*)를 의미한다(정정길 외, 2005: 915). 이는 사회학적 신제도주의에서 매우 중요한 개념으로서 제도적 동형화가 이루어지는 단위이다. 조직의 장(*organization fields*)이 생성되고 구조화되는 것은 다양한 조직들의 활동결과이며, 일단 장(*fields*)이 확립되면 기존 조직들뿐만 아니라 새로운 진입조직들까지도 동형화(*isomorphism*)된다.

제도적 동형화(*isomorphism*)는 다음과 같은 원천에서 발생한다.

첫째, 제도적 동형화는 복잡해진 환경요소와 상호연관성 및 불확실성에 대응하기 위해 발생한다(Meyer & Rowan, 1977: 346; Aiken and Hage, 1968; Thompson, 1967). 불확실성은 모방을 조장하는 강력한 힘이 된다. 조직의 행동과 환경의 반응 간의 인과관계가 불명확하거나, 조직의 목표가 모호할 때, 또는 환경이 불확실성을 야기할 때, 다른 성공적인 조직을 본받으려는 모방적 동형화가 일어난다. 새로운 조직들은 기존의 조직들을 모방하고, 관리자들은 서로 간에 의지할 만한 모형을 찾고자 노력한다. 조직은 성공적이라고 인식되거나 더 정당하다고 판단되는 유사조직을 벤치마킹(*benchmarking*)으로 삼는 경향이 있다(정정길 외, 2005: 915).

둘째, 제도적 동형화는 조직이 주관적 인식을 지닌 인간들의 사회적 인지 구성물이기 때문에 발생한다(Meyer & Rowan, 1977: 346-347; Parsons, 1956; Emery & Trist, 1965). 이러한 제도적 동형화의 원천은 규범적인 것으로, 이는 전문화(*professionalization*)에서 도출된다. 전문화란 직업구성원들이 그들의 작업조건과 작업방법을 정의하고, 직업적 자율성을 위한 인지적 토대와 정당성을 확립하려고 하는 집합적인 노력이다. 전문직의 자격조건을 충족시키는 사람들은 동일한 속성을 가진 표준적인 교육과정을 거치기 때문에 문제를 보는 시각이 비슷하게 된다. 그들은 주어진 정책, 절차, 그리고 구조를 규범적으로 정당화된 것으로 보며, 동일한 방식으로 행동하게 된다. 이런 각각의 제도적 동형화 과정은 그것이 내부적인 조직 효율성(*efficiency*)을 증대시킨다는 증거가 없어도 조직정당성(*legitimacy*)의 획득이라는 맥락에서 나타날 수 있다(정정길 외, 2005: 915).

4) 역사적 신제도주의

(1) 이론적 배경

역사적 신제도주의는 정치학에서 1960년대와 1970년대에 이론적 주류를 이루던 집단이론(*group theory*)과 구조기능주의(*structural functionalism*)에서부터 출발한다. 정치과정에서 나타나는 집단들 간의 협력과 경쟁, 그리고 집합적 선택의 논리를 제도와 구조를 중심으로 설명하는 집단이론(*group theory*)과 이를 정치학적으로 좀 더 발전시킨 다원주의(*pluralism*)와 신자유주의적 제도주의(*neoliberal institutionalism*)가 역사적 신제도주의이론의 한 축이며, 다른 한 축은 사회현상과 정책결과를 정치의 구조(*structuralism*)와 기능(*functionalism*)으로 설명하려는 구조기능주의(*structural functionalism*)이다(P. Hall & R. Taylor, 1996: 937-938).

합리적 선택 신제도주의가 개인의 행위와 유인구조에 미치는 제도의 역할에 초점을 두고 있고, 사회학적 신제도주의가 조직의 장에서 발생하는 합리성의 인지적 한계 및 규범(제한된 합리성)에 초점을 두고 있다면, 역사적 신제도주의는 국가, 권력, 그리고 역사라고 하는 보다 거시적 테마에 초점을 둔다(Immergut, 1998: 16-17). 즉, 역사적 신제도주의는 국가적 행위와 구조적 맥락의 상호작용에 초점을 맞춘다. T. Skocpol에 의하면, 제도주의는 "행위와 구조적 제약 요인의 변증법적 관계"로 정의된다(Skocpol, 1984b: 4; 하연섭, 1999: 20). 즉, 역사적 신제도주의는 정치경제적 제도가 집단행위를 구조화하고, 이러한 행위와 구조적 맥락의 상호작용 속에서 특정한 정책결과가 발생된다고 본다.

역사적 신제도주의에서 강조하는 '역사'란 단순히 '과거'를 의미하는 것이 아니라, 과거의 특정 시점에서 나타난 원인이 현재까지도 영향을 미친다는 역사적 인과관계(*historical causality*), 특정 시점에서의 선택이 미래의 선택을 지속적으로 제약한다는 경로의존성(*path dependency*), 그리고 사건의 발생 시점과 순서(*timing and sequence*)가 사회적 결과에 중대한 영향을 미친다는 역사적 과정에 대한 강조를 의미한다(하연섭, 2003: 56).

(2) 주요 내용

역사학적 신제도주의에서 강조하는 주요 내용은 다음과 같다.

㈎ 제도적 환경과 맥락 강조

제도는 국가헌법질서의 제반규칙이나 관료제의 표준운영절차(SOP)에서부터 민간 조직들의 행태나 비공식 집단들을 규율하는 관행에 이르기까지 매우 다양하다. 역사적 신제도주의자들은 행위자들의 이해관계에 영향을 미치는 동시에 행위자들 간의 권력관계를 구조화시키는 국가와 사회의 모든 상호작용 구조를 제도의 정의에 포함시킨다.

역사적 신제도주의에서 핵심개념은 제도적 환경(*institutional setting*)이라고 할 수 있는 역사적 맥락이며, 독립변수로서의 제도가 종속변수인 개인의 행위나 선택을 어떻게 형성하고 제약하는지를 설명하고자 한다. 따라서 행위자의 이해관계와 권력관계를 설명할 때 역사적으로 형성된 맥락의 중요성이 부각되는 것이다.

그러나 역사적 신제도주의는 개인이 제도에 의해 완전히 개조된다거나, 규범이 개인행동을 완전히 결정한다는 결정론을 의미하지는 않는다. 제도가 행위를 결정하는 것은 아니며, 단지 행위자의 선택을 제약하는 맥락을 제공할 뿐이다.

역사적 신제도주의는 제도와 행위의 관계를 일방향적, 결정론적으로만 보지 않는다. 역사적으로 형성되는 국가와 사회의 제도적 구조가 개인과 집단의 이해관계와 능력을 형성하고 제약할 뿐 아니라, 개인과 집단의 행위와 선택에 의해 제도변화가 유도되기도 한다.

제도가 정치를 제약하고 굴절시키기는 하지만, 제도만이 정치적 결과를 설명할 수 있는 유일한 요인은 아니다. 사상(*ideas*), 계급(*class*), 권력배분(*power structure*), 집단역학(*group dynamics*)과 같은 여타 변수의 중요성을 인정하고, 이러한 변수들의 상호작용에 의하여 형성되는 맥락을 중시한다.

㈏ 제도의 지속성과 경로의존성 강조

역사적 신제도주의는 역사발전 과정에서 동일한 원인이 어디서나 동일한 결과를 낳을 것이라는 가정을 받아들이지 않고, 과거로부터 전수되어 주어진 상황의 맥락적 특징들로부터 영향을 받는다고 본다. 즉, 경로의존적인(*path-dependent*) 사회적 인과관계를 강조한다.

역사적 신제도주의는 제도변화 과정을 설명할 때도 기존 제도가 새로운 제도가 취할 모습을 제약한다는 경로의존성(*path-dependency*)을 강조한다. 역사적으로 형성된 제도는 새로운 환경의 요구에 적절히 부응하지 못할 수도 있으며, 문제해결에 오히려 역기능적으로 작용할 수도 있다. 따라서 당시의 상황과 조건에 맞는 최적의 적응(*optimal adaptation*)이 항상 가능한 것은 아니다.

이런 점에서 역사적 신제도주의는 제도의 변화와 발전을 설명할 때 제도의 지속성과 기존 제도에 의한 의도하지 않았던 결과들(*unintended consequences*), 그리고 제도의 비효율성(*inefficiencies*)을 특히 강조하며, 이는 합리적 선택 신제도주의의 주장과 대조를 이룬다.

㈐ 제도의 급격한 변화에 대한 설명

역사적 신제도주의는 제도변화를 설명함에 있어서 사회관계와 제도를 재형성하는 역사적 전환점(*historical junctures*)에 주목한다.

제도의 모습이 근본적으로 변화하는 결정적 전환점(*critical junctures*)을 기준으로 역사적 사건의 흐름이 단절적으로 나타난다고 본다. 제도적 구조는 국내외적인 환경변화에 빠르고 유연하게 적응하고 변화해 가는 것이 아니다. 또 제도변화는 계속적이고 점증적으로 이루어지는 것이 아니라, 매우 급격하고, 간헐적으로 일어난다. S. Krasner는 이러한 현상을 '결절된 균형'(*punctuated equilibrium*)이라고 하였다(Krasner, 1984: 223-246; 정정길 외, 2005: 900-902). 따라서 역사적 신제도주의는 제도변화를 설명함에 있어서 정치적, 경제적 위기로 인해 사회제도가 재형성되는 역사점 전환점(*historical junctures*) 또는 결정적 전환점(*critical junctures*)에 주목하며, 이러한 제도변화의 계기를 통해 단절되었던 제도가 위기극복 이후 다시 제도적인 균형상태에 돌입하게 되는 '결절된 균형'(*punctuated equilibrium*)의 원리를 중요하게 다룬다(심상용, 2005: 225).

4. 신제도주의의 정책학적 함의

신제도주의이론에서 정책학 연구의 이론적 외연의 확장과 내포의 풍부함을 키워줄 수 있는 점이 무엇인지를 검토하는 것은 정책학 연구의 발전에 도움이 되는 의미 있는 작업이라고 할 수 있다(정정길 외, 2005: 920-926; 염재호, 1994; 정용덕 외, 1999; 김병섭 외, 2000: 582).

신제도주의이론이 정책학 연구에 주는 이론적 기여와 함의를 정리하면 다음과 같다.

첫째, 합리적 선택 신제도주의의 주요 특징으로는 방법론적 개인주의의 채택, 전략적 상호작용과 제도적 맥락하에서 개인의 합리적 행태에 대한 가정 등을 들 수 있다. 합리적 선택 신제도주의의 관점에서 정책은 결국 행위자들이 제도 내에서 상호작용한 결과 발생하는 산물이며, 정책연구는 행위자들의 상호작용 과정을 연구하는 것으로 이해된다. 합리적 선택 신제도주의의 이런 특징은 정책과정에 참여하거나 관련되어 있는 개별 행위자들의 상호작용 과정의 원인과 과정을 분석하고 설명하는 데 많은 도움을 줄 수 있을 것이다.

둘째, 역사적 신제도주의는 방법론적 전체주의의 입장을 취하고 있다는 점, 분석수준이 중범위이론이라는 점, 비교분석과 역사적 접근을 주된 분석의 방법으로 삼고 있다는 점을 그 특징으로 제시할 수 있다. 이런 방법론적 특징과 이론적 시각에서 보면 정책은 제도적 틀의 산물이 된다. 이 과정에서 권력관계의 불균형성과 경로의존성이 중요한 분석변수가 되며, 동일한 제도적 구조를 갖고 집행된 정책이 각기 다른 상황에서 다른 결과를 양산하게 되는 이유를 설명하는 데 많은 도움을 줄 수 있을 것이다.

셋째, 사회학적 신제도주의는 문화까지도 제도의 개념 속에 포함시키는 매우 거시적 차원의 연구방법을 택하고 있다. 이 접근방법에서는 주로 환경과 조직의 관계를 설명하는 데 초점을 맞추는데, 특히 독립변수로서 제도적 환경이 조직에 미치는 영향을 중요시한다(정정길 외, 2005: 920-926). 이 과정에서 제도채택과 사회적 정당성(*legitimacy*), 제도유지와 조직의 배태성(*embeddedness*)이 중요한 분석변수로서 등장하게 된다. 또한, 제도존속의 과정에 있어서 같은 조직의 장(*fields*) 안에서 조직단위들 간에 닮아가는 제약적인 과정(*constraining process*)으로서의 과정이 정책이 한 조직에 채택되고 존속되어가는 과정을 설명하는 데 중요한 설명변수로서의 역할을 할 수 있을 것이다. 특히 일단 조직의 장(*fields*)이 확립되면 기존 조직들뿐만 아니라 새로운 진입조직들까지도 동형화(*isomorphism*)되는 개념은, 정책의 혁신, 유지, 승계, 종결의 과정을 설명하는 데 있어 매우 유용한 이론적 도구가 될 수 있을 것이다.

넷째, 앞에서도 언급했듯이, 정책학이론의 발전이라는 관점에서 제도주의연구와 정책이론연구가 통합 지향적으로 발전될 필요가 있다. 특히 제도적 요인들이 정책결과(*policy outcome*)에 어떤 영향을 미치며, 그에 따른 정책적 쟁점이 무엇인지에 대한 연구들은(J. Ikenberry, 1988: 219- 243; S. Krasner, 1983: 359-361; 1984: 223-246; S. Haggard, 1988: 12-15) 그동안 역사적 신제도주의에 포함되어 집중조명되지 못한 측면이 있었으나, 정책학의 관점에서 제도의 속성(*attributes*), 제도의 형태(*configuration*), 제도의 규범(SOP) 등이 정책의 과정과 결과에 미치는 영향에 대한 정책학적 신제도주의에 대한 연구와 이들을 하나의 공통된 시각으로 조명해 보려는 노력 등은 앞으로 정책학도들의 중대한 과제로 남아 있다고 하겠다(권기헌, 2007a: 146-149). 국내 정치에 영향을 미치는 사회적 관계(*social dynamics*)들이 정부의 구조적 특성에 어떠한 영향을 미치고, 또한 이러한 정부의 구조적 특성은 정책결정 규칙과 규범 및 절차 등과 같은 정책결정의 제도적 속성에 어떠한 영향을 미치는지에 대해서도 앞으로 많은 연구가 필요할 것이다.

제 4 절 전자정부이론

1. 전자정부의 개념: 3차원의 개념구조

'전자정부'(*Electronic Government* 또는 *e-Government*)라는 용어는 오늘날 '디지털정부'(*Digital Government*), '온라인 정부'(*Government-on-line*), '사이버정부'(*Cyber Government*) 등 다양한 용어들과 특별한 상호 간의 개념적 구별 없이 혼용되고 있다. 미국 클린턴 행정부에서 처음 대두된 전자정부의 개념은 "효율적이고 고객대응적인 과정을 통해서 시민들이 정보 및 서비스에 보다 더 폭넓게, 그리고 보다 더 적시에 접근하도록 해 주는 정부"라고 정의되고 있다(한국전산원 역, 1995).

'전자정부구현을 위한 행정업무 등의 전자화촉진에 관한 법률'(2001)에서는 전자정부를 "정보기술을 활용하여 행정기관의 사무를 전자화함으로써 행정기관 상호 간 또는 국민에 대한 행정업무를 효율적으로 수행하는 정부"라고 정의내리며, 정부혁신지방분권위원회(2003)에서는 전자정부를 "정보통신기술을 기반으로 하여 행정·입법·사법 등 정부 내 업무의 전자적 처리와 유기적 연계로 행정의 효율성과 투명성을 제고하여, 국민과 기업이 원하는 정보와 서비스를 언제, 어디서나 쉽게 접근하고 이용할 수 있게 함은 물론, 참여민주주의에 대한 국민의 요구에 적극 부응하는 정부"라고 정의한다.

전자정부는 관료제모형의 대안으로 제시된 현대적 의미의 정책결정 메커니즘이다. 전자정부는 정부 내에 산재해 있는 지능(*intelligence*)을 한 단계 향상(*upgrade*)시킴으로써, 정부 내부의 문제해결능력과 정책결정역량을 제고시킨다. 또한 전자정부는 정보와 지식의 공유와 학습을 강조함으로써, 정부 내외의 혁신활동을 지원해 주는 역할을 하므로 효율성과 생산성을 추구한다. 또한 정부 외부와는 다양한 이해관계자들이 참여할 수 있는 공론의 장을 제공해 줌으로써, 민주성, 신뢰성, 성찰성을 강조하는 거버넌스 형태의 정부조직모형이다.

따라서, 이상의 논의를 토대로 전자정부의 개념을 총체적으로 정리한다면, 전자정부의 개념은 1) 효율성 차원, 2) 민주성 차원, 3) 성찰성 차원 등 세 가지 차원으로 나누어서 접근할 수 있다.

전자정부 개념의 세 가지 차원, 효율성-민주성-성찰성 차원에 대해 살펴 보면 다음과 같다.

1) 효율성 차원

전자정부 개념의 첫 번째 차원은 정부 내부의 효율성(생산성) 제고라는 관점에서 고찰할 수 있다. 이는 정부개혁, 정부혁신, 정부생산성이라는 용어로도 불리는 차원으로서, 다시 다음의 네 가지 하위 차원으로 구성된다.

첫째, 국민의 편의를 극대화하는 정부로서의 전자정부이다. 이는 One-Stop, Non-Stop, Any-Stop의 정부라는 용어로서 대변되는데, 국민들에게 각종 행정절차의 처리, 행정정보 획득 등을 단일창구에서 가능케 하는 종합행정서비스시스템을 구축하고, 관계 기관 간 정보공동활용을 통해 민원의 일괄처리를 가능케 하는 등 국민의 편의를 극대화하는 정부로서의 전자정부 개념이다.

둘째, 종이 없는 사무실로서의 전자정부이다. 이는 Paperless & Buildingless 정부로서, 정보기술을 이용하여 문서를 감축하며, 전자결재, 정책DB의 구축, 행정업무재설계(BPR) 등을 통해 행정 및 정책의 효율화를 극대화하고, 비용을 절감하는 정부로서의 전자정부 개념이다.

셋째, 깨끗하고 투명한 정부로서의 전자정부이다. 이는 Clean & Transparent 정부로서, 전자입찰과 전자조달, 전자감사, 정보공개 등을 통해 부패를 근원적으로 차단하고 투명한 정책공개를 구현하는 정부로서의 전자정부 개념이다.

넷째, 지식관리시스템에 의해 과학적이고 체계적인 정책결정능력을 뒷받침하는 전자정부이다. 이는 Digital 신경망 정부로서, 정책정보의 공동이용, 학습이 일어나는 정부, 정책의사 결정흐름의 자동화 등을 통해 지식의 창출과 축적, 공유와 학습, 활용과 확산 등 지식의 순환 주기를 가속화하고, 나아가 정책결정역량을 강화하는 정부로서의 전자정부 개념이다.

이상의 네 가지 하위요소(민원인의 편의가 극대화되는 정부, 종이 없는 사무실, 깨끗하고 투명한 정부, 디지털 신경망 지식관리시스템에 의해 정책결정역량이 강화되는 정부)들은 정부 내부의 생산성을 극대화하는 정부로서의 전자정부의 개념을 구성하고 있다. 이는 전자정부 개념의 첫 번째 차원인 효율성(생산성) 차원이다.

전자정부의 개념은 단순한 의미에서 정부생산성을 증진시킨다는 차원에서 끝나지 않는다. 전자정부 개념의 두 번째 차원은 민주성과 연계되어 있으며, 세 번째 차원은 성찰성과 연계되어 있다.

2) 민주성 차원

전자정부 개념의 두 번째 차원은 정부 외부와의 인터페이스 관점에서, 정부-국민 간의 정부권력의 전통적 관계를 민주적으로 복원시키는 의미에서 전자민주주의를 실현하는 정부로 규정지을 수 있다(민주성). 전자민주주의란 시민들이 정보통신기반을 이용하여 온라인 토론, 선거, 투표 등을 통해 직접 정부의 의사결정에 참여하고, 적극적인 정치활동을 가능케 하는 보다 직접적이고 참여적인 정보사회의 민주주의를 의미한다(김성태, 2003: 77). 따라서 전자민주주의를 실현하는 전자정부는 민주성을 증진시킨다고 할 수 있다. 또한 전자정부는 정책과정의 투명성과 참여성을 제고함으로써 정책의 민주성을 증진시킨다. 전자공간을 통한 의견수렴 및 정보공개 등은 정책의 민주성을 증진시킨다.

3) 성찰성 차원

전자정부 개념의 세 번째 차원은 민주성과 밀접한 연관성이 있으면서도 보다 철학적인 지향점을 의미하는 성찰성의 개념과 관련지어 규정할 수 있다. 성찰성이란 민주성이 꽃 핀 상태이다. 정치적 민주주의와 정책의 민주주의를 통해 우리 사회 개개인들의 인권과 존엄, 정의와 형평이 실현되고, 자유와 창의, 자아실현과 자아완성의 가능성이 열린 사회를 추구하는 개념이 성찰성이다. 이러한 고차원적 의미의 전자정부는 우리 사회에서 수직적, 수평적 의미의 열려 있는 의사소통을 활성화시킬 수 있는 정보공간의 정책수단을 통해, 그리고 담론형성 기능을 통해 진정한 의미의 신뢰 사회와 성숙한 사회를 실현하는 사회공동체 구현 수단으로서의 정부라는 의미를 지닌다(성찰성).

2. 전자정부의 핵심요소: 3차원의 고려요소

전자정부가 지니는 이러한 3차원의 개념구조를 토대로, 전자정부 추진 시 고려할 핵심요소를 정리하면 다음과 같다.

1) 효율성: 정부 내부의 효율성 극대화

정부 내의 정보기술의 도입으로 정부 내부의 운영방식은 크게 변화할 것으로 보인다. 그러나 이러한 내부 효율성의 극대화는 정보기술의 도입만으로 되는 것은 아니며, 정보기반 기술이 행정업무 재설계 등 소프트웨어적인 행정개혁과 연계되어야 한다. 정부 내부의 효율성 제고를 위해서는

CALS나 EDI 등의 정보기술을 이용한 정보기반(*information infrastructure*)구축도 필요하지만, 리엔지니어링을 통한 관료제의 간소화, 업무 표준화를 통한 정보의 공유 및 공동활용, 그리고 정보의 공개적 접근과 같은 고객감응성을 높이는 차원에서의 정부혁신(*government innovation*)이 필수적이다. 즉, 정부 내부의 효율성을 극대화하고 생산성을 증대시키는 전자정부 구현을 위해서는 정보기술 도입이 정부혁신과 함께 이루어져야 한다. 이를 위해 고려되어야 할 요소들에 대해서 간략히 제시하면 다음과 같다.

(1) 전자정부의 추진주체와 강력한 리더십의 문제

전자정부에 대한 뚜렷한 정책청사진을 바탕으로 전자정부 추진의 주체와 핵심세력을 명확히 하고, 여기에 실질적인 정책조정권한과 능력을 부여하는 것이 필요하다. 법률적으로는 국무총리가 위원장인 정보화추진위원회가 최종 의사결정주체이지만, 위원회의 속성과 우리나라 국무총리제도의 한계로 인해 핵심주체로서의 기능을 하지 못하고 있다. 또한 전자정부추진위원회의 조직과 위상이 참여정부에 들어와 약화되었다는 지적도 받고 있다.

(2) 전자정부와 정부혁신의 연계

우리 정부가 그동안 추진해 온 행정정보화사업 및 전자정부사업의 성과를 재점검하고 이를 실질적인 정부혁신과 연계시키는 작업이 필요하다. 정보기술과 행정개혁을 연계시키는 방안, 예컨대, 1) 문서감축을 위해 구체적으로 노력하고, 정부부처 간 행정비용을 감축하는 방안, 2) 정보기술을 통한 리엔지니어링과 관료제를 간소화하는 방안, 3) 부처 간 업무의 표준화를 바탕으로 업무처리의 흐름과 행정과정을 재설계하는 방안 등이 모색되어야 하며, 더 나아가 전자정부와 거버넌스적 의견수렴을 연계시키는 방안에 대해서도 검토가 필요하다.

(3) 조직재설계

많은 학자들은 정부 내에 정보기술을 도입함에 있어서 전반적인 직무분석과 직무재설계를 할 것을 강조하고 있다. 이러한 직무분석이 뒷받침되지 않는 정보기술의 도입은 결국 기존의 조직에 정보부문이라는 새로운 조직을 추가하는 꼴밖에 되지 않으며, 이는 새로운 비효율을 낳는 요소이다. 이러한 프로세스 조직[4]의 도입을 위해서는 BPR(*Business Process Reengineering*)의 도입이 절실히 요구되며, 새로운 프로세스[5]를 조직하되, 과거의 조직의 장점을 잃지 않는 설계가 되어야 한다.

---

4 프로세스 조직이란 리엔지니어링에 의하여 기존 경영조직을 근본적으로 다시 생각하고 재설계하여 획기적인 경영성과를 도모할 수 있도록 프로세스(*process*)를 기본단위로 설계된 조직을 말한다. 프로세스 조직은 다음과 같은 특징에서 관료제·계층제 조직과 구별된다. 프로세스 팀은 하나의 전체 프로세스를 수행하기 위하여 함께 작업하는 사람들의 집합을 말한다. 이러한 단위작업을 수행하기 위한 조직 최소단위의 프로세스 팀은, 종래의 기능별·부처별로 독립된 업무를 수행하였던 과거조직에 비해 서로 다른 업무를 종합적으로 수행하는 조직원들로 구성된다.

5 여기서 프로세스(*process*)란 일정한 투입물(*input*)을 측정가능한 산출물(*output*)로 전환하는 부가가치가 있는 일련의 활동(*value-added activity*)을 말한다.

용어해설

BPR: Business Process Reengineering

비용, 품질, 서비스, 스피드 등 기업의 핵심 요소를 극적으로 향상시키기 위한 업무 프로세스의 근본적인 재설계하는 것을 의미하며, 조직 내의 핵심 프로세스를 선택하여 고객만족의 창출에 초점을 두고 이를 개선하는 것을 목표로 한다. BPR모형은 다음과 같다.

프로젝트의 목적/범위 정의 (Scope Project)	벤치마킹 (Learning from Others)	실행 (Implement)	계획의 조정 (Plan Coordination)	개선업무 프로세스의 개발(Create To-be Process)

BPR 접근은 다음과 같이 이루어진다.

① 리엔지니어링 프로젝트의 범위와 목적을 정의하고,
② 고객, 종업원, 경쟁자, 비경쟁자, 신기술 등의 프로세스를 습득하고,
③ 미래의 비전을 창출하고 새로운 비즈니스 프로세스를 설계하며,
④ 현재의 프로세스, 기술 및 체계와 원하는 프로세스와의 차이에 기초한 계획을 설정하고,
⑤ 솔루션을 실행한다.

자료: 한국산업훈련연구소, 1995.

(4) 정보공유의 마인드

전자정부란 시간과 공간적 제약을 넘어 정부정보에 대한 일반국민의 접근을 용이하게 하는 열린 정부를 의미한다. 따라서 전자정부의 구현이란 단순히 행정의 업무처리 과정과 방식을 기술적으로 전자화한다고 해서 되는 것이 아니고, 오히려 부처 간의 업무조정이나 공무원의 의식과 관행의 변화가 수반되어야 한다(송희준, 1996). 그동안 관료제의 고질적 병폐로 지적된 부처할거주의나 권위주의적 행정행태로는 행정정보의 공개나 공동활용, 더 나아가 대응성이 높고 고객지향성을 띤 열린 정부의 구축은 요원할 뿐이므로, 이러한 의식의 변화를 전략적으로 유도하는 방안에 대해서도 함께 고려되어야 한다.

(5) 학습과의 연계

학습조직은 학습을 조직의 생산적인 활동의 핵심으로 본다. 학습조직이란 지식을 창출·획득·확산하는 데 능숙한 조직, 새로운 지식과 통찰력을 반영하여 행동을 수정하는 데 능숙한 조직, 그리고 잘못된 지식을 폐기하는 데 능숙한 조직을 말한다.

전자정부의 구축 이후 활용의 문제에 있어서 학습조직은 의의가 있다. 전자정부 구축의 협의적인 해석은 우선 각종 네트워크와 데이터베이스(DB)의 구축을 뜻하는 것으로 볼 수 있으며, 이를

통해 기존의 조직 내의 지식이 유통되고, 확산·활용·축적되는 것이다. 또한 그동안 축적된 지식은 조직의 생산성 향상을 위한 새로운 지식의 창출의 근원이 된다. 따라서 전자정부의 지속적인 효율성 향상을 위해서는 지식을 어떻게 창출하고 축적하는가가 중요한 요인이 되며, 전자정부는 기술만을 적용하는 차원에서 벗어나, 지식의 창출·축적을 위해서 학습과 연계되어야 한다. 그러므로 전자정부가 추구해야 할 조직모형 중의 하나는 정보기술에 기반한 지식의 학습이 가능한 조직이라고 볼 수 있다.

2) 민주성: 정부 외부와의 인터페이스

전자정부는 기본적으로 네트워크를 전제로 하며, 전자적인 망은 특성상 시공의 개념을 초월하여, 정부 내의 연결과 함께 정부와 정부의 고객인 국민과의 연결을 지향한다. 전자정부 구축을 통하여 정부와 국민과의 인터페이스(접점)가 확대되며, 정부는 국민의 요구에 민감히 반응하는 대응성이 높은 정부를 지향해야 한다. 이는 다시 말해 고객중심 정부를 지향해야 한다는 것이며, 이와 함께 국민이 정부의 의사결정에 참여할 수 있는 계기도 증가되어야 함을 말한다.

정 책 사 례

문화관광부 정책결정 과정 공개와 정보공개 온라인 모니터단

1. 사례개요

문화관광부는 정책의 투명성을 높이고, 국민의 정책참여를 활성화하기 위해 지금까지 시행하여 온 인터넷을 통한 정보공개보다, 한 걸음 더 나아가 내부에서 이루어지는 주요정책에 대한 결정 과정 자체를 공개하고 있다. 이것은 홈페이지의 '정책결정 과정' 자료방을 통해 이루어지고 있는데, 주요정책의 추진과정과 내용을 보여주며, 주제별, 기간별, 실국별, 내용검색이 가능하다.

문화관광부는 2003년 6월 홈페이지에 '정보공개 자료방'을 개설하고, 정부부처 중 처음으로 모든 결재문서를 원본 그대로 실시간 게재하는 인터넷 정보공개 서비스를 실시했다. 그러나 '알맹이 없는 잡다한 문서의 나열', '전시성 행정'이라는 비판과 "정보로서의 가치가 없는 단순한 내용들이 많다", "국민들이 정책에 참여하거나 쌍방향 소통이 되지 않는다"는 지적이 이어졌다.

이에 문화관광부는 기존의 '인터넷 행정정보공개제도'의 내부적인 수정과 국민에게 가치 있는 정보를 전달하기 위한 방법을 찾기 위해 노력했다. 그 결과 이제까지의 행정정보 공개가 개별적인 정보제공에 그쳐 전체적인 연결성이 부족하고, 담당자와 진행사항을 파악하기 어렵다는 결론을 내렸고, 그러한 문제점을 해결하기 위해 정책의 창출 단계부터 최종 확정에 이르기까지 전 과정을 공개하기로 결정했다. 이를 위해 T/F 팀을 구성하여 공개대상사업 선정, 내부 직원들의 설득, 시스템 설계에 관한 작업, 정책담당자들의 교육 등을 거쳐, 2004년 2월 새로운 행정정보 공개 시스템을 도입했으며, 2005년에는 공개한 정책정보를 평가하는 '정보공개 온라인 모니터단'을 구성하여, 참여 활성화를 유도하고 있다. 이를 통해 국민들은 정책의 추진과정을 실시간으로 살펴보고, 관련 자료를 볼 수도 있으며, 댓글 형태로 국민이 직접 정책에 참여할 수도 있게 되었다.

자료: 문화관광부–정책결정 과정
(http://www.mct.go.kr/open_content/administrative/civil_infomation/branch_view.jsp).

2. 쟁점 및 시사점

과거에 정부가 하는 일은 블랙박스처럼 내부가 보이지 않는 닫힌 공간에서 처리되고 당연히 국민의 참여도 봉쇄되었었다. 그러나 사회의 변화에 따른 투명한 행정에 대한 국민의 요구가 높아지면서, 행정정보공개의 요구도 높아지고 정부 각 부처는 정보공개를 시작했다. 그러나 이러한 정보공개는 거의 형식적인 측면에서만 이루어져서 실질적이고 중요한 정보는 공개되지 않는 경우가 많았고, 공개된다 하여도 이를 보고 국민이 정부정책과정을 파악하기도 쉽지 않았다. 따라서 정책과정에 국민의 참여는 거의 이루어질 수가 없었다.

그러나 이 문화관광부의 사례의 경우, 정책의 배경, 추진계획, 실제 진행과정, 그와 관련된 문서까지 실시간으로 공개하면서 국민에게 실질적인 정보를 제공하였고, 국민의 의견을 게시할 수 있도록 하는 공간까지 마련하여, 국민이 직접적으로 참여할 수 있는 기회를 마련하였다는 점에서, 전자정부를 활용한 민주성 제고의 좋은 사례가 될 것이다.

(1) 고객중심 정부

고객중심 정부란 공급위주의 행정중심적인 정부의 기존 관행에서 벗어나 민간부문의 자율성을 중시하고 일반 국민의 요구에 적극적으로 부응할 수 있는 수요중심의 행정을 펼치는 정부를 말한다(한국전산원, 1996: 8). 즉 앞으로의 행정은 선의의 지도자로서 국민의 요구를 알아서 해결하는 행정이라기보다는, 국민이나 고객이 자율적으로 문제를 해결할 수 있도록 조건을 형성하여 주고, 이를 지원하는 행정으로 탈바꿈해야 한다(이종범, 1996: 23). 행정이 지도적이고 선도적인 위치에서 기관의 필요와 편의에 따라 업무를 처리하던 지금까지의 관행을 개선하여, 국민이 원하고 바라는 바가 무엇인지를 파악하고 행정서비스를 제공할 때 고객인 국민의 입장을 우선적으로 고려해야 한다는 것이다.

고객중심 정부라는 의미는 국민의 요구에 적절하게 반응한다는 뜻이 포함된다. 국민의 요구에 적절하게 반응한다는 것은 고객이 원하는 것을 제공해야 한다는 원칙으로, 과거처럼 국민들 사이에 아무런 상호의견 교환도 없이 정부가 국민의 선호를 결정하는 것이 아니라, 국민의 선호가 반영되는 행정을 도모한다는 뜻이다.

(2) 전자민주주의

정보사회에서 시민의 역할은 중요하다. 시민은 Government(정부)의 민주주의 형태보다는 Governance(국정운영)의 민주주의 형태를 구현하는 데 매우 중요한 역할을 하게 된다. Thorson(1998)은 Governance(국정운영)를 Government(정부)와 Citizen(시민)과의 관계성으로 파악하고 있다. 정보사회로의 진행과정에서 정부는 공공기관 전체에 대해 대대적인 디지털화를 할 수 있지만, 시민사회(단체)는 정보화에 대한 정부의 재정적 지원에 의존하게 되고, 자신들의 목소리를 정책결정 과정에 조직화하기 어렵게 될 위험이 있다고 한다. 이는 거버넌스(Governance)에서 시민의 역할과 위상을 축소시키고, 어쩌면 집권화를 강화시킬 우려까지도 있다. 특히 한국과 같이 정부가 사회 모든 부문에서 영향력을 행사하고 있는 국가에서는 이러한 위험성이 더 크다고 볼 수 있다.

㈎ 공공영역의 장(Public Space)에 대한 개념

① H. Arendt의 공화주의(Republicanism) 혹은 시민적 덕성(Civic Virtue) 강조

H. Arendt는 공공영역의 장(*Public Space*)의 원형을 고대 그리스 도시국가에서 찾고 공공영역의 장을 "도덕적, 정치적 아이디어를 다른 사람들에게 표시하고, 서로 교환하는 것"으로 파악하고 있다. 그녀는 정치적 영역에 대한 좁은 해석과 시장개념의 확대(이로 인해 경제적 이슈가 공공영역의 장에 점차적으로 침투)가 진행되면서, 공공영역은 축소되어 왔다고 분석하면서, 앞으로 정보기술이 공공영역의 장의 회복에 많은 기여를 해야 한다고 주장한다.

② J. Harbermas의 숙의민주주의 모델

J. Harbermas는 숙의 및 참여를 오로지 정치적인 영역에만 국한해서는 안 되며, 사회, 문화적인 영역으로까지 확대되어야 한다고 주장한다. 그래야만 보다 다양화, 복잡화되고 있는 사회의 모든 국면에 적용될 수 있기 때문이다. 또한 민주사회에서 합법성을 확보하는 유일한 방법은 중립성에 대한 제약하에서가 아니라, 실제적인 측면에서 공개적 토론(*public dialogue*)을 통한 숙의와 참여를 토대로 이루어져야 한다고 주장한다.

(나) Thorson의 Governance 모델

Thorson(1998)은 Harbermas의 모델이 정보사회에서 가장 적절하다고 보고 있다. Harbermas는 민주사회에서 민주화가 참여자들 간의 자발적인 공공역역의 장(*Public Space*)에 대한 형성과 발전을 통해 이루어진다고 보고 있으며, 이는 복잡성을 띤 정보사회에도 적용될 수 있다는 것이다. 정보사회의 일반원리로서 Harbermas가 주장하는 '보편적 도덕성'(*universal morality*)과 '이타주의적 상호주의'(*egalitarian reciprocity*)의 존중을 채택할 필요가 있다고 한다. 또한 정보통신기반의 평등한 접근에 대한 보장이 중요한 원리이다. 정보의 개방성과 투명성 확보, 정보내용 및 정보전송에 대한 윤리성의 확립도 중요한 원리이다. 이를 통해 산업사회의 소극적 정부-시민관계를 극복하고, 정보사회에 적절한 정부-시민관계로 발전하여 진정한 의미의 국정관리(*Governance*)를 실현시켜야 할 것이다.

3) 성찰성: 성찰하는 전자정부

이상에서 논의한 Habermas의 숙의민주주의라든가 '공공영역'에 관한 이론들은, "근대성"과 "근대정보기술"이 가져온 발전궤적을 보다 근본적인 의미에서 "성찰"할 것을 주문하고 있다.

무엇보다도 우선적으로 성찰해 보아야 할 사항은, 우리 사회가 너무나 많이 정보기술에 치중되어 정보사회의 미래와 비전을 그려내고 있으며, 우리는 어느새 거기에 익숙해져 있지는 않는가 하는 점이다. 이러한 피상적인 진전은 정보화가 근대성에 대한 깊은 성찰을 토대로 나온 인류사회의 패러다임이라기보다는, 산업사회가 추구하는 사회적 효율성과 경쟁구도 극대화 패러다임의 연장선상에서 인간소외 현상을 배가적으로 잉태할 가능성을 안고 있다는 비판을 피할 수 없다. 더욱이 '정보화'의 총체적·사회적 의미가 과연 무엇인지 미처 체계적으로 정리되기도 전에, 정보통신기술과 그 응용능력에 대한 온갖 찬사와 기대가 부여되고 있다면, 이로 인해 우리 사회공동체가 구현해야 할 비전과 개혁의 지향점을 "보다 근본적인 의미"에서 성찰해 보는 것을 방해하고 있다면, 이는 결코 바람직한 일이 아닐 것이다.

근대 이후 많은 계몽주의 철학자(*Enlightenment Thinker*)들은 자유, 평등, 박애가 이루어지는 "사회적 이상과 비전"(*Social Vision & Dream*)의 실현을 꿈꾸어 왔다. Habermas는 이러한 미완성의

"근대성 프로젝트"가 현대사회에서도 지속적으로 추구되어야 함을 강조하면서, 그 근본 가능성을 사회적 커뮤니케이션과 공공영역의 확대에서 찾고 있다.

이 책은 여기서 이러한 철학적 논의가 정보기술과 접목되면서 전자민주주의의 이상 실현으로 연결되어야 한다고 주장한다. "사회 속의 구성원들 간의 진정한 신뢰와 인권을 전제로 개인의 자유와 주체성, 그리고 자아실현의 가능성이 살아 있는 열린 사회"야말로 전자정부가 지향하는 궁극적인 이상이 되어야 한다고 생각하기 때문이다. 이러한 사회의 실현을 위해서 전자정부는 "성찰하는 정부"가 되어야 할 것으로 보며,[6] 열린 사회의 실현을 위해 전자정부의 구상은 국가사회를 유기적으로 엮어내는 하나의 국정관리(*Governance*) 청사진이 되어야 할 것으로 생각한다.

전자정부는 정보기술의 이용을 통해 시민과 조직 구성원들의 참여를 보장하고, 이를 통해 사회개혁의 가능성이 열려 있는 사회를 지향해야 한다. 이러한 과정과 노력을 통해 "열린 정부"와 "효율적인 조직모형"을 실현해야 하며, 이는 궁극적으로 개인들의 "창의성"과 "자아실현"을 지향해야 하며, 이러한 노력은 정부의 진정한 고민과 성찰을 전제로 한다.

자본주의와 신자유주의하에서 정부와 시장의 모습은 끊임없는 무한경쟁으로서의 시장과 이를 뒷받침하는 개별 국가 간의 모습으로 나타나고 있다. 이러한 무한경쟁과 시장개방의 역기능은 국가 간 빈부격차와 분쟁, 무역전쟁의 결과를 초래하고 있다. 이러한 경쟁에서 개인은 자본주의의 체제의 일부분으로 시스템의 효율성을 위한 요소에 지나지 않으며, 이러한 소모적 상황은 개인과 세계에 대한 진지한 고민과 성찰의 부재로부터 기인하고 있다.

전자정부의 구현은 국가와 개인 간의 역할을 재정의하는 것으로부터 출발해야 한다. 정부에의 정보기술의 도입과 국민과 인터페이스의 확대, 그리고 전자민주주의 구현은 지금까지의 개인과 사회, 개인과 정부의 관계가 분명 달라질 것을 예고하고 있다. 문제는 이러한 관계의 변화에 대해 "주의 깊은 변화관리"가 필요하다는 점이다. 전자정부의 변화관리는 끊임없는 성찰과 반성을 전제로 하는 것이며, 그러한 성찰과 진지한 반성만이 무사고적·기계적 산업자본주의하에서 겪었으며, 겪고 있는 병리현상들을 다시 새로운 변화의 와중에서 극복할 수 있게 해 주는 '대중문화의 항생제'(*anti-biotics*) 역할을 해 줄 수 있을 것이다.

---

6 이러한 관점에서 전자정부의 구상은 다음과 같은 정책적 접근을 필요로 한다. 첫째, 정보화를 기술이나 네트워크중심으로 접근할 것이 아니라 사회·문화적 차원에서 접근할 필요가 있다는 점이다. 전화방이나 왜곡된 PC통신문화에서 보듯 개인의 '주체성' 확립을 위한 정보문화와 의식의 확립은 매우 중요한 정책과제이다. 정보사회 구성원인 각 주체의 '개인성'과 '독립성'을 부양시키기 위한 정보 문화적 차원의 노력을 강화해야 하며, 시민단체의 독립성 강화를 위한 정책이 필요하다. 둘째, 개인과 시민들의 정보주권을 전제로 사회적 의사소통의 가능성이 확대되어야 한다. 개인과 개인 간, 단체와 단체 간, 개인과 단체 간 할 것 없이 각 주체의 독립성과 상호신뢰를 바탕으로 굴절되지 않은 커뮤니케이션의 강화가 필요하다. 마지막으로, 이러한 커뮤니케이션의 확대를 통해 인간과 자연에 대한 성찰성(*reflexivity*)이 높아져야 하며, 공존과 공영을 추구하는 방향으로 조직과 사회개혁의 가능성이 열려 있어야 한다. 여기에서 성찰성이란 "한 사회가 사회 내부 및 외부에서 발생하는 사회관계, 그리고 그 사회가 존재하는 자연환경에 대해 끊임없이 관찰하고 분석하면서 그에 대응하는 경향"을 말하며, 이를 통해 조직과 사회는 사회에 대한 적응력을 높일 수 있다(윤영민, 1997: 4).

4) 요약 및 결론

전자정부의 논의는 '전자'라는 단어의 함의와 같이 단순히 기술적인 속성만을 지니고 있는 것은 아니다. 정보사회의 도래가 정보기술의 도입으로 인간의 생활양식을 바꾸어 나가고 있듯이, 정보기술의 도입에 의한 전자정부의 구축은 정부의 기능과 개념을 하나씩 바꾸어 나갈 것으로 예측되고 있다. 그러한 예로서 고객중심 정부와 뉴거버넌스 정부, 전자민주주의 등을 들 수 있는데, 정보네트워크의 발달에 따라 정부와 고객인 국민 간의 접점이 대폭 확대될 것으로 보이며, 쌍방향 인터페이스의 완성은 민주주의의 새로운 참여의 수단으로 인정받게 될 것이다.

그러나 농경사회에서 산업사회로 진입하면서 겪었던 수많은 병리현상을 정보사회·전자정부의 환경에서 겪지 않을 수 있을지는 장담할 수 없는 일이다. 개인은 끊임없는 무한경쟁의 자본주의 세계에서 거대한 국가시스템의 효율성을 위한 한 요소로 전락할 수 있다. 전자정부에 대해 인권이나 민주주의를 증진시킬 것이라는 기대와 찬사가 많지만, 전자정부의 구현에서 나타나는 '변화'에 대해 끊임없는 성찰과 반성이 이루어지지 않는다면, 인간소외나 정보격차와 같은 또 다른 문제가 발생할 것이다. 따라서 전자정부라는 새로운 시대로의 진입을 위해서는, 전자정부와 시장, 시민사회에 대한 진지한 성찰을 토대로 새로운 국정관리(*New Governance*)모형을 꾸준히 모색해 나가는 진취적 실험정신이 필요할 것으로 생각된다.

3. 전자정부의 이론적 쟁점

1) 전자정부의 이론적 함의

전자정부는 정책학에 대한 하나의 이론적 도전이라고 할 수 있다. 전자정부에 의한 전자민주주의의 실현은 정책학에서 중요시하는 효율성과 민주성의 딜레마나 적정성과 적시성 등의 한계를 극복하게 해 주었다.

Post-관료제모형으로서의 전자정부는 국가(정부)-시장(기업)-시민사회(NGO) 사이의 유기적인 협력과 조정을 강조하는 문제해결 방식으로서의 거버넌스적 패러다임과 이론적 맥을 같이 하며, 이러한 점에서 정책결정 메커니즘으로서의 전자정부가 현대정책이론에서 가지는 의미는 매우 크다.

전자정부는 관료제모형의 대안으로 제시된 현대적 의미의 정책결정 메커니즘이다. 전자정부는 정부 내에 산재해 있는 지능(*intelligence*)을 한 단계 업그레이드시킴으로써 정부 내부의 문제해결능력과 정책결정역량을 제고시킨다. 또한 전자정부는 정보와 지식의 공유와 학습을 강조함으로써 정부 내외의 혁신활동을 지원해 주는 역할을 하므로 효율성과 생산성을 추구한다. 또한 정부 외부와는 다양한 이해관계자들이 참여할 수 있는 공론의 장을 제공해 줌으로써, 참여성, 숙의성, 합의성 등 민주성을 강조하는 거버넌스 형태의 정부조직모형이다.

2) 전자정부의 정책적 함의

전자정부는 다양한 정부 행정서비스를 온라인화함으로써 언제 어디서나 고객의 접근과 이용이 가능한 민주지향형 정부를 말한다. 아울러 정부서비스 체계를 일원화하고 공개함으로써 정부의 생산성과 투명성도 획기적으로 높일 수 있다. 더 나아가 전자정부는 국가사회의 열린 의사소통과 담론형성을 주도함으로써 우리 사회공동체가 보다 신뢰받고 성숙한 사회로 거듭나는 데 기여할 수 있는 성찰성과 신뢰성이라는 정책가치를 지니고 있다.

지금 우리 사회는 민주화 이후의 민주화 시대에 접어들면서 정책문제의 해결접근 방식이 매우 중요하게 부각되고 있다. 전통적 시대의 정책학이 문제지향성, 맥락지향성, 연합학문지향성을 토대로 효율성을 추구하였다면, 거버넌스 시대의 정책학은 문제지향성, 맥락지향성, 연합학문지향성을 토대로 민주성을 더욱더 강조하고 있다.

이러한 정책적 맥락에서 전자정부가 가지는 정책적 의의는 민주성과 참여성에서 찾을 수 있다. 전자정부는 효율성과 참여성을 동시에 추구하는 것을 가능케 한다. 전자정부는 각 정책참여자 간에 상대방을 존중하는 토론문화가 성숙되어 민주적인 절차와 자유로운 분위기가 제공된다면 정보공간이라는 이 시대의 엄청난 잠재력을 활용할 수 있게 해 준다.

전자정부는 과거 관료제모형하에서는 찾아볼 수 없었던 참여와 토론이 가능한 정보공간을 활용할 수 있는 정부형태이며, 따라서 정책과정의 투명성 확보와 정책집행의 민주성을 확보할 수 있는 매우 강력한 정책기제를 지니고 있다. 앞으로 우리 사회에서 각 정책참여자 간에 상대방을 존중하는 상호신뢰와 토론문화가 성숙되어 민주적인 절차와 자유로운 분위기가 형성된다면 전자정부는 정보공간이라는 이 시대의 엄청난 잠재력을 정책과정에서 활용할 수 있게 될 것이다. 그 때가 되면, 새로운 전자정부와 인터넷 그리고 정보공간을 활용한 미래지향적 정책학이 새로운 각도에서 재구성되어야 할지도 모를 정도로 그 학문적 파괴력은 엄청난 것이 될 것이다.

제 5 절 미래예측이론

1. 미래예측의 의의

1) 미래예측의 개념

미래예측은 기술, 시장, 조직, 정책 등의 분야에서 미래의 상황을 과학적으로 예측하고 일련의 전략을 제시하는 가치창조적 행위이다. 과거 과학기술 전문가들에 의해 이루어지던 기술예측(*technology forecasting*)이나 경제경영 전문가들에 의해 이루어지던 시장예측(*market forecasting*)의 개념을 벗어나 오늘날 기술(*technology*), 시장(*market*), 조직(*organization*), 정책(*policy*) 등 광범위한 분야에서 이해관계자를 포함해 사회적 요소까지도 포함하는 문제해결형의 개념이다(Gerghiou, 2001). 이는 미래를 형성하고 창조하는 적극적인 개념이며, 일련의 행동체계를 제안하는 전략적인 개념이며, 기술과 사회, 현재와 미래 사이의 상호작용을 포함하는 동태적인 개념이다(과학기술평가

그림 12-4
미래예측의 개념

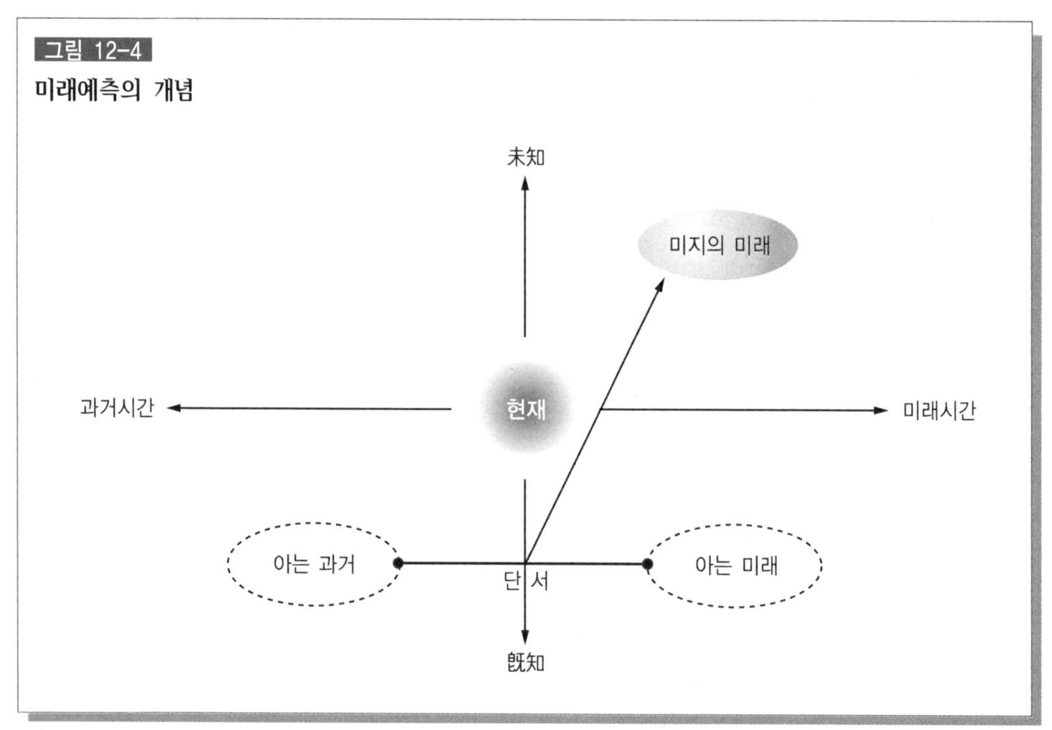

자료: Ken Tobioka, 신문식 역, 2002: 53에서 수정 인용.

원, 2005).

미래예측(*future foresight*)은 "미래를 미리 본다는 것"을 말하는데, 현재의 시점에서 미래의 어느 시점에서 일어날 것으로 예상되는 현상에 대하여 이미 알고 있는 과거와 이미 알고 있는 미래의 정보를 단서로 하여 과학적 근거를 토대로(*evidence-based*) 일정한 정확성을 가지고 예측하는 작업을 의미한다.

"앞을 본다"는 어원적 의미에서 전망, 선견, 미래전망, 미래전략, 미래연구 등의 용어들과 혼용되어 왔으며, 이러한 경향은 특히 과거에는 기술과 시장을 중심으로 미래를 전망하는 활동들이 많이 있어 왔기 때문에 기술예측(*technology forecasting*)이나 시장예측(*market forecasting*)과 혼용되어 왔다.

하지만, Forecasting이 1) 향후 장기간 중 단 하나의 가능한 미래를 가정하는 것이며, 2) 기술이나 시장예측에 주로 사용되어 왔고, 3) 미래의 가치 창조적 활동보다는 현재상황의 연장선상에서 예측하는 활동에 주안점을 둔 것이라면, Foresight는 1) 향후 장기간의 다양한 미래사회를 전망하는 것이며, 2) 기술이나 시장에 국한되지 않고 기술, 시장, 조직, 정책 등 다양한 분야의 경제사회적 수요(*needs*) 및 조직정책적 수요(*needs*)에 대한 과학적 예측이라는 점, 그리고 3) 무엇보다도 미래사회는 사회구성원의 노력에 의해 선택되고 창조될 수 있다는 가치 창조적 행위를 강조한다는 점에서 명백한 차이를 보인다.

그림 12-5
미래예측 개념의 변화

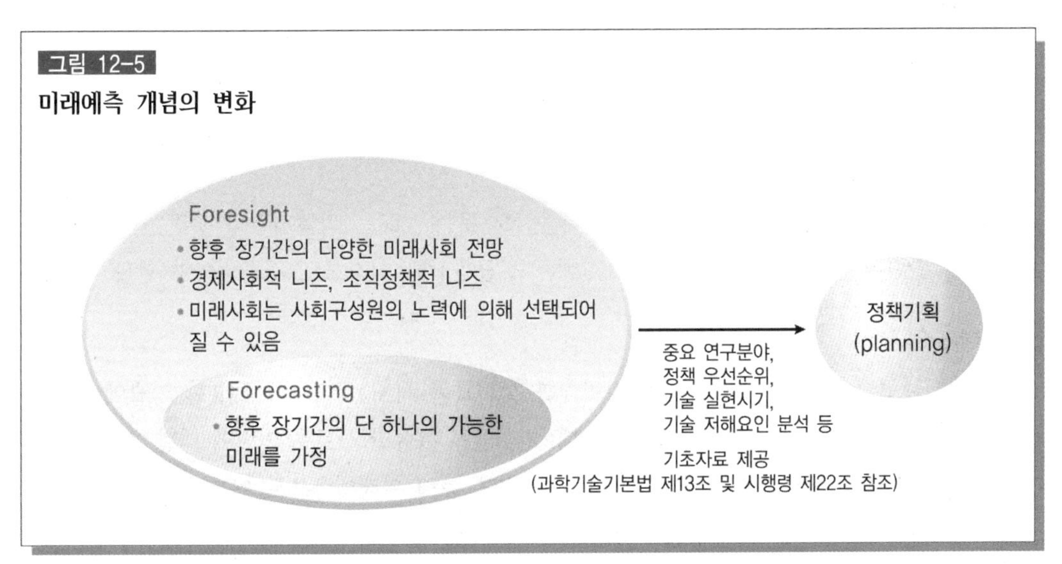

자료: 한국과학기술평가원, 2005 자료를 수정 보완.

2) 미래예측의 요소

미래는 불확실성(*uncertainty*)과 불확정성(*indeterminancy*)을 특성으로 한다. 불확실하고 불확정적인 미래의 특성으로 인해 오히려 미래에 대한 무한한 가능성은 열려 있으며, 미래예측을 통한 인간의 창조적 행위가 가능해진다고 볼 수 있다(권원용, 2005: 10). SPRU(Science Policy Research Unit, University of Sussex)의 Ben Martin(1995)은 미래예측이란 미래의 전략적 연구 부분을 파악하기 위한 목적으로 과학, 기술, 경제 및 사회에 대한 장기적 미래를 체계적으로 살펴보기 위한 연구활동의 핵심이라고 주장한다. 또한, 영국 PREST(Policy Research of Engineering, Science & Technology)의 Luke Georghiou(1996)는 미래예측을 산업 경쟁력, 부 창출 및 삶의 질에 강력한 영향력을 미칠 수 있는 과학 및 기술 발전을 평가하는 체계적인 수단으로 보면서, 미래연구와 관련된 기술예측(*technology foresight*) 개념정의의 다섯 가지 중요한 요소들로서 다음을 제시하고 있다.

(1) 체계성

미래예측은 체계성을 지녀야 한다. 즉, 미래를 살펴보는 시도는 체계적이어야 한다는 것이며, 이는 단편적인 일상사를 계획하면서 발생하는 내생적인 시나리오 형성과 구분시켜주는 기준이 된다.

(2) 장기성

미래예측은 장기성을 지녀야 한다. 즉, 미래를 살펴보는 시도는 일상적인 기획의 범위를 넘어서는 것으로 간주되며, 시간적 범위로는 5년-30년 사이를 잡는다.

(3) 균형성

미래예측은 균형성을 지녀야 한다. 즉, 미래를 살펴보는 시도는 과학기술의 추진, 시장 견인력 및 이들과 관련된 사회 경제적 요인들에 대해서도 균형잡힌 시각으로 접근되어야 한다.

(4) 특유성

미래예측은 특유성을 지녀야 한다. 즉, 미래를 살펴보는 시도는 미래의 특유한 기술에 집중될 필요가 있다. 이는 특히 기술예측에서 그러한데, 기업들은 특유한 새로운 기술에 대한 초기 연구를 꺼려하기 때문에, 그러한 특유한 기술들은 정부지원을 통해 미래예측으로 이루어질 필요가 있는 것이다.

(5) 사회성

미래예측은 사회성을 지녀야 한다. 즉, 미래를 살펴보는 시도는 부의 창출뿐만 아니라 사회문제 지향적인 관점에도 주의를 기울여야 한다. 단순한 경제적인 국력 창출을 넘어서서 교육 및 기술,

그림 12-6

미래예측의 중요 요소

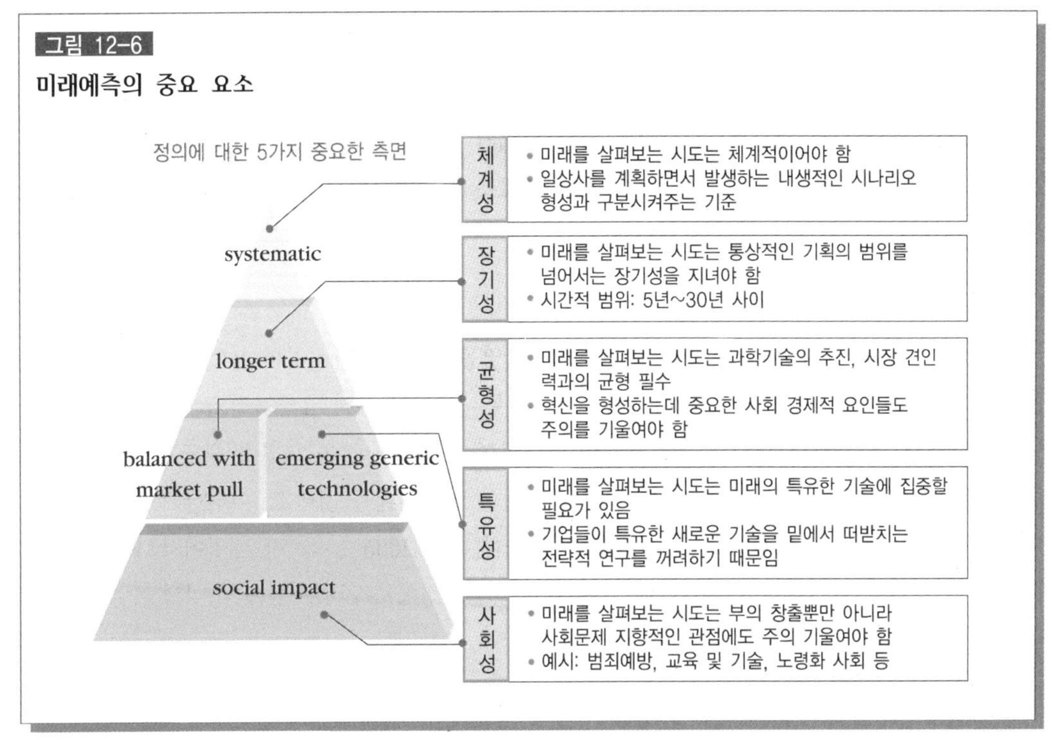

자료: Luke Georghiou, 1996: 4에서 수정·인용.

노령화 사회, 사회복지 문제, 범죄 예방 등 총체적인 사회문제를 지향해야 한다.

한편 최근의 미래예측 정의는 기술예측을 넘어서서 국정 시스템 구축 및 프로세스 활동을 강조하는 방향으로 변화되고 있다. 이러한 관점에서 FOREN(Foresight for Regional Development Network)의 지역적 미래예측에 대한 실무가이드(FOREN, 2001: 4)에서 강조하는 미래예측과 관련된 다섯 가지 기본요소들은 다음과 같다.

(1) 예측추정

미래예측은 장기적 사회, 경제, 기술 발전 및 필요에 대해 종합적으로 추진되는 체계화된 예측 노력이다.

(2) 참여형 방식

미래예측은 다양한 이해관계자들을 수반하는 실지조사의 논의, 분석 및 연구에 대한 양방향의 참여형 방식을 지향한다. 과거에는 미래예측이 전문가들의 영역으로서 이해되었지만, 지금은 다양한 이해관계자들의 참여에 기반한 미래예측이 강조된다. 이는 정책분석에서 과거의 엘리트모형(객관적 기술자모형)에서 민중모형(쟁점창도자 및 토론옹호자모형)으로 변천되는 학술적 관점 이동과도

맥락을 같이한다.

(3) 네트워크 형성

미래예측은 네트워크 형성을 지향한다. 이는 위에서 제시된 참여형 방식과도 밀접히 연계되어 있는데, 다양한 이해관계자들의 참여에 기초한 새로운 사회적 네트워크 형성을 지향하기 때문이다. 즉, 미래예측은 참여형 방식에 기초한 새로운 지적 네트워크와 지식융합을 강조한다.

(4) 전략적 비전

미래예측은 전략적 비전을 지향한다. 미래예측은 역동적이고 불확실하며 불연속적인 미래와 관련된 기회(*opportunities*)와 위험(*risks*), 두 가지를 모두 검토함으로써 효과적인 전략결정의 도구로서 기능하게 된다. 미래예측은 단순히 과거에 의거하여 미래를 추정하는 연습 정도가 아니라 미래를 적극적으로 창출하고 형성해 나가는 전략적 비전을 만들어내는 것이고, 이러한 과정에서 전략적 사고를 위한 배움의 과정으로서의 의의를 지닌다(음수연, 2006: 1-4). 바로 위에서 제시된 네트워크 형성은 전략적 도구와 전략적 비전으로서의 학습과정에서 자연스럽게 성취되는 것이다.

(5) 행동 지향

미래예측은 결단 조치를 포함하여 행동 지향적 행위이다. 미래예측이 전략적 비전을 지향하고 전략적 가치를 창출한다는 의미는 오늘에서의 결단 및 조치를 포함하게 된다. 따라서 미래연구는

그림 12-7
미래예측의 최근 경향

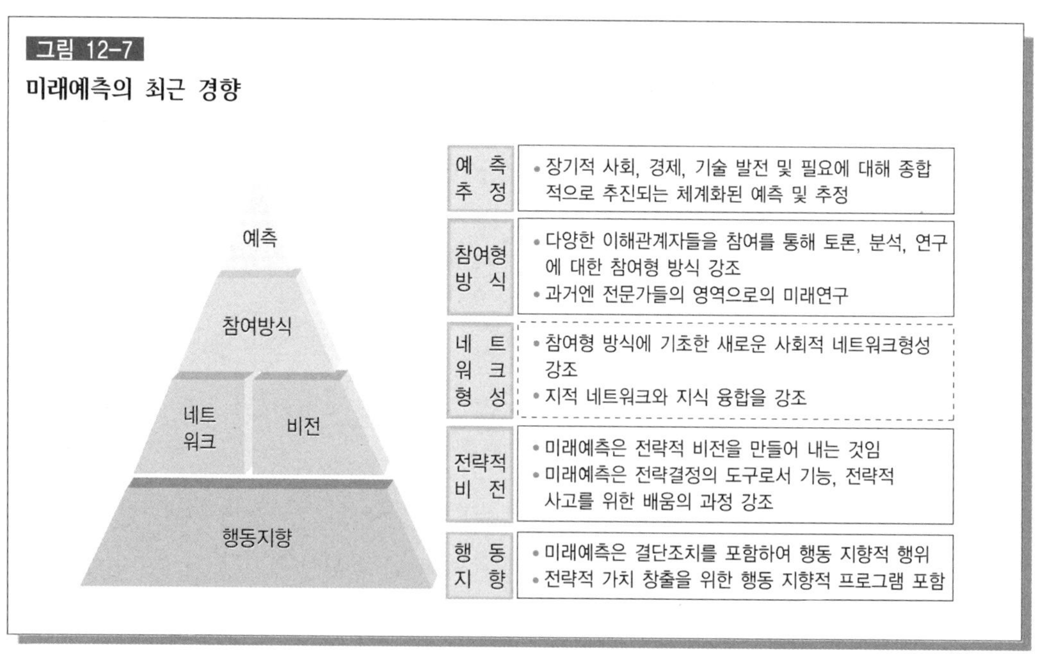

자료: FOREN, 2001: 4.

행동지향적 프로그램(*action-oriented program*)을 포함하며, 현재 시점에 있어서의 결단 및 조치와 같은 함축적 의미에 대한 분명한 인식 및 설명이 있어야 한다.

3) 미래예측의 정의(종합)

이상의 논의들을 종합하면, 미래예측은 전략기획(Strategic Planning), 네트워크(Governance Networking) 형성 및 미래연구(Future Studies)의 중심부에 위치하는 개념임을 알 수 있다. 이때 전략기획(Strategic Planning)이란 정책설계(*policy design*)와 합리적 기획(*rational planning*)에 대한 믿음을 기초로 국가 사회의 변화 및 역동성을 촉발시키는 전략적 개념이다. 네트워크(Governance

그림 12-8

미래예측의 정의(종합)

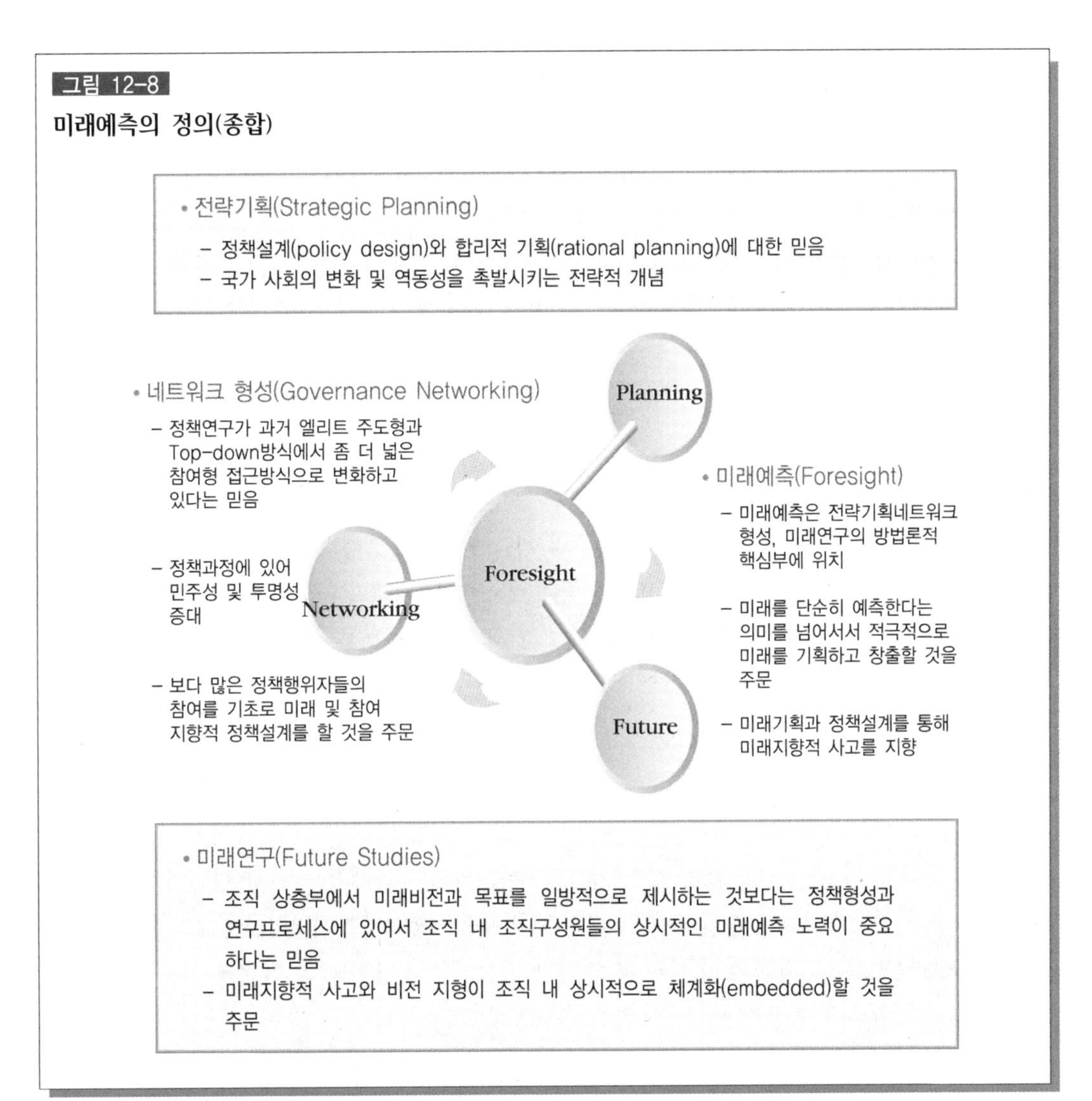

자료: Michael Keenan, 2004: 3에서 수정 인용.

Network) 형성은 정책연구가 과거 엘리트 주도형과 Top-down방식에서 좀 더 넓은 참여형 접근 방식으로 변화하고 있다는 믿음을 기초로 정책과정에 있어 민주성 및 투명성 증대에 대한 압력을 반영하여 보다 많은 정책행위자들의 참여를 기초로 미래 및 참여 지향적 정책설계를 할 것을 주문한다. 또한 미래연구(Future Studies) 역시 조직의 상층부에서 미래의 비전과 목표를 일방적으로 제시하는 것보다는 정책형성과 연구프로세스에 있어서 조직 내에서 조직구성원들이 상시로 미래예측하려는 노력이 더욱 더 중요하다는 믿음을 기초로 미래지향적 사고와 비전 지향이 조직 내 상시적으로 체제화(*embedded*)될 것을 주문한다. 이러한 전략기획, 네트워크 형성, 미래연구의 방법론 핵심에 미래예측이 존재한다. 미래예측은 미래연구, 전략기획, 네트워크 형성을 대체하는 것은 아니며, 각각의 행위는 자신의 고유 영역과 역할을 가지고 상호보완적으로 진행되는 가운데 미래예측은 이러한 개념의 공유점에 위치하며, 이들에게 중요한 핵심적인 방법론을 제공한다는 데 의의가 있다.

이상을 종합해 볼 때 미래예측이란 미래를 단순히 예측한다는 의미를 넘어서서 보다 적극적으로 미래의 창조적 대안들을 기획하고 창출하는 것을 의미하여, 미래기획과 정책설계를 통해 미래지향적 사고를 지향할 것을 주문한다. 또한 미래예측은 미래지향적 비전을 창출하기 위해 조직행위자들 간의 '아래에서 위로(Bottom & Middle-up)' 방식의 참여 지향적 정책 프로세스를 강조한다.

2. 미래예측의 핵심명제

미래예측, 미래연구, 미래학은 혼용되어 쓰이는 용어들이다. 이 중 미래학이 가장 광범위한 범위의 통칭이라면, 미래예측은 미래학과 미래연구의 핵심 방법론으로서 기능한다. 따라서 미래학이라고 할 때 미래예측이라는 핵심을 빼놓고 거론하기는 어렵다. 미래학파의 전통은 고대 그리스 신전의 델파이(Delphi)의 어원인 "미래를 예견하는 자"로까지 올라가기도 하지만, 현대 사회과학에 있어서 미래학파의 흐름은 하와이 대학의 미래학파인 마노아학파에서 시작된 것으로 많이 거론된다.[7] 이 절에서는 마노아학파에서 거론하는 미래예측의 핵심명제들에 대해서 검토해 보기로 한다.

1) 미래는 예상하는 것이 아니다

"미래는 단순히 예상(*predict*)하는 것이 아니다"라는 명제는 앞에서도 여러 번 언급된 바 있다. 즉 미래예측의 연구초점은 단순히 과거의 데이터에 기반하여(그리고 과거의 직선적인 연장선상에서) 미래를 예상하는(*forecasting*) 것이 아니라, 다양한 가능성을 지닌 미래의 복선적 가능성을 예측하고(*foresight*) 창안하고 형성해나가는 노력에 둔다.

---

7 이 부분의 내용은 박영숙, 제롬 글렌, 테드 고든, 『전략적 사고를 위한 미래예측』, 교보문고, 2007, 29-42쪽을 참조하였음.

계량경제학(Econometrics)의 시계열분석(*time-series analysis*)에서는 과거의 충분한 데이터를 토대로 적절한 분석만 이루어진다면 미래의 경제행태를 예상(Forecasting)할 수 있다고 생각하나(실제로 소비행태나 경기변동이 비교적 정확하게 예상되기도 한다), 미래연구에서 생각하는 미래는 경제영역에서 이루어지는 일부 소비행태들보다 훨씬 더 복잡하고 다양하며, 불확실하며 불연속적인 패턴으로 다가온다는 것이다. 과거의 연장선상에서는 전혀 예측할 수 없는 새로운 행동양식들이 불연속적인 변환이나 불확정적 단절을 통해 속속 나타나고 있기 때문이다.

2) 미래란 하나의 단선적 세계가 아닌 다양한 가능성을 내포하는 복수의 영역으로 구성되어 있다

미래연구의 핵심 명제 중의 하나는 미래란 과거와 현재로부터의 거대한 관성에 의해 지배받는 운명결정론이거나 계량적인 방법을 통해 기계적으로 예측할 수 있는 단순한 성질의 영역이 아니라는 점이다. 미래는 과거와 같은 일직선적인 연장선상에 위치해야 할 필연적인 이유는 없다고 보는 것이다.

3) 미래예측은 '미래의 이미지'(Images of Futures) 혹은 '미래의 생각'(Future Thinking)에 관한 연구를 중시한다

미래예측은 '미래의 이미지'(Images of Futures) 혹은 '미래의 생각'(Future Thinking)에 관한 연구를 중시한다(박영숙, 제롬 글렌, 테드 고든, 2007: 30-31). 미래는 개연적 미래(*plausible future*), 규범적 미래(*normative future*), 잠재적 미래(*potential future*) 등 세 가지 형태가 존재한다. 과거와 현재의 연장선상에서 그냥 두면 나타날 가능성이 가장 높은 개연적 미래, 정책의 개입을 통해 미래를 바람직한 상태로 창조하는 형태인 규범적 미래, 그리고 그 둘 사이에 다양한 형태로 존재하는 잠재적 미래 등 적어도 세 가지 형태의 미래가 존재한다. 따라서 미래예측에서 관심을 두는 영역은 과거와 현재의 연장선상에서 그냥 나타날 것으로 믿어지는(즉, 거대한 과거의 관성으로부터 자유로울 수 없는 어떤 운명결정론적인) 미래에 대한 예상(*predict* 혹은 *forecast*)이 아니라, 개인이나 집단의 양태, 변화하는 사건과 인식, 그리고 과학기술의 진보에 따라 다양한 형태로 변환될 수 있는 미래에 대한 이미지와 미래의 생각에 관한 가능성을 열어두는 미래연구이다. 따라서 미래연구는 가능성의 영역이고 탐구의 영역이다.

4) 따라서 미래연구의 핵심은 대안적 미래(Alternative Future 혹은 Another Future)를 탐색하고 창조해 나가는 것이다

미래란 하나의 정해진 단선적 세계(*linear future*)가 아닌 다양한 가능성을 지닌 다원적 세계(*multidimensional futures*)로 구성되어 있다. 미래의 세 가지 형태 중에서도 미래연구가 지향하는 바는 바람직한 미래를 탐색하고 창조해 나가는 것이며, 바람직한 미래를 찾아내고 원하는 방향으로 설계하고 지속적으로 수정해 나가는 노력을 중시한다. 또한 미래연구는 이 과정에서 개인이나 조직이 일상 업무에서 미래지향적 구상과 상시적으로 연결될 수 있도록 미래지향적 사고를 형성해 나갈 수 있도록 도와주는 교육훈련을 강조하며, 개인이나 조직이 그들이 원하는 미래를 구상하고 실행할 수 있도록 미래의 구상과 창조를 위한 전략적 계획을 형성해 나갈 수 있는 전략적 기반 조성을 강조한다.

5) 미래연구는 미래에 대한 전략적 구상을 바탕으로 국정운영시스템과의 유기적 연계 및 추진체계를 중시한다

미래연구는 바람직한 미래사회의 비전이나 목표, 미래변화에 대한 탐구와 대안을 제시하는 것이다. 이를 위해 미래예측은 미래에 대한 전략적 구상을 바탕으로 정책결정자들에게 보다 바람직한 미래의 원대한 이상을 그리게 도와주며, 그러한 미래구상을 실행할 수 있는 국정운영시스템과의 유기적 연결을 중시한다. 이는 기업의 미래예측(*corporate foresight*)에서도 마찬가지인데, 기업에서도 조직 내에서 미래비전과 미래구상을 실행시킬 수 있는 조직운영시스템을 설계할 것을 주문한다. 영국이나 핀란드가 작은 국가 규모와 몇 차례의 국가적 위기 상황에도 불구하고 오늘날 국정운영체계가 잘 실행되고 있는 것으로 평가받는 이유도 미래지향적 국정운영체계가 그들의 국정시스템 내에 체제화되어(*embedded*) 있기 때문인 것으로 분석되고 있다. 영국의 수상실내 미래전략청(Prime Minister Office's Strategy Unit)은 일례로 '국정두뇌'(In-House Think Tank)를 구성하여 이들은 현안문제는 다루지 않으며 국가의 중대사에 대한 장기적인 예측(Long-term Perspective)을 시행하는 것으로 정평이 나 있다. 이들의 미래예측은 단순히 학술적인 예측과정으로 그치는 것이 아니라, 미래예측 주제별로 국가의 중요한 정책결정자(장관급)들이 참여하여 토의과정을 거치게 함으로써 예측과 실행의 유기적인 연계체계(Cross-cutting System)를 갖추도록 해 두었다. 요약하면 미래예측에 국가의 중대한 정책우선순위를 도출하는 기능을 부여하고, 미래예측이 정책-기획-예산의 추진체계와 유기적으로 연계될 수 있도록 국가 권력의지의 정치적 뒷받침을 받을 수 있는 강력한 정책추진체계를 갖추어둔 것이다. 미래학이 미래에 대한 바람직한 구상(*wishful thinking*)으로 끝나지 않게 하기 위해서는 미래학에서 추구하는 미래연구는 국가의 장기적 미래예측, 정책적 우선순위 도출, 미래지향적 정책설계, 정책집행체제가 일사분란하게 연계될 수 있는 국정운영시스템을 갖추는 것이 매우 중요하다.

3. 미래예측과 정책연구

제2절에서는 미래예측과 정책연구에 대해서 살펴본다. 미래예측과 정책연구는 매우 밀접한 연관

관계를 맺고 있다. 하지만 그동안 미래예측이 정책연구라는 관점에서 집중적으로 조명을 받지는 못했는데, 이 절에서는 미래예측과 정책연구, 둘 간의 개념적 연결고리들에 대해서 탐구해 보기로 한다.[8]

미래예측과 정책연구는 매우 긴밀한 연결고리를 맺고 있다. 정책을 이해함에 있어서 미래라는 관점이 도입되지 않는다면 정책은 매우 점증주의적이고 선례답습적인 도구로 전락하고 말 것이다. 또한 Lasswell(1951, 1970, 1971), Y. Dror(1970), E. Jantsch(1970) 등으로 이어지는 정책학의 본류적 관점에서도 미래와 정책은 불가분의 관계를 형성하고 있다.

이러한 관점에서 이 절에서는 1) 미래예측과 정책연구, 2) 미래예측과 연구지향, 3) 미래예측과 정책설계, 4) 미래예측과 정책품질, 5) 미래예측과 정책의제, 6) 미래예측과 정책결정, 7) 미래예측과 정책집행, 8) 미래예측과 정책평가, 9) 미래예측과 정책변동, 10) 미래예측과 거버넌스 등의 이슈들에 대해서 집중적으로 조명해 보기로 한다.

1) 미래예측과 정책연구

미래예측과 정책연구는 매우 밀접한 연관관계를 맺고 있다. 하지만 그동안 미래예측이 정책연구라는 관점에서 집중적으로 조명을 받지는 못했는데, 이 장에서는 미래예측과 정책연구, 둘 간의 개념적 연결고리들에 대해서 탐구해 보기로 한다.

미래예측과 정책연구는 매우 깊은 어원적 연관관계가 있다. 우선 미래와 정책이라는 단어가 매우 긴밀한 관계를 가지고 있는데, 이는 미래라는 시간의 축과 정책이라는 공간의 축은 상호 보완적인 관계에 있기 때문이다. 정책을 이해함에 있어서 미래라는 관점이 도입되지 않는다면 정책은 매우 점증주의적이고 선례답습적인 도구로 전락하게 될 것이며, 정책의 본질적 핵심에 해당하는 창조지향성과 미래지향성이 상당 부분 상실되는 엄청난 불행이 초래되게 될 것이다. 즉 정책은 미래가 있기에 정책의 미래지향적 탐색이 가능하게 되고, 사회의 미래지향적 가치를 그리면서 정책을 가치창조적으로 형성해나갈 수 있게 되는 것이다.

H. Lasswell(1951, 1970, 1971), Y. Dror(1970), E. Jantsch(1970) 등으로 이어지는 정책학의 본류적 관점에서도 미래와 정책은 불가분의 관계를 형성하고 있다. Lasswell(1951, 1970)은 정책이 과정(*process*)과 내용(*content*)의 지식을 통해 사회의 민주적 가치실현에 기여하기 위해서는 정책연구에 있어서 시간적 맥락(역사적 맥락; 과거, 현재, 그리고 미래)과 공간적 맥락(세계적 관점; 글로벌한 공간) 등 정책이 처한 맥락에 대한 분석이 매우 중요하다고 강조하였으며, 이를 위해 정책은 근본문제해결 지향성을 추구해야 한다고 주장하였다. 또한 문제해결 지향성에 해당하는 지적 활동으로서 목표의 명시, 경향의 파악, 여건의 분석, 미래의 예측 등의 활동들을 강조하였다.

8 이 절의 내용들은 이 책 앞의 여러 곳에서 일부 분절적으로 다루어지긴 했으나, 여기에서는 미래예측과 정책연구라는 관점에서 종합적으로 정리하기로 한다.

Y. Dror(1970: 144-145)는 그의 기념비적인 논문, "Prolegomena to Policy Sciences"에서 정책학의 목적은 정책결정체제에 대한 이해를 증진시키고 이를 개선하는 것이며, 이를 위해 정책연구는 바람직한 정책결정을 위한 방법(Methods), 지식(Knowledge), 체제(System)에 관심을 두어야 한다고 주장한다. 또한, 정책연구의 초점은 1) 정책분석(policy analysis), 2) 정책전략(policy strategy), 3) 정책설계(policymaking system redesign)에 두어야 한다고 주장하면서, 정책의 미래지향적 전략연구의 중요성을 강조하였다.

E. Jantsch의 정책연구에 있어서 미래라는 화두는 더욱 더 중요하게 다가간다. E. Jantsch(1970: 33-37)은 그의 혁신적인 논문, "From Forecasting and Planning to Policy Sciences"에서 미래예측과 정책기획이 정책연구에 핵심적인 역할을 담당해야 한다고 주장하면서, 관리과학이나 체제분석이 아닌 정책분석은 국가의 미래를 조망하고 기획하고 설계하는 국가의 최상위 차원의 창조행위가 되어야 한다고 역설한다. 즉, 그는 정책분석(가치분석, 당위성; *ought to*)-전략분석(체제분석, 실현성; *can*)-운영분석(관리분석, 능률성; *will*)의 3단계로 이루어진 계층적 차원을 제시하였다. E. Jantsch는 인간의 합리적인 창조 행위 혹은 내면의 창조 의지가 국가적인 혁신으로 이어질 수 있다는 믿음에 기초하여, 인간 행위의 창조적 단계는 합리적 창조 의지(Ratinal Creative Action), 정책결정(Decisionmaking), 정책기획(Planning), 미래예측(Forecasting) 등의 단계를 거쳐 국가혁신(Innovation)으로 이어질 수 있다고 보았다. 이처럼 미래예측과 정책연구는 정책의 미래지향적 본질에 있어서나, 정책학 연구의 본류에 서 있는 학자들의 견해에 있어서나 매우 밀접한 관련이 있음을 알 수 있다.

2) 미래예측과 연구지향

문명은 인간의 삶에 대한 열정과 의지의 표현이다. 인간은 인간 내면의 창조적 이성을 토대로 때로는 생존과 경쟁을, 때로는 번영과 창조의 인류역사를 전개해 왔다. 미래라는 화두를 생각해 볼 때, 미래의식(*future consciousness*)과 미래예측(*future foresight*)은 이 시점에서 또 하나의 중요한 학술사적 의미를 지닌다. 또한, 정책 처방적인 측면에 있어서도 지금 우리는 '또 다른 미래'(*another future*)와 '새로운 국정관리'(*future governance*)를 추구해야만 하는 충분한 경험적 이유들을 지니고 있다. 우리나라에서 그동안 여러 형태로 문제 제기가 되어온 대형 국책사업의 실패들이 이를 방증(傍證)해 주고 있다.

미래는 '가치'가 담긴 내일의 모습이다. 정책연구는 미래예측과 함께 갈 때 바람직한 모습을 띠게 된다. 정책형성과 정책분석은 미래에 대한 열정과 의지로서 만들어가는 가치 지향적 탐구이기도 하다. 미래예측은 과거 데이터의 연장선상에서 이루어지는 단순한 예견(Forecasting)을 넘어 미래의 창조적 의지와 실천적 열정이 담긴 예측(Foresight)이라는 의미를 지닌다.

미래연구는 '인간과 사회의 거버넌스(Human & Governance)'에 대한 창조적 연구이다. 인간에 대한 정책연구는 인간과 사회, 정신과 문명에 대한 미래지향적 탐구로 나타나며, 거버넌스에 대한 정책연구는 미래(Future), 분석(Analysis), 관리(Management)를 키워드로 하는 정책역량에 대한 미래지향적 분석으로 나타난다. 인간에 대한 미래연구가 인간과 사회에 대한 열린 소통, 정신과 문명에 대한 미래의식에 대한 인문학적 탐구를 의미한다면, 거버넌스에 대한 미래연구는 정책연구에 미래인식의 지평을 포함시키는 사회과학적 분석과 탐구로 나타난다. 인간에 대한 미래연구가 인간의 존엄성을 지향한다는 정책연구의 규범을 의미한다면, 거버넌스에 대한 미래연구는 정책역량을 탐구하고 분석하는 정책연구의 처방을 의미한다.

따라서 미래예측과 정책연구의 연구지향은 미래, 분석, 예측을 키워드로 하여, 1) 미래의 인문학적 과제에 대한 창조적 탐구와 2) 미래의 정책학적 과제에 대한 창조적 처방을 위한 연구를 지향하는 것으로 상정할 수 있다. 이러한 관점에서 미래예측과 정책연구가 지향할 지향점을 정리하면 다음과 같다.

첫째, Lasswell(1951, 1970)이 제시하였던 인간의 존엄성 실현(Human Dignity)을 궁극의 가치로서 지향하며, 이를 위한 인간과 사회(*human and society*), 정신과 문명(*spirit and civilization*)에 대한 미래지향적 탐구를 추구한다. 이 과정에서 미래(*future*), 미래의식(*future consciousness*)이라는 중요한 주제가 정책연구와 어떻게 결부되어 있는지에 대해서 탐구한다.

표 12-4 미래예측과 정책연구: 〈Human & Governance〉에 대한 규범과 처방

규범〈상위가치〉	Human Dignity	Human	Human & Society	Future	Future Consciousness
		※ 인문과학	정신(Spirit)과 文明	人間의 삶에 대한 열정과 의지의 表現	미래의식 ※ Cosmic Consciousness

처방〈수단가치〉	Policy Capacity	Governance	Governance & Policy	Future	Future Foresight
	〈Core〉 ('of & in') 〈Policy Process〉	※ 사회과학	〈Future〉 未來 〈Analysis〉 分析 〈Management〉 ※ 정책역량 ※ 관리역량 ※ 인프라역량	※ 창조적 정책설계 (허범, 2002) ※ Creative Innovation (Y. Dror, 1991) ※ 가치비판적 발전관 (허범, 2002) ※ 창조적 이성 = 실천적 이성 (Andersen, 2003) ※ 열린사고 = 정책담론 = 숙의민주주의 (DeLeon, 2006), (Habermas, 1971)	미래예측 ※ Cosmic Foresight

둘째, 인간의 존엄성을 실현하는 정책학적 처방의 이슈로서 과학기술, 첨단산업, 정보통신, 사회복지, 보건의료, 여성과 환경, 사회자본 등 다양한 분야에서의 국가경쟁력 및 정책역량 제고를 위한 정책형성 및 정책분석에 대한 연구를 지향한다.

셋째, "누구를 위한, 무엇을 위한" 국정관리인가?라는 근본적 질문을 앞에 두고, 보다 본질적인 정책분석과 창조적 정책설계를 지향하며, 창조적 혁신(*creative innovation*)을 통한 열린 사고와 정책담론을 지향한다. 가치 비판적 발전관에 담긴 인간 내면의 창조적 이성에 대한 믿음을 토대로 정책형성과 정책분석은 소수 엘리트의 전유물이 될 수 없다는 숙의민주주의의 철학적 기치아래 정책토론과 정책담론에 대한 실천을 지향하며, 이를 통해 민주주의 정책학의 완성을 지향한다(앞서 〈표 12-4〉 참조). 앞서 표는 미래예측과 정책연구가 〈인간과 사회의 거버넌스〉에 대한 창조적 연구라는 관점에서 미래예측과 정책연구의 규범 및 처방을 정리해 놓은 도식이다.

3) 미래예측과 정책설계

미래예측과 정책설계는 매우 밀접한 연관관계를 맺고 있다. 정책설계란 미래지향적 정책의 디자인(*design*)이라고 할 수 있으며, 따라서 정책설계라는 개념 안에는 이미 미래라는 창조 지향적 개념이 포함되어 있다. 즉, 정책설계를 위해서는 과학적 미래예측이 매우 중요한 방법론적 토대가 된다. 또한 미래예측을 함에 있어서 정책설계의 개념은 매우 유용한 도구가 되기도 한다. 예컨대, 미래예측의 주요 방법론인 시나리오 기법의 조합과 설계에 있어서 정책대안의 설계에서 사용되는 논리적 접근은 매우 중요한 개념적 틀을 제공한다.

4) 미래예측과 정책품질

정책품질이란 정책과정(*process*)과 정책내용(*content*)에 있어서 정책의 품과 질을 향상시키려는 노력을 의미한다. 현대사회는 대단히 빠른 속도로 변화하고 있으며, 특히, 정보가 중요해지고, 가치가 다원화되며, 세계화와 국지화 경향이 병존하고 있다. 1980년대가 질(*quality*)을 추구하는 시대였고, 1990년대가 리엔지니어링(*reengineering*)의 시대였다면, 2000년대는 속도(*speed*)의 시대이다. 현대 지식정보사회의 디지털은 시간, 속도, 불확실성을 내포하고 있다. 디지털 시대의 조직은 시간과 공간의 압축혁명 속에서 생각의 속도로 움직이는 조직만이 살아남으며, 미래의 조직 환경은 속도와 불확실성, 단절과 불연속성을 본질적인 특성으로 하고 있기에 현대사회의 정책품질을 논의함에 있어서 미래예측은 따로 분리하여 생각할 수 없을 정도로 미래예측과 정책품질은 불가분의 연관관계를 가진다. 속도와 불확실성, 단절과 불연속성을 특징으로 하는 21세기 조직 환경하에서 정책의 품질이 강화되기 위해서는 정부 내외에 산재해 있는 정보와 지식들이 새롭게 창출되고 학습되어야 하며, 이러한 미래 환경의 변화는 조직 내에서 새로운 가치를 창출하는 미래 지향적 사고가 상시적으로 체화(*embedded*)될 것을 요구하며, 조직의 정책결정 과정에 있어서 미래예측이 방법론으로 공유(*sharing*)될 것을 요구하고 있다.

정책은 정책결정, 정책집행, 정책평가, 환류 및 학습이라는 일정한 주기를 거치면서 정책품질의 제고를 위해 노력하는 과정이다. 이러한 정책과정의 관점에서 미래예측이 정책품질에 기여할 수 있는 핵심요소들을 추출해 보면 다음과 같다.

표 12-5 정책품질관리 점검표

정책단계	점검항목
정책구상	• 정책문제의 본질(쟁점)은 정확하게 파악하였는가? • 정부가 반드시 개입해서 해결해야 할 문제인가? • 정책이해집단들을 확인하고, 의견수렴을 충분히 하였는가?
정책확정	• 최선의 대안을 선택하였는가? • 정책집행에 필요한 자원은 충분히 확보되었는가?
정책발표 및 홍보	• 관계부처 간 사전 조정협의를 하였는가? • 정책발표의 주체, 시기, 발언강도 등은 적절하였는가?
	• 정책발표 후 보도내용을 확인하고 필요시 보도에 대하여 제대로 대응하였는가?
정책집행	• 정책목표의 우선순위 간 일관성을 유지하였는가? • 정책대상집단의 반응을 수시로 확인하고 신속하게 대응하였는가? • 정책목적에 부합되게 집행되고 있는지 중간점검을 실시하였는가?
평가 및 사후관리	• 당초 의도한 정책목표의 달성 여부를 파악하기 위한 활동을 하였는가? • 정책사례에 대한 사후 학습방안이 마련되어 있는가?

자료: 정책품질관리, 행정자치부(2004, 10).

〈표 12-5〉의 정책품질관리 점검표는 최상위 목차 중 미래예측과 연관하여 미래지향적 질문요소들을 중시하는 점검항목만을 언급한 것이다. 예컨대, 정책구상, 정책확정, 정책홍보 및 정책집행단계에서 정책문제의 정확한 본질(쟁점)을 파악하고 최선의 대안을 선택하는 행위, 정책집행에 필요한 자원을 미리 예측하는 행위, 정책발표 및 홍보의 예상효과를 예측하는 행위, 정책평가를 하고 향후 더 나은 정책형성을 위해 미래지향적(*prospective*) 정책평가를 통해 정책학습과 환류를 강화하는 행위 등은 모두 미래예측이 정책의 품질관리와 얼마나 밀접히 연계되어 있는지를 보여주는 항목들이다.

과거와는 달리 현대 정책환경은 매우 불확실하며 동태적으로 변한다. 속도와 불확실성 그리고 단절과 불연속성이라는 현대 환경의 특성상 정책과 미래는 불가분의 관계에 있으며, 정책과정의 단계별로 미래예측이 정책품질 향상에 기여하는 바는 정책연구에 있어서 향후 보다 심도있게 연구되어야 할 분야라고 할 수 있다.

5) 미래예측과 거버넌스

미래예측과 거버넌스는 개념적으로 매우 밀접한 연관관계를 맺고 있다. 미래예측이 시간의 축을 형성하는 개념이라면, 거버넌스는 공간의 축을 형성하는 개념이다. 미래예측이 정책의 시간이라는 인식을 장기(*long-term*)로 확장하려는 시도라면, 거버넌스는 정책의 공간에서 정책행위자들 간의 관계를 좀 더 수평적(*horizontal*)이고 네트워크(*network*)적인 관계로 접근하려는 노력이라고 할 수 있다. Guy Peters(1995)처럼 미래와 국정관리를 아예 개념적으로 연계시켜, 『미래의 국정관리(The Future of Governing: Four Emerging Models)』라는 논의를 직접적으로 촉발시킨 경우도 있지만, 다른 학자들의 거버넌스에 대한 접근유형들도 어떤 형식으로든지 미래라는 개념과 거버넌스라는 사회문제 해결기제로서의 개념을 연결시키고 있다.

거버넌스를 넓은 의미의 국정관리의 통치원리로 이해한다면 현대국가의 효과적 국정관리를 위해 미래예측은 핵심 방법론으로 기능하게 될 것이다. 만약 거버넌스를 공공문제(*collective action problem*) 해결을 위한 수평적, 네트워크 지향적 접근방식으로 이해한다고 해도 미래예측은 집합문제해결의 중요한 방법론으로 활용될 수 있을 것이다.

4. 미래예측의 연구방법

미래를 예측할 때는 먼저 1) 어떠한 이슈가 존재하는지 확인하는 이슈의 확인(환경 스캐닝, 이슈서베이, SWOT 분석 등)과, 2) 그러한 이슈가 어떻게 진행될지에 대해서 추정해보기 위해서 추세 연장적 접근(추세연장, 경향추정, 시뮬레이션)과 창의적 접근(브레인스토밍, 전문가패널, 시나리오, 정책델파이, 교차영향분석, 실현성예측)을 사용하게 되며, 3) 마지막으로, 이상에서 추정하고 창의적 방식을 통해 나타난 미래의 상황을 우선순위로 분류하는 우선순위 접근(핵심기술 우선순위 기법, 로드맵 우선순위 기법)이 종합적으로 필요하다.

이러한 측면에서 Miles와 Keenan이 제시한 미래예측 기법의 유형분류는 실제 미래예측의 과정에 따라 소개했다는 점에서 큰 의미를 지닌다고 하겠다(Miles and Keenan, 2003). 다만, 이들이 제시한 용어나 분류는 다소 혼란스러운 점도 없지 않아 이를 다시 일정한 기준에 근거하여 재분류하기로 하였다. 〈표 12-6〉은 Miles와 Keenan이 제시한 미래예측의 기법들을 기초로 이들을 다시 정리해 놓은 것이다. 다음에서는 이러한 유형분류를 토대로 미래예측의 연구방법에 대해서 공부해 보기로 한다.

표 12-6 정책품질관리 점검표미래예측 기법의 유형분류

Group	Method
이슈의 확인 (Identifying Issues)	환경스캐닝(Environmental Scanning), 이슈서베이(issue surveys), SWOT 분석
통계적 분석 (Quantitative Analysis)	회귀분석(횡단면분석: Cross-sectional Analysis, 시계열분석: Time-series Analysis), 시뮬레이션(Simulation Modelling), AHP 기법(Analytical hierarchy process), Bayesian 모형(The Bayesian model), 형태분석기법(Morphological analysis)
전문가 판단 (Expert Judgement)	브레인스토밍(Brainstorming), 전문가 패널(Expert Panels), 시나리오 기법(Scenarios), 정책델파이(Policy Delphi), 교차영향분석(Cross-Impact Analysis), 통찰적 예측(Genius Forecasting), 실현성 예측(Feasibility forecasting)
우선순위 선정 (Priority Setting)	핵심기술 우선순위 기법(Critical and Key Technologies), 우선순위 로드맵 기법(Technology Roadmapping)

자료: Miles and Keenan, 2003을 토대로 수정 보완함.

(1) 이슈의 확인(Identifying issues for foresight)

(가) 환경스캐닝(Environmental Scanning)

환경스캐닝이란 조사된 자료에 대해 전체적인(*systematic*) 분석을 시도하는 것으로, 수동적 스캐닝, 적극적 스캐닝, 초점화 스캐닝의 세 가지 유형으로 나누어 볼 수 있다.

먼저, 수동적 스캐닝은 신문과 매거진 등을 읽는 것을 통해 이슈를 확인하는 것이고, 두 번째로 적극적 스캐닝은 신문과 매거진뿐만 아니라 관련된 저널이나 분석지 등을 정기적으로 구독 및 습득하여 분석하는 것을 말하며, 마지막으로 초점화 스캐닝은 특정한 주제에 초점을 맞춰 집중적인 자료탐색과 분석을 통해 이슈를 확인하는 것이다.

(나) 이슈서베이(Issue Surveys)

이슈서베이란 관련 전문가들의 의견 수렴을 통해 미래예측의 핵심이 되는 이슈를 확인하는 방법이다. 특정한 이슈를 확인하는 가장 확실한 방법은 관련 전문가들의 정보나 지식을 습득하는 것이다. 즉, 정책 델파이나 시나리오 워크숍(Scenario workshop) 등은 미래예측의 배경이 되는 정보(*background information*)를 얻기에는 가장 유용한 것이다.

이슈를 확인할 때 고려해야 하는 사항들은 다음과 같다.

첫째, 미래예측의 핵심 분야(*the area of interest*)를 주도적으로 형성하는 핵심 기제들은 무엇인가?
둘째, 핵심 기제들은 어떤 종류의 문제와 욕구들을 발생시키는가?
셋째, 문제와 욕구들을 해결하기 위해서는 어떤 종류의 대안과 혁신들이 존재하는가?
넷째, 대안과 혁신들을 도출하기 위해서는 어떤 종류의 연구와 분석, 지식과 기술들이 요구되는가?

(다) SWOT(Strengths, Weaknesses, Opportunities, and Threats) 분석

SWOT 분석이란 조직의 환경분석을 통해 강점(*strength*)과 약점(*weakness*), 기회(*opportunity*)와 위협(*threat*) 요인을 규정하고, 이를 토대로 미래에 대한 전략을 수립하는 기법이다.

이는 어떤 조직의 내부환경을 분석하여 강점과 약점을 발견하고, 외부환경을 분석하여 기회와 위협을 찾아내어, 이를 토대로 강점은 최대화하고 약점은 최소화하고, 기회는 최대한 활용하고 위협은 최대한 억제하여 바람직한 미래를 수립하는 데 도움을 줄 수 있다.

① 내부요인과 외부요인(Internal & External factors)

ⓐ 내부요인(Internal factors)

내부요인이란 조직의 내부에 존재하는 강점과 약점을 의미한다. 조직의 강점과 약점을 파악하기 위해서는 조직의 자원(*resource*)과 역량(*capability*)에 대한 분석이 수반되어야 한다.

ⓑ 외부요인(External factors)

외부요인이란 조직의 외부에서 제시되는 기회와 위협을 의미한다. 기회와 위협을 파악하기 위해서는 조직의 환경적 요소에 대한 체계적인 분석이 요구된다.

② SWOT 분석의 특징

이상에서 제시된 바와 같이 SWOT은 내부적 요소 2개-강점과 약점과 외부적 요소 2개-기회와 위협으로 이루어지기 때문에, 2×2 매트릭스로써 표현된다. SWOT 분석은 통계적 방법은 아니지만, 조직내부에 대한 학습(강점과 약점)을 수반하고 더불어 조직외부에 대한 환경과의 역동적인 상호작용(기회와 위협)을 분석할 수 있는 방법이다.

(2) 통계적 분석(Quantitative Analysis)

통계적 분석으로 많이 사용되는 기법들은 회귀분석, 시뮬레이션이 있으며, 회귀분석은 다시 횡단면분석과 시계열분석이 있다.[9]

(가) 회귀분석(regression analysis)

회귀분석은 변수들 간의 선형관계를 추정하는 데 유용한 기법으로 독립변수와 종속변수 간의 관계의 형태와 크기를 정확히 추정하는 통계방법이라 할 수 있다.

회귀분석은 독립변수와 종속변수들 간의 관계의 형태에 대하여 요약된 측정치를 제공하기 때문에 모형의 설계 및 활용에 유용하다. 정책분석가는 회귀분석을 통해 변수 간의 인과관계를 확인할 수 있으며, 회귀분석은 어떤 독립변수가 종속변수의 원인인가를 정확하게 밝히게 한다는 점, 즉 원인변수와 결과변수를 구체화하게 한다는 점에서 큰 장점을 가지고 있다.

회귀분석은 횡단면 분석과 시계열 분석으로 나눌 수 있으며, 선형 분석과 비선형 분석으로 나눌

---

9 여기에서 소개되는 통계적 기법들은 뒤의 전문가 판단 기법들과 결합되어 사용될 수 있다.

수 있다.

① **횡단면 분석**(cross-sectional analysis)

분석단위가 시간이 아닌 형태의 분석을 횡단면 분석(*cross-sectional analysis*)이라고 한다. 횡단면 분석도 종속변수의 형태가 선형으로 나타나는 형태에 대한 분석(OLS, GLS)과 비선형으로 나타나는 형태에 대한 분석(Poission Model, Logit, Probit, LPM 모형 등)이 있다.

② **시계열 분석**(time series analysis)

분석단위가 시간의 형태로 나타나는 분석을 시계열 분석(*time-series analysis*)이라고 한다. 시계열 분석은 과거로부터 현재에 이르는 변화를 분석함으로써 미래를 예측하는 방법인데, 시간을 독립변수로 둔다.

시계열 분석으로서 미래예측에 많이 사용되는 기법은 추세연장적접근(*extrapolative approaches*)과 경향추정(Trend extrapolation)을 들 수 있다.

ⓐ 추세연장적접근(extrapolative approaches)

추세연장적접근(*extrapolative approaches*)은 기존의 자료나 추정을 전제로 미래에 발생할 상황을 예측해보고자 하는 것이다. 미래예측 방법의 기본형으로서 가장 많이 활용되고 있는 추세연장적접근은 현재와 과거의 자료에 근거하여 미래사회의 변화될 모습을 추세연장적으로 투사(*projection*)하는 방법이다. 추세연장적 접근은 과거에 발생한 일들은 특별한 사건에 의해서 방해받지 않는 한 미래에 재연될 것이라는 전제하에 접근하는 방식으로 시계열자료에 의존한다. 즉, 추세연장적접근은 과거에 관찰된 데이터의 패턴이 미래에도 일어날 것이라는 지속성, 규칙성, 그리고 자료의 타당성과 신뢰성의 세 가지 가설에 기초하고 있다(노동조, 2005: 109-110).

ⓑ 경향추정(Trend extrapolation)

경향(*trend*)이란 어떤 이슈가 어느 시점에 도달하여 사회에 정착된 하나의 기본 흐름으로 자리잡은 것을 의미한다. 추세연장적접근과 기본적으로 다르지 않으나, 추세가 하나의 경향으로 자리잡은 경우를 분석한다는 점에서 약간의 구별을 할 수 있을 뿐이다. 따라서 경향추정은 현재의 중요한 문제를 포착하고, 그 문제의 역사적 경로(*trajectory*)를 통해 미래의 상황을 추정하고, 그 상황에 대한 의미를 해석하는 것이다. 경향추정은 기존자료를 기반으로 S곡선에 투영해 미래를 추정해보는 것으로서 가장 광범위하게 사용되는 미래예측기법 중 하나이다. 경향추정을 위한 시계열 분석으로서 다양한 통계기법들이 있다.

㈏ 시뮬레이션(simulation)

시뮬레이션(*simulation*)은 정책대안의 미래예측에서 두 가지 의미를 포함한다. 첫째는, 정책대안의 실현으로 인해 어떠한 변화가 일어나는지를 실제로 그 정책대안을 실행하지 않고도 알아내는 방법으로, 실제체제를 모방한 고안물을 활용하는 방법이다(*role play*). 우주비행을 위해 우주에서와 같은 중력과 공간을 구성하고 미리 연습하도록 하는 것도 시뮬레이션 개념에 속한다.

둘째는, 보다 분석적인 차원에서 민감도 분석(*sensitivity analysis*)과 같은 의미로서, 미래예측에 포함된 불확실성의 근거가 되는 가정에 대해 조금씩 변수 값을 미세하게 변화시킴으로써, 그로 인해 나타나는 결과들을 토대로 분석하는 기법이다. 시뮬레이션은 미래예측 시스템의 역동성을 고려해야 할 때, 그리고 사건, 상태, 중재(*interventions*)에 관한 다양한 정책 대안들을 모색할 때, 또한 가정이 변화할 수 있다는 점을 고려해야 할 때 매우 도움이 되는 통계기법이다. 시뮬레이션은 많은 변수를 다루는 것이 가능하다. 또한, 시뮬레이션은 그래프, 차트 등의 세부적인 그래픽 형식을 제공할 수 있다.

(다) AHP 기법(Analytical hierarchy process)

AHP는 복잡하고 조직화되어 있지 않은 문제 상황을 그 구성요소로 세분화해 나가는 방법이다. 정책분석에서는 쌍대비교(*pairwise comparison*)를 통해 정책수단들 간의 우선순위를 확정짓는 기법으로 사용된다.

먼저 문제를 구성하는 요소나 변수를 계층적 순서로 배열한다. 그리고 각 변수의 상대적 중요도에 대한 주관적 판단을 행하고, 수치를 부여한다. 마지막으로 어떤 변수가 가장 높은 우선순위를 갖는가를 결정하기 위하여 판단을 종합하는 것이다.

AHP 기법은 일반적으로 계층구성의 원리, 우선순위 설정의 원리, 논리적 일관성의 원리에 의해 구성 · 적용된다는 것과 관련하여 시나리오를 서술하는 데 사용될 수도 있다.

(라) Bayesian 모형(The Bayesian model)

Bayesian 통계이론은 불확실한 상황하에서 수집된 정보의 부분적인 신뢰를 기반으로 발생할 상황을 추론하는 것을 의미한다. 즉, 모든 가정(Hypothesis)에 대한 사전확률(Prior probability)이 주어지고, 현재의 관찰치가 주어졌을 때 사후확률을 계산해 냄으로써 새로운 가정을 추론해 내는 기법이다. 따라서 Bayesian 모형은 결정된 시나리오에서 예상되는 경향을 파악하는 데 강력한 도구가 될 수 있다. 이러한 Bayesian 모형의 분석절차는 다음과 같다.

첫째, 미래예측의 가능한 시나리오를 설정한다.
둘째, 실행시점에서 이용 가능한 정보와 관련지어 각각의 시나리오의 최초의 확률 또는 사전적(priori) 확률을 할당한다.
셋째, 발생하기 시작하는 사건들을 기록한다.
넷째, 관찰된 경험적 자료에 기반하여 각 시나리오 발생확률을 조정한다.
다섯째, 각 시나리오의 발생확률 경향을 보여주기 위하여 획득된 결과들을 그래프화한다.
여섯째, Bayesian 통계 계산절차와 그래픽 기법에 해당되는 소프트웨어의 도움을 받는다(www.visiongc.com).

(마) 형태분석기법(Morphological analysis)

형태분석이란 화학분야에서 사용되던 용어로 시료 속에 들어 있는 성분 물질들이 어떤 화합물 형태로 이루어져 있는가를 알아내는 분석을 의미한다. 유추하면 형태분석기법은 특정한 형상물을 구성하는 성분이나 요소로 분류해 그들 각각을 변화시키거나 발전시켜 총체적인 형상물의 형태를 분석하는 기법이다.

자동차 설계를 위해 구성인자를 예로 들자면, 만일 이 자동차의 경우에 선택할 수 있는 휠이 2개, 브레이크 시스템 3개, 변속기 4개, 배터리 4개, 다른 자동차 구성요소가 5개라면 자동차라는 형태를 구성하는 방식은 1,440(2 × 3 × 4 × 5=1,440)의 형태로 구성될 수 있는 것이다.

형태분석법의 절차는 다음과 같다.

첫째, 문제를 정확하게 구체적으로 기술한다.
둘째, 가능한 한 많은 독립변수를 추출한다.
셋째, 2차원, 혹은 그 이상으로 형태분석표를 그린다.
넷째, 독립변수별 속성 간의 결합(차트의 각각의 셀)을 통해 시나리오를 확정한다.
다섯째, 정책우선순위를 분석한다.

(바) 전문가 판단(Creative methods)

미래예측은 결국 사회적이고 창조적인 과정이다. 미래예측은 조직의 성공에 핵심이 되는 새롭고 흥미로운 지식의 융합(*knowledge fusion*)을 키우는 상호작용의 과정이라고 할 수 있는데, 이러한 관점에서 전문가 판단은 미래의 전략을 설정하는 창의적 기법이라고 할 수 있다. 전문가 판단을 이용한 미래예측 기법으로는 브레인스토밍, 정책델파이, 전문가 패널, 시나리오 기법, 교차영향분석, 통찰적 예측 등이 있다.

① 브레인스토밍(Brainstorming)

브레인스토밍이란 특정한 미래의 상황에 대해 연관되는 모든 이들이 참여하여 자율적으로 의사를 표현하고, 그 의사를 통해 미래를 예측하는 방식이다. 이 기법은 다듬어지지 않은 창의적 아이디어를 생성할 수 있는 장점을 지닌다. 다음은 브레인스토밍의 절차이다.

첫째, 자유로운 생각들이 지속적으로 나타나는 동안 그 아이디어들을 화이트보드나 컴퓨터에 적어놓는다. 여기서 가장 중요한 규칙은 다른 사람을 비방하거나 비판적 아이디어는 통제된다.
둘째, 초기 아이디어 생성단계 이후 보다 진지한 토의가 이어지며, 그 다음은 이 아이디어들을 군집화(*clustering*)하고, 중요도로 우선순위 분류를 한다. 역시 중요한 것은 이러한 아이디어들이 비방이나 비판적인 것이 아닌 친근한 감정을 유지하는 것들이어야 한다. 즉, 최적화된 분위기 조성으로 아이디어 창출에 도움을 줄 수 있어야 한다.

그러나 브레인스토밍은 단지 아이디어를 얻는 차원이지, 그것으로 보고서를 작성하기는 어렵다는 측면에서 미래예측에 있어 하나의 출발점이라 할 수 있다.

② 전문가 패널(Expert panel)

전문가 패널은 분석하고자 하는 분야에 전문가들을 섭외하여 그들의 토론 중에 얻은 생각이나 지식을 통해서 미래를 예측하는 것이다. 이때 전문가는 보통 12-15인으로 구성되고, 패널들 각자는 자신이 연구한 보고서를 제시한다.

③ 시나리오 기법(Scenarios)

시나리오는 현재에서 미래시점까지의 경로를 서술하는 이야기(*narration*), 이미지(*image*), 또는 지도(*map*)를 의미하는 것이다. 시나리오는 단순한 '예견'(*predictions*)이 아니라, 미래의 '불확실성'을 적극적으로 해소하여 원하는 미래상(*future vision*)을 명확히 하고 체계적인 계획 수립에 결정적인 도움을 주기 때문에 미래예측(Future Foresight) 과정에서 가장 많이 사용되는 기법이다. 이 기법은 다양한 환경하에 발생하는 경로, 또는 어떻게 소망스러운 규범적 미래가 달성되는지에 대한 희망적인 질문에 초점이 맞춰지는 탐색적(*exploratory*) 방법이다.

시나리오 기법은 무엇이 미래의 영향요인인가? 무엇이 불확실한가? 무엇이 피할 수 없는 상황인가? 등의 질문들을 다음의 각 단계에 적용함으로써 이루어지게 된다.

첫째, 먼저 미래의 초점이 되는 이슈를 확인한다.
둘째, 미래의 환경하에서 핵심적인 요인이나 트렌드를 확인한다.
셋째, 그 요인이나 트렌드를 설정한다.
넷째, 시나리오 논리를 선택한다.
다섯째, 시나리오 유형을 추출한다.
여섯째, 목표들의 검토를 통해서 방향이나 지침을 선정한다.
일곱째, 정책적 함의를 도출한다.

시나리오를 생산하는 가장 일반적인 방식은 전문가 패널을 통해서 하는 것이다. 시나리오는 셀 수 없는 미래의 상황에서 평가 가능한 한 관점을 제공해 주며, 그렇게 함으로써 이 기법은 참여자들이 미래에 대해 좀 더 익숙하게 생각해 볼 수 있도록 하는 데 도움을 준다. 시나리오 기법을 통해 전문가들은 필요로 되는 대안적 미래를 보다 더 잘 이해하고, 이를 통해 비정형화된 전략과 정책 도구들을 더 잘 개발할 수 있다.

④ 정책델파이(Policy Delphi)

정책델파이 기법은 전문가들의 주관적 견해를 최대한 살리기 위해 전문가들끼리 반복적으로 의견을 수렴하는 것을 의미한다.

미래예측 델파이는 1950년대 미국 랜드연구소에 의해서 처음 개발되었다. 전문가들 의견조사는 적어도 두 번 이상 반복 순환되며, 전문가들이 자신들의 의견을 수정할 수 있는 가능성을 열어둔다. 이때 특정 전문가들의 판단에 대한 형성된 이유를 지속적으로 조사하는 것이다. 이후 추가적으로 반복된 전문가 의견조사 과정에서 전문가들의 의견이 한 곳으로 모아진다면, 이때 모아진 의견은 전문가들의 공통되고 공유된 의견이나 전망 내지는 예측이라 할 수 있다.

⑤ 교차영향분석 기법(Cross-impact analysis)

정책델파이처럼, 교차영향분석은 전문가 견해에 기반한 방식으로 계량적 결과를 생산하게 된다. 이것은 전문가들에게 발생 가능한 사건들을 물어보고 한 사건이 일어날 때와 일어나지 않을 때에 다른 사건들의 발생률 등을 물어보는 접근법이다.

⑥ 통찰적 예측(Genius forecasting)

통찰적 예측이란 개인의 통찰을 통해 미래의 비전을 묘사하거나 설명하는 것을 말하는 것이다. 예를 들어, 앨빈 토플러의 「미래 쇼크」, 「제3의 물결」, 「권력이동」, 「부의 미래」, 존 네이스비츠의 「메가트랜드」 등이 그 예가 된다. 이들은 종교적 예지자(Guru)들의 초자연적 예언들과 비교되며, 매우 비판적이고 심도있는 사고를 통해 정확한 논거를 제시하는 노력을 보인 연구결과물들이다.

⑦ 실현성 예측(Feasibility forecasting)

통찰적 예측이 미래에 대해 정보를 잘 갖춘 개인들의 통찰적 예지에 의존하는 방법이라면, 실현성 예측은 정책분야의 미래예측을 위해 보다 신중하게 미래 정책수단의 실현가능성을 예측하는 방법이다. 실현성 예측은 정책관련자들의 미래행태를 예측하기 위하여 특별히 설계된 것으로, 정책분석가가 여러 정책대안들의 채택이나 집행을 지지하거나 반대함에 있어 정책관련자들의 예상되는 영향에 관하여 예측하는 것을 도와준다. 이는 정치적 갈등이 존재하고 권력이나 기타 자원들의 배분이 동등하지 않은 조건에서 정책대안의 예상되는 결과를 예측해보는 데 적합하다. 또한, 정책관련자의 행태를 예견 또는 투사할 수 있게 하는 관련 이론이나 가용한 경험적 자료가 없는 상태에서 정책관련자들의 미래행태를 예측하는 데 유용하게 이용될 수 있다. 실현성 예측에서 고려되는 중요한 요소는 1) 이슈에 대한 입장, 2) 가용한 자원, 3) 자원의 상대적 서열 등이다(Dunn, 1981: 240-241).

(사) 우선순위 선정을 위한 기법들(Priority-setting)

① 핵심기술 우선순위 선정(Critical or key technologies)

핵심기술 우선순위 선정은 가장 우선시되는 기술을 선정함으로써 핵심기술로 나타나게 될 미래의 상황에 적합하게 대응하고자 하는 것이다.

ⓐ 핵심기술의 우선순위 선정

핵심기술의 우선순위 선정은 특히 다양한 기술들을(*technologies*) 평가하는 데 있어 유용하다. 이때 고려해야 할 중요한 질문들은 다음과 같다.

첫째, R&D의 핵심분야는 무엇인가?
둘째, 정부 혹은 공공 자금을 지원받아야 하는 핵심적인 기술들은 무엇인가?
셋째, 핵심기술을 선택하는 데 어떤 기준이 적용되어야 하는가?
넷째, 결과들을 집행하는 데 있어 논의되어야 하는 것 중 가장 중요한 고려사항은 무엇인가?

ⓑ 핵심기술의 정의

핵심기술을 정의하는 데 있어 고려되어야 할 질문들은 다음과 같다.

첫째, 핵심기술들의 정책적 적합성은 얼마나 되는가?
둘째, 핵심기술들과 비핵심기술들은 상호 구별가능한 정도인가?
셋째, 핵심기술들의 도출 과정과 결과는 신뢰할 수 있으며 재생산 가능한가?

ⓒ 핵심기술 우선순위 선정 절차

핵심기술을 선정하기 위해서는 다음과 같은 절차를 밟는다.

첫째, 집단 전문가(cohort of experts for consultation)들을 선정한다.
둘째, 기술들의 목록표를 만든다.
셋째, 목록화된 기술들을 유형화하고 우선순위를 가린다.
넷째, 핵심기술의 우선순위를 관련 정책결정자에게 제안한다.

② 우선순위 로드맵 기법(Technology Roadmapping)

로드맵 우선순위 기법이란 시장의 요구를 충족시킬 수 있는 기술적 대안을 발굴, 선정하고 그들 간의 관계를 시간 좌표로 표시하는 과정이다. 이 로드맵 기법을 기반으로 관련 프로젝트의 세부 계획을 수립하는 기술 기획(*technology planning*)이 추진된다. 로드맵 우선순위 기법은 성능 목표

(*performance target*)에 도달할 수 있는 핵심 기술 또는 기술 격차(*technology gap*)를 확인할 수 있으며, 관련 구성원들 간 연구 활동을 조정함으로써 연구 개발(R&D) 투자 관련 의사 결정을 조율할 수 있는 미래지도(*future map*)를 제공한다.

따라서 로드맵 우선순위 기법은 정책기획과 기술전략을 지원하기 위한 첨단산업에서 광범위하게 이용되며, 다차원적 시간에 기반한 그래픽 차트로 구성된다. 이 차트에는 기술개발과 시장수요의 관련성이 표현되어야 한다.

5. 요약 및 결론

미래예측(*future foresight*)은 인간의 창조적 이성과 지식을 토대로 미래를 창조적으로 형성해 가는 적극적인 의미를 지닌다. 미래는 '가치'가 담긴 내일의 모습이다. 정책연구는 미래예측과 함께 갈 때 바람직한 모습을 띠게 된다. 정책형성과 정책분석은 미래에 대한 열정과 의지로서 만들어가는 가치 지향적 탐구이기도 하다. 미래예측은 과거 데이터의 연장선상에서 이루어지는 단순한 Forecasting을 넘어 미래의 창조적 의지와 실천적 열정이 담긴 Foresight이라는 의미를 지닌다. 미래연구는 'Human & Governance'에 대한 창조적 연구이다. 인간에 대한 정책연구는 인간과 사회, 정신과 문명에 대한 미래지향적 탐구로 나타나며, 거버넌스에 대한 정책연구는 미래(Future), 분석(Analysis), 관리(Management)를 키워드로 하는 정책역량에 대한 미래지향적 분석으로 나타난다.

여기에서는 이러한 의미가 담긴 미래예측의 방법론은 정리해 보았다. 즉, 미래예측하는 방법론으로서 1) 어떠한 이슈가 존재하는지 확인하는 이슈의 확인(환경스캐닝, 이슈서베이 등), 2) 그러한 이슈가 어떻게 진행될지에 대해서 통계적으로 추정해보기 위한 통계적 분석(추세연장적접근, 경향추정, 시뮬레이션 등), 3) 그러한 이슈가 어떻게 진행될지에 대해서 전문가 판단을 구해보는 방법(브레인스토밍, 정책델파이, 시나리오 기법, 전문가 패널, 교차영향분석, 통찰적 기법 등), 4) 마지막으로, 이상에서 추정하고 창의적 방식을 통해 나타난 미래의 상황을 우선순위로 분류하는 우선순위 접근(핵심기술 우선순위 기법, 로드맵 우선순위 기법 등) 등에 대해서 검토해 보았다.

미래예측기법으로 사용되는 모든 방법들은 복잡한 수학적 모형, 계량적 기법이나 컴퓨터 시뮬레이션 등을 통해 이루어지기도 하지만, 실질적인 미래예측에 있어서는 전문가 패널, 시나리오 작성, 정책델파이 등 전문가들의 주관적 판단이나 창의적 예측이 매우 중요한 자료로 사용되므로, 양적인 분석과 질적인 접근을 모두 활용하는 미래예측의 종합적 접근이 필요하다는 점을 인식할 필요가 있다.

Chapter 12

핵심 Point!

◎ 국가혁신

▸ 국가운영에 관한 지식과 정보의 효과적인 관리를 통해 국가전체의 문제해결능력과 위기관리능력을 향상 시킴으로써 궁극적으로 국가운영의 전반적인 효율성-민주성-성찰성을 높이려는 체계적인 노력

◎ 국가혁신의 목적

◘ 정부차원의 생산성 확보

▸ 정부조직 내 관료주의 및 형식주의 타파

▸ "일하는 시스템", "일 잘하는 시스템" 구축을 통한 효율성 확보

▸ 정부조직 내 행정 및 정책과정의 참여성·투명성 제고

▸ 시민사회 및 시장의 자율성과 창의성 창출

◘ 민주주의의 확보

▸ 전자민주주의의 활용

▸ 정책과정에서의 참여 확대 및 숙의와 토의의 과정 확대

◘ 사회적 차원의 신뢰성과 성찰성 확보

▸ 사회 구성원들의 주체성과 독립성이 보장되는 사회 구축

▸ 사회의 열린 의사소통의 활성화

▸ 구성원들 간의 신뢰성 확보, 성찰하는 시민 및 주체적인 시민 양성

◎ 국가혁신이론과 하위 구성요소

▸ 갈등관리

▸ 지식관리

▸ 거버넌스

▸ 전자정부

◎ 거버넌스의 개념

◘ 협의의 개념

- ▸ 인사나 예산 및 조직관리에 있어서 권한위임, 분권화, 재량권 확대, 민간기법의 도입 등을 통한 행정 내부의 변화

◘ 일반적 개념

- ▸ 시장주의 또는 신제도주의 경제학의 경쟁원리와 고객주의를 공공부문에 도입
- ▸ 민간에게 많은 서비스 공급을 맡기고, 정부는 신제도주의 경제학적 유인책을 이용하여 방향잡기에 주력하는 것

◘ 광의의 개념

- ▸ 협의의 개념과 일반적 개념에 시장주의와 참여주의를 합친 것
- ▸ 방향잡기, 경쟁 도입, Mission 강조, 성과연계 예산, 고객중심, 수익 창출, 예측과 예방, 참여와 팀워크, 협의와 네트워크 형성 및 시장 메커니즘 등

◎ 거버넌스의 정책과제(UNDP)

- ▸ 능동적인 시민들이 성찰적인 개인이 되어 성숙한 시민이 됨
- ▸ 서로의 의사소통을 통한 경험과 이해관계를 공유하면서 의견을 공유함
- ▸ 공동의 이슈화와 공론화를 통해 여론을 형성함
- ▸ 자발적 참여와 협력, 함의도출과정에 대한 비공식적 제도화를 통해 여론형성양식 형성
- ▸ 반응성, 책임성, 투명성의 원칙을 근본으로 공식적인 제도화를 통해 정책형성양식을 정착
- ▸ 제도설계, 제도 간 연계 및 조정을 통해 제도적인 질서와 균형을 유지하여 거버넌스 체제 기능을 작동하게 함.
- ▸ 공적부분과 사적부분, 정부와 시민사회 등의 주체 간 이분법을 극복할 수 있는 인식론적 기반을 공유함으로써, 거버넌스가 체제, 제도 및 행위양식으로서 동질성을 지니도록 함.

◎ G. Peters(1995)의 거버넌스 유형(네 가지 모형)

◘ 시장모형

- ▸ 전통적 관료모형의 비효율성의 극복을 위해서 조직 내부에 인센티브를 부여해 시장원리에 의한 효율성을 제고해보려는 데 초점을 둔 정부모형

◘ 참여모형

- ▸ 정치적이고 민주적인 방식으로 정부효율성을 향상시키고자 하는 모형

◘ 신축모형

- ▸ 정부의 인력 및 조직의 영속성이 정부 비효율성 발생의 근본원인이라 보고,
- ▸ 영속적 조직에서 나타날 수 있는 타성과 변화에의 거부 등을 예방하는 데 초점을 둔 모형

◘ 탈규제모형

- ▸ 정부내부의 규제를 철폐함으로써 공공부문에 내재하고 있는 잠재력과 독창성을 분출시키는 데 초점을 둔 모형

◎ G. Peters & J. Pierre(2005)의 거버넌스 유형(다섯 가지 모형)

◘ 국가통제모형

- ▸ 정부의 통치과정에서 사회적 행위자들의 참여가 배제되어 있는 모형
- ◑ 자유민주주의모형
- ▸ 정부의 강한 역할을 인정하는 방향으로 전통적 다원주의모형을 수정한 신다원주의모형에 가까운 모형
- ▸ 사회행위자들이 국가에 영향을 미치기 위해 다양한 형태로 경쟁하지만, 이들 중에서 최종 선택할 수 있는 정책적 권리는 국가가 가짐
- ◑ 국가중심 조합주의모형
- ▸ 국가통제모형에서 설정하는 강력한 형태의 국가중심성이 사회쪽으로 약간 이동한 상태
- ▸ 국가가 정치과정의 중심에 있지만, 사회적 행위자들과 관련되어 제도화 됨.
- ◑ 사회중심 조합주의모형
- ▸ 국가중심 조합주의모형보다 국정운영의 중심이 더 사회 쪽으로 이동한 상태
- ▸ 국정운영에 있어서 사회적 네트워크의 역할에 크게 의존하는 것이며, 국가운영과정에 있어 다수의 행위자들이 수반되는 형태의 거버넌스
- ◑ 자기조정 네트워크모형
- ▸ 국가가 국정운영의 능력을 잃었으며, 개별 행위자들이 자신의 이익을 위한 자기조정 거버넌스를 창조하는 형태의 모형
- ▸ 사회적 행위자들의 자기조정 네트워크를 강조하며, 위의 모형 중 가장 국정운영의 중심이 사회 쪽으로 이동해 있는 순수 사회중심형 거버넌스모형

◎ J. Newman(2001)의 거버넌스 이론(다섯 가지 모형)

- ◑ 계층제 유형
- ▸ 전통적 정부통치 방식인 관료제적 계층제를 통하여 정책의 결정 및 집행과정을 통제하는 전통적인 거버넌스 유형
- ▸ 법률과 규정이 엄격하며, 집권화와 수직적 통합이 강조되며, 지속성과 질서가 강조됨.
- ◑ 합리적 목표 유형
- ▸ 집권화와 수직적 통합을 지니지만 혁신과 변화를 추구하는 거버넌스 유형
- ▸ 단기적 산출의 극대화를 이룰 수 있으며, 인센티브를 통한 보상 및 처벌이 이루어짐.
- ◑ 개방체제 유형
- ▸ 분권화와 차별화의 네트워크 형태 속에서 혁신과 변화를 추구하는 유형
- ▸ 권력은 철저히 분산되고 분권화되며, 네트워크 거버넌스의 형태 속성을 가짐
- ◑ 자치거버넌스 유형
- ▸ 분권화와 차별화의 네트워크 형태 속에서 지속성과 질서가 강조되는 거버넌스 유형
- ▸ 장기적인 시각에서 관계의 지속적 구축을 지향하며, 시민사회 역할의 강조에 비중을 둠

◎ J. Kooiman(2003)의 거버넌스 이론(다섯 가지 모형)

- ◑ 자치거버넌스

▸ 사회 행위자들 간의 상호작용의 결과로서 사회의 자기조직적 네트워크가 생성된다고 파악하며, 국정운영의 관점에서도 사회적 행위자들 간의 상호작용과 자기 조정능력 중시
▸ 개별 행위자들 각각의 능력보다는 사회 전체적으로 이들 사이에 존재하는 관계네트워크 능력 중시
▫ 협력거버넌스
▸ 정부와 민간의 협력을 토대로 양자 간의 긴밀한 의사소통 능력을 강조
▸ 정부와 민간의 상호존중 원리에 기초한 관민 협력관리 중시
▫ 계층제거버넌스
▸ 국가관료제중심의 계층제를 토대로 한 거버넌스적 국정운영 강조
▸ 정부는 명령과 통솔에 기초한 거버넌스 능력을 강화

◎ 뉴거버넌스의 특징
▸ 외부 이해당사자들의 조직적 네트워크에 의존하는 정책추진모델임.
▸ 공-사 구분이 모호해지면서 양 부문 사이의 공조에 의한 정책집행과 공공서비스 전달로 진화하고, 정책네트워크에 참여하는 이해관계자들의 협상과 설득이 주요 정책결정 스타일로 부가되는 정책추진모델임.
▸ 외부 네트워크 관계자들의 참여와 책임을 공유하도록 하는 역량화기술이 요구되는 정책추진모델임.

◎ 주요 개념과의 비교
▫ 국가중심적 거버넌스
▸ 계층제중심의 거버넌스
▫ 신공공관리론
▸ 계층제중심의 운영에 관리주의적 기법과 시장주의적 요소를 도입
▫ 뉴거버넌스
▸ 계층제중심의 수직적 모형보다는 네트워트중심의 수평적 모형 강조
▸ 시장 및 시민사회와의 신뢰와 협동에 기초한 보다 많은 참여와 조정, 연결 및 네트워크를 강조하는 개념

◎ 뉴거버넌스의 이론적 시사점
▸ 시장주의에 입각한 경쟁보다는 신뢰를 기반으로 조정과 협력 강조
▸ 국가의 역할을 부정하기보다는 민간의 힘을 동원하고, 공동체 구성원들의 적극적 참여에 의한 공적 문제해결을 중시함.
▸ 시민주의에 바탕을 두고 덕성을 지닌 '시민'을 국정의 파트너로 봄.
▸ 담론이론 등을 바탕으로 한 다양한 구성원의 참여를 중시하므로 행정의 정치성(일원론)을 중시

◎ 신제도주의의 개관
▫ 인간의 행위와 사회적 현상을 설명하는 이론적 틀
▸ 사회현상에 대한 인과관계를 밝히려 노력하되,
▸ 행태주의에서 강조하는 원자적 설명에 대해 의문을 제기하며, 또한 구제도주의가 따르는 법적, 기술적, 정태적 접근방식에 반대함.

◘ 사회과학현상을 설명하는 분석변수로서 제도를 중시함.

◘ 행태주의의 가정에 의문을 제기

▸ 선호체계에 따른 행위결과는 역사와 장소의 맥락에 따라 달리 나타날 수 있음.

◎ 신제도주의에서의 제도의 공통적 특징

▸ 제도들 간의 동태적 역동성을 분석대상으로 함(역사적 신제도주의)

▸ 개인의 규범뿐만 아니라 인지과정에서 당연한 것으로 받아들이는 규칙, 습관, 일상적 처리과정(SOP)까지도 제도로서 분석함(사회적 신제도주의)

▸ 제도란, 사회의 구조화된 어떤 측면을 의미하며, 정책현상을 설명할 때에는 이런 구조화된 설명변수를 동태적으로 도입할 필요가 있음.

▸ 제도는 개인행위를 제약하며 제도적 맥락하에서 이루어지는 개인행위는 규칙성을 띰.

▸ 제도가 개인행위를 제약하지만, 개인 간 상호작용의 결과로 제도가 변화할 수 있음.

▸ 제도는 규칙, 법률 등 공식적인 측면을 지닐 수도 있고, 규범, 관습 등의 비공식적 측면을 지닐 수도 있으며, 더 나아가 개인의 인지과정에서 받아들이는 규칙, 습관, 업무처리과정(SOP)까지도 포함함.

◎ 신제도주의의 이론적 유형

▸ 합리적 선택 신제도주의

▸ 사회학적 신제도주의

▸ 역사적 신제도주의

◎ 합리적 선택 신제도주의

◘ 공통적 논의

▸ 완전한 합리성을 가진 행위자에 대한 가정 대신, 좀 더 현실적이고 포괄적인 개념의 행위자 상정

▸ 경제적 행위의 조화는 다양한 제도적 구조의 영향을 받는다고 인식함.

◘ 경제학에서 합리적 선택 신제도주의의 주요 논의

▸ 제도적 제약이나 제도적 유형이 개인의 선택에 미치는 영향에 대한 중요성 인식

▸ 주요학자: Coase, Williamson, Ostrom 등

◘ 정치학에서 합리적 선택 신제도주의의 주요 논의

▸ 주로 의회제도에 대한 연구에서 많이 활용

▸ 주요학자: Shepsle 등

◎ 사회학적 신제도주의

◘ 이론적 배경

▸ 조직의 구조와 제도 그리고 절차는 경제학적 의미의 수단-목표의 효율성보다는 문화적 상황에서의 정당성에 의해 채택된다고 인식

▸ 인간의 경제적 합리성보다는 인간의 인지적 과정에서 발생되는 제도 및 규범의 제약이 인간 및 조직의 결정에 중요한 변수로서 작용함.

◘ 주요 논의

▸ 제도의 배태성: 개인의 행위는 고립된 상태에서 선택되는 것이 아니라, 사회적 관계에 의하여 영향을 받으며, 사회적 관계 속에서 지속적으로 맥락지어짐.

▸ 제도화의 논리

: 사회적 정당성

: 제도적 동형화

◎ 역사적 신제도주의

◘ 이론적 배경

▸ 국가적 행위와 구조적 맥락의 상호작용에 초점을 맞춤.

▸ 정치경제적 제도가 집단행위를 구조화하고, 이러한 행위와 구조적 맥락의 상호작용 속에서 특정한 정책결과가 발생함.

▸ 역사적 인과관계, 경로의존성, 역사적 과정 강조

◘ 주요 내용

▸ 제도적 환경과 맥락 강조

▸ 제도의 경로의존성 강조

▸ 제도의 급격한 변화에 대한 설명

◎ 신제도주의의 정책학적 함의

◘ 합리적 선택 신제도주의

▸ 정책: 행위자들이 제도 내에서 상호작용한 결과 발생하는 산물이며, 정책연구는 행위자들의 상호작용 과정을 연구하는 것임.

▸ 개별 행위자들의 상호작용 과정의 원인과 과정을 분석하고 설명하는데 도움

◘ 역사적 신제도주의

▸ 정책: 제도적 틀의 산물

▸ 역사적 신제도주의에서는 권력관계의 불균형성과 경로의존성이 중요한 분석변수가 되며, 동일한 제도적 구조를 갖고 집행된 정책이 각기 다른 상황에서 다른 결과를 양산하게 되는 이유를 설명하는 데 많은 도움을 줄 수 있을 것임.

◘ 사회학적 신제도주의:

▸ 사회학적 신제도주의에서는 주로 환경과 조직의 관계를 설명하는 데 초점을 맞추는데, 특히 규범과 제도가 조직에 미치는 영향을 중요시함. 이 과정에서 제도채택과 사회적 정당성(legitimacy), 제도유지와 조직의 배태성(embeddedness)이 중요한 분석변수로서 등장함.

▸ 제도존속의 과정에 있어서 같은 조직의 장(fields) 안에서 조직단위들 간에 닮아가는 제약적인 과정(constraining process)으로서의 과정이 정책이 한 조직에 채택되고 존속되어가는 과정을 설명하는 데 도움을 줌.

◎ 전자정부의 개념

◘ 효율성 차원

▸ 국민의 편의를 극대화하는 정부

▸ 종이 없는 사무실

▸ 깨끗하고 투명한 정부

▸ 지식관리시스템에 의해 과학적이고 체계적인 정책결정능력을 뒷받침하는 정부

◘ 민주성 차원

▸ 정부 외부와의 인터페이스 관점에서, 정부-국민 간의 정부권력의 전통적 관계를 민주적으로 복원시켜 전자민주주의를 실현하는 정부

◘ 성찰성 차원

▸ 수직적, 수평적 의미의 열려 있는 의사소통을 활성화시킬 수 있는 정보공간의 정책수단을 통해, 담론형성 기능을 통해 진정한 의미의 신뢰 사회와 성숙한 사회를 실현하는 사회공동체 구현 수단으로서의 정부

◎ 전자정부의 핵심요소

◘ 효율성: 정부 내부의 효율성 극대화

▸ 전자정부의 추진주체와 강력한 리더십

▸ 전자정부와 정부혁신의 연계

▸ 조직재설계

▸ 정보공유의 마인드

▸ 학습과의 연계

◘ 민주성: 정부 외부와의 인터페이스

▸ 고객중심 정부

▸ 전자민주주의

◘ 성찰성: 성찰하는 전자정부

◎ 미래예측의 개념

▸ 미래의 상황을 과학적으로 예측하고 일련의 전략을 제시하는 가치창조적 행위

◎ 미래예측의 요소

▸ 예측추정

▸ 참여형 방식

▸ 네트워크 형성

▸ 전략적 비전

▸ 행동지향

◎ 미래예측의 핵심명제

▸ 미래는 예상하는 것이 아니다.

▸ 미래란 하나의 단선적 세계가 아닌 다양한 가능성을 내포하는 복수의 영역으로 구성되어 있다.
▸ 미래예측은 '미래의 이미지' 혹은 '미래의 생각'에 관한 연구를 중시한다.
▸ 미래연구의 핵심은 대안적 미래를 탐색하고 창조해 나가는 것이다.
▸ 미래연구는 미래에 대한 전략적 구상을 바탕으로 국정운영시스템과의 유기적 연계 및 추진체계를 중시한다.

◎ 미래예측의 연구방법

◨ 이슈의 확인
▸ 환경스캐닝
▸ 이슈서베이
▸ SWOT 분석
◨ 통계적 분석
▸ 회귀분석
▸ 시뮬레이션
▸ AHP 기법
▸ Bayesian 모형
▸ 형태분석기법
▸ 전문가 판단
: 브레인스토밍
: 전문가 패널
: 시나리오 기법
: 정책델파이
: 교차영향분석 기법
: 통찰적 예측
: 실현성 예측
▸ 우선순위 선정
: 핵심기술 우선순위 선정
: 우선순위 로드맵 기법

Chapter 12

핵심 Question!

Policy Theory

◎ 국가혁신의 개념을 설명하라.

◎ 국가혁신의 목적을 생산성, 민주성, 성찰성 차원에서 설명하라.

◎ 거버넌스의 개념을 다양한 측면에서 설명하라.

◎ 거버넌스가 가지는 정책적 과제는 무엇인가.

◎ G. Peters(1995)의 거버넌스 유형을 설명하라.

◎ G. Peters & J. Pierre(2005)의 거버넌스 유형을 설명하라.

◎ J. Newman(2001)의 거버넌스 유형을 설명하라.

◎ J. Kooiman(2003)의 거버넌스 유형을 설명하라.

◎ 뉴거버넌스 패러다임이 전통적인 행정모델 및 신공공관리와 구별되는 특징은 무엇인가.

◎ 주요개념(국가중심적 거버넌스, 신공공관리론, 뉴거버넌스)을 비교하라.

◎ 거버넌스이론이 정책연구에 미치는 영향에 대해 설명하라.

◎ 신제도주의에서의 "제도"의 공통적 특성을 설명하라.

◎ 합리적 선택 신제도주의의 이론적 배경과 주요 내용에 대하여 설명하라.

◎ 사회학적 신제도주의의 이론적 배경과 주요 내용에 대하여 설명하라.

◎ 역사적 신제도주의의 이론적 배경과 주요 내용에 대하여 설명하라.

◎ 전자정부를 효율성 - 민주성 - 성찰성 차원으로 나누어 설명하고, 각 차원에 해당하는 사례를 제시하라.

◎ 전자정부의 핵심요소를 설명하라.

◎ 미래예측의 개념은 무엇인가.

◎ 미래예측의 핵심명제는 무엇이 있는가.

◎ 미래예측 연구방법을 설명하라

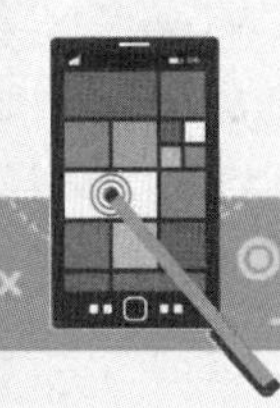

정책학 출제 최신경향 & 기출문제

CHAPTER 12 출제 최신경향

제12장에서는 현대정책학의 제도요소에 대해 다루고 있다.

현대사회의 시대적인 흐름에 따라 국정운영의 체제와 양식 역시 변화하고 있으며, 이에 따라 국정관리 거버넌스 차원에서도 국가혁신이론, 거버넌스이론, 신제도주의, 전자정부이론 등이 매우 중요하게 대두되고 있다.

그러므로 본 장을 학습하는데 유의할 점은 시대적 변화에 따라 새로운 패러다임으로 대두되고 있는 현대정책이론의 구성요소인 국가혁신이론, 거버넌스이론, 신제도주의, 전자정부이론 등을 토대로 현대정책이론이 지향해야 할 특성과 방향성에 대해 잘 고찰해 봐야 한다는 점이다.

최근 출제경향을 살펴보면 정책과정에서 나타날 수 있는 여러 문제들을 네트워크와 거버넌스와 같은 현대정책이론을 통해 설명하는 문제들과 함께, 시장실패와 정부실패를 근거로 거버넌스를 통한 정부개입의 정당성을 기술해 주길 요구하는 문제들이 출제되고 있다.

구체적으로 출제문제를 좀 더 살펴보면 다음과 같다.

먼저, 거버넌스에 관한 문제이다. 기존 정책집행 연구인 전통적인 관료제를 통한 하향식 접근방법에 대한 비판이 고조되면서 다양한 이해관계자들의 참여와 관리 문제가 중요하게 대두되고 있다. 이에 따라 성공적 정책집행을 위한 거버넌스의 필요성 및 구현방안을 묻는 문제들이 출제되고 있다. 좀 더 구체적으로는 정책의 역사적 전개의 관점에서 현대 정책운영의 방향성 및 거버넌스의 필요성, 시민참여 및 정책네트워크 모형과의 연계, 비계층적 구조하에서의 정책집행 등이 다양하게 출제되고 있다.

둘째, 정책학 파트에서 전자정부에 관한 출제는 찾기 힘들다. 그 이유는 정보체계론이라는 또 다른 선택과목이 있기 때문이라고 볼 수 있다. 그러나 전자정부는 정책학에 있어서 관료제모형의 대안으로 제시된 현대적 의미의 정책결정 메커니즘으로서의 의의를 가진다. 구체적으로, 정부 내부의 문제해결능력과 정책결정 역량을 제고시키며, 효율성과 생산성을 증가시키고, 다양한 이해관계자들이 참여할 수 있는 공론의 장을 제공해준다. 이처럼 전자정부가 정책학에서 가지는 비중이 결코 적지 않으므로 이에 대한 학습도 매우 중요하다고 하겠다. 예컨대, 정책실패의 원인 및 해결방안을 서술함에 있어서도 정부 부처 간 갈등조정 방안, 빅데이터를 활용한 미래예측 및 사회문제 해결 가능성 제고 등의 관점에서 전자정부의 활용을 매우 중요한 정책수단으로 제시할 수 있을 것이다.

셋째, 국가혁신이론의 제도적 요소로서 미래예측은 정책대안의 결과예측방법으로서 분석방법과 관련하여 중요하다. 기출문제로는 미래예측을 위한 델파이 기법 등에 대해서 묻는 문제가 출제된 적이 있으므로 미래예측기법들에 대해서도 정리해 두는 것이 바람직할 것이다.

이처럼 현대정책학의 제도적 요소에 대한 설명과 답안을 작성할 때 견지해야 할 중요한 논점은, 현대사회 정책현상 및 문제의 복잡성·동태성·다양성에 대응할 수 있는 능력을 배양하기 위해 다양한 현대적 기법과 제도들을 연구하는 것이 필요하다는 점이다. 이는 결국 정책지향성(*policy orientation*)의 배양을 통해 민주주의 정책학의 완성 및 정책학이 지향하는 인간의 존엄성 실현에 한걸음 더 다가갈 수 있게 해 줄 것이다. 이러한 논점도 본 장을 공부할 때 함께 정리해 두면 더 완성도 높은 답안 작성에 많은 도움을 줄 수 있을 것이다.

고시기출문제 다음 글을 읽고 물음에 답하시오[2017년 행시].

> 최근 경향을 보면, 정책환경의 불확실성이 높아지고 복잡성이 가속화되고 있는 것이 현실이다. 구체적으로 보면, 기후변화 등 불확실성(Uncertainty)의 증가로 미래에 어떤 일이 어떻게 발생할지 알기가 더욱 어려워졌다. 또한 인공지능, 빅데이터 등 급속한 기술발전과 융합으로 묘사되는 4차 산업혁명의 도래는 정책환경의 복잡성(Complecity)을 증가시키고 있다. 이는 정책문제를 해결하는데 고려해야 할 변수들 간의 관계가 매우 다양하고 많아졌다는 것을 의미한다.

2) 정책환경의 복잡성에 효과적으로 대처하기 위한 거버넌스 모형을 제안하고, 그 근거를 제시하시오. (10점)

답안작성요령 1-2

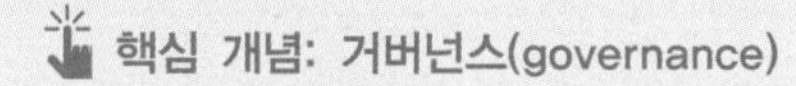

핵심 개념: 거버넌스(governance)

1) 거버넌스의 배경: 거버넌스는 세계화와 정보화가 급속하게 진행되는 과정에 등장하게 된 새로운 사회과학 분야의 이론적 개념으로서, 기존의 국민국가중심의 통치체제의 약화, 즉 국가중심의 통치 능력은 약화되는 반면, 통치 요구는 양적·질적으로 높아지는 상황 속에서 나타났다(Kooiman, 1993).

2) 거버넌스의 개념: 거버넌스는 "사회체계의 대등한 관계에서의 조정"을 전제로 하고 있으며, 기존의 통치(*governing*)나 정부(*government*)를 대체하는 것으로 등장하고, 그 개념도 점차 확대되는 과정에 있다.

첫째, 협의의 거버넌스 개념은 인사나 예산 및 조직관리에 있어 권한위임, 분권화, 재량권 확대, 민간기법의 도입 등을 통해 행정내부의 변화로 보고 있다.

둘째, 보다 광의의 거버넌스 개념은 시장주의 또는 신제도주의 경제학의 경쟁원리와 고객주의를 공공부문에 도입하여, 민간에게 많은 서비스 공급을 맡기고, 정부는 신제도주의 경제학적 유인책을 이용하여 방향잡기(*steering*)에 주력하는 것을 의미한다.

셋째, 최광의 거버넌스는 협의와 광의의 개념에 시장주의와 참여주의를 합친 것으로, 그 주요 내용은 방향잡기, 경쟁도입, 미션(*mission*) 강조, 성과연계 예산, 고객중심, 수익 창출, 예측과 예방, 참여와 팀워크, 협의와 네트워크 형성 및 시장 메커니즘 등이다. 즉, 정부의 내부 운영체계 및 시장-시민사회와의 연계방식이 변화하였음을 의미한다.

3) 행정과 거버넌스: 현대사회의 복잡성은 전통적인 국가(정부), 시장(기업), 시민사회(NGO)라는 3분법의 경계가 점차 희석화되고, 각 부문의 독자적 기능과 역할이 강조되기보다 상호 간의 협력과 경쟁을 강조하면서 새로운 대안들을 모색하는 노력이 진행되고 있다. 이러한 노력의 일환으로 1990년대 이후 본격 등장한 거버넌스는 행정의 민주성을 주장한다.

4) 거버넌스의 유형

기존 분류		최근 분류		비고
운영주체(Key actors)		운영방식(Modes of Governance)		
기존 연구		Guy Peters & Jon Pierre(2006)	Jan Kooiman(2003)	
국가	국가중심	• 국가통제모형 Etatiste Model	• 계층제 거버넌스 Hierarchical-Governance	• 전통적 거버넌스 Traditional Governance
사회	시장 및 시민사회 중심	• 자유민주주의모형 Liberal-democratic Model • 국가중심조합주의모형 State-centric Dutch Governance Model • 사회중심조합주의모형 Societal-centric Dutch Governance Model	• 협력 거버넌스 Co-Governance	• NPM적 거버넌스 NPM Governance - 공-사, 민-관 협력 강조 - 협업 강조
네트워크		• 자기조정네트워크모형 Governance without Government Model	• 자치 거버넌스 Self-Govenmance	• 뉴거버넌스 New Governance - 자율적 네트워크 (참여, 연결, 조정) - 다양한 행위자(신뢰, 협동)

자료: 권기헌(2014). 정책학강의. 446쪽 인용.

문제의 적용: 뉴거버넌스(new governance)

뉴거버넌스는 계층제중심의 명령, 통제에 기초한 '소수 관료의 지배'에 의한 조정방식도 아니고, 시장중심의 가격이나 경쟁에 기초한 '보이지 않는 손'에 의한 조정방식도 아닌, 신뢰와 협동에 기초한 참여와 네트워크에 의한 조정과 문제해결 방식을 강조하는 개념이다. 즉, 뉴거버넌스는 G. Peters & J. Pierre(2005), J. Newman(2001), Kooiman (2003) 등의 표현을 빌리자면, 시장과 시민사회의 보다 많은 협력과 조정, 타협과 연결을 강조하며, 계층제를 강조하는 계층제 거버넌스 및 공사협력을 강조하는 협력거버넌스와 대비하여, 다양한 행위자들 간의 신뢰와 협동을 바탕으로 참여와 네트워크에 기초한 문제해결 방식을 강조하는 자치거버넌스 혹은 네트워크거버넌스의 의미로 접근하고 있다.

따라서 불확실성(Uncertainty) 및 근본문제(*mega-problem*)에 대한 해결을 위해서는 정부 혹은 일부 부문이 중심을 이룬 조정방식이 아닌 보다 많은 협력과 조정, 타협과 네트워크적 연계가 필요할 것으로 판단된다.

고득점 핵심 포인트

본 문제는 현대 사회는 기후변화 등 불확실성(Uncertainty)의 증가, 특히 인공지능, 4차산업혁명 등 급속한 기술발전과 융합시대의 도래는 정책환경의 복잡성(Complexity)을 증가시키고 있음을 지적하며, 이러한 사회문제의 복합구조의 인과관계를 해결하기 위해서는 과거의 행정패러다임에서 나아가 거버넌스로의 패러다임 전환이 필요함을 말하고 있다.

본 문제의 고득점을 위해서는 거버넌스의 개념(협의-광의-최광의) 및 현대사회에 도처한 '근본 문제(*mega prob-*

lem)' 해결을 위해서는 왜 거버넌스로의 패러다임 전환이 필요한지에 대해 서술하여야 한다. 특히 본 문제에서의 핵심 질문과 같이 각 거버넌스 모형의 주장자와 특징을 비교하여 구체적으로 서술하고, 불확실성이 높은 상황에서의 거버넌스 모형(뉴거버넌스)을 제시할 필요가 있다.

고시기출문제 최근 정부의 교육정책들이 잇달아 실패하고 있다는 여론이 비등하고 있다. '교육(education) 서비스'의 특성을 시장실패이론의 관점에서 논의하여 정부개입의 정당성을 확인한 후, 보다 나은 교육서비스를 공급하기 위한 적절한 방안을 거버넌스(governance) 이론을 활용하여 제시하시오[2002년 행시].

답안작성요령

핵심 개념

본 문제는 결론적으로 교육서비스에서 나타날 수 있는 시장실패요인을 확인한 후, 이를 해결하는 방안으로서 정부개입이 논의되어야 한다. 이때 시장의 실패에서 나타나는 특성을 교육서비스와 연계시켜 나타내야 한다. 즉, 교육서비스가 태생적으로 가지고 있는 특성으로 인하여 정부개입이 필요한 것이며, 따라서 최근 교육정책의 잇따른 실패에도 불구하고 계속해서 정부가 개입하여 더 나은 교육정책으로 나아갈 수 있는 방안을 거버넌스(*governance*)이론을 활용하여 모색해야 한다.

시장실패요인과 정부의 역할

경제학자들은 완전경쟁시장을 가장 이상적인 시장으로 보고 있다. 하지만 현실적으로 이러한 완전경쟁시장은 불가능하며, 이에 따라 시장실패가 나타난다. 불완전한 경쟁, 독점, 공공재의 공급, 외부효과 등의 시장실패요인으로 인해 시장에서는 최적의 생산과 교환의 효율성을 달성하지 못하게 된다.

특히 공공재는 소비에서 비경합성(*non−excludability*)과 비배제성(*non−rivalry*)으로 인해 '무임승차(*free riding*)' 현상이 발생하며, 외부성(*externality*)으로 인하여 사적 비용과 사회적 비용 간의 괴리가 발생하여 사회적으로 최적의 생산량을 달성하지 못한다. 또한 불완전한 경쟁으로 인하여 경쟁자의 강제 퇴출 혹은 집중화 현상이 발생하기도 하며, 공정한 분배를 달성하지 못하는 문제도 발생한다.

이에 따라 시장실패를 시정하기 위한 정부개입의 유효성에 대한 이론적 논쟁은 사실상 종식된 상태며, 시장실패로 인한 경제 및 사회분야로의 정부개입은 불가피한 것으로 인식되고 있다(이무영, 2011: 59).

교육서비스와 시장실패

여기에서는 교육서비스의 특성을 시장실패의 관점에서 기술해주고 정부개입이 왜 필요한지를 논리적으로 설명해 주어야 한다. 예컨대 다음과 같은 논리이다.

- 특성 (1) 준공공재 및 외부효과의 발생

교육서비스는 엄밀히 말하여 순수 공공재는 아니지만, 긍정적 외부효과를 가져오기 때문에 순수한 사유재로도 볼 수 없다. 즉, 교육서비스는 타인에게 편익을 제공하는 등 외부편익(*external benefit*)이 발생하기 때문에 사회적 최적 수준보다 미달되게 제공될 수밖에 없다. 시장에게 교육서비스를 맡길 경우 교육서비스를 필요로 하는 수요자보다 더 적게 제공하려는 경향이 존재하게 된다(외부편익은 그들의 영리적 생산함수에 반영되지 않으므로). 특정 제공자가 교육서비스를 독점하거나 혹은 경쟁 제공자가 교육서비스 시장으로부터 강제로 퇴출되는 경우도 발생할 수 있다.

• 특성 (2) 인적자본으로서의 특수성

또한 교육서비스는 인간 개인의 지적 욕구 충족이라는 개인적 차원의 욕구뿐만 아니라, 교육을 통하여 노동자의 노동의 질을 향상시켜 노동 생산성을 높이고 이는 나아가 국가경쟁력을 향상시킬 수 있다는 인적 자본에 대한 투자로서의 특성을 지니기 때문에 어느 적정 수준까지는 차별 없이 제공되어야 한다. 하지만 시장은 가격의 논리에 따라 작동되기 때문에 불공평한 분배가 발생되기도 한다.

정부실패와 거버넌스

그러나 시장이 실패한다고 하여 정부가 개입하면 반드시 시장보다 더 나은 결과가 이루어진다는 보장이 없으며, 그 사례 또한 다양하게 제시되었다. 이를 Wolf는 비시장실패 이론으로 제시하기도 하였다. 즉, 시장수요와 시장공급의 왜곡이 시장실패를 초래하듯이 비시장수요와 비시장공급의 왜곡은 비시장실패를 초래한다는 것이다(지승우, 1999). 즉, 정부실패(*government failure*)의 문제이다.

이러한 시장실패, 정부실패의 논의는 거버넌스 이론의 발달로 이어지는 계기가 되었다.

즉, '더 작은 정부, 더 많은 거버넌스'(Cleveland, 1792), '정부 없는 거버넌스'(Reters, 1998), 'Government에서 Governance로'의 구호 등이 나타났다. 이는 기존 국민국가중심의 통치체제의 약화라는 배경에 깔려져 있다. 국가(정부) 중심의 통치능력은 약화되고, 통치요구는 높아지는 상황에서, 새로운 개념으로서 나타난 것이 거버넌스라고 이해할 수 있겠다(Kooiman, 1993).

시장이나 정부의 독단적 역할보다는 정부-시장-시민사회의 신뢰와 협력을 토대로 한 문제해결이 필요하게 되었기 때문이다. 예컨대, 본 문제의 경우에서도 교육서비스의 공급을 시장(학원)에만 맡길 게 아니라(시장실패), 그렇다고 무작정 정부가 개입하여 시장을 규제하려 할 게 아니라(정부실패), 정부는 시장에 대한 정확한 이해를 토대로 시장과의 협력을 통해 문제를 풀어나가려는 협력적 거버넌스가 필요할 것이다.

고득점 핵심 포인트

본 문제는 교육서비스를 매개로 하여 시장실패-정부실패-거버넌스까지 아우르는 문제로서 행정학/정책학 전반의 흐름에 대한 이해를 요하는 문제이다. 특히 교육서비스의 특성을 시장실패 발생요인과 연계시킴으로써 정부의 개입의 정당성을 확인하면서도, 다른 한편 정부에게 반드시 일임하는 것은 위험하다는 점을 논리적으로 설명하면서 자연스럽게 거버넌스(*governance*)이론을 통한 문제해결의 유용성을 강조해 주어야 한다(본서 제12장 현대정책학의 제도요소 참조 바람).

현대정책학의 이론모형[1]

제13장에서는 현대정책학의 이론모형에 대해서 학습한다. 현대정책모형 및 최신기법들을 살펴보고 그들이 적용되는 사례와 분석기법들을 함께 고찰함으로써 정책학의 실사구시(實事求是)적 접근 가능성을 제고하고자 한다. P. Sabatier의 ACF(정책지지연합)모형과 J. Kingdon의 PS(정책흐름)모형의 연장선상에서 Birkland의 정책학습모형과 Zahariadis의 MS(다중흐름)모형 등에 대한 이해와 함께 E. Ostrom의 IAD(제도분석틀)모형에 대해서 검토한다. 더 나아가 복잡계모형, 사회구성모형, 성찰정책모형에 대해서도 탐구하고자 하며, 최신 분석기법에 해당하는 SNA(Social Network Analysis)모형, 근거이론모형, Q분석모형, 미래예측모형에 대해서도 함께 고찰하고자 한다. 마지막으로 4차 산업혁명 시대의 정부모형에 대해서 학습한다.

1 본 장에서 논의되는 정책학모형에 대해서는 필자의 졸저, 행정학강의(박영사, 2013)와 정책분석론(박영사, 2010)을 토대로 일부 수정인용된 것임을 밝힌다.

제 1 절 Ostrom의 IAD모형

1. 개념 및 특징

합리적 선택 신제도주의는 인간의 행위와 사회적 현상을 제도주의적 관점에서 설명하는 이론이다. 이러한 합리적 신제도주의의 분석모형으로 IAD모형이 사용된다. IAD(Institutional Analysis & Development)모형은 엘리노 오스트롬(E. Ostrom)의 2005년 저서 『제도적 다양성 이해(Understanding Institutional Diversity)』를 통해 제시되었다.

제도분석틀(IAD)은 공유자원(*public resource*)에 관한 연구에서 여러 학자들에 의하여 30년이 넘는 기간 동안 다양한 연구 분야에서 응용 및 사용되면서 핵심적인 이론의 틀로써 발전하였다. 이 분석틀은 정치, 경제, 인류, 지리, 법, 사회심리학 분야에서 제도가 행위자가 직면한 제도와 그 결과에 어떻게 영향을 미치는지를 분석하는 데 필요한 통합적 분석틀을 제공하며(Kiser & Ostrom, 1982), 그에 대한 공헌으로서 오스트롬은 2009년 노벨경제학상을 수상한 바 있다.

Ostrom(2006; 3)은 제도가 인간의 일상생활에서 반복적·체계적 상호작용을 조직화하려는 하나의 처방이라고 강조하였다. 이러한 의미에서 현실적이고 구체적인 인간행태를 살펴보기 위해 주변의 제도적 환경을 포함하여 행위에 영향을 미치는 행동의 장(場)에 대한 구조화된 상황을 제시할 필요가 있다고 할 수 있다. 즉, 제도적 분석은 다양한 종류의 제도들을 개선시키는 데 많은 관심이 집중되어 있다는 점에서 현실적합성이 있고, 효율성을 높이는 제도설계(Institutional Design)에 대한 진화적인 관점을 중시한다. 따라서 제도분석틀은 사회 현상을 좀 더 정확하게 이해하고, 구체적인 해결책을 찾을 수 있다는 것이 가장 큰 장점이다(Ostrom, 1990; Gellar, Oakerson, and Wynne, 1990).

IAD모형과 앞서 살펴본 ACF모형을 비교·분석해 보는 것도 유익하리라 생각된다. 정책변동모형에서 살펴보았듯이, ACF(Advocacy Coalition Framework: 정책지지연합모형)는 기존의 정책과정연구의 한계를 보완하기 위해 Sabatier와 Jenkins-Smith(1988)에 의해 만들어진 모형이다. 기존의 정책과정모형이 인과관계를 반영한 모형이 아니라는 비판과 정책과정 전반에 걸쳐서 일어나는 정책학습에 대한 고려가 미흡하다는 지적을 토대로 ACF는 우리 사회에서 다양하게 발생하는 정책갈등의 양대 진영 간 정책경합과정을 입체적 수준에서 분석하는 틀을 제공한다는 특색이 있다. 선형적 정책순환의 단계를 통합하고, 정부하위체제 내부에서 경합하는 신념과 자원의 대립양상을 분석할 수 있도록 도와준다(Jenkins-Smith and Sabatier, 1993; Elliott and Schlaepfer, 2001; Weible, 2005).

IAD모형과 ACF모형은 둘 다 의제설정, 정책결정, 정책집행, 정책평가로 이어지는 정책의 선형적 진행에 대해 의문을 제시하지만, 정책과정의 선형적 진행에 대해 의견을 달리 한다. 먼저 IAD모형의 경우는 의사결정의 물리적 속성, 공동체 속성, 규칙적 속성을 분석하며, 운영적(*operational*) 차원, 집합적(*collective*) 차원, 헌법적(*constitutional*) 차원[2]을 입체적으로 분석하는 다층적 거버넌스(*multi-level governance*) 접근을 취한다. 이에 반해 ACF모형은 각 단계별로 발생하는 행위자 혹은 행위 진영의 신념과 자원을 중요하게 분석하며, 이들이 10년 이상 장기간에 걸쳐 벌이는 정책대립의 양상구조에 주목한다. 또한 외부역동적 변수, 외부안정적 변수, 내부의 신념체계와 정책학습이라는 요소들을 통해 입체적으로 분석한다.

IAD모형의 경우에는 진영 간 대립이라는 분석의 틀보다는 행위의 장(場)에서 발생하는 개인의 의사결정에 영향을 미치는 세 가지 속성들을 분석변수로서 제시했다는 점을 주목할 필요가 있다. 그러나 이러한 양모형 간 설명방식의 차이에도 불구하고, 이들은 정책의 설명력을 제고하는 데 경합적으로 검증되는 도구/모형으로 활용되고 있으며, 앞으로도 사회과학의 발전에 많은 도움을 줄 것으로 판단된다.

2. 방법 및 절차

IAD 모형의 기본적인 구조는 다음과 같다.

Ostrom이 제시하는 제도분석틀의 구성요소는 크게 외부적 요인에 의한 변수(Exogenous Variables), 행위의 장(Action Arena), 상호작용(Interaction), 평가기준(Evaluative Criteria)으로 구성된다.

사회현상에 관련되는 여러 가지 생물물리적/물리적 특성(*biophysical attributes*), 공동체 특성(*community attributes*), 규칙적 특성(*rules/institutions*) 등 이 세 가지 주요 변수들이 행위의 장(*action arena*)에 영향을 주고, 끊임없는 상호작용을 통해 개인들의 의사결정 결과(*outcome*)에 영향을 미친다(Ostrom, 2005).

그리고 이러한 의사결정 결과에 대한 평가기준(*evaluative criteria*)은 상호활동과 결과의 패턴을 설명함으로써 그 시스템의 실행을 판단하며, 그 결과들은 다시 개인들과 행위상황으로 피드백되어 세 가지 외부적 요인에 의한 변수의 일부에 영향을 준다.

여기서 생물물리적/물리적 특성이란 사회 현상과 관련된 여러 자연적 조건을 의미한다. 즉, 개인들의 상호작용의 재화나 서비스(*goods*)의 조건으로 공공재, 공유재, 사적재, 요금재가 포함되며,

---

2 Ostrom(1990; 109)이 제시한 바는 다음과 같다. 첫째, 실행규칙 운영수준으로 일상적으로 이루어지는 개인들의 상호작용의 현상이 발생하는 수준, 둘째, 운영수준에 영향을 미치는 규칙을 제정하고 공식적인 정책으로 나타나 활동에 영향을 미치는 수준, 셋째, 헌법선택수준은 집단선택수준에서 행위자들의 권한과 자격에 대한 보다 근본적인 규칙을 제정하는 수준을 의미한다. 따라서 사람들의 선택과 행동이 이루어지는 수준별로 이들 세 수준의 규칙들과 관련된 분석의 차원을 고려할 수 있다.

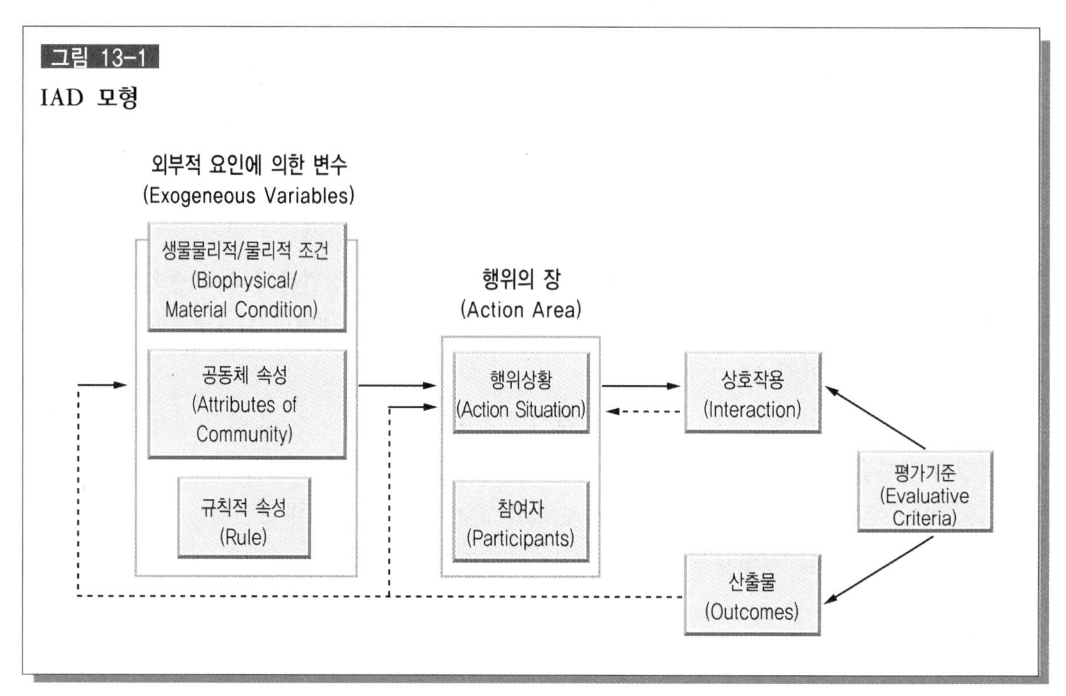

그림 13-1
IAD 모형

출처: Elinor Ostrom, 2005: 15; Ostrom, Gardner, and Warker, 1994: 37.

이 재화는 배제성과 경합성을 기준으로 분류된다. 공동체 특성이란 개인 및 집단의 공통된 특성인 규범이나 가치를 의미하며, 공동체에서 허락한 행동가치들, 이해수준, 선호에 있어서 균등의 범위, 공동체의 규모와 구성, 기본적 자산의 불공평한 범위 등이 포함되어 있으며, 특히 문화(*culture*)가 공동체의 공유된 가치에 적용됨을 설명할 수 있다. 규칙적 특성이란 구성원들의 행동을 실제 제약하는 규칙이나 정책을 의미하며, 참여자의 범위, 자격, 권한, 결집절차, 보상함수 등을 규정한다. 행동의 장의 참여자들은 이 세 가지 변수들의 영향을 받아 특정 사안에 대한 결정을 내리게 된다(김경동, 2011: 24; 김관보·이선영, 2010: 269; 김태영·김봉준, 2010: 303).

〈분석기법 활용사례〉 IAD모형: 수자원 지방정부 간 갈등 분석

1. 개요 및 자료

홍성만 등(2004)은 제도분석 틀(IAD)을 활용하여 수자원을 둘러싼 지방정부 간 갈등의 조정과 협력과정을 분석하였다. 분석 틀을 통하여 수자원 이용에서의 갈등 및 분쟁해결에 영향을 미치는 제도적 규칙을 탐색하고 수자원 분쟁의 합리적인 해결방향에 대하여 논하였다. 주요 분석 대상은 용담댐 용수배분을 둘러싸고 대립, 조정, 협력, 합의형성 과정에 참여하였던 직·간접적인 정책참여자의 활동, 관련 법규, 이해당사자의 행동 등이며, 자료수집 방법으로는 주로 기존의 국내외 연구문헌과 관련 당사자들이 작성한 각종 내부자료를 이용하였다.

2. 방법 및 절차

1) 외부적 요인에 의한 변수

① 물리적 특성 및 자원 성격

용담댐 용수배분을 둘러싸고 갈등을 보인, 이 지역의 물리적 조건은 다음과 같다.

첫째, 금강수계로서 유황이 매우 불안정하다.
둘째, 홍수가 발생하는 지역이다.
셋째, 일정한 기득 수리권이 형성되어 있었다.
넷째, 용수수요가 급증하고 그만큼 많은 오염원을 가진 지역이었다.

이와 같은 금강수계의 수자원은 전형적인 공유 자원의 성격을 가지고 있다. 즉, 용담댐 용수이용과 관련해서는 금강수계 수자원의 잠재적 사용자를 이용해서 일방적으로 배제하기가 곤란한 비배제성의 성격과 전북지역 주민의 용수의 사용량이 증가함에 따라 대전·충청권 지역에서 사용할 수 있는 용수의 양이 감소하는 편익감소성이라는 특성을 지닌 것이다.

② 공동체의 특성

용담댐 용수이용을 둘러싸고 나타나는 지역공동체 수준에서의 주요 이해구조를 살펴보면 다음과 같다. 먼저, 직접적인 이해관계를 가진 주요 분쟁당사자로서 전라북도와 대전·충청권 지방자치단체를 들 수 있다. 다음으로 각 지역 현안에 관심을 가지고 이에 적극적으로 참여한 각 지역주민, 지역사회단체 및 NGO들도 간접적인 참여당사자이다. 마지막으로 수질관련 권한과 책임을 가진 환경부와 각 유역의 환경관리청도 간접적인 당사자이며, 용담댐 용수배분과 관련한 행위상황에서 수자원의 이용 설정에 대한 권한을 가진 주체인 건교부와 수자원공사도 수자원의 배분을 실질적으로 집행하는 주체로서 책임을 가진 당사자이다. 주요 이해당사자들의 입장은 다음의 〈표 13-1〉과 같다.

2) 제도적 규칙 분석

수자원 이용을 둘러싸고 벌어진 지방정부 간의 갈등 및 분쟁의 양상을 가장 단순화하면 갈등 및 분쟁의 지속과 갈등 및 분쟁의 해결이라는 양상으로 표현할 수 있다. 헌법적 선택규칙은 전라북도와 대전·충청남북도의 지자체와 같은 분쟁당사자들에게 상호작용의 기반을 제공하였고, 이에 근거한 집합적 선택규칙은 당사자 간의 협력적 상호작용을 유도하였으며, 이를 통한 구체적인 운영규칙의 작동을 통해 분쟁을 해결할 수 있었다.

① 헌법적 선택규칙

용담댐 용수배분의 분쟁상황에 영향을 주는 제도로서의 헌법적 선택규칙은 첫째, 『금강수계로물관리및주민지원등에관한법률』을 들 수 있다. 둘째, 댐 사용권설정 및 댐 관리의 틀을 규정할 수 있는 『댐건설및주변지역지원등에관한법률』을 들 수 있다. 셋째, 금강수계 수자원의 효율적 이용 및 수질개선을 위하여 유역 내 광역자치단체 및 물 관련 기관의 물 관리 업무를 합리적, 체계적으로 협의 조정하도록 하고 있는 『물관리정책조정위원회에관한규정』을 들 수 있다. 넷째, 댐건설 시 의무적으로 수행하도록 규정하고 있는 『환경영향평가법』을 들 수 있다.

표 13-1 용담댐 용수배분 관련 갈등당사자 및 주요 참여자의 입장

주요 참여자	주요 입장	비 고
충청남도	• 전주권의 생·공 용수 공급은 반드시 필요한 수량에 한정할 것 • 전주권 장래 인구추정 및 용수 수요량의 면밀한 재검토가 요구됨 • 기존 수리권을 인정하는 물이용계획이 되어야 함	
충청북도	• 전주권 용수부족문제에 대해 학술적 증명이 필요 • 용담댐 상류 상수원보호구역 지정 등 수질보전대책 • 용수부족이 명확하면 최소의 생활용수에 한하고 대청호 수계 방류량 유지	
대전광역시	• 용수배분 및 인구재조사와 수리권보장 • 댐 하류 방류량 조정(5.4 → 12.4) • 대청호 및 금강수계 수질보전대책 촉구	충남대 환경문제연구소에 용역의뢰
전라북도	• 정부(건교부)의 당초 용수배분계획(91년)은 지켜져야 함 • 용담댐이 존재하는 한 전북권 생·공 용수는 충분히 공급되어야 함	전라북도 애향운동본부 외
대전·충청권 시민단체	• 용담댐 물배분의 합리적 재조정 요구 • 전주권에 필요한 용수에 나머지 수량 대청댐에 방류 • 민관합동조사단 구성 요구	용담댐 물배분을 위한 대전·충남대책 위원회
전라북도 시민단체	• 수질보완 없이는 담수 중지할 것	용담댐 맑은 물담기 도민대책위원회
외부 용역기관	• 2021년 전주인구 과다추정 주장(충남대 환경문제연구소) • 용담댐과 대청댐 연계운영방안연구(대한토목학회) • 용담댐 용수의 합리적 이용 및 재배분연구용역실시(육사 화랑대연구소)	
건교부	• 장래의 전주권 용수수요와 댐지정의 제여건을 고려해 댐규모조정 불가 • 용담댐설계는 대청댐과 연계운영 전제로 용수배분 및 홍수조절계획 • 오염물 처리비용은 원인자 부담원칙에 따라 발생지역에서 부담	
수자원공사	• 국가 주요 사업으로서 용담댐과 대청댐을 연계운영하는 방안 검토 • 용수공급과 관련하여 금강수계위원회 제도적으로 운영	금강수계관리위원회 수질개선기획단

② 집합적 선택규칙

갈등상황에서 분쟁당사자의 행위에 영향을 주는 대표적인 집합적 선택규칙으로서는 "금강수계물관리대책협의회의 운영규정"을 들 수 있다. 협의회의 주요 기능을 보면, 금강수계 물관리 종합대책 및 대규모 개발사업 시 사전 협의, 상·하류 지역 간 물 관련 이해 및 현안문제 협의·조정, 기타 금강수계 수자원이용 및 수질보전에 필요한 사항 협의 등과 같이 유역 내 광역자치단체 및 물 관련기관의 물 관리업무에 대한 협의·조정에 관한 결정의 큰 틀을 규정하고 있다는 점에서 집합적 선택규칙의 성격을 가진다.

③ 운영적 선택규칙

용수이용 갈등상황에서 집합적 선택규칙에 근거하여 구체적으로 그 해결책의 모색을 유도한 운영규칙으로는 첫째, 금강수계 물관리 협의회의 합의를 통해 구성된 "공동조사위원회 구성·운영에 대한 협약서"를 운영규칙의 범주로 파악할 수 있다. 협약서에는 용담댐 및 금강 상·하류 수질보전, 수 환경 및 생태계조사, 용담댐 용수의 합리적인 이용 및 배분에 대한 현장조사와 대책을 상호협의하며 이에 필요한 사업을 공동추진한다는 내용과 이의 운영적 차원의 규칙이 있다. 둘째, "공동조사위원회 운영규정"을 운영규칙으로 파악할 수 있다. 여기에는 용담댐 수몰 지역 내 저장물 처리 및 환경기초시설설치 추진상황 점검과 기타 수질보전 및 상류지역생태계조사를 위한 제반활동, 용담댐 용수의 합리적 이용 및 배분을 위한 조사용역, 금강 상·하류의 수질보전대책을 위한 금강수환경 및 생태계조사 등 실질적으로 수행해야 할 기능들이 명시되어 있다.

3) 조정·중재활동 및 상호작용 패턴

용담댐 용수배분을 둘러싸고 전라북도와 대전·충청지역 간의 분쟁양태는 다음과 같이 정리할 수 있다. 첫째, 초기의 집합적 선택규칙이 형성되기 이전에는 극단적인 대립양상으로 갈등이 전개되었고 이에 따라 비협력적인 행동이 나왔으며 분쟁은 지속되었다. 또한 이러한 행동의 결과는 수질개선기획단이나 감사원과 같은 제3자의 조정 및 중재활동을 낳도록 하였다. 둘째, 헌법적 선택규칙과 이들 기관의 조정 및 중재활동에 따라 집합적 선택규칙이 형성되었고, 이에 따라 분쟁당사자의 행동은 비조건적 협력행동이 나타났으며 이를 통해서 분쟁해결방식의 형식에 합의를 형성할 수 있었다. 그러나 분쟁이 약화되기는 하였지만 여전히 분쟁의 쟁점내용에 대한 합의를 형성하지 못해 분쟁은 지속되었다. 셋째, 집합적 선택규칙에 근거한 지속적인 토론을 통한 운영규칙의 마련과 이의 변화는 핵심적 쟁점사안과 지엽적 쟁점사안을 분리하여 협력하는 등 조건적 협력행동을 낳았다. 또한 이를 통해 쟁점의 내용에 합의를 형성할 수 있었고 결국에는 용담댐 용수배분 분쟁의 종결이라는 결과를 낳았다.

3. 분석결과 및 함의

앞서 제시한 연구의 분석결과 및 함의는 다음과 같다.

첫째, 합의 내용이 조건적 혹은 탄력적일수록 갈등 및 분쟁사안의 수용가능성을 높일 수 있다.

둘째, 분쟁의 해결과정에서 나타나는 합의형성도 분쟁해결의 형식에 대한 합의가 선행되고, 그것이 충족될 때 분쟁쟁점의 내용에 대한 합의가 이루어지는 것과 같이 일정한 단계를 거쳐서 나타날 수 있다.

셋째, 수자원정책 거버넌스가 변화하는 현실에서 IAD모형(제도분석틀)이 갈등 및 분쟁해결과정을 이해함에 유용성이 있음을 확인할 수 있다. 특히 행위의 장에서 이루어지는 물리적 특성, 공동체 특성, 규칙적 속성이 헌법적 차원, 집합적 차원, 운영적 차원의 다차원을 거치면서 분석될 수 있음을 보여주었다.

제 2 절 Birkland의 정책학습모형

1. 개념 및 특징

정책학습은 일반적으로 정책과 관련된 이해관계자들이 정책문제를 지각하고 해석하고 정의하는 과정에서 경험으로부터 학습을 하고, 교훈과 지식을 습득하며, 믿음과 지각을 변화시켜 좀 더 세련된 정책을 산출해 나아가는 과정으로 이해할 수 있다. Birkland의 정책학습모형은 자연재해나 테러 같이 급격하고, 국민들의 관심이 초점이 되는 재난 상황에서 나타나는 정책변동 과정에 대해 설명하는 모형 중 하나이다. Birkland는 정책실패와 정책학습에 대해 재난을 사례로 연구하면서 초점사건(*focusing event*)을 매우 중요하게 다뤘다(Birkland, 2006: 15).

Birkland는 이러한 초점사건들이 현재 시행되고 있는 정책이나 시스템에 대한 문제점을 적나라하게 드러내주기 때문에 정책참여자들의 비상한 관심을 받는다고 주장했다. 특히 정책실패 촉발로 대중과 정책과정참여자들에 의해 관심이 집중된 재난은 사건의 본질과 무관하게 실패가 강조될 수밖에 없으며, 정책변화에 관한 강력한 요구가 유발되어 기존 정책의 수정·보완을 위한 정책학습으로 이어진다고 주장하였다(Birkland, 1997: 137-138).

Birkland는 정책학습을 구체적으로 정의하면서 그의 모형에 도입했다는 점에서도 학술적 기여도를 인정받고 있다. 그는 정책학습의 유형을 수단적 정책학습, 사회적 정책학습, 정치적 정책학습 등 세 가지로 구분하였다.

첫째, 수단적 정책학습은 정책개입 또는 정책설계에 대한 구체적 모습의 형태로 나타나며, 입법 및 규제 등의 정책변화와 관련한 언론보도, 토론기록, 의회청문회 등을 통해 분석될 수 있다.

둘째, 사회적 정책학습은 정책에 대한 근본적인 접근방식과 정부조치의 적정성에 대한 사회적 여론의 인지구조 변화를 의미한다. 사회적 학습이 발생하면 정책목표 또는 정책범위의 변화를 포함하여 정책 재정의가 발생한다고 보았다.

셋째, 정치적 정책학습은 정책변화 지지자와 반대자가 새로운 정보에 순응하고자 자신들의 전략과 전술을 바꾸는 것과 관련된 학습이다. 정치적 정책학습으로 정책아이디어 또는 문제에 관한 지지의 유발 정도와 관심도가 달라질 수 있다.

이처럼 Birkland모형은 현대사회의 재난사건과 같은 큰 사회적 초점사건과 관련된 정책학습을 구체적으로 제시한 장점이 있다. 특히 초점사건이 발생하였을 때 정책의 변동과정에 대해 그 사건에 대한 의제, 그 사건의 대상집단과 정책결정집단(정부) 사이에서 벌어지는 상호작용과정의 과정을 집중적으로 분석하였다는 데 큰 의미를 둘 수 있다.

따라서 Birkland모형은 현대의 자연재해나 테러와 같은 위험사회의 재난을 분석대상으로 집중하고 재난이라는 정책실패를 다루었다는 점에서 주목할 만한 모형이다. 대형재난이 발생하면 정부로서는 정책실패라는 비난을 받을 수밖에 없기 때문에 우선 정부의 규범적 관점에서 연구주제의 중요성을 지닌다고 하겠다.

앞서 정책변동모형에서 살펴보았듯이, Kingdon은 교통 및 보건정책 분야를 대상으로 한 연구에서 Cohen, March, Olsen이 개발한 '쓰레기통 모형'(Garbage Can Model)을 수정하여 '정책흐름모형'(Policy Stream Model)을 제시하였다면, Birkland는 자연재해 및 테러분야에 특화시켜 초점사건(focusing event)을 강조하고 있다.

Kingdon모형에서는 극적 사건 혹은 정치적 사건과 같은 점화장치가 교통 및 보건정책의 의제설정(agenda setting) 혹은 정책변동(policy change)에 있어서 분석변수 중 하나로 다루어졌다면, Birkland모형에서는 초점사건의 전후에 발생하는 재난사건 전개의 흐름을 좀 더 집중적으로 검토하는 한편 이를 정책학습(수단적 학습, 사회적 학습, 정치적 학습)의 문제와 연계하여 발전시켰다는 데에서 그 의미를 찾을 수 있을 것이다.

2. 방법 및 절차

Birkland의 사건중심 정책변동모형은 초점사건(*focusing event*)의 발생, 의제에 대한 관심 증가(*increased agenda attention*), 집단동원(*group mobilization*), 아이디어논쟁(*discussion ideas*), 신규정책 채택(*new policies adopted*), 사회적 학습(*social learning*) 등으로 구성된다. 분석모형을 각 단계별 요소에 따라 설명하면 다음과 같다.

첫째, 사회적 주목을 받는 초점사건이 발생하면 언론, 정부, 의회, 시민단체들은 사회적 사건의 의제에 대한 관심이 증가할 것이다.

둘째, 정책의제에 대한 관심이 증가하면 대통령, 정부, 의회, 정책공동체 등 사회 내의 다양한 집단들이 관련 의제에 관한 기존의 정책실패에 대한 변화와 문제해결을 요구하고 동원될 것이다. 그러나 집단동원이 이루어지지 않으면 학습이 거의 이루어지지 않거나 또는 전혀 없을 것이다.

셋째, 새롭게 발생한 정책의제 해결을 위해 집단이 동원되면 동원된 집단들은 다양한 정책아이디어를 제시할 것이다. 초점사건에서 나타난 기존의 정책에 대한 실패를 진단하고 이의 해결을 위해 정책개발 및 수정을 위해 격렬한 아이디어 논쟁이 이어질 것이다. 그러나 이들 집단에 의한 아이디어 논쟁이 일어나지 않으면 새로운 정책은 채택되지 않으며, 그럼에도 불구하고 새로운 정책이 채택되었다면 이는 학습 없는 미신적 학습 또는 모방학습일 것이다. 그러나 미신적 학습의 경우라도 미래 정책결정을 위한 학습누적은 가능할 것이다.

넷째, 동원된 다양한 집단들에 의한 아이디어 논쟁의 결과로 정책실패가 파악되고 이를 개선하기 위해 규제적이건, 법적이건 새로운 정책변화가 나타날 것이다. 정책변화가 이루어지지 않았더라도 정치적 또는 사회적 학습은 가능할 것이다.

다섯째, 정책변화가 일어나 신규 정책이 채택되면 수단적 학습 또는 사회적 학습이 가능하게 된다. 그리고 이전 사건들로부터 경험이 축적되어 새로운 초점사건의 발생 시 정책의제에 대한 관심증가로 이어질 것이다.

〈분석기법 활용사례〉 Birkland의 정책학습모형: 대구 지하철 화재 사건의 분석

1. 개요 및 자료

이종열·손영배(2012)는 우리나라에서 단일 화재 사건 사고로 가장 많은 피해자를 낸 대구 지하철 화재 사건에 대한 정책 변동과정에 대해, Birkland모형을 바탕으로 하여 단계별로 살펴봄으로써, 어떠한 학습 과정이 이루어졌는가에 대해 분석하였다.

2. 방법 및 절차

1) 초점사건의 발생 및 의제에 대한 관심 증가

대구 지하철 화재 사건 발생 후 언론에서는 이를 특기(特記)하여 공중파 3사에서는 사건발생 4일 후까지 전체 보도 중 50% 이상을 대구 지하철 화재 사건 보도에 쏟았다. 또한 대구광역시에서는 중앙정부에 해당지역을 특별재난구역으로 설정해 달라는 요청까지 했으며, 중앙정부에서는 특별지원단을 구성하여 파견하기도 했다. 의회에서는 재해대책특별위원회를 열어 이러한 책임자들에게 수습을 추궁하였다. 대통령은 국가가용자산의 총동원을 지시하기도 하였다. 이를 종합한 내용은 아래의 표에 나와 있다.

표 13-2 정책의제에 대한 집단의 관심 증가 유형

관심 증가 대상		관심 증가 유형
뉴스미디어		보도횟수 증가, 원인 및 문제해결의 다양한 대안제시
정 부	지방정부	직원비상소집, 현장지휘소설치, 사고대책본부구성, 특별재난지역선포요청, 언론활동강화(간담회, 담화문, 브리핑)
	중앙정부	행정자치부소방국장 현장급파, 대책회의 개최, 중앙특별지원단 파견, 감사원 감사
의 회		긴급현안보고, 임시국회개원(재해특별위원회 및 상임위원회 개최), 감사원 감사의뢰, 국가재해·재난방지 종합안전대책수립촉구결의안 채택, 진상조사단 구성
대통령		조의표명, 국가가용자원 총동원지시, 사고수습적극지원 약속, 특별재난지역선포, 사건현장방문, 간담회 개최, 재난전담기구설치 약속(정책대안제시)

2) 집단의 동원

위와 같은 폭발적인 사회적 관심을 바탕으로, 대구 지하철 화재 사건에 대한 다양한 여론이 형성되었고, 그러한 여론 형성은 자연스레 정치적 이슈로 확장되었다. 정당에서도 진상조사단이 구성되고, 대통령의 지시로 재난관리시스템기획단이 구성되는 등 사건의 해결을 위해 여러 가지 전문적인 동원집단들이 구성되었다. 사회적으로 구성된 동원 집단의 유형은 다음과 같다.

그림 13-2
동원집단의 유형

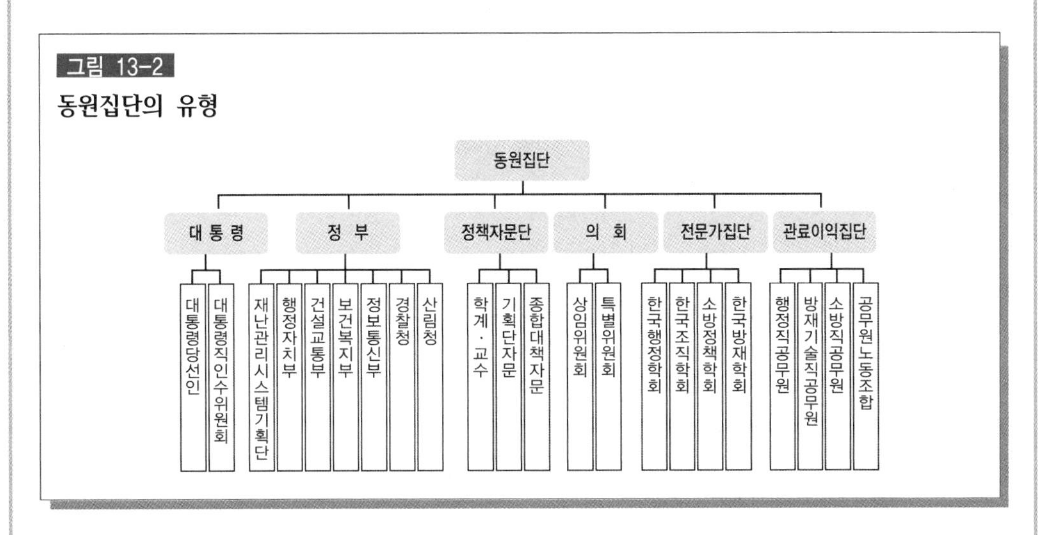

3) 아이디어 논쟁

대구 지하철 화재 사건을 통해 과거에 이슈화 되지 못했던 의제까지 재조명 받게 되었다. 수많은 동원 집단에서 각각 의제에 대해 논쟁이 이루어져 다음 그림과 같이 몇 가지 핵심의제로 정리되었다.

그림 13-3
핵심논쟁 정책의제

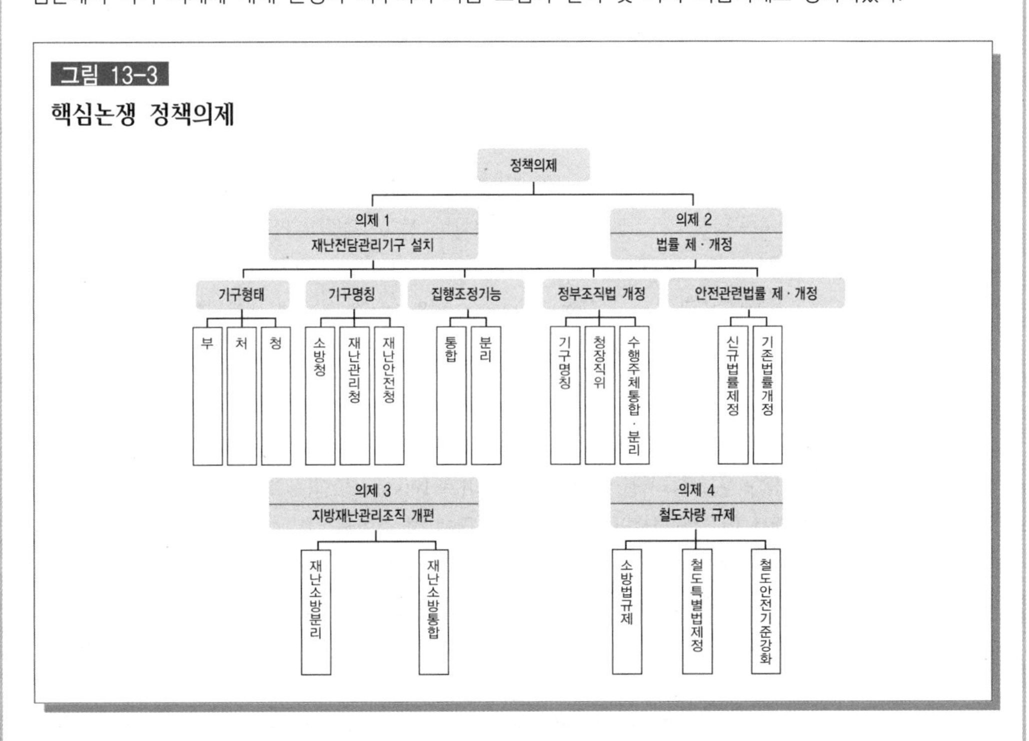

이러한 논쟁이 치달아 가면서 몇 가지 대립 의제가 발생하였다. 가장 핵심적이었던 것은 의제 1에서의 재난관리 기구의 명칭과 그 수장의 보임 문제였다. 행정·기술·방재 공무원 집단과 소방직공무원 집단이 둘의 관료 이익을 두고 대립하였는데, 이러한 문제가 서로의 이익을 위해 소모적 논쟁으로 치닫자, 객관적 시선을 위해 전문가 집단에서 토론이 벌어졌으나, 오히려 논쟁이 가속화 되었다. 결국 이 둘은 합의를 보지 못하고 재난관리시스템기획단이 해체되는 결과가 일어났다. 그 후 뒤늦게야 합의를 보고, 나머지 법안이 개정되었다.

4) 신규정책 채택

대구 지하철 화재 사건은 앞서와 같이 격렬한 논쟁의 결과, 많은 정책 변화가 일어났다. 정부 조직이 개편된 것은 물론 재난 관리 및 안전 기본법 또한 개정되었고, 소방법이 개편되는 등 여러 가지 실제적 변화가 일어났다. 그 변화는 간략히 다음과 같다.

표 13-3 학습에 의한 정책 변화 근거

입법추진(법률 제·개정)	정부조직 개편	보호적 규제정책 시행
• 재난 및 안전관리기본법 제정 • 철도안전법 제정 • 다중이용업소에 대한 특별법 제정 • 소방4대기본법분법 제정 • 정부조직법 개정 • 공연법 개정	• 소방방재청 개청 • 행정자치부 내 안전정책관 신설 • 행정자치부 내 민방위재난통제본부 폐지	• 철도안전법 • 소방법 • 공연법 • 다중이용업소에 대한 특별법

5) 사회적 학습과 수단적 학습

대구 지하철 화재 사건은 높은 미디어의 관심과 더불어 그 책임 소재와 같은 사회적인 이슈들에 대해 여러 가지 논의가 많이 이루어졌다. 그러한 과정에서 다양한 정책의제들이 나왔고, 그에 대한 아이디어 논의와 정책 변화가 굉장히 다양하게 이루어져 정책결정 집단들의 학습이 이루어진 사건이었다. 특히 현재 상황의 정책적 문제점을 확인하고 그에 대해 수정을 가하여 수단적 학습이 이루어졌고, 결정과정에서의 집단이기주의 같은 저해요소 등 정치적 문제들에 대한 사회적 학습 또한 이루어졌다.

3. 분석결과 및 함의

대구 지하철 화재 사건은 Birkland모형에서 언급되는 학습인 정책적 학습 중 수단적 학습과 정치적 학습이 모두 이루어졌다. 대구 지하철 사건을 분석하며 살펴본 Birkland모형은 초점 사건이 일어나고 그에 대한 사회적 관심을 통해서 어떻게 정책이 변동되는지에 대해 잘 설명해주고 있다.

Birkland모형은 이렇게 재난이 일어났을 때, 정책이 어떻게 변동되는지에 대해서 그 변동 과정을 통해 우리에게 예측 가능한 모델을 제시해 주고 있다. 우리는 이러한 모형들을 활용해 정책학의 가치인 인간의 존엄성 실현과 그보다 직접적으로는 변동 과정에서의 불필요한 소모적 논쟁이나 부수적 문제들을 줄이고 보다 좋은 정책을 만드는 데 활용할 수 있을 것이다.

즉, Birkland모형은 초점 사건의 발생이 정책학습에 미치는 동태적 영향을 분석함으로써 새로운 정책이 채택되는 과정을 설명하는 모형이라 할 수 있다. 국민의 요구와 지지 외에 정책형성에 영향을 미치는 요인을 탐구하고 그 요인이 정책으로 형성되는 과정을 분석하였다는 점에서 중요한 의의를 갖는 모형이라 평가할 수 있다.

제 3 절 Zahariadis의 다중흐름모형(Multiple Stream Model)

1. 개념 및 특징

Zahariadis의 다중흐름모형은 Kingdon의 정책흐름모형[3]을 수정·발전시킨 정책변동모형이다. Zahariadis는 영국, 프랑스의 민영화정책에 대한 사례연구를 통하여 Kingdon의 정책흐름모형인 문제의 흐름(*problem stream*), 정치의 흐름(*politics stream*), 정책대안의 흐름(*policy stream*) 등 세 가지 흐름 간 개념 경계의 모호함을 보다 명료화, 구체화시키면서 의제설정부터 정책결정단계까지 포괄하는 정책형성과정에 관한 일반화를 시도하였다.

2. 방법 및 절차

Zahariadis모형 역시 Kingdon의 모형과 같이 정책문제의 흐름(*problem stream*), 정치의 흐름(*politics stream*), 정책대안의 흐름(*policy stream*)이 서로 독립적으로 사회에 흐르고 있고, 정책선도자(*policy entrepreneur*)에 의하여 그것들이 결합(*coupling*)될 때 정책의 창(*policy window*)이 열려 정책변동이 일어난다고 보았다. 하지만 이러한 정책의 창이 우연한 계기로 열린다는 Kingdon의 주장과 달리, Zahariadis는 정책선도자의 문제선호에 의하여 그 결합이 촉진될 수 있다고 주장하였다. 이에 따라 Zahariadis모형은 정책문제, 정치, 정책대안의 흐름과 정책의 창, 그리고 정책선도자의 다섯 가지 요소로 구성된다(Zahariadis, 2007).

---

3 Kingdon의 모형을 설명하는 데 있어 다소 명칭의 혼선이 있다. Sabatier와 Zahariadis 등 국외 연구에서는 Kingdon의 모형을 다중흐름모형(Multiple Streams Model)으로, 국내의 연구들은 대체로 정책흐름모형이라는 명칭을 사용한다(유훈, 2002; 신순우, 2001; 이병길, 1992; 배용수·주선미, 2004).

첫째, 정책문제의 흐름은 지표(*indicators*), 초점사건(*focusing events*), 환류(*feedback*), 문제의 양(*load*)을 통해 정책결정자가 문제를 인식하게 된다. 지표는 어떠한 상황의 존재와 규모뿐만 아니라 변화의 범위를 평가하는 데 사용된다. 초점사건은 사람들의 관심을 곧바로 사로잡는 재난이나 사고 등을 의미한다. 환류는 정책결정이 된 이전 프로그램을 통하여 이루어지는 정책학습에 의해 다시 정책에 영향을 미친다고 보는 것이다. 정책결정자가 어떠한 문제를 인지하는 요인은 정책참여자들의 문제 상황을 어떻게 이해하고 규정하는지에 관한 것을 의미한다. 문제의 양(*load*)은 많은 어려운 문제들이 정책결정자의 주의를 끌고 있는 것을 의미한다.

둘째, 정치의 흐름은 국가의 분위기, 이익집단의 활동(*pressure group campaign*), 정부 혹은 국회의 변화(*administrative or legislative turnover*)로 구성된다. 국가의 분위기는 꽤 많은 사람들이 때때로 분위기에 휩쓸리거나 공통된 여론에 의하여 사고하는 경향을 말한다. 이익집단의 활동으로 정치인들은 그들의 지지나 반대에 민감하다. 정부 혹은 국회의 변화가 정당 이데올로기(*party ideology*)의 변화를 유인하여 정책변동을 일으킬 수 있다.

셋째, 정책대안의 흐름은 다른 두 흐름과는 독립적이며 정책대안이 기술적 실행가능성(*technical feasibility*)과 가치수용성(*value acceptability*), 통합(*integration*)에 의하여 정책대안이 선정된다고 본다. 정책공동체들의 통합정도는 분위기(*mode*), 접근성(*access*), 능력(*capacity*), 규모(*size*)에 따라 구분되며 대안에 영향을 미친다.

이러한 세 가지 흐름들은 서로 독립적으로 사회에 흐르고 있다가 우연히 정책의 창(*policy windows*)이 열리게 된다(Kingdon, 1995: 165-179). 이때 정책기업가(*policy entrepreneurs*)는 그들의 정책선호에 따라 정책의제를 공론화하고 정치적 환경을 주도하면서 자신들에게 유리한 정책대안을 결합(*coupling*)시키려 한다.

〈 분석기법 활용사례 〉 Zahariadis의 다중흐름모형: KT 민영화정책의 결정과정 분석

1. 개요 및 자료

배용수·주선미(2004)는 민영화정책의 결정과정에서 나타나는 다양한 요인과 요인 간 상호작용, 복잡성, 동태성을 분석하기 위하여 'KT 민영화정책'에 Zahariadis모형을 적용한 사례연구를 실시하였다.

2. 방법 및 절차

연구의 시간적 범위는 1998년 2월 말부터 2002년 8월 말까지, KT 민영화에 대한 재논의와 민영화 완료의 기간으로 한정하였다.

1) 문제의 흐름

우리나라는 1997년 IMF 외환위기를 겪게 되면서 국가 재정수입을 확대할 필요가 있었다. 이에 따라 공기업 중 수익성과 안정성이 높던 KT의 해외매각을 통하여 외화보유고를 늘리고자 KT 민영화정책을 추진하게 되었다. 또한 20세기 후반 정보통신기술의 발달로 통신분야의 표준화에 대한 WTO나 IMF 등의 국제기구들의 압력이 강해졌다. 특히 무역장벽의 해체를 통한 경쟁과 규제 완화 등 정부개혁에 대한 요구가 커지게 되었다. 이러한 문제의 흐름은 KT 민영화 문제를 압박하게 되었다.

2) 정치의 흐름

공기업의 민영화는 김대중 대통령의 정치이념에 의한 선거공약에 해당되었다. 특히 대통령중심제인 한국의 경우 다양한 전문가집단이 시장주도형 국정운영에 대한 요구가 높아지면서 정부 및 여당은 신자유주의적 작은 정부를 지향하면서 공공기관 구조조정 등의 정책을 추진하게 되었다. 이러한 정치의 흐름 역시 KT 민영화 문제를 추진하는 데 정치적 배경으로 작용하게 되었다.

3) 대안의 흐름

기술적 실행가능성(technical feasibility)은 KT의 성장성과 수익성을 기준으로 판단할 수 있다. 당시 KT의 성장성과 수익성은 높았으나, 외환위기로 인한 국내 증시상황의 악화 등으로 KT에 대한 저평가 경향이 나타나면서 기술적 실행가능성은 낮았다. 그러나 경제위기가 극복세를 보이면서 증시상황의 호전세로의 변화로 기술적 실행가능성 또한 높아졌다.

유례없는 공기업의 해외매각이라는 민영화 정책대안은 민영화를 통한 KT 경쟁력 강화라는 측면과 재정경제부의 공익성 유지라는 가치가 충돌하였다. 이에 따라 정책대안의 흐름이 원활하지 못하다가 2000년 이후 가치수용성(value acceptability)이 제고되었다.

4) 정책의 창과 정책선도자

김대중 정부에 출범한 기획예산위원회는 공공부문 개혁을 주도하였으며 특히 공기업 민영화에 대한 선도적 역할을 하였다. 민영화를 추진하기 위한 계획이 수립되고 관계부처의 협조와 정부 지도층의 확고한 의지로 인하여 정책의 창이 열리면서 투자자친화적인 정부정책이 가능했다. 그러나 민영화 추진 초기에는 KT 민영화의 방법에 대하여 공익성 등 가치수용성이 낮아 문제의 흐름과 정치의 흐름이 정책대안의 흐름과 완전한 결합이 이루어지지 못했다.

그러나 2006년 6월 이후 정치·경제적 상황의 호전 속에 KT의 민영화 방침이 확정되면서 다시 한번 정책변동의 기회가 생기게 되었고, 증시상황 또한 좋아지면서 가치수용성의 제고로 인한 세 가지 흐름의 완전한 결합이 나타나 최종적 정책결정이 이루어졌다.

3. 분석결과 및 함의

KT 민영화정책의 경우 그 필요성에 대한 인식 차원에서 문제의 흐름이 흐르고 있었던 상황에서 IMF 외환위기라는 초점사건(focusing event)이 발생하면서 정부와 국회의 이념과 전략의 변화, 그리고 국제기구의 압력이라는 정치의 흐름이 KT 민영화를 압박하는 요인으로 작용하였다. 또한, KT 민영화의 중요한 기준인 기업 성장성과 수익성 측면에서 기술적 실행가능성과 가치수용성의 제고라는 정책대안의 흐름이 원활해진 점이 KT 민영화 방향으로의 정책전환에 유리하게 작용하였다. 여기에 기획예산처라는 정책선도자의 역할이 작용하면서 이러한 흐름들이 결합하게 되어 정책의 창이 열리고, 그 결과 정책의 변동이 일어났다.

종합적으로 Zahariadis의 다중흐름모형은 Kingdon의 정책흐름모형을 좀 더 명료하게 기준을 세분화한 공헌이 있다고 할 수 있다. 특히 이 사례에서 보듯이, Zahariadis의 다중흐름모형은 KT 민영화정책의 결정과정 및 변동과정을 설명하는 분석모형으로서의 중요한 기여를 하고 있다고 평가된다.

제 4 절 근거이론분석(Grounded Theory Approach)을 위한 질적 분석기법: Atlas/Ti[4]

1. 개념 및 특징

근거이론(Grounded Theory) 방법론은 일련의 체계적인 과정을 통하여 어떤 현상을 귀납적으로 이끌어 내 하나의 이론으로 발전시키는 질적 연구방법이다(Strauss & Corbin, 1990). 이는 대상자의 표현 속에서 대상자가 의미 있게 받아들이고 있는 주요 사건이나 문제점을 대상자의 관점에서 파악하는 연구이므로, 연구자가 분석하고자 하는 영역에서 보이는 행위의 다양성을 설명하고 해석할 수 있는 개념들을 발견하고 이들 간의 관계를 만들어 내는 장점이 있다. 따라서 연구자는 근거이론방법을 통하여 대상자의 주요 문제를 찾아내고, 이들이 지속적으로 문제를 해결해나가는 근본적 심리사회적 과정(*basic psycho-social process*)을 발견할 수 있다(Glaser, 1978).

Blumer(1969)는 인간의 모든 사회적 행위는 행위자가 자신을 둘러싸고 있는 상황들을 주시하고 해석하며 평가하는 과정을 통해 이루어진다는 관점에서 인간을 적극적인 개체로 간주하는 적극적인 인간관을 제시하고 이를 방법론에 적용시키려 하였다. 그는 이러한 철학적 이해를 토대로 하는 근거이론방법이야말로 인간 행위의 간주간적(*inter-personal*) 상호작용의 본질을 파악하고 개념화하는 것이라고 주장한다.

2. 방법 및 절차

근거이론방법의 연구과정은 경험적 자료로부터 개념을 형성하고 발달시킨 후 개념들을 수정 및 통합하여 이를 토대로 실재 이론을 개발하고 연구를 진행한다. 근거이론방법은 이론적 표본추출(*theoretical sampling*)이라는 과정을 거쳐 표본추출을 하게 되는데, 이론적 표본추출이란 출현되는 이론을 개발하기 위한 것으로 연구자가 자료의 수집과 분석을 하면서 다음에 어떤 자료를 수집하고 또 어디서 그것들을 발견할 것인지를 결정하는 그야말로 근거이론(Ground Theory)에 토대를 둔 자료수집 과정이라고 할 수 있다.

자료수집은 주로 심층면접(*in-depth interview*)을 통해서 얻은 자료를 이용하지만, 심층면접 이외에도 현장관찰, 일기, 편지, 자서전, 전기, 역사적 유물, 대중매체 등의 다양한 경험적 자료가 활용될 있다. 자료분석을 위한 코딩의 방식에는 개방코딩(*open coding*), 축코딩(*axial coding*), 선택코딩

4 필자의 졸저, 정책분석론(313-316쪽)의 제시내용을 재인용하였음.

(*selective coding*)이 있으며, 이러한 질적 분석을 위한 프로그램으로는 Atlas/Ti가 있다.

〈분석기법 활용사례〉 Atlas/Ti를 활용한 예산결산특별위원회 회의록의 질적 분석

1. 개요 및 자료

서인석 외(2009c)는 의회 의사록을 통해 의사결정 상황에서 나타나는 행태적인 특성들을 살펴보고자 의사록에 명기된 상호 간 대화 및 담화 내용을 Atlas/Ti 프로그램을 통해서 코딩하여 자료들 간의 질서와 구조, 의미와 개념관계를 분석하였다. 이 연구는 의사록자료에 대한 질적 연구방법을 취하고 있으며, Atlas/Ti version 6프로그램을 사용하였다.

2. 방법 및 절차

[코딩의 예제]

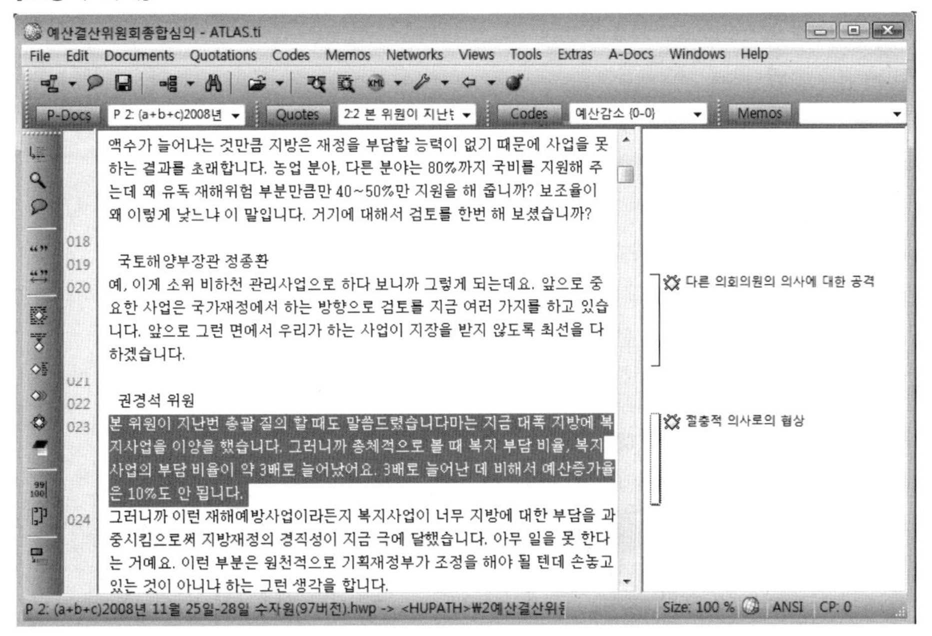

코딩의 경우 다음과 같은 절차를 가진다.

첫째, P-Docs를 클릭 후 새로운 창이 뜨는데, 여기서 Documents를 클릭하고 이어 Assign을 클릭한다.
둘째, 클릭한 상황에서 사용하고자 하는 내용파일(의사록과 같은)을 클릭하면 이를 프로그램으로 불러오게 된다.

[P-Docs의 작성예제]

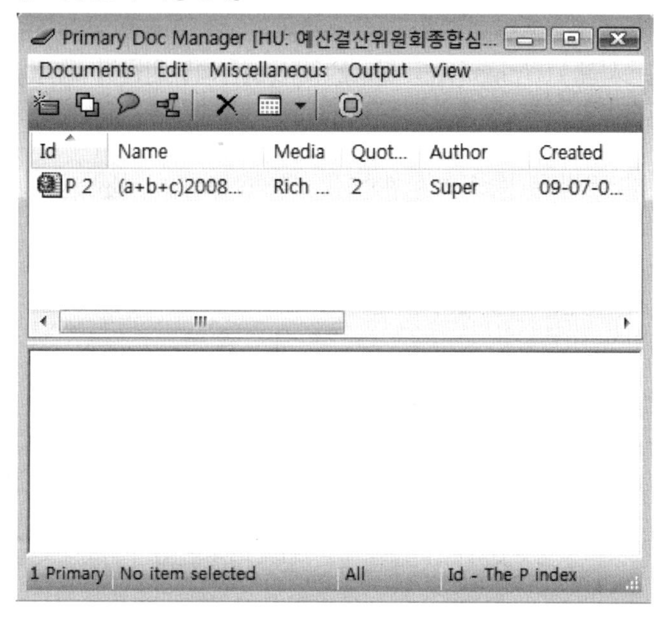

셋째, 이론적으로 규명한 분석변수들을 Codes를 클릭한 후 입력한다.

넷째, 각 변수들에 해당하는 내용을 드래그한 뒤 이를 Open code를 눌러 해당하는 분석변수를 대응하면 문헌 옆에 구간과 분석변수가 화면에 나타난다.

다섯째, 이를 엑셀자료로 Export하여 빈도와 내용분석을 실시한다.

[분석변수 작성의 예]

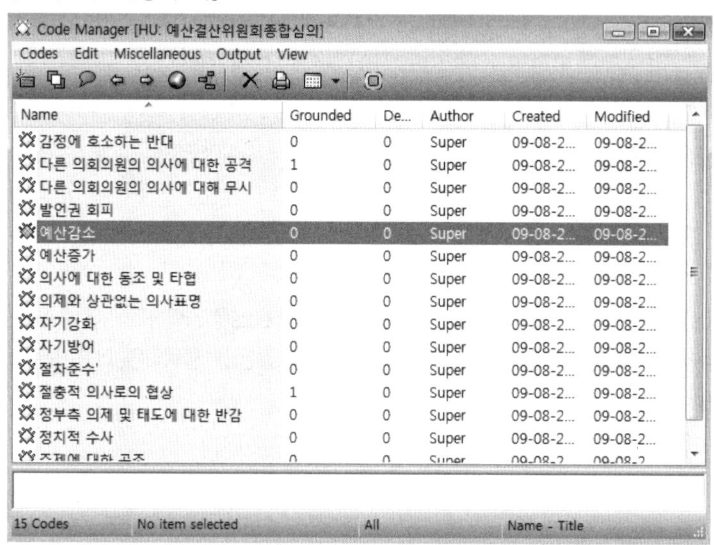

3. 분석결과 및 함의

분석한 결과와 이를 토대로 발견한 함의는 다음과 같다.

첫째, 기존 연구에서 형식성 및 당파성이 국회에 가장 큰 영향을 미치고 있었던 연구들과는 달리 국회 및 서울시의회 모두 전문성이 가장 큰 영향력을 나타내고 있다는 점을 확인하였다.

둘째, 심의위원의 의견 및 안건제안에 있어 전문성이 높은 경우 의제수용 가능성 역시 높은 것으로 확인되었다.

셋째, 예산심의상황은 다양한 범주들이 상호작용하는 것을 확인할 수 있었다. 특히, 국회의 경우 의제결정 및 예산심의는 예측했던 것과 같이 복잡한 상호작용을 거치는 것을 확인하였는데, 이러한 상호작용의 구체적 역동성(dynamics) 및 관계(relationships)에 대해서는 향후 연구가 지속되어야 할 것으로 판단된다.

넷째, 국회는 다양한 요인이 분파적으로 형성되는 양상을 나타내 의사결정은 매우 복잡한 양상의 다수분파형 네트워크로 의사결정이 이루어지고 있었고, 서울시의회의 경우 비교적 단일요인인 전문성을 중심으로 이루어지고 있어 소수응집형 네트워크 양상 및 패턴을 가지고 있음을 확인할 수 있었다.

제 5 절 SNA(Social Network Analysis)모형[5]

1. 개념 및 특징

사회네트워크 분석방법은 여러 학문 분야에서 사용되고 있는데 대부분의 사회과학 분야, 물리학 및 생물학 등의 자연과학 분야, 그리고 의학을 포함한 생명과학 분야에까지 널리 확산되어 사용되고 있다(김용학, 2009). 특히, 정책과정은 그 자체가 복합적이고 동태적인 과정으로서 집단 간 갈등이나 행위자 간 관계성이 갖는 특징으로 인해 정책성과가 결정되는데 이러한 맥락을 분석하기에 매우 적합한 분석기법이다.

네트워크 분석은 사회적 속성(Social entities)들의 연결성(*linkage*)과 이 연결성의 함의에 관심을 가진다. 여기서 사회적 속성은 일반적으로 행위자(*actor*)로 언급되며, 이는 개인, 단체(*corporate*) 또는 집합적 사회단위(*collective social units*)로 구별될 수 있다.[6] 네트워크 분석의 가장 큰 강점은

5 필자의 졸저, 정책분석론(317-321쪽)의 제시내용을 재인용하였음.

6 집합적 사회단위란 예를 들면 집단 내에 있는 사람, 회사(corporate) 내에 있는 부서, 도시 내에 있는 공공기관, 또는

행위자들 간의 결합된 단위를 관계도로 모형화할 수 있다는 데 있다(Wasserman and Faust, 1994: 3-4).[7]

따라서 네트워크 분석은 정부서비스 및 민관협력서비스 등을 분석하는데도 용이하며, 최근에는 지방정부 간 공동생산 및 계약에 의한 협력공공서비스 전달, 비영리-정부조직 간 관계, 지역아동센터 간 네트워크를 분석하는 데에도 많이 활용되고 있다(박치성, 2006; 김준기 외, 2007; 박형준, 2009).

2. 방법 및 절차

사회네트워크 분석은 구체적으로 구조나 연결망 형태의 특징을 도출하고, 관계성으로 체계의 특성을 설명하거나 체계를 구성하는 단위의 행위를 설명하는 것이다. 연구 질문과 연구 대상에 따라 분석 대상이 되는 연결망이 달라지는 것은 모든 연구의 공통된 특징이나, 연결망 분석은 연구설계를 어떻게 하는가에 따라 동일한 자료를 다른 분석수준에서 다룰 수 있다는 특징을 지니고 있다. 이러한 측면에서 연구를 설계하는 단계에서 자료수집과 분석수준을 면밀히 고려해야 한다(김용학, 2009: 2).

사회네트워크 분석의 주요 개념을 살펴보면 크게 연결망의 구조적·위치적 속성(Structural and Locational Properties)과 역할 및 지위(Roles and Position)로 구분할 수 있다(Wasserman and Faust, 1994: 167-170, 345-360). 먼저, 구조적·위치적 속성을 다루는 세부개념으로는 중앙성

표 13-4 사회네트워크 분석지표 및 변수

상위 개념	세부 개념	분석지표 및 변수
구조적·지역적 속성 (Structural and Locational Properties)	연결망 결속	연결정도(degree), 밀도(density), 포괄성(inclusiveness)
	중앙성(Centrality)	근접중앙성(closeness), 사이중앙성(betweenness)
	응집집단(Cohesion)	공동체(community), 파벌(clique), 집단(clan), 핵심(k-core)
역할 및 위치 (Roles and Position)	구조적 홀(structural hole), 구조적 등위성(structural equivalence)	구조적 홀(structural hole), 구조적 등위성(structural equivalence)

자료: 김용학(2009: 169)에서 재구성.

세계기구 속에 개별국가 등이 될 수 있다. "actor"라는 용어의 사용이 반드시 "act"할 수 있는 능력이나 의지를 가져야함을 의미하지는 않는다. 게다가, 대부분의 사회네트워크의 적용은 행위자들이 거의 동일한 유형의 집합(collection)에 초점화가 맞춰진다. 그러한 집합(collection)을 동일유형 네트워크(one-mode network)라고 부른다. 하지만 경우에 따라서는 개념적으로 다른 유형이나 다른 수준을 분석하기도 한다(Wasserman and Faust, 1994: 3).

7 Wasserman and Faust(1994: 4)는 관계도(relationship)를 행위자들의 시스템 간 관계성(relationship among systems of actors)으로 규정하고, 시스템(system)은 구분된 구성원들 사이의 결합(ties)으로 구분하여, 시스템은 개념도의 하위단위로 설정하고 있다.

(*centrality*), 구조적 균형 및 이행성[8](Structural Balance and Transitivity)이나 연결성(Connection), 하위집단의 응집성(*cobesion*) 등이 있다. 반면, 역할 및 지위를 다루는 세부개념으로는 구조적 등위성(Structural Equivalence)이 있다.

〈분석기법 활용사례〉 사회네트워크 분석을 한국재난안전네트워크(KDSN)의 협력구조분석

1. 개요 및 자료

서인석 외(2009b)는 사회네트워크 분석(SNA: Social Network Analysis)을 활용하여 한국재난안전네트워크(KDSN)의 네트워크 속성, 네트워크 결속, 중앙성(centrality), 결집집단(cohesion) 등을 파악하기 위해 한국재난안전네트워크의 네트워크적 구조에 대해서 분석하였다. 이 연구는 홈페이지에 언급된 정회원을 관계로 간주하여 분석을 시도하였으며, 이때 Netminer 3.0 패키지 프로그램을 사용하였다. 만일 특정기관(A)의 홈페이지에 접속하여 다른 기관(B)을 정회원으로 규명하는 경우 이는 A->B로의 연결성이 있고, 이것을 1로 데이터처리하며, 없을 경우 0으로 데이터를 입력하였다.

2. 방법 및 절차

[코딩의 예제]

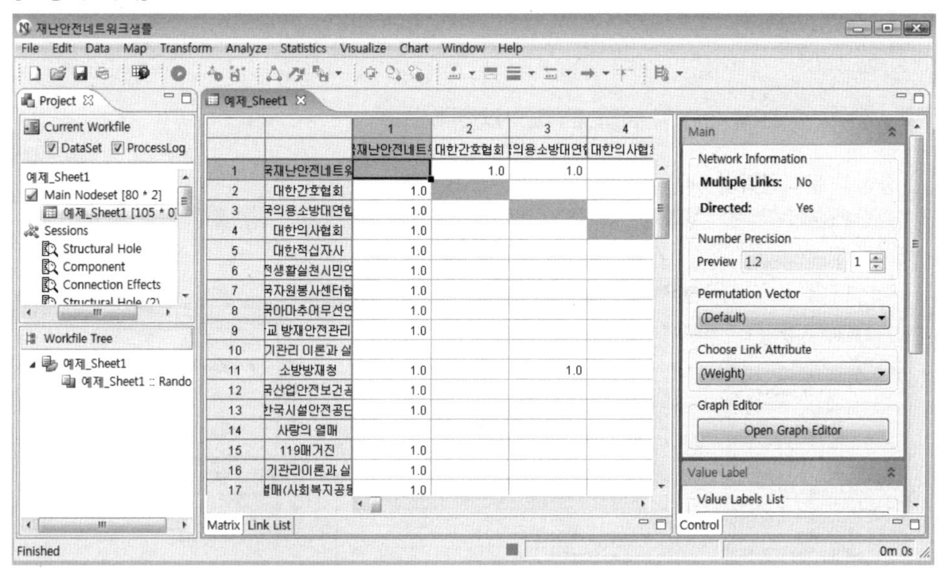

코딩의 경우 다음과 같은 절차를 가진다.

첫째, Data를 클릭 후 Creat New Item을 누른 후 Insert node를 클릭하여 명칭을 입력하고 필요

8 박형준·장현주(2009: 127)는 이행성을 행위자 A와 B가 관계를 맺고 있고, 행위자 B와 C가 관계를 맺고 있는 경우, A는 C와의 관계를 추구하려는 것을 이행성(transivity)이라고 언급하였다.

한 node를 추가하면 상기와 같이 데이터가 구성된다.

둘째, 구성된 자료를 Statistics를 클릭하여 보고자 하는 연구초점(중심성, 밀도, 응집성, 구조적홀 등)을 클릭하여 결과치를 확보한다.

[P-Docs의 작성예제]

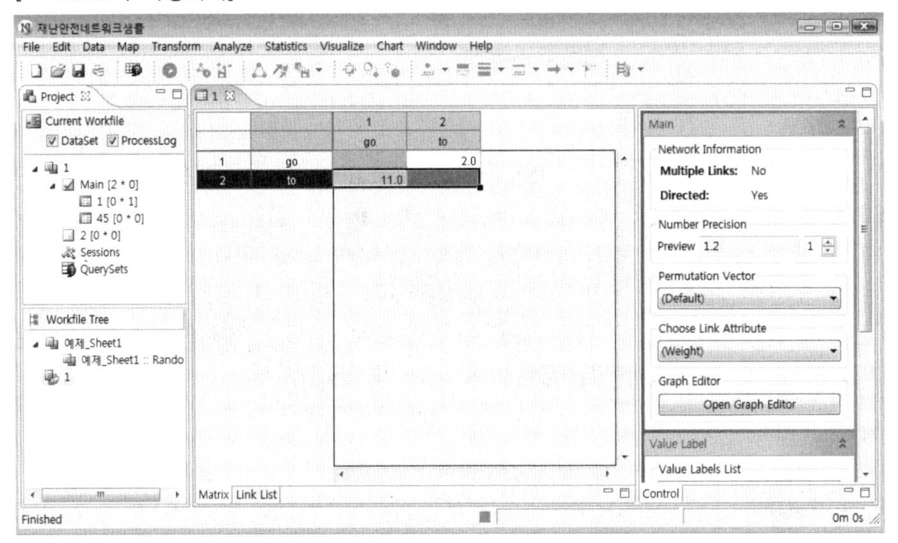

셋째, 형성된 결과치를 통해 해석하고 분석을 시도한다.

[중심성 분석결과의 예]

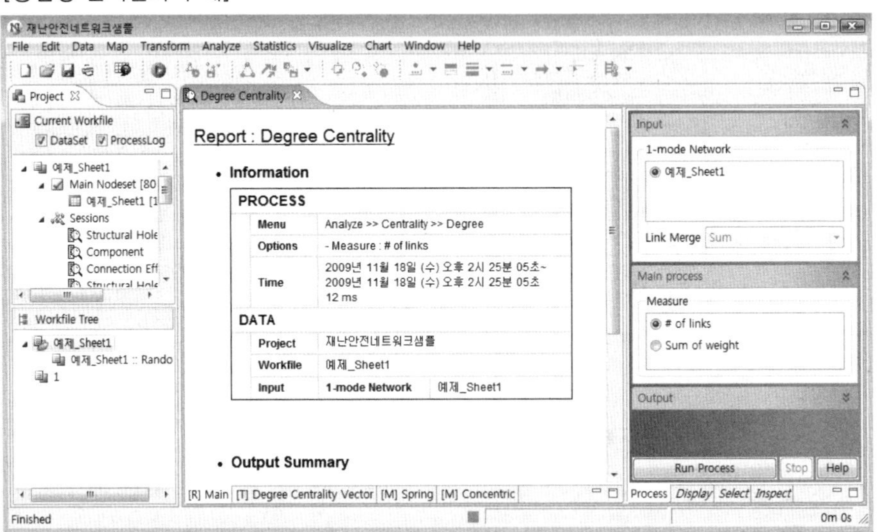

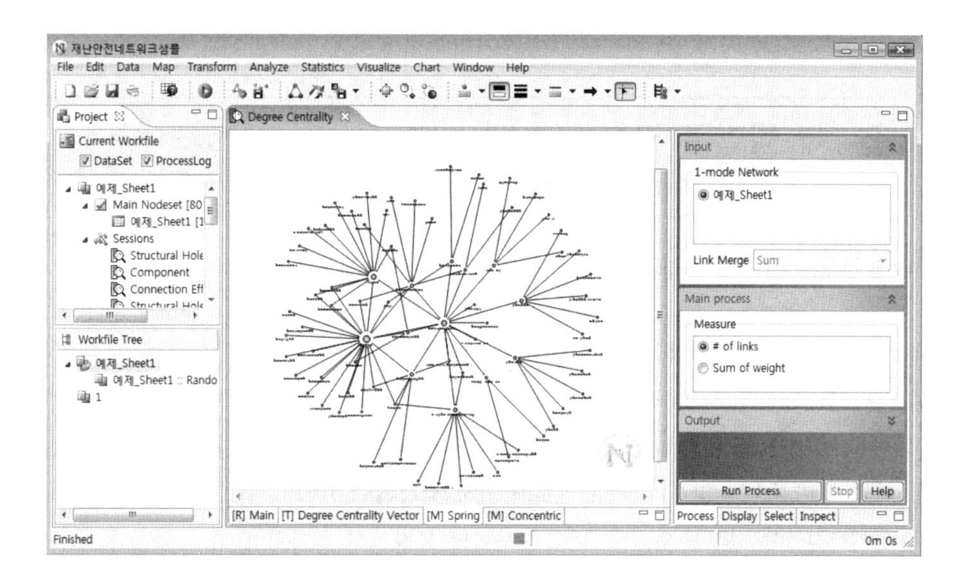

3. 분석결과 및 함의

본 연구의 분석결과, 발견 및 함의는 다음과 같다.

첫째, 향후 재난방지를 위해서 각 기관들이 최대한 협력 및 네트워크 관계의 매개자로서의 역할을 제고할 필요가 있다. 즉, 신속하고 적극적으로 대처해야 하는 재난의 속성상 유관기관들 모두가 중심 및 매개역할을 담당할 수 있는 역량을 제고해야 한다.

둘째, 소방방재청이 구조적 위치 및 타 기관과의 연계성이 높다는 점에서 한국재난안전 네트워크와 소방방재청을 양대 중심(head)으로 하는 방재시스템을 고려해볼 필요가 있다. 우리나라 방재체제의 경우 현재까지 대부분을 중앙정부가 중심이 되어 수행되어 왔으며, 중심자로서의 자원과 권한을 가지고 방재업무를 수행해 온 경로의존성(path dependency)을 고려할 때, 향후에도 소방방재청은 재난방재에 있어 주요역할을 담당할 수 있다.

셋째, 부문집단(Clique)이나 커뮤니티(Community) 등 작은 차원의 집단 간 결속력을 증대시키면서 중앙에 위치한 한국재난안전네트워크나 소방방재청과 유기적인 관계를 맺는다면 거대한 방재네트워크가 유연하면서도 강력한 관계성을 유지할 수 있음을 확인할 수 있었다.

제6절 Q-방법론 모형[9]

1. 정책연구와 인간의 주관성

정책결정 및 정책집행에 영향을 미치는 요소들은 정책과정이 진행되는 정치적, 사회적, 경제적 요인들과, 관료적, 조직적, 문화적 변수들인 바, 정책당사자들이 이들의 변수에 대하여 인지하는 중요성이 항상 동일한 것은 아니다. 각 정책의 당사자들은 자신들이 처한 입장에 따라 변수들의 중요성을 다르게 인식하고 있으며, 정책과정에 임하는 정책당사자의 심리적, 조직적, 문화적 요소들이 중요하게 작용하게 된다(Goggin, 1987). 사회의 복잡성이 증가함에 따라 현실에 대한 정확한 자료나 정보가 부족하고, 이는 관료사회에서의 정책결정이 부족한 자료에 의하여 이루어지는 경우가 많음을 의미한다(Downs, 1967).

다수의 연구결과 정책분야에서 정책당사자의 인식이나 성과에 대한 주관적 판단이 정책의 성패를 평가하는데 중요한 요인으로 작용하고 있다는 사실이 발견되었다(김순은, 2007). 이는 정부가 정책의 목적을 달성하는 데 필요한 정책수단을 선택함에 있어서도 정책결정의 주관적 가치와 판단이 중요함을 의미한다. 동시에 정책결정자가 정책의 성패를 좌우하는 정책수단을 선택하는 데 있어 주관적 의사가 매우 중요하기 때문에 정책분석가들은 정책결정자의 관점을 유형화하여(Linder and Peters, 1989) 분석할 수 있는 방법이 요구된다는 것을 의미한다.

2. 개념 및 특징

Q-방법론은 주관성의 과학화에 기초를 제공한 일종의 심리적, 조직적, 문화적 계량분석 도구이다. Q-방법론의 우수한 장점은 인간행위의 주관적인 면 즉, 인간의 주관성을 관찰하고 측정하는 데 있다. 여기서 주관성이라 함은 동적인 상황 속에서 자발적(*operantly*)으로 정의되는 개인의 관점 및 신념을 의미한다. 이는 Q-방법론이 인간의 가치, 신념, 인식 등 주관성을 계량적으로 측정하는 도구라는 측면에서, 연구 대상자의 특정 주제 및 자극에 대한 주관적 의견이나 인식의 구조를 확인하는 데 유용하게 사용된다.

Q-방법론은 다음과 같은 특징을 지닌다(김순은, 2007: 25-27).

9 필자의 졸저, 정책분석론(302-307쪽)의 제시내용을 재인용하였음.

첫째, 전통적 연구방법인 R 방법론[10]은 연구 대상의 배경적 특색, 예를 들면 학력, 체중, 신장, 나이, 성별 등간의 구조적 특색을 발견하는 데 사용된다. 이를 위하여 연구자는 학력, 체중 등에 관한 조작적 정의와 변수의 척도를 개발하고, 연구 대상자는 연구자의 조작적 정의에 따라 연구 대상자의 배경적 특색을 나타낸다. 반면, Q-방법론은 연구 대상자의 특정 주제 및 자극에 대한 주관적 의견이나 인식의 구조를 확인하는 데 사용된다. R 방법론에 있어서와 같이 연구자가 사전에 변수에 대한 조작적 정의와 척도를 결정하지 않고 Q-방법론은 연구 대상자의 주관적 구조, 즉 특정 주제에 대한 유사한 견해를 가진 집단을 추출하게 된다. 결국 전통적 R 방법론은 연구자가 결정한 조작적 정의가 연구 대상자의 행태나 태도를 결정하고 제약하는 반면, Q-방법론은 연구 대상자가 자율적으로 결정하기 때문에 연구자의 조작에 좌우되지 않는 장점을 지닌다(Brown, 1980).

둘째, Q-방법론의 연구 대상은 거짓과 진실에 관한 것이 아니고, 주관적 견해 즉 좋고 나쁨, 선함과 악함 등의 주관적 성격을 띠고 있다. R 방법론이 행태주의적 전통에 의하여 발전되어 가치중립적인 진리를 추구하고 있는 반면, Q-방법론은 후기 행태주의, 현상학의 발전과 맥을 같이하고 있다. 따라서 인간의 주관적 요소가 지닌 구조적 측정에 관심을 갖는다.

셋째, 전통적 R 방법론은 다수의 무작위 표본을 대상으로 연구 대상의 배경적 특색을 유형화하는 포괄적인 연구에 사용된다. 전통적인 방법론에 있어서 과학적 방법론은 기본적 가정을 지키기 위해 다수의 무작위 표본 추출에 많은 시간과 노력을 기울인다. 다수의 표본 추출은 연구의 오차범위를 축소하는 데 필수적인 사안이나, Q-방법론은 소수의 대상에 대한 심층적인 연구에 사용된다. 이러한 특성으로 말미암아 전통적인 방법론자들은 Q-방법론에 기초한 연구의 타당성에 의문을 제시한다. 하지만, R 방법론과 같이 연구자의 조작적 정의에 의하여 진행된 연구는 연구의 편의상 연구의 대상을 지나치게 축소하고, 그 결과 사회현상을 정확하게 관찰하지 못하는 사례가 많아 잘못된 정책분석이나 정책예측을 수반할 가능성이 높다는 점에서 Q-방법론의 활용은 효용성을 가진다(Brown et al., 1999)

3. 방법 및 절차

Q-방법론을 활용함에 있어서 최초의 절차는 연구의 주제와 관련하여 Q-진술문(Q- Statement)을 작성하는 작업이다. 그 작업이 끝나면 연구 대상자(P-Sample)를 결정하고, 연구 대상자로부터 Q-분류(Q-Sort)의 자료를 얻는 절차를 거치게 된다. Q-분류의 자료를 얻게 되면 요인분석의 단계를 거쳐 최종적으로 분석의 자료를 해석한다.

---

10 Q-방법론(Q-methodology)은 1953년 통계학자인 William Stephenson이 제안하였는데, Q-방법론은 요인분석(factor analysis)에 뿌리를 두고 있다. 인자분석이라고도 불리는 요인분석은 비교적 적은 숫자의 요인을 통해 많은 변수들 간의 복잡한 상관관계를 분석하기 위해 고안됐다. Q-방법론과 요인분석이 기술적 차원에서는 같은 뿌리를 갖고 있지만, 스티븐슨이 기존의 요인분석을 R 방법론이라고 명명함으로써 Q-방법론과 구분했을 정도로 이 둘은 철학적 기반이나 함의가 다르다고 할 수 있다(진상현, 2006: 124).

표 13-5 Q-분류(Sort) 설문지 예시

예: 서울시 미래대기환경의 20개 요소를 위치시킨 분류표

Q-분류(Sort)방법(예시)

① 20개 설문문항을 "중요함(7개)"/"중요하지 않음(7개)"/"보통(6개)"으로 3대 분류한다.
② "중요함"으로 분류된 7개 항목을 [중요] 4개와 [매우 중요] 3개로 분류하고, 매우 중요 중 가장 중요한 것 1개와 2개로 분류 위치시킨다.
③ 동일한 방식으로 "중요하지 않음"을 [중요하지 않음] 4개와 [전혀 중요하지 않음] 3개로 분류하고, 가장 중요하지 않은 것 1개와 2개로 각각 분류한다(②와 동일).

+1	+2	+3	+4	+5	+6	+7
			1			
			2			
		11	10	3		
		19	16	4		
	12	15	17	9	5	
13	20	14	18	8	7	6

* 표 안의 한 기둥 안의 값들 간에는 중요도의 가중치가 없음. 즉, 우선순위는 존재하지 않음.

〈분석기법 활용사례〉 Q-방법론을 활용한 서울시 미래대기환경(2030년)의 전망: 서울시 미래대기환경의 위험용소 및 정책과제

1. 개요 및 자료

미래는 보다 더 복잡하고 과거의 연장선상에서는 전혀 예측할 수 없는 새로운 행동양식들이 불연속적으로 나타날 수 있기에 과거의 데이터를 통한 예측보다는 관련 전문가들의 직관적이고 통찰력 있는 식견이나 견해가 보다 적실한 미래연구를 형성할 수 있다.

이에 전문가 브레인스토밍과 전문가 패널조사를 통해 얻어진 20개의 진술문을 토대로 서울시 미래대기환경의 위험요소와 정책적 과제를 확인하고자 하였다.

2. 방법 및 절차

연구결과 사용된 20개의 진술문에 대해 4개의 요인들을 추출하였다. 이는 먼저, 주성분요인분석(principle component factor analysis)을 통해 분석한 후 요인선정 기준에 따라 네 개의 중요 요인들을 추출하였다. 이후 주요 요인들을 배리맥스(Varimax)방법으로 회전시켰으며, 이 과정에서 각 요인들에 부하된 요인적재값을 각 응답자별로 비교하고 강한 특성을 보이는 응답자를 구별하였다.

[코딩자료 완료의 예제]

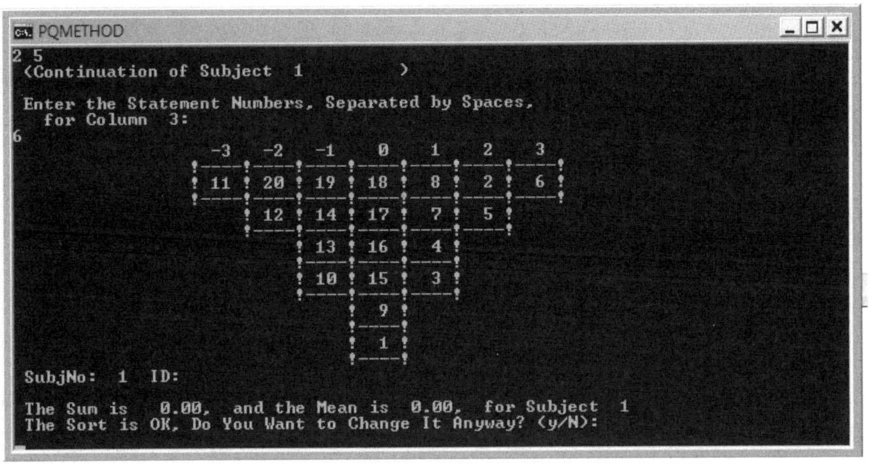

```
PQMETHOD
2 5
 <Continuation of Subject  1          >

 Enter the Statement Numbers, Separated by Spaces,
   for Column  3:
6
                    -3    -2    -1     0     1     2     3
                  !----!-----!-----!-----!-----!-----!-----!
                  ! 11 ! 20  ! 19  ! 18  !  8  !  2  !  6  !
                  !----!-----!-----!-----!-----!-----!-----!
                       ! 12  ! 14  ! 17  !  7  !  5  !
                       !-----!-----!-----!-----!-----!
                             ! 13  ! 16  !  4  !
                             !-----!-----!-----!
                             ! 10  ! 15  !  3  !
                             !-----!-----!-----!
                                   !  9  !
                                   !-----!
                                   !  1  !
                                   !-----!
 SubjNo:  1  ID:

 The Sum is   0.00,  and the Mean is  0.00,  for Subject  1
 The Sort is OK, Do You Want to Change It Anyway? (y/N):
```

3. 분석결과 및 함의

no	진술문	요인 1	요인 2	요인 3	요인 4
1	중국의 산업화와 사막화 현상 등으로 인해 더욱 증대된 황사는 천식환자의 증가를 가져올 것이다.	0	-3	2	1
2	오존 오염도의 증가는 스모그와 시정장애 현상을 증가시켜 건강피해를 가져올 것이다.	0	0	3	2
3	아황산가스의 증가는 대기오염 악화의 주된 요인이 될 것이다.	1	-1	0	0
4	일산화탄소 및 이산화탄소의 증가는 대기오염 및 건강을 악화시킬 것이다.	1	0	2	-1
5	TSP(먼지)의 증가는 대기오염 및 건강을 악화시킬 것이다.	2	0	0	-1
6	VOC(휘발성유기탄소)의 증가는 대기오염 및 건강을 악화시킬 것이다.	3	-2	-1	-2
7	질소의 증가는 대기오염 및 건강을 악화시킬 것이다.	2	-1	-3	-2
8	벤젠은 대기오염 및 건강을 악화시킬 것이다.	1	0	-1	0
9	염화수소(HCl)는 대기오염 및 건강을 악화시킬 것이다.	1	0	-2	-1
10	국내대기환경지수의 측정은 보다 견고해져야 할 것이다.	0	1	1	1
11	환경기준치는 보다 강화되어야 한다.	-1	1	1	0
12	교통수단의 배출가스에 대한 대책은 보다 강화되어야 한다.	-2	1	1	3
13	천연가스자동차 및 전기자동차와 같은 환경교통수단은 지속적으로 개발되어야 한다.	-3	0	0	1
14	공사장·사업장의 먼지는 점점 증가하여 대기오염 및 건강을 악화시킬 것이다.	-1	1	-1	0
15	기술의 발전은 대기환경오염의 피해를 감소시킬 것이다.	-1	-2	0	-3
16	대기환경오염정보에 대한 시민의 확인이 보다 중요해질 것이다.	0	2	-2	1
17	대기환경오염에 대한 피해를 감소시키기 위한 시민의 대기환경에 대한 관심도가 매우 중요하다.	0	2	0	-1

18	선진국의 방식대로 미래 서울시의 대기환경제고를 위해서는 그린지역(Green Zone)의 확대를 통해 자전거와 같은 친환경 교통수단을 확대하는 것이 가장 중요하다.	0	3	1	2
19	증가하는 PM10을 해소하는 데 있어 현재의 저감방안들은 큰 실효성을 발휘하기 어렵다.	-1	-1	-1	0
20	서울시 대기환경오염에 있어 2차 오염물질인 미세먼지와 오존의 문제가 중요하게 대두되고 있지만, 아황산가스의 1차 오염물질이 여전히 더 시급히 해결해야 할 대기오염물질이다.	-2	-1	0	0

본 20개의 진술문 중 뚜렷한 특성(극단값)을 가지지 못하는 진술문은 6개이고, 열여섯 가지는 특성을 가지는 문항으로 확인되었다. 특히, 6번 문항과 7번 문항은 네 가지 요인 중 세 가지에 포함되어 중요한 분석 및 해석의 대상이었다. 요인분석결과는 의미를 두고 있는 진술문과(+3, +2) 그렇지 않은 진술문을(-3, -2) 중심으로 해석되는데 요인적재량은 제1요인이 4.61681로 가장 높았으며, 제2요인이 0.7975, 제3요인이 0.75393, 제4요인이 1.21371에 해당하였다.

이는 미래대기환경을 준비함에 있어 대기환경의 전문가들은 미래대기환경의 직접적 위해요인(대기오염원)을 가장 중요하게 고려하고 있으며, 다음으로 이를 대비할 수 있는 정부규제 및 정책이 수반되어야 함을 고려한 것으로 판단된다. 이후 시민들의 자발적이고 적극적인 사회적 책임이 수반될 필요가 있으며, 2차적 발생오염원들을 신경 쓰는 것은 가장 마지막에 고려해야 할 사항임을 확인할 수 있었다.

제 7 절 미래예측모형[11]

1. 정책델파이분석(Policy Delphi)

1) 개념 및 특징

델파이(Delphi) 기법은 전문가들의 주관적 견해를 최대한 살리기 위해 전문가들끼리 반복적으로 의견을 수렴하는 것으로, 그리스 신화의 태양신인 아폴로가 미래를 통찰하고 신탁을 하였다는 '델피의 신전'에서 유래된 것이다. 델파이 기법은 일반적으로 전문가들을 통해서 진행되는 경우가 많으며(권기헌, 2008b: 276), 대규모 정책연구에서 중요하고 핵심적으로 사용되는 분석방법이다.

일반적으로 고전적 델파이는 단순한 미래예측, 특히 미래의 사건 변화에 대한 전문가들 간의 합

11 필자의 졸저, 정책분석론(295-302쪽)의 제시내용을 재인용하였음.

의 도출을 위해 개발된 것인 데 비해, 정책델파이는 정책 문제의 잠재적인 해결방안을 둘러싸고 다양하게 제기되는 의견들을 노출시키고 종합함으로써 바람직한 대안의 개발을 위해 델파이 방법을 응용한 것이다. 즉, 정책결정 과정에서는 이해관계와 관점 그리고 입장을 달리하는 다양한 참여자들이 서로 다른 선호와 판단에 입각하여 다양한 정책대안을 제기하고 지지하게 되는데, 이때 정책델파이는 여러 사람들의 다양한 입장과 정책대안들을 드러냄으로써 창의적이고 바람직한 대안을 개발하는 데 목적이 있다(강근복, 2002: 115; 권기헌, 2008b: 277).

표 13-6 정책델파이 방법의 일반적 절차

단 계	절 차
사전준비단계	• 이슈의 명료화 • 전문가 선정 • 설문조사 설계
설문조사단계	• 1차 설문조사 실시 및 설문결과 분석 • 2차 설문서 개발 • 2차 설문조사 실시 및 설문결과 분석 • 3차 설문서 개발 • 3차 설문조사 실시 및 설문결과 분석 ※ 필요시 다음 설문조사 실시 (설문서 개발 → 설문조사 → 설문결과 분석)
평가 및 정리단계	• 결과의 정리 및 평가 • 최종보고서 작성

2) 방법 및 절차

정책델파이의 분석 방법 및 절차를 살펴보면 다음과 같다. 우선, 정책분석팀이 델파이 참여자를 선정하고 설문지를 설계한다. 대체적으로 첫 단계에서 쓰일 설문내용은 개방형 질문인 경우가 많지만, 정책분석팀이 정책문제와 가능한 해결방안에 대해 잘 알고 있는 경우는 구조적(선택적) 질문이 사용된다. 이렇게 설계된 설문지에 문제해결을 위해 하나 또는 두세 가지의 대안을 적거나 설문지에 제시된 대안목록 중에서 선택하면 되는데, 이때 중요한 것은 의견 제시는 익명으로 한다는 것이다.

설문지가 회수되면 분석팀은 응답결과를 분석하여 델파이 참여자들의 의견을 파악하여 정리한다. 정리된 대안들이 다시 참여자들에게 제공되면, 참여자들은 다른 사람들의 의견을 검토한 후 가장 좋다고 생각하는 대안을 우선순위를 정하여 선택하거나, 혹은 자신의 의견을 제시하도록 한다.

설문지를 회수하고, 의견을 정리하고, 다시 설문하는 절차를 몇 차례 되풀이한다. 이 과정에서 참여자들은 자신의 의견을 자유롭게 진술할 수 있는 기회를 가질 수 있어야 하고, 자신의 주장이

다른 사람의 것과 다를 경우 어떻게 다르며, 왜 다른가에 대한 전제조건들을 검토할 수 있어야 한다. 그리고 자신의 생각을 재검토하고 수정할 수 있어야 한다. 이런 과정을 여러 번 거쳐 대안이 2~3개로 압축되면, 마지막으로 회의를 소집해서 설문에 대한 응답을 통해 충분히 드러나지 않은 가정, 대안의 특징, 비용과 효과 등을 밀도 있게 토론함으로써 대안 탐색을 마무리 짓는다.

〈분석기법 활용사례〉 정책델파이를 이용한 Tucson 市의 지역성장 예측 연구

1. 개요 및 자료

아리조나 대학 연구소에서는 "Development of Tomorrow: Options and Choices"라는 주제하에 Tucson 市의 성장을 컴퓨터 시뮬레이션을 통해 6개의 지역성장 시나리오를 예측, 작성하였으며, 여기에는 계량모형에서 명시적으로 나타낼 수 없는 지역성장의 지역적, 정치적, 환경적, 그리고 기타 삶의 질 측면에 대해서도 포함시켜 정책델파이 방법으로 분석하였다.

2. 방법 및 절차

(1) 정책델파이 연구 1단계: 문제의 명료화(identification), 참가자 선정

첫 번째 과정은 광범위한 전문가와 참여자의 대표적인 패널을 형성하기 위해 몇몇 지역사회 유지와 관료들과의 인터뷰를 통해 제조업, 관광, 대학, 은행, 교통 등의 전문가로 구성된 대표 패널을 구성하였다.

연구참여자에게 델파이 과정에 대한 설명서, 기존의 대도시계획 보고서와 컴퓨터 시나리오 결과를 우송하였다. 1라운드의 설문지는 보고서 평가 내용 및 컴퓨터 예측을 통한 시나리오에 대한 폭넓은 견해를 유도하기 위한 개방형 질문지를 사용하였다.

(2) 정책델파이 연구 2단계: 제1라운드 응답분석, 후속 질문지 개발, 제2라운드 응답분석 및 반복 시행

2라운드의 질문지는 컴퓨터 예측에 의한 성장모형들을 소개하고, 가장 가능한 혹은 불가능한 모형을 선택하고 이유를 기재하도록 요구하였으며, 모든 시나리오에 대한 평가를 요청하였다.

이는 성장의 파급효과와 예측되는 파생결과에 대한 추가적인 개방형 질문의 형성이 가능하게 하였다. 개방형 질문은 최종보고서와 각종 대중매체에 사용될 인용문들을 제공하였고, 적절하고 중요한 문제의 범위를 정의하고 문제시 되는 많은 주제에 대한 사고와 논리를 이끌어내었다.

이러한 최초의 설문결과에 의거하여 다음과 같이 질문지를 구조화(構造化)된 형태로 재작성하여 핵심문제에 접근하였으며, 이를 통해 참여자들 간의 합의정도나 합의의 결여 정도를 측정하였다.

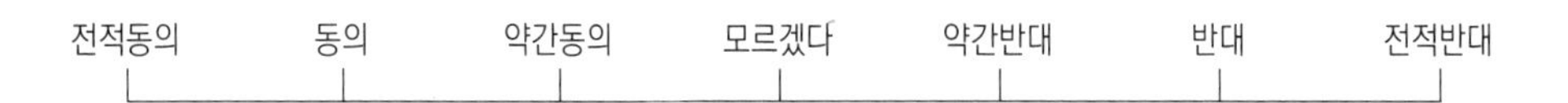

또한 응답자들로 하여금 규범적일뿐만 아니라 예견적인 판단들에 응답하도록 하는 다양한 문장들을 포함하였다. 그 결과 응답률이 개방형 설문에 대한 응답률보다 높은 것으로 나타났다. 다만, 몇 가지 중요한 정책이슈들에 대한 심층분석을 위해 다음과 같은 몇몇 부가적인 개방형 질문을 포함시켰다.

- *대학, 기술학교 수준의 고등교육은 참여자 대부분으로부터 높은 평가를 받았다. 학교들이 지역사회에 어떻게 더 기여할 수 있으리라 보십니까?*
- *10년 내 혹은 그보다 빠른 시일 내에 심각한 교통문제에 부닥치리라 예견되는 반면, 고속도로 건설에 대해서는 강력하게 반대를 하고 있다. 이러한 두 가지 상반된 입장을 어떻게 조화시키겠는가?*

(3) 정책델파이 연구 3단계: 최종예상결과 정리, 대면적 세미나 개최, 최종보고서 작성

정책델파이로 나타난 연구결과는 연구주체인 대학뿐만 아니라 지역사회에 여러 측면에서 유용한 결과들을 제공하였다.

첫째, 포럼은 연구에서 얻은 주요 성장 관련 이슈를 정책의제화(agenda building)하는 데 도움을 주었다. 즉, 이들은 포럼자체를 다시 세분화하여 조직화시키는 주제들로 작용하였으며, 이슈별 연구가 진행되는 데 기여하였다.

둘째, 델파이 방법에 의한 연구결과는 "제한된 합의(consensus)와 지속적인 의견차이(dissensus)"로 요약되며, 성장이 지속되리라는 전반적인 동의하에 정치적 여건 악화, 개인 및 집단이기주의 강화, 교통 위기 등 몇몇 이슈에 대해서는 일반적인 동의가 이루어졌다. 그리고 합의를 얻지 못한 나머지 많은 이슈들에 대해서도 델파이과정은 문제의 본질을 명확하게 하는 데 도움을 주었다.

셋째, 델파이 과정은 원자료에 대한 시나리오 결과를 보완하는 데 기여하였다. 예를 들어, 참여자 단체 내 전문가의 평가에 근거한 델파이 연구는 소수 및 특별집단에 대한 영향평가와 더불어 지역성장으로 인한 파급효과를 평가하는 데 도움을 주었다. 또한 델파이 과정은 급격한 성장시나리오와 온건한 성장시나리오가 지역사회에 미치는 영향이 어떤 차이를 지니는지에 대한 몇몇 시나리오들 간의 질적 차이를 명확하게 해주었다.

3. 분석결과 및 함의

정책분석가 및 정책결정자는 불확실한 상황에서 정책결정을 하게 될 가능성이 크고, 실제 정책의 결과와 파급효과에 대해 어느 정도의 예측을 하면서 정책분석 및 결정을 하지 않으면 안 된다. 이러한 상황에서 델파이의 기본논리를 이용하여 정책문제 해결을 위해 정책대안을 개발하고 정책대안의 결과를 예측하기 위해 전문가나 정책결정자가 심각하게 생각하지 못했거나 전혀 생각하지 못한 이슈들을 발굴하여 정책관련자들로 하여금 대립된 의견을 표출하도록 의도적으로 유도하고 최종적으로 이들을 수렴하는 방법인 정책델파이는 정책이나 의사결정을 위한 메커니즘으로뿐만 아니라 정책이슈를 분석하기 위한 도구로서도 큰 의미를 지닌다. 특히 지역분석분야에 있어서 정책델파이는 첫째, 계량적 자료에 질적 차원을 효과적으로 결합시켜 계량적 분석을 보완하는 역할을 하며, 둘째, 희소한 자료와 분석자료를 새로운 정책이슈로 전환시키는 데 효과적으로 이용하게 하고, 셋째, 개별적인 자료를 "유용한 지식"으로 변형·제공함으로써 지역분석 및 정책결정자에게 중요한 관심사를 촉구하게 해 준다.

2. 시나리오기법(Scenario Planning)

시나리오는 현재에서 미래시점까지의 경로를 서술하는 이야기(*narration*), 이미지(*image*), 또는 지도(*map*)를 의미하는 것이다. 시나리오는 정책 결정을 하기 위해서 정책적용 시 나타날 여러 가지 상황들이 어떻게 펼쳐질지를 알게 해주는 도구(Peter Schwarts, 1991)로 정의되거나, 단순한 정책예측(forecast)이 아니라 정책성공에 대한 비전을 명확하게 하는 도구(Michael Porter, 1996)로 정의될 수 있다. 즉, 시나리오는 정책상황의 '불확실성'을 적극적으로 해소하여 원하는 정책성공 비전(Policy vision)을 명확히 하고 체계적인 계획 수립에 결정적인 도움을 주기 때문에 정책도구로써 많이 활용되고 있다.

시나리오기법은 다양한 환경하에 발생하는 경로, 또는 어떻게 소망스러운 규범적 미래가 달성되는지에 대한 희망적인 질문에 초점이 맞춰지는 탐색적(*exploratory*) 방법이다. 따라서 시나리오는 정책환경에 대한 창조적 서술이며, 훌륭한 시나리오는 신뢰성, 객관성, 도전성, 중요성, 일관성을 갖추었을 때 비로소 의미가 있다. 또한 시나리오는 구성에 있어서도 일회성이 아닌 지속적인 과정, 단기적이 아닌 장기적인 과정, 강한 전략적 사고임과 동시에 복잡한 정책환경에 대한 전략 수립을 위한 과정에 항상 활용될 수 있다.

표 13-7 시나리오기법의 특징

특 징	주요내용
다수견해(multiple views)	• 미래에 대한 한 가지 이상의 견해를 포함 • 좋은 시나리오는 다양한 논리를 개발
정량적 변화(qualitative change)	• 사회적 가치, 기술변화 등 정량적인 동인을 분석
객관성(objective)	• 희망하는 미래가 아닌 발생할 수 있는 것을 서술
추상성(open-ended)	• 시나리오는 구체적인 서술을 제공하지는 않음
중요성(relevant)	• 가까운 미래 상황에 의미를 줌(정책결정에 중요한 요인분석)

자료: Hassan Masum, 2003; 권기헌(2008b: 230).

시나리오는 복잡한 정책환경에서 발현가능한 사회적 상황의 관점을 제공해 주며, 그렇게 함으로써 이 기법은 정책 분석가들이 필요로 되는 정책환경(Policy environment)을 보다 잘 이해하고, 이를 통해 비선형적 전략(*nonlinear strategy*)과 정책도구(*policy drivers*)들을 잘 개발하는 데 도움을 줄 수 있다.

'좋은' 시나리오의 특징으로는 첫째, 다수의 견해를 통해 다양한 논리를 개발할 수 있어야 하며, 둘째 정량적 변화를 분석하며, 셋째 미래의 발생가능성을 서술하는 객관성을 지니며, 넷째 추상적 수준의 견해를 압축적으로 표현하며, 다섯째 가까운 장래 상황에 대한 의미를 포함하며 정책결정에 중요한 요인분석을 제공해 주는 것이어야 한다.

〈분석기법 활용사례〉 독일 슈투트가르트(Stuttgart) 시나리오기법 적용 사례

1. 개요 및 자료

시나리오기법의 전형적인 사례는 슈투트가르트 광역대도시권의 공간 및 교통계획 간 통합 시나리오 모형에서 살펴볼 수 있다. 여기에서는 정책요소 선정을 위해 26개 도시·교통관련 요소를 시나리오 변수로 활용하였고, 시나리오기법 적용을 위하여 도시구조 변화와 도로, 철도 등 주요 지역단위 교통계획 등에 대한 기초조사를 수행하였다. 특히 도시구조 변화에서는 인구수 변화, 생산활동 인구수의 변화, 취업자 수(일자리 수)의 변화 그리고 도시화면적, 건물 및 공지면적을 포함한 토지이용 변화 등에 대한 조사가 이루어졌다.

2. 방법 및 절차

슈투트가르트 모델은 크게 세 가지의 시나리오로 구성되어 있다.

첫 번째는 지금까지의 상황을 그대로 유지하는 추세 시나리오(Scenario Trend)이고, 두 번째는 도시외곽에 공지를 확보하고 도심순환도로를 집중 건설하여 도심 고밀개발을 유도하는 시나리오(Scenario A), 그리고 세 번째는 이와 반대로 대중교통노선을 따라 교외지역을 집중개발하고 주로 교외의 주거지역을 연결하는 대중교통노선을 확충하여 외곽 분산개발을 유도하는 시나리오(Scenario B)가 있다.

시나리오 평가항목은 인구수, 직장수, 자동차수, 투자액, 운영비, 교통량, 환경오염 등을 선정하였다. 이에 대한 평가결과, 시나리오 B의 경우가 인구수, 자동차보유율, 통행수, 교통투자비 측면에서 유리한 것으로 나타났다. 반면 시나리오 A의 경우에는 교통운영비 측면에서 유리한 것으로 나타났다. 이러한 예측과 평가결과를 바탕으로 정책결정권자는 최적 시나리오를 선정할 수 있으며, 시나리오에 포함된 각종 정책들은 곧바로 광역대도시권의 도시 및 교통 관리정책으로 활용되고 있다.

평가항목		1990년	추세 시나리오	시나리오 A	시나리오 B
인구(명)		568,000	570,000	629,000	568,000
직장수(개)		441,000	477,000	493,000	441,000
자동차수(대)		264,000	340,000	354,000	298,000
자동차보유율(대/천명)		465	596	563	525
교통투자액(10억 마르크)		-	1,049	11,588	11,112
교통운영비(백만 마르크)		-	16	147	578
일통행수 (회/일)	도시지역	2.3	2.8	2.7	2.5
	외곽지역	3.4	4.7	4.8	4.9

자료: Steierwald, G. & Schoenharting, J. 1992. Integrated Transportation Planning in Metropolitan Stuttgart. University Karlsruhe.

3. 분석결과 및 함의

위에서 제시된 시나리오기법활용 사례는 도시 및 교통계획과 관련된 예측과 정책결정과정을 보여주고 있다. 이 연구는 무엇보다도 도시개발구성 단계에서 교통계획에 영향을 미치는 입지와 규모 등 도시계획적 요소를 반영하여 교통발생량을 판단하고, 교통계획요소 역시 과거의 시설공급정책에서 벗어나 수요관리 요소를 포함하였다는 점에서 많은 의의를 지닌다. 아래 〈그림 13-4〉는 이러한 도시계획과 교통계획요소 간의 피드백(feedback) 과정 속에서 도시계획과 교통계획의 통합적 추진을 위한 시나리오기법의 적용방안과 최적의 도시개발모델을 만들어가는 과정을 보여주고 있다.

도시개발정책의 과정에서 이러한 시나리오 기법의 활용은 선공급-후개발 정책의 실행을 가능하게 해주며, 시나리오의 일정한 변경을 통해 교통-도시 간 피드백과정을 거치면서 교통공급과 교통수요 간의 균형상태에 도달하게 해주는 분석도구라는 점에서 매우 큰 유용성을 지니고 있다.

그림 13-4

도시개발 및 교통계획과정에서의 시나리오 기법 적용방안

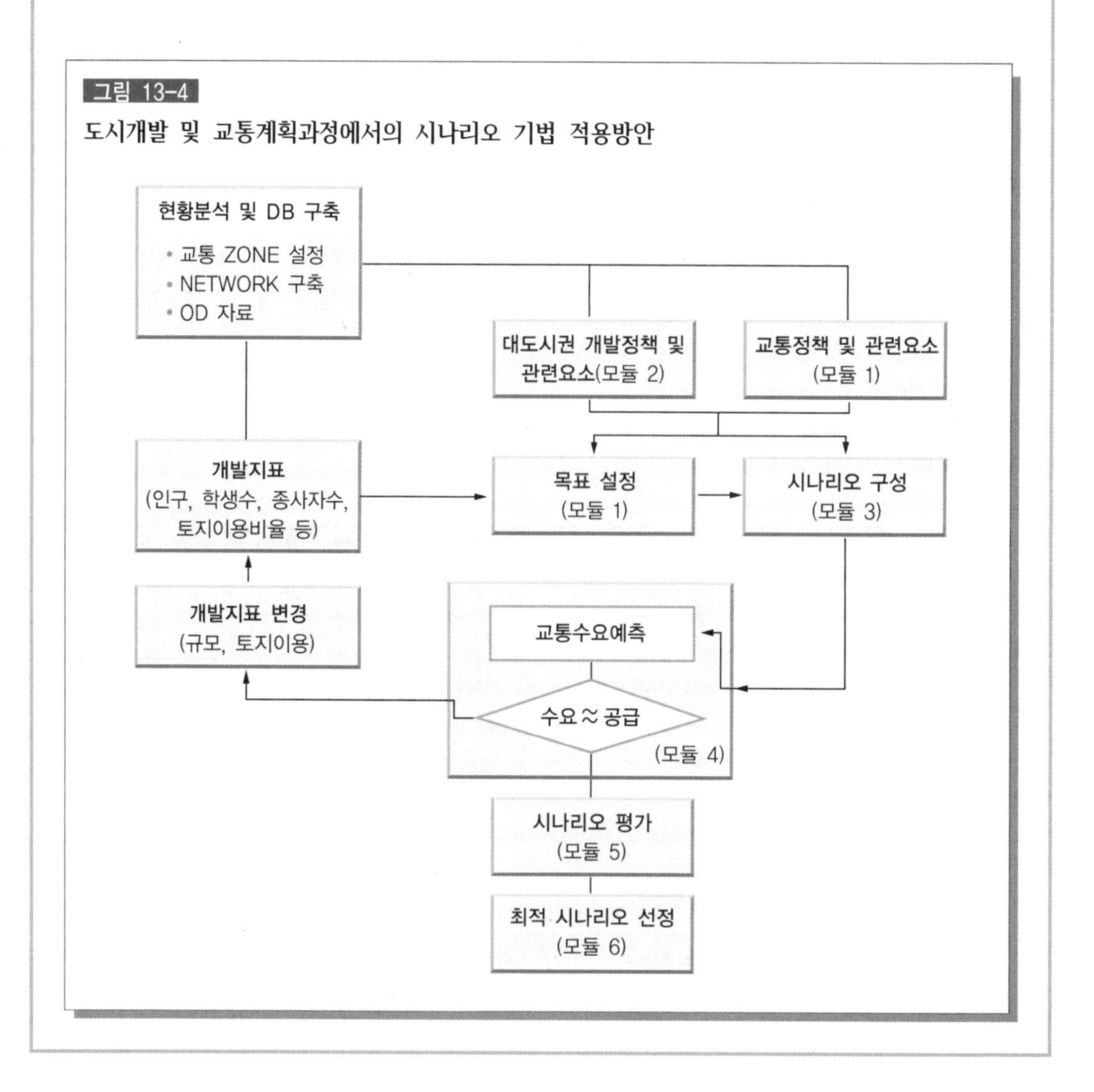

〈미래예측사례〉 시나리오 연구: 세계 미래에 관한 두 가지 시나리오[12]

1. 사례개요

미국 GBN의 회장이자 세계적으로 명성 있는 미래학자인 피터 슈와츠(Peter Schwarts)는 "불안정 세대인가?"라는 기조연설에서 청중들에게 자녀들의 삶이 자신들의 삶보다 나아질 것이라고 생각하는 사람이 몇 명인지에 대한 질문으로 연설을 시작하였다. 그러자 단지 10% 내외의 사람들만이 긍정적인 답변을 하였으며, 이는 지난 10년 전과는 확실히 다른 양상이었다. 피터 슈와츠가 제시한 시나리오는 다음과 같았다.

1) 비관적 시나리오: 무정부 상태로의 추락(Descent into Anarchy)

피터 슈와츠가 "무정부 상태로의 추락"이라고 명명한 첫 번째 시나리오에서는 미국과 러시아는 중앙아시아에서의 갈등으로 인해 위기에 처해있다. 광대한 지역을 점거하고 있는 마약 거물들과 극심한 인종차별 그리고 곳곳에서의 작은 분쟁들, 미국에서 테러들이 빈번하게 발생할 것이다. 이러한 상황들은 세계적으로 경제가 호황일 때에도 함께 여전히 존재할 것이다.

2) 낙관적 시나리오: 네트워크 서핑(Surfing the Net Waves)

피터 슈와츠는 좀 더 만족스럽고 낙관적인 시나리오가 있으며 이를 "네트워크 서핑"이라고 명명했다. 광범위한 틀에서 개개인을 위한 독특한 제품과 서비스를 의미하는 "제한된 틀"(narrow-catching)로 우리가 어떻게 옮겨가는지를, 개별 소비자들에게 더욱 더 가격 경쟁력이 있고, 개성적인 가치를 부여하는 컴퓨터, 자동차 그리고 다양한 전자 제품 산업 분야가 어떻게 변화해 가는지가 이 시나리오에서 그려지고 있다.

2. 쟁점 및 시사점: 시나리오 간의 비교

긍정적인 시나리오인 "네트워크 서핑"은 결국 새로운 안정적인 상태로 접어들면서 부가 크게 증가하는 성장률을 보이고 있다. 그러나 그림 아랫부분에 표시되어 있는 "무정부 상태로의 추락"은 잠재적으로 감소하고 있는 부의 형성과, 심한 변동성 그리고 고도의 갈등을 보여준다. 아직은 우리가 예측할 수 없는 훗날 만연하게 될 시나리오에서 보여주는 기간 동안 이 두 시나리오 사이에는 중요한 공통점이 있다는 것을 염두에 두어야 한다.

피터 슈와츠는 인류가 과학 기술의 인터넷 물결을 타고 혁신을 통해 미래로 나아가는 것에는 낙관적이다. 그러나 그는 성공하기 위해서는 누구도 전 세계적인 책임을 지지 않았던 세계 제1차 대전 이후와 반대되는 제2차 대전 후에 나타난 국제적 리더십과 유사한 형태의 새로운 리더십이 등장해야 한다는 점을 강조했다. 이러한 글로벌 리더십은 갈등(분쟁)들을 해소할 것이며, 격차를 완화하고, 무정부 상태로의 추락을 사실상 막아줄 것이라고 예측하였다(최항섭, 2006).

12 필자의 졸저, 미래예측학(272-273쪽)의 제시내용을 재인용하였음.

제 8 절 사회적 구성(Social Construction)모형

1. 개념 및 특징

사회적 구성주의는 실제라는 것은 사회 속에서 사람들 간의 관계에 의해 형성된다고 믿는 것이며, 사람들 간의 관계와 그 속에서 만들어진 실제에 대한 의미를 해석하는 데 주안점을 두는 관점이다. 따라서 실제는 우리의 인식과 동떨어져서 존재한다기보다는 우리가 그것을 어떻게 인식하느냐에 따라 달라질 수 있다고 가정한다(김명환, 2005). 이러한 사회적 구성주의는 정책학에 접목시키면 정책대상집단이 어떻게 형성되느냐에 따라 정책이 달라질 수 있음에 주목할 수 있다(Schneider & Ingram, 1993).

Schneider & Ingram은 '대상집단의 사회적 구성주의(*social construction of target population*)' 개념을 소개하면서, 정책 입안자들은 정책의 대상 집단을 긍정적 또는 부정적 측면에서 사회적으로 구성하고, 이러한 구성의 번영과 지속을 위해 혜택 또는 제재를 한다고 설명하였다. 이에 기초한 사회적 구성이론에서는 사회문제가 가치중립적이거나 객관적인 현상이 아니라 주관적이며 해석적인 사회적 관계의 결과물이라고 가정한다. 따라서 사회적 구성이론은 모든 사회적·정치적 상황을 간단한 경험적·객관적 분석으로 단순화시키는 기존 방법론을 지양한다. 대신에 사회적 구성이론에서는 상황의 다양성을 중요하게 다룬다. 즉 사회적 구성이론은 현실의 사회문제를 설명하기 위해서 이미지, 고정관념, 사람·사건에 대한 가치 등에 관한 해석이 이루어져야 한다고 주장한다.

이러한 관점에서 Ingram, Schneider & deleon(2007)이 제시한 사회적 구성모형은 사회적 구성을 포함한 대상 집단의 성격 규정, 정책의 정치적 속성들(수혜 또는 부담), 정책논리, 정책이 대상집단에 적합한 행동을 취하도록 동기부여를 하기 위한 도구들, 정책을 정당화하거나 설명하기 위한 논리적 근거들 및 정책 속에 내포된 메시지들 등 정책설계에 담겨 있는 요소들을 제시하였다.

2. 방법 및 절차

1) 사회적 맥락 분석

정책은 반드시 특정한 맥락에 적합하게 설계되어야 한다. 모든 사회현상은 맥락 속에 머물며 그 안에서 의미를 부여 받기 때문이다. 그렇기에 그 당시 사람들이 사는 방식, 신념, 가치관을 고려하여 그 속에서 정책을 설계해야만 한다. 이러한 측면에서 사회적 구성주의 관점에서는 주관적으로 사회 현상에 대해 해석하고, 그것의 맥락적 특성과 설계가능성과의 상호작용을 통해 정책설계가 이루어진다(김명환, 2005: 43-44). 즉, 다양한 입장과 측면에서 사회현상을 통찰하고 당시의 사회적 맥락과 결부시켜 정책의 필요성을 고찰해본 후 정책설계를 시작하는 것이다.

2) 대상집단 분류와 사회적 구성

대상집단은 정책의 구체적인 수혜 또는 제재를 받을 개인들의 집합이다. 정책결정자는 그 정책으로 인하여 영향을 받게 될 대상집단에 대해 본인들의 인식에 따라 혜택을 제공하며, 또 다른 집단에게는 부담을 주는 정책결정을 하게 된다.

정책결정자는 해당 정책의 수혜그룹(수혜집단 혹은 의존집단)과 비수혜그룹(주장집단 혹은 이탈집단)을 구분하여 이해하는데(문상호·권기헌, 2008: 110), 정치권력(Political Power)은 다른 집단과 쉽게 연합을 형성할 수 있는지, 얼마나 많은 자원을 보유하고 동원할 수 있는지, 집단의 구성원들이 높은 전문성을 가지고 있는지의 여부로 결정되며, 사회적 구성(Social Image)은 대상집단에 대한 긍정적 혹은 부정적 인식을 나타낸다. 이들의 사회적 구성이란 대상집단을 어떠한 틀 안에서 인식하고 특정 짓는다는 것인데, 중요한 점은 대상 집단의 사회적 구성을 통하여 어떤 집단에 대한 인식이 사회적으로 만들어지며, 그러한 인식이 정책설계에 반영된다는 것이다. 한편, 특정 대상집단은 하나 이상의 형태로 인식될 수도 있으며, 대상집단의 사회적 구성은 고정되어 있는 것이 아니라 계속 변한다(Schneider & Ingram, 1993: Ingram, Schneider & deLeon, 2007). 따라서 대상집단에 대해 사회적 인식이 어떻게 형성되느냐 하는 방향에 따라 정책설계도 달라진다.

그림 13-5

정책대상집단의 사회적 형성(Social Construction) 모형

정치적 권력 (Political Power)		사회적 형상(Social Image): 긍정적	사회적 형상(Social Image): 부정적
	높음	수혜 집단 (Advantaged)	주장 집단 (Contenders)
	낮음	의존 집단 (Dependents)	이탈 집단 (Deviants)

자료: Ingram, Schneider & deLeon(2007: 102)와 이영범 외(2008: 6)에서 재구성.

3) 정책도구, 정책논리, 정책메시지

우선 정책도구는 행위자 또는 대상집단에 동기부여를 제공하기 위하여 정책결정자와 행정가에 의해 고안된 도구이다. 또한 정책도구는 혜택에 대한 정책적 도구와 부담에 대한 정책적 도구, 또는 문제해결을 위한 도구로 구분된다. 즉, 지정된 상황 아래에서 어떠한 행동을 허락, 혹은 금지시키는 것이다. 다음으로, 정책결정의 주요사항을 나타내는 정책내용과 핵심요소의 배열 속에서 정책에 내포된 논리를 찾아볼 수 있다(Ingram & Schneider, 1991: 336). 대상집단에 따라 어떠한 정책적 도구가 공급되느냐에 따라서 정책논리가 다르게 형성될 수 있다. 마지막으로 정책메시지는 대상집단의 사회적 구성이 정부가 어떤 정책을 가지고 무엇을 해야 하는가, 어떤 종류의 태도가 민주사회에 적합한가 등에 관해 보내는 메시지를 의미한다.

4) 정책설계

정책설계는 누구의 입장에서 누구의 이익을 보다 반영할 것인가와 직결되어 있다는 점에서 정치적이다. 또한 정책설계는 핵심적인 아이디어들을 규정하고 쟁점사항들을 분리하고 정리하여 하나의 틀을 형성하는 과정이다(김명환, 2005: 41). 따라서 대상집단을 인식하고 혜택정책의 경우에는 수혜집단, 부담정책의 경우에는 이탈 집단에 그 인식이 가중되는 경향이 높은데, 이는 논쟁을 불러일으키기 쉽고, 이러한 논쟁을 통하여 대상집단에 대한 사회적인 인식이 변화하고 이로 인해 정책 또한 역동적으로 변화한다. 또한 이러한 과정을 통해서 정책은 계속해서 순환적으로 변화가 이루어지게 되는 것이다.

〈분석기법 활용사례〉 사회적 구성모형: IPTV도입 정책형성 과정에서의 대상 집단의 사회적 구성(형성)이론에 관한 연구

1. 개요 및 자료

이영범·허찬행(2008)은 Ingram과 Schneider(2007)가 제시한 사회적 구성(형성)이론(social construction theory)에 근거하여 우리나라 IPTV 도입정책 과정을 분석하였다. 이를 통하여 사회적 구성이론의 우리나라 정책사례에의 적용가능성을 검토하고 이론의 적용가능성을 높이기 위한 시사점을 도출하는 것을 부차적인 목적으로 하고 있다.

2. 방법 및 절차

정책설계에는 어떤 대상 집단의 이익이 보다 많이 반영되었는가에 따라 수혜나 부담집단으로 구분될 수 있다. 과거 또는 현재의 정책설계는 오랜 시간동안 정책결정자들이 대상집단, 그리고 그들에 대한 이익이나 제재의 배분을 규정하기 때문이다. 이때 정책설계는 사회적 맥락 속에서 다른 요인들과 함께 존재한다. 또한 대상집단은 정책 논리, 합리적 근거, 정책도구, 정책 메시지와 같은 정책설계의 다른 측면을 통해서 영향을 받는다.

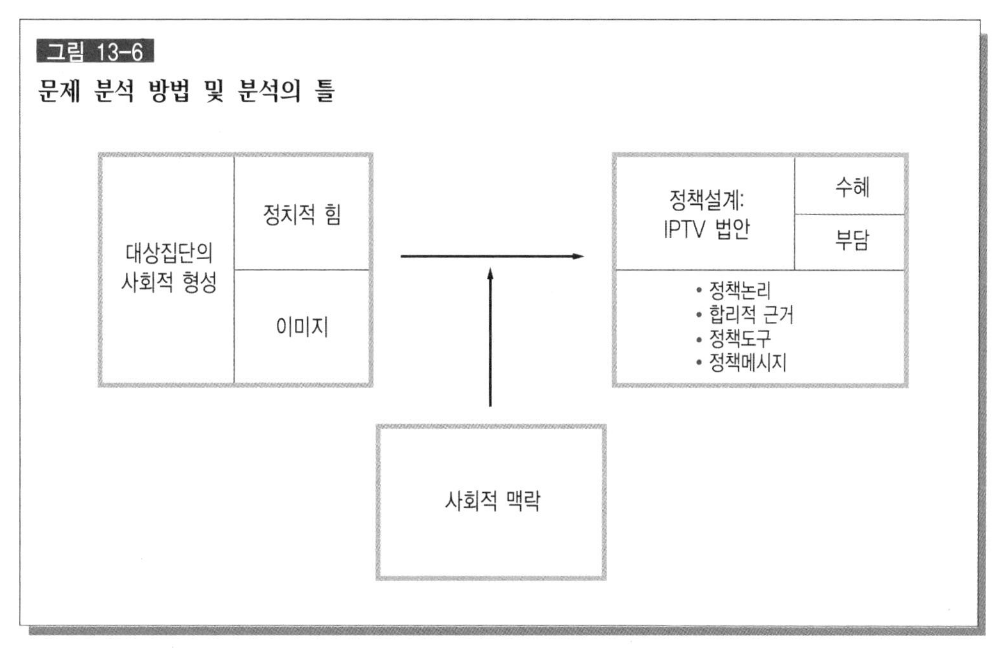

자료: Ingram, Schneider & deLeon(2007: 102)와 이영범 외(2008: 6)에서 재구성.

IPTV 도입 정책은 정책결정주체가 정부에서 입법을 담당하는 국회로 넘어갔고, 따라서 국회의 입법과정을 통하여 정책설계에 관하여 파악할 수 있다. 보다 구체적으로는 명문화된 법률이라는 텍스트, 그리고 실질적인 논의의 결과인 회의록을 통하여 대상집단의 사회적 구성에 대하여, 그리고 정책설계와의 관련성을 파악할 수 있다.

이때의 대상집단은 보다 구체적으로 유료방송시장에서의 시장지배적 사업자로서 새로운 시장 참여를 받아들이고 경쟁해야 하는 케이블TV사업자와, 신규로 시장에 진입하고자 하는 시장지배적 기간통신사업자인 KT라는 대상으로 모아진다.

정책은 참여 대상집단 간 서로 다른 신념체계, 경험, 결과에 대한 기대에 바탕을 두고 경쟁하고, 이때 정치는 특정 형상 이미지(constructions)와 그들의 영향력(consequence)의 채택을 얻기 위해 투쟁을 지속하는 과정으로 볼 수 있다. IPTV 도입 정책 역시도 이러한 참여 대상집단 간의 신념체계, 경험, 결과에 근거한 이해관계, 그리고 그에 따른 사회적 구성 이미지와 영향력의 경합과정으로 분석할 수 있다.

3. 분석결과 및 함의

사회적 구성 모형에 의하면, 정책결정자는 대상집단의 힘과 이미지에 대한 인식에 따라 대상집단을 유형화하며, 이에 따라 정책설계 시 편익과 부담을 차별적으로 적용한다는 것이다. 해당 연구에서 이러한 논의를 IPTV 정책 도입과정에 적용해 본 결과, 국회 방송통신특별위원회라는 IPTV 정책결정의 주된 행위자는 KT로 대표되는 통신사업자를 수혜집단으로 인식하여 IPTV 사업자로써의 선정이라는 편익을 제공하였고, 반면 케이블TV로 대표되는 방송 사업자를 이탈 집단으로 인식하여 멀티미디어 TV 시장에서 KT라는 거대 기업과 경쟁하도록 하는 부담을 지웠음이 나타났다. 다만, 수혜 집단과 이탈 집단의 힘과 이미지에 대한 구체적 분석 결과, KT는 긍정적 이미지로 수혜집단이 된 것이 아니라, 케이블TV 사업자들의 부정적 이미지가 정책결정자들에게 워낙 강하게 인식되어, 그 반사이익으로 정책의 수혜를 받았음이 나타났다.

그림 13-7

대상집단의 사회적 구성

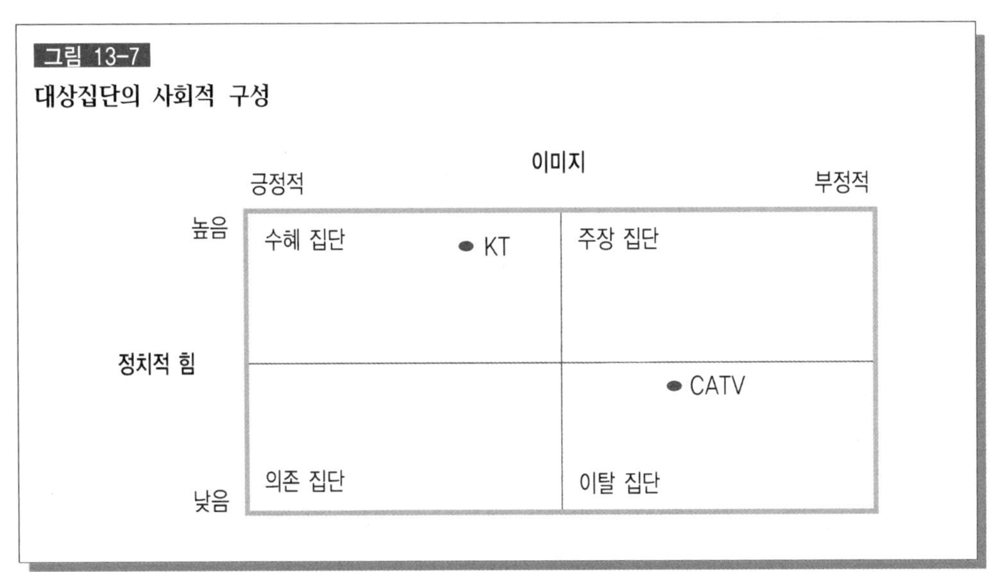

자료: 이영범·허찬행(2008), "IPTV도입 정책 형성 과정에서의 대상 집단의 사회적 형성과 정책 설계에 관한 연구: 국회방송통신특별위원회 논의를 중심으로", 한국행정학회, 하계학술대회 발표논문집.

이처럼 사회적 형성 모형은 정책결정자의 대상집단에 대한 인식에 따른 사회적 구성을 주요한 분석도구로 삼는다. 정책은 참여 대상집단 간 서로 다른 신념체계, 경험, 결과에 대한 기대에 바탕으로 두고 경쟁하고, 이때 정치는 특정 형상 이미지(constructions)와 그들의 영향력(consequence)의 채택을 얻기 위해 투쟁하는 과정이다. 사회적 구성 모형은 정책대상집단을 하나의 사회적 인식과 분리된 객관적 실체로 보는 게 아니라, 정책결정자는 대상집단의 힘과 이미지에 대한 인식에 따라 대상집단을 유형화하며, 이에 따라 정책설계를 하며, 그에 따른 정책결과의 함의를 논의한다는 점에서 매우 의미 있는 분석모형이라고 하겠다.

제 9 절 복잡계모형과 카오스 이론

1. 개념 및 특징

사회과학 연구에 있어서 복잡성(*complexity*) 또는 복잡계(*complex systems*)의 개념은 Flood(1987)가 문제해결을 위한 인식론적인 틀로서 처음으로 소개하였다(Flood and Carson, 1988: 19). Flood에 의하면 복잡성이란 체계 또는 시스템 속에서 상호작용하는 연관된 구성요소들 간의 특성들의 총합으로 우리가 지각적으로 이해하는 상태이다. 복잡계는 단순한 복잡함을 의미하는 것이 아니라 함께 엮임으로써 혼란스러워 보이지만 질서정연한 상황이 복잡한(*complex*) 것을 의미한다(김기형, 2009: 26; 김민석, 2010: 176). 복잡계 사고에서 전체와 부분은 상호작용을 하는 비선형의 관계로서 이해되고 안정과 불안정이 서로 모순되며 미래 예측과 통제가 어렵다는 시각을 가지고 있다. 복잡계의 상호작용은 국지적으로 이루어지며 부분에서 전체의 일관된 행동패턴을 발현시켜주는 것으로 단순한 기계적 사고와 차이가 있다.

복잡계적 사고의 등장은 사회 네트워크가 복잡해지고 역동적으로 작용함에 따라 증가하는 사회현

그림 13-8

인간의 복잡성(Human Complexity)

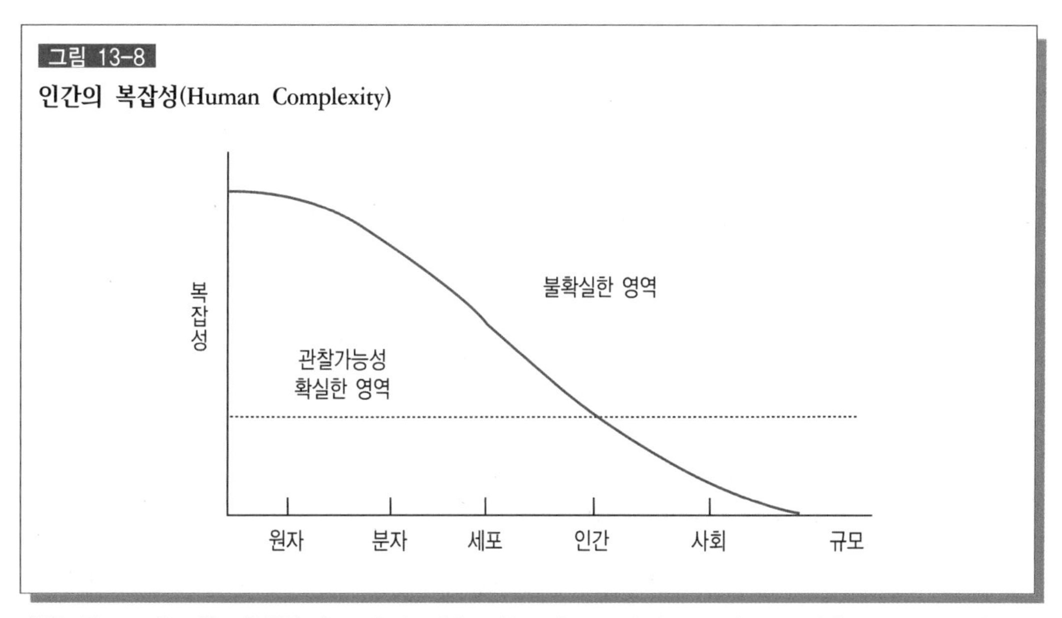

자료: Yaneer Bar-Yam(2002), Complexity rising: From human beings to human civilzation, a complexity profile, p. 9, 재인용.

그림 13-9

복잡계 모형

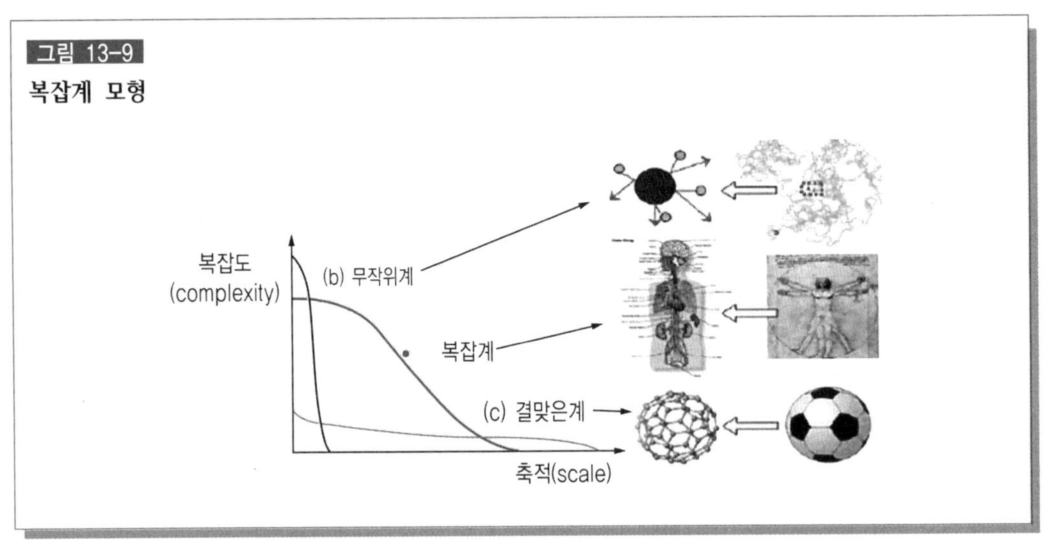

자료: 삼성경제연구소(2010. 6).

상의 예측 불확실성을 극복하고자 하는 노력의 일환으로 볼 수 있다. 이러한 복잡계 개념의 기원은 첫째, 현상에 영향을 주는 변수의 종류와 수가 많아짐에 따라 복잡함이 증가하였고, 둘째, 현상에 개입하는 각 변수에 따른 각각의 인과관계에 대한 이해 부족에 따른 예측의 부정확성 문제, 셋째, 정보기술의 발달로 인해 현상에 개입하는 각 변수들의 상호작용이 확대되어 현상이 더욱 복잡해졌기 때문이다. 복잡성은 대상의 정보 정확성에 따라 감소하지만, 관련된 행위자들의 규모와 범위가 커짐에 따라 상호작용이 역동적으로 확대 변화되므로 비선형적으로 증가하게 된다. 특히 현상의 복잡성은 위 그림과 같이 미래의 예측과 통제의 불확실성 규모와 범위가 확대되어지는 것을 보여준다.

복잡계의 특성은 창발성이다. 창발성은 복잡해 보이는 현상 속에 질서를 부여하는 성질의 발현으로 현상의 구성요소들이 자발적 상호작용을 통해 새로운 질서를 만들어내는 것을 의미한다. 즉, 창발현상이 보이는 시스템을 복잡계로 설명할 수 있다. 다음 그림은 앞서 설명한 창발의 개념화를 잘 보여준다.

2. 방법 및 절차

1) 복잡계모형을 이용한 연구방법 및 절차

복잡계모형을 통한 연구방법은 정성적인 방법과 정량적인 방법으로 나누어 볼 수 있다. 우선 정성적인 방법은 '은유적 분석'이라고 할 수 있는데 복잡한 이론을 직관적으로 활용하여 사회과학의 복잡한 현상을 이해하고자 하는 것을 의미한다. 다음으로 정량적인 분석방법은 다수의 구성요소들

표 13-8 복잡계 방법론의 분류

		분석의 기법	
		계산적 방법론	해석적 방법론
분석의 초점	시스템의 미시적 메커니즘	행위자 기반모형 예) 다중행위자 모형, 복잡네트워크 모형	합리적 선택모형 예) 게임이론적 모형
	시스템 변수	매크로 시뮬레이션 예) 시스템 다이내믹스	해석적 매크로모형 예) 비선형 시계열모형

자료: 윤영수·채승병, 2005: 248.

의 동태적인 변화를 해석적 모형이나 계산적 모형으로 모형화하여 컴퓨터 시뮬레이션함으로써 의미 있는 값이나 패턴을 찾아내는 것을 말한다(윤영수·채승병, 2005: 246-250; 이승재, 2009: 140-142).

(1) 정량적 분석방법

정량적 분석방법으로는 분석대상을 미시적 구성요소들의 관계에 초점을 맞추느냐 아니면 시스템과 관련된 주요변수들에 맞추느냐에 따라 구분될 수 있으며, 은유적 분석을 통해 얻어진 결과를 연역적인 방법으로 접근한 해석적 방법론/해석모형(*analytical model*)과 컴퓨터를 통한 계산적 방법론/계산모형(*computational model*)으로 나누어 볼 수 있다.

(가) 행위자 기반모형

행위자 기반모형(*agent-based model*)은 행위자 수준에 초점을 맞추어 작은 복잡계를 구현하는 계산 모형이다. 즉 상호작용하는 많은 행위자들로 이루어진 작은 가상세계가 곧 행위자 기반모형이다(유인준, 2006). 그 예로서 다중행위자 모형을 들 수 있다. 다중행위자 모형은 단위 셀공간을 이동할 수 있는 다수의 행위자를 가지며, 행위자들은 외부의 통제를 따르지 않고 현재의 상황에 따라 프로그램된 규칙에 의하여 자발적(*autonomy*)으로 행동하며, 행위자들끼리 사회적 작용을 가질 수 있고, 또한 외부환경이나 다른 행위자들의 자극에 반응(*reactivity*)할 수 있으며, 내재된 목표를 가지고 주도적으로 행동하는 특성을 가지고 있다. 이러한 분석방법을 도와주는 소프트웨어로는 SWARM/REPAST/NETLOGO 등이 있다.

(나) 복잡네트워크 모형

복잡네트워크 모형은 복잡네트워크로 어떤 사람이 인간관계의 중심성에서 다른 사람들에게 강한 영향을 끼치고 있는가 하는 중심성 문제와 사람과 사람의 관계가 어떻게 맺어지는지에 대한 연결성의 문제를 주로 다루는 것이다(유인준, 2006). 구성요소의 수가 매우 많아지고 연결의 밀도나 강도 그리고 동태적인 특성이 반영됨으로써 복잡해진 네트워크의 관계를 규명하려는 모형이다. 이러한 모형의 분석도구로는 PAJEK/CFinder/NetMiner 등이 있다.

(다) 시스템 다이내믹스 모형

시스템 다이내믹스는 시스템의 변화를 야기하는 요인들 간의 상호관계를 현실적으로 묘사하여 성장이나 변화패턴을 추정하는 방법이다. 복잡한 시스템의 동태적 특성, 의사결정, 시간지연 등이 상호 연결 및 피드백 구조를 가지고 시나리오별로 결과를 신속히 예측하여 효율적인 전략수립 및 수행이 가능하고 결과에 대한 원인을 추적하여 최적의 의사결정을 지원하는 방법론이다. 분석 소프트웨어로는 Stella & Ithink/PwerSim/VenSim 등이 있다.

(2) 정성적 분석방법

정성적 분석방법은 합리적 선택모형은 문제의 명확화, 동태적 가설의 수립, 모델의 구축과 검증, 정책평가의 절차로 이루어지며, 진화게임이론 등으로 발전하여 동태성이 접목되었다. 해석적 매크로 모형은 특정 시간에서 균형상태의 조건이나 시스템 변수를 추적한다. 시계열의 안정성 확인, 선형모형 적용, 유효성 검증, 혼돈성 확인, 원시데이터와 대리데이터에 대해 비선형 모형 적용, 유형성 검증, 예측의 절차로 이루어진다.

위와 같은 방법들은 모든 연구대상과 내용에 적합성을 지는 것은 아니므로 연구 목적과 분석대상의 특성에 맞추어 선별적으로 활용해야 한다는 것을 유념할 필요가 있다(허영주, 2011: 17)

3. 카오스 이론을 이용한 연구방법 및 절차

카오스 이론과 복잡계 모형은 비슷한 개념이나 다소 다른 개념이다. 〈그림 13-10〉에서 보듯이 카오스 이론은 사회의 역동적인 변동과정을 통해 기존의 복잡계 질서가 어떻게 카오스로 전환되고 카오스로부터 어떤 새로운 질서가 창조되는지의 과정을 보여주고 있다.

카오스 이론에서 중요하게 사용되는 개념 혹은 분석특징은 자기조작화, 공진화, 비선형성, 창발성, 비평형상태, 편차증폭 순환고리, 분산구조, 계층성과 자기유사성 등으로 볼 수 있다(이광모, 1988; 이광모·최창현, 2002).

첫째, 자기조직화는 네트워크 구성요소의 상호작용과정에서 구성요소들은 스스로 자신들을 생산해냈던 것과 똑같은 네트워크를 생산해내는 개념을 말한다. 따라서 카오스 이론에서는 질서와 조직화가 사실상, 자기조직화의 과정을 거쳐 무질서와 혼돈으로부터 자생적으로 발생할 수 있다고 본다. 이 개념은 자기조직화가 원활하게 일어날 수 있도록 조건을 만들어주는 것이 정책실패를 줄일

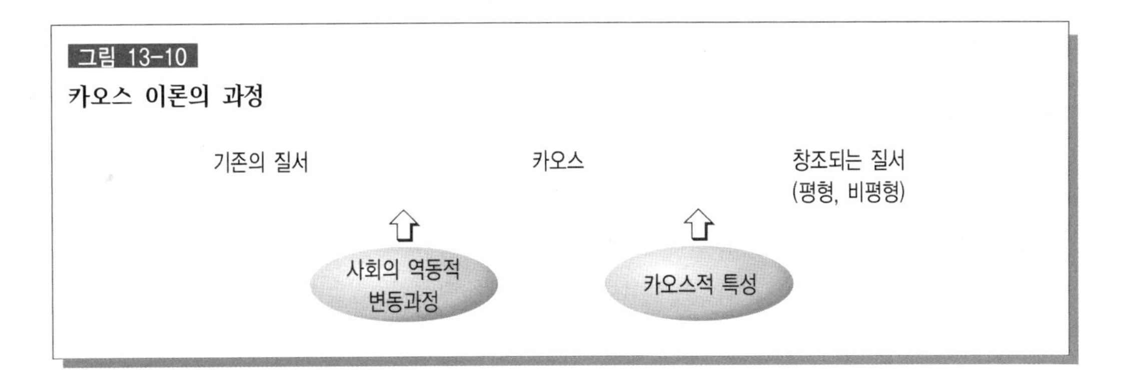

수 있다고 본다.

둘째, 공진화는 시스템을 구성하는 각 개체들이 끊임없이 서로에게 적응하면서 변화해 가는 과정을 의미한다. 이러한 공진화의 핵심개념은 전후 인과과정으로 적자생존의 진화로 보지 않고 개체가 전체를 진화시키고 전체가 개체를 진화시키는 상호 공생진화에 관심을 두고 있다. 다시 말해서 지속적인 상호관계 속에서 서로 의존하는 종들이 함께 진화한다는 설명이다. 따라서 카오스 이론에서는 여러 가지 패러독스를 무시하거나 예외적인 현상으로 여기지 않고 오히려 중요한 하나의 원리로 간주하고 있다.

셋째, 비선형성은 카오스 이론의 관점에서 보면 투입된 것보다 결과는 더욱 크며, 미래에 대한 예측은 근본적으로 불가능하다는 것이다. 따라서 정책결과는 초기 조건의 극도의 초기치 민감성으로 인하여, 또는 비선형관계와 순환고리에 의해 조그만 초기 조건의 차이가 걷잡을 수 없이 증폭되어 다른 결과를 나타내게 되고, 이것이 소위 "혼돈"인 것이다.

넷째, 창발성이다. 체제내의 독립적인 행위자(구성요소)들 간의 상호작용으로 창발성이 발생되는데, 이는 단순한 개별적 행동의 집합으로 이해할 수 없는 특징을 갖게 된다. 체제의 이러한 창발적 특징은 미시적 수준에서는 구분이 안 되며, 거시적 수준에서 구분되는 것이다. 자기조직화의 창발성은 외부로부터 강요되는 것이 아니라, 체제 자체에 기능하는 내재적인 것이며 자연스러운 자생적 개념인 것이다.

다섯째, 비평형상태이다. 이 세상에는 평형상태만이 유일한 현상은 아닌 것이며, 비평형상태도 있는 것으로 본다. 성공적인 비평형시스템은 안정적, 불안정적 평형을 동시에 지니고 평형으로부터 멀리 떨어진 상태를 유지하면서 조직을 계속 비평형의 영역에 머무르게 해야 한다는 것이다.

여섯째, 편차증폭 순환고리이다. 이는 어떤 하나의 큰 변화가 더욱 큰 변화를 유발하게 되고, 작은 변화는 더 작은 변화를 촉발시키는 현상을 보여줌으로써 시스템의 변동을 성명하는 데 매우 유용한 원리이다.

일곱째, 분산구조이다. 분산구조란 어느 시스템에 요동이 일어나면 평형상태의 시스템은 안정구조가 깨어지면서 임계순간 또는 분기점에 다다르게 되고, 이 분기점에서 다음 상태를 미리 예측하는 것은 불가능하며, 모든 가능성이 열려있는 상태이다. 즉, 조직이 쇠할 수도 흥할 수도 있는,

언제라도 상대방으로 변할 수 있는 상태인 것이다.

여덟째, 계층성과 자기유사성이다. 이 특징은 부분과 전체가 서로 닮아있는 구조를 뜻하며, 프랙탈 구조를 지향하는 것이 특징이다.

〈분석기법 활용사례〉 카오스 이론: 새만금 사업의 적용

1. 새만금 사업의 진행과정

김태영(2005)은 카오스 이론을 활용하여 관광정책 이해관계자의 갈등관리 방안에 관한 연구를 새만금 사업을 중심으로 한 바 있다.

새만금 사업은 1987년 처음으로 계획되기 시작하여 1991년에 기공된 세계 최대규모의 간척사업으로서, 간척사업으로 생긴 시화호의 오염 때문에 국민의 관심(사업반대운동)을 끌기 시작하였다(1996년 방류). 이후 1998년 김대중 정부의 출범과 함께, 환경운동단체들은 새만금 사업 백지화를 위한 운동을 벌이기 시작하였다.

이러한 운동에 대응하기 위해 1999년 1월 유종근 전북지사는 새만금 사업의 전면 재검토를 위해 민관이 함께 참여하는 공동조사단 구성을 제의하였으며, 1999년 5월 '새만금 사업 환경영향 민관공동조사단'이 발족하였다.

정부와 환경단체들이 각각 추천한 전문가들이 경제성분과, 수질분과, 환경분과로 나뉘어 1년 이상 연구했지만, 이들의 철학, 이론, 방법론, 모든 것이 달랐기 때문에 연구는 제대로 이루어지지 못하였다. 특히 경제성분과는 결론 도출방법에 대한 합의를 이루지 못한 채 편익과 비용을 찬반 입장을 가진 연구자들이 따로 분석하여 공동조사단이 파행되는 원인을 제공하였다. 공동조사단 안에서 찬반 입장이 극도로 대립되어 합의된 결론을 얻지 못한 채, 공동조사단장은 2000년 8월 보고서를 정부에 제출하였다.

이후 환경단체의 새만금 사업 반대운동과 '전북지역'의 찬성운동이 격렬하게 대립하였으며, 대통령자문 지속가능발전위원회의 토론회, 언론의 집중보도, 종교인들의 '새만금 생명평화운동' 등 격렬한 환경갈등과 녹색정치가 2001년 5월까지 계속되었다.

2001년 5월 25일 김대중 정부는 "새만금 사업을 계속 추진하되 수질이 나쁜 만경유역의 개발은 수질개선이 이루어진 후 순차적으로 개발하겠다"라고 결정하였다. 이에 새만금 생명평화연대는 "새만금 시국선언"을 발표하고 끝까지 싸울 것을 결의하였다. 참여정부 출범 이후 성직자들의 3보 1배로 새만금 문제는 다시 사회적 문제로 부각되어 새만금 추진 측 전북도민과 반대 단체들 사이의 격렬한 사회갈등이 재연되었다.

이 가운데 갯벌을 살리면서 간축규모의 축소, 전북 경제발전 대안수립 등의 새만금 사업 대안논의가 진행되어 왔으며 법원의 '새만금 공사 중지 가처분 승인'으로 새만금 사업 문제는 사법부, 행정부, 국회, 전북도민, 시민이 모두 참여하는 최고의 환경갈등 사안으로 확산되었다.

거시적 관광정책환경에서 새만금 사업은 지속적인 경기침체, 집단이기주의, 환경보전 등의 요인들이 영향을 미쳐 미시적 관광정책환경인 건교부, 환경부, 문화부, 전라북도, 농촌기반공사, 환경단체, 전문가, 지역주민 등의 이해관계자의 갈등을 증폭시켜 혼돈의 상황에 직면해 있다. 다시 말하면 정부는 국토균형발전 및 경제력의 한 단계 도약을 위한 돌파구로서 확고한 개발의지를 가지는 반면에 환경단체는 해수유통과 갯벌 보호라는 자연환경훼손 방지의 절대적인 입장을 표명하고 있으며, 지역주민은 지역경제의 활성화는 기대하지만 반대급부는 최소화하려는 지역이기주의에 물들어 있는 상태였으니 다양한 이해관계자의 요구가 섞여 있는 상태였던 것이다.

2. 새만금 사업의 이해관계자 갈등 분류

1) 가치관 갈등

새만금 사업의 가치관 갈등은 갯벌 가치에 대한 논쟁을 중심으로 진행되어 왔다. 생태계의 보고로 알려진 갯벌은 그 무엇과도 바꿀 수 없다는 게 사업 반대 측의 입장이다. 반면 사업 찬성 측은 새만금 지역을 간척하더라도 새로운 갯벌이 생겨날 것이며, 생태계는 새로운 환경에 잘 적응할 것이라고 주장한다. 갯벌 가치 외에도 담수호의 수질과 그 자체의 필요성에 대해서도 논란이 있었다. 사업 반대 측에서는 수질 및 갯벌을 보전하기 위해서는 해수유통이 반드시 필요하다는 입장이다. 반면, 사업을 찬성하는 측에서는 농업용수를 공급하고 홍수를 방지하기 위해서는 오히려 담수호가 도움이 된다는 입장을 견지했다(김종호 등, 2004).

2) 이해관계 갈등

갯벌의 상실로 인해 직간접적 피해를 받는 어민들과 간척사업을 통해 전북발전의 활성화를 기대하는 전북도민들 간의 내부적인 이해갈등이 있었다. 사업 찬성하는 주민들을 비롯해 정부 측은 이미 합당한 보상절차를 모두 거쳤다고 주장했으나, 보상 대상 주민들의 입장은 달랐다. 보상액의 크기는 어장 소유 혹은 어선 소유 등이 기준이었다. 하지만 어장 소유자들 중 많은 비중이 외지 사람인 경우가 많았고, 평생을 어업에 종사해온 사람들이 일정액의 보상금을 받았다 하더라도 자신들 삶의 방식을 바꾸기는 어려운 상태였다(문경민, 2000).

3) 사실관계 갈등

사업 반대 측에서는 갯벌의 생태적, 경제적 가치로 보아 보전이 바람직하다는 입장이다. 이는 1997년 "Nature"지에 갯벌이 농지에 비해 100배 이상의 가치가 있다는 Constanza의 논문 등에 기인한 것이다. 이들은 또한 새만금 갯벌의 오염물질 정화효과가 하수처리장 40개소 건설에 버금간다며 갯벌 보존을 주장했다.

반면 사업을 찬성하는 측에서는 농지도 생태적, 경제적으로 탁월한 가치가 있음을 주장했다. 그리고 갯벌이 농지보다 100배 이상의 가치가 있다는 외국 전문잡지는 해석상 오류를 범했으며, 갯벌 정화효과도 단순계산에서 비롯된 것이라며 맞섰다(박재근, 2004).

경제성 평가 외에 담수호 수질에 대해서도 논쟁이 있었다. 사업 반대 측에서는 오염물질의 대량유입으로 새만금의 제2의 시화호가 될 것이라는 우려는 표명했다. 하지만 사업 찬성 측에서는 농업용수에 적합한 수질기준은 충족시킬 수 있다는 입장으로 맞섰다(새만금 사업 환경영향 공동조사단, 2000).

4) 구조적 갈등

사업 반대 측에서는 새만금 사업이 정치적 결정에 의해 시작되었다고 평가했다. 여러 차례 대선에서 호남유권자들을 의식하여 정치권이 경쟁적으로 새만금 사업을 대선공약으로 내세웠다는 것이다. 따라서 사업의 경제성이나 환경성에 대한 적정한 평가 없이 공약사업의 추진이 진행되었다고 주장하였다(문경민, 2000). 반면 사업 찬성 측에서는 환경영향평가 및 보상 등 적합한 모든 절차를 거쳤다는 입장이다. 그리고 환경영향평가가 이루어진 당시 사회적 여건과 현재의 사회적 여건이 달라졌다는 점은 인정하지만, 당시로서는 최선을 다했다는 것이다(박재근, 2004).

3. 새만금 사업의 카오스 이론 적용

새만금 사업의 이해관계자 갈등은 〈표 13-9〉에서 보듯이 카오스적 상황을 띄고 있다. 먼저, 새만금 사업 이해관계자 갈등의 카오스적 상황은 시화호 사업 등의 초기조건을 간과한 것이 주요 원인으로 볼 수 있으며, 이후 국민의 정부 출범에 따른 정책환경의 변화에 따라 이해관계자 갈등은 증폭하게 된다.

또한 이해관계자 간의 갈등해결을 위해 '민간공동조사단'의 발족 이후 공진화 현상을 보였으며, 정부제출 보고서에 이미 갈등이 내재되어 있었기 때문에 편차순환고리에 의해 이해관계자 갈등은 극대화된다.

이에 따라 갈등, 갈등 + 합의, 합의라는 상황의 가능성이 열리게 되었으며 정부의 개입으로 갈등은 갈등과 합의의 공전인 비평형상태로 1차적 해결을 이루게 된다. 이후 성직자의 3보 1배는 다시 갈등을 증폭하게 되며 다시 정부의 개입으로 현재 공진화의 상태에 머물고 있다.

표 13-9 새만금 사업의 카오스적 상황

카오스적 상황	일 자	주요 내용
질서	1987	새만금 사업의 계획시작
질서	1991	새만금 사업의 기공(대규모 농지 및 담수호 조성이 목적)
비선형성	1996	시화호의 오염으로 환경단체들이 새만금 사업의 환경오염성 제기
편차증폭 순환고리	1998	국민의 정부 출범 이후 새만금 사업 백지화 운동 시작
공진화	1999. 5	공사 중단 및 '새만금 사업 환경영향 민관공동조사단' 발족
편차증폭 순환고리	2000. 8	2000년 공동조사단이 작성한 보고서를 정부에 제출
분산구조	2000. 8~ 2001. 5	환경단체와 종교인 등의 반대, 전북지역 등의 찬성으로 갈등 양분
갈등의 1차적 해결	2001. 5	'새만금 사업을 계속 추진하되 수질이 나쁜 만경유역의 개발은 수질개선이 이루어진 후 순차적으로 개발하겠다'고 결정
편차증폭 순환고리	2003. 3	전북 부안에서 청와대까지 성직자들의 새만금 갯벌살리기 3보 1배
공진화	2005. 2	새만금 공사 중지 가처분 승인 후 환경단체와 농림부 각각 항소

자료: 김태영(2005: 107-130).

새만금 사업 이해관계자 갈등의 증폭은 갈등의 다음 가능성을 위한 과정이다. 첫째, 갈등의 다음 가능성에 도달하기 위해서는 갈등이 분산구조에 이르러야 하기 때문이다. 둘째, 갈등의 증폭은 통제되거나 제거되어야 할 요소가 아니며 다음 가능성을 위한 과정이라 할 수 있다.

뉴턴적 패러다임에서 이해관계자의 갈등은 의견불일치, 대결국면, 격화국면, 진정국면, 갈등해소의 제 과정을 거치게 되는 것과 마찬가지로 카오스적 패러다임에서도 이해관계자의 갈등은 갈등의 발생, 갈등의 심화, 갈등의 혼돈상황, 갈등 혹은 갈등과 합의의 공존(비평형상태) 혹은 합의의 제 과정을 거치게 되는 것이다.

〈그림 13-11〉은 새만금 사업에 카오스 이론을 적용한 모델로서 다음과 같이 설명될 수 있다. 최초 이해관계자의 합의 상태에서 비선형성을 통해 이해관계자의 갈등이 발생하게 된다. 이해관계자의 갈등은 관광정책환경의 불확실성이 편차증폭 순환고리를 일으켜 증폭되며, 내부적으로는 공진화, 자기조직, 자기유사성의 과정을 거치게 된다. 이후 분산구조에 의해 이해관계자들이 개별이익을 추구할 시 이해관계자 갈등이 나타나게 되며, 개별이이과 전체이익을 동시에 추구할 시에는 이해관계자의 갈등과 합의가 공존하는 비평형상태, 전체이익을 추구할 시에는 이해관계자의 합의가 도출되는 것이다. 그리고 이 과정은 지속적으로 반복되게 된다.

그림 13-11

새만금 사업에서 카오스 이론의 적용모델

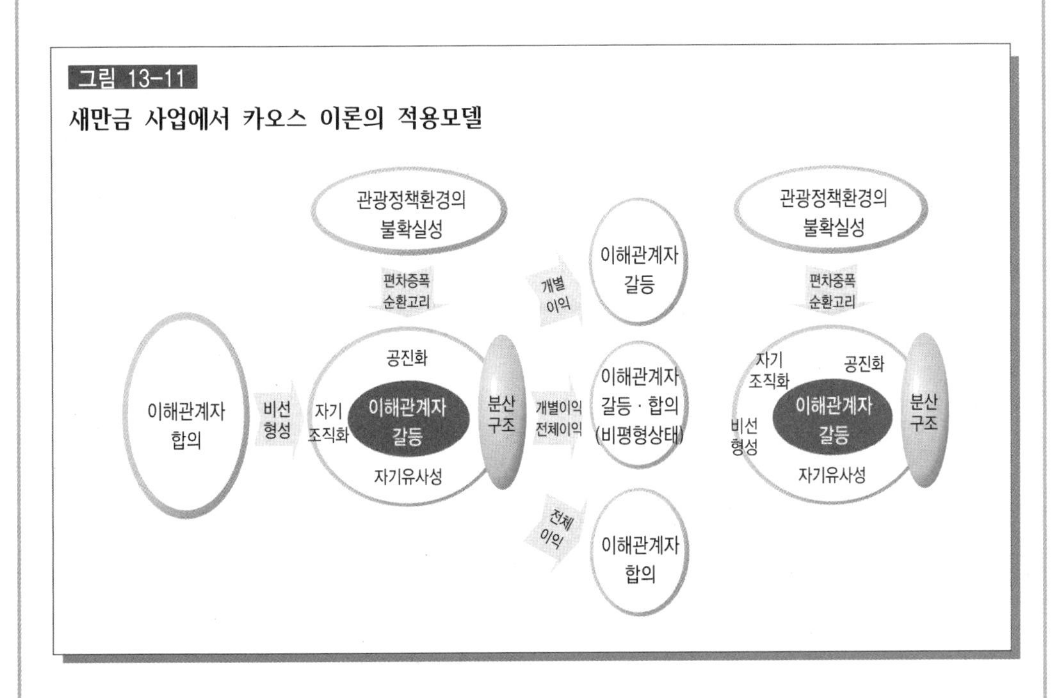

결론적으로 새만금 사업 이해관계자 갈등은 카오스 이론적 상황을 보이고 있으며 갈등의 1차적 해결이 갈등과 합의의 공존상태였다. 카오스 이론에 따르면 안정적, 불안정적 평형을 동시에 지니고 조직을 비평형에 머무르게 하는 것이 성공적인 비평형시스템이라고 한다. 이에 따라 비평형상태가 불확실한 관광정책환경에서 더욱 적응력이 높다고 보이며, 이해관계자 갈등은 갈등과 합의의 공존상태가 지속되는 것이 바람직하다고 할 수 있다.

4. 분석결론 및 함의

정책연구에서 카오스 이론의 도입은 사회과학 분야에서도 비교적 늦게 출발하였으나 질서에서 카오스로 전환되고, 카오스 가운데에서 질서를 발견하며, 또한 카오스로부터 질서로 전환되는 과정에 대한 이해와 설명을 높일 수 있다.

또한, 급속한 변화를 겪고 있는 사회에서 일반적으로 직면하는 혼란과, 불안정, 그리고 불균형의 증폭으로 흔히 빠지게 되는 혼돈상태를 예견하고, 사전에 예방하며, 또한 새로운 질서를 창조하기 위해서는 새로운 정책적 시각이 요구되는데, 카오스 이론은 이러한 새로운 정책적 시각을 제시해 줄 수 있는 이론으로서 각광을 받고 있다.

해당 연구에서는 관광정책환경의 불확실성과 이해관계자 갈등과의 연관성을 파악하였으며, 이해관계자 갈등의 해결과정과 카오스 현상의 진행과정을 비교하여 이해관계자 갈등관리에 카오스 이론이 적용가능함을 밝혔다. 구체적으로는 최근의 관광정책 주요 이슈인 새만금 사업의 갈등사례를 카오스 이론에 적용하여 새만금 사업의 진행과정과 카오스 현상과의 연관성을 파악하였으며, 카오스 이론을 통해 이해관계자의 갈등을 관리할 수 있다는 가능성을 마련하였다.

그러나 카오스 이론이 자연과학인 수학, 물리학, 기상학에서 출발하였기 때문에 아직 사회과학에서는 초기단계의 연구가 진행되고 있으며, 특히 정책과 관련된 카오스 이론의 연구부재로 인해 카오스 이론의 적용에 한계 또한 아직은 존재한다고 하겠다. 향후 더 많은 관심과 적실성 있는 연구가 이루어질 필요가 있다고 사료된다.

제10절 성찰적 정책모형

1. 개념 및 특징

한국 정책학은 한국의 정책 현실이 효율성-민주성-성찰성으로 발전하자 이에 발맞추어 정책대상의 이해관계를 맥락적으로 수용하는 '성찰성'에 기초하여 정책대상집단이 충분히 수용할 수 있는 정책을 수립할 수 있는 노력도 함께 진행되고 있다. 이러한 배경하에서 제시된 것이 성찰적 정책모형이라 할 수 있다.

정책을 분석하는 데 있어 정책 분석의 기준은 가장 먼저 성찰성(당위성)을 고려하고, 실현성과 효율성의 순서로 분석할 것이 요구되고 있다(허범, 1982: 275-291; 허범, 1988: 78; 강근복, 2002: 154-156; 권기헌, 2008: 244-247). 이와 같은 정책분석에서 최우선적인 기준이 되는 성찰성(당위성)은 정책이 인간의 존엄성을 실현하는 데에 기여하는 정도와 우리 사회가 신뢰받고 성숙된 공동체로 구현되는 데 기여하는 정도를 통해 판단할 수 있다.

인간의 존엄성은 인권, 정의, 존엄의 가치를 포함하는 H. Lasswell이 창시한 정책학 패러다임의 최고지상의 가치이기에, 성찰성(당위성)은 정책의 최상위 가치에 대한 분석기준이라고 할 수 있다. 정책의 민주적 가치가 꽃핀 개념이 성찰성이다. 이는 특정 정책이 인권, 정의, 형평 등으로 표현되는 인간의 존엄성에 대한 실현 여부에 기여하는 정도에 대한 판단과 우리 사회를 좀 더 신뢰받고 성숙된 공동체로 구현하는 데 기여하는 정도에 대한 판단을 포함한다.

인간은 인격적으로뿐만 아니라 육체적으로 존엄성을 가진 존재이다. 따라서 인간은 수단이나 도구와 같은 비인격적인 존재로서가 아니라 존엄성을 가진 존재로서 인정하고 인간의 존엄성에 기여하는 정책이 필요하다. 또한 이러한 인간의 존엄성은 인간의 기본적 권리(자유와 평등; 자유권적 기본권과 사회권적 기본권)를 보장받을 때 확보될 수 있으므로 인간의 기본적 권리를 보장하는 정책 대안이 바람직하다고 볼 수 있다.

사회에 해악을 끼칠 의도로 정책결정이 이루어지는 경우는 없을 것이기 때문에 '정책'이라는 이름으로 결정이 이루어질 때에는 어떤 의미로든 당위성이 포함되어 있다. 하지만, 정책에 따라서는, 의도적이든 의도하지 않았던, 그 정책에 내포된 성찰성(당위성) 가치의 정도가 분명히 차이가 나기 때문에, 우리는 이러한 정책의 상위 차원의 가치에 대해 좀 더 명확하게 분석함으로써 정책판단의 질적인 근거를 향상시킬 수 있을 것이다. 최근 정부3.0에서는 단순한 혁신(Innovation)보다는 올바른 방향으로의 변혁(Transformation)이 강조되고 있다.[13] '일을 잘하는 것'(Do Things Right)보다는 '올바른 방향의 일을 하는 것'(Do the Right Things)이 강조되고 있다. 이런 관점에서도 바람직한 사회공동체의 구현을 위한 성찰성(당위성)에 대한 담론 및 그에 따른 분석기준에 대한 논의는 더 확장될 필요가 있다고 사료된다.

정책의 성찰성(당위성) 차원의 평가는 사실상 쉽지 않다. 왜냐하면 정책의 최상위 가치를 표현하는 이 차원은 매우 추상성이 높기에 어떤 한두 가지의 측정지표로 대변될 성질의 것이 아니기 때문이다. 최근 문상호, 권기헌(2009)은 한국적 맥락의 정책수용성을 연구하면서 성찰적 정책모형의 유용성을 고찰하고, 성찰적 정책모형의 분석기준으로서 세 가지 기준을 제시한 바 있다.

2. 방법 및 절차

성찰적 정책모형을 통한 정책분석은 아래의 세 가지 기준에 기초를 두고 있다(문상호, 권기헌, 2009: 13).

1) 정책대상집단의 수요에 기반한 정책설계인가?

성찰적 정책의 조건 가운데 제 1조건은 정책이 '수요'의 측면에서 요구되는 것이다. 즉, 정책을 설계함에 있어 정책대상집단 전체가 해당 정책을 필요로 하고 있는지, 혹은 일부만 필요로 하고 나머지는 미온적인 태도인지, 혹은 반대 입장을 가지고 있는지에 대한 '정책 수요 조사'가 이루어져야 한다.

2) 정책동기의 공익성과 정책의 수혜로부터 소외된 집단에 대한 '소통'과 '배려'가 있는가?

성찰적 정책의 제 2조건은 '공급'의 측면이다. 정책의 공급 동기가 대상 집단의 삶을 질을 개선

13 정부3.0에 대해서는 필자의 졸저, 행정학 강의(박영사, 2013) 참조바람.

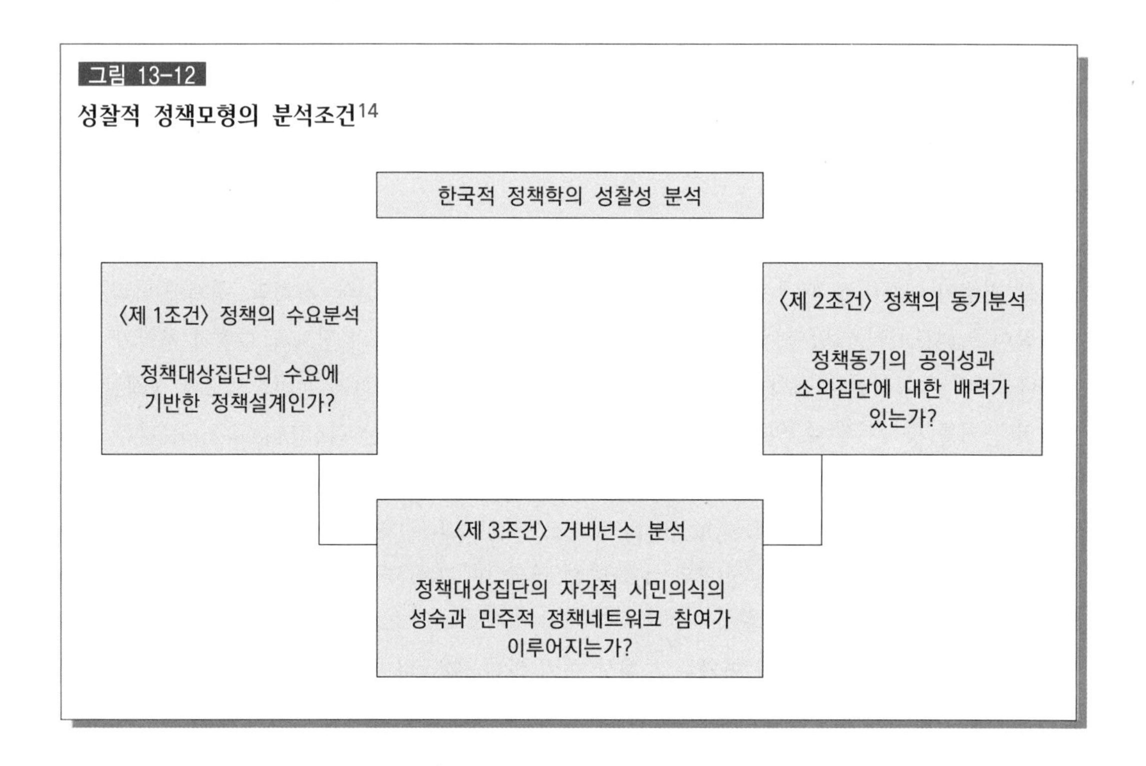

그림 13-12
성찰적 정책모형의 분석조건[14]

시키기 위한 목적인지, 또는 정책 공급자가 정책의 결과로서 정치적 목적이나 이해관계를 위한 것인지의 개연성을 살피고, 공급자가 공공에 대하여 형평적인 유익을 구하는 조정자 역할을 하는지 판단하는 것이다. 즉, 정책 공급자의 동기와 의도가 규범적이고 합목적적인지 판단하고, 정책의 혜택에서 배제된 계층이나 사회적 비용부담계층과의 소통과 배려가 이루어지는지를 파악하고자 하는 것이다.

3) 정책대상집단의 자각적 시민의식의 성숙과 민주적 정책 네트워크 참여가 이루어지는가?

성찰적 정책의 마지막 제 3조건은 정책대상집단이 고양된 인간의 존엄성과 성숙된 공동체의식을 바탕으로, 납득할 만한 절차적 합리성을 지녔다면 정책을 수용할 의지를 가지고 있는지를 판단하는 것이다.

성찰적 정책의 제 1조건과 2조건을 만족할 경우, 정책대상집단 전체가 반대 집단(veto그룹) 없이 정책을 조화롭게 수용하려는 성숙한 시민의식을 갖추었는지를 파악해야 한다. 또한 정책대상집단이 자신을 정책 거버넌스에 속한 책임 있는 파트너로 인지하고 있는지 살펴야 하는데, 이는 정부가

14 문상호, 권기헌, 『한국 정책학의 이상과 도전-한국적 맥락의 정책수용성 연구를 위한 성찰적 정책모형의 유용성에 관한 고찰』, 「한국정책학회보」 제18권, 2009, p. 16.

시민사회와 소통하고, 자발적인 참여가 이루어지도록 유도하고 있는지와 큰 관련이 있다. 이것은 자각된 시민의식을 바탕으로 신뢰와 참여를 통한 거버넌스의 형성이라는 틀 아래에서 판단할 수 있다.

〈분석기법 활용사례〉 성찰적 정책모형을 활용한 택시의 대중교통화 사례 분석

1. 개요 및 자료

택시 대중교통화는 지난 2012년 11월, 국회 국토해양위원회 상임위원회에서 통과된 '대중교통의 육성 및 이용 촉진에 관한 법류' 개정안에 포함되었던 사안이다. 이 법률은 택시 업계 종사자들의 근로상황과 소득을 고려하여, 택시를 대중교통의 영역에 포함시켜 버스, 지하철과 마찬가지로 국고로 택시업계 종사자들을 지원하고, 일반 버스와 마찬가지로 고속도로와 일반 도로상의 버스전용차선을 이용하도록 허용하는 내용을 담고 있다. 이 법안에 대하여 이해관계에 놓여 있는 버스업 종사자들은 강력히 반발하며 파업까지 예고하였으며, 정부 주무부서인 국토해양부에서도 반대 의견을 내놓았다. 대중교통을 비롯하여 택시를 이용하는 입장에 있는 시민들의 경우 택시업계의 사정이 어렵다는 점에 일부 동의하면서도, 택시를 대중교통화 하기보다는 지하철이나 버스 이용 시 발생하는 문제점들을 해소하는 데에 주력하는 것이 낫다는 의견을 제시했다. 이 법안은 결국 2012년 12월에 통과되었으나, 대통령이 거부권을 행사하면서 재논의하는 방향으로 전환되었다.

2. 방법 및 절차

1) 정책대상집단의 수요에 기반한 정책설계인가?

택시의 대중교통화 법안은 택시업계 종사자들이 수년 전부터 강력하게 요구해왔던 것이다. 2012년 6월에 택시업계 노사가 합동으로 대규모 집회를 가지면서 택시의 대중교통수단 인정을 비롯하여 요금 인상 등의 요구를 하였다. 이후 본격화된 택시 대중교통화 법안 관련 논의에 따라, 실제 법안에 이들의 요구사항이 일부 반영되었다. 그러나 이와 같은 논의 과정에서 정책에 대한 정확한 수요 조사가 이루어졌는지는 의문이다. 실제로 해당 법률이 통과되더라도, 택시업계 구조상 국고를 지원하였을 때 직접 영업을 하는 택시운전기사들에게 직접 수혜가 돌아가기보다는, 적자가 발생하고 있는 택시회사의 손실을 충당하거나, 노조 쪽으로 흘러들어갈 확률이 높아 결과적으로 실제로 대부분의 정책집행대상을 차지하는 택시영업자들에게는 실효성이 없다는 것이 중론이다. 이를 통해 정책의 수요를 분석해 보면, 택시의 대중교통화 법안은 일부 정책집행대상에게만 필요한 정책이며, 나머지 대상자들은 미온적인 태도를 지니고 있다는 점에서 성찰적 정책의 제 1조건이 충족되지 못했다고 볼 수 있다.

2) 정책동기의 공익성과 정책의 수혜로부터 소외된 집단에 대한 '소통'과 '배려'가 있는가?

이 정책에 있어서 이해관계에 놓인 정책대상집단은 크게 (1) 택시업계 종사자 (2) 버스 및 대중교통업계 종사자로 볼 수 있으며, 그 외에 간접적으로 택시를 비롯하여 대중교통을 이용하는 고소득층을 제외한 대다수의 (3) 국민, (4) 정책 집행을 담당하는 국토해양부, 그리고 (5) 정당과 국회의원이다.

(1) 정책동기의 공익성

택시 대중교통화 법안은 당초 명분이 열악한 환경의 택시영업자들의 어려움을 해소시키는 데 있었다.

그러나 성찰적 정책의 〈제 1조건〉에 대한 검토에서 실질적으로 택시영업자들의 환경 개선에 효과적이지 못하며, 정책 수요 역시 일부 정책대상집단만이 가지고 있고, 나머지 대상집단은 미온적인 태도를 보이고 있다는 점에서 공급자들이 정책을 입안하는 데 있어 공익성을 충족시키지 못한다고 할 수 있다.

한편, 이 법률이 국회 국토해양위원회에서 통과되고 본회의에 상정될 준비를 하던 시기는 2012년 11월, 즉 대통령 선거를 앞둔 시기였다. 택시업계 종사자들은 택시의 대중교통화를 비롯한 집회 등에서 택시업계 종사자 25만 명과 그 가족들을 합치면 약 100만 명이 되며, 이는 대통령 선거에 있어 매우 큰 영향력을 행사할 수 있음을 공공연하게 표명해 왔다. 즉, 국회의원을 비롯한 정치 관계자들에게 있어서 택시 대중교통화 법안은 자신들이 속한 정당의 대통령 후보를 당선시키기 위한 표를 얻을 수 있는 일종의 기회였던 셈이다. 여당과 야당은 이와 같은 이유에서 대중교통화 법안에 대해 찬성하는 입장을 표했다고 볼 수 있으며, 해당 법안이 포퓰리즘에 입각한 정책이라는 비판과 함께 법안 상정을 대통령 선거 이후로 연기해야 한다는 주장에 부딪히기도 했다.

결과적으로 해당 법안의 동기는 공익의 추구보다 대통령 선거에 임박한 국회의원들이 자신의 당 후보를 지지하는 표를 얻기 위한 일종의 포퓰리즘의 일환으로 보아도 무방할 것으로 분석된다. 즉, 성찰적 정책의 제 2조건을 충족시키지 못한 것이다.

(2) 주장집단과 이탈집단에 대한 소통과 배려

Ingram, Schneider와 deLeon(2007)의 사회구성이론에 비추어 보았을 때, 위의 정책대상집단 가운데 주장집단에는 (2) 버스 및 대중교통업계 종사자와 (3) 국민이, 이탈집단에는 (4) 국토해양부가 해당하는 것으로 판단할 수 있다.[15]

주장집단인 버스 및 대중교통업계 종사자, 특히 버스업 종사자들의 경우 택시가 대중교통화 될 경우 버스 전용 차선을 이용한다는 문제점 외에도, 재원은 한정되어 있는데 대중교통의 범주에 들어가는 교통수단이 늘어날 경우, 버스에 대한 국고 지원이 줄어든다는 이유에서 반대를 하였다. 이는 결과적으로 정책의 간접적 대상인 국민들의 대중교통 이용료의 상승을 초래할 것이므로 바람직하지 않다는 것이 주장 집단의 반대 근거라고 할 것이다. 이와 같은 주장을 고려해 볼 때 이 정책의 입안 과정에서 버스업 종사자들뿐만 아니라 국민들에게도 간접적으로 피해가 발생할 수 있다는 것을 전혀 고려하지 못하였음을 시사한다. 또한 법안이 국회 국토해양위에서 통과된 이후 본회의에 상정될 준비를 하는 과정에서도 버스업과 충분한 소통과 배려가 이루어지지 못하여 지속적으로 강력한 항의를 받았다. 또한 정책을 실제로 집행하는 기관인 국토해양부와의 소통도 제대로 이루어지지 않았고, 결과적으로 정책집행기관의 반대에 부딪히는 결과를 초래하였다.

3) 정책대상집단의 자각적 시민의식의 성숙과 민주적 정책 네트워크 참여가 이루어지는가?

(1) 자각적인 시민의식의 성숙도

이는 버스업 종사자와 택시영업 종사자로 구분하여 살펴볼 수 있겠다. 먼저 정책대상집단 가운데 주장집단인 버스업 종사자들의 경우, 성숙된 시민의식을 갖추고 있었던 것으로 분석된다. 당초 버스업계는 국토해양위에서 택시 대중교통화 법안이 통과되고 본회의에서도 통과될 것으로 예상되자 전국적으로 파업할

15 정책을 집행하는 기관인 국토해양부는 법안이 통과되고 행정기관의 수장인 대통령의 거부권 행사가 없다면 통과된 것에 따라 의무를 이행해야 한다. 그러나 국토해양부는 동 사안에 대해 부정적 입장을 표출하였기에 이탈집단의 범주에 속한다고 볼 수 있다.

것을 선언하였다. 그러나 파업으로 인해 피해를 겪게 되는 것이 국민들 상당수라는 점을 고려, 파업을 철회하고 정상적으로 운행하기로 결정하였다. 이것은 자신들의 이해관계에 앞서 국민 전체의 편익이라는 공익성을 감안한 결과로 해석할 수 있다.

반면 택시영업 종사자들의 경우, 해당 법안이 행정부에 의해 거부되자 파업을 예고했고, 예정대로 실시하였다. 교통수단의 문제는 시민들의 편익과도 밀접한 연관이 있는데, 이와 같은 파업 행위는 자신들의 이익이 관철되지 않은 것에 대한 반발로써 공익을 저해할 소지가 다분하다. 이를 통해 택시영업 종사자들의 시민의식은 다소 미성숙되었다고 판단할 수 있다.

(2) 민주적인 정책 네트워크 참여의 활성화

택시의 대중교통화 법안은 정책수요집단 가운데 일부의 적극적인 의사 표명과 국회의원의 이해관계가 합치함에 따라 형성된, 충분한 정책적 숙의 없이 계획된 정책이라고 볼 수 있다. 또한 정책형성 과정에서 정부, 기업, 시민이 함께 참여하는 거버넌스 체계는 제대로 형성되지 않았던 것으로 분석된다. 이번 정책에 있어 정부는 입법 자체에 부정적인 입장을 표명했으며, 시민의 경우도 마찬가지로 정책대상집단인 택시업 종사자들에 대한 불만으로 인해 법안에 대해 미온적이거나 부정적인 반응을 보였다. 여기에 주장집단에 해당하는 버스 및 대중교통업 종사자들과의 소통 역시 부재하였으며, 수혜집단 내 일부의 주장을 받아들인 소수의 정책공급자(정당과 국회의원)의 이해관계에 의해 입안되었다는 점에서 결과적으로 성찰성이 매우 부족한 정책임을 알 수 있다.

3. 분석결과 및 함의

분석결과로 나타난 함의는 다음과 같다.

첫째, 택시 대중교통화 법안은 정책의 설계과정에 있어서 충분한 수요조사가 이루어지지 못하였다.

둘째, 택시 대중교통화 법안은 정책 공급자가 공익성보다 공급자들의 이해관계를 바탕으로 하여 설계된 것으로 분석된다.

셋째, 택시 대중교통화 법안은 정책 설계과정에서 주장집단을 비롯하여 수혜대상에서 배제되는 집단들과 충분한 소통과 배려가 이루어지지 않아 강한 반발을 사게 되었다.

넷째, 택시 대중교통화 법안의 입안 과정에서 일부 정책대상집단의 경우 성숙한 시민의식을 보였으나, 반대로 시민의식이 미성숙한 부분 역시 존재하며, 정부와 시민들이 정책 설계과정에 적극적으로 참여할 환경이 조성되지 못했다.

다섯째, 현재 법안이 정부의 거부권이 행사된 상황이므로, 정책의 설계과정에서 정책수요조사를 비롯한 성찰성을 향상시킬 수 있는 다양한 노력을 통해 궁극적으로 국민들의 삶의 질을 향상시킬 수 있는 정책이 될 수 있도록 충분히 재논의를 거칠 필요가 있을 것으로 판단된다.

제11절 4차 산업혁명과 정부모형

1. 개념 및 특징

1) 개 념

4차 산업혁명은 3차 산업혁명을 기반으로 물리적(*physical*)·가상적(*digital*)·생물학적(*biological*) 영역의 융합을 통해 사이버 물리시스템(Cyber-Physical System, CPS)을 구축하는 것을 의미한다. 이를 통해 제품 및 서비스의 생산·관리·소비 등 인간의 삶을 둘러싼 모든 양태들이 연결화·지능화·고도화 되는 새로운 형태의 문명적 패러다임이다.

4차 산업혁명의 발단은 2016년 1월 20일 개최된 다보스 포럼에서 시작되었다. 이 포럼에서는 "4차 산업혁명의 이해(*mastering the fourth industrial revolution*)"를 주제로, 글로벌 경제 위기 극복의 대안으로써 4차 산업혁명의 의의와 필요성, 나아가야 할 방향성에 대해 논의하였다.

4차 산업혁명의 특징은 초연결성(*super connectivity*), 초지능성(*super intelligence*), 초예측성(*super foresight*)으로 요약할 수 있다. 즉, 과거 인터넷은 사람-사람 간의 연결에 그쳤다면, 이제는 사람-사람, 사람-사물, 사물-사물 등 인간 생활의 모든 영역에서 연결되는 초연결화 현상이 나타난다. 또한 단순한 정보 축적을 넘어 막대한 분량의 빅데이터를 분석하여 인간생활의 삶과 위기, 질병과 재난 등의 공통 패턴을 파악하는 등 초지능화가 실현되는 것이다. 이러한 초연결성, 초지능성을 토대로 미래예측 역시도 방향성과 정확성이 더욱 고도화되는 초예측성이 실현될 것으로 예견되고 있다.

4차 산업혁명은 바람으로 비유된다. 그 실체가 보이지는 않지만, 느낄 수 있다. 국가적 차원에서는 4차 산업혁명이라는 바람을 누가 먼저 올라타고 경쟁력을 키우느냐에 따라 국가적 명운이 좌우될 것이다.

2) 산업혁명의 발전 단계와 특징[16]

(1) 1차 산업혁명

1차 산업혁명은 동력혁명으로써 1780년대 영국의 기술적·경제적·사회적 변화를 지칭한다. 주된 특징으로는 기술적 측면에서 와트의 증기기관의 확산을 꼽을 수 있다. 과거 수력, 목탄 등 주요 에너지원이 자연적 조건에 제약을 받았던 것과 달리, 증기기관의 발명은 자연적 조건에 제약을 받지 않고 에너지의 규칙적 공급이 가능해졌다는 측면에서 인간생활의 혁명적 변화를 초래하였다.

이러한 기술혁신은 전후방으로 상호 연결되면서 경제적 측면에서 농업 중심의 경제에서 공업 중심의 경제, 농촌에서 도시로 인간생활의 중심축이 전환되게 만들었다. 또한, 이는 경제적 발전뿐만 아니라, 사회적 측면에서 도시생활의 확대, 행정의 양적 확대와 질적 심화, 경쟁적 원리 도입, 자본주의의 확산 등 사회의 구조적 변화를 이끌어 내었다.

(2) 2차 산업혁명

2차 산업혁명은 분업화된 자동화 혁명(*division of labor using electricity*)을 의미하며, 1900년대(1870년~1920년) 독일과 미국을 중심으로 다수의 기술시스템 개발과 새로운 산업이 태동한 급격한 사회적 변화를 일컫는다. 이는 1910년 영국의 생물학자이자 사회학자인 게데스(Patrick Geddes)의 『도시의 진화』에서 처음 사용되었으며, 1990년 챈들러(Alfred D. Chandler, Jr.)의 저서 『규모와 범위』를 통해 확산되었다.

주된 특징으로 기술적 측면에서 전기의 발명을 들 수 있다. 이는 에디슨(Thomas Alva Edison)이 1879년 백열등을 개발한 것을 계기로 확산되기 시작하였다. 이후 전기는 가전제품을 비롯하여, 공장과 전차의 동력원으로도 활용되기 시작하였다.

경제적 측면에서는 자동화된 대량생산 시스템, 즉 포드시스템(*massive production, ford system*)이 등장한 것을 꼽을 수 있다. 이는 테일러의 과학적 관리법(*scientific management*)을 통해 촉발되었으며, 1908년 포드(Henry Ford)는 자동화시스템, 즉 포드시스템을 개발하여 경제적 효율성을 급격하게 증진시켰다(전기를 활용한 분업의 발달: Division of Labor Using Electricity).

한편, 사회적 측면에서는 대량생산 체제의 대기업이 보이는 손(*the visible hand*)으로서 경제성장을 주도하기 시작하였으며, 규모의 경제나 범위의 경제를 통해 자본주의의 발전이 심화되었다.

(3) 3차 산업혁명

3차 산업혁명은 지식과 정보 혁명(Knowledge and Information Revolution)으로, 1970년대 다니엘 벨(D. Bell)의 후기산업사회(*post-industrial society*) 혹은 앨빈 토플러(A. Toffler)의 제3의 물결

16 이하의 내용은 송성수(2017). 「역사에서 배우는 산업혁명론: 제4차 산업혁명과 관련하여」. STEPI Insight, 제207호. 참조.

과 같이 정보사회가 도래하면서 그 이전의 산업혁명과는 다른 급격한 사회적 혁명을 말한다.

3차 산업혁명은 애니악(Eniac, 1946년)을 시초로 컴퓨터의 대중화를 통해 촉발되었다. 이후 1989년 HTTP(Hyper-Text Transfer Protocol)와 HTML(Hyper-Text Markup Language)의 등장과 월드와이드웹(World Wide Web, WWW)의 확산은 인터넷의 대중화와 정보의 생성·가공·공유 등 새로운 형태의 산업을 촉발하는 계기가 되었다.

특히, 기술적 측면에서 눈에 띄는 점은 기술의 융합이 가시화되기 시작하였다는 점이다. 컴퓨터와 반도체 기술의 발전은 통신기술과 융합되면서 인터넷과 네트워크 사회로의 변화를 촉진시켰다.

경제적 측면에서 통신기술의 발달은 초고속망과 인터넷 경제를 부상시켰으며, 대기업 중심의 규모의 경제보다는 페이스북, 애플, 구글 등 참신한 아이디어와 기술을 바탕으로 한 세계적인 인터넷 기업의 등장을 가속화시켰다.

한편, 사회적으로 통신기술의 발달은 국가 간의 교류의 양적 확대를 넘어 인간의 일상생활을 재구성하는 세계화(*globalization*)의 계기로 작용하였다. 다만, 첨단기술의 개발은 새로운 유형의 사회적 문제가 등장하는 계기가 되었는데, 예컨대 현실과 가상세계의 혼돈, 개인정보의 유출, 지적재산권 등 개인의 권리 침해, 생명공학기술 등을 매개로 한 생명에 대한 윤리적 문제, 민주주의의 위협 등 이전과는 다른 새로운 형태의 사회적 문제가 등장하였다.

(4) 4차 산업혁명

4차 산업혁명은 3차 산업혁명을 기반으로 디지털, 물리적, 생물학적 영역의 경계가 없어지고 융합되는 기술 혁명으로 인류가 그동안 경험해 보지 못한 새로운 문명사적 혁명을 의미한다. 그 시작점은 모호한 측면이 있으나, 많은 경우 2016년 1월 20일 개최된 다보스 포럼에서 출발된 것으로 이해할 수 있다.

4차 산업혁명의 주된 특징은 초연결성(*super connectivity*), 초지능성(*super intelligence*), 초예측성(*super foresight*)으로 요약할 수 있다. 클라우스 슈밥(K. Schwab) 다보스 포럼회장은, "The fourth industrial revolution: what it means, how to respond"에서 4차 산업혁명은 3차 산업혁명의 연장선상에 있지만, 기술발전의 속도(velocity)와 범위(scope), 그리고 전 시스템적 충격(*system impact*)이라는 3가지 측면에서 과거의 산업혁명과는 비교할 수 없는 문화적 혁명이라고 말한다. 하나의 쓰나미처럼, 혹은 히말라야의 눈폭풍처럼 기하급수적인 속도로 변화를 초래하고 있으며, 그 범위(*scope*) 역시 수많은 분야에서의 근본적인 변화가 동시 다발적으로 발생하고 있는 것이다.

표 13-10 산업혁명의 주요 특징

	제1차 산업혁명	제2차 산업혁명	제3차 산업혁명	제4차 산업혁명
연도	1780년대	1900년대	1970년대	2016년~
혁신기제	동력혁명 (Steam Engine)	분업화된 자동화 혁명 (Division of Labor Using Electricity)	지식, 정보 혁명 (Knowledge, Information Revolution)	초연결성 혁명 (Super Connectivity) 초지능성 혁명 (Super Intelligence) 초예측성 혁명 (Super Foresight)
기반기술	증기기관 (Steam Engine)	전기 (Electric, Electronics)	정보통신기술(ICT) 컴퓨터(PC)	스마트 ICT(Smart ICT) 인공지능(AI) 사물인터넷(IoT) 빅데이터(Big data) 클라우딩(Clouding) 모바일(Mobile)
생산수단	기계식 생산설비 (Machine)	자동화된 대량생산 시스템 (Massive Production, Ford System)	컴퓨터를 통한 전산화 시스템(Computerization)	인공지능(AI) 딥러닝(Deep Learning)
핵심 에너지 자원	석탄 (Coal)	석탄(Coal) 석유(Oil)	핵에너지 (Nuclear Energy)	바이오 에너지(Bio Energy) 천연 에너지(Nature Energy)
통신 & 커뮤니케이션	기차(Train) 전신(Telegraph)	자동차(Auto Mobile) 비행기(Airplane) 텔레비전(TV)	고속열차(Express Train) 인터넷(Internet)	우주 및 항공산업 (Aerospace Industry)
커뮤니케이션 수단	책자(books) 신문(Newspapers)	전화(Telephone) 텔레비전(TV)	인터넷(Internet) 소셜네트워크(SNS)	사물인터넷(IoT) 클라우딩(Clouding) 빅데이터(Big Data)

2. 4차 산업혁명과 정부모형

1) 4차 산업혁명과 리더십

4차 산업혁명의 혁신적 기술은 산업간, 국경간, 심지어 현실과 가상의 세계까지 융합시킴으로써 삶의 범위를 무한히 확장시켰다. 그러나 엄청난 변화의 속도, 범위, 시스템적 충격으로 인하여 세계는 불확실성의 위기에 빠지고 있으며, 전례 없는 변화는 전 세계를 아노미 상태에 빠지게 할 것이라는 위기의식이 증가하고 있다.

4차 산업혁명의 특징은 VUCA, 즉 변동성(Volatility), 불확실성(Uncertainty), 복잡성(Complexity), 모호성(Ambiguity)으로 대변된다. 노동시장의 붕괴, 일자리 감소, 소득격차 확대, 사회양극화 등 많은 측면에서 불확실성이 증가할 것으로 예측되고 있다. 쥐스탱 트뤼도(Justin Pierre James Trudeau) 캐나다 총리가 말했듯이, "기술만으론 우리 미래를 예측할 수 없다. 리더십이 우리 미래를 결정할 것이다. 진정한 리더는 급격하게 변화하는 세상에서 모든 사람들이 기회를 찾을 수 있는 방향을 알려줘야" 하는 등 소통과 책임의 리더십이 필요한 것이다.

이를 반영하듯, 2017년 1월 다보스 포럼은 "소통과 책임의 리더십(responsive and responsible leadership)"이라는 주제로 개최되었다. 즉, 4차 산업시대의 리더는 불안감과 좌절감을 느끼는 사람들에 대해 진솔하게 반응하고, 공정하고 지속 성장이 가능한 대안을 제공해야 한다는 책임감을 가진 리더여야 한다.

이처럼 4차 산업혁명시대의 리더는 다보스 포럼에서 제시한 바와 같이 다양한 사회적 문제를 직면함에 있어 불안감과 좌절감을 느끼는 사람들에 대해 진솔하게 반응하는 적극적인 소통을 할 수 있는 역량이 요구되며, 단순히 표심을 위한 포퓰리즘적 정책이 아닌 지속 가능한 성장을 이룰 수 있는 미래 지향적 정책과 제도를 위한 책임감 있는 리더여야 할 것이다(아래 〈그림 13-13〉 참조).

그림 13-13

2017 다보스 포럼의 대안

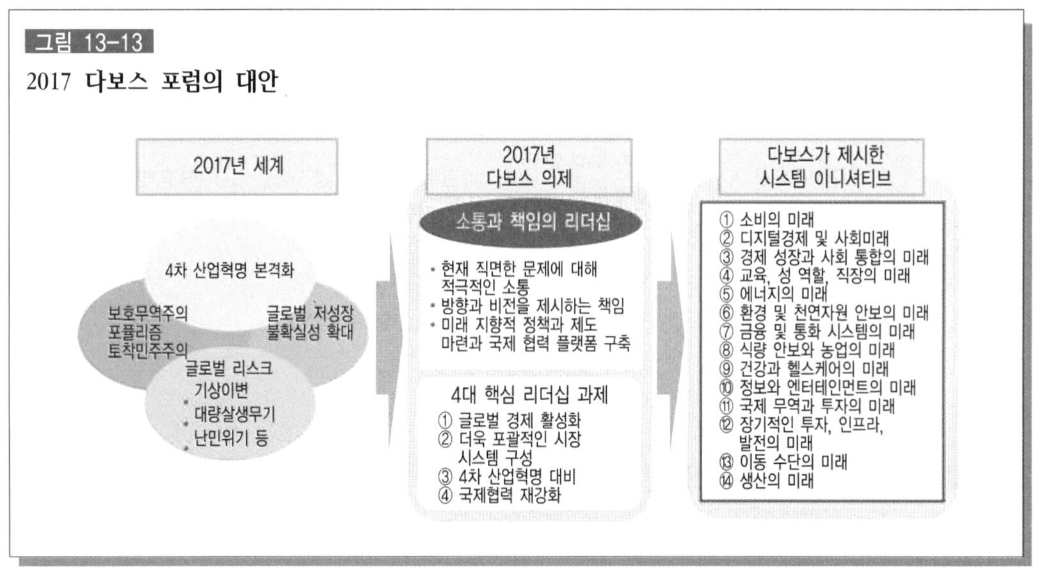

자료: WEF(2017). 현대경제연구원(2017: 9). 「2017년 다보스 포럼의 주요 내용과 시사점」에서 수정 재인용.

2) 4차산업혁명과 정부모형4.0

4차 산업혁명은 단순한 산업적 변화를 넘어 초연결성, 초지능성, 초예측성을 기반으로 정부의 운영 방식이 변화하고 있으며, 정부를 둘러싼 민간과의 관계 설정 방식 등이 변화하고 있다.

정부의 운영 방식은 과거 PC 및 전자기기의 단순 활용 수준에서 나아가 네트워크를 기반으로 집약된 빅데이터(*big data*)를 통해 공공서비스 수요자에 대한 맞춤형 서비스(*customized service*), 개인별 서비스(*personalized service*)가 가능해졌다.

한편, 업무 방식에 있어서도 실시간 행정정보의 공개를 통해 과거 관료중심의 폐쇄적 업무 방식(비밀주의)에서 개방된 업무 방식으로 변화할 것이며, 온라인상의 국민의 공적 토론의 활성화를 위한 플랫폼이 구축됨으로써 헌법상의 민주주의를 현실 정책결정과정에 구현하는 것이다.

그러나 이러한 긍정적 영향 이면에 정보의 격차, 이로 인한 권력의 집중 등 사회적 불평등을 더욱 심화시킬 가능성 역시 상존한다(과학기술정책연구원 미래연구센터, 2016). 즉, 정보통신기술의 발달이 모든 사회 문제를 근본적으로 해결할 것이라는 낙관론에 치우쳐진다면 우리는 4차 산업혁명의 역공을 피할 수 없게 될 것이다.

따라서 우리는 어떤 방식으로든 신기술의 융합과 도전에 우리만의 솔루션을 찾아내야 한다. 4차 산업혁명에 부흥할 수 있도록 불필요한 규제를 없애고, 이에 대응할 수 있는 『민첩한 정부』(*agile government*)로 거듭나야 한다. 지속적으로 기술진보에 대응하면서 새로운 메커니즘을 찾아내는 방향성(*direction*), 기민성(*agility*), 탄력성(*resilience*)의 방향 모색이 필요한 시점이다(권기헌, 2017).

또한 4차 산업혁명 시대의 정부모형은 단순히 최첨단 기술에 목표를 두어서는 안된다. 기술의 발전은 기민한 사회문제 해결과 이를 통한 국민의 삶의 질 향상, 인간의 인간다운 삶의 고취 등 인간을 위한 기술로 거듭나는 것이 중요하다. 국가행정은 초연결성, 초지능성, 초예측성 강화를 통해 궁극적으로 인간의 존엄성을 지향하는 미래의 첨단과학행정으로 나아가야 한다(〈그림 13-14〉 참조).

이를 위한 구체적 전략으로는 3가지로 나눠, 지혜정부, 소통정부, 융합정부라는 방향으로 정리해 보고자 한다.

① 지혜정부

단순 지식의 축적을 넘어 빅데이터를 기반으로 한 타당성 높은 인지예측 시스템을 통해 사회적 난제(wicked problem)를 해결할 수 있는 지혜정부로 나아가야 한다.

즉, 4차 산업혁명의 빅데이터 기술을 적극 활용하여 클라우드 기반의 차세대 행정정보 인프라 구축이 필요하다. 이를 통해 지능행정을 구현함으로써 4차 산업시대에 새로이 나타날 수 있는 근본적인 사회적 문제, 예컨대 양극화 심화, 노동시장의 재편, 일자리 문제 등에 대한 정부의 선제적 대응을 해야 할 것이다.[17]

② 소통정부

정부의 공공서비스 확산에 있어 인공지능(AI)을 활용한 개별 맞춤형 서비스를 통해 공적인 사회

17 새로운 산업기술에 대한 재교육 프로그램 신설을 통한 인적 자본의 강화, 인간 고유의 감성과 창의성에 기반한 신성장 산업 발굴 등이 대안이 될 수 있다.

안전망을 강화해야 한다. 이는 기존의 스마트 정부와는 다른 개념이다. 과거 모바일 기기를 활용한 행정능률 향상에 초점을 두는 것이 아니라, 초연결성, 초지능성, 초예측성을 바탕으로 정책공여자와 정책수혜자 간의 소통을 통하여 정책 수혜자의 개인적(*personalized*) 수요에 부합하는 완전한 맞춤형(*customized*) 정부서비스를 구현하는 것을 말한다. 즉, 인공지능 소프트웨어를 행정서비스에 적용시키는 것에 주안점을 두기보다 이를 토대로 정책수혜자와의 소통을 통한 맞춤형 서비스의 제공, 공적인 사회안전망의 강화, 나아가 인간의 존엄성을 지향하는 미래과학행정으로 나아가야 한다.

③ 융합정부

정부를 비롯한 국회, 민간, 비영리기관 등 각계각층의 적극적 노력이 수반되는 열린 정부(Open platform)가 구축되어야 한다. 클라우스 슈밥(K. Schwab) 회장은 2016년 자신의 저서 『제4차 산업혁명(The Fourth Industrial Revolution)』을 통해 "신기술의 발전과 수용을 둘러싼 엄청난 불확실성 때문에 제4차 산업혁명이 가져올 변화가 어떤 방식으로 전개될지는 아직 알 수 없다. 그렇지만

그림 13-14
정부모형 4.0

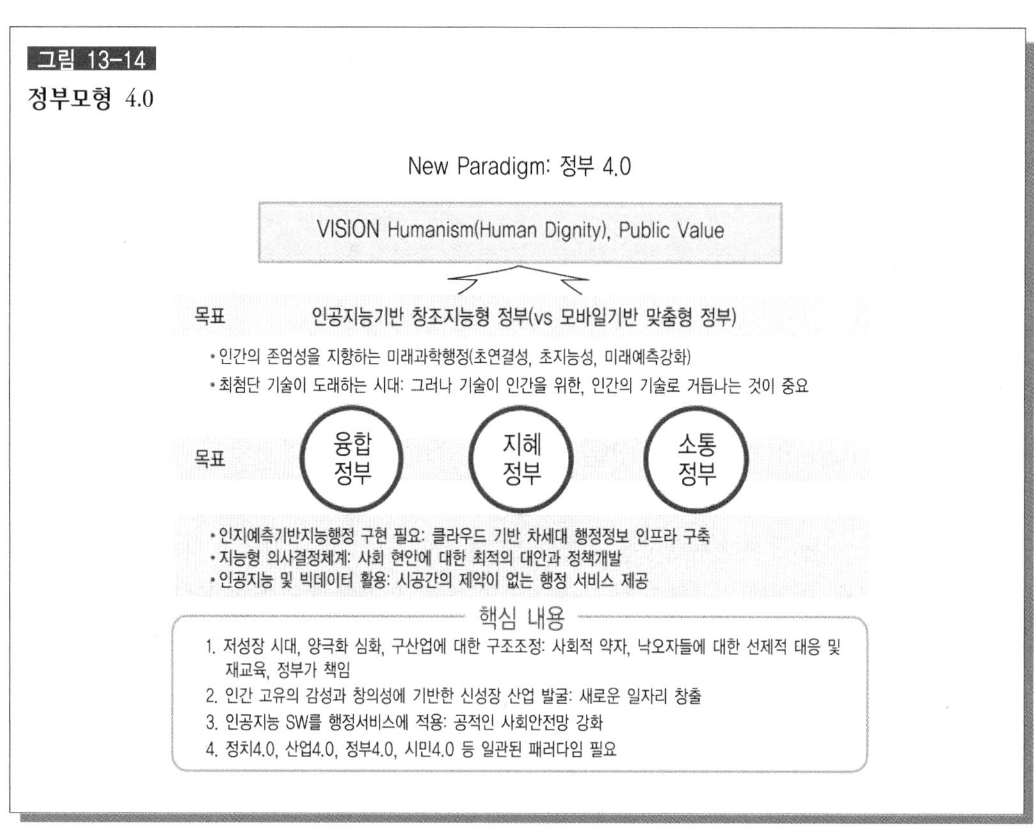

자료: 권기헌(2017: 182). 「정부혁명4.0: 따뜻한 공동체, 스마트한 국가」에서 인용.

과학기술의 복잡성과 여러 분야에 걸친 상호연계성 면에서는 정·재계 및 학계, 시민사회를 포함한 지구촌의 모든 이해관계자들이 이 새로운 기류를 보다 더 잘 이해하기 위해 서로 협력할 의무가 있음을 시사한다"(K. Schwab, 2016)고 밝히고 있다.

특히, 4차 산업혁명이 가져올 혁신적인 변화의 흐름을 주도해 나가기 위해서는 정치혁신이 매우 중요하다. 클라우스 슈밥(K. Schwab) 회장 역시 "기술이 진보될수록 이에 맞는 입법 시스템이 마련되어야 지속적으로 발전할 수 있다"며 기술적 진보에 따른 입법부의 중요성을 강조하고 있다. 즉, 4차 산업혁명에서 글로벌 시장을 선점하는 국가경쟁력 강화를 위해서는 기술간 융합과 함께 행정부와 입법부, 중앙부처와 지방자치단체, 정부-시장-시민사회 등 다양한 방면에서의 융합과 협력이 필요하며, 이를 위한 전략적 거버넌스가 특히 요청된다고 하겠다(〈그림 13-14〉 참조).

제12절 요약 및 결론

정책학은 정책철학과 정책과학의 결합이다. 인간의 존엄성 실현을 최상가치로 삼고 이를 위해 정책과정과 정책내용에 있어서 과학적 지식체계를 제공하려는 학문이 정책학이다. 정책학을 정책의 최고가치 실현을 위해 정책현상에 대해 과학적으로 탐구한다. 이때 정책학자가 정책현상을 보는 잣대(틀)를 정책모형이라고 한다.

정책모형의 핵심은 인과관계(*causal relationship*)의 규명이며, 인과관계의 규명은 "왜 이런 현상이 발생했을까? 그 근본원인은 무엇일까?"와 같은 과학적 탐구(*scientific inquiry*)로부터 출발한다. 이러한 탐구정신이야말로 정책학을 넘어 모든 학문과 진리 탐구의 기본 정신이라고 할 수 있겠다.

이 장에서는 P. Sabatier의 ACF(Advocacy Coalition Framework)모형과 J. Kingdon의 PS(Policy Stream 혹은 Multiple Stream)모형의 연장선상에서 E. Ostrom의 IAD(Institutional Analysis & Development)모형, Birkland모형, Ingram, Schneider & deLeon의 사회구성(Social Construction)모형, 복잡계모형과 카오스 이론, 성찰적 정책모형, 4차 산업혁명 시대의 정부모형 등에 대해서 살펴보았다. 개념과 의의에 이어 방법과 절차를 사례를 통해 소개하고자 하였다. 서로 준용기준이 다르고 분석범위가 다를 순 있겠으나, 좀 더 사회현상과 정책현상을 맥락지향적으로 설명하고 예측하는 과정에서 보다 나은 문제해결방법을 찾고자 노력한 모습을 볼 수 있었다. 보완적으로 설명하고 현실을 검증하는 데 경합적으로 비교함으로써 정책모형이 더욱 발전할 것으로 생각된다. 또한 모형과 모형 간 융합적 적용을 통해 새로운 정책현실을 보다 적합하게 설명하는 정책모형을 창출할 필요도 있으리라 사료된다. 이러한 지속적 노력을 통해 정책연구의 과학적 토대는 더욱 더 굳건해지고, 이러한 과정에서 정책학에서 그토록 지향하는 인간의 존엄성 실현은 한걸음 더 가까이 다가올 수 있을 것이다.

Chapter 13

핵심 Point!

Policy Theory

◎ Ostrom의 IAD모형

- 개념 및 특징:
- ▸ 신제도주의 분석모형으로서 공유자원에 관한 연구에서 행위자가 직면한 제도와 그 결과에 어떻게 영향을 미치는지를 분석하는데 필요한 통합적 분석틀
- ▸ 의사결정의 물리적 속성, 공동체 속성, 규칙적 속성을 분석하여 운영적, 집합적, 헌법적 차원을 입체적으로 분석하는 다층적 거버넌스 접근
- 방법 및 절차:
- ▸ 제도분석틀의 구성요소: 외부적 요인에 의한 변수, 행위의 장, 상호작용, 평가기준
- ▸ 생물물리적/물리적 특성, 공동체 특성, 규칙적 특성 등 세 가지 주요 변수들이 행위의 장에 영향을 주고 끊임없는 상호작용을 통해 개인들의 의사결정 결과에 영향을 미침
  - 생물물리적/물리적 특성: 사회 현상과 관련된 여러 자연적 조건
  - 공동체 특성: 개인 및 집단의 공통된 특성인 규범이나 가치
  - 규칙적 특성: 구성원들의 행동을 제약하는 규칙이나 정책

◎ Birkland의 정책학습모형

- 개념 및 특징:
- ▸ 자연재해나 테러와 같이 급격하고, 국민들의 관심이 초점이 되는 재난 상황에서 나타나는 정책변동과정에 대해 설명하는 모형
- ▸ 초점사건의 전후에 발생하는 재난사건 전개의 흐름을 초점사건의 전후를 중심으로 좀 더 집중적으로 검토하고, 정책학습(수단적 학습, 사회적 학습, 정치적 학습)의 문제와 연계하여 정책학습을 강조하였음.
- 방법 및 절차
- ▸ 분석모형의 각 단계별 요소: 초점사건의 발생, 의제에 대한 관심 증가, 집단 동원, 아이디어논쟁, 신규정책 채택, 사회적 학습으로 구성

◎ Zahariadis의 다중흐름모형

- 개념 및 특징:
- ▸ Kingdon의 정책흐름모형을 수정, 발전시킨 정책변동모형으로서 문제의 흐름, 정치의 흐름, 정책대안의

흐름의 세 흐름 간 개념 경계의 모호함을 보다 명료화, 구체화시키면서, 의제설정단계부터 정책결정단계까지 포괄하는 정책형성과정에 관한 일반화 시도

◑ 방법 및 절차

▸ 정책문제의 흐름, 정치의 흐름, 정책대안의 흐름이 서로 독립적으로 사회에 흐르고 있고, 정책선도자(policy entrepreneur)에 의해 그것들이 결합될 때 정책의 창이 열려 정책변동이 발생한다고 봄.

▸ 정책선도자의 역할 강조

◎ 근거이론분석을 위한 질적분석기법: Atlas/Ti

◑ 개념 및 특징:

▸ 근거이론방법론은 일련의 체계적인 과정을 통해 어떤 현상을 귀납적으로 이끌어 내 하나의 이론으로 발전시키는 질적연구방법임.

▸ 이때 Atlas/Ti는 축코딩 등을 통해 내용분석의 통계적 처리를 가능하게 해주는 계량기법임.

◑ 방법 및 절차

▸ 경험적 자료로부터 개념 형성 및 발달

▸ 형성된 개념들을 수정 및 통합하여 이를 토대로 이론 개발

▸ 이론적 표본추출: 이론을 개발하기 위한 것으로서 연구자가 자료의 수집과 분석을 하면서 다음에 어떤 자료를 수집하고 또 어디서 그것들을 발견할 것인지를 결정

▸ 자료수집: 심층면접, 현장관찰, 회의록, 편지, 자서전, 전기, 대중매체 등

◎ SNA(Social Network Analysis)모형

◑ 개념 및 특징:

▸ 현대 정책과정은 복합적이고 동태적인 과정임. 이에 따라 집단 간 갈등이나 행위자간 관계성이 갖는 특징을 분석해 주는 것이 중요한데, SNA는 이를 가능하게 해 줌.

◑ 방법 및 절차:

▸ 구체적으로 네트워크의 구조나 연결망 형태의 특징을 분석함.

▸ 구조적, 위치적 속성: 중앙성, 구조적 균형 및 이행성, 연결성, 하위집단의 응집성 등을 분석함.

◎ Q방법론 모형

◑ 정책연구와 인간의 주관성:

▸ 정책과정이 진행되는 정치적, 사회적, 경제적 요인, 조직적 변수들에 관해 정책당사자들의 심리적, 조직적, 문화적 요소들이 중요하게 작용함.

▸ 정책에 관한 인식이나 성과에 대한 주관적 판단이 정책의 성패를 평가하는 데 중요한 요인으로 작용하고 있음을 감안한 분석모형임.

◑ 개념 및 특징:

▸ 인간행위의 주관성 즉, 동적인 상황 속에서 자결적으로 정의되는 개인 관점 및 신념 관찰 및 측정

▸ 연구 대상자의 특정 주체 및 자극에 대한 주관적 의견이나 인식의 구조 확인, 소수의 대상에 대한 심층적 연구

▫ 방법 및 절차

▸ 연구주제 관련 Q진술문 작성 - 연구대상자 결정 - Q분류 자료 획득 - 요인분석 - 최종해석

◎ 미래예측모형

▫ 정책델파이 분석

▸ 개념 및 특징

• 정책 문제의 잠재적인 해결방안을 둘러싸고 다양하게 제기되는 의견들을 노출시키고 종합하는 방법
• 전문가들을 대상으로 반복적으로 의견을 수렴하는 방법을 취함.

▸ 방법 및 절차

• 사전준비단계(이슈의 명료화, 전문가 선정, 설문조사 설계), 설문조사 단계(설문서 개발, 설문조사, 설문결과 분석을 필요에 따라 반복 실시), 평가 및 정리단계(결과의 정리 및 평가, 최종보고서 작성)

▫ 시나리오기법(Scenario Planning)

▸ 시나리오란 정책결정을 하기 위해서 정책 적용시 나타날 여러 가지 상황들이 어떻게 펼쳐질지를 알게 해주는 도구임. 즉, 다양한 환경하에 발생하는 경로, 어떻게 소망스러운 규범적 미래가 달성되는지에 대한 희망적인 질문에 초점이 맞춰지는 탐색적 방법임.

▸ 시나리오기법은 복잡한 정책환경에서 발현가능한 사회적 상황의 관점을 제공함.

▸ 정책분석가들이 필요로 하는 정책환경을 보다 잘 이해하고, 이를 통해 비선형적 전략과 정책도구들을 잘 개발하는 데 도움 제공함.

▸ 특히 정책현상은 항상 계량적으로만 발생하는 게 아니므로 다양한 형태의 시나리오를 구성하여 전략을 분석하는 것이 매우 중요함.

◎ 사회적 구성(Social Construction)모형

▫ 개념 및 특징

▸ 정책입안자들이 정책의 대상집단을 긍정적 또는 부정적 측면에서 사회적으로 구성하고, 이러한 구성의 번영과 지속을 위해 혜택 또는 제재하는 바, 이러한 특성에 포착하여 모형을 구성하였음.

▸ Ingram, Schneider & deleon(2007)이 제시한 사회구성모형은 사회적 구성을 포함한 대상 집단의 성격규정, 정책의 정치적 속성들(수혜 또는 부담), 정책논리, 정책이 대상 집단에 적합한 행동을 취하도록 동기부여를 하기 위한 도구들, 정책을 정당화하거나 설명하기 위한 논리적 근거들 및 정책 속에 내포된 메시지들 등 정책설계에 담겨 있는 요소들을 제시하였음.

▸ 정치적 권력(political)과 사회적 형상(social image)에 따른 2X2모형을 제시함.

▸ 수혜집단, 의존집단, 주장집단, 이탈집단으로 나누어서 분석함.

▫ 방법 및 절차

▸ 사회적 맥락 분석

▸ 대상집단 분류와 사회적 형성

▸ 정책도구, 정책논리, 정책메시지

▸ 정책설계

◎ 복잡계 모형과 카오스 이론

◘ 개념 및 특징

▸ 복합성: 체계 또는 시스템 속에서 상호작용하는 연관된 구성요소들 간의 특성들을 지칭함.

▸ 현상에 영향을 주는 변수의 종류와 수가 많아짐에 따라 복잡함 증대함.

▸ 현상에 개입하는 각 변수에 따른 각각의 인과관계에 대한 이해 부족에 따른 예측의 부정확성 문제, 정보기술의 발달로 인해 현상에 개입하는 각 변수들의 상호작용 확대되어 현상의 복잡성 증가

▸ 복잡계의 특성은 창발성의 과정으로서 현상의 구성요소들이 자발적 상호작용을 통해 새로운 질서를 만들어내는 것을 의미

◘ 방법 및 절차

▸ 자기조직화

▸ 공진화

▸ 비선형성

▸ 창발성

▸ 비평형상태

▸ 편차증폭 순환고리

▸ 분산구조

▸ 계층성과 자기유사성

◎ 성찰적 정책모형

◘ 개념 및 특징

▸ 한국 정책학은 한국의 정책 현실이 효율성-민주성-성찰성으로 발전하고 있음.

▸ 이에 발맞추어 정책대상의 이해관계를 맥락적으로 수용하는 '성찰성'에 기초하여 정책 대상집단이 충분히 수용할 수 있는 정책을 수립할 수 있는 노력도 함께 진행되고 있는 바, 이러한 배경하에서 제시된 것이 성찰적 정책모형임.

▸ 정책학의 최상위가치인 인간의 존엄성을 실현하기 위해 정책에 내포된 보다 상위차원의 가치 즉, 성찰성의 가치의 정도를 보다 명확하게 분석할 필요가 있음.

◘ 방법 및 절차

▸ 정책대상집단의 수요에 기반한 정책설계인가에 대한 분석

▸ 정책동기의 공익성과 정책의 수혜로부터 소외된 집단에 대한 소통과 배려는 있었는가에 대한 분석

▸ 정책대상집단의 자각적 시민의식의 성숙과 민주적 정책 네트워크 참여는 성공적이었는가에 대한 분석

◎ 4차 산업혁명과 정부모형

◘ 개념 및 특징

▸ 4차 산업혁명은 3차 산업혁명을 기반으로 물리적(physical)·가상적(digital)·생물학적(biological) 영역의 융합을 통해 사이버 물리시스템(Cyber-Physical System, CPS)을 구축하는 것을 의미함.

- ▸ 4차 산업혁명의 특징: 초연결성(super connectivity), 초지능성(super intelligence), 초예측성(super foresight)

◑ 4차 산업혁명과 정부모형

- ▸ 4차 산업혁명과 리더십: 4차 산업혁명시대의 리더는 다양한 사회적 문제를 직면함에 있어 불안감과 좌절감을 느끼는 사람들에 대해 진솔하게 반응하는 적극적인 소통을 할 수 있는 역량이 요구되며, 지속 가능한 성장을 이룰 수 있는 미래지향적 정책과 제도를 위한 책임감 있는 리더이어야 함.
- ▸ 4차 산업혁명과 정부모형: 지혜정부, 소통정부, 융합정부

핵심 Question!

Policy Theory

◎ Ostrom의 IAD모형의 개념과 특징을 ACF모형과 비교하여 설명하고, 기본적인 구조로서 구성요소들에 대해 설명하시오.

◎ Birkland의 정책학습모형의 개념과 정책학습의 유형과 그 특성들을 설명하고, 초점사건의 발생을 시작으로 한 정책변동과정을 설명하시오.

◎ Zahariadis의 다중흐름모형의 개념과 특징을 Kingdon의 정책흐름모형과 비교하여 정책변동을 구성하는 요소들에 대해 설명하시오.

◎ 근거이론방법론의 의의와 특징, 연구과정에 대해 설명하시오.

◎ 사회네트워크분석의 주요 개념과 활용 분야에 대해 설명하시오,

◎ Q방법론모형의 개념과 필요성에 대해 정책연구와 인간의 주관성을 고려하여 설명하고, 그 특징에 대해 전통적 R방법론과 비교하여 설명하시오.

◎ 정책분석을 위한 방법으로 미래예측모형 중 정책델파이분석과 시나리오기법의 개념 및 특징에 대해 설명하시오.

◎ 사회적 구성모형의 의의와 구성요소에 대해 설명하시오.

◎ 복잡계 모형에 있어서 복잡계 개념을 설명하고 카오스이론의 분석 과정에 대해 설명하시오.

◎ 성찰적 정책모형의 대두배경과 의의를 기존 정책모형들의 분석기준과 비교하여 차별성을 설명하고, 정책분석 기준으로서 성찰성에 관한 세 가지 기준을 중심으로 성찰적 정책모형에 대해 설명하시오.

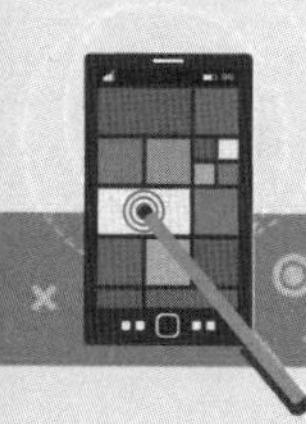

정책학 출제 최신경향&기출문제

CHAPTER 13 출제 최신경향

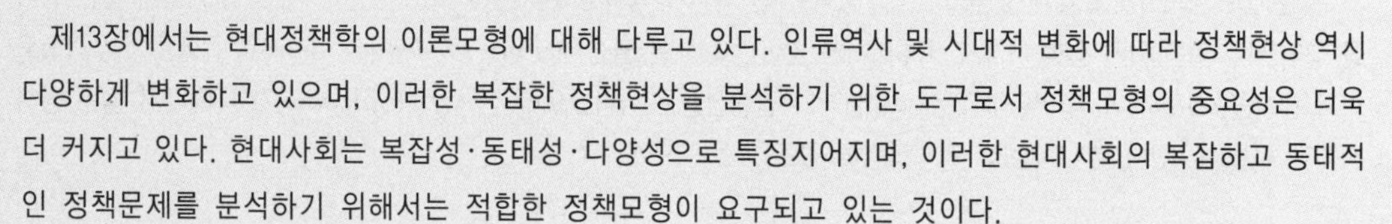

제13장에서는 현대정책학의 이론모형에 대해 다루고 있다. 인류역사 및 시대적 변화에 따라 정책현상 역시 다양하게 변화하고 있으며, 이러한 복잡한 정책현상을 분석하기 위한 도구로서 정책모형의 중요성은 더욱 더 커지고 있다. 현대사회는 복잡성·동태성·다양성으로 특징지어지며, 이러한 현대사회의 복잡하고 동태적인 정책문제를 분석하기 위해서는 적합한 정책모형이 요구되고 있는 것이다.

본 장에서는 현대정책학의 이론모형으로서 E. Ostrom의 IAD(Institutional Analysis & Development) 모형과 함께, P. Sabatier의 ACF(정책지지연합) 모형과 J. Kingdon의 PS(정책흐름) 모형의 연장선상에서 Birkland의 정책학습모형과 Zahariadis의 MS(다중흐름) 모형 등에 대해서 검토하였다. 더 나아가 복잡계모형, 사회구성모형, 성찰정책모형에 대해서도 검토하였으며, 최신 분석기법에 해당하는 SNA(Social Network Analysis)모형, 근거이론모형, Q분석모형, 미래예측모형에 대해서도 함께 고찰하였다.

그러므로 본 장을 학습하는데 유의할 점은 현대정책학에서 새로운 정책모형으로 논의되고 있는 다양한 현대정책모형과 최신기법들을 살펴보고, 그들이 적용되는 사례와 분석기법들을 함께 고찰함으로써 실사구시적 접근을 하려는 노력이 필요하다는 점이다.

그러나 아직 관련 출제는 드문 실정이다. 이는 비교적 최신 정책모형이라 아직 논의가 덜 이루어진 부분 때문이기도 하지만 그렇다고 방심은 금물이다. 위의 정책모형들은 기존 정책모형들의 한계점을 보완하며, 현재 활발하게 다루어지고 있기 때문이다. 더불어 다양한 사례를 통하여 묻는 기출문제에 대하여 최근의 정책모형에 대한 학습이 되어 있다면, 이에 대한 인과관계를 토대로 자신만의 답안을 작성할 수 있기에 고득점에 매우 유리할 것이다. 때문에 최근의 정책모형들의 이론적 핵심과 기본적 개념들에 대해 명확히 인지해 둘 필요가 있다고 본다. 또한 기존의 정책모형과의 차이점과, 가지는 장점 및 지적받는 한계점에 대해서도 모형별로 정리해 둔다면 더욱 완성도 높은 답안작성에 많은 도움이 될 것이다.

고시기출문제 일반적으로 정책은 성공하기보다 실패할 가능성이 더 크다고 한다.

1) 정책실패의 의미를 기술하고, 실패의 주요 원인이 무엇인지 우리나라에서 추진되었던 구체적인 정책사례를 들어 정책과정별로 설명하시오(단, 정책사례는 정책과정별로 다른 사례를 사용해도 무방하다).
2) 정책실패를 줄일 수 있는 방안을 제시하시오[2008년 행시]

답안작성요령

핵심 개념

본 문제은 정책실패에 대해서 묻고 있다. 정책실패란 정책집행과정에서 원래 의도한 정책목표가 달성되지 못한 상태를 의미한다. 이는 다시 집행 자체가 이루어지지 않아서 실패한 불집행(*non−implementation*)과 집행은 이루어졌으나 집행산출(*output*)이 나타나지 않은 집행실패와 집행산출은 나타났으나 집행성과(*outcome*)가 나타나지 않은 정책실패로 나눌 수 있다(본서, 제8장 정책집행론 참조).

정책실패사례를 통해 본 정책과정별 주요 원인

정책실패의 주요 원인을 설명하기 위한 우리나라에서 구체적으로 추진되었던 사례를 살펴보아야 한다. 사례로는 권기헌(2010)의 정책분석론 제11장 정책분석과 정책사례에서 제시하는 사례들, 시화호, 부안핵방폐장, 삼성자동차, 의약분업, 한양약분쟁, 국민연금, 화물연대파업, NEIS, 디지털지상파 TV, 한반도 대운하 등과 같은 사례들을 고려할 수 있다.

이들 중 정책실패사례로 부안 핵방폐장 설치 정책을 선정한다면, 정책의제설정 단계에서 부안 군수가 특정 지역 주민들의 찬성만을 의견으로 수렴함으로써 오류를 범하였고, 설치 동의 여부와 설치 시 문제점에 대한 대책 등에 대한 조사 등이 부족하였음을 지적할 수 있다. 또한 정책결정 단계에서 군민들의 의견을 민주적으로 수렴하지 않은 성급한 결정이었다는 점을 지적할 수 있고, 정책집행 단계에서 약속한 보상금 지급 등 집행이 제대로 이루어지지 않고, 정책순응확보에 미흡하였던 점을 지적할 수 있다. 정책평가 및 환류 단계에서도 정책대상집단의 정책순응의 중요성과 함께 이해관계자들 간의 정책합의를 도출하는 장치가 부족하였음을 지적할 수 있다.

정책사례	정책의제설정	정책결정 (정책목표 및 정책대안의 결정)	정책집행	정책평가 및 환류
부안 핵방폐장	의견수렴 및 동의 산출 미흡	실질적 정책관련 집단 간의 충분한 합의가 이루어지지 않은 상태에서 성급한 정책결정을 함	집행상의 일관성 결여로 인한 정책순응성 미확보 및 정책신뢰 상실(조직적 요인)	정책에 관련된 다양한 이해관계자들의 정책합의를 도출해내는 장치가 부족

자료: 권기헌, 정책분석론(박영사, 2010) 제11장 정책분석과 정책사례 참조 바람.

정책실패를 줄일 수 있는 방안

문제 (2)에서 정책실패를 줄일 수 있는 방안으로 위에서 서술한 사례와 관련하여 각 정책과정 단계별로 방안을 제시하면 다음과 같다.

정책의제형성 단계에서 사업 관련 기술영향평가를 포함한 사회영향평가를 실시하고, 정책결정 단계에서 정책실명제, 정책타당성 사전 체크리스트 실시가 필요하다.

정책집행 단계에서는 정책반응모니터링 시행 의무화와 관계부서 간 대화 및 협의 정도에 대한 중간평가제도 도입을 통해 정책과정 중간에 점검하는 제도적 장치가 필요하다. 또한, 정책평가 및 환류단계에서 관련 정부부처 합동 교육 및 학습시스템 구축 등이 필요하다고 하겠다.

고득점 핵심 포인트

우선 정책실패를 기술함에 있어서 실패라는 개념이 명시적(*explicitly*)인 것이 아니라 암시적(*implicitly*)이라는 것(Ingram & Mann, 1980)을 설명할 필요가 있다. 즉, 실패는 이분적인 개념이라기보다는 연속적인 개념, 양의 개념뿐 아니라 질의 개념, 단일 차원이라기보다 다차원적인 개념(안병철·이계만, 2009)임을 제시할 필요가 있다.

둘째, 정책실패요인에 관한 문제의 경우 다른 단계를 토대로 하여 작성할 수 있다. 정책과정을 토대로 한 단계를 정책환경과 정책형성, 정책집행, 정책학습 등으로 나누어 보면, 정책환경과 정책형성 단계에서는 정책의 불리한 외부조건, 정책불신, 정책과정에 대한 정치개입, 정책상호 간 복잡한 연계성, 정책설계의 오류, 현장과 괴리된 정책, 유관집단의 의견수렴과 합의도출의 실패 등을 꼽을 수 있고, 정책집행 단계에서는 중복된 집행주체와 모호한 역할 분담, 집행 인력의 부족, 관료적 타성, 기관장 리더십, 집행 인력의 전문성, 유관 집행조직과의 협력과 조정문제, 부정부패 등을 지적하고, 정책학습 단계에서는 이전 정책실패에서 배운 교훈을 재학습하지 못한 경우를 지적할 수 있다(정광호 외, 2009).

셋째, 앞서 설명한 바와 같이 정책실패의 개념은 복합적이기에 그 판단 또한 다양한 측면에서 이루어질 수 있다. 따라서 관점에 따라 동일 사례에 대해서도 성공과 실패는 다르게 판단될 수 있다. 따라서 작성하는 답안의 확실한 논리를 위해 정책실패사례를 선정함에 있어 해당 사례의 선택논거, 즉, 해당 사례가 어떤 측면에서 정책실패라고 판단되는지, 정책실패라고 규정하는 논거를 명확히 밝혀주는 논거 제시가 필요하다고 볼 수 있다. 정책성과, 성공실패의 판단시점 등이 제시되는 것이 중요할 수 있다.

넷째, 정책실패요인과 대안이 연결될 수 있도록 작성하는 것이 답안의 논리적 일관성을 제고해 준다. 또한 대안을 제시함에 있어 최근 행정 및 정책이론에서 대두되고 있는 새로운 대안으로서 제시하는 관점에 따른 접근을 하여 예를 들어 정책학습, 갈등관리, 거버넌스 등과 같은 관점에 초점을 두고 정책실패요인을 작성하고, 이를 줄일 수 있는 방안으로 작성한다면 고득점을 위한 좋은 전략이 될 수 있다고 본다(권기헌, 정책분석론(박영사, 2010), 제11장 정책분석과 정책사례 참조 바람).

4

PART
04
요약 및 결론:
논점 및 함의

요약 및 결론: 논점 및 함의

정책학의 궁극적 이상은 인간의 존엄(*human dignity*)을 실현하고
인간의 가치(*human value*)를 고양시키는 데 있다.
- H. D. Lasswell

이 책에서 제시된 주장과 논점, 분석과 함의에 대해서 요약하면 다음과 같다.

1. 주장과 논점

1) 정책이론의 새로운 구성

정책학은 문제해결을 지향하고(*problem-oriented*), 시간성과 공간성의 맥락성(*contexuality*)을 가지면서, 순수학문이면서도 응용학문으로서 연합학문지향성(*interdisciplinary*)을 지닌다. 이처럼 문제지향성, 맥락지향성, 연합학문지향성의 정책학을 바르게 이해하려면 미래예측과 정책분석 기법뿐만 아니라, 정치학(정치경제학), 거버넌스이론, 전자정부이론, 국가혁신이론 등을 이해해야 한다. 정책이란 이성과 합리성, 효율과 과학의 산물이면서, 동시에 가치와 갈등, 권력과 협상의 산물이기 때문이다.

정책학의 궁극적 목적은 인간 존엄성을 실현하는 데 있다. 즉, 인간의 존엄(*human dignity*)을 실현하고 인간의 가치(*human value*)를 고양시키는 데 있다. 이를 Lasswell은 민주주의 정책학이라고 불렀다. 즉 생산성(*Productivity*)과 민주성(*democracy*)을 토대로 성찰성(*reflexivity*)-인간의 가치(존엄성, 인권, 정의, 형평)를 추구하는 학문이 정책학이다.

본서는 기존의 정책이론을 토대로 1) 혁신관리, 지식관리, 미래예측에 토대를 둔 분석과 예측중심의 미래지향적 정책문제 해결역량(*analytical governance*)의 강화와 2) 갈등관리, 거버넌스, 전자정부이론에 토대를 둔 민주적 국정관리(*democratic governance*) 역량강화를 창조적으로 접목시키고자 하였다.

2) 현대적 정책이론

정책이란 정치적 갈등의 요소와 합리적인 의사결정 단계가 상호 역동적이고 동태적인 과정을 거치면서 만들어지는 것이다. 정책과정은 가치 있는 자원의 배분을 놓고 이해관계자들이 경쟁하고 타협하는 과정으로서, 본질적으로 가치, 갈등, 권력 등의 요소들이 내재되어 있다. 이처럼 정책은 가치, 갈등, 권력적 요소를 그 배경적 특성으로 하고 있지만, 정책학이 존재하는 본질적 이유는 이러한 특성적 한계를 배경으로, 어떻게 하면 합리적 정책과정에 있어서 권력적 요소를 배제하고 전문성을 제고하며, 과학적이고 체계적인 정책을 도출할 수 있을 것인가 사유하고 탐색하는 데 있다. 즉, 정책학은 명확한 목표설정, 체계적인 대안탐색, 과학적인 정책결정 등을 통해 최선의 대안과 집행방법을 끊임없이 추구하는 합리적인 활동으로서의 과학적 사유와 합리적 추론을 요구하고 있다.

정책결정을 바라보는 관점은 크게 합리적 결정(*rational decision*)과 정치적 결정(*political decision*)으로 대별된다. 합리적 결정은 권력적 요소를 배제하고 전문성을 강조하여 합리적·과학적 분석방법을 통해 합리적인 정책수단을 채택하는 과정으로서 정책의 능률성을 추구한다. 비용편익분석, 비용효과분석, 정책델파이를 이용한 미래예측이나 각종 통계기법 등의 정책분석기법과, 합리모형, 만족모형, 점증주의, 혼합탐사모형, 최적모형 등과 같은 정책결정의 이론모형이 여기에 속한다. 이에 반해 정치적 결정은 다양한 이해관계를 가진 참여자들의 정치적 게임을 통해 정책수단이 채택되는 과정으로서 정책의 민주성을 추구한다. 엘리트이론, 신엘리트이론, 다원주의이론, 신다원주의이론, 하위정부모형, 조합주의, 정책네트워크 등의 모형이 여기에 속한다.

현대 사회는 대단히 빠른 속도로 변화하고 있으며, 그 속도는 시간이 갈수록 더욱 가속화될 것으로 보인다. 특히, 정보가 중요해지고, 가치가 다원화되며, 세계화와 국지화 경향이 병존하고 있다. 이러한 흐름 속에서 변화의 바람이 거세게 불고 있다.

현대 사회의 이러한 시대적인 흐름에 현대 정책학이 제대로 대처하여 정책학 본래의 문제지향성과 맥락지향성을 살려 나가려면, 현대 정책이론은 지식정보 시대의 이러한 변화에 부응할 수 있는 새로운 패러다임을 제공해 줄 수 있어야 한다. 본서에서는 전통적 정책이론과 현대적 정책요구 사이에 생기는 이론적 차이(*gap*)를 메우기 위한 이론적 작업의 개념적 도구로서 국가혁신이론, 거버넌스이론, 전자정부이론, 미래예측이론을 사용하였다.

(1) 국가혁신이론

국가혁신의 핵심은 정부와 시장과 시민사회가 어떻게 하면 신뢰와 네트워크 정신 속에서 자율성과 창의성이 마음껏 발휘될 수 있는 국정운영시스템을 만들 수 있느냐에 달려 있는데, 이를 위해 국가혁신이론은 그 하위 수단적 개념으로써 정책품질관리, 갈등관리, 지식관리, 성과관리 등을 내포하고 있다. 정책품질관리제도는 정책과정의 절차적 합리성 제고를 통해 원천적으로 국가적 차원의 갈등관리를 지향하며, 정책품질관리제도를 통한 정책사례의 정확한 데이터베이스 구축은 지식관리를 의미한다. 또한, 정책과정의 논리적 타당성을 확보하기 위한 노력이 성공하기 위해서는 공무원 개개인에 대한 공정한 성과관리의 구축이 전제되어야 한다. 즉, 갈등관리, 지식관리, 성과관리는 정책품질관리를 중심으로 연결되어 있으며, 이들은 국가혁신체제의 구축에 중요한 정책적 지렛대로 활용될 수 있다. 이 중에서 지식관리와 성과관리가 조직의 생산성과 효율성을 추구하는 개념이고, 갈등관리가 민주성과 참여성을 강조하는 개념이라면, 정책품질관리는 효율성과 민주성을 동시에 추구하는 개념이라고 볼 수 있다.

(2) 거버넌스이론

거버넌스는 라스웰(Lasswell)이 인간의 존엄성을 강조한 민주주의 정책학을 주창한 이래 정책학이 계층제적 관료제의 도구로 전락된 것에 대한 반성과 성찰의 결과이다. 기존의 정책학은 다양한 의견투입이 원활하게 이루어지지 못하고 정책의 효율성만을 추구한 결과 정책불응과 같은 또 다른 비효율성을 양산하고 있었다. 이에 대한 반성으로 대두된 거버넌스는 다양한 이해관계자들의 참여를 제도적으로 보장함으로써 정책의 민주성과 효율성을 동시에 추구한다. 현대사회의 정보화 추세는 이러한 경향을 더욱 가속화하고 있다. 결국 새로운 환경변화에 대한 대응으로 등장한 국가혁신이론과 거버넌스이론은 기존에 배타적으로 추구되고 있던 효율성과 민주성을 조화하는 대안으로서 새로운 정책학 패러다임의 핵심요소이다.

(3) 전자정부이론

㈎ 참여성, 숙의성, 합의성

우리는 전자정부 시대의 도래에 따라 다양성(*diversity*)과 창의성(*creativity*)과 실용성(*relevance*)이 강조되는 시대에 살고 있으면서, 동시에 참여성 (*participation*), 숙의성(*deliberation*), 합의성(*consensus*) 등 민주성이 강조되는 시대에 살고 있다. 시민사회의 발전에 따라 다양한 개인이나 집단들이 정책과정에의 참여를 요구하고 있으며, 특히 최근 들어 인터넷과 전자정부론의 발전은 참여(*participation*)

를 가능케 해 주는 기회를 제공해 주고 있다. 또한 각 정책참여자 간에 상대방을 존중하는 토론문화가 성숙되어 민주적인 절차와 자유로운 분위기 속에서 서로의 이해관계를 협의해 나가는 것이 정책과정의 투명성 확보와 정책집행의 순응성 확보에 매우 중요한 절차적 타당성의 요건으로 등장하고 있다. 하버마스의 담론의 장에서 강조되는 것과 같은 숙의성(*deliberation*)이 중요하게 대두되고 있는 것이다. 더 나아가, 우리는 민주화 이후의 민주화 시대에 살면서 다양한 이익결집과 이익표출이 과잉분출되는 시대에 살고 있다. 이런 때일수록 정책학의 측면에서는 정책이해관계자들의 다양한 이해관계가 서로 합의(*consensus*)를 통해 상생의 결과를 얻을 수 있도록 하는 정책적 가치가 중요해진다.

(나) 새로운 정책결정 메커니즘

전자정부는 관료제모형의 대안으로 제시된 현대적 의미의 정책결정 메커니즘이다. 전자정부는 정부 내에 산재해 있는 지능(*intelligence*)을 한 단계 향상(*upgrade*)시킴으로써 정부 내부의 문제해결능력과 정책결정역량을 제고시킨다. 또한 전자정부는 정보와 지식의 공유와 학습을 강조함으로써 정부 내외의 혁신활동을 지원해주는 역할을 하므로 효율성과 생산성을 추구한다. 또한 정부 외부와는 다양한 이해관계자들이 참여할 수 있는 공론의 장을 제공해 줌으로써 참여성, 숙의성, 합의성 등 민주성을 강조하는 거버넌스 형태의 정부조직모형이다.

(다) 효율성-민주성-성찰성 차원

전자정부의 개념은 1) 효율성 차원, 2) 민주성 차원, 3) 성찰성 차원 등 세 가지 차원으로 정리할 수 있다.

첫째, 전자정부 개념의 첫 번째 차원은 정부내부의 효율성(생산성) 제고라는 관점에서 고찰할 수 있다. 이는 정부개혁, 정부혁신, 정부생산성이라는 용어로도 불리는 차원의 이슈들로서, 이는 다시 다음의 네 가지 하위 차원, 즉 1) 국민의 편의가 극대화되는 정부(*One Stop, Non Stop, Any Stop Government*), 2) 종이 없는 사무실(*Paperless & Buildingless Government*), 3) 깨끗하고 투명한 정부(*Clean & Transparent Government*), 4) Digital 신경망 정부(*Digital Nervous Government*) 등으로 구성되어 있다.

둘째, 전자정부 개념의 두 번째 차원은 정부 외부와의 인터페이스 관점에서 정부-국민 간의 정부권력의 전통적 관계를 민주적으로 복원시키는 의미에서 전자민주주의를 실현하는 정부로 규정지을 수 있다(민주성).

셋째, 전자정부 개념의 세 번째 차원은 민주성과 밀접한 연관성이 있으면서도 보다 철학적인 지향점을 의미하는 성찰성의 개념과 관련지어 규정할 수 있는데, 이러한 고차원적 의미의 전자정부는 우리 사회에서 수직적, 수평적 의미의 열려 있는 의사소통을 활성화시킴으로써, 진정한 의미의 신뢰사회와 성숙한 사회를 실현하는 사회공동체 구현수단으로서의 정부(성찰성)라는 의미를 지닌다.

(4) 미래예측이론

(가) 전략기획, 네트워크, 미래연구의 연결고리

미래는 불확실성(*uncertainty*)과 불확정성(*indeterminancy*)을 특성으로 한다. 불확실하고 불확정적인 미래의 특성으로 인해 오히려 미래에 대한 무한한 가능성은 열려 있으며, 미래예측을 통한 인간의 창조적 행위가 가능해진다. 미래예측은 전략기획(Strategic Planning), 네트워크(Governance Networking) 형성 및 미래연구(Future Studies)의 중심부에 위치하는 개념이다.

(나) 미래예측과 정책연구

미래예측과 정책연구는 매우 밀접한 연관관계를 맺고 있다. 하지만 그동안 미래예측이 정책연구라는 관점에서 집중적으로 조명을 받지는 못했는데, 앞으로는 미래예측과 정책연구의 다양한 연결고리에 대해서 연구할 필요가 있을 것이다. 정책은 미래가 있기에 정책의 미래지향적 탐색이 가능하게 되고, 국가의 미래지향적 가치를 그리면서 정책을 가치 창조적으로 형성해나갈 수 있게 되는 것이다.

(다) "완전한" 미래예측: 전문가 패널, 시나리오, 정책델파이

"미래예측"이라는 용어는 온갖 종류의 활동에 적용되지만, 미래연구를 하는 학자들은 전문가 패널, 시나리오 기법 및 정책델파이에서 활용되는 보다 진지한 형태의 토론과 다양한 방법론의 활용을 중시한다. 또한 이러한 관점에서 미래연구학자들은 전문가 패널, 시나리오 기법 및 정책델파이에서 보여주는 보다 장기적 형태의 연구와 다양한 방법론의 활용, 네트워크 형성, 정책결정과 정책기획의 강한 연계 등의 특성을 지닌 미래예측 방법론을 "완전한 미래예측"(fully-fledged-foresight)이라고 불렀다.

(라) 미래예측 연구방법

미래를 예측할 때는 먼저 1) 어떠한 이슈가 존재하는지 확인하는 이슈의 확인(환경 스캐닝, 이슈서베이, SWOT 분석)과, 2) 그러한 이슈가 어떻게 진행될지에 대해서 추정해보기 위해서 추세 연장적 접근(추세연장, 경향추정, 시뮬레이션)과 창의적 접근(브레인스토밍, 전문가패널, 시나리오, 정책델파이, 교차영향분석, 실현성예측)을 사용하게 되며, 3) 마지막으로, 이상에서 추정하고 창의적 방식을 통해 나타난 미래의 상황을 우선순위로 분류하는 우선순위 접근(핵심기술 우선순위 기법, 로드맵 우선순위 기법)이 종합적으로 필요하다.

미래예측기법으로 사용되는 모든 방법들은 복잡한 수학적 모형, 계량적 기법이나 컴퓨터 시뮬레이션 등을 통해 이루어지기도 하지만, 실질적인 미래예측에 있어서는 전문가 패널, 시나리오 작성, 정책델파이 등 전문가들의 주관적 판단이나 창의적 예측이 매우 중요한 자료로 사용되므로, 양적인 분석과 질적인 접근을 모두 활용하는 미래예측의 종합적 접근이 필요하다.

(마) 창의적 예측연구

미래연구(future studies)는 미래의 문제를 탐구하는 학문으로서 과거나 현재에 관한 일련의 추세적 연장에 그치지 않고, 미래의 대안을 창조하고, 그러한 대안의 선택과 결정을 통해서 미래의 바람직한 대안을 개발하는 학문이다. 미래예측의 통계적 기법들은 데이터의 형태를 그래픽으로 혹은 추정의 형태로 처리해 줌으로써 미래예측의 객관성과 신뢰성을 확보하는 기반이 되지만, 미래연구는 어디까지나 이러한 통계분석의 수준을 넘어서서 창의적 예측에 기초한 창조적 대안 개발을 요구하고 있다.

미래예측은 결국 사회적이고 창조적인 과정이다. 미래예측은 조직의 성공에 핵심이 되는 새롭고 흥미로운 지식의 융합(knowledge fusion)을 키우는 상호작용의 과정이라고 할 수 있는데, 이러한 관점에서 이 장에서 소개한 전문가 판단에 기초하여 미래의 전략에 대한 창의적 견해들을 이끌어내는 기법들은 매우 중요한 의미를 지닌다고 하겠다. 창의적 예측의 방법론으로 브레인스토밍, 전문가 패널, 시나리오 기법, 정책델파이, 교차영향분석, 실현성예측 등이 있다.

(바) 정책 우선순위 예측

미래연구(future studies)는 미래의 문제를 탐구하는 학문으로서, 미래의 대안을 창조하고 미래의 정책을 기획하는 학문이다. 미래예측은 1) 이슈의 확인, 2) 통계적 분석, 3) 전문가 판단의 과정을 거쳐 우선순위 분석을 통해 완성되는 것이며, 따라서 정책 우선순위를 분석하고 거기에 대한 논리적 정당성을 제시하는 일은 미래예측에서 매우 중요한 의미를 지닌다. 더욱이 미래예측이란 단순히 몇 가지 계량분석 방법론을 통해 미래를 단순히 예측하는 데 그치는 것이 아니라, 국가혁신이라는 관점에서 미래의 보다 나은 창조적 대안들을 적극적으로 개발하고 창조하며 정책의 우선순위 선정에 따른 정책기획까지도 포함하는 폭넓은 미래지향적 사고의 과정이라고 보았을 때, 우선순위 분석은 미래예측에서 매우 중요한 의미를 지닌다고 할 수 있다.

3) 정책이론의 정향과 과제

(1) 정책학의 목적구조

정책학을 처음 제창한 Lasswell의 논문, "The Policy Orientation"(1951)을 살펴보면, 정책학의 궁극적인 목적은 인간의 존엄성을 충실히 실현시키는 것이다. 이러한 목적을 위하여 "인간이 사회 속에서 봉착하는 근본적인 문제", 즉 문명사적 갈등을 일으키는 문제, 시대사적 사회변동 또는 세계적 혁명추세, 체제질서 차원에서 일어나는 문제 등의 해결에 초점을 맞추어야 한다. 이와 같은 중요한 문제를 해결하기 위해서는 정책과정지향성과 정책내용지향성이 통합된 형태의 정책지향성(*policy orientation*)의 완성이 필요하다.

(2) Maslow(1954)의 욕구이론

Abraham Maslow는 임상경험에서 얻은 자료를 근거로 1954년 인간의 동기유발에 관한 욕구 5단계이론을 발표하였다. 이후 Maslow(1970)는 기존 모형을 수정하여 수정된 8단계의 모형을 제시하였다. 특히 기존 모형에서 '지적 성취(인지적 욕구)', '심미적 이해(심미적 욕구)', '초월적(영적) 욕구' 등을 새롭게 추가하였다. 이는 곧 인간 정신이 상위 단계에 이르면 인식적, 심미적 욕구와 같은 정신적 창조성을 추구하게 됨을 의미한다. 즉, 인간은 생리적, 물질적, 경제적 욕구로부터 인정, 명예, 존중 등과 같은 사회적 욕구를 거쳐 아름다움과 미덕, 정의와 같은 정신적 창조성을 지향하는 존재인 것이다. 요컨대, 진실, 평화, 창조와 같은 가치는 인간 자아실현의 최상위적 품격에 해당하는 위상을 지닌다.

국가사회의 정책구조도 이와 유사한 연계구조를 띠고 있다. 즉, 국가사회의 정책구조 역시 국가의 하부구조 및 인프라 강화 그리고 경제발전을 통해 생리적 욕구(*physiological needs*), 국방과 치안을 통한 안보의 강화(*security needs*), 외교 및 문화를 통한 국가의 명예 제고(*social needs*), 국민의 인권과 정의 보장(*self-esteem*), 국가공동체의 신뢰 및 성숙을 통한 자아실현의 완성(*self-actualization*)의 구조를 보인다. 이는 정책구조의 능률성-실현성-당위성으로 표현할 수 있으며, 효율성-민주성-성찰성으로 표현할 수 있다.

특히 정책학에서도 '창조성'은 최고의 가치를 지닌다. 정책학이 인간의 존엄성 실현을 추구하는 학문이라고 할 때, 인간의 존엄성 실현이란 곧 인간의 창조성 실현을 의미하는 것이라고 볼 수 있기 때문이다. 즉, 인간의 창조적 품격을 실현시키고자, '문제지향성', '맥락지향성', '연합학문지향성'을 동원하는 학문이 정책학이다.

(3) 정책학의 이념구조

Lasswell(1951)과 Maslow(1954)의 논의를 종합해 보면, 정책의 궁극적인 목적은 인간의 존엄성 실현이며, 이를 구체적으로 실현하기 위해서는 국가 차원의 생산성과 민주성, 신뢰성이 확보되어야 한다. 정책학의 이념구조 역시 이러한 논의의 연장선상에서 발견할 수 있다.

첫째, 정부 차원에서 생산성이 확보되어야 한다. 정부조직 내 관료주의 및 형식주의를 타파하고 관리주의와 시장의 경쟁원리를 도입하여 "일하는 시스템", "일 잘하는 시스템"을 구축함으로써 효율성을 확보하고, 정부조직 내 행정 및 정책과정의 참여성·투명성을 제고해야 하며, 정부조직 내부의 효율성과 투명성을 토대로 국가사회 및 시장의 자율성과 창의성을 창출해야 한다.

둘째, 전자민주주의(*e-democracy*)를 통한 진정한 민주주의를 실현함으로써 정치적 차원에서 민주성이 확보되어야 하며, 정책과정에서도 참여가 확대되고 숙의와 토의의 과정을 거친 합의의 정신이 실현되어야 한다.

셋째, 사회적 차원에서 신뢰성과 성찰성이 확보되어야 한다. 절차적 가치로서의 민주성이 꽃 핀 상태가 성찰성이다. 사회 구성원들의 진정한 주체성과 독립성이 보장되는 사회, 그리고 사회의 열린 의사소통을 활성화(*social networking*)시킴으로써 구성원들 간의 신뢰성을 확보하고, 성찰하는 시민, 주체적인 시민을 통해 보다 신뢰받고 성숙한 사회 공동체를 구현해야 한다. 이것이 바로 Lasswell이 주장한 정책의 최상위가치인 인간의 존엄성(인권·정의·존엄) 실현이며, 정책의 최상위 차원인 당위성의 실현이다.

(4) 미래예측과 정책연구

미래예측과 정책연구는 매우 밀접한 관계에 있다. 그동안 미래예측이 정책연구라는 관점에서 집중적으로 조명을 받지는 못했는데, 앞으로는 미래예측과 정책연구의 유기적 관계에 대해 집중적으로 탐구될 필요가 있다.

Lasswell(1951, 1970, 1971), Y. Dror(1970), E. Jantsch(1970) 등으로 이어지는 정책학의 본류적 관점에서도 미래와 정책은 불가분의 관계를 형성하고 있다. Lasswell(1951, 1970)은 정책이 과정(*process*)과 내용(*content*)의 지식을 통해 사회의 민주적 가치실현에 기여하기 위해서는 정책연구에 있어서 시간적 맥락(역사적 맥락; 과거, 현재, 그리고 미래)과 공간적 맥락(세계적 관점; 글로벌한 공간) 등 정책이 처한 맥락에 대한 분석이 매우 중요하다고 강조하였으며, 이를 위해 정책은 미래지향적 근본문제의 해결을 추구해야 한다고 주장하였다. 더 나아가 이러한 정책연구의 근본적 발전을 위해서는 정책학의 연구 방법론도 관리과학, 미래예측, 체제분석 등 계량분석뿐만 아니라 정치학, 심리학, 인류학, 생물학 등의 통섭적인 접근을 통한 방법의 다양성(*diversity*)을 추구해야 한다고 강조하였다(Lasswell, 1970: 11-15). 이러한 방법의 다양성은 후에 그의 제자인 Y. Dror(1970)가 제시한 연합학문지향성(*interdisciplinary*)으로 이어지며, 정책학의 최적모형 개발로 발전된다.

(5) 현대정책학의 이론모형

정책학은 실용주의 철학을 토대로 현실 사회에 존재하는 근본문제 해결을 추구한다. 따라서 정책학은 현실 정책현상을 설명하려는 학문적 노력 그리고 이를 통해 얻어지는 과학적 지식을 통해 정책문제해결을 하고자 한다.

본서에서는 이러한 관점에서 현대정책학의 이론모형에 대해서 고찰하였다. 현대정책모형 및 최신기법들을 살펴보고 그들이 적용되는 사례와 분석기법들을 함께 고찰함으로써 정책학의 실시구시적 접근 가능성을 제고하고자 하였다. ACF모형, IAD모형, Kingdon모형, Birkland모형 등에 대한 이해와 함께 복잡계모형, 사회구성모형, 성찰정책모형에 대해서도 탐구하였다. 최신 분석기법에 해당하는 SNA모형, 근거이론모형, Q분석모형, 미래예측모형에 대해서도 함께 고찰하였다.

(6) Lasswell 정책학의 현대적 재조명

정책학은 학문 태동 자체가 윤리적인 학문이다. 우리 사회에 존재하는 근본적인 문제해결을 통해 인간의 존엄성을 실현하는 학문이다. Lasswell(1951, 1970)은 "인간이 사회 속에서 봉착하는 근본적인 문제"를 해결하기 위해서는, 좁은 의미의 실험실 과학을 벗어나 탈실증주의적인 문제지향이 필요하다고 강조하였다. 그는 또한 역사적 맥락, 세계적 관점, 사회과정모형의 관점에서 맥락지향적 학문을 제안하였다.

Lasswell 정책학을 현대적으로 조명하고자 할 때, 제일 우선적으로 고려해 보아야 할 것은 정책학의 이상과 목적론적 구조를 다시금 분명하게 세워야 한다는 것이다. 이런 맥락에서 허범 교수(2002: 308)는 민주주의 정책학과 탈실증주의의 접목이야말로 분명히 하나의 중대한 학설사적 전환이 될 것으로 내다보았다(DeLeon, 1994: 82; Torgerson, 1985: 241; Throgmorton, 1991: 153, 174-175). 민주주의 정책학과 탈실증주의의 접목, 인간 존엄성의 실현을 지향하는 정책윤리분석에 대한 관심 제고, 근본적으로 중요한 문제의 탐색과 함께 가치비판적 정책설계이론과 방법의 강조가 우선 주목받아야 할 것이다. 도구적 합리성, 기술관료적 지향성, 분석적 오류를 넘어선 민주주의 정책학, 좁은 의미의 인과구조를 넘어선 탈실증주의 정책학, 정책연구와 정책형성에서 '참여와 숙의'(*deliberation*), '토론과 논증'(*argumentation*)이 강조되는 실천적 참여정책분석(*participatory policy analysis*)과 함께 숙의민주주의(*deliberative democracy*)가 신장되어야 할 것이다(DeLeon, 1990; Durning, 1993; Forester, 1993, 1999; Fischer, 1998; Hajer, 1993; Roe, 1994).

이렇게 보면 정책학과 거버넌스의 관계구조도 비교적 명확해진다. 신뢰와 협력을 중심으로 한 문제해결 방식과 절차적 가치를 강조하는 거버넌스는 정책학의 이상을 실현하는 데 필수적인 이론적 요소가 된다는 점을 알 수 있기 때문이다. 특히 우리 사회가 복잡 다양화되고, 이익집단들의 이익분출이 과잉화되고 있는 이 시점에서 우리가 정책학의 이상을 실현하기 위해서는 참여, 숙의, 합의를 강조하는 절차적 민주주의와 신뢰, 그리고 네트워크 정신에 바탕을 둔 수평적 관계성을 지향하는 거버넌스이론의 중요성을 새삼 인식해야 할 것이며, 이러한 관점에서 앞으로 정책이론과 거버넌스의 연계성에 대해서도 더 깊은 토의와 연구가 있어야 할 것이다.

P. DeLeon(1994: 83)이 정확하게 지적하듯이, 정책학의 이상과 도전을 포기할 이유가 없다. Lasswell과 그의 동료들이 내세웠던 정책학의 이상과 가치를 다시금 찾아오기 위한 통합적 방법론의 학문적 노력을 다시 불붙이지 못할 이유가 없는 것이다. 하지만 이러한 통합적 노력은 논리로만 되는 것은 아니다. 많은 젊고 유능한 소장학자들이 다양한 방법론을 토대로 고상한 인식론적 가치 아래 모여야 한다. 때로는 근엄한 철학과 인식도 필요하지만, 또한 우리에게 필요한 것은 생기발랄한 창의적 접근이다(Torgerson, 1992: 225). 여기에는 계량분석을 연구하는 학자, 정책이론을 연구하는 학자, 국가혁신을 연구하는 학자, 전자정부를 연구하는 학자, 거버넌스를 연구하는

학자, 분야별 정책을 연구하는 학자, 혹은 정치학, 사회학, 심리학, 미래학, 인류학 등 관련 분야의 학자 모두가 모여야 한다. 그야말로 실증주의와 탈실증주의(*positivism and post-positivism*), 연합학문적 접근(*interdisciplinary approach*)과 학문통섭적 노력(*consilience efforts*)이 모두 필요하다. 이들이 모두 모여야 할 곳은 "인간의 존엄성 실현"과 "민주주의 정책학의 완성"이라는 고상한 가치(*noble value*)와 비전지향적 인식(*vision-oriented spirit*) 아래이다.

2. 에필로그

21세기 인류사회가 당면한 문제는
개인의 가치가 존중되는 사회를 건설하는 데 필요한
정책적 지혜와 선택의 이슈로 귀결된다.
- Daniel Bell

정책학의 궁극적 목적은 인간 존엄성을 실현하는 데 있다. 즉, 인간의 존엄(*human dignity*)을 실현하고 인간의 가치(*value*)를 고양시키는 데 있다. 이를 Lasswell은 민주주의 정책학이라고 불렀다.

21세기 정책화두는 다양성, 창의성, 실용성이다. 다양성과 창의성을 토대로 실용성을 추구해야 한다. 지금 우리는 디지털 돌풍 속에 살고 있다. 디지털 기술은 시간(*time*), 속도(*speed*), 불확실성(*uncertainty*)이라는 속성을 지니고 있다. 시공의 압축 혁명 속에서 생각의 속도로 움직이는 디지털 신경망 조직(최고의 업그레이드된 전자정부)을 만들고, 조직 구성원과 최고 책임자의 문제해결역량을 향상(*upgrade*)시키지 않으면 살아남지 못하는 시대에 살고 있다. 즉 변화의 시대이다.

현대사회의 변화와 불확실성에 현대 정책학이 제대로 대처하여 정책학 본래의 문제지향성과 맥락지향성을 살려 나가려면, 정책이론은 지식정보 시대의 이러한 변화에 부응할 수 있는 새로운 패러다임을 제공해 줄 수 있어야 한다.

정보화와 과학기술이 급속도로 진행되고 있는 현 시점에서 오늘날 인류는 전례를 찾아보기 힘들 정도의 대변혁의 과정을 겪고 있다. 사회변동의 정도는 혁명적이라 할 만큼 급격한 것이라서 기존 사회질서에 거대한 도전을 초래하고 있으며, 국가운영에 있어서도 지금까지 존속되어 왔던 학문체계로는 대처할 수 없을 정도로 커다란 변화를 몰고 오고 있다. 국정관리는 이렇게 변화하는 사회를 총괄하고 조정할 책무가 있다. 즉 국정관리의 역할과 임무도 변화하는 사회만큼이나 변화해야 하고 「새로운 문명과 패러다임 창조」를 이끌어 낼 수 있어야 한다.

국정관리학의 새로운 패러다임의 정립은 바로 토마스 쿤(T. Kuhn)의 말대로 지평의 전이(*paradigm shift*)라고 할 수 있다. 미래예측과 정부혁신을 통해 차세대의 국정 청사진을 제시할 수 있어야 하며, 이들이 국민의 가치 및 행동체계 속에 뿌리내릴 수 있도록 정책비전에 대한 구체적인 국가혁신 방안들이 실현되어야 한다. 새로운 국정관리의 과제는 급속도로 발달하고 있는 전자정부를 이용하여 국민의 자율적인 의사소통을 증진시키는 체제를 구축하고, 그에 걸맞는 정책거버넌스를 실현하는 방향으로 전개되어야 한다. 이것이 본서에서 논의를 전개한 기본적인 인식구조이다.

우리는 잠시 이곳에 머무를 뿐 영원한 지구의 주인은 아니다. 존속가능한 지구, 문명화된 사회의 실현, 그리고 인간 존엄성을 실현하기 위한 논리와 정책의 모색은 21세기를 당면한 우리의 끊임없는 테마가 될 것이다. 미래의 정부는 21세기 사회의 소용돌이적 변화에 명민하게 대응하면서, 뉴프런티어(*New Frontier*) 정신으로 공적인 부문을 조정·관리하여야 할 것이다. '지평의 전이'(*paradigm shift*)라는 문구처럼 기존의 사고와 전제여건들을 혁파하고, 새로운 사고와 새로운 논리로 접근해야 할 것이다.

참고문헌

참고문헌

1. 단행본

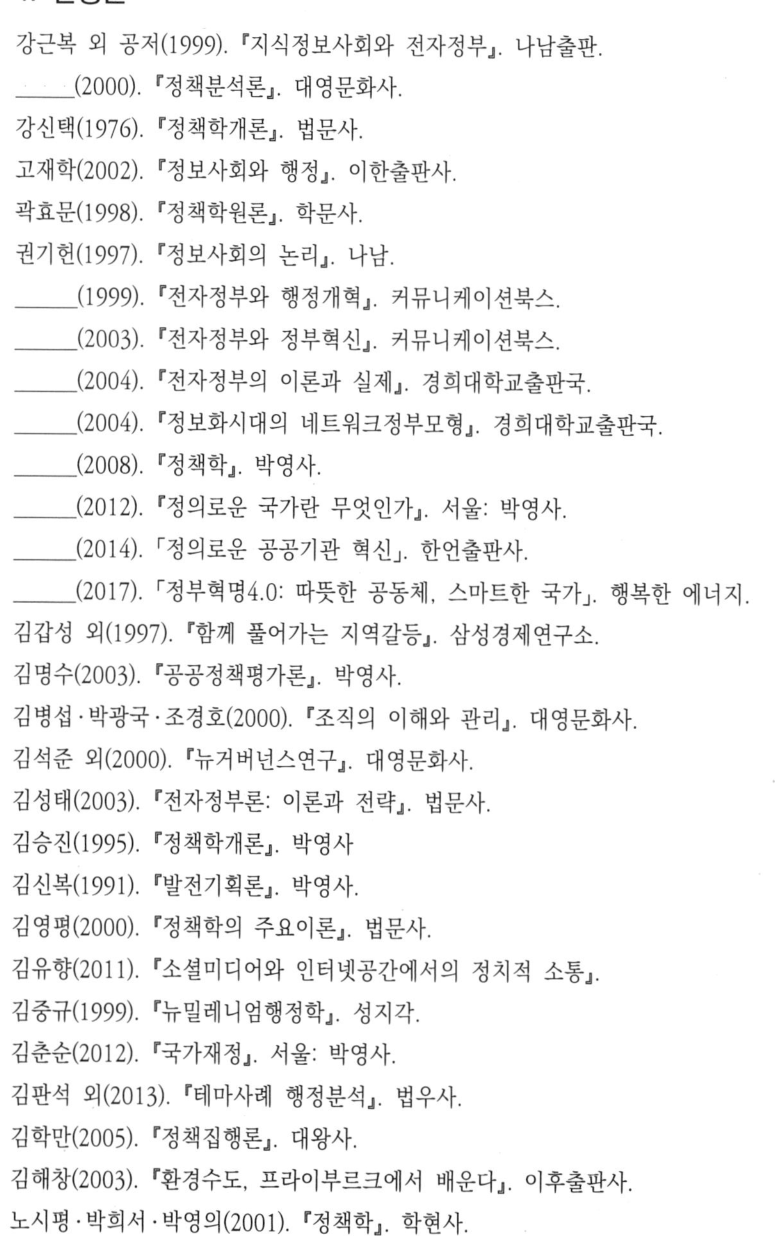

강근복 외 공저(1999). 『지식정보사회와 전자정부』. 나남출판.

_____(2000). 『정책분석론』. 대영문화사.

강신택(1976). 『정책학개론』. 법문사.

고재학(2002). 『정보사회와 행정』. 이한출판사.

곽효문(1998). 『정책학원론』. 학문사.

권기헌(1997). 『정보사회의 논리』. 나남.

_____(1999). 『전자정부와 행정개혁』. 커뮤니케이션북스.

_____(2003). 『전자정부와 정부혁신』. 커뮤니케이션북스.

_____(2004). 『전자정부의 이론과 실제』. 경희대학교출판국.

_____(2004). 『정보화시대의 네트워크정부모형』. 경희대학교출판국.

_____(2008). 『정책학』. 박영사.

_____(2012). 『정의로운 국가란 무엇인가』. 서울: 박영사.

_____(2014). 「정의로운 공공기관 혁신」. 한언출판사.

_____(2017). 「정부혁명4.0: 따뜻한 공동체, 스마트한 국가」. 행복한 에너지.

김갑성 외(1997). 『함께 풀어가는 지역갈등』. 삼성경제연구소.

김명수(2003). 『공공정책평가론』. 박영사.

김병섭·박광국·조경호(2000). 『조직의 이해와 관리』. 대영문화사.

김석준 외(2000). 『뉴거버넌스연구』. 대영문화사.

김성태(2003). 『전자정부론: 이론과 전략』. 법문사.

김승진(1995). 『정책학개론』. 박영사

김신복(1991). 『발전기획론』. 박영사.

김영평(2000). 『정책학의 주요이론』. 법문사.

김유향(2011). 『소셜미디어와 인터넷공간에서의 정치적 소통』.

김중규(1999). 『뉴밀레니엄행정학』. 성지각.

김춘순(2012). 『국가재정』. 서울: 박영사.

김판석 외(2013). 『테마사례 행정분석』. 법우사.

김학만(2005). 『정책집행론』. 대왕사.

김해창(2003). 『환경수도, 프라이부르크에서 배운다』. 이후출판사.

노시평·박희서·박영의(2001). 『정책학』. 학현사.

_____(2001). 『정책학』. 학현사.
노화준·정정길·김지원(2000). 『정책평가론』. 한국방송대학교출판부.
_____(1995). 『정책학원론』. 전영사.
_____(2001). 『政策評價論』. 法文社.
_____(2003). 『정책분석론』. 박영사.
_____(2003). 『정책평가론』 법문사.
박병식(2002). 『정책사례연구』. 대영출판사.
박성복·이종렬(1998). 『정책학원론』. 대영문화사.
박연호 외(1999). 『현대행정관리론』. 박영사.
박영식·이태강·서순복·이재호(2002). 『정책사례연구』. 대영문화사.
박용남(2002). 『꿈의 도시꾸리찌바』. 이후출판사.
백승기(2001). 『정책학원론』. 대영문화사.
서순복(2002). 『지식정보사회와 전자행정』. 대왕사.
송성수(2017). 「역사에서 배우는 산업혁명론: 제4차 산업혁명과 관련하여」. STEPI Insight, 제207호.
안해균(1997). 『정책학원론』. 다산출판사.
양영철(2007). 『주민투표제도론』. 서울: 대영문화사.
오석홍(1999). 『조직이론』. 박영사.
_____(2004). 『행정학』. 법문사.
_____(2005). 『행정학의 주요이론』. 법문사.
유 훈 외(1983). 『정책학』. 법문사.
_____ 외(2005). 『정책학원론』. 한국방송통신대학교출판부.
_____(1995). 『정책학원론』. 서울: 법문사.
_____(1999). 『정책학원론』. 법문사.
유지성 외 2인 공저(1996). 『정책학원론』. 대왕사.
유훈·김지원(2005). 『정책학원론』. 한국방송통신대학교출판부.
윤영수 · 채승병(2005). 『복잡계계론』.
윤영진 외(2004). 『새행정학』. 대영문화사.
윤영채(2000). "환경기초 시설입지갈등의 원인과 대책". 『국정관리의 새로운 방향과 과제』. 한국행정학회.
이경옥(1995). 『정책평가개론』. 도서출판한울.
이만우(1997). 『공공경제학』. 법문사.
_____(2004). 『신공공경제학』. 서울: 율곡출판사.
이윤직(2003). 『행정정보체제론』. 법영사.
이종남(2000). 『정부혁신을 위한 정보기술 10가지』. 한국전산원.
이종수·윤영진 외(2005). 『새행정학』. 대영문화사.
_____(2004). 『새행정학』. 대영문화사.
_____(2009). 『행정학사전』. 서울: 대영문화사.

이종엽 외 9명(2004). 『신행정학개론』. 이화출판사.
이진규(2004). 『전략적 윤리적 인사관리』. 서울: 박영사.
이철성(1996). 『정치재정학』. 법문사.
정보문화센터(2002). 『정보화윤리』. 정보문화센터.
정용덕 외(1999). 『신제도주의연구』. 대영문화사.
______(1999). 『합리적 선택과 신제도주의』. 대영문화사.
정정길·성규탁·이장·이윤식(2006). 『정책평가』. 법영사.
______(1988). 『정책결정론』. 대명출판사.
______(2003). 『정책학원론』. 대명출판사.
______(2005). 『정책학원론』. 대명출판사.
제임스E. 앤더슨(1987). 『정책형성론』. 대영문화사.
조권중(2004). 『서울시민의 문화격차: 실태와 정책과제』. 서울시정개발연구원.
조선일(1995). 『정책학개론』. 학문사.
주성수(2004). 『공공정책 가버넌스』. 한양대학교출판부.
차의환(2002). 『정책평가의 이론과 실제』. 한울아카데미.
채경석(2005). 『정책학원론』. 대왕사.
천대윤(2001). 『갈등관리전략론』. 전학사.
천대윤(2004). 『정책품질관리제도』. 중앙공무원교육원.
최봉기(2004). 『정책학』. 박영사.
최상일(2004). 『민원관련 대외갈등관리의 혁신』. 건설교통부.
최정민(2007). 『공공시설의 설치 및 관리에 관한 법적 고찰』.
최흥석·주재복·홍성만·주경일(2004). 『공유재와 갈등관리』. 박영사.
허　범(1984). 『정책학의 정책문제지향성』. 성균관대사회과학연구소 편.
______(1984). 『한국공공정책론』. 성균관대사회과학연구소 편.
홍준형(2008). 『공공갈등의 관리, 과제와 해법』. 법문사.
황성동·정축식 공저(2002). 『전자정부의 이해』. 다산출판사.
황윤원(2003). 『정부개혁론』. 박영사.

2. 국내논문

갈등관리정책연구팀(2004). 『갈등관리시스템구축방안연구보고서』. 지속발전가능위원회.
고선규(2006). "전자민주주의: 전자투표제도의 효과와 향후 과제". 한국지역정보개발원.
과학기술정책연구원 미래연구센터(2016). 「미래는 더 나아질 것인가: 인공지능, 4차 산업혁명 그리고 인간의 미래」. 과학기술정책연구원 미래연구센터.
곽태원 외(2000). "2000년대의 조세정책방향". 『재정포럼』.
김경동(2011). "공공갈등과 방폐장입지 사례연구: IAD를 통한 경주와 부안의 비교분석". 동국대학교석사학위논문.

김관보 · 이선영(2010). "화장장건립 분쟁사례에 대한 제도론적 고찰: IAD분석들의 '부천·화장장 게임상황'을 중심으로". 「한국행정학회보」. 44(4).
김길수(2004). "부안핵방폐장정책사례". 『한국정책학회보』. 13권 5호.
김동식 · 황정임(2001). "성인지예산제도에 대한 일반인 및 전문가조사". 『한국여성정책연구원』.
김명환(2005). "사회적 형성주의 관점에서의 정책연구: 대상집단의 사회적 형성이론과 적용". 『한국정책학회보』. 14(3): 32-56.
김민호(2009). "행정정보공동이용의 범위와 한계에 대한 이론적 고찰 및 정책과제". 『토지공법연구』. 43(1): 563-592.
김영종(2006). "공공시설 입지갈등과 정책딜레마 형성에 관한 연구". 『한국정책과학학회보』. 10(4): 19-40.
김윤권(1991). 『우리나라 정책변동요인에 관한 연구』. 서울대학교 행정대학원석사 학위 논문.
김태영(2005). 『카오스이론을 활용한 관광정책이해관계자의 갈등관리방안에 관한 연구 — 새만금사업을 중심으로 — 』. 관광연구논총 제17호. 10. 7-130쪽.
김태영 · 김봉준(2010). "제도분석틀(IAD)를 활용한 신규등록 토지분쟁연구: 부산 · 경남 간 공유수면 매립지를 중심으로". 『한국지적학회보』. 26(2).
김태일(2005). "이공계위기의 현황과 정책대안 — 대학교육개혁을 중심으로". 『한국정책학회보』. 제14권 1호.
남영호(2009). "디지털컨텐츠산업의 서비스혁신 패턴분석: 온라인게임 사례를 중심으로". 『기술혁신연구』. 119-148.
노먼블래키, 이기홍·최대용 옮김(2000), 『사회이론과 방법론에 다가서기』. 한울아카데미.
노화준·노유진. "새마을 운동의 추진논리와 발전전략의 재음미". 『정책분석평가학회보』. 제20권 제4호: 269-299.
류혜연(2003). "카오스이론을 적용한 지방자치단체의 전자정부구현에 관한 연구". 『지방과행정연구』. 15(1): 39-58.
명승환 · 허철준(2012). "스마트사회전환에 따른 Gov3.0기반의 전자정부개념과 패러다임 변화". 『한국정책학회 춘계학술대회논문집』. 325-341.
문상호, 권기헌(2009). "한국정책학의 이상과 도전 — 한국적맥락의 정책수용성연구를 위한 성찰적 정책모형의 유용성에 관한 고찰". 『한국정책학회보』. 제18권.
문태현(2005). 지역혁신을 위한 문화정책 거버넌스의 성공요인 분석. 『한국행정논집』. 제17권 제2호.
박상규(2002). "정부조직 부서간 창발적 공동체전략". 『한국행정학보』. 36(2): 19-39.
박승진(2008). "주민조례청구제도의 성공요인 연구 — 성남시립병원사례 — ". 『아주대석사학위논문』.
박영숙, 제롬글렌, 테드고든(2007). 『전략적 사고를 위한 미래예측』. 교보문고.
박종수(2008). "정책수단이 정책효과에 미치는 영향요인에 관한 연구: 조세지출의 정책수단으로서 소득공제제도에 대한 분석을 중심으로". 『고려대학교석사학위논문』.
박호숙(2005). "정책변동의 유형에 대한 재평가와 정책변동 원인". 『서울행정학회』.
배병룡(1999). "조직환경론에서의 신제도주의".
배용수 · 주선미(2004). "민영화정책의결정과정분석: Zahariadis모형의 KT적용을 중심으로". 『한국정책학회보』. 13(1).

심상용(2005). "과거성장전략의 경로의 존성과 혁신주도동반성장의 과제에 대한 연구". 한국정책학회, 『한국정책학회보』. 제14권(4): 223: 399.

안병철 · 이계만(2009). "정책실패에 관한 연구 경향 분석". 『한국정책과학학회보』. 13(2): 1-19.

안성민(1999). 갈등관리의 제도화. 『한국행정학회』. 제12권 제10호.

양승해(2002). "시민단체의 예산감시운동에 관한연구: 네트워크형운동 방식을 중심으로". 『서울대학교석사학위논문』.

염재호(1994). "국가정책과 신제도주의". 『사회비평』. 11호.

원숙연(2005). "일-가정양립지원정책을 둘러싼 수사(修辭)와 현실 — 출산휴가 및 육아휴직을 중심으로 한 탐색적 사례 연구". 『한국정책학회보』. 제14권 2호.

유 훈(1997). "정책변동에 관한 연구". 『행정논총』. 35(1).

유재원 · 홍성만(2004). "정부 속에서 꽃핀 거버넌스: 대포천수질개선사례". 『한국정책학회보』. 13권 5호.

윤건영 · 임주영(1993). "조세지원제도의 현황과 개선방향". 『한국조세연구원』.

윤영민(2005). "전자선거: 민주적 과정의 재설계". 『전자투표국제컨퍼런스』. 중앙선거관리위원회.

음수연(2006). "미래를 주도하기 위한 전략적 사고: 대안적 시나리오를 이용한 미래예측방법". 『정보통신정책』. 제18권 18호. 통권402호.

이남국. "우리나라 예산성과금 제도의 활성화 방안". 『지방정부연구』.

이동규(2012). "Birkland의 재난사건관련 정책변동(EPC)이론과 모형검토: 기존의 정책과정이론과 모형과의 비교". 『한국위기관리논집』. 8(2): 1-27.

이명석(1999). "합리적 선택론의 신제도주의".

______(2011). "네트워크거버넌스와 정부의 역할(복잡계이론을 중심으로)". 『국정관리연구』. 6(1): 1-31.

이병길(1992). "정책변동의 요인과 과정에 관한 연구". 『서울대학교박사학위논문』.

이상호(2005). "총사업비관리제도의 실태와 문제점 — 해외사례를 중심으로 — ". 『건설경제』. 44: 52-62.

이상희(2003). 『국가기술공황예방을 위한 이공계 지원 특별 법검토 보고서』. 국회과학기술정보통신위원회.

이선혜(2005). "일선관료의 재량권행사의 필요성과 문제점". 『고시연구』. 32(8).

이영범 · 허찬행 · 홍근석(2008). "정책대상집단의 사회적 형성과 정책설계: IPTV도입정책을 중심으로". 『한국정책학회보』. 17(3): 1-33.

이용훈(2012). "지역개발분야의 공공갈등원인과 해결과정에 관한 연구 — 오스트롬의 제도분석들(IADFramework) 적용을 중심으로". 『인하대학교박사학위논문』.

이종열 · 손영배(2012). "Birkland의 정책학습모형에 따른학습과정과 정책변화에 관한 연구: 대구지하철화재 사례를 중심으로". 『행정논총』. 50(3): 263-293.

전기택 · 김경희 · 정가원 · 이연지(2011). "지방자치단체성인지통계". 『한국여성정책연구원』.

전진석. "의약분업정책변동에 대한 연구: 정책옹호연합모형을 적용하여".

정광호 · 최슬기 · 장윤희(2009). "정책실패의 연관요인 탐색 — 중앙일간지 사설의 내용분석을 중심으로". 『한국거버넌스학회보』. 16(1): 1-29.

정교일 외(2012). "빅데이터와 정보보안". 『한국정보기술학회지』. 10(3): 17-22.

정명주(2000). "정보화사업평가 결과 활용분석". 『정보화저널』. 7권 2호.

정용덕 외. 『신제도주의연구』. 대영문화사.

정정길(2005). 『정책학원론』. 대영문화사.

정창수(2002). “시민단체의 예산감시운동 연구: 「밑빠진 독상」을 중심으로”. 『경희대학교석사학위논문』.

조선주 · 김영숙 · 정가원 · 황정임 · 김동식 · 이선행 · 이연지 · 손정민 · 권희정(2001). “성인지예산분석평가사업”. 『한국여성정책연구원』.

주정민(2005). “IPTV의 방송통신융합적 특성과 도입정책에 관한 연구”. 『사이버커뮤니케이션 학보』. 15: 161-197.

최창현(1999). “조직사회학이론과 신제도주의”.

______(2008). “복잡계이론과 행정”. 『한국행정포럼』. 123: 77-80.

하연섭(1999). “역사적신제도주의”.

한국과학기술평가원(2005). “미래사회미래예측과 한국의 과학기술: 미래사회미래예측과 우리사회니즈”. 『한국과학기술평가원』.

한국산업훈련연구소편집부(1995). 『BPR에 의한 업무혁신』. 한국산업훈련연구소.

한상철 · 김우준(2010). “복잡계이론을 활용한 범죄연구 가능성 고찰”. 『한국행정학회추계학술대회』.

홍성만 · 김광구(2008). “공공갈등관리기구의 운영과 실효성에 대한 탐색적 연구: 정부간갈등관리를 중심으로”. 『한국공공관리학보』. 22(4): 1-17.

홍승현(2012). “재정투명성에 관하여”. 『재정포럼』. 31-32.

황종성(2013). “Gov3.0: 미래전자정부개념정립과 추진전략 모색”. 『한국정책학회춘계학술대회 발표집』. 503-527.

황지욱(2004) “델파이기법을 활용한 남북한지방자치단체의 교류 · 협력전망과 접경지역의 기능변화”. 『대한국토 · 도시계획학회지』. 제39권 제1호.

3. 정부간행물 및 기타

국무조정실(2005). 『정책품질관리매뉴얼』

국토연구원(1999). 『도로사업투자분석기법정립』. 한국도로공사.

국회예산정책처(2009). 총사업비관리제도평가.

국회재정경제위원회. 국정감사요구자료.

기획재정부홈페이지(1997). 시사경제용어.

기획재정부(2009. 4). 『2009년도예비타당성조사운영지침』.

KDI 공공투자관리센터(2011). 『예비타당성조사제도 및 쟁점』.

재정경제부조세개요(1998).

한국개발연구원(2000). 『예비타당성조사수행을 위한 일반지침연구(개정판)』. 한국개발연구원.

한국개발연구원(2012). 『새만금동서2축도로건설』. 한국개발연구원(정가원 · 이연지).

한국소프트웨어진흥원(2007). DC산업육성정책성과체계개선연구.

한국소프트웨어진흥원(2007). 디지털콘텐츠산업백서.

행정자치부(2004, 2005). 『정책품질관리매뉴얼』.

행정자치부·국정홍보처(2004). 『정책품질관리매뉴얼』.
현대경제연구원(2017). 「2017년 다보스 포럼의 주요 내용과 시사점」

경향신문. 2004. 1. 5. "여성권리 회복" 여성단체들 새해다짐.
조선일보. 2005. 10. 9. 갈등 관리 시스템이 필요하다.
노컷뉴스. 2005. 9. 16. 핵 폐기물 처리장 유치 '주민투표'에 달려있다.
연합뉴스. 2005. 4. 6. [대한상공회의소] "주요국책 사업 중단 사례 분석 및 시사점"
연합뉴스 보도자료. 2005. 6. 27. [농촌진흥청] 작물과학원, 농촌사랑 1사 1촌 자매결연.
프레시안. 2005. 10. 19. 정책에 '시민의 상식'을 반영하는 방법.

관광지식정보시스템 http://www.tour.go.kr
관세청 http://www.customs.go.kr
국세청 http://www.nts.go.kr/
나라장터 www.g2b.go.kr
대한민국전자정부 http://www.egov.go.kr
문화관광부 http://www.mct.go.kr
문화체육관광부홈페이지 http://www.mcst.go.kr/
세계경제포럼 홈페이지 https://www.weforum.org/
울산광역시 http://www.ulsan.go.kr
인터넷통관포털시스템 http://portal.customs.go.kr
전자선거추진협의회홈페이지 http://www.e-voting.go.kr
전자선거투표연구회 http://www.u-voting.com
전자정부홍보관 http://guide.egov.go.kr
정보통신부 http://www.mic.go.kr
정부혁신지방분권위원회 http://www.innovation.go.kr
조달청 http://www.pps.go.kr
지방혁신분권위원회 http://www.innovation.go.kr
청와대 http://www.president.go.kr
한국정책평가연구원 http://www.kipe.re.kr/
행정자치부 www.mogaha.go.kr

4. 국외문헌

Almond, Gabriel A., and Verba, Sidney. (1963). The Civic Culture: Political Attitudes and Democracy in Five Nations (Princeton, New Jersey: Princeton University Press).
Amitai Etzioni(1964). Modern Organizations, Prentice-Hall, p.6
B. Hogwood and L. Gunn. (1984). Policy Analysis for the Real World(N.Y:Oxford University Press.

Bardach, Eugene(1976). "Policy Termination as a Political Process". Policy Science. 7.
Barnard, C. I(1968). The Functions of the Executive. Cambridge, MA: Harvard University Press
Blom-Hanson J(1997). A 'New Institutional' Perspective on policy Networks. public Administration.
Bourdieu, P(1986). The forms of capital. In J. G. Richardson (Ed.) The andbook of theory: Research for the sociology of education (pp. 241 - 258). NewYork: GreenwoodPress.
Bunge(1973). The basic building block of organizing world structure.
DeLeon, Peter. "A Theory of Policy Termination". in J.U May & A B. Wildavsky(eds) The Policy Cycle. Beverly Hills:Sage, Pubilication. (1994). "Reinventing the Policy Sciences. Three Steps Back to the Future." Policy.
Dror, Yehezke(1983). "New Advances in Public Policy Teaching". Journal of Policy Analysis and Management, Vol. 2 No. 3.
Dunn, W., Public Policy Analysis(1981). Englewood Cliffs, N. J. :Prentice Hall.
Easton David & Robert Hess. (1965). A Framework for Political Analysis, Eaglewood Cliff, N.J.: Prentice-Hall.
Fukuyama, Francis(1995). Trust: The Social Virtues and the Creation of Prosperity, New York: The Free Press.
Harold D. Lasswel(1951). "The Policy Orientation". in Daniel Lerner(ed.). The Policy Sciences (Stanford: Stanford University Press). p. 11-13.
Ingram, Helen & Mann, Dean. (1980). Policy Failure: An Issue Deserving Attention, in Why Policies Succed or Fail, ed. Beverly Hills. Sage.
Ingram, Helen & Schneider, Anne, 『The choice of Target Populations』. Adminstration & Sociey. 23(3). 1991, pp. 333-356.
Kettl, Donald F. (1994). "Managing on the Frontiers of Knowledge: The Learning Organization". in P. W. Ingraham and B. S. Romzek (eds.). New Paradigms for Government. San Francisco: Jossey-Bass Publisher.
M. Spector and J. Kitsuse. (1987). Constructing Social Problems, New York: Aldine de Gruyter, Inc.,
Maslow, A. H. (1964). *Religions, values, and peak-experiences* (Vol. 35). Columbus: Ohio State University Press.
Orville F. Poland(July/August 1974). Program Evaluation and Administrative.
Osbome and Gaebler. (1992). Reinventing Government: How The Entrepreneurial Spirit is Transforming the Public Sector: International Creative management.
Paul R. Niven, Balanced Scorecard Step-By-Step for Government and Nonprofit Agencies, 2003, pp. 4~24.
Portes, A. (1998). Social Capital: Its Origins and Application in Modern Socialogy. Annual Reviews, 24: 1-24.
Prigogine, I & Stengers, I. (1984). Order out of Chaos: Man's New Dialogue with Nature. New York:

Bantam Books.
Rhodes R & Marsh D. (1992). New Directions in the Study of Policy Networks European Journal of Political Research.
Sabatier and Jenkins-Smith(eds.). Policy Change and Learning: An Advocacy Coalition Approach (Boulder, CO: Westview Press, 1993).
Sabatier, Paul P. "Policy Change over a Decade or More". in P.
Salamon(2002). The Tools of Government: A Guide to the New Governance.
Schneider, A. & Ingram, H., 『Social construction of target populatons: Implications for politics and-policy』. American Political Science Review. 87(2). 1993, pp. 334-347.
Schneider, Anne & Ingram, Helen. (1990a). 『Behavioral Assumptions of Policy Tools』. Journal of Politics 52(2). 1990a, pp. 510-529.
Schneider, Anne, Ingram, Helen & DeLeon, Peter. (2007). 『Social Construction and Policy Design』. InSabatier, P.A.(ed.). Theories of the Policy Process, Colorado:WestviewPress, 2007, pp. 93-126.
Schwab, K. (2016). *The Fourth Industrial Revolution*. World Economic Forum.
Sztompka, Piotr. (1999). Trust: A Sociological Theory, Cambridge University Press.
W. Dunn(1981). An Introduce to Public Policy Analysis. Englewood Cliff:Prent ice-Hall.
W. Keith Warner, "Problems in Measuring Goal Attainment of Voluntary Organizations". Journal of Adult Education, Fall, p. 5.
Walter Williams, The Implementation Perspective(Berkeley: University of California Press, 1980).
Wheelwright, Steven C. and Makridakis, Spyros, (1980). John Wiley & Sons, 『Forecasting Method for Management(3rd ed.)』.
William N. Dunn, (1981). Prientice-Hall, 『AnIntroductionto Public Policy Analysis』.

사항색인

ㅊ

ㅋ

인명색인

저자약력

한국외국어대 행정학과 졸업(행정학 학사)
서울대 행정대학원 졸업(행정학 석사)
미국 하버드대 졸업(정책학 석사, 정책학 박사)
제26회 행정고시 합격
상공부 미주통상과 근무
미국 시라큐스 맥스웰 대학원 초빙교수
행정고시 및 외무고시 출제위원 역임
성균관대학교 국정관리대학원장 역임
제23대 한국정책학회 회장 역임(2015)
국무총리 정부업무평가위원 역임
現 성균관대학교 국정전문대학원장
　성균관대학교 행정학과 교수

수상

국무총리상 수상(제26회 행정고시 연수원 수석)
미국정책학회(APPAM)선정 박사학위 최우수논문 선정
한국행정학회 학술상 수상
미국 국무성 풀브라이트 학자(Fulbright Scholarship) 선정
대한민국 학술원 우수학술도서 선정(정보체계론, 나남)
대한민국 학술원 우수학술도서 선정(정책학의 논리, 박영사)
문화체육관광부 우수학술도서 선정(정책학, 박영사)

주요 저서

《정부혁명 4.0》《대한민국 비정상의 정상화》
《행정학 콘서트》《정의로운 국가란 무엇인가》
《정의로운 공공기관 혁신》《행정학강의》《정책학강의》
《E-Government & E-Strategy》《정책분석론》
《정책학의 논리》《미래예측학: 미래예측과 정책연구》
《전자정부론: 전자정부와 국정관리》
《정보체계론: 정보사회와 국가혁신》《정보사회의 논리》
《전자정부와 행정개혁》《과학기술과 정책분석》《정보정책론》
《창조적 지식국가론》《시민이 열어가는 지식정보사회》
《정보의 신화, 개혁의 논리》《디지털 관료 키우기》
《포기하지마! 넌 최고가 될거야》등

개정판
정책학강의

초판발행 2014년 8월 11일
개정판발행 2018년 2월 19일
중판발행 2019년 8월 20일

지은이 권기헌
펴낸이 안종만 · 안상준

편 집 배근하
기획/마케팅 정연환
표지디자인 김연서
제 작 우인도 · 고철민

펴낸곳 (주) 박영사
서울특별시 종로구 새문안로3길 36, 1601
등록 1959. 3. 11. 제300-1959-1호(倫)
전 화 02)733-6771
f a x 02)736-4818
e-mail pys@pybook.co.kr
homepage www.pybook.co.kr
ISBN 979-11-303-0492-2 93350

정 가 36,000원